Ralf Jürgen Ostendorf
**Finanzierung**

# Ralf Jürgen Ostendorf

# **Finanzierung**

Theoretische Basis und praktische Anwendung

2. Auflage

**DE GRUYTER**
OLDENBOURG

ISBN 978-3-11-079100-6
e-ISBN (PDF) 978-3-11-079108-2
e-ISBN (EPUB) 978-3-11-079113-6

**Library of Congress Control Number: 2023936606**

**Bibliografische Information der Deutschen Nationalbibliothek**
Die Deutsche Nationalbibliothek verzeichnet diese Publikation in der Deutschen Nationalbibliografie;
detaillierte bibliografische Daten sind im Internet über http://dnb.dnb.de abrufbar.

© 2023 Walter de Gruyter GmbH, Berlin/Boston
Einbandabbildung: oatawa/iStock/Getty Images Plus
Autorenfoto: LichtBlick – Fotografie Paul Wiesmann, Recklinghausen
Satz: Integra Software Services Pvt. Ltd.
Druck und Bindung: CPI books GmbH, Leck

www.degruyter.com

Für die Menschen,
die mich berührt und geprägt haben:
Marius, mein Sternenmädchen, Leni, Fritz, Klara, Fridolin und Bernhard.
Ich werde Euch nie vergessen!

# Vorwort 2. Auflage

Angesichts der Corona-Pandemie, des Ukrainekriegs und drängender ökologischer Herausforderungen hat das Thema Finanzierung wieder an Relevanz gewonnen: Kreditinstitute finanzieren restriktiver und zu höheren Zinsen.

So sind – neben redaktionellen Anpassungen – weitere Themen und aktuelle Entwicklungen in der Neuauflage berücksichtigt. Hierzu zählen: bedeutende europäische Börsenplätze, detaillierte Börsenindexberechnungen, der DAX® 50 ESG, Sustainability-Linked-Loans, Crowd Funding, Kredit-Swaps, Short Selling, ausgewählte Zertifikate, die Berücksichtigung von Währungen bei der Risikobewertung von Anleihen sowie Aspekte zur Außenwirtschaft und -finanzierung.

Nach wie vor möchte ich mit diesem Buch Studierende aller (Hoch-)Schulformen und aller Fachrichtungen ansprechen, in denen das Thema „Finanzierung" gelehrt wird. Aufgrund seines praktischen Bezugs ist es gleichermaßen für Lernende in ausgewählten Ausbildungen, im Weiterbildungsbereich sowie für Praktiker geeignet.

Mein Wunsch, möglichst vielen Menschen das Thema Finanzierung praxisorientiert nahe zu bringen, war ein wesentliches Motiv zur Neuauflage. Seit der Erstauflage vor fünf Jahren habe ich deren Inhalte mit verschiedenen Studiengruppen diskutiert und durfte damit weitere (didaktische) Anregungen sammeln, die sich hier wiederfinden.

Die bewährte Dreiteilung aus theoretischer Darstellung, Aufgabenstellung und (ausführlichem) Lösungsteil wurde beibehalten.

Meinen Mitarbeitern Frau Nicole Scharpenack, Frau Patricia Sous und Herrn M. Eng., Victor Mays die mich bei der inhaltlichen Überarbeitung tatkräftig unterstützt haben, danke ich von ganzem Herzen.

Ebenfalls danke ich den Studierenden der Hochschule Niederrhein und der Hochschule Osnabrück für die konstruktiven Beiträge seit dem Erscheinen der Erstauflage. Mit ihren Impulsen haben sie die Weiterentwicklung zu dieser Neuauflage unterstützt. Im konkreten Projekt erfuhr ich durch die Mitarbeiter vom Verlag De Gruyter Oldenbourg Frau Anna Spendler, Frau Lena Hummel und Herrn Dr. Stefan Giesen eine ganz hervorragende Unterstützung, für die ich ebenfalls herzlich danke.

https://doi.org/10.1515/9783110791082-202

# Vorwort

Der Finanzierung kommt eine zentrale Funktion im Rahmen der Unternehmensführung zu. Ohne die erforderlichen Mittel lässt sich auch die beste Geschäftsidee nicht realisieren – oder wie schon der Volksmund sagt: „Ohne Moos nichts los!"

Das vorliegende Buch wendet sich an Studierende aller (Hoch-)Schulformen und aller Fachrichtungen, in denen das Thema „Finanzierung" gelehrt wird. Aufgrund seines praktischen Bezugs ist es gleichermaßen für Lernende in ausgewählten Ausbildungen, im Weiterbildungsbereich sowie für Praktiker geeignet.

Meine Intention ist es, mit diesem Buch mein Wissen zum Themengebiet „Finanzierung", das ich in mehr als acht Jahren Managementtätigkeit und mehr als 20 Jahren Lehrerfahrung erworben habe, prägnant weiterzugeben.

Das Buch ist in drei Teile untergliedert: Im ersten Teil werden die Inhalte erarbeitet. Dabei beginnt jedes Kapitel mit der Formulierung von Lernzielen und endet mit einer Zusammenfassung des Gelernten. Zahlreiche Abbildungen und Tabellen unterstützen den Lernprozess. Es werden zwei zentrale Ziele verfolgt: Gewährleistung der inhaltlichen Korrektheit und Aktualität. Der Realitätsbezug wird durch verschiedene praxisnahe Fallbeispiele hergestellt. In Teil II, dem Aufgabenteil des Buches, werden die in Teil I behandelten Inhalte anhand von Wiederholungsfragen und gebundenen Fragen vertieft. Zusätzlich ermöglichen Fallstudien den Transfer in die Praxis. Um eine gute Klausurvorbereitung gewährleisten zu können, werden in Teil III ausführliche Lösungen zu den Aufgaben aus Teil II angeboten.

Meiner Mitarbeiterin Nicole Scharpenack, die mit unermüdlichem Einsatz das Manuskript mehrfach Korrektur gelesen und mir dadurch bedeutende Anregungen gegeben hat, danke ich von ganzem Herzen. Zudem danke ich meiner Studierenden Alena Rösen für ihre beispiellose Unterstützung bei der Erstellung des Aufsatzes „Praktischer Einsatz ausgewählter Finanzierungsalternativen in Zeiten expansiver Geldpolitik – Ergebnisdarstellung einer Stichprobenerhebung", dessen Ergebnisse in dem hier vorliegenden Werk verarbeitet sind. Die Anzahl meiner Förderer, Freunde, (Hochschul-)Lehrer und Kollegen, die durch ihren positiven Einfluss indirekt zum Gelingen dieses Buches beigetragen haben, ist so groß, dass der Platz an dieser Stelle nicht ausreicht, um sie namentlich zu nennen. Ich danke ihnen allen ganz herzlich. Ebenfalls danke ich den Studierenden der Hochschule Niederrhein, der Hochschule Osnabrück, der Berufsakademie in Lingen, der FHDW, der FOM sowie des EBC und natürlich auch den Kursteilnehmern der nicht akademischen Kurse, mit denen ich im Laufe meiner Lehrtätigkeit die entsprechenden Inhalte diskutiert habe. Ihre konstruktiven Beiträge stellen wichtige Impulse für die didaktische Gestaltung dieses Buches dar. Im konkreten Projekt erfuhr ich durch die Mitarbeiter vom Verlag De Gruyter Oldenbourg Frau Annette Huppertz und Herrn Dr. Stefan Giesen eine ganz hervorragende Unterstützung, für die ich ebenfalls herzlich danke.

Recklinghausen, im Februar 2018                                    Ralf Jürgen Ostendorf

https://doi.org/10.1515/9783110791082-203

# Inhaltsverzeichnis

## Teil II: **Aufgaben**

## Teil III: **Lösungen**

Teil I: **Theorie**

davon, ob es sich um ein produzierendes Unternehmen oder einen Dienstleister handelt.

(b) Der betriebliche Prozess wird durch das Zusammenspiel der einzelnen Komponenten der Aktivseite verdeutlicht:

- Die Position **Maschinen** repräsentiert alle Positionen des Anlagevermögens und somit die betriebliche Infrastruktur, die faktisch die Blackbox der Produktionsmühle darstellt.

- Diese wird durch den **Input** von Vorräten und menschlicher Arbeitskraft gefüllt. Der betriebliche Leistungserstellungsprozess – der branchenindividuell spezifisch ausgestaltet ist – erzeugt das Ergebnis, das den **Output** darstellt.

- Der Teil der Produktion, der nicht sofort absetzbar ist, wird als **fertige Erzeugnisse** (Halde) gelagert und in der Bilanz ausgewiesen.

- Der Output, der auf Kredit verkauft wird, generiert **Forderungen**, die in der Bilanz auszuweisen sind. In diesem Falle hat das Unternehmen alle erforderlichen Leistungen erbracht und wartet auf die Gegenleistung seiner Kunden. Seine eigenen anstehenden Verpflichtungen kann das Unternehmen mit den erzeugten Forderungen noch nicht bedienen.

- Erst wenn diese durch Zahlung getilgt werden, fließt dem Unternehmen **Liquidität** zu, wie bei einem Verkauf gegen Barzahlung oder Überweisung. Folglich ist der Verkauf der eigenen Produkte gegen sofortigen Liquiditätszugang, sowohl aus finanzwirtschaftlicher Sicht als auch unter Risikoerwägungen, zu präferieren. In Konsequenz ist die Finanzierung des gesamten Prozesses vom Einkauf über die Produktion – einschließlich der betrieblichen Infrastruktur – bis hin zum Zahlungseingang durch den Kunden darzustellen.

(3) Rückzahlung und Vergütung des eingesetzten Kapitals werden erst möglich, wenn die einmal gebundenen Mittel wieder in **Cash** gewandelt sind.

Gelingt es einem Unternehmen, diesen Prozess störungsfrei umzusetzen, ist es im finanzwirtschaftlichen Gleichgewicht. Dieses ist immer dann gefährdet, wenn

- ein Mehrbedarf an Finanzmitteln wie bei der Gründung oder starken Expansionsphasen entsteht,
- die Nachfrage nach den eigenen Produkten wegbricht,
- es zu (massiven) Zahlungsausfällen der eigenen Kreditkunden kommt.

Soweit alle Verpflichtungen termingerecht beglichen werden, ist die dynamische Liquidität – die, des unternehmerischen Prozesses – gegeben. Davon abzugrenzen ist die statische Liquidität, die auf Basis von Bilanzrelationen zu einem Stichtag ermittelt wird (siehe Kapitel 1.4).

Jeder finanzwirtschaftliche Akteur – das Unternehmen selbst wie auch seine Stakeholder – ist einem **Zielkonflikt** ausgesetzt. Dieser ist durch drei Pole gekennzeichnet, wie Abbildung 1.2 verdeutlicht.

- Ein Pol ist der nominelle Substanzerhalt, der auch als Sicherheit bezeichnet wird. Jeder Anleger möchte zumindest sein eingesetztes Kapital zurückerlangen.
- Den zweiten Pol bildet die Performance oder auch Rentabilität. Je länger Geld zur Verfügung gestellt wird, desto höher ist (meistens – siehe Kapitel 3.1.3.1) auch der Ertragsanspruch. Dieser wächst ebenfalls mit zunehmendem Risiko.
- Mit Liquidität bzw. Verfügbarkeit wird der dritte Pol beschrieben. Je leichter es ist, die Finanzierung zu beenden, desto attraktiver ist die Anlage für den Finanzierenden.

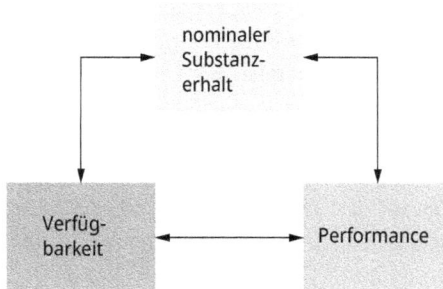

**Abb. 1.2:** Finanzwirtschaftlicher Zielkonflikt.

In der Praxis bedeutet dies, dass der Kapitalgeber nach Möglichkeit eine hohe Sicherheit anstrebt, um sein eingesetztes Kapital auch wirklich zurückzuerhalten. Gleichzeitig wünscht er sich einen möglichst hohen Profit bei täglicher Verfügbarkeit. Die Interessenlage des finanzierenden Unternehmens ist genau entgegengesetzt. Neben der Frage, ob überhaupt Mittel generiert werden können, stellt die Lösung dieses Konflikts eine zentrale Herausforderung der Finanzwirtschaft dar.

### 1.1.2 Systematisierung wichtiger Finanzquellen

Betriebliche **Finanzierungsquellen** lassen sich in zwei große Blöcke einteilen. Den Gesamtzusammenhang visualisiert Abbildung 1.3.

### 1.1.2.1 Basiswissen zur Innenfinanzierung

Wenn das Unternehmen seinen Finanzierungsbedarf (teilweise) aus seinem Leistungsprozess deckt, wird von **Innenfinanzierung** gesprochen. Die einfachste Variante liegt vor, wenn dies aus den Umsatzerlösen erfolgt. Mit anderen Worten: Die Kunden zahlen für die Leistung des Unternehmens eher als das Unternehmen seine Lieferanten bezahlen muss. In der Tourismusbranche ist dies Standard. Reiseveranstalter verlangen bei langfristig geplanten Reisen regelmäßig eine Anzahlung kurz nach Vertragsabschluss und die vollständige Restbezahlung einen gewissen Zeitraum vor Reiseantritt. Die Bezahlung der Fluggesellschaften, Hotels etc. erfolgt meist, nachdem der Kunde abgereist ist.

```
                        ┌──────────────────────┐
                        │ Finanzierungsquellen │
                        └──────────────────────┘
              ┌──────────────────────┐  ┌──────────────────────┐
              │  Innenfinanzierung   │  │  Außenfinanzierung   │
              └──────────────────────┘  └──────────────────────┘
```

Abb. 1.3 (Diagramm):

Finanzierungsquellen

- Innenfinanzierung
  - zusätzliches Kapital
    - Thesaurierung (Selbstfinanzierung)
    - Umsatzprozess
    - Rückstellungen
  - Freisetzung
    - Vermögensumschichtungen
    - Abschreibungen
- Außenfinanzierung
  - durch Eigentümer
  - durch Kreditgeber
    - Vielzahl an Erscheinungsformen mit verschiedenen Systematisierungsmöglichkeiten

- eingängige Möglichkeiten
- komplexe Möglichkeiten

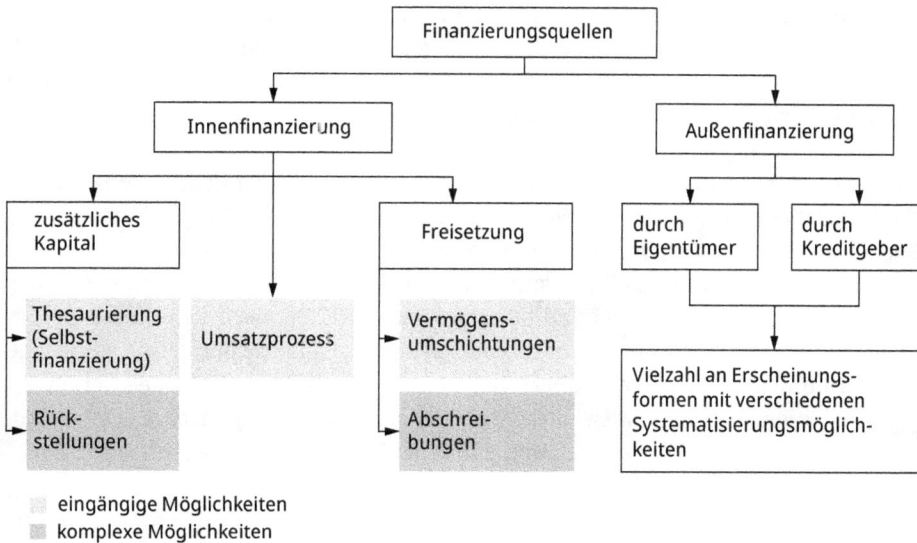

**Abb. 1.3:** Systematisierung der Finanzierungsmöglichkeiten.

In dieser Branche sind somit zwei Kriterien gegeben, die gemeinsam die beste Grundlage für die Innenfinanzierung darstellen:

– Die Einzahlungen erfolgen zeitlich vor den Auszahlungen.
– Die Einzahlungen sind betraglich höher als die Auszahlungen.

In Konsequenz besteht für diesen Teil des Reisegeschäfts kein Finanzierungs-, sondern ein Anlagebedarf für die Kundengelder, bis die eigenen Zahlungsverpflichtungen bedient werden müssen.

Die Umschichtung von Gegenständen des **Anlagevermögens** ist eine eingängige Möglichkeit, die der Freisetzung gebundener Mittel dient. Genauso wie die meisten Privaten bei einem Pkw-Kauf ihr bisheriges Fahrzeug abgeben, um das Finanzierungsvolumen des Neufahrzeugs zu mindern, können auch Unternehmen beim Austausch von Gegenständen des Anlagevermögens agieren.

Für den Verkauf von Vermögensgegenständen, die für den Geschäftszweck des Unternehmens weiter erforderlich sind, besteht die Möglichkeit des **Sale-and-lease-back**. Hierbei wird der Gegenstand an einen Dritten verkauft und zurückgeliehen (zu den Details des Leasings siehe Kapitel 3.2.2). Damit ein Gegenstand zur **Liquiditätsgenerierung** geeignet ist, sollten noch weitere Bedingungen erfüllt sein:

– Der Verkauf sollte mindestens erfolgsneutral möglich sein, um zu vermeiden, dass die GuV aus dem Verkauf belastet wird.
– Der Gegenstand sollte keine Sicherheit (siehe Kapitel 4) für Kreditgeber darstellen.

– Soweit es sich um einen Gegenstand handelt, dem ein eigener Ertragswert (siehe Kapitel 2.3.2.1) zugewiesen werden kann, wäre er besonders zum Verkauf geeignet, wenn der Verkaufserlös den Ertragswert übersteigt. Im anderen Fall würde die Erfolgsbasis des Unternehmens geschwächt.

Aber auch das **Umlaufvermögen** kann einen Beitrag zur Innenfinanzierung leisten. Relevante Bilanzpositionen sind Vorräte und Forderungen, die in Liquidität gewandelt werden können. Möglichkeiten, die Vorräte zu reduzieren, sind:
– eine (verstärkte) Beschaffung mittels **Just-in-Time**; hierdurch reduziert sich der Lagerbestand, wodurch Liquidität freigesetzt wird. So verlockend diese Option auch sein mag, erfordert sie doch eine ganzheitliche Betrachtung: Die gestiegene Störanfälligkeit darf nicht übersehen werden. Soweit das Unternehmen einen Produktionsstop verkraften muss, weil Lieferungen nicht rechtzeitig erfolgt sind, kann der Finanzierungsvorteil und damit die Zinseinsparung schnell (über-)kompensiert werden.
– eine Reduzierung des **Sortiments** auf ertragsstarke Produkte. Wenn es in der Branche aber üblich ist, dass ein Vollsortiment bereitgestellt wird, kann die Sortimentseinschränkung zu Kundenabwanderungen führen.

Wichtige Ansatzpunkte zur Forderungsbestandsreduzierung sind:
– **Skontogewährung**, um die Kunden zur schnellen Schuldenbegleichung zu motivieren; diese Maßnahme kann erfolgreich sein, belastet aber gleichzeitig die GuV. Ob es möglich ist, den Kunden die einmal gewährten Vergünstigungen wieder abzunehmen, hängt sicherlich vom Einzelfall ab.
– ein konsequentes **Forderungsmanagement** einschließlich Mahnwesen, das ebenfalls hilft, Liquidität zu generieren. Auch diese Maßnahme kann negative Folgen haben. So ist ein zu couragiertes Vorgehen gegenüber den Kunden für dauerhafte Geschäftsbeziehungen nicht wirklich förderlich.

Die gewonnene Liquidität kann für drei Zwecke verwendet werden: **Finanzierung** unternehmerischer Kapazitäten, **Schuldentilgung** oder **Ausschüttung** an die Eigentümer. Soweit diese auf eine Ausschüttung verzichten, verbleibt die generierte Liquidität im Unternehmen. Diesen Verzicht nennt man auch **Thesaurierung** oder **Selbstfinanzierung**. Dieser Vorgang stellt die letzte der eingängigen Innenfinanzierungsmöglichkeiten dar und wird bei Kapitalgesellschaften durch die Dotierung der Rücklagen (siehe Kapitel 2.2.2.1) vollzogen. Bei Einzelkaufleuten und Personengesellschaften erfolgt die Gutschrift auf dem jeweiligen Kapitalkonto, über das der Eigentümer verfügen kann. In dem Umfang, in dem keine Entnahme vorgenommen wird, erfolgt hier die Thesaurierung. Da dieser Prozess transparent ist, spricht man auch von der **offenen** Selbstfinanzierung. Genau betrachtet ist der Finanzierungseffekt größer als die Rücklagendotierung der Kapitalgesellschaft bzw. die Nicht-Entnahme des Personengesellschafters. Die Ursache ist, dass der Gewinn nicht durch den Jahresabschluss-, sondern kontinuierlich entsteht und mit den Ein- und Auszahlungen finanziell wirksam wird. Einen schematischen Überblick liefert die Abbildung 1.4.

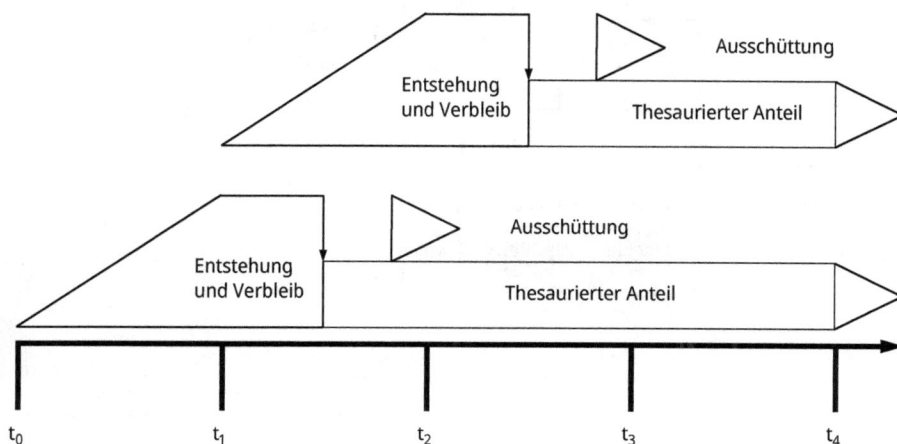

**Abb. 1.4:** Schema der Gewinnfinanzierung.

Der untere Teil in der Abbildung zeigt die Gewinnerzielung im ersten Jahr, gekennzeichnet durch $t_0$ und $t_1$. Zur Vereinfachung wird eine kontinuierliche Gewinnentstehung vom 01.01. bis zum 31.12. unterstellt. Diese Liquidität steht dem Unternehmen zur Verfügung. Nach dem Ablauf des Geschäftsjahres erfolgt die Erstellung des Jahresabschlusses und damit auch die Gewinnermittlung. Bis zur Ausschüttung verbleibt der komplette Gewinn im Unternehmen. Die Ausschüttung ist in der Abbildung am 30.06. des Folgejahres angenommen; erfolgt sie früher, verringert sich der volle Finanzierungszeitraum und umgekehrt. Unabhängig davon ist zum 30.06. des Folgejahres ($t_1$ bis $t_2$) bereits die Hälfte des Gewinns aus der zweiten Periode entstanden (oberer Teil), sodass sich die Gewinne der einzelnen Jahre überlappen. Diese schematische Darstellung beruht auf folgenden Prämissen:
– Das Unternehmen erwirtschaftet einen Gewinn und keinen Verlust.
– Der Gewinn entsteht tatsächlich kontinuierlich über den Jahresverlauf. Dies dürfte grundsätzlich für viele Unternehmen tendenziell richtig sein. Angehörige von saisonabhängigen Branchen, wie die der Landwirtschaft, werden andere Entstehungsverläufe aufweisen.
– Der Gewinn basiert nicht auf unbaren Erträgen, wie beispielsweise Zuschreibungen.

Von der offenen Selbstfinanzierung ist die **stille** Form zu unterscheiden. Diese wird vollzogen, indem Aktiva unter- bzw. Fremdkapital überbewertet wird. Den systematischen Wirkungszusammenhang verdeutlicht Abbildung 1.5.

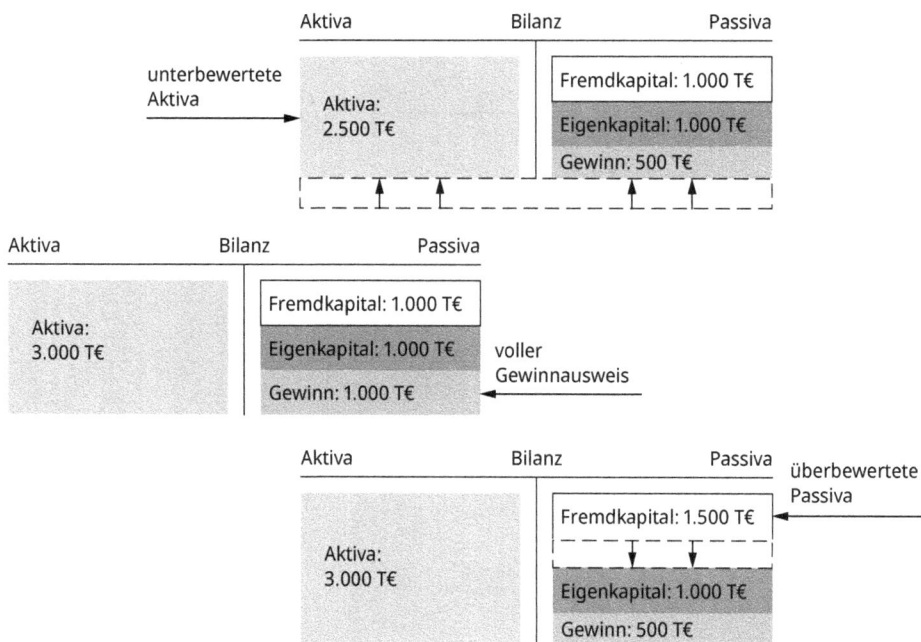

**Abb. 1.5:** Mechanismus der stillen Selbstfinanzierung.

Es wird deutlich, dass in der Ausgangssituation ein Gewinn von 1.000 T€ erwirtschaftet wurde, der für die Ausschüttung oder die offene Thesaurierung zur Verfügung steht. Zwei Ansatzpunkte der stillen Thesaurierung sind zu unterscheiden:

**(1)** Indem die **Aktiva geringer** bewertet wird als ökonomisch erforderlich, steigt der Aufwand, wodurch Gewinn und Aktiva reduziert werden. Basiert die Reduzierung auf Maßnahmen, die auch steuerrechtlich wirken, verringert sich die Steuerlast und entsprechend der ausschüttungsfähige Gewinn. Die Abschreibung der geringwertigen Wirtschaftsgüter ist eine solche Maßnahme. Greift die Maßnahme nur in der Handelsbilanz, wirkt das Unternehmen im veröffentlichten Jahresabschluss weniger erfolgreich, hat dadurch aber keinen steuerlichen Vorteil.

**(2)** Eine **Überbewertung** der **Passiva** führt zwar nicht zu einer Bilanzverkürzung, sorgt aber in Konsequenz auch für eine Gewinnreduzierung. Die **materiellen Konsequenzen** sind mit der anderen Form der Selbstfinanzierung identisch.

**Stille Reserven**, die hier gebildet werden, führen zu einem Timelag zwischen Gewinnanfall und -verwendung (Anteilseigner und ggf. Fiskus). Die Liquidität fließt folglich erst später ab und wirkt bonitätsverbessernd. Geplante Investitionen können aus eigenen Mitteln – zumindest teilweise – realisiert werden. Somit wird das Eigenkapital weiter wertschöpfend im Unternehmen verwendet. Hiermit verbessert sich die

Verhandlungsposition gegenüber den Akteuren der Außenfinanzierung. Jedoch ist diese Finanzierungsvariante nicht unumstritten:

- Die Verschiebung der **Steuerzahlung** belastet die Volkswirtschaft.
- Durch die Gewinnreduzierung werden die Eigentümer bevormundet, erleiden zumindest einen **Zinsnachteil** und verlieren eventuell Teile ihrer Einkünfte. Insbesondere bei börsennotierten Aktiengesellschaften ist fraglich, ob die aktuellen Eigentümer bei der zukünftigen Gewinnausschüttung noch Anteilseigner sind.
- Zudem wird der Markt in seiner **Allokationsfunktion** behindert. Würden die Gewinnanteile ausgeschüttet, könnte die Unternehmung wieder darum konkurrieren. Durch das „Verstecken" wird dieser Wettbewerb vermieden.

Die komplexeren Möglichkeiten werden in Kapitel 1.6 detailliert aufgezeigt.

### 1.1.2.2 Grundlegende Profile der Außenfinanzierungsmöglichkeiten

Wird Geld durch Dritte – auch die Eigentümer zählen hierzu – dem Unternehmen zur Verfügung gestellt, spricht man von der Außenfinanzierung (siehe den rechten Teil in Abbildung 1.3). Diese existiert in vielerlei Ausprägungen. In Abhängigkeit von der Auswahl unterscheidet sich die Rechtsstellung des Geldgebers. In Konsequenz wird die Passivseite der Bilanz anders ausgestaltet und die Fristigkeit der bereitgestellten Mittel variiert. Das Profil einer Finanzierung durch Fremd- bzw. Eigenkapital lässt sich mithilfe folgender Kriterien beschreiben:

**(1)** Kapazität

(a) Fremdkapital: Bei (sehr) schlechter **Bonität** wird ein Unternehmen nur schwerlich einen Finanzier finden. Folglich ist die Kapazität sehr gering. Bei einer guten Bonität sind die Kreditgeber (nahezu) unbegrenzt bereit, dem Schuldner Mittel zur Verfügung zu stellen.

(b) Eigenkapital: Die Aufbringung dieser Finanzquelle hängt von der **Anzahl der Gesellschafter** sowie von deren verfügbaren Mitteln ab. Unternehmen mit einer großen Anzahl an Eigentümern – wie börsennotierte Aktiengesellschaften – haben hier vergleichsweise gute Möglichkeiten (siehe Kapitel 2.3).

**(2)** Vergütung

(a) Fremdkapital: In den meisten Fällen wird für diese Finanzierungsquelle ein **fester Zinssatz** gezahlt. Positiv ist, dass beide Parteien über eine verlässliche Kalkulationsgrundlage verfügen. Negativ ist jedoch für den

- Kreditnehmer: Die so vereinbarten Fixkosten können im Falle wirtschaftlicher Probleme stark belasten.
- Kreditgeber: das begrenzte Ertragspotenzial, auch in dem Fall, wenn der Kreditnehmer mit dem Fremdkapital überproportional verdient.

(b) Eigenkapital: Die Vergütung des/der Eigentümer stellt den „**Rest**" des Erfolgs dar. Wie groß dieses **Residualeinkommen** ist, hängt vom Erfolg des Unternehmens ab.

**(3)** Steuerliche Handhabung

(a) Fremdkapital: Gezahlte Zinsen sind **Aufwand** der Periode und verringern das steuerpflichtige Einkommen.

(b) Eigenkapital: Der erwirtschaftete Gewinn ist **steuerpflichtig**.

    – Handelt es sich um eine Personengesellschaft oder einen Einzelunternehmer, so erfolgt die Besteuerung im Rahmen der **Einkommensteuererklärung**. In Konsequenz wird die individuelle Situation des Unternehmers wie Familienstand, Kinderanzahl und Gesamteinkünfte berücksichtigt.

    – Gewinne juristischer Personen werden auf Gesellschaftsebene mit der **Körperschaftssteuer**, dem **Solidaritätszuschlag** sowie der **Gewerbesteuer** belastet.

    – Werden Gewinne der Kapitalgesellschaft an die Anteilseigner ausgeschüttet, sind diese beim Anleger genauso wie **Zinseinkünfte** mit der Kapitalertragssteuer und dem Solidaritätszuschlag belastet. Gegebenenfalls wird zusätzlich Kirchensteuer erhoben.

**(4)** Stellung von Sicherheiten (siehe im Detail Kapitel 4)

(a) Fremdkapital: In **Abhängigkeit** vom Kreditbetrag, der Kreditnehmerbonität, der Laufzeit etc. variiert die Besicherung zwischen Null und einem Wert von mehr als 100 %. Ursache der **Überbesicherung** ist, dass Banken nur Teile des aktuellen Wertes als Sicherheit anrechnen, um im Krisenfall ausreichend geschützt zu sein. Wenn ein Kredit beispielsweise mit Gold besichert wird und dessen voller Tageswert herangezogen würde, wäre die Bank immer dann gefährdet, wenn im Moment des Kreditausfalls der Goldpreis stärker gesunken ist als Tilgungszahlungen geflossen sind.

(b) Eigenkapital: Hier erfolgt **niemals** eine Besicherung.

**(5)** Einfluss auf unternehmerische Entscheidungen

(a) Fremdkapital: Der Gläubiger hat (formaljuristisch) **keinen Anspruch** darauf, bei unternehmerischen Entscheidungen mitzuwirken. Ob im Einzelfall diese Regelung durch die (inoffizielle) Verknüpfung unternehmerischer Entscheidungen und der Kreditbewilligung nicht doch ausgehebelt wird, ist nicht vollständig auszuschließen.

(b) Eigenkapital: Der **Einfluss** auf die Geschicke des Unternehmens ist (zumindest marginal) vorgesehen.

**(6)** Verfügbarkeit

(a) Fremdkapital: Meist sind klare **Termine** fixiert. Gegebenenfalls erfolgt auch eine stillschweigende Verlängerung (Prolongation).

    – Soweit es sich um **börsennotierte** Verbindlichkeiten des Schuldners handelt, kann der Gläubiger seine Forderung an einen Dritten (problemlos) verkaufen. Hierbei sind Kursverluste nicht auszuschließen (siehe Kapitel 5.3.2).

    – Über andere Forderungen kann eventuell durch den Einsatz von **Factoring** (siehe Kapitel 3.2.3.1) vor Fälligkeit verfügt werden.

(b) Eigenkapital: Börsennotierte **Aktien** können analog der Gläubigerpapiere verkauft werden. Teilhaber an **Personengesellschaften** können mit einer sechsmonatigen Frist zum Jahresende ihre Einlage zurückfordern, haften aber mindestens fünf Jahre nach Austritt für Altschulden (§§ 132 und 160 HGB).

**(7)** Rückzahlung

(a) Fremdkapital: Die Kreditgeber haben einen **Anspruch** auf volle **Tilgung** des zur Verfügung gestellten Kapitals. Die Situation, dass der Anspruch erfüllt wird, ist in der geplanten Auflösung einer AG in Tabelle 1.1 visualisiert.

(b) Eigenkapital: Wird das Unternehmen aufgelöst, haben die Eigentümer nach Tilgung aller Verbindlichkeiten einen **quotalen Anspruch** auf den verbleibenden Überschuss. Die Details der Quotierung hängen von der Rechtsform ab. Materiell kann es sein, dass die Eigentümer ihr eingesetztes Kapital nicht komplett wiederbekommen oder ihnen ein höherer Betrag zufließt. Die Konstellation, dass die Eigentümer mehr erstattet bekommen als sie eingesetzt haben, zeigt ebenfalls die Konstellation der geplanten Auflösung einer AG.

**Tab. 1.1:** Haftung und Rückzahlungsanspruch in verschiedenen Situationen.

| Geplante Auflösung einer AG | | | |
|---|---|---|---|
| **Aktiva** | **Bilanz** | | **Passiva** |
| AV | 100 | EK | 50 |
| UV | 100 | FK | 150 |
| BS | 200 | BS | 200 |

| Insolvenz einer AG | | | |
|---|---|---|---|
| **Aktiva** | **Bilanz** | | **Passiva** |
| AV | 100 | EK | 50 |
| UK | 100 | FK | 150 |
| BS | 200 | BS | 200 |

**Situation:**
- Das Unternehmen wird aufgelöst.
- Die Aktiva wird für 210 T€ verkauft, was passiert?
  - Der Liquidationserlös enthält stille Reserven und reicht aus, um die Schulden zu tilgen.
  - Die Fremdkapitalgeber erhalten ihre Forderungen komplett erstattet.
  - Der bzw. die Eigenkapitalgeber erhalten nicht nur das bilanzielle Eigenkapital von 50 T€ erstattet, sondern 10 T€ (= 20 %) mehr.

**Situation:**
- Das Unternehmen gerät in die Krise und wird aufgelöst.
- Die Aktiva wird für 100 T€ (not-)verkauft, was passiert?
  - Der Liquidationserlös reicht nicht aus, um die Schulden zu tilgen.
  - Die Fremdkapitalgeber erhalten im Durchschnitt 2/3 ihrer Forderungen.
  - Der bzw. die Eigenkapitalgeber verlieren ihr eingesetztes Kapital.

**(8)** Haftung

(a) Fremdkapital: Der Anspruch auf volle Rückzahlung impliziert auch, dass Gläubiger – formal – **nicht haften**. In der Realität kommen auch andere Konstellationen vor, wie das Beispiel „Insolvenz einer AG" in Tabelle 1.1 verdeutlicht.

(b) Eigenkapital: In Abhängigkeit von der Rechtsform werden zwei Konstellationen unterschieden: Die Eigentümer haften ausschließlich mit dem versprochenen Kapital oder sogar **darüber hinaus**, ggf. mit ihrem ganzen privaten Vermögen.

## 1.2 Wirkung des Leverage-Effekts

### 1.2.1 Grundlagen

Die Tatsache, dass Fremdkapitalgeber (meist) eine fixe Vergütung erhalten und den Eigenkapitalgebern das Residualeinkommen zusteht, wurde im Rahmen des Profils der Finanzquellen (siehe Kapitel 1.1.2.2) bereits thematisiert. Ökonomisch stellt sich die Frage, ob die Kapitalstruktur – das Verhältnis von Eigen- zu Fremdkapital in der Bilanz – sinnvoll gestaltet werden kann. Der Wirkungszusammenhang von **Kapital-strukturanpassungen** und ihren Konsequenzen auf das Eigenkapital nennt man **Leverage-Effekt**. Funktionell gilt:

$$\mathbf{EKR = UR + (UR - FKZ) \cdot (FK \div EK)}$$

Mit:
- EKR = Eigenkapitalrendite
- UR = Unternehmensrendite
- FKZ = Fremdkapitalzins
- FK = Fremdkapital
- EK = Eigenkapital

Die Wirkungsweise des Leverage-Effekts verdeutlicht Fallstudie 1.

---

**Fallstudie 1**

**Ausgangslage:**
Der Kauf einer Maschine
- erfordert 60 T€ an Kapital, das komplett aus Eigenkapital gedeckt werden kann,
- würde bei einer ausschließlichen Eigenkapitalfinanzierung annahmegemäß einen operativen Erfolg von 10 T€ erzielen.

**Aufgabenstellung:**
Die Bank bietet eine Finanzierung – jeweils in Blöcken zu 15 T€ für 8 % an. Ergibt eine Kreditaufnahme Sinn?

**Lösung:**

| eingesetztes EK (T€) | eingesetztes FK (T€) | operativer Erfolg (T€) | Zinsaufwand (T€) | Erfolg (T€) | EKR (%) |
|---|---|---|---|---|---|
| 60 | 0 | 10 | 0,0 | 10 | 16,7 |
| 45 | 15 | 10 | 1,2 | 8,8 | 19,6 |
| 30 | 30 | 10 | 2,4 | 7,6 | 25,3 |
| 15 | 45 | 10 | 3,6 | 6,4 | 42,7 |
| 0 | 60 | 10 | 4,8 | 5,2 | ∞ |

**Erkenntnis:**
Mit jedem Euro Fremdkapital, der hier aufgenommen wird, sinkt der absolute Erfolg des Unternehmens.
Gleichzeitig steigt die **Eigenkapitalrendite**!

Ist der Einsatz von Fremdkapital uneingeschränkt zu befürworten, um die Eigenkapital-rendite zu steigern? Problematisch ist in der Realität, dass die Rendite des Unternehmens oder des zu finanzierenden Projekts nicht sicher einzuschätzen ist. Solange die geplante Rendite der Fallstudie erreicht wird, wirkt der Leverage-Effekt positiv. Die Auswirkun-gen, wenn statt dem geplanten Szenario mit einer Maschinenrendite von 16,7 % nur eine von 5 % erzielt wird, zeigt Tabelle 1.2.

**Tab. 1.2:** Unterschiedliche Hebelrichtungen des Leverage-Effekts.

| EK (T€) | FK (T€) | Projekterfolg (16,7 %) | | | Projekterfolg (5 %) | | |
|---------|---------|-----------|-----------|---------|-----------|-----------|---------|
| | | Zinsen (T€) | Erfolg (T€) | EKR (%) | Zinsen (T€) | Erfolg (T€) | EKR (%) |
| 60 | 0 | 0,0 | 10,0 | 16,7 | 0,0 | 3,0 | 5,0 |
| 45 | 15 | 1,2 | 8,8 | 19,6 | 1,2 | 1,8 | 4,0 |
| 30 | 30 | 2,4 | 7,6 | 25,3 | 2,4 | 0,6 | 2,0 |
| 15 | 45 | 3,6 | 6,4 | 42,7 | 3,6 | −0,6 | −2,0 |
| 0 | 60 | 4,8 | 5,2 | ∞ | 4,8 | −1,8 | -∞ |

Es ist offensichtlich, dass die Eigenkapitalrendite mit steigendem Eigenkapital gegen + bzw. – unendlich strebt. Man nennt diesen Zusammenhang auch das **Finanzierungs-** oder **Kapitalstrukturrisiko**. Die (eventuell) zu hohen Zinsen lassen sich operativ nicht kompensieren. Wenn sich die Planrenditen nicht realisieren lassen, kann das Residual-einkommen der Anteilseigner negativ werden. In Abhängigkeit von der Rechtsform droht eventuell eine Nachschusspflicht oder gar die Insolvenz.

Hieraus stellt sich eine ganz zentrale Frage der Steuerung: An welcher **Zielgröße** wird das Unternehmen ausgerichtet – dem Absolutgewinn, der Eigenkapitalrendite oder einer Kombination? Diese Entscheidung ist unternehmensintern zu treffen und determi-niert folglich die (angestrebte) Kapitalstruktur. In der Realität gilt es aber, noch folgende **Aspekte** zu beachten:

- Die Fremdkapitalgeber fordern aufgrund des höheren Ausfallrisikos (siehe Tabelle 1.1) eine höhere Risikoprämie; der Zinssatz steigt mit zunehmender Ver-schuldung(-squote).
- Mit zunehmender Ertragschance steigt auch das Risiko der Eigentümer, wie Tabelle 1.2 verdeutlicht, sodass auch hier die erwartete Rendite steigt.
- Die höheren Erwartungshaltungen bedeuten eine höhere Benchmark für das Ma-nagement.
- Eine Maximierung der Eigenkapitalrendite bis zu dem Punkt, an dem die Rendite der letzten Investition nur noch marginal höher ist, als der Fremdkapitalzins, dürfte

wenig hilfreich sein. Die Gefahr, dass die Planungen verfehlt werden und der Hebel negativ wirkt, ist vermutlich für viele Entscheider zu groß.

- Mit einem weitestgehenden Verzicht auf Kreditaufnahmen steht eine Option der Risikobegrenzung zur Verfügung.
- Ohne Fremdkapital wären die meisten Unternehmen gar nicht handlungsfähig, da den Eigentümern oft die Mittel fehlen, um den kompletten Geschäftsbetrieb selbst zu finanzieren.

### 1.2.2 Weiterführende Betrachtungen

Die im vorherigen Punkt dargestellten Inhalte sind natürlich richtig und entsprechen der Standarddarstellung. Jedoch ist hier ausschließlich die Perspektive des Unternehmens im Fokus. Verändert man die Perspektive in Richtung der Person des Unternehmers, ist die bislang vorgenommene Betrachtung um die Frage zu erweitern: Was passiert mit dem **freigesetzten Eigenkapital**? Den Unternehmenseigner interessiert am Ende des Tages das Gesamteinkommen aus seinem Eigenkapital. Dieses setzt sich aus zwei Bestandteilen zusammen: dem Unternehmenserfolg und dem Erfolg aus seinen anderen Portfolien, die hier als Alternativanlage zusammengefasst sind. Der grundlegende Zusammenhang ist in Abbildung 1.6 visualisiert.

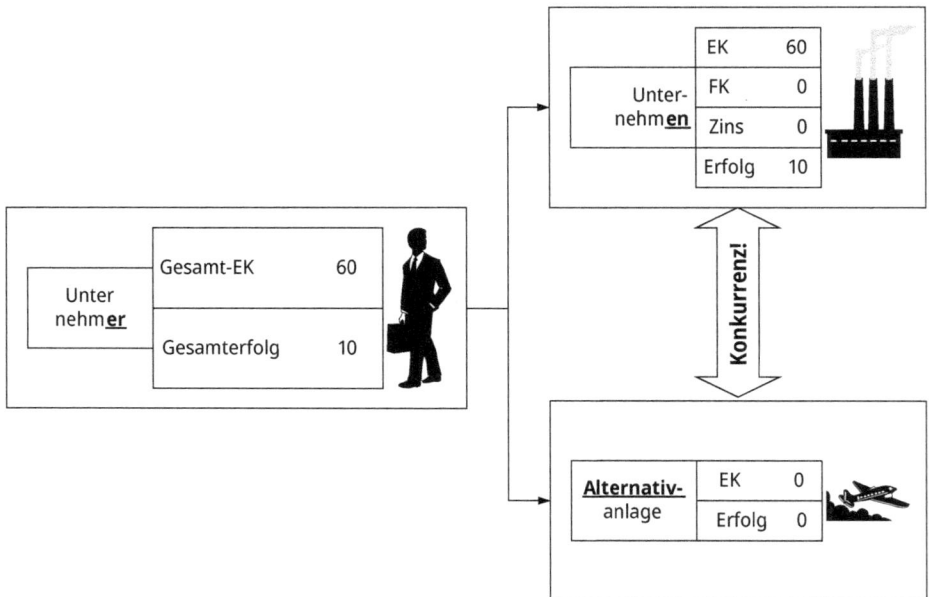

**Abb. 1.6:** Erweiterte Perspektive des Leverage-Effekts.

Es ist deutlich, dass die Alternativanlage intern mit dem Invest in das Unternehmen konkurriert. Dies hat zur Konsequenz, dass jeder Euro, der nicht im Unternehmen als Eigenkapital gebunden ist, anders anlegbar ist und auf der anderen Seite natürlich auch eine entsprechende Rendite erzielen muss, um das Einkommen auf der Eigentümer-ebene nicht zu reduzieren.

---

**Fallstudie 2**

**Ausgangslage:**
Fortsetzung Fallstudie 1
– Die bisherigen Prämissen sind nach wie vor gültig.
– Der Unternehmer hat ausschließlich 60 T€ an Eigenkapital.

**Aufgabenstellung:**
Jeder Euro, der nicht in die Maschine investiert wird, fließt in eine Alternativanlage zu 6 %. Mit welchem Fremdkapitalanteil erzielt der Eigentümer die höchste Rendite auf sein gesamtes Eigenkapital?

**Lösung:**

| EK gesamt (T€) | EK im Unternehmen (T€) | EK alternativ (T€) | Unternehmens-erfolg (T€) | Alternativ-erfolg (T€) | Gesamt-erfolg (T€) | EKR (%) Unternehmen | EKR (%) Unternehmer |
|---|---|---|---|---|---|---|---|
| 60 | 60 | 0 | 10,0 | 0,0 | 10,0 | 16,7 | 16,7 |
| 60 | 45 | 15 | 8,8 | 0,9 | 9,7 | 19,6 | 16,2 |
| 60 | 30 | 30 | 7,6 | 1,8 | 9,4 | 25,3 | 15,7 |
| 60 | 15 | 45 | 6,4 | 2,7 | 9,1 | 42,7 | 15,2 |
| 60 | 0 | 60 | 5,2 | 3,6 | 8,8 | ∞ | 14,7 |

**Erkenntnisse:**
– Die steigende Unternehmensrendite, die durch die Zuführung von Fremdkapital erreichbar ist, kann bei den gegebenen Parametern nicht auf das gesamte Eigenkapital übertragen werden.
– Solange der Finanzierungszins der Bank höher ist als die Rendite der Alternativanlage, bedeutet eine Kreditaufnahme eine Einkommensreduzierung auf Unternehmerebene.
– Verlockend in der Planung ist die Annahme, die freigesetzten Mittel in eine bzw. mehrere Maschine(n) zu investieren, um damit eine Vervielfachung des Erfolgs zu generieren. Jedoch ist unklar, ob der Markt die gesteigerten Ausbringungsmengen aufnimmt. Dies ist im Einzelfall zu prüfen.

---

# 1.3 Grundlagen der Finanzplanung

## 1.3.1 Dean-Modell

Auch das **Dean-Modell** thematisiert den richtigen **Einsatz des Kapitals**. Soweit das Unternehmen ertragsorientiert agiert, bildet der Grenzzinssatz der letzten Investition den absoluten Maximalzinssatz, der akzeptiert werden darf.

**Fallstudie 3**

**Ausgangslage:**

Ein Unternehmen hat drei Möglichkeiten zu investieren und drei Finanzierungsalternativen (siehe Tabellen „Anlagemöglichkeiten" und „Finanzierungsmöglichkeiten"). Die Investitionen sind nicht teilbar und auch die Finanzierungsmöglichkeiten können nur insgesamt abgerufen werden.

Anlagemöglichkeiten:

| Investition | Volumen (T€) | Rendite (%) | Ertrag (T€) |
|---|---|---|---|
| 1 | 150 | 21 | 31,5 |
| 2 | 150 | 16 | 24,0 |
| 3 | 150 | 12 | 18,0 |

Finanzierungsmöglichkeiten:

| Kredit | Volumen (T€) | Zins (%) | Ertrag (T€) |
|---|---|---|---|
| 1 | 200 | 11 | 22,0 |
| 2 | 100 | 15 | 15,0 |
| 3 | 150 | 19 | 28,5 |

**Aufgabenstellung:**

Wie muss das Unternehmen agieren, um seinen Erfolg zu maximieren?

**Lösung:**

Eine Gegenüberstellung der Investitions- und Finanzierungsmöglichkeiten visualisiert die Abbildung „Erfolgsorientiertes Matching zwischen Investition und Finanzierungsquelle":

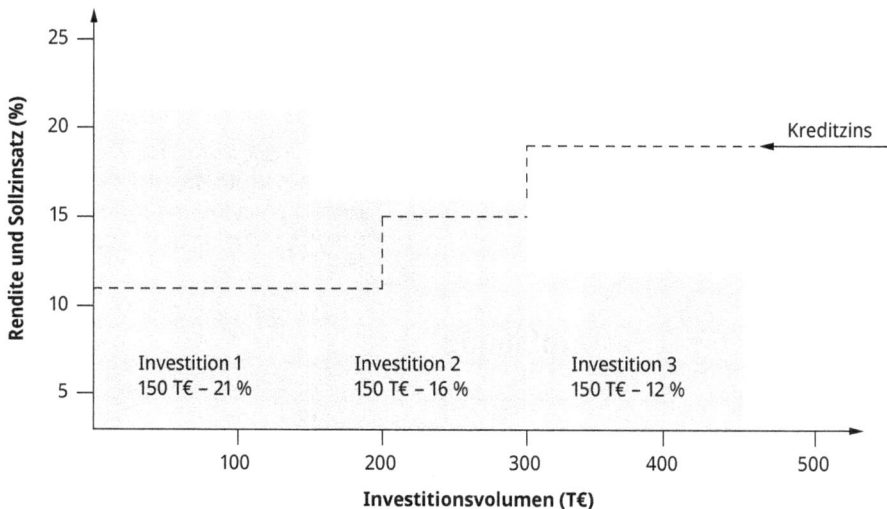

Erfolgsorientiertes Matching zwischen Investition und Finanzierungsquelle.

Analog zum Leverage-Effekt stellt sich auch hier die Frage nach der richtigen Steuerungsgröße. Wird ein Unternehmen am Gesamtgewinn oder an der Rentabilität ausgerichtet?

Wenn die erste Investition mit der ersten Finanzierungsalternative umgesetzt wird, erzielt das Unternehmen 9,5 T€ an Erfolg, selbst wenn die 50 T€ Kapitalüberhang unverzinst auf einem Konto gehalten werden. Gemessen an dem investierten Kapital entspricht dies einer Rendite von 6,33 %. Da nur mit Investitionen ein Risiko verbunden ist, bildet diese die Basis zur Renditeberechnung. Mit der Aufnahme der zweiten Finanzierungsquelle lässt sich auch die zweitbeste Investitionsalternative realisieren. Der Gesamterfolg steigt auf 18,5 T€. Gleichzeitig reduziert sich die Verzinsung des investierten Kapitals auf 6,17 %. Soweit das Unternehmen auf Renditebasis geführt wird, ist auf die zweite Investition zu verzichten.

Neben der Orientierung am Gesamtgewinn oder der Rentabilität ist noch eine weitere Ausrichtung möglich: die **Kapazität**. Dieser Parameter findet in privatwirtschaftlichen Unternehmen vergleichsweise selten Anwendung, weist jedoch für **öffentliche Akteure** eine gewisse Attraktivität auf. Mit diesem Ansatz käme ein öffentliches Unternehmen zu dem Ergebnis, alle drei Investitionen umzusetzen. In Konsequenz würde der Gesamtgewinn auf 8 T€ und die Rendite auf 1,78 % sinken. Methodisch wird die ertragsstärkste Investition mit der teuersten Finanzierung kombiniert, wie Abbildung 1.7 verdeutlicht. Auf diese Weise generieren alle Investitionen einen Überschuss. Der eigentliche Mehrwert ist in diesem Fall nicht in dem finanzwirtschaftlichen Vorteil zu sehen, sondern in der damit generierten Beschäftigung zusätzlicher Mitarbeiter, weiterer Aufträge an Zulieferer etc.

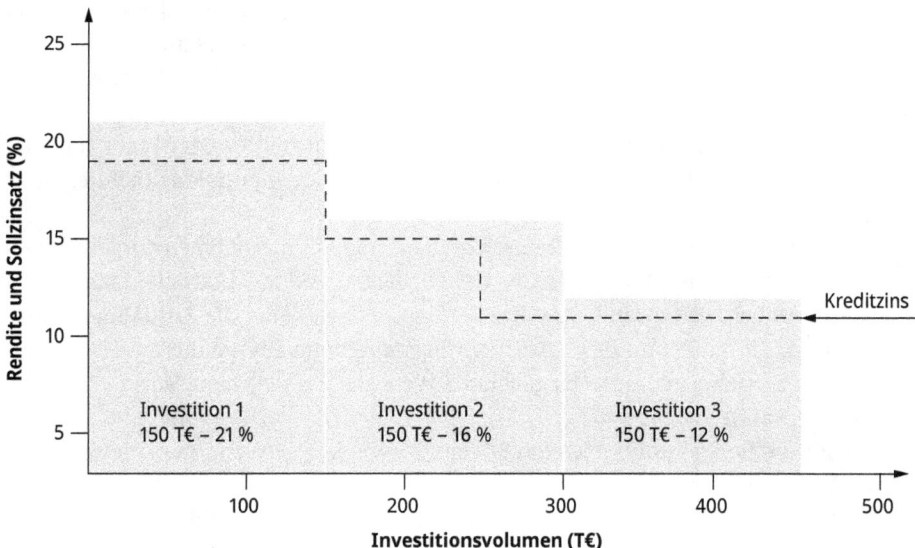

**Abb. 1.7:** Kapazitätsorientiertes Matching zwischen Investition und Finanzierungsquelle.

So eingängig das Modell ist, muss bei seiner Übertragung – wie bei fast allen Vereinfachungen – Augenmaß gehalten werden. Durch die Ungewissheit der Zukunft und der damit verbundenen Unsicherheit der Erträge erscheint eine Ausrichtung an dem **Grenzzinssatz** zumindest gewagt. Die Gefahr von signifikanten Verlusten ist bei einem solchen Vorgehen sehr groß. In der Realität werden die Investitionen unterschiedliche Laufzeiten aufweisen, ein Faktor, der ebenfalls zu berücksichtigen ist. Zudem muss natürlich auch die Darstellbarkeit durch die unternehmerischen Ressourcen geprüft werden. Der Verzicht auf eine unattraktive Einzelinvestition wird dann zum Problem, wenn diese eine Voraussetzung für ertragsstärkere Projekte darstellt. Interpretiert man die gesamte Passivseite als **Manövriermasse**, so kommt das Modell zu fragwürdigen Ergebnissen: Da das Eigenkapital per definitionem Kapital mit dem höchsten Verzinsungsanspruch ist, müsste auf dieses komplett verzichtet werden. Aus diesen Gründen werden die weitergehenden Ansätze zu diesem Themenfeld nicht weiterverfolgt.

### 1.3.2 Ermittlung des erforderlichen Kapitals

Vergegenwärtigt man sich noch einmal den betrieblichen Finanzierungsprozess aus Abbildung 1.1, so erkennt man, dass zwei große Teilbereiche zu finanzieren sind: das Anlagevermögen – die betriebliche Infrastruktur – sowie das Umlaufvermögen – der betriebliche Leistungsprozess.

Bei einem Unternehmen, das sich nicht in der Gründung oder massiven Expansion befindet, ist der Mittelbedarf für das Anlagevermögen aus dem Status quo ablesbar.

Bei der Ermittlung des **Umlaufvermögens** sind eine Vielzahl von Facetten zu berücksichtigen:
– Handelt es sich bei dem Unternehmen um einen Dienstleister oder Produzenten?
– Soweit produziert wird: Welches ist der dominierende Inputfaktor (Löhne, Material etc.)?
– Soweit die Planung für ein in Deutschland ansässiges Unternehmen vorgenommen wird, erscheint eine Differenzierung der Personalkosten in Gehalt und Löhne nicht mehr wirklich zielführend, da echte Fertigungslöhne heute die Ausnahme bilden. Wie ist das Produktions- bzw. Dienstleistungsprogramm ausgestaltet?
– Ist mit Preisschwankungen zu rechnen? Wenn ja, auf welchem Markt (Ein- und/oder Verkauf)?
– Gewähren die Lieferanten Kredite? Wenn ja, wie lange? Wenn nein, bestehen sie auf Vorkasse?
– Fordern die Marktbedingungen, dass den eigenen Kunden ein Ziel eingeräumt wird?

Die Problematik wird anhand von Fallstudie 4 verdeutlicht.

**Fallstudie 4**

**Ausgangslage:**

Ein Unternehmer möchte für seine geplante Selbstständigkeit seinen Finanzbedarf ermitteln. Auf Anlagevermögen wird in der Gründungsphase komplett verzichtet. Stattdessen werden die erforderlichen Gegenstände geleast (siehe Kapitel 3.2.2). Pro Monat fallen 15 T€ an zahlungswirksamen Fixkosten für Mitarbeiter und Mieten an. Es werden Waren aus Indien importiert.

- Vorkasse ist in Indien üblich, obwohl der Transport insgesamt vier Monate dauert.
- 30 % der Ware werden sofort abgenommen und bezahlt, 30 % der Zahlung erfolgen nach einem Monat und die restlichen 40 % erhält das Unternehmen nach zwei Monaten.
- Die Marge beträgt 40 %.
- Die erste Bestellung beträgt 100 T€. Um lieferfähig zu bleiben, soll jeden zweiten Monat eine weitere Bestellung – jeweils 50 T€ höher als die vorherige – erfolgen. Ab einer Bestellmenge von 300 T€ erfolgt keine weitere Ausweitung.
- Das Thema „Umsatzsteuer" bleibt ohne Ansatz.

**Aufgabenstellung:**

Wie hoch ist der Finanzbedarf zum Ende des ersten Jahres?

**Lösung:**

| Monat | 1 | 2 | 3 | 4 | 5 | 6 | 7 | 8 | 9 | 10 | 11 | 12 |
|---|---|---|---|---|---|---|---|---|---|---|---|---|
| Fixkosten | −15 | −15 | −15 | −15 | −15 | −15 | −15 | −15 | −15 | −15 | −15 | −15 |
| Lieferung 1 | −100 | | | | 42 | 42 | 56 | | | | | |
| Lieferung 2 | | | −150 | | | | 63 | 63 | 84 | | | |
| Lieferung 3 | | | | | −200 | | | | 84 | 84 | 112 | |
| Lieferung 4 | | | | | | | −250 | | | | 105 | 105 |
| Lieferung 5 | | | | | | | | | −300 | | | |
| Lieferung 6 | | | | | | | | | | | −300 | |
| Summe | −115 | −15 | −165 | −15 | −173 | 27 | −146 | 48 | −147 | 69 | −98 | 90 |
| Gesamt | −115 | −130 | −295 | −310 | −483 | −456 | −602 | −554 | −701 | −632 | −730 | −640 |

**Erkenntnis:**

Der Kapitalbedarf steigt bereits im ersten Jahr bis auf 730 T€ an.

Mit dem Ergebnis aus Fallstudie 4 ist ein wichtiger Erkenntnisfortschritt verbunden, jedoch stellt sich als Folge die Frage der aufwandsminimierenden Deckung. Hierzu sei unterstellt, dass

- der Kreditbedarf bereits zum jeweiligen Monatsbeginn besteht.
- der Gründer ein Eigenkapital von 100 T€ bereitstellt, kurzfristige Finanzierungen für 12 % und Darlehensfinanzierungen für 8 % möglich sind.

Zudem sei angenommen: Das Eigenkapital, das zwar Opportunitätskosten, aber keinen Aufwand verursacht, wird zuerst zur Finanzierung eingesetzt. Offen ist, wie der verbleibende Finanzbedarf zu decken ist.

Wird der maximal verbleibende Kreditbedarf von 630 T€ durch ein Darlehen abgedeckt, entstehen Zinskosten in Höhe von 50,4 T€ (= 630 T€ · 8 %). Da in elf von zwölf Monaten der Bedarf kleiner als die Finanzierung ist, entstehen Leerkosten.

Wenn der verbleibende Kreditbedarf komplett durch die kurzfristige Finanzierung abgedeckt wird, d. h., es wird nur der Kreditbetrag in Anspruch genommen und mit Zinskosten belegt, der auch wirklich in Anspruch genommen wird, entstehen Zinskosten in Höhe von 44,48 T€, wie aus Tabelle 1.3 ersichtlich wird.

Mit einer Darlehensaufnahme von 210 T€ wäre es in den ersten vier Monaten nicht erforderlich, kurzfristige Mittel aufzunehmen. Stattdessen bestünde in den ersten drei Monaten ein Liquiditätsüberhang. Selbst wenn dieser unverzinslich in der Kasse gehalten wird, lassen sich die Finanzierungskosten auf 39,98 T€ minimieren. Diese setzen sich aus den 16,8 T€ für das Darlehen und den Zinskosten der einzelnen Monate zusammen, die in Tabelle 1.4 aufgeführt sind.

**Tab. 1.3:** Monatliche Zinskosten bei einer kompletten kurzfristigen Finanzierung (T€).

| Monat | 1 | 2 | 3 | 4 | 5 | 6 | 7 | 8 | 9 | 10 | 11 | 12 |
|---|---|---|---|---|---|---|---|---|---|---|---|---|
| Bedarf | 115 | 130 | 295 | 310 | 483 | 456 | 602 | 554 | 701 | 632 | 730 | 640 |
| Eigenkapital | 100 | 100 | 100 | 100 | 100 | 100 | 100 | 100 | 100 | 100 | 100 | 100 |
| Restbedarf | 15 | 30 | 195 | 210 | 383 | 356 | 502 | 454 | 601 | 532 | 630 | 540 |
| Zinsaufwand | 0,15 | 0,30 | 1,95 | 2,10 | 3,83 | 3,56 | 5,02 | 4,54 | 6,01 | 5,32 | 6,30 | 5,40 |

**Tab. 1.4:** Monatliche Zinskosten der kurzfristigen Finanzierung (T€) bei gleichzeitiger Darlehensfinanzierung.

| Monat | 1 | 2 | 3 | 4 | 5 | 6 | 7 | 8 | 9 | 10 | 11 | 12 |
|---|---|---|---|---|---|---|---|---|---|---|---|---|
| Bedarf | 115 | 130 | 295 | 310 | 483 | 456 | 602 | 554 | 701 | 632 | 730 | 640 |
| Eigenkapital | 100 | 100 | 100 | 100 | 100 | 100 | 100 | 100 | 100 | 100 | 100 | 100 |
| Restbedarf | 15 | 30 | 195 | 210 | 383 | 356 | 502 | 454 | 601 | 532 | 630 | 540 |
| Darlehen | 210 | 210 | 210 | 210 | 210 | 210 | 210 | 210 | 210 | 210 | 210 | 210 |
| Überschuss | 195 | 180 | 15 | | | | | | | | | |
| Defizit | | | | 0 | 173 | 146 | 292 | 244 | 391 | 322 | 420 | 330 |
| Zinsaufwand | 0,00 | 0,00 | 0,00 | 0,00 | 1,73 | 1,46 | 2,92 | 2,44 | 3,91 | 3,22 | 4,20 | 3,30 |

Das gleiche ökonomische Ergebnis lässt sich erzielen, wenn ein Darlehen von 356 T€ aufgenommen wird. Hierdurch fallen in acht Monaten geringere Kontokorrentzinsen an, bei gleichzeitig steigenden Darlehenskosten.

Das hier diskutierte Vorgehen stellt somit ein eingängiges Grundmodell dar, das bei Bedarf noch anpassungsfähig ist. So sind beispielsweise
- die Warenzu- und -abgänge weiter aufspaltbar,
- die auszahlungswirksamen Kosten, die nicht mit der Bestellung verbunden sind, monatlich differenzierbar,

- die Fremdkapitalquellen erweiterungsfähig,
- die Wirkungen der Vor- und Mehrwertsteuer einbeziehbar.

## 1.4 Ausgewählte Kennziffern der Finanzwirtschaft

Um sich Kapital zu beschaffen, muss das Unternehmen die Anleger davon überzeugen, dass es erfolgversprechend aufgestellt ist. Man spricht in diesem Zusammenhang auch von der **Bonitätsanalyse** (siehe Kapitel 3.1.2) und meint damit die wirtschaftliche Situation des Unternehmens oder auch einer Privatperson. Traditionell kommt bei der Beurteilung bilanzierender Unternehmen dem **Jahresabschluss** eine große Bedeutung zu. So sollen Erkenntnisse über die Ertragsstärke, die Finanzkraft und die Vermögenssituation generiert werden. Da Absolutwerte bei Unternehmen verschiedener Größe nicht hilfreich sind, ist die Ermittlung von Kennzahlen erforderlich. Aussagefähig werden diese Kennziffern aber erst, wenn sie im Kontext der Branche und der historischen Entwicklung verglichen werden.

Die **Kennzahlen der Finanzwirtschaft** stellen somit einen Baustein der Bilanzanalyse dar, die in ihrem gesamten Umfang angesichts der hier verfolgten Thematik nicht darstellbar ist. An den Ergebnissen haben unterschiedliche Personen(-gruppen) Interesse:

**(1)** Personen aus dem Unternehmen: Manager und Mitarbeiter

(a) erhalten teilweise Gehaltsbestandteile, die von Bilanzkennziffern abhängig sind,

(b) haben ein originäres Interesse an den Zukunftsaussichten des Unternehmens, die sich (teilweise) aus Bilanzrelationen ableiten lassen.

**(2)** Das Unternehmen als soziales Gebilde ist an Bilanzkennziffern der Konkurrenz interessiert. Sind die eigenen (Miss-)Erfolge für das Unternehmen spezifisch oder ist die ganze Branche von ähnlichen Effekten betroffen?

**(3)** Weitere Stakeholder, die Interesse an der (finanzwirtschaftlichen) Situation des Unternehmens haben, sind

(a) Gläubiger: Wie sicher bzw. risikoreich ist das verliehene Geld angelegt?

(b) Eigentümer: Wie hoch fällt der Gewinn aus? Droht eventuell sogar eine Nachschusspflicht?

(c) potenzielle Eigentümer und Gläubiger: Lohnt ein Investment in dieses Unternehmen?

(d) Fiskus: Wie hoch ist der Erfolg des Unternehmens und damit die Steuereinnahme?

(e) Gewerkschafter: Soweit Haustarifverträge vereinbart werden, hat die ökonomische Situation des Unternehmens einen signifikanten Einfluss?

(f) Anwohner, Politiker etc.: Kann dauerhaft damit gerechnet werden, dass das Unternehmen als Arbeitgeber in der Region aktiv ist?

Die **Kennzahlenanalyse** stellt den finalen Schritt im Rahmen der Bilanzanalyse dar, nachdem im Vorfeld die einzelnen Bilanzpositionen zu Gruppen aggregiert, deren Gesamtwert ermittelt und für die Gruppen Prozentwerte ausgewiesen wurden. Das Ergebnis wird auch als aufbereitete Bilanz bezeichnet. Ein Beispiel visualisiert Tabelle 1.5.

**Tab. 1.5:** Beispiel einer aufbereiteten Bilanz[1].

| Aktiva | | | aufbereitete Bilanz | Passiva | |
|---|---|---|---|---|---|
| | (T€) | (%) | | (T€) | (%) |
| Anlagevermögen | 810 | 54 | Eigenkapital | 600 | 40 |
| immaterielles AV | 150 | 10 | | | |
| Sachanlagen | 585 | 39 | Schulden | 900 | 60 |
| Finanzanlagen | 75 | 5 | mit langer Laufzeit | 300 | 20 |
| Umlaufvermögen | 690 | 46 | mit mittlerer Laufzeit | 300 | 20 |
| Vorräte | 210 | 14 | mit kurzer Laufzeit | 300 | 20 |
| Forderungen | 490 | 26 | | | |
| Liquidität | 90 | 6 | | | |
| Bilanzsumme | 1.500 | 100 | Bilanzsumme | 1.500 | 100 |

[1]Der eiserne Bestand wird mit 50 T€ angenommen.

Im Rahmen der Finanzanalyse stehen die **Kapitalstruktur** und ihr Zusammenwirken mit der Aktivseite sowie mit Größen der GuV im Fokus. Letztendlich soll das **Finanzierungsrisiko** des Unternehmens bewertet werden. Die Kennzahlen der Bilanzanalyse lassen sich unterschiedlich systematisieren. Im gegebenen Zusammenhang bilden die Strukturkennziffern, die durch die Aufbereitung der Bilanz **(Strukturbilanz)** schon vorliegen, die erste Gruppe. Hierbei ist zu beachten, dass bei der Laufzeitbetrachtung auf die **Restlaufzeit** abzustellen ist und die Einteilungskriterien gemäß §§ 268 V und 285 I HGB anzuwenden sind.

**(1) Eigenkapitalquote**

(a) Berechnung: **Eigenkapital · 100 ÷ Bilanzsumme**

(b) Interpretation:
- Je höher diese Quote ist, desto mehr Haftungsmasse steht für die Gläubiger im Insolvenzfall zur Verfügung (siehe Tabelle 1.1), sodass das Risiko sinkt, bei der Unternehmensauflösung Kredite zu verlieren.
- Wieso kam es zu einer Veränderung der Kennziffer im Zeitverlauf? Aus den Erfolgen des Unternehmens? Oder haben die Eigentümer Geld eingebracht/ entnommen?
- Mit der Höhe wird auch die Wirkung des **Leverage-Effekts** determiniert.

(c) Ausprägung in der Beispielbilanz: 40 %

(d) Würdigung: 40 % dürfte in vielen Branchen ein guter Wert sein.

**(2) Quote des langfristigen Fremdkapitals**

(a) Berechnung: **langfristiges Fremdkapital · 100 ÷ Bilanzsumme**

(b) Interpretation:

- Im Zusammenwirken mit dem Eigenkapital ergibt sich der **Finanzpool**, der für Investitionen in das Anlagevermögen am Bilanzstichtag zur Verfügung steht.
- Gegebenenfalls erfordert die längere Vertragslaufzeit einen höheren Zinssatz (siehe Kapitel 2.1.3.1).

(c)  Ausprägung in der Beispielbilanz: 20 %

(d)  Würdigung: Ob 20 % ein guter Wert ist, kann erst in Verbindung mit der Aktivseite beurteilt werden.

**(3)  Quote des mittelfristigen Fremdkapitals**

(a)  Berechnung: **mittelfristiges Fremdkapital · 100 ÷ Bilanzsumme**

(b)  Interpretation:

- Aufgrund der großen Zeitspanne, die hier abgebildet wird, ist eine Einordnung schwierig. Eine Restlaufzeit von einem Jahr und wenigen Tagen ist vom Profil her einer kurzfristigen Finanzierung ähnlich. Analog gilt die Aussage für Verbindlichkeiten, die eine Restlaufzeit haben, die nur knapp unter fünf Jahren liegt.
- Eventuell spielen auch Kostenerwägungen eine Rolle, da langfristige Finanzierungen überproportional teuer waren.

(c)  Ausprägung in der Beispielbilanz: 20 %

(d)  Würdigung: siehe langfristiges Fremdkapital

**(4)  Quote des kurzfristigen Fremdkapitals**

(a)  Berechnung: **kurzfristiges Fremdkapital · 100 ÷ Bilanzsumme**

(b)  Interpretation:

- Diese Finanzquelle stellt regelmäßig die wichtigste Quelle zur Finanzierung des **Umlaufvermögens** dar. Aus den Liquiditätsgraden ergibt sich, dass das gesamte Umlaufvermögen größer sein soll als diese Verbindlichkeitenklasse.
- Eventuell spielen hier auch Kostenerwägungen eine Rolle, da langfristige Finanzierungen überproportional teuer waren.

(c)  Ausprägung in der Beispielbilanz: 20 %

(d)  Würdigung: siehe „(2) Quote des langfristigen Fremdkapitals"

**(5)  Anlagenintensität**

(a)  Berechnung: **Anlagevermögen · 100 ÷ Bilanzsumme**

(b)  Interpretation:

- Die Anlageintensität ist ein Maßstab für die Reaktionsfähigkeit des Unternehmens auf Auslastungsveränderungen.
- Mit steigendem Anlagevermögen erhöht sich der Fixkostenanteil aus Zinsen, Abschreibungen etc., sodass das Unternehmen bei geringer Auslastung eher wirtschaftliche Probleme bekommt.

(c)  Ausprägung in der Beispielbilanz: 54 %

(d)  Würdigung: Ohne Konkretisierung der Branche ist dieser Wert nicht zu beurteilen.

- Für Unternehmen, deren Geschäftsbetrieb eine umfangreiche betriebliche Infrastruktur erfordert, scheint der Wert angemessen.

- Würde es sich hier um ein Beratungsunternehmen handeln, wäre der Wert zumindest erklärungsbedürftig.

Die zweite Gruppe der Kennziffern stellt Bezüge zwischen Aktiv- und Passivseite dar und richtet den Blick auf die Höhe des Destabilisierungsrisikos. Einen Überblick über die Zusammenhänge gibt Abbildung 1.8.

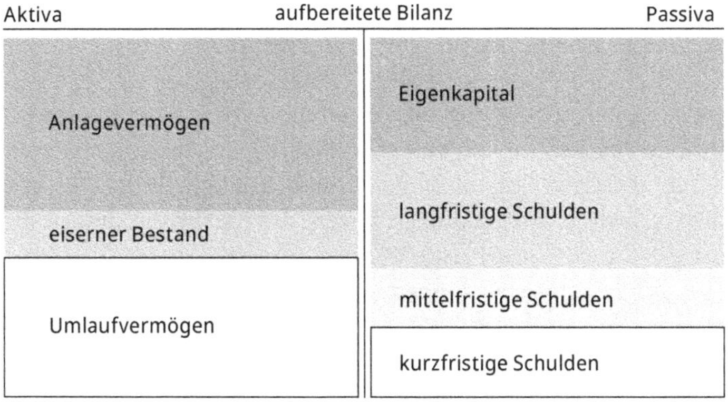

Aktiva          aufbereitete Bilanz          Passiva

| Anlagevermögen | Eigenkapital |
| --- | --- |
|  | langfristige Schulden |
| eiserner Bestand |  |
| Umlaufvermögen | mittelfristige Schulden |
|  | kurzfristige Schulden |

**Abb. 1.8:** Überblick über das Destabilisierungsrisiko.

**(1) Anlagendeckungsgrad 1**
(a) Berechnung: **Eigenkapital · 100 ÷ Anlagevermögen**
(b) Interpretation:
- Nach der **goldenen Bilanzregel** im engeren Sinne soll diese Kennzahl wenigstens 100 % betragen.
- Wird der Anspruch erfüllt, ist das Unternehmen von einer Anschlussfinanzierung zu (ggf.) schlechteren Konditionen unabhängig.
- Wie ökonomisch sinnvoll dieser Anspruch ist, kann zumindest diskutiert werden.
- Wenn ein Unternehmen aus einer **anlageintensiven Branche** diese Vorgabe erfüllt, ist ein hohes Eigenkapital erforderlich. Hierdurch wird der Einsatz des Leverage-Effekts (siehe Kapitel 1.2) stark eingeschränkt.
(c) Ausprägung in der Beispielbilanz: 74 % – in Abbildung 1.8 wird dies deutlich, da das Eigenkapital kleiner als das Anlagevermögen ist.
(d) Würdigung: Bei einer Deckung von weniger als 100 % konnte das Unternehmen nicht sein komplettes Anlagevermögen durch eigene Mittel finanzieren und hat damit diesen Anspruch verfehlt.
**(2) Anlagendeckungsgrad 2**
(a) Berechnung: **(Eigenkapital + langfristiges Fremdkapital) · 100 ÷ (Anlagevermögen + eiserner Bestand)**

Unter dem **eisernen Bestand** wird der Anteil des Umlaufvermögens verstanden, der zwar formaljuristisch jederzeit liquidiert werden könnte, aber zur Aufrechterhaltung der Handlungsfähigkeit nicht zur Disposition steht.

(b) Interpretation:
- Nach der goldenen Bilanzregel im weiteren Sinne soll diese Kennzahl wenigstens 100 % betragen.
- Bei einer kompletten Deckung ist das Unternehmen bis zur Fälligkeit des Fremdkapitals nicht von einer Anschlussfinanzierung zu (ggf.) schlechteren Konditionen abhängig.
- Gleichzeitig kann das Ziel der Eigenkapitalrentabilität – bei positivem Geschäftsverlauf – besser verfolgt werden.

(c) Ausprägung in der Beispielbilanz: 105 % – diesen Zusammenhang erkennt man in Abbildung 1.8 daran, dass das Eigenkapital und das langfristige Fremdkapital größer sind als das Anlagevermögen.

(d) Würdigung: Der Mindestanspruch ist hier erfüllt.

**(3) Liquidität 1. Grades**

(a) Berechnung: **Liquidität der 1. Stufe · 100 ÷ kurzfristige Schulden**

Die Liquidität der 1. Stufe umfasst **Bargeldbestände, Guthaben** bei Kreditinstituten sowie Schecks. Es erscheint sinnvoll, die Wertpapiere des Umlaufvermögens ebenfalls in diese Position aufzunehmen. Der Verkauf kann durch das betrachtete Unternehmen gesteuert werden und der Mittelzufluss erfolgt binnen zwei Börsentagen (siehe Kapitel 2.1.1).

(b) Interpretation:
- Anteil der kurzfristigen Verbindlichkeiten, der sofort rückführbar ist
- Wie hoch die Benchmark formuliert ist, hängt von der Branche und der Bonität des Unternehmens ab. Eine Tochtergesellschaft in einem starken Konzern, kann sich im Zweifel sehr geringe Werte leisten, da durch die Muttergesellschaft die Zahlungsbereitschaft gesichert wird. Zudem gefährdet eine hohe Liquidität die Rendite, da diese Positionen nicht ertragsstark sind.

(c) Ausprägung in der Beispielbilanz: 30 %

(d) Würdigung: Der Wert dürfte durch die Banken in den meisten Branchen als hinreichend akzeptiert werden. Eventuell wird die Struktur der mittelfristigen Verbindlichkeiten hinterfragt. Überschreitet der größte Teil gerade eben die Jahresgrenze oder sind diese über den kompletten Zeitraum verteilt?

**(4) Liquidität 2. Grades**

(a) Berechnung: **Liquidität der 2. Stufe · 100 ÷ kurzfristige Schulden**

Die Liquidität der 2. Stufe umfasst die Liquidität der 1. Stufe + **Außenstände aus Lieferung und Leistung.** Soweit die Wertpapiere des Umlaufvermögens nicht bereits in der Liquidität der 1. Stufe berücksichtigt sind, werden sie hier miteinbezogen.

(b) Interpretation:
- Anteil der kurzfristigen Verbindlichkeiten, der getilgt werden kann, wenn die eigenen Kunden ihren Verpflichtungen nachkommen oder die Forderungen ver-

kauft werden; dies sollte noch mit vergleichsweise überschaubarem Aufwand möglich sein.

- Die Überlegungen zur Liquidität der 1. Stufe sind auch hier gültig. Kundenforderungen binden natürlich auch Liquidität, jedoch gehören sie zum Leistungsprozess und sind somit Teil der Wertschöpfung und oft unvermeidbar. Soweit die Position nicht überproportional groß ist, besteht kein Widerspruch zum Rentabilitätsziel.

(c) Ausprägung in der Beispielbilanz: 193 %

(d) Würdigung: Dieser Wert dürfte in den meisten Branchen als sehr hoch gelten. Hier wird deutlich, dass der vergleichsweise hohe Anteil an mittelfristigen Verbindlichkeiten zu einer Verbesserung der Kennziffer beiträgt.

**(5) Liquidität 3. Grades**

(a) Berechnung: **Liquidität der 3. Stufe · 100 ÷ kurzfristige Schulden**

Die Liquidität der 3. Stufe umfasst die Liquidität der 2. Stufe + **Vorräte**.

(b) Interpretation:

- Anteil der kurzfristigen Verbindlichkeiten, der getilgt werden kann, wenn das gesamte Umlaufvermögen liquidiert wird; der Verkauf der eigenen Vorräte wird oft vergleichsweise teuer sein.
- Die Überlegungen zur Liquidität der 1. Stufe sind auch hier gültig. Gebundenes Kapital verursacht natürlich auch hier Zinskosten. Der **Umfang** der **Vorratshaltung** ist schwer zu beurteilen. Eine Just-in-Time-Anlieferung stellt einen Verbesserungsansatz dar. Gleichzeitig wird das Unternehmen störanfällig. Soweit die Beschaffung problematisch ist, ist hier ein hoher Wert zu rechtfertigen. Auch die Bevorratung der Fertigprodukte hängt von der Branche ab. So sind beispielsweise die Verhältnisse in der Automobil- und der Feuerwerksindustrie signifikant unterschiedlich.

(c) Ausprägung in der Beispielbilanz: 230 %

(d) Würdigung: Die Aussagen der beiden bisherigen Liquiditätsgrade gelten analog. Gleichzeitig verdeutlicht Abbildung 1.8 den systematischen Zusammenhang: Solange das Eigenkapital mit den langfristigen Schulden das Anlagevermögen einschließlich eisernem Bestand übersteigt (Anlagendeckung 2), wird die Liquidität der dritten Stufe immer größer als 100 % sein.

**(6) Working Capital**

(a) Berechnung: **Umlaufvermögen – kurzfristige Verbindlichkeiten**

(b) Interpretation: Diese angelsächsische Kennziffer thematisiert den gleichen Sachverhalt wie die Liquidität 3. Grades. Um sie über Unternehmensgrenzen vergleichen zu können, ist ein Bezug auf eine andere Größe wie die Bilanzsumme erforderlich.

(c) Ausprägung in der Beispielbilanz: 390 T€

(d) Würdigung: Auch hier wird deutlich, dass die mittelfristigen Schulden einen positiven Effekt auf die Kennziffer haben.

Auf die **Erfolgssituation** stellt die dritte Gruppe der Kennziffern ab. Hierbei handelt es sich teilweise um grundlegende Zusammenhänge, die bereits im Rahmen des Leverage-Effekts angesprochen wurden. In Tabelle 1.6 sind die ergänzenden GuV-Informationen zur Beispielbilanz enthalten.

**Tab. 1.6:** Ergänzende GuV-Informationen zur Beispielbilanz.

| Position | (T€) |
|---|---|
| Umsatzerlöse | 250 |
| – zahlungswirksamer Aufwand | 100 |
| – Abschreibungen auf das Anlagevermögen | 24 |
| = operatives Ergebnis | 126 |
| – Zinsaufwand | 30 |
| – Erfolgssteuern | 48 |
| = Jahresüberschuss | 48 |

**(1) Eigenkapitalrentabilität**
(a) Berechnung: **Jahresüberschuss · 100 ÷ Eigenkapital**
   Der Erfolg ist um außerordentliche Einflussgrößen zu bereinigen.[1]
(b) Interpretation: Vorteilhaftigkeit der Anlage in das Unternehmen gemessen an Vergleichsgrößen aus Eigentümersicht
(c) Ausprägung im Beispiel: 8 %
(d) Würdigung: Soweit der Erfolg nachhaltig ist, kann die Verzinsung – innerhalb einer Niedrigzinsphase – als attraktiv eingestuft werden.

**(2) Gesamtkapitalrentabilität**
(a) Berechnung: **(Gewinn + Fremdkapitalzinsen) · 100 ÷ Bilanzsumme**
(b) Interpretation:
   – insgesamt Vorteilhaftigkeit der Anlage in das Unternehmen gemessen an Vergleichsgrößen; mit dieser Kennziffer sind Unternehmen auch mit stark unterschiedlicher **Eigenkapitalausstattung** vergleichbar.
   – Solange die Gesamtkapitalrentabilität über den Zinskosten für Fremdkapital liegt, kann die Eigenkapitalrentabilität durch zusätzliche Aufnahme von Fremdkapital gesteigert werden (Leverage-Effekt).
   – Im Rahmen der Leverage-Effekt-Betrachtung wird dieser Zusammenhang auch als Unternehmens- oder Projektrendite bezeichnet (siehe Kapitel 1.2).
(c) Ausprägung in der Beispielbilanz: 5,2 %
(d) Würdigung: Da die Eigenkapitalrentabilität größer ist als die Gesamtkapitalrentabilität, wird hier die positive Wirkung des Leverage-Effekts erkennbar.

---

1 Dieser Schritt ist auch für die Gesamt- und Umsatzrentabilität zu berücksichtigen.

**(3) Umsatzrentabilität**

(a) Berechnung: **Gewinn · 100 ÷ Umsatz**

(b) Interpretation: Ergebnisbeitrag aus 100 € Umsatz; bei Ausweitung des Marktanteils kann eine (vorübergehende) Reduzierung gewollt sein.

(c) Ausprägung in der Beispielbilanz: 19,2 %

(d) Würdigung: Von 1 € Umsatz bleiben knapp 20 Cent an Gewinn nach Steuern für die Eigentümer. Dieser Wert ist für viele Branchen (aktuell) unerreichbar.

Als vierte Gruppe werden hier Kennziffern zusammengefasst, die keiner der anderen Gruppen eindeutig zuzurechnen sind und deshalb die Kategorie „Sonstige" darstellen.

**(1) Cashflow**

(a) Pragmatische Berechnung: **Gewinn + Abschreibungen auf das Anlagevermögen**

(b) Interpretation:

- Neben dieser (vereinfachten) **Ermittlungsform** gibt es diverse weitere indirekte Ermittlungsformen. Auch die direkte Ermittlung (zahlungswirksame Erträge abzüglich zahlungswirksamer Aufwendungen) ist für das Unternehmen selbst möglich. Externen fehlt für die direkte Ermittlung regelmäßig die erforderliche Datengrundlage.

- Die **finanzwirtschaftliche Interpretation** stellt auf den Mittelzufluss des Unternehmens ab, der aus den unternehmerischen Leistungsprozessen generiert wird. Hierbei wird dem besonderen Charakter der Abschreibungen als zahlungsunwirksamen Aufwand Rechnung getragen. Die Systematik ist in Abbildung 1.9 visualisiert.

- Eine andere Betrachtungsweise rückt die **Erfolgskomponente** in den Mittelpunkt der Betrachtung. Demnach ist der Jahresüberschuss geringer als der echte Unternehmenserfolg, da die Abschreibungen regelmäßig zu hoch anfallen. Als Argument kann man die geringwertigen Wirtschaftsgüter nennen, die teilweise im Jahr der Anschaffung komplett abgeschrieben werden dürfen (§ 6 II EStG). Gleichzeitig ist der Cashflow höher als der echte Erfolg des Unternehmens. Folglich liegt der wahre Erfolg zwischen den beiden Größen.

(c) Ausprägung in der Beispielbilanz: 72 T€

(d) Würdigung: Mit den 72 T€ verbleiben knapp 29 % der Umsatzerlöse als Zahlungsmittel im Unternehmen und stehen zur Schuldentilgung, für Investitionen oder zur Ausschüttung an die Anteilseigner zur Verfügung.

**(2) Verschuldungsgrad**

(a) Berechnung: **Fremdkapital ÷ Eigenkapital · 100**

(b) Interpretation:

- Neben der Eigenkapital- und Fremdkapitalquote steht hiermit eine dritte Kennziffer zur Verfügung, die zur Analyse der Passivseite genutzt werden kann.

- Anders als die Fremd- und die Eigenkapitalquote lässt sich der Verschuldungsgrad nicht direkt aus der Strukturbilanz ablesen; vielmehr ist er separat zu berechnen.

- Der Verschuldungsgrad wird auch im Rahmen der Leverage-Betrachtung genutzt. Strebt der Verschuldungsgrad gegen unendlich, folgt die Eigenkapitalrendite nach (plus oder minus) unendlich.
(c) Ausprägung in der Beispielbilanz: 150 %
(d) Würdigung: Das Fremdkapital übersteigt das Eigenkapital um 50 %. Somit ist es für die Fortführung des Unternehmens unverzichtbar.

Trotz des Erkenntniswerts weisen die finanzwirtschaftlichen Betrachtungen wesentliche Schwächen auf:
- Revolvierende Verpflichtungen wie Gehaltszahlungen, die das Unternehmen zwingend bedienen muss, die aber nicht bilanziert werden, bleiben ohne Berücksichtigung.
- Liquiditätsreserven wie fest zugesagte Kredite werden in die Betrachtung nicht einbezogen.

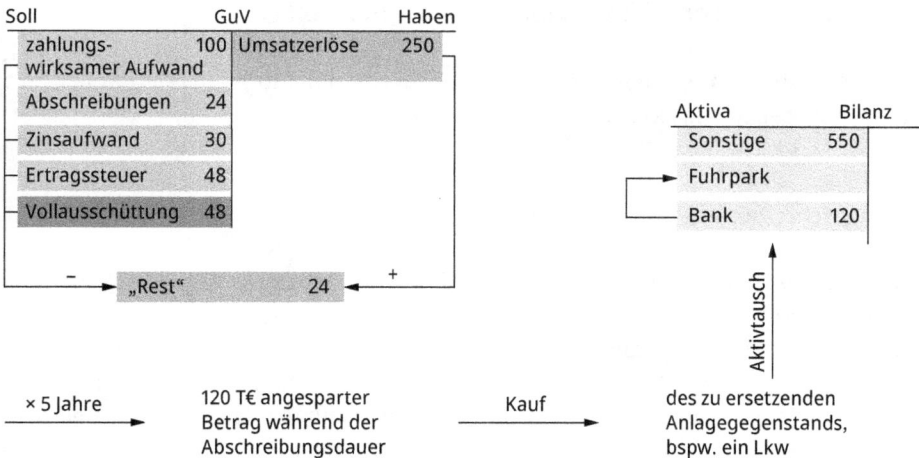

**Prozess:**
- Alle GuV-Positionen sind zahlungswirksam bis auf die Abschreibungen. Somit verbleiben nur diese – bei Vollausschüttung – als Liquidität im Unternehmen.
- In allen fünf Jahren der Abschreibungsdauer wird analog gehandelt und der Überschuss wird z. B. als Tagesgeld gesammelt.
- Zum Ende der Abschreibungsdauer steht dem Unternehmen – Preisstabilität unterstellt – die erforderliche Liquidität für die Re-Investition zur Verfügung.
- Es erfolgt der Aktivtausch: Liquidität gegen Anlagegegenstand.

**Abb. 1.9:** Abschreibung und Investitionskreislauf.

Neben den finanzwirtschaftlichen Aspekten umfasst die Bilanzanalyse weitere Facetten und bildet eine wichtige Grundlage der **Bonitätsanalyse**. So zeigt sie die Entwicklungen des Unternehmens sowie seine relative Position im Branchenvergleich. Trotzdem gilt es auch hier, **Grenzen** zu beachten. Beispielhaft sind zu nennen:

- Die im Jahresabschluss verarbeiteten Informationen sind so alt, dass sie **kein aktuelles Bild** des Unternehmens zeigen.
- Als Zeitpunktrechnungen sind Bilanzen durch gezielte Maßnahmen beeinflussbar. Man spricht auch vom **Window Dressing**.
- **Bewertungsvorschriften** verändern sich im Zeitverlauf, sodass Zeitreihenanalysen an ihre Grenzen stoßen.
- Durch das Nutzen bestehender **Wahlrechte** ist die Bilanz in einem gewissen Rahmen gestaltbar.

Zumindest die Schwachstelle der Datenaktualität kann teilweise überwunden werden. Monatliche Auswertungen, an die ein (etwas) geringerer Anspruch gestellt wird als an Jahresabschlüsse, ermöglichen aktuelle Einblicke. Dieses Zahlenwerk wird als Betriebswirtschaftliche Auswertung (BWA) bezeichnet.

## 1.5 Komplexe Innenfinanzierungsmöglichkeiten

Diese Möglichkeiten wurden in Abbildung 1.3 bereits erwähnt und ergänzen insofern die eingängigen Möglichkeiten der **Selbstfinanzierung**.

### 1.5.1 Abschreibungen als Finanzierungsoption

Ausgangspunkt ist die besondere Wirkung der Abschreibung auf den Erfolg und die Liquidität des Unternehmens. Hierbei handelt es sich um eine vollwertige Aufwandsart, die jedoch keine Liquidität beansprucht. Im Gegensatz zu den Aufwandsarten, die zu einer Abnahme der Liquidität führen, wird hier nur ein Aktivposten wertmäßig reduziert. Die Wirkung wurde bereits in Zusammenhang mit dem Cashflow und dem Investitionskreislauf (siehe Abbildung 1.9) angesprochen. **Abschreibungsfinanzierung** umfasst nur den Aufwand, welcher der Entnahme der Nutzenbündel[2] aus dem Anlagegut entspricht. Übersteigt der buchhalterische Wert den Substanzverbrauch, ist dieser Teil als stille Selbstfinanzierung zu klassifizieren.

Die Wirkung der Abschreibungsfinanzierung wird im Schrifttum als **Lohmann-Ruchti-Effekt** diskutiert. Hierbei werden zwei Varianten unterschieden:
- Kapitalfreisetzung
- Kapazitätserweiterung

---

[2] Eingängig ist das Pkw-Beispiel: Dieser wird durch Fahrten nicht verbraucht, jedoch vermindert jeder gefahrene Kilometer die ursprüngliche Kapazität.

Die **Kapitalfreisetzung** basiert auf fünf wesentlichen Prämissen:

- Die Finanzierung der ersten **Generation** der Anlagegüter wird als gegeben unterstellt.
- Das Unternehmen **kalkuliert** die Abschreibungen entsprechend des Werteverzehrs, preist diese in die Verkaufspreise ein und kann diese auch am Markt durchsetzen.
- Die **Nachfrage** reicht im Zeitverlauf aus, um die ursprünglich erworbenen Kapazitäten dauerhaft auszulasten.
- **Geldwertveränderungen** liegen nicht vor.
- Die Anlagegüter verändern sich hinsichtlich der **technischen** Ausprägungen nicht.

Ihre Wirkungsweise wird mithilfe von Tabelle 1.7 erklärt.

**Tab. 1.7:** Lohmann-Ruchti-Effekt der Kapitalfreisetzung.

| Periode | Gut 1 (T€) | Gut 2 (T€) | Gut 3 (T€) | Afa lfd. Jahr (T€) | Re-Investition (T€) | verbleibende Afa (T€) |
|---|---|---|---|---|---|---|
| 1 | $2^1$ | | | 2 | 0 | 2 |
| 2 | $2^1$ | $2^1$ | | 4 | 0 | 6 |
| 3 | $2^1$ | $2^1$ | $2^1$ | 6 | 6 | 6 |
| 4 | $2^2$ | $2^1$ | $2^1$ | 6 | 6 | 6 |
| 5 | $2^2$ | $2^2$ | $2^1$ | 6 | 6 | 6 |
| 6 | $2^2$ | $2^2$ | $2^2$ | 6 | 6 | 6 |
| 7 | $2^3$ | $2^2$ | $2^2$ | 6 | 6 | 6 |

Ein Anlagegut wird zu 6 T€ erworben und über drei Jahre **linear** abgeschrieben. Dieser Plan entspricht auch dem realen Verbrauch der Nutzenbündel. In den beiden Folgejahren erfolgt jeweils eine **Erweiterung** um eine Einheit unter gleichen Voraussetzungen.

Die Abschreibung – steuerrechtlich als Absetzung für Abnutzung bezeichnet und meist als Afa abgekürzt – des ersten Jahres beträgt 2 T€ (= 6 ÷ 3). Da das zweite Gut extern finanziert wird, verbleiben die 2 T€ als Liquidität. In Tabelle 1.7 ist diese Position als verbleibende Afa bezeichnet. Durch die Bestandserweiterung steigt die Abschreibung im zweiten Jahr auf 4 T€. Diese werden der vorhandenen **Liquidität** aus dem Vorjahr hinzugefügt. Da auch die dritte Maschine extern finanziert wird, erfolgt kein Mittelabfluss. Im dritten Jahr sind drei Maschinen abzuschreiben, wodurch ein Aufwand von 6 T€ entsteht. Diese werden zum Ende des Jahres komplett verbraucht, um das Gut, das ab dem 1.1. der vierten Periode im Unternehmen im Einsatz sein soll, zu bezahlen.

Die Hochzahlen in Tabelle 1.7 machen deutlich, welche **Generation** des Gutes jeweils im Bestand ist. Gut 1 der ersten Generation bleibt bis zum Ende der dritten Periode im Unternehmen. Für den Zeitraum $t_4$ bis $t_6$ ist die zweite Generation von Gut 1 im Unternehmen. Ab der siebten Periode ist die dritte Generation in Gebrauch.

Der Maschinenbestand erreicht ab der dritten Periode das Hochplateau. Jedes Jahr erfolgen Abschreibungen in Höhe von 6 T€, die sofort in die erforderliche Reinvestition fließen. Gleichzeitig hat das Unternehmen eine Liquiditätsreserve von 6 T€ aufgebaut. Diese würde in der Realität natürlich nicht ungenutzt gehalten, sondern zur Kapazitätserweiterung, Investition in andere Güter bzw. die Schuldentilgung verwendet werden.

Der Erkenntnisgewinn des Modells ist: Soweit die **Anfangsfinanzierung** erfolgt, kann mithilfe der **Abschreibung** der Maschinenpark konstant gehalten werden. Zusätzlich entsteht **weitere Liquidität** zur freien Verwendung.

Die **sofortige Liquiditätsverwendung** zur Kapazitätserweiterung stellt die zweite Variante des Modells dar. Hierbei wird zusätzlich unterstellt, dass auch die Kapazitätssteigerungen komplett ausgelastet werden. Die Wirkungsweise verdeutlicht Tabelle 1.8.

**Tab. 1.8:** Lohmann-Ruchti-Effekt der Kapazitätserweiterung.

| Periode | Altbestand | lfd. Afa (T€) | Maschinen | | | Liquiditätsver-Änderung (T€) | Bestand (T€) |
|---|---|---|---|---|---|---|---|
| | | | Minderung | Zugang | Bestand | | |
| 1 | 5 | 10 | 0 | 1 | 6 | +4 | 4 |
| 2 | 6 | 12 | 0 | 2 | 8 | | 4 |
| 3 | 8 | 16 | 5 | 3 | 6 | −2 | 2 |
| 4 | 6 | 12 | 1 | 2 | 7 | | 2 |
| 5 | 7 | 14 | 2 | 2 | 7 | +2 | 4 |
| 6 | 7 | 14 | 3 | 3 | 7 | −4 | 0 |

Die Konfiguration der Maschinen entspricht dem vorherigen Beispiel. Im Gegensatz dazu erfolgt hier eine Anfangsinvestition von fünf Anlagen.

- Folglich beträgt die Abschreibung in der ersten Periode 10 T€. Aus der Abschreibung kann eine neue Maschine finanziert werden. Der Bestand erhöht sich auf sechs Stück. 4 T€ verbleiben als Liquidität (= 10 T€ – 6 T€).
- In der zweiten Periode beträgt der Bestand sechs Stück, aus denen ein Abschreibungsvolumen von 12 T€ resultiert. Dieser Betrag kann exakt zum Neuerwerb von zwei Maschinen genutzt werden. Liquiditätswirkungen sind in dieser Periode nicht vorhanden. Der Bestand steigt auf acht Maschinen.
- In der dritten Periode ist eine Abschreibung von 16 T€ zu verarbeiten. Zum Ende der dritten Periode sind die ersten fünf Anlagegüter verbraucht, sodass sie entnommen werden müssen. Die freigesetzten Mittel der laufenden Periode werden durch 2 T€ aus der Liquiditätsreserve ergänzt. In Konsequenz ist der Neuerwerb von drei neuen Maschinen möglich, sodass sich der Bestand auf sechs Einheiten verändert. Zudem verbleibt eine Restliquidität in Höhe von 2 T€.
- Die sechs Einheiten führen in Periode 4 zu 12 T€ an Abschreibungen, wodurch zwei neue Einheiten finanzierbar sind. Gleichzeitig erfolgt die Minderung der einen Ma-

schine, die ab Periode 2 im Unternehmen ist. In Konsequenz bleibt die Liquidität unverändert und der Bestand steigt auf sieben Einheiten.

– Die sieben Maschinen führen in Periode 5 zu Abschreibungen im Gegenwert von 14 T€. Somit ist eine Mehrung um zwei Maschinen möglich. Gleichzeitig verändert sich der Liquiditätsbestand um 2 T€. Durch die Reduzierung der Maschinen, die bereits ab der dritten Periode im Einsatz sind, bleibt der Gesamtbestand unverändert.

– In $t_6$ ist aufgrund des Bestands wieder eine Abschreibung in Höhe von 14 T€ erforderlich. In Kombination mit der vorhandenen Liquidität von 4 T€ lässt sich der Erwerb von drei Gütern realisieren. In Folge ist die Liquidität aufgebraucht und der Bestand bleibt mit sieben Einheiten konstant, da die Minderung der drei Maschinen, die bereits ab der dritten Periode im Einsatz sind, kompensiert wird.

Insgesamt ist der Bestand ohne weitere Mittel um zwei Maschinen oder **40 %** des **Ausgangsbestands** angestiegen. Dieser bleibt im Zeitverlauf erhalten. Die Liquidität schwankt in der Zukunft zwischen 0 und 40 T€.

Neben den bereits genannten Prämissen, die so in der Realität nicht anzutreffen sind, abstrahiert das Modell von den **Kettenreaktionen**, die durch Investitionen in das Anlagevermögen ausgelöst werden. So ist eine Ausweitung des Umlaufvermögens in Form der Vorräte und Forderungen oft unumgänglich. Zudem dürften die meisten Investitionen auch Liquidität für Zahlungen an neue Mitarbeiter erfordern. Obwohl im Modell von auskömmlichen Verkaufserlösen ausgegangen wird, ist die Zeitspanne des betrieblichen Leistungsprozesses (siehe Abbildung 1.1) zu finanzieren. Ungeachtet der Einschränkungen ist die **Kernaussage** des Modells, dass **Finanzierungen** aus **Abschreibungsgegenwerten** als Teil des betrieblichen Leistungserstellungsprozesses quasi unvermeidbar sind, richtig. Daran ändert auch die Tatsache nichts, dass der Effekt unter Modellprämissen nicht komplett in die Realität übertragbar ist.

### 1.5.2 Generierung von zusätzlichem Kapital

Das Auseinanderfallen von Aufwand und Mittelfluss, welches auch die Ursache für den Finanzierungseffekt der Abschreibungen ist, wirkt auch bei den Rückstellungen. Diese stellen Schulden des Unternehmens dar, deren Höhe im Gegensatz zu den Verbindlichkeiten nicht genau bestimmbar ist. Buchhalterisch wird im Gegensatz zur Abschreibung nicht ein Aktivum verringert, sondern eine Passivposition aufgebaut. Die grundlegende Systematik ist unabhängig von der voraussichtlichen Dauer, für welche die Rückstellung gebildet wird. Jedoch ist ein kurzfristiger Finanzierungseffekt weniger attraktiv als ein langfristiger. So kommt besonders den **Pensionsrückstellungen** Bedeutung zu. Sie werden gebildet, wenn das Unternehmen seinen (ausgewählten) Mitarbeitern vertraglich zusichert, dass diese nach Erreichen des Renteneintrittsalters eine Betriebsrente erhalten. Die Ansparzeiten sind regelmäßig sehr lang. In dieser Phase macht das Unternehmen die Dotierung der Rückstellungen als **Aufwand** geltend, **ohne** dass ein

**Mittelabfluss** stattfindet. Dieser erfolgt erst nach Erreichen des Renteneintrittsalters. Wie lange die Arbeitnehmer in den Genuss der Zahlung kommen, ist im Einzelfall nicht prognostizierbar, woraus die Einstufung als Rückstellung zu begründen ist (vgl. § 249 HGB).

Die **Liquiditätswirkung** wird mittels des vereinfachten Beispiels in Tabelle 1.9 illustriert. In der Ausgangssituation (obere Konstellation) hat das Unternehmen einen Erfolg von 300 T€ vor Steuern. Der Steuersatz beträgt 30 % und es wird angenommen, dass der gesamte Erfolg thesauriert wird. So verbleibt ein Liquiditätsüberhang in Höhe von 210 T€ auf dem Bankkonto. In der unteren Konstellation liegt die identische Erfolgssituation vor. Jedoch wird zusätzlich eine (steuerlich wirksame) Rückstellung in Höhe von 100 T€ gebildet. In Konsequenz sinkt der Erfolg auf 200 T€, der eine Steuerpflicht von 60 T€ auslöst, sodass noch 140 T€ in die Rücklagen eingestellt werden. Dennoch ist der Überschuss auf dem Bankkonto gewachsen. Der unbare Aufwand für die Rückstellungsbildung reduziert den Erfolg des Unternehmens, ohne seine Liquidität zu belasten. Für die Steuer ist die Liquiditätswirkung des Aufwands aber unerheblich. Der Fiskus verlangt deshalb 30 T€ weniger an Steuern. Dieser Betrag ist der Liquiditätserfolg der Rückstellungsdotierung.

Der gleiche Sachverhalt ist auch in der ersten Betragsspalte von Tabelle 1.10 zu finden. Der Liquiditätseffekt errechnet sich, indem der Betrag aus Zeile 8 mit dem aus Zeile 5 addiert und hiervon der Wert aus Zeile 3 subtrahiert wird.

Mit der gleichen Systematik lässt sich auch die Liquiditätswirkung ermitteln, wenn der volle Betrag ausgeschüttet wird. Der Effekt von 100 T€ (= 0 + 100 − 0) ist größer als bei der Vollthesaurierung, da sich nicht nur die Steuer reduziert und als Liquidität im Unternehmen behalten wird. Auch die Ausschüttung an die Eigentümer wird verhindert und steigert die verbleibende Liquidität. Die Extremszenarien – Vollausschüttung und Vollthesaurierung – zeigen das Spektrum des Finanzierungseffekts. In der Realität wird der Finanzierungseffekt zwischen den beiden Ausprägungen liegen, da sie selten auftreten dürften.

Im Ergebnis bleibt festzuhalten, dass folgende Faktoren einen Einfluss auf die Liquiditätswirkung haben:

–   **Ausschüttungsverhalten** des Unternehmens; neben den beiden Extrempositionen des Beispiels sind auch weitere Ausprägungen möglich.
–   Nahezu selbsterklärend ist, dass die jeweiligen **Absolutbeträge** Gewinn und Rückstellungsbildung bedeutsam sind.
–   Damit ist implizit auch ausgesagt, dass eine Rückstellungsdotierung in **Verlustjahren** aus der Liquiditätsperspektive wenig sinnvoll ist.
–   Ein weiterer Parameter wird von außen für das Unternehmen definiert: die Höhe des **Steuersatzes**. Einschränkend gilt jedoch, dass er bei Vollthesaurierung seine höchste Wirkung entfaltet und an Bedeutung verliert, je mehr sich das Unternehmen der Vollausschüttung annähert.
–   Dass kurzfristige Rückstellungen nur von begrenztem Nutzen sind, wurde bereits erwähnt.
–   Zu ergänzen ist das Verhältnis von aktueller Rückstellungsnutzung zu aktueller Rückstellungsverwendung. Diese **Relation** ergibt sich u. a. aus der aktuellen und der vergangenen Personalpolitik.

**Tab. 1.9:** Kontendarstellung der Liquiditätssituation mit und ohne Rückstellungen bei Vollthesaurierung (T€).

**ohne Rückstellung**

| Soll | | Bank | Haben |
|---|---|---|---|
| Umsatzerlöse | 500 | Material | 120 |
| | | Personal | 80 |
| | | Steuern | 90 |
| | | **Überschuss** | **210** |

| Soll | | GuV | Haben |
|---|---|---|---|
| Material | 120 | Umsatzerlöse | 500 |
| Personal | 80 | | |
| Steuern | 90 | | |
| **Jahresüberschuss** | **210** | | |

| Soll | Gewinnrücklagen | Haben |
|---|---|---|
| | Zuführung | 210 |

**mit Rückstellung**

| Soll | | Bank | Haben |
|---|---|---|---|
| Umsatzerlöse | 500 | Material | 120 |
| | | Personal | 80 |
| | | Steuern | 60 |
| | | **Überschuss** | **240** |

| Soll | | GuV | Haben |
|---|---|---|---|
| Material | 120 | Umsatzerlöse | 500 |
| Personal | 80 | | |
| Rückstellung | 100 | | |
| Steuern | 60 | | |
| **Jahresüberschuss** | **140** | | |

| Soll | Gewinnrücklagen | Haben |
|---|---|---|
| | Zuführung | 140 |

| Soll | Rückstellung | Haben |
|---|---|---|
| | Zuführung | 100 |

**Tab. 1.10:** Liquiditätswirkungen durch Rückstellungsdotierung bei Vollausschüttung und -thesaurierung.

| | Zeile | GuV-Position | Ausschüttung | |
|---|---|---|---|---|
| | | | 0 % (T€) | 100 % (T€) |
| **ohne Rückstellung** | 1 | Vorsteuererfolg | 300 | 300 |
| | 2 | Steuer | 90 | 90 |
| | 3 | Rücklagendotierung | 210 | 0 |
| **mit Rückstellung** | 4 | Vorsteuererfolg | 300 | 300 |
| | 5 | Rückstellung | 100 | 100 |
| | 6 | Vorsteuererfolg II | 200 | 200 |
| | 7 | Steuer | 60 | 60 |
| | 8 | Rücklagendotierung | 140 | 0 |

Aus finanzwirtschaftlicher Perspektive sind Pensionsrückstellungen verlockend. Das Unternehmen behält Liquidität im Unternehmen und die Auszahlung erfolgt Jahrzehnte später. Finanzwirtschaftlich – **nicht** juristisch – haben Pensionsrückstellungen Eigenkapitalcharakter. Mit einer Verpflichtung, die erst nach einem Vierteljahrhundert – oder noch später – zu tilgen ist, kann ein Unternehmen „unbegrenzt" arbeiten. Gleichzeitig muss dem Entscheider klar sein, dass Pensionsrückstellungen die Zukunft des Unternehmens belasten. Dies gilt besonders, wenn

– kein Aufwand mehr entsteht, sondern nur noch die Liquidität auszuzahlen ist,
– die Mitarbeiter aufgrund demografischer Veränderungen in Summe viel älter werden als ursprünglich kalkuliert.

Angesichts des aktuellen Niedrigzinsniveaus, dass sich nicht in adäquater Weise in der steuerlichen Absetzbarkeit der Pensionsrückstellungen wiederfindet,[3] hat die Attraktivität dieses Finanzierungsinstruments stark abgenommen.

## 1.6 Außenfinanzierung durch Eigentümer ohne Börsenzugang

Die Finanzierung durch den oder die Eigentümer ist für die Unternehmen originär. Ohne dass die Eigentümer Geld und damit **Haftungsmasse** einbringen, werden kaum bis keine Fremdkapitalgeber Mittel bereitstellen. Das Profil der unterschiedlichen Finanzierungsformen war bereits Thema (siehe Kapitel 1.1.2.2). In Kapitel 1.7 geht es um die Möglichkeiten der **Eigenkapitalaufbringung** in Abhängigkeit von den verschiedenen unternehmerischen Rechtsformen. Abbildung 1.10 visualisiert den grundlegenden Zusammenhang, wenn Eigenkapital von außen in das Unternehmen eingebracht wird.

---

3 So verlangt § 6 I Nr. 3a Ziffer e EStG immer noch eine Diskontierung mit einem Zinssatz von 5,5 %.

Im Rahmen der Gründung (linke Bilanz) handelt es sich um die erste Kapitalausstattung. Das Unternehmen entsteht ökonomisch durch die Zuführung des Eigenkapitals. Soweit dieses durch Geld oder Banküberweisung erfolgt, wird Liquidität im Unternehmen aufgebaut. Soweit Sachen oder Rechte eingebracht werden,[4] entstehen andere Aktivpositionen. In Konsequenz erfolgt eine **Bilanzverlängerung** von Null bis auf die Höhe des eingebrachten Kapitals.

Strukturell entspricht die Bilanzverlängerung im Rahmen der Gründung der (Eigen-)Kapitalerhöhung, wenn das Unternehmen bereits besteht (rechte Bilanz). Der Unterschied liegt darin, dass die Kapitalaufbringung jetzt additiv wirkt, d. h., das neue Eigenkapital ergänzt die bisherigen Finanzquellen. Die damit geschaffenen Vermögensgegenstände führen zu einer Vermögensausweitung.

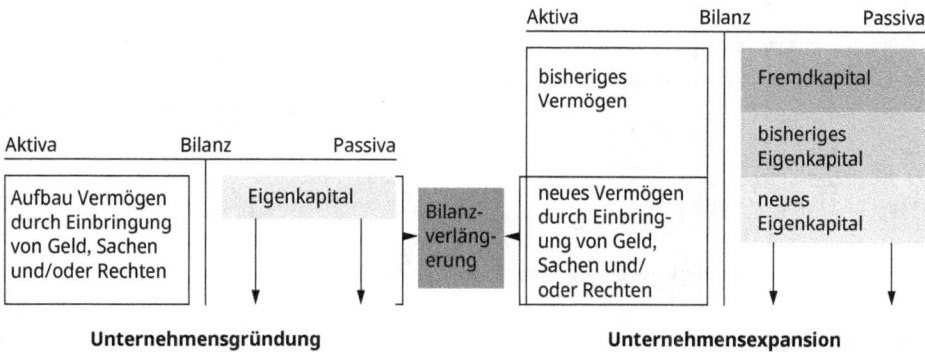

**Abb. 1.10:** Bilanzwirkung der Eigenkapitalzuführung.

In seltenen Fällen wird das zusätzlich generierte Eigenkapital auch (teilweise) für einen **Passivtausch** verwendet. In diesem Fall kommt es zu keiner Bilanzverlängerung. Stattdessen werden Teile des Fremdkapitals durch das Eigenkapital substituiert.

Die Möglichkeiten der Kapitalaufbringung hängen stark von der Rechtsform des Unternehmens ab. Einen Überblick über die wichtigsten Gesellschaftsformen gibt Abbildung 1.11.

Die in Abbildung 1.11 aufgeführten Optionen sind für die unternehmerische Praxis unterschiedlich relevant und weisen zudem differenzierte **Profile** bei der **Eigenkapitalaufbringung** sowie bei der **Haftung** auf.

---

**4** Bei der Gründung durch Sacheinlagen kommt der richtigen Bewertung der eingebrachten Gegenstände eine hohe Bedeutung zu. Juristisch ist dies besonders relevant, wenn das Unternehmen bereits kurz nach seiner Gründung in ökonomische Schwierigkeiten gerät.

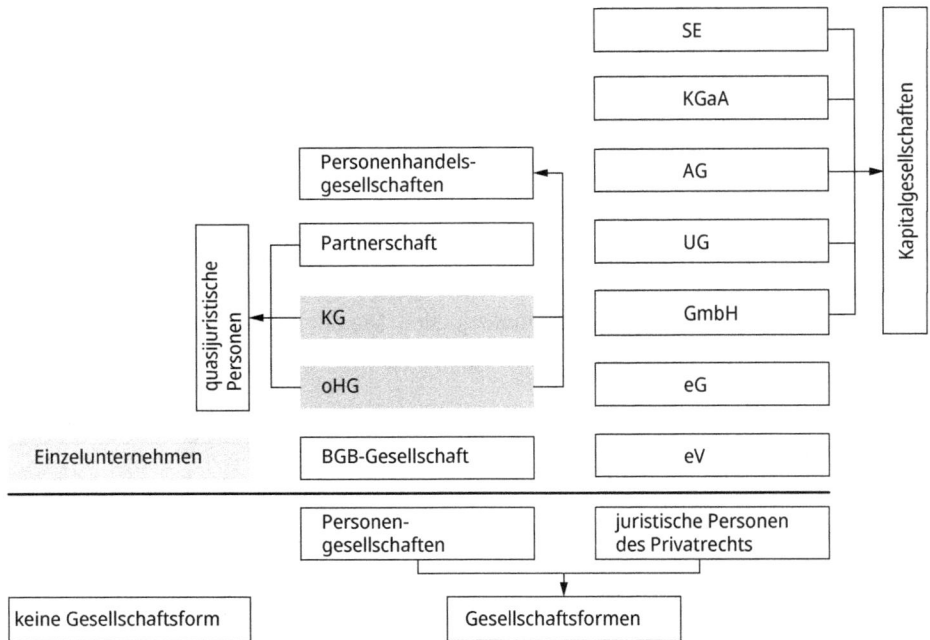

**Abb. 1.11:** Rechtliche Ausgestaltungsmöglichkeiten für Unternehmen.

## (1) Einzelunternehmen

(a) Das **Einzelunternehmen** ist durch den Inhaber, eine natürliche Person, geprägt, die das gesamte Kapital aufbringt und komplett, d. h. mit ihrem gesamten unternehmerischen Eigenkapital als auch mit ihrem privaten Vermögen, für die Schulden des Unternehmens haftet. Der Umfang, in dem der Gründer das Unternehmen mit (zusätzlichem) Eigenkapital ausstatten kann, hängt von seiner wirtschaftlichen Gesamtsituation ab. Gleichzeitig obliegt dem Inhaber des Unternehmens auch die uneingeschränkte Managementvollmacht, sodass es keine Abstimmungserfordernis mit anderen Personen gibt.

(b) Würdigung:
  – Um die eigenen finanziellen Grenzen zu erweitern, steht dem Einzelunternehmer die Möglichkeit offen, sogenannte **Eigenkapitalhilfedarlehen** zu beantragen, die ihn als Privatperson in die Lage versetzen, weitere Mittel in das Unternehmen einzubringen.
  – Gleichzeitig kann der Inhaber durch Verfügungen über sein **Privatkonto** jederzeit dem Unternehmen Finanzmittel entziehen. Seine Haftung bleibt davon unberührt.
  – Die Umfirmierung zur Aufnahme neuer Gesellschafter ist – um den Preis des Machtverlusts (siehe (2) Personengesellschaften, (c) Würdigung, sowie die Ausführungen in Kapitel 3.2.4) – ebenfalls möglich.

**(2) Personengesellschaften**

(a) Besonderheiten der Erscheinungsformen:

- **BGB-Gesellschaft**: Da das Bürgerliche Gesetzbuch die maßgebliche Rechtsgrundlage für diese Gesellschaftsform ist, trägt diese Unternehmensform das Gesetz im Namen. Auch die Abkürzung **GbR** – Gesellschaft bürgerlichen Rechts – ist gebräuchlich. Hierbei handelt es sich um keine originäre Organisationsform für Unternehmen, da diese Gesellschaft u. a. nicht in das Handelsregister[5] eingetragen werden kann und auf einen temporären Zweck ausgelegt ist. Damit ist nicht gesagt, dass es nicht auch Unternehmen in dieser Rechtsform geben kann. Das Eigenkapital wird durch die Gesellschafter aufgebracht und diese haften uneingeschränkt für die Schulden der Gesellschaft.
- **oHG**: Die offene Handelsgesellschaft ist eine Rechtsform, die hinsichtlich der Haftung und der Kapitalaufbringung der BGB-Gesellschaft entspricht. Die Gesellschafter werden als **Komplementäre** bezeichnet. Diese Rechtsform darf nur dann verwendet werden, wenn das Unternehmen ein Grundhandelsgewerbe betreibt. Die oHG ist von ihrer grundlegenden Ausrichtung her nicht befristet und sie wird in das Handelsregister eingetragen.
- **KG**: Die Kommanditgesellschaft hat (mindestens) einen Komplementär, der analog der oHG haftet und zusätzlich (mindestens einen) **Kommanditisten**, der mit einer vorher definierten Summe haftet und über keine Managementrechte verfügt. Auch hier sieht der Gesetzgeber keine zeitliche Befristung vor. Wie bei der oHG ist auch hier das Vorliegen eines Grundhandelsgewerbes erforderlich und der Eintrag in das Handelsregister hat zu erfolgen. So werden die oHG und die KG zusammen auch als **Personenhandelsgesellschaften** bezeichnet, da ihr Geschäftszweck zwingend einen Bezug zum Handel erfordert.
- **Partnerschaft**: Hierbei handelt es sich um eine Gesellschaftsform, die faktisch der oHG entspricht. Wesentlicher Unterschied ist, dass diese Gesellschaftsform für **Freiberufler** vorgesehen ist. Die Eintragung erfolgt in das **Partnerschaftsregister**, das die gleiche Wirkung erfüllt wie das Handelsregister. Der Unterschied besteht darin, dass es eine Aufstellung von Personenmehrheiten anderer Berufsgruppen darstellt.

(b) Ergänzungen:

- Anzumerken ist, dass oHG, Partnerschaft und KG auch als **quasijuristische Personen** bezeichnet werden. Hiermit ist gemeint, dass sie der juristischen Person angenähert sind, ohne den Status der juristischen Person erreicht zu haben. So besteht die Möglichkeit, als Gesellschaft einen Dritten zu verklagen. Umgekehrt kann auch die Gesellschaft verklagt werden. Gleichzeitig sind sie im Steuerrecht keine juristischen Personen, da sie selbst nicht einkommens-

---

5 Im Handelsregister sind alle Kaufleute eines Amtsgerichtsbezirks aufgelistet.

steuerpflichtig sind. Vielmehr sind die Erfolge in der persönlichen Einkommensteuererklärung der Eigentümer als Einkünfte zu versteuern.

–   Auch hier besteht die Möglichkeit, dass Gesellschafter Eigenkapitalhilfedarlehen aufnehmen.

–   Eine Ausweitung der Eigentümeranzahl bei Beibehaltung der bisherigen **Rechtsform** oder im Rahmen einer Umfirmierung stellt eine weitere Option dar.

–   Entnahmen durch Verfügungen über das jeweilige Privatkonto sind auch hier möglich.

–   Soweit ein Gesellschafter durch einen Gläubiger **direkt** für die Gesellschaft in Anspruch genommen wird, ist dies ebenfalls eine – meist **nicht freiwillige** – Form der Außenfinanzierung.

(c) Würdigung:

–   Grundsätzlich ist es natürlich vorteilhaft, die Last der Kapitalaufbringung auf mehrere Personen zu verteilen. Der Mehrbetrag hängt jedoch vom Vermögen der Beteiligten bzw. bei der KG von der versprochenen Einlage des Kommanditisten ab.

–   Hinsichtlich der Praktikabilität muss sich die Gruppe der Eigentümer dessen bewusst sein, dass sie in der BGB-Gesellschaft, der oHG und der Partnerschaft eine uneingeschränkte **Haftungsgemeinschaft** darstellen. Dies bedeutet natürlich implizit auch ein Risiko, da Fehler und **Unredlichkeiten** eines Inhabers auch die anderen treffen. Gleichzeitig ist die Managementkompetenz des Einzelnen zumindest im Innenverhältnis – dem verabredeten Umgang miteinander – eingeschränkt. Bei der oHG und der Partnerschaft gibt es zumindest noch einen weiteren Gesellschafter, der das Unternehmen auch im Außenverhältnis komplett vertreten darf. Der Komplementär einer KG hingegen ist alleiniger Manager, soweit es neben ihm nur einen (mehrere) Kommanditist(en) gibt.

**(3) Juristische Personen des Privatrechts**

(a) Besonderheiten der Erscheinungsformen:

–   Der eingetragene Verein **(eV)** ist die Rechtsform, die als Zusammenschlussform für Sportbegeisterte etc. dient, und in das Vereinsregister einzutragen ist. Somit wird diese Personenform für unternehmerische Tätigkeiten eher in Ausnahmefällen eingesetzt. Beispiele für ein Verwischen zwischen Unternehmertum und Vereinstätigkeit sind Fußballklubs, deren Mannschaften in Profiligen spielen.

–   Die eingetragene Genossenschaft **(eG)** ist eine Selbsthilfeorganisation, die nicht (primär) auf Gewinnerzielung abstellt, sondern ihre Gesellschafter (Genossen) fördern möchte. Die Kapitalaufbringung erfolgt durch die Mitglieder. Neben der Variante, dass die Genossen nur mit dem eingebrachten Kapital haften, gibt es die Form, dass eine betraglich begrenzte bzw. sogar eine unbegrenzte **Nachschusspflicht** verabredet wird. Das Management erfolgt durch den Vorstand, der durch den Aufsichtsrat bestimmt wird. Die Einflussnahme der Mitglieder erfolgt in der General- bzw. Hauptversammlung. Mit Ausnahme der Mitgliederförderung und der möglichen erweiterten Haftung über die Einlage hinaus, entspricht die Struktur der Genossenschaft weitgehend der der AG (siehe Kapitel 2.2). Ein weiterer Unterschied besteht darin, dass für diese Rechtsform der Eintrag in das Genossenschaftsregister vorgesehen ist.

– Die **GmbH** (Gesellschaft mit beschränkter Haftung) ist eine Gesellschaft in der **Unternehmensführung** und **Eigentum** getrennt sind. Das Management erfolgt durch den/die **Geschäftsführer**. Der/die Eigentümer werden Gesellschafter genannt. Auch die Konstellation, dass nur eine natürliche Person eine GmbH gründet, ist möglich. Die Gesellschaft haftet mit ihrem vollen Vermögen, der Gesellschafter nur mit der versprochenen Einlage, die mindestens 25 T€ betragen muss. Sachgründungen, d. h. das Einbringen von Vermögensgegenständen anstatt von Liquidität, sind möglich. Diese Rechtsform erfordert prinzipiell keinen Aufsichtsrat.

– Die **UG** – Unternehmergesellschaft (haftungsbeschränkt) – weicht die Kapitalaufbringung der GmbH auf. Die Mindesteinlage dieser Gesellschaftsform, die faktisch eine GmbH darstellt, ist auf einen Euro festgelegt.

– Die **AG** (Aktiengesellschaft) entspricht der GmbH, jedoch gibt es mehr Formvorschriften zu beachten (für Details siehe Kapitel 2.2).

– Die **KGaA** ist eine Kommanditgesellschaft, deren Kommanditistenanteile in Aktien verbrieft sind. Der Komplementär ist **unabsetzbar** mit der Geschäftsleitung betraut. Die Macht des Aufsichtsrats ist, gemessen an der AG, eingeschränkter.

– Die Societas Europaea **(SE)** oder auch Europäische Gesellschaft entspricht hinsichtlich der Kapitalaufbringung weitgehend der der AG. Das erforderliche Mindestkapital bei Gründung ist mit 120 T€ jedoch höher als bei der AG. Zudem erfordert die Gründung (mindestens) zwei Partner, die aus unterschiedlichen EU-Ländern stammen.

(b) Ergänzungen:

– Neben den reinen Gesellschaftsformen gibt es auch Mischausprägungen. So erfordert eine KG keine natürliche Person als Vollhafter. Auch eine GmbH kann diese Position einnehmen. In diesem Fall spricht man von der **GmbH & Co. KG**. Rechtlich handelt es sich um eine Personengesellschaft, bei der eine juristische Person die Funktion der Vollhafterin übernimmt. Da eine juristische Person aber kein Privatvermögen hat, gibt es keine Nachschusspflichten, wenn das Vermögen der GmbH aufgebraucht ist. Aus diesem Grund werden diese Personengesellschaften durch den § 264a HGB den Kapitalgesellschaften gleichgestellt. Ähnlich kann auch eine juristische Person (AG oder GmbH) die **Vollhafterin** einer **KGaA** sein. Die Geschäftsleitung der Vollhafterin vertritt diese und ist somit für die KGaA als Manager gesetzt.

– Auch hier besteht die Möglichkeit, dass Gesellschafter Eigenkapitalhilfedarlehen aufnehmen. Die praktische Relevanz dürfte rechtsformabhängig sein.

    – Eine Ausweitung des Eigentümers bei Beibehaltung der bisherigen Rechtsform oder im Rahmen einer Umfirmierung stellt eine weitere Option dar.

(c) Würdigung:

    – Die Rechtsform des **eV** ist für Unternehmensneugründungen ungeeignet. Situationsabhängig kann auch die **eG** für Neugründungen geeignet sein. Insgesamt erscheinen diese Rechtsformen aber weniger relevant. Bestehende eG können durch die Aufnahme neuer Mitglieder sowie Anteilserhöhung bestehender Mitglieder zusätzliches Eigenkapital generieren.

    – Die Beschränkung der Haftung auf einen eingebrachten Betrag, womit im Umkehrschluss der **Schutz** des **Privatvermögens** erreicht wird, ist ein großer Vorteil der Kapitalgesellschaften. Bei dieser Gesellschaftsform ist der Name Programm: Es handelt sich um ein verselbstständigtes Vermögen (= Kapital). Wichtig ist, sich zu vergegenwärtigen, dass die Haftungsbeschränkung von Gläubigern gerne ausgehebelt wird, indem persönliche Bürgschaften (siehe Kapitel 4.5) der Inhaber verlangt werden.

    – Bei der GmbH und der UG sind die strengen juristischen Anforderungen hinderlich, da Anpassungen des Gesellschaftsvertrags der **notariellen Unterstützung** bedürfen.

    – Soweit eine AG, eine KGaA oder eine SE **nicht börsennotiert** sind, bringen diese Gesellschaftsformen keinen strukturellen Finanzierungsvorteil – im Vergleich zur GmbH – mit sich. Gleichzeitig unterliegt das Unternehmen durch die Gültigkeit des Aktiengesetzes umfangreicheren Vorschriften, wodurch ein höherer Verwaltungsaufwand ausgelöst wird. Auch werden an den Gesellschaftsvertrag (Satzung) gewisse Anforderungen gestellt.

Abschließend gilt es, das **Profil** von Unternehmen, deren Anteile an der Börse gehandelt werden, von Unternehmen ohne diese Möglichkeit zu unterscheiden. Folgende Kriterien sind relevant:

**(1) Preisbestimmung**

(a) Ohne Börsennotierung:

    – Da es für diese Unternehmensanteile keinen wirklichen Markt gibt, ist die Ermittlung eines **fairen Preises** problematisch. Eventuell müssen in diesem Zusammenhang stille Reserven gehoben werden, um Werte bestimmbar zu machen.

    – Zudem ist zu definieren, in welcher Form ein **Mehrpreis** für die bislang erwirtschaftete Substanz zu leisten ist. Schließlich ist das bestehende Unternehmen schon am Markt erfolgreich und der neue Eigentümer partizipiert an der Vorleistung des/der Gründer. An dem erworbenen Anteil des/der neuen Eigentümer bemisst sich auch der künftige Gewinnanteil.

    – Ein Käufer muss damit rechnen, dass der Verkäufer einen **Informationsvorsprung** hat, der keine (adäquate) Berücksichtigung bei der Festlegung des Kaufpreises findet.

(b) Mit Börsennotierung:
- Die **erste Preisfestsetzung** ist auch hier schwierig. Hierbei erfolgt zwingend eine Aufteilung in Beteiligungsanteil und Mehrpreis (siehe Kapitel 2.3).
- Danach erfolgt eine **tägliche Preisermittlung** über die Börse (siehe Kapitel 2.1.3). Ob diese immer den wahren Unternehmenswert darstellt oder ob durch Über- bzw. Untertreibungen Verzerrungen möglich sind, ist eine andere Frage.
- Die **Börsenzulassung** stellt für alle Unternehmensformen eine weitere Hürde dar (siehe Kapitel 2.1.1).

**(2) Engagementsdauer und Höhe der Kapitalanlage**

(a) Ohne Börsennotierung:
- Anleger, die ein zeitlich **befristetes Engagement** suchen oder nur kleinere Beträge anlegen wollen, können kaum gewonnen werden, da schon allein die Preisbestimmung zu aufwändig ist.
- Für das Unternehmen wäre es problematisch, wenn die eingeplanten Mittel abgerufen und somit erneut zu organisieren wären.

(b) Mit Börsennotierung:
- Durch den Börsenhandel wird eine **jederzeitige Liquidation** – vielleicht zu unattraktiven Preisen – möglich, indem ein Dritter den Anteil erwirbt.
- Auch **Kleinstbeträge** sind für eine Aktienanlage geeignet.
- Dem Unternehmen steht das Kapital unbefristet zur Verfügung, da **keine Rückzahlung** auf Wunsch des Anteilseigners erfolgt.

**(3) Risiko der Anlage**

(a) Ohne Börsennotierung:
- Je nach Gesellschaftsform droht die **persönliche Haftung**.
- Aufgrund der eher höheren Anlagesummen ist im Worst Case mit einem **erheblichen Schaden** zu rechnen.

(b) Mit Börsennotierung:
- Die Haftung ist auf jeden Fall auf das **eingesetzte Kapital** begrenzt.
- Soweit in eine Aktie große Beträge investiert werden, kann ein großer Schaden entstehen.

(c) Allgemein:
- **Besicherungen** – wie bei Krediten – scheitern an der juristischen Position des Eigentümers.
- Im Gegensatz dazu erhält der Anteilseiger aber keinen fixen Ertrag, sondern partizipiert an den Erfolgen des Unternehmens.

**(4) Machtverlust**

(a) Ohne Börsennotierung:
- Einen fremden Dritten zum **Mitunternehmer** zu machen, ist für viele Gründer/Unternehmer wenig attraktiv.
- Neben der Abstimmungserfordernis ist für einen solchen Schritt auch eine Vertrauensbasis erforderlich.

(b) Mit Börsennotierung:

- Soweit die Aktien ausschließlich als **Vorzugsaktien** (siehe Kapitel 2.2.3) an die neuen Anteilseigner gegeben werden, ist deren Einfluss begrenzbar. Gleichzeitig muss den Entscheidern eines Unternehmens aber klar sein, dass einige Anleger mit diesem Produkt nicht erreicht werden können, da sie gerade die Einflussnahme suchen.
- Soweit der Anteil der neuen Aktien keine **qualifizierte Mehrheit** erreicht (siehe Kapitel 2.2.2), lenken der/die Alteigentümer nach wie vor die Geschicke des Unternehmens.
- Theoretisch kann durch den Verkauf an viele Kleinaktionäre **(Streuung)** der gleiche Effekt erreicht werden. Ein Anleger, der das Unternehmen erwerben möchte, kann diese aber im Zeitverlauf aufkaufen.

**(5) Publizitätspflicht**

(a) Ohne Börsennotierung gelten die Vorschriften des HGB, des GenG und für wirkliche Großunternehmen in der Rechtsform des Einzelkaufmanns oder einer Personengesellschaft das PublG.

(b) Mit Börsennotierung gelten weitere Vorschriften. Je höherwertiger das **Segment** ist, in dem die Aktien notieren, desto mehr Ansprüche sind zu erfüllen.

**(6) Kontrolle durch einen Aufsichtsrat**

(a) Ohne Börsennotierung:

- erst ab 500 Mitarbeitern bei der GmbH erforderlich
- Soweit es nur um Steigerung der Entscheidungsqualität bei strategischen Fragen geht, kann ein Beirat – mit eingeschränkten Befugnissen – hilfreich sein.

(b) Mit Börsennotierung: verpflichtend

**(7) Emissionskosten und Formvorschriften des AktG**

(a) Ohne Börsennotierung: vermeidbar

(b) Mit Börsennotierung: unvermeidbar

Einige dieser Kriterien sind direkt für das **Unternehmen** bedeutsam. Andere Aspekte sind für den **Kapitalanleger** von hoher Relevanz. Damit wirken sie indirekt auf die Gesellschaft, die Eigenkapital generieren möchte. Soweit die Anleger nicht bereit sind, Geld zu investieren, geht auch ein noch so attraktives Unternehmen leer aus. Grundsätzlich ist für den **Börsengang** eine gewisse **Mindestgröße** erforderlich, um die anfallenden Fixkosten auf ein entsprechend großes Finanzierungsvolumen verteilen zu können.

## 1.7 Zusammenfassung

**(1)** Insbesondere im Rahmen der Gründung oder des anorganischen Wachstums ist die Finanzierung von hoher Relevanz. So müssen neben der betrieblichen Infrastruktur – dem Anlagevermögen – auch der komplette betriebliche Leistungsprozess – vom Rohstoffeinkauf über die originäre Wertschöpfung des Unternehmens bis hin zum Absatz und eventuell damit verbundenen Zielgewährungen – finanziert werden.

**(2)** Der finanzwirtschaftliche Zielkonflikt umfasst drei Pole: nomineller Substanzerhalt, Erreichung einer Mindestperformance sowie Liquiditätsnähe. Eine gleichzeitige Maximierung aller drei Ziele ist kaum realisierbar, sodass hier ein Abwägungsprozess erforderlich ist.

**(3)** Soweit das Unternehmen Finanzmittel aus seinem laufenden Geschäftsprozess generiert, spricht man von der Innenfinanzierung. Eingängige Möglichkeiten setzen am Umsatzprozess, der Vermögensumschichtung sowie an der Gewinneinbehaltung an.

**(4)** Neben der offenen gibt es die verdeckte Selbstfinanzierung. Hierzu werden Aktiva unter und Schulden über ihrem ökonomischen Wert in der Bilanz ausgewiesen.

**(5)** Eigenkapital und Fremdkapital können von außen – d. h. nicht durch die unternehmerischen Leistungsprozesse – generiert werden. Beide Quellen lassen sich mithilfe unterschiedlicher Kriterien systematisieren und weisen differierende Profile auf.

**(6)** Der Leverage-Effekt beschreibt den Zusammenhang, dass die Eigenkapitalrendite variiert werden kann, wenn Eigenkapital durch Fremdkapital substituiert wird.

**(7)** Ist die Rendite des Gesamtunternehmens größer als der Fremdkapitalzinssatz, so wird die Eigenkapitalrendite gesteigert, soweit Eigen- durch Fremdkapital substituiert wird und umgekehrt.

**(8)** Neben unrealistischen Annahmen, dass beispielsweise der Fremdkapitalzinssatz unabhängig vom Verschuldungsgrad konstant bleibt, verhindert die Ungewissheit über den künftigen Erfolg des Unternehmens den extensiven Einsatz des Leverage-Effekts.

**(9)** Für eine ganzheitliche Beurteilung der Vorteilhaftigkeit des Leverage-Effekts ist die Einbeziehung der Alternativanlage für die freigesetzten Eigenkapitalbestandteile bedeutsam.

**(10)** Mit dem Dean-Modell besteht eine Möglichkeit, Finanzierungsquellen und Investitionen aufeinander abzustimmen.

**(11)** Der gesamte Finanzierungsbedarf setzt sich aus den Volumen für das Anlage- und Umlaufvermögen zusammen.

**(12)** Neben den monatlich zahlungswirksamen Gemeinkosten kommt insbesondere dem eigenen Zahlungsziel bei den Lieferanten und dem von den Kunden geforderten Kreditlaufzeiten große Bedeutung zu.

**(13)** Als klassische Finanzierungsalternativen sind Eigenkapital, Darlehen und kurzfristige Finanzierungskomponenten zu nennen.

**(14)** Die Bilanzanalyse ist ein bedeutendes Instrument zur Beurteilung der unternehmerischen Bonität. Trotz ihrer Bedeutung gilt es auch bei diesem Werkzeug, gewisse Einschränkungen wie das Alter der verwendeten Daten oder etwaige unternehmerische Gestaltungen zu beachten.

**(15)** Bedeutende finanzwirtschaftliche Aspekte werden mithilfe der drei Liquiditätsgrade sowie der zwei Anlagendeckungsgrade aufgezeigt. Auch dem Cashflow kommt als Erfolgs- und finanzwirtschaftliche Kennziffer Bedeutung zu.

**(16)** Mit dem Lohmann-Ruchti-Effekt lässt sich verdeutlichen, dass jedes Unternehmen implizit Abschreibungen zur Finanzierung nutzt, obwohl die Modellprämissen nicht realitätskonform sind.

**(17)** Rückstellungen sind eine Möglichkeit der Innenfinanzierung, mit der zusätzliches Kapital generiert werden kann. Analog der Abschreibungsfinanzierung wird das Auseinanderfallen von Aufwand und Liquiditätsfluss genutzt.

**(18)** Originäre Personengesellschaften sind dadurch gekennzeichnet, dass es immer eine natürliche Person gibt, die mit ihrem privaten Vermögen haftet. Sonderformen, die statt der natürlichen eine juristische Person zum Vollhafter machen, werden durch das HGB wie Kapitalgesellschaften behandelt.

**(19)** Kapitalgesellschaften sind dadurch gekennzeichnet, dass Management und Eigentum formaljuristisch getrennt sind.

**(20)** Wenn ein Unternehmen Eigenkapital durch die Aufnahme neuer Gesellschafter vereinnahmen möchte, ist es sinnvoll, auch deren Perspektive in den Blick zu nehmen.

**(21)** Mit der Eigenkapitalbeschaffung über die Börse sind viele Vorteile verbunden, jedoch erfordert ein solcher Schritt eine gewisse Mindestunternehmensgröße.

# 2 Außenfinanzierung durch die Eigentümer bei Börsennutzung

**Lernziele**

Im Anschluss an die unternehmerischen Eigenkapitalbeschaffungsmöglichkeiten ohne Börsenzugang erfolgt in Kapitel 2 die Aufbereitung der Finanzierungsmöglichkeiten von Unternehmen, die zur Eigenkapitalaufbringung die Börse nutzen.

Den Schwerpunkt von Kapitel 2 bildet die Finanzierung über Aktien, wobei auch auf die rechtlichen Besonderheiten der AG eingegangen wird. Hierzu wird vorab die Börse dargestellt, da sie erforderlich ist, um den Aktienhandel abzuwickeln.

Nach Bearbeitung des Kapitels

- ist Ihnen klar, wie Börsen funktionieren und welche Voraussetzungen erfüllt sein müssen, damit Wertpapiere und handelnde Unternehmen sowie Personen eine Börsenzulassung erhalten.
- sind Ihnen wichtige europäische Börsen einschließlich der spezifischen Märkte bekannt.
- können Sie als Lernende die Marktsegmente aus theoretischer und praktischer Sicht unterscheiden und sind mit den bedeutendsten deutschen Aktienindizes vertraut.
- besitzen Sie fundiertes Expertenwissen, wie die deutschen Aktienindizes berechnet werden.
- haben Sie sich umfangreiches Wissen über Aktien angeeignet. So kennen Sie wichtige Bestimmungen zur Aktiengesellschaft. Zudem sind Sie mit den Rechten vertraut, die mit einem Aktienbesitz verbunden sind. Die einzelnen Ausprägungen, in denen Aktien vorkommen (können), sind Ihnen ebenfalls bekannt.
- verfügen Sie über fundiertes Wissen, zu welchen Anlässen Aktien emittiert werden und welche Ausprägungen dabei zu unterscheiden sind. Zudem kennen Sie die bedeutendsten Ansätze, um eine Aktie zielführend bewerten zu können. Die Grenzen der einzelnen Beurteilungsformen haben Sie verstanden.
- können Sie Aktien als Instrument der Kapitalanlage einordnen. Sie wissen, wie der Miteigentümer seine Aktien erwirbt, wenn er sich an einer Kapitalerhöhung beteiligt bzw. bereits emittierte Aktien kaufen möchte. In diesem Zusammenhang ist Ihnen das Chancen-Risiko-Profil der Aktienanlage bewusst und Sie können Aktienindizes als Stimmungsbarometer einschätzen.

## 2.1 Wertpapierbörsen

### 2.1.1 Grundlagen

**Wertpapierbörsen** sind Unternehmen, die unter staatlicher Aufsicht stehen (§§ 2 und 3 BörsG) und die Infrastruktur für den Weiterverkauf bereits emittierter Effekten zur Verfügung stellen. Einen Überblick über die grundlegende Abwicklung gibt Abbildung 2.1.

Börsengeschäfte unterscheiden sich wie folgt von denen des täglichen Lebens:
- Es liegen einheitliche Rechtsvorschriften für alle Teilnehmer vor.
- Für jede Transaktion mit einem spezifischen Wertpapier sind nur die Menge sowie der Kurs als Variablen zu bestimmen.

https://doi.org/10.1515/9783110791082-002

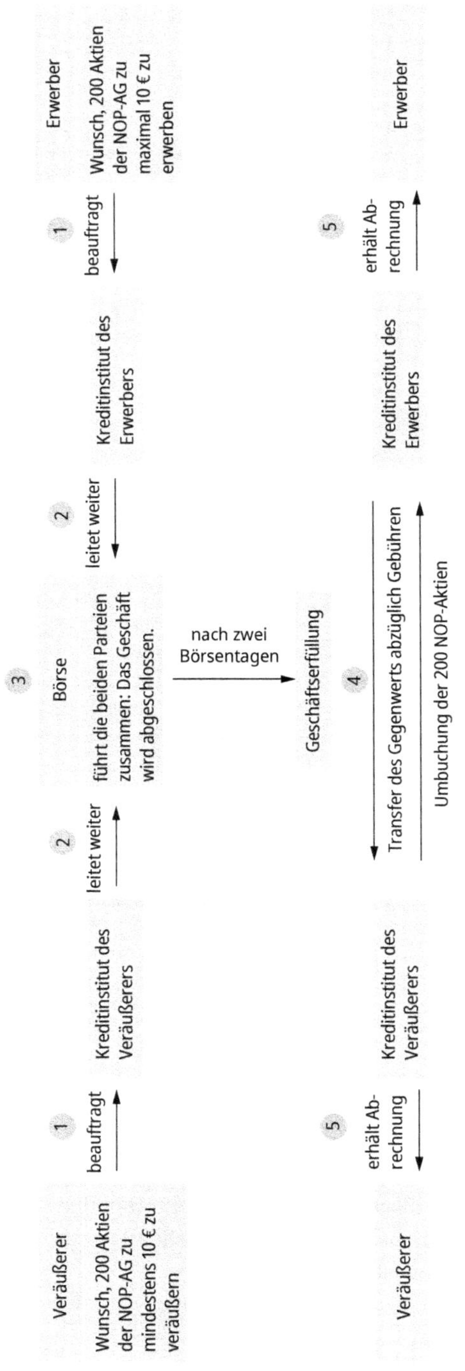

**Erwerber**

Wunsch, 200 Aktien der NOP-AG zu maximal 10 € zu erwerben

① beauftragt

**Kreditinstitut des Erwerbers**

② leitet weiter

③ **Börse**

führt die beiden Parteien zusammen: Das Geschäft wird abgeschlossen.

nach zwei Börsentagen

Geschäftserfüllung

② leitet weiter

**Kreditinstitut des Veräußerers**

① beauftragt

**Veräußerer**

Wunsch, 200 Aktien der NOP-AG zu mindestens 10 € zu veräußern

⑤ erhält Abrechnung

**Kreditinstitut des Erwerbers**

**Erwerber**

④ Transfer des Gegenwerts abzüglich Gebühren

Umbuchung der 200 NOP-Aktien

⑤ erhält Abrechnung

**Kreditinstitut des Veräußerers**

**Veräußerer**

**Abb. 2.1:** Schematische Darstellung eines Börsengeschäfts.

– Die Abwicklung des vereinbarten Geschäfts erfolgt ohne Einbindung der Börse mit einem Zeitverzug von zwei Börsentagen.
– Die Bündelung der Wertpapiergeschäfte sowie die regulierten Bedingungen führen zu geringen Transaktionskosten.

Den Wertpapierbörsen kommt in der Volkswirtschaft große Bedeutung zu, da sie wichtige Aufgaben wahrnehmen. Diese sind

**(1)** Sicherung der **Handelbarkeit** (Kapitalumschlag), so
(a) stehen den Beteiligten die börsliche Infrastruktur in definierten Zeitfenstern zur Verfügung,
(b) gelangen nur Effekten, die qualitative Mindeststandards der Börseneinführung erfüllen, in den Handel,
(c) steigert die Möglichkeit des Sekundärhandels die Bereitschaft der Anleger, Emissionen zu zeichnen.
**(2)** fortlaufende **Anlagekontrolle** (Kapitalbewertung), so
(a) erfolgt die Kursfeststellung nach den börsengesetzlichen Vorgaben,
(b) basiert die Kursfeststellung auf einem großen Handelsvolumen,
(c) sollen die Kurse die realen Werte der Effekten widerspiegeln:
    – interpretiert man die gezahlten Preise als reale Werte so wird diese Aufgabe erfüllt;
    – interpretiert man die realen Werte als Substanz der Unternehmen, wird diese Funktion – durch die Wirkung psychologischer Effekte – nur begrenzt wahrgenommen (siehe Kapitel 2.1.4.4);
(d) gewährleistet die Kurskommunikation einen einheitlichen Informationsstand bei den Marktteilnehmern.

Deutschlands aktive Börsenplätze finden sich in den Städten Berlin, Düsseldorf, Frankfurt am Main, Hamburg, Hannover, München und Stuttgart. Zentrale Bedeutung kommt der **Frankfurter Wertpapierbörse** (FWB®) zu. Die anderen Börsen haben nur regionale Bedeutung.

Die technischen Veränderungen haben dazu geführt, dass die traditionellen **Parkettbörsen**, an denen die Preisfindung durch Menschen (Skontroführer) erfolgte, aktuell wirtschaftlich bedeutungslos sind. Der Handel über Computerbörsen als elektronische Plattform dominiert deutlich. Für den **Computerhandel** wird spezifische Software (Handelsmodell) verwendet. Die Deutsche Börse AG greift hierzu auf **Xetra** (Exchange Electronic **Trading**) zurück. Die Modelle der einzelnen Börsen unterscheiden sich im Detail, jedoch unterliegen alle der Anforderung des § 33a Wertpapierhandelsgesetzes (WpHG). Diese Vorschrift fordert, dass organisatorische Vorkehrungen getroffen werden müssen, damit „das bestmögliche Ergebnis" für den Auftraggeber erzielt wird und alle Aufträge von diesen Vorkehrungen erfasst werden.

## 2.1.2 Bedeutende europäische Börsenplätze

In Brügge eröffnete 1409 die erste Börse. Das Ergebnis der bisherigen Entwicklung ist, dass heute vier europäische Börsenplätze weltweit bedeutsam sind. Hierzu zählen die London Stock Exchange (LSE), die Frankfurter Wertpapier Börse (FWB®), Euronext® und die Schweizer Börse (SIX). An den einzelnen Standorten gelten unterschiedliche Anforderungen und Pflichten. Zudem sind die Reichweiten verschieden ausgeprägt. Jeder Börsenplatz hat mehrere Segmente und zum Teil auch Subsegmente, in denen Wertpapiere eingeordnet und gehandelt werden. In Abhängigkeit von Größe und Zielsetzung können die interessierten Unternehmen, dass für sie bestmögliche Segment auswählen.

Die folgende Tabelle gibt eine Übersicht über die unterschiedlichen Segmente der genannten Börsenplätze und zeigt die Eignung für unterschiedliche Unternehmensgrößen.

**Tab. 2.1:** Ausgewählte europäische Börsenplätze und -segmente.

| Unternehmensgröße | Börse | | | |
|---|---|---|---|---|
| | **FWB®** | **LSE** | **Euronext®** | **SIX** |
| Start-Ups | – | – | Euronext Access® | – |
| Kleine und mittlere Unternehmen (= KMU) | Scale, Quotation Board | AIM | Euronext Growth®, Euronext Access®, Euronext Access +® | Sparks |
| Mittlere bis große Unternehmen | General Standard, Quotation Board | High Growth Segment, Standard Main Market | Euronext® | Hauptmarkt |
| Große Konzerne | Prime Standard, Quotation Board | Premium Main Market | | |

Im Folgenden werden die genannten Börsenplätze und -segmente kurz vorgestellt.

### 2.1.2.1 London Stock Exchange

Die London Stock Exchange (LSE) ist der größte Handelsplatz Europas und der sechstgrößte weltweit. Dieser Handelsplatz hat vier Segmente: den Alternative Investment Market, das High Growth Segment, den Standard Main Market und den Premium Main Market. Dadurch das LSE ein ausländischer Handelsplatz ist, genießen gelistete (deutsche) Unternehmen eine hohe internationale Aufmerksamkeit.

Das Segment **Alternative Investment Market (AIM)** richtet sich an kleine und mittelständige Unternehmen. Die Zulassungskriterien sind auf solche Unternehmen zugeschnitten und die laufenden Anforderungen und Folgepflichten sind entsprechend unkompliziert. Ziel des Segmentes ist es, das Wachstum der gelisteten KMU zu fördern.

Das **High Growth Segment (HGS)** dient als Sprungbrett für wachsende Unternehmen, um höhere Sichtbarkeit zu erlangen. Die Zielkunden sind mittlere bis große wachsende Unternehmen aus der European Economic Area (EEA), welche jedoch größer sind als typische AIM Unternehmen. Unternehmen, die hier gelistet sind, müssen ein Wachstum von 20 % über die letzten drei Jahre nachweisen und haben grundsätzlich die Intention dem Main Market beizutreten.

Im **Standard Main Market** werden Aktien, Global Despostary Receipts, Schuldverschreibungen und Wertpapiere gehandelt. Auch in diesem Segment gelten EU-einheitliche Standards. Die Listung im Standard Main Market ist Ziel vieler Unternehmen, da durch internationale Investoren die Reichweite gefördert wird und auch die Medienpräsenz steigt. Hier sind vor allem große nationale und internationale Unternehmen angesprochen, welche weiterhin expandieren (wollen). Beispielsweise für die Aufnahme in Fonds und ETF's ist die internationale Aufmerksamkeit bedeutsam.

Der **Premium Main Market** richtet sich an Handels- und Investmentgesellschaften. Juristisch betrachtet ist dieses Segment ein regulierter Markt, welcher jedoch höhere Anforderungen an die Unternehmen stellt als die „Mindestanforderungen" der EU. So sind u. a. hohe Transparenzanforderungen zu erfüllen.

### 2.1.2.2 Euronext®

Euronext® ist eine multinationale Börse mit Hauptsitz in den Niederlanden. Euronext umfasst zudem die Hauptbörsenplätze in Portugal, Belgien, Frankreich, Italien, Norwegen und Irland. Internationalen Unternehmen stehen folgende vier Segmente zur Verfügung: Euronext®, Euronext Growth®, Euronext Access® und Euronext Access +®.

Das Segment Euronext® ist ein EU-regulierter Markt, wodurch automatisch die EU-Richtlinien gelten. Die Notierung in diesem Segment empfiehlt sich für große etablierte Unternehmen mit erheblichem Finanzierungsbedarf. So gelangen die Unternehmen in den Fokus weltweit agierender großer Investoren. Euronext® gliedert sich in drei Subsegmente: Compartment A, Compartment B und Compartment C. Unternehmen im Compartment A haben eine Kapitalisierung von über 1 Mrd. €, in Compartment B sind Unternehmen mit einer Kapitalisierung zwischen 150 Mio. € und 1 Mrd. € notiert, und in Compartment C sind Unternehmen mit einer Kapitalisierung von unter 150 Mio. € gelistet.

Das Segment **Euronext Growth®** ist für KMU gedacht, welche (finanzielles) Wachstum anstreben. Hier gelten weniger und vereinfachte Anforderungen als in dem nach EU-Richtlinien geregelten Markt Euronext®. Euronext Growth® genießt großes Interesse bei institutionellen und privaten Anlegern, da hier oft innovative Jungunternehmen zu finden sind.

**Euronext Access®** ist speziell für Start-Ups und KMU, die an der Börse teilnehmen möchten, um ihr Wachstum zu finanzieren und die Vorteile einer Börsennotierung zu erlangen, jedoch die Kriterien für die Zulassung zu den geregelten Märkten Euronext® und Euronext Growth® nicht erfüllen. Access® unterliegt nicht den europäischen Regularien, sodass weniger und vereinfachte Zulassungskriterien gelten. Sobald Unternehmen eine gewisse Größe erreicht haben, besteht eine Entwicklungsperspektive im Übergang zu den Segmenten Euronext Access +® oder Euronext Growth® (langfristig Euronext®).

**Euronext Access** +® ist ein Subsegment von Euronext Access® und agiert als Sprungbrett zu anderen Euronext Märkten. Das Segment hat eigene Notierungskriterien und Unternehmen profitieren hier von spezieller Assistenz und größerer Sichtbarkeit als bei Euronext Access®.

### 2.1.2.3 Swiss Exchange

SIX Swiss Exchange (SIX) ist der größte Börsenplatz der Schweiz mit Sitz in Zürich und verfügt über zwei Segmente: Sparks und den Hauptmarkt.

Das Segment **Sparks** richtet sich an kleine und mittelständische Unternehmen und wurde 2021 gestartet. Um in Sparks gelistet zu sein, muss ein Unternehmen mindestens zwei Jahre bestehen und ein Eigenkapital von mindestens 12 Mio. Schweizer Franken (CHF) nachweisen. In Sparks gelistete Unternehmen können nach einer gewissen Zeit in den Hauptmarkt der Schweizer Börse wechseln. Sobald ein Unternehmen über einen Zeitraum von zwölf Monaten eine Marktkapitalisierung von 1 Mrd. CHF überschreitet, ist ein Wechsel zum Hauptmarkt vorzunehmen.

Um eine direkte Zulassung für den **Hauptmarkt** der Schweizer Börse zu erlangen, muss ein Unternehmen über ein Mindesteigenkapital von 25 Mio. CHF verfügen und seit mindestens drei Jahren bestehen. Der Hauptmarkt entspricht den Hauptsegmenten der anderen Börsenplätze. Da die Schweiz jedoch kein Mitglied der EU ist, gelten auch nicht die europäischen Regulierungen, sondern ein eigenes Regelwerk der Schweizer Börse.

### 2.1.2.4 Frankfurter Wertpapier Börse

Die Frankfurter Wertpapier Börse (FWB®) ist der größte Handelsplatz Deutschlands und der zehntgrößte weltweit. Damit genießen an der FWB® gelistete Unternehmen auch weltweite Aufmerksamkeit. Die vier Segmente der FWB® gliedern sich in den regulierten (organisierten) und unregulierten (unorganisierten) Markt.

Im **regulierten Markt** der FWB® gelten die EU-Regulierungen gemäß der Markets in Financial Directive (MiFIDII). Unternehmen, die im regulierten Markt Wertpapiere emittieren möchten, müssen daher die europaweit einheitlichen Anforderungen erfüllen. Der regulierte Markt spricht große und mittelgroße Unternehmen an und ist somit interessant für nationale und internationale Investoren. Die Segmente dieses Marktes sind der General Standard und der Prime Standard.

Der **General Standard** eignet sich für mittlere und große Unternehmen, welche über die Börse Geld beschaffen möchten, jedoch die Anforderungen an Mindestkapital und Transparenzpflichten für den Prime Standard nicht erfüllen. Zu den Folgepflichten im General Standard gehören:

**(1)** die Veröffentlichung von Ad-hoc- Mitteilungen,
**(2)** die Anwendung internationaler Rechnungslegungsstandards sowie
**(3)** die Veröffentlichung eines Zwischenberichts.

Unternehmen im General Standard richten sich vor allem an nationale Investoren und erhalten insgesamt eine geringere internationale Aufmerksamkeit als Wertpapiere des Prime Standard.

Der **Prime Standard** richtet sich an große etablierte Unternehmen. Die Anforderungen im Prime Standard sind höher als es die EU-Richtlinien vorsehen. Dies betrifft insbesondere die Transparenzanforderungen wie zum Beispiel das Veröffentlichen von Quartalsberichten und Ad-hoc-Mitteilungen (zusätzlich in englischer Sprache). Im Gegensatz zum General Standard eignet sich der Prime Standard auch zur Emission von Anleihen. Im Prime Standard profitieren Unternehmen von einer höheren internationalen Reichweite.

Der **Open Market** ist ein privatrechtlich organisierter Markt der FWB®. Seine Zulassungsvoraussetzungen und Folgepflichten sind in den allgemeinen Geschäftsbedingungen der Deutschen Börse AG für den Freiverkehr verankert.

Der Zugang zum Open Market ist für Unternehmen möglich, die entweder zum regulierten Markt (noch) nicht zugelassen sind oder an anderen Börsenplätzen gelistet sind und an der FWB® nur ein Zweitlisting wünschen. Neben deutschen Aktien werden auch ausländische Aktien gehandelt sowie Anleihen deutscher und ausländischer Unternehmen. Ein Unterschied zum regulierten Markt sind die geringeren Transparenzanforderungen. Der Open Market richtet sich an junge wachstumsorientierte Unternehmen, also auch an kleine und mittelständige Unternehmen (KMU). Die Segmente des Open Market sind Scale und das Quotation Board.

Das **Segment Scale** spricht kleine und mittelständige Unternehmen an. Zur Aufnahme in dieses Segment müssen abgeschwächte Anforderungen in Anlehnung an den organisierten Markt erfüllt werden. Scale erleichtert die Kapitalbeschaffung von KMU durch zugeschnittene Einbeziehungsvoraussetzungen und Folgepflichten und vereinfacht kleinen und mittelständigen Unternehmen den Zugang zu nationalen und internationalen Investoren. In Scale können auch Anleihen gehandelt werden.

Das **Quotation Board** richtet sich an Unternehmen, dessen Aktien bereits an anderen internationalen oder nationalen Handelsplätzen einbezogen oder zugelassen wurden. Das Quotation Board bietet einen von der Unternehmensgröße unabhängigen Handelsplatz für Zweitlistings.

### 2.1.3 Systematisierung der gehandelten Wertpapiere

Für Unternehmen existieren unterschiedliche Möglichkeiten, eine **Zulassung** ihrer Wertpapiere an der Börse zu erreichen. Der juristische Rahmen wird durch die realen

Ausprägungen ausgefüllt. Aufgrund der hohen Bedeutung der FWB® wird sie in ihren Facetten nachfolgend dargestellt.

### 2.1.3.1 Juristische Ebene

Der Gesetzgeber definiert in § 2 V WpHG ausschließlich den organisierten Markt. Für den Handel am „regulierten Markt an einer Börse" (§ 32 I BörsG) ist eine Zulassung erforderlich, so gilt, dass

- der Emittent den erforderlichen Antrag nicht allein stellen darf,
- ein Kreditinstitut (oder Finanzdienstleistungsinstitut), welches selbst an der Börse notiert ist und über ein Mindesteigenkapital von 730 T€ verfügt, Mitantragsteller sein muss.

Für die Börsenzulassung ist die Verpflichtung des § 3 Wertpapierprospektgesetzes (WpPG) zu erfüllen: Es ist ein **Prospekt** für die zu emittierenden Wertpapiere zu veröffentlichen. Dieses Prospekt muss Mindestanforderungen erfüllen (§ 7 WpPG) und gemäß § 13 WpPG vor seiner Publikation durch die Bundesanstalt für Finanzdienstleistungsaufsicht (BaFin) genehmigt werden. Emittent und Mitantragsteller **haften** für die Richtigkeit der gemachten Angaben (§ 21 WpPG).

Mit diesen Regelungen sollen die Anleger geschützt werden. Soweit der Gesetzgeber das **Schutzbedürfnis verneint**, kann auf ein Prospekt verzichtet werden. Dies gilt beispielsweise, für

- Emittenten, die sich ausschließlich an **institutionelle Anleger** wenden oder Kleinstemissionen (§ 3 II WpPG),
- Wertpapiere, die von **Staaten** „des europäischen Wirtschaftsraums" (§ 1 II WpPG) oder ihnen gleichgestellten Institutionen emittiert werden.

Für kleine Unternehmen ist die Zulassung zu aufwändig. Aus diesem Grund hat der Gesetzgeber den **Freiverkehr** ermöglicht. Hier werden Wertpapiere unreguliert gehandelt. Voraussetzungen sind, dass die betroffene Börse

- schriftlich zum Freiverkehr ermächtigt ist (§ 48 III BörsG),
- die zu handelnden Wertpapiere zum Freiverkehr zugelassen hat (§ 48 I BörsG). Diese Zulassung ist weniger anspruchsvoll, erfordert beispielsweise keinen Prospekt und erfolgt **bilateral** zwischen der zulassenden Börse und dem jeweiligen Unternehmen.

Unternehmen, deren Wertpapiere an einem „regulierten Markt an einer Börse" (§ 32 I BörsG) gehandelt werden, sind umfangreiche Folgepflichten auferlegt. Wichtige Anforderungen, die fortlaufend erfüllt werden müssen, sind

- **Konzernabschlusserstellung** nach „internationalen Rechnungslegungsstandards" (IFRS) gemäß § 315a HGB,
- sofortige Publikation von **„Insiderinformationen"** (§ 15 I WpHG),

- Anzeigepflicht von **Aktientransaktionen** der erweiterten Unternehmensleitung (§ 15a WpHG),
- systematische Erfassung aller Personen, die als Träger von Insiderinformationen zu klassifizieren sind (**Insiderverzeichnis** § 15b WpHG),
- Erstellung und Publikation eines erweiterten Jahres- bzw. Halbjahresabschlusses (§§ 37v und 37w WpHG).

Unternehmen, deren Wertpapiere im Freiverkehr gehandelt werden, haben Vorschriften der §§ 325 ff. HGB zur Offenlegung der Jahresabschlüsse einzuhalten. Weitere spezifische Vorschriften bestehen nicht.

### 2.1.3.2 Klassifizierungen

Einen Überblick über die Aktiensystematisierung gibt Abbildung 2.2.

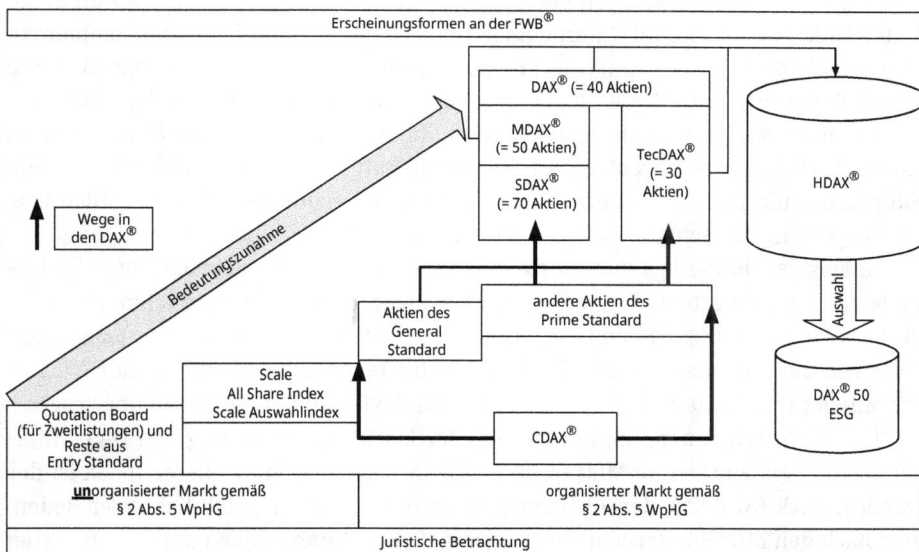

**Abb. 2.2:** Aktienklassifizierung.

Eine **Börsenzulassung** gemäß § 32 I BörsG führt an der FWB® dazu, dass das Unternehmen im **General Standard** gelistet ist. Hier müssen die Unternehmen die gesetzlich vorgeschriebenen Mindestanforderungen fortlaufend erfüllen.

Wenn sich Unternehmen weiteren Publikationsanforderungen unterwerfen, können sie einen Antrag zur Aufnahme in den **Prime Standard** stellen. Zu den Verpflichtungen zählen

– die jährliche Realisierung einer Informationsveranstaltung für Analysten,
– die Berichterstattung, die im Vierteljahresrhythmus zu erfolgen hat; alle Versionen müssen auch in einer englischen Ausprägung verfügbar sein,
– die Insiderinformationen (§ 15 I WpHG), die zweisprachig (deutsch und englisch) zu kommunizieren sind;
– die Bekanntmachung eines Verzeichnisses aller bedeutenden Ereignisse (Unternehmenskalender).

Für die Einbeziehung einer Aktie in einen der bedeutendsten deutschen **Indizes** war bis 2021 die Mitgliedschaft im Prime Standard unerlässlich. Seit März 2021 ist es ausreichend, im organisierten Markt gelistet zu sein, um in die DAX-Familie aufgenommen werden zu können. Diese Änderung erfolgte, um bei Regelverletzungen einzelner Unternehmen zukünftig unabhängiger und schneller reagieren zu können.

In Deutschland kommt dem **Deutschen Aktienindex (DAX®)** besondere Bedeutung zu, da er einen großen Teil der Börsenumsätze repräsentiert. Für die Aufnahme in den DAX®, der aktuell 40 Unternehmen umfasst, ist als Hauptbedingung momentan ausschließlich die Marktkapitalisierung der frei verfügbaren Aktien maßgeblich. Die frei verfügbaren Aktien (**Free Float**) errechnen sich, indem die Anzahl der Aktien um die Bestände von Investoren bereinigt wird, die mindestens 5 % des Unternehmens halten. Auch Aktien im Eigenbestand der Gesellschaft werden subtrahiert. Neben dem Hauptkriterium müssen weitere Nebenbedingungen erfüllt sein, hierzu zählen u. a. Ansässigkeit in Deutschland sowie ein Free Float von wenigstens 10 %.

Analog der Bundesliga müssen die Mitglieder ihren Platz regelmäßig gegen potenzielle Aufsteiger verteidigen, indem die Marktkapitalisierung gebenchmarkt wird. Dies erfolgt planmäßig zu den Quartalsenden. Zudem führen außerordentliche Ereignisse wie die Unternehmensinsolvenz des betroffenen Unternehmens, zum Verlust der Mitgliedschaft. Diese Regeln sind analog auf die folgenden Indizes zu übertragen.

Die 50 Unternehmen, die hinsichtlich der Marktkapitalisierung den DAX-Unternehmen folgen, werden im Midcap-DAX **(MDAX®)** gelistet. Ein weiterer Index ist der Smallcap-DAX **(SDAX®)**, der 70 Unternehmen umfasst, die hinsichtlich ihrer Bedeutung nach den MDAX-Unternehmen rangieren. Soweit Unternehmen in den definierten Technologiebranchen tätig sind, erfolgt eine Erfassung im sogenannten Technologie-DAX **(TecDAX®)**, der aus 30 Werten besteht (siehe Abbildung 2.2). Hierbei ist auf eine Besonderheit hinzuweisen. Die Indizes DAX®, MDAX® und TecDAX® sind nicht überschneidungsfrei, da technologieorientierte Unternehmen sowohl im TecDAX® als auch im DAX® und MDAX® gelistet sein können. Die Aktien dieser drei Indizes sind (überschneidungsfrei) in einem umfassenderen Index aggregiert: dem sogenannten **HDAX®**, dessen Zusammensetzung schwanken kann, je nachdem wie viele Doppler in den Ursprungsindizes vorzufinden sind. Der **HDAX®** seinerseits ist die Ausgangsbasis für eine weitere Spezifikation den **DAX® 50 ESG**. Für die Notierung in diesem Segment ist zudem ein nachhaltiger Anspruch zu erfüllen. So sind Unternehmen aus einigen Branchen wie der Kernenergie von vornherein ausgeschlossen. Die Unternehmen der anderen Branchen werden aufgrund eines Nachhaltigkeitsrating, in das die Aspekte Ökologieorientierung, soziale Ausrichtung und anspruchsvolle Unternehmensführung einfließen, einbezogen. Neben den Ausschlusskriterien der anderen Indizes ergibt sich für Unternehmen ein Ausschluss aus dem **DAX® 50 ESG**, wenn sich das Nachhaltigkeitsranking rapide verschlechtert.

Ein solcher Index ist angesichts des momentanen Zeitgeists zu begrüßen. Gleichzeitig müssen die aktuellen Grenzen klar benannt werden. So erfolgt die Skalierung auf Basis der Nachhaltigkeitskriterien in Abhängigkeit der bewertenden Ratingagentur und ist – zumindest international – nicht vergleichbar. Auch der politische Willensbildungsprozess, was als nachhaltig gelten soll, befindet sich in der Diskussion. Die Kernenergie bildet aktuell ein Ausschlusskriterium für diesen Index, obwohl die EU dieser Branche im Jahr 2022 – aufgrund ihrer $CO_2$-Neutralität – den Nachhaltigkeitsstatus eingeräumt hat.

Eine weitere Ausprägung ist der Composite Index **(CDAX®)**, der sämtliche Aktien umfasst, die an der FWB® dem **organisierten** Markt angehören.

Die Aktien des Freiverkehrs sind an der FWB® zu unterscheiden: das **Marktsegment Scale** und das **Quotation Board**. Die beiden Marktsegmente stellen den **unorganisierten** Markt dar und sind für unterschiedliche Zielsetzungen konzipiert.

– Qualitativ hochwertiger sind Aktien einzustufen, die **Scale** angehören. Für eine Aufnahme in dieses Segment müssen abgeschwächte Anforderungen in Anlehnung an den organisierten Markt erfüllt werden. Eine Zulassung in diesem Segment ist zur Generierung von Eigenkapital geeignet. Dieses Marktsegment hat seit dem 01.03.2017 den ehemaligen Entry Standard abgelöst. Für Aktien, die in Scale gelistet sind gibt es zwei Indizes: den Scale 30-Index, der nur die genannte Anzahl der liquidesten Aktien abbildet und den Scale All Share Index, der den Gesamtmarkt widerspiegelt.

– Für Unternehmen, die bereits an einer anderen Börse gelistet sind, aber auch an der FWB® gehandelt werden wollen, bietet sich das Quotation Board an.

– Ehemalige Aktien des Entry-Standards, welche die Anforderungen an Scale nicht erfüllen können oder wollen, werden im Basic-Board zusammengefasst. Ein Börsengang im Basic-Board ist nicht (mehr) möglich.

Für **verzinsliche Wertpapiere** (siehe Kapitel 5.1) stehen an der FWB® zwei unterschiedliche Teilsegmente zur Verfügung:

**(1)** Im **Prime Standard** können sowohl Wertpapiere des Freiverkehrs als auch Schuldverschreibungen, die eine Börsenzulassung gemäß § 32 I BörsG vorweisen können, gelistet sein.

**(2)** Seit dem 01.03.2017 hat **Scale** den Entry Standard abgelöst und ist damit das Segment, welches für Obligationen des Freiverkehrs vorgesehen ist.

Die Publikationsanforderungen für eine Aufnahme wie auch für die Folgeperioden sind in dem höherwertigen Segment anspruchsvoller.

### 2.1.4 Börsliche Kursermittlung

#### 2.1.4.1 Rahmenbedingungen

Wertpapierbörsen haben die Aufgabe, Angebot und Nachfrage nach Effekten auszugleichen. Die **Kurse**, die sich hier im Laufe der Handelszeit einstellen, werden als **Börsenpreise** bezeichnet. Sie müssen die realen Marktverhältnisse widerspiegeln und die Ermittlung hat redlich zu erfolgen (§ 24 BörsG).

Aufträge zum Erwerb oder Verkauf von Wertpapieren werden auch als **Order** bezeichnet und können verschiedene Auftragsausgestaltungen annehmen:

**(1) Unlimitierte Aufträge**

(a) Verkaufe **bestens**:
  - Der Kunde will sein Wertpapier auf jeden Fall verkaufen.
  - Er akzeptiert jeden Preis.
  - Er möchte aber den bestmöglichen Preis.

(b) Kaufe **billigst**:
  - Der Kunde will das gewünschte Wertpapier auf jeden Fall kaufen.
  - Er akzeptiert jeden Preis.
  - Er möchte aber so billig wie möglich erwerben.

**(2) Betraglich limitierte Aufträge**

(a) Beispiel: Verkaufe zu 15 €.
  - Der Wertpapiereigentümer nennt seine Preisuntergrenze.
  - Natürlich akzeptiert er jeden Kurs, der oberhalb seiner Preisvorgabe liegt, da er hiermit einen Überertrag generiert.

(b) Beispiel: Kaufe zu 15 €.
  - Der Wertpapierinteressent nennt seine Preisobergrenze.
  - Natürlich akzeptiert er jeden Kurs, der unterhalb seines Gebots liegt, da er hiermit einen vergünstigten Einstieg realisiert.

**(3) Erscheinungsformen der Notierungen**

(a) Euro-Notierungen
  - beziehen sich auf ein Exemplar des jeweiligen Wertpapiers,
  - werden für **Anteilsscheine** (Aktien) und deren Vorstufen (Bezugsrecht und Optionsschein) verwendet.

(b) Prozent-Notierungen
  - beziehen sich auf den Nennwert des jeweiligen Wertpapiers,
  - werden für alle Formen der **verzinslichen Wertpapiere** eingesetzt (Schuldverschreibungen etc.).

Der ermittelte Kurs kann ergänzt werden. Man spricht auch von Kurshinweisen (siehe Tabelle 2.2).

**Tab. 2.2:** Grundsätzlich eingesetzte Ergänzungen: Kurshinweise.

| Kursergänzung | Aussage |
|---|---|
| B | Für diesen Kurs gab es keine Nachfrage. |
| G | Für diesen Kurs gab es kein Angebot. |
| T | Dieser Kurs basiert auf einer Schätzung. Umsätze fanden nicht statt. |
| ex BA | Am Vortag wurden die Gratisaktien emittiert. |
| ex BR | Am Vortag wurde das Bezugsrecht von der Aktie getrennt. |
| ex D | Am Vortag wurde die Dividende ausgeschüttet. |

## 2.1.4.2 Kursermittlung durch Auktionen

Die Auktion bildet den Ausgangspunkt der täglichen Kursermittlung. Sie wird ausgeführt, indem die vorliegenden Aufträge durch Anwendung des **Meistausführungsprinzips** umgesetzt werden. Es ist realisiert, wenn

- der Umsatz maximiert ist,
- alle unlimitierten Aufträge ausgeführt wurden,
- alle Verkäufer, die auch einen geringeren Preis akzeptiert hätten, ihre Wertpapiere verkaufen konnten,
- alle Interessenten, die auch einen höheren Preis gezahlt hätten, komplett befriedigt wurden,
- auch auf den festgestellten Kurs lautende Orders ansatzweise Berücksichtigung gefunden haben.

An den Kurszusätzen ist erkennbar, ob und in welchem Umfang das Meistausführungsprinzip eingehalten wurde.

**Beispiel**

Im Rahmen der Auktion für Aktien der 789-AG sind folgende Aufträge zu berücksichtigen:

| Verkaufswünsche | | Kaufwünsche | |
|---|---|---|---|
| **Anzahl** | **Kursvorgabe (€)** | **Anzahl** | **Kursvorgabe (€)** |
| 1.000 | bestens | 200 | billigst |
| 200 | 8,90 | 800 | 8,90 |
| 300 | 9,00 | 600 | 9,00 |
| 400 | 9,10 | 400 | 9,10 |
| 300 | 9,20 | 300 | 9,20 |
| 200 | 9,30 | 200 | 9,30 |
| 100 | 9,40 | 100 | 9,40 |
| 100 | 9,50 | 0 | 9,50 |

Die Kursfeststellung für die 789-AG lautet folgendermaßen:

**Orderbuch der 789-AG**

| Kurs (€) | möglicher Stückumsatz | mögliche Verkäufe | mögliche Käufe |
|---|---|---|---|
| 8,90 | 1.200 | 1.200 | 2.600 |
| **9,00** | **1.500** | **1.500** | **1.800** |
| 9,10 | 1.200 | 1.900 | 1.200 |
| 9,20 | 800 | 2.200 | 800 |
| 9,30 | 500 | 2.400 | 500 |
| 9,40 | 300 | 2.500 | 300 |
| 9,50 | 200 | 2.600 | 200 |

Vorgehen bei der Kursermittlung:

**(1)** Verkaufsaufträge

(a) Grundsatzfrage: Wer ist bereit, zum gegebenen Kurs die Aktien abzugeben?

(b) Konkretisierung für 9,00 €. Es sind
- Aktien auf jeden Fall zu berücksichtigen (bestens).
- 200 Aktien zu 8,90 € zu berücksichtigen (die Verkäufer würden auch den geringeren Limitpreis akzeptieren).
- 300 Aktien zu 9,00 € zu berücksichtigen (die Verkäufer erhalten exakt den Preis, den sie mindestens einfordern).
- 1.100 Aktien können nicht verkauft werden, da die Eigentümer mindestens 9,10 € je Aktie erzielen wollen.

**(2)** Kaufaufträge

(a) Grundsatzfrage: Wer ist bereit, die Aktien zum gegebenen Kurs zu erwerben?

(b) Konkretisierung für 9,00 €. Es sind
- 200 Aktien auf jeden Fall zu berücksichtigen (billigst).
- Aktien zu berücksichtigen (die Käufer würden auch mehr als 9,00 € zahlen).
- 600 Aktien zu 9,00 € zu berücksichtigen (die Käufer zahlen exakt den Preis, den sie maximal entrichten wollen).
- 800 Aktien können nicht ausgeführt werden, da die Interessenten maximal 8,90 € je Aktie zahlen wollen.

**(3)** Interpretation

(a) Zum Kurs von 9,00 € kann der höchste Umsatz generiert werden.

(b) 300 Kaufwünsche (1.800 Stück – 1.500 Stück) bleiben unberücksichtigt.

Vorgehen bei der Zuteilung:

**(1)** Da die Verkäufe den **Engpass** bilden, werden alle Bestensaufträge sowie die Orders zu 8,90 € und 9,00 € komplett ausgeführt.

**(2)** Die Käufe stellen folglich den **Überhang** dar, somit ist hier zu selektieren:

(a) Zuerst werden die 200 Aktien zugeteilt für die Billigstaufträge.

(b) Anschließend erhalten die Interessenten ihre (insgesamt) 100 Aktien, die 9,40 € zu zahlen bereit waren.

(c) Anschließend erhalten die Interessenten ihre (insgesamt) 200 Aktien, die 9,30 € zu zahlen bereit waren.

(d) Anschließend erhalten die Interessenten ihre (insgesamt) 300 Aktien, die 9,20 € zu zahlen bereit waren.

(e) Anschließend erhalten die Interessenten ihre (insgesamt) 400 Aktien, die 9,10 € zu zahlen bereit waren.

(f) Das verbleibende Angebot von 300 Aktien steht einer Nachfrage von 600 Stück gegenüber. Jeder Käufer dieser Gruppe wäre bereit, den Preis von 9,00 € zu entrichten.

(g) Soweit der Überhang nicht in der Marktausgleichsphase beseitigt werden kann, muss zugeteilt werden. Hierbei wird der ältere Auftrag vor dem jüngeren berücksichtigt.

Zur Vermeidung von unangemessenen Ausschlägen wird durch die Börse für die einzelnen Aktien ein **Kursrahmen** definiert. Würde sich ein Auktionspreis außerhalb dieser Spanne ergeben, wird die Preisermittlungsphase verschoben. Ziel ist es, durch die Einbeziehung weiterer Orders, den sich abzeichnenden Ausschlag zu verringern. Diese Verschiebung der Kursermittlung wird auch als **Volatilitätsunterbrechung** bezeichnet.

## 2.1.4.3 Kursermittlung im Rahmen des fortlaufenden Handels

Nachdem die Auktionspreise ermittelt sind, setzt sich die Kursermittlung im Computerhandel fort. Hierbei gewährleistet die Transparenz des **Orderbuchs**, dass jeder Betroffene über die vorhandenen, momentan nicht ausführbaren Aufträge informiert ist. Wird ein neuer Auftrag eingestellt, erfolgt augenblicklich der Abgleich mit den bestehenden Aufträgen dahingehend, ob ein Geschäft umsetzbar ist.

**Beispiel**

Auch für die 789-AG schließt sich der fortlaufende Handel an.
Das Orderbuch für die 789-AG nach der Auktion gestaltet sich wie folgt:

| Verkaufswünsche | | Kaufwünsche | |
|---|---|---|---|
| **Anzahl** | **Kursvorgabe (€)** | **Anzahl** | **Kursvorgabe (€)** |
| | | 800 | 8,90 |
| | | 300 | 9,00 |
| 400 | 9,10 | | |
| 300 | 9,20 | | |
| 200 | 9,30 | | |
| 100 | 9,40 | | |
| 100 | 9,50 | | |

Folgende zwei Aufträge werden annahmegemäß zeitgleich in das Orderbuch aufgenommen:
- Verkauf 500 Aktien bestens
- Verkauf 1.000 Aktien zu 8,90 €

Der limitfreie Auftrag ist zuerst zu erfüllen.
**(1)** Die 500 Aktien werden wie folgt aufgeteilt:
(a) 300 Aktien werden zu 9,00 € und
(b) 200 zu 8,90 € abgewickelt.
**(2)** Die 1.000 Aktien übersteigen die verbleibenden Kaufwünsche.
(a) Sie werden soweit wie momentan möglich erfüllt (= 600 Stück zu 8,90 €).
(b) Die verbleibenden 400 Stück werden in das Orderbuch aufgenommen.

Das Orderbuch für die 789-AG nach Berücksichtigung der zwei neuen Verkaufsaufträge gestaltet sich wie folgt:

| Verkaufswünsche | | Kaufwünsche | |
|---|---|---|---|
| Anzahl | Kursvorgabe (€) | Anzahl | Kursvorgabe (€) |
| 400 | 8,90 | | |
| 400 | 9,10 | | |
| 300 | 9,20 | | |
| 200 | 9,30 | | |
| 100 | 9,40 | | |
| 100 | 9,50 | | |

Wieder werden zwei Aufträge annahmegemäß zeitgleich in das Orderbuch aufgenommen:
- Kauf 1.000 Aktien billigst
- Kauf 800 Aktien zu 9,30 €

Der limitfreie Auftrag ist zuerst zu erfüllen.
**(1)** Die 1.000 Aktien werden wie folgt aufgeteilt:
(a) 400 Aktien werden zu 8,90 €,
(b) 400 zu 9,10 € und
(c) 200 zu 9,20 € abgewickelt.
**(2)** Die 800 Aktien übersteigen die verbleibenden Kaufwünsche.
(a) 100 Aktien werden zu 9,20 €,
(b) 200 zu 9,30 € abgewickelt und
(c) 500 zu 9,30 € in das Orderbuch aufgenommen.

Das Orderbuch für die 789-AG nach Berücksichtigung der zwei neuen Kaufaufträge gestaltet sich wie folgt:

| Verkaufswünsche | | Kaufwünsche | |
|---|---|---|---|
| Anzahl | Kursvorgabe (€) | Anzahl | Kursvorgabe (€) |
| | | 500 | 9,30 |
| 100 | 9,40 | | |
| 100 | 9,50 | | |

In dem Beispiel erfolgte die Verknüpfung der Kauf- mit den Verkaufsaufträgen auf Basis der Preise. Hierbei handelt es sich um die **primäre** Entscheidungsgrundlage. Bei einer Vielzahl von Aufträgen kann es Situationen geben, die eine weitere Sortierung erfordern. In diesem Fall greift die **temporäre Priorität**. Hierbei wird der ältere gegenüber dem jüngeren Auftrag bevorzugt.

### 2.1.4.4 Erklärende Variablen der Kursentwicklung

Die Kursentwicklung von Wertpapieren unterliegt verschiedenen Parametern und ist deshalb nur sehr begrenzt prognostizierbar. Einen Überblick über wichtige Variablen, mit deren Hilfe Kursentwicklungen erklärt werden können, gibt Abbildung 2.3.

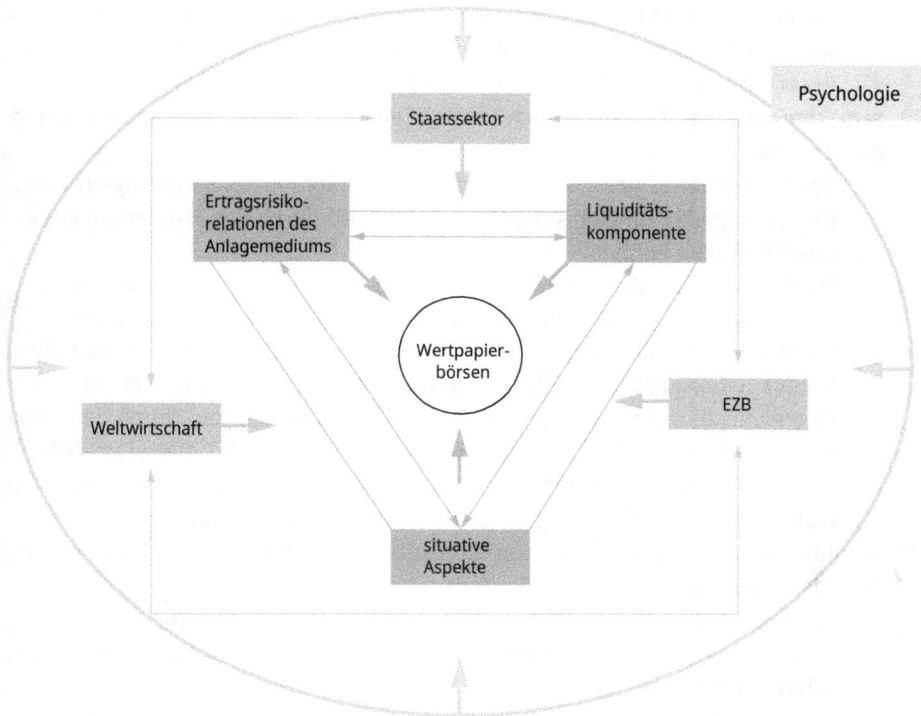

**Abb. 2.3:** Ausgewählte Parameter der Kursentwicklung.

In Abbildung 2.3 wird eine Dreistufigkeit vorgenommen. Je näher die Parameter an der Börse positioniert sind, desto offensichtlicher ist der Einfluss auf die Kursentwicklung.

**(1) Primäre Parameter**

(a) **Ertragsrisikorelationen** des Anlagemediums:

- Die zentrale Frage lautet: Wie vorteilhaft ist der Kauf eines Wertpapiers gemessen an einer gewählten **Benchmark**?
- Bewertungskriterien des Erfolgs sind die Effektivverzinsung (siehe Kapitel 5.1.3) für Anleihen und beispielsweise die Dividendenrendite (siehe hierzu und zu weiteren Kriterien Kapitel 2.3.2) für Aktien.
- Das Risiko lässt sich beispielsweise durch **Unternehmensratings**, die Kursschwankungen des betrachteten Wertpapiers im Vergleich zu anderen (Volatilität) messen, einschätzen.

– Durch die Gestaltung der eigenen Geschäftspolitik können die Unternehmen, deren Wertpapiere an den Börsen gehandelt werden, hierauf gezielt einwirken. Natürlich gibt es auch Grenzen, wenn beispielsweise ausländische Unternehmen mit staatlicher Alimentierung als Konkurrenten auftreten. Einem Unternehmen muss klar sein, dass es mit einer Eigenkapitalbeschaffung über die Börse in einem Feld unterwegs ist, das von ihm selbst nur begrenzt gesteuert werden kann. Dies ist neben den monetären Gebühren ein weiterer **Preis** dieser Form der Eigenkapitalbeschaffung.

(b) **Situative Aspekte**: Es handelt sich um Größen, die nur begrenzt rational erklärbar sind, hierzu zählen

– der **Eigenhandel** des Emittenten oder Aktivitäten eines Beauftragten (Designated Sponsor), die der Kurspflege dienen und durch den Emittenten gut gesteuert werden können.

– feindliche Übernahmeabsichten, die meist ökonomisch motiviert sind und sich weitgehend dem Einfluss des betroffenen Unternehmens entziehen.

– **charttechnisch** abgeleitete Kauf- oder Verkaufssignale, die prognostizier-, wenn auch wenig beeinflussbar sind. Die Analysewerkzeuge gehören fast zum Allgemeingut, sodass schnell große Volumen bewegt werden. Durch das Über- bzw. Unterschreiten bestimmter Kurse können sich Trends selbst verstärken.

– **Verfalltermine** von Finanzprodukten, die konkret zu erfüllen sind und ebenfalls eine deutliche Wirkung ausüben können (siehe auch Kapitel 6).

(c) Liquiditätskomponente: Neben der **Liquiditätsausstattung** des Publikums ist auch das Liquiditätsbedürfnis bedeutsam:

– Wie hoch ist die momentan verfügbare Liquidität im Euroraum?

– Sind in der jüngsten Vergangenheit mehrere (großvolumige) Emissionen realisiert worden?

– Bestehen **Marktunsicherheiten**, die dazu führen, dass die Anleger Liquidität als Reserve halten?

**(2) Sekundäre Parameter**

(a) **EZB**: Bereits Ankündigungen können einen deutlichen Einfluss entfalten.

– Die EZB kann die Liquiditätsausstattung steuern.

– Durch zinspolitische Maßnahmen nimmt sie Einfluss auf die Attraktivität der Wertpapiere, da sie eine Benchmark verändert.

(b) **Staatssektor**: Der Staat ist ein mächtiger volkswirtschaftlicher Akteur, der auch durch Politiker beeinflusst wird. Für die Börse sind u. a. bedeutsam:

– die Zusammensetzung der Bundes- und Landesregierungen sowie deren wirtschaftspolitische Zielsetzungen.

– In welchem Umfang nimmt die öffentliche Hand als Schuldner freie Liquidität in Anspruch?

– Mit welcher Steuer- und Abgabenlast sind Erfolge der Unternehmen und Anleger konfrontiert?

(c) **Weltwirtschaft** – Deutschland als Exportnation ist in hohem Maße vom Ausland abhängig, bedeutsam sind beispielsweise:
– Nachfragehöhe aus dem Ausland,
– Wechselkurs des Euros zu wichtigen Währungen,
– ausländische Konkurrenz,
– politische Stabilität in den Abnehmerländern.

**(3) Psychologie als tertiärer Parameter**

(a) Bei der Börse handelt es sich um einen konjunkturellen **Frühindikator**. So spiegeln die Kurse die Erwartungen der Zukunft wider.

(b) In Boomphasen besteht die Gefahr der **Blasenbildung**. Der Markt überhitzt und die Preise steigen über ein realwirtschaftlich vertretbares Maß hinaus.

(c) Einzelne Negativereignisse können die Stimmung an der Börse komplett drehen. Bei Naturkatastrophen, Terroranschlägen etc. kommt es regelmäßig zu sehr starken Ausschlägen.

### 2.1.5 Detaillierte Indexberechnung

Zur Repräsentation (ausgewählter) Portfolios börsennotierter Unternehmen werden allgemein Aktienindizes gebildet. Die praktischen Ausprägungen sind in Kapitel 2.1.3.2 dargestellt. Die zugrundeliegenden Aktien im Index werden zu einer einzigen Kennzahl verdichtet. Diese Kennzahl – der Indexpunktestand – stellt die Kursentwicklung des Portfolios zum Berichtszeitpunkt, bezogen auf einen Basiszeitpunkt, dar. Durch die Verdichtung auf eine Kennzahl können Indizes auch als „**Temperaturfühler**" bezeichnet werden, da sie schnell die Entwicklung eines ganzen Portfolios zum Ausdruck bringen können. Dieses Portfolio kann bestimmte Branchen (z. B. Tech-Aktien) oder auch die Gesamtheit der Aktien eines Marktes beschreiben. Dadurch sind Indizes insbesondere für internationale Anleger wichtige Informationsquellen.

Für diese ist eine Betrachtung eines Marktes über Einzelwerte oft wenig rentabel. Zudem können die Punktestände der Indizes als **Benchmark** genutzt werden, um das eigene Portfolio gegenüber einem Marktportfolio zu vergleichen. Seit einiger Zeit werden Indizes auch selbst zur Grundlage von Finanzprodukten herangezogen und wie Futures genutzt. Details finden sich in Kapitel 6.2. Auf Basis der historischen Kursverläufe sind Indizes auch einsetzbar, um Trendprognosen für die Zukunft zu erstellen.

International existiert eine Vielzahl an Aktienindizes. Diese werden auf unterschiedlichste Arten berechnet. Gemeinsames Kriterium ist, dass sie stets einen bestimmter „Warenkorb" an Aktien über bestimmte Zeiträume vergleichen. Daher basieren die meisten Indizes auf den mathematischen Aggregatsformeln nach **Laspeyres** oder **Paasche**. Beide Methoden stellen als Indizes die Preisentwicklung ausgewählter Objekte oder Warenkörbe dar. Einen Überblick der Berechnungsgrundlage vermittelt Tabelle 2.3.

In der Formel nach Paasche wird die Wertentwicklung eines **aktuellen Aktien- oder Warenkorbes** gegenüber den Preisen des Basiszeitpunktes dargestellt. Damit eignet sich dieser Ansatz besonders um die aktuelle Struktur eines Marktes abzubilden.

Laspeyres hingegen betont die **aktuelle Preisentwicklung** eines bestehenden Waren- oder Aktienportfolios gegenüber des Basiszeitpunktes. Dadurch ist dieser Ansatz besser geeignet, um Kursveränderungen in einem langfristig gehaltenen Portfolio abzubilden.

**Tab. 2.3:** Aggregatformeln nach Laspeyres und nach Paasche.

| Aggregatformel nach *Laspeyres* | Aggregatformel nach *Paasche* |
|---|---|
| $Index_t = \dfrac{\sum_{i=1}^{n} p_{it} \cdot q_{i0}}{\sum_{i=1}^{n} p_{i0} \cdot q_{i0}} \cdot 100$ | $Index_t = \dfrac{\sum_{i=1}^{n} p_{it} \cdot q_{it}}{\sum_{i=1}^{n} p_{i0} \cdot q_{it}} \cdot 100$ |

Im Folgenden wird die Indexberechnung der DAX-Familie (Auswahlindex, Performanceindex) ausführlicher beschrieben, da der DAX® in Deutschland besonders bedeutsam ist. Die Auswahlindizes der DAX®-Familie basieren alle auf der Berechnungsmethodik nach Laspeyres. Dies ist unter anderem deshalb der Fall, da diese Indizes als Benchmark für langfristige konservative Anlagestrategien dienen sollen.

Eine wesentliche Anpassung zwischen der ursprünglichen Formel und der Berechnung des Aktienindex enthält der Zähler des Terms. Hier findet sich bei Laspeyres die Menge $q_{i0}$, also die Anzahl eines bestimmten Wertpapiers im Portfolio zum Basiszeitpunkt. Es kommt jedoch nicht selten vor, dass die Menge sich durch Aktiensplits, Neuemissionen, etc. verändert. Daher wurde in der Indexformel für den DAX® statt der Menge $q_{i0}$ die Menge $q_{iT}$, also die Anzahl der Papiere zum Berichtszeitpunkt, berücksichtigt. Damit wird das Konzept von Laspeyres adäquat an die Besonderheiten eines Wertpapierportfolios adaptiert.

Im Folgenden wird die typische Berechnungsformel aller Free Float-marktkapitalisierungsgewichteter Indizes an der FWB® dargestellt. Hierzu zählen die Auswahlindizes der DAX®-Familie. Der Punktestand des Index wird auf zwei Nachkommastellen gerundet. Die verwendeten Abkürzungen sind in Tabelle 2.4 zu finden.

$$Index_t = K_T \cdot \frac{\sum_{i=1}^{n} p_{it} \cdot q_{iT} \cdot f\!f_{iT} \cdot c_{it}}{\sum_{i=1}^{n} p_{i0} \cdot q_{i0}} \cdot Basis$$

**Tab. 2.4:** Abkürzungen zur Indexberechnung.

| | |
|---|---|
| $K_T$ = Indexspezifischer Verkettungsfaktor ab Zeitpunkt T *(sieben Nachkommastellen)* | $ff_{iT}$ = Free Float-Faktor der Aktien von Unternehmen i zum Zeitpunkt T *(vier Nachkommastellen)* |
| $p_{i0}$ = Schlusskurs von Unternehmen i vor der ersten Aufnahme in einen Index | $c_{it}$ = Korrekturfaktor zu Unternehmen i zum Zeitpunkt t *(sechs Nachkommastellen)* |
| $p_{it}$ = Kurs von Unternehmen i zum Zeitpunkt t *(drei Nachkommastellen)* | t = Berechnungszeitpunkt des Index |
| $q_{i0}$ = Anzahl der Aktien von Unternehmen i vor der ersten Aufnahme in einen Index | T = Zeitpunkt der letzten Verkettung |
| $q_{iT}$ = Anzahl der Aktien von Unternehmen i zum Zeitpunkt T *(drei Nachkommastellen)* | |

Auf den ersten Blick ist zu erkennen, dass der **Nenner** des Terms von Laspeyres voll übernommen wurde. Mengen und Preise der Wertpapiere aus der Basisperiode bilden die gesamte Marktkapitalisierung. Da diese im Nenner steht, ist die ursprüngliche Marktkapitalisierung stets die Größe, auf die Veränderungen im Index Bezug nehmen.

Die **Basis** beträgt im Ansatz nach Laspeyres 100 und dient der Normierung der berechneten Veränderungen. Für die Indizes der DAX®-Familie bilden die Schlusskurse zum Jahr 1987 die jeweilige Basis und sind mit 1.000 Indexpunkten normiert. Da die Basis um den Faktor 10 größer ist, können auch kleinere Kursschwankungen des Portfolios leichter sichtbar gemacht werden; es kommt zu einem „Mikroskopeffekt".

Im **Zähler** der Formel findet sich auch der Term „Menge mal Preis" wieder, jedoch ergänzt um weitere Faktoren. Der aktuelle Preis ($p_{it}$) wird nicht auf die ursprüngliche, sondern auf die aktuelle Menge ($q_{iT}$) der Wertpapiere im Index bezogen. Eine Besonderheit der DAX®-Familie ist, dass nur die im Free Float[6] befindlichen Wertpapiere in die Indexberechnung einbezogen werden. Ausgedrückt wird das durch den Faktor $ff_{iT}$, der die Gewichtung der Free Float-Anteile darstellt. Zur adäquaten Berücksichtigung von kurzfristigen Ereignissen ist zudem der Korrekturfaktor $c_{it}$ mit im Zähler enthalten. Er dient zur kurzfristigen Reaktion auf das Marktgeschehen und ist meistens gleich eins.

Aktienindizes werden in der Regel fortlaufend berechnet und in regelmäßigen Abständen auf ihre Zusammensetzung überprüft. Die Verknüpfung des vorherigen mit dem aktuellen Index-Portfolio wird als Verkettung bezeichnet. Sollte sich beispielsweise die Zusammensetzung ändern, so kann dies zu Sprüngen und Brüchen im Indexpunktestand führen. Auch Dividenden oder Sonderauszahlungen, die bei Performanceindizes nach der Opération Blanche Methode (siehe Kapitel 2.4.1.3 f.) reinvestiert werden, können zu solchen Sprüngen im Punktestand führen. Um den Kursverlauf jedoch zu harmonisieren und den Einfluss solcher Ereignisse gering zu halten, findet sich der **Verkettungsfaktor**

---

6 Free Float ist ein Synonym für Streubesitz siehe Kapitel 2.1.3.2.

$K_T$ zu Beginn der Indexformel. Er dient der langfristigen Glättung des Indexwertes nach einer Verkettung. Zwischen den Verkettungsterminen wird der **Korrekturfaktor** $c_{it}$ zur Bereinigung marktfremder Einflüsse genutzt. Dies ist beispielsweise bei einer Dividendenausschüttung der Fall, welche normalerweise zu einem Abfall des Kurses führen würde. Durch die Reinvestition ist dies im Performance-Index jedoch nicht der Fall und wird durch eine Anpassung von $c_{it}$ kompensiert. Bei Bardividenden oder anderen Ausschüttungen (z. B. Boni oder Sonderzahlungen) berechnet sich der Korrekturfaktor wie folgt:

$$c_{it} = \frac{p_{it-1}}{p_{it-1} - D_{it} \cdot (1 - \tau)} \cdot c_{it-1}$$

Dabei gilt:

$D_{it}$ = Ausschüttung am Tag t

$\tau$ = Quellensteuer (nur für Net Return Indizes, sonst $\tau = \mathbf{0}$)

Der neue Korrekturfaktor ($c_{it}$) berechnet sich aus dem Verhältnis zwischen dem alten Kurs $p_{it-1}$ zum neuen Kurs. Der neue Kurs wird aus dem alten Preis abzüglich der Ausschüttung oder Dividende berechnet ($p_{it-1} - D_{it}$). Da der neue Preis in der Regel kleiner sein wird als der Kurs vor Zahlung der Dividende, kommt es zu einem Faktor größer eins. Dieses Verhältnis wird mit dem alten Korrekturfaktor ($c_{it-1}$) multipliziert, da nicht ausgeschlossen werden kann, dass dieser bereits weitere Kapitalmaßnahmen beinhaltet. Da der Bruch größer eins ist, steigt auch der Wert von $c_{it}$ gegenüber dem Korrekturfaktor der Vorperiode.

Auch für weitere Corporate Actions wie Kapitalerhöhungen oder -herabsetzungen, Aktiensplits oder Nennwertumstellungen sowie Bezugsrechte wird eine Anpassung des Korrekturfaktors $c_{it}$ vorgenommen. Im Rahmen eines Verkettungsereignisses sind etwaige Korrekturfaktoren ($c_{it}$) aus der vorherigen Periode in den Verkettungsfaktor $K_T$ zu überführen, sodass $c_{it}$ wieder auf 1,00 zurückgesetzt wird. Dies ist notwendig, da es beim langfristigen Kumulieren von $c_{it}$ ansonsten zu Gewichtungsverzerrungen zwischen einzelnen Indextiteln kommen kann. Es bestünde die Gefahr von Übergewichtungen dividendenstarker Titel gegenüber schwächeren Papieren. Zudem verhindert eine regelmäßige Aktualisierung die Veralterung der Gewichtungen in der Indexformel.

Damit stellen der Verkettungsfaktor und der Korrekturfaktor wesentliche Merkmale des Performance-Index dar, indem sie wesentliche Kursabweichungen oder Ausschüttungen langfristig einbeziehen. Durch die Reinvestition dieser Zahlungen in das Indexportfolio zeichnen sich Performance-Indizes gegenüber Kursindizes durch einen höheren Anstieg des Punktestandes aus.

Die Free Float-Marktkapitalisierung eines einzelnen Wertpapiers wird durch die Multiplikation aus Kurs mit Stückzahl und prozentualem Anteil der Wertpapiere im Streubesitz berechnet:

$$\mathit{FFMCap} = p_{it} \cdot q_{iT} \cdot \mathit{ff}_{iT}$$

Um zu vermeiden, dass ein einzelnes Wertpapier einen zu großen Einfluss auf die Gesamtentwicklung des Index nimmt, erfolgt häufig die Festsetzung einer indexspezifischen Kappungsgrenze. Diese bildet die maximale Stückzahl eines jeweiligen Wertpapiers, welche im Index Berücksichtigung finden darf. Für den DAX® liegt die Kappungsgrenze aktuell bei 10 % der gesamten Indexkapitalisierung. Technisch geschieht dies, indem die einzubeziehende Stückzahl eines Wertpapiers solange reduziert wird, bis dieses unterhalb der Kappungsgrenze liegt. Die Kappung ist ein iterativer Prozess, da es vorkommen kann, dass nach der Kappung eines Wertpapieres, ein anderes die Kappungsgrenze überschreitet. Die Ursache dafür liegt darin, dass bei der Kappung nicht nur die berücksichtigte Stückzahl eines Papieres reduziert wird, sondern in Folge auch die gesamte Indexkapitalisierung schrumpft.

## 2.2 Rechtliche Fragestellungen

### 2.2.1 Grundlagen der Aktiengesellschaft

Eine Aktiengesellschaft (AG) ist eine juristische Person gemäß § 1 Aktiengesetz (AktG), die somit nur durch ihre **Organe** handeln kann:
- Die Unternehmensleitung obliegt dem „Vorstand" (§ 76 AktG).
- Der Vorstand wird durch den „Aufsichtsrat" kontrolliert (§ 111 AktG).
- Die „Hauptversammlung" (HV) ist die Zusammenkunft der Aktionäre, in der über ausgewählte Fragen zur AG entschieden wird (§ 118 AktG).

Neben dem spezifischen Gesetz bildet der Gesellschaftsvertrag, der vom Gesetzgeber (§ 23 AktG) als „Satzung" bezeichnet wird, eine wichtige rechtliche Grundlage für die jeweilige AG.

Das Eigenkapital bringen die Gesellschafter auf, die Aktionäre genannt werden. Es wird als **„Grundkapital"** und auch als **„gezeichnetes Kapital"** bezeichnet. Gemäß § 7 AktG darf es 50 T€ nicht unterschreiten. Das gezeichnete Kapital wird in Aktien unterteilt. Jede einzelne Aktie muss nach § 8 AktG mindestens einen Anteil von einem Euro repräsentieren.

Der Gesetzgeber unterscheidet, ob eine AG über eine **Börsenzulassung** verfügt (§ 3 II AktG). Diese Unterteilung ist hinsichtlich der durch die Gesellschaft zu erfüllenden Auflagen bedeutsam. Ohne Börsenzulassung ist das öffentliche Interesse geringer, sodass Erleichterungen möglich sind (§ 267 HGB).

Im Gegensatz zu einigen anderen Unternehmensformen haften die Aktionäre nicht mit ihrem Privatvermögen. Das maximale Risiko der Aktienanlage ist somit der Totalverlust des gezahlten Kaufpreises. Somit können Gläubiger hinsichtlich der Befriedigung ihrer Forderungen nur auf das Unternehmensvermögen zurückgreifen. Aus diesem Grund hat der Gesetzgeber die Möglichkeit des Aktienrückkaufs durch die Gesellschaft (§ 71 AktG) stark reglementiert. Einen Überblick gibt Abbildung 2.4.

Erwerb eigener Aktien ist ...

grundsätzlich verboten → Umkehrschluss aus § 71 Abs. 1 AktG

erlaubt, wenn ...

der Erwerbszweck den Nummern 1, 2, 3, 7 oder 8 des § 71 Abs. 1 AktG entspricht, **bis zu 10 %** des gezeichneten Kapitals

der Erwerbszweck den Nummern 4, 5 oder 6 des § 71 Abs. 1 AktG entspricht, **unbegrenzt**

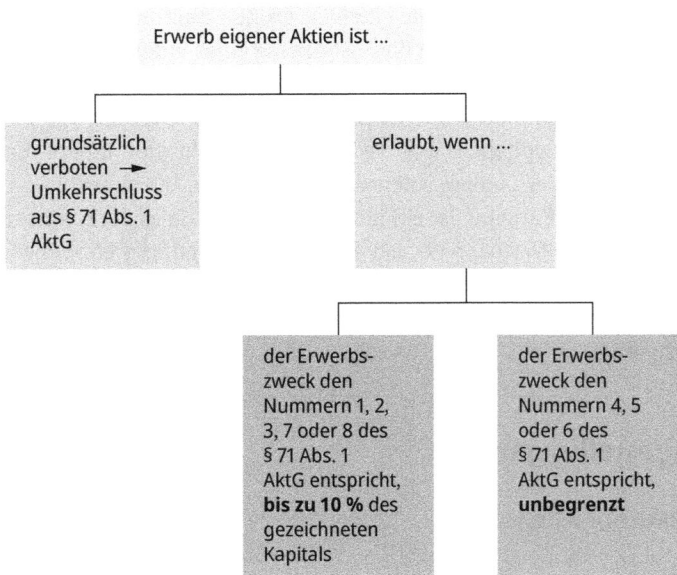

**Abb. 2.4:** Vorschriften zu eigenen Aktien.

## 2.2.2 Rechtsstellung des Aktieninhabers

Die Aktionäre stellen die Eigentümer der AG dar. Durch grundsätzlich angelegte Trennung von Eigentum und Unternehmensleitung sieht der Gesetzgeber ihre Beteiligung am Management nicht vor. Trotzdem ist das Eigentum an einer Aktie mit Rechten verknüpft.

### 2.2.2.1 Anteil am Bilanzgewinn (§§ 58, 60 und 150 AktG)

Der Aktionär hat einen anteiligen Gewinnanspruch proportional zu seinem Anteil am gezeichneten Kapital. Jedoch ist nicht der gesamte Jahresüberschuss ausschüttungsfähig, da Teile des Gewinns auch im Unternehmen verbleiben (müssen). Dies geschieht, indem verschiedene **Rücklagen** bedient werden. Die Einbehaltung von Gewinn wird auch **Thesaurierung** genannt. Einen schematischen Überblick, wie die verschiedenen Rücklagen den Jahresüberschuss verringern (können), gibt Tabelle 2.5.

Die als **Bilanzgewinn** bezeichnete Größe kann an die Aktionäre ausgeschüttet werden. Man nennt die Ausschüttung auch Dividendenzahlung. Die Hauptversammlung darf als zuständiges Organ auch beschließen, die Rücklagen weiter aus dem Bilanzgewinn zu dotieren. Hierdurch steigt das Eigenkapital der AG. Je höher das Eigenkapital eines Unternehmens ist, desto höher fällt sein absoluter Gewinn – unter

**Tab. 2.5:** Vom Jahresüberschuss zur Ausschüttung.

| | | |
|---|---|---|
| | Jahresüberschuss | |
| − | Verlustvortrag | |
| = | Bemessungsgrundlage 1 | |
| − | „Gesetzliche Rücklage" (§ 150 AktG) | ◄────── ohne Alternative |
| = | Bemessungsgrundlage 2 | |
| − | andere Rücklagen, immer bis zu 50 % möglich (§ 58 AktG) | ◄────── können dotiert werden |
| − | weitere Rücklagen möglich (Satzung u. a.) | ◄────── |
| + | Gewinnvortrag | abhängig vom Einzelfall |
| = | Bilanzgewinn → Betrag zur Ausschüttung | |

sonst gleichen Bedingungen – aus, da die Finanzierungskosten abnehmen. Ein Verzicht auf **Dividende** bedeutet somit eine Stärkung der künftigen Ertragskraft.[7]

### 2.2.2.2 Mitwirkungsrecht im Rahmen der Hauptversammlungen

Die jährlich stattfindende **Hauptversammlung** wird vom Gesetzgeber als „ordentlich" bezeichnet und ist innerhalb von acht Monaten nach dem Geschäftsjahresbeginn durchzuführen. Die **Initiative** hat durch den **Vorstand** zu erfolgen (§ 175 I AktG).

Darüber hinaus können der Aufsichtsrat (§ 111 III AktG) oder Aktionärsgruppen, die mindestens 5 % des gezeichneten Kapitals halten (§ 122 I AktG), die Durchführung zusätzlicher Hauptversammlungen initiieren bzw. einfordern.

Die Aktionäre können ihr **Mitwirkungsrecht** durch **„Anwesenheit"** ausüben. Andere Mitwirkungsformen sind gesetzlich erlaubt, müssen jedoch durch die „Satzung" vorgesehen sein (§ 118 AktG). Das Stimmgewicht des Aktionärs entspricht seinem Anteil an dem gezeichneten Kapital (§ 134 AktG). Eine Übertragung auf dritte Personen sieht das Gesetz (§ 135 AktG) vor. Entscheidungen bedürfen mindestens 50 % des anwesenden Aktienkapitals (§ 133 AktG). **Satzungsänderungen** können nur rechtswirksam erfolgen, wenn 75 % des anwesenden Kapitals für die Änderung votiert (§ 179 II AktG). Aus diesem Grund kommt einem Aktienpaket von 25 % eine hohe Bedeutung zu. Man spricht in diesem Zusammenhang auch von einer „Sperrminorität", da bedeutende Veränderungen des Unternehmens blockiert werden (können).

Der Gesetzgeber sieht vor, dass die **Hauptversammlung** über folgende Punkte **entscheidet** (§ 119 I AktG):

- Berufung aller Aufsichtsratsmitglieder, die nicht aufgrund von Mitbestimmungsvorschriften ausgewählt werden,
- Entscheidung über Ausschüttung bzw. weitere Thesaurierung des „Bilanzgewinns",
- „Entlastung" der Vorstands- und Aufsichtsratsmitglieder,
- Ernennung der Abschlussprüfer,

---

7 Vgl. zur Dotierung der Gewinnrücklagen: Coenenberg/Haller/Schultze 2021, S. 373 ff.

–   allgemeine Änderungen der Satzung,
–   Änderungen der Satzung zum Zwecke der Kapitalerhöhung bzw. -herabsetzung,
–   Ernennung von „Prüfern" für besondere Aufträge,
–   Liquidation des Unternehmens.

Nur auf ausdrücklichen Wunsch des Vorstands steht der „Hauptversammlung" ein Entscheidungsrecht über Themen der Geschäftsführung zu (§ 119 II AktG).

§ 131 AktG I räumt den **Gesellschaftern** einer AG die Möglichkeit ein, vom Vorstand **Auskünfte einzufordern**, um die Transparenz zu Themen der Tagesordnung zu erhöhen. Eingeschränkt wird dieses Recht (§ 131 III AktG) in den Fällen, in denen

–   die „Auskunft" dem Unternehmen selbst oder „einem verbundenen Unternehmen einen" erheblichen Schaden zufügen kann,
–   Details zu Ansätzen nach Steuer- oder Handelsrecht erfragt werden,
–   die Erteilung der Auskunft eine strafbare Handlung darstellt oder
–   die Informationen bereits „mindestens" seit „sieben" Tagen über die Homepage des Unternehmens veröffentlicht sind.

### 2.2.2.3 Weitere Rechte

Bei jeder Form der Kapitalerhöhung (siehe Kapitel 2.4.1) hat der Aktionär einen Anspruch auf proportionale Beteiligung gemessen „an seinem bisherigen Anteil" am gezeichneten Kapital (§§ 186 I und 221 AktG). Dieser Anspruch wird als **Bezugsrecht** bezeichnet und dient dazu, dass er hinsichtlich seines relativen Gewinn- und Stimmrechtsgewichts durch die Kapitalerhöhung nicht schlechter gestellt wird.

Jedoch besteht die Möglichkeit, dass die Hauptversammlung mit mindestens 75-prozentiger Mehrheit auf dessen Ausübung verzichtet. Dieser Verzicht ist dann für alle Aktionäre bindend. Der Gesetzgeber nennt in § 186 III AktG eine Verzichtskonstellation: Das Grundkapital wird durch eine „Kapitalerhöhung gegen Bareinlagen" um maximal 10 % gesteigert; der Börsen- und Bezugspreis unterscheiden sich kaum.

Nutzt die AG die Infrastruktur des Bankensektors für die Durchführung der Kapitalerhöhung mit der Auflage, das Bezugsrecht der Aktionäre zu wahren, bildet dieser Vorgang keinen Ausschluss. Die Kreditinstitute stellen den Aktionären die Bezugsrechte auf deren Depotkonten zur Verfügung (siehe Kapitel 2.4).

Im Falle der Unternehmensauflösung hat der Aktionär einen **Anspruch** auf Beteiligung gemäß seinem Anteil am gezeichneten Kapital. Bevor dieses Recht greift, müssen aus dem **Liquidationserlös** (§ 271 I AktG) sämtliche Schulden der Gesellschaft beglichen sein.

### 2.2.3 Möglichkeiten der Aktienklassifizierung

Aktien können nach verschiedenen Dimensionen klassifiziert werden. Eine bewährte Einteilung zeigt Abbildung 2.5. Jede Aktie lässt sich einer Ausprägung der drei Dimensionen zuordnen.

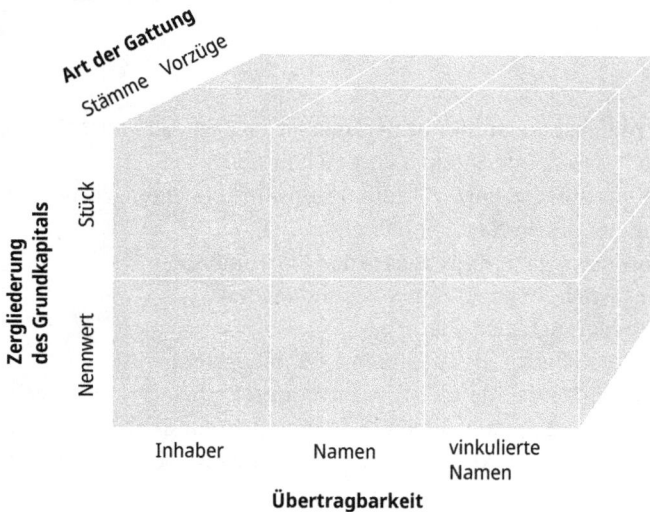

**Abb. 2.5:** Dimensionen der Aktienklassifizierung.

### 2.2.3.1 Zergliederung des Grundkapitals
§ 8 AktG unterscheidet in „Nennbetrags"- und „Stückaktien":
- **„Nennbetragsaktien"** lauten auf einen Betrag von mindestens einem Euro oder einem Vielfachen. Multipliziert man die Anzahl der Aktien mit dem Nennbetrag, so erhält man das gezeichnete Kapital.
- **„Stückaktien"** repräsentieren einen Bruchteil am gezeichneten Kapital und lauten über keinen **Nennwert**. Durch die Rechnung

**gezeichnetes Kapital ÷ Anzahl der Aktien**

lässt sich jedoch der Nennwert bestimmen. Dieser Wert darf bei deutschen Aktiengesellschaften „einen Euro nicht unterschreiten".

---

**Beispiel**

**Gliederung des gezeichneten Kapitals in Nennbeträge:**
Eine AG mit einem gezeichneten Kapital von 1.000 T€ hat 200.000 Aktien zu je 5 € herausgegeben. Hat ein Anleger 200 Aktien erworben, beträgt sein Anteil am Grundkapital: 200 · 5 € = 1 T€. Bezogen auf das gesamte gezeichnete Kapital macht sein Anteil 0,1 % aus (= 1.000 ÷ 1.000.000 · 100).

**Gliederung des gezeichneten Kapitals in Stückaktien:**
Eine AG mit einem gezeichneten Kapital von 1.000 T€ hat 250.000 Stückaktien emittiert. Der rechnerische Nennwert beträgt 4 € (= 1.000.000 ÷ 250.000). Verfügt ein Anleger über 250 Aktien, macht sein Anteil 0,1 % des Grundkapitals aus.
- 250 (Aktien im Bestand) ÷ 250.000 (Anzahl Gesamtaktien) · 100 oder
- 4 € (rechnerischer Nennwert) · 250 (Aktien im Bestand) = 1 T€ (Anteil am Grundkapital) → 1 T€ bezogen auf das gesamte Grundkapital von 1.000 T€ entspricht einem Anteil von 0,1 %.

### 2.2.3.2 Aktiengattungen

**(1)** Das Grundmodell der Aktie ist die **Stammaktie**. Inhabern dieser Aktienart stehen alle Rechte zu, die durch Gesetz und Satzung vorgesehen sind.

**(2)** Die **Vorzugsaktie** hat ein differenziertes Profil: So gewährt sie einen Vorteil, ist aber im Gegenzug auch mit einem Nachteil behaftet.

**(a)** Der Vorzug kann (theoretisch) dazu führen, dass der Aktieninhaber
- ein höheres Stimmgewicht in der Hauptversammlung hat,[8]
- bei der Dividende bevorzugt wird oder
- im Falle der Liquidation besser als ein Stammaktionär gestellt wird.

**(b)** Relevante Ausprägung in Deutschland ist die stimmrechtslose Vorzugsaktie (§ 139 I AktG), für die der Gesetzgeber folgende Regelungen vorsieht:
- Das Grundkapital darf maximal „zur Hälfte" aus Vorzugsaktien bestehen (§ 139 II AktG).
- Die Stimmrechtslosigkeit wird durch eine nachzuholende Besserstellung bei der Dividende kompensiert (§ 139 I AktG).
- Erhalten die Vorzugsaktionäre in einem Jahr nicht den (kompletten) „Vorzug" und wird dieser im Folgejahr nicht komplett (d. h. einschließlich laufender Zahlung) kompensiert, so erhalten sie als Entschädigung „das Stimmrecht". Dieses steht ihnen solange zu, bis es keine „Rückstände" mehr gibt (§ 140 II AktG).

**(c)** Ökonomische Bewertung:
- Aus Sicht der Altaktionäre besteht der Vorteil bei der Emission von stimmrechtslosen Vorzugsaktien darin, dass ihr Einfluss in der Hauptversammlung (bis auf Ausnahmejahre) unverändert bleibt und trotzdem die Eigenkapitalbasis des Unternehmens verbessert wird.
- Anleger, die Einfluss auf die Abstimmungen der Hauptversammlung und damit die Unternehmensausrichtung ausüben wollen, meiden Vorzugsaktien.
- Für renditeorientierte Anleger stellen Vorzugsaktien eine interessante Option dar.

---

8 § 12 II AktG erklärt „Mehrstimmrechte" für „unzulässig". In Gesellschaften, die diese Aktienform historisch nutzen, dürfen Mehrstimmrechtsaktien weiterverwendet werden.

### 2.2.3.3 Übertragbarkeit von Aktien

Die Übertragbarkeit der Aktie folgt der Rechtsnatur. § 10 AktG unterscheidet Inhaber- und Namensaktien. Eine weitergehende Unterscheidung der Wertpapiere im Allgemeinen findet sich in Kapitel 5.1.1.

(1) Wie bei allen Inhaberpapieren erfolgt die rechtswirksame Weitergabe mittels Einigung und Übergabe.

(2) Rechtlich gehören die **Namensaktien** zu den Orderpapieren, sodass für eine Weitergabe grundsätzlich das Indossament (§ 68 I AktG) erforderlich ist.

(a) Der jeweilige Aktionär ist im **„Aktienregister"** mit ausgewählten persönlichen Angaben zu vermerken (§ 67 I AktG).

(b) Um mit Namensaktien unproblematisch einsetzen zu können, wird oft mit Abtretungserklärungen gearbeitet.

(c) Zentraler Vorteil ist, dass für die Kommunikation mit dem Aktionär kein Kreditinstitut eingebunden werden muss, sodass hier Einsparungen möglich sind.

(3) **Vinkulierte Namensaktien** sind ebenfalls Orderpapiere.

(a) Jedoch ist für ihre rechtswirksame Weitergabe auch die **Einwilligung** des zuständigen Organs (Vorstand, Aufsichtsrat oder Hauptversammlung) der Gesellschaft erforderlich (§ 68 II AktG).

(b) Der vergleichsweise hohe Aufwand, der mit der Einwilligungsprüfung verbunden ist, bietet jedoch einen Schutz vor feindlichen Übernahmen, soweit der Erwerb nicht über Strohleute erfolgt.

### 2.2.4 Voraussetzungen zur Erhöhung des gezeichneten Kapitals

Es gibt verschiedene Möglichkeiten, wie eine AG ihr gezeichnetes Kapital erhöhen kann. Einen Überblick über die Optionen nach der Rechtsgrundlage und der Art der Aktienausgabe vermittelt Tabelle 2.6.

**Tab. 2.6:** Kombination von Aktienausgabe und Rechtsgrundlage.

| Rechtsgrundlage | gegen Einlage | bedingte Kapitalerhöhung | durch Umwandlung |
|---|---|---|---|
| Vorratsbeschluss der HV | *möglich (2b)* | **nicht vorgesehen (3b)** | **nicht vorgesehen (4b)** |
| individueller Beschluss der HV | *möglich (2a)* | *möglich (3a)* | *möglich (4a)* |
| Gesellschaftervertrag | *möglich (Gründung) (1)* | **nicht vorgesehen (3c)** | **nicht vorgesehen (4c)** |
| | **Art der Aktienausgabe** | | |

Die einzelnen Felder haben folgende Bedeutung:

**(1)** Im Rahmen der Gründung übernehmen die Gesellschafter die Aktien und leisten ihren Beitrag zum Grundkapital (§ 29 AktG). Dies kann in Form einer „Sacheinlage" (§ 36a AktG) oder durch „Bareinlagen" erfolgen. Letztere muss zu mindestens 25 % aufgebracht werden.

**(2)** Besteht die Gesellschaft bereits, entscheidet die Hauptversammlung über die **Kapitalerhöhung**. Zur Rechtswirksamkeit ist eine Zustimmung von mindestens 75 % der teilnehmenden Stimmen erforderlich (§§ 182 I, 193 I und 202 II AktG).

(a) Der erste Fall, den das Aktiengesetz vorsieht, ist eine Individualentscheidung. Sie wird als **„Kapitalerhöhung gegen Einlagen"** bezeichnet (§§ 182 ff. AktG). Auch wenn der Gesetzgeber die Sacheinlage vorsieht, dürfte bei den meisten (börsennotierten) Aktiengesellschaften die Bareinlage dominieren.

(b) Alternativ kann die Hauptversammlung den Vorstand auf Vorrat ermächtigen, die Kapitalerhöhung nach eigenem Ermessen durchzuführen. Man spricht vom „genehmigten Kapital". Diese Ermächtigung unterliegt zwei Restriktionen:
   - Ihre Gültigkeit darf fünf Jahre nicht überschreiten (§ 202 II AktG).
   - Das Volumen ist auf maximal 50 % des aktuellen Grundkapitals begrenzt (§ 202 III AktG).

**(3)** Eine weitere Möglichkeit bildet die **„bedingte Kapitalerhöhung"** (§ 192 AktG). Hier wird eine Grundkapitalsteigerung von der Hauptversammlung vorgesehen. Als Instrumente werden Options- und Wandelanleihen verwendet (siehe Kapitel 5.2.4 und 5.2.5). Ob die Gläubiger von ihrem Recht Gebrauch machen, ist offen. Somit ist die Kapitalerhöhung an die Bedingung geknüpft, dass die Gläubiger ihr Recht ausüben.

(a) Diese Form der „Kapitalerhöhung bedarf" eines individuellen Beschlusses. Soweit die Anleihen nicht ausschließlich den Aktionären angeboten werden, ist ein Ausschluss des Bezugsrechts erforderlich (§§ 193 ff. AktG).

(b) Im Rahmen des genehmigten Kapitals verweist § 203 I nur auf die §§ 185 bis 191 AktG, somit erscheint die Kombination einer bedingten Kapitalerhöhung durch genehmigtes Kapital nicht vorgesehen zu sein.

(c) Eine bedingte Kapitalerhöhung ist im Rahmen der Gründung nicht darstellbar.

**(4)** Sollen Rücklagen in Grundkapital gewandelt werden, so spricht der Gesetzgeber von **„Kapitalerhöhungen aus Gesellschaftsmitteln"**, die er in den §§ 207 ff. AktG regelt.

(a) Hierzu bedarf es ebenfalls eines individuellen Beschlusses der Hauptversammlung.

(b) Ein Vorratsbeschluss ist nicht möglich.

(c) Im Rahmen der Gründung kann diese Form nicht greifen, da die erforderlichen Rücklagen noch gar nicht vorhanden sind.

## 2.3 Aktienemission

### 2.3.1 Realwirtschaftliche Konstellation

Die Motivation der **Aktienemission** – der Verkauf der Aktien an der Börse – hat realwirtschaftliche Hintergründe. In den meisten Fällen dürfte der Wunsch einer geplanten Expansion die Ursache sein.[9] Der Gesamtzusammenhang ist in Abbildung 2.6 dargestellt. Nachfolgend werden die einzelnen Schritte diskutiert.

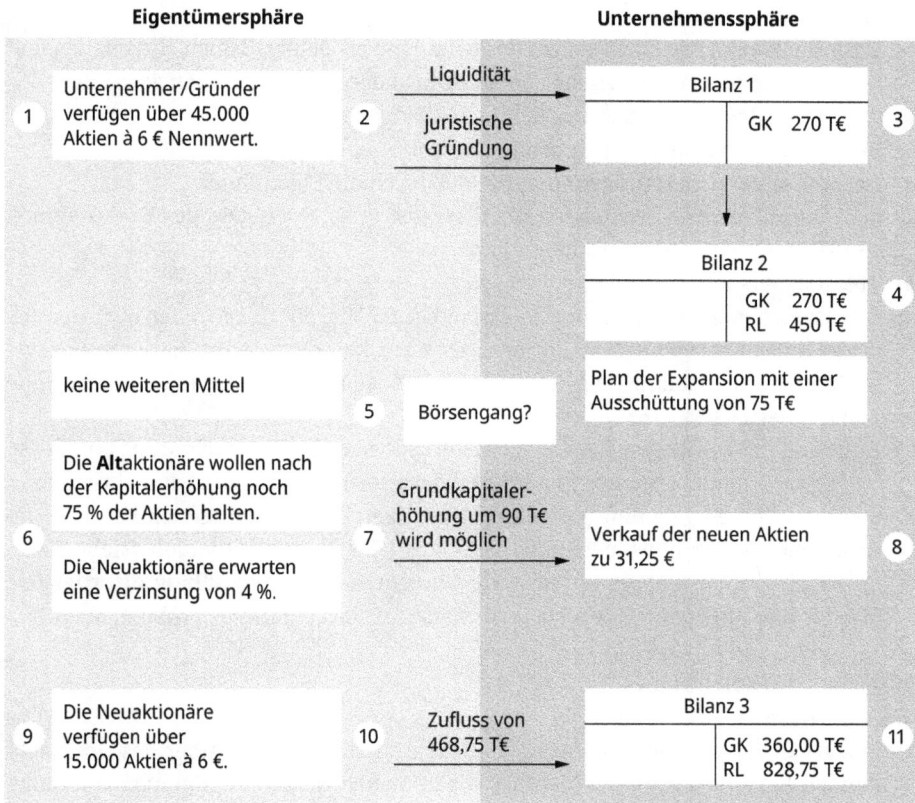

**Abb. 2.6:** Von der Gründung zur Aktienemission.

---

[9] Auch möglich ist, dass der bzw. die Alteigentümer aus dem Unternehmen (teilweise) aussteigen wollen, um Kasse zu machen. Hierzu kann auch das Verkaufsvehikel „Börse" genutzt werden. Das Vorgehen stellt sich analog dar.

Ausgangslage

**(1)** Initialzündung

(a) Die Gründer bringen aus ihrem Privatvermögen das Grundkapital auf.

(b) Im Beispiel werden 45.000 Aktien zu 6 € übernommen.

**(2)** Geburt der AG

(a) Es erfolgt der Liquiditätstransfer.

(b) Die AG als juristische Person entsteht durch den Gründungsakt formal.[10]

**(3)** Gründungsbilanz

(a) Für die hier verfolgte Zielsetzung ist die Darstellung des Grundkapitals in Höhe von 270 T€ zentral.[11]

(b) Das Eigenkapital wird im Moment der Gründung als Bankguthaben vorgehalten und im Laufe der unternehmerischen Tätigkeit in andere Aktivpositionen gewandelt.

**(4)** Aufnahme der Geschäftstätigkeit

(a) Erfolgreiche Unternehmensführung und der

(b) (teilweise) Verzicht auf Gewinnentnahme durch die Eigentümer

(c) lässt die Bilanz in $t_2$ entstehen. Aus dieser ist ersichtlich, dass das Unternehmen 450 T€ an Gewinnen angesammelt hat.

**(5)** Zukunftsperspektiven

(a) Das Management plant, weiter zu expandieren. Hierdurch ist in der nächsten Periode ein Gewinn von 75 T€ geplant, der auch komplett an die Aktionäre ausgeschüttet werden soll. Dieser Schritt erfordert jedoch neues Eigenkapital in Höhe von mindestens 450 T€.

(b) Aufgrund der bisherigen Gewinnverwendung – marginale Ausschüttung an die Anteilseigner – sind diese nicht in der Lage, die erforderlichen Mittel aufzubringen.

(c) Stellt ein Börsengang eine gangbare Möglichkeit dar? Wenn es sich bei dem Unternehmen nicht um ein emissionsfähiges Unternehmen handelt (siehe Kapitel 1.7), ist zuvor eine entsprechende Unternehmensumwandlung erforderlich. Mit der hier angenommenen Rechtsform der AG besteht dieses Problem nicht.

Umsetzung des Börsengangs

**(6)** Ansprüche

(a) Für die Gründer ist es annahmegemäß wichtig, die Kontrolle über das Unternehmen zu behalten. Mit einer 75-prozentigen Mehrheit auf der Hauptversammlung (siehe Kapitel 2.2.2.2) kann dies gewährleistet werden.

(b) Fremde Anleger erwarten von Unternehmen dieser Branche und Risikoklasse eine Verzinsung des eingesetzten Kapitals von 4 %.

---

10 Da die juristischen Details für das Finanzierungsverständnis unerheblich sind, wird hierauf nicht eingegangen.

11 Auch eine Sachgründung durch die Einbringung von Gegenständen ist grundsätzlich möglich.

**(7)** Konsequenzen

(a) Eine Grundkapitalerhöhung in Höhe von maximal 90 T€ wird möglich. Diese berechnet sich wie folgt:
- 270 T€ Grundkapital sollen nach der Kapitalerhöhung 75 % sein.
- Folglich sind maximal 360 T€ (270 T€ ÷ 0,75) an Grundkapital möglich.
- Die Differenz zwischen dem alten und dem neuen Grundkapital beträgt 90 T€.

(a) Die 90 T€ Grundkapital entsprechen 15.000 Aktien (= 90 T€ ÷ 6 €).

**(8)** Kaufpreisermittlung

(a) Wenn die neuen Aktionäre ein Viertel des Grundkapitals halten, steht ihnen auch ein Viertel des Gewinns zu.

(b) Bringen sie dafür nur den Nennwert auf, ist dies ein schlechtes Geschäft für die Gesellschaft und die Altaktionäre.
- Der zustehende Gewinn von 18,75 T€ stellt auf die 90 T€ eine Verzinsung von knapp 21 % dar.
- Damit erhielten die neuen Aktionäre auch eine wesentlich bessere Verzinsung als am Markt üblich ist.
- Zudem sind sie auch an den bisher erwirtschafteten Rücklagen mit 25 % beteiligt, wodurch das Geschäft für die Altaktionäre noch schlechter würde.

(c) Die Lösung besteht darin, für die Aktie einen höheren Preis zu verlangen bzw. zu zahlen als den Nennwert. Wenn man den Verzinsungsanspruch der Kapitalanleger zum Maßstab macht, beträgt der Kaufpreis 31,25 € je Aktie.

(d) Hiermit sind folgende Konsequenzen verbunden:
- Die Gesellschaft bekommt ein neues Grundkapital von 90 T€ (= 15.000 Aktien à 6 €)
- Die Differenz, das sogenannte Agio in Höhe von 25,25 € (= 31,25 € − 6 €), wird in die Kapitalrücklagen eingestellt.
- Die neuen Aktionäre erhalten ihre Verzinsung von 4 % für ihr eingesetztes Kapital. In welcher Form die Verbuchung erfolgt, ist für die meisten Aktionäre ohnehin bedeutungslos.

Konsequenzen

**(9)** Die neuen Aktionäre verfügen mit ihren 15.000 Aktien à 6 € Nennwert über 25 % des Grundkapitals.

**(10)** Mittelfluss

(a) Jede Aktie wird für 31,25 € verkauft.

(b) Insgesamt bringen die Neuaktionäre 468,75 T€ (= 15.000 · 31,25 €) auf.

(c) Soweit die Planung der Unternehmung aufgeht, erhalten die Aktionäre eine Verzinsung von 4 %.

**(11)** Finale Bilanz

(a) Das Grundkapital beträgt 360 T€ und setzt sich aus den originären 270 T€ von der Gründung sowie den 90 T€ aus der Kapitalerhöhung zusammen.

(b) Die Rücklagen betragen 828,75 T€ und setzen sich aus den 450 T€ gemäß der Bilanz im Zeitpunkt $t_2$ sowie den 378,75 T€ aus der Kapitalerhöhung zusammen.

(c) Das gesamte Eigenkapital wurde um 468 T€ ausgeweitet, sodass die Emission auch für das Unternehmen erfolgreich war.

Im Rahmen der realwirtschaftlichen Betrachtung wurden drei Prämissen unterstellt:

**(1)** Der gesamte Gewinn ist ausschüttungsfähig und wird auch ausgeschüttet.

**(2)** Der Gewinn und das Ausschüttungsverhalten sind im Zeitverlauf konstant.

**(3)** Der Verzinsungsanspruch ist der einzige Maßstab für die Bewertung.

Diese Prämissen werden in Kapitel 2.3.2 aufgehoben.

### 2.3.2 Details zur Aktienbewertung

Führt man die in Kapitel 2.3.1 begonnenen Überlegungen fort und vergleicht die Anlage einer Aktie mit einer verzinslichen Anlage (wie Anleihen, siehe Kapitel 5.1), so stellt die Dividende das Pendant zur Zinszahlung auf Basis der Anschaffungskosten dar. Die **Dividendenrendite** ist definiert als:

$$\textbf{Dividende} \div \textbf{Einstandspreis} \cdot \textbf{100}$$

Jedoch gibt es wichtige Einschränkungen:

**(1)** Dividendenzahlungen stellen Residualeinkommen dar (siehe Kapitel 2.2.2.1): Ihre Höhe schwankt in Abhängigkeit von

(a) der Gewinnsituation und

(b) dem Ausschüttungsverhalten.

**(2)** Aufgrund der Ungewissheit der Dividendenhöhe gibt es im Gegensatz zu den verzinslichen Wertpapieren keinen Ausgleich dafür, wenn der Aktionär seine Aktie unterjährig verkauft (siehe Kapitel 5.1.5). Aus diesem Grund hat die Dividendenzahlung meist wie folgt Einfluss auf den Aktienkurs:

(a) Reduzierung in Zeiten mit stabilen bis fallenden Kursen

(b) Reduzierung des Anstiegs in Zeiten steigender Kurse

Soweit die (potenziellen) Anleger ihren Lebensunterhalt aus den Dividenden bestreiten müssen, kommt dieser Kennziffer eine zentrale Bedeutung zu. Darüber hinaus sind weitere Kennziffern bedeutsam.

### 2.3.2.1 Barwert als Bewertungsmaßstab

Beim Ertragswert erfolgt eine Diskontierung der künftigen Einzahlungsüberschüsse (Cashflows) auf Basis von Abzinsungsfaktoren (AZF).[12] Die Cashflows sind die erwarteten Dividendenzahlungen durch die AG sowie ggf. ein Verkaufserlös zum Ende der Betrachtung.

- Abzinsungsfaktoren berechnen sich $(1 + i)^{-n}$.
- Bei einem Zinssatz (= $i$) von 8 % und einer Laufzeit (= $n$) von einem Jahr folgt daraus:

$$AZF = (1 + 0,08)^{-1} = 0,9259$$

- Mit diesem Faktor ist ein Einzahlungsüberschuss, der nach einem Jahr anfällt, zu multiplizieren.

Der gesamte **Barwert** wird durch die Anzahl der Aktien dividiert, sodass man den **Ertragswert** pro Aktie erhält. Dieser Betrag wird auch als innerer Wert der Aktie bezeichnet.

---

**Beispiel**

Eine AG mit 100 Mio. € gezeichnetem Kapital (2 € Nennwert pro Aktie, Kalkulationszinssatz 8 %) erwirtschaftet in den kommenden vier Jahren 22,8 Mio. € und kann nach dem fünften Jahr für 197,5 Mio. € an einen Großkonzern verkauft werden. Die Tabelle „Barwertermittlung" und die Abbildung „Systematik der Ertragswertermittlung" verdeutlichen dieses Vorgehen:

Barwertermittlung:

| Jahr | $t_0$ | $t_1$ | $t_2$ | $t_3$ | $t_4$ | $t_5$ |
|---|---|---|---|---|---|---|
| CF (Mio. €) | | 22,8 | 22,8 | 22,8 | 22,8 | 197,5 |
| AZF | | 0,9259 | 0,8573 | 0,7938 | 0,7350 | 0,6806 |
| Barwerte (Mio. €) | 209,9 | 21,1 | 19,5 | 18,1 | 16,8 | 134,4 |

Die erwarteten Cashflows werden in dem Ertragswert verdichtet.

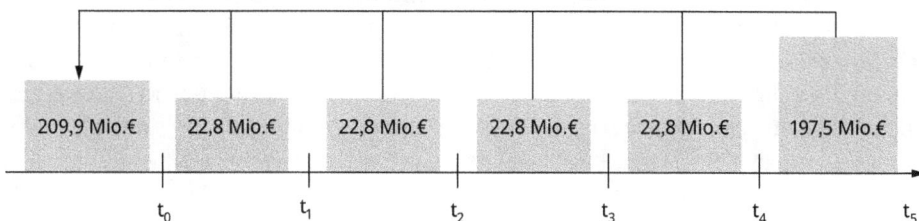

Systematik der Ertragswertermittlung.

---

**12** Vgl. zu den Details der Diskontierung: Perridon/Steiner/Rathgeber 2022, S. 56 ff.; Ostendorf 2016, S. 553 f.

Der Ertragswert errechnet sich wie folgt:
> Das Grundkapital besteht aus 50 Mio. Aktien (= 100 Mio. € ÷ 2 € Nennwert). Auf eine Aktie entfallen somit 4,198 € Barwert (209,9 Mio. € ÷ 50 Mio. Aktien). Dieser Wert stellt den fairen Preis der Aktie dar, jede Abweichung wäre nur durch Irrationalität zu erklären.

Die Schwächen des Ansatzes resultieren aus der Ungewissheit der künftigen Gewinne und der Ausschüttung des Unternehmens.

### 2.3.2.2 Kursverhältnisse

Mit den Kennziffern dieser Gruppe wird der Kurs zu einer Erfolgskennziffer ins Verhältnis gesetzt, um die Attraktivität der Aktie zu messen.

So stellt die erforderliche Haltedauer bis zum **Payback** einen weiteren Bewertungsmaßstab dar. Dieser Sachverhalt wird auch als **Kurs-Gewinn-Verhältnis** (KGV) bezeichnet. Die Ausgangsfrage lautet: Wie lange muss der Anleger in der Aktie investiert bleiben, um auf Basis des heutigen Gewinns – Konstanz unterstellt – seinen Einsatz amortisiert zu haben? Die Formel lautet:

$$\textbf{Aktienkurs} \div \textbf{prognostizierter Gewinnanteil pro Aktie}$$

Entgegen der Dividendenrendite wird hier auf den kompletten Gewinn des Unternehmens (pro Aktie) abgestellt, da thesaurierte Gewinne dem Anleger in Form von **Kurssteigerungen** zugutekommen. Je höher das KGV, desto teurer eine Aktie. Diese Kennziffer ist für einen Vergleich von Unternehmen einer Branche geeignet. Für unterschiedliche Branchen ist eine Bewertung auf dieser Basis schwierig, weil in Abhängigkeit von der Branche unterschiedliche Gewinnerwartungen bestehen. In einer Branche mit schrumpfendem Markt, wird der Gewinn in Zukunft nur schwerlich auf dem aktuellen Niveau verbleiben. Branchen, die zu Beginn ihrer Entwicklung stehen, bieten den Unternehmen eher die Chance, ihre Gewinne zukünftig (deutlich) zu steigern.

Im Rahmen der Emission wird der Verkaufspreis der Gesellschaft als Aktienkurs verwendet. Zu einem späteren Zeitpunkt basiert die Rechnung auf dem aktuellen Börsenkurs.

Mit dem **Kurs-Cashflow-Verhältnis** (KCV) wird ein ähnlicher Sachverhalt wie mit dem KGV betrachtet. Anstelle des bilanziellen Gewinns wird hier auf den Zufluss abgestellt (siehe Kapitel 1.4). Kritisch ist anzumerken, dass schon das KGV auf einer Fiktion beruht, denn thesaurierte Gewinne nutzen Aktionären nur indirekt über Kurssteigerungen. Der Mittelzufluss, auf den sich der Cashflow bezieht, ist für den Aktionär ja noch viel weniger relevant.

### 2.3.2.3 Bilanzkurs als Preisuntergrenze

Eine ganz andere Perspektive wird bei der Kennziffer **Bilanzkurs** verwendet, dieser ist definiert als:

$$\textbf{gesamtes Eigenkapital} \div \textbf{gezeichnetes Kapital} \cdot \textbf{Nennwert der Aktie}$$

Der Bilanzkurs sagt aus, welcher Eigenkapitalanteil jeder Aktie zugeordnet werden kann. Mit anderen Worten: Um wieviel Prozent übersteigt das Eigenkapital das gezeichnete Kapital (pro Aktie)? Dieser Sachverhalt wird anhand der nachfolgenden Fallstudie verdeutlicht.

---

**Fallstudie 1**

**Ausgangslage:**
Schematische Bilanz der Gesellschaft:

| Aktiva | aufbereitete Bilanz (T€) | Passiva | (T€) |
|---|---|---|---|
| Anlagevermögen | 40.000 | Grundkapital | 10.000 |
| Umlaufvermögen | 60.000 | Rücklagen | 20.000 |
|  |  | Schulden | 70.000 |
| Bilanzsumme | 100.000 | Bilanzsumme | 100.000 |

**Aufgabenstellung:**
Wie hoch ist der Bilanzkurs und welche Schlüsse ergeben sich daraus?

**Lösung:**
Das Grundkapital der Gesellschaft ist in Aktien zu je einem Euro gegliedert. Der Bilanzkurs errechnet sich:
30 Mio. € ÷ 10 Mio. € · 1 € = 3 €
Folglich steht jedem Aktionär ein Anteil von 2 € an Rücklagen zu.
Wird die Aktie unter 3 € gehandelt, kann ein Investor durch den kompletten Kauf der Gesellschaft und deren Liquidation für sich einen Mehrwert generieren.
Bei einem Kurs von 2,75 € – der sich annahmegemäß durch den Erwerb seitens des Großinvestors nicht verändert – kann dieser die Gesellschaft für 27,5 Mio. € erwerben. Liquidiert er im Anschluss die Gegenstände der Aktiva und tilgt die Schulden, verbleibt ihm ein Rest von 30 Mio. €. Im Vergleich zum eingesetzten Kapital generiert er einen Ertrag von 2,5 Mio. € vor Transaktionskosten (Börsengebühren, Sozialpläne für die Mitarbeiter etc.). Gleichzeitig sind etwaige stille Reserven der Gesellschaft nicht berücksichtigt, deren Auflösung den Gewinn weiter steigern.

---

Sind stille Reserven vorhanden, ist die Attraktivität einer Gesellschaft noch größer. Jedoch ist der Umfang der stillen Reserven für einen Außenstehenden nicht verlässlich erkennbar. Im Umkehrschluss bedeutet dies, dass ein Unternehmen seine Aktien aus ökonomischer Sicht nicht unter dem Bilanzkurs verkaufen darf. Auf die Kursentwicklung an der Börse besteht später nur ein indirekter Einfluss (durch kluge Unternehmensführung).

## 2.3.2.4 Erkenntnisse

Neben den spezifischen – für börsennotierte Aktien zugeschnittenen – Kennzahlen können auch die Informationen der klassischen Bilanzanalyse zur Bewertung von Aktien genutzt werden (siehe Kapitel 1.4). Im Ergebnis liegen verschiedene Maßstäbe vor, die mit denen vergleichbarer Unternehmen ins Verhältnis gesetzt werden. Im Ideal wird aus all diesen Informationen der faire Preis für den Aktionär – der vom Kauf der Aktie überzeugt werden muss – und die AG abgeleitet. Basis für diese Berechnung bilden die Daten des Unternehmens, die mit denen der Konkurrenten verglichen werden. Auf diese Weise sind die unterschiedlichen Preise in Abbildung 2.7 ermittelt. Man kann diesen Prozess auch augenzwinkernd als Zielschießen beschreiben, weil der faire Wert umzingelt wird.

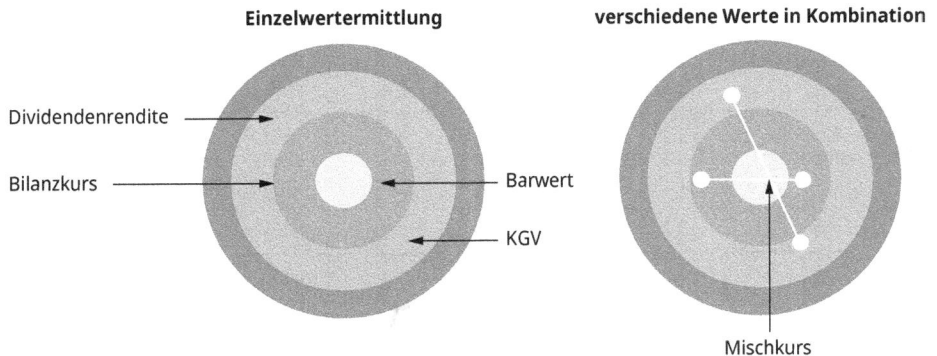

**Abb. 2.7:** Suche nach dem fairen Wert.

Auf dieser Basis hat das Unternehmen einen (Misch-)Wert ermittelt, mit dem im Anschluss die Emission weiter fortgeführt wird. Im Rahmen der Preisfindung (siehe Kapitel 2.3.4.2) wird dieses Beispiel erneut eingesetzt.

### 2.3.3 Umsetzung der Aktienemission

#### 2.3.3.1 Vertriebsmöglichkeiten
Soweit das emittierende Unternehmen nicht selbst ein Kreditinstitut ist, wird es kaum
**(1)** die erforderliche Expertise vorhalten, um
(a) den Emissionspreis und das Timing optimal auszugestalten und
(b) die im Anschluss an die originäre Emission erforderlichen Tätigkeiten wie Börseneinführung, Kurspflege etc. professionell zu übernehmen.
**(2)** über die geeignete Infrastruktur verfügen, um interessierte Anleger selbst anzusprechen,
**(3)** die erforderliche Glaubwürdigkeit aufweisen, da der Verkauf der Aktien ein Selbstzweck ist und nicht zum Kerngeschäft des Unternehmens gehört.

Aus diesen Gründen erfolgen die meisten Aktienemissionen unter **Einbindung** von **Kreditinstituten**. Diese

**(1)** haften neben dem Emittenten selbst für die Angaben in den Verkaufsunterlagen (Prospekte),

**(2)** können – je nachdem, wie der Emissionsvertrag gestaltet ist, – auch die Aktien von ihrem Kunden erwerben, sodass die emittierende AG

**(a)** sofort die Liquidität erhält und

**(b)** kein Absatzrisiko tragen muss.

In Abhängigkeit von den Bedürfnissen des Emittenten wird der Vertrag mit der Bank ausgestaltet. Hierbei ist zu klären, wie viele Aktien zu welchen Bedingungen verkauft werden sollen. In Abhängigkeit davon, welche Risiken auf die Bank ausgelagert werden sollen, differieren auch die Entgeltanforderungen.

Verbleibt das Absatzrisiko bei der emittierenden AG, kann dies auf der Grundlage eines Geschäftsbesorgungsvertrags (§ 675 BGB) oder Kommissionsvertrags (§ 383 HGB) erfolgen. Erwirbt das Kreditinstitut die Aktien, bildet ein Kaufvertrag (§ 433 BGB) die Grundlage. Diese Vertragsausgestaltung dominiert.

Um die Aufgaben und Risiken nicht durch eine Bank alleine bewältigen zu müssen, ist die Unterstützung des Emittenten durch ein Kreditinstitut selten. Stattdessen gründen mehrere Banken eine BGB-Gesellschaft, nur zum Zweck, eine Emission zu begleiten. Dieser Zusammenschluss wird auch **Emissionskonsortium** genannt. Entgegen dem im Gesetz vorgesehenen Standard (siehe Kapitel 1.7), obliegt die Außenvertretung dieser Gesellschaft meist dem sogenannten Konsortialführer. Im Innenverhältnis müssen die Konsortialbeteiligten klären, wie sie die Verpflichtung aus dem Außenverhältnis auf die einzelnen Mitglieder operationalisieren.

### 2.3.3.2 Preisfindung

Soweit es sich um eine Emission von geringem Volumen handelt und Großinvestoren im Vorfeld Interesse signalisieren, können Aktien auch ohne Einbindung der Öffentlichkeit auf Basis individueller Vereinbarungen verkauft werden **(Privatplatzierung)**. Wird ein breites Publikum angesprochen, so spricht man auch von der öffentlichen Zeichnung. Hierbei sind verschiedene Ausprägungen möglich.

Eine Ausgestaltung stellt das **Festpreisverfahren** dar, jedoch besteht die Gefahr, dass der festgelegte Kurs – trotz der Verwendung verschiedener Kennziffern[13] – nicht marktgerecht ist.

– Bei einem zu hohen Preis wird die AG bzw. das Bankenkonsortium die Emission (in Teilen) nicht absetzen können. Neben dem Imageschaden wird auch dem Akteur, der das Abnahmerisiko trägt, Liquidität fehlen.

---

**13** Dies kann durch den Timelag zwischen Emissionskonzeption und -umsetzung erklärt werden. In diesem Zeitraum kann die Börsenstimmung drehen.

– Wurde der Preis zu gering angesetzt, wird die Nachfrage das Angebot übersteigen. In diesem Fall hat die AG weniger Eigenkapital generiert als möglich gewesen wäre. Zudem muss eine sinnvolle Lösung gefunden werden, um Angebot und Nachfrage in Einklang zu bringen. Dies kann per Auslosung oder quotaler Zuteilung erfolgen.

An der Schwäche des Festpreisverfahrens (für Erstemissionen) setzt das **Bookbuilding-Verfahren** an. Hier soll die Zahlungsbereitschaft durch Kommunikation im Vorfeld ausgelotet werden. Nach Abschluss der Marketingaktivitäten haben die Interessenten die Möglichkeit, ihre Bestellungen im Rahmen des festgesetzten Preiskorridors abzugeben. Unentschlossene Anleger können auch „billigst" (siehe Kapitel 2.1.3) ordern. Final wird der Verkaufspreis definiert und – bei Überzeichnung – die Zuteilungsform festgelegt. Man unterscheidet die Ausrichtung am Einheitspreis und die Individualabrechnung. Neben der Höhe des Gebots kann bei der Berücksichtigung der Kaufwünsche auch die (vermeintliche) Anlageabsicht des Investors berücksichtigt werden. Investoren mit strategischen Absichten können bevorzugt werden.

Eine weitere Ausprägung besteht in der Durchführung einer **Auktion**. Abweichungen zum Bookbuilding-Verfahren
– Billigstaufträge sind nicht zugelassen,
– es existieren keine Zeichnungskorridore,
– Halteabsichten sind für die Zuteilung irrelevant,
– auch individuell gebotene Preise können die Grundlage der Abrechnung bilden (amerikanische Auktion).

Die Abwägung zwischen höherem Aufwand beim Bookbuilding-Verfahren und der potenziell falschen Bepreisung durch das Festsetzungsverfahren muss individuell erfolgen.

---

**Beispiel**

Die AG (siehe Abbildung 2.6) plant im Rahmen ihres Börsengangs die Emission von 15.000 Aktien. Der Anteil am gezeichneten Kapital pro Aktie beträgt 6 €.

**(1)** Festpreisverfahren
Das Unternehmen hat den Preis mit 31,25 € je Aktie fixiert. Die Nachfrage liegt bei 30.000 Stück. Das Ergebnis zeigt die Tabelle „Anwendung des Festpreisverfahrens und quotaler Zuteilung".

Anwendung des Festpreisverfahrens und quotaler Zuteilung:

| | | |
|---|---|---|
| Bieter 1: 5.000 Aktien | | Bieter 1: 2.500 Aktien |
| Bieter 2: 6.000 Aktien | | Bieter 2: 3.000 Aktien |
| Bieter 3: 4.000 Aktien | quotale Zuteilung ⟶ | Bieter 3: 2.000 Aktien |
| Bieter 4: 3.000 Aktien | | Bieter 4: 1.500 Aktien |
| Bieter 5 – $n$: 12.000 Aktien | | Bieter 5 – $n$: 6.000 Aktien |
| Gesamtnachfrage: 30.000 Aktien | | Zuteilung: 15.000 Aktien |

**(2)** Bookbuilding-Verfahren

Das Unternehmen hat einen Zeichnungskorridor von 31,25 € bis 35 € vorgegeben. Die Orders der Investoren sowie deren Beachtung (ohne Berücksichtigung von Anlageintentionen) zeigt die Tabelle „Anwendung des Bookbuilding-Verfahrens".

Anwendung des Bookbuilding-Verfahrens:

| Preis | | | Preis | |
|---|---|---|---|---|
| 32,00 | Bieter 1: 5.000 Aktien | | 34,20 | Bieter 4: 3.000 Aktien |
| 33,00 | Bieter 2: 6.000 Aktien | | 33,80 | Bieter 3: 4.000 Aktien |
| 33,80 | Bieter 3: 4.000 Aktien | **Zuteilung nach** | 33,00 | Bieter 2: 6.000 Aktien |
| 34,20 | Bieter 4: 3.000 Aktien | ⟶ | 32,00 | Bieter 1: 2.000 Aktien |
| 31,50 | Bieter 5 – *n*: 12.000 Aktien | **Zahlungsbereitschaft** | 31,50 | Bieter 5 – *n*: 0 Aktien |
| | Gesamtnachfrage: 30.000 Aktien | | | Zuteilung: 15.000 Aktien |

(Randbeschriftung rechts: Reihenfolge der Zuteilung)

Alle Anbieter, die einen Preis von mehr als 32 € bieten, werden komplett berücksichtigt. Kauforders zu 32 € werden quotiert und zu 40 % erfüllt. Nun sind zwei unterschiedliche Vorgehen möglich:
- Alle Nachfrager erhalten die Aktien zu dem Kurs des Grenznachfragers (Einheitspreis). Somit generiert das Unternehmen 11.250 € mehr an Eigenkapital (= 15.000 Aktien · 0,75 €).
- Jeder Nachfrager erhält seine Aktien zu seinem individuellen Gebotskurs abgerechnet. Das Unternehmen generiert 31.050 € mehr an Eigenkapital gemessen am Einheitspreisverfahren (= 2,95 € · 3.000 Aktien + 2,55 € · 4.000 Aktien + 1,75 € · 6.000 Aktien + 0,75 € · 2.000 Aktien).

### 2.3.3.3 Börsenzulassung

Grundsätzlich ist der Handel mit Aktien auch ohne Börsenzulassung möglich. Aufgrund der Transaktionskosten für die Bewertung der Gesellschaftsanteile (siehe Kapitel 1.7) ist diese Form hier jedoch zu vernachlässigen.

Die Börsenzulassung muss beantragt werden (siehe Kapitel 2.1.2). Durch die Möglichkeit, die vom Emittenten erworbenen Aktien (nahezu) uneingeschränkt weiterveräußern zu können, steigt die Attraktivität der Anlage.

An der Börse zugelassene Wertpapiere können dort aber auch im direkten Geschäft institutioneller Anleger untereinander abgewickelt werden.

## 2.4 Kapitalerhöhung

### 2.4.1 Zur Mittelzuflussgenerierung

Die Möglichkeiten, über die Börse Eigenkapital zu generieren, sind nicht auf die Erstemission beschränkt. Die AG kann sich bei positivem Geschäftsverlauf oder guten Perspektiven immer wieder über die Börse Eigenkapital beschaffen.

### 2.4.1.1 Details der Kapitalerhöhung

Unabhängig davon, ob die Hauptversammlung eine individuelle Entscheidung zur Kapitalerhöhung getroffen oder den Vorstand auf Vorrat ermächtigt hat, situativ zu handeln (siehe Kapitel 2.2.4), steht den Altaktionären grundsätzlich ein **Bezugsrecht** zu.

Durch die Kapitalerhöhung steigt die Anzahl der Aktien, sodass der Gewinnanteil der einzelnen Aktie und in Folge dessen auch ihr Kurs sinkt. Aus diesem Grund, und damit der Aktionär sein relatives Stimmrecht konstant halten kann, bekommt er, soweit das Bezugsrecht nicht ausgeschlossen ist, durch die Bezugsrechte die Chance, an der Kapitalerhöhung teilzunehmen.

Pro Aktie erhält der Aktionär ein Bezugsrecht, das er nutzen kann, um sich an der Kapitalerhöhung zu beteiligen oder einen Ausgleich in Geld zu erreichen. Ohne Weisung verkauft das Kreditinstitut des Aktionärs die Bezugsrechte zum spätestmöglichen Zeitpunkt, damit diese nicht wertlos verfallen. Die neuen Aktien werden auch als junge Aktien bezeichnet. Diese Unterscheidung ist bedeutsam, wenn die jungen Aktien im Jahr der Emission hinsichtlich der Dividende schlechter behandelt werden als die bisherigen (alten) Aktien.

Für Kapitalerhöhungen börsennotierter Gesellschaften ist die Definition eines fixen Preises im Vorfeld erforderlich. Dieser **Festpreis** bildet die Grundlage für die **Bezugsrechtswertermittlung**. Die Bedingungen der Kapitalerhöhung werden Altaktionären mitgeteilt. Soweit ein Aktionärsbuch geführt wird (Namensaktien), erfolgt die Mitteilung durch die AG. Im anderen Fall (Inhaberaktien) ist der Umweg über die Depotbank erforderlich. Jeder Aktionär kennt die Bedingungen
– Bezugspreis,
– Bezugsdauer sowie
– erforderliche Bezugsrechte
und kann seine verbindliche Bestellung bei seiner Hausbank abgeben.

Der Wert des Bezugsrechts ermittelt sich durch folgende Formeln:

Bezugsrechtswert bei Dividendengleichheit

$$= \frac{\textbf{Börsenkurs alte Aktie} - \textbf{Bezugspreis neue Aktie}}{\frac{\text{Zahl der alten Aktien}}{\text{Zahl der neuen Aktien}} + 1}$$

Bezugsrechtswert bei Dividendenungleichheit

$$= \frac{\textbf{Börsenkurs alte Aktie} - (\textbf{Bezugspreis neue Aktie} + \textbf{Dividendennachteil})}{\frac{\text{Zahl der alten Aktien}}{\text{Zahl der neuen Aktien}} + 1}$$

Die Berechnung des **Bezugsrechtswerts** stellt eine rationale Analyse dar. Aufgrund von psychologischen Effekten kann der Kurs an der Börse vom ermittelten Kurs abweichen.

Grundlage für den Handel mit Bezugsrechten ist deren Trennung von der Aktie. Ein Dividendenkupon wird als Bezugsrechtsschein definiert. Durch die Separierung werden zwei Wertpapiere gehandelt: der Bezugsschein und die Aktie (ohne Bezugsschein).

---

**Beispiel**

Die Hauptversammlung einer AG beschließt eine Kapitalerhöhung.

**Ausgangslage:**
–    Anzahl der Altaktien: 3.900.000
–    Geplante Anzahl der jungen Aktien: 1.300.000
–    Börsenkurs der Altaktien: 295 €
–    Bezugspreis der neuen Aktien: 183 € (ohne Dividendennachteil)

**Ermittlung des Unternehmenswerts:**

| Bezeichnung | Anzahl Aktien | Wert pro Stück (€) | Gesamtwert (Mio. €) |
|---|---|---|---|
| Altbestand | 3.900.000 | 295 | 1.150,5 |
| Kapitalerhöhung | 1.300.000 | 183 | 237,9 |
| Gesamt | 5.200.000 | | 1.388,4 |

Der Gesamtwert des Unternehmens verteilt sich nach der Kapitalerhöhung auf 5,2 Mio. Aktien, somit hat eine Aktie einen rechnerischen Wert von 267 € (= 1.388,4 Mio. € ÷ 5,2 Mio. Stück). Gemessen an dem ursprünglichen Wert von 295 € verliert der Altaktionär 28 €. Die 28 € entsprechen exakt dem Bezugsrechtswert gemäß der folgenden Formel:

Bezugsrechtswert bei Dividendengleichheit

$$= \frac{\text{Börsenkurs alte Aktie} - \text{Bezugspreis neue Aktie}}{\dfrac{\text{Zahl der alten Aktien}}{\text{Zahl der neuen Aktien}} + 1} = \frac{295 - 183}{\dfrac{3.900.000}{1.300.000} + 1} = 28$$

Der Altaktionär kann seinen Wertverlust an der Aktie kompensieren, indem er
–    sein(e) Bezugsrecht(e) verkauft. Pro Bezugsrecht erhält er den Verlust, den er pro Aktie erleidet.
–    für drei Bezugsrechte und 183 € eine Aktie erwirbt, die 267 € wert ist. Auch in diesem Fall kommt ihm der Bezugsrechtswert als Einkaufsvorteil zugute (= 267 € – 183 € = 84 € Differenz ÷ 3 = 28 € pro Bezugsrecht).

Ein Anleger, der bisher noch keine Aktie besessen hat,
–    zahlt 183 € an die Gesellschaft und
–    kauft von Altaktionären drei Bezugsrechte zu 28 €.

Somit
–    entschädigt er die Altaktionäre, die nicht an der Kapitalerhöhung teilnehmen wollen, und
–    bringt selbst auch den Mischkurs auf.

Der Kurs der Aktie würde sich durch die Trennung vom Bezugsrecht im vorliegenden Fall folglich von 295 € auf 267 € verringern. Gleichzeitig würde der Kurs des Bezugsscheins (theoretisch) bei 28 € notieren.
   Die alte Aktie hat durch die Trennung vom Bezugsrecht bereits einen Wertverlust von einem Bezugsrecht hingenommen. Somit verändert sich die Formel zur Ermittlung des Bezugsrechts während der Bezugsfrist, wie folgende Formel verdeutlicht:

$$\text{Bezugsrechtswert bei Dividendengleichheit} = \frac{\text{Börsenkurs alte Aktie} - \text{Bezugspreis neue Aktie}}{\dfrac{\text{Zahl der alten Aktien}}{\text{Zahl der neuen Aktien}}}$$

Zehn Tage nach der Trennung von Bezugsschein und Aktie notiert diese (annahmegemäß) bei 260 € und der Bezugsschein bei 27 €.

Ein Investor kann folglich

– eine Aktie zu 260 € an der Börse erwerben oder

– drei Bezugsrechte zu 27 € an der Börse kaufen und zusätzlich 183 € der AG überweisen (Gesamtaufwand 3 · 27 € + 183 € = 264 €).

In Summe ist der direkte Erwerb über die Börse günstiger.

### 2.4.1.2 Kapitalerhöhung in der Praxis

Zur Illustration wird die Kapitalerhöhung auf das bereits diskutierte Unternehmen angewendet. Nach dem Börsengang verliefen die Geschäfte weiter erfreulich. Die Entwicklungsvisualisierung zeigt Abbildung 2.8.

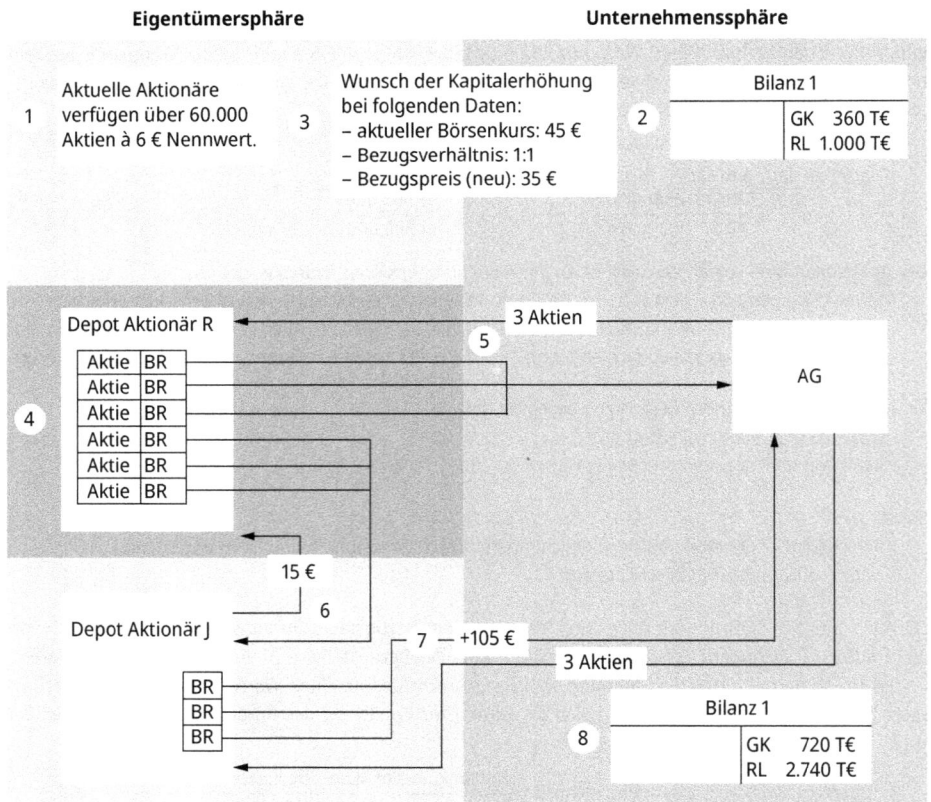

**Abb. 2.8:** Weiterer Geschäftsverlauf des Beispielunternehmens.

Ausgangslage

**(1)** Gesamter Aktienbestand nach dem Börsengang: 60.000 Stück (siehe Abbildung 2.6).

**(2)** Die Bilanz weist folgendes Eigenkapital auf:

**(a)** Grundkapital gemäß dem Aktienbestand in Höhe von 360 T€.

**(b)** Die Rücklagen sind durch den weiterhin positiven Geschäftsverlauf angewachsen und betragen 1.000 T€.

**(3)** Es wird die Entscheidung getroffen, eine Kapitalerhöhung durchzuführen. Folgende Rahmendaten sind relevant:

**(a)** aktueller Aktienkurs an der Börse: 45 €

**(b)** Bezugsverhältnis 1 : 1

**(c)** Bezugspreis der neuen Aktien: 35 €

**(d)** Aufgrund der Informationen ergibt sich ein Bezugsrechtswert von 5 € [= (45 € − 35 €) ÷ (1 ÷ 1 + 1)].

**(4)** Betrachtung des Depots von Aktionär R

**(a)** Er verfügt über einen Aktienbestand von sechs Stück.

**(b)** Durch den Beschluss der Kapitalerhöhung – ohne Bezugsrechtsausschluss (siehe Kapitel 2.2.4) – wird dem Depotinhaber automatisch pro Aktie ein Bezugsrecht zur Verfügung gestellt.

**(c)** Durch die begrenzte Gültigkeit der Bezugsrechte ist R motiviert, die Bezugsrechte abzugeben.

**(5)** Abgabe an die AG

**(a)** Drei der Bezugsrechte gibt R an die Gesellschaft ab und zahlt 105 € (= 3 · 35 €).

**(b)** Dafür erhält er im Gegenzug drei Aktien.

**(6)** Verkauf an einen anderen Kapitalanleger

**(a)** J erwirbt drei Bezugsrechte von R.

**(b)** Hierfür werden 15 € überwiesen.

**(7)** Auch für J gilt die Verfallsfrist der Bezugsrechte.

**(a)** Aus diesem Grund gibt er diese an die AG ab und zahlt zusätzlich 105 € (= 3 · 35 €).

**(b)** Dem Bezugsverhältnis entsprechend bekommt er drei Aktien.

**(8)** Auswirkungen auf das Eigenkapital der Gesellschaft

**(a)** Das Grundkapital hat sich verdoppelt, da eine Kapitalerhöhung im Verhältnis von 1 : 1 erfolgte.

**(b)** Durch einen Verkaufspreis von 35 € und einem Nennwert der Aktie von 6 € ergibt sich ein Agio in Höhe von 29 €. In Summe fließen der Gesellschaft 1.740 T€ an zusätzlichen Rücklagen zu (= 60.000 Aktien · 29 €).

Mithilfe der bekannten Informationen lässt sich der ermittelte Bezugsrechtswert auch ökonomisch nachweisen. Einen Überblick liefert Abbildung 2.9.

| bisheriger Börsenwert  1 | 2  neuer Börsenwert |
|---|---|
| —— 60.000 Aktien à 45 € Kurswert<br>2.700 T€ Gesamtkurswert | 60.000 Aktien à 35 € Kurswert ——<br>2.100 T€ Gesamtkurswert |

| 3<br>Gesamt-<br>börsenwert | 4.800 T€ Gesamtkurswert<br>120.000 Aktien | = 40 €<br>Mischkurs | rechnerischer Verlust der<br>Altaktionäre 5 €<br>Gesamteinstandspreis der<br>Neuaktionäre 40 € |
|---|---|---|---|

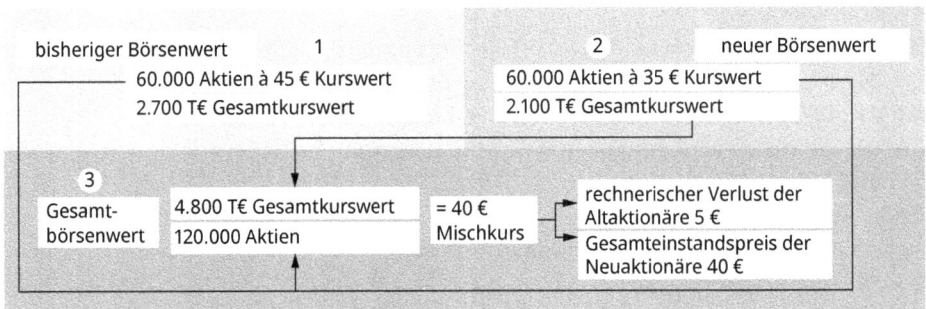

**Abb. 2.9:** Bezugsrechtswertnachweis für das Beispielunternehmen.

**(1)** Ausgangslage

(a) Das Unternehmen verfügt über ein Eigenkapital, das in 60.000 Aktien zergliedert ist.

(b) Jede Aktie wird an der Börse mit 45 € gehandelt. Dieser Wert ist strikt vom Nennwert zu trennen.

 – Der Nennwert steht für die formale Beteiligung am Grundkapital.

 – Der Börsenwert repräsentiert den Wert, den die Börse der Aktie aufgrund vorhandenerer Rücklagen, Gewinnaussichten etc. beimisst.

(c) Somit ergibt sich ein Börsenwert von 2.700 T€ (= 60.000 Stück · 45 €).

**(2)** Verkauf der neuen Aktien

(a) Durch das Bezugsverhältnis 1 : 1 werden genauso viele neue Aktien auf den Markt gebracht, wie es bereits gibt.

(b) Der Verkaufspreis beträgt 35 €.

(c) Somit ergibt sich ein Börsenwert von 2.100 T€ (= 60.000 Stück · 35 €).

**(3)** Gesamtperspektive

(a) Der Wert aller Aktien (alt und jung) beträgt 4.800 T€ (= 2.700 T€ + 2.100 T€).

(b) Die Anzahl der Aktien beträgt 120.000 Stück (= 2 · 60.000 Stück).

(c) Dividiert man den gesamten Börsenwert durch die Gesamtzahl der Aktien, erhält man den Mischkurs von 40 €.

(d) Subtrahiert man von dem ursprünglichen Aktienkurs (= 45 €) den Mischkurs, erhält man den Verlust, den der Altaktionär an jeder Aktie (rechnerisch) erleidet. Dieser Verlust wird ihm durch das Bezugsrecht (5 €) kompensiert.

(e) Die 40 € stehen auch für den Gesamtaufwand des Neuaktionärs. Dieser muss den Bezugspreis in Höhe von 35 € an die Gesellschaft zahlen. Zudem benötigt er ein Bezugsrecht zum Preis von 5 €.

### 2.4.1.3 Spezialfall: Opération Blanche

Anleger, die zum Zeitpunkt der Kapitalerhöhung keine Liquidität haben, um weitere Aktien zu erwerben, aber gleichzeitig ihren Anteil an der Gesellschaft so hoch wie möglich halten wollen, können eine Opération Blanche durchführen. Hiermit ist gemeint, dass sie so viele Bezugsrechte verkaufen, wie erforderlich sind, um die maximale Anzahl an jungen Aktien (ohne weitere Liquidität) zu erstehen. Diese Alternative ist vor allem für Investoren bedeutsam, denen ihr Stimmrecht auf der Hauptversammlung wichtig ist. Auch lässt sich damit die vorhandene Depotstruktur (annähernd) konstant halten. Für die Ermittlung der **maximalen Zahl an Aktien** greift man auf folgende Formel zurück:

$$\textbf{Anzahl der BR} \cdot \textbf{Preis je BR} \div \textbf{Mischkurs der Kapitalerhöhung}$$

---

**Fallstudie 2**

**Ausgangslage:**
Ein Anleger verfügt über 1.000 Aktien und möchte gerne an der Kapitalerhöhung des Beispielunternehmens in Form einer Opération Blanche teilnehmen.

**Aufgabenstellung:**
Welche Konsequenzen ergeben sich daraus für den Anleger?

**Lösung:**
Durch den Verkauf seiner Bezugsrechte kann er 28 T€ generieren.
Der Mischkurs der Aktie beträgt 267 €.
Folglich kann er 104 Aktien erwerben (= 28.000 ÷ 267 = 104,87).
Für 104 Aktien benötigt er 312 Bezugsrechte (= 104 · 3).
1.000 Bezugsrechte − 312 Bezugsrechte (Eigenverbrauch) = 88 Bezugsrechte, die verkauft werden können.

**Probe:**
Der Verkauf der Bezugsrechte generiert eine Liquidität von 19.264 € (= 688 · 28 €).
Für den Kauf von 104 Aktien muss er 19.032 € (= 104 · 183 €) aufbringen. Dies kann er mit dem Verkaufserlös der Bezugsrechte decken.
Der Rest von 232 € ist kleiner als der Mischkurs, sodass keine weitere Aktie – ohne neue Mittel – erworben werden kann.

---

### 2.4.1.4 Opération Blanche in der Praxis

Ausgangsbasis bildet auch hier die bereits bekannte Gesellschaft. Die Kapitalerhöhung aus Abbildung 2.8 bildet die Basis für die weitere Betrachtung. Die Umsetzung der Opération Blanche zeigt Abbildung 2.10.

Im Detail kommt es zu folgender Entwicklung:

**(1)** Ausgangspunkt ist die bereits bekannte Kapitalerhöhung.
**(2)** Anleger H ist wie folgt aufgestellt:
(a) Er verfügt vor der Kapitalerhöhung über acht Aktien.
(b) Somit werden ihm im Rahmen der Kapitalerhöhung acht Bezugsrechte zur Verfügung gestellt.

**Eigentümersphäre**                                    **Unternehmenssphäre**

①

| Aktuelle Aktionäre verfügen über 120.000 Aktien à 6 €. | – aktueller Börsenkurs: 45 €<br>– Bezugsverhältnis: 1:1<br>– Bezugspreis (neu): 35 € | **Bilanz 1** |
|---|---|---|

Bilanz 1
GK   360 T€
RL 1.000 T€

② Depot Aktionär H

| Aktie | BR |
|---|---|
| Aktie | BR |
| Aktie | BR |
| Aktie | BR |
| Aktie | BR |
| Aktie | BR |
| Aktie | BR |
| Aktie | BR |

⑤      1 Aktie

35 €

Depot Aktionär A ◄      35 €      AG

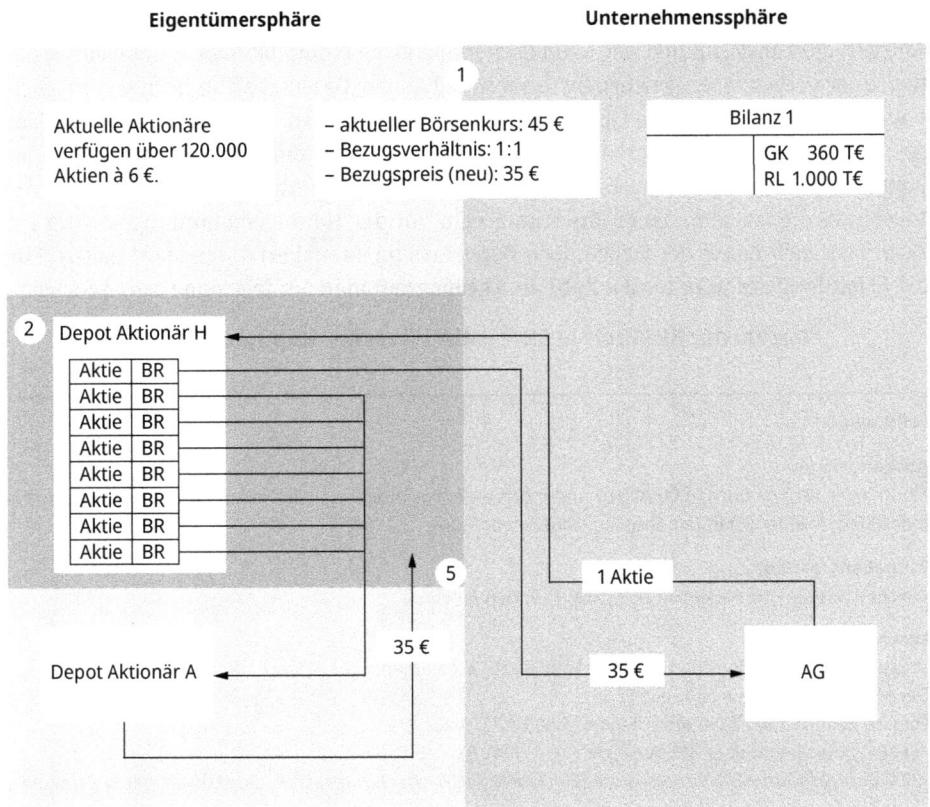

**Abb. 2.10:** Opération Blanche des Beispielunternehmens.

(c) Da er im Moment eine Liquiditätsflaute hat, kann er nicht in vollem Umfang an der Kapitalerhöhung teilnehmen.

(d) Er mag aber auch kein Geld aus seinem Invest herausziehen.

**(3)** Deshalb entscheidet er sich für die Opération Blanche.

(a) Liquiditätsgenerierung:
  – Verkauf von sieben Bezugsrechten an Aktionär A
  – Hierfür erhält er 35 € Liquidität.

(b) Eingeschränkte Teilnahme an der Kapitalerhöhung:
  – Abgabe des verbleibenden Bezugsrechts
  – Zahlung des (durch den Verkauf der anderen Bezugsrechte erlangten) Kaufpreises von 35 €
  – Bezug der einen Aktie, ohne eigene Liquidität aufgebracht zu haben[14]

---

14 In der Praxis müssen noch Gebühren für den Verkauf der Bezugsrechte berücksichtigt werden.

## 2.4.2 Herausgabe von Gratisaktien

### 2.4.2.1 Grundlegender Zusammenhang

Die Dotierung der Rücklagen (siehe Tabelle 2.5) ist wesentlich von dem Verhältnis von Grundkapital zu Gewinn- und Kapitalrücklagen abhängig. Je höher der Anteil des Grundkapitals ist, desto mehr kann vom Jahresüberschuss in die Rücklagen eingestellt werden, ohne die Aktionäre einbinden zu müssen (vgl. §§ 58 und 150 AktG). Unternehmen, die bereits seit Längerem erfolgreich am Markt sind, verfügen oft über hohe Rücklagen. Diese können durch die Hauptversammlung in Grundkapital umgewandelt werden (§§ 207 ff. AktG). Buchhalterisch handelt es sich hierbei um einen sogenannten Passivtausch. Durch diese Transaktion generiert die Gesellschaft keine neuen Finanzmittel. Jedoch werden die Möglichkeiten der Gewinnthesaurierung in Zukunft verbessert (siehe Kapitel 1.1.2.1), sodass der Finanzierungseffekt mittelbar eintritt.

Um den Aktionären dieses Vorgehen näherzubringen, wird auch der Begriff der **Gratisaktie** verwendet, der materiell unzutreffend ist, da sich der Depotwert des Aktionärs nicht verändern wird. Ein weiteres Motiv für diesen Schritt kann sein, den Aktienkurs zu reduzieren, um neue Anlegergruppen zu erreichen. Der Altaktionär bekommt für jede Aktie, die er besitzt, ein sogenanntes „Teilrecht" (§ 213 AktG). In Abhängigkeit von dem Umwandlungsverhältnis kann er seine Teilrechte in Aktien – ggf. unter Zukauf weiterer Rechte – eintauschen oder veräußern. Der Handel ist immer dann unvermeidbar, wenn die Anzahl der Teilrechte, die ein Aktionär im Depot hat, nicht komplett in neue Aktien getauscht werden kann.

Zur Errechnung des Teilrechtswerts ist der Börsenwert durch die Anzahl der Aktien nach der Kapitalerhöhung zu dividieren. Ansatzpunkt kann das Berichtigungsverhältnis sein oder die Gesamtheit aller Aktien.

---

**Beispiel**

Eine AG verfügt über ein Grundkapital von 130 Mio. €. Die Rücklagen sind auf 85 Mio. € angewachsen. Die Hauptversammlung hat eine Erhöhung des Grundkapitals in der Form beschlossen, dass auf zwei bisherige Aktien eine neue entfällt. Die Aktie mit einem Nennwert von 10 € notiert momentan bei 105 €.

**Folgen:**
- Bisher hatte die Gesellschaft 13 Mio. Aktien (= 130 Mio. € · 10 € Nennwert pro Aktie).
- Es erfolgt eine Erhöhung von 2 : 1, somit werden 6,5 Mio. Aktien zusätzlich vergeben.
- Das Grundkapital steigt von 130 Mio. € auf 195 Mio. €.
- Gleichzeitig sinken die Rücklagen von 85 Mio. € auf 20 Mio. €.

**Bestimmung des Werts des Teilrechts:**
**(1)** Über das Bezugsverhältnis:
(a) Zwei Aktien zu 105 € machen einen Börsenwert von 210 € aus.
(b) 210 € Börsenwert auf drei Aktien verteilt (= 2 + 1) ergeben 70 € Wert pro Aktie.
(c) Pro Aktie geht der Kurs um 35 € zurück (Aktienkurs vorher 105 € – Aktienkurs nach der Kapitalmaßnahme 70 €).

(d) Gleichzeitig bekommt jeder Altaktionär pro Aktie einen Teilwert von einer halben Aktie, der 35 € wert ist (= 70 € ÷ 2).

**(2)** Über den Unternehmensgesamtwert:

(a) 13 Mio. Aktien zu 105 € machen einen Börsenwert von 1.365 Mio. € aus.

(b) 1.365 Mio. € Börsenwert auf 19,5 Mio. Aktien verteilt (= 13 Mio. Aktien ÷ 2 · 3) = 70 € Wert pro Aktie.

**Auswirkungen auf ein Depot:**

**(1)** Der Kunde hat beispielsweise elf Aktien der AG, die einen Wert von 1.155 € darstellen.

**(2)** Ihm werden elf Teilrechte gutgeschrieben, die jeweils einen Wert von 35 € haben.

**(3)** In Abhängigkeit von seinen Präferenzen kann er

(a) einen Teilwert für 35 € erwerben und erhält somit sechs Aktien. Sein Depotwert ist auf 1.190 € gestiegen, von dem er 35 € selbst aufgebracht hat.

(b) einen Teilwert verkaufen, ihm werden dafür 35 € gutgeschrieben. In Konsequenz erhält er nur fünf Aktien. Sein Depotwert ist auf 1.120 € gesunken, dafür hat sich sein Mittelbestand um 35 € (ohne Berücksichtigung von Spesen) erhöht.

---

Die Verringerung des Aktienkurses als eine Auswirkung der Kapitalerhöhung aus Gesellschaftsmitteln kann auch durch einen **Aktiensplit** erreicht werden. Dieser Schritt ist nur erlaubt, soweit hiermit die Mindestbeträge von einem Euro pro Aktie nicht unterschritten werden (§ 8 AktG). Der Aktionär bekommt automatisch gemäß dem Splittingverhältnis neue Aktien zugeteilt. Der Kurs der Aktien verändert sich dementsprechend. Die Reduzierung des relativen Rücklagenanteils kann hierdurch aber nicht erreicht werden, sodass dieses Instrument nur begrenzt einsetzbar ist.

### 2.4.2.2 Gratisaktien in der Praxis

Analog dem bisherigen Vorgehen erfolgt auch für die Gratisaktien die Anwendung für das Beispielunternehmen. Den Gesamtzusammenhang zeigt Abbildung 2.11.

Folgende Prozessschritte finden statt:

**(1)** Ausgangssituation ist die Aktionärsstruktur nach der letzten Kapitalerhöhung.

**(2)** Durch den stetigen Erfolg sind die Rücklagen weiter angewachsen und belaufen sich auf 3.360 T€.

**(3)** Die AG beschließt, Gratisaktien im Verhältnis von 2 : 1 herauszugeben, um Rücklagen in Grundkapital zu wandeln.

(a) Der aktuelle Kurs der Aktie beträgt 51 €.

(b) Nach der Kapitalerhöhung werden 50 % mehr Aktien vorhanden sein.

(c) Somit sinkt der Kurs auf 34 € (= 2 · 51 ÷ 3).

**(4)** Für die Betrachtung der Aktionärsperspektive wird das Depot des Beispielaktionärs H verwendet.

(a) Nach der Opération Blanche verfügt er über neun Aktien.

(b) Hierzu werden ihm neun Bezugsrechte zur Verfügung gestellt.

(c) Durch das Bezugsverhältnis von 2 : 1 benötigt er zwei Bezugsrechte, um eine neue Aktie gratis zu erhalten.

**(5)** Abgabe der Bezugsrechte

Eigentümersphäre    Unternehmenssphäre

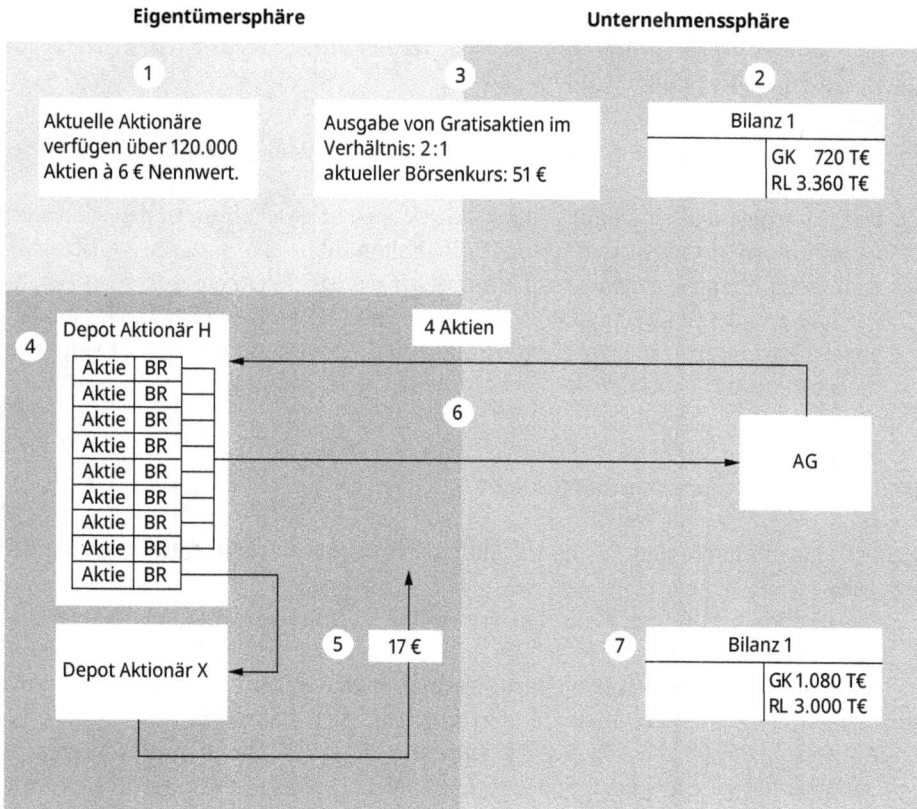

**Abb. 2.11:** Praktische Auswirkungen der Ausgabe von Gratisaktien.

(a) Er gibt seine Bezugsrechte ab, um die neuen Aktien zu erwerben.

(b) Hiermit ist eine Entscheidung zu treffen, da die ungerade Zahl an Bezugsrechten nicht komplett in Aktien transferiert werden kann.

  – Er erwirbt ein Bezugsrecht für 17 € und erhält beim Umtausch fünf neue Aktien.

  – Er verkauft ein Bezugsrecht für 17 € und erhält beim Umtausch vier neue Aktien.

  – Annahmegemäß hat er sich für den Verkauf des Bezugsrechts entschieden, da er immer noch einen Liquiditätsengpass hat.

**(6)** Erhalt der Aktien

(a) Für seine acht Bezugsrechte erhält er vier neue Aktien.

(b) Seine Vermögenssituation hat sich nicht verändert.

  – Vor der Erhöhung hatte er ein Aktienvermögen von 459 € (= 9 · 51 €).

  – Nach der Erhöhung sind seine Aktien 442 € (= 13 · 34 €) wert.

- Berücksichtigt man zudem seinen Liquiditätsanstieg um 17 €, so zeigt sich, dass sich seine Gesamtsituation nicht verändert hat.

(7) Gesellschaftsperspektive

(a) Die Eigenkapitalsituation ist konstant geblieben.

(b) Es erfolgte ein Passivtausch in Höhe von 360 T€ von den Rücklagen zum gezeichneten Kapital.

(c) Das Unternehmen hat damit bessere Möglichkeiten geschaffen, in den nächsten Perioden größere Gewinnanteile einzubehalten, ohne die Aktionäre einbinden zu müssen. Ursache ist, dass die Thesaurierungsmöglichkeiten durch das Verhältnis des Grundkapitals zu den Rücklagen determiniert werden. Hierbei gilt: Je kleiner die Rücklagen – gemessen am Grundkapital –, desto mehr Gewinn kann bzw. muss thesauriert werden (§§ 58 und 150 AktG).

### 2.4.3 Aktienbewertung aus Anlegersicht

Die Komponenten, die den Erfolg des Aktienbesitzes ausmachen, sind bereits angeklungen:

- Die Dividendenzahlung stellt den Ertrag dar, der ohne Substanzverlust vereinnahmt werden kann.
- Zuflüsse aus dem Verkauf von Bezugsrechten stellen letztlich Teilsubstanzentnahmen dar, da sich der relative Anteil am Unternehmen verringert.
- Bucherfolge aufgrund von Kursveränderungen stellen immer nur Momentaufnahmen dar, die ohne weitere Bedeutung sind.
- Realisierte Erfolge durch den Verkauf von Aktien stellen das Ende des Investments dar.
- Transaktionskosten für den Handel und die Aufbewahrung nehmen ebenfalls Einfluss auf den Erfolg.
- Durch die Besteuerung verändert sich der Brutto- zum Reinerfolg des Anlegers. Dieser Parameter bildet aber keine Besonderheit der Aktienanlage, sondern trifft in gleicher Form alle Anlagen in Finanzprodukte.

Der Aktionär ist Teilhaber der Gesellschaft. Damit gehört ihm ein entsprechender Bruchteil des Gesamtunternehmens. Somit ist die Performance seiner Anlage von der ökonomischen Entwicklung des Unternehmens abhängig.

Da der Aktionär mit seinem eingesetzten Kapital (auch formaljuristisch) haftet, ist der **Renditeanspruch** an diese Anlageform höher als bei dem Kauf einer Anleihe des gleichen Unternehmens. Bei einer Anleihe kann der Anleger zwar auch zwangsweise haften, wenn das Unternehmen in die Insolvenz (siehe Kapitel 1.1.2.2) geht und das Vermögen zur Schuldentilgung nicht ausreicht, aber er erhält sein Geld vor den Aktionären. Somit erkauft sich der Aktionär den höheren Renditeanspruch mit einem größeren Risiko des **Totalverlusts** seiner Anlage.

Im Vergleich zu festverzinslichen Anlageformen stellt die **Dividende** Residualeinkommen dar, da sie

– aus dem Jahresüberschuss bezahlt wird und dieser erst nach Abzug aller Aufwandsgrößen vorliegt,

– vom Thesaurierungsverhalten des Unternehmens abhängt, welches durch den einzelnen (Klein-)Aktionär nicht beeinflusst werden kann.

In Konsequenz ist ihre Höhe variabel, sodass Abweichungen in beide Richtungen zu den Erwartungen möglich sind.

Wie alle anderen Anlagen in Realgüter bietet das Investment in Aktien auch einen Schutz vor **Inflation**, da der Anleger keinen Anspruch auf einen Nominalbetrag, sondern auf seinen Anteil am Unternehmen und am Bilanzgewinn hat. Gemessen an anderen Beteiligungsformen

– ist der erforderliche Einsatz für den Erwerb eines Unternehmensteils vergleichsweise gering,

– erfolgt mit Aktien der Handel auf einem standardisierten Markt, dessen Zugang überwacht wird,

– ist das Investment einfach zu liquidieren,

– können die Aktienbewertungen aufgrund des hohen Volumens durch Experten vorgenommen werden, die für andere Unternehmensbeteiligungen nur schwer darstellbar sind,

– fallen geringe Transaktionskosten beim Aktienerwerb an,

– ist die Haftung des Anlegers auf das eingesetzte Kapital begrenzt.

Mit dem Börsenhandel ist aber gleichzeitig auch ein wesentlicher Nachteil verbunden: die Schwankung des Aktienkurses. Für den (Privat-)Anleger besteht somit das Risiko, dass seine Aktie im Moment des Verkaufs geringer bewertet wird (als geplant). Reine Buchverluste können ausgesessen werden, realisierte Kursverluste mindern die Rendite oder lassen sie negativ werden. Folgende Ursachen sind zu unterscheiden:

– Veränderungen der individuellen Unternehmenssituation bzw. deren Bewertung; durch den Erwerb verschiedener Aktien lässt sich dieses Risiko im Idealfall komplett vermeiden, da Kursverluste der einen Aktie durch Gewinne einer anderen Gesellschaft kompensiert werden **(Portfolioeffekt)**.

– Entwicklungen, die den Gesamtmarkt treffen, verändern unabhängig von der individuellen Unternehmenssituation die Kurse; ein Schutz vor dieser Risikoart ist nicht vollständig möglich. Durch eine international ausgerichtete Anlagestrategie und die Nutzung weiterer Anlageklassen ist dieses Risiko bestenfalls begrenzbar.

Die täglichen Kursveränderungen an den Börsen machen deutlich, dass neben ökonomischen Fakten auch Stimmungen Einfluss nehmen. Die Einschätzungen der anderen Marktteilnehmer sind weder durch den Anleger noch durch das Unternehmen steuerbar, sodass hier ein nicht prognostizierbares Element wirkt. In diesem Zusammenhang kommt den Aktienindizes Bedeutung bei. Dabei handelt es sich um statistische Zusammenfassungen börsennotierter Unternehmen, deren Entwicklung als Stimmungsindikator nutzbar ist.

Kurse werden durch Dividendenzahlungen und Bezugsrechtstrennungen beeinflusst. Die Gegenwerte dieser Ereignisse werden für die Berechnung von Performanceindizes als Wiederanlage komplett verarbeitet. Bei einem Kursindex wird auf die kalkulatorische Wiederanlage der Dividenden verzichtet (für die Darstellung konkreter Indizes siehe Kapitel 2.1.2.2).

**Einsatzgebiete von Indizes**

– Indizes verdichten die Veränderung der enthaltenen Aktien zu einer Kennziffer. Man spricht auch von Börsenbarometern.

– Zur Performancemessung einer Aktienanlage ist ein Bezugswert erforderlich. Indizes stellen eine mögliche Benchmark dar.

– Für Finanzprodukte wie Futures, Indexfonds etc. (siehe Kapitel 6.2) sind einzelne Aktien aber auch Indizes als Grundlage einsetzbar.

## 2.5 Zusammenfassung

(1) Börsen stellen Märkte dar, die staatlich beaufsichtigt werden und weitere Besonderheiten aufweisen.

(2) Möchte ein Unternehmen seine Aktien oder Obligationen an der Börse handeln lassen, ist hierfür eine Zulassung erforderlich. Die Anforderungen, um Wertpapiere an einem sogenannten organisierten Markt notieren zu lassen, sind wesentlich umfangreicher als die Bedingungen, die für eine Notierung im Freiverkehr gefordert werden.

(3) Die Notierung an einem organisierten Markt bürdet dem jeweiligen Unternehmen umfangreiche Folgepflichten auf, die weit über die Anforderungen des HGB hinausgehen.

Verfügen Aktien über eine Börsenzulassung zum organisierten Markt, werden sie an der FWB® im General Standard gelistet. Für eine Aufnahme in die Indizes der Deutschen Börse AG reicht es, im organisierten Markt gelistet zu sein. Im Prime-Standard gelten noch strengere Verpflichtungen für die Unternehmen als im General Standard.

(4) Der gesamte organisierte Markt wird durch den CDAX® repräsentiert.

(5) Bei den Notierungen wird unterschieden, ob Anleihen oder andere Wertpapiere gehandelt werden. Für Obligationen werden Prozentwerte des Nennwerts, für alle anderen Wertpapiere Eurobeträge genannt.

(6) Orders können mit einem konkreten oder ohne Limit erteilt werden.

(7) Bei der Kursermittlung sind Auktionen sowie der fortlaufende Handel voneinander zu unterscheiden. Die jeweiligen Notierungen können durch Zusätze eine erhöhte Aussagekraft gewinnen.

**(8)** Auf die Kursentwicklung an den Börsen nimmt eine Vielzahl von Faktoren Einfluss, die sich nicht auf die aktuelle Situation des betroffenen Unternehmens beschränken.

**(9)** Die Berechnungen der Indizes der DAX®-Familie beziehen jeweils die aktuellen Preise und Mengen auf das Ursprungsportfolio. Hierbei liegt der Fokus auf dem Free Float. Zudem erfolgt die Berücksichtigung eines Korrekturfaktors.

**(10)** Aktiengesellschaften gehören in die Gruppe der Kapitalgesellschaften, die nur durch ihre Organe handeln können.

**(11)** Der Aktionär haftet nicht für die Schulden des Unternehmens, sein maximales Risiko ist der Verlust des Kaufpreises für seine Aktie.

**(12)** Die Rechtsstellung des Aktionärs ist durch das AktG klar definiert. So hat er einen Anspruch auf seinen Anteil an der Dividende oder – im Falle der Unternehmensauflösung – dem Liquidationserlös.

**(13)** Aktien können nach verschiedenen Dimensionen gegliedert werden, hierzu zählen die Übertragbarkeit der Aktie, die Zergliederung des Grundkapitals sowie die sogenannten Aktiengattungen.

**(14)** Kapitalerhöhungen erfordern immer einen Beschluss der Mehrheit der Gesellschafter. Unterscheidungen sind möglich hinsichtlich des Zeitpunkts (Gründung ↔ laufender Geschäftsbetrieb), dem Mittelzufluss (mit bekanntem Liquiditätszugang ↔ mit ungewissem Liquiditätszugang ↔ ohne Liquiditätszugang) und der Entscheidungsform (Individualentscheidung ↔ Vorratsentscheidung).

**(15)** Für den Vertrieb und die Börseneinführung von Aktien ist die Unterstützung durch Kreditinstitute erforderlich. Die Banken erfüllen diese Aufgabe meist gemeinschaftlich, indem sie eine BGB-Gesellschaft gründen, die als **Konsortium** bezeichnet wird.

**(16)** Für die Preisfindung stehen unterschiedliche Verfahren zur Verfügung, deren Einsatzmöglichkeiten differieren.

**(17)** Die Aktienanlage hat für den Eigentümer ein spezifisches Chancen-Risiko-Profil im Vergleich zu anderen Anlagen.

**(a)** Neben der Dividende stellen Kursgewinne eine weitere wichtige Ertragsart dar.

**(b)** Aktienanlagen schützen vor den Folgen der Inflation.

**(c)** Im Falle der Unternehmensinsolvenz droht maximal der Totalverlust des Anlagebetrags.

**(d)** Ist der Anleger gezwungen, seine Aktien zu verkaufen, können Kursverluste entstehen, die aus der spezifischen Situation des Unternehmens und/oder der Gesamtverfassung des Marktes resultieren.

# 3 Klassische Kreditaufnahme und Alternativen

**Lernziele**

In diesem Kapitel findet ein Wechsel in der Betrachtungsweise statt. In den Kapiteln 1 und 2 wurden die Möglichkeiten der Kapitalaufbringung durch den bzw. die Eigentümer in Abhängigkeit vom Börsenzugang des Unternehmens thematisiert. Zudem wurden die Finanzierungsoptionen aus dem Geschäftsprozess des Unternehmens aufgezeigt. Im Rahmen der Kreditaufnahme sollen (potenzielle) Gläubiger dazu bewegt werden, Kapital zur Verfügung zu stellen. Hierfür erhalten sie meist eine feste Verzinsung. Anders sieht es bei den sogenannten Mezzanine-Finanzierungsformen aus. Diese sind risikoreicher und haben meist zumindest eine gewinnabhängige Komponente. Darüber hinaus sind auch das Leasing sowie Forderungsverkäufe Gegenstand dieses Kapitels.

Nach Bearbeitung des Kapitels
- verfügen Sie über ein gutes Verständnis für die Voraussetzungen der Kreditvergabe sowie der wichtigsten Kreditgeber.
- kennen Sie die drei wichtigsten Rückzahlungsformen und den Effektivzinssatz als Kostenmaßstab. Deren praktische Anwendung beherrschen Sie ebenfalls. Die Voraussetzungen für Sondertilgungen und deren Konsequenzen für die Unternehmen sind Ihnen bekannt.
- haben Sie die wichtigen Kreditausprägungen kennengelernt und können Eigenschaften und Nutzen klassifizieren. Durch Ihre fundierten Kenntnisse sind Sie dazu in der Lage, die alternativen Finanzierungsformen „Förderkredite", „Leasing", „Factoring" und „Forfaitierung" hinsichtlich ihrer Eignung für Unternehmen zu beurteilen.
- verstehen Sie, wie die Kreditwürdigkeit für Unternehmen durch die Banken geprüft wird. So können Sie die klassische Bilanzanalyse strukturell in das Kreditrating integrieren.
- wissen Sie, was Mezzanine-Kapital ist, in welche Kategorien es gegliedert werden kann und welche Ausprägungen diesem zuzuordnen sind. Gleichzeitig ist Ihnen das Vorteilsprofil dieser Finanzierungsform bekannt.

Um das Risiko des Kreditausfalls zu mindern, kommt der Bereitstellung von Sicherheiten eine große Bedeutung bei. Dieser Themenkomplex ist Gegenstand von Kapitel 4.

## 3.1 Grundlagen

### 3.1.1 Formale Betrachtungen

Mit einem Kredit stellt eine Partei **(Kreditgeber)** einer anderen Partei **(Kreditnehmer)** Geld oder Realgüter gegen eine Vergütung terminiert zur Verfügung. Juristisch wird auch von **Darlehen** gesprochen. Das sogenannte Sachdarlehen ist in § 607 BGB geregelt. Rechtsgrundlage für Darlehensverträge, die sich auf Geld beziehen, sind die §§ 488 ff. BGB. Die Vergütung wird als Zins bezeichnet. Ohne weitere Regelungen gilt, dass diese im jährlichen Rhythmus zu zahlen sind. Unterschreitet die Kreditlaufzeit die Jahresfrist, fallen Zins- und Rückzahlungstermin zusammen. Kredite stellen **Fremdkapital** dar.

https://doi.org/10.1515/9783110791082-003

Immer dann, wenn die eigenen Mittel zur Realisierung von Vorhaben nicht ausreichen oder aus gestalterischen Gründen (wie Steigerung der Eigenkapitalrendite, siehe Kapitel 1.2) Fremdkapital eingesetzt werden soll, steht eine Kreditaufnahme an. Aus diesem Grund stellt der klassische Kredit für Unternehmen ohne Börsenzugang eine maßgebliche Finanzierungsform dar.

Kreditaufnahmen sind über Kunden (Anzahlung) und Lieferanten (Zahlungsziel) sowie Kreditinstitute als gewerbliche Kreditgeber möglich.

Abhängig vom angehenden Kreditnehmer und -zweck können unterschiedliche Banken der jeweils beste Ansprechpartner sein. Mögliche Kriterien der Klassifizierung sind

- das Geschäftsgebiet,
- die Zielgruppe,
- die strategische Ausrichtung der Bank.

Für die folgenden – beispielhaft ausgewählten – Akteure stellt die Kreditvergabe ein wichtiges Geschäftsfeld dar:

**(1)** Geschäftsbanken
(a) Sparkassen
(b) Genossenschaftsbanken
(c) Privatbanken
**(2)** Die Kreditanstalt für Wiederaufbau (KfW)
- ist nach § 2 KWG kein Kreditinstitut, sondern eine öffentliche Institution.
- Träger sind die Bundesrepublik Deutschland und die Länder.
- Ihre Aufgabe ist die Vergabe zinsbegünstigter Darlehen zur Förderung
  - des deutschen Mittelstands,
  - von Existenzgründern,
  - wohnwirtschaftlicher und kommunaler Infrastruktur und
  - anderer Zwecke.
**(3)** Weitere öffentliche Institutionen wie die NRW-Bank
- haben eigene bzw. durchgeleitete Kreditprogramme zur Förderung bestimmter Bereiche,
- übernehmen ggf. die Abwicklung des Kreditgeschäfts für andere öffentliche Institutionen.

### 3.1.2 Prüfung durch das Kreditinstitut

Bei juristischen Personen und Personengesellschaften wird die Bank die Vertretungsberechtigung, die von der Gesellschaftsform abhängt, klären. Ebenfalls bedeutsam ist die Kreditwürdigkeitsprüfung, mit deren Hilfe zwei Fragen beantwortet werden sollen:

**(1)** Kann das Kreditinstitut davon ausgehen, dass der Kunde seine Verpflichtung bedienen will?
- Mit dieser Frage stellt die Bank auf die **persönliche Kreditwürdigkeit** ab.
- Mit anderen Worten: vertraut die Bank dem Kunden? Maßstäbe sind das Verhalten in der Vergangenheit sowie das Auftreten bei der Kreditberatung.

**(2)** Kann das Kreditinstitut davon ausgehen, dass der Kunde seine Verpflichtung bedienen kann?
- Mit dieser Frage stellt die Bank auf die **materielle Kreditwürdigkeit** ab.
- Mit anderen Worten: vertraut die Bank darauf, dass der Kunde zukünftig den Kapitaldienst aufbringen kann? Dies beurteilt sie auf Grundlage der wirtschaftlichen Verhältnisse.

In Abhängigkeit vom Kreditnehmer erfolgt die Kreditwürdigkeitsprüfung unterschiedlich. Traditionell erfolgt die Beurteilung von bilanzierenden Unternehmen auf Basis des **Jahresabschlusses**. So sollen Erkenntnisse über die Ertragsstärke, die Finanzkraft und die Vermögenssituation generiert werden. Da Absolutwerte bei Unternehmen verschiedener Größe nicht hilfreich sind, ist die Ermittlung von Kennzahlen erforderlich. Aussagefähig werden diese Kennziffern aber erst, wenn sie im Kontext der Branche und der historischen Entwicklung verglichen werden (siehe hierzu Kapitel 1.4). Für Unternehmen ohne Bilanzierungspflicht werden auf Basis der **Einnahmenüberschussrechnung** – soweit möglich – die gleichen Analysen durchgeführt. Dem Steuerbescheid kommt in diesen Fällen natürlich eine noch größere Bedeutung zu als bei bilanzierenden Unternehmen.

Auf Basis der Bilanzanalyse und weiterer Faktoren erfolgt eine Gesamtbewertung mittels des sogenannten **Ratings**. Große Unternehmen lassen sich regelmäßig von darauf ausgelegten Gesellschaften raten. Im anderen Fall ist das Unternehmen auf das Rating der (potenziell) kreditgewährenden Bank angewiesen.

Den Kerngedanken des Ratings verdeutlicht Abbildung 3.1. Der Kunde wird im Beispiel anhand von drei Fragen beurteilt. Wird ihm in der Analyse ein zu kleiner Wert zugeordnet, wird er mit „5" bewertet und erhält keinen Kredit, da er sehr wahrscheinlich innerhalb des Betrachtungszeitraums ausfallen wird. Ein Kunde, der mit „4" bewertet wird, erhält einen Kredit, muss aber höhere Zinsen zahlen als die Kunden, die bessere Bewertungen aufweisen, und eventuell (weitere) Sicherheiten (siehe Kapitel 4) stellen, um das Risiko zu begrenzen.

Die Informationen aus der Bilanzanalyse ergänzen Banken regelmäßig um Kenntnisse aus der Kontoführung des Unternehmens sowie um Erfahrungen, die Dritte mit dem (potenziellen Kreditnehmer) gemacht haben. Hierzu werden Auskünfte von verschiedensten Adressaten eingeholt. Kennzeichen all dieser Informationen ist die Vergangenheitsorientierung. Für die Bewertung der **künftigen Entwicklung** können darüber hinaus u. a. folgende Fragestellungen interessant sein:

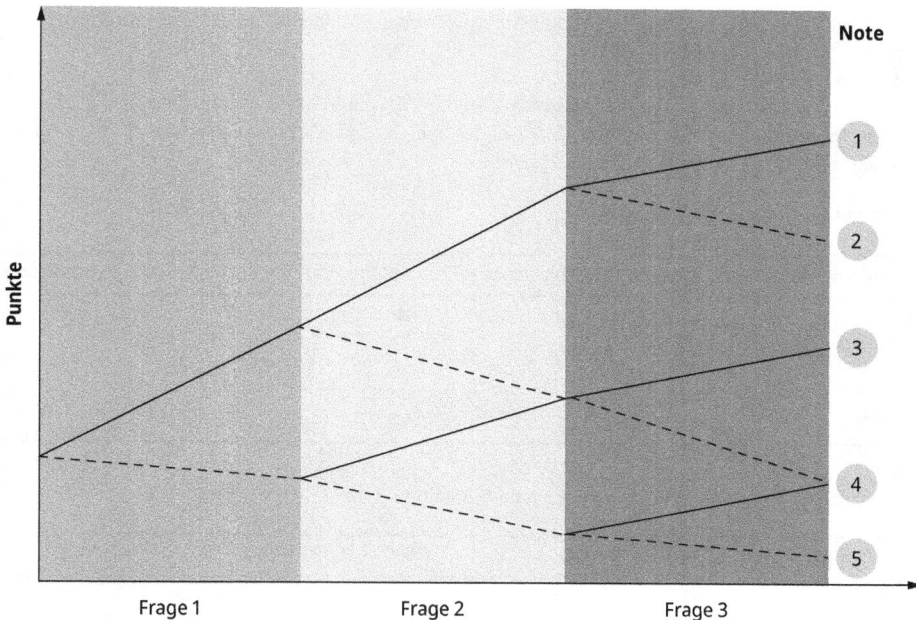

**Abb. 3.1:** Grundstruktur des Ratings.

**(1)** Perspektiven der Branche, in der das Unternehmen tätig ist
(a) Die Situation der Branche hat erheblichen Einfluss.
(b) Klassifizierungen sind beispielsweise auf Basis des zu erwartenden Wachstums und der vorhandenen Markteintrittsbarrieren möglich.
**(2)** Positionierung des Unternehmens im Vergleich zur Konkurrenz
**(3)** Perspektiven, die mit der Kreditaufnahme verbunden sind; wird eine Umschuldung von Lieferantenverbindlichkeiten vorgenommen oder soll die Innovationskraft des Unternehmens gestärkt werden?
**(4)** Details der Unternehmensleitung
(a) Über welche Qualifikation verfügen die wichtigen Entscheider des Unternehmens?
(b) Sind Unternehmenseigentum und Leitung in einer Hand?
(c) Soweit Eigentümer und Manager nicht identisch sind: Greifen die Eigentümer in das operative Geschäft ein?

---

**Fallstudie 1**

**Ausgangslage:**
Es liegen folgende Bilanzkennziffern über einen Firmenkunden vor:
– Eigenkapitalquote: 17,5 %
– Gesamtkapitalrendite 7,2 %
– Anlagendeckungsgrad 2: 85 %

Auf Grundlage der anderen Bewertungskriterien hat der Kunde 500 von 600 möglichen Punkten erreicht.

**Aufgabenstellung:**
Durch einen Softwarefehler sind die genannten Kennziffern nicht in das Rating eingeflossen, sodass sie händisch ergänzt werden müssen. Eigenkapitalquote und Gesamtkapitalrendite werden mit dem Faktor 1,5 und die Anlagendeckung einfach berücksichtigt.

Fiktive Ausprägungen zur Ratingbewertung:

| Eigenkapitalquote (%) | Gesamtkapitalrendite (%) | Anlagendeckungsgrad 2 (%) | Bepunktung |
|---|---|---|---|
| ab 30,6 | ab 9,1 | ab 121 | 100 |
| bis 30,5 | bis 9,0 | bis 120 | 80 |
| bis 22,0 | bis 7,0 | bis 105 | 60 |
| bis 15,0 | bis 5,0 | bis 95 | 40 |
| unter 10,0 | unter 3,0 | bis 80 | 20 |

Fiktive Interpretation von Gesamtpunktzahlen beim Rating:

| Bewertung | 1 | 2 | 3 | 4 | 5 |
|---|---|---|---|---|---|
| Gesamtwert | ab 90 % | bis 89 % | bis 77 % | bis 64 % | unter 50 % |

**Lösung:**
Aufgrund der Bewertungsvorschriften aus der Tabelle „Fiktive Ausprägungen zur Ratingbewertung" ergeben sich bei den Bilanzkennziffern des Kunden für die
**(1)** Eigenkapitaldeckung: 90 Punkte (60 Punkte · Faktor 1,5),
**(2)** Gesamtkapitalrendite: 120 Punkte (80 Punkte · Faktor 1,5),
**(3)** Anlagendeckungsgrad 2: 40 Punkte.
**(4)** Insgesamt erreicht der Kunde mit den noch zu bewertenden Aspekten 250 Punkte.
(a) In Summe mit den bereits erreichten 500 Punkten ergibt sich ein Wert von 750 Punkten.
(b) Das Gesamtpotenzial der neuen Aspekte beträgt 400 Punkte (2 · 100 · 1,5 + 100). Zusammen mit den bereits durchgeführten Bewertungen ergibt sich ein Gesamtwert von 1.000 Punkten.
(c) Auf Grundlage der Einordnungsvorschrift aus der Tabelle „Fiktive Interpretation von Gesamtpunktzahlen beim Rating" ist der Kunde mit „3" zu bewerten, da er 75 % der möglichen Punkte erreicht hat (= 750 ÷ 1.000 · 100).

### 3.1.3 Tilgungsmöglichkeiten

Kredite umfassen die Verpflichtung zur Rückführung, die auch als Tilgung bezeichnet wird. Banken bieten verschiedene Tilgungsvarianten an. Niedrige Tilgungen haben eine längere Darlehenslaufzeit zur Folge. In Konsequenz steigt die Summe der insgesamt zu entrichtenden Zinsen.

Die Summe aus Tilgung und Zinszahlung wird **Kapitaldienst** genannt. Bei einer gegebenen Zahlungsfähigkeit des Kunden verbleibt der Restbetrag, der nicht auf die Tilgung entfällt, als Zinsanteil.

**Fallstudie 2**

**Ausgangslage:**
Ein Kleinunternehmer ist in der Lage 4,8 T€ als Jahresrate zu leisten. Sein Darlehenswunsch beträgt 80 T€.

**Aufgabenstellung:**
Welcher Anteil seines Kapitaldiensts im ersten Jahr steht zur Tilgung zur Verfügung, wenn der Zinssatz bei 3 %, 6 % bzw. 9 % liegt?

**Lösung:**
**(1)** Eine Darlehenssumme von 80 T€ verursacht bei einem Zinssatz von 3 % Kosten von 2,4 T€. Somit verbleiben jährlich 2,4 T€ zur Tilgung.
**(2)** Eine Darlehenssumme von 80 T€ verursacht bei einem Zinssatz von 6 % Kosten von 4,8 T€. Somit verbleibt kein Tilgungsanteil.
**(3)** Eine Darlehenssumme von 80 T€ verursacht bei einem Zinssatz von 9 % Kosten von 7,2 T€. Somit reicht die Kapitaldienstfähigkeit des Unternehmens für das Darlehen nicht aus.

### 3.1.3.1 Tilgung am Ende der Laufzeit

Wie die Bezeichnung schon erwarten lässt, gibt es bei dieser Darlehensform nur eine einzige Tilgungsleistung: 100 % am Ende der Laufzeit. Somit erfolgt während der Laufzeit nur die Zinszahlung. Darlehen, die in dieser Form zurückgeführt werden, tragen die Bezeichnungen **endfälliges Darlehen** oder Festdarlehen. Unternehmen fragen diese Tilgungsform nach, wenn sie

– eine größere Summe aus einer anderen Quelle bereits absehen können,
– über alternative Anlageformen verfügen, von der sie eine höhere Rendite erwarten als die Zinsbelastung des Darlehens, und/oder
– ihren steuerlichen Aufwand erhöhen wollen.

Werden nur sehr kurze Zeiträume finanziert, spricht man auch von einer **Zwischenfinanzierung** oder einem **Überbrückungskredit**.

**Fallstudie 3**

**Ausgangslage:**
Ein Darlehen über 200 T€ wird am 30.06.20X1 ausgezahlt (**valutiert**). Der Zinssatz beträgt 5 %, die Tilgung erfolgt am Ende der 20-jährigen Laufzeit.

**Aufgabenstellung:**
Erstellt werden soll der Zins- und Tilgungsplan der ersten zwei und des letzten Jahres.

**Lösung:**
Beispiel einer Tilgung zum Ende der Laufzeit (T€):

| Jahr | Bestand | Zinsen | Tilgung | Kapitaldienst | Endbestand |
|------|---------|--------|---------|---------------|------------|
| 1    | 200     | 10     | 0       | 10            | 200        |
| 2    | 200     | 10     | 0       | 10            | 200        |
| 20   | 200     | 10     | 200     | 210           | 0          |

### 3.1.3.2 Annuitätentilgung

Die Tilgung in Annuitätenform (auch **Annuitätendarlehen**) ist durch einen konstanten Kapitaldienst des Kreditnehmers gekennzeichnet. Folgender Effekt wird genutzt:

– Durch die Tilgung wird der Kreditbetrag verringert.

– Die Zinsbelastung sinkt aufgrund der verringerten Kapitalbasis.

– Somit erhöht sich der Tilgungsanteil.

– Mit der erhöhten Tilgung wird der Kreditbetrag (stärker) reduziert.

– Der Prozess der sinkenden Zinsbelastung und zunehmenden Tilgung setzt sich fort und verstärkt sich im Zeitverlauf.

Dieser Mechanismus wirkt unabhängig davon, in welchem Rhythmus die Tilgung (monatlich, jährlich etc.) erfolgt. Meist fordern die Banken einen anfänglichen Tilgungssatz von mindestens 1 %.

---

**Fallstudie 4**

**Ausgangslage:**
Ein Unternehmen nimmt ein Darlehen über 10 T€ auf und entscheidet sich für eine Annuitätentilgung. Der Zinssatz beträgt 4 %, die Tilgung beginnt mit 2 %.

**Aufgabenstellung:**
(1) Die Unternehmensleitung möchte wissen, wie hoch die monatliche Rate ist.
(2) In diesem Zusammenhang stellt sich die Frage nach der Höhe des Tilgungsanteils im zweiten Monat.

**Lösung:**
(1) Ratenhöhe
(a) Jahresleistung = 10 T€ · (4 + 2) ÷ 100 = 600 €
(b) Monatsleistung = 600 € ÷ 12 = 50 €
(2) Tilgungsanteil im zweiten Monat
(a) Tilgung erster Monat = 10 T€ · 2 ÷ 100 ÷ 12 = 16,67 € Restschuld nach dem ersten Monat = 10 T€ − 16,67 € = 9.983,33 €
(b) Zinsanteil zweiter Monat = 9.983,33 € · 4 ÷ 100 ÷ 12 = 33,28 €
(c) Bestimmung Tilgungsanteil im zweiten Monat = 50 € − 33,28 € = 16,72 €

---

Der Zinsanteil sinkt im Zeitverlauf. Entsprechend erhöht sich die Tilgung. Mit zunehmender Laufzeit verstärkt sich dieser Effekt. Die Tilgung in Form der Annuität wird dann gewählt, wenn der Kreditnehmer seine laufende Belastung aus dem Kapitaldienst konstant halten möchte. Ein klassisches Anwendungsfeld ist die Immobilienfinanzierung.

---

**Fallstudie 5**

**Ausgangslage:**
Ein jährlich zu bedienendes Annuitätendarlehen über 200 T€ wird am 30.06.20X1 valutiert. Der Zinssatz beträgt 5 %, der anfängliche Tilgungssatz 3 %.

**Aufgabenstellung:**
Erstellt werden soll der Zins- und Tilgungsplan bis zum Ende des dritten Jahres.

**Lösung:**
Beispiel einer Annuitätentilgung (€):

| Jahr | Bestand | Zinsen | Tilgung | Kapitaldienst | Endbestand |
|------|---------|--------|---------|---------------|------------|
| 1 | 200.000 | 10.000 | 6.000 | 16.000 | 194.000 |
| 2 | 194.000 | 9.700 | 6.300 | 16.000 | 187.700 |
| 3 | 187.700 | 9.385 | 6.615 | 16.000 | 181.085 |

### 3.1.3.3 Gleichbleibende Tilgung

Diese Rückführungsform kombiniert eine **konstante Tilgung** mit abnehmenden Zinsen, da die Restschuld kontinuierlich abnimmt. In Konsequenz verringert sich der Kapitaldienst fortlaufend. Darlehen, die auf diese Weise getilgt werden, werden als **Abzahlungs-** oder **Tilgungsdarlehen** bezeichnet. Unterjährige Raten führen entsprechend zu einer unterjährigen Tilgung und damit zu einer geringeren Zinsbelastung. Diese Tilgungsform wird eingesetzt, wenn der Kreditnehmer in den ersten Jahren eine höhere Gesamtbelastung bevorzugt.

**Fallstudie 6**

**Ausgangslage:**
Ein Darlehen über 200 T€ wird am 30.06.20X1 valutiert. Der Zinssatz beträgt 5 %. Die Tilgung ist mit konstant 10 T€ vereinbart.

**Aufgabenstellung:**
Erstellt werden soll der Zins- und Tilgungsplan bis zum Ende des dritten Jahres.

**Lösung:**
Beispiel einer konstanten Tilgung (T€):

| Jahr | Bestand | Zinsen | Tilgung | Kapitaldienst | Endbestand |
|------|---------|--------|---------|---------------|------------|
| 1 | 200 | 10 | 10 | 20 | 190 |
| 2 | 190 | 9,5 | 10 | 19,5 | 180 |
| 3 | 180 | 9 | 10 | 19 | 170 |

### 3.1.3.4 Außerplanmäßige Tilgung

Neben Darlehen mit definierten Tilgungsplänen gibt es andere Kreditarten, die standardmäßig auf Tilgungspläne verzichten. Ein klassisches Beispiel ist der **Kreditrahmen**, der unter den Bezeichnungen **Dispositions-** oder **Kontokorrentkredit** auf dem Girokonto eingeräumt wird. Der Schuldner hat die Möglichkeit, jederzeit nach seinen Bedürfnissen bzw. Möglichkeiten zurückzuzahlen. Möglichkeiten der **Sondertilgung**:

- Eine Sondertilgung beschreibt eine vorzeitige (Teil-)Rückzahlung eines Darlehens, die den weiteren Kapitaldienst beeinflusst. Sie erfolgt auf **Initiative** des **Schuldners** hin.
- Soweit die Möglichkeit der Sondertilgung besteht, bietet sie dem Kreditnehmer eine höhere **Flexibilität**. Rechtsgrundlage können die AGB wie auch individuelle Vereinbarungen sein. In diesem Fall ist keine Vorfälligkeitsentschädigung zu leisten, jedoch kann eine Bearbeitungsgebühr berechnet werden.
- Werden Sondertilgungsrechte individuell vereinbart, wird die Bank einen höheren Zinssatz fordern, da sie ein zusätzliches **Risiko** übernimmt: Falls die außerplanmäßige Tilgung erfolgt, muss sie eine alternative Anlagemöglichkeit – zu unter Umständen schlechteren Bedingungen – suchen.
- Eine individuelle Vereinbarung sollte deshalb nur dann erfolgen, wenn mit der Nutzung wirklich zu rechnen ist.
- Rückführungswünsche des Kunden – ohne eingeräumtes Sondertilgungsrecht – sind nur mit Zustimmung des Kreditgebers möglich, der meist ein Vorfälligkeitsentgelt berechnen wird.

---

**Fallstudie 7**

**Ausgangslage:**
Das Annuitätendarlehen aus Fallstudie 5 entwickelt sich in den Jahren vier bis sechs gemäß der Tabelle „Fortführung des Beispiels zur Annuitätentilgung". Zum Ende des vierten Jahres soll eine Sondertilgung in Höhe von 10 T€ einfließen.

Fortführung des Beispiels zur Annuitätentilgung (Beträge in €):

| Jahr | Bestand | Zinsen | Tilgung | Kapitaldienst | Endbestand |
|------|---------|--------|---------|---------------|------------|
| 4 | 181.085,00 | 9.054,25 | 6.945,75 | 16.000,00 | 174.139,25 |
| 5 | 174.139,25 | 8.706,96 | 7.293,04 | 16.000,00 | 166.846,21 |
| 6 | 166.846,21 | 8.342,31 | 7.657,69 | 16.000,00 | 159.188,52 |

**Aufgabenstellung:**
Der Kunde wünscht die Erstellung eines ausführlichen Tilgungsplans für die Jahre vier bis sechs unter Berücksichtigung seiner zusätzlichen Zahlung.

**Lösung:**
Fortführung des Beispiels zur Annuitätentilgung nach Sondertilgung (Beträge in €):

| Jahr | Bestand | Zinsen | Tilgung | Kapitaldienst | Endbestand |
|------|---------|--------|---------|---------------|------------|
| 4 | 181.085,00 | 9.054,25 | 6.945,75 | 16.000,00 | 174.139,25 |
| **4** | | **Sondertilgung** | **10.000,00** | **10.000,00** | **164.139,25** |
| 5 | 164.139,25 | 8.206,96 | 7.793,04 | 16.000,00 | 156.346,21 |
| 6 | 156.346,21 | 7.817,31 | 8.182,69 | 16.000,00 | 148.163,52 |

Durch die Sondertilgung erhöht sich der Tilgungsanteil der nächsten Rate um 500 € (= 10 T€ · 5 %). In Konsequenz erhöht sich auch der Tilgungsanteil der Folgeraten.

Eine weitere Option, auf die Rückführung des Darlehens Einfluss zu nehmen, ist die **Tilgungsanpassung**. Rechtsgrundlage kann der Darlehensvertrag genauso wie eine nachträgliche Absprache sein. Meist wird ein **Korridor** von 1 % bis 4 % der (ursprünglichen) Darlehenssumme vorgegeben, innerhalb dessen die individuelle Tilgung veränderbar ist. Regelmäßig begrenzen Kreditinstitute die Anzahl der Anpassungen, um nicht alle drei Monate mit Änderungen konfrontiert zu sein.

Durch die Nutzung dieser Möglichkeit steigt die **Flexibilität** des Unternehmens. Es kann seinen Kapitaldienst an veränderte Situationen anpassen. Tilgungsanpassungen können auch als Instrument in der Bearbeitung von notleidenden Krediten verwendet werden.

Außerplanmäßige Komplettilgungen sind grundsätzlich möglich. Es ist zu unterscheiden, ob der Kunde hierzu berechtigt ist oder ob diese Tilgung als **Leistungsstörung** zu werten ist. Handelt es sich um eine Leistungsstörung, so hat das Kreditinstitut einen Anspruch darauf, dass sein Schaden ausgeglichen wird. Man spricht in diesem Zusammenhang auch von der **Vorfälligkeitsentschädigung**. Soweit eine Vorfälligkeitsentschädigung zu leisten ist, gelten folgende Wirkungszusammenhänge:

– Mit zunehmender Höhe der **Restschuld** steigt die Vorfälligkeitsentschädigung.
– Je höher der vereinbarte **Darlehenszins**, desto höher ist die Vorfälligkeitsentschädigung.
– Bei Darlehen, die getilgt werden, fällt die Vorfälligkeitsentschädigung umso geringer aus, je höher die vereinbarte **Rate** ist.
– Bestehende **Sondertilgungsrechte** reduzieren die Vorfälligkeitsentschädigung umso stärker, je größer sie ausgeprägt sind.
– Je länger die noch ausstehende **Restlaufzeit** ist, desto höher fällt die Vorfälligkeitsentschädigung aus.
– Mit zunehmendem Zinssatz der **Alternativanlage** sinkt die Höhe der Vorfälligkeitsentschädigung.

### 3.1.4 Zinsbetrachtung

#### 3.1.4.1 Formen der Zinsvereinbarung

Der Preis für geliehenes Geld bildet sich, wie der jeden Gutes, durch Angebot und Nachfrage. Bei der Angebotsgestaltung kommt der jeweils aktuellen Geldpolitik der Notenbank, der Inflationsrate sowie der Bonität des Schuldners große Bedeutung zu. Die Preise für unterschiedliche Laufzeiten der Schuldner, die sich an der Börse Geld leihen (siehe Kapitel 5.1), werden als sogenannte **Zinsstrukturkurven** dargestellt. Der ökonomische Zusammenhang hat aber auch für Unternehmen Gültigkeit, die sich bei Banken Geld leihen, da die Kreditinstitute sich mit ihrer Konditionengestaltung an der Börse orientieren. Einen Überblick über die Zinsstrukturkurven gibt Abbildung 3.2.

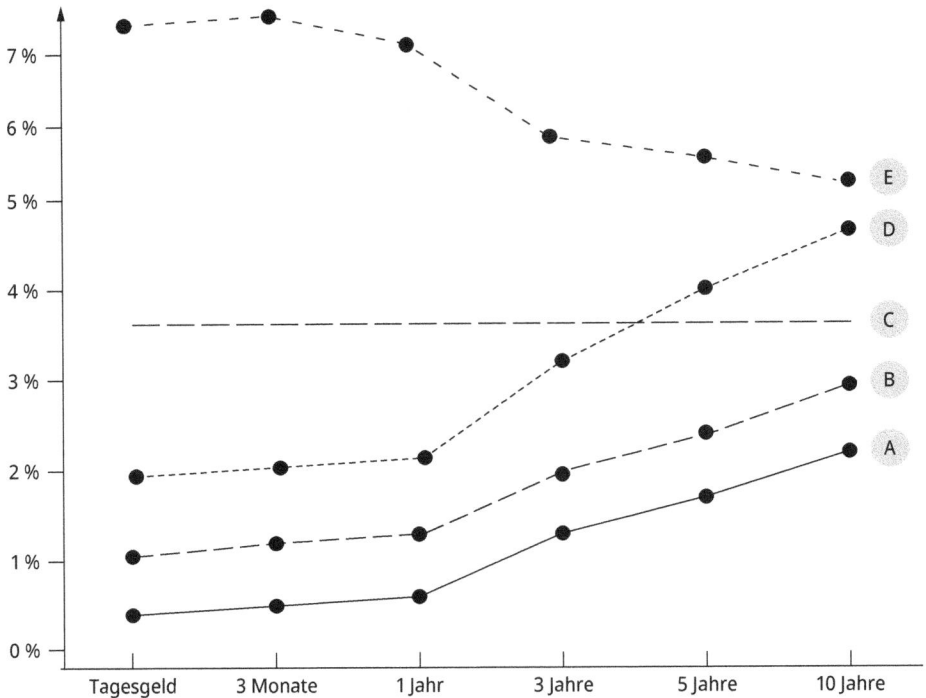

**Abb. 3.2:** Schematische Darstellung der Zinsstrukturkurven.

Kurve A zeigt eine sogenannte normale Zinsstrukturkurve für einen Schuldner mit sehr guter Bonität. Die Zeiten auf der Abszisse stellen die Fristen dar, über die der Kreditvertrag – noch genauer: die Zinsbindung –, abgeschlossen wird. In dem Beispiel ist eine Kreditaufnahme mit einer Laufzeit bis zu einem Jahr unter 1 % möglich. Mit zunehmender Laufzeit verteuert sich die Kreditaufnahme, da die Ungewissheit über die künftige Inflationsrate und die Bonität des Schuldners zunimmt. Am Ende des Betrachtungszeitraums – einer Laufzeit von zehn Jahren – wird ein Kreditzins von leicht über 2 % gefordert. Zum gleichen Zeitpunkt hat ein Schuldner mit einer (etwas) schlechteren Bonität die Möglichkeit, sich Geld gemäß der Kurve B zu leihen. Der ökonomische Zusammenhang wirkt analog. Aufgrund der schlechteren Bonität muss der zweite Schuldner eine höhere Risikoprämie – letztlich einen Versicherungszuschlag – bezahlen. In Konsequenz kommt es hier zu einer annähernden Parallelverschiebung, gemessen an Kurve A. Der Schuldner, für den die Zinsstrukturkurve D Gültigkeit besitzt, weist eine nochmals schlechtere Bonität auf. Diese führt dazu, dass bei langer Laufzeit der Risikoaufschlag überproportional steigt, da an der Rückzahlungsfähigkeit des Schuldners in zehn Jahren größere Zweifel bestehen.

Eine ökonomisch ganz andere Begründung führt zu Zinsstrukturkurve E. Diese wird nicht zeitgleich mit den anderen Zinsstrukturkurven auftreten, sondern bildet eine Sondersituation ab. Sie widerspricht der ökonomischen Logik, da Risiken mit zunehmender Laufzeit größer werden. Stattdessen wird für die kürzere Laufzeit der höchste Zinssatz verlangt. Aus diesem Grund wird sie auch als **invers** bezeichnet. Der hier greifende Wirkungsmechanismus lässt sich aus der erwarteten **Inflationsrate** ableiten. Beispieldaten zu einer ökonomischen Begründung von Kurve E enthält Tabelle 3.1.

**Tab. 3.1:** Ableitung des Nettoerfolgs nach Inflation.

| Laufzeitjahre | 1 | 2 | 3 | 4 | 5 |
|---|---|---|---|---|---|
| Zinssatz (%) 5 Jahre Laufzeit | 5,5 | 5,5 | 5,5 | 5,5 | 5,5 |
| erwartete Inflationsrate (%) | 6,0 | 5,0 | 4,0 | 3,5 | 3,0 |
| Nettoerfolg (%) | −0,5 | 0,5 | 1,5 | 2,0 | 2,5 |

Die Inflationsrate wird nach Meinung des Publikums im Zeitverlauf sinken. Ein Anleger, der sein Geld für fünf Jahre verleiht, hat im ersten Jahr eine negative Rendite unter Berücksichtigung des Kaufkraftverlusts. Diesen kann er in den Folgejahren kompensieren. Während der Gesamtlaufzeit generiert er eine Rendite von sechs Prozentpunkten (Summe der Nettorenditen). Im vereinfachten Durchschnitt seiner Anlage erhielt er eine Rendite von 1,2 % (= [−0,5 + 0,5 + 1,5 + 2,0 + 2,5] ÷ 5). Ein Anleger, der sein Geld nur für ein Jahr verleiht, kann diesen Kompensationseffekt nicht nutzen; so benötigt er für eine Nettorendite von 1 %, einen Zinssatz von 7 %.

Die **Zinsstrukturkurve** C wird auch als flach bezeichnet, weil sie – hier idealtypisch – einen Zinssatz aufweist, der über alle Laufzeiten hinweg konstant ist. Auch sie tritt nicht zeitgleich mit den anderen Zinsstrukturkurven auf, sondern bildet quasi eine Übergangsausprägung von der **normalen** zur **inversen** oder von der inversen zur normalen Zinsstrukturkurve. Sie wird regelmäßig im Rahmen der Investitionsrechnung eingesetzt.[15] Natürlich gibt es von der flachen und der inversen Zinsstrukturkurve zum jeweiligen Zeitpunkt auch unterschiedliche Ausprägungen in Abhängigkeit von der individuellen Bonität.

Bei Verträgen mit Banken besteht die Möglichkeit, im Darlehensvertrag einen festen Zins für eine Teil- oder die Gesamtlaufzeit zu verabreden. Man nennt diese Zeitspanne auch **Zinsbindungsfrist**. Ökonomisch steht das Unternehmen vor einer Aufwand-Risiko-Abwägung. Ein fester Zinssatz für eine längere Laufzeit garantiert eine sichere Kalkulationsgrundlage. Gleichzeitig wird eine **Laufzeitprämie** gezahlt, die bei kürzerer Laufzeit – oder besser noch Zinsbindungsfrist – entfallen würde, wie Abbildung 3.3 visualisiert.

---

15 Vgl. hierzu im Detail Perridon/Steiner/Rathgeber 2022, S. 208 ff.

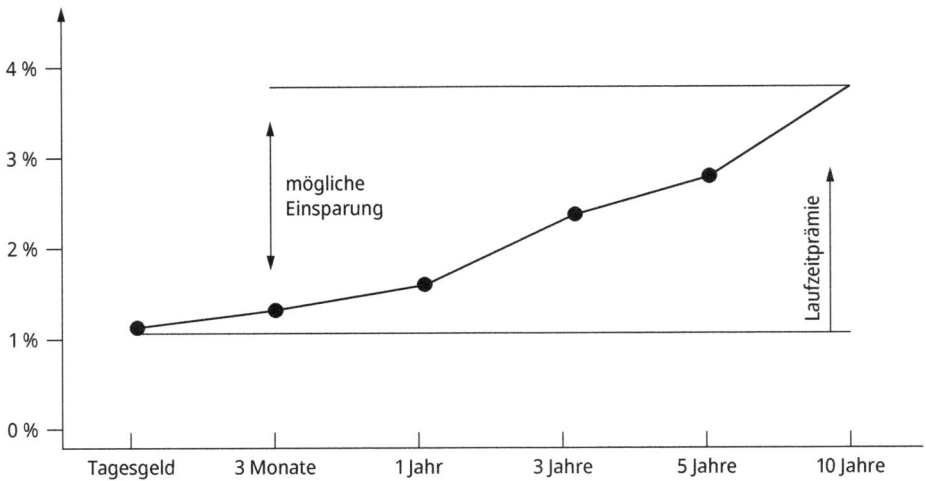

**Abb. 3.3:** Laufzeitprämie bei normaler Zinsstrukturkurve.

Die Entscheidung, ob die Sicherheit erkauft werden soll, hängt von der erwarteten Zinsentwicklung und der eigenen Finanzkraft ab. Der letzte Punkt weist zwei Facetten auf:
(1) Kann sich das (sehr schwache) Unternehmen im Moment die teurere Festzinsvariante leisten?
(2) Kann sich das (eher starke) Unternehmen einen Anstieg der Konditionen um x Prozentpunkte leisten, ohne seine Zahlungsfähigkeit zu gefährden?
Den geringsten Arbeitsaufwand verursacht eine Zinsfestschreibung über die gesamte Laufzeit. Besteht der Kreditbedarf über die Zinsbindungsfrist hinaus, so ist nach deren Ablauf eine Entscheidung erforderlich. Der Kreditnehmer kann

- mit seinem Kreditinstitut eine Anschlussvereinbarung treffen; für die Anschlusslaufzeit gilt der aktuelle Zinssatz,
- sein Darlehen komplett zurückzahlen, indem er die Mittel selbst oder durch ein anderes Kreditinstitut bereitstellt,
- passiv bleiben; in diesem Fall erfolgt eine automatische Umstellung auf eine variable Verzinsung. Natürlich kann der Kunde diese Entwicklung auch bewusst herbeiführen.

Der neu vereinbarte Zinssatz wird einen Tag nach Ablauf der Zinsbindungsfrist gültig. Der Kapitaldienst wird entsprechend angepasst.

### 3.1.4.2 Vergleichbarkeit mit dem Effektivzinssatz
Der Effektivzins misst die Gesamtkosten eines Kredits, indem er alle Kosten auf den tatsächlichen Mittelzufluss aus dem Kredit bezieht. So wird die Vergleichbarkeit ver-

schiedener Finanzierungsangebote erreicht. Der Gesetzgeber schreibt den Effektivzinsausweis für entsprechende Darlehen vor. Einflussparameter auf seine Höhe sind:

**(1)** der Nettodarlehensbetrag

(a) Unterschreitet die Auszahlung den Darlehensbetrag, wird die Differenz als **Disagio** bezeichnet.

(b) Überschreitet die Auszahlung den Darlehensbetrag, wird die Differenz als **Agio** bezeichnet.

**(2)** der **Nominalzinssatz** als versprochener jährlicher Zinsbetrag

**(3)** die Tilgungsausgestaltung

**(4)** weitere Kreditkosten

Die Formel zur näherungsweisen Ermittlung des Effektivzinssatzes lautet für endfällige Darlehen folgendermaßen:

$$\textbf{Effektivzins} = \frac{\textbf{Nominalzins}\,(\%)\ +\ \frac{\textbf{Tilgungsbetrag}\,(\%)\ -\ \textbf{Kapitaleinsatz}\,(\%)}{\textbf{Laufzeit in Jahren}}}{\textbf{Kapitaleinsatz}\,(\%)}$$

Für eine mathematisch korrekte Berechnung müsste der unterschiedliche Zeitanfall von Rückzahlungserfolg und laufender Zinszahlung berücksichtigt werden. Hierzu kann der Interne Zinsfuß verwendet werden.[16]

---

**Fallstudie 8**

**Ausgangslage:**
Susi Süssmich benötigt für ihre Existenzgründung 10 T€ an Kredit. Der Bankberater ihres Vertrauens hat ihr drei alternative Möglichkeiten genannt:

**(1)** Darlehen A

(a) Es wird zu 80 % valutiert und zu 100 % zurückgezahlt.

(b) Nominalzinssatz = 3,0 % bei einer Laufzeit von 5 Jahren

**(2)** Darlehen B

(a) Es wird mit einem Agio von 5 % valutiert und zu 100 % zurückgezahlt.

(b) Nominalzinssatz = 10,0 % bei einer Laufzeit von 5 Jahren

**(3)** Darlehen C

(a) Es wird zu 100 % valutiert und zurückgezahlt.

(b) Nominalzinssatz = 8,6 % bei einer Laufzeit von 5 Jahren

**Aufgabenstellung:**
Berechnen Sie den effektiven Zinssatz der drei Alternativen für Susi.

**Lösung:**
**(1)** [3,0 + (100 − 80) ÷ 5] ÷ 80 = 0,0875 ⇔ 8,75 %

**(2)** [10,0 + (100 − 105) ÷ 5] ÷ 105 = 0,0857 ⇔ 8,57 %

**(3)** [8,6 + (100 − 100) ÷ 5] ÷ 100 = 0,0860 ⇔ 8,60 %

---

**16** Vgl. hierzu im Detail Perridon/Steiner/Rathgeber 2022, S. 63 ff.

Bei Abzahlungsdarlehen wird grundsätzlich auf die Formel endfälliger Darlehen zurückgegriffen. Anstatt der Gesamtlaufzeit wird jedoch die **mittlere Laufzeit** verwendet, die sich berechnet: **(Gesamtlaufzeit + 1) ÷ 2**. Inhaltlich ist dies erforderlich, da dem Kreditnehmer die volle Darlehenssumme nur für eine kürzere Zeit zur Verfügung steht, wie der obere Teil von Abbildung 3.4 verdeutlicht. Im Beispiel wird ein Kredit von 1.000 € über vier gleiche Raten getilgt. Folglich reduziert sich der Kreditbetrag um jeweils 250 €. Somit ist im ersten Jahr der volle Betrag, im zweiten Jahr 750 €, im dritten Jahr 500 € und im letzten Jahr 250 € an Kreditbetrag offen. In Addition ergeben die Kreditbeträge der einzelnen Jahre das **gebundene Kapital** von 2.500 €. Mit anderen Worten bedeutet dies, dass die ursprüngliche Kreditsumme von 1.000 € für 2,5 Jahre entliehen ist.

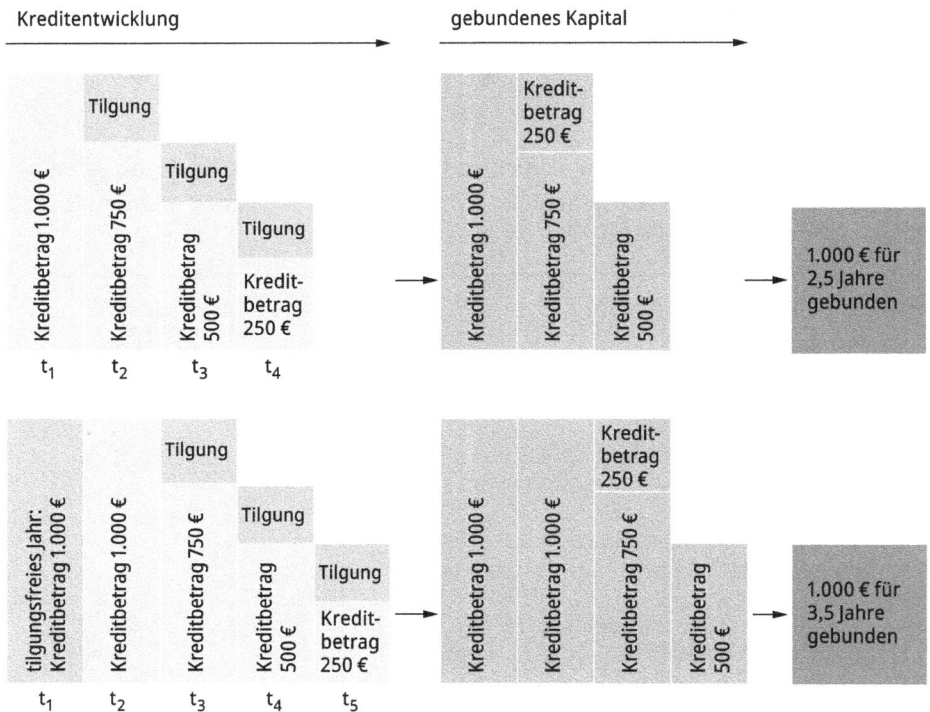

**Abb. 3.4:** Ermittlung der mittleren Laufzeit.

Eine weitere Modifikation stellt die Einbeziehung einer **tilgungsfreien Zeit** dar. Diese wird oft von öffentlichen Kreditgebern gewährt, um dem Unternehmen die Möglichkeit zu geben, seine Liquidität zu sammeln. In diesem Fall kann die Gesamtlaufzeit in zwei Bereiche unterteilt werden: mit und ohne Tilgung. Die **Gesamtbindung** ist im unteren Teil von Abbildung 3.4 visualisiert und errechnet sich aus

**tilgungsfreie Zeit + (Gesamtlaufzeit – tilgungsfreie Zeit + 1) ÷ 2**

---

**Fallstudie 9**

**Ausgangslage:**
Susi Süssmich benötigt für ihre Existenzgründung weiterhin 10 T€ an Kredit. Der Bankberater eines Konkurrenten hat ihr drei weitere Alternativen genannt:
**(1)** Darlehen A
(a) Es wird zu 90 % valutiert und zu 100 % in fünf gleichen Raten zurückgezahlt.
(b) Nominalzinssatz = 3,0 %.
**(2)** Darlehen B
(a) Es wird mit einem Agio von 5 % valutiert und zu 100 % in vier gleichen Raten zurückgezahlt, nachdem zwei tilgungsfreie Jahre gewährt wurden.
(b) Nominalzinssatz = 10,0 %
**(3)** Darlehen C
(a) Es wird zu 100 % valutiert und zurückgezahlt.
(b) Nominalzinssatz = 7,6 % bei einer Laufzeit von 5 Jahren.

**Aufgabenstellung:**
Berechnen Sie den effektiven Zinssatz der drei Alternativen für Susi.

**Lösung:**
**(1)** Mittlere Laufzeit: (5 + 1) ÷ 2 = 3 Jahre; Verzinsung: [3,0 + (100 − 90) ÷ 3] ÷ 90 = 0,0703 ⇔ 7,03 %
**(2)** Mittlere Laufzeit: 2 + (6 − 2 + 1) ÷ 2 = 4,5 Jahre; Verzinsung: [10,0 + (100 − 105) ÷ 4,5] ÷ 105 = 0,0846 ⇔ 8,46 %
**(3)** Mittlere Laufzeit: nicht erforderlich, da es sich um ein endfälliges Darlehen handelt; Verzinsung: [7,6 + (100 − 100) ÷ 5] ÷ 100 = 0,0760 ⇔ 7,60 %

---

Der Effektivzins entspricht beim Annuitätendarlehen dem Nominalzins, soweit die Auszahlung zu 100 % erfolgt. In den anderen Fällen ist eine korrekte Zinssatzermittlung aufwändig und über den internen Zinsfuß möglich. Alternativ kann die jährliche Rate durch den Kreditbetrag geteilt werden. Über diesen **Annuitätenfaktor** und die Laufzeit ist in entsprechenden Tabellen der Kreditzins (näherungsweise) auffindbar.

## 3.2 Kreditausprägungen und alternative Finanzierungsformen

In Kapitel 3.2 erfolgt die Darstellung der gängigen Bankkredite sowie möglicher Alternativen, die durch Nichtbanken zur Verfügung gestellt werden. Da aus Bankensicht das Risiko eines Kreditengagements mit zunehmender Laufzeit steigt, ist diese auch für die Unternehmen im Rahmen der Kreditbeantragung bedeutsam. Im Gegensatz zu den HGB-Vorschriften (siehe Kapitel 1.1.1), die auf die Restlaufzeit abstellen, ist für die Banken die Ursprungslaufzeit bedeutsam. Repräsentiert diese doch den Zeitraum des

Risikos, das mit dem anstehenden Geschäft eingegangen wird. Mithilfe geeigneter Sicherheiten lässt sich die Gefahr für die Banken verringern, sodass deren Bereitschaft zur Kreditvergabe steigt.

### 3.2.1 Ausgewählte Kredite

#### 3.2.1.1 Kredite auf Girokonten

Wird mit einem Kunden die Möglichkeit vereinbart, von seinem Girokonto über das Guthaben hinaus zu verfügen, so spricht man von einem **Kontokorrentkredit**, wenn der Kunde Unternehmer ist. § 355 HGB bildet hierfür die Rechtsgrundlage. Unterjährige Zinsen dürfen berechnet werden. Die Konsequenz zeigt Abbildung 3.5 an einem Beispiel von 1 T€ Kreditsumme und einem Zinssatz von 12 %.

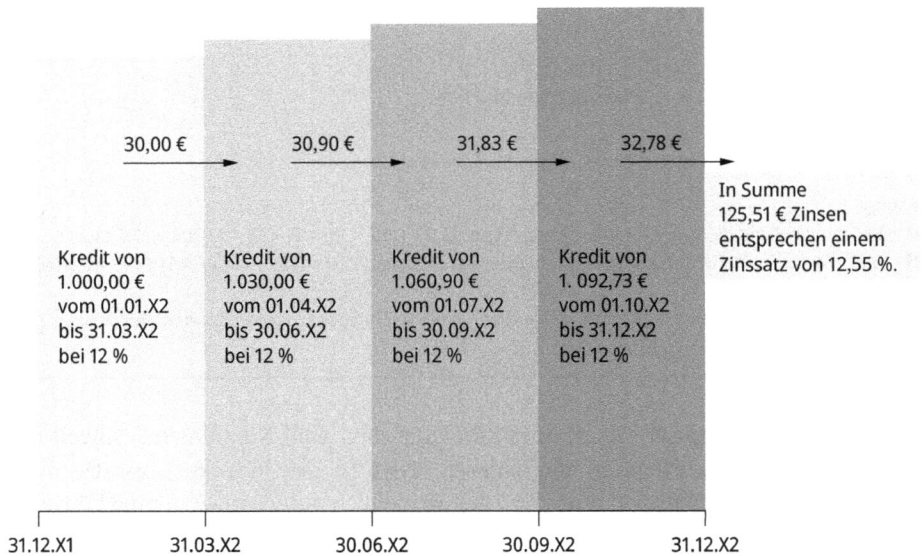

|  | 30,00 € | 30,90 € | 31,83 € | 32,78 € |
| --- | --- | --- | --- | --- |

In Summe 125,51 € Zinsen entsprechen einem Zinssatz von 12,55 %.

Kredit von 1.000,00 € vom 01.01.X2 bis 31.03.X2 bei 12 %

Kredit von 1.030,00 € vom 01.04.X2 bis 30.06.X2 bei 12 %

Kredit von 1.060,90 € vom 01.07.X2 bis 30.09.X2 bei 12 %

Kredit von 1. 092,73 € vom 01.10.X2 bis 31.12.X2 bei 12 %

31.12.X1  31.03.X2  30.06.X2  30.09.X2  31.12.X2

**Abb. 3.5:** Beispiel zum unterjährigen Zinseszinseffekt des Kontokorrentkredits.

Kontokorrentkredite der Unternehmen
- orientieren sich in ihrer Höhe am durchschnittlichen Monatsumsatz des Kunden,
- können natürlich auch über den vereinbarten Rahmen hinaus beansprucht werden, wenn das Kreditinstitut dies zulässt,
- dienen idealtypisch der Umsatzfinanzierung: Einkauf der Waren durch Nutzung der Kontokorrentlinie und Tilgung durch die späteren Umsatzerlöse,

– leisten einen deutlichen Ergebnisbeitrag für das Unternehmen, soweit durch ihre Verwendung Skonto[17] gezogen werden kann,
– werden auch (teilweise) als Saisonkredite bezeichnet, wenn das Geschäftsfeld des Unternehmens durch (hohe) Auslastungsschwankungen gekennzeichnet ist.

---

**Fallstudie 10**

**Ausgangslage:**
Zu einem Unternehmen sind folgende Informationen bekannt:
– 1.500 T€ sind für Lieferungen zu begleichen
– Binnen zehn Tagen werden 2 % Skonto gewährt.
– Alternativ kann nach 40 Tagen die volle Summe bezahlt werden.
– Kreditkondition der Bank: 14 %

**Aufgabenstellung:**
**(1)** Ist die Skontoziehung bei gleichzeitiger Kreditinanspruchnahme ökonomisch sinnvoll? Wenn ja, wie groß ist der Vor- bzw. Nachteil dieses Vorgehens?
**(2)** Wie weit darf der Zinssatz bei der Bank steigen, um den Skontovorteil zu erreichen?

**Lösung:**
**(1)** Vorteil der Skontoziehung
(a) Mit der Skontoziehung wird ein Vorteil von 30 T€ erzielt.
(b) Somit reicht eine Kreditinanspruchnahme in Höhe von 1.470 T€ (= 1.500 T€ – 30 T€).
(c) Kosten der Kreditinanspruchnahme: 17,15 T€ (= 1.470 T€ · 14 ÷ 100 ÷ 360 · 30)
(d) Vorteil des Skontos: 12,85 T€ (30 T€ – 17,15 T€)
**(2)** Break-even-Zinssatz
(a) Für 30 Tage Zahlungsbeschleunigung wird eine Vergütung von 2 % gewährt.
(b) Auf ein Jahr (mit 360 Tagen kalkuliert) entspricht dies einem Zinssatz von 24 % (= 2 · 12).
(c) In Beträgen: 1.500 T€ · 24 ÷ 100 ÷ 360 · 30 = 30 T€

---

**Kontokorrentkredite** weisen folgendes **Profil** auf:

**(1)** Sie sind formaljuristisch gesehen kurzfristige Kredite, werden jedoch meist unbefristet eingeräumt bzw. prolongiert. Wirtschaftlich weisen sie somit einen längerfristigen Charakter auf.

**(2)** Sie spiegeln in den Konditionen die Bonität (und das Verhandlungsgeschick) der Kontoinhaber wider.

**(3)** Sie erfordern regelmäßig keine Sicherheiten. Durch eine Besicherung sind die Konditionen ggf. beeinflussbar.

---

17 Unter **Skonto** versteht man einen Rabatt, der Kunden gewährt wird, wenn sie im Rahmen einer Lieferung das maximale Zahlungsziel (Kreditlaufzeit) nicht voll ausschöpfen, sondern die Rechnung innerhalb der zuvor definierten Frist begleichen. Somit löst die Bank durch ihren Kontokorrentkredit eine andere Verbindlichkeit des Kunden ab **(Passivtausch)**.
Eine weitere Möglichkeit, sich durch Nichtbanken zu finanzieren, ist die Kundenanzahlung. Hierbei erhält das Unternehmen Mittel, noch bevor es selbst leistet. Typisch ist dieses Vorgehen beispielsweise bei langfristig gebuchten (Urlaubs-)Reisen über Touristikunternehmen.

**(4)** Kontokorrentkredite sind

(a) wie Kontoguthaben verfügbar,

(b) formlos tilgbar und

(c) revolvierend – erneute Verfügung nach Rückführung – beanspruchbar.

**(5)** Kontokorrentkredite verursachen Kosten

(a) für die reale Nutzung des Rahmens sowie ggf. Zuschläge (Strafzinsen), soweit darüber hinaus verfügt wird,

(b) teilweise auch für die bloße Einräumung des Rahmens, soweit dies die Position des Kreditinstituts zulässt,

(c) durch den Zinseszinseffekt, wenn die im Rahmen des Kontoabschlusses belasteten Zinsen den Kreditbestand weiter erhöhen.

**(6)** Kontokorrentkredite sollten bei dauerhafter Ausschöpfung in eine andere Kreditform umgeschuldet werden, da deren Zinssätze regelmäßig geringer sind. Zur Begrenzung der Gesamtschulden kann eine Anpassung des Rahmens auf dem Girokonto sinnvoll sein.

**(7)** Kontokorrentkredite können zur Überbrückung dienen, wenn Zahlungen aus einer anderen Finanzierungsquelle bevorstehen (Darlehensvalutierung, fällige Lebensversicherung etc.).

**(8)** Kontokorrentkredite können durch Absprache mit der Bank positiv auf die Bonitätsbeurteilung des Kunden wirken, da unabgestimmte Inanspruchnahmen negativ bewertet werden.

Die Möglichkeit der bedarfsgerechten Inanspruchnahme sowie die (meist anzutreffende) Kostenbegrenzung auf die Zinsen für die reale Nutzung, sind wichtige Vorteile dieser Kreditart. Für Banken ist deren Vergabe interessant, da sie einen attraktiven Zinssatz in Kombination mit einer breiten Streuung auf viele Kreditnehmer generiert. Gleichzeitig können Erkenntnisse zur Zahlungsmoral der Unternehmen gewonnen werden.

Hat das Unternehmen keine Kreditlinie mit seiner Hausbank vereinbart und nutzt es das Girokonto trotzdem über das Guthaben hinaus, so handelt es sich nach § 505 BGB um eine **geduldete Überziehung**. Der gleiche Sachverhalt liegt vor, wenn das Unternehmen seinen Kredit stärker in Anspruch nimmt, als vertraglich fixiert. Soweit diese unabgestimmte Kreditinanspruchnahme kundenindividuelle Schwellenwerte nicht übersteigt, sind viele Banken (gerne) bereit, diese zu akzeptieren. Durch den Zinssatz, der noch einmal wesentlich höher ist, als bei dem vereinbarten Kontokorrentkredit, ist diese Ausprägung ökonomisch besonders interessant. Im Umkehrschluss folgt für das finanzierende Unternehmen daraus, die geduldete Überziehung wenn möglich zu vermeiden.

### 3.2.1.2 Avale

Im Gegensatz beispielsweise zu einem Kontokorrentkredit, bei dessen Inanspruchnahme Liquidität fließt **(Geldleihe)**, basieren Avale auf einem anderen Konstrukt:

Die Bank gewährleistet den Erfolg bzw. die **Erfüllung** einer Verbindlichkeit ihres Kunden. Man spricht auch von der **Kreditleihe**. Neben der Forderung gegen seinen Vertragspartner hat der Begünstigte durch das Versprechen der Bank eine erhöhte Sicherheit. In der Umsetzung werden Bürgschaften und Garantien als Werkzeuge genutzt (siehe Kapitel 4.5). Die Schritte eines Geschäfts, das mit einem Avalkredit abgesichert ist und ohne Komplikationen abgewickelt wird, zeigt Abbildung 3.6.

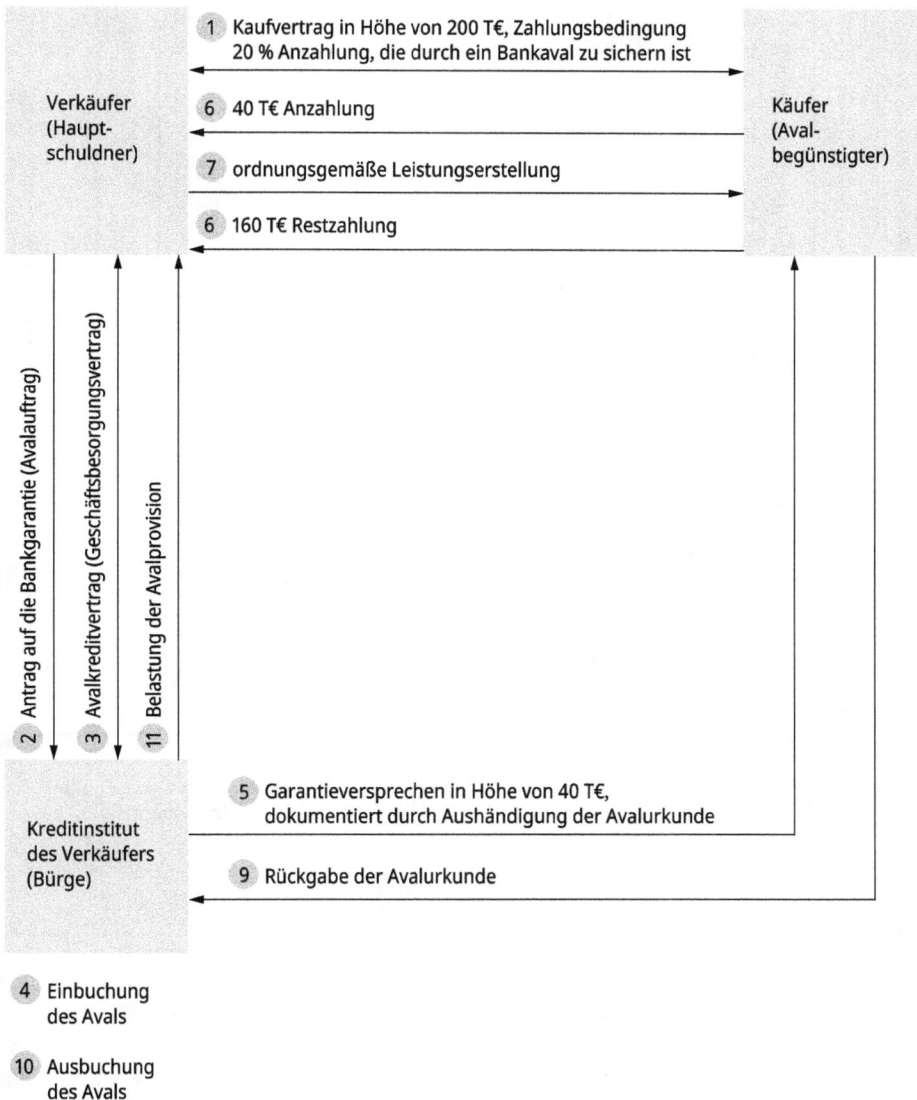

**Abb. 3.6:** Beispiel für den reibungslosen Ablauf eines Avalkredits.

**Verkäufer (Hauptschuldner)**

1. Kaufvertrag in Höhe von 200 T€, Zahlungsbedingung 20 % Anzahlung, die durch ein Bankaval zu sichern ist
6. 40 T€ Anzahlung
7. keine (ausreichende) Leistungserstellung

**Käufer (Avalbegünstigter)**

2. Antrag auf die Bankgarantie (Avalauftrag)
3. Avalkreditvertrag (Geschäftsbesorgungsvertrag)
11. Belastung der Avalprovision und der geleisteten 40 T€

5. Garantieversprechen in Höhe von 40 T€, dokumentiert durch Aushändigung der Avalurkunde

**Kreditinstitut des Verkäufers (Bürge)**

8. Geltendmachung der Ansprüche aus der Avalurkunde in Höhe von 40 T€
9. Zahlung der 40 T€

4. Einbuchung des Avals

10. Ausbuchung des Avals

→ Veränderungen zum Ursprungsfall

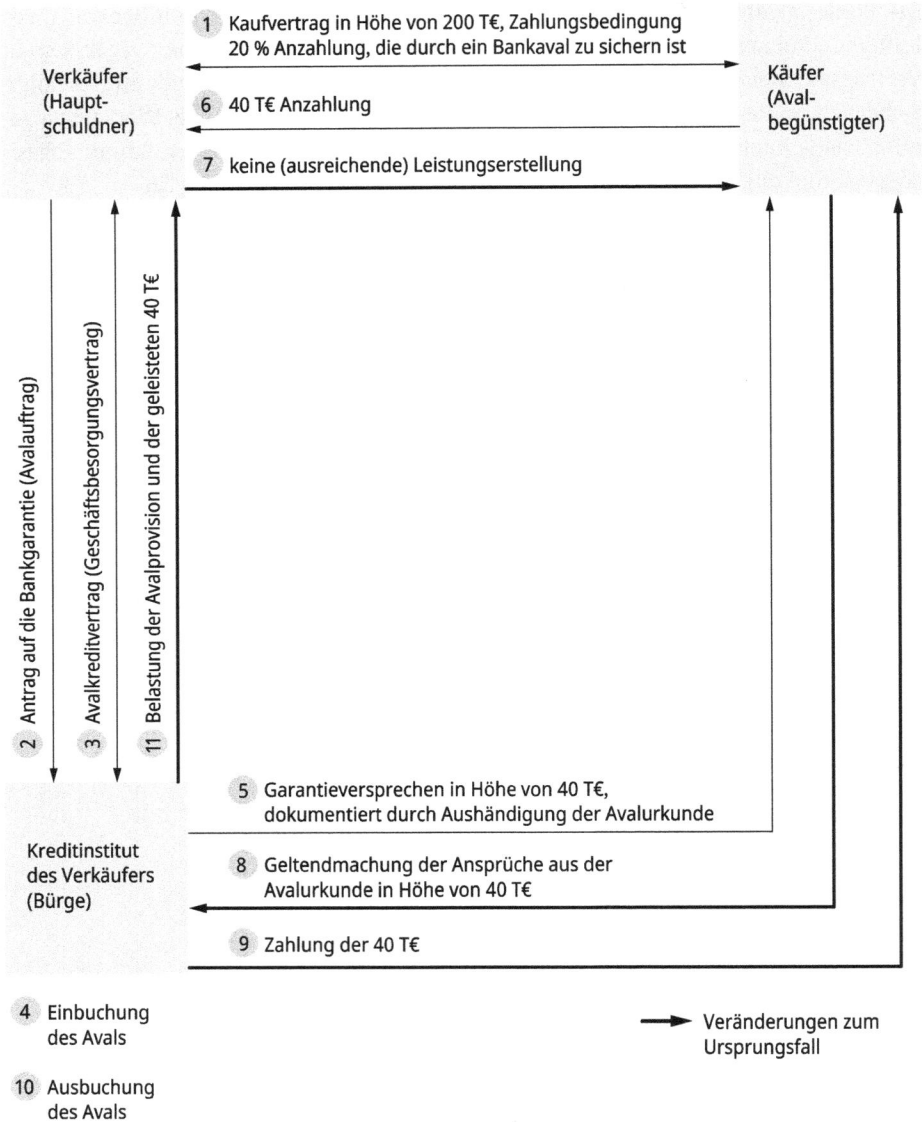

**Abb. 3.7:** Beispiel für die Inanspruchnahme eines Avalkredits.

Durch die Leistung des Kreditnehmers an seinen Kunden im Beispiel in Abbildung 3.6, war das Aval bereits erloschen. Die Rückgabe der Avalurkunde stellte eine reine Formalie dar. Durch die Rückgabe der Avalurkunde erlischt die Verpflichtung der Bank auch dann, wenn das Grundgeschäft nicht erledigt ist. Jedoch dürfte diese Konstellation selten sein. In den Fällen, in denen eine Gültigkeitsdauer des Avals vereinbart ist, endet das Aval durch

Zeitablauf. Im Falle der Inanspruchnahme des Avals durch den Dritten (Gläubiger, Avalbegünstigter) erlischt das Aval ebenfalls und das Kreditinstitut ist zur Zahlung verpflichtet, wie Abbildung 3.7 verdeutlicht. Der Anspruch gegen den Hauptschuldner (das finanzierende Unternehmen) geht auf das Kreditinstitut über und wird zu einer (verzinslichen) Forderung.

Profile für die Beteiligten:

– Das hauptsächliche Motiv des Bankkunden (Hauptschuldner) zur Beantragung eines Avals liegt in der Liquiditätsverbesserung bei verhältnismäßig geringen Kosten. Neben Banken betreiben auch Versicherungen das Avalgeschäft.

– Die Bank stellt durch das Aval ihre Kreditwürdigkeit zur Verfügung und generiert Erträge, ohne Geld auszuzahlen. Bilanziell sind Avale als Eventualverbindlichkeiten (§ 251 HGB) einzustufen, die nicht die Bilanzsumme verändern, jedoch unter der Bilanz auszuweisen sind.

– Der Begünstigte kann seinem Geschäftspartner entgegenkommen und hieraus eine bessere Reputation und/oder einen materiellen Vorteil generieren, ohne dass er ein wirtschaftliches Risiko eingeht.

Für einige Kreditnehmer bietet sich der Einsatz von Avalen permanent an. In diesen Fällen kann die Bank bei entsprechender Bonität ein Avalkontingent anbieten, was von der Funktionsweise her dem Kreditrahmen des Girokontos entspricht. Bis zur vereinbarten Höhe können Avale ohne Rücksprache genutzt werden. Erledigte Avale lassen das Kontingent wiederaufleben. Für jede eingegangene Verpflichtung führt das Kreditinstitut ein separates Konto, das auch als **Unteraval** bezeichnet wird.

Die Fristigkeit des Avals wird durch das abzusichernde Grundgeschäft bestimmt, sodass das einzelne Aval selten langfristigen Charakter haben wird. Banken avalieren bei entsprechender Bonität der Unternehmen Verpflichtungen

– aus einem ergangenen Urteil und leisten die Zahlung bei dessen Bestätigung durch die nächste Instanz **(Prozessaval)**.

– aus **Steuer**- oder **Zolltatbeständen**, da diese ohne Avalierung sofort fällig sind.

– aus einem **Mietvertrag**, um dem Mieter eine Bar- oder Kontokaution zu ersparen. Wenn der Mieter sich nicht vertragskonform verhält, leistet das Kreditinstitut.

– aus **Anzahlungen** und erstatten, falls der versprochene Vertragsgegenstand nicht (vereinbarungsgemäß) geliefert wird, das bereits geflossene Geld zurück.

– die im Rahmen von **Bietungsverfahren** entstehen können (Strafzahlungen), soweit das abgegebene Gebot nicht erfüllt wird.

– die im Rahmen von **Vertragserfüllung** entstehen können, soweit die versprochene Leistung nicht (vereinbarungsgemäß) geliefert wird (Schadensersatz).

– aus erbrachten Lieferungen und Leistungen. Wenn innerhalb der **Gewährleistungsfrist** Mängel offensichtlich werden, leistet das Kreditinstitut. Alternativ zum Aval kann der entsprechende Teil des Kaufpreises auch nach Ablauf der Gewährleistung fließen.

Die Leistung der Bank erfolgt immer nur dann, wenn der Kreditnehmer den Sachverhalt nicht eigenständig reguliert.

---

**Beispiel**

Ein Unternehmen hat einen Container Wein nach Deutschland importiert. Hierfür fällt Zoll in Höhe von 20 T€ an. Der Verkauf erfolgt sukzessive und die Liquidität ist begrenzt.

**Lösungsmöglichkeit:**

(1)  Die Hausbank verpflichtet sich im Rahmen eines Zollavals und generiert Erträge.

(2)  Der Zahlungsempfänger hat die Sicherheit, dass eine Bank die Leistung übernimmt, wenn der Zollschuldner die Zahlung nicht erbringen kann.

(3)  Der Zollschuldner schont seine Liquidität bis zum Ablauf der gesetzten Frist.

---

### 3.2.1.3 Investitionskredite

Investitionskredite sind die klassische Form der gewerblichen Finanzierung. Hiermit werden regelmäßig geplante Zugänge neuer Gegenstände des Anlagevermögens finanziert. Für Gegenstände des Umlaufvermögens bieten sich Investitionskredite an, wenn es sich um den eisernen Bestand handelt, der zur Aufrechterhaltung der Handlungsfähigkeit permanent vorgehalten wird. Alternativ kann der Einsatz langfristiger Kredite auch im Rahmen einer Wachstumsfinanzierung sinnvoll sein (siehe Kapitel 1.3.2).

Ob ein fester oder variabler Zinssatz gewählt wird und welche Tilgungsart zum Einsatz kommt, hängt vom Einzelfall ab. Neben den Wünschen des Unternehmens und seiner Kapitaldienstfähigkeit kommt der voraussichtlichen Verwendbarkeit des zu erwerbenden Gegenstands große Bedeutung zu. Eine Kreditierung über dessen Lebensdauer hinaus lässt sich oft nicht darstellen. Als Lebensdauer wird regelmäßig die von den Finanzbehörden unterstellte Abschreibungsdauer zugrunde gelegt. Zur Besicherung können auch hier alle bankmäßigen Sicherheiten genutzt werden (siehe Kapitel 4).

### 3.2.1.4 Rahmenkredite

Soweit ein Kunde keine Sicherheiten für seine Verpflichtungen bereitstellen kann oder seine Sicherheiten global für alle Schulden haften, ist es aus Sicht des Kreditinstituts unerheblich, wie sich die Gesamtverpflichtung – das sogenannte **Obligo** – zusammensetzt. Vor diesem Hintergrund ergibt der Einsatz eines Kreditrahmens Sinn. Das Kreditinstitut sagt dem Unternehmen eine Summe von beispielsweise 300 T€ zu. Mit welchen Produkten es dieses Limit ausschöpft, ist ihm freigestellt. Konzeptionell führen Tilgungen dazu, dass sich das Limit wieder in gleichem Umfang erhöht.

Sind einzelne Kreditarten mit verschiedenen Sicherheiten verknüpft, kann es sinnvoll sein, den Rahmen mit Nebenbedingungen in Form von Obergrenzen auszugestalten. Beispielsweise könnte bei einem Investitionskredit mit 200 T€ Inanspruchnahme das Limit des Girokontos bei 75 T€ und das für Avale bei 50 T€ liegen. Insgesamt dürfen die 300 T€ nicht überschritten werden.

Bei rechtzeitiger Absprache des Rahmens und konsequenter Anwendung werden Entscheidungsprozesse reduziert und das Unternehmen hat **Planungssicherheit** bei seiner Disposition. Ein solcher Rahmen kann ein Beitrag zur Kostenreduzierung sein, wenn es dem Kreditnehmer gelingt, verstärkt auf die zinsgünstigeren Alternativen zurückzugreifen.

---

**Fallstudie 11**

**Ausgangslage:**
Der Kunde mit seinem Rahmen von 300 T€ weist folgende Salden auf:
- Ratenkredit: 150 T€
- Aval-Inanspruchnahme: 45 T€ (Limit = 50 T€)
- Inanspruchnahme Kontokorrentkredit: 75 T€ (Limit = 75 T€)
- Der Kunde möchte über 35 T€ verfügen.

**Aufgabenstellung:**
Eine Limitausweitung ist nicht vorgesehen. Was kann in diesem Fall getan werden?

**Lösung:**
Das Limit hat noch 30 T€ Potenzial (= 300 T€ – 150 T€ – 45 T€ – 75 T€).
Der Kontokorrentkredit ist bereits am Limit.
Eine Neuvalutierung des Ratenkredits bzw. die Einräumung eines zweiten Ratenkredits stellen Alternativen dar, mit denen 30 T€ an Finanzierung möglich sind.
Der Restbetrag von 5 T€, um den gesamten Betrag von 35 T€ zu realisieren, lässt sich mit dem existierenden Rahmen nicht vereinbaren.

---

### 3.2.1.5 Weiterleitungskredite

Aus politischen und wirtschaftlichen Gründen werden bestimmte Zwecke durch Institutionen der öffentlichen Hand gefördert. Hierzu werden Kredite zu günstigeren Konditionen vergeben als normal am Markt üblich. Besondere Bedeutung kommt der **Kreditanstalt für Wiederaufbau** (KfW) zu, die mit verschiedensten Programmen fördernd am Markt tätig ist. Gefördert werden u. a.:
- Studierende,
- ökologische Modernisierungen,
- Existenzgründungen,
- kleine Unternehmen,
- Forschung und Entwicklung.

Das Unternehmen beantragt die Kredite nicht direkt beim Kapitalgeber, sondern über sein Kreditinstitut **(Hausbankverfahren)**. Die Weiterleitungskredite sind hinsichtlich der Situation für die Hausbank nicht homogen, es wird in folgende Kredite unterschieden:
- Ohne Risiko der Hausbank: Die Mittel werden komplett von dem öffentlichen Kapitalgeber aufgebracht, Ausfälle belasten die Hausbank nicht.

– Mit Risiko der Hausbank ohne Liquiditätsbeteiligung: Die Mittel werden komplett von dem öffentlichen Kapitalgeber aufgebracht, Ausfälle belasten die Hausbank in einem vorher festgelegten Umfang.
– Mit Risiko der Hausbank einschließlich Liquiditätsbeteiligung: Die Mittel werden zum Teil durch die öffentlichen Kapitalgeber aufgebracht, den anderen Teil muss die Hausbank selbst beisteuern. Die Risikoverteilung entspricht meist dem Liquiditätsanteil.

Der Vorteil für die Bank ist, dass sie dem Kunden Mittel zur Verfügung stellen kann, ohne die komplette Haftung zu übernehmen. Die Marge ist vorgegeben, indem der Zins für das Unternehmen und der Abrechnungszins für die Bank definiert sind. Oft ist der Verdienst an diesen Krediten relativ gering. Gleichzeitig sind diese Finanzierungsvarianten tendenziell arbeitsintensiver, da neben dem eigenen Geschäftsprozess auch die Abstimmung mit dem zweiten Institut erforderlich ist. Zudem erfordert eine große Anzahl an Möglichkeiten, die sich je nach kreditbeantragendem Unternehmen unterscheiden, eine erhebliche Expertise im Produktsortiment der öffentlichen Bank. Angesichts der aktuellen Niedrigzinsphase sind die Einsparungen der Unternehmen wesentlich übersichtlicher als in Hochzinsphasen. Diese Aspekte dürften tendenziell zu einem verhaltenen Umgang der Geschäftsbanken mit öffentlichen Krediten führen.

### 3.2.1.6 Green und Sustainable Finance

In der Literatur hat sich aktuell noch keine einheitliche Definition vom Begriff Green Finance durchgesetzt. Dennoch sind bereits eine Reihe von Marktstandards erkennbar. Insbesondere die Europäische Union verfolgt die Regulierung und Taxanomie mit Eifer. Grundsätzlich werden unter dem Begriff alle Finanzierungsformen subsumiert, die dazu geeignet sind, Nachhaltigkeit zu fördern. Dabei liegt im europäischen Raum häufig ein Schwerpunkt bei ökologisch vorteilhaften Projekten, bzw. Finanzierungen gegen den Klimawandel.

Häufig findet der Ausdruck Sustainable Finance synonyme Verwendung zu Green-Finance. Dies ist darin zu begründen, dass grüne Finanzierungen das Marktgeschehen aktuell in Europa beherrschen. Jedoch sind auch Finanzierungen für die anderen Ausprägungen der Nachhaltigkeit (siehe Kapitel 2.1.3.2) beobachtbar.

Zurzeit befassen sich Unternehmen weitgehend freiwillig mit den Themen Sustainable / Green Finance. Gleichzeitig gibt es aktuell auch starke Bestrebungen auf europäischer Ebene, einheitliche regulatorische Bausteine zu kreieren und damit Kapitalströme in nachhaltige Wirtschaftsaktivitäten zu lenken. In Deutschland begleitet der Sustainable Finance-Beirat die Bundesregierung bei der Erstellung einer entsprechenden Strategie. Ein weiterer Grund für die Zunahme nachhaltigkeitsbezogener Darlehen ist, dass Kreditinstitute laut der neuen Kreditvergaberichtlinie der Europäischen Bankenaufsicht seit dem 1. Juni 2021 veröffentlichen müssen, welcher Anteil der Finanzierungen nachhaltige Tätigkeiten unterstützt.

Nachhaltige Finanzierungen sind in zwei Gruppen gliederbar:

- In der ersten Kategorie werden definierte nachhaltige Projekte finanziert. Die Finanzierung ist zweckgebunden. Hierzu zählen bspw. die Green Loans (Green Finance).
- In der zweiten Gruppe stehen Finanzierungswege im Mittelpunkt, welche die gesamte Nachhaltigkeitsleistung des Unternehmens umfassen. Die Finanzierungskosten steigen oder fallen mit der Nachhaltigkeitsperformance des Kreditnehmers. Diese Finanzierungen sind meist nicht projektgebunden und somit für alle Unternehmenszwecke einsetzbar. Diese Gruppe umfasst bspw. Sustainability-Linked-Loans (Sustainable Finance).

**Green Loans** zielen darauf ab, „grüne" Projekte zu finanzieren, die einen klaren Nutzen für die Umwelt generieren und sich immer auf die ökologische Nachhaltigkeit beziehen. Somit ist ein Green Loan ein Label für den ökologischen Verwendungszweck. Regulatorisch gibt es die Green Loan Principles (GLP), welche vier Grundkriterien festlegen:

**(1)** Die Mittelverwendung ist zweckbezogen an die Umsetzung der grünen Projekte gebunden.
**(2)** Definition der Bewertungskriterien und der erforderlichen Ausprägungen zur ökologischen Zielerreichung
**(3)** Nachweis und Kontrolle der verwendeten Mittel
**(4)** Berichterstattung

Zudem wird in den GLP festgehalten, wann Verstöße gegen die vorgegebene Mittelverwendung vorliegen und welche Sanktionen im Fall der Verfehlung damit verbunden sind. Zudem sind die Erlöse aus Green Loan-Projekten stets separat und damit unabhängig von konventionellen Projekten zu betrachten. Auch deren Verwendung ist gegenüber dem Darlehensgeber offenzulegen.

Die **Sustainability-Linked-Loans** , die auch als **ESG Linked Loans** oder **positive incentive Loans** bezeichnet werden, stellen nicht auf das aktuell zu finanzierende Projekt, sondern auf den **Darlehensnehmer** selbst ab.

Diese Kreditform zielt darauf ab, das gesamte Nachhaltigkeitsprofil des Darlehensnehmers zu verbessern. Als Anreiz ist die Zinsmarge nicht (ausschließlich) an die Bonität, sondern an vorher festgelegte Nachhaltigkeitsziele des Darlehensnehmers ausgerichtet. Die Nachhaltigkeitsziele sind, durch im Vorfeld abgestimmte zentrale Leistungsindikatoren bzw. Key Performance Indicators (KPIs), zu messen. Auf dieser Basis muss der Darlehensnehmer festlegen, welche Ziele bzw. **Sustainability Performance Targets** (SPTs) erreichbar sind. Diese SPTs stellen oft in Kombination mit dem konventionellen Rating die Benchmark für Margenanpassungen dar. In Abhängigkeit vom Erreichungsgrad, variiert der Zins (immer) bei Zielüberfüllung und – soweit vereinbart – auch bei Zielverfehlungen gemäß dem definierten Schlüssel. Durch dieses Prinzip wird (bzw. soll?) die Nachhaltigkeit eines Unternehmens gefördert (werden).

Die förderungsfähige Nachhaltigkeit kann Ökologieorientierung, soziale Ausrichtung und Unternehmensführung umfassen.

Sustainability-Linked-Loans basieren regelmäßig auf fünf Bausteinen, die in den Sustainability-Linked-Loans Principles festgehalten werden. Diese sind:

**(1)** Selektion der anzuwendenden KPIs,

**(2)** Kalibrierung der SPTs,

**(3)** Bestimmung der Darlehensausprägungen,

**(4)** Festlegung der Berichterstattung und

**(5)** Details der Überprüfung.

Der Prozess der Kalibrierung der SPTs auf die KPIs ist der zentrale Ansatzpunkt für die Strukturierung der Sustainability-Linked-Loans. Hier wird festgehalten, welchen Grad der Darlehensnehmer zu Verbesserungen im Nachhaltigkeitsbereich anstrebt. Bei der Auswahl der SPTs ist es klug zu beachten, dass diese über die Dauer des Darlehens relevant sind und die Ambitionen des Unternehmens repräsentieren. Die Zielsetzung orientiert sich an zurückliegenden Leistungen und muss mit der Nachhaltigkeitsstrategie des Unternehmens kompatibel sein. Zudem sollten die Angaben zur Zielsetzung auch operationalisiert werden. Hierzu zählen Angaben zur Zielerreichung sowie die Aufnahme kritischer Erfolgsfaktoren. Individuelle Bestimmung von Zielen birgt auch immer die Gefahr von weichen Zielen. Mogelpackungen im Bereich der Ökologie werden auch als **Greenwashing** bezeichnet. Der Einsatz von Zertifizierern und unabhängigen Prüfungen kann hier hilfreich sein, doch besteht damit die Gefahr eine bürokratische Hydra zu schaffen.

Die Rekalibrierung und Fortschrittkontrolle durch den Darlehensgeber basieren auf der (jährlichen) Berichterstattung des Darlehensnehmers. Zudem sind die Darlehensnehmer verpflichtet ihre Ergebnisse durch unabhängige Dritte wie Wirtschaftsprüfer, Umweltberater und Agenturen überprüfen zu lassen. Zur verpflichtenden Veröffentlichung der Ergebnisse kann auch der Nachhaltigkeitsbericht des Unternehmens dienen, mit dem die Positionierung auch für andere Stakeholder transparent wird.

### 3.2.2 Leasing

Leasing zählt zu den alternativen Finanzierungsformen. Finanzier ist in diesem Fall nicht das Kreditinstitut des Unternehmens selbst, sondern ein Dritter. Soweit der Hersteller selbst – oder ein mit ihm verbundenes Unternehmen – die Finanzierung leistet, ist dieses Instrument eine klassische **Konkurrenz** für das Angebot der Kreditinstitute. Die Nutzung einer solchen Alternative kann seitens der Hausbank als Illoyalität aufgefasst werden und unter Umständen die Geschäftsbeziehung belasten. Die meisten Banken bzw. Bankengruppen bieten Leasingverträge über separate Gesellschaften an; werden diese genutzt, verdienen die Banken an der Vermittlung und die Widerstände sind meist vergleichsweise gering.

### 3.2.2.1 Zentrale Inhalte

Ein Kunde (Leasingnehmer) kann einen Vermögensgegenstand (Leasinggut) – statt ihn von einem Dritten zu erwerben – auch entgeltlich (Leasingrate) entleihen. Der Verleiher wird als Leasinggeber bezeichnet. Das Grundschema eines Leasingvertrags zeigt Abbildung 3.8. Um für Leasingnehmer und -geber eine verlässliche Grundlage zu schaffen, wird eine **Grundmietzeit** (GMZ) vereinbart, in der beide Parteien an den geschlossenen Vertrag gebunden sind. Nach Erfüllung der Grundmietzeit steht die Entscheidung der weiteren Verwendung an:

**(1)** Soll das Leasinggut weiter genutzt werden, so kann dies

(a) auf Basis einer **Mietverlängerung** erfolgen,

(b) durch den **Erwerb** realisiert werden.

**(2)** Alternativ ist die Rückgabe an den Leasinggeber möglich.

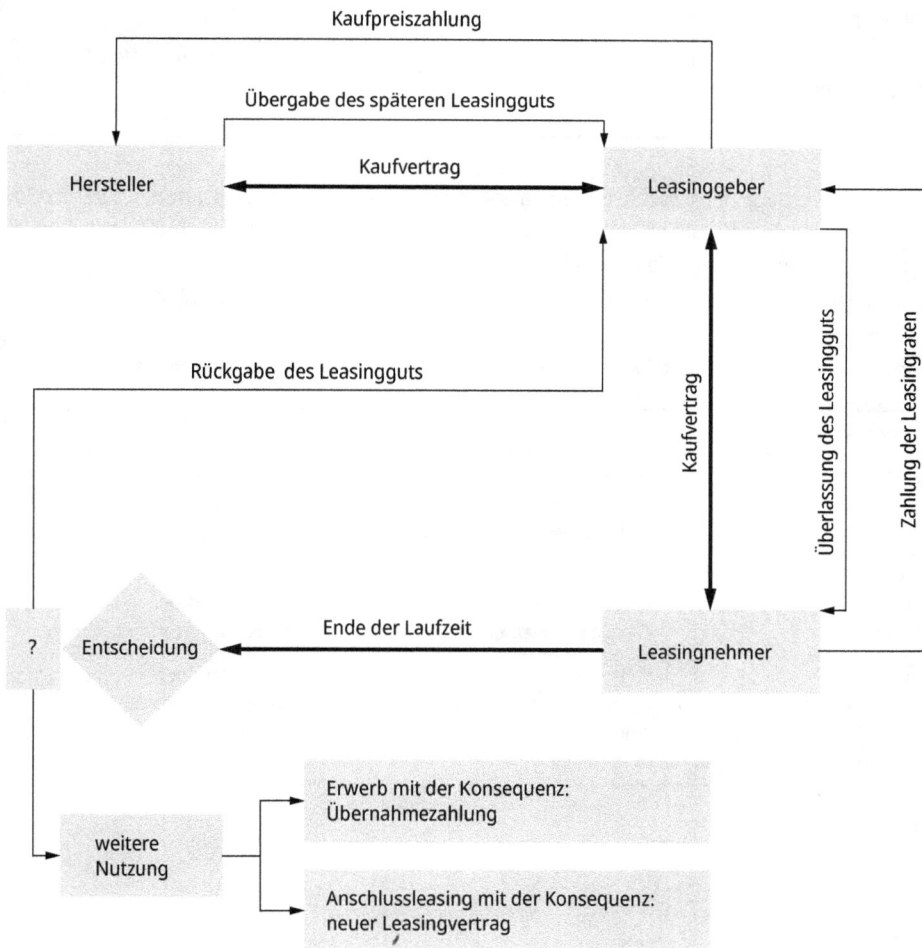

**Abb. 3.8:** Grundschema des Leasings.

Leasing kann unterschiedlich klassifiziert werden. Einen Überblick gibt Tabelle 3.2.

**Tab. 3.2:** Wichtige Klassifizierungsmöglichkeiten des Leasings.

| Abgrenzungskriterien | Erscheinungsformen | |
|---|---|---|
| Bereitstellung des Gegenstands durch | den Hersteller → direktes Leasing | ein drittes Unternehmen → indirektes Leasing |
| Eigenschaft des Gegenstands | bewegliche Güter wie Fahrzeuge und Maschinen → mobiles Leasing | unbewegliche Güter wie Grundstücke und Gebäude → immobiles Leasing |
| Fristigkeit des Grundmietvertrags – gemessen an der gewöhnlichen Nutzungsdauer | Kurzfristigkeit → operatives Leasing | Langfristigkeit → financial Leasing |
| Volumen der Leasingraten – gemessen an dem Kaufpreis | deckt nicht den gesamten Kaufpreis → Teilamortisationsleasing | deckt den gesamten Kaufpreis → Vollamortisationsleasing |

Da mit Privatpersonen geschlossene Leasingverträge im gegebenen Zusammenhang irrelevant sind, werden diese hier nicht weiter betrachtet. Bei Leasingverträgen mit Unternehmen fordert der Gesetzgeber das Einhalten bestimmter Relationen, damit der Leasingvertrag seine steuerrechtliche Wirkung entfalten kann. Die Kriterien sind Tabelle 3.3 zu entnehmen.

**Tab. 3.3:** Inhalte des BMF-Schreibens vom 19.04.1971 zum mobilen Leasing bei Vollamortisation.

| Zurechnung Vertragsart | Leasingnehmer | Leasinggeber |
|---|---|---|
| ohne Optionen | Grundmietzeit kleiner als 40 % oder größer als 90 % der betriebsgewöhnlichen Nutzungsdauer | Grundmietzeit zwischen 40 % und 90 % der betriebsgewöhnlichen Nutzungsdauer |
| mit Kaufoption, wenn die GMZ zwischen 40 % und 90 % liegt | Kaufpreis ist kleiner als der Restbuchwert der amtlichen Afa-Tabelle bei linearer Abschreibung | Kaufpreis ist größer als der Restbuchwert der amtlichen Afa-Tabelle bei linearer Abschreibung |
| mit Mietverlängerungsoption, wenn die GMZ zwischen 40 % und 90 % liegt | Summe der Anschlussmieten ist kleiner als der Restbuchwert der amtlichen Afa-Tabelle bei linearer Abschreibung | Summe der Anschlussmieten ist größer als der Restbuchwert der amtlichen Afa-Tabelle bei linearer Abschreibung |

Ökonomisch lassen sich die Zeiten wie folgt erklären:

– Wenn ein wirtschaftlich agierender Unternehmer den vollen Kaufpreis in weniger als 40 % der Nutzungsdauer bezahlt, wird hier ein weiteres – nicht offengelegtes – Geschäft vermutet. Die Prämisse: So schlechte Bedingungen akzeptiert kein Unternehmen.

– Bei einer Nutzungsdauer über 90 % wird argumentiert, dass die verbleibenden Nutzenbündel beim Leasinggeber zu gering sind, sodass der Leasingnehmer faktisch als Eigentümer fungiert.

– Soweit der Vertrag Möglichkeiten nach der Grundmietzeit vorsieht, muss das Anschlussentgelt – unabhängig ob als Kaufpreis oder als Anschlussmiete geleistet – mindestens dem Betrag entsprechen, den der Gegenstand gemäß der offiziellen Afa-Tabelle noch wert ist. Ist dies nicht der Fall, hat ein ökonomisch agierendes Unternehmen keine andere Möglichkeit, als den Gegenstand weiter zu nutzen. Dies würde dann zum faktischen Eigentum von Anfang an führen.

Neben den in Tabelle 3.3 dargestellten Kriterien können Leasingverträge weiter differenziert werden:

**(1)** Servicelevel des Leasingvertrags; hier reicht die Spannbreite von

(a) der reinen Bereitstellung des Leasinggegenstands bis hin zu

(b) Komplettpaketen, die diverse Serviceleistungen umfassen.

**(2)** Kulanz bei Vertragsstörungen

(a) Welche Kosten entstehen, wenn das Leasinggut intensiver genutzt wird (beispielsweise Mehrkilometer)?

(b) Wie geht die Leasinggesellschaft mit Ratenrückständen um?

**(3)** Staffelung der Leasingzahlungen

(a) Ausschließlich ratierliche Aufbringung

(b) Ratenzahlungen werden ergänzt durch

– eine Einmalzahlung zu Beginn der Laufzeit (Sonderzahlung),

– eine Einmalzahlung zum Ende der Laufzeit (Schlusszahlung),

– zwei separate Zahlungen; die eine zu Beginn, die andere zum Ende der Laufzeit.

**(4)** Abstimmung des Leasingvertrags auf die Kundenbedürfnisse, es wird unterschieden zwischen:

(a) Standardverträgen für Massengüter

(b) Individualverträgen,

– da das Leasinggut nur für den Leasingnehmer entwickelt wurde,

– da ein Sale-and-lease-back-Vertrag geschlossen wurde; hierzu erwirbt die Leasinggesellschaft Anlagegüter des Leasingnehmers zu Marktwerten. Der Leasingnehmer generiert durch den Verkauf Liquidität und löst stille Reserven auf, soweit der Verkauf über den Buchwerten erfolgt. Im Anschluss mietet der Leasingnehmer den Gegenstand zurück, sodass er diesen durch eine ratierliche Zahlung weiterhin nutzen kann.

### 3.2.2.2 Bewertung aus Perspektive des Leasingnehmers

Aufgrund spezifischer Leasingverträge ist eine pauschale Beurteilung, ob Leasing die Bedürfnisse des Unternehmens besser abdeckt, nicht möglich.

**Argumente für** den **Einsatz** des Leasings sind:
(1) Soweit die Leasingverträge die steuerrechtlichen Anforderungen erfüllen, stellen die Raten für Gewerbetreibende – in einem gewissen Umfang – den Aufwand der Periode dar, sodass die **Steuerlast** sinkt.
(2) Der **Kaufpreis** wird **ratierlich** entrichtet und
(a) kann aus den laufenden Einnahmen, die mit dem Einsatz des Gegenstands verbunden sind, abgedeckt werden,
(b) belastet den vorhandenen Kreditrahmen des Kunden nicht durch eine hohe Einmalzahlung.
(3) Die Leasinggesellschaften legen teilweise **weichere Kriterien** für einen Vertragsabschluss zugrunde:
(a) Bei Verträgen ohne Sonderzahlung muss der Leasingnehmer keine eigene Liquidität zu Beginn aufbringen.
(b) Da der Leasingnehmer den Gegenstand nur entleiht, werden oft keine Sicherheiten von ihm verlangt.
(c) Soweit es sich beim Leasinggeber um den Hersteller oder eine spezialisierte Leasinggesellschaft handelt, liegen oft bessere Vertriebsstrukturen für eine etwaige Alternativnutzung vor (Leasingnehmer kann Raten nicht bedienen).
(4) Wird der Leasingnehmer nicht Eigentümer, bleiben seine **Bilanzrelationen** trotz des Einsatzes des Leasingguts unverändert (siehe Kapitel 1.4).
(5) Unterschreitet die Grundmietzeit die gewöhnliche Nutzungsdauer des Leasinggegenstands deutlich, kann der Leasingnehmer **flexibel** auf Veränderungen reagieren.
(6) Soweit die Leasingraten auch Serviceleistungen umfassen, kann der Kunde während der Grundmietzeit seine Ausgaben **verlässlicher planen**.

**Argumente gegen** den **Einsatz** des Leasings sind:
(1) Trotz der Steuerersparnis ist Leasing nicht automatisch die günstigere, sondern oft die **teurere** Alternative.
(2) Niedrige Leasingraten können zu Vertragsabschlüssen führen, die aufgrund der **Gesamtkosten** unvorteilhaft sind.
(3) Durch Übertragung des Restwertrisikos auf den Kunden sind die Gesamtkosten des Leasings **nicht** mehr **kalkulierbar**.[18]

---

18 Alternativ besteht die Möglichkeit, das Restwertrisiko dem Leasinggeber aufzubürden. In diesem Fall wird der Umfang der Nutzung (beispielsweise gedruckte Seiten bei einem geleasten Drucker) zwischen den Parteien vereinbart. Der Leasingnehmer haftet nur für eine höhere Beanspruchung zu vorher festgelegten Konditionen.

(a) Kann der angenommene Restwert am Vertragsende nicht erzielt werden, muss der Kunde die Differenz ausgleichen.

(b) Ein unredlicher Leasinggeber kann die Unwissenheit seiner Kunden ausnutzen und bewusst zu hohe Restwerte annehmen.

**(4) Schäden** am Leasinggegenstand hat der Kunde zu ersetzen. Ein unredlicher Leasinggeber kann durch überzogene Anforderungen bei der Rückgabe des Leasingguts weitere Erträge generieren.

**(5)** Bis zum Ablauf der Grundmietzeit gibt der Kunde seine **Flexibilität** auf.

(a) Da Rückgaben des Leasingguts nicht möglich sind, handelt es sich bei den Raten um Fixkosten. Hat der Kunde den Gegenstand nach Ablauf der Grundmietzeit erworben, besteht die Option des Notverkaufs.

(b) Da die Raten auf jeden Fall zu erbringen sind, ist der Liquiditätsabfluss unausweichlich. Bei einer Kreditfinanzierung können Raten an die veränderte Situation angepasst werden (Tilgungsstreckung etc.).

---

**Fallstudie 12**

**Ausgangslage:**
Ein Unternehmen möchte ein Edelmotorrad mit einem Listenpreis von 60 T€ nutzen. Zwei Alternativen stehen zur Auswahl:

**(1)** Leasingangebot des Händlers (Die steuerrechtlichen Anforderungen werden erfüllt.)
(a) Leasingsonderzahlung: 12 T€
(b) Leasingraten: 549,15 € über 42 Monate
(c) kalkulierter Restwert: 31,2 T€ (Das Unternehmen muss entweder durch Abnahme oder Differenzausgleich leisten.)

**(2)** Finanzierungsangebot der Bank
(a) Eigenleistung: 12 T€
(b) Darlehensraten: 969,71 € über 42 Monate
(c) Restschuld 15 T€

**Aufgabenstellung:**
Bewerten Sie die beiden Angebote auf Basis der Nominalwerte.

**Lösung:**
**(1)** Vergleich der Zahlungen bei Planerfüllung unter der Annahme, dass Restwert und Restschuld abgelöst werden
(a) Leasing: 66.264,30 € (= 12 T€ + 549,15 € · 42 + 31,2 T€)
(b) Kredit: 67.727,82 € (= 12 T€ + 969,71 € · 42 + 15 T€)
(c) Der Aufwand für die Kreditfinanzierung ist um 1.463,52 € höher.
(d) Anhand der Betrachtung der Nominalbeträge ist auch eine Analyse auf Barwertbasis möglich. Hierzu wären die Zahlungsströme zu diskontieren.[19] In Niedrigzinsphasen werden die Unterschiede gering ausfallen.

---

19 Vgl. Perridon/Steiner/Rathgeber 2022, S. 56 ff. sowie Ostendorf 2016b, S. 553 f.

**(2)** Weitere Aspekte
(a) Leasingvariante
- Gibt der Kunde das Fahrzeug zurück und liegt der reale Restwert unter dem kalkulierten, muss er die Differenz ausgleichen.
- Will der Kunde das Motorrad weiter nutzen, stellt sich die Frage der Anschlusskonditionen.
(b) Kreditvariante
- Entspricht der kalkulierte Restwert der Realität und möchte sich der Kunde von dem Motorrad trennen, kann er seine Restschuld ablösen und realisiert einen deutlichen Gewinn.
- Soll das Motorrad weiter genutzt werden, sind nur 15 T€ zu finanzieren.
- Die Möglichkeit, durch die Barzahlung einen Rabatt beim Kauf zu erzielen, wurde nicht berücksichtigt. Der Nachteil des Kredits sollte sich (mindestens) kompensieren lassen.
- Nachteilig ist die höhere Ratenbelastung des Kunden in den ersten 42 Monaten.

---

### 3.2.3 Forderungsverkäufe

Bei den Forderungsverkäufen handelt es sich ebenfalls potenziell um Kreditsubstitute. Auch hier kann je nach Stellung des Ankäufers eine Konkurrenzsituation zu den Produkten der Banken entstehen.

#### 3.2.3.1 Factoring
Verkauft ein Unternehmen (Factoring-Kunde) Ansprüche aus seinen Lieferbeziehungen (Debitoren) vor deren Fälligkeit an einen Dritten (Factor), so wird dies als **Factoring** bezeichnet. Einen Überblick über das Vorgehen gibt Abbildung 3.9.

Auf Basis des Rahmenvertrags ist der Ablauf durch folgende Aktionen gekennzeichnet:
**(1)** Kaufvertrag (oder anderes Verpflichtungsgeschäft) zwischen Factoring-Kunde und dessen Kunden (Debitor).
**(2)** Leistungserstellung durch den Factoring-Kunden mit einem Zahlungsziel. Es ist zu unterscheiden:
(a) Kommuniziert der Factoring-Kunde den Forderungsverkauf, wird der Factor in der Rechnung als Zahlungsempfänger genannt **(offenes Factoring)**.
(b) Verschweigt der Factoring-Kunde den Forderungsverkauf, wird er in der Rechnung als Zahlungsempfänger ausgewiesen **(verdecktes / stilles Factoring)**.
**(3)** Der Factor-Kunde verkauft die Forderungen im Rahmen des vereinbarten Limits.
(a) Der Factor wird rechtlicher Eigentümer der Forderung. Im **Gegensatz** dazu erwirbt die Bank im Rahmen der **Forderungsabtretung** (≠ Factoring) nur ein Verwertungsrecht für den Fall, dass der Kreditnehmer seinen Verpflichtungen nicht nachkommt!
(b) Wichtige **Anforderungen** an die Forderungen im Rahmen des Factorings sind:
- Der Drittschuldner darf kein Verbraucher sein.
- Nur Forderungen aus dem originären Geschäft des Factor-Kunden sind zugelassen.

- Es dürfen keine Zweifel an der Einbringlichkeit bestehen.
- Die Forderungen dürfen nicht bereits verkauft worden sein.
- Die Forderungszeit ist in der Regel auf etwa drei Monate begrenzt sein.
- Forderungen müssen sich in einem bestimmten Rahmen bewegen: kein Verkauf von Kleinstforderungen aber auch Begrenzung der Maximalforderungen.
- Forderungen gegenüber Stammkunden müssen möglichst verkauft werden.
- Eine Selektion der zu übertragenden Forderungen ist nicht vertragsgemäß. Vielmehr sind stets ganze Tranchen oder Kundengruppen (vertraglich vereinbart) zu übertragen.

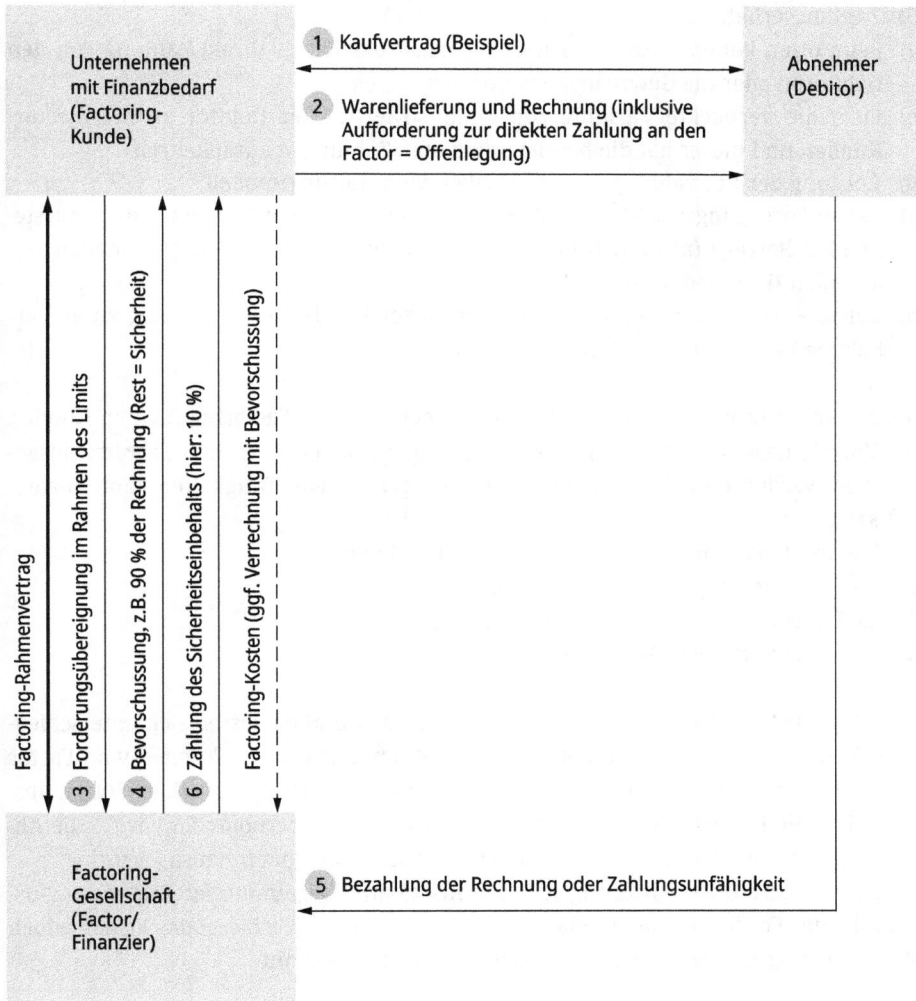

**Abb. 3.9:** Ablaufschema des offenen Factorings.

**(4)** Leistung einer wesentlichen Teilzahlung

(a) Der Factor-Kunde kann sofort Liquidität **(Finanzierungsaspekt)** erhalten, meist deutlich mehr als 75 % der Forderungssumme.

(b) Die Differenz dient der Abdeckung von Betragsreduzierungen durch die Debitoren für Rabatte, Mängel etc.

(c) Oft wird hier bereits auch die Dienstleistungsgebühr des Factors (Factoring-Gebühr) einbehalten und nur die Restsumme ausgezahlt.

(d) Der Factor-Kunde kann (bis zur Maximalgrenze) frei entscheiden, in welcher Höhe er sich Liquidität bereitstellen lässt. Vom Geldabruf bis zur Fälligkeit der Forderungen fallen Zinskosten an.

**(5)** Zahlungserhalt vom Drittschuldner (= Debitor)

(a) Beim offen kommunizierten Factoring erhält der Factor direkt Zahlung von den Debitoren oder die Gewissheit des Ausfalls.

(b) Liegt die verdeckte Variante zugrunde, so leistet der Debitor an den Factor-Kunden und dieser hat die bereits erhaltenen Zahlungen auszukehren.

**(6)** Leistung der Restzahlung in Abhängigkeit vom Haftungsmodell

(a) Gehen Forderungsausfälle zulasten des Factors, erhält der Kunde die noch ausstehenden Beträge (abzüglich tatsächlich beanspruchter Rechnungsminderungen) komplett **(Delkredereaspekt)**.

(b) Gehen Forderungsausfälle zulasten des Factor-Kunden, hat er etwaig zu viel erhaltene Beträge zu erstatten.

Neben dem Delkredere- und Finanzierungsaspekt hat das Factoring für den Kunden den Vorteil, dass Aufgaben des Forderungsmanagements durch den Factor wahrgenommen werden **(Serviceaspekt)**. Diese Auslagerung von Tätigkeiten kann vorteilhaft sein.

Die drei Kernfunktionen des Factorings sind damit:

**(1)** die Finanzierung der Rechnungssumme,

**(2)** die Übernahme des Delkredererisikos und

**(3)** die Übernahme von Dienstleistungen.

Diese Aspekte sind vertraglich auszugestalten. Je nach Umfang lassen sich unterschiedliche Formen des Factorings unterscheiden. Werden alle drei Funktionen vom Factor vollumfänglich übernommen, wird vom Full-Service-Factoring gesprochen. Sofern ausschließlich die Dienstleistungsfunktion vom Factor **nicht** übernommen wird – die Abwicklung also beim Factoring-Kunden bleibt – spricht man vom Inhouse-Factoring.

Eine weitere Differenzierung setzt am Risiko an. Übernimmt der Factor das Ausfallrisiko der Forderung, nennt man dies echtes Factoring. Verbleibt das Risiko jedoch beim Factoring-Kunden, wird dies unechtes Factoring genannt.

Gegen ein Factoring spricht:

– Jede Auslagerung von Tätigkeiten erzeugt Schnittstellen und **Abhängigkeiten.**

– Soweit die Einbeziehung des Factors kommuniziert wird, kann dies das **Image** des Factor-Kunden bei seinen Abnehmern verschlechtern.

– Ein konsequenter Forderungseinzug durch den Factor kann die Beziehung des Factor-Kunden mit seinen Abnehmern (Debitoren) belasten, wenn nur auf den Einzug der aktuellen Forderung und nicht auch auf etwaige Folgegeschäfte abgestellt wird.

– Bei voller Beanspruchung der Finanzierungsmöglichkeit über die Factor-Gesellschaft besteht die Gefahr, dass die Kosten deutlich über denjenigen einer Inanspruchnahme eines Bankkredits liegen.

---

**Fallstudie 13**

**Ausgangslage:**

Norbert Neureich ist Schönheitschirurg in Düsseldorf. Er gewährt seiner Kundschaft ein Zahlungsziel von 90 Tagen. Im Monat Oktober war wie jedes Jahr wieder Hochbetrieb und Herr Dr. Neureich hat einen Umsatz von 3 Mio. € generiert. Er überlegt, diese Forderungen zu verkaufen. Die Factoring-Gesellschaft seines Vertrauens bietet folgende Konditionen:

– 6 % Zins für die Finanzierung pro Jahr

– 1,25 % Delkrederegebühr

– 0,85 % Servicegebühr, soweit das Forderungsmanagement übertragen wird

**Aufgabenstellung:**

**(1)** Berechnen Sie die Kosten für

**(a)** die reine Finanzierung,

**(b)** die Finanzierung mit Risikoabsicherung und

**(c)** das Rundum-Sorglos-Paket

**(2)** Wie groß muss der Jahresumsatz von Herrn Dr. Neureich sein, um die Kosten für seine Buchhalterin (40 T€ Jahreskosten) einsparen zu können?

Gehen Sie von einer durchschnittlichen Fälligkeit der Forderungen von 2,5 Monaten nach Abschluss des Factor-Vertrags aus.

**Lösung:**

**(1)** Factoring-Kosten

**(a)** Finanzierungskosten: 3 Mio. € · 6 % ÷ 12 · 2,5 = 37,5 T€

**(b)** Risikoabsicherung: 3 Mio. € · 1,25 % = 37,5 T€ + Finanzierungskosten 37,5 T€ = 75 T€

**(c)** Rundum-Sorglos-Paket

– Risikoabsicherung: 3 Mio. € · 0,85 % = 25,5 T€

– zuzüglich der anderen Kosten von 75 T€ = 100,5 T€

**(2)** Das Outsourcing der Mitarbeiterin lohnt sich – soweit sie keine weiteren Aufgaben übernimmt – ab 4.705.882 € Jahresumsatz (= 40 T€ ÷ 0,0085).

---

## 3.2.3.2 Forfaitierung

Im Gegensatz zum Factoring ist mit der Forfaitierung nicht der laufende, sondern der **selektierte** Forderungsankauf aus **Exportgeschäften** verbunden. Der Forderungsankäufer **(Forfaiteur)** übernimmt das volle Risiko unabhängig von den Ursachen, soweit die Forderung tatsächlich entstanden ist und der Importeur keine Einwände aus der Lieferung geltend macht (echte Forfaitierung). Für den Forderungsverkäufer **(Forfaitist)** ergibt sich ein ähnliches **Profil** wie beim Factoring: Alle Risiken – einschließlich Währung und politischer Unwägbarkeiten – übernimmt ein Dritter. Die Nutzung dieses Instruments ist vergleichsweise teuer.

### 3.2.4 Mezzanine-Finanzierungsformen

Das Spannungsverhältnis zwischen dem Wunsch des Unternehmers, Eigenkapital zuzuführen, und den Bedenken, weitere Personen am Unternehmen zu beteiligen, ist in Kapitel 1.7 bereits thematisiert worden. Vom Finanzierungsverhalten sind aber auch die Gläubiger betroffen. In Abhängigkeit von de Eigenkapitalausstattung droht ihnen im Insolvenzfall ein Verlust. Das Beispiel im linken Teil von Tabelle 3.4 wurde bereits in Kapitel 1.1.2.2 diskutiert. Das Ergebnis ist seitens der Gläubiger unerwünscht. Mit der Einwerbung von Mezzanine-Kapital kann die Situation der originären Gläubiger verbessert werden, ohne die Mezzanine-Kapitalgeber zu (vollwertigen) Eigentümern zu machen. Der rechte Teil von Tabelle 3.4 zeigt die Wirkungsweise. Es wird deutlich, dass sich für nicht nachrangige Gläubiger die **Bonität** des Unternehmens verbessert, da die Gefahr abnimmt, im Insolvenzfall einen Verlust zu erleiden.

**Tab. 3.4:** Situation der Gläubiger im Insolvenzfall.

| Insolvenz einer AG *ohne* Mezzanine-Kapital | | | Insolvenz einer AG *mit* Mezzanine-Kapital | | |
|---|---|---|---|---|---|
| **Aktiva** | **Bilanz** | **Passiva** | **Aktiva** | **Bilanz** | **Passiva** |
| AV | 100 \| EK | 50 | AV | 100 \| EK | 50 |
| UV | 100 \| FK | 150 | UV | 100 \| MK | 75 |
| | | | | FK | 75 |
| BS | 200 \| BS | 200 | BS | 200 \| BS | 200 |

**Situation:**
– Das Unternehmen gerät in die Krise und wird aufgelöst.
– Die Aktiva wird für 100 GE (not-)verkauft, was passiert?

**Folgen:**
– Der Liquidationserlös **reicht nicht aus**, um die **Schulden** zu tilgen.
– Die **Fremd**kapitalgeber **erhalten** im Durchschnitt **2/3** ihrer Forderungen.
– Der bzw. die Eigenkapitalgeber verlieren ihr eingesetztes Kapital.

**Folgen:**
– Der Liquidationserlös **reicht aus**, um das **traditionelle** Fremdkapital zu tilgen.
– Die **Mezzanine**-Kapitalgeber **erhalten** im Durchschnitt **1/3** ihrer Forderungen.
– Der bzw. die Eigenkapitalgeber verlieren ihr eingesetztes Kapital.

Was aber ist **Mezzanine-Kapital**?

Hierbei handelt es sich um ein „Sammelsurium" von Finanzierungsinstrumenten, die sowohl Eigenkapital- als auch Fremdkapitaleigenschaften aufweisen und in der Literatur nicht einheitlich voneinander abgegrenzt sind. Eine Systematisierung zeigt Abbildung 3.10.

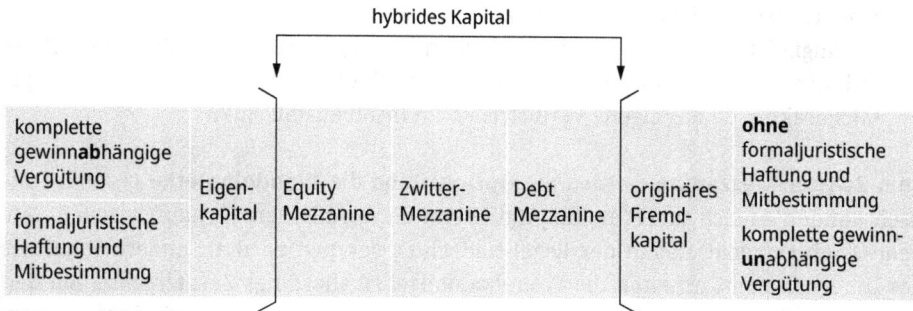

hybrides Kapital

| komplette gewinn**ab**hängige Vergütung | | Eigen-kapital | Equity Mezzanine | Zwitter-Mezzanine | Debt Mezzanine | originäres Fremd-kapital | **ohne** formaljuristische Haftung und Mitbestimmung |
| formaljuristische Haftung und Mitbestimmung | | | | | | | komplette gewinn-**un**abhängige Vergütung |

**Abb. 3.10:** Abgrenzung unterschiedlicher Kapitalquellen.

Beim **Equity Mezzanine** überwiegt der Eigenkapitalcharakter der Instrumente, auch wenn die (vollwertige) Eigenkapitalposition nicht erreicht wird. Die in Abbildung 3.10 dargestellte Wirkung setzt Instrumente dieser Gruppe voraus.

– Je nach Abgrenzung wird auch die **Vorzugsaktie** dem Mezzanine-Kapital zuge-rechnet. Die Begründung erfolgt durch das im Regelfall fehlende Stimmrecht. Für diesen Malus erhält der Aktionär den Bonus einer höheren Dividende, gemessen am Stammaktionär. Hinsichtlich der Haftung unterscheiden sich Stamm- und Vor-zugsaktien nicht (siehe Kapitel 2.2.3.2).

– Gemeinsamkeit zwischen Vorzugsaktie und **Genussschein** ist die Stimmrechtslosigkeit. Anders als die Vorzugsaktie ist das Genussrecht gesetzlich weniger eindeutig definiert. Es kann bei geschickter Ausgestaltung steuerlich dem Fremdkapital zugeordnet wer-den, da es ein Gläubigerrecht verbrieft. Somit wirken die Zinszahlungen steuermin-dernd. Die Verzinsung kann komplett variabel sein aber auch ein Fixum umfassen. Der Inhaber eines Genussscheins hat als Gläubiger einen Anspruch auf Befriedigung seiner Forderung nach den anderen Kredit- und vor den Eigenkapitalgebern. Gleichzei-tig wird es ökonomisch und damit bilanziell dem Eigenkapital zugeordnet. Deshalb ist auch nach § 221 AktG eine qualifizierte Mehrheit auf der Hauptversammlung erforder-lich. Eine Börsennotierung der Genussscheine ist ebenfalls möglich.

– Der **atypische stille Gesellschafter** bringt Kapital in ein kaufmännisches Unter-nehmen ein. Diese Beteiligungsform kommt einem Vollhafter nahe, wenn der stille Gesellschafter – gemessen am Kommanditisten der KG – erweiterte Mitbe-stimmungsrechte hat. Der Kapitalgeber ist an Gewinnen und Verlusten sowie am geschaffenen Vermögen der Gesellschaft (stille Reserven) beteiligt. Bei der Haftung erhält er sein Kapital vor dem Inhaber zurück, allerdings erst dann, wenn alle anderen Schulden getilgt sind.

– Ein abgeschwächtes Profil weist das **nachrangige Darlehen** auf. Die Nachrangigkeit bezieht sich auf den Fall der Unternehmensauflösung und sagt etwas über die **Reihenfolge** aus, in der die Gläubiger ihr Geld zurückerhalten. Das höhere Risiko, das mit der Vergabe von Nachrangmitteln verbunden ist, lässt sich der Kreditgeber durch einen höheren Zinssatz vergüten. Ob dieser (komplett) gewinnabhängig ist, hängt von den individuellen Verträgen ab. Ökonomisch handelt es sich hier, aus Sicht aller nicht nachrangigen Gläubiger, um Mittel mit Eigenkapitalcharakter, da das eigene Verlustrisiko im Insolvenzfall sinkt.

Zum **Zwitter-Mezzanine** werden die **Options-** und die **Wandelanleihe** gezählt. Faktisch handelt es sich um Fremdkapital, wenn diese Anleihen verkauft werden. Mit dem Gläubigerrecht, das in der Regel schlechter verzinst wird als andere Schulden des Unternehmens, erhalten die Fremdkapitalgeber allerdings Zusatzrechte. Bei der Wandelanleihe kann das Gläubiger- in ein Eigentümerrecht **transferiert** werden (siehe Kapitel 5.2.4). Die Optionsanleihe ist dadurch gekennzeichnet, dass der Gläubiger **zusätzlich** zu seinem bisherigen Recht auch die Position des Eigentümers erwerben kann (siehe Kapitel 5.2.5). Die Gläubigerposition hat, solange sie existiert – bei der Optionsanleihe bis zur Rückzahlung –, den vollen uneingeschränkten Anspruch auf Tilgung.

Die Instrumente der **Debt Mezzanine** sind durch eine große Nähe zu originären Fremdkapitalgebern gekennzeichnet. Ein Einfluss auf die Unternehmensführung ist nicht vorgesehen.

– Die **typische stille Gesellschaft** ähnelt der atypischen Variante. Neben dem fehlenden Einfluss auf die Unternehmensleitung partizipieren diese Gesellschafter ebenfalls **nicht** am Vermögenszuwachs des Unternehmens. Eine Nachrangigkeit gegenüber anderen Gläubigern kann vereinbart werden. Die Vergütung erfolgt über einen – gemessen an anderen Fremdkapitalquellen – höheren Festzins, der um eine variable Komponente ergänzt werden kann.

– Mit der **Gewinnschuldverschreibung** werden die fixen Zinskosten des Unternehmens **variabilisiert**. Hierzu erhalten die Gläubiger eine – gemessen am Markt – schlechte Grundverzinsung und einen Bonus in Abhängigkeit vom Erfolg der Gesellschaft (siehe Kapitel 5.2.2). Eine Schlechterstellung gemessen an anderen Gläubigern im Insolvenzfall ist nicht vorgesehen.

– Das **partiarische Darlehen** entspricht hinsichtlich der Handhabung im Insolvenzfall anderen Darlehen, es unterscheidet sich jedoch hinsichtlich der Vergütungsregelung. Zentrales Merkmal dieser Mezzanine-Ausprägung ist die Gewinnabhängigkeit. Diese kann situativ zusätzlich um eine feste Verzinsungskomponente ergänzt werden.

Die wichtigsten Eigenschaften der hier diskutierten Mezzanine-Formen sind in Tabelle 3.5 zusammengefasst.

**Tab. 3.5:** Überblick über gängige Mezzanine-Kapitalformen aus der Perspektive **nicht**nachrangiger Gläubiger.[20]

| | | Haftung vor anderen Gläubigern | Rückzahlung vorgesehen | unternehmerischer Einfluss | Aufwand der GuV | Besicherung | variabler Erfolgsanteil |
|---|---|---|---|---|---|---|---|
| Equity | Vorzugsaktie | ja[2] | nein | nein | nein | nein | ja |
| | Genussschein | ja | ja | nein | **jein**[4] | nein | ja |
| | atypische stille Gesellschaft | ja | ja | ja | **jein**[5] | nein | ja |
| | nachrangiges Darlehen | ja | ja | nein | ja | nein | möglich |
| Zwitter[1] | *Optionsanleihe* | *nein* | *ja* | *nein* | *ja* | *möglich* | *nein* |
| | *Wandelanleihe* | *nein* | *ja*[3] | *nein* | *ja* | *möglich* | *nein* |
| Debt | typische stille Gesellschaft | nein | ja | nein | ja | möglich | möglich |
| | Gewinnschuldverschreibung | nein | ja | nein | ja | möglich | ja |
| | partiarische Darlehen | nein | ja | nein | ja | möglich | möglich |

Legende:
[1]können zu echtem EK werden
[2]haften als EK
[3]soweit ohne Rechtsausübung
[4]hängt von der Ausgestaltung ab
[5]Es ist zu unterscheiden: handelsrechtlich: ja, steuerrechtlich: nein.

Das Profil des Mezzanine-Kapital lässt sich wie folgt zusammenfassen:

Vorteile

**(1)** der Equity Mezzanine:

(a) Bonitätssteigerung, da die Haftung für (andere) Gläubiger verbessert wird

(b) keine Erweiterung um Gesellschafter mit (vollen) Geschäftsleitungsrechten

(c) In Abhängigkeit von der Form bzw. deren Ausgestaltung werden teilweise erzielt:
   – geringere potenzielle Kapitalkosten,
   – steuerliche Abzugsfähigkeit des Entgelts.

**(2)** der anderen Formen:

(a) Mit Ausnahme der typischen stillen Gesellschaft werden Zinseinsparung bzw. -variabilisierung erreicht.

(b) Bei der typischen stillen Gesellschaft erfolgt eine Bereitstellung der Mittel (trotz schlechter Unternehmenssituation).

---

20 Im Rahmen des Crowdfundings erfolgen ausgewählte Zuordnungen zum Fremd- oder Eigenkapital aus handelsrechtlicher Sicht.

Nachteile:

**(1)** Sind die Beträge, die zur Diskussion stehen, überhaupt geeignet, um einen Mezzanine-Kapitalgeber zu finden?

**(2)** Bei einigen Unternehmen ist dies ein sich selbst verhindernder Prozess, da zur Gewährung von Mezzanine-Kapital ein gutes Rating benötigt wird, aber gerade dieses ja mit dieser Finanzierungsform erreicht werden soll.

**(3)** Höhere Kosten als beim Fremdkapital fallen bei den meisten Formen der Debt Mezzanine nur an, wenn das Unternehmen erfolgreich ist.

**(4)** Zeitliche Befristung, sodass die Aufnahme „echter" Miteigentümer nur verschoben wurde.

**(5)** Wenn das Unternehmen nicht wie gewünscht performt, gibt es ggf. Kündigungsrechte oder teure Auflagen, weil neutrale Dritte das Unternehmen begleiten sollen.

### 3.2.5 Crowdfunding

Crowdfunding ist eine Finanzierungsform, bei der eine Vielzahl an (Privat-) Investoren – als Schwarm (= Crowd) bezeichnet – einzelne, speziell umrissene Projekte finanziell unterstützen. Als Gegenleistung für ihren Beitrag erhalten die Unterstützenden eine Gegenleistung, welche je nach Crowdfunding-Modell unterschiedlich ausgestaltet ist. Durch Crowdfunding können Anleger direkt und damit ohne ein Kreditinstitut, Projekte unterstützen bzw. in diese investieren. Die Projektumsetzung ist davon abhängig, ob das benötigte Finanzierungsvolumen (rechtzeitig) durch den Crowd generiert wird. Um den Schwarm zu aktivieren, müssen die Projektinitiatoren (hohe) Transparenzanforderungen erfüllen. Nur so lassen sich (genügend) potentielle Anleger von einem Projekt überzeugen. Als Finanzierungsinstrument kommen regelmäßig Genussscheine oder qualifizierte Nachrangdarlehen zum Einsatz, sodass Crowdfunding als mezzanine Finanzierungsform (siehe Kapitel 3.2.4) zu klassifizieren ist.

Ein zu beachtender Nachteil für die Anleger des Crowdfundings ist, dass kein Intermediär die Haftung übernimmt. Wenn das Projekt nicht wie geplant umsetzbar ist bzw. nicht den erhofften Erfolg erzielt, droht den Anlegern ein Risiko bis hin zum Totalausfall des Investments.

Für den Initiator besteht das Risiko, dass das erforderliche Volumen nicht generiert wird und somit das Projekt scheitert oder über einen anderen Weg zu finanzieren ist. Selbst im zweiten Fall dürfte der erlittene Zeitverlust und der verwendete Akquiseaufwand schmerzen.

### 3.2.5.1 Ablauf

Der Ablauf des Crowdfundings lässt sich in fünf Schritte unterteilen:

**(1)** Vorbereitung,

**(2)** Vorstellung,

**(3)** Finanzierung,
**(4)** Umsetzung und
**(5)** Gegenleistung.

Im Rahmen der **Vorbereitung** sind vom Initiator zunächst die wesentlichen Merkmale des Finanzierungsprojekts festzulegen. Hierzu gehören der Finanzierungsbedarf, die Auswahl des geplanten Finanzierungswerkzeugs in Abstimmung zu den bilanzwirtschaftlichen Auswirkungen und die Wahl des Kommunikations- und Vertriebskanals. Auch die Definition der Anlegerzielgruppe (z. B. Unternehmenskunden, VIP-Kunden oder allgemeine Öffentlichkeit) sollte bereits hier erfolgen.

Beim Schritt der **Vorstellung** präsentieren die Projektstarter ihre Idee in der Regel über eine Crowdfunding-Plattform im Internet, um

– möglichst viel Aufmerksamkeit zu erregen. Dabei müssen das Projekt, Aufwand und Nutzen empfängerorientiert erklärt werden. Hierzu zählen das Finanzierungsziel, der Akquisezeitraum und die ausgelobte Gegenleistung für die Unterstützer.
– wesentliche rechtliche Rahmenbedingungen zu erfüllen, da die Internetplattform als Vermittler auftritt. So ist – in Abhängigkeit von der Finanzierungssumme – die Erstellung eines Wertpapierprospekts durch den Initiator vermeidbar.

Die Erstellung von Wertpapierprosekten erfordert umfangreiche Ressourcen und macht Publikumsfinanzierungen mit kleineren Finanzierungsummen für den Initiator genauso unattraktiv wie andere prospektpflichtige Instrumente.

Das Ziel in der **Finanzierung**sphase ist, Menschen und / oder Institutionen von dem Projekt zu überzeugen und somit ausreichend Unterstützer zu gewinnen. Die Anleger können dabei selbst entscheiden, wie hoch ihr finanzieller Beitrag ist. Das Anlegermanagement wird in der Regel von der Crowdfunding-Plattform übernommen. Der Initiator hat indes für die Einwerbung der notwendigen Mittel zu sorgen. Hier sind Marketinginstrumente zielgruppenspezifisch einzusetzen.

Die **Umsetzung** beginnt, wenn das Finanzierungsziel erreicht wurde. Es erfolgt die Auszahlung des Finanzierungsbudgets von der Crowdfunding-Plattform an die Projektinitiatoren und die Umsetzung kann starten.

Sollte das Finanzierungziel im definierten Zeitraum verfehlt werden, erfolgt eine Erstattung der – bis dahin erbrachten – Beträge an die (potenziellen) Anleger. In Konsequenz ist das Projekt gescheitert und es erfolgt keine Umsetzung.

Abhängig von der konkreten Projektgestaltung erhalten die Anleger die versprochene **Gegenleistung** bereits zu Beginn der Umsetzungsphase oder erst nach erfolgreicher Projektrealisierung. Die Gegenleistung muss dabei nicht immer in Geldzahlungen erfolgen, sondern kann auch Vergünstigungen oder andere Sachwerte (z. B. Produkte) darstellen. Auch ideelle Gegenleistungen sind möglich.

### 3.2.5.2 Typische Erscheinungsformen und deren Bilanzwirkung

Beim Crowdfunding gibt es vier gängige Modelle. Das Modell ohne ökonomische Gegenleistung (= donation-based) stellt eine Spende dar. Bei den Modellen mit Gegenleistungen sind drei Ausgestaltungen zu unterscheiden: das reward-based Crowdfunding gewährt eine Belohnung in Form einer Sachleistung. Im Rahmen des lending-based Crowdfunding ersetzt die Finanzierungsform ein klassisches Darlehen. Soweit der Geldgeber auch am Erfolg beteiligt wird, spricht man vom equity-based Crowdfunding, wofür auch der Begriff Crowdinvesting Verwendung findet. Eine Übersicht der Crowdfunding-Formen visualisiert die Abbildung 3.11:

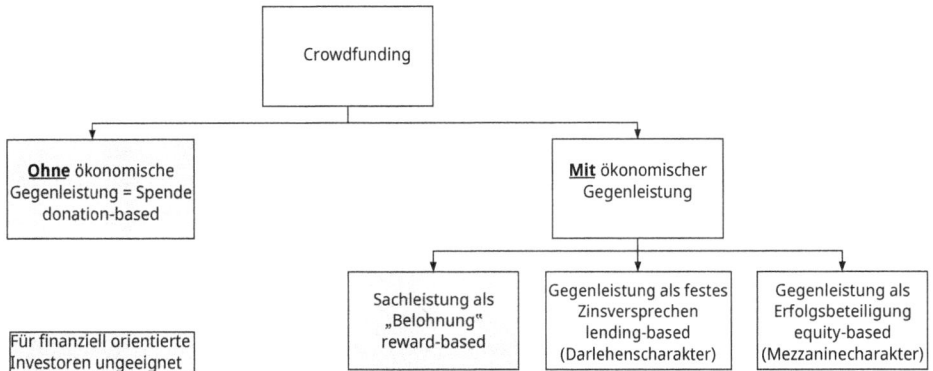

```
                          ┌──────────────────┐
                          │   Crowdfunding   │
                          └──────────────────┘
            ┌──────────────────────┴──────────────────────┐
┌───────────────────────┐                      ┌───────────────────────┐
│ Ohne ökonomische      │                      │ Mit ökonomischer      │
│ Gegenleistung = Spende│                      │ Gegenleistung         │
│ donation-based        │                      └───────────────────────┘
└───────────────────────┘           ┌──────────────┬───────────┴──────────┐
┌───────────────────────┐   ┌───────────────┐ ┌───────────────────┐ ┌───────────────────┐
│ Für finanziell        │   │ Sachleistung  │ │ Gegenleistung als │ │ Gegenleistung als │
│ orientierte           │   │ als           │ │ festes            │ │ Erfolgsbeteiligung│
│ Investoren ungeeignet │   │ „Belohnung"   │ │ Zinsversprechen   │ │ equity-based      │
└───────────────────────┘   │ reward-based  │ │ lending-based     │ │ (Mezzaninecharakter)│
                            └───────────────┘ │ (Darlehenscharakter)│ └───────────────────┘
                                              └───────────────────┘
```

**Abb. 3.11:** Systematisierung der Crowdfunding-Ausprägungen.

Beim donation-based bzw. spendenbasierten Crowdfunding erfolgt überhaupt keine materielle Gegenleistung an den Kapitalgeber. Dessen Motiv ist somit altruistisch. Im Moment der Entstehung ist die Spende zu passivieren.

Bei Verwendung des Kapitals ist es erfolgswirksam als „Ertrag aus Spendenmitteln" aufzulösen. Es liegt in der Natur der Konstruktion, dass spendenbasiertes Crowdfunding für wohltätige Zwecke oder künstlerisches Engagement zum Einsatz kommt.

Bei dem Modell des reward-based Crowdfunding bzw. beim Belohnungsmodell, erhält der Anleger eine – im Vorfeld definierte – nicht-monetäre Gegenleistung. Dabei ist der (Markt-)Wert der Gegenleistung oftmals deutlich geringer als das eingebrachte Kapital. Werden Unternehmensgründungen oder Produkteinführungen unterstützt, handelt es sich häufig um das fertige Produkt und damit um eine physische Gegenleistung. In anderen Konstellationen kann die Gegenleistung auch beispielsweise als Mitgliedschaft ausgeprägt sein. Das Hauptmotiv der Kapitalgeber ist ein hohes Interesse an der Entwicklung technisch hochwertiger oder künstlerisch wertvoller Projekte, bzw. einer der ersten Anwender dieser zu sein. Enthusiasmus für die Sache oder eine altruistische Haltung sind für dieses Modell (vermutlich) erforderlich.

Bilanziell handelt es sich um „erhaltene Anzahlungen", die bei Lieferung des Produkts bzw. der Mitgliedschaftsgewährung als Umsatzerlös zu verarbeiten sind.

Beim lending-based Crowdfunding bzw. Crowdlending, nehmen die Anleger eine Gläubigerstellung ein, indem sie Kapital zu einem festgelegten Zins zur Verfügung stellen. Nach erfolgreichem Projektabschluss zahlt der Kapitalnehmer dem Anleger den aufgebrachten Betrag einschließlich der vereinbarten Zinsen zurück. Zinszahlungen während der Laufzeit sind regelmäßig nicht vorgesehen. Dieses Modell ähnelt somit dem klassischen Bankdarlehen, verzichtet jedoch auf eine feste Laufzeit und verlangt vom Schuldner oft keine zwischenzeitlichen Zinszahlungen. Sofern – wie in der Praxis üblich – ein Nachrang vereinbart ist, fällt auch diese Form in die Kategorie der Mezzanine-Finanzierungen (siehe Kapitel 3.2.4).

In der Bilanz erfolgt eine Passivierung des generierten Betrags als Darlehensverbindlichkeit.

Das equity-based Crowdfunding bzw. Crowdinvesting ist durch seine Nähe zum Eigenkapital gekennzeichnet. So sind gewinn- bzw. erfolgsabhängige Verzinsungen und Nachrangvereinbarungen typische Kennzeichen. So ist diese Crowdfunding-Form regelmäßig als Mezzanine-Kapital zu klassifizieren. Crowdinvesting wird vor allem in der Finanzierung von jungen und mittelständigen Unternehmen oder zur Projektfinanzierung verwendet.

Die Bilanzierung folgt dem Charakter der Ausgestaltung. So ist eine Bilanzierung als Eigen- oder als Fremdkapital möglich. Soweit eine Einstufung als Fremdkapital erfolgt, sorgt die (regelmäßig getroffene) Nachrangvereinbarung für ein höheres Risiko als bei anderem Fremdkapital.

### 3.2.5.3 Weitere Aspekte

Im Gegensatz zu klassischen Darlehen bedarf das Crowdfunding einer aktiven Bewerbung des Angebots. Diese ähnelt der Erstemission von Aktien. So muss der Initiator bzw. Emittent für die Einwerbung der Mittel eine Marketingstrategie entwickeln. Hierzu gehört die Definition der Haupt- und Nebenziele sowie der Zielgruppe. Während die Erzielung des Finanzierungsbedarfs regelmäßig ein Hauptgrund ist, kann als relevantes Nebenziel beispielsweise die Kundengewinnung und -bindung ein ebenfalls bedeutender Grund für eine Crowdfunding-Entscheidung sein. Entsprechend ist die Marketingstrategie auf die beabsichtigte Zielgruppe abzustimmen.

Grundsätzlich stehen Emittenten für das Crowdfunding zwei Wege zur Verfügung, die Finanzierung zu platzieren.

Eine Ausprägung ist die selbstständige öffentliche Bewerbung der Finanzierungsprodukte (= eigenständige Emission). Alternativ können spezialisierte Dienstleister (Crowdfunding-Plattformen) zur Platzierung herangezogen werden.

Nach § 1 II Nr. 4f. VermAnlG gelten typische Erscheinungsformen des Crowdfundings als Vermögensanlage und sind damit für Emissionen über 100.000 € – seit der Novelle des Kleinanlegerschutzgesetzes – **prospektpflichtig**.

Ausnahmen werden in § 2 VermAnlG sehr eng definiert. § 2a VermAnlG erweitert diese Ausnahmen der Prospektpflicht explizit für das Crowdfunding. Demnach entfällt die (sehr aufwändige) Prospektpflicht, wenn u. a. die angebotenen Vermögensanlagen innerhalb eines Jahres insgesamt 6 Mio. € nicht übersteigen. Zudem dürfen diese zur Anlageberatung und -vermittlung ausschließlich über eine unabhängige Internet-Dienstleistungsplattform vertrieben werden.

Unter den Voraussetzungen ist statt des Prospekts lediglich ein Vermögensanlageninformationsblatt (VIB) zu erstellen, welches von der BaFin zu gestatten ist. Mit dessen Erstellung ist ein deutlich geringerer Aufwand verbunden, gemessen an der Prospekterstellung.

Oft unterstützen Plattformanbieter die Emittenten bei der Erstellung des VIB und bei der Vorbereitung und Bewerbung des Angebots. Dafür erheben sie Dienstleistungsgebühren zwischen 4 und 7 %.

Mittels White-Label-Plattformen bieten Dienstleister ein besonderes Angebot an Emittenten an. Projekt- oder emittentenspezifisch wird eine Plattform im Corporate Design des Emittenten erstellt, sodass der Anleger den Eindruck hat, exklusiv mit dem Emittenten zu kommunizieren. Dazwischen sitzt jedoch die Dienstleistungsplattform um die gesetzlichen Rahmenbedingungen einzuhalten. Gründe für die Wahl eines White-Label-Auftritts können bspw. eine höhere Vertrauenswürdigkeit bzw. dessen gutes Image und die damit (erhoffte) höhere Akzeptanz seitens der Anleger sein.

Die Abbildung 3.12 stellt die grundlegende Systematik vom (White-Label) Crowdfunding mittels eines Plattformdienstleisters dar.

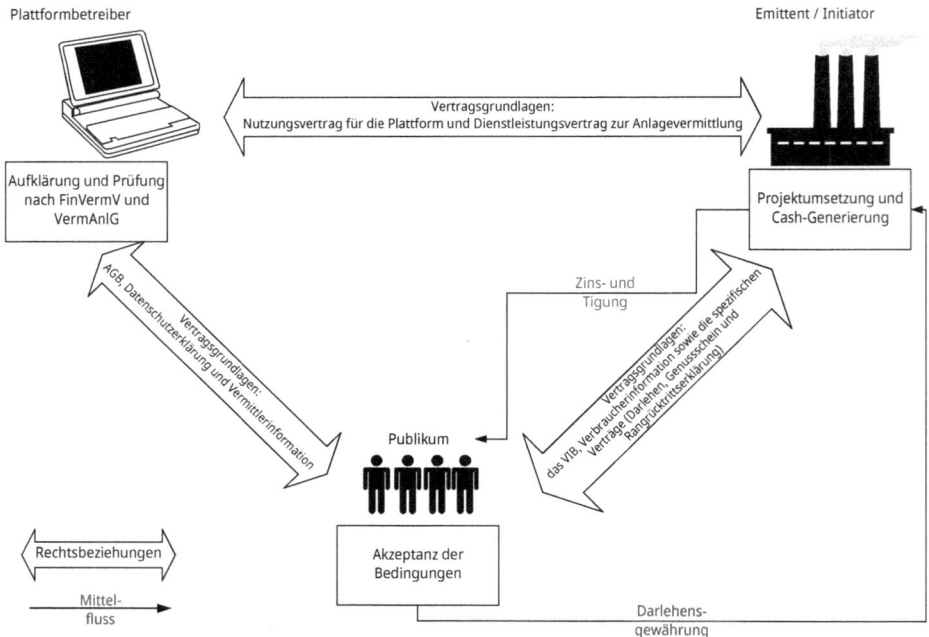

**Abb. 3.12:** Beteiligte und Rechtsbeziehungen beim plattformbasierten Crowdfunding.

Den potenziellen Geldgebern die Attraktivität der Kapitalüberlassung zu verdeutlichen, ist eine zentrale Herausforderung beim Crowdfunding. Das regelmäßig zum Einsatz kommende Instrumentarium bietet die Chance der bilanziellen Optimierung. Bei geschickter Kombination kann das eingeworbene Kapital aus Bankensicht (Handelsbilanz) als Eigenkapital und gleichzeitig steuerrechtlich als Fremdkapital bewertet werden. So lässt sich eine Bonitätsverbesserung für das Unternehmen mit der steuerlichen Absetzbarkeit der Zinsen realisieren.

Fehlen mezzaninen Finanzierungsformen die Partizipation am Liquidationserlös, so ergibt sich aus § 8 III S. 2 KStG implizit **steuerlich** immer die Zuordnung zum Fremdkapital.

Die Zuordnung von mezzaninen Werkzeugen in Fremd- oder Eigenkapital erfolgt **handelsrechtlich** auf der Basis von vier Bedingungen. Werden diese komplett erfüllt, ist das Instrument als Eigenkapital, andernfalls als Fremdkapital zu klassifizieren. Die Kriterien sind:

**(1)** Langfristigkeit: Dieses Kriterium gilt als erfüllt, wenn
(a) die Laufzeiten zwischen fünf und 25 Jahren liegen und
(b) eine Kündigung – einschließlich der damit verbundenen Rückzahlung – während der Laufzeit ausgeschlossen ist.
**(2)** Nachrangigkeit: Hierzu ist erforderlich, dass
(a) bei der Unternehmensauflösung das betrachtete Finanzierungsinstrument nach allen anderen Gläubigern befriedigt wird.
(b) eine Rangrücktrittserklärung vorliegt, da die betrachteten Instrumente nicht per Gesetz die Nachrangigkeit beinhalten.
**(3)** Erfolgsabhängige Vergütung: Kann als gegeben angenommen werden, wenn die Vergütung aus dem Erfolg oder aus Eigenkapitalbestandteilen ohne Ausschüttungssperre versprochen wird. Unter dieser Voraussetzung ist selbst die Zusage einer festen Verzinsung unschädlich.
**(4)** Verlustteilnahme: Erfordert, dass das Mezzaninekapital
(a) auch Verluste abdeckt und sich somit verringern kann.
(b) Verluste ausgleicht, bevor geschützte Eigenkapitalbestandteile – wie das Grundkapital – angegriffen werden.

Anhand dieser Kriterien lassen sich Finanzierungswerkzeuge bedarfsgerecht entwickeln. Genussscheine können alle vier Bedingungen positiv erfüllen. Demgegenüber scheitern qualifizierte Nachrangdarlehen spätestens bei der erforderlichen Verlustteilnahme. Daher sind qualifizierte Nachrangdarlehen stets dem Fremdkapital zuzuordnen. An dieser Stelle ist es wichtig eine ganz genaue Unterscheidung vorzunehmen:

**(1)** Aus Sicht der anderen Gläubiger haben Nachrangdarlehen Eigenkapitalcharakter, da sie die normalen Gläubiger im Insolvenzfall durch ihren späteren Anspruch auf Bedienung schützen.

(2) Dagegen sind sie handelsrechtlich nicht dem Eigenkapital zuzuordnen, da sie nicht dazu aufgelöst werden dürfen, um beispielsweise das gezeichnete Kapital vor der Auflösung zu bewahren (= keine Verlustteilnahme).

### 3.2.5.4 Bewertung

Crowdfunding ist eine weitere Alternative zur Fremdfinanzierung. Vorteile sind eine höhere Flexibilität sowie die Kombinierbarkeit von Bonitätsverbesserung und steuerlicher Absetzbarkeit der Zinsen. Insbesondere bei risikoreichen Vorhaben, die einen hohen Bankdarlehenszins implizieren, kann Crowdfunding auch kostengünstiger sein. Sofern Crowdfunding-Finanzierungen über eine entsprechende Plattform als Intermediär eingeworben werden, sind ggf. weniger Anforderungen als bei klassischen Finanzierungsformen zu erfüllen.

Bei der Finanzierung können Projektinitiatoren, abhängig von ihrem geplanten Projekt, das für sie am besten geeignete Crowdfunding-Modell wählen. Dabei sollte sichergestellt sein, dass die versprochene Gegenleistung auch lieferbar ist.

Allgemein kann Crowdfunding die Marktpräsenz fördern, da das Publikum und spätere Kunden aufgrund der gegebenen Transparenz und Partizipation sehr früh auf das Projekt aufmerksam werden. Hiermit steigert sich jedoch auch die Transparenz für (potenzielle) Konkurrenten.

In der Realität scheitert die Projektumsetzung oft daran, dass das Finanzierungsziel zu ambitioniert ist und deshalb innerhalb der gesetzten Frist nicht vollständig eingeworben werden kann.

## 3.3 Zusammenfassung

(1) Neben Kreditinstituten gibt es verschiedene andere Personen(-gruppen), die als Kreditgeber auftreten (können).

(2) Die Summe aus Zins und Tilgung wird Rate, Leistung oder Kapitaldienst genannt. Je höher der Zinssatz ist, desto geringer fällt der Tilgungsanteil bei gegebener Kapitaldienstfähigkeit aus.

(3) Mit dem Effektivzinssatz werden die Gesamtkosten und die tatsächliche Auszahlung in Beziehung gesetzt. Die Formeln zur Berechnung unterscheiden sich in Abhängigkeit von der Darlehensart.

(4) Folgende planmäßige Tilgungsformen werden unterschieden:

(a) Rückführung zum Ende der Laufzeit, mit der Konsequenz, dass zwischenzeitlich ausschließlich Zinsen zu leisten sind,

(b) Tilgung mit konstanten Beträgen, sodass die Gesamtrate sinkt, da sich der Zinsanteil permanent verringert,

(c) Tilgung mit steigenden Beträgen, da die Gesamtleistung konstant gesetzt ist (Annuität), sodass der sich verringernde Zinsanteil zu einer höheren Tilgung führt.

**(5)** Neben der planmäßigen Tilgung haben Kunden die Möglichkeit einer vorzeitigen (Teil-)Ablösung ihrer Schulden. In Abhängigkeit von den Begleitumständen können die Kreditinstitute Vorfälligkeitsentschädigungen berechnen.

**(6)** Man kann zwischen variablen und festverzinslichen Darlehen unterscheiden. Die Gesamtlaufzeit des Darlehens und die Zinsbindungsfrist können ungleich sein. In diesem Fall stellt sich nach Ablauf der Zinsbindung die Frage nach den Kosten des Folgezeitraums.

**(7)** Der Kontokorrentkredit ermöglicht es dem Unternehmen, über das Girokonto ohne vorhandenes Guthaben zu verfügen. Die anfallenden Kosten richten sich nach der Inanspruchnahme. Wird der vereinbarte Rahmen überschritten, berechnen die Kreditinstitute für den überschreitenden Betrag regelmäßig höhere Zinsen.

**(8)** Mit einem Aval verspricht ein Kreditinstitut, für seinen Kunden einzustehen, falls dieser nicht den erwarteten Erfolg hat und er den wirtschaftlichen Schaden nicht selbst regulieren kann.

**(9)** Investitionskredite dienen der langfristigen Finanzierung. Tilgung, Verzinsung und Besicherung hängen von der individuellen Situation des Unternehmens ab.

**(10)** Rahmenkredite stellen ein Gesamtobligo dar, bis zu dessen Höhe das Unternehmen die Kreditinanspruchnahme individuell gestalten kann.

**(11)** Weiterleitungskredite werden durch öffentliche Stellen über die Hausbanken bereitgestellt. Sie dienen der Förderung bestimmter Gruppen oder politisch gewünschtem Verhalten.

**(12)** Nachrangigkeit bedeutet, dass ein Kreditgeber im Insolvenzfall erst dann Zahlungen erhält, wenn die anderen Gläubiger ihre kompletten Forderungen erhalten haben.

**(13)** Green und Sustainability-Linked-Loans sind Kreditformen, die aus dem aktuellen Zeitgeist entstanden sind.

**(a)** Green Loans haben einen doppelt engen Fokus und kommen zur Finanzierung ökologischer Verbesserungen eines angegrenzten Projekts zum Einsatz.

**(b)** Entsprechend ist der Fokus bei Sustainability-Linked-Loans weiter gefasst. So erfolgt ihre Gewährung zur Verbesserung der Nachhaltigkeit des Unternehmens. Dabei fallen neben der Ökologie auch die soziale Ausrichtung und anspruchsvolle Unternehmensführung unter den Begriff der Nachhaltigkeit.

**(14)** Leasing, Factoring und Forfaitierung sind Konkurrenz für klassische Bankprodukte. Ob ihr Einsatz für den Finanzierenden ökonomisch von Vorteil ist, hängt vom Einzelfall ab.

**(15)** Beim Mezzanine-Kapital kann zwischen den Ausprägungen Equity, Zwitter und Debt unterschieden werden.

**(16)** Kennzeichen der Equity Mezzanine ist, dass sie im Insolvenzfall nach den Gläubigern und – mit Ausnahme der Vorzugsaktien – vor den originären Eigentümern befriedigt werden.

**(17)** Crowdfunding erweitert das Repertoire an Fremdfinanzierungsmöglichkeiten. Das Aufbringen großer Summen durch den Einsatz einer Gruppe kleiner Investoren (= Crowd oder Schwarm) ähnelt vom Grundgedanken der Aktienemission.

(a) In der Praxis haben sich verschiedene Erscheinungsformen für ein breites Spektrum an Zielen herausgebildet.

(b) Durch geschickte Kombination lässt sich die handelsrechtliche Eigenkapitalbasis stärken bei gleichzeitiger steuerlicher Absetzbarkeit des Zinsaufwands.

(c) Es erweist sich jedoch oft als schwierig, die aufgerufene Summe auch wirklich zu generieren. Gelingt dies nicht, ist das Projekt gescheitert und es sind alle bereits erhaltenen Zahlungseingänge zu erstatten.

# 4 Möglichkeiten der Besicherung

**Lernziele**

Kapitel 4 ergänzt die Kreditvergabe aus Bankperspektive. So können sie sich bei ihren Kreditengagements durch die Hereinnahme von Sicherheiten schon zum Zeitpunkt der Kreditvergabe vor finanziellen Schäden schützen. Grundsätzlich können die Sicherheiten auch für verzinsliche Wertpapiere eingesetzt werden, wenn der Schuldner über entsprechende Werte verfügt.

Nach Bearbeitung des Kapitels

- ist Ihnen bewusst, warum Kreditinstitute ihre Forderungen besichern. Zudem sind Sie in der Lage, die mobilen Sicherheiten voneinander zu unterscheiden. Die Einteilungskriterien Personal- und Sachsicherheit sind Ihnen ebenso geläufig wie die Differenzierung von abstrakten und akzessorischen Sicherheiten.
- haben Sie fundierte Kenntnisse zu den Sicherheitenarten Bürgschaft, Garantie, Pfandrecht, Sicherungsübereignung und Zession erworben. Neben den juristischen Besonderheiten sind Sie mit den praktischen Herausforderungen vertraut. Sie können die unterschiedlichen Einsatzgebiete der Sicherheiten in Abhängigkeit von den Kreditarten bestimmen.
- sind Sie zudem in der Lage, in Kreditverhandlungen geeignete Besicherungsmöglichkeiten zu benennen. Darüber hinaus kennen Sie die Bedenken, die seitens der Kreditinstitute bei der Hereinnahme einzelner Objekte als Sicherheit auftreten. Mit Ihrem erworbenen Wissen können Sie diese Einwände entkräften.
- haben Sie fundierte Kenntnisse über die öffentlichen Verzeichnisse, die von dem Grundbuch- und Katasteramt geführt werden, erworben.
- kennen Sie den Aufbau des Grundbuchs sowie die bedeutendsten Belastungen, die in den Abteilungen II und III einzutragen sind.
- wissen Sie, für welche Kreditarten Hypotheken eingesetzt werden können und wann ausschließlich Grundschulden zum Einsatz kommen.
- können Sie die verschiedenen Wertbegriffe, die im Zusammenhang mit Immobilien in den Kreditinstituten verwendet werden, ermitteln und beurteilen.

## 4.1 Grundlagen

### 4.1.1 Ökonomische Motivation der Besicherung

Kreditinstitute prüfen sorgfältig die **Bonität** der Unternehmen, bevor sie Kredite zur Verfügung stellen. Dennoch können während der Kreditlaufzeit zum Beispiel Nachfragerückgänge entstehen oder es können neue Konkurrenten auftauchen, welche die Unternehmen in ökonomische Schwierigkeiten bringen, sodass die Verpflichtungen nicht mehr bedient werden können. Aus diesem Grund werden viele Kreditvergaben an die Bereitstellung von Sicherheiten geknüpft. Grundsätzlich gilt, dass mit zunehmender Kredithöhe und Laufzeitlänge sowie mit abnehmender Bonität im Moment der Kreditgewährung der Anspruch auf Besicherung steigt. Es kann zwischen unbesicherten **(Blankokrediten)** und besicherten Krediten unterschieden werden. Grundsätzlich kann ein Gläubiger, wenn seine Forderung ohne Sicherheitenstellung begründet

https://doi.org/10.1515/9783110791082-004

wurde, auf sämtliche Vermögensgegenstände des Unternehmens zugreifen, wenn es zur Kreditkündigung kommt. Dieses generelle Recht hat zwei Einschränkungen:

- Hat ein anderer Kreditgeber sich explizit besichern lassen, kann er sich aus der Sicherheit zuerst befriedigen. Nur etwaige Übererlöse stehen allen Gläubigern zu. Wurden Forderungen für Kreditgeber separat besichert, ist das Restvermögen für ungesicherte Forderungen oft so gering, dass diese Gläubiger leer ausgehen.
- Insolvenzverfahren der Unternehmen sind nicht kostenfrei und dauern länger, als wenn eine Besicherung bereits im Vorfeld stattgefunden hat.

Aus dieser Konstellation heraus begründet sich der Wunsch der Kreditinstitute nach **Besicherung**. Oft ist dies aber auch im Sinne des kreditnehmenden Unternehmens, da durch eine Besicherung die Kreditkonditionen (deutlich) verbessert werden können. Auf der anderen Seite bindet eine Besicherung Ressourcen des Kreditinstituts, wodurch sich Kredite verteuern. Für Kleinstbeträge, die von den Banken individuell festgelegt werden, erfolgt somit oft keine Besicherung. Auch bei Unternehmen mit (sehr) guter Bonität kann ein Verzicht stattfinden, da sich diese unter Umständen von ihrer Bank gegängelt fühlen.

### 4.1.2 Systematisierung der Kreditsicherheiten

Es gibt unterschiedliche Möglichkeiten, Kreditsicherheiten zu systematisieren. Zwei gebräuchliche Dimensionen zeigt Abbildung 4.1.

Die Gliederung nach Personen- und Sachsicherheiten stellt darauf ab, worauf die Bank zurückgreifen kann, wenn der Kredit gekündigt wird. Verpflichtet sich eine natürliche oder juristische Person, im Zweifel für die Schulden des Unternehmens aufzukommen, handelt es sich um eine **Personalsicherheit**. Hierbei kennt die Praxis der Kreditinstitute verschiedene Ausprägungen, wie Abbildung 4.1 verdeutlicht. Werden hingegen Sachen als Sicherheiten zur Verfügung gestellt, kann der Kreditgeber diese liquidieren, wenn er den Kredit gekündigt hat. Hierbei macht es keinen Unterschied, ob der Sicherungsgegenstand aus dem Vermögen des Kreditnehmers oder einer anderen Person stammt. Hinsichtlich der rechtlichen Konstruktion ist zwischen abstrakten und akzessorischen Sicherheiten zu unterscheiden.

**(1)** Ist die Existenz des Kredits maßgeblich für die Rechtswirksamkeit der Sicherheit, wird diese als **akzessorisch** klassifiziert. Mit anderen Worten:

(a) Ohne Kreditgewährung kann eine akzessorische Sicherheit juristisch nicht begründet werden.

(b) Kredittilgungen führen zu einer unwiderruflichen Reduzierung des Sicherheitenbetrags, da dieser nicht wiederaufleben kann.

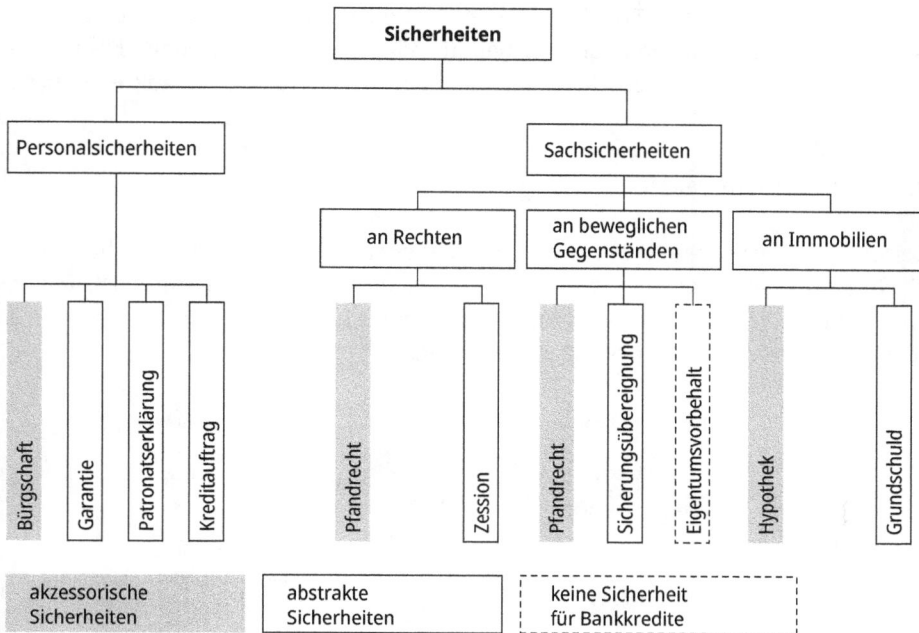

**Abb. 4.1:** Wichtige Unterscheidungsdimensionen gebräuchlicher Sicherheiten.

**(2)** Stellen Kredit und Sicherheit zwei juristisch eigenständige Sachverhalte dar, wird die Sicherheit als **abstrakt** bezeichnet.

(a) Durch die Einräumung der Sicherheit hat das Kreditinstitut ein formales Verwertungsrecht, unabhängig davon, ob der Kunde seinen Verpflichtungen nachkommt.

(b) Die Begrenzung dieser Rechtsposition erfolgt durch die sogenannte **Zweckerklärung** (auch **Sicherungsabrede**), die eine vertragliche Koppelung zwischen Kredit und Sicherheit erzeugt.

– Diese legitimiert das Kreditinstitut zur Verwertung nur für den Fall, wenn das Unternehmen seinen Verpflichtungen nicht nachkommt.

– Gleichzeitig steht dem Kreditnehmer ein Rückgewähranspruch zu, sobald seine Schulden (teil-)getilgt sind.

– Die Bank hat insgesamt mit den ihr anvertrauten Sicherheiten wie ein Treuhänder umzugehen, sodass die abstrakten Sicherheiten auch als treuhänderisch oder **fiduziarisch** charakterisiert werden.

(c) Zudem gilt es, den Umfang zu unterscheiden:

– Eine individuelle Haftungsbegrenzung der Sicherheit für genau spezifizierte Kredite wird durch eine **enge Zweckerklärung** erreicht. Umwidmungen der Sicherheit müssen vertraglich vereinbart werden.

–   Mit einer **weiten Zweckerklärung** wird die Sicherheit nicht mit spezifischen Krediten verbunden, sondern dient für sämtliche Forderungen des Kreditinstituts gegen das Unternehmen global, unabhängig davon, wann diese entstehen.

### 4.1.3 Eigentumsvorbehalt

Beim **Eigentumsvorbehalt** (§ 449 BGB) handelt es sich um keine Sicherheit für Finanzierungen durch Kreditinstitute. Vielmehr ist er das zentrale Sicherungsinstrument, wenn ein Lieferant seinem Kunden Waren zur Verfügung stellt und im Gegenzug (noch) keine Zahlung erhält (§§ 158 und 929 BGB).

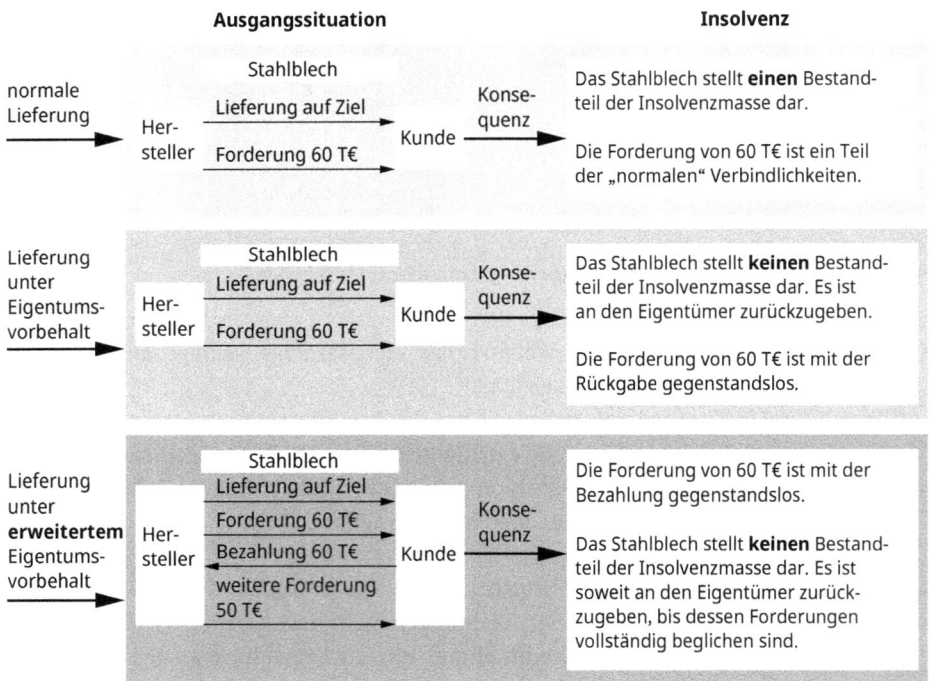

**Abb. 4.2:** Rechtswirkungen für den Lieferanten durch den Einsatz eines (erweiterten) Eigentumsvorbehalts.

Für die Verhandlung mit Banken ist es wichtig, dieses Sicherungsinstrument zu kennen, da es zu **Konflikten** mit der Zession und der Sicherungsübereignung kommen kann. Die Rechtswirkung für einen Lieferanten, der noch Ansprüche gegen seinen inzwischen insolventen Kunden hat, zeigt Abbildung 4.2. Hierbei ist unterstellt, dass in allen drei Fällen das Stahlblech noch im Besitz des Kunden ist. Den höchsten Schutz realisiert der Lieferant in dieser Konstellation mit dem **erweiterten Eigentumsvorbehalt**.

Die durch den Kunden erworbenen Gegenstände werden selten nur bei ihm gelagert, sondern sind entweder für den Weiterverkauf oder die Verarbeitung bestimmt. Erfolgt ein Weiterverkauf an den Endkunden oder die Verarbeitung in einen neuen Gegenstand, so geht der Eigentumsvorbehalt unter. Dieses Problem lässt sich aus Sicht des Lieferanten durch den **verlängerten Eigentumsvorbehalt** lösen, wie Abbildung 4.3 verdeutlicht. Die entstehende Forderung wird von vornherein abgetreten (§ 398 BGB) (für Details der Abtretung siehe Kapitel 4.3). Der Lieferant erwirbt Eigentum am neuen Gegenstand (§ 947 ff. BGB).

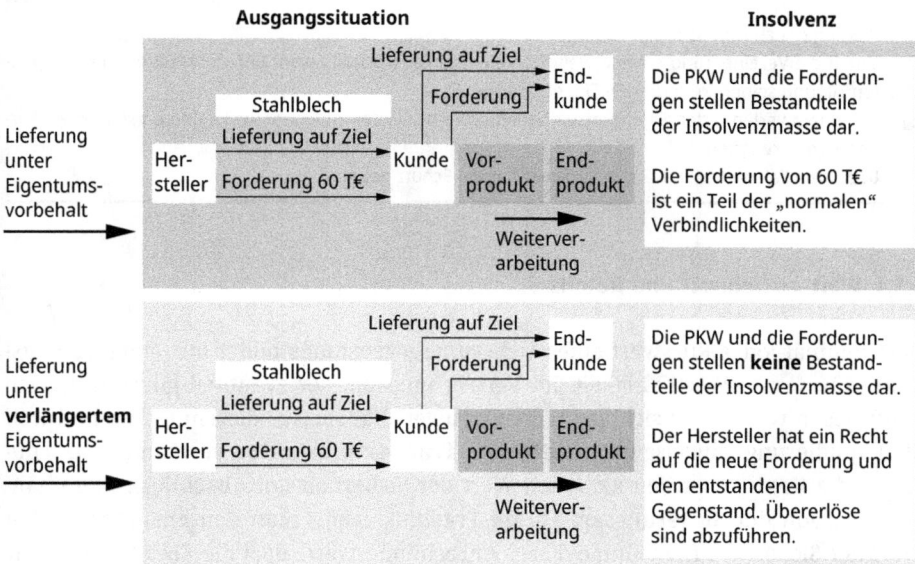

**Abb. 4.3:** Rechtswirkungen für den Lieferanten durch den Einsatz eines (verlängerten) Eigentumsvorbehalts.

---

**Fallstudie 1**

**Ausgangslage:**
Ein Großhandel für Computerzubehör hat an sechs Kunden Prozessoren im Wert von jeweils 10 T€ geliefert. Alle sechs Kunden sind inzwischen insolvent. Folgende Details sind bekannt:
**(1)** Kunde A hat die Prozessoren noch komplett in seinem Lagerbestand.
**(2)** Kunde B hat alle Prozessoren in PCs eingebaut, die sich alle noch auf Lager befinden.
**(3)** Die Verbindlichkeiten von Kunde C sind komplett getilgt.
**(4)** Die Prozessoren sind bei Kunde D noch komplett in seinem Lagerbestand und die Rechnung ist bereits bezahlt. Jedoch schuldet er dem Lieferanten noch weitere 6 T€.
**(5)** Kunde E hat die Prozessoren in einer Summe an eine große Elektronikkette mit einem Ziel von 90 Tagen weiterveräußert. Die Zahlung ist noch nicht erfolgt.

(6) Das Lager von Kunde F ist abgebrannt. Die Prozessoren wurden vollständig vernichtet. Aufgrund von Liquiditätsengpässen hatte Kunde F die Feuerversicherung nicht bezahlt, sodass der Schaden nicht reguliert wird.

**Aufgabenstellung:**
Wie hätte sich der Lieferant jeweils vor Ausfällen schützen können und was wäre die Konsequenz gewesen?

**Lösung:**
(1) Die Vereinbarung eines einfachen Eigentumsvorbehalts hätte ausgereicht. Die Prozessoren wären immer noch in seinem Eigentum.
(2) Mit einem verlängerten Eigentumsvorbehalt hätte der Lieferant Eigentum an den PCs erworben.
(3) Auch die Vereinbarung von Eigentumsvorbehalten hätte den Lieferanten nicht bessergestellt. Es liegt hier aber auch kein Schaden vor.
(4) Durch die Vereinbarung eines erweiterten Eigentumsvorbehalts wäre der Lieferant bis zur kompletten Tilgung seiner Forderungen Eigentümer geblieben.
(5) Mit einem verlängerten Eigentumsvorbehalt hätte der Lieferant Eigentum an den entstandenen Forderungen erworben.
(6) In diesem Fall hätte keine Sicherungsmaßnahme Schutz geboten.

---

### 4.1.4 Weitere bedeutsame Details

Der Nominal- oder Kurswert eines Sicherungsgegenstands bildet nur einen Anhaltspunkt für dessen Werthaltigkeit. Im Verwertungsfall, der eventuell Jahre in der Zukunft liegen wird, kann sich der Wert verringert haben. Aus diesem Grund und weil die Liquidierung teilweise mit erheblichen **Transaktionskosten** verbunden ist, reduzieren die Kreditgeber den aktuellen Wert der Sicherheit um **Abschläge**. Diese hängen u. a. von der Sicherungsart ab. Im Ergebnis erhält man den anzurechnenden Wert der Sicherheit. Die Summe dieser Anrechnungswerte darf die Kreditsumme nur unwesentlich übersteigen, weil dies ansonsten zu einer ökonomischen Benachteiligung des Kreditnehmers führen würde, die auch als **Knebelung** bezeichnet wird. Eine Überdeckung der Forderungssumme um 10 % auf Basis der nachhaltig erzielbaren Sicherheitenerlöse wird als angemessen eingestuft. Verschlechtert sich im Zeitverlauf die Bonität des Unternehmens und/oder verlieren die vorhandenen Sicherheiten deutlich an Wert, steht dem Kreditinstitut auf Basis der AGB die Möglichkeit offen, eine (stärkere) Besicherung zu verlangen.

## 4.2 Vertragliches Pfandrecht

### 4.2.1 Grundlagen und Entstehungsformen

Erhält ein Gläubiger zur Sicherung einer Forderung an einem Gegenstand ein **Verwertungsrecht**, so liegt ein Pfandrecht vor (§ 1204 BGB). Meist ist das finanzierende Unternehmen auch Sicherungsgeber, dies ist aber keine Voraussetzung. Das Pfandrecht ist von einem zentralen Gedanken gekennzeichnet: Der Gläubiger muss **Zugriff** auf die Sache bekommen. In der Grundnorm wird dieser durch Übergabe des zu verpfändenden Gegenstands erreicht. Es gibt jedoch Forderungen oder verwahrte Gegenstände, bei denen die Übergabe unmöglich ist. Deshalb gibt es verschiedene **Ersatzhandlungen** zur Übergabe. Für deren Verständnis ist die Abgrenzung von **Eigentum** und **Besitz** sowie Mit- und Alleinbesitz erforderlich. Einen Überblick vermittelt Abbildung 4.4.

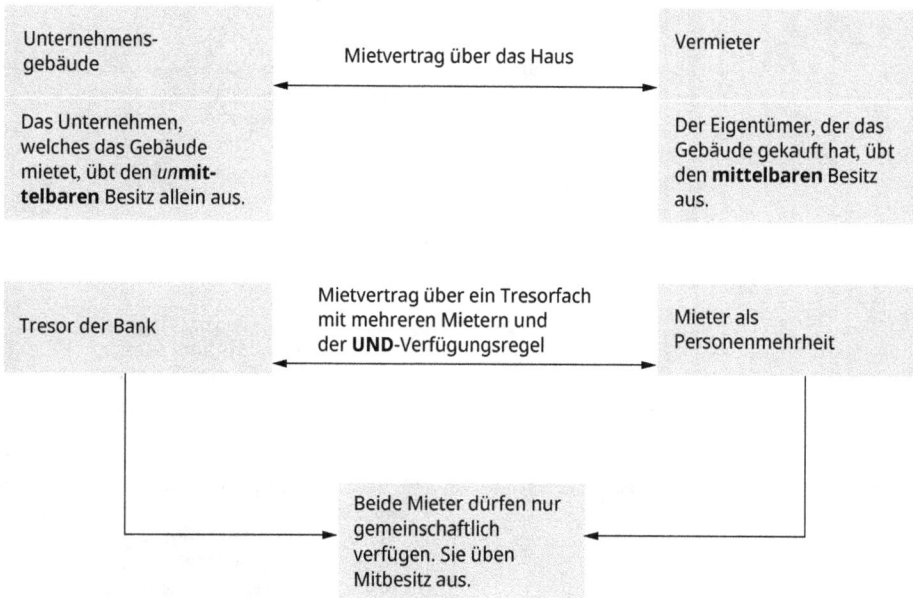

| Unternehmensgebäude | Mietvertrag über das Haus | Vermieter |
|---|---|---|
| Das Unternehmen, welches das Gebäude mietet, übt den *un***mittelbaren** Besitz allein aus. | | Der Eigentümer, der das Gebäude gekauft hat, übt den **mittelbaren** Besitz aus. |

| Tresor der Bank | Mietvertrag über ein Tresorfach mit mehreren Mietern und der **UND**-Verfügungsregel | Mieter als Personenmehrheit |
|---|---|---|

Beide Mieter dürfen nur gemeinschaftlich verfügen. Sie üben Mitbesitz aus.

**Abb. 4.4:** Begriffliche Unterscheidung der Besitzformen.

Die einzelnen Möglichkeiten, wie das Pfandrecht als Sicherheit einbezogen werden kann, zeigt Abbildung 4.5.

## 4.2.2 Ergänzungen

### 4.2.2.1 Abgrenzungen

Das **vertragliche Pfandrecht** entsteht durch einen individuellen Vertrag zwischen Sicherungsgeber und Gläubiger. Durch die AGB lassen sich Kreditinstitute vertraglich ein pauschales Pfandrecht einräumen. Dieses erfasst Einlagen des Unternehmens sowie Wertpapiere im Depot. Der Unterschied zwischen dem individuellen und dem pauschalen Pfandrecht ist, dass der Sicherungsgeber im Rahmen des individuellen Pfandrechts nur noch mit Zustimmung des Kreditinstituts über sein Eigentum verfügen kann. Die gleiche Rechtsstellung räumt der Gesetzgeber bestimmten Personengruppen ein, ohne

| Grundnorm | Zugriffs-verschaffung erfolgt durch | geeignet für |
|---|---|---|
| | + keine weitere Aktivität | bewegliche Gegenstände wie Goldmünzen, die bereits durch den Gläubiger verwahrt werden, oder Wertpapiere, die sich bereits im Depot der Bank befinden |
| | + Übergabe[1] | bewegliche Gegenstände wie Goldmünzen und Wertpapiere im Besitz des Sicherungs-gebers |
| | + Einräumung des Mitbesitzes[2] | bewegliche Gegenstände wie Goldmünzen, die in einem Tresor verwahrt werden, auf den nur Gläubiger und Sicherungsgeber gemeinsam zugreifen können |
| | + Abtretung des Herausgabe-anspruchs und Unterrichtung des unmittelbaren Besitzers | bewegliche Gegenstände wie Goldmünzen oder Wertpapiere, die in einem Tresor durch einen Dritten verwahrt werden |
| | + Unterrichtung des (Dritt-)Schuldners (und ggf. Über-gabe der Urkunde, juristisch nicht zwingend) | Forderungen gegen andere Banken und das kreditgewährende Institut selbst als Sparbuch, Tagesgeld etc. |

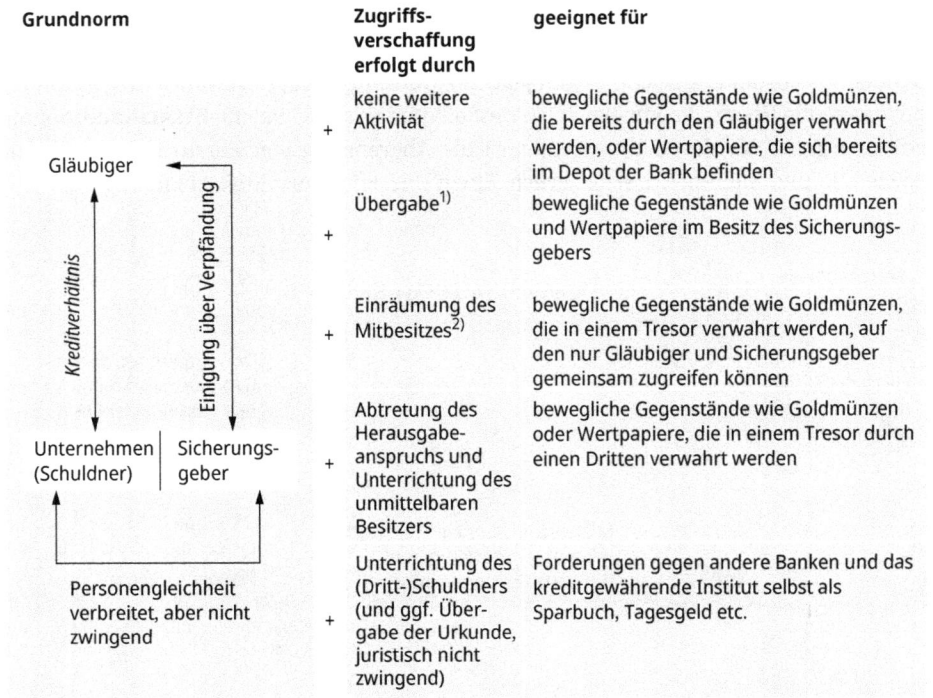

**Grundnorm und eine Form der Zugriffsverschaffung lassen ein Pfandrecht entstehen.**

[1] Neben der reinen Übergabe ist bei Order-papieren zusätzlich ein Indossament in der Blanko- oder Pfandausprägung erforderlich.
[2] Dieser muss separat vereinbart werden. Praktisch bedeutet dies, dass die Bank sich nicht mehr ausschließlich auf die Zugangskont-rolle (= Doppelverschluss) beschränkt.

**Abb. 4.5:** Entstehungswege des Pfandrechts.

dass es eines privatrechtlichen Vertrags bedarf. Hierzu zählen beispielsweise Vermieter (§ 562 ff. BGB), Verpächter (§ 592 BGB), Spediteure (§ 464 HGB) und Kommissionäre (§ 397 ff. HGB). Man nennt diese auch **gesetzliche Pfandrechte**. Soweit ein Zulieferer für ein Unternehmen eine dieser Aufgaben übernimmt – wie bei der Vermietung eines Tresors –, steht auch ihm dieses Recht formal zu. Forderungen (§ 829 ZPO) und bewegliche Gegenstände (§ 808 ZPO) können zudem durch die Zwangsvollstreckung (§ 803 f. ZPO) eines Gläubigers mit einem **Pfändungspfandrecht** belegt werden. Die Rechtsfolgen entsprechen der vertraglichen Version.

#### 4.2.2.2 Untergang des Pfandrechts

Durch **Aufgabe** des zuvor eingeräumten Zugriffs (§ 1253 BGB) geht das Pfandrecht unter. Die gleiche Rechtswirkung ist mit einer **Verzichtserklärung** (§ 1255 BGB) verbunden. Die Relevanz dieser Untergangsformen dürfte gering sein.

Bedeutsamer ist die **Tilgung** der zugrunde liegenden Forderung. Aufgrund der **Akzessorietät** (§ 1210 BGB) überdauert das Pfandrecht nicht die Forderung (§ 1252 BGB), sodass der Kreditgeber dem Eigentümer den uneingeschränkten Zugriff zu ermöglichen hat.

Liquidation zur Tilgung der besicherten Forderung (§ 1242 BGB):

**(1)** Bedingungen für die Rechtmäßigkeit
(a) (Teil-)Fälligkeit der Forderung (§ 1228 II BGB)
(b) **Anzeige** der bevorstehenden Verwertung (§ 1234 I BGB)
(c) Einhaltung einer **Reaktionsfrist**; diese beträgt bei Kaufleuten **eine Woche** (§ 368 HGB).
**(2)** Verwertungsarten
(a) Forderungen werden eingezogen (§ 1282 I BGB)
(b) Gegenstände
  – müssen **versteigert** werden (§ 1235 I BGB),
  – es sei denn, sie haben einen Börsen- oder Marktpreis (§ 1235 II BGB), dann ist der Verkauf über einen Makler möglich (§ 1221 BGB).

#### 4.2.2.3 Praktische Aspekte

Das Pfandrecht ist rechtlich **universell** einsetzbar. So können Forderungen, Wertpapiere und bewegliche Gegenstände als Sicherheit dienen. Selbst Guthaben, welche der Sicherungsgeber bei dem Kredit gewährenden Institut unterhält, kommen in Betracht. Werden Forderungen gegen inländische Kreditinstitute verpfändet, wird hier regelmäßig **kein Abschlag** vorgenommen; sie werden mit ihrem vollen Betrag als Sicherheit angesetzt. Bei beweglichen Gegenständen und Wertpapieren werden selten die vollen Nennbeträge als Sicherheit angesetzt, um Wertminderungen zu antizipieren. Elementarer Nachteil in der praktischen Handhabung ist der erforderliche **Zugriff** des Pfandgläubigers. Somit sind neben Forderungen und Wertpapieren nur Gegenstände geeignet, die das Unternehmen nicht verwenden möchte. Das Kreditinstitut steht als Pfandgläubiger vor der Herausforderung, die ihr treuhänderisch anvertrauten Gegenstände sicher aufzubewahren. Es bieten sich primär Edelmetallbarren und -münzen, Wertpapiere sowie Forderungen an.

Die Belegung eines beweglichen Gegenstands mit mehreren Pfandrechten wird aufgrund des erforderlichen Zugriffs schwierig zu realisieren sein. Werden Forderungen oder (verwahrte) Wertpapiere mehrfach als Pfand eingesetzt, wird das jüngere Recht erst dann berücksichtigt, wenn der Vorranggläubiger keine Forderungen mehr geltend macht.

**Fallstudie 2**

**Ausgangslage:**

Die Pauline Pleite GmbH möchte ein Darlehen in Höhe von 100 T€ zum Erwerb eines Flugzeugs für das Kuriergeschäft aufnehmen. Der Kaufpreis beträgt 103 T€. Folgende Vermögensgegenstände bietet sie zur Sicherung an:

**(1)** das neu zu erwerbende Flugzeug

**(2)** den Aktienbestand des Gesellschafters Peter Pleite mit einem Kurswert von 12 T€; die Aktien werden bei Ihrem Kreditinstitut verwaltet

**(3)** das eigene Sparguthaben in Höhe von 7,5 T€, das bei dem künftigen Darlehensgeber geführt wird

**(4)** die Goldmünzen der Gesellschafterin Pauline im Wert von 30 T€, die sich in einem Schließfach bei dem potenziellen Kreditgeber befinden

**Aufgabenstellung:**

Beurteilen Sie,

(a) ob die einzelnen Vermögensgegenstände als Pfand verwendet werden können,

(b) was zum Entstehen des Pfandrechts erforderlich ist,

(c) ob der volle Wert angesetzt werden kann.

**Lösung:**

**(1)** Da die GmbH das Flugzeug vermutlich selbst nutzen will, scheitert die Entstehung des Pfandrechts an dem erforderlichen Zugriff der Bank.

**(2)** Aktienbestand

(a) grundsätzlich geeignet

(b) Einigung mit dem Gesellschafter (!) über die Entstehung des Pfandrechts; um die Verfügungsmöglichkeit des Eigentümers aufzuheben, ist das Depot zu sperren.

(c) Ein voller Wertansatz ist bei Aktien nicht möglich, da mit Kursschwankungen zu rechnen ist. Die Höhe des Abschlags richtet sich danach, welche Aktien im Bestand sind.

**(3)** Sparguthaben

(a) grundsätzlich geeignet

(b) Einigung mit der GmbH über die Entstehung des Pfandrechts, um ihre Verfügungsmöglichkeit komplett auszuschließen, ist das Konto zu sperren und das Sparbuch zu vereinnahmen.

(c) Ein voller Wertansatz ist bei dem Sparkonto möglich. Ob eine Verpfändung angesichts der Summe ökonomisch sinnvoll ist, ist nicht Gegenstand der Fragestellung.

**(4)** Goldmünzen

(a) grundsätzlich geeignet

(b) Einigung mit der Gesellschafterin (!) über die Entstehung des Pfandrechts; um Paulines Verfügungsmöglichkeit zu verhindern, ist das Schließfach für Verfügungen zu sperren oder der Inhalt in den Tresor der Bank (Übergabe) zu verlagern.

(c) Ein voller Wertansatz ist bei Edelmetallen nicht möglich, da mit Kursschwankungen zu rechnen ist. Die Höhe des Abschlags richtet sich nach den internen Vorschriften der Bank.

## 4.3 Zession

Für die Verwendung von Ansprüchen als Sicherungsmittel stellt die Zession neben dem Pfandrecht eine weitere Möglichkeit dar.

### 4.3.1 Grundlagen

Mit der Zession tritt ein Sicherungsgeber seine Ansprüche an den Sicherungsnehmer ab. Es findet ein Gläubigerwechsel statt. Die Beteiligten und deren Rechtsbeziehung verdeutlicht Abbildung 4.6 am Beispiel einer Lebensversicherung. Sie umfasst Folgendes:

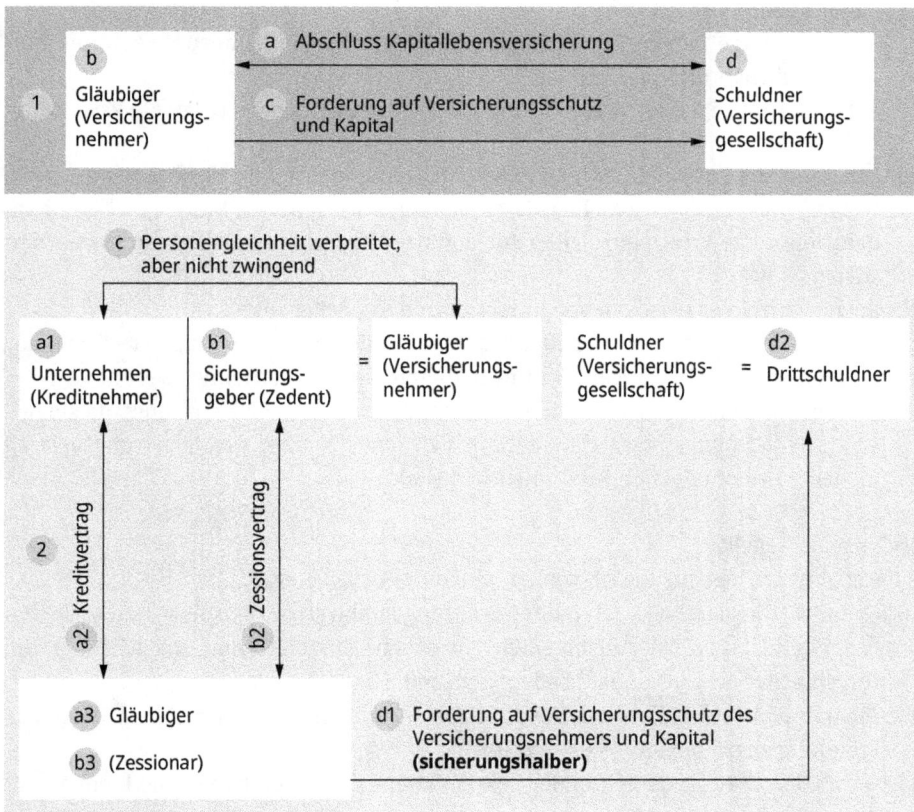

**Abb. 4.6:** Rechtswirkung der Zession im Überblick.

**(1)** Ausgangssituation

(a) Es wird ein Vertrag über eine Kapitallebensversicherung abgeschlossen.

(b) Der Versicherungsnehmer ist in diesem Vertrag der Gläubiger.

(c) Er hat einen Anspruch auf den Versicherungsschutz und das Kapital.

(d) Die Versicherungsgesellschaft ist der Schuldner.

**(2)** Situation nach der Kreditaufnahme einschließlich Sicherungsvertrag

(a) Kreditverhältnis:

- Das Unternehmen erhält als Kreditnehmer ein Darlehen.
- Grundlage ist ein Kreditvertrag.
- Das Kreditinstitut ist der Gläubiger.

(b) Besicherung:

- Der Versicherungsnehmer (Gläubiger) stellt seinen Anspruch zur Verfügung und wird **Zedent** genannt.
- Grundlage ist ein **Zessionsvertrag** zwischen Versicherungsnehmer und Kreditinstitut.
- Der Gläubiger wird im Rahmen des Besicherungsvertrags als **Zessionar** bezeichnet.

(c) Üblich ist die Personalunion zwischen Sicherungsgeber und Kreditnehmer. Juristisch ist dies nicht erforderlich, da es sich um zwei separate Rechtsgeschäfte handelt. Somit kann auch ein Dritter für den Kreditnehmer Ansprüche als Sicherheit stellen.

(d) Rechtsverhältnis zwischen Kreditinstitut und Versicherung:

- Das Kreditinstitut wird neuer Gläubiger und kann – soweit der Kreditnehmer seinen Verpflichtungen nicht nachkommt – die Sicherheit verwerten.
- Die Versicherungsgesellschaft wird als **Drittschuldner** bezeichnet, da sie originär Schuldner des Kreditnehmers ist und nur über den Sicherungsvertrag eine Beziehung zum Kreditinstitut besteht.

Ergänzende Aspekte:

**(1)** Rechtsgrundlage für die Abtretung bilden die §§ 398 ff. BGB.

(a) Grundsätzlich sind alle Arten der Forderungen abtretbar. Beispiele sind Versicherungs- und Lohnforderungen sowie Ansprüche aus Lieferung und Leistung, die für Unternehmen besonders bedeutsam sind.

(b) Ausnahmen bilden Forderungen, auf die ein Gläubiger auch nicht im Wege der Pfändung zugreifen kann (§ 400 BGB).

(c) Durch den Gläubigerwechsel der Zession können Kontoguthaben, die beim Kredit gewährenden Institut bestehen, nicht abgetreten werden, wie Abbildung 4.7 verdeutlicht, da Gläubiger und Schuldner identisch würden.

(d) Der Vertragsabschluss über eine Zession ist (theoretisch) mündlich möglich und bedarf weder der Zustimmung noch der Benachrichtigung des Drittschuldners.

(e) Durch den Gläubigerwechsel ist eine zweite Abtretung durch den Zedenten rechtlich nicht möglich, da er nicht mehr Forderungsinhaber ist.

**(2)** Im Gegensatz beispielsweise zum Factoring (siehe Kapitel 3.2.3.1) wird der **Zessionar** nur treuhänderischer Gläubiger. Das Kreditverhältnis zwischen Bank und Kunde bleibt von der Besicherung unberührt. Man spricht auch von der **Fiduziarität**. Diese hat bei abgetretenen Forderungen folgende Wirkungen für die Beteiligten:

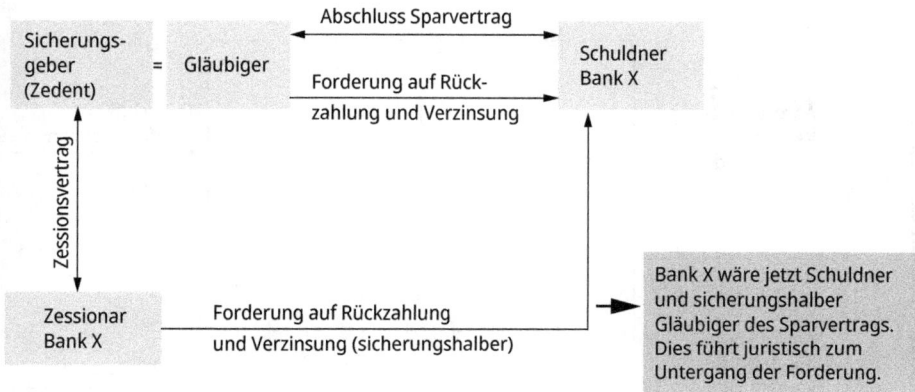

**Abb. 4.7:** Abtretung von Ansprüchen gegen das Kredit gewährende Institut.

**(a)** Der Zessionar
- darf die Zession nur verwerten, wenn sein Schuldner (das Unternehmen) sich vertragswidrig verhält. Erlöse, die den besicherten Kredit (einschließlich Kosten) übersteigen, sind an den Zedenten (Unternehmen) auszukehren.
- hat im Insolvenzverfahren des Kreditnehmers die uneingeschränkte Rolle des Forderungseigentümers. Die abgetretenen Forderungen stehen nicht der Allgemeinheit der Gläubiger zur Verfügung **(Absonderung)**.

**(b)** Dem Unternehmen als Zedent
- steht ein Anspruch auf die Sicherheitenfreigabe zu, soweit der zugrunde liegende Kredit erledigt ist.
- obliegt es, soweit es zur Bilanzierung verpflichtet ist, die zur Verfügung gestellten Forderungen nach wie vor in seiner **Bilanz** auszuweisen. Es wird weiterhin als wirtschaftlicher Eigentümer eingestuft.

**(3)** Darüber hinaus wird der Zessionar nicht bessergestellt als der Zedent. Dies bedeutet, dass das Kreditinstitut alle „**Einwendungen**" akzeptieren muss, die dem Drittschuldner auch in dem originären Vertragsverhältnis zustehen (§ 404 BGB). Ursachen können u. a. sein: Mängel in der erbrachten Leistung und Verrechnung mit eigenen Forderungen.

### 4.3.2 Anwendung der Erscheinungsformen

Abtretungen können unterschiedlich systematisiert werden. Üblich ist eine Unterscheidung in Abhängigkeit von der Kommunikation und dem Umfang, wie Abbildung 4.8 verdeutlicht.

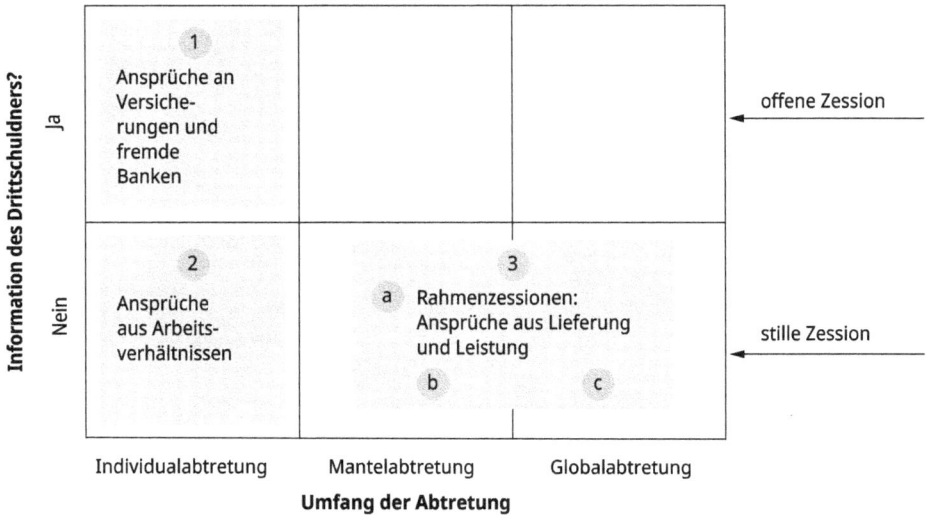

**Abb. 4.8:** Systematisierung der Zessionsausprägungen.

Details der Zessionsausprägungen:
**(1)** Ansprüche an Versicherungen und Banken
(a) Merkmale:
  – Abtretung einer individuellen Forderung gegen einen bestimmten Schuldner (Einzelzession)
  – Information an den Drittschuldner über den neuen Gläubiger **(offene Zession)**
  – Leistungen an den Zedenten muss der neue Gläubiger nicht gegen sich gelten lassen.
  – Einsatzmöglichkeiten: Offene Individualzessionen sind für (nahezu) alle Kredite als ausschließliche oder ergänzende Sicherheit geeignet.
(b) Ansprüche aus Lebensversicherungen:
  – Die Offenlegung erfolgt meist mit einem standardisierten **Formular**. Laut den AGB der Versicherungen sind stille Zessionen regelmäßig nicht rechtswirksam entstanden. Es ist üblich, dass Kreditinstitute die Policen der Versicherungen verwahren, da keine Auszahlung ohne diesen Nachweis erfolgt.

- Lebensversicherungen haben bis zu ihrer Fälligkeit einen Zeitwert. Dieser wird auch als **Rückkaufswert** bezeichnet. Kündigt das Kreditinstitut die Versicherung, erhält es diese Summe.
- Gleichzeitig ist der Todesfall mit der Versicherungssumme abgedeckt. Da der Begünstigte im Todesfall meist nicht dem Versicherungsnehmer entspricht, ist hier eine Umwidmung zugunsten des Kreditinstituts erforderlich. Der Begünstigte muss zusätzlich eine Verzichtserklärung abgeben, soweit er vorher unwiderruflich als Empfänger eingesetzt wurde.

(c) Ansprüche an Banken:

- Die Offenlegung erfolgt meist mit einem standardisierten **Formular**. In diesem wird die aktuelle Höhe des Anspruchs angefragt, um den Wert der Sicherheit genau zu quantifizieren. Um im Verwertungsfall uneingeschränkt zugreifen zu können, wird regelmäßig angefragt, ob ein Verzicht auf das **AGB-Pfandrecht** möglich ist.
- Die Übergabe der **Sparurkunden** ist rechtlich nicht erforderlich, wird aber trotzdem meistens eingefordert, um unberechtigte Verfügungen auch bei EDV-Ausfällen des kontoführenden Instituts zu gewährleisten.

(d) Praktische Relevanz:

- Lebensversicherung der Geschäftsführer und/oder Gesellschafter können im Einzelfall für Unternehmen als Sicherheit verwendet werden.
- Ansprüche an Banken dürften Unternehmen selten in größerem Umfang zur Verfügung stehen – wären sie vorhanden, gäbe es kaum einen Kreditbedarf.

**(2)** Ansprüche aus Arbeitsverhältnissen

(a) Merkmale:

- Abtretung einer individuellen Forderung aus einem bestimmten Vertragsverhältnis (Einzelzession) gegenüber dem aktuellen und den potenziellen Vertragspartner(n).
- Information an den Arbeitgeber über den neuen Gläubiger erfolgt nicht **(stille Zession)**.
- Die Anzeige an den Arbeitgeber unterbleibt solange, wie sich der Kreditnehmer vertragskonform verhält.

(b) Praktische Relevanz:

- Diese Sicherheit kann für Unternehmen interessant sein, wenn beispielsweise während der Gründung der oder die Gesellschafter in Teilzeit in einem Angestelltenverhältnis verbleiben, um den Übergang zur Selbstständigkeit fließend zu gestalten.
- Die Arbeitsverhältnisse von Personen, die dem Unternehmen nahestehen, können wertvolle Sicherheiten sein.

**(3)** Ansprüche aus Lieferung und Leistung

(a) Gemeinsamkeiten der **Rahmenzessionen**:

- Beide Ausprägungen basieren auf Rahmenverträgen.

- Sie dienen dazu, dem Kreditinstitut permanent Forderungen als Sicherheit zur Verfügung zu stellen.
- Es werden Ansprüche gegen verschiedene Drittschuldner verwendet.
- Sie werden aus Imagegründen in der Regel als stille Zession vereinbart. Durch die (ausschließliche) Angabe der Kontonummer bei dem Kredit gewährenden Institut auf den Rechnungen sollen die Zahlungen gelenkt werden.
- Um die Rückführung ihrer Kredite zu gewährleisten, fordern Banken ein höheres Volumen an abzutretenden Forderungen im Vergleich zum Kreditsaldo. Dies liegt darin begründet, dass nicht jede abgetretene Forderung auch rechtswirksam übertragen wird (siehe (d)). Wird dieser Sicherheitsgedanke übertrieben, besteht die Gefahr der Überdeckung (= 50 % der Kreditsumme).

(b) Besonderheiten der **Mantelabtretung**:
- Der Kunde verpflichtet sich, einen gewissen Sicherheitenbetrag aus seinem bestehenden Forderungsbestand zur Verfügung zu stellen. Erledigte Forderungen werden durch neue ersetzt.
- Zur Identifikation und damit zur Rechtswirksamkeit der Forderung muss der Kreditnehmer seiner Bank eine Liste der betroffenen Kunden einschließlich Rechnungsdetails übermitteln. Die Übermittlung erzeugt die Abtretung, sie wirkt **konstitutiv**.

(c) Besonderheiten der **Globalabtretung**:
- Kunde und Bank vereinbaren die Abtretung von Forderungen gegen definierte Kunden(-gruppen) unabhängig davon, ob diese schon entstanden sind.
- Mit der Forderungsentstehung wird das Kreditinstitut sofort neuer Gläubiger. Die einzureichenden Forderungsverzeichnisse dokumentieren lediglich die Höhe des Bestands. Sie wirken **deklaratorisch**.

(d) Rahmenzessionen können unwirksam sein, weil
- im Rechtsverhältnis zwischen Drittschuldner und Zedent eine Abtretung ausgeschlossen ist (§ 399 BGB),
- die Forderung erfunden oder bereits getilgt wurde,
- eine Abtretung bereits zugunsten eines anderen Kreditinstituts erfolgte; zu Unrecht erhaltene Zahlungen sind nach § 816 BGB an den Berechtigten auszukehren,
- die Zession des Kreditinstituts mit einem verlängerten **Eigentumsvorbehalt** kollidiert (siehe Kapitel 4.1.3).

(e) Mögliche allgemeine Gegenmaßnahmen:
- Einforderungen von expliziten Verpflichtungserklärungen, dass die Abtretung nicht anderen Rechten entgegensteht
- permanente Kontrolle der erhaltenen Unterlagen einschließlich **Plausibilitätsprüfung**
- in letzter Konsequenz die Information der Drittschuldner über die erfolgte Abtretung

(f) spezifische Maßnahmen, um die Kollision mit einem verlängerten **Eigentumsvorbehalt** zu heilen (siehe Abbildung 4.9):

- Ausgangssituation: Der Hersteller verkauft auf Ziel seine Fahrzeuge und sichert seinen Anspruch mit einem verlängerten Eigentumsvorbehalt. Durch den Weiterverkauf auf Ziel geht die Forderung gegen das Autohaus auf ihn über.
- Problem (Rechtsbeziehung zwischen Bank und Händler): Mit einer Globalzession aus der Vergangenheit würde die Bank das Recht des Herstellers aus dem aktuellen Vertrag gegenstandlos machen, da sie über das **ältere Recht** verfügt. Dies führt zu einer **systematischen Besserstellung** der Banken und wird als Verstoß gegen „die guten Sitten" (§ 138 I BGB) gewertet.
- Lösung: In dem Vertrag über die Globalzession nimmt sich das Kreditinstitut in der Form zurück, dass es sich nur den **Überschussbetrag** abtreten lässt. Alternativ kann auch vereinbart werden, dass die Zession der Bank erst entsteht, wenn die des Herstellers erloschen ist **(Anwartschaft)**.

(g) Praktische Relevanz:
- Diese Form der Abtretung ist für Unternehmen zentral, da ihre Kunden regelmäßig Lieferungen und Leistungen in Kombination mit einer zeitversetzten Zahlung präferieren.
- Für Banken liegt der „Charme" darin, dass (meist vergleichsweise kleinteilige) Ansprüche gegen eine Vielzahl von Drittschuldnern als Sicherheit dienen, sodass Ausfälle unwahrscheinlich sind.

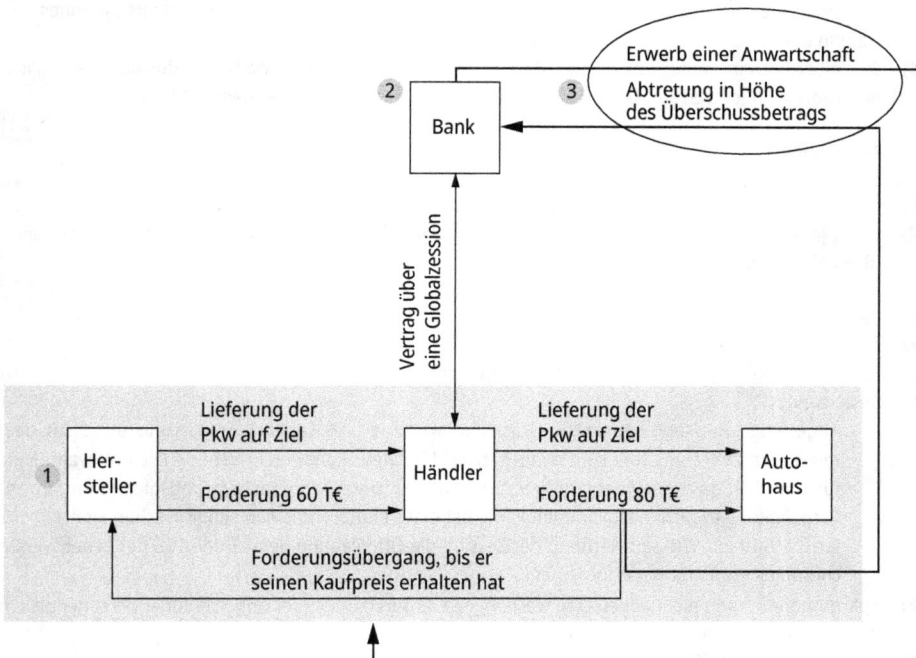

**Abb. 4.9:** Kollision von verlängertem Eigentumsvorbehalt und Zession.

### 4.3.3 Untergang der Zession

Da es sich bei der Zession um eine **fiduziarische** Sicherheit handelt, ist auch hier eine Zweckerklärung erforderlich. Das Kreditinstitut hat sich wie ein Treuhänder zu verhalten und darf die Sicherheit nur verwerten, wenn der Schuldner vertragswidrig handelt. Dies erfolgt durch Einzug der Forderung nach einer angemessenen Fristsetzung. Die Zession ist damit hinfällig. Ist die besicherte Verbindlichkeit erledigt, hat der Sicherungsgeber einen Anspruch auf Rückübertragung. Auch dies bedeutet juristisch die Beendigung der Zession.

---

**Fallstudie 3**

**Ausgangslage:**
Gerda Glück ist eine erfolgreiche Unternehmensberaterin. Um ihren Erfolg weiter zu sichern, will sie zwei zusätzliche Mitarbeiter einstellen, die innerhalb von 12 Monaten sicherlich den Erfolg des Unternehmens steigern werden. Zur Finanzierung wünscht sich die Kundin eine Ausweitung des Kontokorrentkredits um 80 T€. Folgende Forderungen bietet sie zur fiduziarischen Abtretung an:

(1) Kapitallebensversicherung ihres Mannes, mit dem sie Gütertrennung vereinbart hat; die Versicherungssumme beträgt 100 T€ und der aktuelle Rückkaufswert 2.785 €. Sie ist unwiderruflich als Begünstigte im Todesfall benannt, würde aber zugunsten der Bank zurücktreten.

(2) Sparguthaben ihres Mannes in Höhe von 13.789 €, das bei dem Kreditinstitut geführt wird, das auch den Kredit gewähren soll.

(3) Forderungen ihres Mannes, der als Handwerker viele kleinteilige Forderungen an verschiedenste Personen offen hat; diese wechseln permanent. Das gesamte Forderungsvolumen ihres Mannes beträgt in der Regel 100 T€.

(4) Sie selbst betreut immer nur ausgewählte Klienten, sodass sie über wenige, dafür aber betraglich hohe Forderungen verfügt. Der Forderungsbestand beträgt permanent etwa 100 T€.

**Aufgabenstellung:**
Beurteilen Sie,

(1) ob eine Zession rechtlich grundsätzlich möglich ist.

(2) wenn ja, welche rechtlichen und praktischen Probleme berücksichtigt werden müssen; wenn nein, ob es Alternativen gibt.

**Lösung:**

(1) Kapitallebensversicherung

(a) Eine Abtretung ist grundsätzlich durch den Ehemann möglich.

(b) Bewertung:

– Angesichts des sehr begrenzten Rückkaufswerts ist die Lebensversicherung auf Sicht des relevanten Zeitraums (die kommenden zwölf Monate) ökonomisch nicht wirklich relevant. Nur für den Fall, dass der Ehemann verstirbt und die Unternehmensberatung gleichzeitig ihren Verpflichtungen nicht nachkommen kann, hat diese Forderung einen ökonomischen Sinn.

– Juristisch ist zur Wirksamwerdung der Zession die Offenlegung gemäß der AGB der Lebensversicherungsgesellschaften erforderlich.

(2) Sparguthaben: kann nicht abgetreten werden, da hierdurch Gläubiger und Schuldner personengleich würden; diese Sicherheit ist als Pfand geeignet.

(3) Forderungen aus Lieferungen und Leistungen des Handwerkbetriebs

(a) grundsätzlich als Globalabtretung möglich

(b) Bewertung:

- Rechtlich darf der Betrag, der dem Kreditinstitut abgetreten wird, nicht zu hoch sein, da der ökonomische Handlungsspielraum des Sicherungsgebers ansonsten zu stark eingeschränkt wird.
- Die juristische Restriktion hat Einfluss auf den ökonomischen Wert der Sicherheit, sodass maximal ein Teilbetrag der neuen Kreditsumme abgesichert werden kann. Auch muss damit gerechnet werden, dass im Falle des Einzugs durch das Kreditinstitut Einreden erhoben werden, sodass nur ein Teilbetrag der Forderung abgesichert wäre.
- Problematisch ist zudem, dass im Verwertungsfall das Unternehmen des Ehemanns ebenfalls gefährdet würde. Die mit der Gütertrennung gezogene Firewall wäre in ihrer Wirksamkeit eingeschränkt. Es könnte zu einer Folgeinsolvenz kommen.

**(4)** Forderungen aus Lieferungen und Leistung der Unternehmensberatung

(a) Grundsätzlich als Mantelabtretung möglich

(b) Bewertung: Aufgrund der wenigen Kunden erscheint eine Abgrenzung einer gewissen Kundengruppe schwierig, sodass die Globalabtretung kaum geeignet ist. Die Kundin müsste sich verpflichten, immer einen gewissen Bestand an Forderungen abzutreten. Soweit sie dies unterlässt, entstehen keine ersetzenden Zessionen. Auch muss damit gerechnet werden, dass im Falle des Einzugs durch das Kreditinstitut Einreden erhoben werden, sodass nur ein Teilbetrag der Forderung abgesichert wäre.

# 4.4 Sicherungsübereignung

Mit der Sicherungsübereignung erwirbt das Kreditinstitut das treuhändische Eigentum an einem Vermögensgegenstand. Kommt der Kreditnehmer seinen Verpflichtungen nicht nach, steht der Bank die Verwertungsoption offen. Die Sicherungsübereignung ist dann ein geeignetes Instrument zur Besicherung, wenn der Sicherungsgegenstand durch den Sicherungsnehmer weiter genutzt werden soll. Der Nachteil des Pfandrechts, der zwingend erforderliche Zugriff, ist hier umgangen. Auch wenn es keine gesetzliche Grundlage für die Sicherungsübereignung gibt, ist sie durch die Rechtsprechung schon lange anerkannt.

## 4.4.1 Grundlagen

Juristisch vereinbaren die Bank und der Kreditnehmer ein „**Besitzkonstitut**" (§ 930 BGB) über den Vermögensgegenstand. Einen Überblick gibt Abbildung 4.10.

Ansatzpunkte zur Identifizierung der Sicherungsgegenstände:

**(1)** Einzelgegenstände

(a) Vorgehen:

- Dokumentation von Gattung, Hersteller, Identifikationsnummer (Fahrgestell-, Maschinen-, Seriennummer etc.) sowie des amtlichen Kennzeichens – soweit vorhanden
- Für Sicherungsgüter, die nicht bewegt werden, ist der Standort ggf. unter Nutzung einer **Skizze** oder einer gesonderten Auszeichnung an den Gegenständen zu ergänzen.

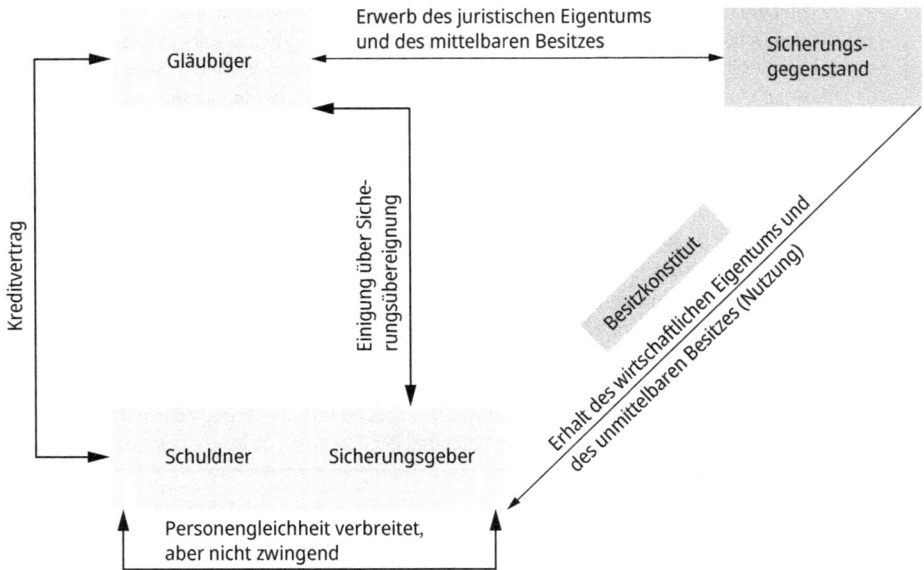

**Abb. 4.10:** Schematische Darstellung der Sicherungsübereignung.

(b) Beispiele: Kraftfahrzeuge zur Personenbeförderung, einzelne Baustellenfahrzeuge, einzelne Maschinen der Fertigung, ausgewählte Büroausstattungsgegenstände u. a.

**(2) Gegenstandsgruppen** ohne Bestandsveränderungen

(a) genaue Benennung des Raumes, der zur Aufbewahrung der Maschinen genutzt wird; durch eine Skizze kann die Transparenz gesteigert werden. Aus der Sicherungsvereinbarung muss klar ersichtlich sein, dass alle Gegenstände, die in diesen Raum gelangen, **fiduziarisches** Eigentum der Bank werden.

(b) Beispiele: Produktionsstraßen oder Warenlager für den eisernen Bestand.

**(3)** Gegenstandsgruppen mit Bestandsveränderungen

(a) Die **Kennzeichnung** entspricht dem konstanten Bestand, ergänzend
  – ist ein **Mindestwert** an Waren zu definieren,
  – sind regelmäßige **Bestandsverzeichnisse** vom Kreditnehmer zu erstellen,
  – wird der Bestand ohne **Ankündigung** durch die Bank kontrolliert.

(b) Dieses Vorgehen eignet sich für die Vorräte von Roh-, Hilfs- und Betriebsstoffen.

### 4.4.2 Einsatz der Sicherungsübereignung

Der Vorteil der Sicherungsübereignung, nämlich dass das Unternehmen weiterhin den Gegenstand nutzen kann, birgt erhebliche Gefahren für das Kreditinstitut. Weitere Konfliktfelder sind:

**(1)** Kollision mit einem Grundpfandrecht (§ 1120 BGB)

(a) Darstellung:

- Wird das Sicherungsgut mit einem Grundstück und/oder Gebäude fest verbunden, wird es nach § 93 BGB als **„wesentlicher Bestandteil"** eingestuft. Die Konsequenz ist, dass der Gegenstand in diesem Fall keine eigenen Rechte tragen kann. Die Sicherungsübereignung geht unter.

- Auch Güter, die dem „wirtschaftlichen Zweck" des Grundstücks dienen, ohne mit ihm verbunden zu sein, sind in der Kreditpraxis problematisch, da es sich um „Zubehör" handelt (§ 97 BGB). Die Sicherungsübereignung setzt sich gegenüber dem Grundpfandrecht nur dann durch, wenn sie das ältere Recht ist und – noch bevor der Gegenstand auf das Grundstück gebracht wurde – rechtwirksam entstand. So wird beispielsweise die Sicherungsübereignung für einen (fahrbaren) Rasenmäher nur dann wirken, wenn sie das ältere Recht ist und noch vor dessen Abstellung auf dem Grundstück zustande kam.

(b) Bewertung: Es wird vergleichsweise selten sein, dass eine Sicherungsübereignung verwendet wird, ohne dass der Kreditnehmer seine Immobilien belastet hat. Somit ist dieses Problem grundsätzlich nicht zu lösen. Befinden sich Sicherungsübereignung und Grundpfandrecht in einer Hand, relativiert sich die ökonomische Wirkung.

**(2)** Kollision mit einem gesetzlichen Pfandrecht

(a) Darstellung:

- Begünstigte sind beispielsweise Vermieter (§ 562 ff. BGB), Verpächter (§ 592 BGB), Spediteure (§ 464 HGB) und Kommissionäre (§ 397 ff. HGB).

- Aus diesem Grund sorgen Banken dafür, dass der Rechteinhaber immer vereinbarungsgemäß bezahlt wird. Somit wird die Entstehung des Pfandrechts verhindert. Sagt der Rechteinhaber gegenüber der Bank die Rechtsaufgabe zu, ist das Problem ebenfalls gelöst.

(b) Bewertung: Beide Strategien erscheinen wenig realistisch:

- Die Sicherungsübereignung ist gerade dann relevant, wenn das Unternehmen Zahlungsschwierigkeiten hat. Ob es sich in einer solchen Situation gegenüber Vermietern u. a. vertragskonform verhält, ist zweifelhaft.

- Warum sollte ein Rechtsinhaber sich zugunsten der Bank schlechter stellen?

**(3)** Gefahr der Doppelübereignung

(a) Darstellung: Da der Sicherungsgeber nach der **ersten Übereignung** nicht mehr Eigentümer ist, kann er das Eigentum nicht mehr anderweitig übertragen.

(b) Bewertung: Hierbei handelt es sich um ein kaum auszuschließendes Restrisiko. Ein unredlicher Kreditnehmer wird auch dann explizite Erklärungen abgeben, in denen er bestätigt, Eigentümer zu sein, wenn diese Aussage unwahr ist.

**(4)** Kollision mit einem Eigentumsvorbehalt

(a) Darstellung:

- Das Recht des Lieferanten geht dem der Bank vor.

- Die Bank ist **Anwärter** auf das Eigentum und erwirbt dieses, wenn der Eigentumsvorbehalt erloschen ist.

(b) Bewertung: Ob die erforderliche Zahlung durch den Kreditnehmer auch im Krisenfall erfolgt, ist zumindest zweifelhaft.

**(5)** Drohender Untergang

(a) Darstellung:

- Hier befindet sich das Kreditinstitut in der gleichen Situation wie ein Lieferant.
- Um den Untergang seines Rechts zu verhindern, wird die gleiche Konstruktion wie bei einem verlängerten Eigentumsvorbehalt gewählt.
- Das Kreditinstitut erwirbt an neu erzeugten Gegenständen das Eigentum bzw. erfasst etwaig entstehende Forderungen mit einer Zession (siehe Kapitel 4.3.2).

(b) Bewertung: Diese Strategie erscheint erfolgversprechend.

**(6)** „Gutgläubiger Erwerb" durch einen Dritten (§ 933 BGB)

(a) Darstellung:

- Durch das **„Besitzkonstitut"** kann der unmittelbare Besitzer einem Dritten den Gegenstand übergeben, sodass dieser das Eigentum erwirbt. Das Recht der Bank geht unter.
- Für Kraftfahrzeuge ist für einen gutgläubigen Erwerb die Übergabe der **Zulassungsbescheinigung Teil II** erforderlich. Dieses Dokument hat den Fahrzeugbrief abgelöst und wird von dem Kreditinstitut regelmäßig zu den Unterlagen genommen. Gleichzeitig wird das Straßenverkehrsamt informiert, sodass die Erstellung eines Duplikats verhindert wird.

(b) Bewertung:

- Bei Fahrzeugen erscheint dieses Risiko beherrschbar, bei anderen Gegenständen sind diese Präventivmaßnahmen nicht möglich.
- Wenn solche Maßnahmen erforderlich scheinen, stellt sich die Frage nach der Redlichkeit und damit nach der persönlichen Kreditwürdigkeit.

Marktpreisschwankungen oder ein Werteverzehr im Zeitablauf sowie Kosten der Verwertung treffen auch Güter, die mit einer Sicherungsübereignung belegt sind. Aus diesem Grund werden auch hier **Bewertungsabschläge** vorgenommen. Sicherungsübereignungen sind als Sicherheit universell einsetzbar.

### 4.4.3 Untergang der Sicherungsübereignung

Da es sich bei der Sicherungsübereignung um eine **fiduziarische** Sicherheit handelt, ist auch hier eine Zweckerklärung erforderlich. Die Bilanzierung erfolgt durch den wirtschaftlich Berechtigten. Das Kreditinstitut hat sich wie ein Treuhänder zu verhalten und darf die Sicherheit nur dann verwerten, wenn das Unternehmen vertragswidrig handelt. In diesem Fall wird das Kreditinstitut die Forderung kündigen (§ 490 BGB). Zur Verwertung ist der **unmittelbare Besitz** erforderlich, auf den das Kreditinstitut jetzt einen Anspruch hat. Soweit das Unternehmen als Sicherungsgeber seiner Verpflichtung nicht freiwillig nachkommt, wird diese mittels **Klage** durchgesetzt. Die Verwertung wird angekündigt und mit einem Zeitverzug durchgeführt. Somit kann das Unternehmen den Prozess noch stoppen. Erfolgt keine Reaktion, stehen dem Kreditinstitut die „Versteigerung" (§ 384 BGB) sowie der „Verkauf aus freier Hand" (§ 385 BGB) analog dem Pfandrecht offen. Hierbei darf es den Schuldner nicht benachteiligen. Ist die besicherte Verbindlichkeit erledigt, hat der Sicherungsgeber einen Anspruch auf Rückübertragung des Eigentums.

---

**Fallstudie 4**

**Ausgangslage:**
Ihr Chef Leo Listenreich wurde von der örtlichen Genossenschaftsbank aufgefordert, seinen Kredit nachträglich stärker zu besichern. Im heutigen Gespräch hat er Ihnen folgende Gegenstände genannt:

**(1)** 2.000 Jungbäume, die bereits seit zwei Jahren auf seinem Grundstück wachsen und sich prächtig entwickelt haben; der Verkaufspreis liegt pro Stück bei mindestens 15 € netto. Leo plant den Verkauf aber erst in zwei Jahren zu netto 30 €.

**(2)** eine gebrauchte Gärtnereimaschine im Wert von 5 T€

**Aufgabenstellung:**
Aufgrund Ihres hohen Fachwissens sollen Sie zur Vorbereitung auf den Banktermin die juristische und ökonomische Eignung der Gegenstände beurteilen.

**Lösung:**

**(1)** Da es sich bei den Jungbäumen um wesentliche Bestandteile des Grundstücks handelt, können sie nicht übereignet werden. Sie sind nicht in der Lage, separate Rechte zu tragen.

**(2)** Gärtnereimaschine

**(a)** Zur Begründung sind die erforderlichen Verträge abzuschließen. Zudem ist auch hier die eindeutige Identifizierbarkeit erforderlich. Es müssen Hersteller, Typ, Fahrgestell- bzw. Seriennummer erfasst werden.

**(b)** Ökonomisch stellt sich die Frage nach der Werthaltigkeit. Eine gebrauchte Spezialmaschine, die aktuell einen (optimistischen?) Wert von 5 T€ hat, dürfte bei einer künftigen Verwertung – nach Abzug der Kosten – nur einen geringfügigen Erlös erzielen.

---

# 4.5 Personalsicherheiten

Gemeinsames Merkmal der Personalsicherheiten ist, dass der Kreditgeber im Zweifel auf die komplette ökonomische Leistungsfähigkeit sowie alle Vermögensgegenstände des Verpflichteten zur Schuldentilgung zugreifen kann. Je besser die **Bonität** des Verpflichteten ist, desto attraktiver ist diese Form der Besicherung.

### 4.5.1 Schema der Bürgschaft

Schließt eine dritte Person mit einem Gläubiger einen Vertrag auf der Grundlage des § 765 BGB, so wird diese Person **Bürge** genannt. Inhaltlich verspricht der Bürge, für die zugrunde liegende Hauptschuld aufzukommen, soweit das Unternehmen als Schuldner hierzu nicht mehr in der Lage ist oder dies verweigert. Im Zahlungsfall entsteht daraus ein Erstattungsanspruch. Der Eventualcharakter ist in Abbildung 4.11 durch die gestrichelte Linie angedeutet.

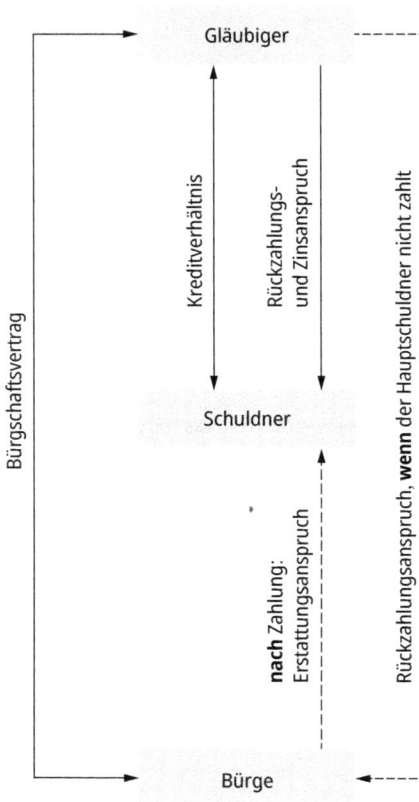

**Abb. 4.11:** Grundschema der Bürgschaft.

Für die Verpflichtung des Bürgen erhält dieser kein Äquivalent. Die Bürgschaft gehört zu den **akzessorischen** Sicherheiten. § 765 II BGB sieht explizit vor, dass Bürgschaften auch für bevorstehende oder an Bedingungen geknüpfte Schulden übernommen werden können. Folgende Aspekte kennzeichnen die Bürgschaft:

- Durch die **Akzessorietät** entspricht die Bürgschaftshöhe dem zugrunde liegenden Kreditverhältnis. Durch Zinsbelastungen ist auch eine Erhöhung möglich. Zudem gehen auch etwaige „Kosten der Kündigung und der Rechtsverfolgung" des Hauptschuldners zu seinen Lasten (§ 767 II BGB). Mit einer kompletten Tilgung ist auch die Bürgschaft hinfällig. (§ 767 I BGB). Der Tod des Hauptschuldners hat keinen Einfluss auf den Bestand der Bürgschaft.

- Nach § 768 BGB wird der Bürge nicht schlechter gestellt als der Hauptschuldner: Er kann alle Fakten, die auch dem Schuldner zustehen, für sich geltend machen. Der Gesetzgeber spricht von „**Einreden**".
- Hat der Hauptschuldner dem Kreditinstitut noch weitere Sicherheiten gestellt, so kann der Gläubiger diese ohne Einwilligung des Bürgen freigeben. Jedoch verringert der Wert der freigegebenen Sicherheit die Bürgschaftshaftung (§ 776 BGB).
- Eine **befristete** Bürgschaft (§ 777 BGB) ist mit dem Fristende gegenstandslos, soweit der Gläubiger bis dahin keine Ansprüche angemeldet hat.
- Verstirbt der Bürge, so geht auch seine Bürgschaftsverpflichtung auf die Erben über.

---

**Fallstudie 5**

**Ausgangslage:**
Einzelunternehmer Karl hat sich bei seiner Hausbank 200 T€ geliehen. Als Sicherheit hat sein guter Freund Fridolin in voller Höhe gebürgt. Zusätzlich hat Karl seine Aktien aus seinem Wertpapierdepot verpfändet. Zum Zeitpunkt der Verpfändung betrug der Wert 65 T€. Der Aktienmarkt boomt und die Aktien steigen auf einen Kurswert von 95 T€. Den Gewinn möchte Karl gerne realisieren, sodass er um Freigabe der Aktien bittet. Diesem Wunsch wird nachgekommen. Aus Versehen wird der Gegenwert dem Konto von Karls Freundin Frederike gutgeschrieben, die über die Summe verfügt und eine Surfschule auf den Philippinen eröffnet. Zugriffsmöglichkeiten bestehen keine. Drei Monate später stellt Karl sämtliche Zahlungen ein und reagiert auch nicht auf Kontaktversuche. Die Bank verlangt von Fridolin die vollen 200 T€.

**Aufgabenstellung:**
Welchen Betrag muss Fridolin zahlen?

**Lösung:**
Da die Bank die Wertpapiere im Wert von 95 T€ freigegeben hat, verringert sich seine Verpflichtung aus der Bürgschaft auf 105 T€.

---

### 4.5.2 Bürgschaftsausprägungen

Verbürgt sich eine Privatperson auf Grundlage des § 765 BGB, steht ihr gemäß § 771 BGB die „**Einrede der Vorausklage**" zu. Hiermit ist gemeint, dass sie die Zahlung so lange verweigern kann, bis ihr der Gläubiger nachweist, dass eine Zwangsvollstreckung gegen das Unternehmen als Schuldner kein materielles Ergebnis erzielt.

Um Zeit und Kosten zu sparen, verlangen Kreditinstitute von den Bürgen regelmäßig, dass sie auf das Recht des § 771 BGB verzichten. Somit steht ihnen die Einrede nicht mehr zu. Folglich haften sie als „**Selbstschuldner**" (§ 773 BGB). Verbürgen sich

Kaufleute im Rahmen ihres „Handelsgeschäfts", hat die Bürgschaft ebenfalls selbst-schuldnerischen Charakter (§ 349 HGB).

Wird eine Verbindlichkeit durch verschiedene Bürgen gesichert, handelt es sich um eine **„Mitbürgschaft"** (§ 769 BGB). In dieser Ausprägung haften die Bürgen jeweils für den kompletten Betrag, da sie als **„Gesamtschuldner"** eingestuft werden: Das Kreditins-titut kann frei entscheiden, welcher Bürge zahlen soll (§ 421 BGB). In Abbildung 4.12 ist die Mitbürgschaft schematisch dargestellt. Es wird deutlich, dass die grundlegenden Rechtsbeziehungen denen der Einzelbürgschaft entsprechen. Der Bürge, der geleistet hat, kann von dem oder den weiteren Bürgen einen anteiligen Ersatz verlangen.

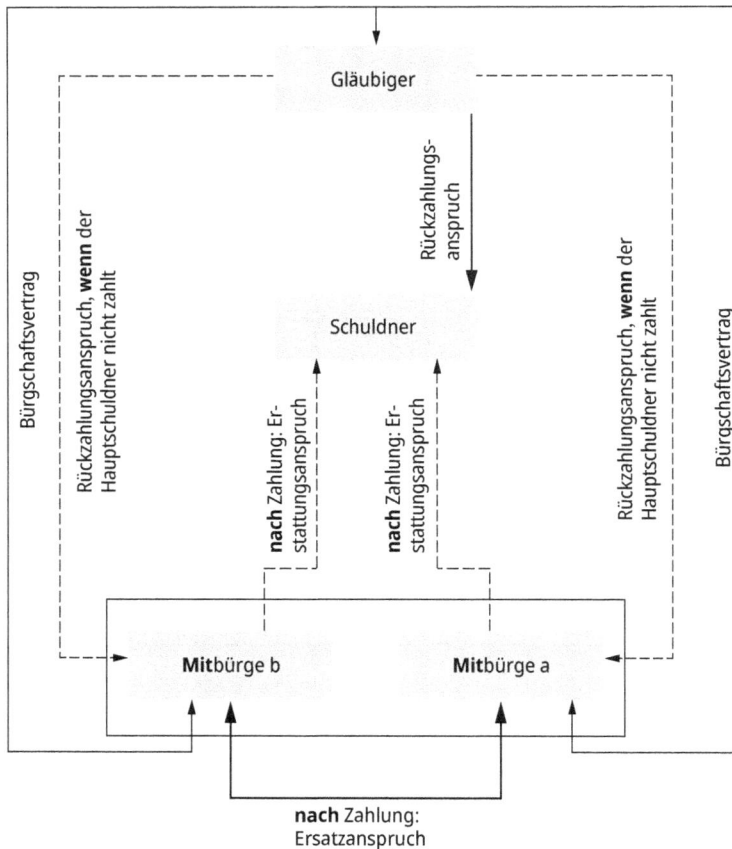

**Abb. 4.12:** Schematische Darstellung der Mitbürgschaft.

Wird der Bürge seinerseits durch eine Bürgschaft gesichert, handelt es sich um die sogenannte **Rückbürgschaft**, deren Rechtsbeziehungen im linken Teil von Abbildung 4.13 dargestellt sind. Der Rückbürge verpflichtet sich gegenüber dem Bürgen für den Fall, dass dieser in Anspruch genommen wird. Greift der Gläubiger tatsächlich auf den Bürgen zu, stehen diesem zwei Ersatzansprüche zu: gegenüber dem Schuldner und dem Rückbürgen. Leistet der Rückbürge, geht der Anspruch der Bürgen auf Erstattung vom Schuldner auf ihn über.

Anders verhält es sich bei der **Nachbürgschaft**. Ein zweiter Bürge verpflichtet sich für die Forderung des Gläubigers. Die Leistung erfolgt erst dann, wenn der „erste" Bürge nicht zahlt. Folglich steht dem Nachbürgen bei Zahlung ein Rückgriffsrecht gegen den Bürgen zu, dessen Pflicht er übernommen hat. Diesen Zusammenhang visualisiert der rechte Teil von Abbildung 4.13. Zusätzlich steht dem Nachbürgen ein Anspruch gegen den Schuldner zu, der aber aus Gründen der Übersichtlichkeit nicht in Abbildung 4.13 aufgenommen ist.

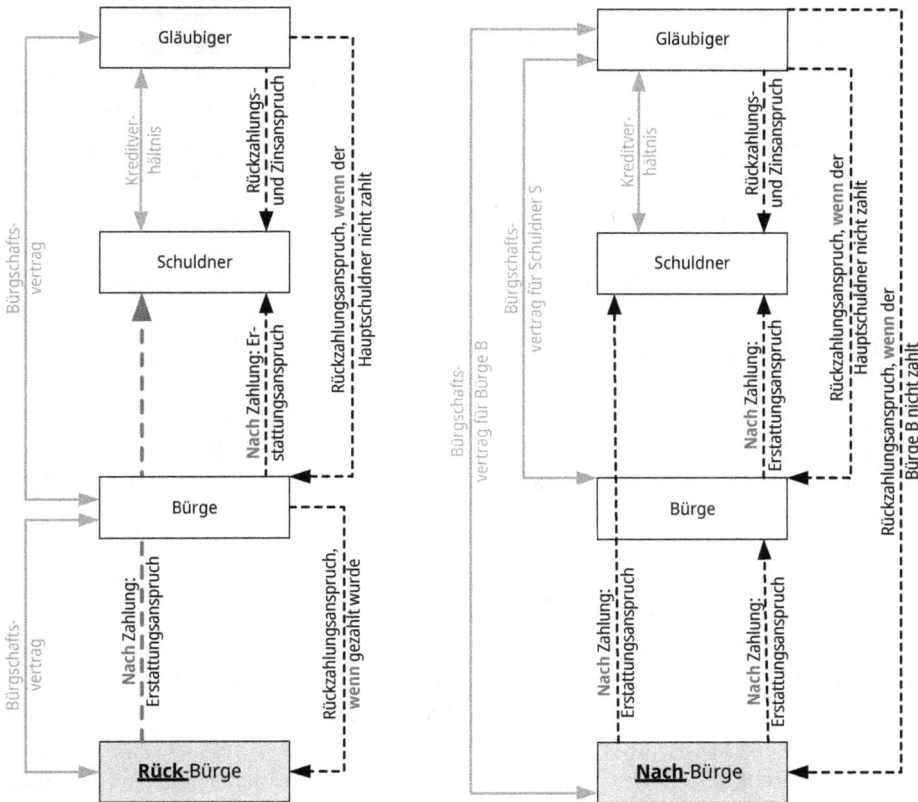

**Abb. 4.13:** Schematische Darstellung der Rück- und Nachbürgschaft.

---

**Fallstudie 6**

**Ausgangslage:**
Anton und Bernd haben für den Kredit ihres Freundes Viktor über 100 T€ jeweils eine Bürgschaft übernommen. Es kommt, wie es kommen muss: Viktor kann sechs Monate nach der Bürgschaftsübernahme nicht mehr zahlen. Da Anton inzwischen arbeitslos geworden ist, wendet sich die Bank an Bernd, der (ungern) zahlt.

**Aufgabenstellung:**
Wie ist die Rechtslage?

**Lösung:**
Bernd hat einen Anspruch gegen Viktor in Höhe von 100 T€. Auch kann er von Anton in Höhe von 50 T€ Ersatz verlangen. Zahlt Anton tatsächlich, verringert sich Bernds Anspruch gegen Viktor.

---

### 4.5.3 Einsatz der Bürgschaft

Um die Bürgschaft sinnvoll einsetzen zu können, prüfen Banken die Kreditfähigkeit und Kreditwürdigkeit analog der des Schuldners (siehe Kapitel 3.1.2). Mit dem Instrument der Bürgschaft kann eine Bank auch die Haftungsbeschränkung durch die Rechtsform aushebeln. Indem (weitere) Kreditbewilligungen nur an die Bürgschaft des bzw. der Gesellschafter gekoppelt sind, wird beispielsweise die Haftungsbeschränkung der Inhaber einer GmbH ad absurdum geführt. Bürgschaften im familiären Umfeld der Unternehmer sind auch nicht auszuschließen. Aus Sicht der Betroffenen bieten sich aber Schlupflöcher, wenn
- voll geschäftsfähige Kinder bürgen sollen und diese aus dem verbürgten Kredit keinen Nutzen ziehen können. Hier könnte man einem Kreditinstitut unterstellen, dass es die familiäre Beistandsverpflichtung (§ 1618a BGB) zu seinen Gunsten ausnutzt.
- Familienmitglieder als Bürgen verpflichtet werden, deren ökonomische Verhältnisse mit der verbürgten Forderung nicht kompatibel sind. Im schlimmsten Fall können solche Bürgschaften als Verstoß gegen „die guten Sitten" (§ 138 BGB) gewertet werden. Die Bürgschaft wäre nicht rechtswirksam.

Die Rechtsprechung stellt Personen, die sich aufgrund einer Drohung oder einer emotionalen Zwangslage verpflichtet haben, Familienmitgliedern gleich.

Aufgrund der Konsequenzen, die mit einer Bürgschaft verbunden sind, lässt der Gesetzgeber bei Nichtkaufleuten nur Bürgschaften in **„Schriftform"** zu (§ 766 BGB). Kaufleute werden durch den § 350 HGB von dieser Anforderung befreit. Die Fahrlässigkeit, auf die Schriftform zu verzichten und die damit verbundenen Nachweisproblematik in Kauf zu nehmen, wird den Kreditinstituten wohl vergleichsweise selten unterlaufen.

### 4.5.4 Andere Personalsicherheiten

Neben den Bürgschaften gibt es weitere Ausprägungen von Personalsicherheiten, die ökonomisch den gleichen Zweck verfolgen.

Im Gegensatz zur akzessorischen Bürgschaft ist die **Garantie** abstrakt, d. h. es gibt keine kausale Verknüpfung zwischen Grundgeschäft und Sicherheit. Mit der Garantie wird die Verpflichtung durch den Garantiegeber **(Garant)** ausgesprochen, für ein wirtschaftliches Ergebnis die Gewähr zu übernehmen (siehe Kapitel 3.2.1.2). Wird das angestrebte Ziel nicht erreicht, erfolgt die Kompensation durch den Garanten in Form einer Geldzahlung. Eine konkrete gesetzliche Rechtsgrundlage für die Garantie gibt es nicht.

Ein weiteres Instrument, das sich ebenfalls auf keine konkrete gesetzliche Grundlage bezieht, ist die **Patronatserklärung**. Diese wird in Konzernen verwendet. Für die Kreditpraxis ist nur die Form relevant, in der sich das Mutterunternehmen verpflichtet, sein betroffenes Tochterunternehmen immer in die Lage zu versetzen, seine Schulden bedienen zu können. Diese Erklärung ist globaler als eine Bürgschaft. Kommt es zum Ausfall der Tochter, kann das Kreditinstitut seinen Schaden geltend machen. Dies erfolgt nicht direkt über die Kreditbeziehung, sondern auf Grundlage der Patronatserklärung.

Der **„Kreditauftrag"** stellt ein ähnliches Vehikel wie die Patronatserklärung dar. Er ist in § 778 BGB geregelt. Erfüllt das Kreditinstitut einen solchen Auftrag, ist der Auftraggeber zwangsläufig Bürge.

## 4.6 Immobilien als Kreditsicherheit

**Immobilien** sind unbewegliche Sachen, die durch gesetzliche Regelungen voneinander abgegrenzt werden. Dies ist erforderlich, um reibungslose Transaktionen zwischen den Beteiligten zu ermöglichen. Alle Immobilien können belastet, veräußert und vererbt werden.

### 4.6.1 Grundbuch als öffentlicher Objektnachweis

#### 4.6.1.1 Abgrenzung zwischen Grundbuch und Kataster

Das **Grundbuch** ist ein Verzeichnis aller Grundstücke einer Gemeinde. Die Verwaltung übt das **Grundbuchamt** (Amtsgericht) aus. Es weist Grundstückseigentümer sowie Rechte Dritter aus. Rechtliche Basis sind die Grundbuchordnung (GBO) und die Grundbuchverfügung (GBV).

Jedes Grundstück wird im Grundbuch separat ausgewiesen. Grundlage für das Grundbuch sind die jeweiligen „**Urkunden**". Diese werden neben Papierversionen des Grundbuchs und Korrespondenz in den „**Grundakten**" (§ 24 GBV) verwahrt. Aufgaben der Grundstücksvermessung liegen in der Verantwortung des jeweiligen **Katasteramts** der Gemeinde.

### 4.6.1.2 Publizität

„Die Einsicht des Grundbuchs ist jedem gestattet, der ein berechtigtes Interesse"
(§ 12 GBO) nachweist. Die Voraussetzung liegt regelmäßig vor bei
-   den Eigentümern selbst,
-   den finanzierenden Banken,
-   Notaren im Rahmen von anstehenden Kaufverträgen,
-   Begünstigten der eingetragenen Rechte.

Für die **Verlässlichkeit** im Grundstücksverkehr ist es wichtig, dass die Eintragungen
im Grundbuch gültig sind, selbst wenn sie materiell nicht zutreffen (**„öffentlicher
Glaube"** § 892 BGB). Gemäß § 891 BGB kann sich die einsehende Person darauf verlassen, dass die im Grundbuch gemachten Angaben zutreffen **(positive Publizität)**. Weiterhin darf die Person annehmen, dass gelöschte Einträge nicht (mehr) bestehen
**(negative Publizität)**. Eine Löschung wird durch rote Unterstreichung der Passage
deutlich gemacht. Zusätzlich werden Löschdatum, Begründung und ggf. Änderungs-
text notiert. Die Historie ist somit nachvollziehbar.

Die Angaben im Bestandsverzeichnis sind vom öffentlichen Glauben ausgenom-
men. Um über Angaben dieser Kategorie verlässliche Auskunft zu erhalten, hilft der
Auszug aus dem Liegenschaftsbuch, der uneingeschränkten öffentlichen Glauben besitzt. Auch Eintragungen in den Abteilungen gelten nicht als richtig (§ 892 BGB), wenn
-   der Einsehende besseres **Wissen** besitzt oder
-   im Grundbuch ein **„Widerspruch** gegen" einen Sachverhalt vermerkt ist.

### 4.6.1.3 Bestandteile

Die Struktur des Grundbuchs zeigt Abbildung 4.14[21]. Die fünf Bestandteile haben folgende Inhalte:
**(1)** Die **Aufschrift** gewährleistet die eindeutige Abgrenzbarkeit der jeweiligen
Grundstücke bzw. des entsprechenden Rechts.
**(2)** Im **Bestandsverzeichnis** sind
(a) die Informationen aus dem Katasteramt dargestellt,
(b) Rechte an anderen Grundstücken eingetragen.
-   Hierzu zählen Wege- und Überleitungsrechte, die der jeweilige Eigentümer
    für sich in Anspruch nehmen kann.
-   Der Gesetzgeber spricht immer dann vom **„herrschenden"** Grundstück, wenn
    eine Begünstigung dieses Grundstücks vorliegt (§§ 1019, 1025 und 1109 BGB).
-   Die Einschränkung am **„dienenden Grundstück"** (§ 3 GBO) erkennt man in
    dessen Abteilung II.

---

21 In der Realität erfolgen die Unterstreichungen in roter Farbe.

| Aufschrift | | Bestandsverzeichnis | |
|---|---|---|---|
| Amtsgericht | X-Stadt | Gemarkung, Flur, Flurstück | X-Stadt(-teil), 7, 8910 |
| Grundbuchart | Grundstücksgrundbuch | Lage | Weiß-nicht-Straße 1 |
| Grundbuchbezirk (Gemarkung) | X-Stadt(-teil) | Wirtschaftsart Größe | Hof- und Gebäudefreifläche 2 a 56m² (= 256m²) |
| (Grundbuchband) | 123 | Rechte, die diesem Grundstück dienen | |
| Grundbuchblatt | 456 | | |

| Abteilung I Eigentumsrechte | Abteilung II Lasten und Beschränkungen | Abteilung III Grundpfandrechte |
|---|---|---|
| ....... | | ....... |
| 2 15.01.199X Erwerb durch Karl X. | 1 25.02.199X Wegerecht für Flurstück 89 11 | 2 15.01.199X Hypothek 200 TDM |
| 3 20.12.20X3 Erwerb durch Jules Y. | 2 25.02.199X Wohnrecht auf Lebenszeit für Erna X. *27.12.1927 | 3 20.12.20X3 Grundschuld 300 T€ |
| 4 25.03.20X9 Erwerb durch Ken Z. ....... | 3 12.12.20X9 Vorkaufsrecht für ... ....... | 4 25.03.20X8 Hypothek 400 T€ ....... |

**Abb. 4.14:** Schematischer Aufbau des Grundbuchs.

**(3)** **Abteilung I** spiegelt die Eigentumsverhältnisse wider.

(a) So kann der bzw. können die Eigentümer identifiziert werden.

(b) Bei mehreren Eigentümern
  - ist deren jeweiliger Anteil erkennbar. Eheleute erwerben meist halbe Anteile. Juristisch werden hierin **Bruchteile** gesehen, die theoretisch auch separat handelbar sind (§§ 741 ff. BGB).
  - Oder es ist das **Gemeinschaftseigentum** vermerkt. Hieraus folgt, dass eine individuelle Verfügung ausgeschlossen ist.

(c) So kann die Form des Eigentumsübergangs nachvollzogen werden:
  - **Auflassung**, basierend auf einem Kauf- oder Schenkungsvertrag
  - **Zuschlag** als Ergebnis eines Zwangsversteigerungverfahrens
  - **Erbschein** als Konsequenz eines Erbfalls

**(4)** **Abteilung II** weist Lasten und Beschränkungen aus. Hierbei handelt es sich faktisch um verschiedene Ausprägungen von Nutzungsrechten am oder aus dem Grundstück (siehe Kapitel 4.6.2).

**(5)** **Abteilung III** ist den Grundpfandrechten vorbehalten. Diese kommen zum Einsatz, wenn Immobilien als Sicherheit verwendet werden (siehe Kapitel 4.6.4).

#### 4.6.1.4 Schritte der Grundbucheintragungen

Die Eintragung in das Grundbuch erfolgt nach folgendem Schema:

**(1)** Außerhalb der Wahrnehmung des Grundbuchamts ist die **Einigung** über den Sachverhalt Grundvoraussetzung.

**(2)** Voraussetzungen für die Eintragungen aus der Wahrnehmung des Grundbuchamts:

(a) **Antrag** an das Grundbuchamt (§ 13 GBO):
 – Er kann schriftlich oder „zur Niederschrift" erfolgen.
 – Er ist durch jede der involvierten Parteien möglich.

(b) Bewilligung:
 – Sie ist nur in „öffentlicher oder öffentlich beglaubigter Form" möglich (§ 15 GBO).
 – Sie steht nur der Person zu, zu deren Lasten die Eintragung erfolgt (§ 19 GBO). So bewilligt der Eigentümer die Umschreibung auf den neuen Eigentümer oder die Belastung mit einem Wegerecht.

(c) Soweit eine notarielle Urkunde die Grundlage für die Eintragung bildet, umfasst diese (fast) ausnahmslos beide Komponenten.

**(3)** Umsetzung der **Eintragung**:

(a) Die Dokumente, auf denen die Eintragung basiert, werden in die **Grundakte** aufgenommen.

(b) Das Grundbuch wird durch die Eintragung aktualisiert.

#### 4.6.1.5 Rangordnung

Bestehen mehrere Rechte Dritter an einem Grundstück, so konkurrieren diese miteinander. Um für Rechtssicherheit zu sorgen, wird das Verhältnis der Rechte zueinander wie folgt geregelt.

**(1)** Rangfolge der Bestandsrechte

(a) Ohne Vereinbarung sind zwei Kriterien bedeutsam (§ 879 BGB):
 – Innerhalb einer Abteilung folgt die Priorität der **Nummerierung**.
 – Zwischen den Abteilungen ist das **Datum** der Eintragung das Ordnungskriterium. Hieraus ergibt sich, dass das jüngere Recht dem älteren Recht folgt und bei Gleichaltrigkeit die Rechte gleichberechtigt sind.

(b) Mit einer separaten Vereinbarung spricht man vom sogenannten **Rangrücktritt** (§ 880 BGB). Der Inhaber eines vorrangigen Rechts tritt hinter ein ihm gegenüber nachrangiges Recht zurück.

**(2)** Rangfolge bei einzutragenden Rechten

(a) Hat das Grundbuchamt verschiedene Einträge vorzunehmen, so ergibt sich der Rang des Eintrags aus dem Datum des **Zugangs** (§ 45 GBO).

(b) „**Rangvorbehalt**" (§ 881 BGB):
 – Der Rangvorbehalt ist dann sinnvoll, wenn das gegenwärtig einzutragende Recht im Rang hinter einem zukünftig einzutragenden Recht stehen soll.

- Der Rangvorbehalt wird beim eingetragenen, zukünftig benachteiligten Recht vermerkt.
- Sobald das begünstigte Recht eingetragen wird, genießt es automatisch Vorrang.

---

**Fallstudie 7**

**Ausgangslage:**
Verwenden Sie die Informationen aus Abbildung 4.14.

**Aufgabenstellung:**
Bestimmen Sie die Reihenfolge der Rechte per 01.01.1992. Gehen Sie davon aus, dass alle Rechte in diesem Moment noch gültig waren.

**Lösung:**
Innerhalb der jeweiligen Abteilungen hat das Recht mit der kleineren Ordnungskennziffer Vorrang vor dem Recht mit der größeren Ordnungsziffer.
Abteilungsübergreifend ist das Datum des Eintrags maßgeblich. (Rot) unterstrichene Einträge sind gelöscht. Somit ergibt sich folgende Reihenfolge:

**(1)** 25.02.199X → Wegerecht
**(2)** 25.02.199X → Wohnrecht
**(3)** 25.03.20X8 → Hypothek
**(4)** 12.12.20X9 → Vorkaufsrecht

---

## 4.6.2 Nutzungsrechte Dritter und Verfügungshemmnisse

**Abteilung II** des Grundbuchs ist – wie in Kapitel 4.6.1 beschrieben – der Ort, an dem die sogenannten **„Lasten und Beschränkungen"** vermerkt werden. Je nach Ausprägung, Rang und Umfang können sie den Immobilienwert deutlich reduzieren und im schlimmsten Fall sogar die Immobilie für einen Dritten wertlos machen. Eine Übersicht der gebräuchlichsten Formen zeigt Abbildung 4.15.

Die einzelnen Ausprägungen der Nutzungsrechte haben folgende Inhalte:
**(1)** Dienstbarkeiten
(a) rechtliche Unterscheidungen:
  - **Grunddienstbarkeiten** sind Rechte, die das betroffene Grundstück zugunsten eines anderen Grundstücks belasten. Mit einem Eigentümerwechsel geht das Recht nicht unter. Mögliche Erscheinungsformen sind separat dargestellt (§§ 1018 ff. BGB).
  - **Beschränkt persönliche Dienstbarkeiten** sind individuelle Rechte von Personen am belasteten Grundstück, deren Übertragung ausgeschlossen ist. Die Erscheinungsformen unterscheiden sich nicht von denen der Grunddienstbarkeiten (§§ 1090 ff. BGB).

```
                    Nutzungsrechte ──── Wegerecht ────┐
                    Dritter                           │
                                  ──── Leitungsrecht    │
                                                        │
                                  ──── Abbaurecht ──────┼──── Dienstbarkeiten
                                                        │
                                  ──── Wohnrecht        │
                                                        │
                                  ──── Nießbrauch ──────┘
  bedeutende Rechte
  Dritter in der                 ──── Reallast
  Abteilung II
                                  ──── Vorkaufsrecht

                                  ──── Erbbaurecht


                    Verfügungs-   ──── Auflassungsvormerkung
                    hemmnisse
                                       Eintrag der           ┐
                                  ──── Insolvenzeröffnung     │
                                                             │
                                       Eintrag der Zwangsver- ├──── Notmaßnahmen
                                  ──── steigerung/bzw. -verwaltung │
                                                             │
                                       Eintrag der           ┘
                                  ──── Nachlassverwaltung
```

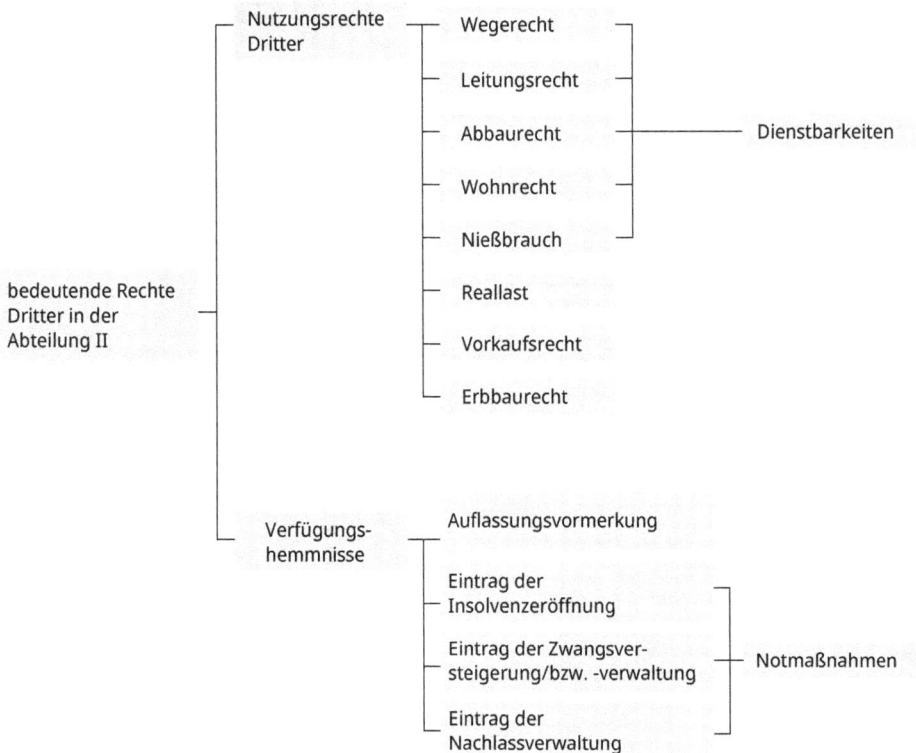

**Abb. 4.15:** Schematische Darstellung ausgewählter Lasten und Beschränkungen.

(b) Erscheinungsformen:
   – **Wegerechte** ermöglichen dem Rechteinhaber die Überquerung des belasteten Grundstücks. Dies ist dann bedeutsam, wenn das angrenzende Grundstück sonst keine Verbindung zu öffentlichen Straßen hat. Da das Interesse zum Straßenzugang nicht von der Person des Eigentümers abhängt, wird (meist) die Grunddienstbarkeit herangezogen. Ob und in welchem Umfang eine Wertminderung vorliegt, kann nur im Einzelfall beurteilt werden.
   – **Leitungsrechte** ermöglichen es Versorgungsunternehmen, das belastete Grundstück zu nutzen. Das Recht kann sowohl zugunsten eines Grundstücks oder einer juristischen Person eingeräumt sein. Ob und in welchem Umfang eine Wertminderung vorliegt, hängt von der Form des Rechts ab.
   – **Abbaurechte** ermöglichen es, Bodenschätze oder andere Ressourcen aus dem Grundstück zu entnehmen. Ob neben dem **Schürfrecht** noch eine weitere Nutzung möglich ist, kann nicht pauschal beantwortet werden. Grundsätzlich kann das Recht eine (juristische) Person oder einen Grundstücksinhaber berechtigen.

– **Wohnrechte** werden meist im Rahmen der Eigentumsübergabe an die nächste Generation geltend gemacht. Die Kinder erhalten das Eigentum an der Immobilie und müssen dafür den Eltern ein lebenslanges Wohnrecht einräumen. Somit ist die Form der Grunddienstbarkeit hier ungeeignet. In Abhängigkeit des bereits erreichten Lebensalters des oder der Berechtigten, lässt sich unter Einbeziehung der Sterbewahrscheinlichkeit die statistische Laufzeit des Rechts ableiten. In Verbindung mit der jährlichen Ertragseinbuße lässt sich der Wertabschlag berechnen.

– **Nießbrauch** wird den Dienstbarkeiten zugeordnet, bildet aber eine separate Kategorie. Es ermöglicht dem Inhaber, den Eigentümer von allen Nutzungen auszuschließen. Die Nutzungen stehen folglich dem Nießbraucher zu. Eine Begrenzung der Nießbrauch-Grundform auf einzelne Nutzungsarten wie Mieterträge ist möglich (§ 1030 BGB). Im Gegenzug hat der Nießbraucher die Immobilie zu erhalten (§ 1041 BGB) und Grundbesitzabgaben sowie „Zinsen" aus bestehenden Darlehensverträgen zu begleichen (§ 1047 BGB). Da der Nießbrauch an die begünstigte Person gebunden ist, „erlischt" das Recht, wenn die Person verstirbt (§ 1061 BGB). Auch ist eine Weitergabe nicht möglich (§ 1059 BGB). Die Immobilie ist für potenzielle Kreditgeber und Erwerber uninteressant.

(2) Weitere Erscheinungsformen

(a) An den Rechtsinhaber einer **Reallast** sind „wiederkehrende Leistungen aus dem Grundstück" abzuführen (§ 1105 BGB). Das Recht kann personengebunden oder mit dem Eigentum an einem (Nachbar-)Grundstück verknüpft sein. In seiner Grundform kann der Rechtsinhaber auch auf den „Eigentümer persönlich" zugreifen, um die versprochene Leistung zu erhalten (§ 1108 BGB). Die ökonomische Bewertung hängt von dem Umfang der Reallast ab.

(b) Ein **Vorkaufsrecht** räumt dem Inhaber die Möglichkeit ein, die Umsetzung eines abgeschlossenen Immobilienvertrags zu verhindern, indem er die Position des Käufers einnimmt. Voraussetzung ist, dass er bereit ist, dieselben Konditionen wie der zu verdrängende Erwerber zu akzeptieren. Das Recht kann personengebunden oder mit dem Eigentum an einem (Nachbar-)Grundstück verknüpft sein (§ 1094 BGB). Gemeinde(n) (§§ 24 ff. Baugesetzbuch) sowie Miterben (§ 2034 BGB) steht dieses Recht ohne vertragliche Regelung zu.

(c) **Erbbaurechte** belasten das gewährende Grundstück in der Form, dass durch einen Dritten ein Gebäude darauf errichtet werden darf.

Alle Nutzungsrechte lassen sich relativieren, wenn der Inhaber zu einem Rangrücktritt bereit ist.

**Verfügungshemmnisse**, die Notmaßnahmen darstellen, sind der Eintrag der **Insolvenzeröffnung**, der **Zwangsverwaltung** und -versteigerung sowie der **Nachlassverwaltung**. In allen Fällen ist dem Eigentümer faktisch die Handlungsfähigkeit genommen. Er kann das Grundstück weder verkaufen noch belasten. Rein formal ist eine Belastung nach dem Eintrag einer Zwangsversteigerung bzw. -verwaltung möglich. Der ökonomische Wert dieser Möglichkeit dürfte jedoch gering sein.

Mit der **Auflassungsvormerkung** wird der Käufer einer Immobilie geschützt. Jede Eintragung, die nach der Auflassungsvormerkung erfolgt, bleibt wirkungslos, wenn sie zulasten des Erwerbers gehen würde. Faktisch ist dem Alteigentümer durch dieses Instrument die **Verfügungsgewalt** über sein Grundstück genommen. Das Schutzbedürfnis entsteht durch die übliche Form des Grundstücksverkehrs: die Kaufpreiszahlung erfolgt regelmäßig vor der Eigentumsübertragung.

### 4.6.3 Immobiliare Wertermittlung

Die immobiliare Wertermittlung ist durch verschiedene Begrifflichkeiten geprägt. Einen Überblick gibt Abbildung 4.16.

**Banksicht**

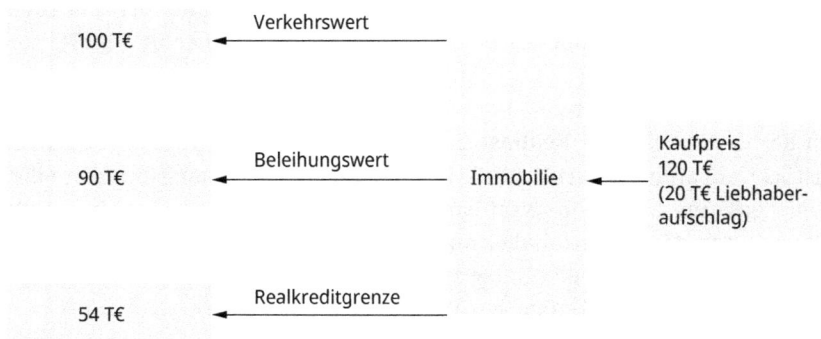

**Abb. 4.16:** Schematische Darstellung des Zusammenhangs verschiedener immobiliarer Werte.

### 4.6.3.1 Verkehrswert

§ 194 BauGB definiert den **„Verkehrswert"** als den Kaufpreis, der momentan durch einen neutralen Dritten für ein Objekt dieser Art gezahlt wird. Alternative Begrifflichkeiten sind **„Marktpreis"** oder auch **„Marktwert"** (§ 194 BauGB). Hieraus folgt, dass Preiszuschläge aufgrund individueller Vorlieben keine Berücksichtigung finden dürfen. Aufgrund der Zeitpunktbezogenheit kann der Verkehrswert im Zeitverlauf nicht konstant bleiben, da auch Immobilienpreise zyklischen Schwankungen unterliegen (können). Der Verkehrswert wird u. a. durch folgende Faktoren beeinflusst:

(1) Auf globaler Ebene
   – konjunkturelle Situation und Höhe der erwarteten Inflation
   – Preisentwicklungen von Alternativanlagen
   – Existenz und Ausprägung staatlicher Förderprogramme

(2) In Abhängigkeit vom jeweiligen Objekt
- Lage des Objekts (die Bewertung hängt von den Bedürfnissen des Käufers ab)
- Nutzungsart des Objekts
- Alter und Allgemeinzustand des Gebäudes

### 4.6.3.2 Beleihungswert

§ 3 BelWertV fordert für die „Ermittlung des **Beleihungswerts**" eine vorsichtige Ermittlung des voraussichtlich dauerhaft realisierbaren Preises. Maßstab für die **Dauerhaftigkeit** ist die Kreditlaufzeit. Auf diese Weise soll die Bank davor bewahrt werden, Verluste aus der Zwangsversteigerung der Immobilie zu erleiden. Ein Beleihungswert, der den Verkehrswert überschreitet, ist nicht darstellbar.

Grundsätzlich ist zwischen dem Sach- und dem **Ertragswert** zu unterscheiden. Der **Sachwert** stellt auf die Substanz von Grundstück und Gebäude ab, wohingegen der Ertragswert auf die Einkünfte abstellt und fragt, welcher Anlagebetrag erforderlich wäre, um den Ertrag des Gebäudes zu erreichen. Aus diesem Grund wird der jährliche Zufluss aus der Immobilie um anfallende Kosten reduziert und mit einem – von Laufzeit und Zinssatz abhängigen – Faktor multipliziert. Das Ergebnis wird um den Grundstückswert **(Bodenwert)** ergänzt, da dieser unbegrenzt zur Verfügung steht und grundsätzlich auch anderweitig nutzbar ist. Soweit die BelWertV angewendet wird, unterliegt die Ermittlung strengen Auflagen.

### 4.6.3.3 Konsequenzen für Kreditnehmer

In Abhängigkeit von der strategischen Ausrichtung der Kreditinstitute kann die Wertermittlung eher konservativ (strikte Anwendung der BelWertV) oder eher marktorientiert erfolgen. Der Wert, den die Bank der Immobilie zuweist, bildet die Ausgangslage für weitere Berechungen:

(1) Kredite bis zu 60 % des Beleihungswerts werden als **Realkredite** bezeichnet. Aus Bankenperspektive stellen diese Kredite eine hohe Sicherheit dar, da ein **Ausfall** aus dem Geschäft vergleichsweise unwahrscheinlich ist. Selbst unter schlechtesten Bedingungen sollten die als Sicherheit dienenden Immobilien im Rahmen der Zwangsversteigerung den Kredit abdecken können.

(2) Kredite bis zu 80 % des **Beleihungswerts** werden in der Praxis (meist) als gesicherte Personalkredite bezeichnet.

(3) Kredite über 80 % des Beleihungswerts
- gelten als Blankoausleihung. Die Chance, dass das Kreditinstitut im Verwertungsfall einen Erlös von mehr als 80 % des Beleihungswerts erzielt, wird als gering eingestuft.
- Sie erfordern trotzdem den Eintrag eines Grundpfandrechts.

Aufgrund des geringeren Verlustrisikos werden aus Kundensicht für Realkredite die besten und für Kredite über der Beleihungsgrenze die schlechtesten Konditionen gewährt. In der Kalkulation werden die einzelnen Zinssätze separat angesetzt. Teilweise wird dem Unternehmen nur ein Durchschnittszinssatz für ein komplettes Darlehen genannt.

Für das Unternehmen ist es wichtig, den Zusammenhang zu kennen, denn günstige Realkreditzinsen sind für einen sinnvollen Vergleich ein notwendiger aber kein hinreichender Maßstab, da die Beleihungswertermittlung ein mindestens genauso wichtiger Parameter ist.

---

**Fallstudie 8**

**Ausgangssituation:**
Bei der DCE-Bank gelten bei einer Zinsbindung von zehn Jahren die Konditionen der Tabelle „Beispielkonditionen in Abhängigkeit von Beleihungsumfang".

Beispielkonditionen in Abhängigkeit von Beleihungsumfang:

| Kredit (%) des Beleihungswerts | Kondition (%) |
| --- | --- |
| bis 60 | 2 |
| bis 80 | 3 |
| ab 81 | 4 |

**Aufgabenstellung:**
(1) Ermitteln Sie die Zinsbelastung der Mia Mutlos GmbH für einen Immobilienkauf. Der Beleihungswert wurde auf 358 T€ festgelegt. Unterstellen Sie, dass die GmbH den gesamten Kaufpreis in Höhe von 380 T€ finanzieren möchte. Die Rückzahlung soll durch eine fällige Lebensversicherung der Gesellschafterin erfolgen. Die Darlehen sollen gemäß den einzelnen Beleihungsstufen separiert werden.

(2) Wie hoch ist die Zinsbelastung, wenn die FGH-Bank die gleichen Konditionen verwendet und den Beleihungswert mit 375 T€ festlegt?

**Lösung:**
(1) DCE-Bank
(a) Zuordnungen:
   – Kredit in der 60-%-Grenze: 214,8 T€ (= 358 T€ · 0,60)
   – Kredit in der 80-%-Grenze: 71,6 T€ (= 358 T€ · 0,20)
   – Kredit über der 80-%-Grenze: 93,6 T€ (= 380 T€ − 214,8 T€ − 71,6 T€)
(b) Zinskosten:
   – 4.296 € (= 214,8 T€ · 2 %)
   – 2.148 € (= 71,6 € · 3 %)
   – 3.744 € (= 93,6 € · 4 %)
   – Gesamtbelastung: 10.188 €
(2) FGH-Bank
(a) Zuordnungen:
   – Kredit in der 60-%-Grenze: 225 T€ (= 375 T€ · 0,60)
   – Kredit in der 80-%-Grenze: 75 T€ (= 375 T€ · 0,20)
   – Kredit über der 80-%-Grenze: 80 T€ (= 380 T€ − 225 T€ − 75 T€)

(b)   Zinskosten:
- 4.500 € (= 225 T€ · 2 %)
- 2.250 € (= 75 T€ · 3 %)
- 3.200 € (= 80 T€ · 4 %)
- Gesamtbelastung: 9.950 €

---

### 4.6.4 Umsetzung der Besicherung

Alle Ausprägungen der Immobilien können ähnlich wie bewegliche Gegenstände als Kreditsicherheit verwendet werden. Zur rechtlichen Umsetzung werden die soge-nannten **Grundpfandrechte** verwendet. Ihre Eintragung erfolgt ebenfalls im Grund-buch. Hierfür ist **Abteilung III** reserviert. Treten bei grundpfandrechtlich gesicherten Verbindlichkeiten Leistungsstörungen auf, kann der Gläubiger in letzter Konsequenz das Grundstück verkaufen, um die Tilgung seiner Forderung zu erzielen (§§ 1113 ff. BGB). Sicherungsgeber und Kreditnehmer müssen nicht personengleich sein.

#### 4.6.4.1 Ausgestaltungen
Vergleich wesentlicher Unterschiede zwischen Hypothek und Grundschuld:
(1)  Gemeinsamkeit: **Haftungsträger**
(a)  Darstellung für die Hypothek:
- Es haften das belastete „**Grundstück**" selbst (§ 1113 BGB) bzw. die anderen immobilen Erscheinungsformen,
- „**Erzeugnisse, wesentliche Bestandteile** und **Zubehör**" (§ 1120 BGB), die in den §§ 93 ff. BGB definiert sind; hierzu gehören **Bauwerke**, Pflanzen, Tiere und Ausstattungsgegenstände soweit kein Dritter Eigentum daran besitzt. Ein Beispiel ist das Gebäude auf einem Erbbaugrundstück.
- Es haften Rechte bzw. **Forderungen**, die den Eigentümer aus dem Grund-stück begünstigen. Diese können aus Miet- oder Pachtverträgen (§ 1123 BGB), aus einem Nießbrauch oder einer Reallast (§ 1126 BGB) sowie aus Versiche-rungsverträgen resultieren (§ 1127 BGB).
(b)  § 1192 BGB macht die Hypothekenvorschriften auch für die Grundschuld gültig.
(2)  Gemeinsamkeit: „**Zwangsvollstreckung**" als Möglichkeit des Gläubigers, sein Geld zu erhalten (§§ 1147 und 1192 BGB)
(3)  Unterschied: rechtliche **Konstruktion**
(a)  **Hypotheken** (§§ 1113 ff. BGB)
- zählen zu den **akzessorischen** Sicherheiten (siehe Kapitel 4.1.2),
- können nicht ohne eine Forderung existieren; somit hat der Gläubiger zwei Anspruchsgrundlagen: aus der Hypothek (dinglich) und aus dem Kredit (per-sönlich),

- haften per Gesetz für anfallende „Zinsen" sowie für den Aufwand, der mit der „Rechtsverfolgung" entsteht (§ 1118 BGB).

(b) **Grundschulden** (§§ 1191 ff. BGB)

- zählen zu den **abstrakten** Sicherheiten (siehe Kapitel 4.1.2),
- können auch ohne eine Forderung existieren; in diesem Fall hat der Rechtsinhaber nur eine Anspruchsgrundlage **(dinglich)**;
- sind durch **Sicherungsabreden** mit Krediten verknüpfbar; in diesem Fall stehen dem Gläubiger zwei Anspruchsgrundlagen zu (dinglich und persönlich),
- haften nur nach Vereinbarung für anfallende „Zinsen" sowie „andere Nebenleistungen" (§ 1191 BGB).

(4) **Bereinigung** des Grundbuchs

(a) Die Hypothek ist mit der Darlehensrückführung aufgrund ihrer **Akzessorietät** erloschen. Die Berichtigung des Grundbuchs hat nur noch deklaratorische Funktion.

(b) Trotz Rückführung des Darlehens besteht die Grundschuld nach wie vor. Der Anspruch auf Grundbuchbereinigung ergibt sich durch die **Sicherungsabrede**. Die Anpassung des Grundbuchs wirkt hier rechtsbegründend (konstitutiv).


### 4.6.4.2 Zwangsmaßnahmen

Kommt das Unternehmen seinen Verpflichtungen nicht nach, steht dem Grundpfandrechtsinhaber die **„Zwangsvollstreckung"** offen (§ 1147 BGB). Hat sich das Kreditinstitut bei der Grundpfandrechtsbestellung keine vollstreckbare Urkunde (dingliche Zwangsvollstreckungsklausel) erteilen lassen, so muss es vor der Aufnahme von Verwertungsmaßnahmen zunächst eine Kündigung aussprechen. Die bei Grundschulden einzuhaltende Frist beträgt „sechs Monate" (§ 1193 BGB). Durch die Akzessorietät der Hypothek ist deren Fälligkeit von der besicherten Forderung abhängig (§ 1141 ff. BGB).

Kommt es zu einer Zwangsversteigerung, richtet sich der Wert des Grundpfandrechts nach dem entsprechenden Rang. Die Rechte, die einen besseren **Rang** haben als der betreibende Grundpfandrechtsgläubiger, bleiben bestehen. Nach erfolgter Zwangsversteigerung erlischt dieses Recht sowie alle nachrangigen Rechte.

Der Wert eines Grundpfandrechts ist nicht auf den **Nennwert** beschränkt. Der Gesetzgeber gewährt den dinglichen Zinsen ebenfalls Vorrang vor nachrangigen Gläubigern. Zeitlich wird der Zinsanspruch jedoch begrenzt. Als **aktuell** interpretiert § 13 I des Zwangsversteigerungsgesetzes (ZVG) die Zinsen, die direkt vor der Verfahrensanordnung fällig waren (letzter Zinstermin), sowie die Zinsen bis zur Versteigerung. Zudem können Zinsen für zwei weitere Jahre nach § 10 I Nr. 4 ZVG dem Grundschuldnennbetrag hinzugerechnet werden.

Aufgrund des fiduziarischen Charakters darf die Bank nur die Beträge für sich behalten, die ihr zuzüglich aller Auslagen auf der Vertragsgrundlage zustehen.

**Fallstudie 9**

**Ausgangslage:**

Die XYZ-Bank hat gegen den Schuldner die Zwangsversteigerung beantragt. Am 27.11.20X7 erfolgt der Zuschlag des Grundstücks für 145 T€.

Das Grundbuch weist folgende Belastungen auf:
- Rang 1: Wegerecht zugunsten des Nachbargrundstücks
- Rang 2: Grundschuld der XYZ-Bank über 75 T€, (der Zinssatz laut Grundschuldbestellungsurkunde liegt bei 10 %)
- Rang 3: ABC-Bank Grundschuld über 100 T€

Folgende weitere Informationen sind zu berücksichtigen:
- Das Amtsgericht ordnete die Zwangsversteigerung am 01.05.20X6 an.
- Die Zinsen der Grundschuld waren jeweils am 01.04. zu zahlen und bezogen sich auf die vorangegangenen zwölf Monate.
- Der Darlehenszinssatz beträgt 8 %.
- Das Zinsjahr wird mit 360 Tagen gerechnet.

**Aufgabenstellung:**

(1)  Was passiert mit dem Wegerecht?

(2)  Welchen Betrag erhält die XYZ-Bank, wenn

(a)  die Grundschuld aufgrund einer engen Zweckerklärung nur für ein Darlehen haftet, das einschließlich aller Zins- und Nebenkosten mit 82.789,75 € zu Buche schlägt?

(b)  die Grundschuld aufgrund einer weiten Zweckerklärung für mehrere Darlehen haftet, die einschließlich aller Zins- und Nebenkosten mit 122.123,45 € zu Buche schlagen?

**Lösung:**

(1)  Das Wegerecht bleibt auf jeden Fall bestehen, da es Vorrang vor dem Recht hat, aus dem die Versteigerung initiiert wurde.

(2)  Anspruch der XYZ-Bank

Für die Berechnung des Zinsanspruchs sind relevant:
- der Zinssatz der Grundschuld,
- die Zinszahlungstermine aus dem Darlehensvertrag.

Die 10 % aus der Grundschuld von 75 T€ beziehen sich auf
- den Zinstermin 01.04.20X6 (für ein Jahr: 01.04.20X5 bis 01.04.20X6),
- die Zeit vom 01.04.20X6 bis 27.11.20X7 (für 19 Monate und 26 Tage) sowie
- zwei weitere Jahre (= 01.04.20X3 bis 01.04.20X5).

Es ergibt sich ein Maximalbetrag aus Zinsen von 34.916,67 €. Basis bildet der Kreditbetrag von 75 T€. In Kombination mit der Grundschuld steht ein Haftungsvolumen von 109.916,67 € zur Verfügung.

(a)  In diesem Fall ist der Betrag maßgeblich, der sich aus dem Innenverhältnis zwischen Bank und Kunden ergibt. Der XYZ-Bank stehen die 82.789,75 € zu.

(b)  In diesem Fall bildet der Maximalbetrag aus der Grundschuld die Obergrenze. Mehr erhält die XYZ-Bank nicht ausgeschüttet. Für den verbleibenden Restbetrag muss sie den Kunden persönlich haftbar machen.

## 4.7 Zusammenfassung

(1) Mit einer Besicherung verringert sich das ökonomische Risiko des Kreditgebers. Durch (meist) bessere Kreditkonditionen ist eine Besicherung auch im Sinne des Unternehmens.

(2) Sicherheiten können nach verschiedenen Kriterien gegliedert werden. Gebräuchlich sind der Rechtscharakter: Akzessorietät bzw. Abstraktheit sowie der Träger der Sicherheit: Personal- bzw. Sachsicherheit.

(3) Der zentrale Gedanke des Pfandrechts ist die Zugriffsmöglichkeit des Gläubigers auf den Sicherungsgegenstand. Zur Realisierung werden unterschiedliche Formen angewendet.

(4) Ein Pfandrecht kann durch einen Vertrag, per Gesetz und im Rahmen der Zwangsvollstreckung erworben werden.

(5) Durch die Abgabe einer Bürgschaft verspricht der Betroffene, dass er für die Verpflichtung des Kreditnehmers im Bedarfsfall eintreten wird.

(6) Die Zession, die Sicherungsübereignung und die Garantie zählen zu den abstrakten Sicherheiten. Der Gläubiger erhält ein fiduziarisches Recht. Bürgschaft und Pfandrecht sind akzessorisch. Damit ist gemeint, dass Sicherheit und die besicherte Verbindlichkeit eine juristische Gemeinschaft bilden.

(7) Der Eigentumsvorbehalt stellt die Sicherungsmöglichkeit der Lieferanten dar. Zwischen ihm und der Sicherungsübereignung sowie der Zession kann es zu Konflikten kommen.

(8) Die Zession ist ein Vertrag, mit dem eine Forderung gegenüber einem Dritten für einen Bankkredit als Sicherheit verwendet wird. Es wird zwischen offenen und stillen Zessionen sowie zwischen Einzel- und Rahmenzessionen unterschieden.

(9) Die Sicherungsübereignung ist dann geeignet, wenn bewegliche Vermögensgegenstände des Schuldners, die dieser weiter nutzen möchte, als Kreditsicherheit eingesetzt werden sollen.

(10) Statt des Zugriffs, der beim Pfandrecht erforderlich ist, vereinbaren Kreditinstitute und Sicherungsgeber ein Besitzkonstitut.

(11) Das Grundbuchamt führt ein Verzeichnis aller Grundbücher der jeweiligen Gemeinde. Für jedes Grundbuch wird eine Grundakte geführt, in der die Rechtsgrundlagen für die Grundbucheintragungen verwahrt werden.

(12) Mit einem berechtigten Interesse kann das Grundbuch eingesehen werden. Solange kein Widerspruch eingetragen ist und dem Interessierten keine gegenteiligen Fakten bekannt sind, gilt die Eintragung des Grundbuchs als richtig.

(13) Die Wertigkeit eines Rechts ergibt sich aus seinem Rang im Grundbuch. Neben dem Datum der Eintragung kommt dem Rangverhältnis in den einzelnen Abteilungen Bedeutung zu.

(14) In Abteilung II werden die sogenannten Lasten und Beschränkungen eingetragen. Diese können einzelnen Personen (beschränkt persönliche Dienstbarkeiten)

oder dem jeweiligen Eigentümer eines dritten Grundstücks (Grunddienstbarkeiten) zustehen. Erscheinungsformen sind Wege- und Leitungsrechte, Abbau- und Wohnrechte, Nießbrauch sowie Reallasten, Vorkaufs- und Erbbaurechte.

**(15)** Immobilien können als Kreditsicherheit durch das Eintragen eines Grundpfandrechts in Abteilung III des Grundbuchs verwendet werden. Man unterscheidet die akzessorische Hypothek und die abstrakte Grundschuld.

**(16)** Für die Verwertung einer Immobilie bedarf es einer vollstreckbaren Urkunde. Im Rahmen einer Verwertung kann der Gläubiger aus einem Grundpfandrecht neben dem Kreditbetrag auch Zinsen beanspruchen.

**(17)** Im Zusammenhang mit Immobilien werden verschiedene Wertbegrifflichkeiten verwendet:

(a) Der Verkehrswert ist der Preis, der im Betrachtungszeitpunkt von einem neutralen Dritten gezahlt wird.

(b) Mit dem Beleihungswert wird der Blick auf die langfristige Werthaltigkeit gelegt. Grundlage des Beleihungswerts kann der Ertrags-, der Sach- oder der Verkehrswert sein. Unterliegt oder unterwirft sich das Kreditinstitut freiwillig den Vorschriften für Pfandbriefbanken, so sind für die Beleihungswertermittlung umfangreiche Vorschriften relevant.

(c) Der Ertragswert hinterfragt, wie hoch die Anlagesumme sein muss, um bei einem vorgegebenen Kalkulationszinssatz den nachhaltigen Ertrag aus der Immobilie zu generieren.

(d) Der Sachwert stellt auf den Aspekt der Reproduktion des Gebäudes einschließlich Grundstückskosten ab.

(e) Mit dem Vergleichswert werden Objekte gleicher Güte als Benchmark verwendet.

**(18)** Aus dem Beleihungswert leiten sich weitere Grenzen der Kreditgewährung ab, die für die Bepreisung der Darlehen bedeutsam sind.

# 5 Außenfinanzierung durch verzinsliche Wertpapiere

**Lernziele**

Für Unternehmen, deren Finanzierungsbedarf so groß ist, dass verzinsliche Wertpapiere ökonomisch sinnvoll sind, bietet sich die Nutzung der Börse und damit eine Vielzahl von Anlegern an. Neben der reinen Kostenperspektive hat eine Finanzierung über den Kapitalmarkt auch den Vorteil, dass die Abhängigkeit von den Kreditinstituten reduziert wird.

Kapitel 5 greift Teilaspekte der Kapitel 2, 3 und 4 auf. So wird einmal das Thema der Börse aus Kapitel 2 für ein anderes Handelsgut verwendet. Zudem stellen verzinsliche Wertpapiere genauso wie die Finanzierungen durch Banken (siehe Kapitel 3) Fremdkapital dar. Somit muss auch hier der Geldgeber davon überzeugt werden, dem Unternehmen Mittel bereitzustellen. Hierzu ist es bedeutsam, sich in die Situation des Investors zu versetzen und dessen Ängste zu erkennen. Diese können durch Sicherheiten, die in Kapitel 4 thematisiert wurden, zumindest gemindert werden.

Nach Bearbeitung des Kapitels
- haben Sie im Bereich der festverzinslichen Wertpapiere die möglichen Rechtsformen kennengelernt, welche die Übertragbarkeit bestimmen.
- verfügen Sie über fundiertes Wissen hinsichtlich des volkswirtschaftlichen Hintergrunds sowie der Motive der Beteiligten, wenn Wertpapiere emittiert werden.
- ist Ihnen das Grundschema dieser Finanzierungsart vertraut und Sie sind in der Lage, verschiedene Papiere, sowohl für den Emittenten als auch für den Erwerber, zu beurteilen.
- sind Sie fähig, die Formen der Emission sowie die Besonderheiten der Weitergabe von verzinslichen Wertpapieren aufzuzeigen.
- können Sie bedeutsame Modifikationen wie den Zerobond oder die Floating Rate Note erklären und deren Vor- und Nachteile herausstellen.
- durchschauen Sie die bedingten Kapitalerhöhungen, die durch Options- und Wandelanleihen vollzogen werden. Gleichzeitig sind Sie in der Lage, diese Instrumente aus der Perspektive der Beteiligten zu bewerten.
- haben Sie die weiteren Modifikationsansätze begriffen, mit denen der Emittent die Struktur der Anleihe gestalten kann.
- kennen Sie die Risikostruktur, die den Erwerber trifft, wenn er eine Anleihe erwirbt. Zudem sind Sie sich der Perspektive des Verkäufers bewusst.

## 5.1 Basiswissen zu verzinslichen Wertpapieren

### 5.1.1 Die Rechtsform bestimmt die Übertragbarkeit

Wertpapiere gehören in die Gruppe der Urkunden. In Urkunden werden ökonomisch relevante Tatsachen schriftlich festgehalten. Sie lassen sich hinsichtlich ihrer Rechtsnatur unterscheiden.

**(1) Inhaberpapiere**

(a) Bei Wertpapieren dieser Form wird kein Berechtigter benannt. Jedem Besitzer stehen die Ansprüche aus dem Wertpapier zu.

https://doi.org/10.1515/9783110791082-005

(b) Die Rechtsweitergabe entspricht beweglichen Gegenständen und ist im § 929 BGB geregelt. Neben der Wertpapierübergabe müssen sich die Betroffenen geeinigt haben.

(c) Wenn der Käufer nicht weiß und auch nicht wissen muss („**gutgläubig**" gem. § 932 BGB), dass der Verkäufer das Wertpapier unredlich erlangt hat, kann er dieses rechtswirksam erwerben.

**(2) Orderpapiere**

(a) Bei Wertpapieren dieser Form werden Begünstigte genannt. Nur dem Begünstigten oder seinem Rechtsnachfolger stehen die Ansprüche aus dem Wertpapier zu.

(b) Die Rechtsweitergabe erfolgt durch Einigung und Übergabe des Wertpapiers einschließlich **Indossament**.

– Mit dem **Vollindossament** benennt der Begünstigte seinen Rechtsnachfolger explizit: „Für mich an die Order der XY" und unterschreibt.

– Das **Blankoindossament** besteht nur aus der Unterschrift, sodass die betroffenen Oderpapiere faktisch zu Inhaberpapieren degradiert werden und deren Schicksal hinsichtlich der Übertragbarkeit teilen.

(c) Quelle der Ordernatur:

– Für einige Wertpapiere sieht der Gesetzgeber die Orderform grundsätzlich vor. Hierzu zählen Scheck (Art. 5 ScheckG) und Wechsel (Art. 3 WechselG).

– Andere Wertpapiere können durch die Entscheidung des Ausstellers in den Orderstatus versetzt werden. Der Gesetzgeber benennt diese explizit: „Konnossemente der Verfrachter, Ladescheine der Frachtführer, Lagerscheine sowie Transportversicherungspolicen" (§ 363 II HGB).

**(3) Rektapapiere**

– Bei Wertpapieren dieser Form werden Begünstigte benannt. Nur dem Begünstigten oder seinem Rechtsnachfolger stehen die Ansprüche aus dem Wertpapier zu.

– Die Rechtsweitergabe erfolgt durch Einigung und Übergabe des Wertpapiers einschließlich einer separaten Abtretungserklärung.

### 5.1.2 Gedanklicher Ansatz der Schuldverschreibungen

Aufgabe von Kreditinstituten ist es, als Kapitalsammelstelle zu fungieren. Sie nehmen Kundengelder an und stellen diese zuzüglich ihres Eigenkapitals Kreditnehmern zur Verfügung. Das grundlegende Schema verdeutlicht Abbildung 5.1. Es ist offensichtlich, dass die Bank ein Zinsergebnis in Höhe von 16 T€ erwirtschaftet. Hierfür übernimmt sie zwei Risiken:

**(1)** Ausfall des Kreditnehmers: Dies minimiert sich u. a. durch

(a) gute Ausbildung der Mitarbeiter,

(b) sorgfältige Prüfung der Kreditwürdigkeit und

(c) Besicherung der Ausleihungen.

(2) Kurzfristige Geldanlagen der Kunden sind in Zukunft nur zu schlechteren Konditionen prolongierbar.

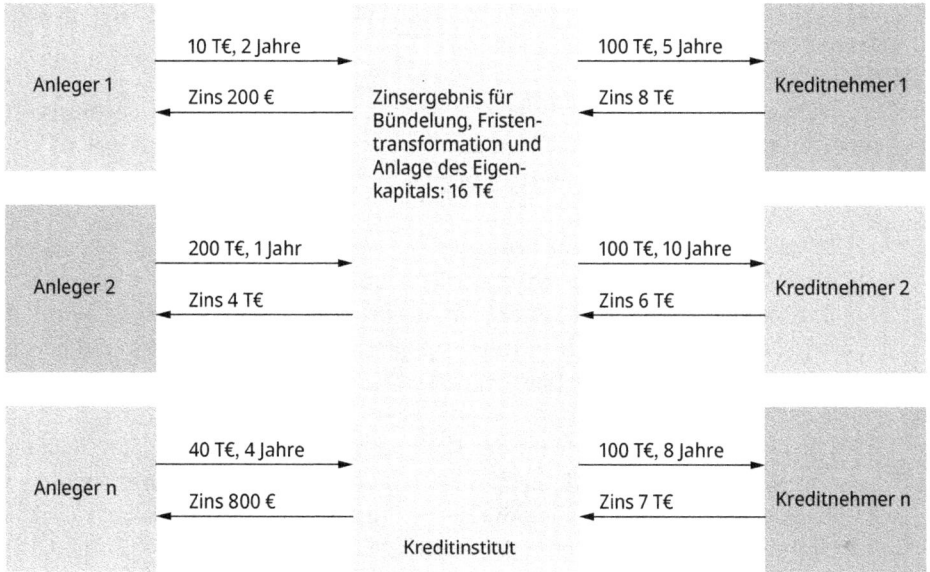

| Anleger 1 | 10 T€, 2 Jahre → | Zinsergebnis für Bündelung, Fristentransformation und Anlage des Eigenkapitals: 16 T€ | ← 100 T€, 5 Jahre | Kreditnehmer 1 |

*Die Abbildung zeigt die Grundfunktion der Kreditinstitute mit folgenden Werten:*

Anleger 1: 10 T€, 2 Jahre; Zins 200 €
Kreditnehmer 1: 100 T€, 5 Jahre; Zins 8 T€

Zinsergebnis für Bündelung, Fristentransformation und Anlage des Eigenkapitals: 16 T€

Anleger 2: 200 T€, 1 Jahr; Zins 4 T€
Kreditnehmer 2: 100 T€, 10 Jahre; Zins 6 T€

Anleger n: 40 T€, 4 Jahre; Zins 800 €
Kreditnehmer n: 100 T€, 8 Jahre; Zins 7 T€

Kreditinstitut

**Abb. 5.1:** Grundfunktion der Kreditinstitute.

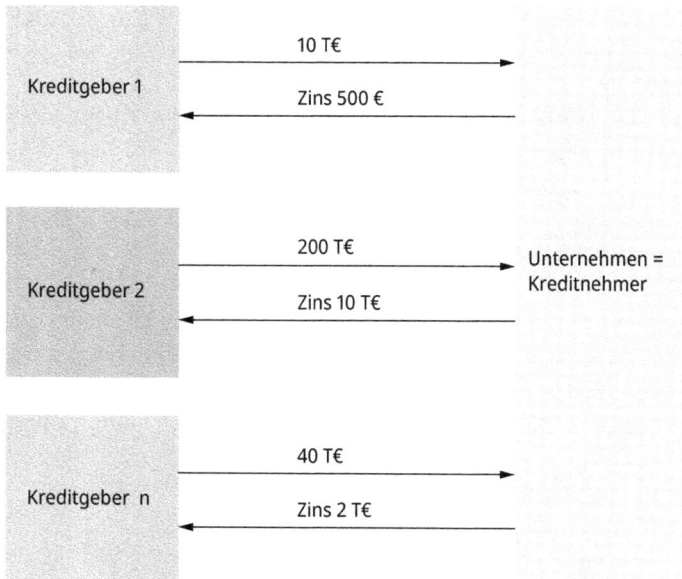

*Die Abbildung zeigt ein Beispiel einer direkten Geldaufnahme:*

Kreditgeber 1: 10 T€; Zins 500 €
Kreditgeber 2: 200 T€; Zins 10 T€
Kreditgeber n: 40 T€; Zins 2 T€

Unternehmen = Kreditnehmer

**Abb. 5.2:** Beispiel einer direkten Geldaufnahme.

Wickeln die Unternehmen als Kreditnehmer und die Anleger als Kreditgeber ihre Geschäfte direkt ab und halten sich die Parteien an ihre Abmachungen, verhindern sie das Zinsergebnis des Kreditinstituts. Stattdessen steigt der Ertrag der Anleger und der Zinsaufwand der Kreditnehmer sinkt, wie Abbildung 5.2 zeigt.

Die Finanzströme für eine Geldanlage von 100 € zu jährlich 5 % bei einer vereinbarten Laufzeit von fünf Jahren visualisiert der obere Teil von Abbildung 5.3.

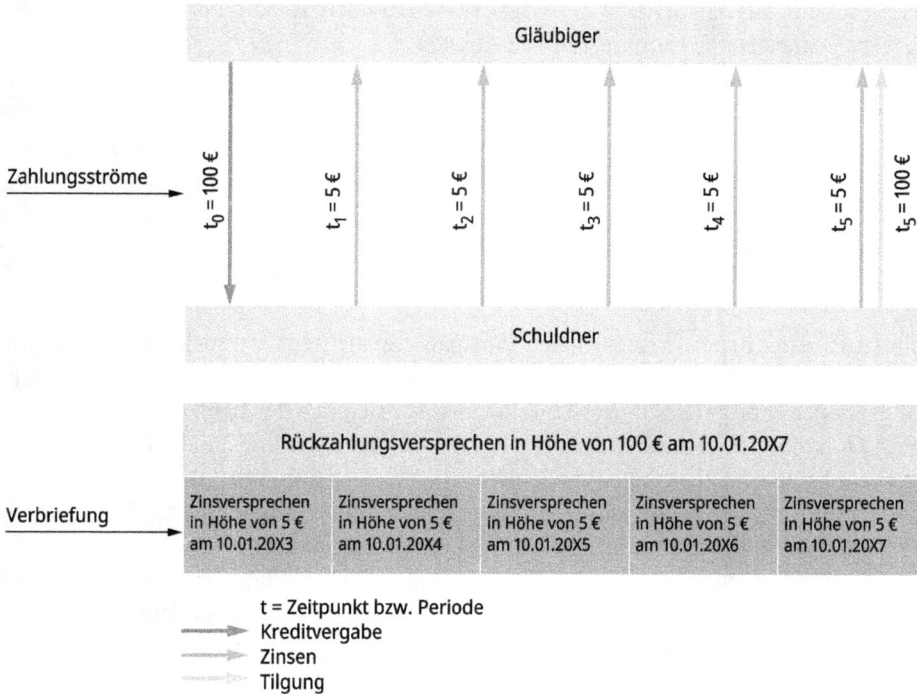

**Abb. 5.3:** Grundschema der Zahlungsströme und Verbriefung einer Anleihe.

Ursprünglich wurden die Geldströme durch ein Papier dokumentiert, das somit einen gewissen Wert repräsentierte. So lässt sich der Begriff des Wertpapiers herleiten. Da dieses Papier eine gleichbleibende Zahlung verspricht, wird es auch als

- **festverzinsliches Wertpapier** oder
- **Rentenpapier** bezeichnet.
- Auch die Begriffe **Anleihe, Obligation, Bond** oder **Schuldverschreibung** sind gebräuchlich.

---

**Definition**

Festverzinsliche Wertpapiere stellen das dokumentierte Versprechen des Schuldners dar, dem jeweiligen Inhaber die versprochenen Zinsen zu zahlen und das geliehene Kapital am Ende der Laufzeit zu erstatten.

---

Ein festverzinsliches Wertpapier besteht somit schematisch aus zwei Komponenten: dem Erstattungsversprechen **(Mantel)** und dem Versprechen der laufenden Zinszahlung **(Bogen)**. Die Zinsscheine des Bogens werden auch als Kupons bezeichnet. Eine Visualisierung zeigt der untere Teil von Abbildung 5.3.

Als Herausgeber von Anleihen – man nennt sie auch **Emittenten** – können neben Unternehmen und öffentlichen Institutionen wie Staaten und Bundesländern auch Banken mit staatlichem Förderauftrag etc. auftreten. Für Emittenten ohne Bezug zum Bankensektor ist es oft wichtig, sich eine alternative Kreditmöglichkeit zu schaffen. So kann

– die Abhängigkeit von den Banken verringern und
– die Kreditkondition verbessert werden.

Die **Laufzeiten** der festverzinslichen Wertpapiere variieren deutlich. So werden am unteren Rand Anleihen mit einer Laufzeit von unter einem Jahr verkauft, aber auch Laufzeiten von bis zu 100 Jahren sind Realität. Hinsichtlich der Laufzeiteinteilung von Wertpapieren gibt es unterschiedliche Ansätze. Eine Einteilung, die für Unternehmen relevant ist, lässt sich aus dem HGB ableiten (siehe auch Kapitel 1.1.1).

– So sind nach § 285 Nr. 1a Anhangsangaben erforderlich, wenn die Restlaufzeit einer Verbindlichkeit länger als fünf Jahre ist **(langfristig)**.
– Bei Verbindlichkeiten mit einer Restlaufzeit von einem Jahr und weniger **(kurzfristig)**, ist dies auf der Rechtsgrundlage des § 268 V zu dokumentieren.
– Die Laufzeiten dazwischen sind folglich **mittelfristig**.

### 5.1.3 Ausstattungsmerkmale und ihre Konsequenzen

Das Beispiel aus dem oberen Teil von Abbildung 5.3 zeigt den einfachen Fall, in dem der Kaufpreis und der Rückzahlungsbetrag (Nennwert) jeweils 100 % betragen. Dies ist nicht immer der Fall. Als Anleihen noch real auf Papier gedruckt wurden, konnte es passieren, dass ein versprochener Zinssatz von 5 % aufgedruckt war (siehe den unteren Teil von Abbildung 5.3), der Marktzins sich aber im Zeitraum des Druckprozesses verändert hat. Liegt der Marktzins

– über dem aufgedruckten Zinssatz, wird der Emittent keine Käufer finden, denn die Kondition ist in dem Moment schlechter als die Referenz.
– unter dem aufgedruckten Zinssatz, handelt der Emittent nicht klug, denn er gewährt seinen Gläubigern eine Kondition, die besser ist als die Referenz.

Das Vernichten der Wertpapiere, um neue mit angepassten Konditionen zu drucken, ist kein gangbarer Weg, da die Gefahr besteht, dass sich der Prozess wiederholt.

Die Lösung für dieses Problem ist, dass über eine Variation des Verkaufspreises die Attraktivität des Wertpapiers angepasst werden kann. Erhält ein Anleger das Zins- und Rückzahlungsversprechen des Schuldners für 98 € Anlagebetrag, macht er ein deutlich besseres Geschäft, da er neben der laufenden Verzinsung 2 € zusätzlich erhält.

Im Gegenzug steigen die Kosten des Unternehmens. Darüber hinaus muss der Emittent zusätzliche Kosten hinnehmen. Der Anleihenverkauf wird regelmäßig durch Banken begleitet, die für ihre Dienste vergütet werden wollen. Grundsätzlich ist zwischen Einmalgebühren, die von dem Kredit, den der Anleger dem Unternehmen gewährt, abgezogen werden, und den laufenden Gebühren, die das Unternehmen mit der Zinszahlung aufbringt, zu unterscheiden. Den Gesamtzusammenhang verdeutlicht Abbildung 5.4. Um die Vorteilhaftigkeit zu systematisieren, werden verschiedene Begriffe verwendet:

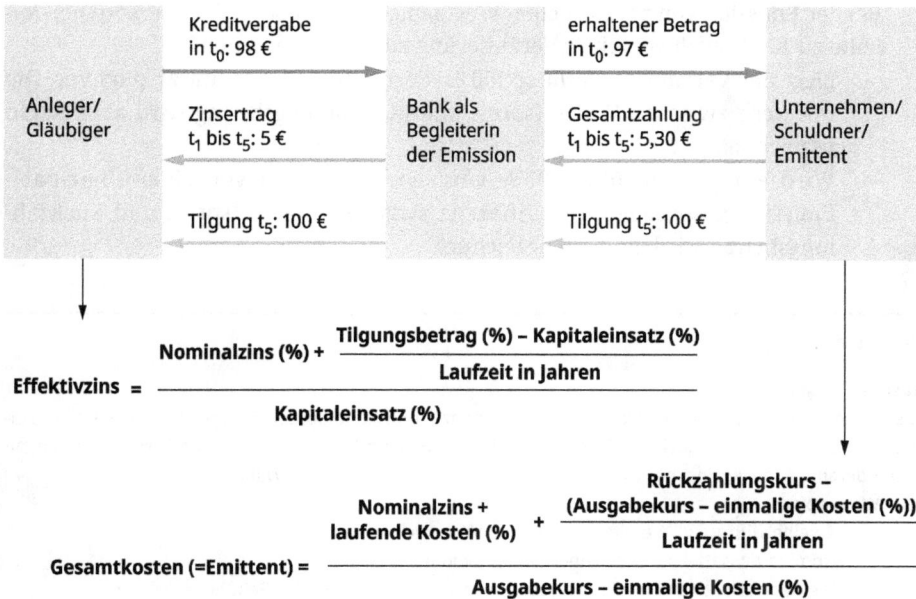

$$\text{Effektivzins} = \frac{\text{Nominalzins (\%)} + \dfrac{\text{Tilgungsbetrag (\%)} - \text{Kapitaleinsatz (\%)}}{\text{Laufzeit in Jahren}}}{\text{Kapitaleinsatz (\%)}}$$

$$\text{Gesamtkosten (=Emittent)} = \frac{\text{Nominalzins} + \text{laufende Kosten (\%)} + \dfrac{\text{Rückzahlungskurs} - (\text{Ausgabekurs} - \text{einmalige Kosten (\%)})}{\text{Laufzeit in Jahren}}}{\text{Ausgabekurs} - \text{einmalige Kosten (\%)}}$$

**Abb. 5.4:** Zahlungsströme zwischen Unternehmen und Anleger sowie deren Konsequenzen.

(1) Als **Nominalzins** wird der versprochene jährliche Zinsbetrag verstanden. Im Beispiel in Abbildung 5.4 liegt dieser bei 5 %.

(2) Der **Effektivzins** berechnet den Gesamterfolg einer Anlage bezogen auf einen normierten Kapitaleinsatz von 100 %. Alternativ wird auch der Begriff der **Rendite** verwendet.

(a) Die Formel zur näherungsweisen Ermittlung findet sich ebenfalls in Abbildung 5.4.

(b) Für eine mathematisch korrekte Berechnung müsste der unterschiedliche Zeitanfall von Rückzahlungserfolg und laufender Zinszahlung berücksichtigt werden, was mit entsprechender EDV-Unterstützung problemlos möglich ist.

(c) In der konkreten Anwendung erzielt der Anleger näherungsweise einen Effektivzins von [5 + (100–98) ÷ 5] ÷ 98 · 100 = 5,51%.

**(3)** Die **Gesamtkosten** gehen über den Betrag hinaus, der dem Anleger zufließt, da sowohl die Einmalgebühren als auch die laufenden Kosten der Bank zu berücksichtigen sind.

(d) Die Formel zur näherungsweisen Ermittlung ist im unteren Teil von Abbildung 5.4 zu finden.

(e) Auch hier kann der Genauigkeitsgrad noch weiter gesteigert werden.

(f) Das Ergebnis bildet die Referenz für den Vergleich mit anderen Finanzierungsformen (siehe die Details in Kapitel 3).

(g) In der konkreten Anwendung entstehen dem Schuldner Kosten von 6,08 % ([5,3 + (100–97) ÷ 5] ÷ 97 · 100 = 6,08%).

Bei der Emission von verzinslichen Wertpapieren wird bei einem Verkauf der Anleihe zu 100 % auch von einer Veräußerung **zu pari** gesprochen.

– Liegt der Verkaufspreis unter 100 %, liegt eine Emission **unter pari** vor. Die Differenz zwischen Verkaufspreis und Rückzahlungsbetrag wird als **Disagio** bezeichnet.

– Wird ein Verkauf über 100 % vorgenommen, wird von einer **Über-pari**-Emission gesprochen. Die Differenz zwischen Verkaufspreis und Rückzahlungsbetrag wird als **Agio** bezeichnet.

---

**Fallstudie 1**

**Ausgangslage:**
Susi Süssmich soll im Rahmen ihres Praktikums Finanzierungskonditionen für das Unternehmen vergleichen. Da Susi weiß, dass auch die Anleger für die Wertpapiere begeistert werden müssen, ermittelt sie zuerst deren Effektivverzinsung. Vier alternative Möglichkeiten stehen zur Wahl:

**(1)** Wertpapier A
– Anleihe wird zu 80 % emittiert und zu 100 % zurückgezahlt
– Nominalzinssatz = 3,0 % bei einer Laufzeit von fünf Jahren
– Die Bank erhält 1,0 % als Einmalgebühr sowie 0,3 % an laufender Gebühr.

**(2)** Wertpapier B
– Anleihe wird zu 5 % über pari emittiert und zu 100 % zurückgezahlt
– Nominalzinssatz = 10,0 % bei einer Laufzeit von fünf Jahren
– Die Bank erhält 1,3 % als Einmalgebühr sowie 0,15 % an laufender Gebühr.

**(3)** Wertpapier C
– Anleihe wird zu pari verkauft und zurückgezahlt
– Nominalzinssatz = 8,6 %; die Laufzeit beträgt fünf Jahre.
– Die Bank erhält 1,7 % als Einmalgebühr sowie 0,15 % an laufender Gebühr.

**(4)** Wertpapier D
– Anleihe wurde zu 6 % unter pari emittiert und hat eine Laufzeit von zehn Jahren

- Der ursprüngliche Erwerber verkauft die Anleihe nach zwei Jahren zu 86 % über die Börse.
- Die Nominalverzinsung liegt bei 2 %.
- Die Bank erhält 1,2 % als Einmalgebühr sowie 0,20 % an laufender Gebühr.

**Aufgabenstellung:**

Berechnen Sie

**(1)** den effektiven Zinssatz der vier Alternativen für den Ersterwerber. Soweit keine anderen Informationen bekannt sind, gehen Sie davon aus, dass das Wertpapier bis zur Fälligkeit gehalten wird.

**(2)** die Gesamtkosten für den Emittenten über die gesamte Laufzeit.

**Lösung:**

**(1)** Effektivverzinsung
- Wertpapier A: [3,0 + (100 − 80) ÷ 5] ÷ 80 = 0,0875 ⇔ 8,75 %
- Wertpapier B: [10,0 + (100 − 105) ÷ 5] ÷ 105 = 0,0857 ⇔ 8,57 %
- Wertpapier C: [8,6 + (100 − 100) ÷ 5] ÷ 100 = 0,0860 ⇔ 8,60 %
- Wertpapier D: [2,0 + (86 − 94) ÷ 2] ÷ 94 = − 0,0213 ⇔ − 2,13 %

**(2)** Gesamtkosten
- Wertpapier A: [3,0 + 0,3 + (100 − (80 − 1)) ÷ 5] ÷ (80 − 1) = 0,0949 ⇔ 9,49 %
- Wertpapier B: [10,0 + 0,15 + (100 − (105 − 1,3)) ÷ 5] ÷ (105 − 1,3) = 0,0907 ⇔ 9,07 %
- Wertpapier C: [8,6 + 0,15 + (100 − (100 − 1,7)) ÷ 5] ÷ (100 − 1,7) = 0,0925 ⇔ 9,25 %
- Wertpapier D: [2,0 + 0,20 + (100 − (94 − 1,2)) ÷ 10] ÷ (94 − 1,2) = 0,0366 ⇔ 3,66 %

### 5.1.4 Möglichkeiten der Erstplatzierung

Ein Unternehmen, das eine Anleihe begeben möchte, steht vor verschiedenen Herausforderungen.

**(1)** Mit welchem Zinssatz ist die Anleihe marktfähig?
- Liegt der Zinssatz zu hoch, sind die Kreditkosten höher als erforderlich (Verschwendung).
- Bei einem zu gering bemessenen Zinssatz besteht die Gefahr, dass (große) Teile des geplanten Kapitals nicht generiert werden.

**(2)** Wie kann das Vertrauen der Anleger gewonnen werden?
- Dies ist besonders für kleine bzw. unbekannte Unternehmen bedeutsam.
- Der erforderliche Prospekt kann als vertrauensbildende Maßnahme eventuell unzureichend sein.

**(3)** Wie können die administrativen Aufgaben erfüllt werden?
- Hierzu zählen u. a. die Marketing- und die Zulassungsaufgaben.
- Gerade bei einer Erstplatzierung wird hier ein hohes Maß an Unsicherheit bestehen.

Diese Herausforderungen bieten für Kreditinstitute Ansatzpunkte für Dienstleistungen, wenn hier die erforderliche Expertise besteht. In der Praxis wird bei größeren

Anleihen selten eine Bank die Emission begleiten. Vielmehr kommt es oft zu Zusammenschlüssen mehrerer Institute.

Werden Banken miteinbezogen, nennt man dies **Fremdemission**. Ohne Einbindung der Banken ist der Begriff der **Eigenemission** gebräuchlich.

Soweit das Bankenkonsortium dem Emittenten die komplette Anleihe abkauft, übernimmt es zusätzlich das Absatzrisiko. Alternativ erhält der Emittent nur den Erlös des real verkauften Anlagevolumens. In diesem Zusammenhang werden noch die Vertriebswege unterschieden.

**(1)** Werden nur ausgewählte institutionelle Anleger angesprochen, so handelt es sich um eine **Privatplatzierung**.

**(2)** Eine weitere Alternative ist die **Börseneinführung** und der anschließende Verkauf.

**(3)** Beim **freihändigen Verkauf** wird der Startzeitpunkt des Verkaufs angegeben. Der Emittent behält sich vor, die Konditionen anzupassen, um diese marktgerecht zu halten.

**(4)** Unter **öffentlichem Verkauf** wird verstanden, dass die Interessenten ihre Angebote nur in einem vorher definierten Zeitfenster abgeben können. Sollte das Anleihevolumen vorzeitig verkauft sein, kann die Zeichnungsfrist auch verkürzt werden. Die Erfüllung der Kaufaufträge erfolgt im Anschluss an die Zeichnungsfrist.

**(5)** Eine spezifische Form des öffentlichen Verkaufs stellt das sogenannte **Tenderverfahren** dar. Es wird beispielsweise für den Absatz von Bundeswertpapieren an institutionelle Anleger eingesetzt. Im Rahmen der Offenmarktpolitik wendet die EZB dieses Verfahren ebenfalls an. Es werden zwei Ausprägungen unterschieden:

(a) Der **Mengentender** ist durch eine fixierte Verzinsung gekennzeichnet. Unsicherheit besteht jedoch hinsichtlich des Erwerbsvolumens, da alle Anleger im gleichen relativen Umfang berücksichtigt werden. Im Beispiel in Abbildung 5.5 wurden 30 Mio. € zu 2,5 % gezeichnet. Jeder Bieter erhält bei dem verfügbaren Emissionsvolumen von 17,5 Mio. € 58,3 % seiner Bestellung.

(b) Der **Zinstender** ist die Umsetzung des Marktpreismodells. Jeder Interessent nennt Volumen und Kondition, zu denen er sich beteiligen möchte. Die einzelnen Bieter richten ihr Kapitalangebot auf ihre spezifische Situation aus. Wenn die Kaufaufträge vorliegen, prüft der Verkäufer, zu welchem Zinssatz das beabsichtigte Verkaufsvolumen absetzbar ist. Im Beispiel in Abbildung 5.6 können 18,75 Mio. € bei einem Zinssatz von 2,5 % verkauft werden. Die Zuteilung

- zu einem einheitlichen Kurs wird als **holländische Version** bezeichnet,
- zum individuell genannten Bietungssatz wird **amerikanisches Verfahren** genannt.

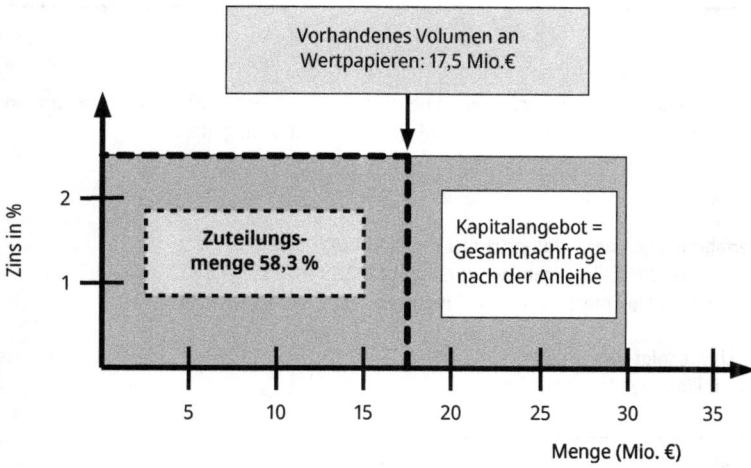

**Abb. 5.5:** Beispiel für einen Mengentender.

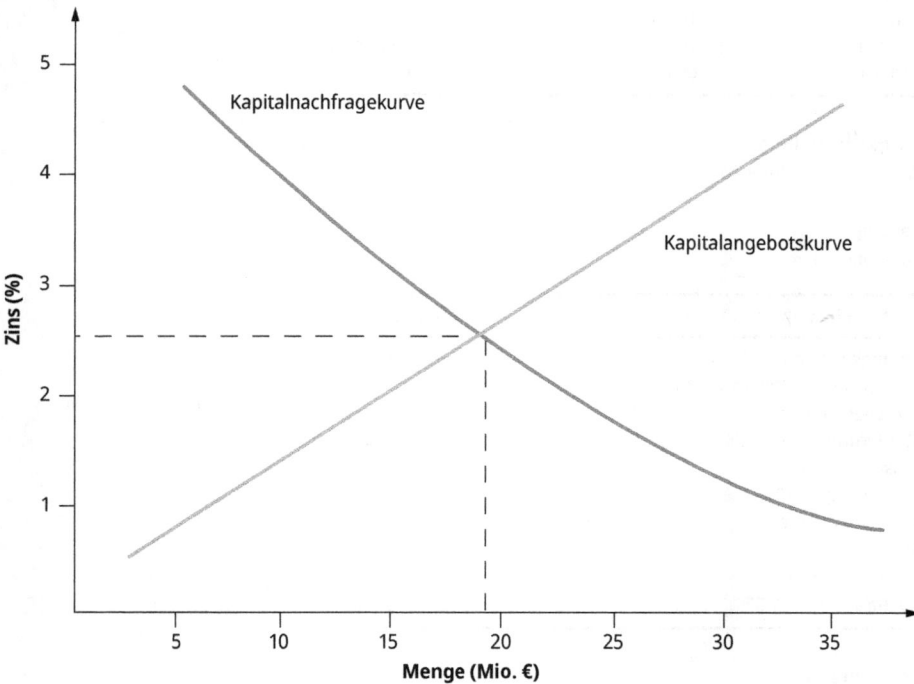

**Abb. 5.6:** Beispiel für einen Zinstender.

**Fallstudie 2**

**Ausgangslage:**

Das Unternehmen Nirgendwo hat sich entschlossen, eine nicht börsennotierte Schuldverschreibung in Höhe von 5 Mio. € an interessierte Anleger zu verkaufen. Folgende Konditionen gelten:

**(1)** Kupon: 3,00 %

**(2)** Laufzeit: 4 Jahre

**(3)** Verkauf

**(a)** als Zinstenderverfahren, Ende der Bietungsfrist ist der 21.07.20X1

**(b)** Kleinanleger können ab 10 T€ teilnehmen, der Kurs ist auf 102,55 % festgelegt.

**(c)** Individuelle Angebote sind in Tranchen zu 100 T€ möglich.

Die Nachfrage stellt sich wie folgt dar:
Ausgangslage für ein bankinternes Tenderverfahren:

| Nachfrager | Angebot (%) | Nennwert des Gebots (€) |
| --- | --- | --- |
| Endkunden | 102,55 | 1.880.000 |
| Firma 1 | 101,98 | 900.000 |
| Firma 2 | 101,75 | 1.000.000 |
| Firma 3 | 101,55 | 2.000.000 |
| Firma 4 | 101,19 | 1.500.000 |
| Firma 1 | billigst | 300.000 |

**Aufgabenstellung:**

Wie erfolgt die Zuteilung?

**Lösung:**

Zuteilung:

| Bestand bzw. Aktion | Volumen (T€) |
| --- | --- |
| Anfangsbestand | 5.000 |
| Minderung der Billigst-Aufträge | 300 |
| Zwischensumme | 4.700 |
| Minderung zu 102,55% | 1.880 |
| Zwischensumme | 2.820 |
| Minderung zu 101,98% | 900 |
| Zwischensumme | 1.920 |
| Minderung zu 101,75% | 1.000 |
| Zwischensumme | 920 |
| Nachfrage zu 101,55% | 2.000 |

**Konsequenzen:**

**(1)** Alle Orders mit einem Mindestkurs von 101,75 % sowie die Billigstaufträge werden komplett umgesetzt.

**(2)** Das letzte berücksichtigte Gebot liegt bei 101,55 %, die anteilige Zuteilung beträgt 46 %.

**(3)** Die Summe aller Kaufpreise für die limitierten Orders beträgt 4.797.520 €, hierfür werden Wertpapiere mit einem Nominalwert von 4.700 T€ erworben. Der Durchschnittskurs liegt folglich bei 102,07 %. Dieser wird auf die Billigstgebote angewendet.

**(4)** Firma 1 erhält folglich zwei Tranchen:

(a) 900 T€ Nominalwert zu 101,98 % und

(b) 300 T€ Nominalwert zu 102,07 %.

Hat der Anleger eine konkrete Vorstellung von dem geforderten Effektivzins und sind die anderen Parameter bekannt, lässt sich die Preisobergrenze durch Umstellung der Zinsformel ermitteln (zur Umsetzung siehe Kapitel 5.3.2).

## 5.1.5 Besonderheiten bei der Weitergabe

Verzinsliche Wertpapiere haben den Vorteil, dass der Erwerber sie zwischenzeitlich weiter veräußern kann. Somit können Unternehmen mit Finanzierungsbedarf auch Anleger erreichen, die nur an einem kurzfristigen Investment interessiert sind. Hierzu ist es erforderlich, sich die Zinsberechnung zu vergegenwärtigen. Einen Überblick über die bereits bekannte Anleihe gibt Abbildung 5.7.

**Abb. 5.7:** Grundschema des Zinsanspruchs.

Es wird deutlich, dass der Zinsanspruch mit der Kapitalüberlassung beginnt und am Tag vor der Fälligkeit des **Kupons** endet.

Wenn eine Anleihe verkauft wird, geht der nächste Zinskupon an den Erwerber über. Es wäre unfair, wenn der bisherige Verkäufer für die Haltedauer der Anleihe leer ausginge und der komplette Zinsertrag dem Erwerber zustünde. Hier ist eine Aufteilung erforderlich. Zu diesem Zweck wird mit **Stückzinsen** gearbeitet, die den Anlagezeitraum des Verkäufers ausgleichen.

In diesem Zusammenhang ist es wichtig, die **Fristigkeiten** bei Wertpapiergeschäften zu kennen:

**(1)** Das Verpflichtungsgeschäft meint den Tag der Order-Ausführung.

**(2)** Die Erfüllung erfolgt mit einem Timelag von **zwei Börsentagen**.

(a) Der Verkäufer erhält die Gutschrift des Gegenwerts.

(b) Der Käufer wird Eigentümer des Wertpapiers.

**(3)** Der Zinsanspruch wechselt einen Kalendertag vor der Erfüllung.

(a) Bis zu diesem Tag stehen dem Verkäufer die Zinsen zu.

(b) Ab dem Folgetag ist der Käufer zinsberechtigt.

Berechnungsgrundlagen:

**(1)** Soweit der Zinssatz während der Laufzeit nicht verändert wird, erfolgt eine exakte Berechnung.

(a) Zinstage und das Jahr als Basis werden jeweils (auch bei Schaltjahren) exakt ermittelt.

(b) Diese Methode wird als „**actual/actual**" bzw. „**act/act**" bezeichnet.

**(2)** Verändert sich der Zinssatz in Abhängigkeit von Marktveränderungen – dies kommt bei den Floating Rate Notes (siehe Kapitel 5.2.3) vor – erfolgt eine synthetische Berechnung.

(a) Während die Zinstage exakt ermittelt werden, erfolgt eine Pauschalisierung des Divisors auf 360 Tage.

(b) Diese Methode wird als „**actual/360**" bzw. „**act/360**" bezeichnet.

---

**Fallstudie 3**

**Ausgangslage:**
Für ein festverzinsliches Wertpapier, das zu 98 % gehandelt wird,
erfolgt der Verkauf am Dienstag, den 23.12.20X1.
Der Kupon lautet über 5 €.
Am 30.06. jedes Jahres ist der Kupon fällig.
Das abwickelnde Kreditinstitut berechnet 0,7 % des Nennwerts, mindestens jedoch 7,50 € an Gebühren.

**Aufgabenstellung:**
**(1)** Ermitteln Sie Belastungs- und Gutschriftbetrag, wenn 1 T€ nominell veräußert werden.
**(2)** Es liegt kein Schaltjahr vor.
**(3)** Der Kunde verfügt über einen ausreichenden Freistellungsauftrag, sodass keine Steuern zu berücksichtigen sind.

**Lösung:**
**(1)** Berechnung des Kurswerts: 1 T€ · 98 ÷ 100 = 980 €
**(2)** Feststellung des Stückzinsanspruchs des Verkäufers
(a) Erfüllungstag: 2 Bankarbeitstage nach Geschäftsabschluss
   – Aufgrund der Weihnachtsfeiertage erfolgt die Erfüllung zum 30.12.20X1 (Dienstag).
   – Der Zinsanspruchswechsel findet somit am 29.12.20X1 statt.
(b) Der Stückzinsanspruch beträgt 25,07 € wie auch die Abbildung „Visualisierung des Zinsanspruchswechsels" zeigt.

Zinsanspruch vom 30.06.20X1
bis 29.06.20X2 zahlbar am 30.06.20X2

Zinsversprechen
in Höhe von
50 € am
30.06.20X1

Zinsversprechen
in Höhe von
50 € am
30.06.20X2

Zeitverlauf

zinsrechnerische Haltedauer:
30.06. bis 29.12.20X1
entspricht: 183 Zinstagen
verursacht Stückzinsen von:
25,07 € → 50 ÷ 365 · 183

zinsrechnerische Haltedauer:
30.12.20X1 bis 29.06.20X2
entspricht: 182 Zinstagen
verursacht Stückzinsen von:
24,93 € → 50 ÷ 365 · 182

29.12.20X1
Wechsel des
Zinsanspruchs

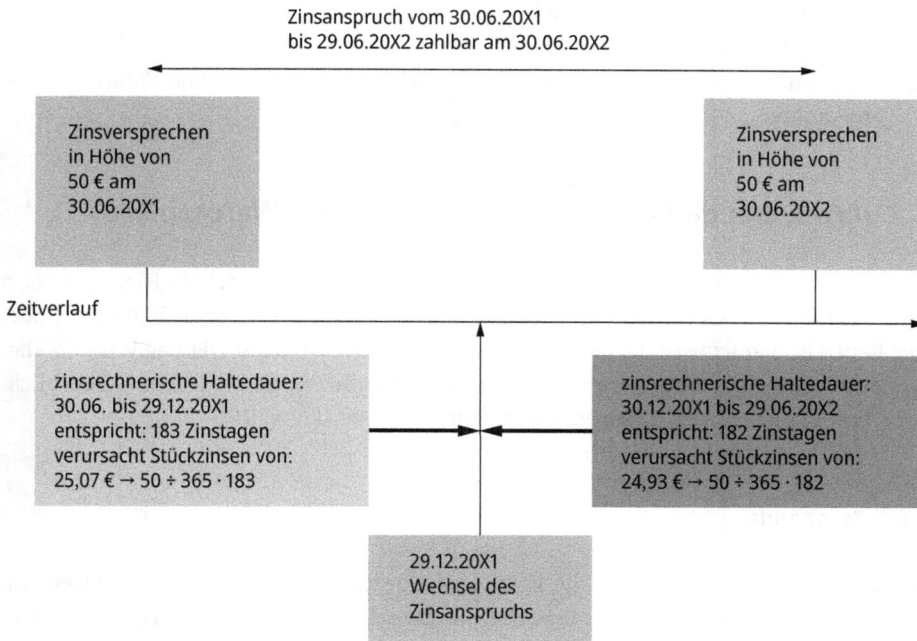

Visualisierung des Zinsanspruchswechsels.

**(3) Gutschriftsbetrag**
(a) Kurswert: 980,00 €
(b) Stückzinsen: 25,07 €
(c) abzüglich Gebühren: 7,50 €
(d) Gutschriftbetrag: 997,57 €
**(4) Belastungsbetrag**
(a) Kurswert: 980,00 €
(b) Stückzinsen: 25,07 €
(c) zuzüglich Gebühren: 7,50 €
(d) Belastungsbetrag: 1.012,57 €

Absatzmöglichkeiten von Wertpapieren:

**(1)** Für Privatanleger

(a) kommt dem Verkauf über die Börse die größte Bedeutung zu,

(b) ist der Verkauf als Tafelgeschäft (reale Papiere)

   – zu teuer und zu risikobehaftet sowie

   – zu umständlich, weil u. a. Geldwäscheanforderungen erfüllt werden müssen,

(c) scheitert eine Beteiligung am elektronischen Absatz der institutionellen Anleger meist an den technischen Möglichkeiten und der Bonität.

**(2)** Für den Verkauf an institutionelle Anleger
(a) sind die Börse und der elektronische Handel bedeutsam,
(b) scheitern Tafelgeschäfte oft an der Verfügbarkeit des erforderlichen Volumens realer Papiere.

## 5.2 Abweichende Ausprägungen verzinslicher Wertpapiere

Bisher wurde die Grundform der verzinslichen Wertpapiere betrachtet. Hierbei ist der Zinssatz konstant, die Zinszahlung erfolgt jährlich und die Tilgung erfolgt zum Ende der Laufzeit. Bedürfnisse der Anleger und auch der Schuldner sowie der Wunsch, die Steuerbelastung zu minimieren, haben zu Modifikationen geführt. Einen Überblick über bedeutende Ausgestaltungen von Anleihen gibt Abbildung 5.8.

### 5.2.1 Zerobonds

Der Zerobond ist eine Anleihe, die keine laufende Zinszahlung vorsieht. Der Gewinn des Anlegers errechnet sich aus der Differenz zwischen An- und Verkaufspreis. Kalkulatorisch erfolgt die Ansammlung der Zinsen bis zum Ende, welche einschließlich der Zinseszinsen mit der Anlagesumme dem Gläubiger zufließen. Einen Überblick über einen fünfjährigen Zerobond mit einem Zinssatz von 2,5 % gibt Abbildung 5.8. Durch den Zinseszinseffekt erzielt der Anleger einen Gesamtertrag von 13,1 % im Vergleich zu 12,5 % bei einer konventionellen Anleihe. Hierbei gilt, dass durch den Zinseszinseffekt der Vorteil des Anlegers bei hohem Zins überproportional steigt.

Bei der in Abbildung 5.8 gezeigten Form handelt es sich um eine **Abzinsung**. Der Erwerber zahlt den Nennwert abzüglich der Zinsen für die Gesamtlaufzeit und erhält hinterher den Nennwert gutgeschrieben.

Bei den sogenannten **aufgezinsten** Papieren zahlt der Erwerber den Nennwert und erhält hinterher den Nennwert zuzüglich der Zinsen gutgeschrieben. Materiell entsprechen sich die beiden Ausprägungen.

Bewertung:
**(1)** Aus der Perspektive des Schuldners gibt es
(a) folgenden Vorteil: Sicherung der Liquidität während der Laufzeit. Dies ist insbesondere dann von Vorteil, wenn die mit der Anleihe finanzierte Investition eine längere Anlaufzeit benötigt um Cashflows zu generieren.
(b) folgenden Nachteil: Mit dem Zinseszinseffekt steigen die Kosten.

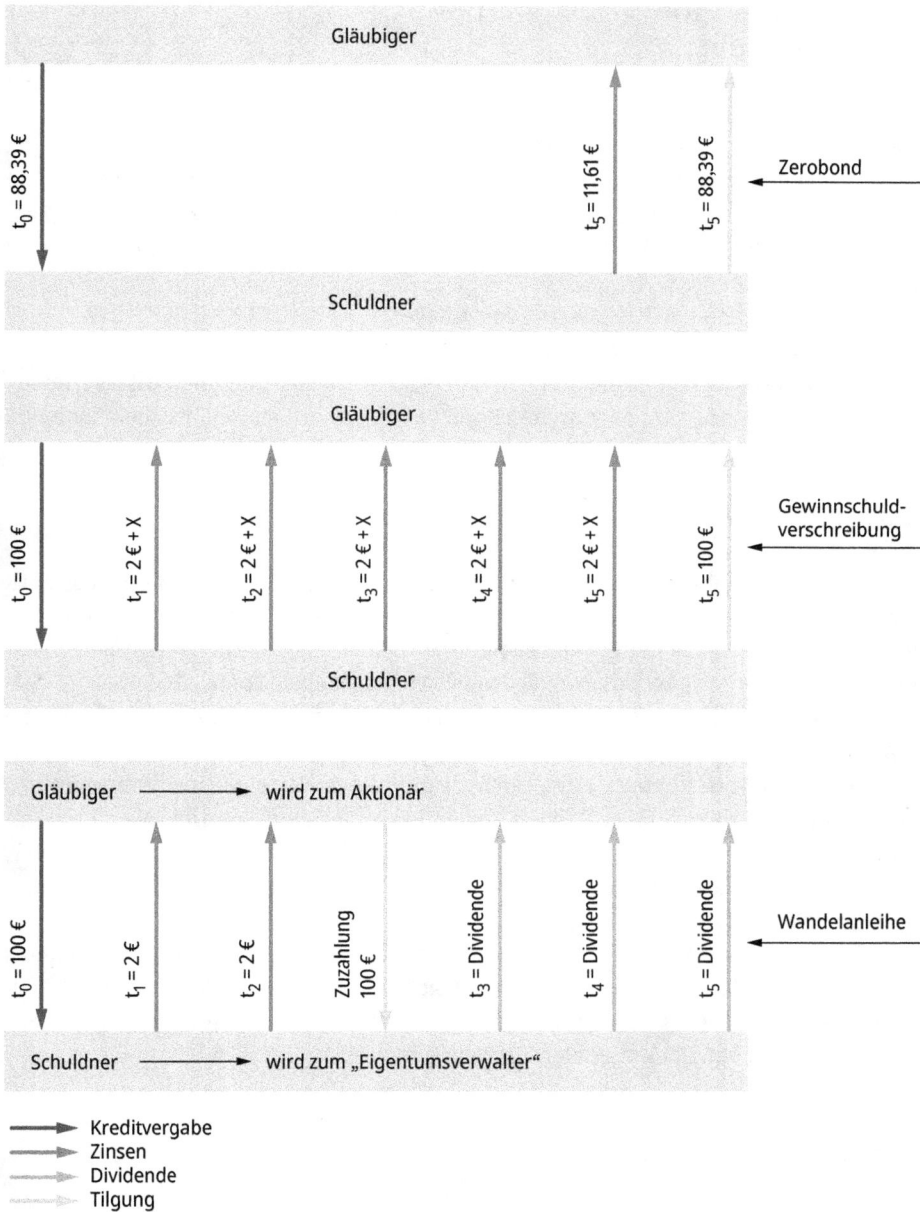

**Abb. 5.8:** Schematische Darstellung verschiedener Anleihetypen.

**(2)** Aus der Perspektive des Gläubigers gibt es
(a) folgende Vorteile:
- – Da keine laufenden Zinserträge anfallen, ist eine separate Anlageentscheidung überflüssig.
- – Mit dem Zinseszinseffekt steigt die Rendite.
- – Für Privatanleger gilt das Zuflussprinzip, die Versteuerung der Erträge wird in die Zukunft verlagert. Dies ist insbesondere dann interessant, wenn zum Zeitpunkt der Auszahlung insgesamt weniger Kapitaleinkünfte erwartet werden.
(b) folgende Nachteile:
- – keine laufenden Zuflüsse aus der Anlage
- – Veränderungen des Zinsniveaus wirken hier stärker (siehe Kapitel 5.3.2).
- – Die Besteuerung erfolgt bei Privatpersonen in einer Summe (Zuflussprinzip), sodass Freibeträge eher ausgeschöpft werden als bei einer jährlichen Zahlung.

### 5.2.2 Gewinnschuldverschreibungen

Mit der Gewinnschuldverschreibung verlagert der Schuldner einen Teil des Fixkostenrisikos der Finanzierung auf den Anleihegläubiger. Statt einer fixierten Verzinsung von beispielsweise 5 % bietet der Schuldner nur 2 %. Gleichzeitig gewährt er eine gewinnabhängige Zusatzverzinsung. Das grundlegende Schema ist ebenfalls in Abbildung 5.8 dargestellt. Diese Form wird auch zu den sogenannten Debt-Mezzaninen gezählt (siehe Kapitel 3.2.4).

Soweit das Unternehmen erfolgreich ist und die erwarteten Gewinne realisiert, partizipieren beide Parteien. Der Gläubiger bekommt eine Rendite, die über dem Marktniveau liegt. Der Schuldner gibt Teile seines Erfolgs an den Finanzierer weiter, ist aber insgesamt ökonomisch erfolgreich. In dieser Situation ist die höhere Zinsbelastung leicht darzustellen.

Werden die Erwartungen nicht Realität, hat der Gläubiger seine fixierte Mindestverzinsung und der Schuldner ist mit vergleichsweise geringen Zinskosten belastet. Gerade bei großen Investitionen kann dies ein wichtiger Beitrag sein, um die Fixkostenbelastung auf einem akzeptablen Niveau zu halten.

### 5.2.3 Floating Rate Notes

Entgegen den bisherigen Formen handelt es sich bei den Floating Rate Notes um Schuldverschreibungen, deren Verzinsung nicht konstant ist. Anders als bei festverzinslichen Wertpapieren erfolgt die Zinskalkulation auf der Prämisse „act/360" (siehe Kapitel 5.1.5). Die Konditionsanpassung erfolgt in einem vorher fixierten Rhythmus von drei bis sechs Monaten. Maßstab für die Anpassung ist ein **Referenzzinssatz**, der in der Anleihebedingung genannt sein muss. Bedeutsam sind:

- **EURIBOR** → **(Euro Interbank Offered Rate)**
- **SONIA (Sterling Overnight Index Average)**

Beide Referenzzinssätze stellen Durchschnittskonditionen im kurzfristigen Kreditgeschäft der Banken untereinander dar. Der EURIBOR ist ein Durchschnitt für Geschäfte in der europäischen Gemeinschaftswährung.

Der Referenzzins bildet die Grundlage und wird um einen festen Prozentsatz erhöht, der sich nach der Bonität des Emittenten richtet.

Bewertung:

**(1)** Aus der Perspektive des **Schuldners** gibt es

(a)  folgende Vorteile:

- Aufgrund der permanenten Zinsanpassung sind die Kursrisiken zeitlich und hinsichtlich der Höhe des Ausschlags sehr begrenzt. Die Anleihe kann nahezu während der gesamten Laufzeit zum Nennwert über die Börse zurückgekauft werden, wenn das Unternehmen unerwartet hohe Zuflüsse generiert.
- Der Zinsaufwand orientiert sich an kurzfristigen Konditionen. Bei einer normalen Zinsstrukturkurve sind die Finanzierungskosten (deutlich) unter denen einer langfristigen Finanzierung.
- Es liegen immer (annähernd) marktgerechte Kosten vor. Bei fallendem Zinsniveau sinken die Kosten.

(b)  folgende Nachteile:

- Aufgrund der permanenten Zinsanpassung können die Konditionen im Zeitverlauf wesentlich schlechter werden, als wenn ein fester Zins gewählt worden wäre.
- Die unterjährige Zinszahlung belastet die laufende Liquidität.

**(2)** Aus der Perspektive des **Gläubigers** ist das gegenteilige Profil zutreffend.

---

**Fallstudie 4**

**Ausgangslage:**
Die Tina Trocken AG möchte ihre eigene Floating Rate Note zurückkaufen. Folgende Varianten werden von der Gesellschaft an der Börse gehandelt:

**(1) Drei-Monats-EURIBOR**
(a)  mit Zinsterminen am 30.01., 30.04., 30.07. und 30.10.,
(b)  wird seit der letzten Zinsanpassung mit 4,00 % verzinst,
(c)  notiert aktuell bei 99,95 %.

**(2) Sechs-Monats-EURIBOR**
(a)  mit Zinsterminen am 15.05. und 15.11.,
(b)  wird seit der letzten Zinsanpassung mit 4,50 % verzinst,
(c)  notiert aktuell bei 98,95 %.

Weitere Rahmenbedingungen:

**(1)** Das Unternehmen möchte

(a) für nominell 1.000 T€ Floating Rate Notes erwerben,

(b) gleichzeitig seinen Kapitalaufwand so gering wie möglich halten.

**(2)** Der Gebührensatz der Bank liegt bei Aufträgen ab 100 T€ Kurswert bei 0,5 % vom Kurswert.

**Aufgabenstellung:**

Mit welchen Belastungsbeträgen ist zu rechnen, wenn die AG heute, am Montag, den 05.11., die Order erteilt?

**Lösung:**

**(1)** Drei-Monats-EURIBOR

(a) Berechnung des Kurswerts: 1.000 T€ · 99,95 ÷ 100 = 999,5 T€

(b) Feststellung des Stückzinsanspruchs des Verkäufers:
 – Erfüllungstag: 2 Bankarbeitstage nach Geschäftsabschluss → 07.11.
 – Der Zinsanspruchswechsel findet folglich am 06.11. statt.
 – Bei der Stückzinsermittlung nach „act/360" sind acht Tage zu berücksichtigen.
 – Der Stückzinsanspruch beträgt 890 €.

(a) Betragsermittlung:
 – Kurswert: 999,50 T€
 – Stückzinsen: 888,89 €
 – zuzüglich Gebühren: 4.997,50 €
 – Belastungsbetrag: 1.005.386,40 €

**(2)** Sechs-Monats-EURIBOR

(a) Berechnung des Kurswerts: 1.000 T€ · 98,95 ÷ 100 = 989,5 T€

(b) Feststellung des Stückzinsanspruchs des Verkäufers:
 – Erfüllungstag: 2 Bankarbeitstage nach Geschäftsabschluss → 07.11.
 – Der Zinsanspruchswechsel findet folglich am 06.11. statt.
 – Bei der Stückzinsermittlung nach „act/360" sind 176 Tage zu berücksichtigen.
 – Der Stückzinsanspruch beträgt 22 T€.

(a) Betragsermittlung:
 – Kurswert: 989,5 T€
 – Stückzinsen: 22 T€
 – zuzüglich Gebühren: 4.947,50 €
 – Belastungsbetrag: 1.016.447,50 €

Aufgrund der unterschiedlichen Kurse und der zu berücksichtigenden Stückzinsen erfordert die dreimonatige Floating Rate Note mehr als 11 T€ weniger an Liquidität.

## 5.2.4 Wandelobligationen

Der Darlehensgeber hat bei den Wandelobligationen die Möglichkeit des Aktienbezugs. Der Gläubiger muss sich entscheiden, ob er seinen Forderungsanspruch in eine Beteiligung tauscht. Abbildung 5.8 verdeutlicht beispielhafte Kapitalströme für den Fall, dass das **Wandelrecht** ausgeübt wird. Dieses stellt einen Nutzen für den Gläubiger dar. Somit bietet der Schuldner diese Form der Obligation nur mit einem geringeren Zinssatz – gemessen an Anleihen vergleichbarer Qualität – an.

Damit der Anleger das Chancen-Risiko-Profil seines Investments beurteilen kann, muss der Emittent zusätzlich zu den allgemein erforderlichen Details folgende Sachverhalte definieren:

**(1)** **Wandlungsrelation**, die aufzeigt, für welchen nominellen Forderungsbetrag eine Aktie getauscht werden kann

**(2)** Soweit neben den Anleihen eine weitere Zuzahlung vorgesehen ist, muss deren Höhe festgelegt werden. Diese kann während der Laufzeit variieren.

**(3)** Zeitfenster, in dem die Wandlung zugelassen wird

(a) So kann das Unternehmen die Jahre bestimmen, in denen dieses Recht überhaupt genutzt werden kann,

(b) aber auch Fristen im Jahr – beispielsweise direkt vor dem Jahresabschluss – ausschließen, um sich organisatorische Erleichterungen zu verschaffen.

Durch die Anleihebedingungen sind für den Gläubiger die Konditionen für den Erwerb einer Aktie festgelegt. Somit orientiert sich der Kurs der Schuldverschreibung an dem der zugrunde liegenden Aktie. Da es dem Gläubiger freisteht, sein Wandlungsrecht verfallen zu lassen, bildet die – gemessen an anderen Obligationen – schlecht verzinsliche Anleihe den **Mindestwert** dieses Produkts. Der Mindestwert lässt sich korrekt durch Ermittlung des Kapitalwerts bestimmen. Näherungsweise kann auch mit den Nominalwerten gearbeitet werden (für Details der Kursermittlung siehe Kapitel 5.3.2). Bei der Wandelobligation handelt es sich um

– **Zwitter-Mezzanine** (siehe Kapitel 3.2.4) und
– eine bedingte Kapitalerhöhung (siehe Kapitel 2.2.4), sodass die Bestimmungen der §§ 218 und 221 AktG anzuwenden sind. Zur Wahrung ihres relativen Anteils am Grundkapital sieht § 186 AktG ein **Bezugsrecht** für Altaktionäre vor. Dieses kann aber auch ausgeschlossen werden. Soweit es während der Laufzeit der **Wandlungsfrist** zu weiteren Kapitalerhöhungen kommt, sehen die Emissionsbedingungen regelmäßig Erleichterungen für den Umtausch in Aktien vor.

In Hochzinsphasen wird es Unternehmen leichter gelingen, Gläubiger für diese Art der Anleihe zu gewinnen, da auch die verbleibende Verzinsung noch attraktiv ist. Sind die Aktienkurse zeitgleich auf einem niedrigen Niveau, so ist das Potenzial auf Kurssteigerungen für den Anleger größer, als wenn sich die Aktienkurse von Höchststand zu Höchststand entwickeln. Für die begebende Gesellschaft wäre zudem der Verkaufserlös aus einer sofortigen Kapitalerhöhung vergleichsweise gering, da der Kurs der jungen Aktien noch deutlich unter dem der bereits am Markt befindlichen Aktien anzusetzen wäre (siehe Kapitel 2.4.1.1).

Bewertung:

**(1)** Aus der Perspektive des **Schuldners**

(a) Für den Fall, dass gewandelt wird, ist es
- vorteilhaft, dass die Rückzahlungspflicht entfällt,
- von Nachteil, dass das dividendenberechtigte Eigenkapital erhöht wurde.

(b) Für den Fall, dass keine Wandlung erfolgt, ist es
- von Nachteil, dass die Unternehmensbewertung an der Börse nicht so erfolgreich war wie geplant,
- vorteilhaft, dass die Finanzierungskosten im Vergleich zu einer alternativen Finanzierung geringer ausgefallen sind.

**(2)** Aus der Perspektive des **Gläubigers**

Spekulation auf steigende Aktienkurse der emittierenden Gesellschaft mit einer geringverzinslichen Forderung für den Fall, dass die Hoffnungen nicht erfüllt werden

---

**Fallstudie 5**

**Ausgangslage:**

**(1)** 2 Anleihen zu 100 € Nennwert können zwischen dem Ende des zweiten und vierten Jahres unter Zuzahlung von 100 € in eine Aktie mit 50 € Nennwert getauscht werden.

**(2)** Laufzeit der Anleihe: 5 Jahre

**(3)** Aktueller Kurs der Aktie: 220 €

**(4)** Verzinsung am Markt für alternative Anleihen: 5 %, Verzinsung der Wandelanleihe: 2 %

**Aufgabenstellung:**

Es wird unterstellt, dass der Gläubiger wandelt und die Aktie sofort verkauft. Ab welchem Aktienkurs (jeweils zum Jahresende) erzielt er die gleiche Verzinsung wie mit einer Anlage in einer „normalen" Anleihe? Berechnen Sie auf Basis von Nominalwerten. Steueraspekte sind nicht zu berücksichtigen.

**Lösung:**

**(1)** Finanzeinsatz

(a) 200 € Nominalwert der Anleihe

(b) 100 € Zuzahlung

(c) Gesamtsumme: 300 €

**(2)** Anlage von 200 € zu 2 %, während 5 % am Markt üblich sind, bedeutet einen Opportunitätsverlust von 6 € pro Jahr

**(3)** Erforderlicher Aktienkurs

(a) Umtausch nach 2 Jahren: 300 € Finanzeinsatz + Opportunitätskosten für 2 Jahre (= 2 · 6) = 312 €

(b) Umtausch nach 3 Jahren: 300 € Finanzeinsatz + Opportunitätskosten für 3 Jahre (= 3 · 6) = 318 €

(c) Umtausch nach 4 Jahren: 300 € Finanzeinsatz + Opportunitätskosten für 4 Jahre (= 4 · 6) = 324 €

---

**Fallstudie 6**

**Ausgangslage:**

Die folgende Tabelle zeigt die Bilanz für das emittierende Unternehmen der Fallstudie direkt nach dem Verkauf der Wandelanleihe.

**Ausgangsbilanz:**

| Aktiva (Mio. €) | Bilanz | | Passiva (Mio. €) |
|---|---|---|---|
| Anlagevermögen | | Eigenkapital | 600 |
| immaterielles AV | 150 | Grundkapital | 250 |
| Sachanlagen | 485 | Kapitalrücklagen | 150 |
| Finanzanlagen | 75 | Gewinnrücklagen | 200 |
| Umlaufvermögen | | Schulden | 900 |
| Vorräte | 210 | Wandelanleihen | 200 |
| Forderungen | 490 | andere mit mittlerer Laufzeit | 400 |
| Liquidität | 90 | andere mit kurzer Laufzeit | 300 |
| Bilanzsumme | 1.500 | Bilanzsumme | 1.500 |

Annahmegemäß hat sich der Kurs der Aktie in den ersten drei Jahren sehr schlecht entwickelt. Im letzten Jahr ist er jedoch auf 350 € gestiegen, sodass alle Gläubiger ihr Wandlungsrecht genutzt haben.

**Aufgabenstellung:**
Ermitteln Sie die Rendite der Anleihegläubiger. Gehen Sie von einer Emission zu pari und einem sofortigen Verkauf der erwandelten Aktie aus. Gebühren sind nicht zu beachten. Erstellen Sie die Bilanz nach der vollständigen Wandlung unter ansonsten gleichen Bedingungen.

**Lösung:**
Ermittlung des Rückzahlungsbetrags: Durch die Wandlung erhält der Anleger einen Vermögensgegenstand von 350 € nachdem er (nahezu) zeitgleich weitere 100 € aus seinem Vermögen aufgewandt hat. Sein Rückfluss liegt somit netto bei 250 €. Unter Verwendung der absoluten Zahlen ergibt sich folgender Erfolg: $[4 + (250 - 200) \div 4] \div 200 \cdot 100 = 8{,}25\,\%$.

**Ergebnisbilanz:**

| Aktiva (Mio. €) | Bilanz | | Passiva (Mio. €) |
|---|---|---|---|
| Anlagevermögen | | Eigenkapital | 900 |
| immaterielles AV | 150 | Grundkapital | 300 |
| Sachanlagen | 485 | Kapitalrücklagen | 400 |
| Finanzanlagen | 75 | Gewinnrücklagen | 200 |
| Umlaufvermögen | | Schulden | 700 |
| Vorräte | 210 | Wandelanleihen | 0 |
| Forderungen | 490 | andere mit mittlerer Laufzeit | 400 |
| Liquidität | 190 | andere mit kurzer Laufzeit | 300 |
| Bilanzsumme | 1.600 | Bilanzsumme | 1.600 |

Die Wandelanleihe wird getauscht und verschwindet somit aus der Bilanz. Für 200 € Anleihe und 100 € Zuzahlung wird eine Aktie zu 50 € gewährt. Somit wird das Grundkapital um 50 Mio. € erhöht. Die 100 Mio. € aus der Liquiditätserhöhung sowie der Restbetrag der Wandelanleihen (= 150 Mio. €) werden in die Kapitalrücklagen eingebucht.

### 5.2.5 Optionsobligationen

Optionsobligationen sind ein Gesamtpaket aus einer niedrigverzinslichen Anleihe und einer zusätzlichen **Aktienbezugsmöglichkeit** (Optionsschein). Einen Überblick über die Transaktionen sowie die Bestandteile vermittelt Abbildung 5.9. Das Gesamtpaket kann insgesamt gehandelt werden. Alternativ sind auch die einzelnen Bestandteile separat veräußerbar. Anders als bei der Wandelanleihe gibt der Gläubiger sein Recht hier nicht auf. Vielmehr hat er die Möglichkeit (Option), ein weiteres Recht als Aktionär hinzuzuerwerben.

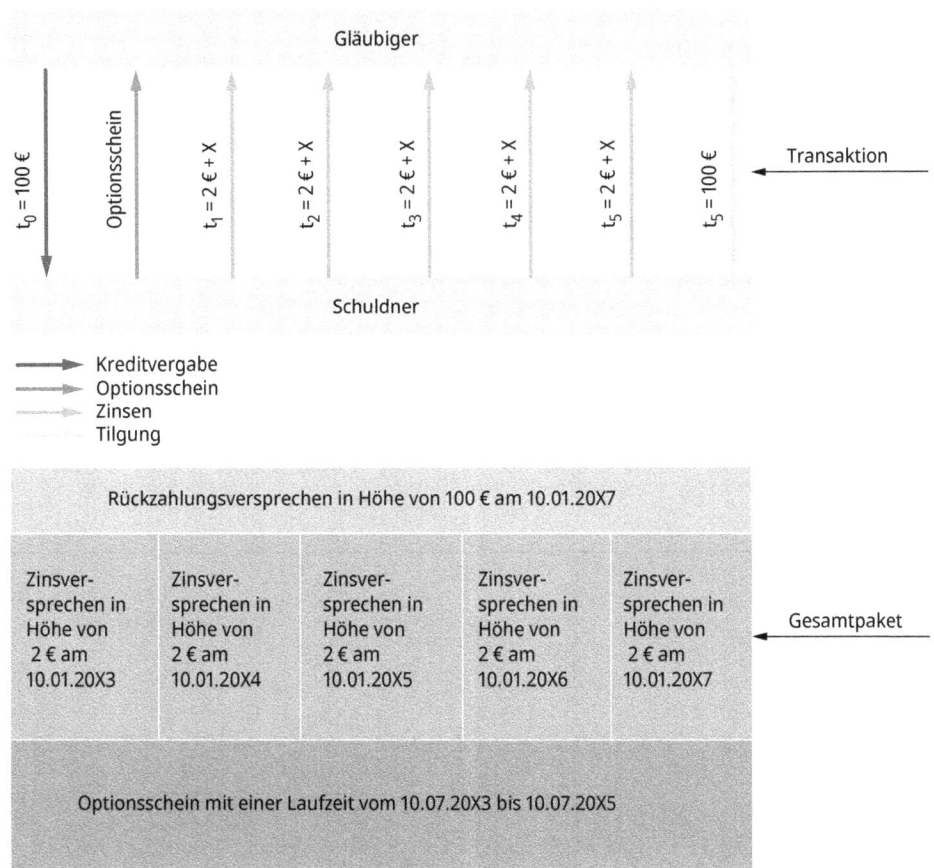

**Abb. 5.9:** Beispielhafte Details einer Optionsanleihe.

Damit der Anleger das Chancen-Risiko-Profil seines Investments beurteilen kann, müssen die **Emissionsbedingungen** zusätzlich zu den allgemein erforderlichen Details folgende Sachverhalte definieren:

- Zeitfenster, in dem das Umtauschrecht des Optionsscheins in Aktien(-anteile) möglich ist **(Optionsfrist)**
- Anzahl der erforderlichen Optionsscheine für den Erhalt einer Aktie **(Optionsverhältnis)**
- Kaufpreis der Aktie, soweit der Erwerber die erforderliche Anzahl der Optionsscheine besitzt **(Optionskurs)**

Mit der Optionsanleihe erwirbt der Anleger ein hybrides Instrument. Auf der einen Seite kann er mit dem Optionsschein auf einen steigenden Aktienkurs spekulieren. Gleichzeitig verfügt er über ein Gläubigerrecht, das zum Ende der Laufzeit getilgt wird, wie Abbildung 5.9 verdeutlicht. Für das Unternehmen handelt es sich analog zur Wandelanleihe (siehe Kapitel 5.2.4) um

- **Zwitter-Mezzanine** (siehe Kapitel 3.2.4) und
- eine **bedingte Kapitalerhöhung** (siehe Kapitel 2.2.4).

Für den Emittenten liegt der Vorteil darin, dass er sich zu einem Zinssatz verschulden kann, der deutlich unter dem liegt, den er für eine Standardanleihe gewähren müsste. Bei einer positiven Geschäftsentwicklung wird ihm zusätzliches Eigenkapital zufließen. Die Eigentümer der Optionsscheine werden ihr Wahlrecht nutzen.

---

**Fallstudie 7**

**Ausgangslage zur Optionsobligation der 567-AG:**
- Pro 100 € Nominalwert der Anleihe erhält der Erwerber einen Optionsschein, die Emission erfolgt zu 100 €.
- Die Gesamtanleihe hat ein Volumen von 100 Mio. € und erfolgt unter Ausschluss des gesetzlichen Bezugsrechts.
- Laufzeit der Anleihe: 6 Jahre
- Verzinsung am Markt: 4,75 %, Verzinsung der Optionsanleihe: 1,50 %
- Für vier Optionsscheine kann zwischen Ende des vierten und sechsten Jahres unter Zuzahlung von 25 € eine Aktie (Nennwert 2 €) getauscht werden.
- aktueller Kurs der Aktie: 65 €

**Aufgabenstellung:**
(1) Wie hoch ist der Optionsscheinwert am Emissionstag?
(2) Bis zu welchem Kurs muss der Aktienkurs steigen, damit ein Anleihegläubiger, der für 400 € Optionsanleihen erworben hat, die gleiche Verzinsung wie bei einer vergleichbaren Anleihe erzielt? Unterstellen Sie, dass für die Optionsscheine nur der rechnerische Wert gezahlt wird und vernachlässigen Sie den Zinseszinseffekt.
(3) Wie hoch ist der Eigenkapitalzufluss der AG, wenn alle Optionsscheine bei Fälligkeit zum Bezug von Aktien genutzt werden? Welche Bilanzpositionen sind betroffen?

**Lösung:**
(1) Wert des Optionsscheins: 65 € − 25 € = 40 € ÷ 4 Optionsscheine = 10 €
(2) Erforderlicher Aktienkurs, um keine Verluste zu erwirtschaften

(a)  Opportunitätskosten für 100 €: 4,75 € − 1,50 € = 3,25 €
(b)  Für 400 € wurden vier Anleihen erworben: 4 · 3,25 € = 13 €
(c)  Die Anleihe hat eine Laufzeit von sechs Jahren: 13 € · 6 = 78 €
(d)  Gesamtaufwand für den Erwerb: Bezugspreis + Opportunitätskosten = 25 € + 78 € = 103 € (erforderlicher Aktienkurs)

**(3)**  Eigenkapitalzufluss
(a)  Insgesamt:
   −  100 Mio. € Anleihevolumen ÷ 100 € Einzelanleihe = 1.000.000 Anleihen
   −  Jeder Anleihe ist ein Optionsschein beigefügt.
   −  Für den Erwerb einer Aktie sind vier Optionsscheine erforderlich.
   −  Insgesamt können 250.000 Aktien erworben werden (= 1.000.000 Stück ÷ 4 Stück).
   −  Der AG fließen insgesamt 6.250 T€ zu (250.000 Aktien · 25 €).
(a)  Aufteilung des Eigenkapitals:
   −  Jede Aktie weist einen Nennwert von 2 € auf und wird für 25 € verkauft.
   −  Das Agio beträgt somit 23 € pro Stück (= 25 € − 2 €).
   −  Der Aktiennennwert wird in das gezeichnete Kapital eingestellt und beträgt 500 T€ (= 250.000 Stück · 2 €).
   −  Das Agio wird in die Kapitalrücklage eingestellt und beträgt 5.750 T€ (= 250.000 Stück · 23 €).

Soweit eine Optionsobligation unter Einbeziehung des gesetzlichen Bezugsrechts verkauft wird, ist für den Erwerb einer Anleihe eine bestimmte Anzahl von Aktien erforderlich.

Handelsmöglichkeiten von Optionsanleihen:

**(1)**  Der Anleger kann seine Optionsobligation mit dem dazugehörigen Optionsschein als eine **Einheit** belassen. In diesem Fall bildet der Kurs den Gesamtpreis ab. Die Notierung der Obligation trägt das Kennzeichen „**cum**".

**(2)**  Alternativ kann der Anleger die beiden Bestandteile trennen, somit ergeben sich zwei Notierungen:

(a)  die separierte Obligation, die im Vergleich zu alternativen Anlagen gering verzinslich ist und einen Kursabschlag hinnehmen muss, die Notierung der **Obligation** trägt das Kennzeichen „**ex**".

(b)  der separierte **Optionsschein**, der ökonomisch an ein Bezugsrecht erinnert und dem Kurs der Aktie folgt. Die Anlage in Optionsscheinen wird in Kapitel 6.1.3 thematisiert.

### 5.2.6 Weitere Sonderformen

Der Schuldner kann seinen Gläubigern auch in den Anleihebedingungen versprechen, dass die einzelnen Jahre unterschiedlich verzinst werden. Die Höhe der Verzinsung der einzelnen Jahre wird zu Beginn definiert, sodass der Anleger die Höhe seines Zinsanspruchs im Vorfeld kennt. Hierfür wird der Begriff der **Stufenzins**- oder **Gleitzinsschuldverschreibung** verwendet. Man unterscheidet im Zeitverlauf steigende und fallende Zinssätze. Für Anleger, welche die Gesamtlaufzeit nutzen wollen, ist die Verzinsung der Einzeljahre von untergeordneter Bedeutung.

**Inflationsausgleichsanleihen** ähneln einer Gewinnschuldverschreibung. Es gibt fixierte Zinszahlungen, die um einen variablen Anteil ergänzt werden. Der variable Anteil richtet sich nach der Entwicklung eines vorher festgelegten Preisindexes. Dieser Mechanismus kann auf die Zinszahlungen begrenzt sein oder auch die Tilgungsleistung umfassen.

Inländische Unternehmen können auch Anleihen **ausländischer Gläubiger** anbieten. Soweit die Anleihe auf Euro lautet oder die Umrechnungskurse für den Kapitaldienst in den Anleihebedingungen fixiert sind, trägt der inländische Emittent kein Währungsrisiko. Ein erweitertes Chancen- und Risikoprofil geht der Schuldner ein, wenn der Kapitaldienst der Anleihe in Fremdwährung ohne definierte Umrechnungskurse zu erbringen ist. Hier spricht man auch von **Währungsschuldverschreibungen**. Eine weitere Ausprägung sind die **Doppelwährungsanleihen**. Hier erfolgen die einzelnen Zahlungsströme in unterschiedlichen Währungen. Diese Konstellation kann interessant sein, wenn Kreditaufnahme und Tilgung durch unterschiedliche Gesellschaften eines internationalen Konzerns erfolgen sollen.

Neben der Grundform, dass die **Tilgung** am Ende der Laufzeit in der vorher vereinbarten Höhe erfolgt, gibt es weitere Rückführungsmöglichkeiten:

– Die Emissionsbedingungen können vorsehen, dass die Tilgung einzelner Tranchen durch **Auslosung** erfolgt. Hierzu sind auch die genauen Modalitäten im Vorfeld zu definieren. In Konsequenz muss das Unternehmen einen (etwas) höheren Zins bieten, da die vorzeitige Tilgung ein zusätzliches Risiko darstellt.

– Gläubigern und/oder Schuldnern kann in den Anleihebedingungen ein **Kündigungsrecht** eingeräumt werden. Dessen Nutzung ist immer dann sinnvoll, wenn sich die Verzinsung am Markt zum Vorteil der jeweiligen Partei verändert hat. Eine solche Klausel widerspricht aber dem Gedanken der langfristigen Finanzierung und Anlage.

– Ohne weitere Vereinbarung steht dem Schuldner auch die Möglichkeit offen, seine eigenen Anleihen an der **Börse** zu **erwerben**. Dies ist immer dann sinnvoll, wenn unerwartete Zuflüsse erfolgen und im Unternehmen selbst keine attraktiveren Anlagemöglichkeiten vorhanden sind.

– Statt die Rückzahlung einer Obligation mit 100 % zu fixieren, kann der Schuldner die Rückzahlung an **Börsenindizes** koppeln. Hierzu wird ein Referenzwert definiert, zu dem die volle Rückzahlung erfolgt. In Abhängigkeit vom Indexstand bei Fälligkeit erfolgt die Tilgung über oder unter 100 %. Indexanleihen, die Optimisten ansprechen, gewähren eine Tilgung von über 100 % bei steigenden Kursen. Für Pessimisten erfolgt die gegenteilige Ausstattung.

– Für Unternehmen, für die eine Börseneinführung uninteressant ist, gibt es mit den **Schuldscheindarlehen** eine Finanzierungsform, die den festverzinslichen Wertpapieren ähnlich ist. Ein Unterschied ist, dass der Gläubiger auch ohne Schuldschein Rückzahlung und Tilgung einfordern kann. Auch hier werden meist größere Beträge zwischen den Parteien vereinbart. Die weiteren Bedingungen richten sich nach den individuellen Bedürfnissen der Beteiligten. Der fehlende Börsenhandel hat folgendes **Profil**:

- Der Schuldner verringert seinen Aufwand, weil keine Zulassungs- und Folgekosten anfallen.
- Als Gläubiger sind nur ausgewählte institutionelle Anleger relevant, die entsprechende Kreditvolumen gewähren können.
- Nachteilig für den Gläubiger ist die eingeschränkte Handelbarkeit und dass der Schuldner nicht vorzeitig zur Tilgung verpflichtet werden kann.
- Durch den (meist etwas) höheren Zins generiert der Anleger eine bessere Rendite.

### 5.2.7 Asset Backed Securities (ABS)

Asset Backed Securities (ABS) stellen einen **Forderungsverkauf** dar, der über die Börse abgewickelt wird. Einen Überblick über das Vorgehen gibt Abbildung 5.10.

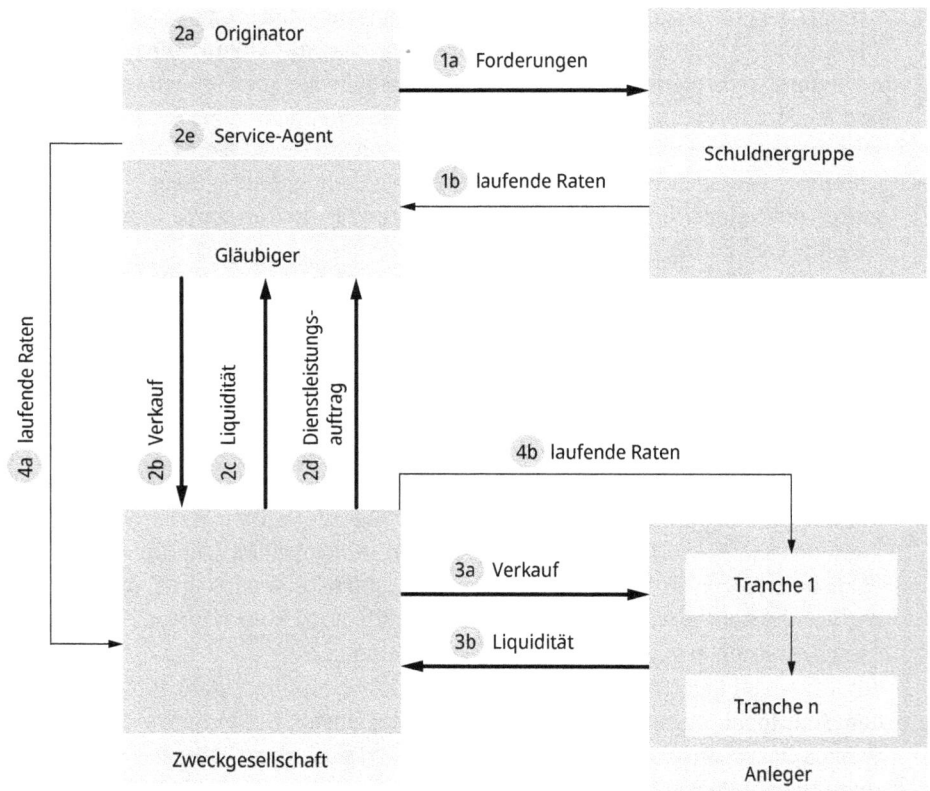

**Abb. 5.10:** Funktionsweise einer ABS-Transaktion.

Die in Abbildung 5.10 dargestellten Arbeitsschritte haben folgende Inhalte:

**(1)** Aus einem **Grundgeschäft** existieren

(a) Forderungen der Gläubiger, die durch

(b) laufende Zahlungen der Schuldnergruppe fortwährend bedient werden.

**(2)** Der Gläubiger möchte seine **Bilanz** entlasten und Teile der Forderungen verkaufen, er

(a) wird jetzt als Originator bezeichnet,

(b) veräußert die Forderungen an eine Zweckgesellschaft (Special Purpose Vehicle),

(c) bekommt den Erlös nach Kosten aus dem Verkauf als Liquidität zur Verfügung gestellt,

(d) erhält einen Dienstleistungsauftrag, durch den er das operative Management der Forderungen weiterhin gewährleistet,

(e) wird in der Funktion des Dienstleisters als Service-Agent bezeichnet.

**(3)** Die **Zweckgesellschaft**

(a) refinanziert sich über den börslichen Verkauf und

(b) erhält von den Anlegern die entsprechende Liquidität. Diese können je nach Risikoneigung unterschiedliche Bonitäten erwerben.

**(4)** Der **ursprüngliche Gläubiger** erhält nach wie vor die laufenden Raten und

(a) leitet sie in seiner Funktion als Service-Agent

(b) über die Zweckgesellschaft an die Anleger weiter. Die Investoren, welche die besten Bonitäten erworben haben, erhalten zuerst die Zahlungen.

Ergänzungen:

**(1)** Im Rahmen von ABS-Transaktionen können verschiedenartige Kredite verkauft werden. So kann zwischen den Drittschuldnern (Endkunden oder Unternehmen) und dem Besicherungsumfang unterschieden werden. Wichtig ist, dass die verkauften Forderungen einheitliche **Merkmale** aufweisen.

**(2)** Durch die Vielzahl der Drittschuldner wird das **Ausfallrisiko** begrenzt. Zudem wird die Forderungsqualität regelmäßig mittels Ratings belegt. Besonders „charmant" ist dieses Instrument, wenn der Gläubiger Forderungen gegen Schuldner hat, die eine bessere Bonität aufweisen als er selbst. Diese Konstellation ist regelmäßig bei den Zulieferern der Automobilindustrie vorzufinden. Durch den Verkauf einer ABS-Transaktion stellt der Zulieferer den Anlegern eine bessere Bonität zur Verfügung als er selbst aufweist.

**(3)** Der ursprüngliche Gläubiger erzielt alle Vorteile eines **Forderungsverkaufs** (siehe Kapitel 3.2.3). Gleichzeitig nimmt die Kundschaft die Veränderung gar nicht wahr, da sie immer noch an den bisherigen Gläubiger – jetzt in der Funktion des Service-Agents – leistet.

**(4)** Neben einem realen Verkauf **(True Sale)** können auch ausschließlich die Forderungsrisiken des Portfolios auf einen Dritten transferiert werden.

## 5.3 Bewertung verzinslicher Wertpapiere als Finanzierungsmedium

Zielsetzung einer direkten Kreditvergabe in Form von verzinslichen Wertpapieren an Unternehmen im Vergleich zur Nutzung von Bankprodukten, ist der Wunsch nach einer höheren Verzinsung. Die Bankprodukte sind durch verschiedene Mechanismen gesichert. Ein Mehrertrag lässt sich nur durch die Übernahme zusätzlicher Risiken erzielen. Dieser Zusammenhang ist natürlich auch den (professionellen) Anlegern bekannt. Der Emittent möchte im Umkehrschluss den Bankensektor umgehen, um seine Finanzierungskosten zu senken. Den Banken entgehen in Folge Einlagen- und Kreditmargen. Im Gegenzug sind die Risiken von den Anlegern und Kreditnehmern zu tragen.

### 5.3.1 Ausfallrisiko

Ein zentrales Risiko, das dem Anleger grundsätzlich droht, ist der **Ausfall** des Schuldners. In Folge wird der Kapitaldienst eingestellt. Zur Bewertung dieses Risikos geben internationale **Ratingagenturen** regelmäßig Einschätzungen ab (**Ratings**). Je besser das Rating ist, desto unwahrscheinlicher wird der Ausfall durch die Experten eingeschätzt (siehe Kapitel 3.1.2).

Um das Risiko zu begrenzen, wird ein Anleger nur Obligationen von Unternehmen auswählen, denen eine sehr gute Bonität attestiert wird. Dieser Zusammenhang ist den Emittenten natürlich bewusst, sodass diese nur vergleichsweise geringe Verzinsungen bieten. Anleihen ausgewählter nationaler und internationaler Gebietskörperschaften sowie Großunternehmen erzielen hier Bestnoten. Diese sind aber für andere (kleinere) Unternehmen, die sich trotzdem mittels Anleihen verschulden möchten, nicht erreichbar.

Durch eine **Besicherung** der Anleihe kann, ähnlich wie bei einem Kredit, eine schlechtere Bonität (teilweise) kompensiert werden. Grundpfandrechtliche Absicherungen bilden hier eine Möglichkeit. Auch kann der Emittent eine sogenannte **Negativerklärung** abgeben. Hiermit verspricht der Schuldner, die jetzt zum Verkauf anstehende Obligation nicht schlechter als andere Obligationen zu besichern, die er in der Zukunft platziert.

Das Vehikel, um trotzdem die eigenen Anleihen verkaufen zu können, ist der (höhere) Zinssatz. So wird das höhere Risiko (angemessen) vergütet.

### 5.3.2 Marktpreisrisiken

Ursachen für Marktpreisrisiken sind sowohl Zinsveränderungen als auch Kursänderungen am Devisenmarkt für Anleihen, die in ausländischer Währung bedient werden. Das **Währungsrisiko** ist vermeidbar, indem

- nur Schuldverschreibungen mit Tilgung in Heimatwährung verkauft werden,
- Währungszahlungen der Zukunft durch Absicherungsinstrumente ausgeglichen werden.

Das Zinsänderungsrisiko kann das Unternehmen nur dann treffen, wenn eine Anleihe vor Fälligkeit über die Börse zurückgekauft wird. Somit sind diese Risiken für Unternehmen, welche die gesamte Laufzeit der Obligation nutzen, irrelevant.

### 5.3.2.1 Zinsänderungsrisiko

Dieses Risiko kann durch drei Ursachen entstehen:
- zwangsläufig stattfindende Laufzeitverkürzung,
- mögliche Zinsniveauanpassungen am Markt und / oder
- etwaige Bonitätsveränderungen des Emittenten

Die Laufzeitverkürzung wird auch als „Ritt auf der Zinsstrukturkurve" bezeichnet und ist unvermeidbar durch den Zeitverlauf. Ursache ist, dass für Anleger die Ursprungslaufzeit letztendlich bedeutungslos ist und das Augenmerk auf der (verbleibenden) Restlaufzeit liegt. Diese verkürzt sich permanent. Einen Überblick des Effektes gibt Abbildung 5.11.

In der Abbildung wird deutlich, dass eine Anleihe mit einer Ursprungslaufzeit von 5 Jahren und einer Effektivverzinsung von 3,5 %, nach zwei Jahren die Zinsstrukturkurve – hier als normal angenommene (siehe Kapitel 3.1.4) – herunter geritten ist. Nun konkurriert sie mit 3-jährigen Anleihen, die eine Effektivverzinsung von 2,5 % ausweisen. Da der ursprüngliche Kupon immer noch gültig ist, bietet diese Anleihe einen Nominalzins von 3,5 % an, der für diese Laufzeit zu hoch ist. Die Regulierung erfolgt über den Kurs, welcher sich näherungsweise (ohne Berücksichtigung von Zinseszinseffekten) durch die folgende Formel ermitteln lässt:

$$\text{Kurs } (\%) = \frac{\text{Kupon der Anleihe } (\%) \cdot \text{Restlaufzeit in Jahren} + \text{Rückzahlungskurs } (\%)}{\text{Referenzzins } (\%) \cdot \text{Restlaufzeit in Jahren} + 100 \ (\%)} \cdot 100$$

In der angenommenen Ausprägung ergibt sich ein Kurs von 102,7907 % [(3,5 % · 3 Jahre + 100 %) ÷ (2,5 % · 3 Jahre + 100 %) · 100]. Für einen neuen Erwerber ist der aktuelle Kurs der Einstiegspreis, welcher unter Einbeziehung der Restlaufzeit von drei Jahren in die Effektivzinsformel (siehe Kapitel 5.1.3) zu einer Rendite von 2,5 % [((100 % – 102,7907 %) ÷ 3 + 3,5 %) ÷ 102,7907 % · 100] führt. Plant der Emittent den Rückkauf, agiert er als Erwerber der Anleihe und muss den aktuellen Kurs für den Erwerb aufbringen. Dieser natürliche Effekt kann sich in Abhängigkeit von der Veränderung des Zinsniveaus am Markt verstärken oder verringern. Fällt das Marktzinsniveau, so ist die Referenzverzinsung noch geringer und das Delta steigt. Entsprechend wirkt eine Bonitätsverbesserung des Emittenten: Das Unternehmen müsste heute eine geringere **Risikoprämie** bezahlen. Ein Anleger, der diese Anleihe hält, fordert von jedem Erwerber einen höheren Kaufpreis

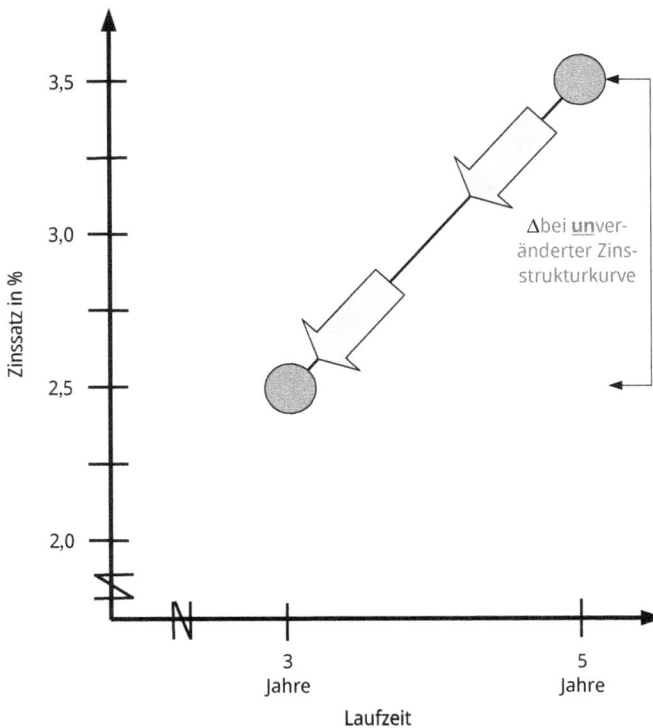

**Abb. 5.11:** Ritt auf der Zinsstrukturkurve als natürlicher Effekt.

(Kurs); der Rückkauf wird teurer. Abbildung 5.12 zeigt ein weiteres Absinken des Referenzzinssatzes durch die Bonitätsverbesserung und / oder die Verringerung des Marktzinssatzes. Bonitätsverschlechterungen und Anstiege des Zinsniveaus wirken in die entgegengesetzte Richtung und können den Ritt auf der Zinsstrukturkurve (über-) kompensieren.

Analog ist die Situation der Anleger zu klassifizieren. Wird eine Anleihe vom Erwerb bis zur Fälligkeit gehalten, so ist der geplante Ertrag sicher – vorausgesetzt das Ausfallrisiko tritt nicht ein. Dies gilt selbst für den Fall, dass das Marktzinsniveau steigt und der Anleger zwischendurch seine Anleihe verkauft und für den Verkaufserlös eine höher verzinsliche Obligation erwirbt. Was er jedoch bei einem Anstieg des Zinsniveaus auf jeden Fall tragen muss, sind Opportunitätskosten, da er sein Geld hätte höher verzinslich anlegen können. Muss er sein Invest bei gestiegenen Marktzinsen auflösen, so verringert sich sein Ertrag, da er einen Kursverlust erleidet. Bei gefallenen Marktzinsen wirkt der Effekt entgegengesetzt.

Je länger die Laufzeit einer Anleihe ist, desto stärker wirken sich Marktpreis- und Bonitätsveränderungen auf den Kurs aus. **Zerobonds** sind ebenfalls ganz besonders betroffen, da der Schuldner zwischenzeitlich keine Zahlungen leistet. Der aktuelle

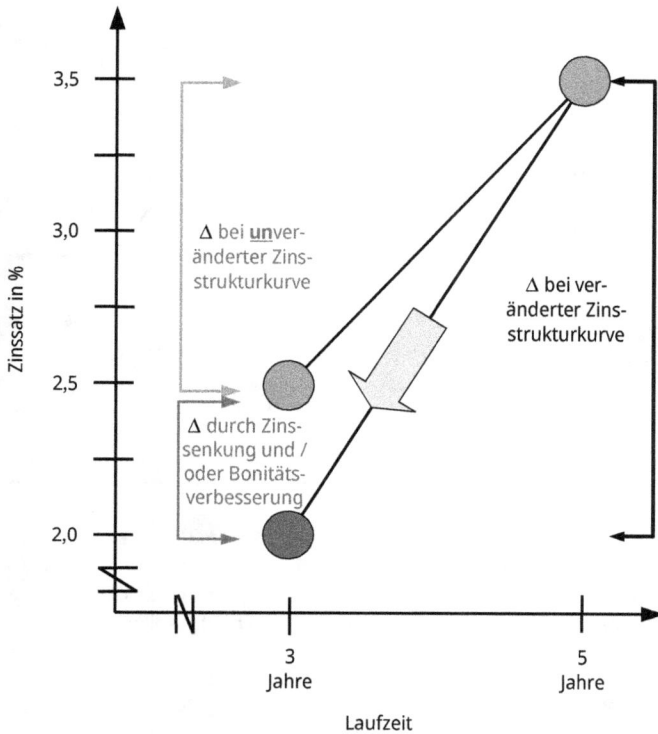

**Abb. 5.12:** Ritt auf der Zinsstrukturkurve im Vergleich.

Wert eines Zerobonds, der eine Restlaufzeit von zehn Jahren hat und mit 6 % verzinst wird, beträgt 55,84 % (= 100 · $1,06^{-10}$). Verändert sich der Marktzins über Nacht auf 5 %, würde sein Wert auf 61,39 % (= 100 · $1,05^{-10}$) steigen. Ein Erwerb oder Rückkauf durch den Emittenten wäre somit wesentlich teurer.

---

**Fallstudie 8**

**Ausgangslage:**
Die Ingo Invest AG hat vor exakt einem Jahr eine Anleihe begeben. Folgende Daten sind Ihnen bekannt:
- Ursprungslaufzeit: 4 Jahre
- versprochener Zinssatz: 5 %
- Die Anleihe wurde zu 99,5 % verkauft und wird zu 100 % getilgt.
- Insgesamt wurden Anleihen im Nominalwert von 500. Mio. € begeben.
- Inzwischen ist der Marktzins für Anleihen dieser Bonitätsklasse auf 4 % gesunken, da sich das Zinsniveau verändert hat.

**Aufgabenstellung:**
Aufgrund eines überraschenden Liquiditätszuflusses durch einen Großinvestor überlegt der Vorstand der AG, die Anleihe zurückzukaufen. Unterstellen Sie, dass die gesamte Anleihe zurückgekauft werden kann.

**(1)** Welchen Betrag muss die Gesellschaft aufbringen?

**(2)** Wie hoch ist die Effektivverzinsung eines Anlegers, der die Anleihe bei der Emission gekauft hat und sie jetzt verkauft?

**Lösung:**

**(1)** Kaufpreis

(a) Kursermittlung: (5 % · 3 Jahre + 100 %) ÷ (4 % · 3 Jahre + 100 %) · 100 = 102,68 %

(b) Gesamtvolumen: 102,68 % · 500 Mio. € = 513,4 Mio. €

**(2)** Effektivzinsermittlung: [(5 % + (102,68 % − 99,5 %) ÷ 1)] ÷ 99,5 % · 100 = 8,22 %

Für Anleger ist es aus der Ertragsperspektive bedeutungslos, ob sie in der bisherigen Anleihe investiert bleiben oder in eine niedrigverzinsliche Anleihe wechseln. Durch den Kursgewinn des Verkaufs steigt das Anlagekapital, welches die Minderverzinsung der Wiederanlage kompensiert.

**Beispiel**

Ein Anleger hat vor zwei Jahren eine Anleihe mit einem Nominalzins von 3,5 % und einen Emissionskurs von 100 % (Einsatz = 100 €) erworben. Das Marktzinsniveau bei einer dreijährigen Restlaufzeit beträgt aktuell 2,5 %, sodass sich ein Verkaufskurs von 102,7907 % ergibt. Diesen Betrag nutzt er zur Wiederanlage, womit seine Effektivverzinsung für den fünfjährigen Anlagezeitraum weiterhin bei 3,5 % liegt.

**Herleitung:**

**(1)** Durch den vorzeitigen Verkauf steigt seine Verzinsung auf 4,898535 % [(3,5 % + (102,7907 % − 100 %) ÷ 2) ÷ 100 %]. Diesen Erfolg generiert er zwei Mal, sodass 9,7907 € anfallen.

**(2)** Der Wiederanlagebetrag von 102,7907 € verzinst sich mit 2,5 %, sodass ein Erfolg von 2,5697675 € jährlich zu verzeichnen ist. Durch die Laufzeit von 3 Jahren ergibt sich ein Erfolg von 7,7093025 €.

**(3)** Der Gesamterfolg aus der Anlage beläuft sich auf 17,50 € (9,7907 € + 7,7093025 €) und entspricht einer jährlichen Verzinsung von 3,5 %. Hierbei ist unterstellt, dass der gesamte Verkaufserlös restriktionslos wiederanlagefähig ist.

## 5.3.2.2 Währungsrisiko

Das Motiv für eine Kreditaufnahme in Fremdwährung ist eine Differenz der Zinsanforderungen in unterschiedlichen Währungsräumen. Um den Aufwand zu reduzieren, erfolgt eine Verschuldung in einem Währungsraum, in dem geringere Zinsanforderungen gelten als im Heimatland. Soweit eine Anleihe in fremder Währung begeben wird und / oder die Zinsen in fremder Währung anfallen, entsteht für den Emittenten auf jeden Fall ein Währungsrisiko, dass seine Leistungen in Fremdwährung mehr Inlandswährung erfordern als geplant. Durch geeignete Sicherungsinstrumente lässt sich dieses Risiko eliminieren. Die etwaigen Absicherungskosten lassen jedoch die Zinsvorteile der Fremdwährungsanleihe erodieren. Anleger richten den Blick natürlich auf Währungsräume mit höheren Zinssätzen und unterliegen dem Risiko, dass sie durch Währungsveränderungen die erwarteten Zahlungsströme in Heimatwährung nicht erzielen.

**Beispiel**

Ein Unternehmen verkauft eine Anleihe mit 4 Jahren Laufzeit in Yen. Ausgabe und Rücknahmekurs sind jeweils mit 100 % festgelegt. Für einen Euro erhält man aktuell 100 Yen. Der Zinssatz vergleichbarer Anleihen in Euro beträgt 5 %, die Verzinsung der Yen-Anleihe beträgt 2,75 %. Wie weit darf sich der Yen-Kurs durchschnittlich verändern, damit der Emittent die gleichen Kosten hat?

**Herleitung:**

**(1)** Zur Ermittlung bietet sich die modifizierte Formel der Kursermittlung (siehe Kapitel 5.3.2.1) an.

**(2)** Über dem Bruchstrich sind die erforderlichen Yen-Zahlungen aufzunehmen: 4 · 275 + 10.000 = 11.100

**(3)** Unter dem Bruchstrich sind die Referenzzahlungen in Euro aufzunehmen: 4 · 5 + 100 = 120

**(4)** Durch die Division ergibt sich ein Wert von 92,5 (11.100 ÷ 120). Dies bedeutet: wenn im Durchschnitt für 1 € nur noch 92,5 Yen erzielbar sind, entsprechen sich die Verzinsungen. Der Anleiheschuldner hat weder einen Vor- noch einen Nachteil aus der Fremdwährungsanleihe im Vergleich zur Verschuldung in heimischer Währung.

Neben dem grundsätzlichen Währungsrisiko kann dieses bei vorzeitiger Rückzahlung das Zinsänderungsrisiko verstärken oder abschwächen. Ist die Anleihe im Heimatwährungsraum notiert, sind ihre Kupons und der Rückzahlungsbetrag mit dem aktuellen Währungskurs zu bewerten und zur Referenzanleihe in Relation zu setzen. Wird die Währungsanleihe nur im Ausland notiert, dient das dortige Zinsniveau als Referenz. Der sich ergebende Anleihekurs ist mit dem Währungskurs in der Heimatwährung zu bewerten.

---

**Beispiel**

Die Anleihe aus dem vorherigen Beispiel soll nach 2 Jahren Laufzeit zurückgekauft werden. Hierbei sind zwei Fallunterscheidungen vorzunehmen:

**(1)** Die Anleihe notiert nur im Euroraum. Der Euro wird mit 95 Yen gehandelt. Das Zinsniveau ist gestiegen: Für 2-jährige Anleihen beträgt die Marktrendite aktuell exakt 2,75 %.

**(2)** Die Anleihe notiert ausschließlich in Japan. Der Euro wird mit 95 Yen gehandelt. Das Marktzinsniveau liegt unter dem Ertrag der betrachteten Anleihe bei 1,50 %.

**Herleitung:**

**(1)** Anleihe im Euroraum

(a) Der Rückzahlungsbetrag und die Zinszahlungen belaufen sich auf 10.550 Yen (10.000 + 2 · 275).

(b) Durch die Währungsverrechnung ergibt sich ein Betrag von 111,053 € (10.550 ÷ 95).

(c) Bezogen auf die Referenzanleihe resultiert ein Betrag (Kurs) von 105,263 € [111,053 ÷ (100 + 2 · 2,75)] der zur Tilgung erforderlich ist.

**(2)** Anleihe in Japan

(a) Wie bei einer Inlandsanleihe sind die Zahlungsströme aus der Anleihe mit den Referenz-Zahlungsströmen – hier aber in Japan – in Relation zu setzen, es ergibt sich ein Kurswert von 102,4272 % (10.000 + 2 · 275) ÷ (10.000 + 2 · 150) · 100 und entspricht 10.242,72 Yen.

(b) Durch die Währungsumrechnung ergibt sich ein Preis von 107,818 € (10.242,70 ÷ 95) pro 100 € Nennwert der zur Tilgung erforderlich ist.

### 5.3.3 Chancen für den Emittenten

Die Möglichkeit der **vorzeitigen Tilgung** zum Nominalkurs lässt sich das Unternehmen einräumen, indem es eine Anleihe verkauft, die ein **Sonderkündigungsrecht** beinhaltet oder eine Rückzahlung per **Losentscheid** vorsieht. Für beide Ausprägungen wird der Schuldner dem Gläubiger seine verbesserte Position mit einer Prämie in Form einer höheren Verzinsung ausgleichen. Im Falle der Sonderkündigung sinkt der Marktzins im Moment der Ausübung, sodass der Schuldner sich günstiger finanzieren kann. Soweit die Auslosung in jedem Fall zu bestimmten Terminen erfolgt, bietet diese Form sowohl eine Chance als auch ein Risiko.

Obligationen, die mit **weiteren Rechten** ausgestattet sind (wie Wandelanleihen), stellen für den Verkäufer eine weitere Möglichkeit dar, seine Finanzierungskosten zu senken, da er ein Gesamtpaket verkauft, das mehr als nur eine Standardanleihe umfasst.
– Ein zentrales Risiko lässt sich jedoch mit Anleihen nur sehr begrenzt verhindern: dass der **Kaufkraftveränderungen**. Die Anleihen werden fast ausschließlich zum Nominalwert getilgt.
– Im Falle der Inflation ist der Gläubiger der Verlierer, wenn der Zinsdienst nicht die Geldentwertung ausgleicht. Teilweise wird dieser Sachverhalt durch den Verkauf von Anleihen berücksichtigt, die einen Inflationsausgleich auf Basis eines Preisindexes vornehmen.
– Tritt der (in Europa eher seltene) Fall der Deflation ein, verliert das Unternehmen. Es muss den vereinbarten Preis zurückzahlen, obwohl dessen Kaufkraft inzwischen angestiegen ist.

## 5.4 Zusammenfassung

(1) Wertpapiere stellen eine spezifische Form von Urkunden dar.
(2) Die Übertragbarkeit der Wertpapiere ergibt sich aus ihrer Rechtsnatur. Es werden Inhaber-, Order- und Rektapapiere unterschieden.
(3) Wertpapiere können Ansprüche auf Rückzahlung an Eigentum oder an Waren repräsentieren.
(4) Verzinsliche Wertpapiere stellen eine direkte Kreditvergabe von Anlegern beispielsweise an Unternehmen und öffentliche Haushalte dar. Die Laufzeiten können Zeiträume von bis zu 100 Jahren erreichen.
(5) Die Platzierung kann der Schuldner selbst organisieren oder sich – in verschiedenem Umfang – Unterstützung von Kreditinstituten holen. Für den Vertrieb stehen mehrere Optionen, wie der Verkauf über die Börse oder eine ausschließliche Ansprache ausgewählter institutioneller Anleger, zur Verfügung.
(6) Zur ökonomischen Bewertung aus

(a) Schuldnerperspektive eignet sich die Effektivverzinsung, die auch als Rendite bezeichnet wird. Bei der Berechnung werden der Nominalzins sowie der Kapitaleinsatz und der Rückzahlungsbetrag berücksichtigt.

(b) Wahrnehmung des finanzierenden Unternehmens dienen die Gesamtkosten, welche den Effektivzins um die Bankgebühren erweitern. Diese fallen an, wenn die Hilfe eines Kreditinstituts beansprucht wird.

**(7)** Die Erfüllung eines Wertpapiergeschäfts erfolgt mit einem Timelag von zwei Bankarbeitstagen. Der Zinsanspruchwechsel findet am vorherigen Kalendertag statt. Wird eine Anleihe verkauft, erhält der Erwerber auch den Zinskupon für den kommenden Termin. Um die Haltedauer des Verkäufers zu berücksichtigen, werden Stückzinsen verrechnet.

**(8)** Bei der Stückzinsberechnung festverzinslicher Wertpapiere werden Zähler und Nenner in der Zinsformel taggenau ermittelt. Man spricht auch von „actual/actual" bzw. „act/act".

**(9)** Neben der Basisform der festverzinslichen Anleihe werden weitere Ausprägungen unterschieden, bedeutsam sind: die Gewinnschuldverschreibung, die Floating Rate Note, der Zerobond. Auch Anleihen, die den Gläubiger vor der Geldentwertung im Inland schützen, sowie Schuldverschreibungen, die über fremde Währung lauten, werden angeboten.

**(10)** Neben der Rückzahlung am Ende der Laufzeit in einer Summe stehen dem Schuldner – soweit die Anleihebedingungen dies vorsehen – die Möglichkeit der Auslosung oder Kündigung zur Verfügung. Ein freihändiger Rückkauf über die Börse ist rechtlich immer möglich.

**(11)** Mit Schuldverschreibungen, die ein Wandelrecht in Aktien oder eine Option auf den Kauf von Aktien verbriefen, wird der Bereich des reinen Gläubigerpapiers verlassen.

**(12)** Das Chancen-Risiko-Profil beim Erwerb eines verzinslichen Wertpapiers kann stark differieren. Die Auswahl der Ausstattungsmerkmale, die ein Unternehmen beim Verkauf implementiert, haben wesentlichen Einfluss auf das Profil seines Produkts. Ist der Anleger bereit und in der Lage, die Obligation bis zum Laufzeitende zu halten, hat dies auch Einfluss auf sein Anlageprofil.

**(13)** ABS-Transaktionen sind Wertpapierkonstruktionen, die eine Anleihe mit einem Forderungsverkauf kombinieren. Wenn die Bonität der Drittschuldner besser ist als die des Emittenten, kann dieser seine Kreditkonditionen verbessern.

**(14)** Verzinsliche Wertpapiere sind mit Risiken verbunden.

(a) Soweit der Schuldner seine Anleihe planmäßig zum Ende der Laufzeit tilgt und auf Währungsausprägungen verzichtet, verbleibt für ihn lediglich das Risiko einer deflationären Phase während der Laufzeit: Er muss mehr Kaufkraft tilgen bzw. an Zinsen leisten als geplant.

(b) Für den Gläubiger besteht auf jeden Fall das (theoretische) Ausfallrisiko, welches mit sinkender Bonität des Emittenten relevanter wird. Das Zinsänderungsrisiko ist zu differenzieren: Steigt das Zinsniveau, ist der Anleger auf jeden Fall mit Opportunitätskosten konfrontiert. Solange er sein Invest nicht vorzeitig liquidiert, hat er die zu Beginn geplante Rendite sicher. Bei Anlagen außerhalb des eigenen Währungsraums droht zusätzlich das Währungsrisiko.

# 6 Klassische Finanzderivate

**Lernziele**

Der Bezug der Derivate zum Thema Finanzierung ist auf den ersten Blick nicht sofort erkennbar. Jedoch ist der Einsatz von Derivaten eine „charmante" Finanzierungsalternative. Der konkrete Finanzierungsaspekt der einzelnen Instrumente wird in Kapitel 6 im Anschluss an die inhaltliche Aufbereitung explizit herausgestellt.
 Nach Bearbeitung des Kapitels
- haben Sie sich wichtiges Wissen über Derivate angeeignet. Sie kennen die Unterschiede zwischen Optionen, Futures und Swaps.
- verfügen Sie über fundierte Kenntnisse, wie sich Optionen unterscheiden und welches Risikoprofil für die jeweiligen Erwerber und Verkäufer mit dem Vertragsabschluss verbunden ist. Zudem sind Sie fähig, die Vorteilhaftigkeit eines Optionserwerbs auf dem Sekundärmarkt zu beurteilen.
- wissen Sie, was Optionsscheine sind und können deren Erscheinungsformen voneinander unterscheiden. Die Bewertung dieser Wertpapierart beherrschen Sie ebenfalls.
- können Sie Futures als Spekulations- und Sicherungsinstrumente einordnen. Sie wissen, welche wichtigen Formen dem Anleger zur Verfügung stehen und können die maßgeblichen Parameter erklären, die auf die Kursentwicklung von Euro-Bund- und DAX®-Futures einwirken.
- sind Sie mit dem Chancen- und Risikoprofil eines Future-Vertragsabschlusses vertraut. Soweit sich aus einem Future ein Verlust abzeichnet, können Sie geeignete Handlungsmöglichkeiten aufzeigen. Ihre Vorschläge hängen u. a. von der individuellen Situation des Unternehmens ab.
- ist Ihnen klar, dass Zertifikate Kombinationen verschiedener Produkte darstellen. Die wichtigen Ausprägungen können Sie aufzeigen und mögliche Gefahren und Ertragsperspektiven für beide Vertragsparteien detailliert erklären.
- kennen Sie die grundlegende Wirkung von Swaps und sind in der Lage, Zins- und Kreditswaps zielgerichtet einzusetzen.
- besitzen Sie ein Verständnis über die Wirkungsweise des Short-Sellings und können sein Chancen- und Risikoprofil im Vergleich zu anderen Derivaten einordnen.
- ist Ihnen der realwirtschaftliche Hintergrund der Derivate bekannt. Zudem können sie die Finanzierungswirkung erklären.

**Definition**

§ 2 II WpHG definiert Finanzderivate als Geschäfte, die in der Zukunft zu erfüllen sind und entweder beide Parteien verpflichten („Festgeschäfte" die **Futures** bzw. **Swaps** genannt werden) oder einer Partei ein Ausübungswahlrecht einräumen (**„Optionsgeschäfte"**). Außerdem muss sich die Bepreisung direkt oder indirekt aus einem **Basiswert** ableiten lassen. Wichtige Basiswerte sind: „Wertpapiere oder Geldmarktinstrumente, Devisen oder Rechnungseinheiten, Zinssätze oder andere Erträge, Indizes [...] oder Derivate".

Soweit Derivate auf standardisierten Verträgen beruhen, die in ihren Ausprägungen den gesetzten Normen entsprechen, ist auch hier ein Börsenhandel möglich (siehe Kapitel 6.4.2). Individualisierte Verträge sind bilateral zwischen den Beteiligten darstellbar und werden dann als **Over The Counter** (OTC) betitelt. Somit ergeben sich für

https://doi.org/10.1515/9783110791082-006

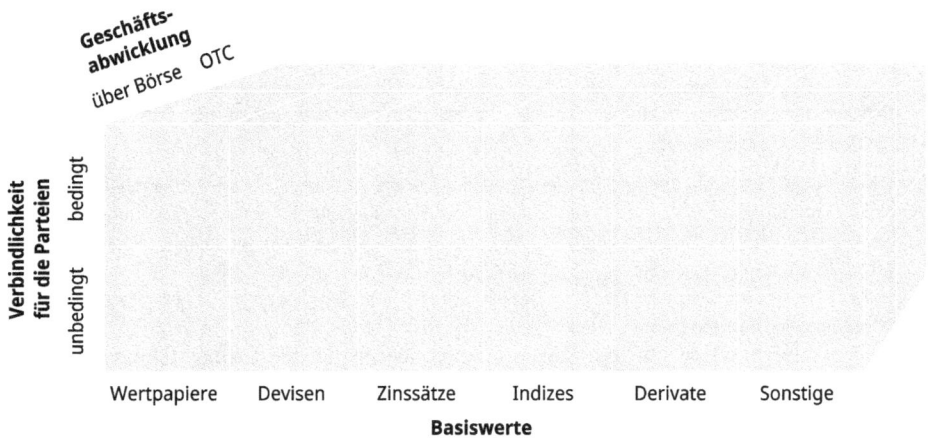

**Abb. 6.1:** Systematisierung ausgewählter Derivate.

jedes Derivat drei Dimensionen, nach denen es klassifiziert werden kann, wie Abbildung 6.1 verdeutlicht.

## 6.1 Optionen als bedingte Finanzderivate

### 6.1.1 Konzeption

---

**Definition**

**Optionen** sind Ansprüche des Erwerbers, die durch Zahlung einer Optionsprämie an den Stillhalter (Verkäufer) entstehen. Sie ermöglichen

(1)   den vereinbarten Gegenstand (Basiswert) im kontraktierten Umfang.

(2)   in der Zukunft

(a)   **europäische Version**: Rechtausübung ist nur am letzten Laufzeittag möglich

(b)   **amerikanische Version**: Rechtausübung ist vom ersten bis zum letzten Laufzeittag möglich

(c)   **Bermuda-Version**: Rechtausübung ist an definierten Tagen innerhalb der Laufzeit möglich

(3)   zum in der Gegenwart fixierten (Basis-)Preis

(4)   zu handeln. Es werden unterschieden

(a)   Kaufoptionen: Der Rechteinhaber kann den Gegenstand erstehen **(Call)**.

(b)   Verkaufsoptionen: Der Rechteinhaber kann den Gegenstand veräußern **(Put)**.

---

Optionen können sich auf verschiedenste Vertragsgegenstände beziehen (siehe Abbildung 6.1). Unabhängig vom Basiswert sind bei Optionen die Profile der Vertragsparteien immer identisch: Es kommt ein Vertrag zustande, dessen Erfüllung durch den Optionserwerber bestimmt wird. Haben sich seine Erwartungen erfüllt, nutzt er sein erworbenes Recht. Alternativ kann er sein Recht auch aufgeben. Der Verkäufer der Option hat sich mit Erhalt der Prämie zur Passivität verpflichtet. Aus diesem Grund trägt er auch die Bezeichnung Stillhalter.

Da Optionen in zwei Ausprägungen abgeschlossen werden können, die jeweils zwei Beteiligte erfordern, können bei Optionen insgesamt vier verschiedene Profile unterschieden werden (siehe Abbildung 6.2). Die Motive für die Übernahme der einzelnen Positionen sowie der sich ergebenden Handlungsformen sind in Abbildung 6.3 dargestellt.

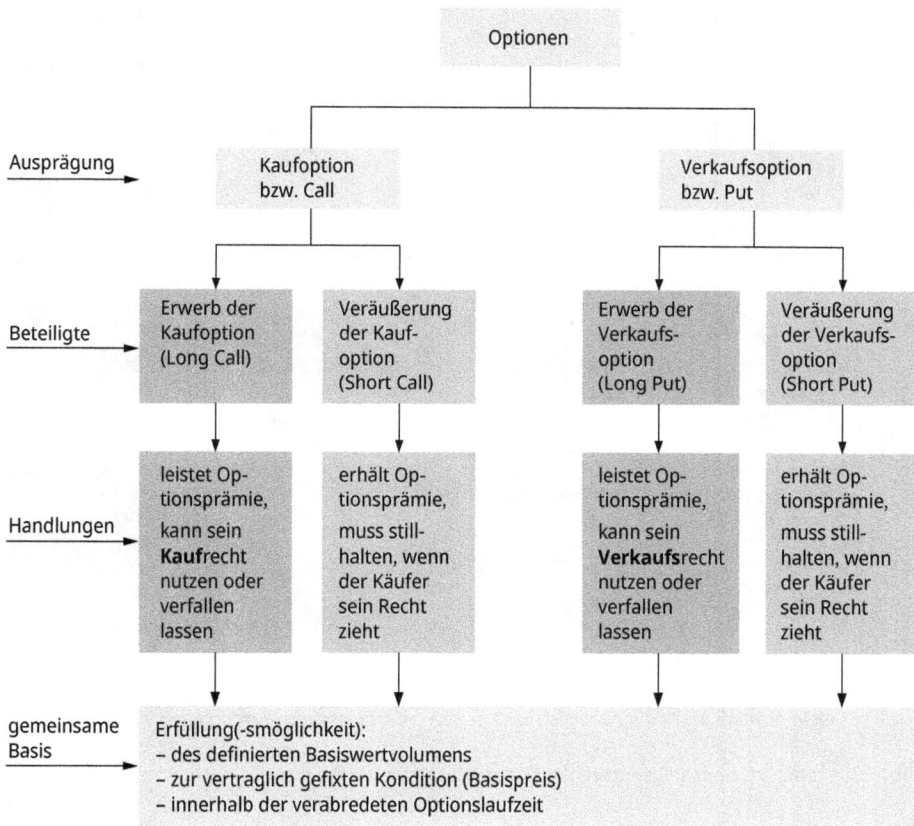

**Abb. 6.2:** Optionsausprägungen und -beteiligte.

## 6.1.2 Darstellung am Beispiel von Aktienoptionen

Zur Illustration wird die Wirkungsweise der beiden Optionsformen am Beispiel der 789-Aktie aufgezeigt. Folgende Ausgangsbedingungen gelten:

– Der Börsenpreis notiert aktuell bei 1.450 €.
– Die Laufzeit der Optionen beträgt einheitlich sechs Monate.

|  | Annahme: deutlicher Wertverlust des Basiswerts innerhalb der Ausübungsfrist | | Annahme: Kurse bewegen sich in einem engen Korridor oder steigen | |
|---|---|---|---|---|
| **Put** | **Plan erfüllt sich:** nutzt den fixierten Preis mit dem Stillhalter zum Verkauf und deckt sich mit dem Gegenstand zum geringeren Kurs an der Börse ein bzw. verkauft seinen Bestand | **Plan scheitert:** Verzicht auf die Rechtsausübung und Verlust der an den Veräußerer gezahlten Prämie | **Plan erfüllt sich:** generiert mit der Stillhalterprämie einen Ertrag | **Plan scheitert:** sein Verlust ergibt sich aus vereinbartem Verkaufspreis abzüglich Prämie und Börsenkurs. |

| | Annahme: deutliche Werterhöhungen des Basiswerts innerhalb der Ausübungsfrist | | Annahme: Kursschwankungen bewegen sich in einem engen Korridor[1] | |
|---|---|---|---|---|
| **Call** | **Plan erfüllt sich:** nutzt den fixierten Preis mit dem Stillhalter zum Erwerb und verkauft den Gegenstand zum höheren Kurs an der Börse | **Plan scheitert:** Verzicht auf die Rechtsausübung und Verlust der an den Veräußerer gezahlten Prämie | **Plan erfüllt sich:** generiert mit der Stillhalterprämie einen Ertrag | **Plan scheitert:** Besitzt er die Aktien, so ensteht ein Opportunitätsverlust, ein teurerer Verkauf wäre möglich. Ohne Besitz verliert er die Differenz aus Börsenpreis abzüglich Prämie und vereinbartem Preis. |

Erwerber / Veräußerer

**Beteiligte**

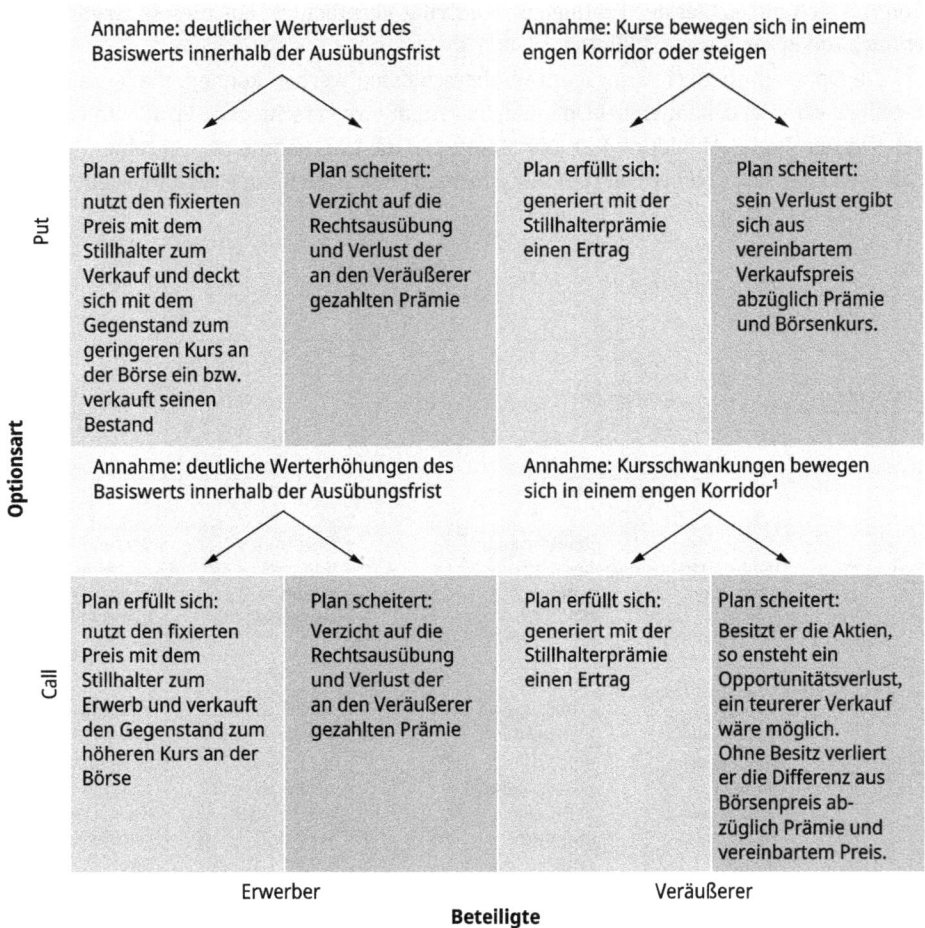

[1] Soweit er nicht im Besitz der Aktien ist, kann er auch einen massiven Kursrückgang erwarten.

**Abb. 6.3:** Motive und Handlungsformen der Optionsbeteiligten.

### 6.1.2.1 Kaufoptionen

Käufer und Verkäufer einigen sich durch das Verpflichtungsgeschäft auf einen Basispreis von 1.500 € bei einer Prämie von 70 €. Der Kontrakt umfasst 100 Aktien und hat folgende Konsequenzen:

- Der Verkäufer erhält vom Käufer eine Prämie in Höhe von 7 T€.
- Während der Laufzeit kann der Erwerber vom Veräußerer den Erwerb zu 1.500 € pro Aktie verlangen, ohne dass er verpflichtet ist, dieses Recht zu nutzen.

Idealtypisch lassen sich vier Konstellationen unterscheiden:

**(1)** Aktienkurs notiert bei 1.700 €

(a) Allgemein: Der Börsenkurs übersteigt den Basispreis und die gezahlte Prämie.

(b) Perspektive des Erwerbers:
- Bezug der Aktien vom Stillhalter für 150 T€
- Verkauf der Aktien zu 170 T€ an der Börse
- ergibt einen Bruttoertrag von 20 T€
- Der Nettoerfolg liegt bei 13 T€ (= 20 T€ – 7 T€ Prämie).

(c) Perspektive des Veräußerers:
- Lieferung der Aktien an den Erwerber der Kaufoption zu 150 T€
- Gemessen am Börsenpreis von 170 T€ verliert er 20 T€.
- Sein Gesamtverlust beträgt 13 T€ (= 20 T€ – 7 T€ Prämie).
- Hat der Stillhalter die Aktien im Bestand, erleidet er einen Opportunitätsverlust: Er hätte die Aktien teurer verkaufen können.
- Muss der Stillhalter die Aktien erwerben, um sie weiterverkaufen zu können, erleidet er einen zahlungswirksamen Verlust.

**(2)** Aktienkurs notiert bei 1.570 €

(a) Allgemein: Der Börsenkurs entspricht dem Basispreis und der gezahlten Prämie.

(b) Perspektive des Erwerbers:
- Bezug der Aktien vom Stillhalter für 150 T€
- Verkauf der Aktien zu 157 T€ an der Börse
- ergibt einen Bruttoertrag von 7 T€
- Der Nettoerfolg liegt bei 0 € (= 7 T€ – Prämie von 7 T€).

(c) Perspektive des Veräußerers:
- Lieferung der Aktien an den Erwerber der Kaufoption zu 150 T€
- Gemessen am Börsenpreis von 157 T€ verliert er 7 T€.
- Sein Gesamtergebnis beträgt 0 € (= 7 T€ – Prämie von 7 T€).

**(3)** Aktienkurs notiert bei 1.540 €

(a) Allgemein: Der Börsenkurs notiert zwischen Basispreis und Gesamtkosten.

(b) Perspektive des Erwerbers:
- Bezug der Aktien vom Stillhalter für 150 T€
- Verkauf der Aktien zu 154 T€ an der Börse
- ergibt einen Bruttoertrag von 4 T€
- Der Nettoverlust liegt bei 3 T€ (= 4 T€ – 7 T€ Prämie).

(c) Perspektive des Veräußerers:
- Lieferung der Aktien an den Erwerber der Kaufoption zu 150 T€
- Gemessen am Börsenpreis von 154 T€ verliert er 4 T€.
- Sein Gesamterfolg beträgt 3 T€ (= 4 T€ – 7 T€ Prämie).

**(4)** Aktienkurs notiert bei 1.400 €

(a) Allgemein: Der Börsenkurs notiert gleich bzw. unter dem Basispreis.

(b) Perspektive des Käufers: **Verzicht** auf den Kauf; die bezahlte Prämie stellt den Verlust dar, da durch eine Nutzung der Verlust vergrößert würde.

– Bezug der Aktien vom Stillhalter für 150 T€
– Verkauf der Aktien zu 140 T€ an der Börse
– ergibt einen operativen Verlust von 10 T€
– Der Nettoverlust liegt bei 17 T€ (= − 10 T€ − 7 T€ Prämie).

(c) Perspektive des Veräußerers: Da der Käufer der Option diese nicht nutzen wird, hat er einen Gewinn in Höhe seiner vereinnahmten Prämie erzielt.

Der Vorteil der Kaufoptionen liegt für den Erwerber darin, dass er sich mit einem vergleichsweise geringen Einsatz ein hohes **Erfolgspotenzial** (theoretisch: unlimitiert) eröffnet und gleichzeitig seinen Verlust begrenzt. Somit eignet sich der Erwerb von Kaufoptionen zur **Spekulation** auf Börsenpreisverbesserungen. Das Profil für den Erwerber der Kaufoption verdeutlicht Abbildung 6.4.

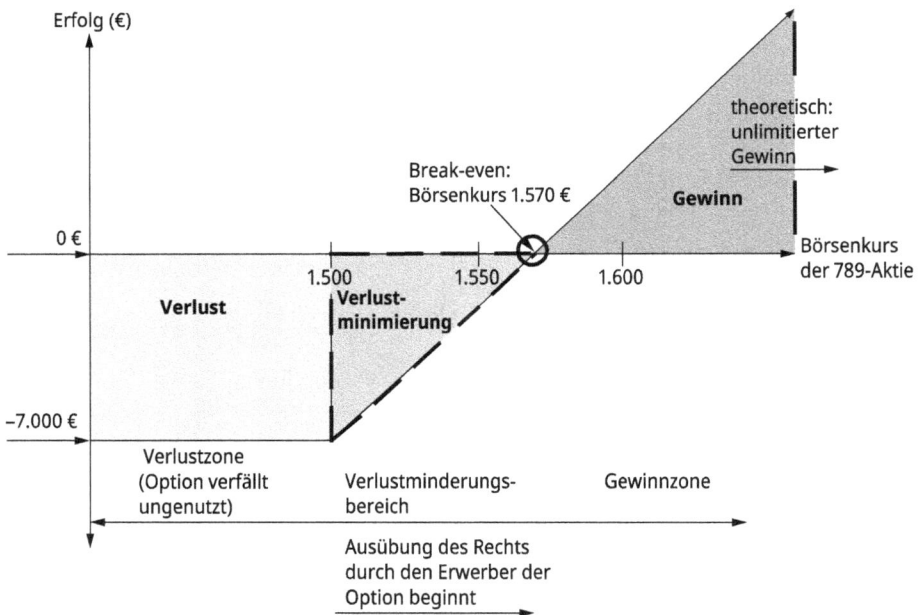

**Abb. 6.4:** Erfolgsaussichten beim Erwerb einer Kaufoption.

Die Erfolgsaussichten für den Veräußerer der Kaufoption sind limitiert. Gleichzeitig ist das **Verlustpotenzial** (theoretisch) grenzenlos, wie Abbildung 6.5 verdeutlicht. Ist der Veräußerer der Option bereits Besitzer der Aktien, so erleidet er nur dann einen **Opportunitätsverlust**, wenn der Erwerber der Option sein Recht wahrnimmt: Er könnte teurer am Markt verkaufen. Bewegt sich der Aktienkurs in einem engen Korridor, generiert er einen zusätzlichen Ertrag. Verfällt der Aktienkurs massiv, generiert er den Ertrag aus seiner Stillhalterposition und erleidet gleichzeitig einen Buchverlust aus seinem Aktienbestand. Nur Anleger, die nicht in der Aktie investiert sind, werden daher eine Kaufoption verkaufen, wenn sie massive Kursverluste erwarten.

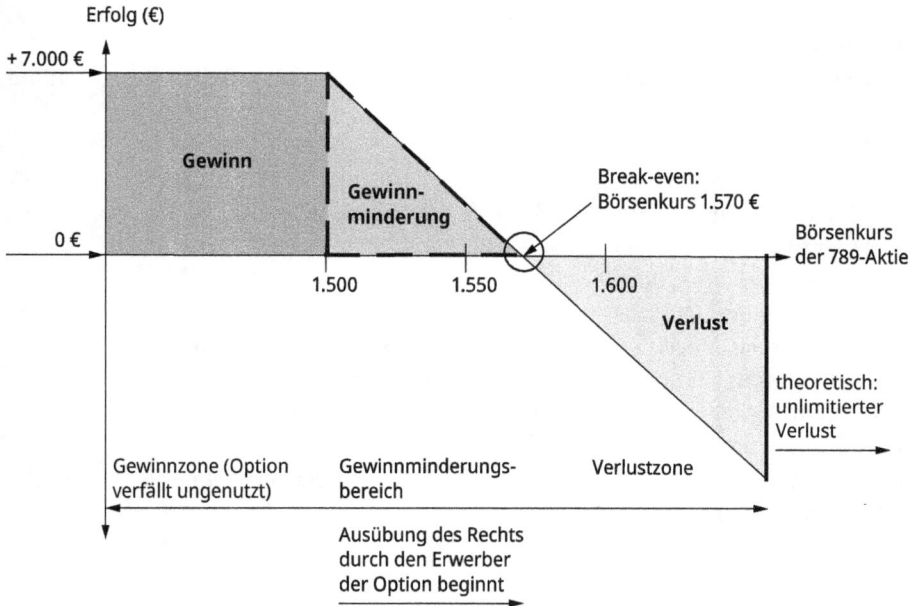

**Abb. 6.5:** Erfolgsaussichten bei der Veräußerung einer Kaufoption.

### 6.1.2.2 Verkaufsoptionen

Käufer und Verkäufer einigen sich durch das Verpflichtungsgeschäft auf einen Basispreis von 1.500 € bei einer Prämie von 70 €. Der Kontrakt umfasst 100 Aktien und hat folgende Konsequenzen:

– Der Verkäufer erhält vom Käufer eine Prämie in Höhe von 7 T€.
– Während der Laufzeit kann der Erwerber vom Veräußerer die Abnahme zu 1.500 € verlangen, ohne dass er verpflichtet ist, dieses Recht zu nutzen.

Idealtypisch lassen sich vier Konstellationen unterscheiden:
**(1)** Aktienkurs notiert bei 1.300 €
(a) Allgemein: Der Börsenkurs unterschreitet den Basispreis abzüglich der gezahlten Prämie.
(b) Perspektive des Erwerbers:
  – Bezug der Aktien am Markt für 130 T€
  – Weitergabe der Aktien zu 150 T€ an den Stillhalter
  – ergibt einen Bruttoertrag von 20 T€
  – Der Nettoerfolg liegt bei 13 T€ (= 20 T€ – 7 T€ Prämie).

(c) Perspektive des Veräußerers:
  – Abnahme der Aktien vom Erwerber der Verkaufsoption zu 150 T€
  – Gemessen am Börsenpreis von 130 T€ verliert er 20 T€.
  – Sein Gesamtverlust beträgt 13 T€ (= 20 T€ – 7 T€ Prämie).

**(2)** Aktienkurs notiert bei 1.430 €

(a) Allgemein: Der Börsenkurs entspricht dem Basispreis abzüglich der gezahlten Prämie.

(b) Perspektive des Erwerbers:
  – Bezug der Aktien am Markt für 143 T€
  – Weitergabe der Aktien zu 150 T€ an den Stillhalter
  – ergibt einen Bruttoertrag von 7 T€
  – Der Nettoerfolg liegt bei 0 € (= 7 T€ – 7 T€ Prämie).

(c) Perspektive des Veräußerers:
  – Abnahme der Aktien vom Erwerber der Verkaufsoption zu 150 T€
  – Gemessen am Börsenpreis von 143 T€ verliert er 7 T€.
  – Sein Gesamtergebnis beträgt 0 € (= 7 T€ – 7 T€ Prämie).

**(3)** Aktienkurs notiert bei 1.450 €

(a) Allgemein: Der Börsenkurs notiert zwischen Basispreis und Nettoerlös.

(b) Perspektive des Erwerbers:
  – Bezug der Aktien am Markt für 145 T€
  – Weitergabe der Aktien zu 150 T€ an den Stillhalter
  – ergibt einen Bruttoertrag von 5 T€
  – Der Nettoverlust liegt bei 2 T€ (= 5 T€ – 7 T€ Prämie).

(c) Perspektive des Veräußerers:
  – Abnahme der Aktien vom Erwerber der Verkaufsoption zu 150 T€
  – Gemessen am Börsenpreis von 145 T€ verliert er 5 T€.
  – Sein Gesamterfolg beträgt 2 T€ (= 5 T€ – 7 T€ Prämie).

**(4)** Aktienkurs notiert bei 1.600 €

(a) Allgemein: Der Börsenkurs notiert in gleicher Höhe wie der Basispreis oder darüber.

(b) Perspektive des Erwerbers: **Verzicht** auf die Lieferung; die bezahlte Prämie stellt den Verlust dar, da durch eine Nutzung der Verlust vergrößert würde.
  – Bezug der Aktien an der Börse für 160 T€
  – Abgabe der Aktien zu 150 T€ an den Stillhalter
  – ergibt einen operativen Verlust von 10 T€
  – Der Nettoverlust liegt bei 17 T€ (= – 10 T€ – 7 T€ Prämie).

(c) Perspektive des Veräußerers: Da der Erwerber der Option diese nicht nutzen wird, hat er einen Gewinn in Höhe seiner vereinnahmten Prämie erzielt.

Der Vorteil der Verkaufsoptionen liegt für den Erwerber darin, dass er sich mit einem vergleichsweise geringen Einsatz ein hohes **Erfolgspotenzial** (theoretisches Limit: der Aktienkurs sinkt auf 0 €) bei sinkenden Preisen eröffnet und gleichzeitig seinen Verlust begrenzt. Somit eignet sich der Erwerb dieser Optionen zur Spekulation auf Börsen-preisrückgänge. Das Profil für den Erwerber der Kaufoption verdeutlicht Abbildung 6.6. Hat der Erwerber die Aktien der Verkaufsoption im Bestand, so kompensiert er mit sei-nem Erfolg aus der Verkaufsoption seinen Verlust aus dem Aktienbestand. Verzichtet er auf die Nutzung, sind die Aktienkurse gestiegen und er verzeichnet einen (Buch-)Ge-winn aus seinem Aktienbestand.

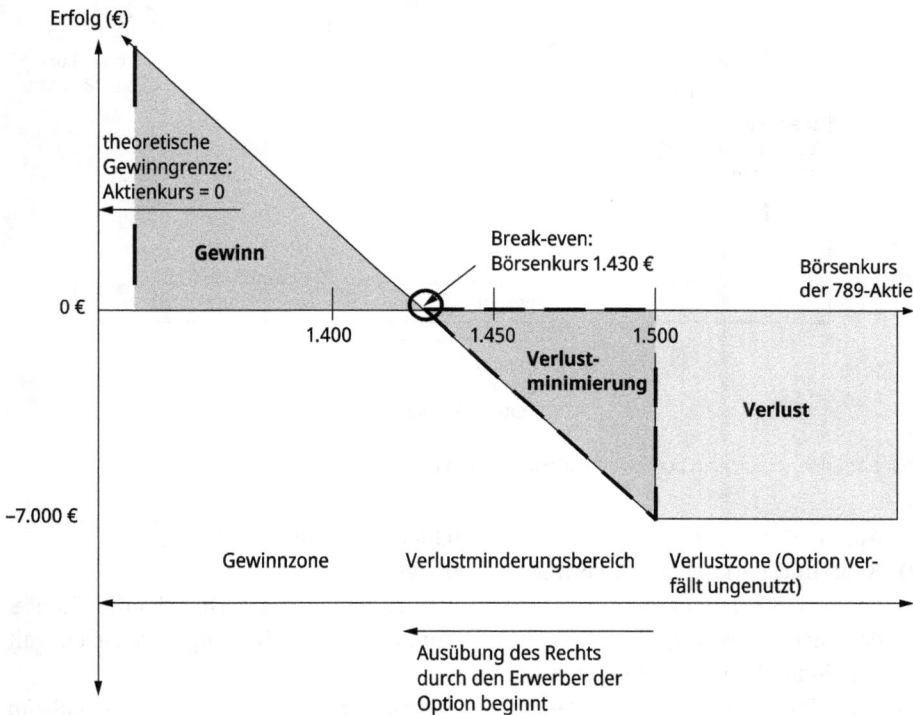

**Abb. 6.6:** Erfolgsaussichten beim Erwerb einer Verkaufsoption.

Die Erfolgsaussichten für den Veräußerer der Verkaufsoption sind limitiert. Gleichzei-tig übernimmt er ein hohes **Verlustpotenzial**, das sein Limit findet, wenn der Aktien-kurs auf 0 € gefallen ist, wie Abbildung 6.7 verdeutlicht.

### 6.1.2.3 Handhabung

Der Stillhalter kann, soweit die Kursentwicklung seinen Vorstellungen entspricht, das Laufzeitende abwarten. Im gegenteiligen Fall besteht die Möglichkeit, ein Geschäft mit umgekehrten Vorzeichen **(„Gegengeschäft")** abzuschließen, um das eigene Risiko weiterzugeben („Glattstellen"). Nach Abschluss der Optionen sind die Positionen des Erwerbs an der Börse handelbar.

Erfolg (€)

+ 7.000 €

Break-even:
Börsenkurs 1.430 €

**Gewinn**

0 €

**Gewinn-
minderung**

1.400        1.450        1.500

Börsenkurs
der 789-Aktie

**Verlust**

theoretische
Verlustgrenze:
Aktienkurs = 0

Verlustzone          Gewinnminderungs-          Gewinnzone (Option
                     bereich                    verfällt ungenutzt)

Ausübung des Rechts
durch den Erwerber der
Option beginnt

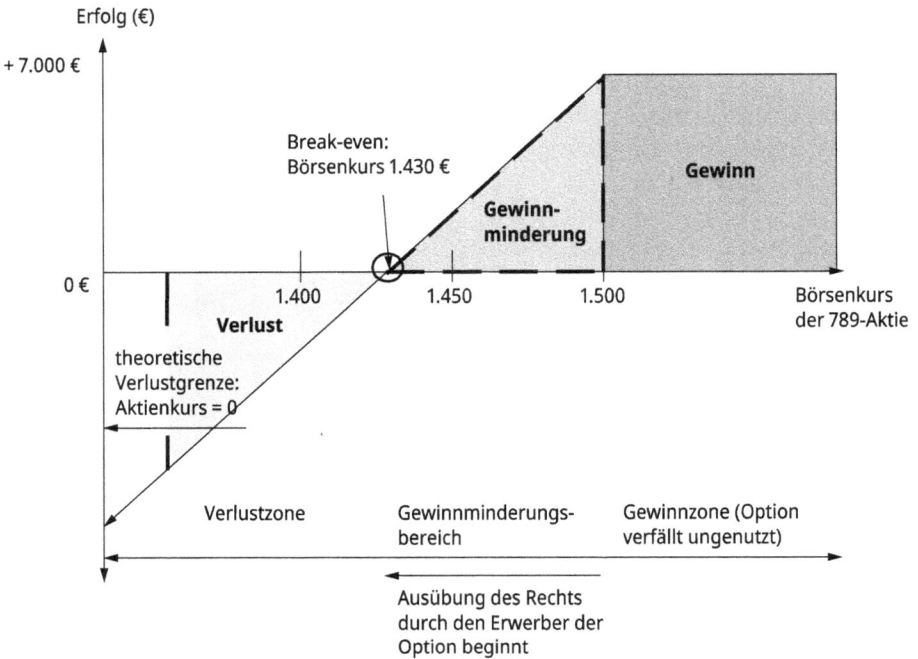

**Abb. 6.7:** Erfolgsaussichten bei der Veräußerung einer Verkaufsoption.

Auf die Preise der Optionen wirken verschiedene Parameter:[22]

**(1)** Kauf- und Verkaufsoptionen werden **gleichgerichtet** beeinflusst von

(a) der verbleibenden **Laufzeit** der Option: Mit zunehmender Frist steigt die Chance, dass sich der gewünschte Kurs einstellt. Somit steigt die Zahlungsbereitschaft mit zunehmender Optionsnutzungsdauer.

(b) der relativen Höhe der Kursausschläge, gemessen an einem Vergleichsmaßstab **(Volatilität)**. Mit einer zunehmenden Schwankungsbreite steigt die Chance, mit der Option Geld zu verdienen, und in Folge auch ihr Wert.

**(2)** Kauf- und Verkaufsoptionen werden **gegenläufig** beeinflusst durch

(a) die Preishöhe des **Basispreises**.

– Der Wert einer Kaufoption nimmt mit abnehmendem Basispreis zu, da unter sonst gleichen Bedingungen die Kaufoption schneller in die Gewinnzone gelangt.

– Der Wert einer Verkaufsoption sinkt mit abnehmendem Basispreis, da unter sonst gleichen Bedingungen die Verkaufsoption später in die Gewinnzone gelangt.

(b) den gegenwärtigen Preis des **Optionsgegenstands**.

---

22  Vgl. zu weiterführenden Details Bösch 2020, S. 61 ff.; Hull 2022, S. 312 ff.

- Der Wert einer Kaufoption sinkt mit abnehmendem Preis des Optionsgegenstands, da unter sonst gleichen Bedingungen die Kaufoption später in die Gewinnzone gelangt.
- Der Wert einer Verkaufsoption nimmt mit abnehmendem Preis des Optionsgegenstands zu, da unter sonst gleichen Bedingungen die Verkaufsoption schneller in die Gewinnzone gelangt.

(c) die Ausgestaltung der aktuellen **Zinsstruktur**.
- Eine Kaufoption wird teurer mit Zunahme des Zinsniveaus; der Veräußerer verlangt mehr Entgelt für den gestundeten Kaufpreis.
- Eine Verkaufsoption wird günstiger mit Zunahme des Zinsniveaus; der Veräußerer akzeptiert einen größeren Abschlag für den ihm gestundeten Kaufpreis.

Für die Bewertung von Optionen ist der **innere Wert** bedeutsam. Dieser bringt zum Ausdruck, ob die Option, gemessen am Börsenkurs der Aktie, werthaltig ist.

**(1)** Für eine Kaufoption ergibt sich

(a) ein positiver Wert, wenn der aktuelle Marktwert des Optionsgegenstands höher ist als der vereinbarte Basispreis. Man bezeichnet diese Optionen als „**im Geld**" („in the money").

(b) ein neutraler Wert, wenn der aktuelle Marktwert des Optionsgegenstands dem vereinbarten Basispreis entspricht. Man bezeichnet diese Optionen als „**am Geld**" („at the money").

(c) ein rechnerisch negativer Wert, wenn der aktuelle Marktwert des Optionsgegenstands geringer ist als der vereinbarte Basispreis. Man bezeichnet diese Optionen als „**aus dem Geld**" („out of the money").

**(2)** Für eine Verkaufsoption ergibt sich

(a) ein positiver Wert, wenn der aktuelle Marktwert des Optionsgegenstands geringer ist als der vereinbarte Basispreis. Man bezeichnet diese Optionen als „**im Geld**" („in the money").

(b) ein neutraler Wert, wenn der aktuelle Marktwert des Optionsgegenstands dem vereinbarten Basispreis entspricht. Man bezeichnet diese Optionen als „am Geld" („**at the money**").

(c) ein rechnerisch negativer Wert, wenn der aktuelle Marktwert des Optionsgegenstands höher ist als der vereinbarte Basispreis. Man bezeichnet diese Optionen als „**aus dem Geld**" („out of the money").

In Anwendung auf die Aktien der 789-AG bei einem Basispreis von 1.500 € bedeutet dies

**(1)** für die Kaufoption

(a) Kurse über 1.500 € → Die Kaufoption ist „im Geld".

(b) Kurs erreicht exakt 1.500 € → Die Kaufoption ist „am Geld".

(c) Kurse unter 1.500 € → Die Kaufoption ist „aus dem Geld".

**(2)** für die Verkaufsoption

(a) Kurse unter 1.500 € → Die Verkaufsoption ist „im Geld".
(b) Kurs erreicht exakt 1.500 € → Die Verkaufsoption ist „am Geld".
(c) Kurse über 1.500 € → Die Verkaufsoption ist „aus dem Geld".

Auf Basis dieser Information ist aber noch keine Bewertung der Option möglich. Der innere Wert kann und wird vom Preis der Option abweichen; diese Differenz wird als **Zeitprämie** bezeichnet. Eine exemplarische Darstellung für **Kauf**optionen der 789-AG zeigt Tabelle 6.1. Mögliche Ausprägungen für **Verkaufs**optionen sind in Tabelle 6.2 dargestellt.

**Tab. 6.1:** Beispielbewertung einer Kaufoption.

| Fall Nr. | Aktienbörsenkurs | Basispreis | innerer Wert | Optionspreis an der Börse | Zeitwert |
|---|---|---|---|---|---|
| 1 | 1.600 € | 1.500 € | 100 € | 110 € | 10 € |
| 2 | 1.500 € | 1.500 € | 0 € | 10 € | 10 € |
| 3 | 1.450 € | 1.500 € | 0 € | 2 € | 2 € |
| | | | (−50 €) | | (52 €) |

**Tab. 6.2:** Beispielbewertung einer Verkaufsoption.

| Fall Nr. | Aktienbörsenkurs | Basispreis | innerer Wert | Optionspreis an der Börse | Zeitwert |
|---|---|---|---|---|---|
| 1 | 1.600 € | 1.500 € | 0 € | 2 € | 2 € |
| | | | (−100 €) | | (102 €) |
| 2 | 1.500 € | 1.500 € | 0 € | 10 € | 10 € |
| 3 | 1.450 € | 1.500 € | 50 € | 62 € | 12 € |

Optionen mit **inneren Werten**, die rechnerisch negativ sind, wird ein Anleger nicht nutzen und verfallen lassen. Eine Bewertung mit Null ist angemessen. Für die ökonomisch richtige Bewertung des Zeitwerts erscheint es jedoch hilfreicher, den wahren inneren Wert zu verwenden. In Tabelle 6.1 erscheint der Zeitwert für Alternative 3 geringer als für Alternative 2, wenn man den negativen inneren Wert unberücksichtigt lässt.

Der Zeitwert bildet ökonomisch das Entgelt dafür ab, dass mit einem geringen Kapitaleinsatz ein großer Spekulationserfolg erzielt werden kann. Folglich muss er mit abnehmender Nutzungsdauer der Optionen geringer werden.

Um das Ausmaß der Spekulationsmöglichkeit zu messen, wird ein sogenannter **Hebel** ermittelt. Dieser errechnet sich

**Börsenkurs des Optionsgegenstands ÷ Börsenkurs des Optionsscheins**

Für die Kaufoptionen aus Tabelle 6.1 sind in Tabelle 6.3 die Hebel ausgewiesen.

**Tab. 6.3:** Beispielbewertung einer Kaufoption.

| Fall Nr. | Aktienbörsenkurs | Optionspreis an der Börse | Hebel |
|----------|-----------------:|--------------------------:|------:|
| 1 | 1.600 € | 110 € | 14,5 |
| 2 | 1.500 € | 10 € | 150,0 |
| 3 | 1.450 € | 2 € | 725,0 |

In der Wissenschaft sind anspruchsvolle Modelle entwickelt worden, um Optionspreise richtig zu bewerten. Diese sind hilfreich, um Wirkungszusammenhänge zu verstehen.

### 6.1.3 Darstellung am Beispiel von Optionsscheinen

#### 6.1.3.1 Optionsanleihe als Grundlage

Die Grundlagen zu Optionsobligationen sind in Kapitel 5.2.5 dargestellt. Aktienrechtlich handelt es sich bei der Emission einer Optionsobligation um eine **bedingte Kapitalerhöhung**, sodass die Bestimmungen der §§ 218 und 221 AktG anzuwenden sind. Zur Wahrung ihres relativen Anteils am Grundkapital sieht § 186 AktG ein **Bezugsrecht** für die Altaktionäre vor. Dieses kann aber auch ausgeschlossen werden. Soweit es während der Laufzeit der Optionsfrist zu weiteren Kapitalerhöhungen kommt, sehen die Emissionsbedingungen regelmäßig Erleichterungen für den Umtausch in Aktien vor.

Für den Emittenten liegt der Vorteil darin, dass er sich zu einem Zinssatz verschulden kann, der deutlich unter dem liegt, den er für eine Standardanleihe gewähren müsste. Bei einer positiven Geschäftsentwicklung wird ihm zusätzliches Eigenkapital zufließen. Die Eigentümer der Optionsanleihen werden ihr Wahlrecht nutzen.

---

**Fallstudie 1**

**Ausgangslage der Optionsobligation der 567-AG:**
- Pro 100 € Nominalwert der Anleihe erhält der Erwerber einen Optionsschein, die Emission erfolgt zu 100 €.
- Die Gesamtanleihe hat ein Volumen von 100 Mio. € und erfolgt unter Ausschluss des gesetzlichen Bezugsrechts.
- Laufzeit der Anleihe: 6 Jahre
- Verzinsung am Markt: 4,75 %, Verzinsung der Optionsanleihe: 1,50 %
- Für vier Optionsscheine kann zwischen Ende des vierten und sechsten Jahres unter Zuzahlung von 25 € eine Aktie (Nennwert 2 €) getauscht werden.
- aktueller Kurs der Aktie: 65 €

**Aufgabenstellung:**

**(1)** Wie hoch ist der Optionsscheinwert am Emissionstag?

**(2)** Bis zu welchem Kurs muss der Aktienkurs steigen, damit ein Anleihegläubiger, der für 400 € Optionsanleihen erworben hat, die gleiche Verzinsung wie bei einer vergleichbaren Anleihe erzielt? Unterstellen Sie, dass für die Optionsscheine nur der rechnerische Wert gezahlt wird und vernachlässigen Sie den Zinseszinseffekt.

**(3)** Wie hoch ist der Eigenkapitalzufluss der AG, wenn alle Optionsscheine bei Fälligkeit zum Bezug von Aktien genutzt werden? Welche Bilanzpositionen sind betroffen?

**Lösung:**

**(1)** Wert des Optionsscheins: 65 € − 25 € = 40 € ÷ 4 Optionsscheine = 10 €

**(2)** Erforderlicher Aktienkurs, um keine Verluste zu erwirtschaften:

(a) Opportunitätskosten für 100 €: 4,75 € − 1,50 € = 3,25 €

(b) Für 400 € wurden vier Anleihen erworben: 4 · 3,25 € = 13 €

(c) Die Anleihe hat eine Laufzeit von sechs Jahren: 13 € · 6 = 78 €

(d) Gesamtaufwand für den Erwerb: Bezugspreis + Opportunitätskosten = 25 € + 78 € = 103 € (erforderlicher Aktienkurs)

**(3)** Eigenkapitalzufluss

(a) Gesamtzufluss:

 – 100 Mio. € Anleihevolumen ÷ 100 € Einzelanleihe = 1.000.000 Anleihen

 – Jeder Anleihe ist ein Optionsschein beigefügt.

 – Für den Erwerb einer Aktie sind 4 Optionsscheine erforderlich.

 – Insgesamt können 250.000 Aktien erworben werden (= 1.000.000 Stück ÷ 4 Stück).

 – Der AG fließen insgesamt 6.250 T€ zu (250.000 Aktien · 25 €).

(b) Aufteilung des Eigenkapitals:

 – Jede Aktie weist einen Nennwert von 2 € auf und wird für 25 € verkauft.

 – Das Agio beträgt somit 23 € pro Stück (= 25 € − 2 €).

 – Der Aktiennennwert wird in das gezeichnete Kapital eingestellt und beträgt 500 T€ (= 250.000 Stück · 2 €).

 – Das Agio wird in die Kapitalrücklage eingestellt und beträgt 5.750 T€ (= 250.000 Stück · 23 €).

---

Soweit eine Optionsobligation unter Einbeziehung des gesetzlichen Bezugsrechts verkauft wird, ist für den Erwerb einer Anleihe eine bestimmte Anzahl von Aktien erforderlich.

Handelsmöglichkeiten von Optionsanleihen:

**(1)** Der Anleger kann seine Optionsobligation mit dem dazugehörigen Optionsschein als eine **Einheit** belassen. In diesem Fall bildet der Kurs den Gesamtpreis ab. Die Notierung der Obligation trägt das Kennzeichen **„cum"**.

**(2)** Alternativ kann der Anleger die beiden Bestandteile trennen, somit ergeben sich zwei Notierungen:

(a) die separierte Obligation, die im Vergleich zu alternativen Anlagen gering verzinslich ist und einen Kursabschlag hinnehmen muss; die Notierung der **Obligation** trägt das Kennzeichen **„ex"**.

(b) der separierte **Optionsschein**, der ökonomisch an ein Bezugsrecht erinnert und dem Kurs der Aktie folgt

### 6.1.3.2 Isolierung der Optionsscheine

Anleger, die auf steigende Kurse spekulieren, können anstelle der Aktien auch Optionsscheine (OS) erwerben. Hiermit ist der Vorteil verbunden, dass mit kleineren Beträgen die gleichen Erfolge erzielt werden, wenn der Aktienkurs – wie erwartet – steigt. Sie wird durch den sogenannten **Hebel** zum Ausdruck gebracht, der einen Erfolgsmultiplikator darstellt und in beide Richtungen wirkt. Allgemein errechnet sich der Hebel:

**Börsenkurs der Aktie** ÷ (**Börsenkurs des Optionsscheins** · **erforderliche Relation**)

Die erforderliche Relation bringt zum Ausdruck, wie viele Optionsscheine für den Erwerb einer Aktie erforderlich sind. Die Schreibweise ist:

**eine Aktie : x Optionsscheine**

Im Emissionszeitpunkt beträgt der Hebel für die Optionsscheine der 567-AG: 1,625 [= 65 ÷ (10 · 4)].

Soweit sich Aktie und Optionsschein parallel entwickeln, lässt sich für den Betrachtungszeitraum die Hebelwirkung nachweisen, wie Tabelle 6.4 verdeutlicht.[23]

**Tab. 6.4:** Hebelwirkung bei parallelen Verläufen von Aktien- und Optionsscheinkurs.

| Kurs zum Ende der Betrachtung | | Kursveränderung (€) | | Wertveränderung (%)[a] | | Hebel[b] |
|---|---|---|---|---|---|---|
| Aktie | OS[c] | Aktie | OS | Aktie | OS | |
| 75,00 | 12,50 | 10,00 | 2,50 | 15,38 | 25,0 | 1,625 |
| 70,00 | 11,25 | 5,00 | 1,25 | 7,69 | 12,5 | 1,625 |
| 60,00 | 8,75 | − 5,00 | −1,25 | − 7,69 | −12,5 | 1,625 |
| 55,00 | 7,50 | −10,00 | −2,50 | −15,38 | −25,0 | 1,625 |

[a]Berechnung: Kursänderung ÷ Kapitaleinsatz · 100
[b]Berechnung: prozentuale Preisveränderung des Optionsscheins ÷ prozentuale Preisveränderung der Aktie
[c]Berechnung: (Börsenkurs der Aktie – Zuzahlung) ÷ erforderliche Optionsscheine für den Erwerb einer Aktie

Entwickelt sich der Kurs während der Optionsfrist nicht wie erwartet, droht im schlimmsten Fall der **Totalverlust**, da die Laufzeit der Optionsscheine begrenzt ist.

Der **innere Wert eines Optionsscheins** lässt sich, wie Tabelle 6.5 zeigt, klassifizieren. Grundlage ist das Beispiel der 567-AG. Er errechnet sich:

(**aktueller Aktienkurs – Zuzahlung**) · **erforderliche Relation**

In einer idealen Welt verändern sich Aktien- und Optionsscheinkurs im Gleichklang. Neben der ökonomischen Bewertung ist die Wertbeimessung über den Markt bedeut-

---

23 Hiermit sind gleichzeitig für einen Neuerwerb andere Hebelverhältnisse verbunden.

**Tab. 6.5:** Optionsscheinklassifizierungen nach ihrem formalen Wert.

| Börsenpreis Aktie | Zuzahlung für Erwerb mit OS | innerer Wert des OS | Bezeichnung OS ist ... | Interpretation |
|---|---|---|---|---|
| 75 € | 25 € | 12,50 € | „im Geld" (*in the money*) | Der Einsatz/Verkauf des OS ist sinnvoll. |
| 25 € | 25 € | 0,00 € | „am Geld" (*at the money*) | Der Einsatz/Verkauf des OS ist indifferent. |
| 20 € | 25 € | 0,00 €[a] (−1,25 €) | „aus dem Geld" (*out of the money*) | Der Einsatz/Verkauf des OS ist unklug. |

[a]Weist ein Optionsschein einen negativen Wert aus, so minimiert der Anleger seinen Verlust, indem er den Optionsschein ungenutzt verfallen lässt.

sam. Hier können Differenzen auftreten. Als **Agio** (Aufgeld) bezeichnet man die positive Differenz aus

### Aufwand für den Aktienerwerb bei Optionsverwendung – aktuellem Aktienkurs

Die Begründung für die erhöhte Zahlungsbereitschaft liegt in der **Hebelwirkung**. Wenn ein Anleger mit einem kleineren Kapitaleinsatz (Optionsschein) den gleichen Erfolg erzielen kann wie mit einem höheren (Aktie), so ist diese Möglichkeit wertvoller, was in dem Agio zum Ausdruck gebracht wird. Je länger die **Laufzeit** ist bis der Optionsschein eingelöst wird, desto wertvoller ist diese Möglichkeit. Aus diesem Grund sinkt das **Agio**, je kürzer die verbleibende Einlösungsfrist ist. Deshalb stimmt es auch mit dem Zeitwert überein, sofern der Optionsschein nicht „aus dem Geld" ist.

- Eine Einlösung von Optionsscheinen während der Laufzeit ist ökonomisch meist unvorteilhaft, da der Anleger in Summe regelmäßig mehr für die Aktie bezahlen müsste, als wenn er als Aktienkäufer an der Börse agiert.
- Am letzten möglichen Einlösungstag wird kein Agio mehr gezahlt, weil es keine Kurssteigerungsmöglichkeiten mehr gibt.

Zur Messung des prozentualen Agios bildet der Aktienkurs die Bezugsbasis. Der ermittelte Wert wird auf die Laufzeit verteilt und bildet die erwartete Wertsteigerung der Aktie ab.

---

**Fallstudie 2**

**Ausgangslage:**
- Der Börsenkurs der 567-AG notiert bei 75 € bzw. bei 20 €.
- Der Optionsschein wird zu 15 € bzw. zu 0,75 € gehandelt.
- Die Restlaufzeit beträgt zwei Jahre. Es werden vier Optionsscheine unter Zuzahlung von 25 € für den Erwerb einer neuen Aktie benötigt.

**Aufgabenstellung:**
(1) Ermitteln Sie das Aufgeld und den Zeitwert für beide Alternativen.
(2) Ermitteln Sie den jährlichen prozentualen Aufschlag für beide Alternativen.
(3) Weisen Sie nach, dass mit der Realisierung des erwarteten Kursanstiegs der ökonomische und der aktuelle Optionsscheinwert identisch sind.

**Lösung:**
(1) Die unterschiedlichen Möglichkeiten das Agio bzw. den Zeitwert zu ermitteln, zeigen die folgenden Tabellen „Agio-Ermittlung für die 567-AG" und „Zeitwertermittlung für die 567-AG".

Agio-Ermittlung für die 567-AG

| Beispiel Nr. | Börsenkurs für 4 OS | Zuzahlung für Erwerb mit OS | Aufwand indirekter Erwerb | Börsenpreis Aktie | Gesamtagio | Agio pro OS |
|---|---|---|---|---|---|---|
| 1 | 60,00 € | 25,00 € | 85,00 € | 75,00 € | 10,00 € | 2,50 € |
| 2 | 3,00 € | 25,00 € | 28,00 € | 20,00 € | 8,00 € | 2,00 € |

Zeitwertermittlung für die 567-AG

| Beispiel Nr. | Börsenpreis Aktie | Zuzahlung für Erwerb mit OS | Ökonomischer Wert des OS | Börsenkurs des OS | Zeitwert pro OS | Gesamtzeitwert |
|---|---|---|---|---|---|---|
| 1 | 75,00 € | 25,00 € | 12,50 € | 15,00 € | 2,50 € | 10 € |
| 2 | 20,00 € | 25,00 € | 0,00 € (−1,25 €) | 0,75 € | 0,75 € (2,00 €) | 3 € (8 €) |

(2) Jährlicher prozentualer Aufschlag
(a) Beispiel Nr. 1:
  – prozentuales Gesamtagio: 13,33 % (= 10,00 € ÷ 75,00 € · 100)
  – jährliches prozentuales Agio: 6,67 % (= 13,33 % ÷ 2 Jahre)
(b) Beispiel Nr. 2:
  – prozentuales Gesamtagio: 40,0 % (= 8,00 € ÷ 20,00 € · 100)
  – jährliches prozentuales Agio: 20,0 % (= 40 % ÷ 2 Jahre)
(3) Nachweis
(a) Beispiel Nr. 1:
  – Steigt der Börsenkurs von 75 € um 13,33 %
  – so beträgt er 85 €.
  – Bei einem Kurs von 85 € hat jeder Optionsschein einen Wert von 15 € (= (85 − 25) ÷ 4).
  – Die Differenz zwischen ökonomischem Wert und aktuellem Börsenkurs hat sich aufgelöst.
(b) Beispiel Nr. 2:
  – Steigt der Börsenkurs von 20 € um 40 % so beträgt er 28 €.
  – Bei einem Kurs von 28 € hat jeder Optionsschein einen Wert von 0,75 € (= (28 − 25) ÷ 4).
  – Die Differenz zwischen ökonomischem Wert und aktuellem Börsenkurs hat sich aufgelöst.
  – Die Aktie kann in der Ursprungssituation für 20 € direkt erworben werden. Unter Verwendung von vier Optionsscheinen muss ein um 5 € höherer Preis entrichtet werden. Der Schaden von 5 € wird auf vier Optionsscheine verteilt und ergibt den ökonomischen Wert von − 1,25 € pro Optionsschein.

Neben der verbleibenden Laufzeit des Optionsscheins wird das Aufgeld durch weitere **Parameter** beeinflusst, hierzu zählen u. a. die Emissionsbedingungen des Optionsscheins, die Börsensituation und die erwarteten Kursausschläge der Aktie.

Der Kauf eines Optionsscheins hat grundsätzlich das gleiche **Profil** wie der Erwerb einer Aktie, jedoch

- sinkt der erforderliche Kapitaleinsatz,
- nehmen durch den Hebel die Kursschwankungen in beide Richtungen zu,
- ist auch der komplette Verlust möglich, wenn der Aktienkurs unter den Zuzahlungsbetrag fällt,
- ist die Verlustrealisierung nur begrenzt verschiebbar, da Optionsscheine limitierte Laufzeiten aufweisen,
- ist der Anleger nicht an der Gewinnausschüttung der AG beteiligt.

Die ursprüngliche Idee von Optionsscheinen, die Attraktivität einer niedrigverzinslichen Anleihe zu verbessern, stellt heute nicht mehr das einzige **Emissionsmotiv** dar. Banken begeben isolierte Optionsscheine, die auch als nackt (Naked Warrants) bezeichnet werden, zur reinen Spekulation.[24]

## 6.2 Finanzfutures als unbedingte Finanzderivate

### 6.2.1 Konzeption

---

**Definition**

**Finanzfutures** sind Verträge, die beide Parteien verpflichten,
**(1)** das vereinbarte Anlagemedium (Vertragsobjekt) im vereinbarten Umfang
**(2)** an einem definierten Datum in der Zukunft (Erfüllungsdatum) zum vertraglich definierten Kurs (Future-Preis)
**(3)** zu handeln.
(a) Die Abnahmeverpflichtung wird als „long" bezeichnet.
(b) Die Lieferverpflichtung wird als „short" bezeichnet.

---

Im Gegensatz zu Optionen verfügt hier keine der beiden Vertragsparteien über eine Wahlmöglichkeit. Jedoch können auch hier unterschiedliche Gegenstände zum Vertragsinhalt gemacht werden. Gängig sind Finanzfutures über

- festverzinsliche Wertpapiere bzw. synthetische Anleihen mit genau definierten Ausstattungsmerkmalen,
- Aktienindizes (siehe Kapitel 2.1.2.2) sowie
- Devisen und physische Produkte wie Gold.

---

**24** Vgl. zu weiterführenden Details Bösch 2012, S. 124 ff.

Die reale **Erfüllung** ist bei einigen Vertragsgegenständen wie Aktienindizes gar nicht möglich, bei anderen wird sie häufig nicht gewünscht. Aus diesem Grund wird oftmals ein Ausgleich des Wertüberhangs vorgenommen. Der Vertragspartner, für den sich ein Verlust abzeichnet, kann seinen Aufwand begrenzen, indem er ein gegenläufiges Geschäft abschließt. Dies setzt voraus, dass es einen Sekundärmarkt gibt, was durch die Börsennotierung gewährleistet ist.

### 6.2.2 Bedeutende Erscheinungsformen

#### 6.2.2.1 Euro-Bund-Future

Mit Abschluss eines Kontrakts über den Euro-Bund-Future positionieren sich die Vertragsparteien im Hinblick auf die von ihnen erwartete Zinsentwicklung. Die wesentlichen Kennzeichen des Euro-Bund-Futures zeigt Tabelle 6.6.

**Tab. 6.6:** Kennzeichen des Euro-Bund-Futures.

| Kennzeichen | Ausprägung |
| --- | --- |
| Vertragsinhalt | hypothetische Bundesobligation mit einer laufenden Zinszahlung von 6 % und einem verbleibenden Laufzeitkorridor von 8,5 bis 10,5 Jahren |
| handelbares Volumen | 100 T€ |
| Bewertung | %-Angaben bezogen auf den Nennwert |
| Skalierung | Mindestveränderung 10,00 € entspricht 0,01 % des Nennwerts (ein Tick) |
| mögliche Fälligkeiten | ausschließlich am zehnten Tag[a] der Monate März, Juni, September und Dezember; die Gültigkeitsdauer bei Abschluss ist auf Fristen von drei, sechs und neun Monaten standardisiert |
| Übergabe | realer Übertrag von Bundesanleihen mit entsprechenden Laufzeiten, die auf die hypothetische Anleihe umgeschlüsselt werden; um fristgerecht liefern zu können, endet der Handel am vorletzten Börsentag vor Fälligkeit |

[a]Soweit an diesem Tag kein Börsenhandel stattfindet, verkürzt sich die Laufzeit auf den letztmöglichen vorherigen Handelstag.

Der **Erfüllungskurs** wird mit dem Vertragsabschluss vereinbart. Die Realisation erfolgt in der Zukunft durch Lieferung der umgeschlüsselten Anleihen. Hier kann der Veräußerer im vorgegebenen Rahmen frei wählen und die für sich vorteilhafteste Alternative nutzen.

Folgender **Wirkungszusammenhang** bestimmt den Kurs dieses Finanzfutures: Marktzinserhöhungen führen zu sinkenden Futurekursen. Hier wirkt der gleiche Effekt, wie bei der Bewertung von festverzinslichen Wertpapieren allgemein (siehe Kapitel 5.3.2). Bei einer gegebenen Verzinsung nimmt die Attraktivität einer Bestandsanleihe ab, da sie am Markt nur noch mit einem Abschlag veräußerbar ist. Eine Kurssteigerung des Future-Kurses tritt folglich dann ein, wenn der Marktzins nachgibt.

Entsprechend entgegengesetzt sind die **Markteinschätzungen** der Vertragsparteien:

– Der verkaufende Vertragspartner plant, die Anleihe zum Liefertermin günstiger am Markt zu erwerben und sie zum Festpreis weiterzugeben. Dies setzt steigende Zinsen voraus.

– Der kaufende Vertragspartner plant, die Anleihe zum Liefertermin zum Festpreis zu erwerben und zu einem höheren Kurs am Markt zu veräußern. Dies setzt sinkende Zinsen voraus.

---

**Fallstudie 3**

**Ausgangslage:**
Zwischen zwei Vertragsparteien wurde ein Euro-Bund-Future über 100 T€ zu einem Kurs von 98,5 % abgeschlossen. Erfüllungstermin ist der 10. März 20X4.

**Aufgabenstellung:**
Ermitteln Sie die Erfolge der beiden Vertragsparteien, wenn der Kurs am Erfüllungstermin bei 97,5 %, 98,5 % und 99,5 % liegt. Gebühren sind nicht zu berücksichtigen.

**Lösung:**
**(1)** Kurs von 97,5 %
**(a)** Position des Verkäufers:
- – Erwerb der Anleihe zu 97,5 % am Markt und Weiterverkauf an den Erwerber zu 98,5 %
- – Der Erfolg von 1 %-Punkt auf 100 T€ bezogen entspricht 1 T€.
**(b)** Position des Käufers:
- – Erwerb einer Anleihe zu 98,5 %, die am Markt nur 97,5 % wert ist
- – Verlust von 1 %-Punkt, der realisiert wird, wenn die Anleihe sofort über die Börse veräußert wird
**(2)** Kurs von 98,5 %
**(a)** Position des Verkäufers:
- – Erwerb der Anleihe zu 98,5 % am Markt und Weiterverkauf an den Erwerber zu 98,5 %
- – Hier liegt ein erfolgsneutrales Geschäft vor.
**(b)** Position des Käufers:
- – Erwerb einer Anleihe zu 98,5 %, die am Markt ebenfalls 98,5 % wert ist
- – Hier liegt ein erfolgsneutrales Geschäft vor.
**(3)** Kurs von 99,5 %
**(a)** Position des Verkäufers:
- – Erwerb der Anleihe zu 99,5 % am Markt und Weiterverkauf an den Erwerber zu 98,5 %
- – Der Misserfolg von 1 %-Punkt auf 100 T€ bezogen entspricht 1 T€.

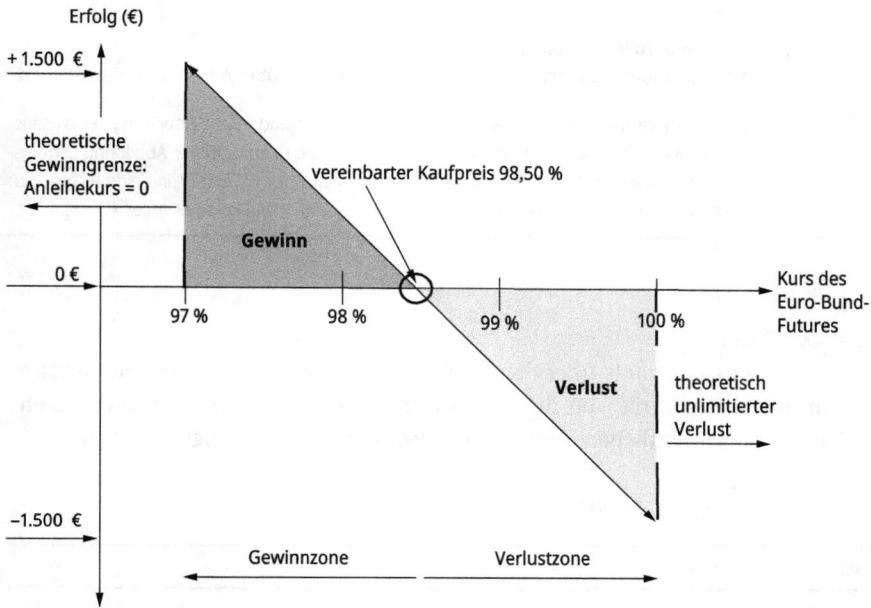

Erfolgsaussichten eines Bund-Future-Verkäufers bei einem Preis von 98,5 %.

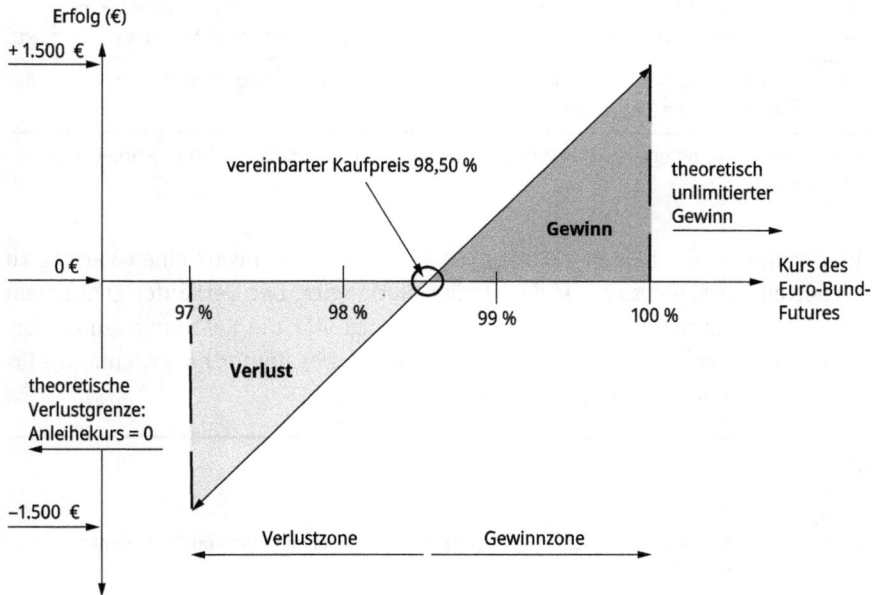

Erfolgsaussichten eines Bund-Future-Käufers bei einem Preis von 98,5 %.

(b)  Position des Käufers:
  – Erwerb einer Anleihe zu 98,5 %, die am Markt 99,5 % wert ist
  – Erfolg von 1 %-Punkt, der realisiert wird, wenn die Anleihe sofort über die Börse veräußert wird

Die Erfolgsaussichten bei einem Vertragspreis von 98,5 % für den Verkäufer sind in der Abbildung „Erfolgsaussichten eines Bund-Future-Verkäufers bei einem Preis von 98,5 %", die für den Käufer in der Abbildung „Erfolgsaussichten eines Bund-Future-Käufers bei einem Preis von 98,5 %" dargestellt. Der Erfolg ist in beide Richtungen nahezu unlimitiert möglich, findet jedoch seine (theoretische) Grenze bei einem Nullkurs der Anleihe.

### 6.2.2.2 DAX®-Future

Mit Abschluss eines Kontrakts über den DAX®-Future positionieren sich die Vertragsparteien im Hinblick auf die von ihnen erwartete Kursentwicklung des DAX® (siehe Kapitel 2.1.2.2). Die wesentlichen Kennzeichen des DAX®-Futures zeigt Tabelle 6.7.

**Tab. 6.7:** Kennzeichen des DAX®-Futures.

| Kennzeichen | Ausprägung |
| --- | --- |
| Vertragsinhalt | ein repräsentativer Bruchteil der im DAX® enthaltenen Wertpapiere, die pro Indexpunkt 25 € kosten |
| Skalierung | Mindestveränderung 12,50 € entspricht 0,5 DAX®-Punkten (ein Tick) |
| mögliche Fälligkeiten | ausschließlich am dritten Freitag[a] der Monate März, Juni, September und Dezember; die Gültigkeitsdauer bei Abschluss ist auf Fristen von drei, sechs und neun Monaten standardisiert |
| Übergabe | scheitert, da nicht möglich; der Erfolg wird durch Zahlung ausgeglichen; so ist ein Handel auch noch am Tag vor dem Fälligkeitsdatum möglich |

[a]Soweit an diesem Tag kein Börsenhandel stattfindet, verkürzt sich die Laufzeit auf den letztmöglichen vorherigen Handelstag.

Auch hier schließen die beiden Vertragsparteien in der Gegenwart einen Vertrag zu einem fixierten Preis, der sich aus dem Indexstand ergibt. Der Verkäufer geht davon aus, dass der vereinbarte Stand unterschritten wird. Für die Erfüllung seiner Verpflichtung muss er entsprechend weniger aufwenden. Der Käufer hat gegenteilige Erwartungen hinsichtlich der DAX®-Entwicklung.

**Fallstudie 4**

**Ausgangslage:**
Zwischen zwei Vertragsparteien wurde ein DAX®-Future-Kontrakt zu einem Kurs von 8.000 Punkten abgeschlossen. Erfüllungstermin ist der 10. März 20X4.

**Aufgabenstellung:**
Ermitteln Sie die Erfolge der beiden Vertragsparteien, wenn der DAX® am Erfüllungstermin bei 6.500 Punkten, 8.000 Punkten und 9.500 Punkten liegt.

**Lösung:**

**(1)** Kurs von 6.500 Punkten

(a) Position des Verkäufers:

- Der Bruchteil des DAX® kann für 6.500 Punkte erworben werden, der Käufer ist zur Abnahme zu 8.000 Punkten verpflichtet.
- Die Differenz beträgt 1.500 Punkte, die jeweils mit 25 € abgerechnet werden, sodass sich ein Erfolg von 37.500 € ergibt.

(b) Position des Käufers:

- Er muss den DAX®-Bruchteil für 8.000 Punkte abnehmen, bekommt aber beim Weiterverkauf nur 6.500 Punkte.
- Der Verlust entspricht dem Gewinn des Verkäufers.

**(2)** Kurs von 8.000 Punkten

(a) Position des Verkäufers:

- Erwerb des DAX®-Bruchteil zu 8.000 Punkten am Markt und Weiterverkauf an den Erwerber zu 8.000 Punkten
- Hier liegt ein erfolgsneutrales Geschäft vor.

(b) Position des Käufers:

- Erwerb des DAX®-Bruchteil zu 8.000 Punkten, die am Markt ebenfalls 8.000 Punkte wert sind
- Hier liegt ein erfolgsneutrales Geschäft vor.

**(3)** Kurs von 9.500 Punkten

(a) Position des Verkäufers:

- Erwerb des DAX®-Bruchteils zu 9.500 Punkten am Markt und Weiterverkauf an den Erwerber zu 8.000 Punkten
- Der Misserfolg von 1.500 Index-Punkten zu 25 € führt zu einem Verlust von 37.500 €.

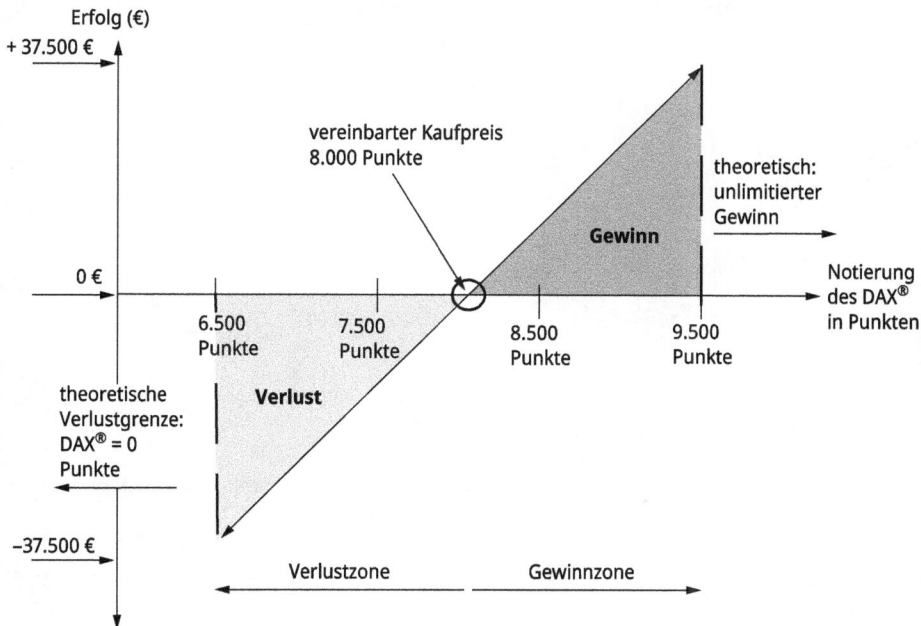

Erfolgsaussichten eines DAX®-Future-Käufers bei einem Preis von 8.000 Indexpunkten.

(b)  Position des Käufers:

- Erwerb des DAX®-Bruchteils zu 8.000 Punkten, der am Markt 9.500 Punkte wert ist
- Der Gewinn entspricht dem Verlust des Verkäufers.

Die Erfolgsaussichten bei einem vereinbarten Indexwert von 8.000 Punkten für den Käufer sind in der Abbildung „Erfolgsaussichten eines DAX®-Future-Käufers bei einem Preis von 8.000 Indexpunkten" für das Intervall 6.500 bis 9.500 Punkte dargestellt. Das Erfolgsprofil des Verkäufers ist entgegengesetzt ausgeprägt. Der Erfolg ist in beide Richtungen nahezu unlimitiert möglich, findet jedoch seine (theoretische) Grenze bei einem Nullkurs des Index.

## 6.2.3 Handhabung

Die Teilnehmer an einem Finanzfuture sind verpflichtet, **Sicherheitsleistungen (Margin)** vorzunehmen. Aus diesem Grund bekommt die Partei, für die sich momentan ein Verlust abzeichnet, am Ende eines jeden Börsentags eine aktualisierte Zahlungsaufforderung. Die Mittel stellen bis zur Verwendung ein Kontoguthaben für den Betroffenen an der Börse dar.

### 6.2.3.1 Perspektive der ursprünglichen Vertragsparteien

Die Handhabung eines Finanz-Futures hängt von dessen ökonomischem Erfolg und der Abschlussintention der Vertragsabschließenden ab. Diesen Grundzusammenhang visualisiert Abbildung 6.8.

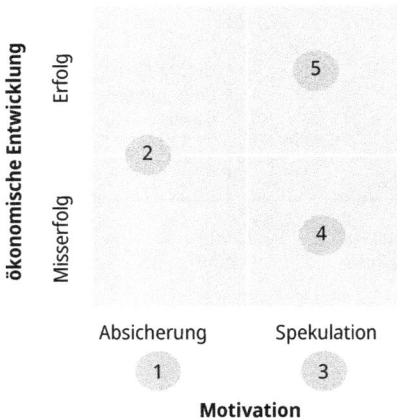

**Abb. 6.8:** Umgang mit Finanzfutures in Abhängigkeit von Motiven und Erfolg.

(1)  Mit der **Absicherung** will der Kontrahent sein Risiko aus einem anderen Geschäft kompensieren.

(a)  Beim Abschluss eines **Euro-Bund-Futures** lassen sich die Zinseinkünfte oder -aufwendungen verstetigen. So kann der

- **Erwerber** variable Zinsverpflichtungen aus einem anderen Geschäft haben.
    - Steigt der Marktzinssatz, wird sein Aufwand aus dem Ursprungsgeschäft höher, aber er generiert einen Ertrag aus dem Future und kompensiert seinen Verlust.
    - Verringert sich der Marktzins, verringert sich sein variabler Aufwand aus dem Ursprungsgeschäft, gleichzeitig erleidet er einen Verlust aus dem Future.
- **Veräußerer** variable Zinseinkünfte aus einem anderen Geschäft haben.
    - Verringert sich der Marktzins, verringert sich auch sein variabler Ertrag aus dem Ursprungsgeschäft. Diesen Minderertrag kompensiert er mit dem Gewinn aus dem Future.
    - Steigt der Markzinssatz, nimmt sein Ertrag aus dem Ursprungsgeschäft zu. Dieser wird durch den Verlust aus dem Future verringert.

(b) Beim Abschluss eines **Aktien-Futures** hat beispielsweise der
- **Veräußerer** einen Aktienbestand, den er aus strategischen Gründen halten und vor Kursverlusten schützen möchte.
    - Steigt der Aktienkurs, wird sein Bestand wertvoller. Gleichzeitig erleidet er einen Verlust aus seinem Future.
    - Verringert sich der Marktpreis der Aktien, verliert er an Aktienbestand. Diesen Verlust gleicht er durch den Future-Gewinn aus.
- **Erwerber** bereits eine offene Verkaufsposition aus einem anderen Future. Die beiden Geschäfte kompensieren sich.

**(2)** Umgang mit **Kursveränderungen** im **Absicherungsfall**: Handlungen sind nicht erforderlich, da der Future gerade zur Kompensation anderer Risiken abgeschlossen wurde, sodass sich die Erfolge in Summe immer ausgleichen.

**(3)** Mit der **Spekulation** will der Anleger erwartete Marktpreisveränderungen zu seinen Gunsten nutzen.

(a) Beim Abschluss eines **Euro-Bund-Futures** kann an
- steigenden Zinsen (nachgebende Preise) verdient werden, wenn die Verkaufsposition eingenommen wurde.
- fallenden Zinsen (zunehmende Preise) verdient werden, wenn die Kaufposition eingenommen wurde.

(b) Beim Abschluss eines **Aktien-Futures** kann an
- steigenden Kursen verdient werden, wenn die Kaufposition eingenommen wurde.
- fallenden Kursen verdient werden, wenn die Verkaufsposition eingenommen wurde.

**(4)** Zeichnet sich im **Spekulationsfall** ein **Misserfolg** ab, können beide Vertragsparteien
(a) den sich ergebenden Verlust festschreiben, indem sie ein Ausgleichsgeschäft (zu schlechteren Konditionen) abschließen,
(b) auf ein Drehen des Marktes hoffen und die Position weiter offenhalten.

**(5)** Zeichnet sich im Spekulationsfall ein Erfolg ab, können beide Vertragsparteien

(a) den sich ergebenden Gewinn festschreiben, indem sie ein Ausgleichsgeschäft (zu besseren Konditionen) abschließen,

(b) auf ein Fortschreiten der aktuellen Marktentwicklung hoffen und die Position weiter offenhalten.

### 6.2.3.2 Perspektive des Sekundärmarkts

Der Abschluss eines Ausgleichsgeschäfts für einen bestehenden Finanz-Future erfordert, dass eine fortlaufende Preisermittlung möglich ist. Folgende Parameter sind leicht zu messen und üben einen **wertsteigernden** Einfluss auf die Long-Position des Finanz-Futures aus:

– Zunahme des aktuellen Börsenpreises des Future-Gegenstands
– sinkende Zinsen am Markt

Der Preis verringert sich jedoch durch ausstehende laufende Einkünfte aus dem Basisobjekt, da sie dem Verkäufer zufließen. Der Erwerber wird somit im Vergleich zu einer aktuellen Vertragserfüllung schlechter gestellt.

Längere Fristen bis zum Verfall des Futures erhöhen sein Erfolgspotenzial und wirken deshalb wertsteigernd. Die Wirkungsbestimmung ist jedoch schwierig und hängt auch von der momentan herrschenden Marktmeinung ab.

---

**Fallstudie 5**

**Ausgangslage:**
Ein Anleger hat einen DAX®-Future als Verkäufer abgeschlossen. Der vereinbarte Kurs liegt bei 8.000, der aktuelle Schlusskurs an der Börse bei 7.850 Punkten.

**Aufgabenstellung:**
Der Anleger möchte seinen Gewinn realisieren und den Future weiterverkaufen. Wie hoch ist der ökonomische Wert des Futures bei einer Laufzeit von exakt sechs Monaten und einem Zinssatz von 2 %?

**Lösung:**
**(1)** Aktuell beträgt der Vorteil 150 Indexpunkte (= 8.000 – 7.850).
**(2)** Der ökonomische Vorteil beträgt 3.750 € (= 150 · 25 €).
**(3)** Ein Erwerber erleidet einen Zinsnachteil in Höhe von 37,50 € (3.750 € · 2 % ÷ 12 · 6). Ursache ist, dass er heute die Zahlung für einen Kontrakt leistet, der erst in 6 Monaten fällig ist.
**(4)** Mit 3.712,50 € (3.750 € – 37,50 €) ist der Future korrekt bewertet.

---

# 6.3 Weitere Ausprägungen

## 6.3.1 Swaps

Swaps sind außerbörsliche Derivate für Tauschgeschäfte. Mit Swapgeschäften wechseln die Parteien ihre Erfüllungsansprüche oder -pflichten aus bestehenden Verträgen. Hierzu sind folgende Details abzustimmen:
- das Vertragsvolumen
- die Leistungszeitpunkte
- die Vertragslaufzeit
- die konkreten Konditionen

### 6.3.1.1 Zinsswaps

Zinsswaps stellen den größten Anteil außerbörslicher Derivate dar und sind oft ein wichtiger Baustein für die Unternehmensfinanzierung. Den grundlegenden Zusammenhang eines Zinsswaps verdeutlicht Abbildung 6.9.

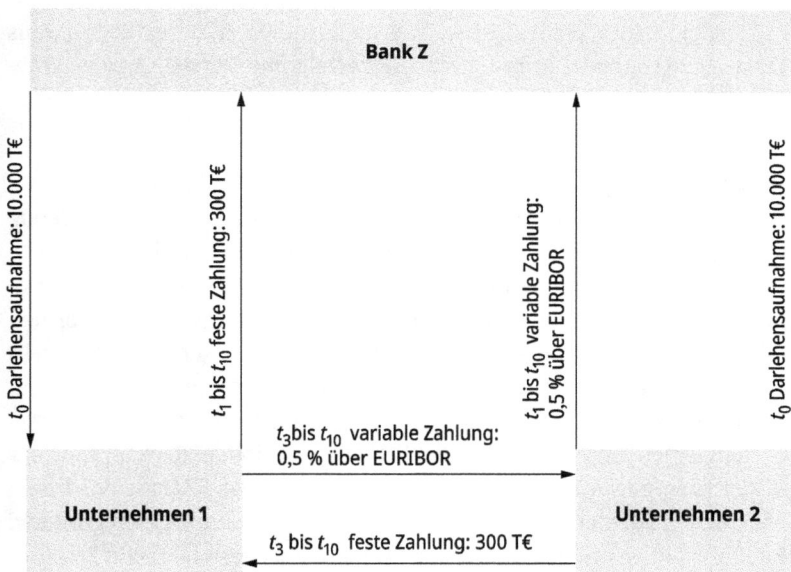

**Abb. 6.9:** Schematische Darstellung eines Swap-Geschäfts.

Unternehmen 1 und 2 haben beide im Zeitpunkt $t_0$ bei der Bank Z ein Darlehen von 10.000 T€ aufgenommen. Unternehmen 1 hat sich für die Festzinsvariante (= 3 %) entschieden, da das Management steigende Zinsen befürchtet. Folglich zahlt es in den nächsten zehn Jahren 300 T€ fix an die Bank. Im Zeitpunkt $t_0$ kamen die Entscheider in

Unternehmen 2 zu einer anderen Einschätzung. Sie erwarteten konstante bis geringfügig fallende Zinssätze und haben folglich einen Vertrag über eine variable Zahlung mit der Bank vereinbart. Im Beispiel zahlen sie 0,5 Prozentpunkte über EURIBOR.

Idealtypisch wechseln beide Unternehmen ihre Erwartungen im Zeitpunkt $t_3$.

Die Verträge mit der Bank zu verändern ist zumindest aufwändig. Eine Lösung, ihre Schulden trotzdem an die veränderte Einschätzung anzupassen, stellt der Swap dar. Die Verpflichtungen werden getauscht.

– Unternehmen 1 leistet die variable und erhält die fixe Zahlung aus dem Swap.
– Die Zahlungsströme von Unternehmen 2 sind reziprok gestaltet.

In Konsequenz heben sich die festen Zahlungen für Unternehmen 1 auf, sodass nur noch die variable Zahlung verbleibt.

Für Unternehmen 2 kompensieren sich die variablen Zahlungsein- und -ausgänge. Somit ist nur noch die feste Zahlung in Höhe von jeweils 300 T€ zu leisten.

Wessen Einschätzung letztendlich das Marktgeschehen besser antizipiert hat und aus dem Geschäft den größten Erfolg generiert oder ob noch andere Aspekte den Tauschwunsch ausgelöst haben, hat für die Wirksamkeit des Geschäfts keine Bedeutung.

Neben den Zins- sind auch Währungsswaps bedeutsam. Da zu deren Verständnis Inhalte zum Thema Außenhandel erforderlich sind, erfolgt die Darstellung der Währungsswaps in Kapitel 7.

### 6.3.1.2 Kreditswaps

Sparkassen und Genossenschaftsbanken arbeiten mit regionalen Schwerpunkten. Dies hat diverse Vorteile, birgt aber auch den Nachteil, dass das Kreditportfolio regional nicht diversifiziert ist. So hat eine Regionalbank an der Küste ein genauso homogenes Portfolio wie ein Kreditinstitut in einer Stadt des Ruhrgebiets. Um sich vor den regionalen Risiken zumindest in Teilen zu immunisieren, können die Banken jeweils einen Teil ihres Kreditvolumens tauschen. In Abbildung 6.10 ist der Sachverhalt mit einem Swap-Volumen von 5 Mio. € visualisiert. Beide Banken ziehen aus ihren Portfolien jeweils den kompletten Zinsertrag einschließlich der spezifischen Risikoprämie der Kreditnehmer. Gleichzeitig transferieren sie das Risiko für jeweils 5 Mio. € aus ihrem eigenen Portfolio auf den Partner. Solange beide Übertragungsvolumen gleich groß und von gleicher Bonität sind, erfordert dieses Konstrukt keine weitere laufende Zahlung, da jede Bank auch für das übertragene Volumen die Risikoprämie einzieht. Kommt es zum Ausfall in dem Volumen aus dem Risikotransfer 1, so hat das Ruhrgebietskreditinstitut den Schaden zu tragen. Bei einem Schaden aus dem Risikotransfer 2 wird die GuV der Küstenbank belastet.

Dieses grundsätzlich einfache und sinnvolle Konstrukt birgt natürlich auch Tücken. So ist einmal der Ausfall genau zu definieren, um ein einheitliches Verständnis der Zahlungsverpflichtung zu gewährleisten. Zudem existiert in einer solchen

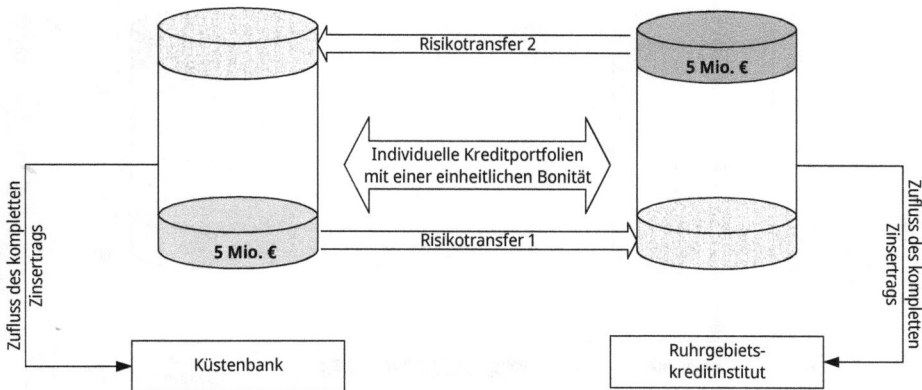

**Abb. 6.10:** Funktionsweise eines Kreditswaps durch Austausch äquivalenter Portfolien.

Konstellation immer eine Informationsasymmetrie. Dies kann beispielsweise bedeuten, dass sich bereits erste Indikatoren für eine Verschlechterung der Bonität eines Kreditnehmers andeuten, die aber im vergangenheitsorientierten Rating noch nicht erkennbar sind. Werden Kreditnehmer mit diesem Merkmal übertragen, nutzt das abgebende Institut seinen Wissensvorsprung.

Zudem erfordert das in Abbildung 6.10 gezeigte Schema bei beiden Instituten gleich große Volumen und gleiche Bonitäten der zu transferierenden Portfolien. Bei unterschiedlichen Bonitäten und risikoadjustierter Bepreisung der Kredite sind die zufließenden Risikoprämien nicht gleich groß. Die Bank mit dem besser gearteten Portfolio bezieht eine kleinere Risikoprämie als das Kreditinstitut mit der schlechteren Bonität. Gleichzeitig erhält sie das Risiko aus einem schlechter geratenen Teilportfolio. Dies ist tendenziell unfair, da Risikoprämie und Ausfallgefahr unterschiedlich ausgeprägt sind. Dies ist in Abbildung 6.11 verdeutlicht. Annahmegemäß überträgt die Küstenbank 5 Mio. € Kreditvolumen mit der Ratingstufe 1 und erhält dafür 5 Mio. € Kreditvolumen mit (der schlechteren) Ratingnote 3.

Unterstellt, dass die Risikoprämie für die Ratingstufe $1 = 0{,}5$ % und für die Ratingstufe $3 = 1{,}0$ % beträgt, ist eine Zahlung zum Bonitätsausgleich in Höhe von 25 T€ [= 5 Mio. € · $(0{,}01 - 0{,}005)$] von der Ruhrgebietsbank zu leisten. Hiermit ist gedanklich der Weg zur weiteren Modifikation frei: Ist überhaupt die gegenseitige Übertragung von Portfolien erforderlich? Wenn die Küstenbank in dem Beispiel kein Portfolio überträgt, sondern nur das Risiko von der Ruhrgebietsbank übernimmt, erhält sie für den übertragenen Betrag keine Risikoprämie. Somit steigt unter den bisherigen Konditionen die erforderliche Transferzahlung auf 50 T€ [= 5 Mio. € · $(0{,}01 - 0{,}00)$]. Diese Geschäfte werden **Credit Default Swaps** (= CDS) genannt.

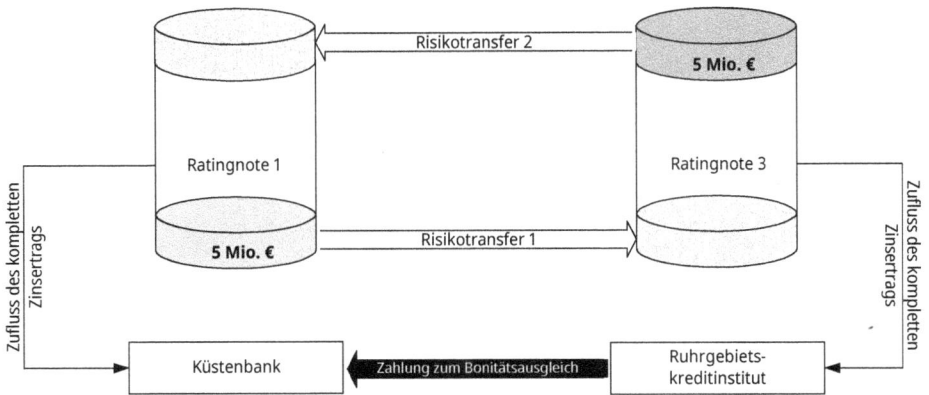

**Abb. 6.11:** Funktionsweise eines Kreditswaps durch Austausch abweichender Portfolien.

### 6.3.2 Ausgewählte Zertifikate

Bei einem Zertifikat handelt es sich um eine **hybride Anlageform**. Es entsteht indem eine Obligation nicht konventionell verzinst wird, sondern ihr Ertrag an die Bewertung mindestens eines anderen Anlagemediums (= Basiswert) gekoppelt wird. Als relevante Basiswerte sind Wertpapiere, Indices, Rohstoffe, Devisen etc. möglich, auf die sich auch Derivate beziehen können. Der Unterschied besteht darin, dass Derivate mit noch höheren Risiken verbunden sind. Bei Zertifikaten erhält der Anleger in Abhängigkeit von der Ausprägung eine Form der (Teil-)Tilgung und eine variable Vergütung. Eine Ausnahme stellt das Knock-Out-Zertifikat dar, bei dem auch der Totalverlust des eingesetzten Kapitals möglich ist.

Aus dieser Konstruktion ergibt sich, dass Zertifikate (meist) weniger von der Entwicklung der **Zinsstruktur** als vielmehr vom **Kurswert** des verknüpften Anlageguts abhängen.

Kreditinstitute entwickeln Zertifikate, um ihre **Produktpalette** zu erweitern und ein breites Spektrum von Anlegern zu erreichen. Neben Ausprägungen, die Derivaten ähneln, gibt es auch konservative Formen. Je größer die Ähnlichkeit zu Derivaten ist, desto stärker tritt das Spekulationsmotiv in den Vordergrund. Die Verkaufsmöglichkeit der Zertifikate wird regelmäßig durch **Börseneinführung** gewährleistet. Die Notierung erfolgt analog der von Optionsscheinen.

Die Wünsche der Anleger richten sich nach dem aktuellen Börsenumfeld und den Vermarktungsaktivitäten der Kreditinstitute. Durch kreative Namensgebung oder marginale Anpassungen wird teilweise das Chancen-Risikoprofil verschleiert, sodass die **Transparenz** dieses Markts für Kunden nur begrenzt vorhanden ist. Bedeutende Risiken sind:

(1) Das **Adressenausfallrisiko** des Emittenten, welches auch als Bonitäts- oder Emittentenrisiko bezeichnet wird. Scheidet die Bank aus dem Markt aus, ist der Kapitalanleger bei Zertifikaten regelmäßig schlechter gestellt als bei konventionellen Bankprodukten, die dem Einlegerschutz unterliegen.

(2) Die Kursbewegungen hängen maßgeblich vom **Produkt** ab, mit dem die Anleihe verknüpft ist.

(3) Durch die zeitliche **Befristung** können die Ausschläge stärker ausfallen als bei dem Produkt, auf das Bezug genommen wird.

(4) Die emittierende Bank nutzt ihr Sonderkündigungsrecht in einem – für den Anleger – ungünstigen Zeitpunkt.

(5) Die Konstruktion des Zertifikats ist so komplex, dass es in seiner Struktur durch (vereinzelte) Anleger nicht vollständig durchdrungen wird.

(6) Die Informationsasymmetrie zum Basiswert bedeutet gerade für Kleinstanleger ein Risiko.

(7) Soweit sich Zertifikate auf $CO_2$ als Basiswert beziehen, droht auch die Gefahr, dass die Politik, die Rahmenbedingungen (zu Ungunsten des Anlegers) anpasst.

Wichtige Ausprägungen werden nachfolgend dargestellt.

### 6.3.2.1 Zertifikat mit Kapitalgarantie

Diese Form des Zertifikats ist für konservative Anleger geeignet, da der Emittent die Rückzahlung des eingesetzten Kapitals – eventuell einschließlich einer Basisverzinsung – fest verspricht. Diese Form wird auch **Garantie-Zertifikat** oder **Kapitalschutzzertifikat** genannt. Entwickelt sich der mit der Obligation verknüpfte Basiswert positiv, wird der Anleger daran beteiligt. In den Anleihebedingungen wird der Umfang der Beteiligung definiert.

Soweit das herausgebende Kreditinstitut seine Risiken aus dieser Emission absichern möchte, erwirbt es zur Abdeckung der Garantiesumme Anleihen zur Kompensation seiner Mindestverpflichtung. Der drohende Mehraufwand kann durch den Erwerb von Kaufoptionen gesichert werden. Performt der Basiswert nicht, wird auf das erworbene Recht verzichtet.

---

**Fallstudie 6**

**Ausgangslage:**

Die 234-Bank bietet Zertifikate mit Kapitalgarantie an. Diese werden für 1.500 € verkauft und sind mit dem DAX® gekoppelt. Der DAX® notiert aktuell bei 6.000 Punkten. Der Anleger erhält für jeden Anstieg des DAX® über das aktuelle Niveau 25 Cent zusätzlich vergütet. Notiert der DAX® unter 6.030 Punkten erhält der Anleger bei Fälligkeit in zwei Jahren 1.507,50 € zurück, was einer Mindestverzinsung von 0,25 % entspricht.

**Aufgabenstellung:**

(1) Ermitteln Sie die jährliche Rendite, wenn der DAX® zur Fälligkeit bei 5.700 Punkten notiert.

(2) Wie hoch muss der DAX® zur Fälligkeit steigen, damit die am Markt übliche Mindestverzinsung von 2,00 % erreicht wird?

(3) Welchen Erfolg generiert ein Anleger, wenn der DAX® bei 7.000 Punkten zur Fälligkeit notiert?

**Lösung:**

(1) Rendite bei 5.700 Indexpunkten

(a) Bei 5.700 Punkten greift der Kapitalschutz.

(b) Der Anleger erhält den garantierten Betrag von 1.507,50 €.

(c) Sein eingesetztes Kapital wurde mit 0,25 % jährlich verzinst.

(2) Erforderlicher Anstieg des DAX®

(a) 1.500 € mit 2 % verzinst ergibt einen jährlichen Ertrag von 30 €.

(b) Für zwei Jahre könnte der Anleger somit 60 € erzielen.

(c) Um 60 € aus der DAX®-Perfomance zu generieren muss dieser um 240 Punkte steigen (= 60 ÷ 0,25).

(3) Rendite bei 7.000 Indexpunkten

(a) Bei 7.000 Indexpunkten hat der DAX® 1.000 Punkte zulegen können.

(b) Da jeder Punkt mit 0,25 Cent vergütet wird, ergibt sich ein Ertrag in Höhe von 250 €.

Die hier vorgestellte Form des Garantie-Zertifikats wird auch in die Gruppe der Index-Zertifikate eingeordnet, da ein Index den Basiswert bildet. Die Basiswerte für Garantiezertifikate sind frei wählbar und nicht an Indizes gebunden.

---

### 6.3.2.2 Outperforming-Zertifikat

Diese Zertifikatausprägung, die auch als Sprintzertifikat bezeichnet wird, ist für Anleger geeignet, die für den Basiswert einen Kursanstieg erwarten. Die **Tilgung** durch den Emittenten hängt von der Kursentwicklung des **Basiswerts** ab. Bleibt dieser unter der definierten Schwelle, erfolgt die Tilgung proportional zur Höhe der Notierung. Über dem Schwellenwert erfolgt eine überproportionale Tilgung.

Strukturell übernimmt der Anleger das Risiko des Direkterwerbs des Anlageguts. Seine Gewinnaussichten ähneln dem Erwerb eines Optionsscheins.

---

**Fallstudie 7**

**Ausgangslage:**

Die 234-Bank bietet Outperforming-Zertifikate an. Diese werden für 1.500 € verkauft und sind mit dem Goldpreis für eine Feinunze gekoppelt. Die Feinunze notiert aktuell bei 1.500 €. Der Anleger erhält für jeden Anstieg des Goldes über das aktuelle Niveau 2 € zusätzlich vergütet. Notiert das Gold unter 1.500 € erfolgt die Tilgung der Anleihe in Höhe des Goldpreises. Die Laufzeit beträgt zwei Jahre.

**Aufgabenstellung:**

(1) Ermitteln Sie die jährliche Rendite, wenn der Goldpreis zur Fälligkeit bei 1.400 € notiert.

(2) Wie hoch muss der Goldpreis zur Fälligkeit steigen, damit die am Markt übliche Mindestverzinsung von 2 % jährlich erreicht wird?

(3) Welchen Erfolg generiert ein Anleger, wenn der Goldpreis zur Fälligkeit bei 1.700 € notiert?

**(4)** Stellen Sie das Erfolgsprofil des Outperforming-Zertifikats graphisch im Intervall von 1.200 € bis 1.800 € je Feinunze dar.

**Lösung:**

**(1)** Goldpreis von 1.400 €

(a) Dem Anleger werden 1.400 € seiner 1.500 € erstattet. Er verliert folglich 100 €.

(b) 100 € in zwei Jahren ergibt einen jährlichen Verlust in Höhe von 50 €.

(c) 50 € bezogen auf einen Kapitaleinsatz von 1.500 € stellt einen jährlichen Verlust von 3,33 % dar.

**(2)** Erforderlicher Goldpreisanstieg

(a) 1.500 € mit 2 % verzinst ergibt einen jährlichen Ertrag von 30 €.

(b) Für zwei Jahre könnte der Anleger somit 60 € erzielen.

(c) Um 60 € aus der Goldentwicklung zu generieren, muss der Goldpreis um 30 € (= 60 € ÷ 2) auf 1.530 € zum Ende der Laufzeit steigen.

**(3)** Erfolg bei einem Goldpreis von 1.700 €

(a) Bei 1.700 € hat das Gold 200 € zulegen können.

(b) Da jeder Anstieg um 1 € mit 2 € vergütet wird, ergibt sich ein Ertrag in Höhe von 400 €.

**(4)** Grafische Darstellung

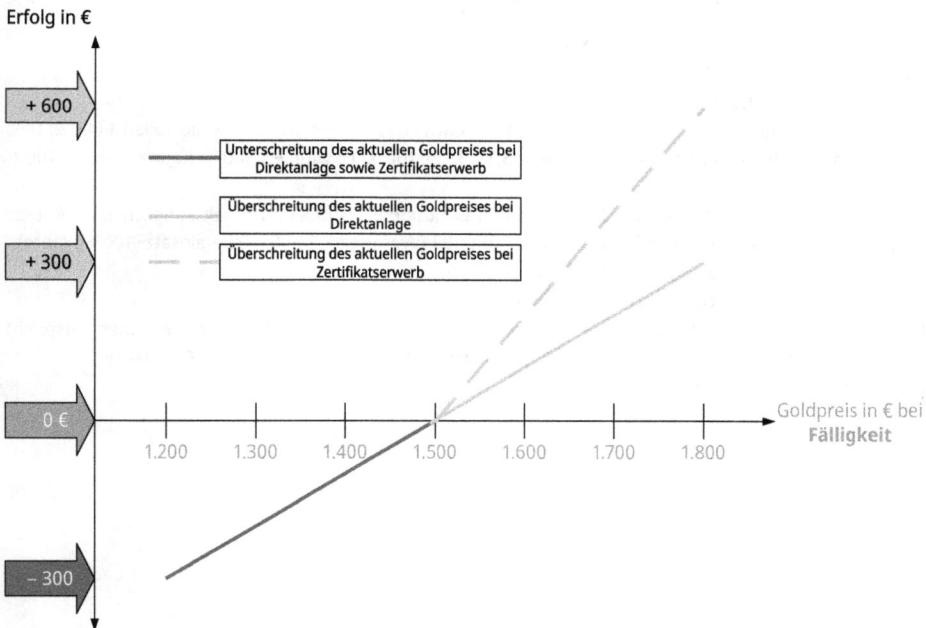

Erfolgsprofil einer Direktanlage im Vergleich zum Erwerb eines Outperforming-Zertifikats.

## 6.3.2.3 Bonus-Zertifikat

Mit einem Bonus-Zertifikat bietet der Emittent eine Wette an, dass sich der Basiswert während der Laufzeit in einem vorher definierten Korridor bewegt. Erweist sich die Annahme des Anlegers als richtig, erhält er sein Kapital und ein **Fixum** (Bonus) als

Rückfluss aus seiner Anlage. Bei einem einmaligen Verlassen des definierten **Intervalls**, ist das Fixum verloren und die Tilgung erfolgt entsprechend dem Preis des **Basiswerts** bei Fälligkeit.

---

**Fallstudie 8**

**Ausgangslage:**

Die 234-Bank bietet Bonus-Zertifikate an. Diese werden für 1.500 € verkauft und sind mit dem Goldpreis für eine Feinunze gekoppelt. Die Feinunze notiert aktuell bei 1.500 €. Bleibt der Goldpreis während der zweijährigen Laufzeit im Intervall von 1.400 € und 1.600 €, so erhalten die Anleger 1.600 € erstattet. Bei einem Verlassen des Intervalls erhält der Anleger eine Tilgung, die dem aktuellen Goldpreis entspricht.

**Aufgabenstellung:**

(1)  Ermitteln Sie die jährliche Rendite, wenn der Goldpreis zur Fälligkeit bei 1.401 € notiert und das Edelmetall
(a)  immer im Intervall geblieben ist.
(b)  das Intervall während der Laufzeit verlassen wurde.
(2)  Welchen Erfolg generiert ein Anleger, wenn der Goldpreis zur Fälligkeit bei 1.700 € notiert?
(3)  Stellen Sie das Erfolgsprofil des Bonus-Zertifikats graphisch im Intervall von 1.200 € bis 1.800 € je Feinunze dar.

**Lösung:**

(1)  Goldpreis von 1.401 €
(a)  In diesem Fall kommt der Kunde noch in den Genuss des Fixums und erhält die vollen 1.600 €. Dies entspricht einer jährlichen Rendite von 3,33 % (= 100 € Gewinn ÷ 1.500 € Kapitaleinsatz · 100 ÷ 2 Jahre).
(b)  In diesem Fall kommt der Kunde nicht in den Genuss des Fixums und erhält lediglich 1.401 €. Dies entspricht einem jährlichen Verlust von 3,30 % (= 99 € Verlust ÷ 1.500 € Kapitaleinsatz · 100 ÷ 2 Jahre).
(2)  Erfolg bei einem Goldpreis von 1.700 €
(a)  Bei 1.700 € hat das Gold das Intervall verlassen.
(b)  Der Anleger erhält die Tilgung in Höhe des Goldpreises, der hier mit 1.700 € notiert. Dies entspricht einer jährlichen Rendite von 6,67 % (= 200 € Gewinn ÷ 1.500 € Kapitaleinsatz · 100 ÷ 2 Jahre).
(3)  Grafische Darstellung

Erfolg in €

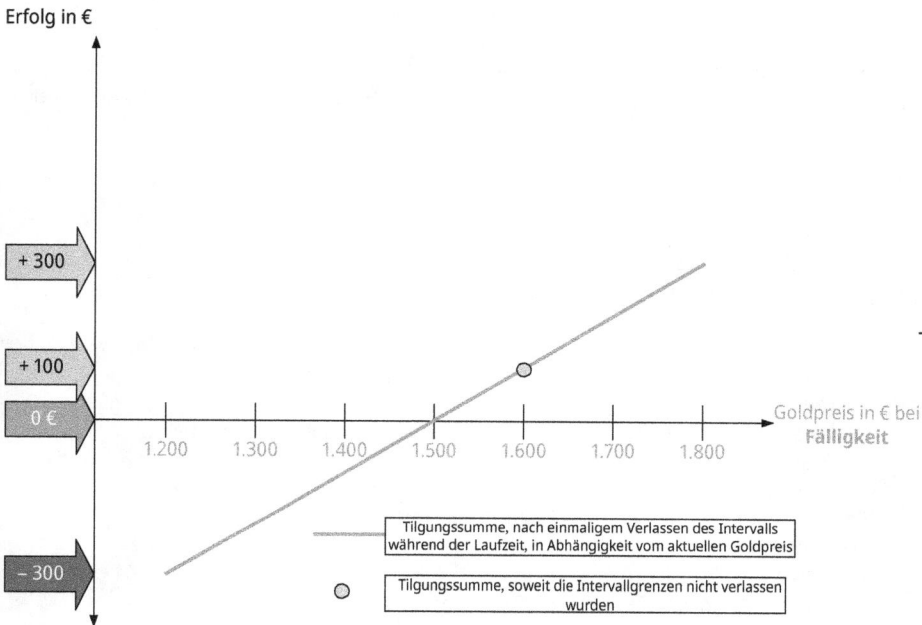

Erfolgsprofil eines Bonus-Zertifikats.

### 6.3.2.4 Discount-Zertifikat

Diese Zertifikatskategorie ist dadurch gekennzeichnet, dass der Investor für seinen Kapitalbetrag keinen laufenden Ertrag erzielt und dass die Art der Tilgung im **Ermessen** des **Schuldners** liegt. Entweder erhält der Gläubiger ein **Fixum** oder den aktuellen **Kurswert** der mit der Anleihe verknüpften Aktie. Der Emissionspreis des Zertifikats orientiert sich am Aktienkurs abzüglich eines Abschlags (= Discount), sodass der Anleger auf steigende Aktienkurse mit einem geringeren Kapitaleinsatz spekuliert.

Unterschreitet der Aktienkurs bei Fälligkeit das Fixum **(Cap)**, so wird der Emittent rational handeln und stattdessen die Aktie liefern.

---

**Fallstudie 9**

**Ausgangslage:**
Die 234-Bank bietet Discount-Zertifikate an. Diese werden für 210 € verkauft und sind mit dem Preis für die 981-Aktie gekoppelt, die aktuell bei 240 € notiert. Die 234-Bank kann zum Ende der zweijährigen Laufzeit wählen, ob sie die Anleihe zu 260 € oder durch Übergabe einer Aktie tilgt.

**Aufgabenstellung:**
Die Aufgaben 1 bis 4 sind jeweils für die Direktanlage in Aktien (= Teilaufgabe a) als auch für den Zertifikatserwerb (= Teilaufgabe b) zu lösen.
**(1)**  Ermitteln Sie die Gesamtrendite, wenn der Aktienkurs bei 190 € notiert.

**(2)** Ermitteln Sie die Gesamtrendite, wenn der Aktienkurs bei 240 € notiert.

**(3)** Ermitteln Sie die Gesamtrendite, wenn der Aktienkurs bei 280 € notiert.

**(4)** Ermitteln Sie die Gesamtrendite, wenn der Aktienkurs bei 300 € notiert.

**(5)** Stellen Sie den Erfolg der beiden Anlagen im Intervall von 190 € und 300 € Kurswert der Aktie in einer Abbildung dar.

**Lösung:**

**(1)** Aktienkurs von 190 €

(a) Der Anleger würde
- einen Verlust von 50 € (= 240 € – 190 €) realisieren.
- einen Verlust von 20,83 % (= 50 € ÷ 240 € · 100) realisieren.

(b) Der Anleger würde
- einen Verlust von 20 € (= 210 € – 190 €) realisieren, da die Tilgung in Aktien erfolgen wird.
- einen Verlust von 9,52 % (= 20 € ÷ 210 € · 100) realisieren.

**(2)** Aktienkurs von 240 €

(a) Der Anleger würde – unter Vernachlässigung der Kosten – ein Null-Ergebnis erzielen.

(b) Der Anleger würde
- einen Gewinn von 30 € (= 240 € – 210 €) realisieren, da die Tilgung in Aktien erfolgen wird.
- einen Gewinn von 14,29 % (= 30 € ÷ 210 € · 100) realisieren.

**(3)** Aktienkurs von 280 €

(a) Der Anleger würde
- einen Gewinn von 40 € (= 280 € – 240 €) realisieren.
- einen Gewinn von 16,67 % (= 40 € ÷ 240 € · 100) realisieren.

(b) Der Anleger würde
- einen Gewinn von 50 € (= 260 € – 210 €) realisieren, da hier die Obergrenze wirkt.
- einen Gewinn von 23,81 % (= 50 € ÷ 210 € · 100) realisieren.

**(4)** Aktienkurs von 300 €

(a) Der Anleger würde
- einen Gewinn von 60 € (= 300 € – 240 €) realisieren.
- einen Gewinn von 25 % (60 € ÷ 240 € · 100) realisieren.

(b) Der Anleger würde
- einen Gewinn von 50 € (= 260 € – 210 €) realisieren, da hier die Obergrenze wirkt.
- einen Gewinn von 23,81 % (= 50 € ÷ 210 € · 100) realisieren.

**(5)** Grafische Darstellung

Erfolg in €

+ 50

Grenze des nominalen
Kapitalerhalts =
Emissionskurs des
Zertifikats

Gewinngrenze
des Zertifikats

Kurs der Aktie (= 240 €) bei Emission
des Zertifikats

0

190   210   230   250   270   290   310

Notierung der 981-Aktie
in € bei **Fälligkeit**

Kursgrenze ab der die Aktiendirektanlage
einen höheren Absolutgewinn erzielt
(=> 290 € = 260 € Fixum + 30 € Abschlag)

– 50

30 € Abschlag für
den Zertifikaterwerber

Erfolgsprofil der Aktiendirektanlage

Erfolgsprofil der Anlage in das
Discountzertifikat

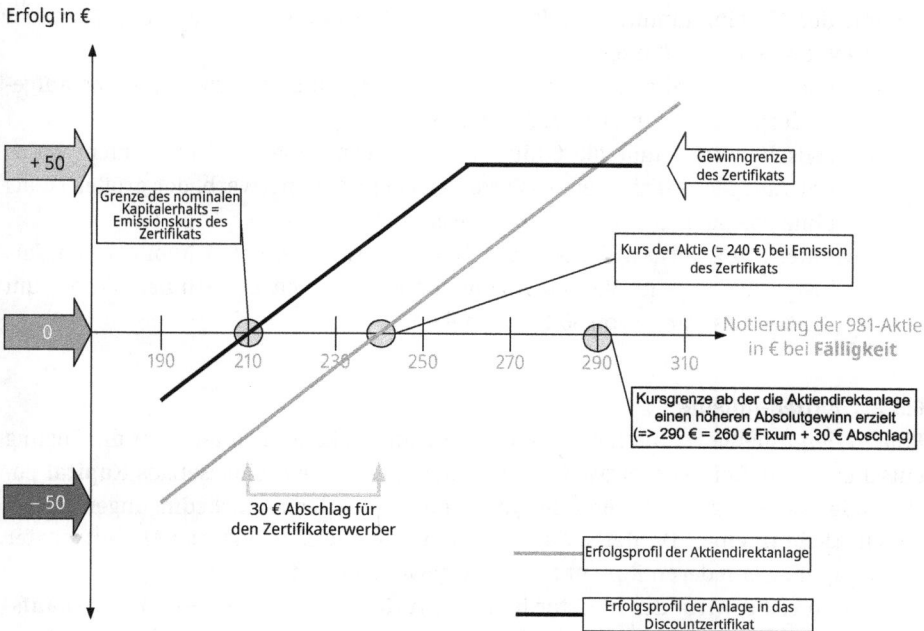

Erfolgsprofil eines Dicount-Zertifikats.

## Erkenntnisse aus der Fallstudie

Erfolgsaussichten

**(1)** Bei einer **Performance** der Aktie über die Summe aus Fixum (Cap) und Abschlag (Discount), generiert die Direktanlage in Aktien im Vergleich zum Zertifikatserwerb einen höheren absoluten Erfolg.

**(2)** Bleibt der Aktienkurs unter diesem Limit, ist der

**(a)** Gewinn des Zertifikatserwerbs größer als bei der Direktanlage bzw.

**(b)** Verlust des Zertifikatserwerbs geringer als bei der Direktanlage.

**(3)** Durch die begrenzte **Laufzeit** des Zertifikats kommt es zu einer Realisierung von Buchverlusten. Bei der Direktanlage kann durch eine Haltestrategie der Verlust über die Zeit kompensiert werden.

## Konstruktion der Discountzertifikate

**(1)** Hier wird der **Aktienkauf** mit der Veräußerung einer **Kaufoption** kombiniert.

**(2)** In der Anwendung würde der Anleger

**(a)** mit dem Kauf einer 981-Aktie zu 240 € und dem Verkauf einer Kaufoption mit einem Optionspreis von 30 € und einem Basispreis von 260 € das gleiche Erfolgsprofil realisieren.

(b) mit der Vereinnahmung der Prämie seine Einstandskosten auf 210 € senken (= 240 € – 30 €). Bei Kursen
- über 260 € wird er durch den Erwerber der Kaufoption zur Lieferung aufgefordert, sein Gewinn ist auf 50 € begrenzt.
- zwischen 210 € und 260 € nimmt der Erwerber die Kaufoption nicht wahr. Der Anleger realisiert einen Vorteil aus dem Aktienerwerb, der größer ist als ohne das Eingehen der Stillhalterposition.
- unter 210 € verliert der Anleger Teile seines eingesetzten Kapitals. Die Verlustgrenze ist – im Vergleich zum ausschließlichen Erwerb der Aktie – um die Optionsprämie von 30 € verschoben.

### 6.3.2.5 Aktien-Anleihe

Eine Aktien-Anleihe ist durch eine hohe Verzinsung gekennzeichnet. Über die Tilgung entscheidet der Emittent: entweder erhält der Anleger sein eingesetztes **Kapital** zurück oder sie erfolgt durch die Übergabe einer in den Emissionsbedingungen festgelegten **Aktienmenge**. Da der Emittent rational handelt, erfolgt der Aktientransfer immer dann, wenn deren Kurs unter einem gewissen Limit liegt.

Strukturell erwirbt der Investor hier eine **Anleihe** und veräußert eine **Verkaufsoption**. Die Stillhalterprämie fließt ihm in Form der höheren Zinszahlung zu. Seine Stillhalterverpflichtung ergibt sich aus der rationalen Entscheidung des Anleihe-Emittenten: dieser wird von ihm die Abnahme der Aktien – in Form der Tilgung – nur verlangen, wenn deren Kurse gefallen sind.

---

**Fallstudie 10**

**Ausgangslage:**
Die 234-Bank bietet Aktien-Anleihen an. Diese werden für 800 € verkauft und während ihrer dreijährigen Laufzeit mit 7 % verzinst. Emittenten dieser Bonitätsklasse können sich aktuell für 2 % verschulden. Die Emittentin entscheidet bei Fälligkeit, ob eine Cash-Tilgung erfolgt oder ob der Gläubiger drei Aktien der 981-AG erhält. Diese werden aktuell zu 280 € gehandelt.

**Aufgabenstellung:**
(1) Wie weit darf der Aktienkurs fallen, damit der Anleger seine maximale Rendite erhält?
(2) Wie weit darf der Aktienkurs fallen, damit der Anleger sein eingesetztes Kapital nicht verliert?
(3) Wie weit darf der Aktienkurs fallen, damit der Anleger nicht schlechter gestellt ist als beim Erwerb einer konventionellen Obligation?
(4) Wie hoch ist die Verlustobergrenze aus dieser Aktien-Anleihe, wenn sich die 234-Bank vertragskonform verhält?
(5) Stellen Sie den Erfolg der Anlage in einer Abbildung dar.

**Lösung:**
(1) Maximal-Rendite
(a) Solange der Kurs der Aktie 266,67 € (= 800 € ÷ 3 Aktien) nicht unterschreitet, erfolgt die Cash-Tilgung. Erst unter dieser Grenze ist die Lieferung der Aktien für den Schuldner ökonomisch vorteilhafter.

(b)  Bei Kursen über dieser Grenze erhält der Anleger seine Planrendite von 7 %, da die Zinszahlungen durch das Kreditinstitut erfolgen und er bei der Tilgung keinen Verlust erleidet.

**(2)**  Nominaler Kapitalerhalt

(a)  Sein eingesetztes Kapital bleibt erhalten, wenn die Rückzahlungsverluste durch die Zinserträge kompensiert werden.

(b)  Zinserträge fallen in Höhe von 168 € (= 800 € · 7 % · 3 Jahre) an.

(c)  Soweit der Wert der Aktien auf 632 € (= 800 € – 168 €) fällt, bleibt sein investiertes Kapital nominell erhalten.

(d)  Der Kurs der einzelnen Aktie darf auf 210,67 € (= 632 € ÷ 3 Aktien) fallen.

**(3)**  Generierung der Marktrendite

(a)  Die Marktrendite erhält er, wenn er neben den eingesetzten Mitteln auch die Verzinsung erhält, die für alternative Obligationen gezahlt wird.

(b)  Mit einer Alternativanlage würde er einen Ertrag von 48 € (= 800 € · 2 % · 3 Jahre) erzielen.

(c)  Diese 48 € muss er mehr erzielen als zum reinen Kapitalerhalt (s. o.).

(d)  Soweit der Wert der Aktien auf 680 € (= 632 € + 48 €) fällt, erzielt er die Marktrendite.

(e)  Der Kurs der einzelnen Aktie darf auf 226,67 € (= 680 € ÷ 3 Aktien) fallen.

**(4)**  Verlustobergrenze

(a)  Soweit die 234-Bank ihren Verpflichtungen nachkommt, generiert der Kunde mindestens die Zinserträge. Dieser Ertrag kann mit der (theoretischen) Möglichkeit kombiniert werden, dass Aktien der 981-AG ihren kompletten Börsenwert verlieren.

(b)  Für die eingesetzten 800 € erhielt der Anleger lediglich 168 € (über drei Jahre verteilt), sodass der maximale Verlust 632 € betragen würde.

**(5)**  Grafische Darstellung

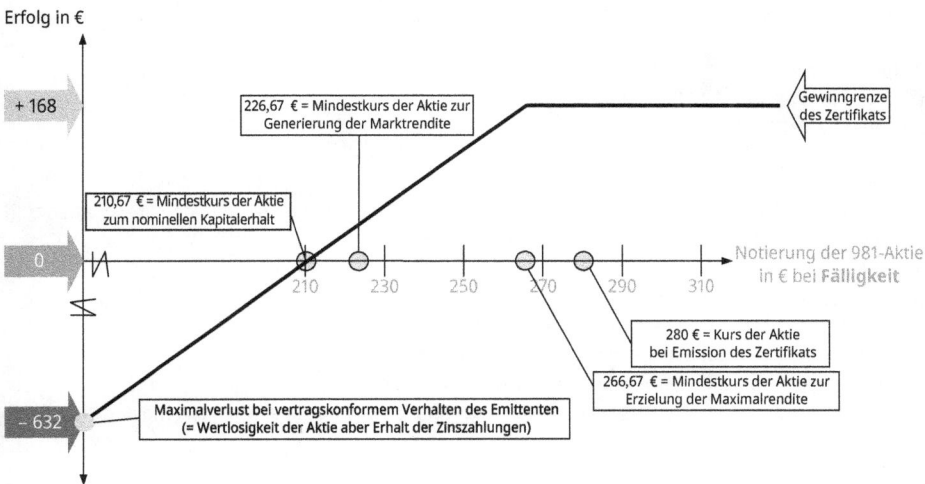

Erfolg in €

+ 168

226,67 € = Mindestkurs der Aktie zur
Generierung der Marktrendite

Gewinngrenze
des Zertifikats

210,67 € = Mindestkurs der Aktie
zum nominellen Kapitalerhalt

0

Notierung der 981-Aktie
in € bei **Fälligkeit**

210    230    250    270    290    310

280 € = Kurs der Aktie
bei Emission des Zertifikats

266,67 € = Mindestkurs der Aktie zur
Erzielung der Maximalrendite

– 632

Maximalverlust bei vertragskonformem Verhalten des Emittenten
(= Wertlosigkeit der Aktie aber Erhalt der Zinszahlungen)

Erfolgsprofil einer Aktien-Anleihe.

### 6.3.2.6 Knock-Out-Zertifikat

Dieses Instrument bietet eine Alternative zur Direktanlage in ein Anlagegut (Basiswert). Der Preis wird vom Emittenten unter dem aktuellen Marktwert des Basiswerts festgelegt, sodass der Anleger mit einem kleineren Investitionsvolumen an der absoluten Kursentwicklung des Basiswerts voll teilnimmt. Der Vorteil ist ein **Hebeleffekt**, der aus dem verminderten Kapitalbedarf resultiert. Er wird mit dem Nachteil erkauft, dass Knock-Out-Zertifikate regelmäßig **Verfallsgrenzen** (= Knock-Out-Grenzen) aufweisen. Werden diese auch nur einmalig erreicht, verliert der Anleger sein komplettes Invest unverzüglich. Die Knock-Out-Grenze wird verletzt, wenn der Kurs des Basiswerts den Basispreis unterschreitet (long / call) oder überschreitet (short / put).

Zur Klassifizierung werden folgende Kennziffern verwendet:
- Der **innere Wert** errechnet sich: **aktueller Preis des Anlageguts – Nachlassbetrag**
- Das **Agio** errechnet sich: **Zertifikatspreis – innerer Wert**
- Der **Hebel** errechnet sich: **(aktueller Preis des Anlageguts · erforderliche Relation) ÷ Zertifikatspreis**

---

**Fallstudie 11**

**Ausgangslage:**
Die 234-Bank bietet (Call) Knock-Out-Zertifikate an. Diese werden für 90 € verkauft. Der Anleger erhält zum Ende der 18-monatigen Laufzeit die Differenz aus dem aktuellen Kurs der 985-Aktien und 280 € (Basispreis). Die Knock-Out-Grenze ist ebenfalls auf 280 € festgelegt. Aktuell werden die Aktien der 985-AG zu 360 € gehandelt.

**Aufgabenstellung:**
**(1)** Ermitteln Sie folgende Parameter:
(a) Innerer Wert
(b) Agio
(c) Hebel
**(2)** Zeigen Sie den absoluten Erfolg des Zertifikats und der Direktanlage für folgende Kursvarianten zum Laufzeitende auf:
(a) 279 €
(b) 350 € (die Knock-Out-Grenze wurde nie unterschritten)
(c) 410 € (die Knock-Out-Grenze wurde nie unterschritten)
(d) 500 € (die Knock-Out-Grenze wurde nie unterschritten)
(e) 600 € (die Knock-Out-Grenze wurde einmal unterschritten)
**(3)** Stellen Sie den Erfolg des Zertifikats im Vergleich zur Aktienanlage in einer Abbildung dar.

**Lösung:**
**(1)** Parameterermittlung
(a) Innerer Wert: 80 € (= 360 € – 280 €)
(b) Agio: 10 € (= 90 € – 80 €)
(c) Hebel: 4,0 (= 360 € ÷ 90 €)
**(2)** Erfolgsentwicklung in Abhängigkeit vom Aktienkurs bei Fälligkeit
(a) 279 €
- Das **Zertifikat** hat die Knock-Out-Grenze unterschritten und ist somit wertlos. Der Anleger erleidet einen Totalverlust in Höhe von 90 €.

- Der Aktienkurs notiert 81 € unter dem Einstandskurs. Der Buchverlust der **Aktienanlage** beträgt 81 €.

(b) 350 €
  - Die Aktie notiert 70 € über dem Basispreis. Diese Summe erhält der Anleger für sein **Zertifikat**. Sein Verlust beträgt 20 € (= 90 € – 70 €).
  - Der Aktienkurs notiert 10 € unter dem Einstandskurs. Der Buchverlust der **Aktienanlage** beträgt 10 €.

(c) 410 €
  - Die Aktie notiert 130 € über dem Basispreis. Diese Summe erhält der Anleger für sein **Zertifikat**. Sein Gewinn beträgt 40 € (= 130 € – 90 €).
  - Der Aktienkurs notiert 50 € über dem Einstandskurs. Der Buchgewinn der **Aktienanlage** beträgt 50 €.

(d) 500 €
  - Die Aktie notiert 220 € über dem Basispreis. Diese Summe erhält der Anleger für sein **Zertifikat**. Sein Gewinn beträgt 130 € (= 220 € – 90 €).
  - Der Aktienkurs notiert 140 € über dem Einstandskurs. Buchgewinn der **Aktienanlage** beträgt 140 €.

(e) 600 €
  - Das **Zertifikat** hat die Verfallgrenze unterschritten und ist somit wertlos. Der Anleger erleidet einen Totalverlust in Höhe von 90 €.
  - Der Aktienkurs notiert 240 € über dem Einstandskurs. Der Buchgewinn der **Aktienanlage** beträgt 240 €.

**(3)** Visualisierung der Erfolgsprofile

Erfolg in €

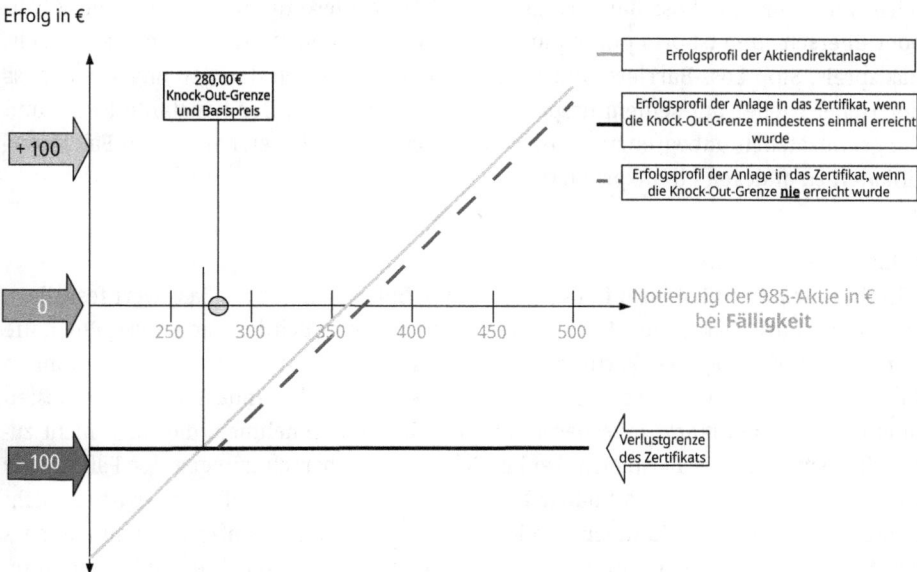

Erfolgsprofil eines Knock-Out-Zertifikats im Vergleich zur Aktienanlage.

Ergänzungen

Bei der Betrachtung des absoluten Erfolgs ist das Zertifikat

**(1)** vorteilhafter, solange der Kurs bei Fälligkeit unter 270 € notiert.

**(a)** Der Kapitaleinsatz ist auf 90 € pro Zertifikat begrenzt.

**(b)** Der Verlust aus der Aktiendirektanlage ist in diesen Fällen höher.

**(2)** indifferent, wenn der Kurs bei Fälligkeit exakt bei 270 € notiert.

**(3)** nachteiliger, soweit der Kurs über der Grenze von 270 € notiert.

Bei der Betrachtung des relativen Erfolgs sind die Ausschläge beim Zertifikat höher, da der absolute Kapitaleinsatz geringer ist. Diese Hebelwirkung sorgt dafür, dass bei einem Aktienkurs von 410 €,

**(1)** der Aktienerfolg bei 13,9 % (= 50 ÷ 360 · 100) liegt.

**(2)** der Erfolg der Zertifikatsanlage – soweit die Knock-Out-Grenze nie erreicht wurde – bei 44,4 % (= 40 ÷ 90 · 100) liegt.

### 6.3.2.7 Faktor-Zertifikat

Ein Faktorzertifikat ähnelt in seiner Konstruktion dem Knock-Out-Zertifikat. Es ermöglicht Anlegern, ebenfalls an der Wertentwicklung eines Basispreises überproportional teilzuhaben, ohne diesen Wert im eigenen Portfolio besitzen zu müssen. Jedoch finden sich bei Faktorzertifikaten in der Regel keine Knock-Out-Grenzen. Stattdessen wird mit einer Stop-Loss-Barriere gearbeitet. Wird diese unterschritten (long / call) oder überschritten (short / put) kommt es kurzfristig zu einem Aussetzen des Handels. Basispreis, Stop-Loss-Barriere und Bezugsverhältnis werden dann so angepasst, dass der Hebel wieder auf seinem ursprünglichen Niveau liegt. Der konstante Hebel und die grundsätzlich unbegrenzte Laufzeit sind wesentliche Unterschiede von Faktorzertifikaten zu anderen Finanzprodukten.

### 6.3.2.8 Index-Zertifikat

Für ein Index-Zertifikat wird in der Regel ein definierter Index als Basiswert festgelegt. Dies sind häufig bekannte Aktienindizes, können aber auch beispielsweise Rohstoffe sein. Regelmäßig folgt das Zertifikat der Indexentwicklung nahezu 1 : 1. Damit können Anleger mit dem Kauf eines einzigen Zertifikats ohne umfassende Transaktionskosten in einen gesamten Markt investieren oder an Märkten teilnehmen, die sonst nicht zugänglich sind. Dies ist beispielsweise bei $CO_2$-Emissionsberechtigungen der Fall. Dieser Sonderfall wird anschließend näher beschrieben. Bei Index-Zertifikaten existiert nicht immer ein ausreichend liquider Handel. Im Extremfall kann es also vorkommen, dass der Market-Maker (siehe Kapitel 6.4.2) nicht den gewünschten Preis anbieten kann. Zudem partizipieren Anleger nur an der Kursentwicklung und nicht an etwaigen Auszahlungen oder Erträgen der im Index befindlichen Titel.

### 6.3.2.9 EU-Emissionshandel

Die europäische Union vergibt für bestimmte Branchen der Mitgliedsstaaten sogenannte Emissionsberechtigungen. Diese werden auch als $CO_2$-Zertifikate bezeichnet. Einen Teil der Berechtigungen emittiert die Europäische Union und weist diese den Unternehmen der betroffenen Branchen zu. Der Großteil der Berechtigungen soll jedoch über die Börse gehandelt werden. So können Marktteilnehmer mit klimaschonenden Produktionsprozessen ihre überflüssigen Berechtigungen veräußern. Betriebe, die zu hohe Emissionen verursachen, müssen zusätzliche Berechtigungen am Markt erwerben. Daraus bildet sich ein Marktpreis für die Emission von Treibhausgasen, womit externe Kosten die Unternehmen belasten und damit internalisiert sind.

Die offiziellen Emissionsberechtigungen sind börsenfähig. Neben den Playern der betroffenen Branchen ist auch Banken und institutionellen Spekulanten eine Teilnahme möglich. Für Privatanleger gibt es jedoch keinen Marktzugang. Möchte ein Privatanleger sich an diesem Markt beteiligen, muss er einen indirekten Weg gehen: Kauf eines Zertifikats, welches sich auf die $CO_2$-Verschmutzungsrechte bezieht. Zu den wesentlichen Ausprägungen, die Anlegern zur Verfügung stehen, zählen Index-Zertifikate, Faktor-Zertifikate und Knock-Out-Zertifikate. Die am Markt verfügbaren Zertifikate mit dem Basiswert eines $CO_2$-Emissionsberechtigungs-Futures sind zum Großteil hochspekulative, risikoreiche Derivate. Diese können nur für erfahrene Anleger empfohlen werden, welche die grundlegende Struktur des Papiers durchschauen können. Weiterhin liegt die empfohlene Haltedauer solcher Zertifikate regelmäßig bei einem Kalendertag. Trotz ihrer häufig unbegrenzten Laufzeit, eignen sich solche Derivate nicht für eine langfristige Anlagestrategie. Indexzertifikate hingegen sind – je nach Strategiefokus – auch für eine langfristige Geldanlage geeignet. Mit ihnen besteht die Möglichkeit in Nischenmärkte zu investieren, zu denen für Privatanleger der Zugang normalerweise verwehrt bleibt. Die zertifikatstypischen Risiken, wie Emittenten- oder Kündigungsrisiko, bleiben jedoch auch hier bestehen.

### 6.3.3 Short-Selling

Short-Selling ist die Bezeichnung für den Verkauf von Aktien oder anderen Assets, die dem Verkäufer (noch) nicht gehören. Es werden zwei Ausprägungen unterschieden. Der Verkäufer leiht sich das Verkaufsmedium bei einem Dritten und zahlt dafür ein Entgelt (= Leihgebühr). Dieses entliehene Asset verkauft er in der Hoffnung, es in der Zukunft preisgünstiger zurückkaufen zu können. Die Differenz aus dem Verkaufspreis abzüglich seines Einstandspreises und der Leihgebühr stellt seinen Profit dar. Diese Variante wird auch als **gedeckter Leerverkauf** bezeichnet. Da der Kurs, zu dem er sich eindeckt, in der Zukunft liegt, kann sein Plan aufgehen und er verdient etwas oder er erwirtschaftet einen Verlust.

Die zweite Variante ist der sogenannte **ungedeckte Leerverkauf**. Hier veräußert der Leerverkäufer ein Asset, das er weder selbst im Bestand noch geliehen hat, und verpflichtet sich, diese auf Termin zu liefern. Diese Variante spart die Leihgebühr und ermöglicht ein „grenzenloses" Volumen an Leerverkäufen, da keine Deckung – in Form eines zu leihenden Bestands – erforderlich ist. Um Marktverwerfungen zu verhindern, gibt es in der **EU** auch ein **Verbot** für ungedeckte Leerverkäufe. Besondere Brisanz entsteht dann, wenn der Leerverkäufer neben seiner Markttransaktion auch noch (illegal) negative Informationen verbreitet und so Marktverwerfungen erzeugt. Wenn durch Short-Selling jedoch (überfällige) Marktreaktionen ausgelöst werden, wirkt sein Einsatz wie ein Katalysator, der eine Entwicklung lediglich beschleunigt. Die sachgerechte Bewertung des Short-Sellings hängt vermutlich vom Einzelfall ab.

Das **Risiko** des **Short-Sellers** ist (theoretisch) unendlich, da der Preis für sein zu lieferndes Produkt beliebig steigen kann. Sein Gewinnpotential ist begrenzt, da ein Wert unter 0 € an der Börse nicht notiert wird. Ein **Terminverkauf** weist ein vergleichbares Risikoprofil auf wie ein Short-Selling, wenn sich die Fristen entsprechen. Beide haben eine offene Position, die in der Zukunft durch Lieferung zu erfüllen ist. Trotzdem ist die Wirkung auf den Kurs tendenziell abweichend. Mit dem Short-Selling wird das Angebot in der **Gegenwart** gesteigert und trifft auf eine konstante Nachfrage. Unter sonst gleichen Bedingungen ist die Konsequenz, dass es zu einem Kursrückgang kommt. Bei einem Terminverkauf gibt es einen Kontrahenten, der zu dem gefixten Preis auch abnehmen wird. Wenn es zum Barausgleich kommt, ist eine Auswirkung auf den **zukünftigen Kassapreis** nicht möglich. Erfolgt eine effektive Lieferung, ist eine Auswirkung ebenfalls nicht plausibel, da sich ein Partner über die Börse eindeckt und der andere in gleichem Umfang veräußert.

Der **Käufer** einer **Verkaufsoption** erwartet ebenfalls fallende Kurse, begrenzt sein Risiko aber auf die gezahlte Optionsprämie. Kommt es während der Laufzeit zu Kurssteigerungen, so lässt der Käufer der Verkaufsoption sein Recht verfallen und verliert maximal die von ihm gezahlte Optionsprämie. Die Auswirkungen auf den künftigen Kassamarkt entsprechen denen des Terminverkaufs.

Die Risikoprofile der Instrumente, die zur Partizipation an sinkenden Kursen geeignet sind, zeigt die nachfolgende Tabelle 6.8.

**Tab. 6.8:** Vergleich verschiedener Instrumente zur Partizipation bei fallenden Kursen.

| Instrument | Maximaler theoretischer Erfolg | Theoretisches Risiko | Marktwirkung | |
|---|---|---|---|---|
| | | | Zeitpunkt | Richtung |
| Short-Selling | vereinbarter Preis abzüglich Gebühren | ∞ | aktuell | reduzierend |
| Terminverkauf | vereinbarter Preis abzüglich Gebühren | ∞ | zukünftig | neutral |
| Kauf einer Verkaufsoption | vereinbarter Preis abzüglich Gebühren | Optionsprämie | zukünftig | neutral |

## 6.4 Ergänzungen

### 6.4.1 Finanzwirtschaftliche Dimension der Derivate

#### 6.4.1.1 Optionen

Optionen haben ihren Ursprung in der Realwirtschaft. Will sich ein verarbeitender Betrieb die Konditionen beispielsweise für landwirtschaftliche Produkte (Weizen, Schweinebäuche etc.) einschließlich fixer Konditionen sichern, obwohl sie erst später benötigt werden, stellt der **Erwerb** einer **Kaufoption** eine Alternative dar. Diese erfüllt für ihn zum einen die Absicherungsfunktion, da er seine maximalen Bezugskosten der Zukunft bereits in der Gegenwart kennt. Zum anderen ist in dem Geschäft eine **Finanzierungskomponente** enthalten. So muss er heute noch nicht den vollen Kaufpreis aufbringen, sondern lediglich die Prämie. Somit erspart er sich einen Großteil der Finanzierungskosten bis zur Fälligkeit. Würde er die Waren aktuell real erstehen, kämen bis zum Einsatz in seiner Fertigung Aufbewahrungskosten (Lagerung, Kühlung etc.) hinzu.

Der **Stillhalter** der **Kaufoption** produziert als Landwirt die Waren ohnehin und muss seine Waren nach der Produktion verkaufen, um seine Umsatzerlöse zu generieren. Für seine Funktion als Stillhalter erhält er eine Prämie, die sofort bei Vertragsabschluss fällig wird und eine weitere Einnahmequelle zusätzlich zu seinem originären Geschäft darstellt. Somit enthält das Geschäft auch für ihn eine **Finanzierungskomponente**. Für den Fall, dass der Marktpreis bei Fälligkeit der Option unter den Basispreis (abzüglich Prämie) fällt, wird der Käufer der Kaufoption sein Recht verfallen lassen. Somit verbleibt das Risiko des Preisverfalls beim Produzenten.

Will sich der Landwirt vor fallenden Kursen seiner Produkte zum Zeitpunkt der Ernte absichern, kann er dies mittels des Kaufs einer **Verkaufsoption** realisieren. Er sichert sich einen Mindesterlös. Soweit der Preis seiner Produkte zum Erfüllungszeitpunkt größer ist als der Basispreis, wird er die Option verfallen lassen und den Mehrerfolg durch einen freien Verkauf bevorzugen. Im schlimmsten Fall bekommt er den vollen Basispreis (abzüglich der Prämie). Soweit der Stillhalter die entsprechende Bonität hat, kann der Erwerber der Verkaufsoption diesen Anspruch durch eine Abtretung (siehe Kapitel 4.3) seiner Bank als Sicherheit zur Verfügung stellen, sodass seine **Finanzierungsmöglichkeit** verbessert wird. Auch die Bonität des Landwirts profitiert von diesem Geschäft, da er für sich das Risiko eines etwaigen Preisverfalls ausgeschlossen hat. Analog zum Stillhalter der Kaufoption verbleibt auch beim Stillhalter der Kaufoption das Risiko der Preisveränderung. Sein finanzwirtschaftlicher Erfolg ist der zusätzliche Ertrag, den er mit der **Prämie** in der **Gegenwart** vereinnahmt.

#### 6.4.1.2 Futures

Auch die Futures, die hier am Beispiel der Finanz-Futures diskutiert wurden, haben ihre Ursprünge in der Realwirtschaft. Der Käufer eines Futures sichert sich die Konditionen und spart die Finanzierung des Kaufpreises bis zur Abwicklung des Geschäfts. Maßstab ist die alternative Beschaffung in der Gegenwart. Neben dem Kaufpreis müsste der Gegenstand bis zum Einsatz gelagert werden, da die Verwendung erst in der Zukunft geplant ist. Je weiter der Erfüllungszeitpunkt des Futures in der Zukunft liegt, desto größer ist der Finanzierungseffekt. Fristen, die den gängigen Skontofristen in der Branche entsprechen, bringen aus Finanzierungsperspektive keinen Vorteil. Je länger die übliche Skontofrist überschritten wird, desto vorteilhafter ist der Future aus Erwerberperspektive.

Für die Verkäuferperspektive stellt der sichere Zufluss des Verkaufspreises die Finanzierungskomponente dar. Eine entsprechende Bonität des Käufers vorausgesetzt, hat auch hier der Verkäufer einen sicheren Zahlungseingang in der Zukunft, der auch abgetreten werden kann (siehe Kapitel 4.3).

Durch die Börsenanforderung, eine Sicherheitsleistung für bislang aufgelaufene Verluste zu erbringen, verringert sich der Finanzierungserfolg. Jedoch muss man sich in diesem Zusammenhang vergegenwärtigen, dass die Finanz-Futures mit der originären Idee nur noch begrenzt kompatibel sind. Finanz-Futures sind Spekulations-, bestenfalls Absicherungsinstrumente und dienen deshalb nicht der traditionellen Unternehmensfinanzierung.

### 6.4.1.3 Swaps

Swaps bieten die Möglichkeit, eingegangene Finanzierungen – oder auch andere Verpflichtungen – im Nachhinein anzupassen. Neben einer im Zeitverlauf modifizierten Markteinschätzung kann sich auch die Situation des Unternehmens verändert haben. Somit haben Zins-Swaps einen direkten Einfluss auf die Finanzierungsstruktur und damit auf die Zinskosten des Unternehmens und die von ihm zu leistenden Cashflows in Form der Zinszahlungen. In diesem Zusammenhang kann auch den Währungs-Swaps große Bedeutung zukommen, denn durch den Tausch in die Heimatwährung können die erwarteten Zahlungsein- und/oder -ausgänge einfacher in die Finanzplanung integriert werden (siehe Kapitel 1.3.2).

### 6.4.2 Börsenhandel der Finanzderivate

Auch wenn Finanzderivate bilateral verkauft werden können, kommt dem Börsenhandel hohe Bedeutung zu. Beziehen sich die Kontrakte auf fremde Währungen oder Metalle – außer Gold und Silber –, so erfolgt keine Börsenabwicklung.

Das Unternehmen **Eurex Frankfurt AG** (Eurex) ist ein Unternehmen, das eine 100-prozentige Beteiligung des Konzerns Deutsche Börse AG darstellt. Die Eurex bietet die Börsenplattform für den Computerhandel in klassischen Derivaten. Neben Zinsentwicklungen, einzelnen Aktien sowie Aktienindizes werden beispielsweise auch Kontrakte über Wetter-, Immobilien- und Rohstoffentwicklungen angeboten.

Analog der Kassabörse ist auch für die Teilnahme an der **Terminbörse** eine **Zulassung** erforderlich. Wer an der Eurex zugelassen ist, darf für eigene Rechnung als auch für Kundenrechnung Kontrakte abschließen. Darüber hinaus kann ein zur Teilnahme berechtigtes Unternehmen auf Antrag den Status eines **Market Makers** erlangen. Für die Produkte, die einem Market Maker zugeordnet sind, muss dieser die Handelbarkeit gewährleisten. Hierzu hat er Angebots- und Nachfragepreise **(Quotes)** anzubieten und auf dieser Basis auch Geschäfte abzuschließen. Regelmäßig wird ein Basiswert nicht nur von einem Market Maker betreut.

### 6.4.2.1 Auftragsannahme

Analog den Wertpapieraufträgen sind auch für Orders in Derivaten die Kundendaten zu erfassen. Voraussetzung ist, dass der gewünschte Basiswert zum Terminhandel zugelassen ist. Folgende weitere **Details** sind erforderlich:

(1) Möchte der Akteur eine **Option** oder einen **Future** abschließen?

(2) Welche **Kursentwicklung** erwartet der Akteur?

(a) Bei erwarteten Kurssteigerungen bieten sich ökonomisch der Erwerb einer Kaufoption oder der Kauf eines Futures an.[25]

(b) Bei erwarteten Kursrückgängen bieten sich der Erwerb einer Verkaufsoption oder der Verkauf eines Futures an.[26]

(3) Welches **Stückvolumen** soll gehandelt werden?

(4) Welche der standardisierten **Fristen** soll gewählt werden?

(a) Unterscheidungen:

– Bei Finanzfutures beträgt die maximale Laufzeit neun Monate (siehe Kapitel 6.2.2).

– Aktienoptionen werden ebenfalls mit standardisierten Laufzeiten angeboten. In Abhängigkeit von der Aktie sind Maximallaufzeiten bis zu einem Jahr sowie bis zu zwei und fünf Jahren möglich.

(b) Konsequenzen:

– Bei den Finanzfutures steht durch die festgelegte Laufzeit auch das Datum der Erfüllung fest.

– Bei Optionen ist mit der Laufzeit nur der späteste Erfüllungstermin bestimmt, da der Rechtsinhaber den Termin innerhalb der Laufzeit frei auswählen kann (amerikanische Version). Auch ein Verzicht auf die Ausübung ist hier möglich.

---

**25** Theoretisch ist der Verkauf einer Verkaufsoption ebenfalls denkbar. Aufgrund der begrenzten Möglichkeiten und des (nahezu) unbegrenzten Verlustpotenzials, ist dies aber nicht sinnvoll.

**26** Theoretisch ist der Verkauf einer Kaufoption ebenfalls denkbar. Aufgrund der begrenzten Möglichkeiten und des unbegrenzten Verlustpotenzials, ist dies aber nicht sinnvoll.

**(5) Preisgestaltung**

(a) Bei **Optionen** sind der Basis- und der Optionspreis zu bestimmen. Zur Erhöhung der Handelbarkeit werden für Basispreise gestufte Werte vorgegeben. Die Differenz hängt vom aktuellen Kassakurs des Wertpapiers ab. Für Aktien,
   – die bei ca. 1 € notieren, beträgt die Stufung 5 Cent.
   – die bei ca. 150 € notieren, beträgt die Stufung 5 €.

(b) Für **Futures**, die neu abgeschlossen werden, ist der Erfüllungspreis zu bestimmen. Bei bestehenden Futures ist neben dem Erfüllungspreis auch der Übernahmepreis zu bestimmen.

(c) Die **Limitergänzungen** entsprechen denen des Kassamarkts (siehe Kapitel 2.1.3.1). Grundsätzlich sind auch limitfreie Aufträge möglich.

(d) **Kombinationsaufträge** stellen eine Besonderheit des Derivatemarkts dar:
   – Hier werden zwei Geschäfte, die sich gegenseitig kompensieren, als eine Einheit beauftragt.
   – Kombinationen im Optionsbereich müssen als „fill or kill" oder „immediate or cancel" ausgestaltet sein.
   – Bei Finanzfutures unterscheiden sich die beiden gegenläufigen Geschäfte durch Laufzeitdifferenzen.

(e) Auch *Stop-Loss- und Stop-Buy-Aufträge* können für Futures vergeben werden.

Bevor ein erfasster Auftrag weitergegeben wird, ist natürlich auch für Derivate bei Käufen die **Deckungsprüfung** auf dem Belastungskonto bzw. bei Verkäufen die Existenz der zu verkaufenden Derivate zu kontrollieren.

### 6.4.2.2 Auftragszuordnung

Die Kundenaufträge werden durch die Kreditinstitute zur Umsetzung an die Terminbörse weitergeleitet. Sie müssen als Kundenaufträge ausgewiesen werden, um eine Differenzierung von der Eigenanlage der Banken zu ermöglichen. Zudem ist offenzulegen, ob mit dem Auftrag eine offene Position erzeugt oder geschlossen wird. Die Market Maker können auch aus eigener Initiative **Quotes** in das Börsensystem einstellen, um hiermit die Kurse zu beeinflussen.

Die Aufträge werden in das **Orderbuch** aufgenommen. In Abhängigkeit von der Auftragsweitergabe an die Börse fällt der jeweilige Auftrag in eines der vier Zeitfenster, die in Abbildung 6.12 dargestellt sind.

Bei der **Kursermittlung** gelten die gleichen Regeln wie an der Kassabörse (siehe Kapitel 2.1.3). Hierbei ist es unerheblich, ob die vorliegenden Aufträge von Market Makern oder Kunden stammen. Übereinstimmende Orders mit gegenläufigen Vorzeichen werden zusammengeführt (Matching) und stellen für beide Partner das zustande gekommene Verpflichtungsgeschäft dar.

Für jedes vermittelte Geschäft wird eine Abrechnung erstellt. Soweit eine sofortige Zahlung aus dem Geschäft entsteht (Abschluss von Optionen und Sekundärmarkt

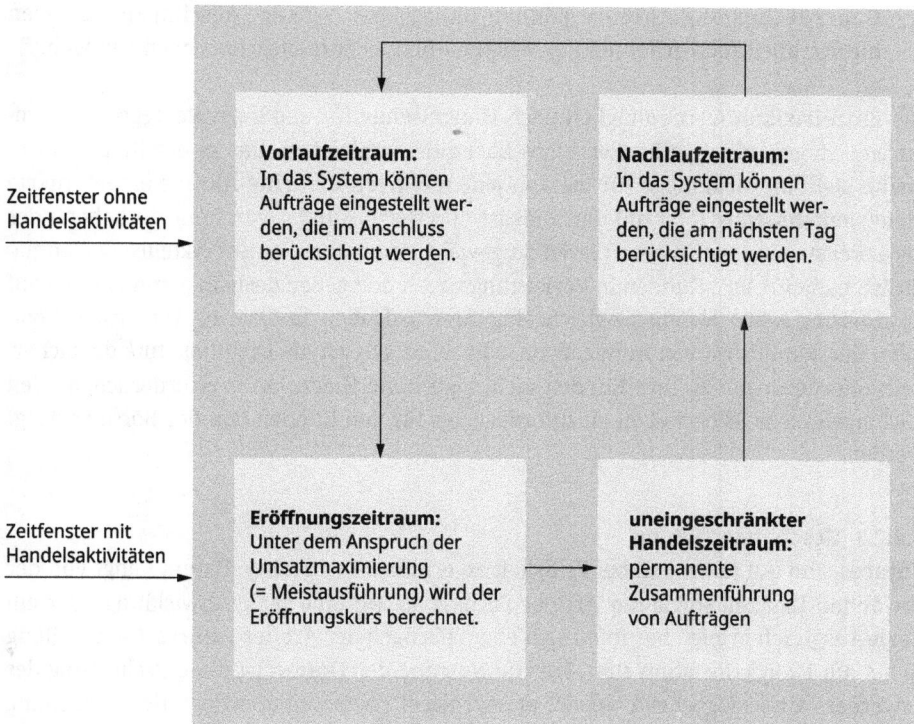

**Abb. 6.12:** Umgang mit Aufträgen in Abhängigkeit vom Zugang.

für Futures), wird diese belastet bzw. vergütet. Analog dem Kassamarkt fallen Bank- und Börsengebühren an.

Orderbestandteile, für die kein Gegenpart existiert, werden als Bestandteile des Orderbuchs jeden Tag – bis zu ihrem Ablaufdatum – erneut auf ihre Ausführbarkeit hin überprüft.

### 6.4.2.3 Margin-Ermittlung

Analog dem Vorgehen bei deutschen Aktien des Kassamarkts (siehe Kapitel 2.1.3) kommt kein Vertrag zwischen Käufer und Verkäufer zustande. Stattdessen übernimmt die **Eurex Clearing AG** den jeweiligen **Gegenpart**, sodass der einzelne Kontrahent keinen Ausfall befürchten muss. Hierbei ist nicht jedes Unternehmen, dass an der Terminbörse handeln darf, auch als Vertragspartner zugelassen. Es werden unterschieden:

– **Non-Clearing-Akteure** benötigen zur Umsetzung ihrer Aufträge einen General-Clearing-Akteur.
– **Direct-Clearing-Akteure** haben die Berechtigung, für sich selbst, ihre 100-prozentigen Konzerntöchter sowie ihre Kundenaufträge abzuschließen.

– **General-Clearing-Akteure** können unbegrenzt Aufträge abschließen, müssen hierfür aber auch erhöhten Eigenkapital- und Sicherheitsansprüchen genügen.

Die **Einzelrisiken** werden täglich nach Handelsende für alle Derivate aggregiert, wodurch sich gegenläufige Risiken eines Basisguts ausgleichen. Das so ermittelte **Nettorisiko** stellt die Grundlage für die von jedem aktiven **Clearing-Akteur** eingeforderte **Sicherheitsleistung** (Margin) dar. Dies ist durch den Aufbau von Kontoguthaben oder die Bereitstellung von Wertpapieren zu gewährleisten. Die Clearing-Akteure wollen natürlich nicht für ihre Kunden in Vorleistung treten und geben deshalb den Anspruch auf Besicherung weiter, womit sie gleichzeitig ihren Aufgaben als Clearing-Akteur nachkommen. Um administrativen Aufwand zu reduzieren, passen die Kreditinstitute die Sicherheitsanforderungen an ihre Kunden nicht täglich an. Hierzu ist es erforderlich, an den Stichtagen mehr Sicherheiten einzufordern, als für den Kunden von der Börse verlangt werden.

### 6.4.2.4 Geschäftserfüllung

**Futures** sind auf jeden Fall bei Fälligkeit zu erfüllen. Das genaue Datum hängt von der gewählten Laufzeit sowie der Art des Futures ab. Ob eine reale Abwicklung oder ein **Cash-Ausgleich** erfolgt, bestimmt sich ebenfalls nach der Art des Futures. Die Erfüllung findet am Fälligkeitsdatum statt. Für die Nutzung der **Option** ist die Entscheidung des Erwerbers ausschlaggebend. Soweit er sein Recht wahrnimmt, erfolgt die Verbuchung der Wertpapiere und Gegenleistungen mit einem Zeitverzug von zwei Börsentagen, wie bei allen anderen Kassageschäften.

## 6.5 Zusammenfassung

(1) Derivate sind Geschäfte, die in der Gegenwart abgeschlossen werden und zwingend (Future und Swaps) oder wahlweise in der Zukunft (Optionen) erfüllt werden.

(2) Es werden zwei Arten von Optionen unterschieden: Calls (Kaufoptionen) und Puts (Verkaufsoptionen). Die beiden Vertragstypen haben zwei Vertragsparteien: den Erwerber und den Stillhalter.

(3) Stillhalter beziehen ein Entgelt dafür (Optionsprämie), dass sie die Aktien zu einem festen Kurs liefern (Kaufoption) oder abnehmen (Verkaufsoption).

(4) Durch Optionen kann der Käufer mit geringen Einsätzen hohe Erträge erzielen und sein Risiko auf die Optionsprämie begrenzen. Die Erwerber von

(a) Kaufoptionen erwarten steigende Kurse,

(b) Verkaufsoptionen erwarten fallende Kurse.

(5) Das Ertragsprofil des Optionsverkäufers steht mit Vertragsabschluss fest, sein Verlustpotenzial ist ungleich höher. Für den Verkäufer eines Calls ergibt es sich

aus der Differenz des Marktpreises im Vergleich zu dem Basispreis, den er durch den Erwerber vergütet bekommt.

(a) Wenn der Verkäufer eines Calls die Aktien nicht besitzt, entstehen reale Verluste.

(b) Hat der Verkäufer eines Calls den Vertragsgegenstand bereits im Depot, entstehen Opportunitätsverluste.

**(6)** Je nachdem, wie teuer die Option gemessen am Börsenwert des Vertragsgegenstands ist, wird sie als „im Geld", „am Geld" und „aus dem Geld" klassifiziert. Zur Bewertung von Optionen werden deren Hebel und die Laufzeitprämie herangezogen.

**(7)** Obligationen, die mit Optionsschein ausgestattet sind, stellen bedingte Kapitalerhöhungen dar. Diese erfordern auf der Hauptversammlung einen Beschluss, der mit 75 % Zustimmung zu treffen ist. Den Altaktionären steht ein gesetzliches Bezugsrecht zu.

**(8)** Zur Bewertung von Optionsscheinen werden folgende Faktoren verwendet:

(a) Der Hebel bringt zum Ausdruck, um welchen Faktor der Einsatz von Optionsscheinen stärker wirkt als die Direktanlage in Aktien.

(b) Mit dem inneren Wert wird gemessen, ob der Optionsschein in Relation zum Börsenkurs der Aktie und unter Berücksichtigung der zu leistenden Zuzahlung werthaltig ist.

(c) Weist ein Optionsscheinkurs ein Agio auf, so sind die Anleger bereit, für den Optionsschein mehr als den inneren Wert zu zahlen. Ursache ist, dass mit einem vergleichsweise geringen Kapitaleinsatz ein Spekulationserfolg erzielt werden kann (Hebelwirkung).

**(9)** Im Vergleich zur Aktienanlage ist der Erwerb von Optionsscheinen mit einem ausgeprägteren Risikoprofil verbunden. Im schlimmsten Fall droht der Totalverlust, da Optionsscheine in ihrer Laufzeit begrenzt sind.

**(10)** Grundlage von Finanzfutures können diverse Basiswerte sein. Bedeutung haben der Euro-Bund-Future und der DAX®-Future. Die Käufer setzen jeweils auf steigende Kurse. Für alle Zins-Futures bedeutet dies: sinkende Zinsen. Futures auf Aktienindizes können nicht real erfüllt werden. Stattdessen erfolgt ein monetärer Ausgleich.

**(11)** Dient ein Future zur Absicherung anderer Positionen, sind keine Aktivitäten erforderlich, wenn sich aus diesen ein Verlust abzeichnet, da ein kompensierendes Geschäft bereits besteht. Mit Gegengeschäften können sich abzeichnende Verluste aus Derivaten begrenzt werden.

**(12)** Swaps sind Tauschgeschäfte mit denen beispielsweise Zinsverpflichtungen von variabel in fest und vice versa gewandelt werden können.

**(13)** Neben Zinsswaps existieren auch noch Währungs- und Kreditswaps.

**(14)** Mit Zertifikaten stehen dem Kreditnehmer Erweiterungen seiner Produktpalette zur Verfügung. Diese Anlageform besteht aus verschiedenen Komponenten und wird regelmäßig an der Börse notiert. Werden Details variiert und / oder Namen kreativ gewählt, so kann die Vergleichbarkeit dieser Produkte leiden.

(a)   Bei Zertifikaten mit Kapitalgarantie erhält der Anleger seinen Kapitaleinsatz nominell, gegebenenfalls einschließlich einer Mindestverzinsung, zum Laufzeitende. Wird die in den Anlagebedingungen genannte Voraussetzung erfüllt, erzielt der Anleger eine höhere Rendite.

(b)   Die Rückzahlung von Outperforming-Zertifikaten hängt komplett von der Entwicklung des zugrunde liegenden Basiswerts ab. Der Anleger kann auch sein eingesetztes Kapital (in Teilen) verlieren.

(c)   Weitere Erscheinungsformen sind: Bonus-, Discount-, Knock-Out-, Faktor- und Index-Zertifikate sowie Aktien-Anleihen.

**(15)**   Short-Selling ist der Begriff für Leerverkäufe, deren Risikoprofil einem Terminverkauf entspricht und die Einfluss auf den gegenwertigen Kurs des leerverkauften Assets ausüben können.

**(16)**   Die finanzwirtschaftliche Komponente der Derivate lässt sich aus dem realwirtschaftlichen Bezug erklären.

**(17)**   Analog dem Kassamarkt erfordert der Handel an der Terminbörse ebenfalls eine (separate) Zulassung. Bekommt ein Teilnehmer den Status eines Market Makers zugesprochen, so ist er für die Aufrechterhaltung des Marktes in dem ihm zugeordneten Derivat verantwortlich. Diese Funktion erfüllt er durch die Veröffentlichung von Kursen, zu denen er erwirbt oder verkauft (Quotes).

**(18)**   Die Abwicklung des Börsenhandels ähnelt dem Kassamarkt. Besonderheiten sind, dass

(a)   auch Kombinationsaufträge vergeben werden können,

(b)   nicht jeder Börsenhändler auch Vertragspartner ist, sondern dass hierfür der Status des Direct- oder General-Clearing-Akteurs erforderlich ist,

(c)   für sich abzeichnende Verluste Sicherheiten hinterlegt werden müssen.

# 7 Außenhandelsperspektive

**Lernziele**

Nach Erarbeitung dieses Kapitels
- sind Ihnen die Akteure und Transaktionen, die den Außenhandel determinieren bekannt.
- ist Ihnen klar, dass bereits große Entfernungen und unterschiedliche Rechtsauffassungen den Außenhandel – gemessen an Inlandsgeschäften – risikoreicher machen. Zudem sind Sie mit geeigneten Präventionsmaßnahmen vertraut, um diese spezifischen Risiken auszuschalten oder zumindest zu reduzieren.
- wissen Sie, dass Außenhandel mit Ländern außerhalb des Euroraums eine Einigung der Vertragsparteien über die Kontraktwährung erfordert und können als Lernende den Zielkonflikt zwischen Im- und Exporteur aufzeigen.
- haben Sie Devisen kennengelernt und können zwischen Kassa- und Termindevisen unterscheiden.
- können Sie Sicherungsinstrumente zielgerichtet einsetzen, um Währungsrisiken zu begrenzen oder komplett zu vermeiden.
- kennen Sie die gemeinsamen Instrumente mit denen der Inlands- und der Auslandszahlungsverkehr abgewickelt werden kann. Gleichzeitig sind Ihnen aber auch die Unterschiede bewusst.
- verfügen Sie über fundiertes Wissen, wie Zahlungen durch spezifische Instrumente des Außenhandels absicherbar sind. Auch die Rechte und Pflichten der Beteiligten können Sie benennen.
- sind Sie mit den grundlegenden Besonderheiten der Außenhandelsfinanzierungen vertraut.

## 7.1 Grundlagen

Ausgangslage: die Bundesrepublik Deutschland ist eine rohstoffarme Exportnation. Das bedeutet, dass die Volkswirtschaft Rohstoffe einführen (= importieren) muss. Diese werden hier veredelt und im Inland genutzt bzw. an andere Länder verkauft (exportiert).

### 7.1.1 Gesamtzusammenhang

Das Außenwirtschaftsgesetz (AWG) und die Außenwirtschaftsverordnung (AWV) bilden im Wesentlichen den Rahmen für den Außenwirtschaftsverkehr. Zudem können Transaktionen aufgrund multinationaler Verabredungen eingeschränkt sein bzw. werden. Wie die folgende Abbildung 7.1 mit der Nummerierung 1 bis 13 zeigt, lassen sich in der Außenwirtschaft Beteiligte und Transaktionen unterscheiden.

Beteiligte:
(1) Die Bundesrepublik Deutschland stellt das eigene Wirtschaftsgebiet (Inland) dar.
(2) Alle anderen Volkswirtschaften stellen entsprechend fremde Wirtschaftsgebiete (Ausland) dar. Ob es sich hierbei um Staaten der EU handelt, ist nicht relevant.

https://doi.org/10.1515/9783110791082-007

Außenwirtschaftsverkehr im Überblick

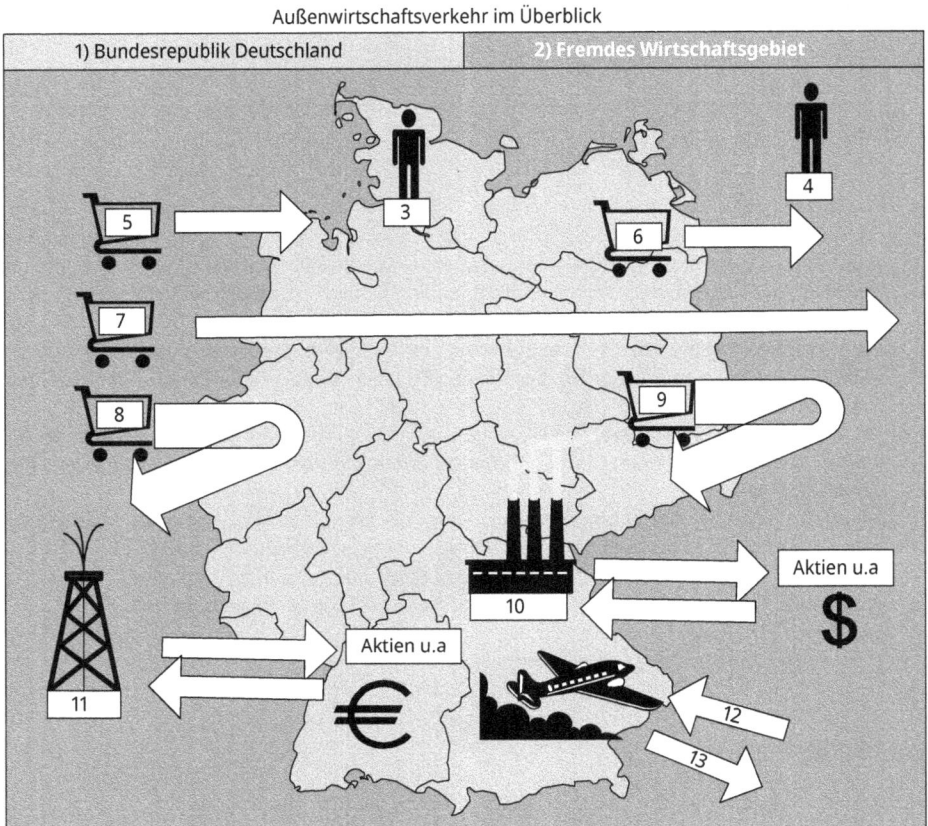

**Abb. 7.1:** Beteiligte und Transaktionen der Außenwirtschaft.

**(3)** Als **Gebietsansässige** (Inländer) gelten Menschen, die in Deutschland wohnen oder sich gewöhnlich hier aufhalten (Maßstab: mehr als sechs Monate).

(a) So ist beispielsweise ein in Deutschland wohnhafter ausländischer Studierender im Sinne des Außenhandels ein Inländer.

(b) Auch Unternehmen, die in Deutschland ansässig sind oder von hier geleitet werden, wie beispielsweise die Siemens AG gelten als Inländer.

(c) Filialen Gebietsfremder, die über eine separate Buchhaltung verfügen und in Deutschland geleitet werden oder deren Verwaltung in Deutschland ansässig ist, werden auch als Inländer angesehen.

**(4)** **Gebietsfremde** (Ausländer) sind Menschen, Unternehmen und Filialen Gebietsfremder, die nicht als gebietsansässig klassifiziert werden. So ist beispielsweise die Schweizer UBS ein ausländisches Unternehmen.

Transaktionen:

**(5)** Werden Waren aus anderen Volkswirtschaften nach Deutschland importiert, so spricht man von **Einfuhr** (= **Import**). Der Geldfluss geht in das Ausland. Der Einkauf von Rohöl aus Saudi-Arabien stellt ein Beispiel dar.

**(6)** Verkaufen Gebietsansässige Waren in fremde Volkswirtschaften, so liegt eine **Ausfuhr** vor (= **Export**). Der Geldfluss erfolgt in das Inland. Exemplarisch kann der Verkauf von einer Schiffsladung PKW in die USA genannt werden.

**(7)** Im **Transithandel** werden Waren aus dem Ausland nur logistisch durch Deutschland verbracht. Hierunter fällt ein niederländischer Blumengroßhändler, der seine Waren durch Deutschland nach Polen transportiert.

Mögliche Veredelungen in fremden Wirtschaftsgebieten:

**(8)** Eine weitere Form der grenzüberschreitenden Aktivitäten ist die **aktive Veredelung** ausländischer Rohstoffe zu wertvolleren Produkten, die in das Ausland anschließend zurückverbracht werden.

**(9)** Das Gegenbeispiel stellt die **passive Veredelung** dar. Hier beauftragt ein deutscher Akteur die Veredelung im Ausland und erhält die wertvolleren Güter nach der vollzogenen Wertschöpfung zurück.

Ausprägungen des Kapitalverkehrs:

**(10)** Investitionen von **Gebietsfremden** in Deutschland, hierbei sind unterschiedliche Ausprägungen möglich:

(a) Der Erwerb von Grundbesitz in Deutschland liegt beispielsweise vor, wenn ein Bürger der Vereinigten Arabischen Emirate eine Villa in Essen erwirbt.

(b) Der Kauf einer Anleihe von BMW durch ein US-Unternehmen stellt eine Ausprägung einer Kreditvergabe an Gebietsansässige dar. Für die Betrachtung des Außenwirtschaftverkehrs ist es unerheblich, ob eine Verbriefung als Wertpapier vorliegt.

(c) Erwirbt beispielsweise ein Kanadier eine Aktie der Deutschen Telekom, so handelt es sich um einen Anteilserwerb an einem gebietsansässigen Unternehmen. Die Rechtsform des Unternehmens ist für die außenwirtschaftliche Beurteilung bedeutungslos.

(d) Schüttet die Deutsche Telekom eine Dividende aus, so vereinnahmt der Kanadier, in diesem Fall als Gebietsfremder, Kapitalerträge, die eine Gegenleistung für das erhaltene Kapital darstellen. Neben Gewinnanteilen fallen auch Mieten, Pachten und Zinsen in diese Kategorie.

**(11)** Investitionen von **Gebietsansässigen** im Ausland:

(a) Erwirbt ein Anwalt aus Hamburg eine Finca auf Menorca, so liegt ein Grundbesitzerwerb im Ausland durch einen Inländer vor.

(b) Gewährt eine deutsche Großbank einem französischen Automobilproduzenten ein Darlehen, so liegt eine Kreditvergabe an Gebietsfremde vor. Auch hier ist die Form der Geldleihe unerheblich.

(c) Ein Beispiel für die Beteiligung an gebietsfremden Unternehmen ist der Kauf einer Sony-Aktie durch einen Bundesbürger.

(d) Fließen aus den einzelnen Investitionen Kapitalerträge an die Gebietsansässigen, so sind dies inländische Kapitalerträge aus dem Ausland.

Dienstleistungsaustausch mit Gebietsfremden, hierzu zählen Tourismus, Logistik, Finanzdienstleistungen, Messen und andere:

**(12)** Nehmen ausländische Unternehmen eine Dienstleistung auf einer deutschen Messe in Anspruch, so handelt es sich um eine **Dienstleistungsausfuhr**. Die finanzielle Gegenleistung fließt nach Deutschland.

**(13)** Eine **Dienstleistungseinfuhr** liegt hingegen dann vor, wenn Inländer ihren Urlaub in Österreich verbringen. Die finanzielle Gegenleistung fließt ins Ausland.

### 7.1.2 Risikoprofil des Außenhandels

Ein Teil der Risiken im Außenhandel hat die gleiche Struktur wie Geschäfte im Inland. Grundlage dieser ökonomischen Risiken ist die Ungewissheit über die Bonität der Gegenseite.

**(1)** So unterliegt jeder Verkäufer auch im Inland dem Risiko, dass der Kunde die bestellte Ware nicht abnimmt oder nach Erhalt nicht bezahlt. Dies sind die Risiken des Exporteurs.

**(2)** Ob der Verkäufer die bestellten Waren überhaupt und wenn ja, in der vereinbarten Qualität liefert, ist das originäre Risiko jeden Käufers. Hiermit ist das Risikoprofil des Importeurs beschrieben.

**(3)** Jeder Investor lebt mit der Ungewissheit, ob die Erträge in der zugesagten Form fließen und sein Kapital zurückgezahlt wird. Hiervon sind natürlich auch inländische Investitionen im Ausland sowie ausländische Investitionen im Inland betroffen.

Diese grundlegenden Risiken werden durch die Besonderheiten des Außenhandels verstärkt:

**(1)** Unterschiedliche Rechtssysteme definieren die Rechte und Pflichten der Vertragsparteien unterschiedlich, sodass die eigene Rechtsposition u. U. unklar ist.

**(2)** In großen Teilen wird der Außenhandel auch durch die Sprachbarriere erschwert, was insbesondere bei nicht gängigen Fachbegriffen problematisch werden kann. Im Extremfall lag beim Vertragsabschluss keine Einigung vor, weil die Partner sich nicht verstanden haben.

(3) Viele grenzüberschreitende Geschäfte sind zudem durch größere Entfernungen gekennzeichnet, sodass der Transport aufwendiger und potenziell gefährlicher wird.

(4) Die juristische Durchsetzung von bestehenden Ansprüchen ist aufgrund der Rechts- und Sprachbarrieren im Ausland schwierig. Ob sich ein deutsches Urteil im Ausland vollstrecken lässt, hängt u. a. von der Bereitschaft zur Amtshilfe ab.

Von den grundlegenden Risiken des Geschäftsverkehrs sind die originären Risiken des Außenhandels zu unterscheiden.

(1) Das **Währungsrisiko** besteht darin, dass sich der Wechselkurs zu Ungunsten des Betroffenen entwickelt hat:

(a) So ist der Erlös in Euro für den Exporteur geringer als geplant.

(b) Der Importeur hat einen höheren Eurobetrag zu begleichen als bei Vertragsabschluss angenommen.

(c) Geringere Erträge und / oder ein geringerer Rückzahlungskurs in Euro als ursprünglich erwartet, bedroht die Rendite des Kapitalanlegers.

(d) Durch die Euroeinführung hat sich dieses Risiko für deutsche Außenhändler deutlich reduziert, da ein großer Teil der deutschen Ausfuhren im Euroraum verbleibt.

(2) Enteignungen der versandten Ware sowie Beschlagnahme der transferierten Zahlungen können die Auswirkungen politischer Umwälzungen (wie (Bürger-)Krieg und Revolution) im Partner- oder einem Transitland sein. Hierfür wird der Begriff des **politischen Risikos** verwendet.

## 7.2 Instrumente zum Umgang mit den Außenhandelsrisiken

Trotz der verschiedenen Risiken ist der Außenhandel aus der heutigen Welt kaum weg zu denken. Ursachen sind einmal die unterschiedliche Rohstoffverteilung und die internationale Arbeitsteilung. Somit besteht der Wunsch den Außenhandel zu betreiben und gleichzeitig die Risiken zu begrenzen. Einen Überblick der Gefahrenpotenziale und geeigneter Gegenmaßnahmen zeigt die Abbildung 7.2. Die erforderlichen Instrumente zur Prävention sind ebenfalls erkennbar. Immer wenn Garantien erforderlich sind, sind Avalkredite die geeigneten Finanzierungsinstrumente. Soweit Zahlungen im Vorfeld zu leisten sind, bietet sich das Girokonto bzw. dessen Überziehung als Finanzierungsinstrument an.

### 7.2.1 Zahlungsmodalitäten

Die **Zahlungsmodalitäten** regeln den Fluss des Kaufpreises. Da beide Vertragsparteien ihre Risiken minimieren wollen, haben sie gegenteilige Vorstellungen.

| Betroffener | Gefahrenpotenzial | Gegenmaßnahme(n) | Zahlungsbedingung | Incoterms® | Dokumente | Ansatzpunkt für Bankgeschäfte |
|---|---|---|---|---|---|---|
| Importeur | Erhalt der Ware | Liefergarantie eines Kreditinstitutes | + | | + | Avalgeschäft |
| | | Überweisung erst nach Erhalt der Ware | + | | | Zahlungsausführung und ggf. Kreditierung des Kaufpreises |
| | Qualität der Ware | Garantie für die Lieferung und deren Qualität | + | | + | Avalgeschäft |
| | | Überweisung erst nach Erhalt eines Qualitätszeugnisses | + | | + | |
| | | Überweisung erst nach Erhalt und Qualitätsprüfung der Ware | + | | | Zahlungsausführung und ggf. Kreditierung des Kaufpreises |
| Exporteur | Abnahmerisiko | Leistung einer 100%igen Anzahlung durch den Importeur | + | | | Zahlungsausführung und ggf. Kreditierung des Kaufpreises |
| | Erhalt des Erlöses | Verlängerung der Verfügungsgewalt über die Ware (= Dokumenten-inkasso) | + | | + | Geschäftsbesorgungsvertrag (= Inkasso) und ggf. Kreditierung des Kaufpreises |
| | | Verpflichtung der Importeursbank zur Zahlung bei Dokumentvorlage (= Dokumentenakkreditiv) | + | | + | Geschäftsbesorgungsvertrag (= Akkreditiv) und ggf. Kreditierung des Kaufpreises |
| Hängt vom Vertragsinhalt ab | | | | + | | Beratung und ggf. Cross-Selling im Hinblick auf Versicherungsprodukte |
| | | | | + | | |
| | | | + | | | Devisengeschäfte |
| | | | + | | | |
| | | | + | | | ZE => Zahlungseingang ZA => Zahlungsausgang |
| | | | Kapitel 7.2.1 | Kapitel 7.2.2 | Kapitel 7.2.3 | |

*Instrumente*

**Abb. 7.2:** Risiken und Präventionsansatzpunkte im Außenhandel.

Die Wünsche des Importeurs sind

**(1)** die Zahlung soweit wie möglich in die Zukunft zu verlagern. Im Idealfall erst zu zahlen, nachdem er bereits die Waren selbst verkauft hat. Hiermit

(a) hat er sein Geschäft finanziert und

(b) verhindert, dass er für nicht erhaltene oder schlechte Ware bereits gezahlt hat. Sein Restrisiko besteht nur noch darin, dass er bei Nichtlieferung eine andere Bezugsquelle finden muss, um etwaige eigene Verpflichtungen zu erfüllen.

**(2)** das Risiko aus der Nichtlieferung durch eine Garantie abzufangen.

**(3)** die Zahlung in Euro zu leisten, um das Wechselkursrisiko dem Exporteur aufzubürden.

**(4)** die Kosten und das Risiko des Warentransports auf den Exporteur abzuwälzen.

Die Wünsche des Exporteurs sind

**(1)** eine 100-prozentige Anzahlung vor Lieferung zu erhalten. Hiermit verhindert er,

(a) dass er für seine Ware keine oder nur eine verspätete und / oder verminderte Zahlung erhält.

(b) dem Importeur den Kaufpreis finanzieren zu müssen.

**(2)** die Zahlung in Euro zu erhalten, um das Wechselkursrisiko dem Importeur aufzubürden.

**(3)** die Kosten und das Risiko des Warentransportes auf den Importeur zu übertragen.

Die Realisierung der jeweiligen Wünsche hängt von der Marktmacht der beiden Parteien ab. Einen Überblick der Risikoverteilung in Abhängigkeit von der Verknüpfung der realwirtschaftlichen und finanzwirtschaftlichen Vertragsgestaltung zeigt die Abbildung 7.3.

## 7.2.2 Incoterms® 2020

1936 formulierte die Internationale Handelskammer (International Chamber of Commerce oder ICC) in Paris erstmals Regeln zur Interpretation international verwendeter Vertrags- und Lieferbedingungen, um den Kosten- und den Gefahrenübergang klar zu definieren und hiermit zur Rechtssicherheit beizutragen. Diese Interpretationen werden **Incoterms**® (International Commercial Terms) genannt. Ihr Einsatz ermöglicht eine Standardisierung von Verträgen und sorgt für Rechtssicherheit, wodurch ihre Verwendung im internationalen Geschäft attraktiv ist. Aufgrund der veränderlichen Umwelt waren immer wieder Anpassungen erforderlich. Ab dem 1. Januar 2020 sind die Incoterms® 2020 gültig. Einen Überblick der verschiedenen Ausprägungen zeigt Abbildung 7.4.

Zahlungseingang beim Exporteur

Warenweiterverkauf durch Importeur

Warenankunft beim Importeur

Dokumentenankunft beim Importeur

Warenversand durch Exporteur

Vertragsabschluss

Realwirtschaft

Finanzwirtschaft

Die Zahlungsverpflichtung des Importeurs wird durch die Warenaushandigung und den Ablauf des vereinbarten Zahlungsziels ausgelöst

Die Zahlungsverpflichtung des Importeurs wird durch die Warenaushandigung ausgelöst

Dokumenteninkasso

Zahlungszusage des Importeurs bei Erhalt der Dokumente

Akzeptversprechen des Importeurs bei Erhalt der Dokumente

Dokumentenakkreditiv: Noch vor dem Versand der Ware erhält der Exporteur das Zahlungsversprechen einer **Bank**, soweit die vereinbarten Dokumente fristgerecht vorgelegt werden

Leistung einer bis zu 100%igen Anzahlung durch den Importeur bevor die Ware versandt wird

keine Risiken

Zahlungsverweigerung durch den Importeur **und** Verweigerung der Warenannahme **oder** Insolvenz des Importeurs (= verschlechterte Vollstreckbarkeit)

keine Risiken

Zahlungsverweigerung durch den Importeur **und** Verweigerung der Warenannahme **oder** Insolvenz des Importeurs (= verschlechterte Vollstreckbarkeit)

Durch das Zahlungsziel besteht das Kreditrisiko zeitlich länger

keine Lieferung der Ware **oder** Erhalt von Ware mit schlechter Qualität (trotz Dokumenten), die abstrakte Wechselforderung ist trotzdem zu begleichen

Dokumente nicht (rechtzeitig) lieferbar **und** Verweigerung der Dokumentenannahme **oder** Nichteinlösung des Wechsels durch den Importeur; **oder** Insolvenz des Importeurs (= verschlechterte Vollstreckbarkeit)

keine Lieferung der Ware **oder** Erhalt von Ware mit schlechter Qualität (trotz Dokumenten) und Verlust des Kaufpreises

Dokument nicht (rechtzeitig) lieferbar **und** Verweigerung der Dokumentenannahme **oder** Insolvenz des Importeurs (= Suche nach Ersatzabnehmer)

keine Lieferung der Ware **oder** Erhalt von Ware mit schlechter Qualität (trotz Dokumenten) und Verlust des Kaufpreises

Dokument nicht (rechtzeitig) lieferbar **und** Insolvenz der Bank

Verlust der Anzahlung **und** keine Lieferung der Ware **oder** Erhalt von Ware mit schlechter Qualität

keine Risiken

+

–

–

+

Risikoprofil des Importeurs

Risikoprofil des Exporteurs

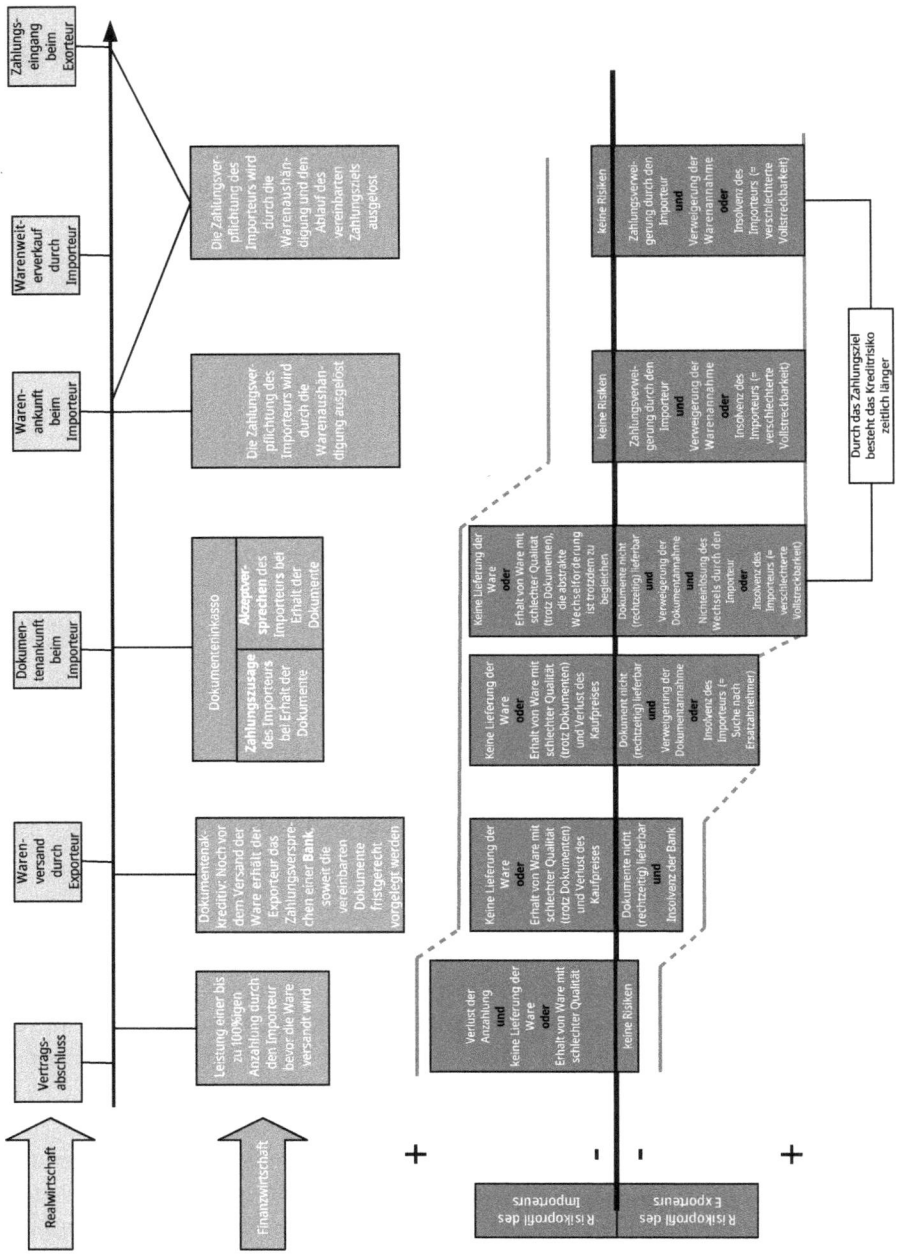

**Abb. 7.3:** Risikoverteilung zwischen Im- und Exporteur in Abhängigkeit vom Geldfluss.

| Kürzel | Klausel | Der Verkäufer trägt die Risiken bis ... | Der Verkäufer trägt die Kosten bis ... |
|---|---|---|---|
| EXW[1] | Ex Works / Ab Werk ... benannter Ort | | zum Lieferort (Werksgelände) einschließlich Verpackung |
| FCA | Free Carrier / Frei Frachtführer | zum Lieferort (verhandelt) | zum Lieferort (verhandelt) |
| FAS[4] | Free Alongside Ship / Frei Längsseite Schiff ... benannter Verschiffungshafen | **vor** das Schiff im Verschiffungshafen | **vor** das Schiff im Verschiffungshafen |
| FOB[4] | Free On Board / Frei an Bord ... benannter Verschiffungshafen | **auf** das Schiff im Verschiffungshafen | **auf** das Schiff im Verschiffungshafen |
| CFR[4] | Cost and Freight / Kosten und Fracht ... benannter Bestimmungshafen | auf das Schiff im Verschiffungshafen | zum Bestimmungshafen |
| CIF[3,4] | Cost, Insurance and Freight / Kosten, Versicherung und Fracht ... benannter Bestimmungshafen | auf das Schiff im Verschiffungshafen | zum Bestimmungshafen |
| CPT | Carriage Paid To / Frachtfrei ... benannter Bestimmungsort | zum Lieferort (verhandelt) einschließlich Verpackung | zum Bestimmungsort |
| CIP[3] | Carriage, Insurance Paid To / Frachtfrei versichert ... benannter Bestimmungsort | zum Lieferort (verhandelt) einschließlich Verpackung | zum Bestimmungsort |
| DAP | Delivered At Place / Geliefert ... benannter Ort | zum Lieferort (ohne Entladung) | |
| DPU | Delivered Place unload / Geliefert und entladen am Bestimmungsort | zum Lieferort (mit Entladung) | |
| DDP[2] | Delivered Duty Paid / Geliefert verzollt ... benannter Bestimmungsort | zum Bestimmungsort (ohne Entladung) | |

Alle Incoterms® übertragen die Ausfuhrabfertigung dem Verkäufer, die einzige Ausnahme ist mit 1 gekennzeichnet

Alle Incoterms® übertragen die Einfuhrverzollung dem Käufer, die einzige Ausnahme ist mit 2 gekennzeichnet

Alle Incoterms® verpflichten zu keinem Versicherungsschutz, die beiden Ausnahmen sind mit 3 gekennzeichnet und erfordern eine Versicherungssumme in Höhe von 110 % des Kaufpreises

Die vier mit 4 gekennzeichneten Incoterms® sind nur bei Schiffstransporten anwendbar, alle anderen sind universal nutzbar

Für die Nutzung der Incoterms® in einem Vertrag empfiehlt sich die Bezugnahme auf den Originaltext des Regelwerks. Incoterms® ist eine eingetragene Marke der Internationalen Handelskammer (ICC). Incoterms® 2020 ist einschließlich aller seiner Teile urheberrechtlich geschützt. Die ICC ist Inhaberin der Urheberrechte an den Incoterms® 2020. Bei den vorliegenden Ausführungen handelt es sich um inhaltliche Interpretation zu den von der ICC herausgegebenen Lieferbedingungen durch die Autoren. Diese sind für den Inhalt, Formulierungen und Grafiken in dieser Veröffentlichung verantwortlich. Der Originaltext kann über ICC Germany unter www.iccgermany.de und www.incoterms2020.de bezogen werden.

**Abb. 7.4:** Überblick der aktuell gültigen Incoterms® 2020.

**Fallstudie 1**

**Ausgangslage:**
Die Stein-Reich AG in Berlin importiert Notebooks von einem Hersteller in Detroit (USA). In den USA werden die Computer mit dem LKW zum New Yorker Hafen gebracht. Zielhafen ist Hamburg. In Deutschland dient wieder ein LKW als Transportmittel.

**Aufgabenstellung:**
(1)   Ermitteln Sie bei der Incoterms® 2020-Ausprägung Free Alongside Ship New York die Aufgaben …
(a)   des US-amerikanischen Herstellers
(b)   des deutschen Importeurs
(2)   Ermitteln Sie bei der Incoterms® 2020-Ausprägung Delivered Duty Paid Berlin die Aufgaben …
(a)   des US-amerikanischen Herstellers
(b)   des deutschen Importeurs
(3)   Visualisieren Sie Aufteilung der Kosten und des Risikos für die unterschiedlichen Ausprägungen der Incoterms® 2020

**Lösung:**
(1)   Free Alongside Ship New York – Aufgaben:
(a)   des US-amerikanischen Herstellers
  –   Verpackung der Ware und fristgerechte Bereitstellung neben dem vom Käufer benannten Schiff auf eigene Kosten
  –   Übernahme aller Kosten und Aufgaben, die mit der Ausfuhr verbunden sind
  –   Haftung für Schäden und Untergang der Ware bis zur Ankunft im Hafen
(b)   des deutschen Importeurs
  –   Buchung der erforderlichen Schiffskapazität und rechtzeitige Kommunikation gegenüber dem Exporteur
  –   Organisation des Weitertransports nach Ankunft in Hamburg
  –   Abwicklung einschließlich Bezahlung der Einfuhrabfertigung
  –   Haftung für Schäden und Untergang der Ware bis zur Ankunft im Hafen
  –   Abschluss einer Versicherung auf eigene Kosten, soweit das Risiko von der Aufnahme am Hafen New York bis zum Eintreffen in Berlin nicht selbst getragen werden soll
(2)   Delivered Duty Paid Berlin – Aufgaben:
(a)   des US-amerikanischen Herstellers
  –   Verpackung der Ware und fristgerechte Bereitstellung am Bestimmungsort (zur Entladung)
  –   Übernahme aller Kosten und Aufgaben, die mit der Aus- und Einfuhr verbunden sind einschließlich der Einfuhrabfertigung
  –   Haftung für Schäden und Untergang der Ware bis zur Ankunft am Bestimmungsort
(b)   des deutschen Importeurs
  –   Organisation der Entladung nach Ankunft in Berlin
  –   Haftung für Schäden und Untergang der Ware beim Entladen
  –   Abschluss einer Versicherung auf eigene Kosten, soweit das Entladerisiko nicht selbst getragen werden soll
(3)   Visualisierung der Gesamtzusammenhangs

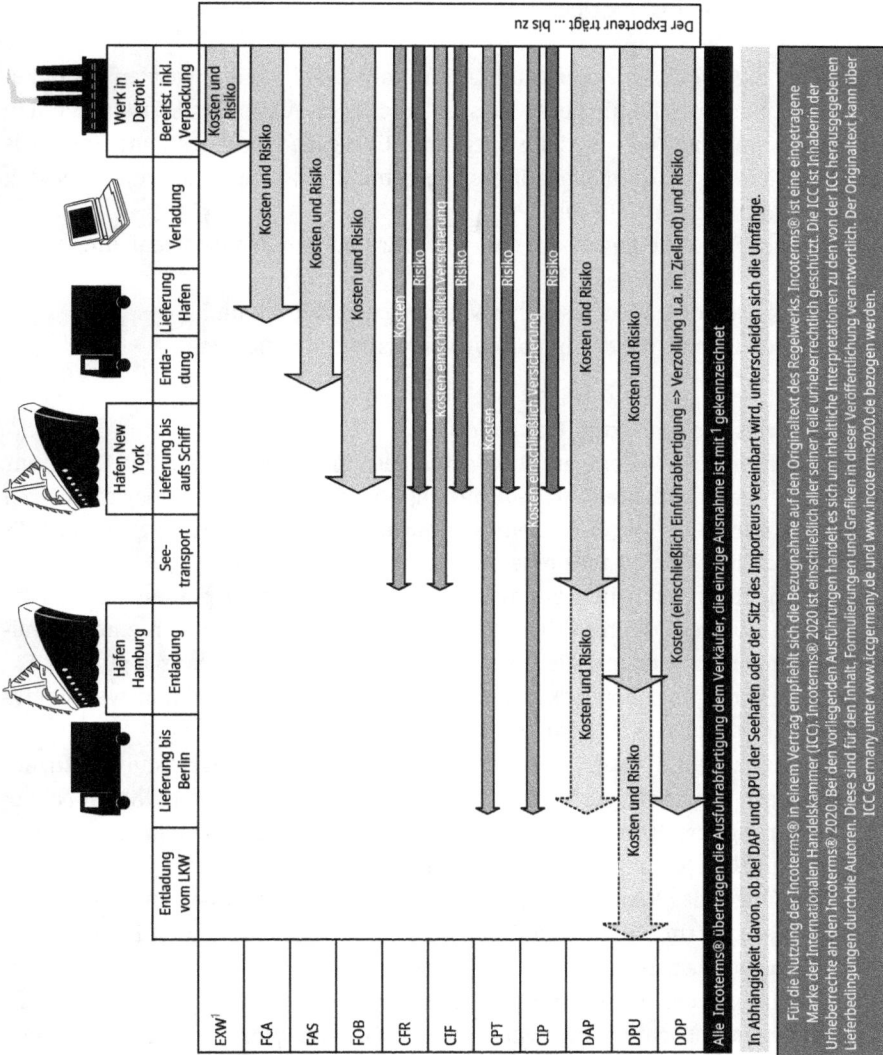

Kosten- und Risikoverteilung auf Basis der Incoterms® 2020 im Anwendungsfall.

### 7.2.3 Dokumente im Auslandsgeschäft

Schriftstücke, die zur Risikoreduzierung im Außenhandel dienen, werden als Dokumente bezeichnet. Ursache für deren Einsatz ist, dass im Außenhandel zwischen den Parteien nicht **Zug um Zug** – was die zeitgleiche Übergabe von Waren und Kaufpreis meint – möglich ist, sondern Dienstleister eingebunden werden. Dokumente lassen sich in drei große Gruppen gliedern:

(1)  Schriftstücke, welche beweisen, dass die Ware an den Transporteur übergeben wurde

(2)  Dokumente, die den Abschluss einer Versicherung belegen und

(3)  weitere Dokumente, die der Importeur vom Exporteur verlangt

#### 7.2.3.1 Nachweis des initiierten Transports

**Konnossemente** sind Wertpapiere des Seehandels, die belegen, dass der Exporteur die Waren an den Verfrachter zur Beförderung übergeben hat und dieser die Waren am Zielhafen nur an den legitimierten Konnossementsinhaber herausgeben wird. Es beweist folglich auch die Existenz eines entsprechenden Frachtvertrags.

Somit handelt es sich beim Konnossement um ein **Traditionspapier**, welches die verladenen Waren repräsentiert. Die Übergabe des Konnossements (an einen Beauftragten des Importeurs) ersetzt die Übergabe der Ware selbst. Hierdurch gibt der Exporteur seine Verfügungsmöglichkeit auf. Einen Überblick der Funktionsweise eines Konnossements visualisiert Abbildung 7.5.

Die Zahlung der Kaufpreissumme kann vor dem Warenversand als Anzahlung, direkt nach Erhalt der Waren (= Zug um Zug) oder nach einem gewissen Zeitablauf (Kreditierung) erfolgen. Sie ist kein Bestandteil der Konnossement-Abwicklung. Die Übertragung hängt von der **Rechtsnatur** ab. Es wird unterschieden in:

(1)  Der Empfänger des Konnossements bleibt in der Urkunde unbenannt. Es handelt sich in dieser Form um ein **Inhaberpapier**, da jeder Besitzer zum Empfang der Ware berechtigt ist. Einigung und Übergabe reichen zum Eigentumsübertrag.

(2)  Der Empfänger des Konnossements wird in der Urkunde mit dem Zusatz „an Order" benannt. Rechtlich liegt ein gekorenes **Orderpapier** vor, sodass die Eigentumsübertragung bereits durch die Einigung und die Übergabe des indossierten Konnossements erfolgt. Es überwiegt das **Blankoindossament**, sodass faktisch die Übergabe des Konnossements zur Eigentumsübertragung ausreicht. So kann der Importeur die Ware vor deren Ankunft an seine Kunden verkaufen.

(3)  Der Empfänger des Konnossements wird in der Urkunde ohne die Ergänzung „an Order" benannt. Somit liegt ein **Rektapapier** (= Namenskonnossement) vor. Nur der namentlich benannte Empfänger ist legitimiert, die Ware in Empfang zu nehmen. Nur mit einer **Zession** (siehe Kapitel 4.3) ist die Weitergabe an andere Personen möglich.

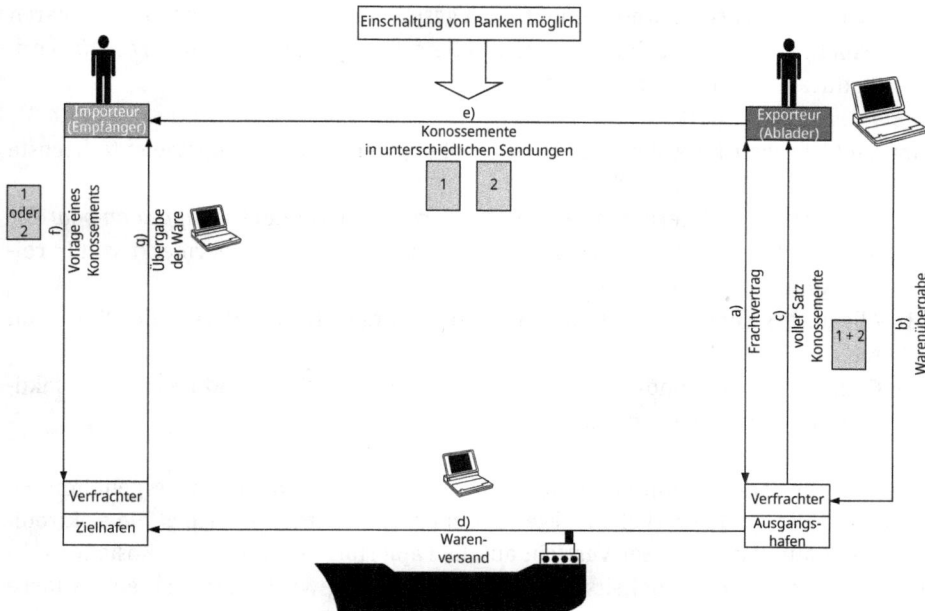

**Abb. 7.5:** Funktionsweise eines Konnossements.

In der Praxis dominiert die Order-Ausprägung des Indossaments. Durch die Angabe einer sogenannten *notify address* kennt der Frachtführer seinen Ansprechpartner unabhängig davon, wer im Moment der Schiffsankunft Eigentümer der Waren ist. Die Bestandteile des Konnossements sind im § 643 HGB geregelt.

In der Regel werden Konnossemente mehrfach ausgefertigt und in unterschiedlichen Sendungen weitergeleitet. Da nur ein Exemplar zum Erhalt der Waren ausreicht, kann auch bei Verlust einer Sendung über die Ware verfügt werden. Die komplette Anzahl der Ausfertigungen stellt einen **vollen Satz** dar. Liefert der Verfrachter gegen eine Ausfertigung, so büßen die anderen Exemplare ihre Gültigkeit ein. Natürlich will der Importeur alle Ausfertigungen (den vollen Satz) der Papiere erhalten, um sicher zu sein, dass ihm allein die Verfügungsgewalt über die Ware zusteht.

Sobald der Verfrachter einen augenscheinlichen Mangel (beispielsweise beschädigte Verpackung oder Flüssigkeitsaustritt) feststellt und dies auf dem Konnossement vermerkt, gilt das Dokument als **unrein** und es besteht der Verdacht, dass die Ware qualitativ nicht die Anforderungen erfüllt. Folgende Erscheinungsformen des Konnossements werden unterschieden

**(1)** Mit dem **Bordkonnossement** (§ 514 II HGB) wird der Erhalt der Ware „an Bord" bestätigt, sodass die Ware auf dem Weg ist.

**(2)** Das **Übernahmekonnossement** bestätigt nur den Erhalt der Ware zum Versand (§ 514 I HGB). Wann der Weitertransport erfolgt, ist noch offen. Durch einen Zusatz kann das Übernahme- zum Bordkonnossement aufgewertet werden.

**(3)** Von einem **Durchkonnossement** wird gesprochen, wenn ein Verfrachter Waren erhielt, mit dessen Schiff aber nicht allein das Bestimmungsziel erreicht wird. Stattdessen sind weitere Verkehrsmittel eingebunden.

Um die Sicherheit im Außenhandel zu erhöhen, werden an Konnossemente höchste Ansprüche gestellt, diese sind:
**(1)** Bestätigung der Übernahme an Bord (= **Bordkonnossement** = *shipped-on-board*)
**(2)** Auf dem Konnossement dürfen keine Hinweise auf Schäden vermerkt sein (= **reines Konnossement** = *clean*)
**(3)** Alle ausgestellten Konnossemente müssen übergeben werden (= **voller Satz** = *full set*)
**(4)** Oder-Form des Konnossements versehen mit einem **Blankoindossament** (= faktisches Inhaberpapier = *blank endorsed*)

Die elektronische Kommunikation hat auch im Außenhandel Einzug gehalten. So wird teilweise auf körperliche Belege verzichtet und stattdessen erfolgt die elektronische Kommunikation. Dieser Verzicht auf die Papierform sorgt für eine Kostenersparnis und eine Geschwindigkeitssteigerung. Gleichzeitig wird hierdurch eine andere Form der Manipulation ermöglicht. Auch die Warenweitergabe vor Ankunft am Zielort ist durch den Übertrag des Konnossements nicht möglich.

Der **Ladeschein** (§ 443 ff. HGB) ist die Ausprägung des Konnossements in der Binnenschifffahrt.

Davon abzugrenzen ist der **Frachtbrief**. Seine Erstellung setzt die Existenz eines Frachtvertrags voraus, mit dem der Frachtführer die Verpflichtung übernimmt, das Gut am Bestimmungsort dem Empfänger zu übergeben (§ 407 HGB). Der **Frachtvertrag** bescheinigt wiederum das abgeschlossene Rechtsgeschäft und dessen Inhalt, sodass er als **Beweisurkunde** zu klassifizieren ist. Die einzelnen Angaben eines Frachtbriefs sind in § 408 HGB geregelt. Im Gegensatz zum Konnossement, ist der Frachtbrief weder Wertpapier noch repräsentiert er die Ware. Ein Exemplar verbleibt bei dem zu transportierenden Gut und eine Ausfertigung erhält der Exporteur. Hat das Gut den Empfänger noch nicht erreicht, so kann der Exporteur nach § 418 HGB mit seiner Ausfertigung die Weitergabe des Guts verändern indem er den Transport stoppt, einen Rückruf vornimmt, einen anderen Begünstigten oder eine neue Adresse vorgibt.

Gibt der Exporteur den Frachtbrief an einen Dritten (z. B. Bank) weiter, so kann der Empfänger sicher sein, dass die Ware zu ihm auf dem Weg ist. Aus diesem Grund werden Frachtbriefe auch im Rahmen des Dokumenteninkassos oder -akkreditivs genutzt. Die Funktionsweise zeigt die Abbildung 7.6.

Frachtbriefe können durch **Eisenbahn-**, **Luft-** und **Lkw-Frachtunternehmen** ausgestellt werden. Der **Seefrachtbrief** kommt dann zum Einsatz, wenn ein Konnossement vom Importeur nicht gefordert wird. Zum Teil wird auf standardisierte Dokumente zurückgegriffen, um den internationalen Warenhandel zu erleichtern.

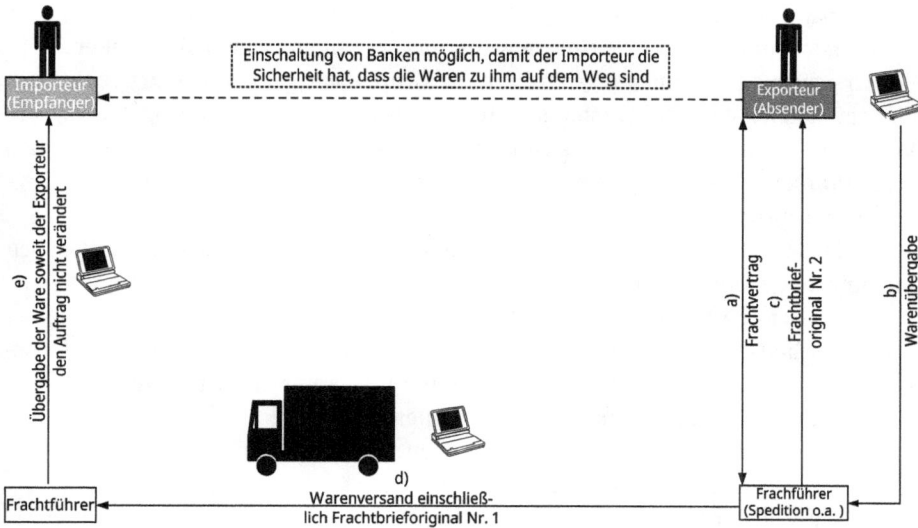

**Abb. 7.6:** Einsatz des Frachtbriefs im Außenhandel.

### 7.2.3.2 Weitere bedeutende Dokumente

Im Rahmen des Außenhandels kommt der Versicherung der Ware immer dann Bedeutung zu, wenn die Incoterms® 2020 CIF oder CIP gewählt wurden, da der Exporteur den versprochenen Versicherungsschutz (= 110 % des Warenwerts) nachweisen muss. Die zusätzlichen zehn Prozentpunkte sollen den entgangenen Gewinn des Importeurs kompensieren.

**Einzelversicherungen** bieten sich an, wenn ein individuelles Geschäft zu schützen ist. Dagegen findet die **Generalpolice** Anwendung, wenn standardisierte Geschäfte abgewickelt werden. Dem Importeur beweist der Exporteur den Versicherungsabschluss bei der Einzelversicherung durch Übergabe der Einzelpolice. Hat er einen Generalvertrag abgeschlossen, so weist er dem Importeur den Versicherungsschutz mit einem **Versicherungszertifikat** nach, welches zu diesem Zweck ausgestellt wird. Die Zusammenhänge verdeutlicht Abbildung 7.7.

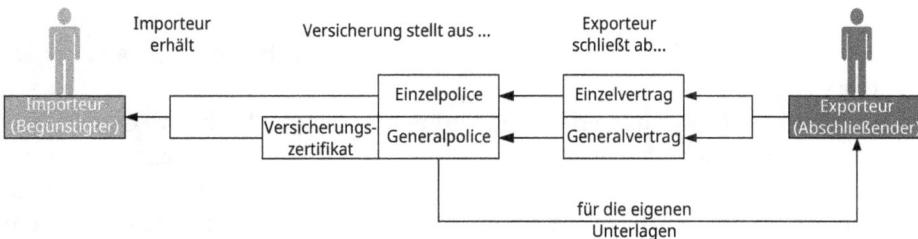

**Abb. 7.7:** Systematisierung der Versicherungsdokumente bei Abschluss durch den Exporteur.

Natürlich kann der Importeur, soweit er die Absicherung nicht beim Exporteur durchsetzen konnte, ebenfalls eine Versicherung (zu seinen Lasten) abschließen.

Versicherungsdokumente gehören in die Gruppe der **gekorenen Orderpapiere**. Als Begünstigter wird die Person genannt, die das Transportrisiko trägt. Soweit die Dokumente im Rahmen eines Inkasso- oder Akkreditivgeschäfts verwendet werden, ist die **Blankoindossierung** verbreitet. Somit kann jeder Besitzer den Versicherungs-schutz beanspruchen.

Zusätzlich ist zu beachten, dass Rechnungs- und Versicherungswährung identisch sind, um zusätzliche Währungsrisiken zu vermeiden.

Die **Rechnung** (= Faktura) des Lieferanten (= Exporteur) stellt genauso wie bei Inlandsgeschäften die Grundlage für die Bezahlung dar. Um die gesetzlichen Anforderungen zu erfüllen, muss dieses Dokument alle relevanten Informationen über das abzurechnende Geschäft enthalten. Hierzu zählen:

**(1)** Name und Anschrift der beteiligten Parteien sowie Ausstellungsdatum
**(2)** Steuer- und Rechnungsnummer
**(3)** Gegenstand der Lieferung
**(4)** Umfang der Lieferung (Einheiten)
**(5)** Schutzumhüllung und Kennzeichnung der Lieferung
**(6)** Verkaufspreis bezogen auf die Einzeleinheit sowie die Gesamtsumme
**(7)** Verwendete Klausel gemäß den Incoterms® 2020
**(8)** Kredit-, Zahlungs- und Liefermodalitäten
**(9)** Vereinbarte Transportroute und Beförderungsmittel

Die Aufgaben der Rechnung sind:
**(1)** die vereinbarte Lieferung des Verkäufers zu belegen und
**(2)** die Erfüllung der gesetzlichen Anforderungen für den Import zu erfüllen

Folgende Erscheinungsformen sind zu unterscheiden:
**(1)** Die Handelsrechnung (commercial invoice), die der Importeur für seine Unterlagen benötigt.
(a) In der normalen Ausfertigung entspricht diese der Rechnung im Inland.
(b) In der bestätigten Form beglaubigt (*legalisiert*) eine Kammer oder ein Konsulat die Rechnung.
**(2)** Die **Zoll-** (*customs-*) bzw. **Konsulatsfaktura** (konsular invoice), die beide der Verzollung im Zielland dienen und hierzu die Angemessenheit des Rechnungswerts bestätigen.
(a) In der Konsulatsvariante erfolgt die Rechnungsstellung auf einem Formular des Konsulats und dieses bestätigt auch, dass keine utopischen Preise zugrunde liegen.
(b) Für die Zollvariante wird ebenfalls auf ein besonderes Formular zurückgegriffen. Neben der Unterschrift durch einen Bevollmächtigten des Exporteurs wird die Richtigkeit durch eine zweite Unterschrift verifiziert. Dies kann auch durch einen weiteren Mitarbeiter des Unternehmens geschehen.

**(3)** Bei der **Proformarechnung**, erwartet der Aussteller keine Bezahlung.
(a) Hierbei handelt es sich meist um eine Auftragsbestätigung (in Rechnungsform), die der Erwerber zur Erfüllung der behördlichen Anforderungen im Importland benötigt.
(b) Teilweise wird diese Form der Rechnung auch als Angebot verlangt.

Mit dem **Ursprungszeugnis** (*declaration of origin*) wird das Produktionsland des erworbenen Guts durch eine hierzu ermächtigte Institution des Exportlandes bestätigt. Hiermit ist die Überwachung von Importvorschriften möglich.

In Abhängigkeit von der Branche und dem Importland kann es erforderlich sein, weitere Sachverhalte zu belegen. Hierzu werden neben anderen Analyse-, Gesundheits-, Gewichts- und **Qualitätszertifikate** verwendet. Aussteller dieser weiteren Bescheinigungen sind autorisierte Institutionen im Exportland.

Neben den bereits beschriebenen Dokumenten können auch noch **Lagerscheine** bedeutsam sein (§§ 467ff. HGB). Mit der Ausstellung eines solchen Warenwertpapiers bescheinigt der Lagerhalter, dass er die beschriebenen Waren erhalten hat. Nur Zug um Zug gegen die Übergabe des Lagerscheins ist er berechtigt, die Waren herauszugeben.

Wurde ein **Orderlagerschein** ausgestellt, so handelt es sich um ein Traditionspapier (s. o.). Die Einigung und Übergabe des indossierten Lagerscheins ersetzten die Übergabe oder Verpfändung der Ware. Diese Ausprägung ist für die Absicherung von Bankforderungen einsetzbar.

Liegt hingegen ein **Namenslagerschein** vor, so ist neben Einigung und Übergabe des Lagerscheins auch noch zwingend der Herausgabeanspruch an den Lagerhalter abzutreten, um das Eigentum an den eingelagerten Gegenständen zu übertragen. Zudem ist bei Verpfändungen der ausstellende Lagerhalter zu informieren.

## 7.3 Devisen und mögliche Sicherungsinstrumente

### 7.3.1 Grundlegende Einteilungen

---

**Definition**

Unter **Devisen** werden Buchgeldbestände, Wechsel und Schecks in fremder Währung verstanden. Hiervon sind die **Sorten** abzugrenzen, die ausländische Bargeldbestände darstellen.

---

Die Handelbarkeit der Devisen wird als **Konvertierbarkeit** bezeichnet. Man unterscheidet:
**(1)** Devisen, die frei gehandelt werden können. Die Konvertierbarkeit ist voll gegeben, da es keine staatlichen Beschränkungen hinsichtlich des Kaufs bzw. Verkaufs der Währung gibt.

(2) Devisen, deren Handelbarkeit limitiert ist. Die Einschränkungen können persönlicher, sachlicher oder betraglicher Natur sein.

(3) Devisen, deren Konvertierbarkeit nicht gegeben ist. Hier liegen entweder komplette Handelsverbote vor oder jede Transaktion bedarf der individuellen Genehmigung.

**Devisenkurse** stellen die **Gegenwerte** für die beteiligten Währungen dar. Die Art der Preisbildung basiert auf der politischen Entscheidung, welche Form des Währungs- oder Wechselkurssystems gewählt wird. Es werden drei Arten der Preisbildung unterschieden:

(1) **Fixierte Wechselkurse** liegen vor, wenn das Austauschverhältnis zwischen zwei Währungen politisch festgesetzt wird. Der Umtausch darf nur zu diesem Kurs erfolgen.

(2) Bei **fixierten Wechselkursen mit Bandbreiten** wird das Austauschverhältnis der betroffenen Währungen ebenfalls politisch entschieden. Jedoch ist eine Veränderung in einer gewissen Spanne (Bandbreite) in beide Richtungen erlaubt. Interventionen durch die Zentralbanken werden dann vorgenommen, wenn die definierten Grenzen erreicht werden.

(3) Wechselkurse, die sich nur aufgrund der vorhandenen Marktkräfte – ohne jegliche politische Vorgabe – bilden (dürfen), werden als flexibel bezeichnet. Man spricht auch vom **Floating**. Im (theoretischen) Idealfall dieses Systems erfolgt kein staatlicher Eingriff in die Preisbildung. **Dirty Floating** liegt vor, wenn die Zentralbanken in einem System freier Wechselkurse durch Eingriffe versuchen, Kursausschläge zu verhindern. Im System der freien Wechselkurse kommt es täglich zu Kursveränderungen.

---

**Definition**

**Interventionen** auf dem Devisenmarkt sind Käufe oder Verkäufe der heimischen Währung oder einer Fremdwährung, um den Währungskurs in den gewünschten Relationen zu halten.

Diese Transaktionen haben somit keine realwirtschaftliche Grundlage, sondern dienen nur dem Ziel der Kursbeeinflussung.

Die Schweizer Nationalbank beschloss mehrfach die überschießende Nachfrage nach CHF durch den Verkauf zusätzlicher Franken zu kompensieren, um das jeweils gewünschte Austauschverhältnis zu erreichen. Diese Schritte waren (aus Sicht der Währungshüter) erforderlich, um die Exportfähigkeit von Schweizer Unternehmen zu gewährleisten bzw. erhalten.

---

Ähnlich wie im Wertpapiergeschäft gibt es auch bei Währungen unterschiedliche Fristen zwischen Geschäftsabschluss und Lieferung (= Erfüllung), wie die Abbildung 7.8 zeigt.

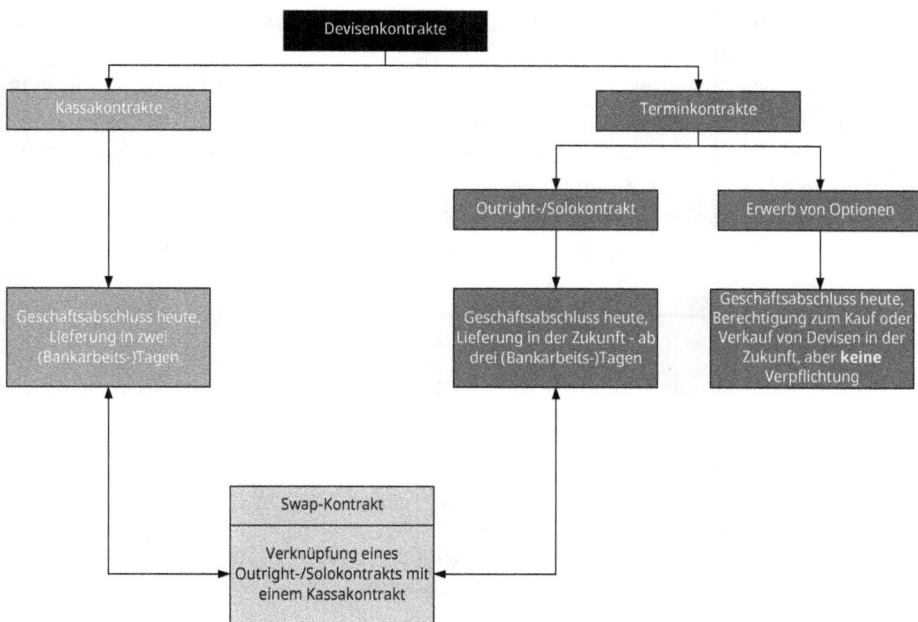

**Abb. 7.8:** Systematisierung möglicher Devisengeschäfte.

## 7.3.2  Devisennotierungen

Um Missverständnisse zu vermeiden werden für die einzelnen Währungen standardisierte Kürzel (**ISO-Codes**) verwendet, die aus drei Buchstaben bestehen. Hierbei stehen die ersten beiden Buchstaben für das Land, der dritte Buchstabe für die Währung. Beispiele sind: USD = US-Dollar, CHF = Schweizer Franken und ZAR = Südafrikanische Rand.[27]

Das Austauschverhältnis von zwei Währungen kann unterschiedlich angezeigt werden:

(1) Unter anderem in den USA und der Europäischen Union wird die **Mengennotierung** eingesetzt. Die Aussage des Kurses ist: Wie viel Devisen entsprechen einer Einheit der Inlandswährung: 1 € = 1,4186 Kanadischer Dollar (= CAD)

(2) Daneben gibt es noch die **Preisnotierung**: Wie viel einheimische Währung entspricht einer Einheit der ausländischen Devise: 1 CAD = 0,7049 €.

Die Kurse der Mengen- und der Preisnotierung lassen sich ineinander überführen wie das Beispiel der Abbildung 7.9 verdeutlicht.

---

27 Das offizielle Kürzel für den Euro lautet **EUR**. Um die **Stringenz** mit dem bisherigen Text nicht aufzugeben, wird auch bei Währungen das **€-Zeichen** verwendet.

Geht man von der Mengennotierung aus und rechnet 1 € ÷ 1,4186 CAD, so erhält man den Wert der Preisnotierung (= 0,7049).

Geht man von der Preisnotierung aus und rechnet 1 CAD ÷ 0,7049 €, so erhält man den Wert der Mengennotierung (= 1,4186).

Liegt eine Preisnotierung vor, so bedeutet ein hoher Kurs einen geringen Wert der eigenen Währung und einen hohen Wert der Fremdwährung. Bei der Mengennotierung ist es umgekehrt, je höher der Kurs, desto wertvoller (teurer) ist die heimische Währung. Dies hat erhebliche Konsequenzen für die am Außenhandel Beteiligten.

---

**Beispiel**

Eine deutsche Bank hat einem Kanadier 100.000 € als Kredit gewährt. Bei Valutierung (= Auszahlung) erhielt der Kunde dafür 145.000 CAD.

Für den Rückzahlungszeitpunkt sind zwei unterschiedliche Konstellationen unterstellt:

**(1)** Der Euro ist auf 1,41 CAD gefallen.

(a) Die Rückzahlungsverpflichtung des Kunden beträgt nach wie vor 100.000 €.

(b) Für die Tilgung braucht er aber nur 141.000 CAD.

(c) Seine Schulden haben sich (in Heimatwährung) verringert.

(d) Er hat einen Währungsgewinn von 4.000 CAD erwirtschaftet.

**(2)** Der Euro ist auf 1,50 CAD gestiegen.

(a) Der Kunde muss nach wie vor 100.000 € zurückzahlen.

(b) Für die Tilgung braucht er aber 150.000 CAD.

(c) Seine Schulden haben sich (in Heimatwährung) erhöht.

(d) Er muss einen Währungsverlust von 5.000 CAD verkraften.

---

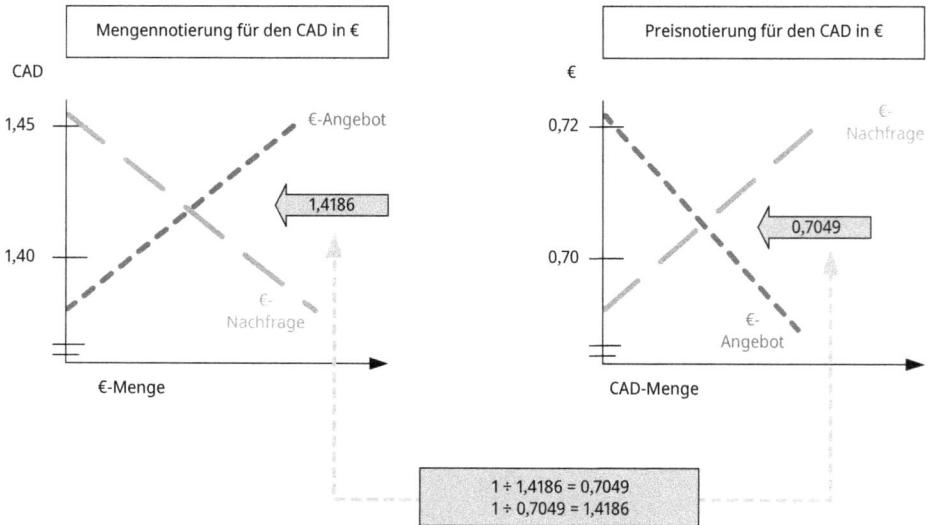

**Abb. 7.9:** Kompatibilität von Mengen- und Preisnotierung.

Die Kurse an der Börse passen sich ständig an und gelten für die dort agierenden Marktteilnehmer. Besonders bedeutsam sind die Kurse der 32 Währungen, die durch die EZB veröffentlicht werden, da diese für die handelsrechtliche Bewertung der Währungsbestände (§ 256a HGB) bedeutsam sind.

Die privaten und viele der gewerblichen Kunden der Kreditinstitute haben jedoch keinen Börsenzugang. Die Personengruppe erwirbt bzw. verkauft ihre Devisen über ein Kreditinstitut.

Es wäre sehr aufwendig für jedes einzelne Kundengeschäft einen Börsenkurs zuordnen zu wollen. Stattdessen werden die Standardgeschäfte auf der Basis von einheitlichen Kursen abgerechnet.

Um mit dem **Devisenhandel** auch Erträge zu generieren, wickeln die Banken die Geschäfte nicht zu den Referenz- bzw. **Mittelkursen** ab. Verkaufen sie dem Kunden Fremdwährungen, so reduzieren sie den **Referenzkurs**, dieser wird als **Geldkurs** bezeichnet. Der **Briefkurs** wird verwendet, wenn Kreditinstitute von Kunden Devisen erwerben. Die Differenz zwischen Geld- und Briefkurs wird **Spanne** oder **Spread** genannt und stellt die Marge der Bank dar.

Beim japanischen Yen (JPY) beträgt die Differenz zwischen Geld- und Briefkurs 0,48 Yen. 0,24 Yen werden auf den Referenzkurs aufgeschlagen so erhält man den Briefkurs. Werden vom Referenzkurs 0,24 Yen abgezogen so erhält man den Geldkurs. Schlägt man auf den Briefkurs noch einmal die Differenz von Referenz- zu Briefkurs auf (in dem Yen-Beispiel 0,24 Yen) so erhält man den **Sichtkurs**, der für den Ankauf von Schecks verwendet wird, soweit diese direkt gutgeschrieben werden. Für Spezialkunden, denen das Kreditinstitut entgegenkommen will, wird die Spanne zwischen Geld- und Referenzkurs genauso wie zwischen Brief- und Referenzkurs halbiert. Die so entstehenden Kurse werden als gespannte Kurse bezeichnet. Diese werden auch teilweise zwischen den Landesbanken und den angeschlossenen Sparkassen bzw. den Genossenschaftsbanken und ihrer Zentralbank verwendet.

Die **Sortenkurse** sind für die Kunden bedeutend schlechter als die Devisenkurse, da die Kreditinstitute Verlustrisiken durch körperliches Abhandenkommen (Diebstahl), negative Kursentwicklung und Personalkosten ausgleichen müssen. Die Verhältnisse zwischen den einzelnen Kursen zeigt die Abbildung 7.10.

### 7.3.3 Devisenkassageschäfte

Kreditinstitute betreiben **Devisenkassageschäfte** indem Sie die Fremdwährungen für Kunden erwerben oder die Fremdwährungen, die sie von den Kunden angekauft haben, weiterveräußern. Das Handelsvolumen dieser Geschäfte ist aber vergleichsweise gering gemessen an dem **Eigenhandel** in Devisen, der von den Banken auf ihr Risiko betrieben wird. Hierbei handelt es sich letztlich um Spekulationen, da die Kreditinstitute versuchen, aus zeitlichen Kursdifferenzen Erträge zu generieren. Auch in-

**1 € entspricht**

106,00 Yen — Sortenankauf

100,62 Yen — Sichtkurs    Scheckankäufe

Kursaufschlag
0,24 Yen (Spread ÷ 2)

100,38 Yen — Devisenbriefkurs    Yen-Devisen-Ankauf von Standardkunden
=> Der Kunde muss 100,38 Yen für jeden Euro bezahlen.

100,26 Yen — Gespannter Devisenbriefkurs    Yen-Devisen-Ankauf von Spezialkunden

Marge der Banken
(= Spread)
0,48 Yen

100,14 Yen — Referenz- oder Mittelkurs    Marge der Banken 0,24 Yen

100,02 Yen — Gespannter Devisengeldkurs    Yen-Devisen-Verkauf an Spezialkunden

99,90 Yen — Devisengeldkurs    Yen-Devisen-Verkauf an Standardkunden
=> Der Kunde erhält für jeden Euro 99,90 Yen.

97,00 Yen — Sortenverkauf

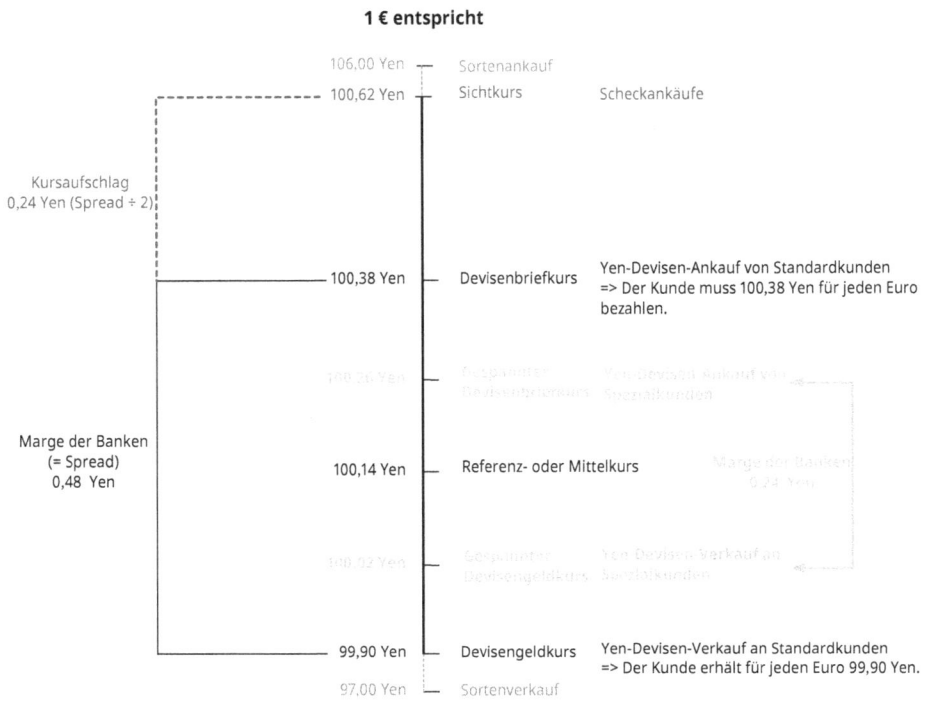

**Abb. 7.10:** Kurssystematisierung verdeutlicht am Beispiel Euro ⇔ Yen.

stitutionelle Anleger wie Versicherungen und andere große Player genauso wie die Zentralbanken sind Akteure auf den Devisenmärkten.

Merkmal des Kassageschäfts ist, dass die Lieferung der Devisen immer am zweiten Geschäftstag nach Vertragsabschluss erfolgt.

---

**Beispiel**

**Ausgangslage:**

(1)  Der Yen-Bestand wird mit 1 € = 111 Yen bewertet.

(2)  Die B-Bank hat bei der T-Bank in Tokio ein Guthaben von 10.000.000 Yen.

(a)  Das Guthaben der B-Bank weist die T-Bank als Verbindlichkeit aus.

(b)  Das Guthaben der B-Bank stellt für die Euro-Buchhaltung einen Aktivposten (= Devisen) dar.

(3)  Die H-Bank führt auch bei der T-Bank ein Konto und hat ein Guthaben von 0 Yen, folglich ist auch nichts auszuweisen.

Die Berlin-Bank verkauft 1.000.000 Yen an die H-Bank zum Kurs 1 € = 111,00 Yen.

**Folgen:**

(1)  Die T-Bank schreibt der H-Bank die 1.000.000 Yen gut und belastet die B-Bank. Dies ist nichts anderes, als wenn im Inland eine Überweisung von einem Kunden einer Bank auf ein anderes dort geführtes Konto vorgenommen wird.

**(2)** Der Bestand an Devisen der B-Bank reduziert sich um 9.009 €, da sie ihr Aktivum in Japan verringert hat. Hierfür hat sie bei der Deutschen Bundesbank (DBB) eine Gutschrift erhalten. Es handelt sich um einen Aktivtausch, genauso als wenn zum Beispiel Wertpapiere verkauft werden.

**(3)** Der Bestand an Devisen der H-Bank nimmt um 9.009 € zu. Gleichzeitig überweist sie der B-Bank den Gegenwert auf deren DBB-Konto. Auch hier liegt ein Aktivtausch vor.

In der nachfolgenden Abbildung sind die Ausgangslage und die Veränderungen des Kaufs aufgezeigt.

Devisentransfer von einem inländischen Kreditinstitut zu einem anderen.

Das Schema könnte noch erweitert werden, wenn die beiden deutschen Banken nicht bei dem gleichen Kreditinstitut in Japan ihre Konten führen. Die grundlegende Aussage bleibt unverändert.

**Cross-Rates** bilden die Verknüpfung von zwei Wechselkursen, die über die Kursnotierung einer dritten Währung ermittelt werden. Folgende Kurse sind unterstellt: 1 € = 1,5 USD und 1 € = 100 JPY. Der „Kreuzkurs" errechnet sich: 100 ÷ 1,5 = 66,67. Die Aussage ist, dass ein USD 66,67 JPY wert ist. Diese Information kann verschieden verwendet werden.

Weicht der originäre Börsenkurs von USD zu JPY von diesem Verhältnis ab, so bieten sich Möglichkeiten der **Arbitrage**.

---

**Definition**

**Arbitrage**: Ausnutzung von Kursdifferenzen, die an verschiedenen Orten zu einem Zeitpunkt auftreten. Aufgrund der hohen Transparenz durch elektronische Kommunikationsmedien ist diese Möglichkeit heute nur noch wenig bedeutsam.

---

Existiert überhaupt kein Austauschverhältnis zwischen den beiden betrachteten Währungen (was bei dem Verhältnis USD zu JPY nicht zutrifft), so kann über die Cross-Rate ein Kurs künstlich ermittelt werden.

**Beispiel zur künstlichen Kursermittlung**

Ausgangslage:

(1) Der JPY-Bestand wird mit 1 € = 100 Yen bewertet.

(2) Der USD-Bestand wird mit 1 € = 1,50 USD bewertet.

(3) Die A-Bank hat bei der T-Bank ein Guthaben von 100.000.000 Yen.

(4) Die B-Bank hat bei der T-Bank kein Guthaben.

(5) Die A-Bank hat bei der N-Bank kein Guthaben.

(6) Die B-Bank hat bei der N-Bank kein Guthaben.

(7) Die H-Bank hat bei der N-Bank ein Guthaben von 15 Mio. USD.

(8) Die Guthaben der inländischen Banken weisen die ausländischen Banken als Verbindlichkeit aus.

(9) Die Guthaben der inländischen Banken stellen für diese in der Euro-Buchhaltung einen Aktivposten (= Devisen) dar.

Die B-Bank möchte 11 Mio. JPY kaufen. Die A-Bank bietet JPY gegen USD an (Cross-Rate), daraus folgt:

(1) Die T-Bank überträgt von dem Guthaben der A-Bank (= VB für die T-Bank) 11 Mio. JPY auf das Konto der B-Bank.

(2) Die N-Bank belastet die B-Bank mit 165.000 USD und schreibt den Betrag der A-Bank gut. Die B-Bank hat ihr USD-Konto überzogen.

(3) Die A-Bank hat einen Tausch in Devisen vorgenommen, sodass sich der Gesamtbestand nicht verändert.

(4) Die B-Bank hat Devisen in JPY erhalten und sich dafür in USD verschuldet. Der Gesamtdevisenbestand hat sich nicht verändert.

Um ihren USD-Bestand wieder auszugleichen, kauft die B-Bank von der Hamburg-Bank 165.000 USD.

(5) Die Gutschrift erfolgt auf dem Konto der N-Bank, sodass die (temporären) Schulden wieder getilgt sind.

(6) Dies vollzieht die B-Bank auch auf ihrem Devisenkonto nach und überweist den Gegenwert über die DBB.

(7) Die H-Bank verarbeitet die Minderung der USD-Devisen und die Gutschrift auf ihrem DBB-Konto.

In der nachfolgenden Abbildung sind die Ausgangslage und die Veränderungen der Transaktionen aufgezeigt.

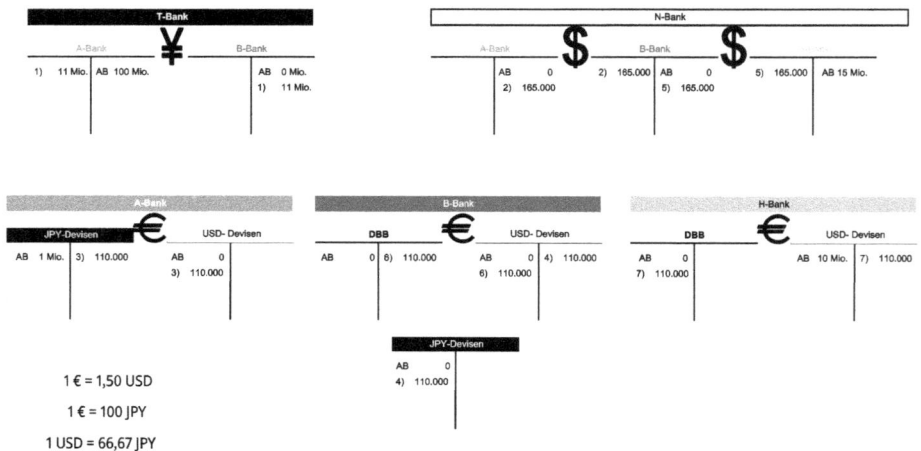

Devisentransfer von einem inländischen Kreditinstitut zu einem anderen bei wechselnden Währungen.

Die Abwicklung ist schon bei nur drei beteiligten Währungen: USD, JPY und EUR und zwei Auslandsbanken komplex. Mit zunehmender Währungs- und Bankenanzahl steigt die Unübersichtlichkeit. Hier bietet die **CLS-Bank** (Continuous Linked Settlement) in New York ihren Kunden die Möglichkeit als Clearingstelle zu fungieren, indem die täglichen Nettoveränderungen in den einzelnen Währungen den Konten entweder gutgeschrieben oder belastet werden.

### 7.3.4 Geschäfte mit Termindevisen

Das **Verpflichtungsgeschäft** mit der Fixierung der Konditionen findet in der Gegenwart und die Erfüllung in der Zukunft (> 2 Tage) statt.

Grundsätzlich sind alle Laufzeiten denkbar, soweit sich zwei Partner einigen. Jedoch haben sich glatte Monatslaufzeiten als Standards herausgebildet. Genauso wie am Devisenkassamarkt bilden sich die Kurse am Termindevisenmarkt durch Angebot und Nachfrage. Zielsetzungen der **Termingeschäfte** sind:

**(1)** Die Spekulation auf Kursveränderungen der betroffenen Devise oder

**(2)** Kurssicherungen zur Risikobegrenzung, weil

(a) aus dem Handel mit Kunden oder anderen Banken offene Positionen entstanden sind bzw.

(b) die im Rahmen von früheren Spekulationen gebildeten offenen Positionen geschlossen werden sollen.

### 7.3.4.1 Devisenterminhandel

Der **Devisenhandel auf Termin** erfolgt durch **Outrightgeschäfte**. Hierbei wird das Verpflichtungsgeschäft heute abgeschlossen und die Konditionen fixiert. Die Erfüllung ist unbedingt zum vereinbarten Termin in der Zukunft zu leisten. Es können per Termin Devisen ge- oder verkauft werden.

Exporteure nutzen Outrightgeschäfte, um ihre Erträge zu sichern. Sie wollen heute schon den Erlös in Euro fixieren, indem sie Devisen per Termin verkaufen.

---

**Beispiel zur Kurssicherung für einen Exporteur**

Für die Lieferung von Maschinen ist ein Kaufpreis von 1.000.000 CNY in neun Monaten vereinbart. Bei Gültigkeit des bereits ermittelten Terminkurses weiß der Exporteur bereits heute, dass ihm 96.190,47 € zufließen (= 1.000.000 ÷ 10,39604). Könnte er zum Fälligkeitstermin zu einem für ihn günstigeren Kurs (x < 10,39604) die CNY verkaufen, so sind Kosten der Kurssicherung in Höhe der Differenz entstanden (= Opportunitätskosten).

---

Schließt ein Importeur ein Outrightgeschäft ab, so sichert er sich seinen kalkulierten Aufwand. Er weiß heute in welcher Höhe er in Euro belastet wird, da er heute schon seine Kaufkondition kennt.

---

**Beispiel zur Kurssicherung für einen Importeur**

Für den Import chinesischer Kohle ist ein Kaufpreis von 1.000.000 CNY vereinbart. Die Zahlung erfolgt in sechs Monaten. Bei Gültigkeit des ermittelten Terminkurses weiß der Importeur bereits heute, dass er 96.190,47 € bezahlen muss (= 1.000.000 ÷ 10,39604). Könnte er zum Fälligkeitstermin zu einem für ihn günstigeren Kurs (x > 10,39604) die CNY kaufen, so sind Kosten der Kurssicherung in Höhe der Differenz entstanden (= Opportunitätskosten).

---

Genauso wie bei Kassa- werden auch bei Outrightgeschäften Geld- und Briefkurse unterschieden, um aus dem Devisentermingeschäft Erträge zu generieren. So wird der Exporteur weniger als 96.190,47 € von seiner Bank erhalten und der Importeur muss einen höheren Betrag bezahlen.

Eine weitere Möglichkeit besteht darin, ein unbedingtes Termingeschäft abzuschließen, jedoch dem Vertragspartner den Erfüllungszeitpunkt in einem Korridor zu ermöglichen. Die Laufzeit des Termingeschäfts stellt folglich eine Variable dar.

### 7.3.4.2 Währungsswaps

Währungsswaps verbinden Kassa- und Termingeschäfte miteinander, sodass nur die Fristen getauscht werden.

Ausgangspunkt ist regelmäßig ein Termingeschäft mit einem Kunden. In der Abbildung 7.11 kauft die A-Bank von ihrem Kunden 1.000.000 CNY mit einer Fälligkeit von einem Jahr (1). Da sie keine Devisenposition aufbauen möchte, verkauft sie diese sofort am Kassamarkt (2). Hiermit hat sie sich betraglich glattgestellt, jedoch eine Fristinkongruenz erzeugt (3). Auch dieses Risiko möchte sie nicht tragen und sucht nach einem Swap-Partner mit einem gegenläufigen Profil. Diese findet sie in der B-Bank, welche ihrem Kunden 1.000.000 CNY mit Fälligkeit in einem Jahr verkauft hat (a) und dieses Geschäft mit einem Kassakauf kompensiert (b). Somit weist die B-Bank betraglich auch keine offene Währungsposition aus, jedoch liegt auch bei ihr eine terminliche Inkongruenz mit gegenteiligem Profil zur A-Bank vor. Die A-Bank verkauft 1.000.000 CNY per Termin und kauft den gleichen Betrag per Kassa zurück. Die B-Bank ist der Kontrahent, kauft demzufolge 1.000.000 CNY per Termin und verkauft den gleichen Betrag aktuell. Im Ergebnis haben die beteiligten Banken zu beiden Zeitpunkten geschlossene Währungspositionen. Wenn es sachlich erforderlich ist, können auch Termindevisen mit verschiedenen Fristigkeiten getauscht werden.

Ergänzend ist festzuhalten, dass für die Geschäfte kein einheitlicher Kurs zum Einsatz kommt. Der **Terminkurs** ist nicht das Spiegelbild der künftigen Kurserwartungen, sondern zeigt Unterschiede hinsichtlich der Anlagemöglichkeiten auf. Folgende Größen wirken sich auf die Höhe des **Devisenterminkurses** aus:

**(1)** der aktuelle Kassakurs der Währung

**(2)** die Abweichung der Zinssätze der beteiligten Währungen sowie

**(3)** die Anlagedauer in Fremdwährung

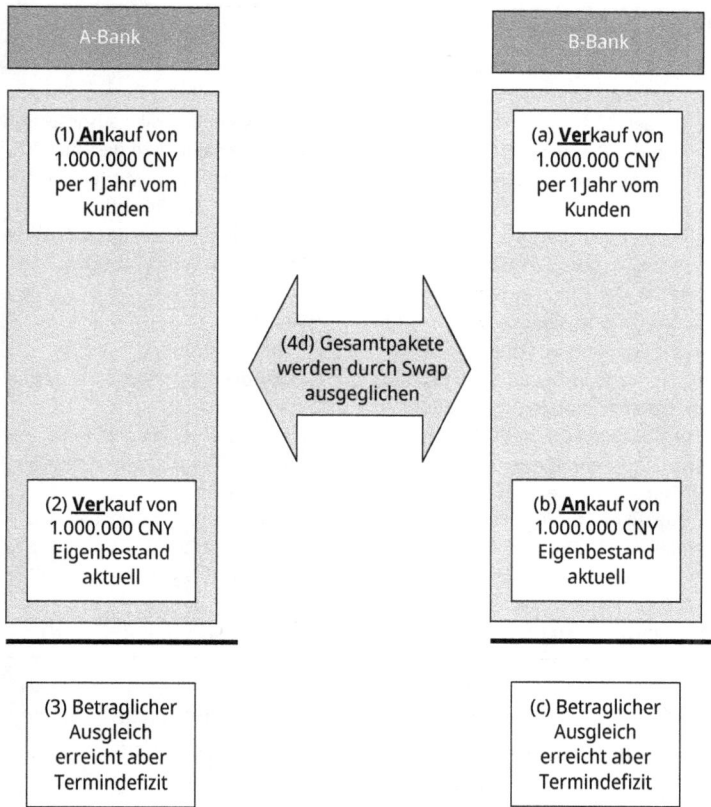

**Abb. 7.11:** Systematik eines Währungsswaps.

Liegt der Terminkurs über dem Kassakurs, so liegt ein **Report** (= Aufschlag) vor. Dieser entsteht, wenn der Zinssatz im Ausland höher ist als im Inland.

Liegt der Terminkurs unter dem Kassakurs, so handelt es sich um einen **Deport** (= Abschlag). Dieser entsteht, wenn der Zinssatz im Ausland geringer ist als im Inland.

De- und Report bilden gemeinsam die möglichen Ausprägungen nach denen Swap-Sätze benannt werden.

Der Terminkurs berechnet sich daher: **Kassakurs + Swap-Satz**

Für die Ermittlung der Swap-Differenz gilt:

$$\text{Swap} - \text{Differenz} = \frac{\text{Gegenwartskurs} \cdot \text{Zinsunterschied} \cdot \text{Laufzeit (in Tagen)}}{36.000 + \text{Zinshöhe Heimatwährung} \cdot \text{Laufzeit in Tagen}}$$

---

**Beispiel zu Terminkursen**

Der aktuelle Kurs beträgt 1 € = 10 (chinesische) Renminbi Yuan (CNY)

Zur Maximierung der Zinserträge ist auch für einen Akteur mit dem Euro als Heimatwährung eine Anlage in CNY zu einem annahmegemäß höheren Zinssatz sinnvoll, soweit das Währungsrisiko ausgeschlossen werden kann. Würden sich der Devisentermin- und der -kassakurs entsprechen, wäre dies möglich. Die Vorteilhaftigkeit dieses Vorgehens ist aber allen Marktteilnehmern transparent. Somit würden alle Anleger diese Option nutzen und CNY heute kaufen, anlegen und bereits heute auf Termin verkaufen. Der CNY würde an Wert verlieren, wodurch für einen Euro mehr CNY erzielbar wären. Wenn der CNY-Wert soweit fällt (⇔ der Euro-Kurs steigt), dass sich dieses **Arbitragegeschäft** – unter Berücksichtigung aller Kosten – nicht mehr lohnt, ist der Markt im Gleichgewicht.

Soweit der Markt im Gleichgewicht ist, liegt der Kurs bei: 1 € = 10,39604 CNY

Es gibt zwei Möglichkeiten diesen Kurs zu ermitteln:

**(1)** 100.000 € zu 1,2 % für 300 Tage in Deutschland angelegt, ergibt nach der Zinsformel einen Ertrag von 1.000 €, sodass das Gesamtvermögen auf 101.000 € anwächst.

Alternativ können die 100.000 € in CNY getauscht werden, sodass eine Anlagesumme von 1.000.000 CNY zur Verfügung steht. Diese für 300 Tage zu 6 % in China angelegt, ergibt einen Zinsertrag von 50.000 CNY, sodass das Gesamtvermögen auf 1.050.000 CNY anwächst.

Bei einem Terminkurs von 1 € = 10,39604 CNY erhält er für den Rücktausch seiner Auslandsanlage (1.050.000 ÷ 10.39604) exakt 101.000 €, sodass der Gesamterfolg identisch ist.

**(2)** Durch Verwendung der entsprechenden Formel (s. o.) kann der Terminaufschlag ebenfalls ermittelt werden: 10 · 4,8 · 300 ÷ (36.000 + 1,2 · 300) = 0,39604.

In Verbindung mit dem aktuellen Kurs von 10,0 ergibt sich der Terminkurs von 10,39604 CNY.

---

Analog dem Kassamarkt erhalten die Kunden auch auf dem Terminmarkt nicht den Mittelkurs für die Abrechnung ihrer Geschäfte, sondern den Geld- oder Briefkurs.

### 7.3.4.3 Praktische Umsetzung durch Kreditinstitute

Wie werden die im letzten Abschnitt dargestellten Sicherungsinstrumente durch die Banken und Sparkassen eingesetzt? Um diese Frage zu beantworten, wird angenommen, dass ein Importeur in zwei Monaten 10.000.000 USD benötigt. Um sicher kalkulieren zu können, erwirbt er die Devisen per Termin von seiner Hausbank. Diese hat die Möglichkeit, das Risiko mit einem Outrightgeschäft weiterzugeben. Die Konsequenzen veranschaulicht die Abbildung 7.12.

Dieses Vorgehen ist in der Praxis selten, da die offene Währungsposition nur weitergegeben wird. Irgendjemand in der Kette muss das Risiko tragen.

Eine andere Möglichkeit zeigt Abbildung 7.13. Hier kauft die Bank die Devisen per Termin von einem Exporteur, der genau das entgegengesetzte Problem lösen möchte: einen Eingang von 10.000.000 USD in zwei Monaten, dessen Wert er heute sichern möchte.

Dieses Vorgehen ist üblich, soweit die erforderlichen Geschäfte der Bank auch tatsächlich angeboten werden. Ob und in welchem Umfang ein Kreditinstitut diese Möglichkeit nutzen kann, hängt auch von dem Umfang der Außenhandelsaktivitäten seiner Kunden ab.

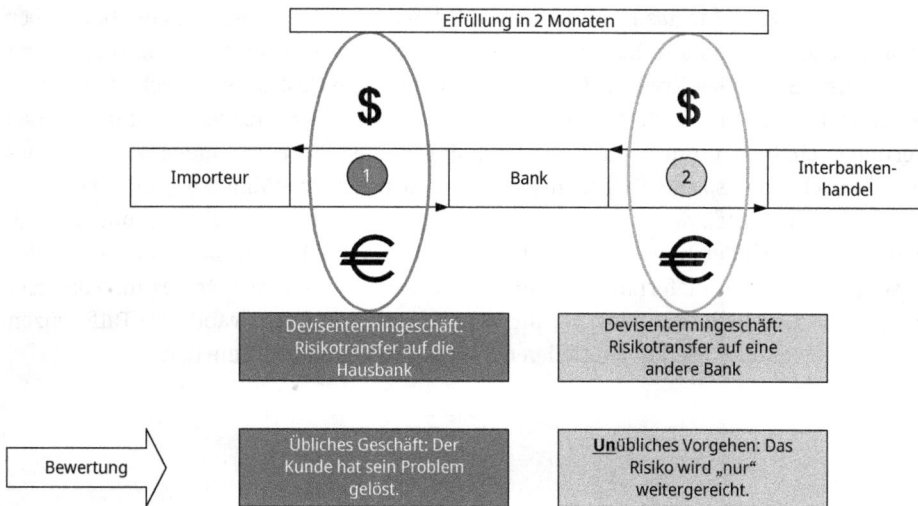

**Abb. 7.12:** Schema eines Outrightgeschäfts.

Passen die Fristigkeiten der Devisenverkaufs- und Devisenankaufswünsche nicht zusammen, kann die Bank mit einem Kassageschäft das Währungsrisiko ausgleichen, sodass sie nur noch das **Fristigkeitenrisiko** tragen muss. Dies kann sie hier durch die Geldanlage in USD kompensieren. Auf diese Weise ist ihr Risiko nicht mehr vorhanden und sie generiert zusätzliche Zinserträge. Abbildung 7.14 visualisiert dieses Vorgehen.

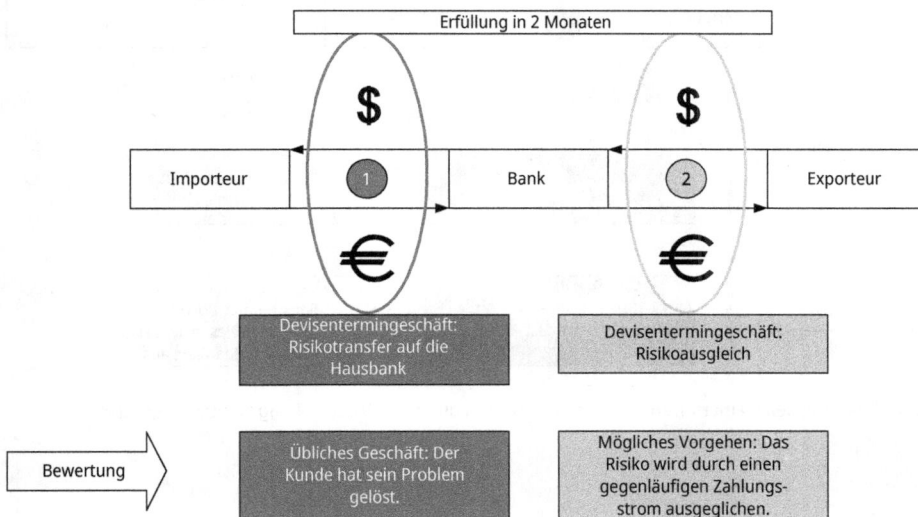

**Abb. 7.13:** Schema eines Währungsausgleichs durch entgegengesetzte Kundengeschäfte.

Voraussetzung für das in Abbildung 7.14 gezeigte Vorgehen ist, dass die Bank über ausreichende Liquidität in Euro verfügt, um den Devisentransfer per heute vornehmen zu können. Sollte das Kreditinstitut sehr umfangreiche Geschäfte abwickeln, stößt es irgendwann an seine Grenzen. An dieser Stelle gewinnen Swaps an Attraktivität: Das Termingeschäft wird durch ein Kassageschäft und das – so entstandene – Gesamtkonstrukt durch einen spiegelbildlichen Tausch kompensiert, wie Abbildung 7.15 zeigt.

Der große Vorteil dieses Vorgehens ist, dass aktuell keine Liquidität gebunden wird, denn der Erwerb der Kassadevisen wird durch den aktuellen Teil des Swap-Geschäftes ausgeglichen. Die zu liefernden Termindevisen werden vom Partner des Interbankenhandels bereitgestellt. Die Bank hat ihr Währungsrisiko „ausgeswapt". Die Differenzen zwischen Geld- und Briefkursen stellen den Ertrag der Kreditinstitute dar.

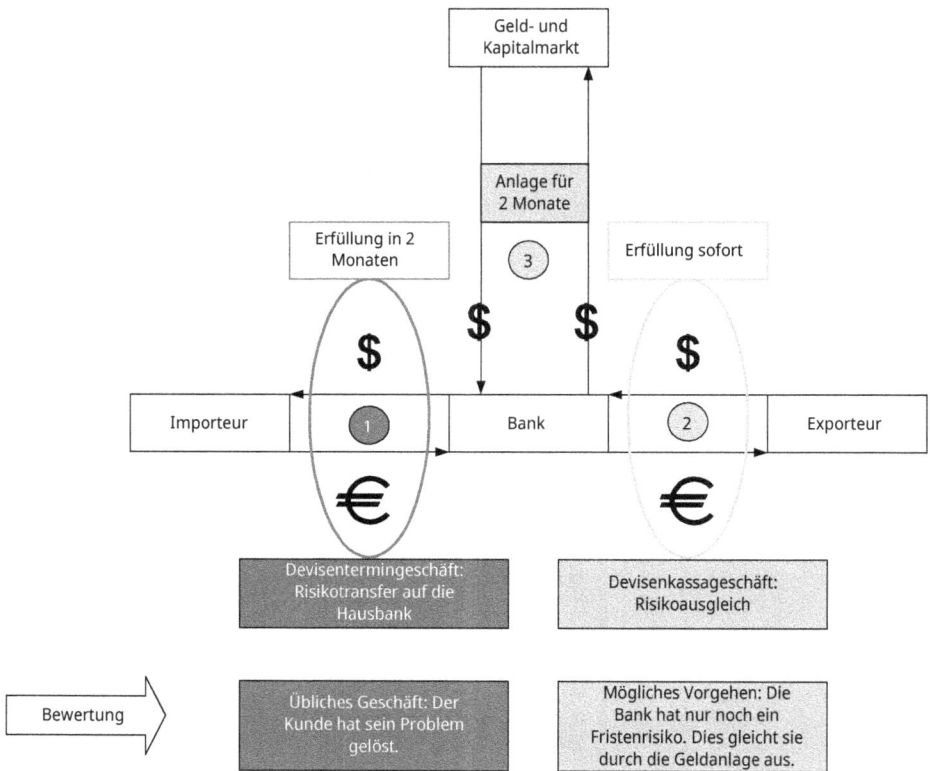

**Abb. 7.14:** Ausgleich einer offenen Währungsposition durch ein fristeninkongruentes Gegengeschäft.

### 7.3.4.4 Möglichkeiten der Optionsgeschäfte

**Definition**

**Optionen** sind Ansprüche des Erwerbers, die durch Zahlung einer Optionsprämie an den Stillhalter (= Verkäufer) entstehen und ermöglichen
**(1)** den vereinbarten Gegenstand (= Basiswert hier Währungsbetrag)
**(2)** in der Zukunft
(a) **Europäische Version**: Rechtausübung ist nur am letzten Tag möglich
(b) **Amerikanische Version**: Rechtausübung ist während der gesamten Laufzeit möglich
**(3)** zum in der Gegenwart fixierten (Basis-)Preis
**(4)** zu handeln. Es werden unterschieden:
(a) Kaufoptionen: der Rechteinhaber kann den Währungsbetrag erstehen (= **Call**)
(b) Verkaufsoptionen: der Rechteinhaber kann den Währungsbetrag veräußern (= **Put**)

Im Unterschied zu **Outrightgeschäften** sind Optionen nur **bedingte Geschäfte**, da der Inhaber auf das Recht der Ausübung verzichten kann. Somit wird der Erwerber sein Recht immer dann nutzen, wenn dies ökonomisch Sinn macht. Kann er die Devisen am Markt günstiger erwerben oder teurer verkaufen als durch die Option vereinbart, wird er diese – unter Berücksichtigung der bereits gezahlten Prämie – verfallen lassen.

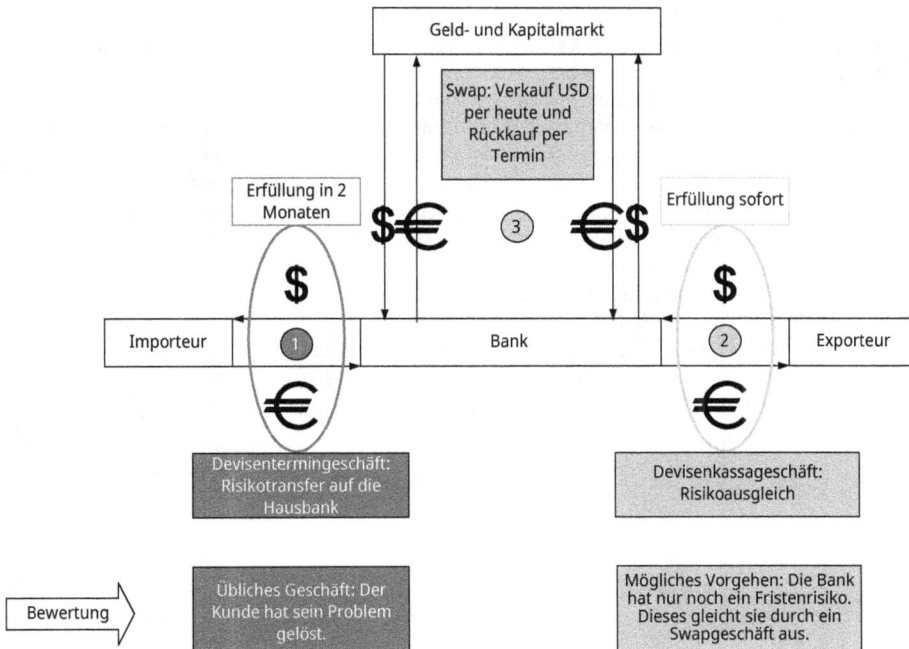

**Abb. 7.15:** Wirkung eines Swap-Geschäfts.

Der Stillhalter hingegen erhält seine Prämie und muss – soweit der Optionsinhaber dies verlangt – leisten. Optionen

**(1)** stellen, soweit sie zur Absicherung eingesetzt werden, ökonomisch Versicherungen dar, wobei der Käufer der Versicherungsnehmer ist und der Stillhalter als Versicherungsgesellschaft fungiert.

**(2)** bieten Möglichkeiten der **Spekulation.**

---

**Beispiel zum Erwerb einer Verkaufsoption**

Für den Unternehmer, der Waren nach China exportiert, bietet sich die Möglichkeit des Erwerbs einer CNY-**Verkaufsoption** an.

**(1)** Der vereinbarte Preis entspricht (hier dem aktuellen Kassakurs) 1 € = 10 CNY

**(2)** Abschlussvolumen: 1.000.000 CNY

**(3)** Möglichkeit der Ausübung: Am Ende der sechsmonatigen Laufzeit

**(4)** Entgelt für den Stillhalter (Optionsprämie): 5.000 €

Ein **Spekulant**, der mit einem Einsatz von 5.000 € auf einen steigenden Kurs des Euros gemessen am CNY wetten möchte, erwirbt die gleiche Option.

**(1)** Steigt der Wert des Euro auf beispielsweise 11,0 CNY und damit über den Break-even-Punkt von 10,526 CNY,

**(a)** so hat sich das Geschäft für den Exporteur gelohnt: Er erhält für seine 1.000.000 CNY 100.000 € und hat an Prämie 5.000 € aufgewandt, sodass sein Nettoerlös bei 95.000 € liegt. Beim Verkauf über den Markt hätte er nur 90.909,09 € erwirtschaftet, sodass ein Opportunitätsgewinn in Höhe von 4.090,91 € entstanden ist.

**(b)** so hat sich das Geschäft für den Spekulanten gelohnt: Er erhält für seine 1.000.000 CNY 100.000 € und hat an Prämie 5.000 € aufgewandt. Da er die CNY gar nicht besitzt, wird er sie am Markt für 90.909,09 € erwerben, sodass ihm 4.090,91 € als Gewinn verbleiben.

**(2)** Liegt der Kurs bei 10,25 CNY und damit zwischen 10,00 CNY und 10,526 CNY,

**(a)** so wird der Exporteur diese ausnutzen um seinen Verlust zu minimieren. Bei einem Direktverkauf würde er 97.560,98 € erzielen, bei der Optionsausübung erhält er 100.000 €, womit er seine Situation verbessert. Die gezahlte Prämie ist nicht mehr relevant, da sie bereits geflossen ist. Der Verlust beträgt 2.560,98 €.

**(b)** so wird der Spekulant diese ausnutzen um seinen Verlust zu minimieren. Er kauft die CNY zu 97.560,98 € und verkauft zu 100.000 €. Der Erfolg von 2.439,02 € verringert den Verlust durch die eingesetzte Prämie, die ohnehin geflossen ist. Der Verlust beträgt ebenfalls 2.560,98 €.

**(3)** Liegt der Kurs bei 9,00 CNY und damit unter dem Basispreis,

**(a)** so wird der Exporteur die Option nicht ausüben. Er erhält 111.111,11 € beim Direktverkauf gemessen an den 100.000 €, die ihm der Stillhalter zahlen müsste. Die 5.000 € an Prämie sind verloren und mindern seinen Gewinn aus dem Geschäft, sodass ihm netto 106.111,11 € verbleiben.

**(b)** so wird der Spekulant die Option ebenfalls verfallen lassen. Die 5.000 € sind verloren.

Das **Chancen- und Risikoprofil** ist in der nachfolgenden Abbildung visualisiert.

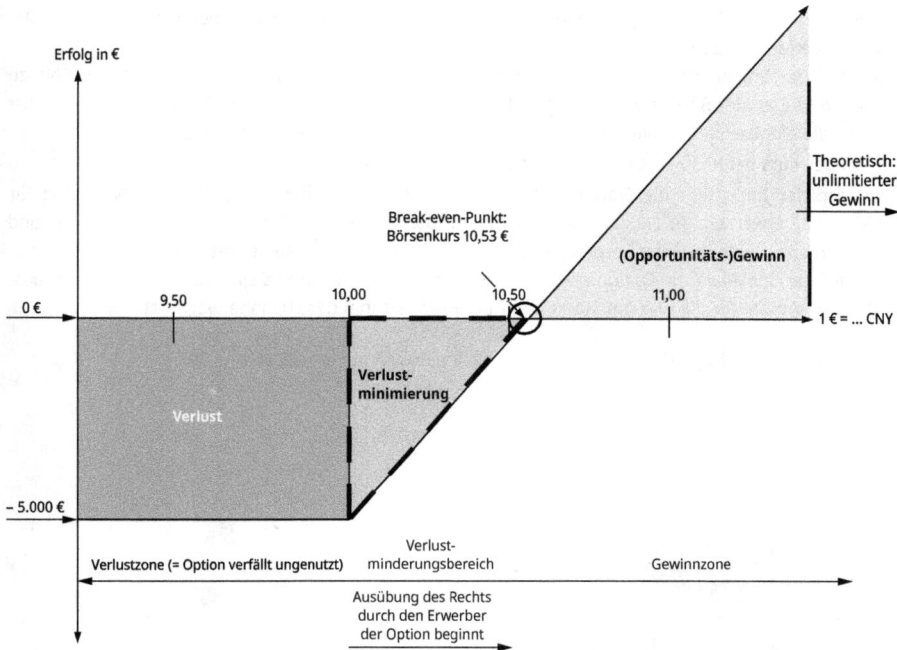

Chancen- und Risikoprofil einer CNY-Verkaufsoption.

---

### Beispiel zum Erwerb einer Kaufoption

Für den Unternehmer, der Kohle aus China importiert, bietet sich die Möglichkeit des Erwerbs einer CNY-**Kaufoption**.

**(1)**  Der vereinbarte Preis entspricht (hier dem aktuellen Kassakurs) 1 € = 10 CNY

**(2)**  Abschlussvolumen: 1.000.000 CNY

**(3)**  Möglichkeit der Ausübung: Am Ende der sechsmonatigen Laufzeit

**(4)**  Entgelt für den Stillhalter (Optionsprämie): 5 % des Euroerlöses

Ein **Spekulant**, der mit einem Einsatz von 5.000 € auf einen fallenden Kurs des Euro gemessen am CNY wetten möchte, erwirbt die gleiche Option.

**(1)**  Sinkt der Wert des Euro auf beispielsweise 8,50 CNY und damit unter den Break-even-Punkt von 9,524 CNY,

**(a)**  so hat sich das Geschäft für den Importeur gelohnt: Er kann seine 1.000.000 CNY für 100.000 € erwerben und hat an Prämie 5.000 € aufgewandt, sodass seine Gesamtkosten 105.000 € betragen. Beim Kauf über den Markt hätte er 117.647,06 € zahlen müssen, sodass ein Opportunitätsgewinn in Höhe von 12.647,06 € entstanden wäre.

**(b)**  so hat sich das Geschäft für den Spekulanten gelohnt: Er kann seine 1.000.000 CNY für 100.000 € erwerben und hat an Prämie 5.000 € aufgewandt. Da er die CNY gar nicht braucht, wird er sie am Markt für 117.647,06 € veräußern, sodass ihm 12.647,06 € als Gewinn verbleiben.

**(2)**  Liegt der Kurs bei 9,60 CNY und damit zwischen 9,524 CNY und 10,00 CNY,

(a) so wird der Importeur diesen ausnutzen um seinen Verlust zu minimieren. Bei einem Kauf an der Börse müsste er 104.166,67 € bezahlen, bei der Optionsausübung zahlt er 100.000 €, womit er seinen Einstandspreis verringert. Die gezahlte Prämie ist nicht mehr relevant, da sie bereits geflossen ist. Der Verlust beträgt 833,33 €.

(b) so wird der Spekulant diesen ausnutzen um seinen Verlust zu minimieren. Er kauft die CNY zu 104.166,67 € an der Börse und verkauft zu 100.000 €. Der Erfolg von 4.166,67 € verringert den Verlust durch die eingesetzte Prämie, die ohnehin geflossen ist. Der Verlust beträgt 833,33 €.

**(3)** Liegt der Kurs bei 10,50 CNY und damit über dem Basispreis,

(a) so wird der Importeur die Option nicht ausüben. Er kann an der Börse die Fremdwährung für 95.238,10 € erwerben. Bei Nutzung der Option sind 100.000 € zu entrichten. Die 5.000 € an Prämie sind verloren und mindern seinen Gewinn aus dem Geschäft, sodass ein Nettoverlust von 238,10 € verbleibt.

(b) so wird der Spekulant die Option ebenfalls verfallen lassen. Die 5.000 € sind verloren. Würde er ausüben, so müsste für die CNY am Markt mehr bezahlen, als ihm der Stillhalter vergütet.

Das **Chancen- und Risikoprofil** ist in der nachfolgenden Abbildung visualisiert.

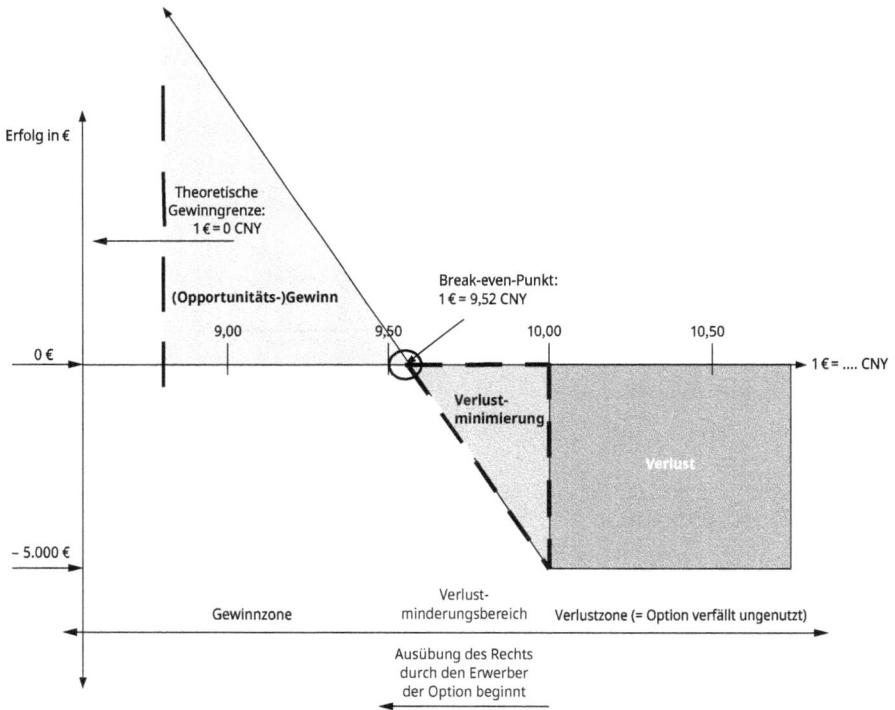

Chancen- und Risikoprofil einer CNY-Kaufoption.

Natürlich unterscheiden die Banken auch bei den Optionsgeschäften Geld- und Briefkurse, um eine Marge zu erzielen.

Einen ganz anderen Weg der Währungsabsicherung betreiben Akteure, die Währungskonten führen und nur gelegentlich **Spitzenbeträge** in Heimatwährung umtauschen. Der Außenhändler, der regelmäßig sowohl eingehende als auch ausgehende Zahlungen in fremder Währung hat, kann die heutigen Zahlungseingänge in CNY anlegen und für die zukünftig anstehende Zahlungsverpflichtung verwenden. Die Abwicklung von Zahlungen ist Gegenstand des übernächsten Kapitels. Zuvor stehen ausgewählte Instrumente des Zahlungsverkehrs im Fokus.

## 7.4 Bedeutende Zahlungsverkehrsinstrumente für den Außenhandel

### 7.4.1 Schecks

---

**Definition**

Mit einem Scheck weist der Aussteller das kontoführende Kreditinstitut schriftlich an, sein Konto mit dem benannten Geldbetrag zu belasten und dem Inhaber des Schecks zur Verfügung zu stellen.

---

Die Verfügung kann durch Auszahlung von Bargeld oder durch Gutschrift auf einem Konto erfolgen. Die grundlegenden Zusammenhänge zeigt die Abbildung 7.16. Ein wich-

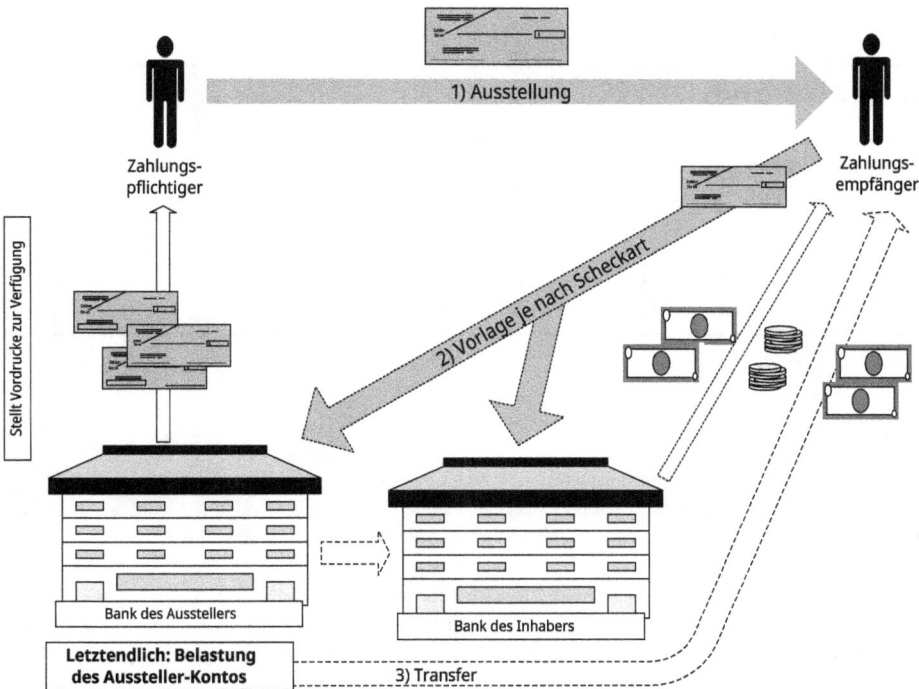

**Abb. 7.16:** Überblick einer Scheckzahlung.

tiges Motiv für die Scheckausstellung ist, dass die Bankverbindung des Empfängers dem Aussteller **unbekannt** ist. Im Rahmen der Liquiditätsdisposition kann ein Scheck auch vorteilhaft sein, da die Postlaufzeiten, die Bankeinreichung und der Einzug des Schecks durch das Kreditinstitut zu einer **späteren Belastung** führen, als wenn der Betrag sofort überwiesen wird. Zudem besteht bei Zahlungen an eine Vielzahl von Empfängern die Möglichkeit, dass einige Betroffene die Scheckeinreichung vergessen.

### 7.4.1.1 Rechtliche Aspekte

Die Fähigkeit rechtswirksam Schecks ausstellen zu können, erfordert die Rechts- und volle Geschäftsfähigkeit. Man spricht auch von der **aktiven Scheckfähigkeit**. Die **passive Scheckfähigkeit** – von einem Dritten durch Scheck zur Zahlung aufgefordert zu werden – behält der Art. 3 ScheckG jedoch den Banken vor.

**Schecks weisen folgende Kennzeichen auf:**

**(1)** Sie sind **abstrakt**, hiermit ist gemeint, dass sie losgelöst von einem bestehenden Grundgeschäft (z. B. Kaufvertrag) einzulösen sind.

**(2)** Es handelt sich nicht um ein Kreditmittel, sodass der Scheck immer bei „Sicht" (= Vorlage) durch das bezogene Institut einzulösen ist (Art. 28 ScheckG).

**(3)** Formal handelt es sich um ein Wertpapier. Es liegt nur dann ein Scheck vor, wenn die sechs **gesetzlichen Bestandteile** vorhanden sind (Art. 2 ScheckG).

---

**Gesetzliche Bestandteile**

„Der Scheck enthält:

**(1)** die Bezeichnung als Scheck im Text der Urkunde und zwar in der Sprache, in der sie ausgestellt ist;

**(2)** die unbedingte[28] Anweisung, eine bestimmte Geldsumme zu zahlen;

**(3)** den Namen dessen, der zahlen soll (Bezogener)[29];

**(4)** die Angabe des Zahlungsortes[30];

**(5)** die Angabe des Tages und des Ortes der Ausstellung;[31]

**(6)** die Unterschrift des Ausstellers[32]" (Art. 1 des ScheckG)

---

28 Eine Verknüpfung der Scheckausstellung an eine Bedingung ist unzulässig.

29 Hiermit ist das Kreditinstitut des Scheckausstellers gemeint, das gegen Vorlage des Schecks zahlen soll.

30 Ohne diese Angabe wird mit der Fiktion gearbeitet, dass der Ort des „Bezogenen" gültig ist (Art. 2 Abs. ScheckG).

31 Ohne Angabe gilt der Sitz „des Ausstellers" als Ausstellungsort (Art. 2 Abs. 4 ScheckG). Abweichende Datumsangaben sind unschädlich, da der Scheck bei „Sicht" fällig ist (Art. 28 Abs. 1 ScheckG).

32 Zur Rechtswirksamkeit sind die Regelungen der Verfügungsmöglichkeiten über das entsprechende Konto zu berücksichtigen. Diese müssen handschriftlich erfolgen. Faksimile (= gestempelte Unterschriften) sind formaljuristisch nicht gültig, werden aber in der Praxis trotzdem verwendet.

### 7.4.1.2 Fristgerechte Vorlage

Das Scheckgesetz schreibt in Art. 29 ScheckG genau vor, bis wann ein im Inland zahlbarer Scheck – abhängig vom Ausstellungsland – dem bezogenen Kreditinstitut vorgelegt werden muss. Zielsetzung des Gesetzgebers ist, dass der Scheck ein reines **Zahlungsmittel** bleibt und nicht zur Kreditgewährung eingesetzt wird. Um dieses Ziel zu erreichen, hat der Gesetzgeber mit der Fristüberschreitung Rechtsfolgen verknüpft, die der Begünstigte regelmäßig ungern hinnehmen möchte. Die Konsequenz der Fristüberschreitung ist, dass die Einlöseverpflichtung rechtlich nicht mehr besteht. Losgelöst davon erfolgt die Einlösung in der Praxis auch nach Fristablauf.

Weitere Konsequenzen der Fristüberschreitung sind der Verlust
- des **scheckrechtlichen Regresses** sowie
- der Möglichkeit einen **Scheckprozess** zu führen.

Soweit ein Scheck nicht eingelöst wird, kann der Begünstigte seine Rechte im Rahmen eines Scheckprozesses geltend machen. Der Scheckprozess ist nach § 592 ZPO ein reiner „Urkundenprozess", sodass auf die Hörung von Zeugen verzichtet wird. Die Voraussetzungen für einen Prozess ergeben sich aus dem ScheckG:

Die Vorlegungsfrist beginnt mit dem Tag der angegebenen Scheckausstellung und beträgt bei Ausstellung ...
- im Inland **acht** Kalendertage
- in Europa oder einem Mittelmeerland **20** Kalendertage
- in einem anderen Land **70** Kalendertage

Für die Berechnung des spätesten Vorlagetages ist zu beachten, dass der Ausstellungstag selbst nicht zu berücksichtigen ist.

Bei Fristenden an Sams-, Sonn- oder (Bank-)Feiertagen fällt das Vorlage-Ende auf den ersten nachfolgenden Geschäftstag.

---

**Fallstudie 2**

**Ausgangslage:**
Ein Scheck über 1.500 € wird am Donnerstag den 23.12.20X1 ausgestellt.

**Aufgabenstellung:**
Welcher ist der letztmögliche Tag zur Scheckvorlage beim bezogenen Kreditinstitut?

**Lösung:**
03.01.20X2
Die Herleitung der Lösung findet sich in der nachfolgenden Abbildung.

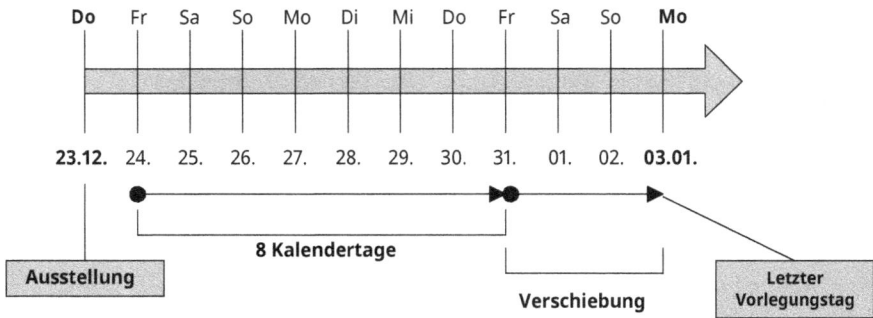

| Do | Fr | Sa | So | Mo | Di | Mi | Do | Fr | Sa | So | **Mo** |
|----|----|----|----|----|----|----|----|----|----|----|----|
| **23.12.** | 24. | 25. | 26. | 27. | 28. | 29. | 30. | 31. | 01. | 02. | **03.01.** |

8 Kalendertage

Ausstellung

Verschiebung

Letzter Vorlegungstag

Der 31.12. ist ein Bankfeiertag und wird somit nicht als Geschäftstag gewertet. Das hat zur Folge, dass dieser Tag nicht die letzte Vorlegungsoption für den Scheck darstellt, sondern dass das Vorlage-Ende auf den nächstmöglichen Geschäftstag verschoben wird.

Visualisierung der spezifischen Vorlagefrist.

### 7.4.1.3 Erscheinungsformen

Schecks lassen sich nach zwei Ebenen gliedern, wie Abbildung 7.17 verdeutlicht.

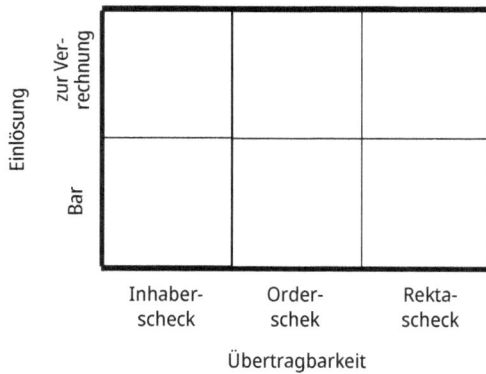

**Abb. 7.17:** Einteilungsdimensionen von Schecks.

Soweit der Zahlungspflichtige wünscht, dass der von ihm ausgestellte Scheck nur durch eine Kontogutschrift eingelöst wird, so kann er den Vermerk „**Nur zur Verrechnung**" auf dem Scheck anbringen. Die gleiche rechtliche Wirkung wird durch den Vermerk „N.z.V" oder zwei parallel zueinander verlaufender Linien erzeugt. Die Vermerke dürfen von jeder Person angebracht werden. Diese Anweisung ist unumkehrbar. Hiermit ist dem bezogenen Institut die Barauszahlung untersagt und es haftet, falls es gegen diese Anweisung verstößt (Art. 39 ScheckG).

Die Abwicklung beginnt damit, dass der Zahlungsempfänger den ihm übergebenen Scheck seinem Kreditinstitut vorlegt, welches den **Einzug** des Betrags beim bezogenen Kreditinstitut veranlasst. Die Empfängerbank wird ihrem Kunden den Gegenwert „unter Vorbehalt der Einlösung" gutschreiben. Dies wird mit dem Vermerk „E.v." (= Eingang vorbehalten) deutlich gemacht. Einen Überblick vermittelt die Abbildung 7.18. Erst nach Ablauf der Frist kann der Kunde wirklich verfügen ohne anderes Kontoguthaben zu beanspruchen oder sein Konto zu überziehen. So wird dem Risiko vorgebeugt, dass der Einreicher das Geld verausgabt und die Einlösung nicht erfolgt. Das Buchungsdatum entspricht dem Einreichertag des Schecks, die **Wertstellung** dem voraussichtlichen Einlösungsdatum. Die Vorbehaltsfrist ist für interne Schecks kürzer als für Schecks fremder Kreditinstitute.

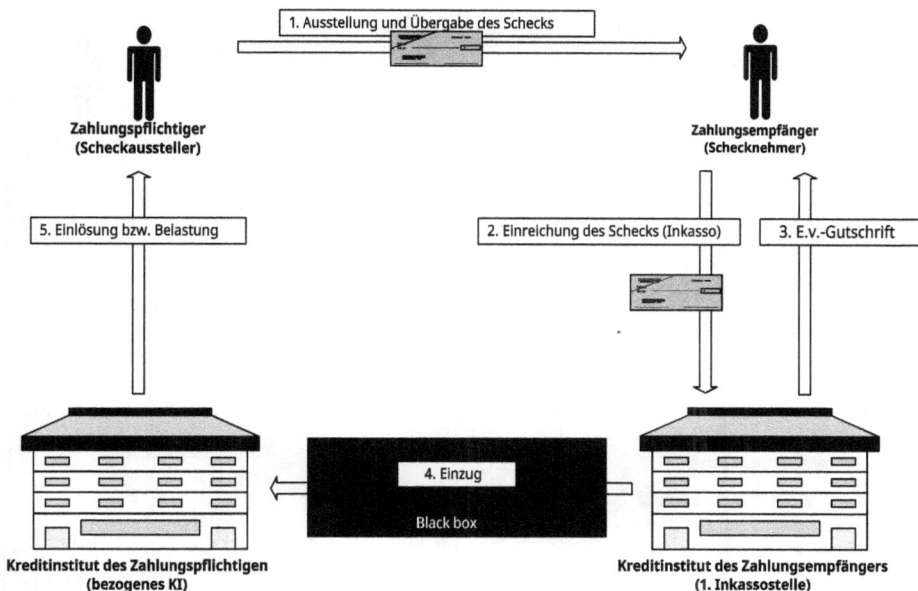

**Abb. 7.18:** Darstellung der Funktionsweise eines Verrechnungsschecks.

---

**Beispiel zur Scheckeinreichung**

**Ausgangslage**

– Kunde A reicht bei der U-Bank einen Verrechnungsscheck über 350 € am Donnerstag, den 21.04.20XX ein. Die R-Trust-AG ist bezogene Bank.

– Es gilt die Regel, dass externe Schecks mit der Wertstellung von fünf Bankgeschäftstagen gutgeschrieben werden.

**Folgen für den Kunden**

– Buchungsdatum: 21.04.20XX
– Wertstellung: 21.04. zuzüglich fünf Bankgeschäftstage.
– Somit erfolgt die Gutschrift mit der Wertstellung am Donnerstag, den 28.04.20XX. Das Geld ist dann tatsächlich verfügbar.

Der Vorteil des Verrechnungsschecks liegt insbesondere in der Sicherheit der Zahlung, denn das Empfängerkonto lässt sich leicht zurückverfolgen.

Schränkt der Aussteller die Verwendung nicht durch einen Verrechnungszusatz ein, so liegt ein Barscheck vor. Das Risiko des Barschecks liegt in dem Verlust verbunden mit der Auszahlung an unbefugte Dritte. Das Schema der Barscheckabwicklung zeigt die Abbildung 7.19. Durch die Anbringung des Verrechnungsvermerks ist der Bar- in einen Verrechnungsscheck transformierbar.

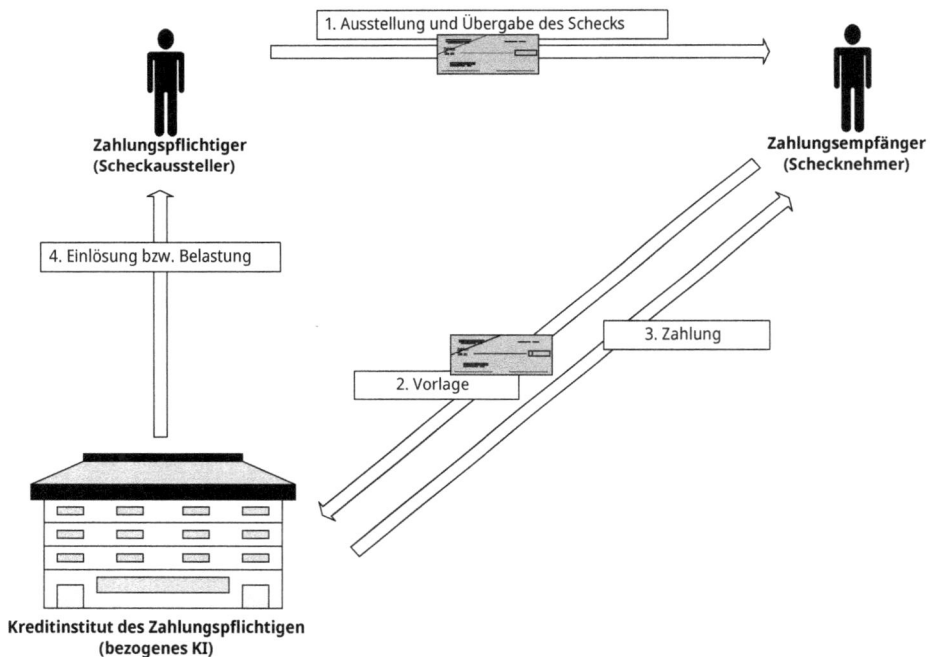

**Abb. 7.19:** Darstellung der Funktionsweise eines Barschecks.

Die Möglichkeit der Übertragung von Schecks hängt davon ab, welche **Rechtsnatur** der Scheck aufweist (siehe grundlegend Kapitel 5.1.1). Inhaberschecks werden – wie bewegliche Gegenstände – durch Einigung und Übergabe weitergegeben. Zur Rechtstransformation ist bei Orderschecks zusätzlich ein Weitergabevermerk (= Indossament) erforderlich, welches den Inhaber legitimiert. Rektaschecks – durch den Hinweis „**nicht an Order**" (Art. 14 II ScheckG) zu erkennen – erfordern für die Weitergabe eine separate Abtretungserklärung.

### 7.4.2 Wechsel

Der Wechsel ist ein Instrument, welches Ähnlichkeiten mit dem Scheck aufweist, sich aber auch in einigen Punkten unterscheidet. Der Gesamtzusammenhang wird in der nachfolgenden Abbildung 7.20 visualisiert.

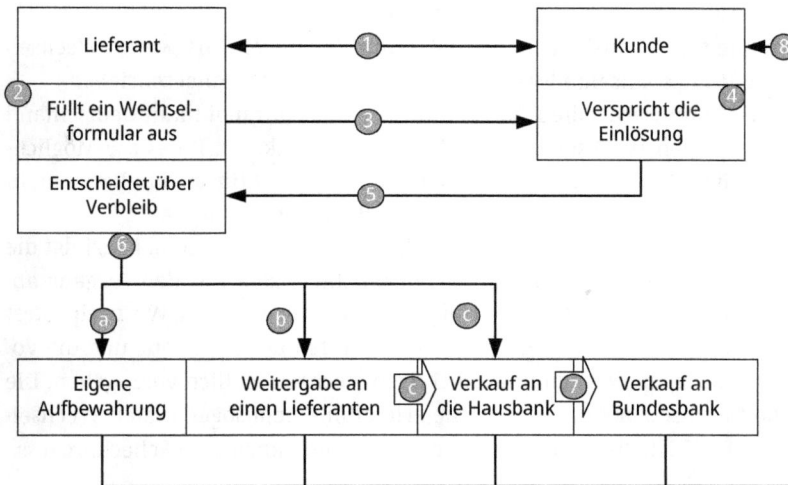

**Abb. 7.20:** Funktionsweise des Wechsels.

Die einzelnen Stationen haben folgende Inhalte:
(1) Ausgangspunkt ist ein Grundgeschäft zwischen zwei Parteien, bei denen der Kunde im Moment des Leistungserhalts nicht liquide ist.
(2) Der Lieferant nutzt (meist) einen standardisierten Vordruck und wird als Aussteller bezeichnet. Er weist seinen Kunden an, zu einem bestimmten Tag einen genau fixierten Betrag zu zahlen. Ein Unterschied zum Scheck ist, dass ein Wechsel in der Zukunft einzulösen ist, während Schecks bei Vorlage zu zahlen sind. Der Wechsel hat folglich auch eine kreditierende Funktion. Zudem können Schecks nur auf Kreditinstitute gezogen werden. Bezogener eines Wechsels können hingegen auch natürliche, quasijuristische und juristische Personen sein.
(3) Der soweit ausgefüllte Wechsel wird Tratte genannt und dem Kunden des Grundgeschäfts zur Unterschrift vorgelegt.

(4) Durch die Unterschrift – auch Akzept genannt – wandelt sich die Tratte zum Wechsel und der Bezogene unterwirft sich der Wechselstrenge, die im Wechselgesetz (WG) geregelt ist, und mit den Vorschriften des ScheckG vergleichbar sind.

(5) Der Wechsel steht dem Lieferanten zu, da hiermit seine Forderung aus dem Grundgeschäft abgesichert ist.

(6) Da der Wechsel ein geborenes Orderpapier ist, erfordert seine Übertragung ein Indossament – analog dem Order-Scheck. Der Aussteller hat verschiedene Möglichkeiten den Wechsel zu verwenden. Er ...

(a) behält ihn bis zur Fälligkeit.

(b) gibt ihn an seine Lieferanten. Auch diese können den Wechsel bis zur Fälligkeit behalten oder an seine Hausbank verkaufen (c).

(c) verkauft ihn an seine Hausbank und erhält dafür den Gegenwartswert – Wechselbetrag abzüglich des Zinsanteils (= Diskont) – auf sein Konto gutgeschrieben.

(7) Die Hausbank konnte – als die DBB noch für die Währungspolitik in Deutschland zuständig war – den Wechsel weiterverkaufen (= Rediskont). Da es die Möglichkeit des § 15 BBankG a. F. nicht mehr gibt, hat der Wechsel für die Banken, und in Folge dessen auch für die Binnenwirtschaft, an Bedeutung verloren.

(8) Unabhängig davon, wer den Wechsel bei Fälligkeit in den Händen hält, erfolgt die Präsentation beim Bezogenen. Wenn der Verpflichtete zahlt, ist der Vorgang abgeschlossen. Falls die Zahlung nicht erfolgt, kann ein sogenannter Wechselprotest nach Art. 80 WG erhoben werden. Dieser ist eine öffentliche Urkunde und die Voraussetzung, um gegen den Zahlungspflichtigen wechselrechtlich vorzugehen. Die gerichtliche Durchsetzung der Ansprüche erfolgt in einem sogenannten Wechselprozess nach §§ 602 ff. Zivilprozessordnung (ZPO) und ähnelt dem Scheckprozess.

Im Außenhandel hat der Wechsel noch Bedeutung, da sich die Beteiligten der Wechselstrenge bedienen möchten.

## 7.5 Auslandstransaktionen

### 7.5.1 Infrastruktur der Banken für den Auslandszahlungsverkehr

Analog dem Inlandszahlungsverkehr benötigen die Akteure auch im Außenhandel eine Infrastruktur um Zahlungen zu leisten. Im europäischen Raum sind die bestehenden Einrichtungen der Zentralbanken nutzbar. Kreditinstitute stellen ergänzende Infrastruktur dar, indem sie Vertretungen einrichten, um für ihre Kunden vor Ort aktiv zu sein. Dies kann unmittelbar erfolgen, indem eine Einheit aus dem Unternehmen oder dem Gesamtkonzern, beispielsweise in Form einer Zweigstelle oder eines Tochterunternehmens, das Kreditinstitut vor Ort vertritt. Diese Form der Präsenz ist selbst Großbanken nur für ausgewählte Länder möglich. Mittelbare Präsenzen erfolgen durch **Korrespondenten**. Hierbei führt die Inlandsbank für ihre Partnerbank das Eurokonto und die Auslandsbank führt für die Inlandsbank das **Fremdwährungskonto**. Einen Überblick vermittelt die Abbildung 7.21.

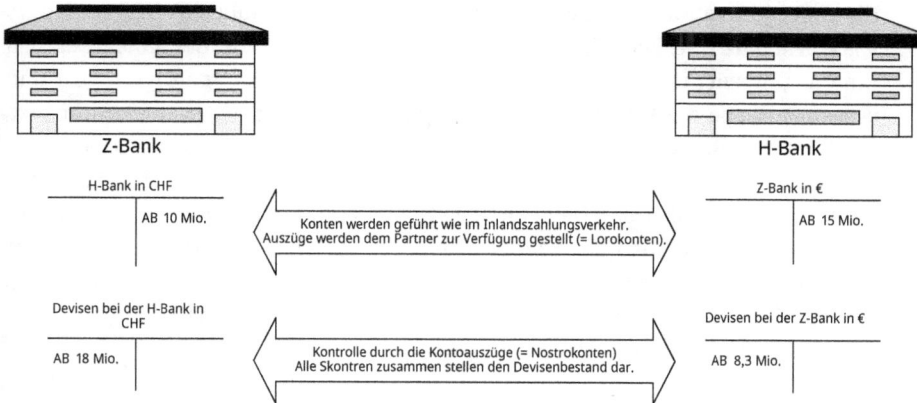

**Abb. 7.21:** Kontoverbindungen als Voraussetzungen für den Auslandszahlungsverkehr.

---

**Beispiel zur Auslandsüberweisung**

Möchte die H-Bank aus der Abbildung 7.21 eine Überweisung zur B-Bank in der Schweiz leisten, mit der sie selbst keine Kontoverbindung unterhält, so könnte die Abwicklung über die Z-Bank erfolgen. Diese belastet das CHF-Konto der H-Bank und schreibt es im Banken-KK der Schweiz der B-Bank gut.

Soweit die deutsche C-Bank über keine Auslandsvertretung verfügt, kann sie eine Überweisung zur Z-Bank (siehe Abbildung 7.16) vornehmen, indem sie der H-Bank den Eurogegenwert gutschreibt. Die H-Bank verfügt über ihren CHF-Bestand und leitet die Zahlung an den Empfänger weiter.

So sind den Kreditinstituten auch Überweisungen auch weit über das eigene Korrespondentennetz möglich.

---

Um den Außenhandel begleiten zu können, müssen Banken und Sparkassen Voraussetzungen schaffen; hierzu zählen:

– Die Begründung von Korrespondenzverhältnissen mit Kreditinstituten auf Basis von Kontoverbindung. Kontoverträge stellen die Grundvoraussetzungen dar.
– Ohne gegenseitige Konten ist es erforderlich, die Verrechnung zwischen den Beteiligten zu definieren. Meist übernimmt eine weitere Bank den Ausgleich der Salden. In dem Beispiel oben nimmt diese Aufgabe die Z-Bank (= **Remboursbank**) wahr, wenn Zahlungen zwischen der H- und der B-Bank vorgenommen werden.
– Die Legitimation der Berechtigung ist zu definieren. Sie erfolgt analog dem Inlandszahlungsverkehr durch die gegenseitige Übergabe von Aufstellungen der Zeichnungsberechtigungen und Chiffrierungsregeln für Aufträge, die auch mittels Fax oder E-Mail erfolgen können.

– **Fazilitäten** werden im Auslandsgeschäft die gegenseitig eingeräumten Kreditrahmen bezeichnet. Natürlich müssen die Beteiligten auch Klarheit über die Zinssätze und Gebühren der jeweiligen Gegenseite haben.
– Die Kommunikation zwischen den Beteiligten erfolgt oft über **SWIFT** (= *Society for Worldwide Interbank Financial Telecommunications*). Hierbei handelt es sich um ein Unternehmen, welches von internationalen Banken getragen wird und dessen Aufgabe die Bereitstellung eines Informationsübertragungsmediums ist. So ist es den Banken möglich, Informationen unverzüglich, gesichert und für überschaubare Gebühren zu transferieren. Durch den verwendeten Standard wird die Kommunikation erleichtert. Die Dokumentation der übermittelten Informationen einschließlich der Sendespezifika ermöglicht die Nachvollziehbarkeit des Informationsaustauschs. Zu betonen ist, dass über **SWIFT** ausschließlich ein Informationstransfer erfolgt, ohne dass die initiierten Zahlungen oder Wertpapiertransfers darüber erfolgen.

### 7.5.2 Zahlungen ohne dokumentäre Sicherheiten

### 7.5.2.1 Zahlungen aus dem Ausland
Die Zahlungen aus dem Ausland können per Scheck und Überweisung erfolgen. Neben Eingängen in Euro, können auch Fremdwährungseingänge verbucht werden. Eine Systematisierung zeigt die Abbildung 7.22.

| Währung | | |
|---|---|---|
| Fremdwährung | Fremdwährungs-Überweisung | Fremdwährungs-Scheck |
| € | €-Überweisung | €-Scheck |
| | Überweisung | Scheck |

**Zahlungsart**

**Abb. 7.22:** Formen eingehender ausländischer Zahlungen.

Erhält das Kreditinstitut für seinen Kunden einen Fremdwährungsbetrag durch eine **Überweisung**, so wird dieser zum Briefkurs in Euro umgerechnet, solange der Kunde über kein entsprechendes Währungskonto verfügt. Wickelt der Kunde regelmäßig Zahlungsein- und -ausgänge in fremder Währung ab, so kann der Unterhalt eines **Fremdwährungskontos** sinnvoll sein. In diesem Fall hat der Kunde die Wahlmöglichkeit, ob ihm ein eingehender Fremdwährungsbetrag in Euro oder Fremdwährung gutgeschrieben wird.

**Beispiel zum Überweisungseingang aus dem Ausland**

Kunde J aus Japan möchte 1 Mio. JPY an Kunde D aus Deutschland überweisen.

**(1)**  Kunde J erteilt einen Überweisungsauftrag.

**(2)**  Sein Konto wird belastet und die H-Bank als Kreditinstitut des Empfängers erhält auf ihrem Konto den Gegenwert in JPY vergütet.

**(3)**  Mittels SWIFT erfolgt die Benachrichtigung über die Gutschrift.

**(4)**  So hat sich der Devisenbestand der H-Bank erhöht und die Gutschrift erfolgt auf dem Euro-Konto des Zahlungsempfängers. Folgende Modifikationen sind möglich:

**(a)**  Soweit die Zahlung in Euro vereinbart ist, erfolgt der Währungstransfer nicht in Deutschland, sondern in Japan. Die deutsche Bank erhält die Gutschrift in Euro, die sie entsprechend gutschreibt. Dieser Fall ist in der Abbildung visualisiert.

**(b)**  Erfolgt die Zahlung in Fremdwährung und der Kunde hat ein entsprechendes Fremdwährungskonto, so erhält er auf Wunsch direkt die JPY vergütet.

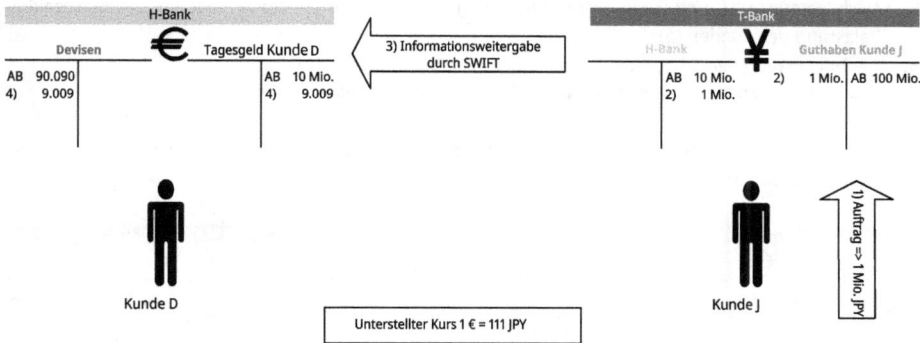

Beispiel eines Überweisungseingangs aus Japan.

Bei Erhalt von Schecks aus dem Ausland ist auch zwischen heimischer und fremder Währung zu unterscheiden. Ein **ausländischer Scheck** in Euro wird dem Exporteur in Euro gutgeschrieben und der **Korrespondenzbank** belastet.

Ein **ausländischer Scheck** in Fremdwährung erhöht den Devisenbestand der inländischen Bank und wird dem Exporteur in Fremdwährung gutgeschrieben soweit er über ein Fremdwährungskonto verfügt und diese Art der Gutschrift wünscht. Der Scheck wird in Euro gutgeschrieben soweit die anderen Bedingungen nicht erfüllt sind.

Die Gutschrift erfolgt entweder sofort unter dem Vorbehalt des Eingangs (= E.v.). In diesem Fall wird der **Sichtkurs** verwendet, da der Kunde früher über den Gegenwert verfügen kann als seine Bank. Alternativ wartet die Bank den Erhalt des Gegenwerts auf ihrem Konto ab und rechnet zum dann gültigen **Briefkurs** ab.

Da es sich bei Schecks aus dem Ausland regelmäßig um Orderschecks handelt, ist das Indossament des Begünstigten für den Einzug unumgänglich. Wurde der Scheck durch den Aussteller zum Rektapapier gemacht, so ist seine Weitergabe nur durch eine separate Abtretungserklärung möglich.

Das Risiko erhaltener Scheckzahlungen aus dem Ausland entspricht grundsätzlich dem des Inlandsverkehrs. Durch Währungsveränderungen kann der Schaden für den Zahlungsempfänger bei Scheckrückgaben den erhaltenen Betrag überschreiten. Durch die wesentlich längeren Laufzeiten und die teilweise fehlenden zwischenstaatlichen Vereinbarungen ist schwer abzuschätzen, wann der Scheck vom Aussteller eingelöst wurde.

---

**Beispiel zum Zahlungseingang mittels Auslandscheck**

Zahlung eines japanischen Importeurs nach Deutschland mittels Fremdwährungsscheck:
**(1)**  Der Importeur aus Japan stellt den Scheck aus (a) und versendet ihn (b).
**(2)**  Nach Erhalt des Schecks (c) reicht der Exporteur diesen bei seiner Bank ein (d).
**(3)**  Dem Kunden wird der Gegenwert (e) vergütet, gleichzeitig wird der Betrag auf einem Zwischenkonto gutgeschrieben.
**(4)**  Der Scheck wird nach Japan weitergeleitet (f).
**(5)**  Nach Unterschrifts- und Deckungsprüfung erfolgt die Gutschrift bei der H-Bank und die gleichzeitige Belastung des Kunden (g).
**(6)**  Die Information der Scheckeinlösung wird der H-Bank mitgeteilt (h).
**(7)**  Das Zwischenkonto wird ausgeglichen und der Devisenbestand erhöht sich (i).

Die einzelnen Arbeitsschritte, wenn ein deutscher Exporteur aus Japan 1.000.000 JPY erhält, die der Importeur mittels Scheck zahlt, zeigt die nachstehende Abbildung.

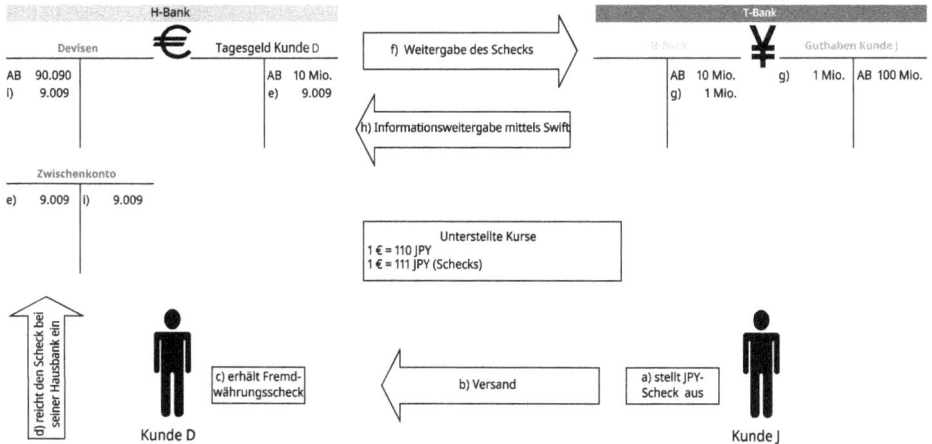

Beispiel einer Zahlung aus Japan durch Scheckausstellung des Importeurs.

Anstelle eines eigenen Schecks könnte der Kunde J auch noch die Bank beauftragen einen Bankenscheck auszustellen. Die Abwicklung bei dem Zahlungsempfänger unterscheidet sich jedoch nicht, sodass diese Ausprägung im Rahmen der erhaltenen Zahlungen betrachtet wird.

### 7.5.2.2 Zahlungen in das Ausland

Für **Überweisungen** in Euro innerhalb der EU und ausgewählter weiterer Staaten wie der Schweiz kann die **SEPA-Überweisung** vorgenommen werden. Diese steht seit 2008 zur Verfügung und soll die Zahlungen innerhalb der teilnehmenden Länder für die Zahlungspflichtigen vereinheitlichen. Die Kosten für den Zahlungspflichtigen dürfen – gemäß den EU-Anforderungen – nicht höher sein als für Inlandszahlungen. Die Kosten für den Geldeingang hängen von dem individuellen Konditionenmodell des Empfängers ab, der diese auch zu tragen hat. Um die Zahlung vornehmen zu können, müssen

- der **Bank Identifier Code** (= BIC) und damit die internationale Bankleitzahl und
- die **IBAN** (= International Bank Account Number) und damit die internationale Kontonummer enthalten sein. Für die Einsetzbarkeit im Inlandszahlungsverkehr enthält die **SEPA-Überweisung** keine Meldedurchschrift für den Außenwirtschaftsverkehr, sodass die Zahlungspflichtigen eine separate Meldung an die DBB vornehmen müssen. Diese Verpflichtung besteht natürlich auch wenn Zahlungen ohne SEPA erfolgen.

---

**Beispiel zur Darlehnstilgung in Fremdwährung**

Kunde A hat sich in JPY bei der T-Bank verschuldet und führt sein Tagesgeldkonto bei der H-Bank. Zur Begleichung seiner fälligen Darlehensrate beauftragt er seine Hausbank (1), die sein Konto belastet und damit ihren Devisenbestand verringert (2). Die Belastung erfolgt zum Geldkurs. Meist werden noch weitere Gebühren belastet. Die T-Bank führt für die H-Bank ein Konto und wird per SWIFT darüber informiert (3), dass sie das Konto der Bank belasten soll und die Gutschrift beim Kunden A vorzunehmen hat (4).

Die Kontendarstellung findet sich in der nachstehenden Abbildung.

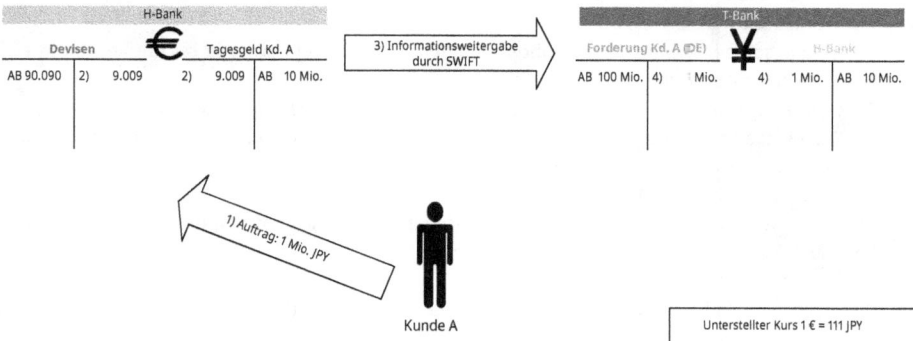

Beispiel einer Zahlung in das Ausland.

---

Eine weitere Möglichkeit Zahlungen in das Ausland zu leisten ist die Verwendung von Schecks. Diese bietet sich an, wenn

**(1)** die Kontoverbindung des Empfängers unbekannt ist,

**(2)** die Bank des Ex- und Importeurs keine Korrespondenzbanken sind und / oder

**(3)** eine Zahlung nicht in der Währung des Zahlungsempfängers erfolgen soll.

Es werden **Scheckziehungen** des Kunden auf seine Bank und **Bankenschecks** unterschieden, bei denen die Hausbank des Zahlungspflichtigen einen Scheck auf ihre Korrespondenzbank zieht. Diese sind regelmäßig als Orderschecks ausgestellt. Soweit es sich um **Kundenschecks** handelt, kann durch eine Scheckzahlung der Belastungstermin des eigenen Kontos verschoben werden, womit ein (geringer) Zinsvorteil verbunden ist.

Die grundlegende Abwicklung einer Scheckausstellung durch den Kunden entspricht analog dem Vorgehen wie es in Abbildung 7.18 dargestellt ist.

---

**Beispiel zur Begleichung einer Auslandsverbindlichkeit per Scheck**

Die Versicherung Bruch-Schutz in Hamburg ist aus einem Schadensfall verpflichtet, dem japanischen Importeur JiP 120.000 CHF zu bezahlen. Im Versicherungsvertrag, der vom deutschen Exporteur abgeschlossen wurde, ist die Zahlung durch einen Bankenscheck vorgesehen.

Folgende Arbeitsschritte erfolgen:

**(1)** Die Bruch-Schutz Versicherung beauftragt ihre Hausbank zur Zahlung von 100.000 € mittels Bankenscheck in CHF an JiP in Japan, die Begünstigte aus dem Versicherungsvertrag.

**(2)** Mit dem Eurowert belastet die H-Bank die Versicherung und merkt sich vor, dass ihr Devisenbestand (in CHF) kurzfristig vermindert wird (Zwischenkonto).

**(3)** Sie stellt den Scheck in CHF aus und gibt ihn weiter. Neben dem direkten Versand an den Empfänger kann er auch über den Auftraggeber dem Empfänger zugeleitet werden.

**(4)** Nach Erhalt reicht die JiP den Scheck bei ihrer Hausbank ein.

**(5)** Die T-Bank schreibt den Gegenwert ihrem Kunden zum Sichtkurs gut und bucht den Betrag auf einem Zwischenkonto ein.

**(6)** Der Scheck wird von der T-Bank an die bezogene Bank in der Schweiz weitergegeben.

**(7)** Die Z-Bank, die für die beiden anderen Banken Konten führt, belastet nach Prüfung die H-Bank und schreibt den Gegenwert der T-Bank gut.

**(8)** Es erfolgt die Weitergabe der Information an die T-Bank.

**(9)** Im Anschluss erfolgt bei der T-Bank der Ausgleich des Zwischenkontos und die Devisenbestandserhöhung.

**(10)** Nun wird die H-Bank informiert.

**(11)** Die H-Bank bucht die Devisen aus und stellt das Zwischenkonto glatt.

Die Umsetzung der einzelnen Schritte visualisiert die folgende Abbildung.

H-Bank

Devisen — Tagesgeld „Bruch-Schutz"

| AB 10 Mio. | 11) 100.000 | 2) 100.000 | AB 50 Mio. |

1) Auftrag: 120.000 CHF (per Scheck)

„Bruch-Schutz"

„JiP"

Zwischenkonto

| 11) 100.000 | 2) 100.000 |

3) Scheckausstellung und Weitergabe

120.000 CHF

10) Informationsweitergabe

4) Einreichung

Z-Bank

| T-Bank | CHF | H-Bank |

| AB 8 Mio. | 7) 120.000 | AB 12 Mio. |
| 7) 120.000 | | |

6) Weitergabe an den Bezogenen

T-Bank

| Devisen | ¥ | Konto „JiP" |

| AB 18 Mio. | | AB 21 Mio. |
| 9) 12 Mio. | | 5) 12 Mio. |

8) Informationsweitergabe

Zwischenkonto

| 5) 12 Mio. | 9) 12 Mio. |

Unterstellte Kurse:
1 € = 1,20 CHF
1 CHF = 100 JPY

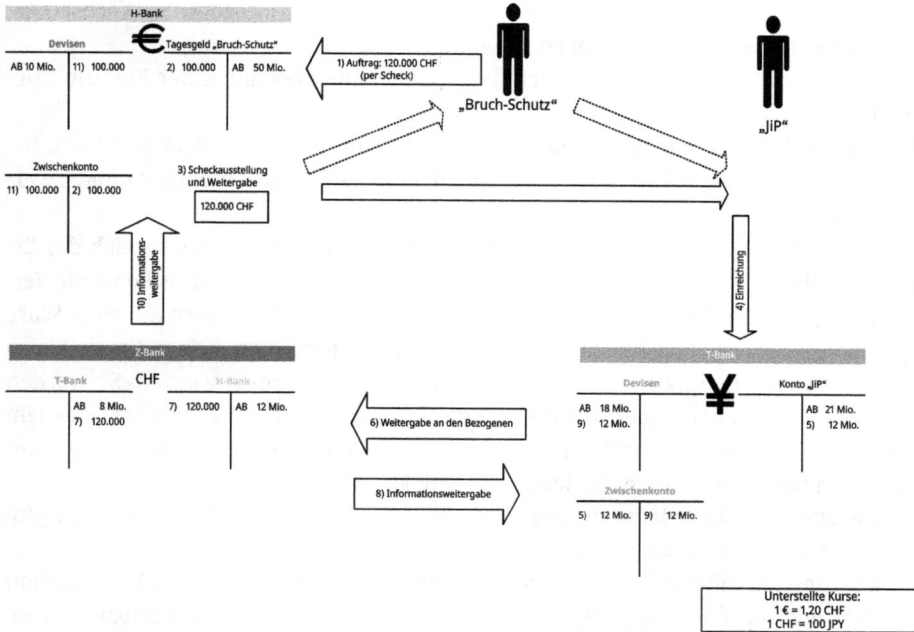

Beispiel einer Zahlung aus dem Inland nach Japan durch einen Scheck in Drittwährung.[33]

### 7.5.3 Zahlungen mit dokumentären Sicherheiten

Im Rahmen der Analyse der Risiken, die mit dem Außenhandel verbunden sind, wurde deutlich, dass reine Zahlungen, wie sie im letzten Abschnitt dargestellt sind, erhebliche Gefahren für die Beteiligten beinhalten (siehe Kapitel 7.1.2). Durch die Verknüpfung der Zahlung an die Einreichung bestimmter Dokumente wird das Risiko für die Beteiligten begrenzt. Die elementaren Grundlagen zum Wechsel finden sich in Kapitel 7.4.2.

#### 7.5.3.1 Einsatz des Dokumenteninkassos

Der Zahlungsempfänger (= Exporteur) reicht seiner Bank die vom Zahlungspflichtigen (= Importeur) geforderten **Dokumente** mit der Maßgabe ein, diese nur für die **vereinbarte Gegenleistung** aushändigen zu lassen. Die Gegenleistung kann einmal die **Zahlung** des vereinbarten Kaufpreises sein (= Dokumente gegen Zahlung). Alternativ

---

33 Die Informationsweitergabe ist hier zur Übersichtlichkeit nacheinander dargestellt, erfolgt aber in der Praxis meist zeitgleich.

kann die **Akzeptierung** der ebenfalls mitgelieferten Tratte (= gezogener Wechsel) gefordert werden (= Dokumente gegen Akzept).

Mit diesem Hilfsmittel nähert sich das Außenhandelsgeschäft einer **Zug um Zug**-Abwicklung.

Erst nach Erhalt der Dokumente wird der Importeur leisten. Sein Restrisiko besteht darin, dass die Dokumente nicht redlich ausgestellt wurden und er minderwertige Ware erhält.

Das Verfügungsrecht über die Waren verbleibt solange im Einflussbereich des Exporteurs, bis die Gegenleistung erbracht wird. Sein verbleibendes Restrisiko ist die Verweigerung der Abnahme durch den Importeur. In diesem Fall muss er für seine Ware eine andere Verwendung finden, wodurch zusätzliche Kosten entstehen. Dieses Risiko kann durch den Einsatz des Dokumentenakkreditivs verhindert werden. So werden Zahlungs- und Handelspapiere als Dokumente definiert. Wechsel und Schecks, die dem Erhalt des Geldes dienen, sind Zahlungspapiere. Alle anderen Dokumente, die sich auf die Waren beziehen, werden als Handelspapiere klassifiziert.

Die ausschließliche Verwendung von Zahlungspapieren beim Einzug wird als einfaches Inkasso bezeichnet.

Dokumenteninkasso liegt vor, wenn Handelspapiere allein oder in Kombination mit Zahlungspapieren eingezogen werden. Die Teilnehmer und Rechtsbeziehungen beim Dokumenteninkasso verdeutlicht Abbildung 7.23.

Ausprägungen beim Dokumenteninkasso

**(1)** **Dokumente gegen Zahlung** (*documents against payment d/p*): Die Übergabe der Dokumente erfordert die Zahlung durch den Importeur.

**(2)** **Dokumente gegen Akzept** (*documents against accept d/a*):

(a) In diesem Fall hat der Exporteur dem Importeur ein Zahlungsziel eingeräumt, sodass die Zahlung erst nach Erhalt der Ware erfolgt. Zur Absicherung kann der Exporteur ein Bankaval vom Importeur verlangen.

(b) Bei Vorlage der Dokumente muss der Importeur die **Tratte** akzeptieren, und erhält dafür die Ware. Nachdem die Laufzeit vorüber ist, hat der Importeur zu zahlen. In der Konstellation ist die offene Zahlung durch einen Wechsel gesichert.

Rechtsgrundlage für das Inkasso sind die Details des Auftrags, den der Exporteur erteilt hat. Nur wenn die „Einheitlichen Richtlinien für Inkassi" (= ERI 522) als Vertragsbestandteil genannt sind, unterliegt der Einzug diesen Bedingungen. Um Rechtssicherheit zu erzeugen, ist es wichtig, die Inhalte genau zu benennen. Erforderliche Angaben eines Inkassoauftrags sind:

**(1)** Die Namen der Beteiligten: Einreicherbank, vorlegende Bank, Exporteur als Auftraggeber, Importeur als Bezogener.

**(2)** Details des Geschäfts: Art der Produkte, Versandart und –route sowie eingeforderte Dokumente einschließlich der erforderlichen Anzahl.

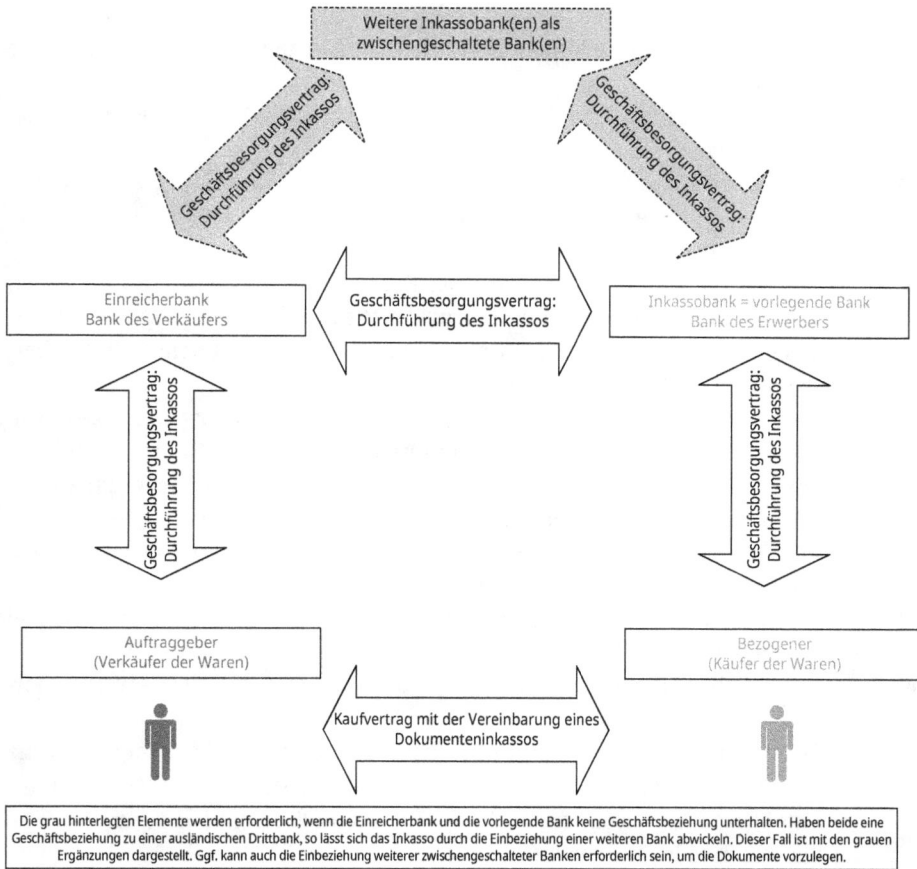

Die grau hinterlegten Elemente werden erforderlich, wenn die Einreicherbank und die vorlegende Bank keine Geschäftsbeziehung unterhalten. Haben beide eine Geschäftsbeziehung zu einer ausländischen Drittbank, so lässt sich das Inkasso durch die Einbeziehung einer weiteren Bank abwickeln. Dieser Fall ist mit den grauen Ergänzungen dargestellt. Ggf. kann auch die Einbeziehung weiterer zwischengeschalteter Banken erforderlich sein, um die Dokumente vorzulegen.

**Abb. 7.23:** Rechtsbeziehungen zwischen den Teilnehmern von Dokumenteninkasso im Außenhandel.

**(3)** Zahlungsbedingungen: Höhe und Währung des Inkassoauftrags, Art des Inkassos (Zahlung oder Akzept sowie ggf. erforderliche Fristen), Verwendung des Wechsels: Rückgabe an den Exporteur oder Vorlage bei Fälligkeit und Festlegung der Kostenverteilung auf die Handelspartner.

**(4)** Regeln für den **Notfall**:

(a) Wie ist zu verfahren, wenn die Zahlung oder das Akzept nicht geleistet wird?

(b) Wie ist damit umzugehen, wenn der Wechsel bei Fälligkeit nicht eingelöst wird?

**(5)** Gibt es eine **Notadresse**, die zu benachrichtigen ist, wenn Probleme auftreten?

Die erforderlichen Schritte beim Dokumenteninkasso gegen Akzept zeigt die Abbildung 7.24 im Überblick. Folgende Inhalte sind mit den jeweiligen Arbeitsschritten durchzuführen:

**(1)** **Einigung** über die Warenlieferung einschließlich der anzuwendenden Incoterms® sowie den Einzug der Dokumente gegen Akzeptierung einer Tratte mit einer Laufzeit von 90 Tagen.

**(2)** **Übergabe** der Waren an den Verfrachter, der die gesamte Warenlogistik – gemäß Vertrag – übernimmt.

**(3)** Übergabe der **Fracht-Dokumente** in der geforderten Anzahl. Ggf. sind weitere Dokumente von anderen Stellen zu beschaffen (Nachweis des Versicherungsabschlusses, der Güte der Ware etc.).

**(4)** Mit den Dokumenten erhält die Bank des Exporteurs auch den Auftrag zur **Weitergabe** der Dokumente und zum Einzug des Wechsels.

**(5)** Ausschließlich **Plausibilitätsprüfung**, ob die Dokumente mit dem Auftrag übereinstimmen.

**(6)** Mit dem **Dokumentenversand** wird auch der Inkassoauftrag weitergegeben. Dies geschieht regelmäßig in zwei getrennten Sendungen. Entweder ist die vorlegende Bank durch den Inkassoauftrag bestimmt oder die Einreicherbank kann diese selbst auswählen. Soweit die beiden betroffenen Banken eine Geschäftsbeziehung unterhalten, erfolgt der direkte Austausch. In anderen Fällen können weitere Banken eingebunden werden.

**(7)** Mit dieser Information weiß die **Einreicherbank**, dass die Dokumente ihr Ziel erreicht haben.

**(8)** Ausschließlich **Plausibilitätsprüfung**, ob die Dokumente mit dem Auftrag übereinstimmen.

**(9)** Mit der Information über die **Ankunft** der Dokumente erhält der Importeur die Tratte zur Unterschrift. Eine Einsichtnahme der Dokumente bei seiner Hausbank steht dem Importeur frei. Gibt die Hausbank die Dokumente zur Prüfung aus der Hand, so ist dies ihr Risiko.

**(10)** Durch die Unterschrift wird die **Tratte** zum Wechsel, den die vorlegende Bank erhält.

**(11)** Für den Wechsel erhält der Importeur im Gegenzug die **Dokumente**.

**(12)** Durch die Vorlage der Dokumente weist sich der Importeur als **berechtigt** aus.

**(13)** Die Ware wird **übergeben**.

**(14)** Gemäß dem Inkassoauftrag **kauft** die vorlegende Bank den Wechsel an und verwahrt ihn bis zur Fälligkeit.

**(15)** Die **Einreicherbank** erhält für ihren Kunden den Gegenwert des Wechsels gutgeschrieben. Dies kann direkt oder über Umwege erfolgen.

**(16)** Die erhaltene **Gutschrift** wird dem Kunden weitergegeben. Etwaige Gebühren – soweit im Inkassoauftrag vorgesehen – werden abgezogen.

**(17)** Bei Fälligkeit wird der Importeur von der vorlegenden Bank mit dem Gegenwert der Waren belastet.

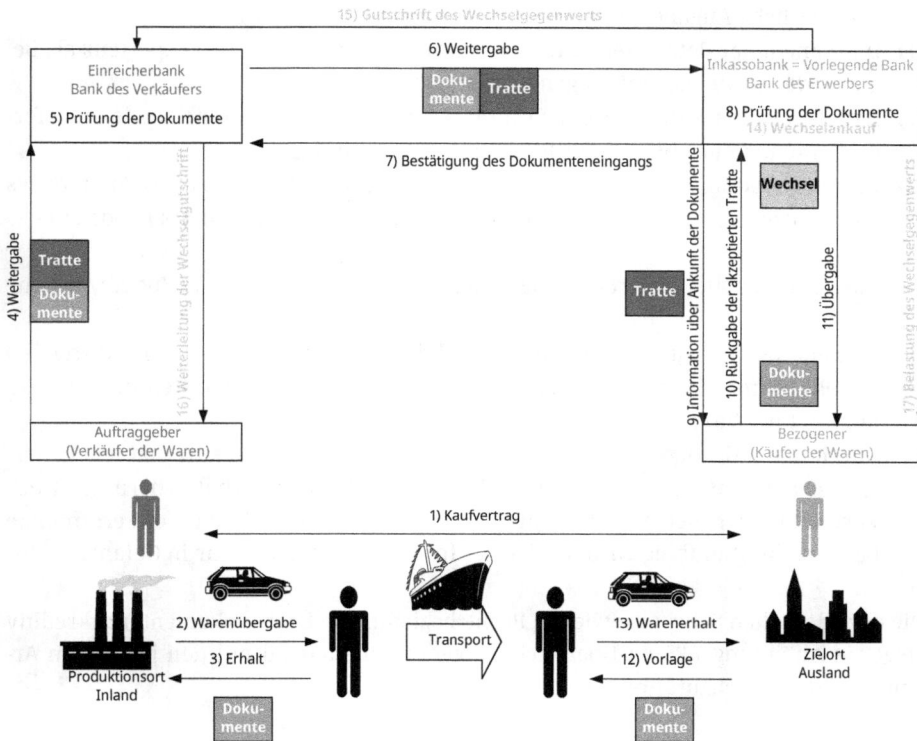

**Abb. 7.24:** Überblick der Arbeitsschritte bis zum Vollzug des Dokumenteninkassos.

### 7.5.3.2 Einsatz des Dokumentenakkreditivs

Mit der Ausstellung eines Dokumentenakkreditivs (*letter of credit* = l/c) gibt die Bank des Importeurs (= eröffnende Bank / Akkreditivbank) ein **abstraktes**, **unwiderrufliches Schuldversprechen** (§ 780 BGB) ab. In der Grundform verspricht sie die sofortige Zahlung, wenn der Exporteur (Akkreditierter), die vom Importeur (Akkreditivsteller) geforderten Dokumente vorlegt. Grundlage für das Akkreditiv ist ein Kundenauftrag des Importeurs. Im Gegensatz zum Dokumenteninkasso erfolgt der erste Schritt beim Dokumentenakkreditiv vom Importeur aus. Die Eröffnung eines Akkreditivs wird durch die Bank des Exporteurs (= Akkreditivstelle) dem Exporteur kommuniziert.

Internationale Rechtsgrundlage bilden die „**Einheitlichen Richtlinien und Gebräuche für Dokumentenakkreditive**" (= ERA 600). Die Regelungen wurden von der ICC Paris erarbeitet und sind seit 1. Juli 2007 gültig. Diese gelten jedoch nur, wenn sie durch den Importeur als Bestandteil seiner Beauftragung aufgenommen sind. Um Rechtssicherheit zu erzeugen, ist es wichtig, die Inhalte genau zu benennen.

Erforderliche Angaben eines Dokumentenakkreditivauftrags:

**(1)** Die Namen der Beteiligten: Importeur als Auftraggeber und der Exporteur als Begünstigter sowie die einbezogenen Banken

**(2)** Details des Geschäfts: Art der Produkte, Versandart und –route sowie eingeforderte Dokumente einschließlich der erforderlichen Anzahl

**(3)** Leistungsbedingungen: Höhe und Währung des Auftrags, Art des Akkreditivs (Zahlung oder Akzept sowie Gültigkeitsdauer), Gutschriftskonto des Exporteurs

Auch dieses Hilfsmittel nähert das Außenhandelsgeschäft einer Zug-um-Zug-Abwicklung an:

– Erst mit dem Erhalt der Dokumente wird der Importeur belastet. Sein **Restrisiko** besteht darin, dass die Dokumente nicht redlich ausgestellt wurden und er **minderwertige Ware** erhält.

– Durch das **Zahlungsversprechen** der **eröffnenden Bank**, kann sich der Exporteur sicher sein, dass er für seine Ware den **Gegenwert** erhält. Hierin liegt der Vorteil im Vergleich zum Dokumenteninkasso. Nur im Fall, dass die eröffnende Bank zahlungsunfähig wird, ist der Kaufpreis für den Exporteur in Gefahr.

Die erforderlichen Schritte sowie die Rechtsbeziehungen beim Dokumentenakkreditiv zeigt die Abbildung 7.25 im Überblick. Folgende Inhalte sind mit den jeweiligen Arbeitsschritten durchzuführen:

**(1)** Kaufvertrag

**(a)** Der Kaufvertrag bildet die Basis für das Geschäft zwischen Importeur und Exporteur.

**(b)** Er ist somit auch die rechtliche Grundlage zwischen den Vertragsparteien. Der Hinweis auf die ERA 600 ist erforderlich.

**(2)** Beauftragung

**(a)** Für eine erfolgreiche Abwicklung müssen die Details genau vorgegeben werden (s. o.), damit das eröffnende Geldinstitut das Schuldversprechen im Sinne seines Kunden abgeben kann.

**(b)** Rechtlich stellt die Beauftragung einen Geschäftsbesorgungsvertrag dar.

**(3)** Hier wird die Plausibilität des Auftrags geprüft, beispielsweise ob die Fristen überhaupt einzuhalten sind. Gleichzeitig ist eine Bonitätsbetrachtung des Kunden erforderlich: Bewegt sich der Auftraggeber innerhalb seiner Kreditlinie (siehe zu Avalkrediten Kapitel 3.2.1.2) oder ist eine separate Besicherung erforderlich?

**(4)** Konsequenzen aus der Akkreditiveröffnung

**(a)** Information über die Akkreditiveröffnung: Um das Akkreditiv in einem fremden Land abwickeln zu können, benötigt das eröffnende Kreditinstitut die Hilfe eines ausländischen Partners (= **avisierendes Kreditinstitut**), um die Dokumente des Exporteurs prüfen zu können und die Zahlung vor Ort zu leisten. Zwischen beiden Banken liegt ein Geschäftsbesorgungsvertrag vor. Soweit keine Kontoverbindung besteht, kann die avisierende Bank eine Sicherheit einfordern.

(b)   Abgabe eines **Schuldversprechens**: rechtlich stellt das Akkreditiv ein Zahlungs-
und damit Schuldversprechen gegenüber dem Exporteur dar.
–   Die Zahlung kann nur verlangt werden, wenn die geforderten Dokumente
auch rechtzeitig vorgelegt werden. Diese Einschränkung wird als **Bedingt-
heit** bezeichnet.
–   **Einreden** aus dem **Grundgeschäft** (= Kaufvertrag) kann die Bank nicht geltend machen (**Abstraktheit**), solange die Bedingungen erfüllt sind. Unabhängig von der wirtschaftlichen Situation des Kunden ist die Bank an ihre
Zusage gebunden, sodass ein Kreditrisiko besteht (s. o.).

(5)   Analog Schritt drei wird auch hier eine Plausibilitätskontrolle durchgeführt. Die
avisierende Bank muss darüber hinaus prüfen, ob sie ggf. bereit ist, dem Exporteur den Gegenwert sofort gutzuschreiben. Hiermit ist eine Kreditvergabe an
die eröffnende Bank verbunden.

(6)   Der Exporteur erhält von seiner Bank die Nachricht, dass ein ausländisches Kreditinstitut zu seinen Gunsten ein Akkreditiv eröffnet hat.

(7)   Aufgrund der Information versendet der Verkäufer seine Waren.

(8)   Für die Waren erhält er die Dokumente.

(9)   Die erhaltenen Dokumente reicht der Exporteur bei der avisierenden Bank ein.

(10)   Hier erfolgt gemäß ERA ein genauer Abgleich der Dokumente mit den Vorgaben
des Akkreditivauftrags.

(a)   Hat der Exporteur den zeitlichen Rahmen eingehalten? In diesem Zusammenhang werden folgende Fristen bzw. Daten unterschieden:
–   Soweit kein **Vorlagedatum** der Dokumente definiert ist, ergibt sich aus Artikel 43 der ERA eine Frist von 21 Tagen, beginnend am Verladedatum. Das
Verladedatum ist aus den Transportdokumenten ersichtlich.
–   Enden die 21 Tage nach dem Verfalldatum des Akkreditivs, so gilt das Verfalldatum als spätester Vorlagetermin.

(b)   Liegen jeweils **volle Sätze** vor?
Für diese Aufgabe hat die Bank fünf Arbeitstage Zeit. Fallen Unstimmigkeiten
auf, so wird dies dem Exporteur mit einer Mängelliste mitgeteilt. Der Importeur
wird ebenfalls kontaktiert. Dieser entscheidet, ob die Mängel für ihn so gravie-
rend sind, dass er eine Einlösung untersagt.

(11)   Bei Übereinstimmung der Dokumente mit dem Akkreditivauftrag leistet die avisierende Bank die Zahlung an den Exporteur.

(12)   Die geprüften Dokumente werden an die eröffnende Bank in getrennter Post
weitergegeben.

(13)   Analog Schritt zehn.

(14)   Die eröffnende Bank erstattet der avisierenden Bank den Akkreditivgegenwert.

(15)   Dokumentenweitergabe an Kunden

(a)   Der Importeur erhält seine Papiere.

(b)   Als Bankkunde wird er im Gegenzug belastet, sofern er nicht schon im Vorfeld
den Betrag hinterlegen musste.

**(16)** Der Importeur legt die Papiere vor.

**(17)** Im Gegenzug für die Papiere erhält der Importeur seine erworbenen Waren.

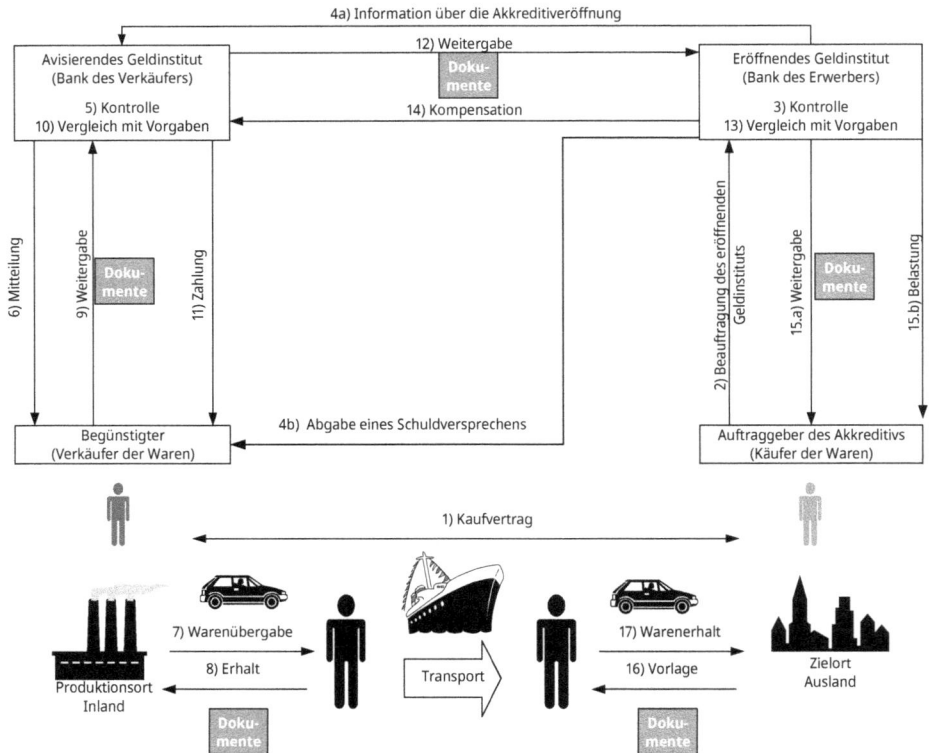

**Abb. 7.25:** Schema des Dokumentenakkreditivs.

Neben der sofortigen Zahlung (= bei Sicht) kann das Akkreditiv auch andere Leistungen der Bank vorsehen:

**(1)** Zahlung zu einem oder mehreren Zeitpunkten in der Zukunft. Anstelle einer Einmalzahlung im Gegenzug für die Dokumente, erhält er zeitlich später den Gegenwert vergütet (= **Nachsicht-Akkreditiv**).

**(2)** Verpflichtung dafür zu sorgen, dass die vorlegende (oder eine andere) Bank eine auf sie ausgestellte Tratte akzeptiert (= **Akzept-Akkreditiv**). Hiermit räumt der Verkäufer dem Käufer ebenfalls ein Zahlungsziel ein. Durch das Akzept erhält der Exporteur ein weiteres abstraktes Zahlungsversprechen einer Bank, sodass seine Forderung weiter abgesichert wird.

**(3)** Verpflichtung dafür zu sorgen, dass die vorlegende Bank die vereinbarten Dokumente (ggf. zuzüglich einer auf sie gezogenen **Tratte**) ankauft (= **Negoziierungs-Akkreditiv**) und keine Rückgriffsrechte geltend macht.

Weitere Besondere Ausprägungen werden unterschieden:

**(1)** **Bestätigung** eines **Akkreditivs**: Der Exporteur kann eine Bestätigung im Kaufvertrag aushandeln. Hiermit ist gemeint, dass eine weitere Bank (i. d. R. die Hausbank des Verkäufers) ein (weiteres) Schuldversprechen zugunsten des Exporteurs abgibt. Somit ist er auch in dem Fall gesichert, falls der Importeur und seine Bank zahlungsunfähig werden. Die Bestätigung ist für alle Formen der Akkreditive möglich. Auch beim Akzeptkredit kann dies gewünscht sein, da bis zur Akzeptierung durch die Hausbank „nur" das Schuldversprechen der ausländischen Bank existiert.

**(2)** Verwendung von Akkreditiven

(a) Soweit die **Übertragbarkeit** des **Akkreditivs** vermerkt ist, kann der Begünstigte seine Ansprüche komplett oder in Teilen weitergeben. Dies kann sinnvoll sein, wenn der Exporteur seinen Lieferanten eine Sicherheit stellen muss. Ohne expliziten Hinweis gilt ein Akkreditiv als nicht übertragbar.

(b) Ist die Übertragbarkeit nicht vorgesehen, kann der Exporteur selbst ein Akkreditiv zugunsten seiner Lieferanten eröffnen. Hierfür wird der Begriff des **Gegen-Akkreditivs** verwendet.

**(3)** Umfang des Akkreditivs:

(a) Wickeln die Vertragspartner dauerhaft gleiche Geschäfte ab, so kann ein Akkreditiv auch als wiederauffüllend ausgestaltet sein. Diese als **revolvierend** bezeichnete Form ist nach jeder Inanspruchnahme wieder im vollen Umfang verfügbar.

(b) Ohne Revolvierungshinweis erlischt das Akkreditiv durch seinen Einsatz.

**(4)** Beständigkeit:

(c) **Unwiderrufliche** Akkreditive sind nach Ausstellung nur noch mit Zustimmung aller Beteiligten anpassbar. (Bruchteile der Warenlieferung, Terminveränderungen usw.) Der Exporteur kann sicher sein, dass die ihm zugesagte Zahlung auch erfolgt. Selbst wenn kein Hinweis im Akkreditiv vorhanden ist, gilt dieses nach der letzten Anpassung der ERA als unwiderruflich.

(d) **Widerrufliche** Akkreditive können einseitig von dem Importeur oder seiner Bank auch nach der Ausstellung verändert werden, sodass der Exporteur ein (Rest-)Risiko trägt. Nur im Ausnahmefall, dass ein Akkreditiv den expliziten Hinweis trägt, dass es widerruflich ist, kommt diese Form noch vor.

Zweckmäßiger Einsatz des Akkreditivs:

Da das Dokumentenakkreditiv eine vergleichsweise **teure Abwicklungsform** ist, sollte sie nicht eingesetzt werden, wenn sich die beiden Vertragsparteien schon lange kennen sowie die Bonität und die Redlichkeit des Importeurs außer Frage stehen. Soweit eine (oder mehrere) dieser Voraussetzungen nicht erfüllt sind, bietet sich der Einsatz dieses Instruments an.

### 7.5.4 Außenhandelsfinanzierungen

Grundsätzlich sind alle Kreditausprägungen und Sonderformen der Finanzierung, die in Kapitel 3.2 beschrieben sind, auch für den Außenhandel einsetzbar. Wie bei den Krediten für inländische Finanzierungen muss sich die kreditgewährende Bank oder Sparkasse die Frage nach der Kreditwürdigkeit stellen. Hierbei ist zu berücksichtigen, dass die Geschäfte im Außenhandel (teilweise) mit weiteren Risiken verbunden sind (siehe Kapitel 7.1.2), die auch auf das finanzierende Kreditinstitut durchschlagen können. Insbesondere Avalkredite, die den Erfolg bestimmter Sachverhalte garantieren (siehe zu den einzelnen Ausprägungen: Kapitel 4.5.4), haben eine hohe Bedeutung. Zudem gewähren sich die international tätigen Banken gegenseitig Kredite bei der Abwicklung der Dokumentenakkreditive.

Zudem gibt es Institutionen, die sich auf die Außenhandelsbegleitung spezialisiert haben; bedeutsam sind:

(1) Die AKA Ausfuhrkredit-Gesellschaft mbH als privatrechtliche Bank, die durch andere Kreditinstitute mit dem Zweck der Außenhandelsfinanzierung gegründet wurde. Aktuell ist ihr Angebot der Finanzierungs**beteiligung** nicht auf ihren Eigentümerkreis begrenzt.

(2) Die KfW Kreditanstalt für Wiederaufbau – als öffentlicher Kreditgeber – weist ein breit gestreutes Branchenportfolio auf, für das Finanzierungshilfen möglich sind. Ansatzpunkte sind Exportgeschäfte sowie (internationale) Projekte. Zudem nimmt sie Investitionsfinanzierungen vor, soweit das Zielland in die Gruppe der Entwicklungsländer fällt.

(3) Der Bund selbst stellt ebenfalls Hilfen zur Verfügung, indem er garantiert. Bezugsobjekte können Exportgeschäfte, Auslandsinvestitionen und Projekte, welche politisch erwünscht sind, sein.

Die Einbindung weiterer Beteiligter führt tendenziell zu längeren Prozessen und damit Bearbeitungszeiten. Dies erfordert im Umkehrschluss einen größeren Vorlauf für die Unternehmen, was tendenziell unflexibler macht. Stellenweise haben die Produkte der öffentlichen Beteiligten eine Monopolstellung, da es keine privaten Konkurrenten gibt. Teilweise können die Unternehmen auswählen, ob sie eine Finanzierung mit ihrer Hausbank realisieren oder doch Spezialinstitute einbinden. Je nach Zinssituation am Markt können die Unterschiede eklatant sein. Teilweise stellen öffentliche Finanzierer aber auch höhere Anforderungen (beispielsweise im Hinblick auf die Umweltverträglichkeit) an die Projekte und dann gilt es zu prüfen, ob die Umsetzung dieser Anforderungen den Zinsvorteil (über-)kompensiert.

Angesichts wechselnder Programme und einer momentan sehr dynamischen Umwelt, erscheint eine detaillierte Darstellung einzelner Produkte nicht zielführend.

# 7.6 Zusammenfassung

(1)   Das Außenwirtschaftsgesetz unterscheidet zwischen **Gebietansässigen** und **Gebietsfremden**.

(2)   Im Außenhandel existieren die gleichen **Risiken** wie im Binnenhandel. Zusätzliche Gefahren entstehen u. a. aus größeren Entfernungen, unterschiedlichen Rechtssystemen sowie politischen Unwägbarkeiten.

(3)   Aufgrund der hohen **internationalen Arbeitsteilung** ist der Außenhandel für den Wohlstand der meisten Staaten unverzichtbar, sodass er trotz der Risiken betrieben wird.

(4)   Um die Risiken überschaubar zu gestalten, werden folgende Instrumente eingesetzt: Zahlungsmodalitäten, Incoterms® 2020 und Dokumente.

(5)   **Zahlungsmodalitäten** sind Vertragsbestandteile und regeln die Zahlungspflicht des Importeurs. Naturgemäß haben die beiden Vertragsparteien unterschiedliche Interessenlagen.

(6)   Die **Incoterms®** 2020 sind durch die ICC in Paris ausgelegte Vertrags- und Lieferbedingungen, welche die Kosten- und Gefahrenverteilung zwischen Ex- und Importeur regeln. Soweit diese als Vertragsbestandteil einbezogen werden, sind die Verpflichtungen der Vertragsbeteiligten definiert.

(7)   **Dokumente** kommen im Außenhandel in verschiedenen Ausprägungen vor. Sie dienen dem Nachweis, dass die Ware den Einflussbereich des Verkäufers verlassen hat, belegen den Versicherungsschutz und geben über die im Kaufvertrag geforderten qualitativen Aspekte Auskunft.

(8)   **Devisen** sind die Preise für Buchgeld in fremder Währung. Die Handelbarkeit mit Devisen kann unterschiedliche Formen haben.

(9)   **Devisenkurse** können völlig frei durch Wirkung der Marktkräfte entstehen oder politisch fixiert werden. Zwischen den beiden Extremen gibt es weitere Ausprägungen. Es wird zwischen **Mengen-** und **Preisnotierungen** unterschieden. Diese lassen sich ineinander überführen.

(10)  Die Abwicklung der Kundengeschäfte erfolgt nicht zum **Referenzkurs**, da die Kreditinstitute auch am Währungsgeschäft eine Marge verdienen wollen.

(11)  Im **Kassahandel** werden Währungen sowohl direkt als auch über Drittwährungen gehandelt (Cross-Rates). Neben Kassadevisen, werden auch Termindevisen an der Börse gehandelt, deren Erfüllung später als zwei Handelstage erfolgt.

(12)  Die **Termindevisenkurse** sind auch ein Spiegel der unterschiedlichen Zinssätze der beteiligten Länder, sodass sich diese vom jeweiligen Kassakurs unterscheiden.

(13)  Künftige Währungskäufe können als **bedingte** und **unbedingte Geschäfte** abgeschlossen werden. Unbedingte Geschäfte sind auf jeden Fall zu erfüllen, hierzu zählen Outright- und Swap-Geschäfte. Bedingte Termingeschäfte (= Optionen) statten den Erwerber mit einem Recht aus, ohne dass er zur späteren Transaktion verpflichtet ist.

(14)  Soweit eine Zahlung ohne Kenntnis der Kontoverbindung des Empfängers an-
      steht, ist der Scheck ein geeignetes Instrument.

(15)  Schecks stellen eine Zahlungsanweisung des Schuldners an seine Bank gegen-
      über dem Begünstigten dar. Sie sind juristisch Wertpapiere und durch gesetzli-
      che Bestandteile gekennzeichnet, die im ScheckG geregelt sind.

(16)  Der Gesetzgeber definiert in Abhängigkeit vom Ausstellungsort Vorlagefristen,
      die einzuhalten sind, um im Fall der Nicht-Einlösung scheckrechtlichen Regress
      nehmen zu können.

(17)  Schecks können hinsichtlich der Einlösungsart und ihres rechtlichen Charakters
      unterschieden werden.

(18)  Mit der Scheckeinreichung ist noch keine endgültige Zahlung erfolgt.

(19)  Der Scheckprozess basiert ausschließlich auf Urkunden und ist im Detail durch
      das ScheckG geregelt.

(20)  Der Wechsel ähnelt dem Scheck, jedoch kann er auch auf Nicht-Banken gezogen
      werden und diese verpflichten sich durch Unterschrift zur Zahlung. Zudem ist
      der Wechsel nicht bei Sicht, sondern an einem definierten Zeitpunkt fällig, so-
      dass er ein Kreditinstrument ist.

(21)  Zur Abwicklung des **Auslandszahlungsverkehrs** unterhalten die Banken bzw.
      deren Spitzeninstitute Konten bei verschiedenen ausländischen Partnern. Grund-
      lagen sind wie im Inlandszahlungsverkehr entsprechende Vereinbarungen. Die
      Kommunikation erfolgt weitgehend über Swift.

(22)  **Blankozahlungen** aus dem Ausland können per Fremdwährungs- oder Eu-
      roüberweisung sowie durch Scheckzusendung in ausländischer bzw. heimischer
      Währung erfolgen.

(23)  Zahlungen in das Ausland können analog den erhaltenen Zahlungen erfolgen.
      Hierbei kann u. a. zwischen den **SEPA-Überweisungen** und dem Scheckversand
      unterschieden werden.

(24)  Zur **Reduzierung** der **Risiken** des Außenhandels bieten die Banken gesicherte
      Zahlungen in Form des **Dokumenten-Einzugs** und des **Dokumentenakkreditivs**
      an, die in verschiedenen Ausprägungen möglich sind. Beim Dokumenteninkasso
      geht die Initiative von dem Exporteur aus, der seiner Bank die Dokumente mit
      der Maßgabe übergibt, hierfür den Gegenwert einzuziehen. Das Dokumentenak-
      kreditiv ist dadurch gekennzeichnet, dass der Importeur die erste Initiative er-
      greift und seine Bank beauftragt, ein abstraktes, bedingtes Zahlungsversprechen
      zugunsten des Exporteurs abzugeben, soweit dieser die benannten Dokumente
      fristgerecht zur Verfügung stellt.

Teil II: **Aufgaben**

# 1 Kapitel 1: Grundlagen

## 1.1 Wiederholungsfragen

(1) Stellen Sie den Zusammenhang zwischen Investition und Finanzierung dar.

(2) Welche Fristigkeiten werden für die Finanzquellen gemäß HGB unterschieden? In welchen Paragrafen sind die Regelungen zu finden?

(3) Nennen Sie die Faktoren des finanzwirtschaftlichen Zielkonflikts.

(4) Warum ist es für Reiseveranstalter einfach, aus dem reinen Umsatzprozess Finanzierungen vorzunehmen?

(5) Was wird unter Vermögensumschichtung verstanden?

(6) Wie kann das Umlaufvermögen einen Beitrag zur Innenfinanzierung leisten?

(7) In welcher Form kann ein Einzelkaufmann offene Gewinnthesaurierung betreiben?

(8) Warum ist der Finanzierungseffekt aus dem Gewinn höher als der thesaurierte Anteil?

(9) Nennen Sie drei Kriterien, anhand derer eine Finanzierung aus Eigen- oder Fremdkapital unterschieden werden kann.

(10) Welche Probleme treten in der Praxis auf, wenn das Unternehmen den Leverage-Effekt massiv einsetzt, selbst wenn seine Erwartungen erfüllt werden?

(11) Wird mit einer hohen Eigenkapitalrendite für die Anteilseigner der größte Erfolg erzielt? Warum (nicht)?

(12) Welche Größen werden im Modell von Dean abgestimmt?

(13) Mithilfe welcher Kenngrößen kann im Dean-Modell die Koordination in ertragsorientierten Unternehmen erfolgen?

(14) Welche zusätzliche Steuerungsgröße kann – bei Unternehmen der öffentlichen Hand – zusätzlich zur Koordination eingesetzt werden?

(15) Welche Gefahr besteht, wenn der Gesamtertrag nur unwesentlich höher ist als die gesamten Zinskosten?

(16) Warum kann man bei Unternehmen, die sich nicht im Umbruch befinden, den Finanzbedarf vergleichsweise leicht ermitteln?

(17) Wieso ist es für eine Finanzplanung in Deutschland wenig hilfreich, zwischen Löhnen und Gehältern zu unterscheiden?

(18) Nennen Sie drei weitere Faktoren, die für die Beurteilung des Finanzbedarfs des Leistungsprozesses bedeutsam sind.

(19) Warum wird das Eigenkapital, welches doch den höchsten Verzinsungsanspruch aufweist, vor allen anderen Finanzquellen zur Abdeckung des Finanzbedarfs eingesetzt?

(20) In welchen Gesamtkontext lässt sich die Analyse finanzwirtschaftlicher Kennziffern einordnen?

https://doi.org/10.1515/9783110791082-008

(21) Nennen Sie die Schritte, die im Rahmen der finanzwirtschaftlichen Analyse durchzuführen sind.

(22) Wie errechnet sich der Anlagendeckungsgrad 1 sowie die Liquidität zweiten Grades?

(23) Woran lassen sich Anlagendeckungsgrade und Liquiditätskennziffern sinnvollerweise messen?

(24) Wodurch wird die Aussagekraft der Liquiditätsgrade begrenzt?

(25) Wie berechnet sich die Eigenkapitalrendite formal?

(26) Wie lässt sich der Cashflow pragmatisch durch externe Analysten ermitteln?

(27) Mithilfe welcher Formel lässt sich der Verschuldungsgrad ermitteln? Durch welche anderen Kennziffern wird das gleiche Thema untersucht?

(28) Wie unterscheiden sich der Lohmann-Ruchti-Kapitalfreisetzungs- und der -Kapazitätserweiterungseffekt?

(29) Wie wirken Steuersatz und Ausschüttungsverhalten auf die Finanzierung durch Rückstellungen?

(30) Wodurch ist die Phase der geplanten Pensionsrückstellungsauflösung gekennzeichnet? Warum kann diese Phase für das Unternehmen problematisch sein?

(31) Wie kann ein Einzelunternehmer ohne die Aufnahme weiterer Gesellschafter weiteres Eigenkapital aufbringen?

(32) Gibt es Unterschiede zwischen der Partnerschaft und der oHG? Wenn ja, nennen Sie zwei.

(33) Unterscheiden Sie die Haftungsmöglichkeiten des Genossen für die eG.

(34) Worin besteht der wesentliche Unterschied zwischen der GmbH und der UG?

(35) Warum ist es für Unternehmen ohne Börsennutzung schwierig, Anleger anzusprechen, die an einer kurzfristigen Geldanlage interessiert sind?

(36) Lassen sich Risiken einer Unternehmensbeteiligung durch die Nutzung der Börse verringern oder gar ausschließen?

# 1.2 Gebundene Fragen

**1**

| Welche Aussage(n) ist (sind) richtig? Welche ist (sind) falsch? | Richtig | Falsch |
|---|---|---|
| a Die Vermögensumschichtung ist eine gängige Variante der Innenfinanzierung, die sowohl von Privaten als auch von Unternehmen verwendet wird. | ☐ | ☐ |
| b Eine Beschaffung mittels Just-in-Time ist eine weitere Möglichkeit, das Anlagevermögen zur Innenfinanzierung zu nutzen. | ☐ | ☐ |
| c Ein konsequentes Forderungsmanagement ist als Maßnahme zur Innenfinanzierung bedenkenlos einsetzbar. Letztlich liegt die Schuld für etwaige Zahlungsrückstände beim Kunden. | ☐ | ☐ |
| d Die durch die Innenfinanzierung freigesetzten Mittel sind ausschließlich zur Finanzierung der innerbetrieblichen Leistungsprozesse zu verwenden. | ☐ | ☐ |
| e Personen- und Kapitalgesellschaften thesaurieren ihre Gewinne durch die Dotierung der Rücklagen. | ☐ | ☐ |
| f Mit einer Unterbewertung der Aktiva sinken Gewinn und Bilanzsumme. | ☐ | ☐ |
| g Mit einer Unterbewertung der Aktiva steigen Gewinn und Bilanzsumme. | ☐ | ☐ |
| h Mit einer Überbewertung der Schulden sinken Gewinn und Bilanzsumme. | ☐ | ☐ |
| i Mit einer Überbewertung der Schulden steigen Gewinn und Bilanzsumme. | ☐ | ☐ |
| j Stille Selbstfinanzierungen haben aus Unternehmenssicht nur Vorteile. | ☐ | ☐ |
| k Stille Selbstfinanzierungen haben aus Unternehmersicht nur Vorteile. | ☐ | ☐ |
| l Keine der vorherigen Aussagen ist richtig. | ☐ | ☐ |

2

| Welche Aussage(n) ist (sind) richtig? Welche ist (sind) falsch? | | Richtig | Falsch |
|---|---|---|---|
| a | Die Bonität hat auf die Kreditvergabe der Banken keinen Einfluss, letztlich verdienen diese an allen Kreditnehmern. | ☐ | ☐ |
| b | Außenfinanzierungen durch die Eigentümer sind immer einfach darstellbar. Im Zweifel erhöht man die Anzahl der Eigentümer, um einen neuen Personenkreis zu erschließen. | ☐ | ☐ |
| c | Residualeinkommen ist ein anderer Begriff für die Zinsen, die den Banken zustehen. | ☐ | ☐ |
| d | Residualeinkommen ist die Bezeichnung für die Ertragskomponente, die den Eigentümern zusteht. Hierbei handelt es sich um den „Rest", der nach Abzug aller Aufwendungen übrigbleibt. | ☐ | ☐ |
| e | Die Besteuerung von Eigenkapital erfolgt immer nach dem gleichen Schema bei der Gesellschaft, die den Erfolg erzielt hat. | ☐ | ☐ |
| f | Fremdkapitalzinsen und Ausschüttungen von Kapitalgesellschaften werden auf der Ebene der Empfänger gleich besteuert. Es fallen die Kapitalertragssteuer, der Solidaritätszuschlag und ggf. die Kirchensteuer an. | ☐ | ☐ |
| g | Da das Fremdkapital nicht haftet, wird der Rückzahlungsanspruch auch im Rahmen einer Insolvenz immer erfüllt. | ☐ | ☐ |
| h | Eigentümer haften mit dem von ihnen eingebrachten Kapital. Für den Fall, dass die Verluste größer sind, greift der staatliche Stützungsfonds ein. | ☐ | ☐ |
| i | Keine der vorherigen Aussagen ist richtig. | ☐ | ☐ |

**3**

| Welche Aussage(n) ist (sind) richtig? Welche ist (sind) falsch? | Richtig | Falsch |
|---|---|---|
| a | Soweit die Ergebnisse der geplanten Anlage sicher sind, kann auch in der Praxis der Erfolg des Unternehmens problemlos durch die Substitution von Eigen- durch Fremdkapital verbessert werden. | ☐ | ☐ |
| b | Wird der Leverage-Effekt extensiv genutzt, kann mit einer Kapazitätsausweitung das Absinken des Gesamtgewinns problemlos kompensiert werden. | ☐ | ☐ |
| c | Durch die Nutzung des Leverage-Effekts wird das Unternehmen mit dem Finanzierungs- oder Kapitalstrukturrisiko konfrontiert. | ☐ | ☐ |
| d | Mit zunehmendem Verschuldungsgrad steigt die Streuung der Eigenkapitalrendite bis hin zum Extrem von + bzw. – unendlich. | ☐ | ☐ |
| e | Soweit Unternehmen auf den Einsatz von Fremdkapital verzichten, sind sie im Hinblick auf den absoluten Gewinn immer erfolgreicher, als wenn sie zusätzliches Fremdkapital aufnehmen. | ☐ | ☐ |
| f | Zur Beurteilung, ob der Einsatz von Fremdkapital für die Anteilseigner wirklich vorteilhaft ist, muss die Gesamtsituation betrachtet werden. Weisen die Alternativanlagen, in die das freigesetzte Eigenkapital fließt, eine geringere Rendite auf als der Kreditzinssatz, verschlechtert sich das Gesamteinkommen der Eigentümer. | ☐ | ☐ |
| g | Der Zinsanspruch der Fremdkapitalgeber ist von der Verschuldung unabhängig, da sich das Geschäftsmodell durch die Finanzierungsstruktur nicht verändert. Der Ergebnisanspruch der Eigentümer steigt mit zunehmendem Verschuldungsgrad jedoch an, da die Steuerung der Eigenkapitalrendite mit zunehmendem Fremdkapitalanteil steigt. | ☐ | ☐ |
| h | Der Zinsanspruch der Fremdkapitalgeber ist von der Verschuldung abhängig, da trotz gleichem Geschäftsmodell das Ausfallrisiko für den Kreditgeber aus Fehlplanungen bei umfangreichen Kreditaufnahmen größer wird. Der Ergebnisanspruch der Eigentümer steigt mit zunehmenden Verschuldungsgrad an, da die Steuerung der Eigenkapitalrendite mit zunehmender Verschuldung zunimmt. | ☐ | ☐ |
| i | Der Zinsanspruch der Fremd- und Eigenkapitalgeber ist von der Verschuldung unabhängig, da sich das Geschäftsmodell durch die Finanzierungsstruktur nicht verändert. | ☐ | ☐ |
| j | Der Zinsanspruch der Fremdkapitalgeber ist von der Verschuldung abhängig, da trotz gleichem Geschäftsmodell das Ausfallrisiko für den Kreditgeber aus Fehlplanungen größer wird. Der Ergebnisanspruch der Eigentümer nimmt mit zunehmendem Verschuldungsgrad jedoch ab, da die Chance auf eine Überrendite steigt. | ☐ | ☐ |
| k | Keine der vorherigen Aussagen ist richtig. | ☐ | ☐ |

**4**

| Welche Aussage(n) ist (sind) richtig? Welche ist (sind) falsch? | Richtig | Falsch |
|---|---|---|
| a | Das Dean-Modell ist ein eindeutiges Modell, mit dem ein Unternehmen gesteuert werden kann. | ☐ | ☐ |
| b | Der Zinssatz bzw. der Absolutgewinn sind die uneingeschränkt relevanten Steuerungsgrößen. | ☐ | ☐ |
| c | Solange die Rendite der letzten Investition (auch marginal) über den Kapitalkosten liegt, ist eine Ausweitung der Kapazität bedenkenlos anzuraten. | ☐ | ☐ |
| d | Das Dean-Modell kann bedenkenlos auf die komplette Passivseite angewendet werden. | ☐ | ☐ |
| e | Keine der vorherigen Aussagen ist richtig. | ☐ | ☐ |

**5**

| Welche Aussage(n) ist (sind) richtig? Welche ist (sind) falsch? | Richtig | Falsch |
|---|---|---|
| a | Unabhängig davon, in welcher Lebensphase sich das Unternehmen befindet, ist die Ermittlung des Finanzbedarfs für das Anlagevermögen einfach. | ☐ | ☐ |
| b | Soweit den eigenen Kunden ein Zahlungsziel gewährt wird und die Lieferanten mit Vorkasse bezahlt werden, hat das Unternehmen die beste Ausgangssituation für seine Finanzierung. | ☐ | ☐ |
| c | Soweit den eigenen Kunden Vorkasse gewährt wird und die Lieferanten ein Zahlungsziel akzeptieren, hat das Unternehmen die beste Ausgangssituation für seine Finanzierung. | ☐ | ☐ |
| d | Soweit sowohl die Kunden als auch die Lieferanten auf Basis von Vorkasse arbeiten, hat das Unternehmen die beste Ausgangssituation für seine Finanzierung. | ☐ | ☐ |
| e | Soweit die Kunden als auch die Lieferanten mit Zahlungszielen arbeiten, hat das Unternehmen die beste Ausgangssituation für seine Finanzierung. | ☐ | ☐ |
| f | Liegt der Darlehenszins deutlich unter dem Zinssatz für kurzfristige Kredite, ist eine komplette Darlehensfinanzierung des Bedarfs, der nicht über Eigenkapital gedeckt wird, die Finanzierung mit dem geringsten Aufwand. | ☐ | ☐ |
| g | Da der Verzinsungsanspruch für das Eigenkapital am höchsten ist, sollte dieses nur für absolute Spitzenausgleiche im Rahmen der Finanzierung eingesetzt werden. | ☐ | ☐ |
| h | Keine der vorherigen Aussagen ist richtig. | ☐ | ☐ |

**6**

| Welche Aussage(n) ist (sind) richtig? Welche ist (sind) falsch? | | Richtig | Falsch |
|---|---|:---:|:---:|
| a | Da mit zunehmender Eigenkapitalquote die Haftungsgrundlage für die Gläubiger steigt, gilt uneingeschränkt: je höher die Eigenkapitalquote, desto besser. | ☐ | ☐ |
| b | Die goldene Bilanzregel im engeren Sinne fordert eine Anlagendeckung 1. Grades von mindestens 100 %. | ☐ | ☐ |
| c | Die goldene Bilanzregel im weiteren Sinne setzt das Eigenkapital mit dem Anlagevermögen und dem eisernen Bestand in Beziehung. | ☐ | ☐ |
| d | Die goldene Bilanzregel im weiteren Sinne setzt das Eigenkapital und die langfristigen Verbindlichkeiten mit dem Anlagevermögen und dem eisernen Bestand in Beziehung. | ☐ | ☐ |
| e | Der eiserne Bestand ist eine Besonderheit der Montanindustrie und stellt auf die Teile des Umlaufvermögens ab, die aus Eisen und Stahl bestehen. | ☐ | ☐ |
| f | Die Liquidität 3. Grades und das Working Capital stellen auf den gleichen Sachverhalt ab, sodass es ausreicht, nur das Working Capital zu errechnen, um ein Unternehmen zu beurteilen. | ☐ | ☐ |
| g | Die Eigenkapitalrentabilität ist die Kennziffer, die für die Erfolgsanalyse am besten geeignet ist, da sie den Erfolg aus Eigentümersicht misst, der bei der Beurteilung den höchsten Stellenwert hat. | ☐ | ☐ |
| h | Die Gesamtkapitalrentabilität ist die Kennziffer, die für die Erfolgsanalyse am besten geeignet ist, da sie den Gesamterfolg des Unternehmens unabhängig von der Finanzstruktur misst. | ☐ | ☐ |
| i | Der Cashflow ist in seiner pragmatischen Ermittlungsform als Erfolgskennziffer besser geeignet als der Jahresüberschuss, da die Abschreibungen einen zahlungsunwirksamen Aufwand darstellen. | ☐ | ☐ |
| j | Die Verwendung des Cashflows als Erfolgsmaßstab ist gänzlich ungeeignet, da die Abschreibungen als Aufwand ohne Einschränkungen, wie andere Aufwandsarten auch, zu berücksichtigen sind. | ☐ | ☐ |
| k | Keine der vorherigen Aussagen ist richtig. | ☐ | ☐ |

**7**

| Welche Aussage(n) ist (sind) richtig? Welche ist (sind) falsch? | Richtig | Falsch |
|---|---|---|
| a | Beide Lohmann-Ruchti-Effekte unterstellen komplett die gleichen Prämissen. | ☐ | ☐ |
| b | Nur der Lohmann-Ruchti-Kapitalfreisetzungseffekt unterstellt, dass die Finanzierung der ersten Generation der Anlagegüter gesichert ist, die Unternehmen die Abschreibungen entsprechend des Wertverzehrs kalkulieren und auch über den Markt verdienen, sowie dass es nicht zu Geldwertveränderungen kommt. | ☐ | ☐ |
| c | Nur der Lohmann-Ruchti-Kapazitätserweiterungseffekt unterstellt die sofortige Liquiditätsverwendung zur Ausweitung des Anlagevermögens sowie die Möglichkeit, die Mehrproduktion vermarkten zu können. | ☐ | ☐ |
| d | Durch ihre realitätsfernen Prämissen haben die Lohmann-Ruchti-Effekte keine Relevanz für die unternehmerische Praxis. | ☐ | ☐ |
| e | Der voraussichtliche Zeitraum bis zur Auflösung der Rückstellung ist für ihren Finanzierungseffekt unerheblich. | ☐ | ☐ |
| f | Rückstellungen und Abschreibungen nutzen den gleichen Effekt von liquiditätslosem Aufwand. Der Unterschied besteht darin, dass Abschreibungen Aktivposten verringern und Rückstellungen Passiva aufbauen. | ☐ | ☐ |
| g | Rückstellungen und Abschreibungen nutzen den gleichen Effekt von liquiditätslosem Aufwand. Der Unterschied besteht darin, dass Abschreibungen Aktivposten aufbauen und Rückstellungen Passiva abbauen. | ☐ | ☐ |
| h | Rückstellungen und Abschreibungen nutzen den gleichen Effekt von liquiditätslosem Aufwand. Beide Aufwandsarten führen zu einer Bilanzverlängerung. | ☐ | ☐ |
| i | Rückstellungen und Abschreibungen nutzen den gleichen Effekt von liquiditätslosem Aufwand. Beide Aufwandsarten führen zu einer Bilanzverkürzung. | ☐ | ☐ |
| j | Die Höhe des Steuersatzes ist für die Bewertung des Finanzierungseffekts aus Rückstellungen immer bedeutsam. | ☐ | ☐ |
| k | Der Finanzierungseffekt aus Rückstellungen ist bei Vollthesaurierung vom Steuersatz unabhängig. | ☐ | ☐ |
| l | Der Finanzierungseffekt aus Rückstellungen ist bei Vollausschüttung vom Steuersatz unabhängig. | ☐ | ☐ |
| m | Keine der vorherigen Aussagen ist richtig. | ☐ | ☐ |

**8**

| Welche Aussage(n) ist (sind) richtig? Welche ist (sind) falsch? | Richtig | Falsch |
|---|---|---|
| a Eine Kapitalerhöhung durch die Eigentümer muss zwingend zu einer Bilanzverlängerung führen. | ☐ | ☐ |
| b KG, oHG, BGB-Gesellschaft und Partnerschaft sind Personenhandelsgesellschaften. | ☐ | ☐ |
| c KG, oHG, BGB-Gesellschaft und Partnerschaft sind quasijuristische Personen. | ☐ | ☐ |
| d SE, KGaA und AG sind Kapitalgesellschaften, bei denen es grundsätzlich möglich ist, dass die Anteile an der Börse gehandelt werden. | ☐ | ☐ |
| e GmbH, AG und KGaA sind Kapitalgesellschaften, bei denen es grundsätzlich möglich ist, dass die Anteile an der Börse gehandelt werden. | ☐ | ☐ |
| f Bei der eG und dem eV handelt es sich um juristische Personen des privaten Rechts. | ☐ | ☐ |
| g Bei der GmbH und der UG haftet/haften der/die Gesellschafter nicht mit dem privaten Vermögen, somit ist der Schaden im Insolvenzfall immer auf die versprochene Einlage begrenzt. | ☐ | ☐ |
| h Dass unternehmerische Tätigkeiten in der Rechtsform der BGB-Gesellschaft oder des eV organisiert sind, kann nicht vorkommen. | ☐ | ☐ |
| i Keine der vorherigen Aussagen ist richtig. | ☐ | ☐ |

**9**

| Welche Aussage(n) ist (sind) richtig? Welche ist (sind) falsch? | Richtig | Falsch |
|---|---|---|
| a Ohne Börsenhandel sind Kleinstbeträge für Unternehmensbeteiligungen kaum zu gewinnen, da die Transaktionskosten zu hoch sind. | ☐ | ☐ |
| b Soweit Anteile an der Börse gehandelt werden, hat das Unternehmen das Eigenkapital sicher, da der Erwerber die Aktien an einen Dritten weiterveräußert und nicht an das Unternehmen zurückgibt. | ☐ | ☐ |
| c Soweit Anteile an der Börse gehandelt werden, erhält der Anleger sein eingesetztes Kapital auf jeden Fall wieder, da Börsenpreise nur steigen. | ☐ | ☐ |
| d Auch die Notierung von Anteilsscheinen an der Börse ist kein Schutz vor einer persönlichen Nachschusspflicht des Eigentümers über den von ihm versprochenen Betrag hinaus. | ☐ | ☐ |
| e Die Kontrolle durch einen Aufsichtsrat ist bei allen juristischen Personen zwingend vorgesehen. | ☐ | ☐ |
| f Die Kontrolle durch einen Aufsichtsrat ist bei allen Kapitalgesellschaften zwingend vorgesehen. | ☐ | ☐ |
| g Aufgrund der hohen Kosten, die mit einem Börsengang verbunden sind, ist ein solcher Schritt erst ab einer gewissen Größe wirtschaftlich sinnvoll. | ☐ | ☐ |
| h Keine der vorherigen Aussagen ist richtig. | ☐ | ☐ |

## 1.3 Fallstudien

**Fallstudie 1**

Die Freundinnen Petra Pech und Pauline Pleite haben das Leben als Angestellte in einem Unternehmen satt und wollen sich jeweils mit einem Kiosk selbstständig machen. Beide Geschäftsgründungen erfordern ein Finanzvolumen von 60 T€, das durch Eigenkapital dargestellt werden kann. Beide rechnen fest mit einem Erfolg von 6 T€.

**(1)** Die Freundinnen überlegen beide für sich separat, ob die Kreditaufnahme sinnvoll ist. Weisen Sie den Leverage-Effekt für beide Freundinnen nach, indem Sie die Tabelle „Lösungsschema zum Nachweis des Leverage-Effekts" ausfüllen.

**(a)** Petras Bank stellt Kredite für 7 % zur Verfügung.

**(b)** Paulas Kreditinstitut leiht ihr das Geld für 12 %.

Lösungsschema zum Nachweis des Leverage-Effekts:

| EK (T€) | FK (T€) | Fremdkapital zu 7 % | | | Fremdkapital zu 12 % | | |
|---|---|---|---|---|---|---|---|
| | | Zinsen (T€) | Erfolg (T€) | EKR (%) | Zinsen (T€) | Erfolg (T€) | EKR (%) |
| 60 | 0 | | | | | | |
| 40 | 20 | | | | | | |
| 20 | 40 | | | | | | |
| 0 | 60 | | | | | | |

**(2)** Paula hat sich erfolgreich nach einer anderen Bank umgesehen. Ermitteln Sie den Erfolg des Kiosks, dessen Eigenkapitalrendite und Paulas Gesamterfolg, wenn Sie das nicht benötigte Eigenkapital zu 1,0 % bei einer Internetbank anlegen kann. Füllen Sie dazu die Tabelle „Lösungsschema zum Leverage-Effekt bei Anlage der frei gewordenen Mittel" aus. Folgende Kreditangebote liegen vor:

**(a)** Aufnahme von 20 T€ zu 5 %

**(b)** Aufnahme von 20 T€ zu 7 % und weitere 20 T€ zu 9 %

**(c)** Aufnahme von 20 T€ zu 8 %, weitere 20 T€ zu 10 % und die letzten 20 T€ zu 15 %

Lösungsschema zum Leverage-Effekt bei Anlage der frei gewordenen Mittel:

| EK (T€) | FK (T€) | Fremdkapitalaufnahme | | | Geldanlage zu 1 % | | |
|---|---|---|---|---|---|---|---|
| | | Zinsen (T€) | Erfolg (T€) | EKR (%) | Zinsen (T€) | Erfolg (T€) | EKR (%) |
| 60 | 0 | | | | | | |
| 40 | 20 | | | | | | |
| 20 | 40 | | | | | | |
| 0 | 60 | | | | | | |

**(3)** Was empfehlen Sie Paula auf Grundlage der Aufgabenteile (1) und (2)?

**Fallstudie 2**

Sie möchten in Ihrem Unternehmen die Kapitalbudgetierung nach dem Dean-Modell vornehmen. Die Finanzierungsquellen und Anlagemöglichkeiten finden sich in den Tabellen „Anlagemöglichkeiten" und „Finanzierungsmöglichkeiten".

Anlagemöglichkeiten:

| Investition | Volumen (T€) | Rendite (%) |
|---|---|---|
| 1 | 200 | 22 |
| 2 | 100 | 18 |
| 3 | 300 | 14 |

Finanzierungsmöglichkeiten:

| Kredit | Volumen (T€) | Zins (%) |
|---|---|---|
| 1 | 200 | 14 |
| 2 | 100 | 16 |
| 3 | 300 | 18 |

Welche Investitionen realisieren Sie und auf welche Finanzquellen greifen Sie zurück?

**Fallstudie 3**

Nach dem Studium sollen Sie eine Unternehmensgründung begleiten. Der potenzielle Inhaber des Unternehmens plant den Verkauf von Designeruhren. Er rechnet im kompletten ersten Jahr mit einem monatlichen zahlungswirksamen Aufwand von 200 T€. Ab dem siebten Monat sind Zahlungseingänge in Höhe von 300 T€ zu berücksichtigen. Zudem ist bekannt, dass ein Darlehen für 8 % und eine kurzfristige Finanzierung für 12 % zur Verfügung stehen.

(1)  Ermitteln Sie den maximalen Finanzbedarf aus dem operativen Geschäft. Unterstellen Sie hierbei, dass der Finanzbedarf der einzelnen Monate jeweils schon ab dem Monatsanfang besteht und das Eigenkapital in Höhe von 75 T€ genutzt werden soll.

(2)  Ermitteln Sie die Kosten, wenn der gesamte Kreditbedarf durch kurzfristige Kredite gedeckt wird. Erstellen Sie eine Tabelle.

(3)  Wie gestalten Sie die Finanzierung mithilfe einer Tabelle, um den Aufwand möglichst gering zu halten?

## Fallstudie 4

In Ihrem Freundeskreis gibt es den Jungunternehmer Erwin Erfolgreich. Da Sie ihm begeistert von dem Thema der finanzwirtschaftlichen Bilanzanalyse erzählt haben, legt er Ihnen stolz seine Bilanz und seine GuV vor. Da er in der gleichen Branche tätig ist, wie das Unternehmen, das in Kapitel 1.4 behandelt wurde, verfügen Sie über Vergleichskennzahlen.

Bilanz von Erwin Erfolgreichs Unternehmen[34]:

| Aktiva | | | aufbereitete Bilanz | | Passiva |
|---|---|---|---|---|---|
| | (T€) | (%) | | (T€) | (%) |
| Anlagevermögen | 700 | 47 | Eigenkapital | 500 | 34 |
| immaterielles AV | 75 | 5 | | | |
| Sachanlagen | 600 | 40 | Schulden | 990 | 66 |
| Finanzanlagen | 25 | 2 | mit langer Laufzeit | 390 | 26 |
| Umlaufvermögen | 790 | 53 | mit mittlerer Laufzeit | 105 | 7 |
| Vorräte | 310 | 21 | mit kurzer Laufzeit | 495 | 33 |
| Forderungen | 370 | 25 | | | |
| Liquidität | 110 | 7 | | | |
| Bilanzsumme | 1.490 | 100 | Bilanzsumme | 1.490 | 100 |

GuV von Erwin Erfolgreichs Unternehmen:

| Position | (T€) |
|---|---|
| Umsatzerlöse | 335 |
| – zahlungswirksamer Aufwand | 200 |
| – Abschreibungen auf das Anlagevermögen | 35 |
| = operatives Ergebnis | 100 |
| – Zinsaufwand | 40 |
| – Erfolgssteuern | 30 |
| = Jahresüberschuss | 30 |

(1)  Folgende Kennziffern sind zu ermitteln und zu würdigen:
(a)  Verschuldungsgrad
(b)  Anlagendeckungsgrad 1
(c)  Anlagendeckungsgrad 2
(d)  Liquidität 1. Grades
(e)  Liquidität 2. Grades
(f)  Liquidität 3. Grades
(g)  Eigenkapitalrentabilität

---

34 Der eiserne Bestand wird mit 75 T€ angenommen.

(h)   Gesamtkapitalrentabilität
(i)   Umsatzrentabilität
(j)   Cashflow

## Fallstudie 5

**(1)**   Vervollständigen Sie die nachfolgende Tabelle, mit der Sie den Lohmann-Ruchti-Effekt der Kapitalfreisetzung nachweisen. Die betrachteten Maschinen haben Anschaffungskosten von 6 T€ und werden über zwei Jahre genutzt. Durch die Finanzausstattung seitens der Eigenkapitalgeber sind die ersten beiden Maschinen gesichert, die nacheinander in Betrieb gehen. Zeigen Sie die Entwicklung der ersten fünf Jahre auf.

Lohmann-Ruchti-Effekt der Kapitalfreisetzung:

| Periode | Gut 1 (T€) | Gut 2 (T€) | Afa lfd. Jahr (T€) | Reinvestition (T€) | verbleibende Afa (T€) |
|---------|------------|------------|--------------------|--------------------|-----------------------|
| 1 | | | | | |
| 2 | | | | | |
| 3 | | | | | |
| 4 | | | | | |
| 5 | | | | | |

**(2)**   Vervollständigen Sie die nachfolgende Tabelle, mit der Sie den Lohmann-Ruchti-Effekt der Kapazitätserweiterung nachweisen. Die betrachteten Maschinen haben Anschaffungskosten von 6 T€ und werden über zwei Jahre genutzt. Durch die Finanzausstattung seitens der Eigenkapitalgeber sind die ersten vier Maschinen gesichert, die gleichzeitig in Betrieb gehen. Zeigen Sie die Entwicklung der ersten sechs Jahre auf.

Kapazitätserweiterung:

| Periode | Altbestand | lfd. Afa (T€) | Maschinen | | | Liquidität Veränderung (T€) | Bestand (T€) |
|---------|------------|---------------|-----------|--------|---------|------------------------------|--------------|
| | | | Minderung | Zugang | Bestand | | |
| 1 | | | | | | | |
| 2 | | | | | | | |
| 3 | | | | | | | |
| 4 | | | | | | | |
| 5 | | | | | | | |
| 6 | | | | | | | |

**(3)**   Nehmen Sie die Kontendarstellung der Liquiditätssituation mit und ohne Rückstellungen bei Vollausschüttung vor, gehen Sie dabei von den Jahresabschlussinformationen aus, die in Tabelle 1.9 (siehe Kapitel 1.6.2) verarbeitet sind.

Rückstellungswirkung:

**ohne Rückstellung**

| Soll | Bank | Haben |
|---|---|---|
| Umsatzerlöse | | Material |
| | | Personal |
| | | Steuern |
| | | Ausschüttung |
| | | **Überschuss** |

| Soll | GuV | Haben |
|---|---|---|
| Material | | Umsatzerlöse |
| Personal | | |
| Steuern | | |
| **Jahresüberschuss** | | |

**mit Rückstellung**

| Soll | Bank | Haben |
|---|---|---|
| Umsatzerlöse | | Material |
| | | Personal |
| | | Steuern |
| | | Ausschüttung |
| | | **Überschuss** |

| Soll | GuV | Haben |
|---|---|---|
| Material | | Umsatzerlöse |
| Personal | | |
| Rückstellung | | |
| Steuern | | |
| **Jahresüberschuss** | | |

| Soll | Rückstellung | Haben |
|---|---|---|
| | | Zuführung |

# 2 Kapitel 2: Außenfinanzierung durch die Eigentümer bei Börsennutzung

## 2.1 Wiederholungsfragen

(1) Wodurch sind Wertpapierbörsen als Unternehmen gekennzeichnet?

(2) Wozu dienen die Anforderungen, die an Kreditinstitute gestellt werden, die eine Börsenzulassung begleiten?

(3) In welchem Marktsegment der FWB® werden die Wertpapiere eines Unternehmens notiert, wenn es nach § 32 I BörsG zum Börsenhandel zugelassen ist?

(4) Gibt es für Wertpapiere einen Börsenzugang außerhalb des organisierten Marktes? Wenn ja, wie wird dieser genannt?

(5) Wie heißen die wichtigsten Börsen in Europa?

(6) Nennen Sie die wichtigsten Standardsegmente des regulierten Marktes an den wichtigsten Börsenplätzen in Europa.

(7) Nach welchem Hauptkriterium richten sich die Segmente der wichtigsten Börsenplätze in Europa?

(8) Welche Segmente der wichtigsten Börsenplätze in Europa gehen über die Anforderungen der EU-Regulierung hinaus?

(9) Nennen Sie fünf Indizes des organisierten Marktes.

(10) Welche beiden Marktsegmente existieren für verzinsliche Wertpapiere an der FWB®?

(11) Nach welchen Kriterien erfolgt die Orderzuteilung im Rahmen des fortlaufenden Handels?

(12) Wozu dienen Indizes?

(13) Auf welchen Aggregationsformeln basieren die meisten börsenbezogenen Indizes?

(14) Welche (modifizierte) Formel ist die Basis für die Indizes der DAX®-Familie?

(15) Welche Organe hat die AG und was sind ihre Aufgaben?

(16) Wie hoch muss das Grundkapital einer AG mindestens sein? Wie wird es noch genannt?

(17) Warum ist der Rückkauf von Aktien durch die Gesellschaft im § 71 AktG eingeschränkt?

(18) Welcher Teil des Jahresüberschusses ist ausschüttungsfähig und was geschieht mit dem anderen Teil?

(19) Wie entscheidet die Hauptversammlung?

(20) Wozu dient ein Bezugsrecht?

(21) Nach welchen Methoden kann das Grundkapital in Aktien gegliedert werden?

(22) Auf Basis welcher Rechtsgrundlagen können Aktien herausgegeben werden?

(23) Was passiert bei der Kapitalerhöhung aus Gesellschaftsmitteln?

(24) Was ist eine Opération Blanche?

(25) Was ist ein Aktiensplit und welches Ziel wird damit verfolgt?

https://doi.org/10.1515/9783110791082-009

**(26)** Wie unterscheiden sich Bookbuilding- und Auktionsverfahren?

**(27)** Welchen Vorteil haben die Investition in Aktien und der Erwerb anderer Realgüter?

**(28)** Was ist ein Aktienindex?

**(29)** Welche Gefahr besteht, wenn der Aktienkurs (deutlich) unter den Bilanzkurs fällt?

**(30)** Aus welchem Grund wird beim KGV nicht nur auf die Dividende abgestellt?

**(31)** Woraus resultiert der höhere Renditeanspruch einer Aktienanlage im Vergleich zu einer Kreditvergabe an das gleiche Unternehmen?

**(32)** Warum wird die Dividende als Residualeinkommen bezeichnet?

## 2.2 Gebundene Fragen

**1**

| Welche Aussage(n) ist (sind) richtig? Welche ist (sind) falsch? | Richtig | Falsch |
|---|---|---|
| a Börsengeschäfte unterscheiden sich von anderen Geschäften. Nur hier fällt das Verpflichtungs- und das Erfüllungsgeschäft für beide Parteien zeitlich auseinander. | ☐ | ☐ |
| b Nach zwei Börsentagen erfolgt die Erfüllung der abgeschlossenen Orders über die Börse. So kann jeder Kontrahent sicher sein, dass sein Geschäft zu den abgeschlossenen Konditionen auch abgewickelt wird. | ☐ | ☐ |
| c Börsen kommt in modernen Volkswirtschaften große Bedeutung zu. Eine wichtige Funktion ist es, die Handelbarkeit der Wertpapiere zu gewährleisten. Hierunter versteht man u. a., dass nur Effekten von Unternehmen an der Börse gehandelt werden, die qualitative Mindeststandards erfüllen. | ☐ | ☐ |
| d Börsen kommt in modernen Volkswirtschaften große Bedeutung zu. Eine wichtige Funktion ist es, die Anlagekontrolle zu ermöglichen. Hierunter versteht man u. a., dass nur Effekten von Unternehmen an der Börse gehandelt werden, die qualitative Mindeststandards erfüllen. | ☐ | ☐ |
| e Keine der vorherigen Aussagen ist richtig. | ☐ | ☐ |

## 2

| Welche Aussage(n) ist (sind) richtig? Welche ist (sind) falsch? | Richtig | Falsch |
|---|---|---|
| a Jedes deutsche Kreditinstitut kann als Mitantragsteller für einen Börsengang fungieren. | ☐ | ☐ |
| b Für die Börsenzulassung ist ein Prospekt erforderlich, das Mindestanforderungen erfüllen muss und einer Genehmigung durch die BaFin bedarf. | ☐ | ☐ |
| c Auf ein Prospekt kann verzichtet werden, wenn ein beliebiger Staat oder eine ihm gleichgestellte Institution Schuldner sind. | ☐ | ☐ |
| d Das Recht, im Freiverkehr einer Börse gelistet zu werden, steht jeder Aktiengesellschaft kraft Gründung zu. Dies ist wesentlicher Grund für Unternehmen, die Rechtsform der AG und nicht die der GmbH zu wählen. | ☐ | ☐ |
| e Die einzige Erfordernis, die ein Unternehmen erfüllen muss, damit seine Wertpapiere im Freiverkehr einer Börse gehandelt werden, ist die bilaterale Vereinbarung mit der jeweiligen Börse. | ☐ | ☐ |
| f Das einzige Erfordernis, damit ein Wertpapier im Freiverkehr einer Börse gehandelt werden darf, ist die bilaterale Vereinbarung des Unternehmens mit der jeweiligen Börse. | ☐ | ☐ |
| g Keine der vorherigen Aussagen ist richtig. | ☐ | ☐ |

## 3

| Welche Aussage(n) ist (sind) richtig? Welche ist (sind) falsch? | Richtig | Falsch |
|---|---|---|
| a Alle Wertpapiere, die eine Börsenzulassung gemäß § 32 I BörsG haben, werden an der FWB® im Prime Standard gelistet. | ☐ | ☐ |
| b Alle Wertpapiere, die eine Börsenzulassung gemäß § 32 I BörsG haben, werden an der FWB® im General Standard gelistet. | ☐ | ☐ |
| c Für die Aufnahme in den General Standard ist die jährliche Realisierung einer Informationsveranstaltung für Analysten erforderlich. | ☐ | ☐ |
| d Für die Aufnahme in den General Standard ist die jährliche Realisierung einer Informationsveranstaltung für Analysten erforderlich. Hierbei muss eine Simultanübersetzung in englischer und spanischer Sprache erfolgen. | ☐ | ☐ |
| e Für die Aufnahme in den General Standard ist die jährliche Realisierung einer Informationsveranstaltung für Analysten erforderlich. Hierbei muss eine Simultanübersetzung in englischer Sprache erfolgen. | ☐ | ☐ |
| f Keine der vorherigen Aussagen ist richtig. | ☐ | ☐ |

**4**

| Welche Aussage(n) ist (sind) richtig? Welche ist (sind) falsch? | Richtig | Falsch |
|---|---|---|
| a  Die wichtigsten europäischen Börsenplätze sind Frankfurt, London, Zürich und Euronext. | ☐ | ☐ |
| b  Die Hauptsegmente der Börsenplätze in der Europäischen Union unterliegen einheitlichen EU-Regularien. | ☐ | ☐ |
| c  Der Hauptmarkt am Börsenplatz Zürich unterliegt den EU-Regularien. | ☐ | ☐ |
| d  Die wichtigsten Börsenplätze in Europa bieten spezielle Segmente für KMU an. | ☐ | ☐ |
| e  Die wichtigsten Börsenplätze in Europa bieten spezielle Segmente für Start-Ups an. | ☐ | ☐ |
| f  Kein Segment in Europa geht über die Mindestanforderungen der EU hinaus. | ☐ | ☐ |
| g  Die KMU-Segmente sind Teil des regulierten / organisierten Marktes. | ☐ | ☐ |
| h  Keine der vorherigen Aussagen ist richtig. | ☐ | ☐ |

**5**

| Welche Aussage(n) ist (sind) richtig? Welche ist (sind) falsch? | Richtig | Falsch |
|---|---|---|
| a  Wird eine Aktie im General Standard gehandelt, so wird sie automatisch in die Ermittlung des CDAX® einbezogen. | ☐ | ☐ |
| b  Wird eine Aktie im Prime Standard gehandelt, so wird sie automatisch in die Ermittlung des SDAX® einbezogen. | ☐ | ☐ |
| c  Der Entry Standard ist eine Ausprägung des Freiverkehrs an der FWB®. | ☐ | ☐ |
| d  Qualitativ sind die Anforderungen für die Aufnahme in das Quotation Board höher als an Scale. | ☐ | ☐ |
| e  Bei festverzinslichen Wertpapieren unterscheidet die FWB® die Kategorien Prime, General und Entry Standard. | ☐ | ☐ |
| f  Der DAX® ist ein Zusammenschluss von 30 Aktiengesellschaften in Form der BGB-Gesellschaft, um die Interessen der börsennotierten Gesellschaften zu vertreten. | ☐ | ☐ |
| g  Der DAX® ist ein Index, der die 50 größten Unternehmen gemessen an deren Umsatz und Grundkapital umfasst. | ☐ | ☐ |
| h  Der DAX® ist ein Index, der die 30 größten Unternehmen gemessen an deren Umsatz und Grundkapital umfasst. | ☐ | ☐ |
| i  Der DAX® ist ein Index, der die 40 größten Unternehmen gemessen an deren Börsenumsatz und dem Marktwert der frei gehandelten Aktien umfasst. | ☐ | ☐ |
| j  Gelingt es einem Unternehmen einen Platz im DAX® oder einem anderen Index zu erringen, ist die Mitgliedschaft für die nächsten 5 Jahre gesichert. | ☐ | ☐ |
| k  Gelingt es einem Unternehmen einen Platz im DAX® oder einem anderen Index zu erringen, ist die Mitgliedschaft für die nächsten 12 Monate gesichert. | ☐ | ☐ |
| l  Keine der vorherigen Aussagen ist richtig. | ☐ | ☐ |

**6**

| Welche Aussage(n) ist (sind) richtig? Welche ist (sind) falsch? | Richtig | Falsch |
|---|:---:|:---:|
| a Aktien, die im TecDAX® notiert sind, können gleichzeitig auch im SDAX®, im MDAX® oder DAX® gelistet sein. | ☐ | ☐ |
| b Eine Notierung im TecDAX® schließt die gleichzeitige Notierung im MDAX® oder DAX® aus. | ☐ | ☐ |
| c Die Anzahl der Titel, die im HDAX® gelistet sind, beträgt stets 120, da er sich aus den Unternehmen die im TecDAX®, MDAX® oder DAX® enthalten sind, zusammensetzt. | ☐ | ☐ |
| d Der DAX® 50 ESG ist ein Subsegment des TecDAX® welches die innovativsten Unternehmen umfasst. | ☐ | ☐ |
| e Um in den DAX® 50 ESG aufgenommen zu werden, müssen die Unternehmen eine Zulassung zum organisierten Markt aufweisen. | ☐ | ☐ |
| f Um in den DAX® 50 ESG aufgenommen zu werden, müssen die Unternehmen eine Zulassung zum Prime Standard aufweisen. | ☐ | ☐ |
| g Um in den DAX® 50 ESG aufgenommen zu werden, reicht es aus, wenn ein Unternehmen ausschließlich im HDAX® enthalten ist. | ☐ | ☐ |
| h Da der DAX® 50 ESG sehr innovativ ist, sind die Unternehmen dieses Index verpflichtet, 25 % ihres Jahresüberschusses im Folgejahr für Forschung und Entwicklung zu verausgaben. | ☐ | ☐ |
| i Unternehmen die im Prime Standard enthalten sind und sich schwerpunktmäßig mit Kernenergie beschäftigen, sind losgelöst von allen anderen Kriterien, Mitglied des DAX® 50 ESG, da dieser besonderen Wert auf $CO_2$-Freiheit legt. | ☐ | ☐ |
| j Keine der vorherigen Aussagen ist richtig. | ☐ | ☐ |

**7**

| Welche Aussage(n) ist (sind) richtig? Welche ist (sind) falsch? | Richtig | Falsch |
|---|:---:|:---:|
| a Eine Bestens-Order verpflichtet die beauftragte Börse, diesem Kaufauftrag den geringsten Tageskurs zuzuordnen. | ☐ | ☐ |
| b Eine Bestens-Order verpflichtet die beauftragte Börse, diesem Verkaufsauftrag den höchsten Tageskurs zuzuordnen. | ☐ | ☐ |
| c Eine Bestens-Order garantiert dem Verkäufer, dass seine Aktien auf jeden Fall abgesetzt werden. | ☐ | ☐ |
| d Aktien werden an deutschen Börsen meistens in Euro notiert. Auf Wunsch des betroffenen Unternehmens ist aber auch eine Notierung in Prozent möglich. | ☐ | ☐ |
| e Die Kursergänzung „ex BR" bedeutet, dass heute das Bezugsrecht von der Aktie getrennt wurde. | ☐ | ☐ |
| f Das Meistausführungsprinzip garantiert, dass bei einem festgestellten Kurs alle Kaufwünsche, die auf einen höheren Preis lauten, erfüllt sind. | ☐ | ☐ |
| g Keine der vorherigen Aussagen ist richtig. | ☐ | ☐ |

**8**

| Welche Aussage(n) ist (sind) richtig? Welche ist (sind) falsch? | Richtig | Falsch |
|---|---|---|
| a Die Indizes der DAX®-Familie basieren auf dem Ansatz von Paasche im Original. | ☐ | ☐ |
| b Die Indizes der DAX®-Familie basieren auf dem Ansatz von Paasche, sind jedoch im Zähler angepasst. | ☐ | ☐ |
| c Die Indizes der DAX®-Familie basieren auf dem Ansatz von Laspeyres im Original. | ☐ | ☐ |
| d Die Indizes der DAX®-Familie basieren auf dem Ansatz von Laspeyres, sind jedoch im Zähler angepasst. | ☐ | ☐ |
| e Die Indizes der DAX®-Familie beziehen im Zähler neben dem aktuellen Portfolio ausschließlich den Free-Float im Zähler mit ein. | ☐ | ☐ |
| f Die Indizes der DAX®-Familie beziehen im Zähler neben dem aktuellen Portfolio ausschließlich den Korrekturfaktor im Zähler mit ein. | ☐ | ☐ |
| g Die Indizes der DAX®-Familie beziehen im Zähler neben dem aktuellen Portfolio den Free-Float und den Korrekturfaktor im Zähler mit ein. | ☐ | ☐ |
| h Die Indizes der DAX®-Familie beziehen im Zähler neben dem aktuellen Portfolio ausschließlich den Korrekturfaktor im Nenner mit ein. | ☐ | ☐ |
| i Die Indizes der DAX®-Familie beziehen im Zähler neben dem aktuellen Portfolio den Free-Float und den Korrekturfaktor im Nenner mit ein. | ☐ | ☐ |
| j Keine der vorherigen Aussagen ist richtig. | ☐ | ☐ |

**9**

| Welche Aussage(n) ist (sind) richtig? Welche ist (sind) falsch? | Richtig | Falsch |
|---|---|---|
| a Aktionäre haften nicht über den Kaufpreis hinaus für die Schulden des Unternehmens. | ☐ | ☐ |
| b Der Besitz von Aktien ist ohne Risiko. Da Aktionäre nicht mit ihrem Privatvermögen für das Unternehmen haften, können Sie auch kein Geld verlieren. | ☐ | ☐ |
| c Wie bei (einigen) anderen Gesellschaftsformen haften auch Aktionäre mit ihrem Privatvermögen für die Schulden des Unternehmens. | ☐ | ☐ |
| d Der Vorstand leitet die Gesellschaft, der Aufsichtsrat fungiert als Kontrollgremium des Vorstands und die Hauptversammlung entscheidet über die im Gesetz und der Satzung vorgesehenen Sachverhalte. Entscheidungen über Themen der Geschäftsführung fällt die Hauptversammlung nie. | ☐ | ☐ |
| e Der Vorstand leitet die Gesellschaft, der Aufsichtsrat fungiert als Kontrollgremium der Hauptversammlung. Diese entscheidet über die im Gesetz und der Satzung vorgesehenen Sachverhalte. Entscheidungen über Themen der Geschäftsführung fällt die Hauptversammlung nie. | ☐ | ☐ |
| f Der Vorstand leitet die Gesellschaft, der Aufsichtsrat fungiert als Kontrollgremium des Vorstands und die Hauptversammlung entscheidet über die im Gesetz und der Satzung vorgesehenen Sachverhalte. Entscheidungen über Themen der Geschäftsführung fällt die Hauptversammlung immer dann, wenn die Betragsgrenze von 50 T€ überschritten wird. | ☐ | ☐ |
| g Als Eigentümer hat jeder Aktionär das Recht, uneingeschränkt in die Bücher der Gesellschaft Einsicht zu nehmen. | ☐ | ☐ |
| h Ein uneingeschränktes Einsichtsrecht haben die Aktionäre nicht, aber der Vorstand ist unbeschränkt auskunftspflichtig, sofern Fragen zu Tagesordnungspunkten der Hauptversammlung gestellt werden. | ☐ | ☐ |
| i Den Aktionären steht ein Auskunftsrecht auf der Hauptversammlung zu, jedoch nennt das Gesetz konkrete Gründe, aus denen die Auskunft verweigert werden darf. | ☐ | ☐ |
| j Keine der vorherigen Aussagen ist richtig. | ☐ | ☐ |

**10**

| Welche Aussage(n) ist (sind) richtig? Welche ist (sind) falsch? | Richtig | Falsch |
|---|---|---|
| a Stammaktien müssen immer über einen Nennbetrag von einem Euro lauten. | ☐ | ☐ |
| b Vorzugsaktien dürfen als Nennbetrag- oder Quotenaktie ausgestattet sein. | ☐ | ☐ |
| c Nur Vorzugsaktien dürfen als Nennbetrag- oder Quotenaktie ausgestattet sein. | ☐ | ☐ |
| d Die stimmrechtslose Vorzugsaktie ist die einzige Ausprägungsform für Vorzugsaktien. | ☐ | ☐ |
| e Stimmrechtslose Vorzugsaktien sind für Anleger immer attraktiver als Stammaktien. | ☐ | ☐ |
| f Stimmrechtslose Vorzugsaktien sind für Anleger immer unattraktiver als Stammaktien. | ☐ | ☐ |
| g Vinkulierte Vorzugsaktien dürfen nur mit der Zustimmung der Aufsichtsbehörde emittiert werden. | ☐ | ☐ |
| h Die Aktienübergabe erfolgt ausnahmslos, indem sich Käufer und Verkäufer über den Kauf einigen und der Verkäufer dem Käufer die Aktie zur Verfügung stellt (Übergabe). | ☐ | ☐ |
| i Hat die AG vinkulierte Namensaktien herausgegeben, werden die persönlichen Daten zu jedem Aktionär im Aktionärsbuch geführt. Zusätzlich ist für einen Weiterverkauf der Aktie die Zustimmung des zuständigen Organs der AG erforderlich. | ☐ | ☐ |
| j Soweit ein Unternehmen ausschließlich Vorzugsaktien an Dritte verkauft, lässt sich der Einfluss der Neueigentümer stark begrenzen. | ☐ | ☐ |
| k Soweit ein Unternehmen ausschließlich Vorzugsaktien an Dritte verkauft, können sämtliche Anlegergruppen gleichermaßen erreicht werden. | ☐ | ☐ |
| l Keine der vorherigen Aussagen ist richtig. | ☐ | ☐ |

**11**

| Welche Aussage(n) ist (sind) richtig? Welche ist (sind) falsch? | Richtig | Falsch |
|---|---|---|
| a Eine Kapitalerhöhung aus Gesellschaftsmitteln kann durch eine individuelle Entscheidung der Hauptversammlung oder durch die Nutzung von genehmigtem Kapital erfolgen. | ☐ | ☐ |
| b Eine Kapitalerhöhung aus Gesellschaftsmitteln kann durch eine individuelle Entscheidung der Hauptversammlung oder im Rahmen der Unternehmensgründung erfolgen. | ☐ | ☐ |
| c Eine Kapitalerhöhung aus Gesellschaftsmitteln kann durch eine individuelle Entscheidung der Hauptversammlung oder die Anordnung des Wirtschaftsministers erfolgen. | ☐ | ☐ |
| d Mit einer Opération Blanche kann ein Aktionär seinen Anteil an der Gesellschaft im Rahmen einer Kapitalerhöhung konstant halten. | ☐ | ☐ |
| e Verfügt ein Aktionär über mehr als 25 % des Grundkapitals, ist eine Opération Blanche durch das Wirtschaftsministerium zu genehmigen. | ☐ | ☐ |
| f Keine der vorherigen Aussagen ist richtig. | ☐ | ☐ |

**12**

| Welche Aussage(n) ist (sind) richtig? Welche ist (sind) falsch? | Richtig | Falsch |
|---|---|---|
| a  Wenn eine AG eine Kapitalerhöhung im Verhältnis von 13 : 2 durchführt, die alte Aktie bei 117,50 € notiert, der Bezugspreis der jungen Aktie bei 95 € liegt und im laufenden Jahr keine Dividende gezahlt wird, ist das Bezugsrecht 3,00 € wert. | ☐ | ☐ |
| b  Wenn eine AG eine Kapitalerhöhung im Verhältnis von 13 : 2 durchführt, die alte Aktie bei 117,50 € notiert, der Bezugspreis der jungen Aktie bei 95 € liegt und im laufenden Jahr keine Dividende gezahlt wird, ist das Bezugsrecht 2,95 € wert. | ☐ | ☐ |
| c  Wenn eine AG eine Kapitalerhöhung im Verhältnis von 13 : 2 durchführt, die alte Aktie bei 117,50 € notiert, der Bezugspreis der jungen Aktie bei 95 € liegt und im laufenden Jahr keine Dividende gezahlt wird, ist das Bezugsrecht 3,15 € wert. | ☐ | ☐ |
| d  Wenn eine AG eine Kapitalerhöhung im Verhältnis von 13 : 2 durchführt, die alte Aktie bei 117,50 € notiert, der Bezugspreis der jungen Aktie bei 95 € liegt und im laufenden Jahr keine Dividende gezahlt wird, ergibt sich ein Mischkurs von 115,50 €. | ☐ | ☐ |
| e  Wenn eine AG eine Kapitalerhöhung im Verhältnis von 13 : 2 durchführt, die alte Aktie bei 117,50 € notiert, der Bezugspreis der jungen Aktie bei 95 € liegt und im laufenden Jahr keine Dividende gezahlt wird, ergibt sich ein Mischkurs von 117 €. | ☐ | ☐ |
| f  Wenn eine AG eine Kapitalerhöhung im Verhältnis von 13 : 2 durchführt, die alte Aktie bei 117,50 € notiert, der Bezugspreis der jungen Aktie bei 95 € liegt und ein Dividendenvorteil von 0,15 € zu berücksichtigen ist, hat das Bezugsrecht einen Wert von 2,98 €. | ☐ | ☐ |
| g  Wenn eine AG eine Kapitalerhöhung im Verhältnis von 13 : 2 durchführt, die alte Aktie bei 117,50 € notiert, der Bezugspreis der jungen Aktie bei 95 € liegt und ein Dividendenvorteil von 0,15 € zu berücksichtigen ist, hat das Bezugsrecht einen Wert von 3,00 €. | ☐ | ☐ |
| h  Wenn eine AG eine Kapitalerhöhung im Verhältnis von 13 : 2 durchführt, die alte Aktie bei 117,50 € notiert, der Bezugspreis der jungen Aktie bei 95 € liegt und ein Dividendenvorteil von 0,15 € zu berücksichtigen ist, hat das Bezugsrecht einen Wert von 3,02 €. | ☐ | ☐ |
| i  Wenn eine AG eine Kapitalerhöhung im Verhältnis von 13 : 2 durchführt, die alte Aktie bei 117,50 € notiert, der Bezugspreis der jungen Aktie bei 95 € liegt und ein Aktionär über 116 Aktien verfügt, kann er unter Berücksichtigung der Kosten zwei neue Aktien durch eine Opération Blanche beziehen. | ☐ | ☐ |
| j  Wenn eine AG eine Kapitalerhöhung im Verhältnis von 13 : 2 durchführt, die alte Aktie bei 117,50 € notiert, der Bezugspreis der jungen Aktie bei 95 € liegt und ein Aktionär über 116 Aktien verfügt, kann er unter Berücksichtigung der Kosten drei neue Aktien durch eine Opération Blanche beziehen. | ☐ | ☐ |
| k  Wenn eine AG eine Kapitalerhöhung im Verhältnis von 13 : 2 durchführt, die alte Aktie bei 117,50 € notiert, der Bezugspreis der jungen Aktie bei 95 € liegt und ein Aktionär über 116 Aktien verfügt, kann er unter Berücksichtigung der Kosten vier neue Aktien durch eine Opération Blanche beziehen. | ☐ | ☐ |
| l  Keine der vorherigen Aussagen ist richtig. | ☐ | ☐ |

**13**

| Welche Aussage(n) ist (sind) richtig? Welche ist (sind) falsch? | Richtig | Falsch |
|---|---|---|
| a  Die Einbindung von Kreditinstituten in die Aktienemission und Börseneinführung geschieht u. a., um sich deren Infrastruktur und Erfahrung zunutze zu machen. | ☐ | ☐ |
| b  Um das Risiko und die anstehenden Aufgaben einer Emission besser handhaben zu können, schließen sich Banken regelmäßig zu Konsortien zusammen. | ☐ | ☐ |
| c  Der Zusammenschluss von Kreditinstituten zu Konsortien war früher üblich. Heute kommt dies nur noch bei sehr großen Emissionen vor. | ☐ | ☐ |
| d  Die Aktienübernahme durch das Emissionskonsortium basiert auf einem Geschäftsbesorgungsvertrag nach § 675 BGB. | ☐ | ☐ |
| e  Mit der Aktienübernahme erhält der Emittent zwar sofort eine Gutschrift, jedoch ist es Handelsbrauch, dass er die Hälfte des Absatzrisikos selbst zu tragen hat. | ☐ | ☐ |
| f  Im Rahmen der Privatplatzierung werden – wie der Name schon vermuten lässt – keine institutionellen, sondern nur Privatanleger angesprochen. | ☐ | ☐ |
| g  Festpreis- und Bookbuilding-Verfahren konkurrieren nicht miteinander, da sie hinsichtlich der Einsetzbarkeit für unterschiedliche Situationen verwendet werden. | ☐ | ☐ |
| h  Durch den Einsatz des Bookbuilding-Verfahrens lässt sich im Vergleich zum Festpreisverfahren die Zahlungsbereitschaft der Anleger besser nutzen, sodass die Kapitalrücklagen des Emittenten gestärkt werden. | ☐ | ☐ |
| i  Das Auktionsverfahren ist mit dem Bookbuilding-Verfahren gleichzusetzen. Der Begriff Bookbuilding-Verfahren ist nur Ausdruck der Amerikanisierung in der Geschäftssprache. | ☐ | ☐ |
| j  Keine der vorherigen Aussagen ist richtig. | ☐ | ☐ |

**14**

| Welche Aussage(n) ist (sind) richtig? Welche ist (sind) falsch? | Richtig | Falsch |
|---|---|---|
| a  Der Bilanzkurs ist die Preisobergrenze dessen, was ein Investor für eine Aktie bezahlen darf. Nur der Bilanzkurs lässt sich ökonomisch als Wert der Aktie rechtfertigen. | ☐ | ☐ |
| b  Der Bilanzkurs ist die Preisuntergrenze, den die AG mindestens erzielen muss, wenn sie das Unternehmen nicht der Gefahr einer feindlichen Übernahme aussetzen will. | ☐ | ☐ |
| c  Der Bilanzkurs ist die Preisuntergrenze, den die AG mindestens erzielen muss, wenn sie die neuen Aktionäre nicht besserstellen will als die Altaktionäre. | ☐ | ☐ |
| d  Der Barwert pro Aktie ist der verlässlichste Indikator zur Aktienbewertung. | ☐ | ☐ |
| e  Die Dividendenrendite ist ein unvollständiger Indikator zur Aktienbewertung, da Kurssteigerungen als wesentliche Erfolgsquelle der Aktienanlage nicht betrachtet werden. Für einen Vergleich der sicheren Rendite der Aktienanlage mit der Performance verzinslicher Wertpapiere ist sie geeignet. | ☐ | ☐ |
| f  Wenn Aktiengesellschaft und Anleger vor der Anlage eine Zeitstabilitätserklärung unterzeichnen, steht mit dem KGV eine geeignete Kennziffer zur Verfügung. | ☐ | ☐ |
| g  Keine der vorherigen Aussagen ist richtig. | ☐ | ☐ |

## 2.3 Fallstudien

**Fallstudie 1**

Ihr Professor ist von Ihrem theoretischen Wissen und Ihren praktischen Fähigkeiten schwer beeindruckt. Er hat für Sie einen eintägigen Aufenthalt an der Börse organisiert. Sie dürfen live dabei sein! Im Rahmen der Auktion im Computerhandel für Aktien der 654-AG sind folgende Aufträge zu berücksichtigen:

Zu berücksichtigende Aufträge für die 654-AG:

| Verkaufswünsche | | Kaufwünsche | |
|---|---|---|---|
| Anzahl | Kursvorgabe | Anzahl | Kursvorgabe |
| 100 | bestens | 600 | billigst |
| 700 | 1,05 | 1.200 | 0,95 |
| 800 | 1,10 | 1.000 | 1,00 |
| 900 | 1,15 | 1.000 | 1,10 |
| 900 | 1,25 | 1.000 | 1,20 |
| 800 | 1,30 | 1.000 | 1,30 |
| 600 | 1,35 | 1.000 | 1,40 |
| 400 | 1,45 | 1.000 | 1,50 |

**(1)** Führen Sie eigenverantwortlich die Auktion durch, indem Sie das nachstehende Orderbuch zur Kursfeststellung für die 654-AG übertragen und ausfüllen.

Vordruck zur Kursfeststellung für die 654-AG:

| Kurs | möglicher Stückumsatz | mögliche Verkäufe | mögliche Käufe |
|---|---|---|---|
| 0,95 | | | |
| 1,00 | | | |
| 1,05 | | | |
| 1,10 | | | |
| 1,15 | | | |
| 1,20 | | | |
| 1,25 | | | |
| 1,30 | | | |
| 1,35 | | | |
| 1,40 | | | |
| 1,45 | | | |
| 1,50 | | | |

**(2)** Stellen Sie begründet dar, welche Verkaufsaufträge zu berücksichtigen sind.
**(3)** Stellen Sie begründet dar, welche Kaufaufträge zu berücksichtigen sind.
**(4)** Ergibt sich auf der Käufer- oder Verkäuferseite ein Überhang?
**(5)** Nehmen Sie die Zuteilung vor.

**Fallstudie 2**

Nach Ihrer wohlverdienten Frühstückspause hat bereits der fortlaufende Handel begonnen.

Orderbuch für die 654-AG nach der Auktion:

| Verkaufswünsche | | Kaufwünsche | |
|---|---|---|---|
| Anzahl | Kursvorgabe | Anzahl | Kursvorgabe |
| | 0,95 | 1.350 | 0,95 |
| | 1,00 | 1.400 | 1,00 |
| | 1,05 | 1.550 | 1,05 |
| | 1,10 | 1.200 | 1,10 |
| | 1,15 | 1.400 | 1,15 |
| | 1,20 | 1.300 | 1,20 |
| | 1,25 | 2.500 | 1,25 |
| 1.000 | 1,30 | | 1,30 |
| 800 | 1,35 | | 1,35 |
| 600 | 1,40 | | 1,40 |
| 1.000 | 1,45 | | 1,45 |
| 1.750 | 1,50 | | 1,50 |

Wieder dürfen Sie alleine und selbstständig agieren und das Matching ausführen. Hierzu bilden Sie die Aufträge ab, die ausgeführt werden können, und erstellen nach jeder Teilaufgabe das neue Orderbuch. Folgende neue Orders sind zu berücksichtigen:

**(1)** Eingang 10:45 Uhr (alle Orders sind zeitgleich eingegangen)

(a) Kauforder: 600 Stück zu 1,20 €

(b) Kauforder: 1.000 Stück zu 1,30 €

(c) Kauforder: 700 Stück zu 1,35 €

(d) Kauforder: 900 Stück billigst

Orderbuchschema für die 654-AG nach der Orderverarbeitung um 10:45 Uhr:

| Verkaufswünsche | | Kaufwünsche | |
|---|---|---|---|
| Anzahl | Kursvorgabe | Anzahl | Kursvorgabe |
| | 0,95 | | 0,95 |
| | 1,00 | | 1,00 |
| | 1,05 | | 1,05 |
| | 1,10 | | 1,10 |
| | 1,15 | | 1,15 |
| | 1,20 | | 1,20 |
| | 1,25 | | 1,25 |
| | 1,30 | | 1,30 |
| | 1,35 | | 1,35 |
| | 1,40 | | 1,40 |
| | 1,45 | | 1,45 |
| | 1,50 | | 1,50 |

**(2)** Eingang zwischen 11:00 Uhr bis 11:15 Uhr

(a) Verkaufsorder: 5.000 Stück zu 1,20 € (11:03 Uhr)

(b) Verkaufsorder: 1.000 Stück bestens (11:05 Uhr)

(c) Verkaufsorder: 800 Stück zu 1,30 € (11:14 Uhr)

Orderbuchschema für die 654-AG nach der Orderverarbeitung um 11:15 Uhr:

| Verkaufswünsche | | Kaufwünsche | |
|---|---|---|---|
| Anzahl | Kursvorgabe | Anzahl | Kursvorgabe |
| | 0,95 | | 0,95 |
| | 1,00 | | 1,00 |
| | 1,05 | | 1,05 |
| | 1,10 | | 1,10 |
| | 1,15 | | 1,15 |
| | 1,20 | | 1,20 |
| | 1,25 | | 1,25 |
| | 1,30 | | 1,30 |
| | 1,35 | | 1,35 |
| | 1,40 | | 1,40 |
| | 1,45 | | 1,45 |
| | 1,50 | | 1,50 |

**(3)** Eingang um 11:30 Uhr (Alle Orders sind zeitgleich eingegangen.)

(a) Verkaufsorder: 2.000 Stück zu 1,30 €

(b) Kauforder: 1.000 Stück zu 1,30 €

(c) Verkaufsorder: 900 Stück bestens

(d) Kauforder: 1.500 Stück billigst

Orderbuchschema für die 654-AG nach der Orderverarbeitung um 11:30 Uhr:

| Verkaufswünsche | | Kaufwünsche | |
|---|---|---|---|
| Anzahl | Kursvorgabe | Anzahl | Kursvorgabe |
| | 0,95 | | 0,95 |
| | 1,00 | | 1,00 |
| | 1,05 | | 1,05 |
| | 1,10 | | 1,10 |
| | 1,15 | | 1,15 |
| | 1,20 | | 1,20 |
| | 1,25 | | 1,25 |
| | 1,30 | | 1,30 |
| | 1,35 | | 1,35 |
| | 1,40 | | 1,40 |
| | 1,45 | | 1,45 |
| | 1,50 | | 1,50 |

**Fallstudie 3**

Aufgrund Ihrer bisherigen makellosen Performance erhalten Sie die Chance ein Praktikum an einer renommierten deutschen Börse zu machen. Unglücklicher Weise starten Sie Ihren ersten Tag mit einem Systemausfall und müssen den Spezialindex für die Luftfahrt *Fluxi* mittels Ihres PC errechnen. Folgende Fakten gilt es zu berücksichtigen:
- $K_T$ beträgt zurzeit 1,00.
- $c_{it}$ beträgt für jedes Papier 1,00.
- Die Kappungsgrenze liegt bei 40,00 %.
- Kein Papier liegt aktuell über der Kappungsgrenze.
- Zusammensetzung des Index entsprechend der folgenden Tabelle:

Beteiligte Unternehmen an Fluxi im Zeitpunkt $t_0$:

| Unternehmen | $p_{i0}$ € | $p_{it}$ € | $q_{i0}$ € | $q_{iT}$ € | $ff_{iT}$ | $c_{it}$ |
|---|---|---|---|---|---|---|
| 1 | 40 | 50 | 45.000.000 | 45.000.000 | 0,8400 | 1,000000 |
| 2 | 50 | 25 | 15.000.000 | 20.000.000 | 0,4200 | 1,000000 |
| 3 | 70 | 150 | 55.000.000 | 20.000.000 | 0,9300 | 1,000000 |
| 4 | 60 | 80 | 30.000.000 | 35.000.000 | 0,7800 | 1,000000 |

**Aufgabenstellung:**
(1) Wie hoch war der Index-Punktestand nach der Formel für marktkapitalisierungsgewichtete Indizes im Zeitpunkt $t_0$?
(2) Analysieren sie folgende Ereignisse, die seit dem Ausgangzeitpunkt passiert sind. Gehen Sie schrittweise vor und sichern Sie die Zwischenergebnisse in der nachfolgenden Tabelle.
(a) Aufgrund einer **Dividendenausschüttung** muss der Korrekturfaktor für Unternehmen 3 angepasst werden. Das Unternehmen schüttet 5 € pro Aktie aus. Der Schlusskurs am Tag vor der Dividendenzahlung liegt bei 140 €, während der Schlusskurs am Tag nach der Dividendenzahlung bei 135 € liegt.
(b) Die Hauptversammlung von Unternehmen 1 hat einen Aktiensplit beschlossen, damit die Wertpapiere des Unternehmens wieder liquider am Markt gehandelt werden können. Das Splittingverhältnis beträgt 1 : 2.
(c) Durch eine neue Technologie ist der Kurs von Unternehmen 2 auf 75 € angestiegen. Ein Anteilseigner möchte einen Teil der Kursgewinne realisieren und verkauft daher 2 Mio. Aktien des Unternehmens (10 %) aus seinem Festbesitz.
(d) Stellen Sie sicher, dass kein Wertpapier über der Kappungsgrenze liegt. Berechnen Sie dafür die jeweilige Gewichtung der Wertpapiere im Index. Nehmen Sie dafür die Formel zur Berechnung der Free-Float-Marktkapitalisierung zur Hilfe.
(e) Berechnen Sie den neuen Indexpunktestand.

Fluxi-Berechnungsschema:

| Unternehmen | $p_{i0}$ (€) | $p_{it}$ (€) | $q_{i0}$ (€) | $q_{iT}$ (€) | $ff_{iT}$ | $c_{it}$ | Zähler (€) | Nenner (€) | Free-Float | |
|---|---|---|---|---|---|---|---|---|---|---|
| | | | | | | | | | Markt-kapitalisierung (€) | Gewichtung (%) |
| 1 | | 40 | 45.000.000 | | | | | | | |
| 2 | | 50 | 15.000.000 | | | | | | | |
| 3 | | 70 | 55.000.000 | | | | | | | |
| 4 | | 60 | 30.000.000 | | | | | | | |
| Σ | | | | | | | | | | |

## Fallstudie 4

Ihr Unternehmen wird in der Form einer AG geführt. Für die Vorbereitung auf die Hauptversammlung benötigt Ihr Vorstandschef Ihre Hilfe.

**(1)** Aufgrund der aktuellen Börsenturbulenzen hat die Aktie Ihres Arbeitgebers seit Jahresbeginn 15 % an Wert verloren. Ihr Vorstand möchte die gute Wertentwicklung der letzten Jahre nachzeichnen, indem ein Anlagebetrag von 10.040 € unterstellt wird. An jeder Kapitalerhöhung der Vergangenheit wurde teilgenommen, jedoch ohne weitere Mittel zu investieren. Restbeträge aus einem Jahr sollen jedoch im Folgejahr berücksichtigt werden. Legen Sie bei Ihrer Analyse Gebühren in Höhe von 0,45 % des Kurswerts zugrunde. Junge Aktien erhält der Anleger gegen seine Bezugs- bzw. Teilrechte kostenlos.

(a) Ausgangspunkt am 30.06.20X1
  - Kurs der Aktie: 135 €
  - Grundkapital: 100 Mio. € in 10 Mio. Aktien zu 10 € Nennwert

(b) Kapitalerhöhung aus Gesellschaftsmitteln am 15.04.20X2
  - Kurs der Aktie: 164,65 €
  - Grundkapitalerhöhung um 85 Mio. € durch die Ausgabe von neuen Aktien

(c) Kapitalerhöhung durch Einlagen am 30.06.20X5
  - Kurs der alten Aktie: 175 €
  - Bezugspreis der neuen Aktie: 115 €
  - Erhöhung im Verhältnis 4 : 2,5

(d) Aktiensplit am 15.11.20X7
  - Reduzierung des Nennwerts auf 5 €
  - Kurs der Aktie vor der Maßnahme: 220 €
  - Die ersten zwei Wochen entspricht der Börsenkurs exakt dem rechnerischen Wert.

(e) Vermögenssituation
- Höchstwert der Aktie am 31.12.20X8: 145 €
- Kursrückgang bis zum 31.05.20X9: 123,25 €

## Fallstudie 5

Ihr Freund Gerhard Glücklos hat 300 Aktien der Fifi AG im Bestand und bittet Sie um Informationen hinsichtlich der anstehenden Kapitalerhöhung. Folgende Fakten sind bekannt:
- Grundkapital: 20.000 T€
- Kapitalerhöhung um 5.000 T€
- Jede Aktie hat einen Nennwert von 2 €.
- aktueller Börsenkurs: 55 €
- geplanter Bezugspreis der Aktie: 35 €

(1) Ermitteln Sie den Wert des Bezugsrechts, indem Sie den Börsenwert des gesamten Unternehmens vor und nach der Kapitalerhöhung betrachten. Nehmen Sie die Perspektive des Altaktionärs ein. Führen Sie die Betrachtung aus der Perspektive eines Anlegers durch, der bislang noch keine Aktien besessen hat.
(2) Ermitteln Sie den Bezugsrechtswert mithilfe der Ihnen bekannten Formel, wenn 0,15 € an Dividendennachteil zu berücksichtigen sind.
(3) Ist das Bezugsrecht über- oder unterbewertet, wenn die Aktie bei 52 € und das Bezugsrecht bei 4,23 € notieren? Unterstellen Sie die Existenz des in (2) genannten Dividendennachteils. Betrachten Sie auch die andere Alternative.

## Fallstudie 6

Im Rahmen einer Seminararbeit sollen Sie die Bewertung von zwei Neuemissionen (zum 30.03.20X1) vornehmen. Die relevanten Informationen finden Sie in der Tabelle „Fakten zu zwei Neuemissionen", die Unternehmensnamen kennzeichnen das Tätigkeitsfeld.

Fakten zu zwei Neuemissionen:

| Aktie | Wolle und Handarbeit AG | Senioren-Residencz AG |
|---|---|---|
| Eigenkapital | 50 Mio. € | 100 Mio. € |
| gezeichnetes Kapital | 25 Mio. € | 40 Mio. € |
| Nennwert pro Aktie | 5 € | 40 € |
| Emissionskurs pro Aktie | 17,50 € | 120 € |
| erwarteter Gewinn der nächsten 5 Jahre pro Aktie | 1,5 € ↔ 1,75 € ↔ 1,80 € ↔ 1,80 € ↔1,85 € | 9,80 € ↔ 10,50 € ↔ 11,00 € ↔11,50 € ↔ 12,00 € |
| Dividendenplanung für 20X1 pro Aktie | 1 € | 7 € |
| Ratingeinstufung | ++ | ++ |
| Kurs zum 30.12.20X3 | 17,75 € | 119,31 € |

**(1)** Ermitteln Sie den Bilanzkurs für beide Gesellschaften auf Basis der erwarteten Gewinne.

**(2)** Ermitteln Sie das KGV für beide Gesellschaften für das Folgejahr.

**(3)** Ermitteln Sie den Barwert je Aktie für beide Gesellschaften auf Basis der erwarteten Gewinne. Unterstellen Sie einen Zinssatz von 6 %.

**(4)** Ermitteln Sie die Dividendenrendite für beide Gesellschaften.

**(5)** Bewerten Sie die Aussagefähigkeit der einzelnen Kennziffern indem Sie die beiden Gesellschaften vergleichen.

**(6)** Weisen Sie den Gesamterfolg einer Anlage von 10 T€ in € und % für beide Aktienarten aus, indem Sie den Erwerb zum Emissionskurs und den 30.12.20X3 als Verkaufstermin unterstellen und von einer kompletten Steuerfreiheit ausgehen. Die Dividenden entsprechen ab dem Jahr 20X2 exakt 2/3 des geplanten Gewinns.

## Fallstudie 7

Sie sind Assistent des Vorstands und sollen für Ihr Unternehmen eine Kapitalerhöhung konzipieren. Folgende Daten sind Ihnen bekannt:

- Grundkapital: 1.080 T€
- gesamtes Eigenkapital: 4.320 T€
- Nennwert der Aktien: 6 €
- aktueller Börsenkurs: 30,60 €
- EK-Bedarf: 2.880 T€
- Um angesichts des schlechten Börsenumfelds die gesamte Emission zu platzieren, soll der Verkauf zum Bilanzkurs erfolgen.

**(1)** Wie viele Aktien sind zu verkaufen?

**(2)** Welchen rechnerischen Wert hat das Bezugsrecht?

**(3)** Unterscheiden Sie das gesamte Eigenkapital nach der Transaktion in Grundkapital und Rücklagen.

# 3 Kapitel 3: Klassische Kreditaufnahme und Alternativen

## 3.1 Wiederholungsfragen

(1) Wie wird die Summe aus Zins- und Tilgungsleistung genannt?

(2) Wann kommt ein endfälliges Darlehen zum Einsatz?

(3) Welche Optionen stehen dem Kunden offen, wenn die Zinsbindungsfrist seines Darlehens ausläuft?

(4) Was wird unter der persönlichen Kreditwürdigkeit verstanden?

(5) Wozu dient die Einnahmenüberschussrechnung?

(6) Was ist die juristische Besonderheit des Kontokorrentkredits?

(7) Wie unterscheiden sich Avalkredite von anderen Krediten wie dem Ratenkredit?

(8) Wodurch kann ein Avalkredit erlöschen?

(9) Worin bestehen die Vorteile von Rahmenkrediten für das Unternehmen?

(10) Was wird unter dem Hausbankverfahren verstanden?

(11) Welche Säulen der Nachhaltigkeit werden bei Green Loans üblicherweise adressiert?

(12) Welche Säulen der Nachhaltigkeit werden bei Sustainability-Linked-Loans adressiert?

(13) Welche nachhaltigen Finanzierungsformen sind zweckgebunden und welche adressieren das gesamte Unternehmen?

(14) Nennen Sie drei Kriterien, mit deren Hilfe sich das Leasing klassifizieren lässt.

(15) Unter welcher Voraussetzung hat der Kunde mit einem Leasingvertrag eine verlässlichere Planungsgrundlage?

(16) Nennen Sie die drei Beteiligten des Factorings.

(17) Nennen Sie die Unterschiede zwischen echtem und unechtem Factoring.

(18) Nennen Sie die Unterschiede zwischen offenem und stillem Factoring.

(19) Was spricht gegen den Einsatz von Factoring?

(20) Welche Ausprägungen der Equity Mezzanine werden unterschieden?

(21) Was ist das Besondere der Zwitter-Mezzanine?

(22) Nennen Sie die Vorteile, die mit allen Formen der Equity Mezzanine verbunden sind.

(23) Wonach lässt sich Crowdfunding auf erster Instanz differenzieren?

(24) Welche vier Formen des Crowdfunding kennen Sie?

(25) Welche fünf allgemeinen Schritte durchläuft eine Crowdfunding-Finanzierung?

(26) Warum wird Crowdfunding regelmäßig über Dienstleister umgesetzt?

(27) Bis zu welcher jährlichen Finanzierungssumme entfällt die Prospektpflicht beim Crowdfunding? Was ist dafür die Voraussetzung?

(28) Welche vier Bedingungen müssen bei mezzaninen Werkzeugen erfüllt sein, damit diese handelsrechtlich dem Eigenkapital zugerechnet werden können?

https://doi.org/10.1515/9783110791082-010

## 3.2 Gebundene Fragen

**1**

| Welche Aussage(n) ist (sind) richtig? Welche ist (sind) falsch? | Richtig | Falsch |
|---|---|---|
| a Annuitätendarlehen und Abzahlungsdarlehen sind Tilgungsdarlehen. Die Tilgung wird zusammen mit den Zinsen gezahlt, die Summe daraus wird als Rate oder Leistung bezeichnet. | ☐ | ☐ |
| b Annuitätendarlehen und endfällige Darlehen sind Tilgungsdarlehen. Die Tilgung wird zusammen mit den Zinsen gezahlt, die Summe daraus wird als Rate oder Leistung bezeichnet. | ☐ | ☐ |
| c Endfällige Darlehen und Annuitätendarlehen sind keine Tilgungsdarlehen. Die Tilgung wird zusammen mit den Zinsen gezahlt, die Summe daraus wird als Rate oder Leistung bezeichnet. | ☐ | ☐ |
| d Annuitätendarlehen zeichnen sich durch eine gleichbleibende Belastung aus. Der Zinsaufwand steigt um die ersparte Tilgung. | ☐ | ☐ |
| e Abzahlungsdarlehen zeichnen sich durch eine sinkende Belastung aus. Die Tilgung bleibt konstant, die Zinsen fallen. | ☐ | ☐ |
| f Bei endfälligen Darlehen mit festem Zinssatz müssen bis zur Fälligkeit jedes Jahr nur Zinsen gezahlt werden, die immer gleich hoch sind. | ☐ | ☐ |
| g Endfällige Darlehen werden unter Einbezug eines vorhandenen oder zukünftigen Tilgungsersatzmittels abgeschlossen. Infrage kommen z. B. der Verkauf von Immobilien oder Tochtergesellschaften. | ☐ | ☐ |
| h Für Annuitätendarlehen gilt bei einer konstanten anfänglichen Tilgung: je höher der Zinssatz, desto kürzer die Darlehenslaufzeit. | ☐ | ☐ |
| i Für Annuitätendarlehen gilt bei einer konstanten anfänglichen Tilgung: je höher der Zinssatz, desto länger die Darlehenslaufzeit. | ☐ | ☐ |
| j Für Annuitätendarlehen gilt: je höher der anfängliche Tilgungssatz, desto kürzer die Darlehenslaufzeit. | ☐ | ☐ |
| k Für Annuitätendarlehen gilt: je höher der anfängliche Tilgungssatz, desto länger die Darlehenslaufzeit. | ☐ | ☐ |
| l Für Annuitätendarlehen gilt: je kürzer der Abstand zur nächsten Zins- und Tilgungsverrechnung, desto kleiner die Laufzeit und die Gesamtkosten. | ☐ | ☐ |
| m Für Annuitätendarlehen gilt: je kürzer der Abstand zur nächsten Zins- und Tilgungsverrechnung, desto größer die Laufzeit und die Gesamtkosten. | ☐ | ☐ |
| n Keine der vorherigen Aussagen ist richtig. | ☐ | ☐ |

2

| Welche Aussage(n) ist (sind) richtig? Welche ist (sind) falsch? | Richtig | Falsch |
|---|---|---|
| a Zinsstrukturkurven sind die Visualisierung des Zusammenhangs zwischen Laufzeit und Zinssatzhöhe. | ☐ | ☐ |
| b Man unterscheidet die normale, die falsche und die inverse Zinsstrukturkurve. | ☐ | ☐ |
| c Man unterscheidet die normale, die flache und die perverse Zinsstrukturkurve. | ☐ | ☐ |
| d Die Zinsstrukturkurven werden von der Bundesregierung per Erlass definiert. | ☐ | ☐ |
| e Die Zinsstrukturkurven unterscheiden sich hinsichtlich der Bonität der Schuldner. Je schlechter die Bonität ist, desto größer ist die Risikoprämie, die von den Anlegern eingefordert wird. | ☐ | ☐ |
| f Eine lange Zinsbindungsfrist ist immer vorteilhaft, da das Unternehmen hiermit für die Laufzeit eine sichere Kalkulationsgrundlage hat. | ☐ | ☐ |
| g Der Effektivzinssatz ist immer kleiner als der Nominalzinssatz, da Kosten nicht in die Effektivzinsberechnung einzubeziehen sind. | ☐ | ☐ |
| h Der Effektivzinssatz ist immer größer als der Nominalzinssatz, da Kosten in die Effektivzinsberechnung einzubeziehen sind. | ☐ | ☐ |
| i Neben dem Nominalzinssatz üben die Auszahlungssumme sowie die Laufzeit des Kredits Einfluss auf die Höhe des Effektivzinssatzes aus. | ☐ | ☐ |
| j Die Ermittlung der mittleren Laufzeit ist ausnahmslos für alle Darlehen zu berechnen, um den Effektivzins richtig bestimmen zu können. | ☐ | ☐ |
| k Die mittlere Laufzeit wird immer gleich ermittelt. | ☐ | ☐ |
| l Keine der vorherigen Aussagen ist richtig. | ☐ | ☐ |

**3**

| Welche Aussage(n) ist (sind) richtig? Welche ist (sind) falsch? | Richtig | Falsch |
|---|---|---|
| a Es gibt keinen Unterschied zwischen der persönlichen und der materiellen Kreditwürdigkeit. Es handelt sich hierbei nur um eine akademische Unterscheidung. | ☐ | ☐ |
| b Wenn die materielle Kreditwürdigkeit gut ist, muss zwingend auch die persönliche Kreditwürdigkeit gut sein. | ☐ | ☐ |
| c Bei einer hohen persönlichen Kreditwürdigkeit kann die materielle Kreditwürdigkeit vernachlässigt werden. | ☐ | ☐ |
| d Die einzige Möglichkeit, die materielle Kreditwürdigkeit zu prüfen, ist die Jahresabschlussanalyse. | ☐ | ☐ |
| e In einem Rating erfolgt die Bewertung von Firmenkunden auf Basis der Erfahrungen, die das Kreditinstitut mit dem Kunden gesammelt hat. Zusätzlich fließen z. B. Informationen über die Erfolgsaussichten der Branche und der Stellung des Unternehmens in der Branche mit in die Betrachtung ein. | ☐ | ☐ |
| f Bei einem guten Ratingergebnis kann sich die Bank sicher sein, dass der Kunde im Betrachtungszeitraum nicht ausfallen wird. | ☐ | ☐ |
| g Nur Ratings von namhaften Agenturen dürfen für die Bonitätsbeurteilung von Unternehmen mit einem Umsatz von mehr als 20 Mio. € eingesetzt werden. | ☐ | ☐ |
| h Kontokorrentkredite sind die einzige Kreditart in Deutschland, bei der unterjährig Zinseszinsen berechnet werden dürfen. | ☐ | ☐ |
| i Kontokorrentkredite sind immer die teuerste Finanzierungsform. | ☐ | ☐ |
| j Da Kontokorrentkredite immer die teuerste Finanzierungsform sind, ist das Ziehen von Skonto unter Nutzung des Kontokorrentkredits ökonomisch bedenklich. | ☐ | ☐ |
| k Keine der vorherigen Aussagen ist richtig. | ☐ | ☐ |

**4**

| Welche Aussage(n) ist (sind) richtig? Welche ist (sind) falsch? | Richtig | Falsch |
|---|---|---|
| a Bei allen Avalen handelt es sich um Kreditleihen. Da Avale für die Bank nur Eventualverbindlichkeiten darstellen, reicht eine Kreditfähigkeitsprüfung. | ☐ | ☐ |
| b Der Avalbegünstigte entrichtet regelmäßig (z. B. quartalsweise) eine Avalprovision an seine Bank. Diese liegt meist zwischen 2 bis 4 % jährlich, berechnet auf den von der Bank verbürgten bzw. garantierten Betrag. | ☐ | ☐ |
| c Damit der Verkäufer im Rahmen eines Waren- oder Dienstleistungsgeschäfts auf einen Kaufpreiseinbehalt im Hinblick auf einen möglichen Mängelfall verzichtet, fordert er regelmäßig eine Gewährleistungsbürgschaft vom Käufer. | ☐ | ☐ |
| d Damit der Verkäufer im Rahmen eines Waren- oder Dienstleistungsgeschäfts auf einen Kaufpreiseinbehalt im Hinblick auf einen möglichen Mängelfall verzichtet, fordert er regelmäßig eine Vertragserfüllungsbürgschaft vom Käufer. | ☐ | ☐ |
| e Damit der Käufer im Rahmen eines Waren- oder Dienstleistungsgeschäfts auf einen Kaufpreiseinbehalt im Hinblick auf einen möglichen Mängelfall verzichtet, fordert er regelmäßig eine Vertragserfüllungsbürgschaft vom Verkäufer. | ☐ | ☐ |
| f Damit der Käufer im Rahmen eines Waren- oder Dienstleistungsgeschäfts auf einen Kaufpreiseinbehalt im Hinblick auf einen möglichen Mängelfall verzichtet, fordert er regelmäßig eine Gewährleistungsbürgschaft vom Verkäufer. | ☐ | ☐ |
| g Keine der vorherigen Aussagen ist richtig. | ☐ | ☐ |

**5**

| Welche Aussage(n) ist (sind) richtig? Welche ist (sind) falsch? | Richtig | Falsch |
|---|---|---|
| a Betriebsmittelkredite werden meist in Form eines Kontokorrentkredits zur Verfügung gestellt. Typische Beispiele für Betriebsmittel sind Ausgaben für Büromaterial, Werkzeuge, Miete und Personal. | ☐ | ☐ |
| b Betriebsmittelkredite dürfen nicht in Form eines Kontokorrentkredits zur Verfügung gestellt werden. Typische Beispiele für Betriebsmittel sind Ausgaben für Telefon, Strom, Werkzeuge, Versicherungen, Miete und Personal. | ☐ | ☐ |
| c Mit Investitionskrediten finanzieren Unternehmen z. B. Grunderwerb, Fahrzeuge, Maschinen und Waren. | ☐ | ☐ |
| d Mit Investitionskrediten finanzieren Kreditnehmer z. B. Fahrzeuge, Maschinen und Waren. | ☐ | ☐ |
| e Investitionskredite werden häufig als Abzahlungs- oder Annuitätendarlehen zur Verfügung gestellt. | ☐ | ☐ |
| f Investitionsausgaben werden durch Kreditprogramme öffentlicher Institutionen gefördert, die im Falle der KfW im Hausbankverfahren beantragt werden müssen. Der Kundenantrag wird dabei von der KfW an die Hausbank weitergeleitet. | ☐ | ☐ |
| g Investitionskredite im Bankgeschäft sind immer gewerblicher Natur. | ☐ | ☐ |
| h Keine der vorherigen Aussagen ist richtig. | ☐ | ☐ |

**6**

| Welche Aussage(n) ist (sind) richtig? Welche ist (sind) falsch? | Richtig | Falsch |
|---|---|---|
| a  Green Finance und Sustainable Finance entsprechen sich. | ☐ | ☐ |
| b  Green Finance umfasst im Wesentlichen Finanzierungen für „grüne" Umweltprojekte. | ☐ | ☐ |
| c  Sustainable Finance bezeichnet zweckfreie Finanzierungen, deren Zins von der Nachhaltigkeitsperformance des Unternehmens abhängt. | ☐ | ☐ |
| d  Green Loans sind zweckfreie Finanzierungen. | ☐ | ☐ |
| e  Sustainability-Linked-Loans sind immer projektgebunden. | ☐ | ☐ |
| f  Green Loans sind immer projektgebunden. | ☐ | ☐ |
| g  Bei Green- und Sustainability-Linked-Loans steht jeweils der Darlehensnehmer im Vordergrund der Finanzierung. | ☐ | ☐ |
| h  Keine der vorherigen Aussagen ist richtig. | ☐ | ☐ |

**7**

| Welche Aussage(n) ist (sind) richtig? Welche ist (sind) falsch? | Richtig | Falsch |
|---|---|---|
| a  Am Ende der Grundmietzeit ist der Leasinggeber dazu verpflichtet, dem Leasingnehmer eine Verlängerungsoption zu unterbreiten. | ☐ | ☐ |
| b  Der Leasinggeber kann nach Ablauf der Grundmietzeit das Leasinggut zurückgeben, durch eine Verlängerungsoption weiternutzen oder erwerben. | ☐ | ☐ |
| c  Der Leasingnehmer hat das Recht, den Leasinggegenstand nach Ablauf der Grundmietzeit zurückzugeben. Hat er den Gegenstand intensiver genutzt als geplant, wird ihm ein Mengenrabatt eingeräumt. | ☐ | ☐ |
| d  Unter Beachtung der steuerlichen Anforderungen kann der private Leasingnehmer die Leasingraten vollständig als Aufwand absetzen. | ☐ | ☐ |
| e  Beim Sale-and-lease-back-Verfahren verkauft der Leasingnehmer das zukünftige Leasingobjekt an den Leasinggeber, um es dann von ihm „zurückzuleasen". Hierzu muss er bei Verkauf im Besitz des Leasingguts sein. | ☐ | ☐ |
| f  Beim Sale-and-lease-back-Verfahren kauft der Leasingnehmer das zukünftige Leasingobjekt vom Leasinggeber, um es dann von ihm „zurückzuleasen". Hierzu muss er bei Verkauf im Besitz des Leasingguts sein. | ☐ | ☐ |
| g  Leasing schont die Liquidität, ist aber im Vergleich zur Bankfinanzierung im Gesamtergebnis oft teurer. | ☐ | ☐ |
| h  Leasing strapaziert die Liquidität, ist dafür im Vergleich zur Bankfinanzierung im Gesamtergebnis aber oft günstiger bzw. genauso teuer. | ☐ | ☐ |
| i  Mit dem Leasing erwirbt man nicht das Eigentumsrecht, sondern das Nutzungsrecht an dem ausgesuchten Leasingobjekt während der Grundmietzeit. Regelmäßig besteht die Möglichkeit, das Leasingobjekt nach Ablauf der Grundmietzeit zum kalkulierten Restwert zu erwerben. | ☐ | ☐ |
| j  Beim direkten Leasing wird der Leasingvertrag zwischen Leasinggesellschaft und Leasingnehmer geschlossen. | ☐ | ☐ |
| k  Keine der vorherigen Aussagen ist richtig. | ☐ | ☐ |

**8**

| Welche Aussage(n) ist (sind) richtig? Welche ist (sind) falsch? | Richtig | Falsch |
|---|---|---|
| a Factoring ist aus Sicht des Factoring-Kunden ein Forderungsverkauf. Verkauft werden nur redliche Forderungen aus Lieferungen und Leistungen. | ☐ | ☐ |
| b Factoring ist aus Sicht des Factoring-Kunden ein Forderungsankauf. Angekauft werden nur redliche Verbindlichkeiten aus Lieferungen und Leistungen. | ☐ | ☐ |
| c Factoring ist aus Sicht des Factors ein Forderungsverkauf. Verkauft werden nur redliche Forderungen aus Lieferungen und Leistungen. | ☐ | ☐ |
| d Nachdem die Forderung(en) an das Factoring-Unternehmen abgetreten sind, bekommt der Factoring-Kunde eine Bevorschussung (meist ca. 85 %). Die Differenz dient der Sicherheit (z. B. für Schlechtleistungen) und wird nach Zahlungseingang der Rechnungen an den Factoring-Kunden ausgezahlt. | ☐ | ☐ |
| e Das Factoring-Unternehmen vergibt für jeden Abnehmer eine maximale Finanzierungslinie gegenüber dem Factoring-Kunden. | ☐ | ☐ |
| f Das Factoring-Unternehmen vergibt für den Factoring-Kunden eine insgesamte Finanzierungslinie. | ☐ | ☐ |
| g Der Abnehmer profitiert von der Finanzierungs-, Delkredere- und Imagefunktion des Factorings. | ☐ | ☐ |
| h Der Factor profitiert von der Finanzierungs-, Delkredere- und Servicefunktion. | ☐ | ☐ |
| i Der Sicherheitseinbehalt wird auch dann ausgezahlt, wenn der Abnehmer insolvent ist. | ☐ | ☐ |
| j Die Forfaitierung ist im Gegensatz zum Factoring nicht der laufende, sondern der selektierte Forderungsankauf. Die Forfaitierung ist eine optimale Ergänzung zum Factoring, besonders für Exporteure. | ☐ | ☐ |
| k Die Forfaitierung ist im Gegensatz zum Factoring nicht der laufende, sondern der selektierte Forderungsankauf. Die Forfaitierung ist eine optimale Ergänzung zum Factoring, besonders für Importeure. | ☐ | ☐ |
| l Der Forfaiteur übernimmt bei der echten Forfaitierung das 100-prozentige Ausfallrisiko vom Forfaitist. | ☐ | ☐ |
| m Keine der vorherigen Aussagen ist richtig. | ☐ | ☐ |

**9**

| Welche Aussage(n) ist (sind) richtig? Welche ist (sind) falsch? | Richtig | Falsch |
|---|---|---|
| a  Zum Equity Mezzanine zählen die Vorzugsaktie, die Wandel- und die Optionsanleihe. | ☐ | ☐ |
| b  Das Zwitter-Mezzanine setzt sich aus der typischen und der atypischen stillen Gesellschaft sowie der Gewinnschuldverschreibung zusammen. | ☐ | ☐ |
| c  Das Wesen des Equity Mezzanines ist es, dass es auf jeden Fall vor den „normalen" Gläubigern befriedigt wird. | ☐ | ☐ |
| d  Das Wesen des Equity Mezzanines ist es, dass es auf jeden Fall nach den „normalen" Gläubigern befriedigt wird. | ☐ | ☐ |
| e  Das Wesen des Debt Mezzanines ist es, dass es auf jeden Fall vor den „normalen" Gläubigern befriedigt wird. | ☐ | ☐ |
| f  Das Wesen des Debt Mezzanines ist es, dass es auf jeden Fall nach allen anderen Gläubigern befriedigt wird. | ☐ | ☐ |
| g  Bei Nachrangdarlehen handelt es sich um eine Ausprägung von Equity-Mezzanine-Finanzierungen, die eigenkapitalähnlichen Charakter haben. Aus dem Vermögen eines Unternehmens wird im Rahmen der Auflösung zuerst das Eigenkapital, anschließend das Mezzanine-Kapital und zum Schluss das Fremdkapital bedient. | ☐ | ☐ |
| h  Bei Nachrangdarlehen handelt es sich um eine Ausprägung von Equity-Mezzanine-Finanzierungen, die eigenkapitalähnlichen Charakter haben. Aus dem Vermögen eines Unternehmens wird im Rahmen der Auflösung zuerst das Fremdkapital, anschließend das Eigenkapital und zum Schluss das Mezzanine-Kapital bedient. | ☐ | ☐ |
| i  Keine der vorherigen Aussagen ist richtig. | ☐ | ☐ |

**10**

| Welche Aussage(n) ist (sind) richtig? Welche ist (sind) falsch? | Richtig | Falsch |
|---|---|---|
| a  Crowdfunding ist eine bankbasierte Finanzierungsform. | ☐ | ☐ |
| b  Ein Crowdfunding-Vorhaben kann nicht zielgruppenspezifisch ausgelegt werden. | ☐ | ☐ |
| c  Das Vorgehen beim Crowdfunding läuft in diesen Schritten ab: 1) Vorbereitung, 2) Vorstellung, 3) Finanzierung, 4) Umsetzung, 5) Gegenleistung. | ☐ | ☐ |
| d  Die Systematisierung der Crowdfunding-Modelle richtet sich nach der Art der Gegenleistung. | ☐ | ☐ |
| e  Das equity-based Crowdfunding / Crowdinvesting stellt die wichtigste Form des Crowdfundings dar. | ☐ | ☐ |
| f  Durch die Nutzung eines Crowdfunding-Dienstleisters entfällt unter bestimmten Rahmenbedingungen die Prospektpflicht. Stattdessen ist eine Vermögensverlustbescheinigung (VVB) auszustellen. | ☐ | ☐ |
| g  Bei mezzaninen Finanzierungswerkzeugen ist das Merkmal der Nachrangigkeit immer erfüllt. | ☐ | ☐ |
| h  Neben dem Finanzierungsaspekt erfüllt Crowdfunding häufig noch andere Nebenziele wie Kundengewinnung oder Kundenbindung. | ☐ | ☐ |
| i  Keine der vorherigen Aussagen ist richtig. | ☐ | ☐ |

## 3.3 Fallstudien

**Fallstudie 1**

Folgendes Darlehen wird an die Peter und Paula Papenpurzler oHG ausgezahlt. Das Darlehen soll annuitätisch abgerechnet werden.
- Darlehenssumme: 10 T€
- Valutierung: 01.04.20X1
- Zinssatz: 10 %
- anfängliche Tilgung: 9 %
- Abrechnung: jährlich

(1) Erstellen Sie die Darlehensentwicklung bis zur kompletten Tilgung.

Als Paulas Assistent/-in diskutieren Sie mit Ihrer Chefin weitere Tilgungsformen. Damit haben Sie ihre Neugier geweckt.
(2) Erstellen Sie die komplette Darlehensentwicklung bei einem Abzahlungsdarlehen mit 9 % Tilgung.
(3) Wie entwickelt sich das Darlehen bei der endfälligen Tilgung und einer Laufzeit von elf Jahren?
(4) Ermitteln Sie die Gesamtleistung des Darlehensnehmers für alle drei Darlehenstypen.
(5) Bewerten Sie die drei Darlehenstypen im Hinblick auf deren Eignung für den Kunden.

**Fallstudie 2**

Gehen Sie von den Darlehen aus Fallstudie 1 aus und unterstellen Sie für alle drei Tilgungsarten eine Sondertilgung (keine (!) Vorfälligkeitsentschädigung) am 01.04.20X3 in Höhe von 2 T€.

**Fallstudie 3**

Sie sind Kreditvermittler und haben von der Bank, für die Sie tätig sind, das neue Konditionentableau für den Firmenkredit „Kluge Investitionen" erhalten (siehe Tabelle „Konditionentableau für das neue Produkt ‚Kluge Investitionen'"). Folgende Kunden betreuen Sie:
- Unternehmen A (Rating 6), Kredit 50 T€, Laufzeit vier Jahre, freie Sicherheiten 30 T€
- Unternehmen B (Rating 3), Kredit 150 T€, Laufzeit fünf Jahre, freie Sicherheiten 130 T€
- Unternehmen C (Rating 9), Kredit 35 T€, Laufzeit acht Jahre, freie Sicherheiten 10 T€
- Unternehmen D (Rating 5), Kredit 20 T€, Laufzeit 25 Monate, freie Sicherheiten 25 T€

– Unternehmen E (Rating 1), Kredit 100 T€, Laufzeit 42 Monate, freie Sicherheiten 200 T€

Konditionentableau für das neue Produkt „Kluge Investitionen":

**Konditionenübersicht für Firmenkredite**

| Kreditbetrag | Absicherung (%) | Laufzeit (Monate) | Effektivzins (%) |
|---|---|---|---|
| 25 T€ bis unter 100 T€ | bis 80 | ein bis 24 | 13,40 |
| | | 25 bis 60 | 13,80 |
| | | ab 61 | 14,20 |
| | 81 bis 100 | ein bis 24 | 12,40 |
| | | 25 bis 60 | 12,80 |
| | | ab 61 | 13,20 |
| | über 100 | ein bis 24 | 10,40 |
| | | 25 bis 60 | 10,80 |
| | | ab 61 | 11,20 |
| ab 100 T€ | bis 80 | ein bis 24 | 12,40 |
| | | 25 bis 60 | 12,80 |
| | | ab 61 | 13,20 |
| | 81 bis 100 | ein bis 24 | 11,40 |
| | | 25 bis 60 | 11,80 |
| | | ab 61 | 12,20 |
| | über 100 | ein bis 24 | 7,40 |
| | | 25 bis 60 | 7,80 |
| | | ab 61 | 8,20 |

Bei einem Rating bis Klasse 5 ist ein Zinsabschlag von 0,5 Prozentpunkten vorzunehmen.

**(1)** Ordnen Sie die zutreffenden Zinssätze den Kreditanträgen zu.

**(2)** Welche Vorteile bietet eine derartige Konditionenstaffelung?

## Fallstudie 4

Peter McPfennigfuchser soll als Finanzvorstand einer mittelständigen GmbH eine Rechnung in Höhe von 2.750 T€ für eine Warenlieferung begleichen. Folgende Möglichkeiten existieren:

– Zahlung binnen 15 Tagen bei 1,5 % Skonto

– Alternativ kann nach 60 Tagen die volle Summe bezahlt werden.

– Die Kreditkondition der Bank beträgt 17 %. Eine Inanspruchnahme wäre entsprechend möglich.

**(1)** Ist die Skontoziehung bei gleichzeitiger Kreditinanspruchnahme ökonomisch sinnvoll? Wenn ja, wie groß ist der Vor- bzw. Nachteil dieses Vorgehens?

**(2)** Wie weit darf der Zinssatz bei der Bank steigen, um den Skontovorteil zu erreichen?

**Fallstudie 5**

Der Kunde mit einem Rahmen von 460 T€ weist folgende Salden auf:
- Ratenkredit: 250 T€
- Aval-Inanspruchnahme: 75 T€ (Limit = 100 T€)
- Inanspruchnahme Kontokorrentkredit: 85 T€ (Limit = 100 T€)

Der Kunde möchte 40 T€ verfügen. Ist dies realisierbar? Wenn ja, wie?

**Fallstudie 6**

Eine Spedition benötigt einen neuen Lkw. Der Listenpreis beträgt 540 T€. Zwei Alternativen stehen zur Auswahl:
- Leasingangebot des Herstellers bei Erfüllung der steuerrechtlichen Anforderungen.
  Leasingsonderzahlung: 80 T€
  Leasingraten: 95 T€ über 5 Jahre
  kalkulierter Restwert: 35 T€ (muss das Unternehmen entweder durch Abnahme oder Differenzausgleich leisten)
- Finanzierungsangebot der Bank
  Eigenleistung: 90 T€
  Darlehensraten: 99 T€ über 5 Jahre
  Restschuld 0 T€

**(1)** Für welche Variante sollte sich die Spedition aus Liquiditätsüberlegungen heraus entscheiden?
**(2)** Wie hoch ist der jeweilige Finanzierungsaufwand?
**(3)** Welche weiteren Aspekte könnten noch bedeutsam sein?

**Fallstudie 7**

Die Holz & Kopf oHG – ein Hersteller hochwertiger Holzspielzeuge – gewährt ihrer Kundschaft ein Zahlungsziel von 120 Tagen. Der Monat September war in den vergangenen Jahren aufgrund des Weihnachtsgeschäfts immer besonders umsatzstark. Hierdurch war der Forderungsbestand in der Bilanz regelmäßig zu hoch und die Hausbank war unzufrieden. Aufgrund des Weihnachtsgeschäfts lassen sich die Kunden der oHG aber auf keine Verkürzung des Zahlungsziels ein. Die Geschäftsleitung überlegt, diese Forderungen, die im laufenden Jahr mit 4.250 T€ erwartet werden, zu verkaufen. Eine geeignete Factoring-Gesellschaft bietet folgende Konditionen:
- 4 % Zins für die Finanzierung pro Jahr
- 1,15 % Delkrederegebühr
- 0,65 % Servicegebühr, soweit das Forderungsmanagement übertragen wird

Als Assistent/-in der Geschäftsführung stehen Sie vor der Aufgabe, die Kosten für folgende Varianten zu berechnen. Gehen Sie dabei von einer durchschnittlichen Fälligkeit der relevanten Weihnachtsforderungen von 4,5 Monaten nach Abschluss des Factor-Vertrags aus.

**(1)** die reine Finanzierung

**(2)** die Finanzierung mit Risikoabsicherung

**(3)** das Rundum-Sorglos-Paket

# 4 Kapitel 4: Möglichkeiten der Besicherung

## 4.1 Wiederholungsfragen

(1) Nennen Sie drei Ausprägungen der Personalsicherheiten.

(2) Worin besteht der Unterschied zwischen abstrakten und akzessorischen Sicherheiten?

(3) Wie entsteht ein Pfandrecht?

(4) Stellen Sie den wesentlichen Vor- und Nachteil des Pfandrechts dar.

(5) Wer ist der Zessionar?

(6) Wie lassen sich Zessionen systematisieren und welche Ausprägungen werden jeweils unterschieden?

(7) Welche Formen der Sicherungsübereignung können unterschieden werden?

(8) Erklären Sie das Grundschema der Bürgschaft.

(9) In welchem Umfang haften die Mitbürgen?

(10) Wie unterscheiden sich Rück- und Nachbürgschaft?

(11) Welche Gemeinsamkeit haben die positive und die negative Publizität des Grundbuchs?

(12) Was wird unter einem herrschenden und einem dienenden Grundstück verstanden?

(13) Über welche drei Formen kann das Eigentum an einer Immobilie erworben werden?

(14) Wie unterscheiden sich Grund- und beschränkt persönliche Dienstbarkeit?

(15) Stellen Sie die Zinsansprüche dar, die dem Gläubiger aus einer Grundschuld zustehen.

(16) Was wird unter dem Verkehrswert verstanden?

(17) Worauf stellt der Beleihungswert ab?

(18) Was wird unter einem Realkredit verstanden?

https://doi.org/10.1515/9783110791082-011

# 4.2 Gebundene Fragen

## 1

| Welche Aussage(n) ist (sind) richtig? Welche ist (sind) falsch? | Richtig | Falsch |
|---|---|---|
| a Die Besicherung von Kleinstdarlehen steht im ökonomischen Widerspruch zu den damit verbundenen internen Kosten. | ☐ | ☐ |
| b Im Insolvenzfall kann ein besicherter Gläubiger sich vor allen anderen Gläubigern aus dem Sicherheitenerlös befriedigen. Dies ist ein entscheidender Vorteil der Besicherung. | ☐ | ☐ |
| c Da der Schuldner die Kosten der Zwangsmaßnahmen tragen muss, gibt es aus der Rechtsverfolgung keinen Grund für eine Besicherung. | ☐ | ☐ |
| d Personalsicherheiten werden auch als akzessorisch bezeichnet. | ☐ | ☐ |
| e Von akzessorischen Sicherheiten spricht man, wenn der Kreditnehmer und der Sicherungsgeber identisch sind. | ☐ | ☐ |
| f Sicherungsübereignung und Zessionen sind abstrakte Sicherheiten. | ☐ | ☐ |
| g Enge Zweckerklärungen werden bei akzessorischen, weite Zweckerklärungen bei abstrakten Sicherheiten abgegeben. | ☐ | ☐ |
| h Wenn die Bank einen Kredit blanko gewährt hat, kann sie, soweit sich die Vermögensverhältnisse des Unternehmens deutlich verschlechtert haben, eine Nachbesicherung verlangen. | ☐ | ☐ |
| i Wenn die Bank einen Kredit blanko gewährt hat, kann sie unter keinen Umständen eine Nachbesicherung verlangen. | ☐ | ☐ |
| j Keine der vorherigen Aussagen ist richtig. | ☐ | ☐ |

## 2

| Welche Aussage(n) ist (sind) richtig? Welche ist (sind) falsch? | Richtig | Falsch |
|---|---|---|
| a Da der Bürge mit seinem gesamten Vermögen haftet, ist keine separate Bonitätsprüfung erforderlich. | ☐ | ☐ |
| b Aufgrund der Akzessorietät der Bürgschaft kann diese nicht für bedingte oder künftige Verbindlichkeiten abgegeben werden. | ☐ | ☐ |
| c Aufgrund der Abstraktheit der Bürgschaft kann diese nicht für bedingte oder künftige Verbindlichkeiten abgegeben werden. | ☐ | ☐ |
| d Eine Bürgschaft ist für den Bürgen sehr gefährlich, da der Gläubiger nach eigenem Ermessen andere Sicherheiten freigeben kann. Die Bürgschaft bleibt davon unberührt. | ☐ | ☐ |
| e Rück- und Nachbürgschaft sind materiell identisch. In der Kreditpraxis gibt es hierfür lediglich unterschiedliche Begrifflichkeiten. | ☐ | ☐ |
| f Bürgschaften können zeitlich nicht befristet werden, da sie aufgrund ihrer Akzessorietät eng mit der Hauptschuld verknüpft sind. | ☐ | ☐ |
| g Bürgschaften sind immer befristet. Ohne diese Regel wäre das Risiko aus Bürgschaften für die Betroffenen unkalkulierbar. | ☐ | ☐ |
| h Die gleichen Rechtsfolgen wie bei einer Bürgschaft würde eine Muttergesellschaft auslösen, wenn sie für eine Tochtergesellschaft eine Patronatserklärung abgeben würde. | ☐ | ☐ |
| i Keine der vorherigen Aussagen ist richtig. | ☐ | ☐ |

**3**

| | Welche Aussage(n) ist (sind) richtig? Welche ist (sind) falsch? | Richtig | Falsch |
|---|---|---|---|
| a | Der Eigentumsvorbehalt ist das Sicherungsrecht des Lieferanten und gilt grundsätzlich bei jedem Geschäft soweit Warenlieferungen kreditiert werden. | ☐ | ☐ |
| b | Der Eigentumsvorbehalt ist das Sicherungsrecht des Lieferanten und muss ausdrücklich vereinbart werden, damit er bei kreditierten Warenlieferungen gültig ist. | ☐ | ☐ |
| c | Wurde ein Eigentumsvorbehalt mit dem Kunden vereinbart, ist der Lieferant immer auf der sicheren Seite, selbst wenn der Kunde Insolvenz anmeldet. | ☐ | ☐ |
| d | Wurde ein Eigentumsvorbehalt mit dem Kunden vereinbart, ist der Lieferant immer auf der sicheren Seite, da gerichtlich festgelegt wurde, dass Sicherungsübereignungen, die Lieferanten systematisch benachteiligen, nicht rechtens sind. | ☐ | ☐ |
| e | Wird das unter Eigentumsvorbehalt gelieferte Gut weiterverarbeitet, erlischt dieser. In solchen Fällen ist der Lieferant machtlos und kann nur hoffen, dass seine Zahlung eingeht. | ☐ | ☐ |
| f | Wird das unter Eigentumsvorbehalt gelieferte Gut weiterverarbeitet, erlischt dieser. In solchen Fällen kann der Lieferant einen erweiterten Eigentumsvorbehalt vereinbaren, um seine Ansprüche zu sichern. | ☐ | ☐ |
| g | Wird das unter Eigentumsvorbehalt gelieferte Gut weiterverarbeitet, erlischt dieser. In solchen Fällen kann der Lieferant einen verlängerten Eigentumsvorbehalt vereinbaren, um seine Ansprüche zu sichern. | ☐ | ☐ |
| h | Wird das unter Eigentumsvorbehalt gelieferte Gut weiterverarbeitet, erlischt dieser. In solchen Fällen kann der Lieferant zur Sicherung seiner Ansprüche nur den kreditierten Weiterverkauf der Waren vertraglich untersagen. | ☐ | ☐ |
| i | Keine der vorherigen Aussagen ist richtig. | ☐ | ☐ |

**4**

| Welche Aussage(n) ist (sind) richtig? Welche ist (sind) falsch? | Richtig | Falsch |
|---|---|---|
| a | Das Pfandrecht ist eine akzessorische Sicherheit, somit geht es unter, wenn die zugrunde liegende Hauptschuld getilgt ist. | ☐ | ☐ |
| b | Aufgrund seiner universellen Einsetzbarkeit für bewegliche Gegenstände, Forderungen und Wertpapiere ist das Pfandrecht die wichtigste Sicherheit in der Finanzierungspraxis der Unternehmen. | ☐ | ☐ |
| c | Der Zugriff des Gläubigers auf das Sicherungsgut ist elementar und kann nur durch Übergabe erreicht werden. | ☐ | ☐ |
| d | Der Zugriff des Gläubigers auf das Sicherungsgut ist elementar und kann z. B. durch Übergabe erreicht werden. | ☐ | ☐ |
| e | Die Einräumung des Mitbesitzes oder die Abtretung des Herausgabeanspruchs reicht zur Entstehung des Pfandrechts nicht aus, da der Gesetzgeber den alleinigen Zugriff des Gläubigers fordert. | ☐ | ☐ |
| f | Mit dem Pfändungspfandrecht kann der Gläubiger – unter Einhaltung der entsprechenden rechtlichen Bedingungen – auf das Vermögen seines Schuldners zugreifen. | ☐ | ☐ |
| g | Wenn der Gläubiger das Pfandrecht zur Tilgung seiner Forderung verwerten möchte, muss er das säumige Unternehmen über seine Absicht informieren und ihm eine angemessene Reaktionsfrist einräumen. | ☐ | ☐ |
| h | Keine der vorherigen Aussagen ist richtig. | ☐ | ☐ |

**5**

| Welche Aussage(n) ist (sind) richtig? Welche ist (sind) falsch? | Richtig | Falsch |
|---|---|---|
| a | Zessionen können genauso wie Pfandrechte an Forderungen und Gegenständen bestellt werden. | ☐ | ☐ |
| b | Im Rahmen einer Zession muss der Zessionar zwingend Schuldner der zu besichernden Forderung sein. | ☐ | ☐ |
| c | Im Rahmen einer Zession kann der Zessionar die Sicherheit auch für einen fremden Kreditnehmer zur Verfügung gestellt haben. | ☐ | ☐ |
| d | Im Rahmen einer Zession tritt der Zedent seine Rechte gegenüber dem Drittschuldner an den Zessionar ab. | ☐ | ☐ |
| e | Im Rahmen einer Zession können Zedent und Drittschuldner identisch sein. | ☐ | ☐ |
| f | Im Rahmen einer Zession können Zessionar und Drittschuldner identisch sein. | ☐ | ☐ |
| g | Zessionen sind akzessorische Sicherheiten, deshalb geht die Zession unter, wenn die besicherte Forderung erloschen ist. | ☐ | ☐ |
| h | Rein rechtlich ist eine Offenlegung der Zession niemals erforderlich, wirtschaftlich ergibt es spätestens dann Sinn, wenn der Schuldner sich vertragswidrig verhält. | ☐ | ☐ |
| i | Soweit der Zedent zur Bilanzierung verpflichtet ist, muss er die abgetretenen Forderungen nach wie vor in seiner Bilanz ausweisen, da das Kreditinstitut nur fiduziarischer Gläubiger wird. | ☐ | ☐ |
| j | Der Zessionar muss alle Einwendungen aus dem Grundgeschäft gegen sich gelten lassen, wenn er die Forderung im Verwertungsfall einziehen will. | ☐ | ☐ |
| k | Der Zedent muss alle Einwendungen aus dem Grundgeschäft gegen sich gelten lassen, wenn er die Forderung im Verwertungsfall einziehen will. | ☐ | ☐ |
| l | Keine der vorherigen Aussagen ist richtig. | ☐ | ☐ |

**6**

| Welche Aussage(n) ist (sind) richtig? Welche ist (sind) falsch? | Richtig | Falsch |
|---|---|---|
| a | Sicherungsübereignungen stellen eine geeignete Sicherheit dar, wenn der Gegenstand, der als Sicherheit verwendet werden soll, für den Geschäftsbetrieb des Sicherungsgebers benötigt wird. | ☐ | ☐ |
| b | Mit dem vereinbarten Besitzkonstitut wird im Rahmen der Sicherungsübereignung der beim Pfandrecht erforderliche Zugriff des Schuldners umgangen. | ☐ | ☐ |
| c | Mit dem vereinbarten Besitzkonstitut geht das Kredit gewährende Institut – gemessen am Pfandrecht – ein höheres Risiko ein, da z. B. ein Dritter gutgläubig Eigentum erwerben kann. | ☐ | ☐ |
| d | Bei der mehrfachen Übereignung von Waren gilt, dass die zeitlich späteren Rechte im Falle der Verwertung erst dann zum Zuge kommen, wenn die Forderungen der zeitlich früheren Rechtsinhaber komplett erledigt sind. | ☐ | ☐ |
| e | Gehören Gegenstände, die sicherungsübereignet wurden, zu den wesentlichen Bestandteilen eines Grundstücks, so haften sie für die Sicherungsübereignung immer dann, wenn diese vor einem Grundpfandrecht entstanden ist. | ☐ | ☐ |
| f | Gehören Gegenstände, die sicherungsübereignet wurden, zu dem Zubehör eines Grundstücks, so haften sie für die Sicherungsübereignung immer dann, wenn diese vor einem Grundpfandrecht entstanden ist. | ☐ | ☐ |
| g | Die Bank kann ihre sicherungsübereigneten Gegenstände nur dann verwerten, wenn sich das Unternehmen vertragswidrig verhält. Hierzu muss sie den Kredit außerdem fällig stellen und dem Schuldner eine Frist setzen. | ☐ | ☐ |
| h | Die Bank kann ihre sicherungsübereigneten Gegenstände nur dann verwerten, wenn sich der Schuldner vertragswidrig verhält. Da die Sicherungsübereignung gesetzlich nicht geregelt ist, kann der Gläubiger sofort bei Verzug des Schuldners zur Verwertung übergehen. | ☐ | ☐ |
| i | Keine der vorherigen Aussagen ist richtig. | ☐ | ☐ |

**7**

| Welche Aussage(n) ist (sind) richtig? Welche ist (sind) falsch? | Richtig | Falsch |
|---|:---:|:---:|
| a | Mit der Sicherungsübereignung steht dem Kreditinstitut ein Verwertungsrecht an der Sicherheit zu, ohne dass die Bank Eigentümerin wird. | ☐ | ☐ |
| b | Um einen Bürgen in Anspruch zu nehmen, muss, solange keine selbstschuldnerische Haftung vorliegt, der Gläubiger erst in das Vermögen des Schuldners vollstreckt haben. | ☐ | ☐ |
| c | Wenn ein Bürge die Zahlung geleistet hat, besteht für ihn juristisch keine Möglichkeit, das bezahlte Geld wiederzuerlangen. | ☐ | ☐ |
| d | Versicherungen verlangen in ihren AGB, dass bei einer Zession die Offenlegung erfolgt und dass sich der neue Gläubiger den Versicherungsschein übergeben lässt. | ☐ | ☐ |
| e | Eine Zession entsteht immer nur dann rechtswirksam, wenn der Drittschuldner formlos informiert wurde. | ☐ | ☐ |
| f | Eine Zession entsteht immer nur dann rechtswirksam, wenn der Drittschuldner per Einschreiben mit Rückantwort informiert wurde. | ☐ | ☐ |
| g | Eine Zession entsteht immer nur dann rechtswirksam, wenn der Drittschuldner per Einschreiben mit Rückantwort informiert und der entsprechende Vertrag beim zuständigen Landgericht hinterlegt wurde. | ☐ | ☐ |
| h | Keine der vorherigen Aussagen ist richtig. | ☐ | ☐ |

**8**

| Welche Aussage(n) ist (sind) richtig? Welche ist (sind) falsch? | | Richtig | Falsch |
|---|---|---|---|
| a | Die Angaben im Grundbuch sind ausnahmslos als richtig zu unterstellen. Man spricht in diesem Zusammenhang auch von dem öffentlichen Glauben des Grundbuchs. | ☐ | ☐ |
| b | Das Grundbuch besteht aus der Aufschrift, dem Bestandsverzeichnis und den zwei Abteilungen. | ☐ | ☐ |
| c | Das Bestandsverzeichnis dient nur der eindeutigen Identifikation des Grundstücks. | ☐ | ☐ |
| d | Das Bestandsverzeichnis weist die Informationen des Katasteramts aus und stellt zudem dar, ob und für welche anderen Grundstücke die betroffene Immobilie eine dienende Funktion wahrnimmt. | ☐ | ☐ |
| e | Das Bestandsverzeichnis weist die Informationen des Katasteramts aus und stellt zudem dar, ob und welche anderen Grundstücke für die betroffene Immobilie eine dienende Funktion wahrnehmen. | ☐ | ☐ |
| f | Das Bestandsverzeichnis weist die Informationen des Katasteramts aus und stellt zudem dar, ob und welche anderen Grundstücke über die betroffene Immobilie Herrschaftsrechte ausüben. | ☐ | ☐ |
| g | Wenn eine Immobilie im Eigentum einer Personengemeinschaft steht, kann jede einzelne Person separat über ihren Anteil verfügen. | ☐ | ☐ |
| h | Wenn eine Immobilie im Eigentum einer Personengemeinschaft steht, kann die Personengemeinschaft nur insgesamt über das Gesamtgrundstück verfügen. | ☐ | ☐ |
| i | Als Formen des Eigentumsübergangs stehen ausschließlich der Erbschein und der Zuschlag im Rahmen einer Zwangsversteigerung zur Verfügung. | ☐ | ☐ |
| j | Als Formen des Eigentumsübergangs stehen ausschließlich die Auflassung durch rechtsgeschäftliche Einigung und Zuschlag im Rahmen einer Zwangsversteigerung zur Verfügung. | ☐ | ☐ |
| k | Keine der vorherigen Aussagen ist richtig. | ☐ | ☐ |

**9**

| Welche Aussage(n) ist (sind) richtig? Welche ist (sind) falsch? | Richtig | Falsch |
|---|---|---|
| a  Wegerechte werden als Leitungsrechte bezeichnet, wenn sie in der Form der Grunddienstbarkeit vereinbart sind. | ☐ | ☐ |
| b  Beim Nießbrauch – in der gesetzlich vorgesehenen Form – handelt es sich faktisch um eine Grunddienstbarkeit, da es den Eigentümer von der Nutzung des Grundstücks ausschließt. | ☐ | ☐ |
| c  Beim Nießbrauch handelt es sich faktisch um eine Grunddienstbarkeit, da das Recht dem jeweils herrschenden Grundstück zusteht. | ☐ | ☐ |
| d  Beim Nießbrauch handelt es sich faktisch um eine beschränkte persönliche Dienstbarkeit, da das Recht an eine Person gebunden ist. | ☐ | ☐ |
| e  Mit einem uneingeschränkten Nießbrauch nimmt der Begünstigte während der Laufzeit ökonomisch die Stellung des Eigentümers ein. | ☐ | ☐ |
| f  Neben dem Grundstück haftet auch der Grundstückseigentümer für den Begünstigten einer Reallast, soweit es sich um die gesetzlich vorgesehene Variante handelt. | ☐ | ☐ |
| g  Gesetzliche Vorkaufsrechte bestehen für Ehepartner, Kinder und Enkelkinder, soweit der Grundstücksinhaber einen Verkauf beabsichtigt. | ☐ | ☐ |
| h  Keine der vorherigen Aussagen ist richtig. | ☐ | ☐ |

**10**

| Welche Aussage(n) ist (sind) richtig? Welche ist (sind) falsch? | Richtig | Falsch |
|---|---|---|
| a  Hypotheken sind abstrakte Sicherheiten. Hiermit ist gemeint, dass sie nur bestehen können, wenn die zu besichernde Forderung existiert. | ☐ | ☐ |
| b  Grundschulden sind abstrakte Sicherheiten. Hiermit ist gemeint, dass sie nur bestehen können, wenn die zu besichernde Forderung existiert. | ☐ | ☐ |
| c  Für Hypotheken und Grundschulden sind Zweckerklärungen zwingend erforderlich, damit der Umfang der Grundstückshaftung definiert wird. | ☐ | ☐ |
| d  Aufgrund der Rechtskonstruktion erlischt die Hypothek durch die Darlehensrückführung. Die Anpassung des Grundbuchs hat deklaratorischen Charakter. | ☐ | ☐ |
| e  Aufgrund der Rechtskonstruktion erlischt die Grundschuld durch die Darlehensrückführung. Die Anpassung des Grundbuchs hat konstitutiven Charakter. | ☐ | ☐ |
| f  Aufgrund der Rechtskonstruktion erlischt die Grundschuld nicht durch die Darlehensrückführung. Die Anpassung des Grundbuchs hat deklaratorischen Charakter. | ☐ | ☐ |
| g  Keine der vorherigen Aussagen ist richtig. | ☐ | ☐ |

**11**

| Welche Aussage(n) ist (sind) richtig? Welche ist (sind) falsch? | | Richtig | Falsch |
|---|---|---|---|
| a | Realkredit ist der Fachbegriff für alle Kredite, die grundpfandrechtlich gesichert sind. | ☐ | ☐ |
| b | Realkredit ist der Fachbegriff für alle Kredite, die grundpfandrechtlich gesichert sind und deren Ausfall aufgrund der guten Kundenbonität nahezu ausgeschlossen werden kann. | ☐ | ☐ |
| c | Realkredit ist der Fachbegriff für alle Kredite, die grundpfandrechtlich gesichert sind, solange der insgesamt vergebene Kredit innerhalb einer Grenze von 60 % des Beleihungswerts verbleibt. | ☐ | ☐ |
| d | Ausleihungen, welche die Realkreditgrenze überschreiten, werden als ungesicherte Kredite eingestuft. | ☐ | ☐ |
| e | Ausleihungen, welche die Beleihungsgrenze überschreiten, werden als ungesicherte Kredite eingestuft. | ☐ | ☐ |
| f | Grundpfandrechte werden maximal bis zur Höhe der Beleihungsgrenzen in das Grundbuch eingetragen, um dem Kunden Kosten zu ersparen. | ☐ | ☐ |
| g | Grundpfandrechte werden maximal bis zur Höhe der Beleihungsgrenzen in das Grundbuch eingetragen, da sie ökonomisch keinen Wert haben. | ☐ | ☐ |
| h | Keine der vorherigen Aussagen ist richtig. | ☐ | ☐ |

## 4.3 Fallstudien

### Fallstudie 1

Ihre Freundin Susi Süssmich benötigt einen Ratenkredit zur Finanzierung eines Firmen-Pkw. Sie möchte sich auf das Gespräch so gut wie möglich vorbereiten und bittet Sie als Student(in) des höheren Semesters zur Gesprächsvorbereitung um Rat.

**(1)** Nennen Sie die naheliegendste Form der Besicherung.

**(2)** Welche juristischen Probleme könnte die Bank bei der Sicherheit befürchten? Stellen Sie mögliche Maßnahmen dar, mit denen die Bank die Risiken begrenzen kann.

**(3)** Welche ökonomischen Probleme können bei der Sicherheit auftreten? Stellen Sie auch hier mögliche Gegenstrategien des Kreditinstituts dar.

**(4)** Unter welchen Voraussetzungen darf die Sicherheit vom Kreditgeber verwertet werden?

### Fallstudie 2

Petra Prächtig hat es satt, als „kleine" Angestellte ihr Dasein zu fristen. Sie glaubt, dass sie mit einer eigenen Boutique reich und berühmt wird. Aus verschiedenen Quellen hat sie auch schon ein Startkapital von 50 T€ beisammen. Ihr Lebensgefährte Daniel Dänlich unterstützt sie uneingeschränkt, sodass ihr Lebensunterhalt gesichert ist. Das Konzept der Unternehmensgründung ist von den Experten der Bank als tragfähig eingestuft worden. Petra verfügt über einige Vermögensgegenstände, die sie zwar beleihen, aber nicht liquidieren möchte:

– Kapitallebensversicherung über 100 T€, aktueller Rückkaufswert 35 T€, unwiderruflicher Empfänger im Todesfall: Daniel Dänlich
– Bei der betreuenden Bank werden verwahrt:
  – 1.000 Aktien der Hamburger-Turbinen-Werke, die momentan mit 7,89 € gehandelt werden
  – 2.000 Aktien des südafrikanischen Minenbetreibers Klunker Ltd., die mit 3,65 € notieren
– Sparbrief Ihres Hauses über 10 T€, Restlaufzeit 3 Jahre

Als Praktikant der kontoführenden Bank sind Sie an die nachstehenden Informationen zu den Beleihungsgrenzen gelangt:

Höchstwerte für die Beleihung:

| Beleihungsgegenstand | Prozentsatz vom Kurs |
|---|---|
| Sparprodukte im eigenen Haus | 100 |
| Rückkaufswert Lebensversicherung und Sparprodukte anderer inländischer Banken | 95 |
| Wertpapiere inländischer öffentlicher Emittenten | 85 |
| inländische Aktien und festverzinsliche Wertpapiere inländischer Emittenten | 70 |
| festverzinsliche Wertpapiere ausländischer Emittenten | 60 |
| ausländische Aktien, die auch an EU-Börsen gehandelt werden | 50 |
| ausländische Aktien, die nicht an EU-Börsen gehandelt werden | 35 |

Sie kennen Petra schon seit dem Kindergarten und genießen ihr volles Vertrauen. Natürlich helfen Sie gern.

(1) Erklären Sie Petra, warum ihre Vermögensgegenstände nicht zu 100 % als Sicherheit angerechnet werden.
(2) Wie hoch ist der maximale Kreditrahmen, den Petra erwarten kann, wenn dieser zu 100 % gesichert sein soll?
(3) Welche Arbeitsschritte fallen für die Verpfändung des Sparbriefs und der Wertpapiere an?
(4) Warum kann der Sparbrief nicht sicherungsübereignet bzw. abgetreten werden?
(5) Welche Arbeitsschritte zur Zession der Lebensversicherung fallen bei der Bank an?

**Fallstudie 3**

Petras Boutique ist auf Erfolgskurs. Von den ursprünglichen 50 T€ Kredit sind inzwischen 8.375 € getilgt. Alle angebotenen Sicherheiten (siehe Fallstudie 2) stehen nach wie vor zur Verfügung. Sie möchte eine zweite Filiale eröffnen. Der Finanzbedarf ist mit 75 T€ veranschlagt. Auch dieses Mal trägt die Bank das Vorhaben mit. Zur Sicherung bietet sie Forderungen gegen die Elite der Gemeinde an. 100 T€ hat sie immer an Außenständen. Petras private Vermögenslage hat sich im Zeitverlauf verändert:

- Kapitallebensversicherung über 100 T€, aktueller Rückkaufswert 42 T€
- Bei der kreditgewährenden Bank werden verwahrt:
    - 1.000 Aktien der Hamburger-Turbinen-Werke, die momentan mit 5,89 € gehandelt werden
    - 2.000 Aktien des südafrikanischen Minenbetreibers Klunker Ltd., die mit 2,65 € notieren
- Sparbrief Ihres Hauses über 10 T€, Restlaufzeit 9 Monate

**(1)** Ermitteln Sie den maximalen Kreditrahmen, wenn dieser zu 100 % gesichert sein soll, und identifizieren Sie die Differenz zum bestehenden Darlehen ohne Berücksichtigung von Petras Außenständen in Höhe von 100 T€.

Aufgrund der guten Bonität von Petras Kunden ist die Bank bereit, 70 % der Forderungen als Sicherheit anzusetzen.
**(2)** Welche Besicherung schlagen Sie vor? Begründen Sie Ihre Entscheidung.

Der Ex-Freund von Petra – Martin Missgunst, ein Mitarbeiter der Bank, – ist gegen die Expansion von Petras Unternehmen. Er vertritt die Meinung, dass Boutiquen nur dann Kredit bekommen sollten, wenn diese zu 110 % besichert sind. Mode sei ja schließlich sehr kurzlebig.
**(3)** Wie kann Petra gegenüber dem Kreditentscheider der Bank argumentieren, um den Kredit dennoch zu bekommen?

**Fallstudie 4**

Aufgrund Ihrer praxisnahen Ausbildung an Ihrer Hochschule dürfen Sie im Rahmen eines Praktikums eine Immobilienbewertung vornehmen. Zur Beleihungswertermittlung des Mehrfamilienhauses der Eheleute Gerd und Gerda Gierig liegen Ihnen folgende Angaben vor:

- voll vermietetes Mehrfamilienhaus in gutem Zustand
- Wohnfläche insgesamt: 250 m$^2$
- Durchschnittsmiete: 5 €/m$^2$ (kalt) und 6,50 €/m$^2$ (warm)
- Kapitalisierungszinssatz: 5 %

- 1.200 m$^3$ umbauter Raum
- Grundstück: 300 m$^2$
- Bodenrichtwert: 150 €/m$^2$
- übliche Baukosten: 240 €/m$^3$
- Das Haus wurde vor 14,5 Jahren gebaut, 29 % Abschreibung sind angemessen.
- Baunebenkosten: ca. 10 %, Kosten für Außenanlagen: ca. 5 %
- 25 % Sicherheitsabschlag
- 3 % Bodenwertverzinsung
- Bewirtschaftungskosten: ca. 10 %

**(1)** Ermitteln Sie den Beleihungswert auf Basis des Sachwerts. Nutzen Sie die nachstehende Tabelle. Runden Sie auf volle Tausend Euro ab.

Schema zur Ermittlung des Sachwerts:

| | Position | Wert (€) | Berechnung |
|---|---|---|---|
| | übliche Baukosten | | |
| − | Altersabschreibung | | |
| = | Zwischensumme 1 | | |
| + | Außenanlagen | | |
| = | Zwischensumme 2 | | |
| − | Sicherheitsabschlag | | |
| = | Zwischensumme 3 | | |
| + | Baunebenkosten | | |
| = | Bauwert | | |
| + | Bodenwert | | |
| **=** | **Sachwert** | | |
| **=** | **Beleihungswert** | | |

**(2)** Ermitteln Sie den Beleihungswert auf Basis des Ertragswerts. Nutzen Sie die nachstehende Tabelle. Runden Sie auf volle Tausend Euro ab. Der Vervielfältiger soll auf Basis von 4,5 % und einer Laufzeit von 35 Jahren ermittelt werden.

Schema zur Ermittlung des Ertragswerts:

| Position | Wert (€) | Berechnung |
|---|---|---|
| Jahresrohertrag | | |
| − Bewirtschaftungskosten | | |
| = Jahresreinertrag | | |
| − Verzinsung Bodenwert | | |
| = Zwischensumme 1 | | |
| · Vervielfältiger (≠ €) | | |
| = Gebäudewert | | |
| + Bodenwert | | |
| **= Ertragswert** | | |
| **= Beleihungswert** | | |

Beispielhafte Kapitalisierungsmultiplikatoren:

| verbleibende wirtschaftliche Nutzungsdauer | Verzinsungsanspruch (%) | | | | |
|---|---|---|---|---|---|
| | 4,50 | 4,75 | 5,00 | 5,25 | 5,50 |
| 30 Jahre | 16,29 | 15,82 | 15,37 | 14,94 | 14,53 |
| 31 Jahre | 16,54 | 16,06 | 15,59 | 15,15 | 14,72 |
| 32 Jahre | 16,79 | 16,28 | 15,80 | 15,34 | 14,90 |
| 33 Jahre | 17,02 | 16,50 | 16,00 | 15,53 | 15,08 |
| 34 Jahre | 17,25 | 16,71 | 16,19 | 15,70 | 15,24 |
| 35 Jahre | 17,46 | 16,90 | 16,37 | 15,87 | 15,39 |

**(3)** Begründen Sie, für welchen Wert Sie sich entscheiden würden.

## Fallstudie 5

Das private Zweifamilienhaus eines Unternehmers wird erfolgreich von der Z-Volksbank eG zwangsversteigert, der Erlös beträgt 180,5 T€. Die Schulden des Unternehmens bei der Bank betragen 140 T€. Die aktuellen dinglichen Zinsen betragen (annahmegemäß) 28 T€. Real ist das Unternehmen mit 8 T€ Zinsen im Rückstand. Die Eintragungen in Abteilung III des Grundbuchs sind in der Tabelle „Belastungen in Abteilung III" erkennbar. Abteilung II enthält keine Vermerke. Dingliche Zinsen können für maximal zwei Jahre geltend gemacht werden.

**(1)** Ermitteln Sie das Rangverhältnis der Eintragungen. Was sagt es aus?

**(2)** Ermitteln Sie den maximalen Anspruch des Kreditgebers laut Grundbuch.

**(3)** Ermitteln Sie den maximalen Anspruch des Kreditgebers aufgrund der realen Schulden.

**(4)** Wenn es eine Differenz der maximalen Ansprüche gibt, was passiert damit in Bezug auf den Versteigerungserlös?

**(5)** Warum hätte es sinnvoll sein können, das Zweifamilienhaus freihändig zu veräußern?

Belastungen in Abteilung III:

| Amtsgericht Z-Stadt | Grundbuch von Z-Stadtteil | Blatt 9999 | Abteilung III |
|---|---|---|---|
| Lfd. Nr. der Einträge | Lfd. Nr. der belasteten Grundstücke im Bestandsverzeichnis | Betrag (T€) | Hypotheken, Grundschulden, Rentenschulden |
| 1 | 1 | 25 | Fünfundzwanzigtausend Euro Grundschuld ohne Brief nebst 18 v. H. Zinsen für die Bausparkasse Z-Stadt, vollstreckbar nach § 800 ZPO; im Übrigen unter Bezugnahme auf die Bewilligung vom 21.12.20X2 – Urkundenrolle Nr. 559/12, Notar Baumapfel, eingetragen am 02.02.20X3 |
| 2 | 1 | 200 | Zwanzigtausend Euro Grundschuld nebst 18 v. H. für die Sparkasse V., vollstreckbar nach § 800 ZPO; im Übrigen unter Bezugnahme auf die Bewilligung vom 05.01.20X3 – Urkundenrolle Nr. 45/13, Notar Baumapfel mit Rang vor Abt. III Nr. 1, eingetragen am 10.02.20X3 |
| 3 | 1 | 150 | Einhundertfünfzigtausend Euro Grundschuld brieflos mit 15 % Zinsen für die Z-Volksbank e. G., vollstreckbar nach § 800 ZPO; im Übrigen unter Bezugnahme auf die Eintragungsbewilligung vom 10.01.20X3 – Urkundenrolle Nr. 50/13, Notar Baumapfel mit Rang vor Abt. III Nr. 2, eingetragen am 20.02.20X3 |
| 4 | 1 | 30 | Dreißigtausend Euro Grundschuld ohne Brief nebst 16 v. H. Zinsen für die Bausparkasse Z-Stadt, vollstreckbar nach § 800 ZPO; im Übrigen unter Bezugnahme auf die Bewilligung vom 15.04.20X3 – Urkundenrolle Nr. 241/13, Notar Dr. Mattes, eingetragen am 19.05.20X3 |

# 5 Kapitel 5: Außenfinanzierung durch verzinsliche Wertpapiere

## 5.1 Wiederholungsfragen

(1)   Kann ein Orderpapier gutgläubig erworben werden? Warum?

(2)   Was ist das Besondere an Rektapapieren?

(3)   Warum werden Anleihen emittiert?

(4)   Nennen Sie zwei weitere Begrifflichkeiten für ein festverzinsliches Wertpapier.

(5)   Aus welchen Komponenten besteht ein festverzinsliches Wertpapier mit vier Jahren Laufzeit?

(6)   Wie lassen sich die Laufzeiten von Obligationen nach den Vorschriften des HGB gliedern?

(7)   Unterscheiden Sie zwischen Nominal- und Effektivverzinsung.

(8)   Was wird unter einer Emission zu pari und unter pari verstanden?

(9)   Welches entscheidende Risiko kann durch das Bankenkonsortium im Rahmen der Emission übernommen werden?

(10)   Nennen Sie drei mögliche Vertriebswege für Obligationen.

(11)   Wie unterscheiden sich Mengen- und Zinstender?

(12)   Was wird unter „Verpflichtungsgeschäft", „Erfüllungsvaluta" und „Zinsanspruchswechsel" verstanden? Wie stehen diese Daten miteinander in Beziehung?

(13)   Welche Zinsberechnungsmethoden werden im Zusammenhang mit verzinslichen Wertpapieren verwendet und wann werden sie eingesetzt?

(14)   Warum kann es aus Sicht des Schuldners sinnvoll sein, einen Zerobond zu emittieren?

(15)   Wie lässt sich das Profil einer Gewinnschuldverschreibung aus Sicht des Anlegers beschreiben?

(16)   Nennen Sie zwei mögliche Referenzzinssätze, auf die sich Floating Rate Notes beziehen können.

(17)   Wie ist die Emission einer Optionsobligation aktienrechtlich zu bewerten?

(18)   Was motiviert den Anleiheschuldner, eine Wandelanleihe zu emittieren?

(19)   Worin besteht der Unterschied zwischen einer Gleitzins- und einer Inflationsausgleichsanleihe?

(20)   Welche Möglichkeit steht jedem Unternehmen zur außerplanmäßigen Rückzahlung seiner Anleihe zu, unabhängig von den Regelungen des Emissionsprospekts?

(21)   Welche Rolle spielt die Besicherung bei der Emission von Obligationen?

(22)   Welche Ursachen kann das Marktpreisrisiko haben?

https://doi.org/10.1515/9783110791082-012

**(23)** Was ist das Motiv für den Anleihemittenten, sich in fremder Währung zu verschulden und welches Risiko ist damit verbunden?

**(24)** Warum bildet ein Sonderkündigungsrecht des Anleiheschuldners ein Risiko für den Gläubiger?

## 5.2 Gebundene Fragen

Für alle Aufgaben gelten folgende Rahmendaten:
Ratingschema der Anwendung ($3 \cdot - \Leftrightarrow$ Ausfall):

| Spektrum der Ratingnoten | | | | | | |
|---|---|---|---|---|---|---|
| +++ | ++ | + | 0 | $1 \cdot -$ | $2 \cdot -$ | $3 \cdot -$ |

Festverzinsliche Wertpapiere und Aktien werden gleichbehandelt:
– Bankgebühr = 0,35 % vom Nenn- bzw. Kurswert, je nachdem, welcher höher ist
– Börsengebühren (= 0,10 % vom Kurswert)

**1**

| Welche Aussage(n) ist (sind) richtig? Welche ist (sind) falsch? | Richtig | Falsch |
|---|---|---|
| a | Wird eine Anleihe am Montag, den 25.02. (Schaltjahr) erworben und liegt der Zinstermin jedes Jahr am 01.04., so fallen 332 Stückzinstage an. | ☐ | ☐ |
| b | Wird eine Anleihe am Montag, den 25.02. (Schaltjahr) erworben und liegt der Zinstermin jedes Jahr am 01.04., so fallen 333 Stückzinstage an. | ☐ | ☐ |
| c | Wird eine Anleihe am Freitag, den 21.03. (Schaltjahr) erworben und liegt der Zinstermin jedes Jahr am 01.04., so fallen 358 Stückzinstage an. | ☐ | ☐ |
| d | Wird eine Anleihe am Freitag, den 21.03. (Schaltjahr) erworben und liegt der Zinstermin jedes Jahr am 01.04., so fallen 359 Stückzinstage an. | ☐ | ☐ |
| e | Wird eine Anleihe am Montag, den 25.02. (Schaltjahr) erworben und liegen die Zinstermine jedes Jahr am 01.04. und 01.10., so fallen 149 Stückzinstage an. | ☐ | ☐ |
| f | Wird eine Anleihe am Montag, den 25.02. (Schaltjahr) erworben und liegen die Zinstermine jedes Jahr am 01.04. und 01.10., so fallen 148 Stückzinstage an. | ☐ | ☐ |
| g | Wird eine Anleihe am Freitag, den 21.03. (Schaltjahr) erworben und liegen die Zinstermine jedes Jahr am 01.04. und 01.10., so fallen 176 Stückzinstage an. | ☐ | ☐ |
| h | Wird eine Anleihe am Montag, den 25.02. (Schaltjahr) erworben und liegen die Zinstermine jedes Jahr am 01.04. und 01.10., so fallen 146 Stückzinstage an. | ☐ | ☐ |
| i | Keine der vorherigen Aussagen ist richtig | ☐ | ☐ |

**2**

| Welche Aussage(n) ist (sind) richtig? Welche ist (sind) falsch? | Richtig | Falsch |
|---|---|---|
| a Festverzinsliche Wertpapiere werden als Anleihen, Obligationen, Schuldverschreibungen und Floating Rate Notes bezeichnet. | ☐ | ☐ |
| b Festverzinsliche Wertpapiere werden als Anleihen, Junk Bonds, Obligationen, Schuldverschreibungen und Rentenpapiere bezeichnet. | ☐ | ☐ |
| c Festverzinsliche Wertpapiere werden als Anleihen, Obligationen, Rentenpapiere, Schuldverschreibungen und Zerobonds bezeichnet. | ☐ | ☐ |
| d Als Emittent von Schuldverschreibungen können ausschließlich Staaten und andere Gebietskörperschaften sowie Banken auftreten. | ☐ | ☐ |
| e Banken, die ein Filialnetz haben, dürfen seit der letzten KWG-Novelle keine festverzinslichen Wertpapiere emittieren, da dies Arbeitsplätze an den Schaltern gefährdet. | ☐ | ☐ |
| f Der Effektivzins ist höher als der Nominalzins, wenn die Anleihe unter pari verkauft wird. | ☐ | ☐ |
| g Der Effektivzins ist geringer als der Nominalzins, wenn die Anleihe unter pari verkauft wird. | ☐ | ☐ |
| h Ob eine Anleihe zu pari, unter pari oder über pari verkauft wird, ist für das Verhältnis von Nominal- und Effektivzins unerheblich. | ☐ | ☐ |
| i Zerobonds haben ihren Namen aufgrund des Risikos, das gleich Null ist. | ☐ | ☐ |
| j Steuerlich sind Zerobonds für Privatanleger immer die beste Wahl, da durch das Zuflussprinzip die Steuerzahlung in die Zukunft verschoben wird. | ☐ | ☐ |
| k Gewinnschuldverschreibungen sind meist mit einer geringen Festverzinsung ausgestattet, der variable Anteil ist vom Gewinn des Schuldners abhängig. | ☐ | ☐ |
| l Mit Gewinnschuldverschreibungen verlagert der Emittent Teile seines Fixkostenrisikos auf den Investor. | ☐ | ☐ |
| m Eine Orientierung von auf Euro lautenden Floating Rate Notes am SONIA hat die EZB untersagt, weil dieser auch Kredite erfasst, die nicht auf Euro lauten. | ☐ | ☐ |
| n Keine der vorherigen Aussagen ist richtig | ☐ | ☐ |

**3**

| Welche Aussage(n) ist (sind) richtig? Welche ist (sind) falsch? | Richtig | Falsch |
|---|---|---|
| a Die Rendite einer Anleihe mit 10 Jahren Laufzeit, 100 % Auszahlung, 4,5 % Kupon und einer Tilgung zu pari liegt bei 4,5 %. | ☐ | ☐ |
| b Die Rendite einer Anleihe mit 10 Jahren Laufzeit, 100 % Auszahlung, 4,5 % Kupon und einer Tilgung zu pari liegt bei 5,1 %. | ☐ | ☐ |
| c Die Gesamtkosten einer Anleihe über 1.000 Mio. € mit 10 Jahren Laufzeit, 100 % Auszahlung, 4,5 % Kupon, einer Tilgung zu pari, Einmalkosten des Bankenkonsortiums von 30 Mio. € und einer jährlichen Betreuungsgebühr in Höhe von 1.500 T€ betragen 5,4 %. | ☐ | ☐ |
| d Die Gesamtkosten einer Anleihe über 1.000 Mio. € mit 10 Jahren Laufzeit, 100 % Auszahlung, 4,5 % Kupon, einer Tilgung zu pari, Einmalkosten des Bankenkonsortiums von 30 Mio. € und einer jährlichen Betreuungsgebühr in Höhe von 1.500 T€ betragen 5,1 %. | ☐ | ☐ |
| e Die Rendite einer Anleihe mit 7 Jahren Laufzeit, 98 % Auszahlung, 4,5 % Kupon und einer Tilgung zu pari liegt bei 5,27 %. | ☐ | ☐ |
| f Die Rendite einer Anleihe mit 7 Jahren Laufzeit, 98 % Auszahlung, 4,5 % Kupon und einer Tilgung zu pari liegt bei 5,07 %. | ☐ | ☐ |
| g Die Rendite einer Anleihe mit 7 Jahren Laufzeit, 98 % Auszahlung, 4,5 % Kupon und einer Tilgung zu pari liegt bei 4,88 %. | ☐ | ☐ |
| h Die Gesamtkosten einer Anleihe über 800 Mio. € mit 7 Jahren Laufzeit, 98 % Auszahlung, 4,5 % Kupon, einer Tilgung zu pari, Einmalkosten des Bankenkonsortiums von 16 Mio. € und einer jährlichen Betreuungsgebühr in Höhe von 2.000 T€ betragen 5,42 %. | ☐ | ☐ |
| i Die Gesamtkosten einer Anleihe über 800 Mio. € mit 7 Jahren Laufzeit, 98 % Auszahlung, 4,5 % Kupon, einer Tilgung zu pari, Einmalkosten des Bankenkonsortiums von 16 Mio. € und einer jährlichen Betreuungsgebühr in Höhe von 2.000 T€ betragen 5,22 %. | ☐ | ☐ |
| j Die Gesamtkosten einer Anleihe über 800 Mio. € mit 7 Jahren Laufzeit, 98 % Auszahlung, 4,5 % Kupon, einer Tilgung zu pari, Einmalkosten des Bankenkonsortiums von 16 Mio. € und einer jährlichen Betreuungsgebühr in Höhe von 2.000 T€ betragen 5,02 %. | ☐ | ☐ |
| k Die Rendite einer Anleihe mit 9 Jahren Laufzeit, 99 % Auszahlung, 5,4 % Kupon und einer Tilgung zu 100,5 % liegt bei 5,62 %. | ☐ | ☐ |
| l Die Rendite einer Anleihe mit 9 Jahren Laufzeit, 99 % Auszahlung, 5,4 % Kupon und einer Tilgung zu 100,5 % liegt bei 5,82 %. | ☐ | ☐ |
| m Keine der vorherigen Aussagen ist richtig. | ☐ | ☐ |

**4**

| | Welche Aussage(n) ist (sind) richtig? Welche ist (sind) falsch? | Richtig | Falsch |
|---|---|---|---|
| a | Der Handel mit Inflationsausgleichsanleihen ist in Deutschland verboten, da sie die Gläubiger anderer Anleihen deutlich benachteiligen. | ☐ | ☐ |
| b | Unternehmen können sich in ihrer Heimatwährung verschulden, kauft ein europäischer Anleger eine Anleihe in USD, so trägt er das Währungsrisiko. | ☐ | ☐ |
| c | Bei den sogenannten Doppelwährungsanleihen kann sich in Abhängigkeit von den Anleihebedingungen der Schuldner oder der Gläubiger aussuchen, in welcher Währung der Kapitaldienst geleistet wird. | ☐ | ☐ |
| d | Auslosung ist ein Begriff, den es im Zusammenhang mit verzinslichen Wertpapieren nicht gibt. Er findet ausschließlich bei Lotterien, auf Jahrmärkten etc. Verwendung. | ☐ | ☐ |
| e | Das Kündigungsrecht steht dem Anleihegläubiger immer dann zu, wenn sich der Marktzins erhöht hat. | ☐ | ☐ |
| f | Das Kündigungsrecht steht dem Anleiheschuldner immer dann zu, wenn sich der Marktzins verringert hat. | ☐ | ☐ |
| g | Das Kündigungsrecht steht dem Anleiheschuldner immer dann zu, wenn sich der Marktzins erhöht hat. | ☐ | ☐ |
| h | Das Kündigungsrecht steht dem Anleihegläubiger dann zu, wenn sich der Marktzins verringert hat und dies in den Anleihebedingungen vereinbart ist. | ☐ | ☐ |
| i | Das Kündigungsrecht steht dem Anleiheschuldner dann zu, wenn dies in den Anleihebedingungen vereinbart ist. | ☐ | ☐ |
| j | Schuldscheindarlehen ist der Spezialbegriff für verzinsliche Wertpapiere, die in einer Stückelung von 10 € Nennwert emittiert werden. | ☐ | ☐ |
| k | Schuldscheindarlehen bringen für den Schuldner den Vorteil, dass die Kosten der Initiierung wesentlich geringer sind. | ☐ | ☐ |
| l | Schuldscheindarlehen werden nicht an der Börse gehandelt, sodass der Gläubiger sie nur unter größeren Transaktionskosten weitergeben kann. | ☐ | ☐ |
| m | Keine der vorherigen Aussagen ist richtig. | ☐ | ☐ |

**5**

Gernot Geitztgern ist ein wichtiger Wertpapierkunde Ihres Hauses. Weil Ihr Filialleiter volles Vertrauen in Ihre Fähigkeiten als studentischer Praktikant hat, wurden Sie zur Urlaubsvertretung des Stammberaters bestimmt. Heute, am Mittwoch, den 23.07.20X2 (Schaltjahr!), kommt Herr Geitztgern in Ihre Filiale und erteilt folgende Orders, die auch heute ausgeführt werden:

Verkauf seiner Anleihe zu 10 T€ Nennwert: 8,1 % Kupon, Kurs aktuell 106 %, Laufzeit bis 31.07.20X7, Zinszahlung jährlich am 31.07.

Erwerb einer neuen Anleihe 11 T€ Nennwert: 4,9 % Kupon, Kurs aktuell 99,7 %, Laufzeit bis 31.07.20X3, Zinszahlung jährlich am 31.07.

| Welche Aussage(n) ist (sind) richtig? Welche ist (sind) falsch? | | Richtig | Falsch |
|---|---|---|---|
| a | Der Kunde erhält beim Verkauf seiner Anleihe Stückzinsen in Höhe von 796,72 €. | ☐ | ☐ |
| b | Der Kunde erhält beim Verkauf seiner Anleihe Stückzinsen in Höhe von 798,90 €. | ☐ | ☐ |
| c | Der Kunde erhält beim Verkauf seiner Anleihe Stückzinsen in Höhe von 799,04 €. | ☐ | ☐ |
| d | Der Kunde erhält beim Kauf seiner Anleihe Stückzinsen in Höhe von 530,16 €. | ☐ | ☐ |
| e | Der Kunde erhält beim Kauf seiner Anleihe Stückzinsen in Höhe von 531,62 €. | ☐ | ☐ |
| f | Der Kunde erhält beim Kauf seiner Anleihe Stückzinsen in Höhe von 533,74 €. | ☐ | ☐ |
| g | Beide Transaktionen zusammen führen auf dem Kundenkonto zu einer Gutschrift in Höhe von 197,61 €. | ☐ | ☐ |
| h | Beide Transaktionen zusammen führen auf dem Kundenkonto zu einer Belastung in Höhe von 197,61 €. | ☐ | ☐ |
| i | Beide Transaktionen zusammen führen auf dem Kundenkonto zu einer Gutschrift in Höhe von 197,49 €. | ☐ | ☐ |
| j | Beide Transaktionen zusammen führen auf dem Kundenkonto zu einer Belastung in Höhe von 197,49 €. | ☐ | ☐ |
| k | Beide Transaktionen zusammen führen auf dem Kundenkonto zu einer Gutschrift in Höhe von 332,45 €. | ☐ | ☐ |
| l | Beide Transaktionen zusammen führen auf dem Kundenkonto zu einer Belastung in Höhe von 332,45 €. | ☐ | ☐ |
| m | Keine der vorherigen Aussagen ist richtig. | ☐ | ☐ |

**6**

| Welche Aussage(n) ist (sind) richtig? Welche ist (sind) falsch? | Richtig | Falsch |
|---|---|---|
| a | Es ist Unternehmen nur erlaubt, mit Unterstützung von Banken verzinsliche Wertpapiere zu emittieren. Nur so kann der von der Europäischen Kommission geforderte Verbraucherschutz garantiert werden. | ☐ | ☐ |
| b | Da Kreditinstitute zwingend bei Emissionen eingebunden werden müssen, wurden die Konditionen durch die EU festgelegt. Die Einmalgebühr beträgt 6 %, die laufende Gebühr 0,5 %. | ☐ | ☐ |
| c | Fremdemission ist der Fachbegriff dafür, wenn die Anleihe zuerst an der Börse eingeführt wird und im Anschluss an die Interessenten zum entsprechenden Kurs weitergegeben wird. | ☐ | ☐ |
| d | Eigenemissionen waren früher erlaubt und sahen vor, dass der Emittent das gesamte Management der Emission selbst bewerkstelligt. | ☐ | ☐ |
| e | Von Privatplatzierung spricht man, wenn sich Käufer und Verkäufer ohne Zeugen auf einem Parkplatz treffen, um eine Anleihentransaktion durchzuführen. | ☐ | ☐ |
| f | Das Tenderverfahren gehört in die Kategorie der privaten Verkaufsverfahren. | ☐ | ☐ |
| g | Beim sogenannten griechischen Tenderverfahren werden jedem Anleger, der innerhalb der ersten drei Tage sein Angebot abgibt, mindestens 50 % seiner Order erfüllt. | ☐ | ☐ |
| h | Beim sogenannten griechischen Tenderverfahren bekommen alle Anleger, die berücksichtigt sind, ihre Zuteilung zu dem Kurs, den sie auch geboten haben. Beim letzten berücksichtigten Kurs kommt es regelmäßig zu prozentualen Zuteilungen. | ☐ | ☐ |
| i | Freihändiger und öffentlicher Verkauf sind Fachbegriffe, die synonym verwendet werden. | ☐ | ☐ |
| j | Keine der vorherigen Aussagen ist richtig. | ☐ | ☐ |

**7**

Die aktuelle Zinsstrukturkurve weist folgende Rendite-Laufzeit-Konstellationen auf:

**1** Jahr: 7 %

**2** Jahre: 6 %

**3** Jahre: 5 %

**4** Jahre: 4 %

**5** Jahre: 3 %

| | Welche Aussage(n) ist (sind) richtig? Welche ist (sind) falsch? | Richtig | Falsch |
|---|---|---|---|
| a | Eine Anleihe mit einer Restlaufzeit von einem Jahr, einem Kupon von 3 % und einem Rückzahlungskurs von 102 % kann zu 99,13 % vom Emittenten zurückgekauft werden. | ☐ | ☐ |
| b | Eine Anleihe mit einer Restlaufzeit von einem Jahr, einem Kupon von 3 % und einem Rückzahlungskurs von 102 % kann zu 98,13 % vom Emittenten zurückgekauft werden. | ☐ | ☐ |
| c | Eine Anleihe mit einer Restlaufzeit von einem Jahr, einem Kupon von 3 % und einem Rückzahlungskurs von 102 % kann zu 97,13 % vom Emittenten zurückgekauft werden. | ☐ | ☐ |
| d | Eine Anleihe mit einer Restlaufzeit von zwei Jahren, einem Kupon von 5 % und einem Rückzahlungskurs von 98 % kann zu 96,43 % vom Emittenten zurückgekauft werden. | ☐ | ☐ |
| e | Eine Anleihe mit einer Restlaufzeit von zwei Jahren, einem Kupon von 5 % und einem Rückzahlungskurs von 98 % kann zu 94,43 % vom Emittenten zurückgekauft werden. | ☐ | ☐ |
| f | Eine Anleihe mit einer Restlaufzeit von zwei Jahren, einem Kupon von 5 % und einem Rückzahlungskurs von 98 % kann zu 92,43 % vom Emittenten zurückgekauft werden. | ☐ | ☐ |
| g | Eine Anleihe mit einer Restlaufzeit von drei Jahren, einem Kupon von 5 % und einem Rückzahlungskurs von 102 % kann zu 101,74 % vom Emittenten zurückgekauft werden. | ☐ | ☐ |
| h | Eine Anleihe mit einer Restlaufzeit von drei Jahren, einem Kupon von 5 % und einem Rückzahlungskurs von 102 % kann zu 96,74 % vom Emittenten zurückgekauft werden. | ☐ | ☐ |
| i | Eine Anleihe mit einer Restlaufzeit von drei Jahren, einem Kupon von 5 % und einem Rückzahlungskurs von 102 % kann zu 91,74 % vom Emittenten zurückgekauft werden. | ☐ | ☐ |
| j | Eine Anleihe mit einer Restlaufzeit von fünf Jahren, einem Kupon von 2,75 % und einem Rückzahlungskurs von 101,25 % kann zu 101,74 % vom Emittenten zurückgekauft werden. | ☐ | ☐ |
| k | Eine Anleihe mit einer Restlaufzeit von fünf Jahren, einem Kupon von 2,75 % und einem Rückzahlungskurs von 101,25 % kann zu 100,00 % vom Emittenten zurückgekauft werden. | ☐ | ☐ |
| l | Eine Anleihe mit einer Restlaufzeit von fünf Jahren, einem Kupon von 2,75 % und einem Rückzahlungskurs von 101,25 % kann zu 98,26 % vom Emittenten zurückgekauft werden. | ☐ | ☐ |
| m | Keine der vorherigen Aussagen ist richtig. | ☐ | ☐ |

**8**

| Welche Aussage(n) ist (sind) richtig? Welche ist (sind) falsch? | | Richtig | Falsch |
|---|---|---|---|
| a | Das Zinsänderungsrisiko setzt sich aus dem Marktpreis- und dem Ausfallrisiko zusammen. | ☐ | ☐ |
| b | Das Währungsrisiko setzt sich aus dem Marktpreis- und dem Ausfallrisiko zusammen. | ☐ | ☐ |
| c | Das Marktpreisrisiko setzt sich aus dem Zinsänderungs- und dem Währungsrisiko zusammen. | ☐ | ☐ |
| d | Das Marktpreis- und das Ausfallrisiko bilden alle kursrelevanten Risiken ab. | ☐ | ☐ |
| e | Das Zinsänderungs- und das Ausfallrisiko bilden alle kursrelevanten Risiken ab. | ☐ | ☐ |
| f | Das Währungs- und das Ausfallrisiko bilden alle kursrelevanten Risiken ab. | ☐ | ☐ |
| g | Das Währungsrisiko für den Anleger besteht darin, dass seine Rückflüsse durch Währungsveränderungen kleiner ausfallen als geplant. | ☐ | ☐ |
| h | Das Währungsrisiko für den Anleger besteht darin, dass seine Rückflüsse durch Währungsveränderungen größer ausfallen als geplant. | ☐ | ☐ |
| i | Das Währungsrisiko für den Emittenten besteht darin, dass seine Zins- und Tilgungsleistungen durch Währungsveränderungen größer ausfallen als geplant. | ☐ | ☐ |
| j | Keine der vorherigen Aussagen ist richtig. | ☐ | ☐ |

## 5.3 Fallstudien

Soweit Bank- und Börsengebühren zu berücksichtigen sind, gelten die Konditionen der gebundenen Fragen.

### Fallstudie 1

Sie haben nach dem Studium die Chance Ihres Lebens bekommen: Sie sind Assistent/-in der Geschäftsleitung eines erfolgreichen Unternehmens geworden. Um eine solide Finanzierung Ihres Arbeitgebers zu gewährleisten, haben Sie die Verhandlungen mit den Banken übernommen. Folgende Angebote liegen Ihnen vor:

Konditionenüberblick verschiedener Finanzierungsalternativen

| Kriterium | Anleihe 1 | Anleihe 2 | Kredit A | Kredit B |
|---|---|---|---|---|
| Nominalzins (%) | 2 | 3 | 4 | 5 |
| Auszahlungskurs (%) | 97 | 98 | 100 | 103 |

(fortgesetzt)

| Kriterium | Anleihe 1 | Anleihe 2 | Kredit A | Kredit B |
|---|---|---|---|---|
| Rückzahlung (%) | 101 | 100 | 99 | 98 |
| Laufzeit (Jahre) | 7 | 8 | 9 | 10 |
| Tilgung | Laufzeitende | in 8 Tranchen | Laufzeitende | in 8 Tranchen nach 2 Freijahren |
| Einmalgebühr (%) | 2 | 5.000 T€ | 0,5 | entfällt |
| laufende Gebühr (%) | 0,3 | 500 T€ | 0,1 | entfällt |

Für die nächste Vorstandssitzung sollen Sie die aus Ihrer Sicht beste Alternative vorstellen und Ihre Auswahl begründen. Zu diesem Zweck ermitteln Sie die Effektivkosten der Varianten. Außerdem sollen Sie auch die Angebote unter weiteren ökonomischen Aspekten bewerten. Da es um ein Finanzierungsvolumen von 500 Mio. € geht, sind Sie natürlich hoch motiviert.

## Fallstudie 2

Die Geschäftsleitung hat sich nach reiflicher Überlegung und Abwägung aller Argumente für die Anleihe 1 entschieden. Die Geschäfte laufen erfreulich gut. Zwei Jahre vor dem Laufzeitende werden für Anleihen gleicher Bonität folgende Konditionen am Markt gelten:
- 4 Jahre Laufzeit: 4 %
- 3 Jahre Laufzeit: 5 %
- 2 Jahre Laufzeit: 5,5 %

**(1)** Ermitteln Sie den Rückzahlungsbetrag, den das Unternehmen aufbringen muss. Die Bedingungen mit der Bank sind so gestaltet, dass deren laufender Gebührenanspruch bei vorzeitigem Rückkauf entfällt.
**(2)** Wie wird die in dieser Situation gezeigte Zinsstrukturkurve genannt?

## Fallstudie 3

Ihre Freundin Susi Superreich ist Spezialistin für Wertpapiere. Um ihr Vermögen weiter zu mehren, bringt Susi folgende Informationen zum heutigen Treffen mit (Freitag 15.05.20X2 → kein Schaltjahr). Da Sie erfolgreicher Studierender an einer renommierten Hochschule sind, helfen Sie natürlich gerne.

Informationen zu den Anleihen:

| Schuldner | Autoo AG | Car Limited | Programmier AG |
|---|---|---|---|
| Rating | ++ | + | 1 · – |
| Währung | € | USD | € |
| Rückzahlung | 30.05.20X9 | 25.05.20X5 | 27.05.20X7 |
| Zinszahlung | 30.05. | 25.05. | 27.05./27.11. |
| Zinsmethode | act/act | act/act | act/360 |
| Kupon | 2,00 % | 6,88 % | SONIA (am 10. des Zinsmonats) + 3 % |
| Stückelung | 500 | 500 | 500 |
| Kurswert | 82,86 % | 102,24 % | 100,28 % |
| Weiteres | Wandelanleihe: für 500 € eine Aktie; aktueller Aktienkurs = 435 € | 1 € = 1,30 USD | SONIA: 10.11.Vorjahr: 2,74 % 10.05. lfd. Jahr: 2,69 % |

Susi hat folgende Fragen:

**(1)** Welches Nominalvolumen kann sie jeweils erwerben, wenn Sie heute maximal 100 T€ investiert und hiermit auch die Bankgebühren sowie die Stückzinsen aus der Summe bezahlt werden sollen? Das Geschäft wird heute abgewickelt. Wieviel Liquidität verbleibt ihr? Runden Sie Ihre Rechnung auf zwei Stellen nach dem Komma.

**(2)** Wie hoch ist die Zinszahlung zum nächsten Termin für die drei Anleihen, wenn Susi jeweils die volle Summe investiert?

**(3)** Wie hoch ist der Effektivzins der drei Alternativen, wenn sie jeweils bis zum Ende der Laufzeit gehalten werden? Eine Wandlung findet nicht statt. Unterstellen Sie volle Laufzeitjahre.

**(4)** Bis zu welchem durchschnittlichen USD-Kurs erzielt Susi eine Mindestrendite von 5 %?

**(5)** Geben Sie eine Anlageempfehlung ab. Unterstellen Sie, dass sämtliche Kurse bis zum 03.06.20X2 konstant bleiben.

**(6)** Nennen und erklären Sie zwei Risiken, die für alle drei Anleihen relevant sind.

**(7)** Welches spezifische Risiko ist mit den einzelnen Anleihen im Vergleich zu den anderen verbunden?

**Fallstudie 4**

Die Sahra-Sonnen AG, ein innovatives Unternehmen, das sich auf den Betrieb von Solarparks spezialisiert hat, begibt eine Optionsanleihe. Folgende Informationen sind bekannt:
–   Volumen: 10 Mio. €, Nominalwert unter Ausschluss des gesetzlichen Bezugsrechts
–   Stückelung: Einzelobligationen im Nominalwert von 100 € sind mit einem Optionsschein ausgestattet.
–   Laufzeit der Anleihe: 7 Jahre bis zum 31.07.20X9

- Zinszahlung am: 31.07. jedes Jahres
- Zinssatz: 0,5 %
- Verkaufskurs: 98,5 %
- Der Verkauf der Anleihe erfolgt mit Erfüllungsdatum 15.08.20X2.
- Für vier Optionsscheine kann unter Zuzahlung von 23 € eine Aktie zu 5 € Nennwert erworben werden.
- Die Option kann vom 02.01.20X3 bis zum 15.12.20X8 ausgeübt werden.
- aktueller Kurs der Aktie an der Börse: 25 €
- geforderte Verzinsung für Anleihen gleicher Laufzeit bei gleicher Bonität des Schuldners: 3,3 %

Ihre Erbtante Gerda Gierig ist heute, am 03.08.20X2, bei Ihnen zu Besuch und interessiert sich für die Anleihe. Sie würde für 4 T€ nominal Anleihen erwerben. Ob sie sich zum Kauf entscheidet, hängt von der Beantwortung folgender Fragen ab. Um Ihren Erbteil nicht zu gefährden, sind Sie natürlich hoch motiviert, zu guten Ergebnissen zu kommen.

**(1)** Was ist damit gemeint, dass das gesetzliche Bezugsrecht ausgeschlossen ist? Hat der Ausschluss für Gerda eine Bedeutung? Warum wird so etwas von der Hauptversammlung beschlossen?

**(2)** Wie hoch ist der rechnerische Wert des Bezugsrechts?

**(3)** Wie hoch ist die Mindestverzinsung der Anleihe?

**(4)** Mit welcher Rendite kann Gerda rechnen, wenn der Kurs der Aktie während der Gesamtlaufzeit bei 25 € bleibt?

**(5)** Welche Verzinsung erreicht sie mit ihrem Gesamtinvestment, wenn sie die Optionsscheine bei einem Aktienkurs von 31 € verkauft (unterstellen Sie den rechnerischen Wert der Optionsscheine)?

**(6)** Wie hoch muss der Aktienkurs steigen, damit die Marktrendite erreicht wird?

**(7)** Sie entscheidet sich für den Kauf. Mit welchem Betrag wird ihr Girokonto am 15.08.20X2 belastet?

## Fallstudie 5

Fortführung der Optionsscheinaufgabe aus Fallstudie 4:

Die Optionsscheine der Sahra-Sonnen AG werden inzwischen an der Börse notiert. Der rechnerische Wert beträgt 4,83 €. Zu diesem werden sie auch gehandelt. Ihr Kommilitone Stephan Spekulatius möchte an dem erwarteten Kursanstieg der AG teilhaben und überlegt, Aktien oder Optionsscheine zu erwerben. Sein Anlagehorizont beträgt 17 Monate. Danach hat er das Geld eingeplant.

**(1)** Zeigen Sie den Erfolg von 2 T€ Investitionsvolumen (aus diesem sind auch die Spesen zu decken) für beide Anlageformen, wenn der Aktienkurs zum Ende der Anlagefrist einmal bei 19 € und einmal bei 55 € liegt.

(2) Aus Interesse möchte der Kommilitone wissen, wie sich das Eigenkapital der Gesellschaft pro Aktie erhöht, wenn zum Ende der Optionsfrist der Kurs der Aktie bei 19 €, 35 € und 55 € liegt.

**Fallstudie 6**

Die Winnie Winter AG ist ein bekannter Anbieter für Wintersportbekleidung und -ausrüstung. Die Hauptversammlung hat beschlossen, dass eine Wandelschuldverschreibung begeben werden soll. Folgende Konditionen sind bekannt:
– Volumen: 10 Mio. € Nominalwert
– Stückelung: Einzelobligationen im Nominalwert von 100 €
– Bezugsverhältnis: 20 Aktien berechtigen zum Erwerb einer Einzelobligation
– Laufzeit der Anleihe: 5 Jahre bis zum 31.10.20X7
– Zinszahlung am: 31.10. jedes Jahres
– Zinssatz: 1,5 %
– Verkaufskurs: 96,5 €
– Für zwei Wandelanleihen kann unter Zuzahlung von 35 € eine Aktie zu 5 € Nennwert erworben werden.
– Die Wandlung kann vom 02.01.20X5 bis zum 31.10.20X6 erfolgen.
– Der Verkauf der Anleihe erfolgt mit Erfüllungsdatum 31.10.20X2.
– aktueller Kurs der Aktie an der Börse: 232 €.
– geforderte Verzinsung für Anleihen gleicher Laufzeit bei gleicher Bonität des Schuldners: 3,3 %

Ihr Professor Karl Karriere hat 2.200 Aktien der Gesellschaft in seinem Depot und lässt Sie im Rahmen eines Seminars folgende Fragen erarbeiten:
(1) Wie hoch ist der Belastungsbetrag, wenn er sein gesetzliches Bezugsrecht komplett nutzt?
(2) Warum spricht man bei der Emission von Wandelobligationen auch von bedingten Kapitalerhöhungen?
(3) Wie hoch ist die Rendite, wenn der Professor die Möglichkeit der Wandlung nicht nutzt?
(4) Wie hoch ist die Rendite, wenn Karl zum Ende der Laufzeit die Wandlung durchführt und der Kurs der Aktie exakt dem heutigen Kurs entspricht?
(5) Welchen Mindestkurs muss die Aktie zum Ende der Laufzeit erreichen, damit die übliche Marktrendite erreicht wird?
(6) Aus Interesse möchte Karl wissen: Wie erfasst die AG den Kaufpreis für die Aktie, wenn die Wandlung vollzogen wird?

**Fallstudie 7**

Sie sind Praktikant bei Ihrem Handballklub. Um Ihrem Verein eine günstige Finanz-quelle zu erschließen, haben Sie den Vorschlag gemacht, eine Anleihe mit einer Lauf-zeit von sechs Jahren zu begeben. Diese soll nicht an der Börse notiert werden. Eine vorzeitige Rücknahme ist ebenfalls ausgeschlossen. Um möglichst günstige Konditio-nen zu erzielen, soll die Emission nach dem Tenderverfahren in der amerikanischen Ausprägung erfolgen. Weitere Merkmale sind:

- Kupon: 3,25 %
- Volumen: 20 Mio. €
- Zinszahlung: 01.02. jedes Jahres
- Tilgung: 01.02.20X8
- Erfüllungsvaluta: 16.02.20X2
- Kleinanleger können ab 5 T€ teilnehmen, der Kurs ist auf 104 % festgelegt.
- Firmen können 20 T€-Tranchen zu 102 % erwerben.
- Individuelle Angebote der vielen institutionellen Großkunden sind in Tranchen zu 200 T€ möglich.

Die Nachfrage übertrifft alle Erwartungen und stellt sich wie folgt dar:

Ausgangslage für ein internes Tenderverfahren:

| Nachfrager | Angebot (%) | Nennwert des Gebots (T€) |
|---|---|---|
| Privatkunden | 104,00 | 8.880 |
| Firmen | 102,00 | 3.000 |
| Institution 1 | 101,75 | 1.000 |
| Institution 2 | 100,55 | 3.000 |
| Institution 3 | 99,95 | 1.000 |
| Institution 4 | 99,45 | 2.000 |
| Institution 5 | 99,25 | 20.000 |
| Institution 6 | 98,00 | 1.600 |
| verschiedene Institutionen | billigst | 2.600 |

Ihr Abteilungsleiter hat Ihnen folgende Aufgaben übertragen:
**(1)** Ermitteln Sie die Zuteilung der Anleihe, indem Sie die nachstehende Zuteilungsta-belle ausfüllen.

Auszufüllende Lösungstabelle für das Tenderverfahren:

| Bestand bzw. Aktion | Volumen (T€) |
| --- | --- |
| | |
| | |
| | |

(2) Berechnen Sie den Kurs, zu dem die Billigstaufträge erfüllt werden, soweit sie zu berücksichtigen sind
(3) Bestimmen Sie die Gesamtkosten der Fremdkapitalbeschaffung für Ihren Verein, wenn sie 50 T€ des Anleihevolumens an Einmalkosten unterstellen.
(4) Ermitteln Sie die Effektivverzinsung für die Kunden, die zu 102 % und zu 104 % erworben haben.

**Fallstudie 8**

An der Uni wird der Erwerb von Optionsobligationen erarbeitet. Als Übung dient die 341-AG. Folgende Informationen sind bekannt:
– Pro 100 € Nominalwert der Anleihe erhält der Erwerber einen Optionsschein, die Emission erfolgt zu 100 €.
– Die Gesamtanleihe hat ein Volumen von 100 Mio. € und erfolgt unter Ausschluss des gesetzlichen Bezugsrechts.
– Laufzeit der Anleihe: 7 Jahre
– Verzinsung am Markt: 4,50 %, Verzinsung der Optionsanleihe: 1,70 %
– Für drei Optionsscheine kann zwischen Ende des dritten und vierten Jahres unter Zuzahlung von 22 € eine Aktie (Nennwert 2 €) getauscht werden.
– aktueller Kurs der Aktie: 60 €

Folgende Fragen möchte Ihr Dozent beantwortet haben:
(1) Wie hoch ist der Optionsscheinwert am Emissionstag?
(2) Bis zu welchem Kurs muss der Aktienkurs steigen, damit ein Anleihegläubiger, der für 300 € Optionsanleihen erworben hat, die gleiche Verzinsung wie bei einer vergleichbaren Anleihe erzielt? Unterstellen Sie, dass für die Optionsscheine nur der rechnerische Wert gezahlt wird und vernachlässigen Sie den Zinseszinseffekt.

**(3)** Wie hoch ist der Eigenkapitalzufluss der AG, wenn alle Optionsscheine bei Fälligkeit zum Bezug von Aktien genutzt werden? Welche Bilanzpositionen sind betroffen?

## Fallstudie 9

Sie sind Praktikant bei einem großen Industrieunternehmen und in der Finanzabteilung tätig. Momentan finanziert sich Ihr Praktikumsunternehmen über folgende börsennotierten Anleihen:
- Anleihe 1: 100 Mio. € Volumen, 5 Jahre Restlaufzeit, Kupon 2 %, Rückzahlungskurs 95 %
- Anleihe 2: 200 Mio. € Volumen, 1 Jahr Restlaufzeit, Kupon 6 %, Rückzahlungskurs 105 %
- Anleihe 3: 300 Mio. USD Volumen in Deutschland notiert, 3 Jahre Restlaufzeit, Kupon 9 %, Rückzahlungskurs 100 %, 1 € = 1,30 USD
- Anleihe 4: 400 Mio. Yen Volumen in Japan notiert, 6 Jahre Restlaufzeit, Kupon 2 %, Rückzahlungskurs 103 %, 1 € = 100 Yen, Referenzzins in Japan 1 %.

Da Ihr Unternehmen gerade von einem Hedgefonds erworben wurde, verlangt das neue Management eine Berechnung aller Rückkaufmöglichkeiten über die Börse.
**(1)** Wie hoch sind die individuellen Summen, die für den Rückkauf erforderlich sind? Momentan liegt eine flache Zinsstrukturkurve mit 3,5 % über die Laufzeitjahre 1 bis 6 vor. Runden Sie Ihre Ergebnisse auf volle T€.
**(2)** Wie hoch ist das gesamte Finanzvolumen, welches zur Ablösung erforderlich ist?

## Fallstudie 10

Ihr Vater hat vor 5 Jahren eine zehnjährige Anleihe zu 100 % erworben, die Rückzahlung ist mit 98 % bei Fälligkeit versprochen. Der laufende Kupon weist 5 % auf. Ihr Vater benötigt das angelegte Kapital jetzt.
**(1)** Wie hoch ist die Verzinsung vor Gebühren seiner Anlage für die Haltedauer, wenn die aktuelle Referenzrendite 3,5 % bzw. 5,5 % beträgt?
**(2)** Angenommen Ihr Vater hat beim Pokern Glück und benötigt das freigesetzte Kapital gar nicht, sondern legt es zum aktuellen Marktzins wieder an. Weisen Sie die Effektivverzinsung nach, indem Sie von 100 € ursprünglichem Anlagevolumen ausgehen und mit den Prämissen arbeiten, dass die Verkaufserlöse restriktions- und gebührenfrei wiederanlegbar sind.

# 6 Kapitel 6: Klassische Finanzderivate

## 6.1 Wiederholungsfragen

(1) Was wird unter Finanzderivaten verstanden?
(2) Was wird unter einem Swap verstanden?
(3) Welche Möglichkeiten, Optionen auszuüben, werden unterschieden?
(4) Welche Kombinationen aus Optionsart und Beteiligten werden unterschieden?
(5) Welche Möglichkeiten bestehen für einen Käufer bzw. Verkäufer einer Option, wenn sich diese nicht in der gewünschten Form entwickelt, und welche ökonomischen Konsequenzen sind damit verbunden?
(6) Nennen Sie drei Einflussfaktoren, die auf den Wert einer Kauf- und Verkaufsoption wirken.
(7) Wie lässt sich der innere Wert einer Verkaufsoption klassifizieren?
(8) Mit welchem Fachbegriff wird die Laufzeitprämie bezeichnet?
(9) Wie lässt sich die Laufzeitprämie ökonomisch begründen?
(10) Wie entwickelt sich die Laufzeitprämie im Zeitverlauf und warum?
(11) Wodurch unterscheiden sich Futures von Optionen?
(12) Wann steigt der Kurs des Euro-Bund-Futures?
(13) Was motiviert den Käufer eines Futures und warum?
(14) Wie erfolgt die Erfüllung des Euro-Bund-Futures?
(15) Wie wird der DAX®-Future erfüllt?
(16) Was wird unter Margins verstanden?
(17) Wovon ist der Preis eines Futures auf dem Sekundärmarkt abhängig?
(18) Welche Formen der Swaps werden unterschieden?
(19) Wie lassen sich Zertifikate kennzeichnen?
(20) Wozu verpflichtet sich der Emittent, der ein Bonus-Zertifikat begibt?
(21) Woran ist die Struktur eines Knock-Out-Zertifikats angelehnt?
(22) Vergleichen Sie das Risiko eines Short-Sellings, eines Terminverkaufs und dem Kauf einer Verkaufsoption.
(23) Was wird unter Market Makern verstanden und welche Funktion kommt ihnen zu?
(24) Durch welche Besonderheit ist die Ordererteilung bei Termingeschäften im Vergleich zu Kassageschäften gekennzeichnet?
(25) Welche Funktion kommt der Eurex Clearing AG bei der Auftragsabwicklung zu?
(26) Welche Typen von Akteuren werden beim Clearing unterschieden?
(27) Wie erfolgt die Margin-Abwicklung zwischen Kunde und Kreditinstitut?

https://doi.org/10.1515/9783110791082-013

## 6.2 Gebundene Fragen

**1**

| Welche Aussage(n) ist (sind) richtig? Welche ist (sind) falsch? | Richtig | Falsch |
|---|---|---|
| a | Futures und Optionen stellen die einzigen Formen der Derivate dar, die in Deutschland abgeschlossen werden dürfen. | ☐ | ☐ |
| b | Futures und Optionen stellen die einzigen Formen der Derivate dar, die in Deutschland regelmäßig über die Terminbörse gehandelt werden. | ☐ | ☐ |
| c | Mit einer Option geht der Erwerber die Verpflichtung ein, den Vertragsgegenstand zum vereinbarten Preis zu kaufen oder zu verkaufen. | ☐ | ☐ |
| d | Mit einer Option geht der Verkäufer die Verpflichtung ein, den Vertragsgegenstand zum vereinbarten Preis zu kaufen oder zu verkaufen. | ☐ | ☐ |
| e | Stillhalter ist der Fachbegriff für den Erwerber einer Option, da er seinen Gegenpart zum Stillhalten verpflichten kann. | ☐ | ☐ |
| f | Kaufoptionen werden als Call und Verkaufsoptionen als Put bezeichnet. | ☐ | ☐ |
| g | Der Stillhalter einer Option hat unter allen Umständen während der gesamten Laufzeit das Recht, von seinem Gegenpart die Abnahme oder Lieferung des Vertragsgegenstands zu verlangen. | ☐ | ☐ |
| h | Der Erwerber einer Option hat unter allen Umständen während der gesamten Laufzeit das Recht, von seinem Gegenpart die Abnahme oder Lieferung des Vertragsgegenstands zu verlangen. | ☐ | ☐ |
| i | Keine der vorherigen Aussagen ist richtig. | ☐ | ☐ |

**2**

| Welche Aussage(n) ist (sind) richtig? Welche ist (sind) falsch? | Richtig | Falsch |
|---|---|---|
| a | Der Erwerber einer Kaufoption rechnet mit steigenden, der Veräußerer einer Verkaufsoption mit sinkenden Preisen für den Vertragsgegenstand. | ☐ | ☐ |
| b | Der Erwerber einer Verkaufsoption rechnet mit steigenden, der Erwerber einer Kaufoption mit sinkenden Preisen für den Vertragsgegenstand. | ☐ | ☐ |
| c | Der Veräußerer einer Kaufoption rechnet mit steigenden, der Veräußerer einer Verkaufsoption mit sinkenden Preisen für den Vertragsgegenstand. | ☐ | ☐ |
| d | Das Erfolgspotenzial eines Put-Erwerbers ist – auch theoretisch – unbegrenzt. Sein Risiko ist auf die gezahlte Optionsprämie begrenzt. | ☐ | ☐ |
| e | Das Erfolgspotenzial eines Put-Verkäufers ist – auch theoretisch – unbegrenzt. Sein Risiko ist auf die erhaltene Optionsprämie begrenzt. | ☐ | ☐ |
| f | Bei steigenden Kursen wird der Erwerber einer Kaufoption diese verfallen lassen, um seinen Verlust zu begrenzen. | ☐ | ☐ |
| g | Bei steigenden Kursen wird der Veräußerer einer Kaufoption diese verfallen lassen, um seinen Verlust zu begrenzen. | ☐ | ☐ |
| h | Keine der vorherigen Aussagen ist richtig. | ☐ | ☐ |

3

| Welche Aussage(n) ist (sind) richtig? Welche ist (sind) falsch? | Richtig | Falsch |
|---|---|---|
| a    Der Erwerber einer Option hat mit dem Erhalt der Optionsprämie die Verpflichtung übernommen, den Vertragsgegenstand zum vereinbarten Preis zu erwerben (Call) oder zu veräußern (Put). Eine Möglichkeit der Verlustbegrenzung steht ihm dann nicht zur Verfügung, wenn sich ein sehr großer Verlust abzeichnet. | ☐ | ☐ |
| b    Der Stillhalter einer Option hat mit dem Erhalt der Optionsprämie die Verpflichtung übernommen, den Vertragsgegenstand zum vereinbarten Preis zu erwerben (Put) oder zu veräußern (Call). Eine Möglichkeit der Verlustbegrenzung steht ihm dann nicht zur Verfügung, wenn sich ein sehr großer Verlust abzeichnet. | ☐ | ☐ |
| c    Je höher der Basispreis ist, desto teurer werden Optionen an der Börse gehandelt. | ☐ | ☐ |
| d    Je geringer der Basispreis ist, desto teurer werden Optionen an der Börse gehandelt. | ☐ | ☐ |
| e    Je länger die Laufzeit ist, desto teurer werden Optionen an der Börse gehandelt. | ☐ | ☐ |
| f    Je kürzer die Laufzeit ist, desto teurer werden Optionen an der Börse gehandelt. | ☐ | ☐ |
| g    Eine Kaufoption ist „am Geld", wenn der aktuelle Kurs und der vereinbarte Basispreis gleich hoch sind. | ☐ | ☐ |
| h    Eine Kaufoption ist „im Geld", wenn der aktuelle Kurs und der vereinbarte Basispreis gleich hoch sind. | ☐ | ☐ |
| i    Eine Kaufoption ist „aus dem Geld", wenn der aktuelle Kurs und der vereinbarte Basispreis gleich hoch sind. | ☐ | ☐ |
| j    Eine Verkaufsoption ist „aus dem Geld", wenn der aktuelle Kurs höher ist als der vereinbarte Basispreis. | ☐ | ☐ |
| k    Keine der vorherigen Aussagen ist richtig. | ☐ | ☐ |

**4**

| Welche Aussage(n) ist (sind) richtig? Welche ist (sind) falsch? | Richtig | Falsch |
|---|---|---|
| a | Der innere Wert bringt zum Ausdruck, ob die Option, gemessen am Basispreis und am aktuellen Börsenkurs, für den Optionserwerber ökonomisch von Vorteil ist. Die Chance, die während der Laufzeit noch besteht, findet keine Berücksichtigung. | ☐ | ☐ |
| b | Der innere Wert bringt zum Ausdruck, ob die Option, gemessen am Zeitwert und am aktuellen Börsenkurs, für den Optionserwerber ökonomisch von Vorteil ist. Die Chance, die während der Laufzeit noch besteht, findet keine Berücksichtigung. | ☐ | ☐ |
| c | Sind aktueller Börsenkurs und Basispreis gleich groß, muss der innere Wert Null sein. | ☐ | ☐ |
| d | Sind aktueller Börsenkurs und Basispreis bei einer Kaufoption gleich groß, muss der innere Wert Null sein. | ☐ | ☐ |
| e | Sind aktueller Börsenkurs und Basispreis bei einer Verkaufsoption gleich groß, muss der innere Wert Null sein. | ☐ | ☐ |
| f | Ist der innere Wert gleich Null, müssen Optionspreis und Zeitwert identisch sein. | ☐ | ☐ |
| g | Ist der innere Wert gleich dem Optionspreis, existiert kein Zeitwert. | ☐ | ☐ |
| h | Ist der innere Wert gleich dem Zeitwert, muss der Optionspreis Null sein. | ☐ | ☐ |
| i | Ist der innere Wert gleich dem Zeitwert, kann der Optionspreis nicht Null sein. | ☐ | ☐ |
| j | An der Börse werden auch negative Optionspreise gehandelt, dies geschieht immer dann, wenn der Optionspreis „aus dem Geld" ist. | ☐ | ☐ |
| k | Keine der vorherigen Aussagen ist richtig. | ☐ | ☐ |

**5**

| Welche Aussage(n) ist (sind) richtig? Welche ist (sind) falsch? | | Richtig | Falsch |
|---|---|---|---|
| a | Der Zeitwert von Optionen nimmt permanent zu, da die bislang angesammelten Erträge kapitalisiert werden. | ☐ | ☐ |
| b | Der Zeitwert bleibt im Zeitablauf konstant. Nur so kann gewährleistet werden, dass der Hebel immer gleich hoch ist. | ☐ | ☐ |
| c | Der Zeitwert von Optionen nimmt permanent ab, da die Chancen, die mit der Option verbunden sind, sich mit dem Zeitverlauf auflösen. | ☐ | ☐ |
| d | Multipliziert man den Hebel mit dem Optionspreis an der Börse, so weiß man, wie hoch der aktuelle Börsenkurs des Optionsgegenstands ist. | ☐ | ☐ |
| e | Bei einem Börsenkurs von 320 €, einem Basispreis von 300 € und einem Zeitwert von 5 € ergeben sich für eine Kaufoption ein innerer Wert von 20 € und ein Optionspreis an der Börse von 21 €. | ☐ | ☐ |
| f | Bei einem Börsenkurs von 320 €, einem Basispreis von 300 € und einem Zeitwert von 5 € ergeben sich für eine Kaufoption ein innerer Wert von 20 € und ein Optionspreis an der Börse von 25 €. | ☐ | ☐ |
| g | Bei einem Börsenkurs von 320 €, einem Basispreis von 300 € und einem Zeitwert von 5 € ergeben sich für eine Kaufoption ein innerer Wert von 20 € und ein Optionspreis an der Börse von 15 €. | ☐ | ☐ |
| h | Der Erwerber einer Kaufoption, der bei einem Basispreis von 230 € eine Prämie von 5 € bezahlt hat, wird ab 225 € anfangen, die Option auszuüben, um seinen Verlust zu minimieren. | ☐ | ☐ |
| i | Der Erwerber einer Kaufoption, der bei einem Basispreis von 230 € eine Prämie von 5 € bezahlt hat, wird ab 230,01 € anfangen, die Option auszuüben, um seinen Verlust zu minimieren. | ☐ | ☐ |
| j | Der Erwerber einer Verkaufsoption, der bei einem Basispreis von 230 € eine Prämie von 5 € hat, wird bis zu einem Kurs von maximal 229,99 € die Option ausüben. | ☐ | ☐ |
| k | Der Erwerber einer Verkaufsoption, der bei einem Basispreis von 230 € eine Prämie von 5 € hat, wird ab 235 € anfangen, die Option auszuüben, um seinen Verlust zu minimieren. | ☐ | ☐ |
| l | Keine der vorherigen Aussagen ist richtig. | ☐ | ☐ |

**6**

| Welche Aussage(n) ist (sind) richtig? Welche ist (sind) falsch? | Richtig | Falsch |
|---|---|---|
| a  Futures sind Verträge, die in der Gegenwart geschlossen und in der Zukunft erfüllt werden. Ein Wahlrecht, wie es den Optionserwerbern zusteht, besitzt hier keine Partei. Deshalb müssen die vertraglich vereinbarten Gegenstände auch auf jeden Fall geliefert werden. | ☐ | ☐ |
| b  Der Käufer eines Futures setzt auf fallende Kurse. So kann er den Gegenstand, dessen Preis für ihn fixiert ist, an der Börse teurer weiterverkaufen. | ☐ | ☐ |
| c  Der Verkäufer eines Futures setzt auf steigende Kurse, so kann er den Gegenstand, dessen Preis für ihn fixiert ist, an der Börse teurer weiterverkaufen. | ☐ | ☐ |
| d  Der Erwerber eines Euro-Bund-Futures rechnet mit steigenden Zinsen und aufgrund dessen mit steigenden Kursen. | ☐ | ☐ |
| e  Der Verkäufer eines Euro-Bund-Futures rechnet mit steigenden Zinsen und aufgrund dessen mit steigenden Kursen. | ☐ | ☐ |
| f  Der Erwerber eines Euro-Bund-Futures rechnet mit konstanten Zinsen und aufgrund dessen mit steigenden Kursen. | ☐ | ☐ |
| g  Der Erwerber eines Euro-Bund-Futures rechnet mit fallenden Zinsen und aufgrund dessen mit fallenden Kursen. | ☐ | ☐ |
| h  Euro-Bund-Futures werden in Tranchen ab 10 € oder einem Vielfachen gehandelt. | ☐ | ☐ |
| i  Euro-Bund-Futures werden in Tranchen ab 10 T€ oder einem Vielfachen gehandelt. | ☐ | ☐ |
| j  Euro-Bund-Futures werden in Tranchen ab 50 T€ oder einem Vielfachen gehandelt. | ☐ | ☐ |
| k  Euro-Bund-Futures werden in Tranchen ab 1.000 T€ oder einem Vielfachen gehandelt. | ☐ | ☐ |
| l  Keine der vorherigen Aussagen ist richtig. | ☐ | ☐ |

**7**

| Welche Aussage(n) ist (sind) richtig? Welche ist (sind) falsch? | Richtig | Falsch |
|---|---|---|
| a | Ein DAX®-Kontrakt besteht aus den 30 Aktien, die im Index enthalten sind. | ☐ | ☐ |
| b | Der DAX®-Future wird analog dem Index in Punkten gemessen. Die Vertragsparteien vereinbaren einen Indexstand. Überschreitet der DAX® den Indexwert bei Erfüllung, erhält der Verkäufer für jeden Indexpunkt darüber 12,50 € an Ausgleichszahlung. | ☐ | ☐ |
| c | Der DAX®-Future wird analog dem Index in Punkten gemessen. Die Vertragsparteien vereinbaren einen Indexstand. Überschreitet der DAX® den Indexwert bei Erfüllung, erhält der Erwerber für jeden Indexpunkt darüber 12,50 € an Ausgleichszahlung. | ☐ | ☐ |
| d | Der DAX®-Future wird analog dem Index in Punkten gemessen. Die Vertragsparteien vereinbaren einen Indexstand. Überschreitet der DAX® den Indexwert bei Erfüllung, erhält der Verkäufer für jeden Indexpunkt darüber 25 € an Ausgleichszahlung. | ☐ | ☐ |
| e | Der DAX®-Future wird analog dem Index in Punkten gemessen. Die Vertragsparteien vereinbaren einen Indexstand. Überschreitet der DAX® den Indexwert bei Erfüllung, erhält der Erwerber für jeden Indexpunkt darüber 25 € an Ausgleichszahlung. | ☐ | ☐ |
| f | Der DAX®-Future wird analog dem Index in Punkten gemessen. Die Vertragsparteien vereinbaren einen Indexstand. Überschreitet der DAX® den Indexwert bei Erfüllung, erhält der Verkäufer für jeden Indexpunkt darüber 125 € an Ausgleichszahlung. | ☐ | ☐ |
| g | Der DAX®-Future wird analog dem Index in Punkten gemessen. Die Vertragsparteien vereinbaren einen Indexstand. Überschreitet der DAX® den Indexwert bei Erfüllung, erhält der Erwerber für jeden Indexpunkt darüber 125 € an Ausgleichszahlung. | ☐ | ☐ |
| h | Die DAX®-Veränderungen werden bis auf zwei Nachkommastellen gemessen, somit beträgt die kleinste bewertete Veränderung 1,25 €. | ☐ | ☐ |
| i | Die DAX®-Veränderungen werden bis auf zwei Nachkommastellen gemessen, somit beträgt die kleinste bewertete Veränderung 0,25 €. | ☐ | ☐ |
| j | Die DAX®-Veränderungen werden bis auf zwei Nachkommastellen gemessen, somit beträgt die kleinste bewertete Veränderung 0,13 €. | ☐ | ☐ |
| k | Die DAX®-Veränderungen werden in Schritten zu 0,5 %-Punkten gemessen, somit beträgt die kleinste bewertete Veränderung 12,50 €. | ☐ | ☐ |
| l | Keine der vorherigen Aussagen ist richtig. | ☐ | ☐ |

**8**

| Welche Aussage(n) ist (sind) richtig? Welche ist (sind) falsch? | Richtig | Falsch |
|---|---|---|
| a  Mit dem Abschluss eines DAX®-Futures mit vereinbartem Kursniveau von 8.000 Punkten, erhält der Käufer 6.250 €, wenn der DAX® bei 8.250 Punkten notiert. | ☐ | ☐ |
| b  Mit dem Abschluss eines DAX®-Futures mit vereinbartem Kursniveau von 8.000 Punkten, erhält der Verkäufer 6.250 €, wenn der DAX® bei 8.250 Punkten notiert. | ☐ | ☐ |
| c  Mit dem Abschluss eines DAX®-Futures mit vereinbartem Kursniveau von 8.000 Punkten, erhält der Käufer 31.250 €, wenn der DAX® bei 8.250 Punkten notiert. | ☐ | ☐ |
| d  Mit dem Abschluss eines DAX®-Futures mit vereinbartem Kursniveau von 8.000 Punkten, erhält der Verkäufer 31.250 €, wenn der DAX® bei 8.250 Punkten notiert. | ☐ | ☐ |
| e  Die Partei, die auf aktueller Kursbasis einen Erfolg aus dem Future erwarten kann, erhält börsentäglich vom Kontrahenten die Margin als Vorauszahlung auf den Gewinn. | ☐ | ☐ |
| f  Wenn es sich abzeichnet, dass aus einem Future Verluste entstehen, ist es immer ratsam, diese mit einem Gegengeschäft zu begrenzen. | ☐ | ☐ |
| g  Eine Long-Position aus einem Finanzfuture gewinnt an Wert, wenn der Börsenpreis des Basiswerts steigt und die Marktzinsen steigen. | ☐ | ☐ |
| h  Eine Long-Position aus einem Finanzfuture gewinnt an Wert, wenn der Börsenpreis des Basiswerts steigt und die Marktzinsen sinken. | ☐ | ☐ |
| i  Eine Long-Position aus einem Finanzfuture gewinnt an Wert, wenn der Börsenpreis des Basiswerts sinkt und die Marktzinsen steigen. | ☐ | ☐ |
| j  Eine Long-Position aus einem Finanzfuture gewinnt an Wert, wenn der Börsenpreis des Basiswerts sinkt und die Marktzinsen sinken. | ☐ | ☐ |
| k  Eine Short-Position aus einem Finanzfuture gewinnt an Wert, wenn der Börsenpreis des Basiswerts sinkt und die Marktzinsen sinken. | ☐ | ☐ |
| l  Eine Short-Position aus einem Finanzfuture gewinnt an Wert, wenn der Börsenpreis des Basiswerts sinkt und die Marktzinsen steigen. | ☐ | ☐ |
| m  Keine der vorherigen Aussagen ist richtig. | ☐ | ☐ |

**9**

| Welche Aussage(n) ist (sind) richtig? Welche ist (sind) falsch? | Richtig | Falsch |
|---|---|---|
| a | Alle Derivate in Deutschland müssen aufgrund des § 2 II WpHG über die Börse abgewickelt werden. | ☐ | ☐ |
| b | Bei allen Derivaten hat der Kunde die Wahl, ob er seine Derivate über die Börse verkauft oder sich bilateral einen Partner sucht. | ☐ | ☐ |
| c | Mit Ausnahme von Gold und Silber werden alle Derivate über Metalle an der Börse gehandelt. | ☐ | ☐ |
| d - | Mit Ausnahme von Gold und Silber werden alle Derivate über Metalle nicht an der Börse gehandelt. | ☐ | ☐ |
| e | Derivate über Währungen werden nicht an der Börse gehandelt. | ☐ | ☐ |
| f | Die Zulassung eines Unternehmens an der Kassabörse führt auch automatisch dazu, dass es an der Terminbörse zugelassen ist. | ☐ | ☐ |
| g | Die Zulassung zur Terminbörse ist unabhängig von der Präsenzbörse und muss deshalb separat beantragt werden. | ☐ | ☐ |
| h | Soweit sich ein Unternehmen als Market Maker bezeichnet, ist es berechtigt, An- und Verkaufskurse in das Börsensystem einzustellen. | ☐ | ☐ |
| i | Soweit ein Unternehmen den Status eines Market Makers zuerkannt bekommt, ist es berechtigt, An- und Verkaufskurse in das Börsensystem einzustellen. | ☐ | ☐ |
| j | Die Basispreise von Optionen, die an der Börse gehandelt werden sollen, sind zwischen Erwerber und Stillhalter frei verhandelbar. | ☐ | ☐ |
| k | Keine der vorherigen Aussagen ist richtig. | ☐ | ☐ |

**10**

| Welche Aussage(n) ist (sind) richtig? Welche ist (sind) falsch? | Richtig | Falsch |
|---|---|---|
| a | Swaps sind börsengehandelte Derivate. | ☐ | ☐ |
| b | Swaps können sowohl an der Börse als auch außerbörslich gehandelt werden. | ☐ | ☐ |
| c | Bei einem Zinsswap wird eine feste gegen eine variable Verzinsung getauscht. | ☐ | ☐ |
| d | Bei einem Zinsswap macht immer der Kontrahent das bessere Geschäft, der die fixen Zahlungen erhält, da er Sicherheit hinsichtlich seiner Einzahlungen hat. | ☐ | ☐ |
| e | Bei einem Zinsswap macht immer der Kontrahent das bessere Geschäft, der die fixe Zahlung leistet, da er Sicherheit hinsichtlich seiner Auszahlungen hat. | ☐ | ☐ |
| f | Kreditswaps machen für Banken Sinn, die ein regionales Geschäftsgebiet aufweisen, um ihr Portfolio besser zu diversifizieren. | ☐ | ☐ |
| g | Bezieht sich der Tausch von Krediten auf Portfolien mit gleicher Bonität, sind keine Ausgleichsleistungen erforderlich. | ☐ | ☐ |
| h | Bezieht sich der Tausch von Krediten auf Portfolien mit gleicher Bonität, handelt es sich auf jeden Fall um ein ausgeglichenes Geschäft. | ☐ | ☐ |
| i | Werden Portfolien unterschiedlicher Bonität getauscht, erhält der Partner, der das schlechtere Portfolio übernimmt, einen Ausgleich, der dem Unterschied der Risikoprämien entspricht. | ☐ | ☐ |
| j | Erfolgt eine einseitige Abgabe des Risikos an eine andere Bank, erhält diese die volle Risikoprämie für dieses Portfolio. | ☐ | ☐ |
| k | Keine der vorherigen Aussagen ist richtig. | ☐ | ☐ |

**11**

| Welche Aussage(n) ist (sind) richtig? Welche ist (sind) falsch? | | Richtig | Falsch |
|---|---|---|---|
| a | Zertifikate stellen Anlageformen dar, die sich strukturell aus einer Anleihe und aus mindestens einer weiteren Komponente zusammensetzen. | ☐ | ☐ |
| b | Zertifikate sind nur für sehr risikofreudige Anleger geeignet, da bei Zertifikaten immer mit dem Ausfall der Anlagesumme zu rechnen ist. | ☐ | ☐ |
| c | Zertifikate sind nur für Anleger geeignet, die über ein solides Fachwissen verfügen, da Konstruktionen nicht immer einfach nachvollziehbar sind. | ☐ | ☐ |
| d | Der Erwerber eines Garantie-Zertifikats erhält die versprochene Rendite garantiert, wenn der vereinbarte Basiswert eine gewisse Grenze erreicht hat. | ☐ | ☐ |
| e | Der Erwerber eines Garantie-Zertifikats erhält sein eingesetztes Kapital garantiert zurück, wenn der vereinbarte Basiswert eine gewisse Grenze erreicht hat. | ☐ | ☐ |
| f | Das emittierende Kreditinstitut eines Garantie-Zertifikats kann die vereinbarte Zusatzleistung durch Abschluss einer Verkaufsoption absichern. | ☐ | ☐ |
| g | Outperforming-Zertifikate sind so konstruiert, dass die Tilgung des Zertifikats von der Entwicklung eines Basiswerts abhängig gemacht wird. Überschreitet der Basiswert eine Grenze, so erfolgt eine überproportionale Tilgung. Unter der Grenze wird proportional getilgt. | ☐ | ☐ |
| h | Bonus-Zertifikate sind so konstruiert, dass die Tilgung des Zertifikats von der Entwicklung eines Basiswerts abhängig gemacht wird. Überschreitet der Basiswert eine Grenze, so erfolgt eine überproportionale Tilgung. Unter der Grenze wird proportional getilgt. | ☐ | ☐ |
| i | Discount-Zertifikate sind so konstruiert, dass die Tilgung des Zertifikats von der Entwicklung eines Basiswerts abhängig gemacht wird. Überschreitet der Basiswert eine Grenze, so erfolgt eine überproportionale Tilgung. Unter der Grenze wird proportional getilgt. | ☐ | ☐ |
| j | Knock-Out-Zertifikate sind so konstruiert, dass die Tilgung des Zertifikats von der Entwicklung eines Basiswerts abhängig gemacht wird. Überschreitet der Basiswert eine Grenze, so erfolgt eine überproportionale Tilgung. Unter der Grenze wird proportional getilgt. | ☐ | ☐ |
| k | Faktor-Zertifikate sind so konstruiert, dass die Tilgung des Zertifikats von der Entwicklung eines Basiswerts abhängt. Überschreitet der Basiswert eine Grenze, so erfolgt eine überproportionale Tilgung. Unter der Grenze wird proportional getilgt. | ☐ | ☐ |
| l | Index-Zertifikate sind so konstruiert, dass die Tilgung des Zertifikats von der Entwicklung eines Basiswerts abhängt. Überschreitet der Basiswert eine Grenze, so erfolgt eine überproportionale Tilgung. Unter der Grenze wird proportional getilgt. | ☐ | ☐ |
| m | Keine der vorherigen Aussagen ist richtig. | ☐ | ☐ |

**12**

| Welche Aussage(n) ist (sind) richtig? Welche ist (sind) falsch? | Richtig | Falsch |
|---|---|---|
| a  Der Erwerber eines Bonus-Zertifikats erhält den versprochenen Mehrertrag, wenn der vereinbarte Basiswert die vereinbarte Grenze überschritten hat. | ☐ | ☐ |
| b  Der Erwerber eines Bonus-Zertifikats erhält den versprochenen Mehrertrag, wenn der vereinbarte Basiswert während der Laufzeit das vereinbarte Intervall verlassen hat. | ☐ | ☐ |
| c  Der Erwerber eines Bonus-Zertifikats erhält den versprochenen Mehrertrag, wenn der vereinbarte Basiswert während der Laufzeit das vereinbarte Intervall nicht verlassen hat. | ☐ | ☐ |
| d  Der Erwerber eines Discount-Zertifikats muss den versprochenen Discount hinnehmen, wenn der vereinbarte Basiswert die vereinbarte Grenze über- bzw. unterschritten hat. | ☐ | ☐ |
| e  Der Erwerber eines Discount-Zertifikats muss den versprochenen Discount hinnehmen, wenn der vereinbarte Basiswert die vereinbarte Grenze überschritten hat. | ☐ | ☐ |
| f  Der Erwerber eines Discount-Zertifikats muss den versprochenen Discount hinnehmen, wenn der vereinbarte Basiswert die vereinbarte Grenze unterschritten hat. | ☐ | ☐ |
| g  Beim Discount-Zertifikat entscheidet der Anleger über die Tilgungsform. Deshalb ähnelt dieses Zertifikat für den Emittenten dem Erwerb des Basiswerts und einer Kaufoption auf den Basiswert. | ☐ | ☐ |
| h  Beim Discount-Zertifikat entscheidet der Emittent über die Tilgungsform. Deshalb ähnelt dieses Zertifikat für den Emittenten dem Erwerb des Basiswerts und dem Verkauf einer Kaufoption auf den Basiswert. | ☐ | ☐ |
| i  Beim Discount-Zertifikat entscheidet der Emittent über die Tilgungsform. Deshalb ähnelt dieses Zertifikat für den Emittenten dem Erwerb des Basiswerts und dem Verkauf einer Verkaufsoption auf den Basiswert. | ☐ | ☐ |
| j  Ist bei einem Discount-Zertifikat eine Obergrenze vereinbart, kann die Performance aus dem Zertifikat nie höher sein als aus der Direktanlage. Der einzige Vorteil des Zertifikats liegt in dem geringeren Kapitaleinsatz. | ☐ | ☐ |
| k  Gilt bei einem Discount-Zertifikat eine Obergrenze, ist die Zertifikat-Performance geringer als die der Direktanlage, wenn der Kurs über die Summe aus Obergrenze und Discount steigt. | ☐ | ☐ |
| l  Gilt bei einem Discount-Zertifikat eine Obergrenze, ist die Zertifikat-Performance vorteilhafter als die der Direktanlage, wenn der Kurs unter der Summe aus Obergrenze und Discount bleibt. | ☐ | ☐ |
| m  Keine der vorherigen Aussagen ist richtig. | ☐ | ☐ |

## 13

| Welche Aussage(n) ist (sind) richtig? Welche ist (sind) falsch? | | Richtig | Falsch |
|---|---|---|---|
| a | Aktien-Anleihen weisen eine attraktive Verzinsung im Verhältnis zu Referenzobligationen mit gleicher Laufzeit auf. Für diese Überrendite darf der Emittent die Art der Tilgung bestimmen: entweder zahlt er den Nominalbetrag zurück oder liefert die vereinbarte Aktienmenge. | ☐ | ☐ |
| b | Aktien-Anleihen weisen eine unattraktive Verzinsung im Verhältnis zu Referenzobligationen mit gleicher Laufzeit auf. Für diesen Malus darf der Erwerber die Art der Tilgung bestimmen: Er kann den Nominalbetrag oder die Lieferung der vereinbarten Aktienmenge verlangen. | ☐ | ☐ |
| c | Strukturell erwirbt der Investor bei einer Aktien-Anleihe eine Anleihe und veräußert eine Verkaufsoption. Die Stillhalterprämie fließt ihm in Form der höheren Zinszahlung zu. | ☐ | ☐ |
| d | Strukturell erwirbt der Investor bei einer Aktien-Anleihe Aktien und veräußert eine Verkaufsoption. Die Stillhalterprämie fließt ihm in Form der höheren Zinszahlung zu. | ☐ | ☐ |
| e | Strukturell erwirbt der Investor bei einer Aktien-Anleihe eine Anleihe und veräußert eine Kaufoption. Die Stillhalterprämie fließt ihm in Form der höheren Zinszahlung zu. | ☐ | ☐ |
| f | Strukturell erwirbt der Investor bei einer Aktien-Anleihe Aktien und veräußert eine Kaufoption. Die Stillhalterprämie fließt ihm in Form der höheren Zinszahlung zu. | ☐ | ☐ |
| g | Knock-Out-Zertifikate ähneln von ihrer Struktur Optionsscheinen und lassen sich unter anderem durch den inneren Wert und das Agio klassifizieren. | ☐ | ☐ |
| h | Knock-Out-Zertifikate ähneln von ihrer Struktur Optionsscheinen und lassen sich unter anderem durch den inneren Wert und den Hebel klassifizieren. | ☐ | ☐ |
| i | Knock-Out-Zertifikate ähneln von Ihrer Struktur Optionsscheinen und lassen sich unter anderem durch den Hebel und das Agio klassifizieren. | ☐ | ☐ |
| j | Durch den höheren Kapitaleinsatz – im Vergleich zur Direktanlage – wird die Hebelwirkung erzielt. Dafür wird oft eine Grenze definiert, bei deren unterschreiten der Totalverlust droht. | ☐ | ☐ |
| k | Durch den geringeren Kapitaleinsatz – im Vergleich zur Direktanlage – wird die Hebelwirkung erzielt. Dafür wird oft eine Grenze definiert, bei deren unterschreiten der Totalverlust droht. | ☐ | ☐ |
| l | Keine der vorherigen Aussagen ist richtig. | ☐ | ☐ |

**14**

| Welche Aussage(n) ist (sind) richtig? Welche ist (sind) falsch? | Richtig | Falsch |
|---|---|---|
| a | Short-Selling ist der moderne Begriff für den Verkauf von Aktien. | ☐ | ☐ |
| b | Bei einem gedeckten Leerverkauf besitzt der Verkäufer bereits die leerverkauften Assets. | ☐ | ☐ |
| c | Bei einem ungedeckten Leerverkauf leiht sich der Verkäufer die leerverkauften Assets bei einer anderen Person. | ☐ | ☐ |
| d | Leerverkäufe sind aktuell aufgrund ihres hohen Risikos komplett verboten. | ☐ | ☐ |
| e | Das Risiko aus einem Short-Selling und einem Terminverkauf sind gleich groß. | ☐ | ☐ |
| f | Das Risiko aus einem Short-Selling und dem Kauf einer Verkaufsoption sind gleich groß. | ☐ | ☐ |
| g | Short-Selling, Terminverkauf und der Kauf einer Verkaufsoption wirken zum gleichen Zeitpunkt auf den Markt. | ☐ | ☐ |
| h | Short-Selling, Terminverkauf und der Kauf einer Verkaufsoption sind Transaktionen, die zwar auf fallende Kurse wetten, jedoch keinen Einfluss auf den Markt ausüben. | ☐ | ☐ |
| i | Keine der vorherigen Aussagen ist richtig. | ☐ | ☐ |

**15**

| Welche Aussage(n) ist (sind) richtig? Welche ist (sind) falsch? | Richtig | Falsch |
|---|:---:|:---:|
| a Kombinationsaufträge können an der Terminbörse genauso wie an der Kassabörse ausgeführt werden. | ☐ | ☐ |
| b Kombinationen im Optionsbereich müssen bestens oder billigst ausgestaltet sein. | ☐ | ☐ |
| c Kombinationen im Optionsbereich müssen als „stop loss" oder „stop buy" ausgestaltet sein. | ☐ | ☐ |
| d Kombinationen im Optionsbereich müssen als „fill or kill" oder „immediate or cancel" ausgestaltet sein. | ☐ | ☐ |
| e Mit der Zulassung zur Terminbörse erhält jedes Unternehmen automatisch den Status des Non-Clearing-Akteurs. Auftragsumsetzungen sind ausnahmslos nur über General-Clearing-Akteure möglich. | ☐ | ☐ |
| f Mit der Zulassung zur Terminbörse erhält jedes Unternehmen automatisch den Status des Non-Clearing-Akteurs. Auftragsumsetzungen sind ausnahmslos nur über Direct-Clearing-Akteure möglich. | ☐ | ☐ |
| g Mit der Zulassung zur Terminbörse erhält jedes Unternehmen automatisch die Möglichkeit, als Vertragspartner an der Börse zu agieren. | ☐ | ☐ |
| h Ein Direct-Clearing-Akteur kann für sich selbst, seine Kunden sowie Non-Clearing-Akteure Verträge schließen. | ☐ | ☐ |
| i Ein General-Clearing-Akteur kann für sich selbst, seine Kunden sowie Non-Clearing-Akteure Verträge schließen. | ☐ | ☐ |
| j Eine Zulassung als Vertragspartner ist nicht nötig, da die Eurex Clearing AG grundsätzlich als vertraglicher Gegenpart fungiert. | ☐ | ☐ |
| k Die offenen Positionen aus Derivaten werden am Ende eines jeden Handelstags von der Börse ermittelt. Ist das Risiko im Vergleich zum Vortag angestiegen, muss das betroffene Unternehmen entsprechend nachbesichern. | ☐ | ☐ |
| l Ob die Börsenteilnehmer ihren Kunden ebenfalls eine Sicherstellung abverlangen oder ob sie darauf verzichten, um administrativen Aufwand zu vermeiden, ist eine individuelle Entscheidung. | ☐ | ☐ |
| m Keine der vorherigen Aussagen ist richtig. | ☐ | ☐ |

**16**

| Welche Aussage(n) ist (sind) richtig? Welche ist (sind) falsch? | | Richtig | Falsch |
|---|---|---|---|
| a | Optionsobligationen stellen für die begebende AG eine bedingte Kapitalerhöhung dar. Die Altaktionäre haben ein Bezugsrecht. Nutzt der Kunde die Option, wird er Aktionär. | ☐ | ☐ |
| b | Optionsobligationen stellen für die begebende AG eine bedingte Kapitalerhöhung dar. Die Altaktionäre haben ein Bezugsrecht. Nutzt der Kunde die Option, tauscht er seine Gläubigerstellung und wird Aktionär. | ☐ | ☐ |
| c | Optionsobligationen stellen für die begebende AG eine bedingte Kapitalerhöhung dar. Die Altaktionäre haben ein unausschließbares Bezugsrecht. Nutzt der Kunde die Option, wird er Aktionär. | ☐ | ☐ |
| d | Optionsobligationen stellen für die begebende AG eine bedingte Kapitalerhöhung dar. Die Altaktionäre haben ein unausschließbares Bezugsrecht. Nutzt der Kunde die Option, tauscht er seine Gläubigerstellung und wird Aktionär. | ☐ | ☐ |
| e | Optionsschein und Optionsobligation stellen eine Einheit dar, die erst zum Ende der Optionsfrist voneinander getrennt werden darf. Die Kursentwicklung der Einheit wird maßgeblich durch die Kursentwicklung der Aktie beeinflusst. | ☐ | ☐ |
| f | Optionsschein und Optionsobligation stellen eine Einheit dar, die erst zum Ende der Optionsfrist voneinander getrennt werden darf. Die Kursentwicklung der Einheit wird maßgeblich vom aktuellen Zinsniveau beeinflusst. | ☐ | ☐ |
| g | Der Vorteil, wenn ein Anleger einen Optionsschein erwirbt, liegt darin, dass er mit einem kleineren Geldbetrag spekulieren kann. Da diese Form der Geldanlage keine Nachteile bietet, hat sie in den letzten Jahren die klassische Aktienanlage fast vollständig verdrängt. | ☐ | ☐ |
| h | Mit dem sogenannten Hebel lässt sich der Erfolgsmultiplikator eines Optionsscheins gemessen an der Direktanlage in Aktien messen. Dieser wirkt in beide Richtungen. | ☐ | ☐ |
| i | Mit dem inneren Wert wird gemessen, ob der Aktienbezug mittels Optionsschein gemessen am Zuzahlungsbetrag sinnvoll ist. | ☐ | ☐ |
| j | Entsprechen sich Aktienkurs und Zuzahlungsbetrag, nennt man dies „im Geld". | ☐ | ☐ |
| k | Ist der Zuzahlungsbetrag höher als der Börsenkurs der Aktie, ist der Optionsschein „im Geld". | ☐ | ☐ |
| l | Ist der Zuzahlungsbetrag höher als der Börsenkurs der Aktie, ist die Aktie „aus dem Geld". | ☐ | ☐ |
| m | Die Begriffe Agio und Disagio werden im Zusammenhang mit Optionsobligationen verwendet, um anzuzeigen, ob der Anlage- und Rückzahlungsbetrag identisch sind. Eine weitere Verwendung gibt es im Zusammenhang mit Optionsscheinen und -obligationen nicht. | ☐ | ☐ |
| n | Keine der vorherigen Aussagen ist richtig. | ☐ | ☐ |

## 6.3 Fallstudien

**Fallstudie 1**

Ihr Freund Wim Wandel-de-Anleihe ist ein begeisterter Börsenprofi. In seinem Aktiendepot befinden sich 10.000 Aktien der Stein-Wurf AG. Diese hat er zu Anschaffungskosten von 8,50 € erworben. Aktuell notiert die Aktie bei 12,20 €. Er sieht noch Kurspotenziale, befürchtet aber trotzdem Rückschläge. Sein Betrachtungshorizont beträgt ein Jahr.

In den folgenden Tabellen „Beispielkonditionen Kaufoptionen" und „Beispielkonditionen Verkaufsoptionen" sind die aktuellen Konditionen für Optionen aufgelistet.

Beispielkonditionen Kaufoptionen (€):

| Kaufoptionen der Stein-Wurf AG, Fälligkeit in 12 Monaten | | | |
|---|---|---|---|
| Basispreis | 12,00 | 12,30 | 12,50 | 13,20 |
| Optionsprämie | 0,80 | 0,60 | 0,20 | 0,05 |

Beispielkonditionen Verkaufsoptionen (€):

| Verkaufsoptionen der Stein-Wurf AG, Fälligkeit in 12 Monaten | | | |
|---|---|---|---|
| Basispreis | 11,00 | 11,50 | 12,00 | 12,50 |
| Optionsprämie | 0,05 | 0,15 | 0,35 | 0,60 |

(1) Ermitteln Sie den inneren Wert, das Agio sowie den Hebel für alle Optionsausprägungen. Unterscheiden Sie bei innerem Wert und Agio zwischen der formalen Darstellung (typischer Ausweis) und der ökonomischen Bewertung (realer Wert).

(a) Kaufoptionen:

Lösungsschema zur Bewertung der Kaufoptionen (€)

| Kaufoptionen der Stein-Wurf AG, aktueller Börsenkurs: 12,20 |
|---|
| Basispreis: |
| Optionsprämie: |
| innerer Wert ökonomisch: |
| innerer Wert formal: |
| Agio ökonomisch: |
| Agio formal: |
| Hebel: |

(b) Verkaufsoptionen:

Lösungsschema zur Bewertung der Verkaufsoptionen (€):

| Verkaufsoptionen der Stein-Wurf AG, aktueller Börsenkurs: 12,20 |
| --- |
| Basispreis: |
| Optionsprämie: |
| innerer Wert ökonomisch: |
| innerer Wert formal: |
| Agio ökonomisch: |
| Agio formal: |
| Hebel: |

(2) Greifen Sie auf die Option zurück, die zur Sicherung geeignet ist und momentan die geringste Optionsprämie verursacht. Mit welchen Kosten wird der Kunde aktuell belastet?

(3) Entwickeln Sie eine zweite Absicherungsstrategie und ermitteln Sie die damit verbundenen Kosten beim Vertragsabschluss.

(4) Zeigen Sie den Erfolg der beiden Strategien auf, wenn der Börsenkurs der Stein-Wurf AG nach zwölf Monaten bei 15,00 € liegt.

(5) Wie hoch ist der Erfolg der beiden Strategien, wenn der Börsenkurs der Stein-Wurf AG nach zwölf Monaten bei 7,00 € liegt?


**Fallstudie 2**

Als leistungsfähige(r) Praktikant(in) genießen Sie im Haus ein hervorragendes Standing. Ihre Chefin Vera Vor-Stand bittet Sie, einen Vortrag am örtlichen Gymnasium zu halten, um Ihre Beratungsgesellschaft entsprechend zu repräsentieren. Auch wenn Sie das betroffene Wochenende ursprünglich mit Freunden verbringen wollten, können Sie Vera die dringende Bitte nicht ausschlagen.

Der organisierende Lehrer des Gymnasiums hat folgende Wünsche:

(1) Stellen Sie das Profil einer Kaufoption für die 723-AG aus Sicht des Erwerbers und Verkäufers dar. Der Vertrag umfasst 1.000 Aktien. Diese notieren momentan bei 165 € pro Stück. Der Basispreis beträgt 167 € und die Optionsprämie bei einer Laufzeit von neun Monaten 5 €. Legen Sie Ihren Ausführungen folgende Kurse zugrunde:

(a) Aktienkurs notiert bei 180 €

(b) Aktienkurs notiert bei 172 €

(c) Aktienkurs notiert bei 170 €

(d) Aktienkurs notiert bei 165 €

(e) Visualisieren Sie die Erfolgsprofile der Beteiligten.

**(2)** Stellen Sie das Profil einer Verkaufsoption für die 723-AG aus Sicht des Erwerbers und Verkäufers dar. Der Vertrag umfasst 1.000 Aktien. Diese notieren momentan bei 165 € pro Stück. Der Basispreis beträgt 165 € und die Optionsprämie bei einer Laufzeit von neun Monaten 2 €. Legen Sie Ihren Ausführungen folgende Kurse zugrunde:
(a) Aktienkurs notiert bei 150 €
(b) Aktienkurs notiert bei 163 €
(c) Aktienkurs notiert bei 164 €
(d) Aktienkurs notiert bei 170 €

Gebühren sind nicht aufzunehmen, da die Schülerinnen und Schüler das System der Optionen kennenlernen sollen.

## Fallstudie 3

Ihre Präsentation für das Gymnasium ist hervorragend angekommen. Der organisierende Lehrer hat Sie in den höchsten Tönen gelobt. Aus diesem Grunde möchte Vera Vor-Stand, dass Sie für einen bedeutenden Kunden eine Präsentation zum DAX®-Future vorbereiten. Vera wünscht, dass Sie einen Kontraktwert von 8.000 Punkten unterstellen. Folgende Details sollen in die Präsentation aufgenommen werden:
**(1)** Erfolgssituation für Erwerber und Verkäufer bei einem DAX® von 7.500 Punkten.
**(2)** Erfolgssituation für Erwerber und Verkäufer bei einem DAX® von 8.500 Punkten.
**(3)** Visualisieren Sie die Erfolgsprofile.

## Fallstudie 4

Ihr Kunde René Reich ist an dem Erwerb der Optionsobligation der 341-AG interessiert. Folgende Informationen sind bekannt:
– Pro 100 € Nominalwert der Anleihe erhält der Erwerber einen Optionsschein, die Emission erfolgt zu 100 €.
– Die Gesamtanleihe hat ein Volumen von 100 Mio. € und erfolgt unter Ausschluss des gesetzlichen Bezugsrechts.
– Laufzeit der Anleihe sieben Jahre
– Verzinsung am Markt 4,50 %, Verzinsung der Optionsanleihe 1,70 %
– Für drei Optionsscheine kann zwischen Ende des dritten und vierten Jahres unter Zuzahlung von 22 € eine Aktie (Nennwert 2 €) getauscht werden.
– Aktueller Kurs der Aktie 60 €

Folgende Fragen möchte René beantwortet haben:

**(1)** Wie hoch ist der Optionsscheinwert am Emissionstag?

**(2)** Bis zu welchem Kurs muss der Aktienkurs steigen, damit ein Anleihegläubiger, der für 300 € Optionsanleihen erworben hat, die gleiche Verzinsung wie bei einer vergleichbaren Anleihe erzielt? Unterstellen Sie, dass für die Optionsscheine nur der rechnerische Wert gezahlt wird und vernachlässigen Sie den Zinseszinseffekt.

**(3)** Wie hoch ist der Eigenkapitalzufluss der AG, wenn alle Optionsscheine bei Fälligkeit zum Bezug von Aktien genutzt werden? Welche Bilanzpositionen sind betroffen?

## Fallstudie 5

Momentan helfen Sie in der Konstruktionsabteilung aus. Hier werden synthetische Produkte für den Vertrieb Ihrer Bank erstellt. Für die Gestaltung des Werbematerials sollen Sie wesentliche Informationen für zwei Zertifikate zusammenstellen. Beide sind dadurch gekennzeichnet, dass sie sich auf die Aktie der 312-AG beziehen. Diese notiert aktuell bei 400 €. Der Zeichnungsbetrag pro Anleihe beträgt 100 €. Die Laufzeit beträgt 18 Monate.

– Bei Anleihe 1 wird bis zu einem Kurs von 412 € der 312-Aktie die Obligation mit 25 % des Kurses der Aktie getilgt. Wird der Kurs auch nur um 0,01 € überschritten, erfolgt die Tilgung zu 30 % des Kurses.

– Anleihe 2 wird auf jeden Fall zu 100,50 € getilgt. Ab einem Kurs von 413 € der 312-Aktie erhält der Anleger eine Vergütung von 25 % pro einem € über der Grenze von 400 €.

Folgende Aspekte sind von Interesse:

**(1)** Wie hoch ist der Erfolg aus den beiden Anleihen, wenn der Kurs der Aktie bei 390 € liegt?

**(2)** Wie hoch muss der Aktienkurs steigen, damit beide Zertifikate die marktübliche Rendite von 2,7 % erreichen (ohne Zinseszinseffekt)?

**(3)** Welchen Ertrag erzielen beide Anleihen bei einem Aktienkurs von 420 €?

**(4)** Wie lauten die Fachbegriffe für diese beiden Zertifikats-Formen?

**(5)** Erstellen Sie eine Abbildung in der Sie die Profile der beiden Anleihen im Intervall von 390 € und 420 € aufzeigen.

## Fallstudie 6

Auch der Abteilungsleiter Konstruktion ist von Ihnen begeistert. Bevor Sie die Abteilung verlassen, werden Sie gebeten für zwei weitere Zertifikate die erforderlichen Unterlagen zusammenzustellen. Beide sind dadurch gekennzeichnet, dass sie sich auf die Aktie der 312-AG beziehen. Diese notiert aktuell bei 390 €. Die Laufzeit beträgt 18 Monate.

- Anleihe 1 wird zu 400 € begeben. Zum Ende der Laufzeit erhält der Anleger 36 € an Zinsen vergütet. Hinsichtlich der Tilgung hat der Emittent die Wahl, ob er den Nennwert vergütet oder eine Aktie liefert.
- Anleihe 2 wird nicht verzinst und für 375 € nominal verkauft. Der Schuldner hat die Möglichkeit zu wählen: entweder er zahlt 406 € zurück oder liefert die Aktie.

Folgende Fragestellungen werden Ihnen aufgegeben:
**(1)** Wie hoch ist der Erfolg aus den beiden Anleihen, wenn der Kurs der Aktie bei 390 € liegt?
**(2)** Wie hoch muss der Aktienkurs liegen, damit beide Aktien die marktübliche Rendite von 2,7 % erreichen (ohne Zinseszinseffekt)?
**(3)** Welchen Ertrag erzielen beide Anleihen bei einem Aktienkurs von 420 €?
**(4)** Wie lauten die Fachbegriffe für diese beiden Zertifikats-Formen?
**(5)** Erstellen Sie eine Abbildung in der Sie die Profile der beiden Anleihen im Intervall von 370 € und 410 € aufzeigen.

## Fallstudie 7

Sie arbeiten in einer Vermögensberatung und Ihr Kunde Wolfgang Weitsicht ist daran interessiert, in den $CO_2$-Emissionshandel zu investieren. Im Beratungsgespräch stellen sich folgende Fragen:
**(1)** Wie kann er am europäischen Emissionshandel teilnehmen?
**(2)** Welche Finanzprodukte stehen für ein Investment in diesen Markt üblicherweise für Privatanleger zur Verfügung?
**(3)** Welches Produkt können Sie Herrn Weitsicht empfehlen, wenn er möglichst risikoarm investieren will? Welchen Hebel kann Herr Weitsicht damit realisieren?
**(4)** Herr Weitsicht erwartet steigende Preise und möchte daran partizipieren. Aktuell notiert der Kurs für $CO_2$-Emissionen bei 80,00 €. In Ihrem System finden Sie ein Knock-Out-Zertifikat mit einer Knock-Out-Grenze von 70,00 €, ein Faktor-Zertifikat mit einer Stop-Loss-Grenze von 60,00 € sowie ein Index-Zertifikat. Für die Hebelprodukte liegt der Basispreis jeweils bei 70,00 €. Die aktuellen Preise lauten: Knock-Out-Zertifikat 18,00 €, Faktor-Zertifikat 20,00 € und Index-Zertifikat 80,00 €. Ermitteln Sie folgende Parameter:
(a) Innerer Wert für die Hebelprodukte
(b) Agio für die Hebelprodukte
(c) Hebel für die Hebelprodukte
**(5)** Zeigen Sie den absoluten Erfolg der drei Produkte auf, wenn Herr Weitsicht nach 3 Monaten verkaufen möchte. Berücksichtigen Sie folgende Entwicklungen:
(a) Der Preis ist auf 95,00 € gestiegen.

(b) Der Preis ist auf 95,00 € gestiegen, nachdem er zwischenzeitlich bei 62,00 € notierte.

(c) Der Preis ist auf 75,00 € gefallen.

## Fallstudie 8

Sie arbeiten bei der Notstands-Bank als frischgeprüfter Hochschulabsolvent. Im Rahmen Ihrer Traineetätigkeit unterstützen Sie aktuell die Kreditrisikosteuerung. In Ihrer Analyse haben Sie festgestellt, dass die Summe der Kreditrisiken zu hoch ist. Um die Situation zu verbessern, soll ein Paket von 100 Mio. € geswapt werden. Es steht ein Portfolio mit einem Durchschnittsrating von 3,0 und eines mit einem Durchschnittsrating von 4,0 zur Auswahl. Die für Sie gültigen aktuellen Risikoprämien für Kredite sind in der nachfolgenden Tabelle aufgeführt:

Kreditrisikoprämien in Abhängigkeit von der Ratingeinstufung:

| Note | 1,0 | 2,0 | 3,0 | 4,0 |
|---|---|---|---|---|
| Risikoprämie (in %) | 0,05 | 0,50 | 2,00 | 3,50 |

Eine befreundete Regionalbank wäre bereit, ein Portfolio mit 100 Mio. € Volumen und einem Durchschnittsrating von 2,0 zu tauschen. Die zuständige Zentralbank bietet einen CDS an.

Aufgabenstellung:

**(1)** Ermitteln Sie die jährlichen Leistungen der Notstands-Bank sowohl für die Alternative mit der befreundeten Regionalbank als auch für die Alternative mit der Zentralbank.

**(2)** Welcher Vor- und Nachteil ist damit verbunden, wenn die Notstands-Bank mit der Zentralbank das Geschäft abschließt?

# 7 Kapitel 7: Außenhandelsperspektive

## 7.1 Wiederholungsfragen

**(1)** Wer wird im Rahmen des Außenwirtschaftsverkehrs als Gebietsansässiger und wer als Gebietsfremder bezeichnet?

**(2)** Welche Branchen sind für den Dienstleistungsverkehr bedeutsam?

**(3)** Nennen Sie zwei Risiken des Außenhandels, die auch bei Inlandsgeschäften bestehen.

**(4)** Welche Risiken des Außenhandels sind nicht eindeutig zuzuordnen?

**(5)** Wie heißt die Ausprägung der Incoterms® 2020, die dem Importeur die Ausfuhrabfertigung überträgt?

**(6)** Was sind Dokumente und was kann mit ihnen belegt werden?

**(7)** Wann bezeichnet man ein Konnossement als rein?

**(8)** Wo findet sich die Rechtsgrundlage des Frachtbriefs?

**(9)** Wie unterscheiden sich Einzel- und Generalversicherungsvertrag?

**(10)** Was ist eine Einzelpolice?

**(11)** Nennen Sie fünf Bestandteile der Faktura.

**(12)** Was ist ein Ursprungszeugnis?

**(13)** Wozu dient ein Lagerschein?

**(14)** Was wird unter Devisenkonvertierbarkeit verstanden und welche Formen werden unterschieden?

**(15)** Warum werden Bandbreiten im Zusammenhang mit Devisen eingesetzt und wozu dienen diese?

**(16)** Was sind Kassadevisen?

**(17)** Aus welchen unterschiedlichen Motiven werden Termindevisen erworben?

**(18)** Warum bietet sich ein Swap-Geschäft an, um das Risiko, welches eine Bank durch einen Termindevisenankauf eingegangen, ist zu kompensieren?

**(19)** Aus welchen Motiven werden Optionen abgeschlossen?

**(20)** Nennen Sie mindestens vier gesetzliche Bestandteile des Schecks.

**(21)** In welchen Rechtsnaturen können Schecks ausgeprägt sein?

**(22)** Wie heißt der noch nicht akzeptierte Wechsel?

**(23)** Welche Verwendungsmöglichkeiten stehen dem Wechselaussteller zur Verfügung, wenn er den unterschriebenen Wechsel vorliegen hat?

**(24)** Wie erfolgt die Gutschrift eines Auslandsschecks bei einem inländischen Kontoin-haber?

**(25)** Welche Risiken verbleiben beim Importeur, wenn ein Dokumenteninkasso vereinbart wurde?

**(26)** Stellen Sie die verbleibenden Risiken für den Exporteur und den Importeur dar, wenn die Zahlung durch ein Dokumentenakkreditiv erfolgt.

**(27)** Wie können Akkreditive hinsichtlich des Umfangs unterschieden werden?

https://doi.org/10.1515/9783110791082-014

## 7.2 Gebundene Fragen

**1**

| Welche Aussage(n) ist (sind) richtig? Welche ist (sind) falsch? | Richtig | Falsch |
|---|---|---|
| a   Mit FOB … hat der Importeur alle Kosten einschließlich Verzollung in Deutschland auf den Exporteur übertragen. | ☐ | ☐ |
| b   Mit FOB … hat der Importeur alle Kosten bis zur Verladung in … auf den Exporteur übertragen. | ☐ | ☐ |
| c   Mit FOB … hat der Importeur alle Kosten bis zur Verladung in … . einschließlich der Seeversicherung auf den Exporteur übertragen. | ☐ | ☐ |
| d   Bei FOB handelt es sich um eine Dreipunktklausel, das heißt: Kostenübergang, Versicherungsschutz und Gefahrenübergang finden an unterschiedlichen Orten statt. | ☐ | ☐ |
| e   Eine Lieferung unter der Bedingung FOB muss immer mit einem Dokumentenakkreditiv verbunden werden. | ☐ | ☐ |
| f   FOB gehört zu den Incoterms® 2020, deren Inhalte gesetzlich geregelt sind. | ☐ | ☐ |
| g   Die Organisation des Weitertransports nach Ankunft im Verschiffungshafen gehört zu den Aufgaben des Importeurs. | ☐ | ☐ |
| h   Der Gefahrenübergang findet auf der halben Strecke zwischen dem Verschiffungs- und Zielhafen statt, damit eine gerechte Aufteilung vorliegt. | ☐ | ☐ |
| i   Keine der vorherigen Aussagen ist richtig. | ☐ | ☐ |

## 2

| Welche Aussage(n) ist (sind) richtig? Welche ist (sind) falsch? | Richtig | Falsch |
|---|---|---|
| a | Ein Konnossement ist für den internationalen Handel immer zwingend erforderlich. | ☐ | ☐ |
| b | Ein Konnossement ist ein gekorenes Orderpapier, deshalb ist die Übergabe mit einem Blankoindossament untersagt. | ☐ | ☐ |
| c | Wenn der Importeur ein Konnossement in den Händen hält kann er immer sicher sein, dass er die Ware auch ausgehändigt bekommt. | ☐ | ☐ |
| d | Der Kapitän darf ein Konnossement nur ausstellen, wenn die Ware auch ordnungsgemäß versichert ist. | ☐ | ☐ |
| e | Konnossemente garantieren auch die Reinheit der Ware. | ☐ | ☐ |
| f | Mit einem blanko indossierten Konnossement kann der Importeur das Eigentum an der Ware bereits rechtswirksam an seine Kunden übertragen. | ☐ | ☐ |
| g | Durch den Bestätigungsvermerk des Hafenmeisters erhält der Importeur eine weitere Sicherheit, für die er allerdings extra bezahlen muss. | ☐ | ☐ |
| h | Ein voller Satz reiner An-Bord-Konnossemente bietet für den Importeur den größten Schutz, weil hiermit die Herkunft der Ware garantiert wird. | ☐ | ☐ |
| i | Ein voller Satz reiner An-Bord-Konnossemente stellt eine Modeerscheinung dar, die spätestens in zwei Jahren nicht mehr gefordert wird. | ☐ | ☐ |
| j | Ein voller Satz reiner An-Bord-Konnossemente bildet regelmäßig eine Anforderung im Rahmen dokumentär gesicherter Zahlungen. | ☐ | ☐ |
| k | Ein voller Satz reiner An-Bord-Konnossemente bildet regelmäßig eine Anforderung im Rahmen dokumentär gesicherter Zahlungen, die unter gar keinen Umständen fehlen darf. | ☐ | ☐ |
| l | Keine der vorherigen Aussagen ist richtig. | ☐ | ☐ |

**3**

| Welche Aussage(n) ist (sind) richtig? Welche ist (sind) falsch? | Richtig | Falsch |
|---|---|---|
| a | Wenn der Importeur im Rahmen der Lieferbedingung CIF eine Generalversicherung abschließt, erhält der Exporteur ein Versicherungszertifikat. | ☐ | ☐ |
| b | Versicherungspolicen sind geborene Orderpapiere und sind in der Regel blanko indossiert. | ☐ | ☐ |
| c | Sollte die versicherte Ware während des Transports bei der Lieferbedingung CIF untergehen, so kann der deutsche Importeur sicher sein, dass er den Warenwert zzgl. 10 % Gewinnmarge in Euro auf seinem Konto gutgeschrieben bekommt. | ☐ | ☐ |
| d | Gegen eine geringe Gebühr stellen die Versicherungsgesellschaften bei Einzelpolicen auch Versicherungszertifikate aus. | ☐ | ☐ |
| e | Das Ausstellen von Versicherungsdokumenten stellt für Kreditinstitute einen wichtigen Cross-Selling-Ansatz dar und trägt zum Provisionsergebnis von Banken und Sparkassen bei. | ☐ | ☐ |
| f | Derjenige, der die Versicherung abschließt, hat die Wahl, ob diese in Form einer Einzel- oder Generalpolice erfolgt. | ☐ | ☐ |
| g | Bei der Lieferbedingung CIF ist ein Versicherungsschutz von 110 % des Warenwerts vorgesehen. Im Vertrag kann auch ein abweichender Schutz vereinbart werden. | ☐ | ☐ |
| h | Für jeden Generalversicherungsvertrag werden maximal sieben Einzelpolicen ausgestellt. | ☐ | ☐ |
| i | Keine der vorherigen Aussagen ist richtig. | ☐ | ☐ |

**4**

| Welche Aussage(n) ist (sind) richtig? Welche ist (sind) falsch? | Richtig | Falsch |
|---|---|---|
| a | Bei der Zollfaktura bestätigt der Exporteur an Eides statt, dass der Rechnungsbetrag angemessen ist. | ☐ | ☐ |
| b | Bei der Zollfaktura bestätigt der Importeur an Eides statt, dass der Rechnungsbetrag angemessen ist. | ☐ | ☐ |
| c | Bei der Zollfaktura bestätigt eine zweite Person – dies kann auch ein bevollmächtigter Arbeitnehmer des Exporteurs sein – die Angemessenheit des Rechnungsbetrags. | ☐ | ☐ |
| d | Die Proformarechnung wird einmal als Angebot oder zur Erfüllung steuerlicher Anforderungen eingesetzt. | ☐ | ☐ |
| e | Das Ursprungszeugnis wird ausschließlich in der Textilindustrie eingesetzt, um den Import von Waren, die durch Kinderarbeit entstanden sind, zu unterbinden. | ☐ | ☐ |
| f | Gemeinsamkeit aller Transportdokumente ist, dass der Exporteur die Waren verschickt hat. | ☐ | ☐ |
| g | Keine der vorherigen Aussagen ist richtig. | ☐ | ☐ |

**5**

| Welche Aussage(n) ist (sind) richtig? Welche ist (sind) falsch? | Richtig | Falsch |
|---|---|---|
| a Die gültigen Rechtsvorschriften gelten automatisch auch für den Importeur. Es gilt die Regel Exportrecht bricht Importrecht. | ☐ | ☐ |
| b Zahlungseingänge in fremder Währung stellen nicht nur ein Risiko dar, sondern beinhalten auch Chancen. | ☐ | ☐ |
| c Die Sprachbarriere kann Ursache dafür sein, dass die Vertragsparteien keinen rechtsgültigen Vertrag abgeschlossen haben, weil schlicht keine Einigung erzielt wurde. | ☐ | ☐ |
| d Das Währungsrisiko hat sich für den deutschen Außenhandel durch die Einführung des Euros deutlich verringert. | ☐ | ☐ |
| e Die längeren Transporte stellen keine zusätzliche Gefährdung dar, weil moderne Transportmittel immer einwandfrei funktionieren. | ☐ | ☐ |
| f Zahlungen, die in fremder Währung eingehen, können durch entsprechende Sicherungsinstrumente ohne zusätzlichen Aufwand in Euro transferiert werden. | ☐ | ☐ |
| g Soweit es zu Streitigkeiten mit einem ausländischen Vertragspartner kommt, ist die deutsche Botschaft vor Ort zur unbegrenzten Hilfeleistung verpflichtet, sodass es keinen Unterschied zu einem Gerichtsverfahren im Inland gibt. | ☐ | ☐ |
| h Angesichts der hohen Verbreitung des Internets bestehen keine politischen Risiken mehr. Kein Staat kann es sich leisten Waren zu beschlagnahmen oder Zahlungen einzufrieren. | ☐ | ☐ |
| i Keine der vorherigen Aussagen ist richtig. | ☐ | ☐ |

**6**

| Welche Aussage(n) ist (sind) richtig? Welche ist (sind) falsch? | Richtig | Falsch |
|---|---|---|
| a Bei dem Übernahmekonnossement bestätigt der Schiffsführer, dass er die Ware persönlich in Augenschein genommen hat. | ☐ | ☐ |
| b Ein Durchkonnossement wird eingesetzt, wenn die Seeverschiffung nur einen Teil der gesamten Lieferlogistik darstellt. | ☐ | ☐ |
| c Eine elektronische Version des Konnossements ist aufgrund der hohen Manipulationsgefahr verboten. | ☐ | ☐ |
| d Lagerscheine können als Order- oder Namensvarianten ausgestellt werden. | ☐ | ☐ |
| e Das Konnossement der Binnenschifffahrt wird Lagerschein genannt. | ☐ | ☐ |
| f Mit Weitergabe des Frachtbriefs kann der Exporteur das Eigentum der auf dem LKW befindlichen Ware übertragen. | ☐ | ☐ |
| g Das Übernahmekonnossement stellt die höchste Form des Konnossements dar. | ☐ | ☐ |
| h Der Posteinlieferungsschein ist kein Warenwertpapier. | ☐ | ☐ |
| i Die Übergabe der Namensladescheine erfolgt durch Einigung und Übergabe. | ☐ | ☐ |
| j Keine der vorherigen Aussagen ist richtig. | ☐ | ☐ |

**7**

| Welche Aussage(n) ist (sind) richtig? Welche ist (sind) falsch? | Richtig | Falsch |
|---|---|---|
| a | Mit der Anzahlung hat der Importeur sämtliche Risiken auf den Exporteur übertragen. | ☐ | ☐ |
| b | Mit der Vereinbarung der Anzahlung hat der Exporteur alle Risiken übernommen. | ☐ | ☐ |
| c | Mit der Vereinbarung der Anzahlung hat der Exporteur alle Risiken auf den Importeur übertragen. | ☐ | ☐ |
| d | Mit der Vereinbarung der Anzahlung hat der Exporteur alle Risiken – mit Ausnahme des Währungsrisikos – auf den Importeur übertragen. | ☐ | ☐ |
| e | Durch die erhaltene Anzahlung ist der Exporteur verpflichtet, eine Transportversicherung abzuschließen. | ☐ | ☐ |
| f | Durch die erhaltene Anzahlung ist der Exporteur verpflichtet CIF zu liefern. | ☐ | ☐ |
| g | Sollte der Exporteur nach Erhalt der Anzahlung und vor der Lieferung insolvent werden, hat der Importeur einen Rückzahlungsanspruch, den er entsprechend anmelden muss. | ☐ | ☐ |
| h | Sollte der Importeur vor der Lieferung insolvent werden, hat der Exporteur einen Rückzahlungsanspruch. | ☐ | ☐ |
| i | Keine der vorherigen Aussagen ist richtig. | ☐ | ☐ |

**8**

Der Devisenkurs notiert derzeit bei 1 € = 1,40 SFR, es wird eine Veränderung auf 1 € = 1,20 SFR erwartet.

| Welche Aussage(n) ist (sind) richtig? Welche ist (sind) falsch? | Richtig | Falsch |
|---|---|---|
| a | Wenn die erwartete Entwicklung eintritt, ist der Außenwert des Euros gestiegen und das ist gut für den heimischen Import. | ☐ | ☐ |
| b | Wenn die erwartete Entwicklung eintritt, ist der Außenwert des Euros gestiegen und das ist schlecht für den heimischen Import. | ☐ | ☐ |
| c | Wenn die erwartete Entwicklung eintritt, ist der Außenwert des Euros gefallen und das ist gut für den heimischen Import. | ☐ | ☐ |
| d | Wenn die erwartete Entwicklung eintritt, ist der Außenwert des Euros gefallen und das ist gut für den heimischen Export. | ☐ | ☐ |
| e | Wenn heute 30.000 € in SFR getauscht werden und sich der Kurs innerhalb eines Jahres in der prognostizierten Form verändert, entsteht beim Rücktausch ein Kursgewinn von 5.000 € (ohne Gebühren). | ☐ | ☐ |
| f | Wenn heute 30.000 € in SFR getauscht werden und sich der Kurs innerhalb eines Jahres in der prognostizierten Form verändert, entsteht beim Rücktausch ein Kursgewinn von 5.714,29 € (ohne Gebühren). | ☐ | ☐ |
| g | Wenn heute 30.000 € in SFR getauscht werden und sich der Kurs innerhalb eines Jahres in der prognostizierten Form verändert, entsteht beim Rücktausch ein Kursverlust von 4.285,71 € (ohne Gebühren). | ☐ | ☐ |
| h | Keine der vorherigen Aussagen ist richtig. | ☐ | ☐ |

9

Der Devisenkurs notiert derzeit bei 1 € = 1,40 SFR, die Erwartung ist eine Veränderung auf 1 € = 1,20 SFR. Aktuell verlangen Stillhalter für 10.000 € Vertragsvolumen Kaufoptionen bei einem SFR-Kurs von 1,40 und einer Laufzeit von 9 Monaten eine Prämie von 1.000 €. Das Anlagevolumen beträgt 10.000 €.

| | Welche Aussage(n) ist (sind) richtig? Welche ist (sind) falsch? | Richtig | Falsch |
|---|---|---|---|
| a | Der Käufer einer Kaufoption rechnet mit einem stärkeren SFR und will sich den günstigen aktuellen Einstiegskurs sichern oder auf den Kursanstieg spekulieren. | ☐ | ☐ |
| b | Der Käufer einer Verkaufsoption rechnet mit einem stärkeren SFR und will sich den günstigen aktuellen Einstiegskurs sichern oder auf den Kursanstieg spekulieren. | ☐ | ☐ |
| c | Der Verkäufer einer Kaufoption rechnet mit einem stärkeren SFR und will sich den günstigen aktuellen Einstiegskurs sichern oder auf den Kursanstieg spekulieren. | ☐ | ☐ |
| d | Mit dem Anlagekapital ist ein Vertragsvolumen von 1.000.000 € möglich. | ☐ | ☐ |
| e | Mit dem Anlagekapital ist ein Vertragsvolumen von 10.000.000 € möglich. | ☐ | ☐ |
| f | Mit dem Anlagekapital ist ein Vertragsvolumen von 100.000 € möglich. | ☐ | ☐ |
| g | Wenn der Anleger 10.000 € in Kaufoptionen investiert und der Kurs entwickelt sich innerhalb der Optionslaufzeit wie erwartet, macht der Kunde einen Gewinn von 6.666,67 €, wenn er die Option nutzt und die SFR sofort in Euro zurücktauscht. | ☐ | ☐ |
| h | Wenn der Anleger 10.000 € in Kaufoptionen investiert und der Kurs entwickelt sich innerhalb der Optionslaufzeit wie erwartet, macht der Kunde einen Gewinn von 116.666,67 €, wenn er die Option nutzt und die SFR sofort in Euro zurücktauscht. | ☐ | ☐ |
| i | Wenn der Anleger 10.000 € in Kaufoptionen investiert und der Kurs entwickelt sich innerhalb der Optionslaufzeit wie erwartet, macht der Kunde einen Gewinn von 138.567,67 €, wenn er die Option nutzt und die SFR sofort in Euro zurücktauscht. | ☐ | ☐ |
| j | Wenn der Anleger 10.000 € in Kaufoptionen investiert und der Kurs entwickelt sich innerhalb der Optionslaufzeit wie erwartet, muss der Kunde einen Totalverlust hinnehmen. | ☐ | ☐ |
| k | Kaufoptionen unterliegen dem § 2 AWG und sind anmelde- aber nicht genehmigungspflichtig. | ☐ | ☐ |

**10**

Der Devisenkurs notiert derzeit bei 1 € = 1,40 SFR, der Anleger erwartet eine Veränderung auf 1 € = 1,20 SFR. Aktuell verlangen Stillhalter für 10.000 € Vertragsvolumen Verkaufsoptionen bei einem SFR-Kurs von 1,20 und einer Laufzeit von 9 Monaten eine Prämie von 100 €. Das Anlagevolumen beträgt 10.000 €.

| | Welche Aussage(n) ist (sind) richtig? Welche ist (sind) falsch? | Richtig | Falsch |
|---|---|---|---|
| a | Der Verkäufer einer Verkaufsoption rechnet mit einem schwächeren SFR und will sich den hohen aktuellen Kurs für erwartete SFR-Zahlungen sichern oder auf den Kursrückgang spekulieren. | ☐ | ☐ |
| b | Der Stillhalter einer Verkaufsoption rechnet mit einem Kurs, der sich nur wenig verändert bzw. ansteigt. Sein Ziel ist die Erzielung eines Ertrags, indem er die Optionsprämie vereinnahmt. | ☐ | ☐ |
| c | Mit dem Anlagekapital ist ein Vertragsvolumen von 1.000.000 € zu bewegen. | ☐ | ☐ |
| d | Mit dem Anlagekapital ist ein Vertragsvolumen von 10.000.000 € zu bewegen. | ☐ | ☐ |
| e | Mit dem Anlagekapital ist ein Vertragsvolumen von 100.000 € möglich. | ☐ | ☐ |
| f | Wenn ein Anleger für 10.000 € Verkaufsoptionen erwirbt und sich der Kurs wie erwartet entwickelt, erleidet er einen Totalverlust. | ☐ | ☐ |
| g | Wenn ein Anleger für 10.000 € Verkaufsoptionen erwirbt und sich der Kurs wie erwartet entwickelt, kann er die Börsenaufsicht anrufen. Vermutlich erhält er aus dem Fonds für allgemeine Bankrisiken einen Verlustausgleich von 50 %. | ☐ | ☐ |
| h | Wenn ein Anleger für 10.000 € Verkaufsoptionen erwirbt und sich der Kurs wie erwartet entwickelt, realisiert er einen Gewinn von 1.670.000 €. | ☐ | ☐ |
| i | Wenn ein Anleger für 10.000 € Verkaufsoptionen erwirbt und sich der Kurs wie erwartet entwickelt, realisiert er einen Gewinn von 167.000 €. | ☐ | ☐ |
| j | Wenn ein Anleger für 10.000 € Verkaufsoptionen erwirbt und sich der Kurs wie erwartet entwickelt, realisiert er einen Gewinn von 16.700.000 €. | ☐ | ☐ |
| k | Jeder Anleger muss 5 % seines Gewinns an den Fonds für allgemeine Bankrisiken quasi als Versicherungsprämie abführen. | | |
| l | Jeder Anleger muss 0,5 % seines Gewinns an den Fonds für allgemeine Bankrisiken quasi als Versicherungsprämie abführen. | ☐ | ☐ |

**11**

| Welche Aussage(n) ist (sind) richtig? Welche ist (sind) falsch? | Richtig | Falsch |
|---|---|---|
| a Mit einem Fremdwährungskonto können die für den Kunden entstehenden Geld- und Briefspannen verhindert werden. | ☐ | ☐ |
| b Ein Fremdwährungskonto eröffnet – in Abhängigkeit vom Zinsniveau im Ausland – eine günstigere Geldanlage oder Kreditaufnahme als im Inland. | ☐ | ☐ |
| c Fremdwährungskonten müssen durch die Deutsche Bundesbank genehmigt werden. | ☐ | ☐ |
| d Für ein Fremdwährungskonto können zusätzliche Gebühren anfallen. | ☐ | ☐ |
| e Mit einem Fremdwährungskonto können weitere Gebühren, die ggf. mit der Umrechnung in Heimatwährung verbunden sind, vermieden werden. | ☐ | ☐ |
| f Soweit die laufenden Eingänge auf dem Fremdwährungskonto hoch genug sind, können Kurssicherungsmaßnahmen für anstehende Zahlungsverpflichtungen eingespart werden. | ☐ | ☐ |
| g Mit einem Fremdwährungskonto minimiert der Kunde sein Währungsrisiko auf den Spitzenbetrag den er von der Fremd- in Heimatwährung oder umgekehrt tauschen muss. | ☐ | ☐ |
| h Mitglieder der Geschäftsleitung eines Kontoinhabers in Fremdwährung können bei Aufenthalten im entsprechenden Land über das Konto bar verfügen, wenn sie über entsprechende Kontovollmachten verfügen. | ☐ | ☐ |

**12**

Es wird überlegt, SFR auf Termin zu kaufen. Der aktuelle Kurs liegt bei 1 € = 1,40 SFR. Der Zinssatz in der Schweiz liegt für 1 Jahr bei 1,0 %, im Euroraum bei 2,0 %.

| Welche Aussage(n) ist (sind) richtig? Welche ist (sind) falsch? | Richtig | Falsch |
|---|---|---|
| a Die Ermittlung des Terminkurses ist so ohne weiteres nicht möglich, da sich in den Terminkursen auch die Erwartungen der Anleger widerspiegeln. | ☐ | ☐ |
| b Der Terminkurs wird bei 1 € = 1,3863 SFR liegen. | ☐ | ☐ |
| c Der Terminkurs wird bei 1 € = 1,4263 SFR liegen. | ☐ | ☐ |
| d Der Terminkurs wird bei 1 € = 1,4463 SFR liegen. | ☐ | ☐ |
| e Notiert der Termin- oberhalb des Kassakurses, so liegt wie in diesem Beispiel ein Deport vor. | ☐ | ☐ |
| f Notiert der Termin- oberhalb des Kassakurses, so liegt wie in diesem Beispiel ein Report vor. | ☐ | ☐ |
| g Notiert der Kassa- oberhalb des Terminkurses, so liegt wie in diesem Beispiel ein Deport vor. | ☐ | ☐ |
| h Notiert der Kassa- oberhalb des Terminkurses, so liegt wie in diesem Beispiel ein Report vor. | ☐ | ☐ |
| i Der Terminkurs errechnet sich auf Basis des aktuellen Kurses, der Laufzeit und den Zinsdifferenzen zwischen den betrachteten Währungsräumen. | ☐ | ☐ |

## 13

Die Hausbank hat von einem Kunden 50.000 CAD per Termin 17.06. des nächsten Jahres erworben. Aktuell benötigt ein anderer Kunde 70.000 CAD.

| Welche Aussage(n) ist (sind) richtig? Welche ist (sind) falsch? | Richtig | Falsch |
|---|---|---|
| a | Der Erwerb von Termindevisen ist für Banken völlig risikofrei, da eventuell entstehende Verluste durch die EZB ausgeglichen werden. | ☐ | ☐ |
| b | Aufgabe der EZB ist es, Kreditinstitute auf mögliche Währungsschieflagen hinzuweisen, um bei Gefahr rechtzeitig reagieren zu können. | ☐ | ☐ |
| c | Da täglich Millionenbeträge in CAD auf Termin gehandelt werden, wird Ihre Treasury Abteilung problemlos einen Käufer für die erworbenen CAD finden. | ☐ | ☐ |
| d | Eine Möglichkeit der Absicherung besteht im Abschluss eines Swap-Geschäfts: Die Hausbank kauft 50.000 CAD per heute und verkauft die gleiche Summe per Termin. Nur der Differenzbetrag müsste von dem laufenden CAD-Konto der Bank abgebucht werden. | ☐ | ☐ |
| e | Eine Möglichkeit der Absicherung besteht im Abschluss eines Swap-Geschäfts: Die Hausbank verkauft 50.000 CAD per heute und kauft die gleiche Summe per Termin. Nur der Differenzbetrag müsste von dem laufenden CAD-Konto der Bank abgebucht werden. Die Gesamtsumme von 70.000 CAD wird dem Kunden verkauft, der aktuell die CAD benötigt. | ☐ | ☐ |
| f | Die Geschäftskombination stellt für die Bank nur ein Risiko in Höhe von 20.000 CAD dar, da sich die 50.000 CAD bei Kauf und Verkauf ausgleichen. | ☐ | ☐ |
| g | Soweit die betreuende Bank über ein entsprechendes Limit bei ihrer Korrespondenzbank verfügt, kann sie den Teilbetrag von 50.000 CAD auch als Kredit aufnehmen und durch die Kundenzahlung tilgen. | ☐ | ☐ |
| h | Soweit die betreuende Bank dies für interessant hält, kann sie den Teilbetrag von 50.000 CAD auch anlegen und den fälligen Betrag an den Kunden auszahlen. | ☐ | ☐ |
| i | Wenn die Bank den Kredit in Fremdwährung aufnimmt, besteht ihr Risiko darin, dass die Zinsen für die CAD zum Ende der Laufzeit einen höheren Aufwand in Euro verursachen, als eine Finanzierung in Euro. | ☐ | ☐ |
| j | Wenn die Bank die Anlage in Fremdwährung aufnimmt, besteht ihr Risiko darin, dass die Zinsen für die CAD zum Ende der Laufzeit einen geringeren Ertrag in Euro erzielen, als eine Geldanlage in Euro. | ☐ | ☐ |

**14**

Ein Scheck weist folgende Merkmale auf:
- Betrag 100.000 €
- der Begünstigte ist namentlich benannt
- er ist mit zwei parallelen Strichen vom Aussteller versehen und
- am Dienstag, den 27. Juni 20XX in Berlin ausgestellt

| Welche Aussage(n) ist (sind) richtig? Welche ist (sind) falsch? | | Richtig | Falsch |
|---|---|---|---|
| a | Der Scheck hat durch die Ausstellung das Verfallsdatum 05. Juli 20XX, eine Einlösung ist danach gesetzlich verboten. | ☐ | ☐ |
| b | Der Scheck hat durch die Ausstellung das Verfallsdatum 06. Juli 20XX, eine Einlösung ist danach gesetzlich verboten. | ☐ | ☐ |
| c | Die Vorlagefrist des Schecks endet am 05. Juli 20XX, die Bank wird den Scheck trotzdem auch danach ganz normal bearbeiten. | ☐ | ☐ |
| d | Die Vorlagefrist des Schecks endet am 04. Juli 20XX, die Bank wird den Scheck trotzdem auch danach ganz normal bearbeiten. | ☐ | ☐ |
| e | Die Vorlagefrist des Schecks endet am 17. Juli 20XX, die Bank wird den Scheck trotzdem auch danach ganz normal bearbeiten. | ☐ | ☐ |
| f | Mit einer zu späten Einreichung verliert der Begünstigte seine scheckrechtlichen Regressmöglichkeiten sowie die Chance mit einem Scheckprozess gegen den Aussteller vorzugehen. | ☐ | ☐ |
| g | Die zwei parallelen Striche dienen nur der optischen Verschönerung und haben scheckrechtlich keine Bedeutung. | ☐ | ☐ |
| h | Der Aussteller kommuniziert mit den beiden parallelen Strichen, dass er auf jeden Fall den Scheck einlösen wird. | ☐ | ☐ |
| i | Der Aussteller kommuniziert mit den beiden parallelen Strichen, dass er eine Barauszahlung des Schecks verbietet. Handelt das Kreditinstitut dagegen, besteht die Gefahr, dass sich das Kreditinstitut bei Barauszahlung einem Haftungsrisiko aussetzt. | ☐ | ☐ |
| j | Der Aussteller kommuniziert mit den beiden parallelen Strichen, dass er eine Barauszahlung des Schecks verbietet. Da aber der Text „Nur zur Verrechnung" fehlt, dürfen diese beiden Striche im Rahmen der Bankbearbeitung gestrichen werden. | ☐ | ☐ |
| k | Der Aussteller kommuniziert mit den beiden parallelen Strichen, dass er eine Barauszahlung des Schecks verbietet. Dies ist für die Bank bindend. Hätte eine andere Person die Striche angebracht, so hätte dies keine bindende Wirkung. | ☐ | ☐ |

**15**

| Welche Aussage(n) ist (sind) richtig? Welche ist (sind) falsch? | Richtig | Falsch |
|---|---|---|
| a | Orderschecks sind eine moderne Form der Schecks, die erst kürzlich in den USA entwickelt wurde. Nimmt eine Bank einen solchen Scheck entgegen, verpflichtet sie sich diesen „an Order" und damit schnellst möglich zu bearbeiten. | ☐ | ☐ |
| b | Orderschecks unterscheiden sich von Inhaberschecks nur dadurch, dass sie nur durch ein Indossament rechtswirksam weitergegeben werden können. | ☐ | ☐ |
| c | Orderschecks unterscheiden sich von Inhaberschecks nur dadurch, dass sie nur durch eine Abtretungserklärung rechtswirksam weitergegeben werden können. | ☐ | ☐ |
| d | Mit einem Vollindossament überträgt der erste Begünstigte alle Rechte auf einen namentlich benannten Rechtsnachfolger. | ☐ | ☐ |
| e | Mit einem Blankoindossament überträgt der erste Begünstigte alle Rechte auf einen namentlich nicht benannten Rechtsnachfolger. Der Scheck bleibt juristisch ein Orderpapier, wird aber faktisch zum Inhaberpapier. | ☐ | ☐ |
| f | Mit einem Blankoindossament überträgt der erste Begünstigte alle Rechte auf einen namentlich nicht benannten Rechtsnachfolger. Der Scheck bleibt faktisch ein Orderpapier, wird aber juristisch zum Inhaberpapier. | ☐ | ☐ |
| g | Mit einem Blankoindossament überträgt der erste Begünstigte alle Rechte auf einen namentlich nicht benannten Rechtsnachfolger. Der Scheck bleibt juristisch und faktisch ein Orderpapier. | ☐ | ☐ |
| h | Ein Orderscheck bietet dem Aussteller immer eine höhere Sicherheit als ein Inhaberscheck. | ☐ | ☐ |

**16**

| Welche Aussage(n) ist (sind) richtig? Welche ist (sind) falsch? | Richtig | Falsch |
|---|---|---|
| a | Solange der Wechsel noch nicht akzeptiert ist, entspricht er komplett dem Scheck. | ☐ | ☐ |
| b | Der Scheck ist am angegebenen Datum fällig, der Wechsel immer im Moment der Vorlage zu bezahlen. | ☐ | ☐ |
| c | Schecks können nur auf natürliche, juristische und quasijuristische Personen, nicht aber auf Banken gezogen werden. | ☐ | ☐ |
| d | Schecks können nicht auf natürliche, juristische und quasijuristische Personen, sondern nur auf Banken gezogen werden. | ☐ | ☐ |
| e | Wechsel können nur auf natürliche, juristische und quasijuristische Personen, nicht aber auf Banken gezogen werden. | ☐ | ☐ |
| f | Wechsel können nicht auf natürliche, juristische und quasijuristische Personen, sondern nur auf Banken gezogen werden. | ☐ | ☐ |
| g | Durch die Unterschrift des Bezogenen wird aus der Tratte der (vollwertige) Wechsel. | ☐ | ☐ |
| h | Keine der vorherigen Aussagen ist richtig. | ☐ | ☐ |

**17**

| Welche Aussage(n) ist (sind) richtig? Welche ist (sind) falsch? | Richtig | Falsch |
|---|---|---|
| a | Der Wechsel ist ein geborenes Orderpapier und erfordert zur Weitergabe immer ein Indossament. | ☐ | ☐ |
| b | Der Wechsel ist ein geborenes Inhaberpapier und kann somit formlos weitergegeben werden. | ☐ | ☐ |
| c | Der Wechsel ist ein geborenes Rektapapier und kann nur mittels separater Abtretungserklärung weitergegeben werden. | ☐ | ☐ |
| d | Der Aussteller des Wechsels darf diesen nach Akzeptierung nur bis zur Fälligkeit verwahren, um ihn dann dem Bezogenen vorzulegen. | ☐ | ☐ |
| e | Der Aussteller des Wechsels muss diesen nach Akzeptierung an seinen Lieferanten weitergeben. Nur Lieferanten von Wechselaustellern sind berechtigt diese bei Fälligkeit einzulösen. | ☐ | ☐ |
| f | Der Aussteller des Wechsels hat die Wahl, ob er den Wechsel an seine Hausbank oder die DBB verkauft. Bei dieser Entscheidung orientieren sich die meisten Aussteller an den Konditionen, die ihnen genannt werden. | ☐ | ☐ |
| g | Wenn der Wechsel bei Fälligkeit nicht eingelöst wird, muss der letzte Inhaber, um seine Forderung zu erhalten, auf den üblichen Klageweg zurückgreifen. | ☐ | ☐ |
| h | Keine der vorherigen Aussagen ist richtig. | ☐ | ☐ |

**18**

| Welche Aussage(n) ist (sind) richtig? Welche ist (sind) falsch? | Richtig | Falsch |
|---|---|---|
| a  Wenn ein Scheck in Fremdwährung ausgestellt wird, wird das Währungsrisiko für den Aussteller umgangen, auch wenn er über kein Fremdwährungskonto verfügt. | ☐ | ☐ |
| b  Wenn ein Scheck in Fremdwährung ausgestellt wird, erfolgt die Belastung schon im Vorfeld, da die Hausbank sofort nach Ausstellung belasten wird. | ☐ | ☐ |
| c  Die Verwendung eines Fremdwährungsschecks, den die Hausbank des Zahlungspflichtigen auf eine ausländische Korrespondenzbank zieht, bietet für den Zahlungsempfänger eine hohe Sicherheit, dass ihm auch der Gegenwert gutgeschrieben wird. | ☐ | ☐ |
| d  Wenn ein Scheck in Fremdwährung ausgestellt wird, ist durch die Postlaufzeit ein Zinsvorteil erzielbar. | ☐ | ☐ |
| e  Die Verwendung eines auf Euro ausgestellten Schecks bietet sich immer dann an, wenn die Kontoverbindung des Empfängers unbekannt ist. | ☐ | ☐ |
| f  Soweit der Aussteller nicht über entsprechende Devisen verfügt, wird bei der Scheck-Einlösung der Geldkurs verwendet. Somit trägt der Aussteller das komplette Fremdwährungsrisiko. | ☐ | ☐ |
| g  Soweit der Aussteller nicht über entsprechende Devisen verfügt, wird bei der Scheck-Einlösung der Sichtkurs verwendet. Somit trägt der Aussteller das komplette Fremdwährungsrisiko. | ☐ | ☐ |
| h  Die Verwendung eines Schecks in Euro bietet sich nicht an, da hiermit das Kursrisiko auf den Zahlungsempfänger übertragen wird. | ☐ | ☐ |
| i  Die Verwendung eines Schecks in Euro ist problemlos möglich. Verändert sich der Währungskurs zwischen Ausstellung und Gutschrift bei dem Empfänger, schreiben die Incoterms® 2020 in der sogenannten Bagatellklausel vor, dass der Empfänger bis zu 2 Promille des Mindererlöses tragen muss. Für einen darüber hinausgehenden Schaden hat er einen Ausgleichsanspruch gegenüber dem Zahlungspflichtigen. | ☐ | ☐ |
| j  Die Zahlung mittels Fremdwährungsscheck in einer gängigen Währung bietet sich auch an, wenn die Zahlung an eine Person in einem dritten Währungsgebiet geleistet werden soll. | ☐ | ☐ |

**19**

| Welche Aussage(n) ist (sind) richtig? Welche ist (sind) falsch? | | Richtig | Falsch |
|---|---|:---:|:---:|
| a | Wenn ein Exporteur einen Scheck in Fremdwährung erhält, verpflichtet sich der Aussteller dem Zahlungsempfänger Kosten und etwaige Gebühren komplett zu erstatten. | ☐ | ☐ |
| b | Wenn ein Exporteur einen Scheck in Fremdwährung erhält, unterliegt der Exporteur dem Währungsrisiko, soweit er nicht über ein Währungskonto verfügt. | ☐ | ☐ |
| c | Wenn ein Exporteur einen Scheck in Fremdwährung erhält, muss er mit weiteren Gebühren rechnen, welche den Gutschriftsbetrag verringern. | ☐ | ☐ |
| d | Wenn ein Exporteur einen Scheck in Fremdwährung erhält, erfolgt die Abrechnung zu dem für den Exporteur ungünstigen Sichtkurs. | ☐ | ☐ |
| e | Soweit sich der Zahlungspflichtige einen Vorteil verspricht, kann er die Zahlung auch in USD leisten. Da es sich hierbei um eine internationale Leitwährung handelt, hat der Exporteur kein Widerspruchsrecht. | ☐ | ☐ |
| f | Erhält der Exporteur vom Zahlungspflichtigen einen Fremdwährungsscheck obwohl eine Überweisung verabredet war, ist es ökonomisch am klügsten, wenn er diesen sofort an den Zahlungspflichtigen zurückschickt und auf eine vertragsgemäße Erfüllung besteht. | ☐ | ☐ |
| g | Wenn der Importeur dem Exporteur einen Scheck zukommen lässt und der Exporteur diesen bei seiner Bank einreicht, spricht man auch vom Dokumenteninkasso, da die Bank den Scheckgegenwert einziehen muss. | ☐ | ☐ |

**20**

Es soll eine Zahlung in Höhe von 55.000 € in die USA geleistet werden.

| Welche Aussage(n) ist (sind) richtig? Welche ist (sind) falsch? | | Richtig | Falsch |
|---|---|:---:|:---:|
| a | Da die Zahlung in Euro erfolgen soll, bietet sich die SEPA-Überweisung an. | ☐ | ☐ |
| b | Eine Zahlung über 50.000 € muss erst durch das Finanzministerium genehmigt werden. | ☐ | ☐ |
| c | Die Hausbank informiert die Bundesbank über den Vorgang, damit sie die entsprechenden Devisen bereitstellen kann. | ☐ | ☐ |
| d | Die Hausbank informiert das zuständige Finanzamt, damit Steuerhinterziehung und organisiertes Verbrechen bekämpft werden können. | ☐ | ☐ |
| e | Die Hausbank informiert die Bundesbank über den Vorgang, damit statistische Analysen erstellt werden können. | ☐ | ☐ |
| f | Keine der vorherigen Aussagen ist richtig. | ☐ | ☐ |

**21**

| Welche Aussage(n) ist (sind) richtig? Welche ist (sind) falsch? | Richtig | Falsch |
|---|---|---|
| a | Ein unwiderrufliches unbestätigtes Dokumentenakkreditiv ist für den Exporteur so sicher wie eine Anzahlung. | ☐ | ☐ |
| b | Ein unwiderrufliches unbestätigtes Dokumentenakkreditiv schließt für den Importeur alle Risiken aus. | ☐ | ☐ |
| c | Ein unwiderrufliches unbestätigtes Dokumentenakkreditiv ist ein fairer Ausgleich zwischen den Wünschen der beiden Vertragsparteien. | ☐ | ☐ |
| d | Mit einem unwiderruflichen unbestätigten Dokumentenakkreditiv erhält der Exporteur die abstrakten Zahlungsversprechen von zwei Banken. | ☐ | ☐ |
| e | Der Exporteur kann während der gesamten Vertragslaufzeit eine Umwandlung von einem unwiderruflichen unbestätigten in ein unwiderrufliches bestätigtes Dokumentenakkreditiv verlangen. | ☐ | ☐ |
| f | Die Bestätigung eines Akkreditivs ist ein formaler Akt, der bei der zuständigen Handelskammer gegen Vorlage des Personalausweises und der Bestallungsurkunde immer verlangt werden kann. | ☐ | ☐ |
| g | Der Exporteur hat nur dann Anspruch auf Zahlung, wenn er alle Dokumente fristgerecht in der geforderten Form und Anzahl liefert. | ☐ | ☐ |
| h | Soweit ein Akkreditiv revolvierend ausgestellt ist, kann der Importeur es mehrfach in voller Höhe in Anspruch nehmen. | ☐ | ☐ |
| i | Soweit es in der Akkreditiveröffnung nicht ausgeschlossen wird, kann der Exporteur jedes Akkreditiv auch an seine Lieferanten weitergeben. | ☐ | ☐ |
| j | Ein Dokumentenakkreditiv ist zwingend an die Klausel CIF der Incoterms® 2020 gebunden. | ☐ | ☐ |
| k | Zur Entgegennahme der Waren ist zwingend das Konnossement vorzulegen. | ☐ | ☐ |
| l | Keine der vorherigen Aussagen ist richtig. | ☐ | ☐ |

**22**

| Welche Aussage(n) ist (sind) richtig? Welche ist (sind) falsch? | Richtig | Falsch |
|---|---|---|
| a | Mit dem Dokumenteninkasso verlagert der Exporteur alle Risiken auf den Importeur. | ☐ | ☐ |
| b | Dokumenteninkassi können in den Ausprägungen „gegen Zahlung" und „gegen Akzept" vorgenommen werden. | ☐ | ☐ |
| c | Für ein Dokumenteninkasso muss der Importeur eine Sicherheitsleistung erbringen. | ☐ | ☐ |
| d | Für ein Dokumenteninkasso muss der Exporteur eine Sicherheitsleistung erbringen. | ☐ | ☐ |
| e | Ein Außenhandelsgeschäft, welches in Euro abgewickelt wird und bei dem ein Dokumenteninkasso eingesetzt wird, ist für den Importeur völlig risikofrei. | ☐ | ☐ |
| f | Ein Dokumenteninkasso darf aufgrund der Vorgaben der ICC nur mit der Klausel FAS kombiniert werden. | ☐ | ☐ |
| g | Mit dem Abschluss eines Dokumenteninkassos kann der Importeur sicher sein, dass er nur zahlt, wenn er auch eine Lieferung erhalten hat. | ☐ | ☐ |
| h | Bei der Ausprägung „Dokumente gegen Akzept" muss sich die Hausbank im Vorfeld verpflichten, das Akzept auch zu leisten. | ☐ | ☐ |
| i | Bei der Ausprägung „Dokumente gegen Akzept" darf der Importeur vor der Unterschrift die Ware prüfen. | ☐ | ☐ |
| j | Bei der Ausprägung „Dokumente gegen Akzept" wird dem Importeur ein Zahlungsziel eingeräumt, welches durch einen Wechsel abgesichert wird. | ☐ | ☐ |
| k | Bei der Ausprägung „Dokumente gegen Akzept" darf die Hausbank dem Importeur die Dokumente – auf eigenes Risiko – zur Prüfung aushändigen. | ☐ | ☐ |
| l | Keine der vorherigen Aussagen ist richtig. | ☐ | ☐ |

**23**

Ein Exporteur hat sich mit seinem Kunden auf ein Dokumentinkasso gegen Zahlung geeinigt.

| Welche Aussage(n) ist (sind) richtig? Welche ist (sind) falsch? | Richtig | Falsch |
|---|---|---|
| a | Die Regelungen der ICC sind auf jeden Fall Vertragsbestandteil. | ☐ | ☐ |
| b | Für einen Inkassoauftrag sind die Namen des Exporteurs, des Auftraggebers, der Einreicherbank und der vorlegenden Bank anzugeben. | ☐ | ☐ |
| c | Art und Anzahl der Produkte, Versandart und –route, Art und Anzahl der Dokumente gegen welche die Zahlung erfolgen soll, sind Pflichtangaben. | ☐ | ☐ |
| d | Eine Notadresse für Rückfragen des Frachtführers muss auf jeden Fall enthalten sein. | ☐ | ☐ |
| e | Hinweise für die Verwendung des unterschriebenen Wechsels sind entbehrlich. | ☐ | ☐ |
| f | Die Höhe des Betrags muss definiert werden. Solange keine Währung vorgegeben wird, gilt immer die Heimatwährung des Importeurs. | ☐ | ☐ |
| g | Die Höhe des Betrags muss definiert werden. Solange keine Währung vorgegeben wird, gilt immer die Heimatwährung des Exporteurs. | ☐ | ☐ |
| h | Wenn eine Währung angegeben ist, hat der Importeur die Möglichkeit, die Währung am Tag der Einlösung nach seinen Wünschen anzupassen. Nutzt er dieses Recht nicht, so verfällt es. | ☐ | ☐ |
| i | Keine der vorherigen Aussagen ist richtig. | ☐ | ☐ |

**24**

| Welche Aussage(n) ist (sind) richtig? Welche ist (sind) falsch? | | Richtig | Falsch |
|---|---|---|---|
| a | Die Kreditgewährung im Außenhandel unterscheidet sich überhaupt nicht von Binnenfinanzierungen, da es für Kreditinstitute letztlich immer nur auf die Bonität des Kreditnehmers und die Besicherung ankommt. | ☐ | ☐ |
| b | Avalkredite, mit denen die kreditgewährende Bank Erfolge garantiert, sind besonders bedeutsam. | ☐ | ☐ |
| c | Die AKA Ausfuhrkredit-Gesellschaft mbH ist ein wichtiger Player im Außenhandel und verdrängt mit ihrem aggressiven Angebot auch inländische Banken aus der Außenhandelsfinanzierung. | ☐ | ☐ |
| d | Die KfW ist ein öffentliches Kreditinstitut, dessen wichtigster Auftrag ist, die Staatsfinanzen zu sanieren; deshalb verlangt sie regelmäßig sehr hohe Konditionen. Nur Kunden mit sehr schlechter Bonität finanzieren deshalb über die KfW-Kredite. | ☐ | ☐ |
| e | Ziel der Bundesgarantien ist es, den Außenhandel zu stärken. | ☐ | ☐ |
| f | Die öffentlichen Institutionen, die im Außenhandel Unterstützung anbieten, haben bei allen ihren Produkten eine Monopolstellung und können deshalb die Konditionen frei bestimmen. | ☐ | ☐ |
| g | Die öffentlichen Institutionen, die im Außenhandel unterstützen, bieten aufgrund ihres Förderauftrags immer so günstige Konditionen, dass Geschäftsbanken immer teurer sind. | ☐ | ☐ |
| h | Keine der vorherigen Aussagen ist richtig. | ☐ | ☐ |

## 7.3 Fallstudien

Die Fallstudien 1–4 beziehen sich auf den nachfolgenden Sachverhalt: der Kunde der Sparkasse B, die Schweißnaht GmbH, ist ein Unternehmen das High-Tech-Produkte für die amerikanische Raumfahrtindustrie entwickelt und produziert. Im Moment befindet sich das Unternehmen in konkreten Verhandlungen für die Produktion und Lieferung eines Spezialmoduls im Wert von 2.500.000 € und bittet Sie um Hilfe.

### Fallstudie 1

Folgende Zahlungsbedingungen werden zwischen den Vertragsparteien diskutiert:
(1) Vorauszahlung
(2) Zahlung drei Monate nach Warenerhalt
(3) Dokumente gegen Akzeptierung eines Wechsels
(4) Unwiderrufliches Dokumentenakkreditiv
(5) Zahlung nach Erhalt der Ware
(6) Dokumente gegen Zahlung

Welche Form der Zahlung sollte die Schweißnaht GmbH wählen, um das Zahlungsrisiko zu minimieren? Begründen Sie Ihre Entscheidung.

## Fallstudie 2

Für die Kalkulation des konkreten Angebotspreises benötigt die Schweißnaht GmbH ebenfalls Ihre Hilfe. Das US-amerikanische Unternehmen besteht auf der Lieferbedingung „CIF New York". Folgende Kosten hat der Kunde bereits recherchiert.
**(1)** Transport von New York nach Florida 25.000 €
**(2)** Transport von Bochum nach Hamburg 35.000 €
**(3)** Kosten der Beladung in Hamburg 2.000 €
**(4)** Kosten der Entladung in New York 3.000 €
**(5)** Seeversicherung für 100 % des Warenwerts, der Versicherungsbeitrag fällt in Höhe von 10.000 € an
**(6)** Kosten der Seefracht 22.000 €
**(7)** Einfuhrverzollung 125.000 €
**(8)** Verpackung 1.000 €

Wie hoch ist die Summe der Kosten, die dem Kunden neben dem Warenwert in Rechnung gestellt werden muss, damit die kompletten 2,5 Mio. € als Ertrag bei der GmbH verbleiben?

## Fallstudie 3

Zu welchem USD-Wert kann die Schweißnaht GmbH die Waren einschließlich aller Kosten anbieten? Unterstellen Sie einmal, dass der Importeur sofort bezahlt bzw. ein Zahlungsziel von sechs Monaten vereinbart wird. Folgende Konditionen gelten:
**(1)** USD-Kassakurs:
(a) Geld 1,4740
(b) Brief 1,4780
**(2)** USD-Terminkurs (zzgl. 0,25 % Gebühren):
(a) Geld 1,4840
(b) Brief 1,4880

## Fallstudie 4

Welche andere Möglichkeit der Kursabsicherung können Sie der Schweißnaht GmbH noch vorschlagen? Nennen Sie jeweils einen Vor- und einen Nachteil.

**Fallstudie 5**

Die C. GmbH ist ein Unternehmen, welches sich auf den Import von Unterhaltungs-
elektronik spezialisiert hat. Sie hat 1.000.000 Handys aus Japan erworben. Hiervon
sind 800.000 Stück für den heimischen Markt vorgesehen. Die verbleibenden Geräte
werden nach Kanada exportiert.

**(1)** Kursermittlung

Der Einkaufspreis für ein Handy liegt bei 3.000 JPY. Die Zahlung soll in drei Monaten
erfolgen. Der Verkaufspreis liegt bei 40 CAD und soll in zwei Monaten erfolgen.

**(a)** Wie hoch ist der Belastungsbetrag in Euro für den Import der Handys, wenn der
Kunde die Kondition bereits heute fixiert haben möchte?

**(b)** Wie hoch ist der Verkaufserlös in Euro für die exportierten Handys, wenn der
Kunde die Kondition bereits heute fixiert haben möchte?

Verwenden Sie die Angaben aus der nachfolgenden Tabelle und arbeiten Sie mit vier
Nachkommastellen.

Aktuelle Devisenkurse:

|  | Kassakurs | | Terminkurs 1 Monat | | Terminkurs 2 Monate | | Terminkurs 3 Monate | |
|---|---|---|---|---|---|---|---|---|
| € ⇔ CAD | 1,2548 | 1,2608 | 1,2748 | 1,2808 | 1,28480 | 1,2908 | 1,2948 | 1,3008 |
| € ⇔ JPY | 120,25 | 100,79 | 100,15 | 100,39 | 100,05 | 100,29 | 99,95 | 100,19 |

**(2)** Was ist die Ursache, dass die Devisenkurse beim CAD ansteigen und beim JPY fallen?

**(3)** Angenommen der direkte CAD ⇔ JPY-Kassa-Kurs notiert zu Geld 79,2 und Brief
79,3. Es sollen JPY im Gegenwert von 10.000 CAD erworben werden. Welche Alternative ist aus Sicht des Erwerbers sinnvoll?

**Fallstudie 6**

Der deutsche Importeur Martin Z. muss an seinen Geschäftspartner in Indien 200.000 CAD
bezahlen. Sie sind Kundenberater der Sparkasse A. Aufgrund Ihrer bisherigen guten Bera-
tung wendet sich der Kunde an Sie und bittet um Hilfe:

**(1)** Welche Möglichkeit besteht die Zahlungsverpflichtung zu erfüllen, wenn der Exporteur nur Konten in Indien unterhält und der Importeur über keine Fremdwährungskonten verfügt?

**(2)** Beschreiben Sie die detaillierten Schritte, die erforderlich sind, damit der Exporteur seine Zahlung erhält.

**(3)** Stellen Sie die von Ihnen gewählte Auslandszahlungsform in vier Schritten dar.

**(4)** Wie hoch ist der Belastungsbetrag, wenn folgende Kurse gültig sind und der
Kunde mit einer Provision von 0,20 % belastet wird?

Aktuelle CAD-Kurse

| Währung | Sichtkurs | Devisenbriefkurs | Devisenmittelkurs |
|---------|-----------|------------------|-------------------|
| CAD | 1,3388 | 1,3368 | 1,3348 |

Die Fallstudien 8–10 beziehen sich auf den nachfolgenden Sachverhalt. Das Wirtshaus Exotic möchte in der nächsten Saison Känguru- und Alligatorenfleisch auf die Speisekarte nehmen. Eine Menge von je 3.000 kg ist bei einer australischen Tierzucht bereits fest bestellt. Aufgrund der Produktionsvorlaufzeit in Australien und der geplanten Werbemaßnahmen in Deutschland haben sich die Parteien auf eine Lieferung in sechs Monaten geeinigt.

## Fallstudie 7

Der Geschäftsführer des Gasthauses hat einen Preis von 75.000 AUD ausgehandelt und plant sein Kursrisiko auszuschließen.

**(1)** Welcher Betrag ist heute in Euro zu leisten, wenn ein Devisentermingeschäft abgeschlossen wird? Folgende weitere Informationen sind Ihnen gegeben:
 – der Devisenkassamittelkurs des AUD liegt bei 1,2263 pro €
 – die Spanne zwischen Geld- und Briefkurs beträgt 0,0060 AUD
 – der Report liegt bei 0,0105 AUD
**(2)** Was ist die Ursache des Reports?
**(3)** Wie erfolgt die Abwicklung bei diesem Termingeschäft?
**(4)** Welche Pflichten hat ein Exporteur bei den Klauseln CIF Hamburg und DDP R-Stadt zu erfüllen?

## Fallstudie 8

Am 05.12.20XX (= Dienstag) soll ein Scheck eingereicht werden, dessen Ausstellungsdatum der 12.12. des laufenden Jahres ist. Die Schecksumme beträgt 1.363,92 €. Zudem ist der Scheck mit zwei schräg verlaufenden Strichen verziert.

**(1)** Welche rechtlichen Auswirkungen ergeben sich aus der Verzierung?
**(2)** Wann genau läuft die Vorlegungsfrist ab?
**(3)** Was bewirkt die Frist?
**(4)** Kann der Scheck danach auch noch eingelöst werden?
**(5)** Welche rechtliche Konsequenz ergibt sich, wenn die Angabe des Ausstellungstags auf dem Scheck gefehlt hätte?

**Fallstudie 9**

Herr Poolo möchte sich gerne einen nagelneuen Ferrari zulegen, den er als guter Kunde im Autohaus auch per Scheck bezahlen könnte. Sein Nachbar rät ihm zur Ausstellung eines Orderschecks. Herr Polo ist an diesem – ihm noch unbekannten – Bezahlverfahren interessiert und kommt heute (Dienstag, den 22. August) zu Ihnen in die Sparkasse F-Stadt, um sich nähere Informationen einzuholen.

(1) Informieren Sie Herrn Polo über die grundsätzlichen Unterschiede im Vergleich zu anderen Schecks. Gehen Sie bitte auch auf die rechtliche Übertragung ein.

(2) Welchen wesentlichen Vorteil bietet ein Orderscheck, der auch hier seine Entfaltung findet?

(3) Was ist ein Indossament und welche Funktionen erfüllt es?

**Fallstudie 10**

Ein Wechsel über 100.000 €, der in exakt einem Jahr fällig ist, soll (ausnahmsweise) durch die Hausbank angekauft werden. Der Diskontzinssatz beträgt 5 % und als Gebühr fallen 75 € an.

(1) Welcher Betrag wird auf dem Kundenkonto gutgeschrieben?

(2) Welche Rechtsnatur hat ein Wechsel?

(3) Welche Vorteile hat der Inhaber eines Wechsels, falls seine Forderung nicht beglichen wird – im Vergleich zu einer Forderung ohne Wechsel?

**Fallstudie 11**

Die Winzerei *Güldene Rebe* hat den chinesischen Luxusmarkt für sich entdeckt und will im großen Stil nach China exportieren. Der Erstkontakt ist im Rahmen einer Tagung entstanden. Das Erstgeschäft soll 200.000 Flaschen zu einem Gesamtwert von 1.500.000 € betragen. Da der Kunde in Sachen Außenhandel noch keine Erfahrungen gesammelt hat, raten Sie ihm zu einem bestätigten Dokumentenakkreditiv gegen Zahlung.

(1) Nennen Sie die Vor- und Nachteile eines bestätigten Dokumenten Akkreditivs für den begünstigten Importeur.

(2) Welche Schritte sind nach Abschluss des Kaufvertrags durch die Beteiligten erforderlich, bis der Exporteur seine Gutschrift erhält?

**Fallstudie 12**

Der Vertrag mit dem chinesischen Importeur ist inzwischen abgeschlossen worden. Ihr Kunde hat gut verhandelt und eine Lieferung gegen ein (unbestätigtes) Akkreditiv durchsetzen können. Neben dem Warenwert konnte er den Importeur auch noch zu 50.000 € Kostenbeteiligung bewegen. Die Abrechnung erfolgt in USD (aktueller Kurs = 1,300 €). Im Kundengespräch übergeben Sie das Akkreditiv (siehe die nachfolgende Abbildung), welches Sie als Einlieferungsstelle der Dokumente benennt. Ihr unbedarfter Kunde bittet um Aufklärung, folgende Aspekte versteht er nicht:

**(1)** Warum ist der USD-Betrag kleiner als der Betrag in Euro?

**(2)** Was ist ein Konnossement und was verlangt der Importeur durch die Beschreibung?

**(3)** Warum wird ein Ursprungszeugnis verlangt?

**(4)** Wozu werden Handels- und Zollrechnungen benötigt?

**(5)** Ist es richtig, dass eine Versicherung mit einer höheren Summe gemessen am Auftragsvolumen abzuschließen ist? Sind hier nicht kriminelle Handlungen zu vermuten?

**(6)** Warum sind Verlade- und Einlieferdatum nicht identisch?

---

Dokumentenakkreditiv – Zahlungsversprechen der 123-Bank Peking

Wir verpflichten uns zur Zahlung von 1.192.300 USD soweit der Exporteur – die Winzerei *Güldene Rebe* – den Versand von 200.000 Flaschen des Qualitätsweins „Süßherb" mit folgenden Dokumenten nachweist:

X — Voller Satz „An Bord Konossemente" in reingezeichneter Form, an Order ausgestellt und blanko indossiert

X — Ursprungszeugnis ausgestellt durch die IHK X-Stadt, welche bestätigt, dass der Wein aus dem Anbaugebiet Z stammt.

X — 2 Ausfertigungen der Handelsrechnung sowie 2 Ausfertigungen der Zollfactura.

X — Nachweis des Versicherungsschutzes, der den Importeur als Begünstigten nennt und 1.420.000 USD absichert.

Die Verladung hat bis zum 29.04.20XX zu erfolgen. Die Einlieferung der Dokumente darf nicht nach dem 29.05.20XX erfolgen.

Dokumentenakkreditiv der Fallstudie.

**Fallstudie 13**

Nachdem die Winzerei mehrere erfolgreiche Geschäfte mit ihrem Kunden abgewickelt hat, überlegt sie für die nächste Lieferung die Abwicklungskosten zu senken. Der Importeur hat ein Dokumenteninkasso vorgeschlagen.

(1) Stellen Sie die Vor- und Nachteile eines Dokumenteninkassos aus Sicht des Exporteurs dar.

(2) Zeigen Sie die drei wesentlichen Schritte des Dokumenteninkassos (gegen Zahlung) auf.

**Teil III: Lösungen**

# 1 Kapitel 1: Grundlagen

## 1.1 Wiederholungsfragen

**(1)** Stellen Sie den Zusammenhang zwischen Investition und Finanzierung dar.

Beide Themen setzen sich mit Finanzmitteln auseinander, wobei Finanzierung die Frage nach der Mittelherkunft beantwortet. Im Rahmen der Investition wird nach geeigneten Mittelverwendungen gesucht.

**(2)** Welche Fristigkeiten werden für die Finanzquellen gemäß HGB unterschieden? In welchen Paragrafen sind die Regelungen zu finden?

Das HGB unterscheidet kurzfristige Schulden (§ 268 V) mit einer verbleibenden Laufzeit von bis zu einem Jahr. § 285 I klassifiziert Schulden mit einer Restlaufzeit von mehr als fünf Jahren als langfristig. Verbindlichkeiten, die in keine der beiden Gruppen fallen, sind mittelfristig.

**(3)** Nennen Sie die Faktoren des finanzwirtschaftlichen Zielkonflikts.

Der Konflikt besteht zwischen Liquidierbarkeit, Performance und Substanzerhalt.

**(4)** Warum ist es für Reiseveranstalter einfach, aus dem reinen Umsatzprozess Finanzierungen vorzunehmen?

Reiseveranstalter erhalten für langfristig gebuchte Reisen die Zahlungen der Kunden vor der Leistungserstellung und rechnen mit ihren Zulieferern erst dann ab, wenn der Tourist die Leistung erhalten hat.

**(5)** Was wird unter Vermögensumschichtung verstanden?

Der Verkaufserlös eines Vermögensgegenstands wird genutzt, um (Teile) eines neu zu erwerbenden Gegenstands zu bezahlen.

**(6)** Wie kann das Umlaufvermögen einen Beitrag zur Innenfinanzierung leisten?

Die Reduzierung von Vorräten und Forderungen sind mögliche Ansatzpunkte.

**(7)** In welcher Form kann ein Einzelkaufmann offene Gewinnthesaurierung betreiben?

Einzelkaufleute können offene Gewinnthesaurierung vornehmen, indem sie über den Zugang auf ihrem Einlagenkonto nicht oder nur in Teilen verfügen.

**(8)** Warum ist der Finanzierungseffekt aus dem Gewinn höher als der thesaurierte Anteil?

Der Gewinn entsteht nicht mit seiner Feststellung im Rahmen der Jahresabschlussarbeiten, sondern (meist) kontinuierlich. Somit sind erste Gewinnanteile bereits zum Jahresanfang der betrachteten Periode entstanden und für das Unternehmen verfügbar. Wenn das Geschäftsjahr abgelaufen ist, vergeht Zeit bis zur Feststellung und bis zur tatsächlichen Gewinnausschüttung. So lange steht dem Unternehmen der komplette Gewinn zur Verfügung. Erst mit der Ausschüttung erfolgt die Reduzierung auf den thesaurierten Anteil.

**(9)** Nennen Sie drei Kriterien, anhand derer eine Finanzierung aus Eigen- oder Fremdkapital unterschieden werden kann.

Mögliche Kriterien sind die steuerliche Abzugsfähigkeit der Entgelte, die Haftung im Insolvenzfall und die Kapazität der Finanzquellen.

https://doi.org/10.1515/9783110791082-015

**(10)** Welche Probleme treten in der Praxis auf, wenn das Unternehmen den Leverage-Effekt massiv einsetzt, selbst wenn seine Erwartungen erfüllt werden?
Mit zunehmendem Fremdkapitaleinsatz steigt das Verlustrisiko für den Fremdkapitalgeber und die Streuung der Eigenkapitalrenditen. Somit fordern beide Gruppen der Kapitalgeber eine höhere Rendite vom Management.

**(11)** Wird mit einer hohen Eigenkapitalrendite für die Anteilseigner der größte Erfolg erzielt? Warum (nicht)?
Formal wird der Erfolg aus dieser Anlage mit steigender Eigenkapitalrendite steigen. Erweitert man jedoch den Blick auf das Gesamteinkommen der Eigentümer, kann eine andere Situation entstehen. Welche Alternativanlagen stehen dem Eigentümer für die Anlage der frei gewordenen Mittel zur Verfügung?

**(12)** Welche Größen werden im Modell von Dean abgestimmt?
Investitionen und Finanzquellen werden im Dean-Modell koordiniert.

**(13)** Mithilfe welcher Kenngrößen kann im Dean-Modell die Koordination in ertragsorientierten Unternehmen erfolgen?
Als Steuerungsgrößen werden die Rentabilität und der Gesamtertrag verwendet.

**(14)** Welche zusätzliche Steuerungsgröße kann – bei Unternehmen der öffentlichen Hand – zusätzlich zur Koordination eingesetzt werden?
Die Maximierung der Gesamtkapazität kommt in öffentlichen Unternehmen als Steuerungsgröße zum Einsatz, um nicht monetäre (politische) Ziele zu realisieren.

**(15)** Welche Gefahr besteht, wenn der Gesamtertrag nur unwesentlich höher ist als die gesamten Zinskosten?
Wenn die Differenz zwischen Gesamtertrag und -aufwand zu gering ist, können schon kleine Abweichungen von den geplanten Erträgen Verluste verursachen, da die Finanzierungsquellen (meist) unabhängig vom Erfolg zu bedienen sind.

**(16)** Warum kann man bei Unternehmen, die sich nicht im Umbruch befinden, den Finanzbedarf vergleichsweise leicht ermitteln?
Unternehmen, die konstante Strukturen aufweisen, können durch ihr vorhandenes Anlagevermögen sowie aufgrund der Erfahrungen mit dem Umsatzprozess in den Vorperioden ihren Finanzbedarf (grob) abschätzen.

**(17)** Wieso ist es für eine Finanzplanung in Deutschland wenig hilfreich, zwischen Löhnen und Gehältern zu unterscheiden?
Echte Lohnkosten, d. h. Vergütungen, die nur für erbrachte Leistungen gezahlt werden, verlieren schon seit Jahren an Bedeutung. Zudem wird dem auf Lohnbasis beschäftigten Mitarbeiter der gesetzliche Mindestlohn garantiert.

**(18)** Nennen Sie drei weitere Faktoren, die für die Beurteilung des Finanzbedarfs des Leistungsprozesses bedeutsam sind.
Faktoren sind beispielsweise:
– Branche, in der das Unternehmen tätig ist: Dienstleistung oder Produktion
– eigene Kreditlinien bei den Lieferanten
– von den eigenen Kunden geforderte Kreditlinien

**(19)** Warum wird das Eigenkapital, dass doch den höchsten Verzinsungsanspruch aufweist, vor allen anderen Finanzquellen zur Abdeckung des Finanzbedarfs eingesetzt?

Mit dem Einsatz des Eigenkapitals ist der höchste Verzinsungsanspruch verbunden. Gleichzeitig verursacht diese Finanzierungsart jedoch keinen Zinsaufwand. Eigenkapitaldotierungen stellen Residualeinkommen dar.

**(20)** In welchen Gesamtkontext lässt sich die Analyse finanzwirtschaftlicher Kennziffern einordnen?

Übergeordnetes Thema ist die Bilanzanalyse als wesentlicher Bestandteil der Bonitätsanalyse von Unternehmen.

**(21)** Nennen Sie die Schritte, die im Rahmen der finanzwirtschaftlichen Analyse durchzuführen sind.

Ausgangslage ist die aufbereitete Bilanz. Diese entsteht, indem Bilanzpositionen zu Gruppen verdichtet und deren Beträge sowie prozentuale Anteile an der Bilanz ermittelt werden.

**(22)** Wie errechnet sich der Anlagendeckungsgrad 1 sowie die Liquidität zweiten Grades?
– Eigenkapital · 100 ÷ Anlagevermögen
– (Liquidität der 1. Stufe + Außenstände aus Lieferung und Leistung) · 100 ÷ kurzfristige Schulden

**(23)** Woran lassen sich Anlagendeckungsrade und Liquiditätskennziffern sinnvollerweise messen?

Sinnvolle Vergleichsmaßstäbe sind die Entwicklung im Zeitverlauf sowie die Werte die in der Branche von erfolgreichen Unternehmen erreicht werden.

**(24)** Wodurch wird die Aussagekraft der Liquiditätsgrade begrenzt?

Die Datengrundlage der Liquiditätskennziffern ist nicht aktuell. So sind die zum Bilanzstichtag vorhandenen Geldbestände schon lange verbraucht und ein Großteil der relevanten Schulden getilgt. Gleichzeitig ist neue Liquidität zugeflossen und es sind neue Schulden entstanden. Die Liquiditätsgrade beziehen keine außerbilanziellen Sachverhalte ein. Vorhandene Kreditlinien werden genauso wenig einbezogen wie anstehende Lohnzahlungen.

**(25)** Wie berechnet sich die Eigenkapitalrendite formal?

Der Jahreserfolg wird auf das eingesetzte Eigenkapital bezogen.

**(26)** Wie lässt sich der Cashflow pragmatisch durch externe Analysten ermitteln?

Pragmatisch lässt sich der Cashflow ermitteln, indem die Abschreibungen auf das Anlagevermögen zum Jahresüberschuss addiert werden.

**(27)** Mithilfe welcher Formel lässt sich der Verschuldungsgrad ermitteln? Durch welche anderen Kennziffern wird das gleiche Thema untersucht?

Der Verschuldungsgrad ermittelt sich: Fremdkapital ÷ Eigenkapital. Die Eigenkapital- und Fremdkapitalquote analysieren auch die Struktur der Passivseite. So induziert eine hohe Eigenkapitalquote einen geringen Verschuldungsgrad.

**(28)** Wie unterscheiden sich der Lohmann-Ruchti-Kapitalfreisetzungs- und der -Kapazitätserweiterungseffekt?

Der Kapitalfreisetzungseffekt zielt darauf ab, einen gegebenen Bestand an Anlagegütern konstant zu halten und darüber hinaus freie Mittel zu generieren, deren Verwendung nicht weiter thematisiert wird.

Zur Verwendung der Mittel hat der Kapazitätserweiterungseffekt eine klare Vorgabe: Investition in identische Anlagegüter, um aus der gesamten Abschreibung, die aus diesen Gütern resultiert, deren Bestand zu maximieren.

**(29)** Wie wirken Steuersatz und Ausschüttungsverhalten auf die Finanzierung durch Rückstellungen?

Je höher die Ausschüttung des Unternehmens, desto mehr Liquidität wird mit der Rückstellungsbildung gewonnen. Bei einer Vollthesaurierung ist die Höhe des Steuersatzes für den Liquiditätszuwachs maßgeblich, da der eingesparte Steuerbetrag dem Liquiditätsgewinn entspricht.

**(30)** Wodurch ist die Phase der geplanten Pensionsrückstellungsauflösung gekennzeichnet? Warum kann diese Phase für das Unternehmen problematisch sein?

In dieser Phase werden die zuvor gebildeten Rückstellungen eingesetzt. Soweit die Rückstellungen ausreichen, kommt es zu Liquiditätsminderungen, denen kein entsprechender Aufwand mehr gegenübersteht. Diese Phase hat das entgegengesetzte Profil der Aufbauphase, sodass es hier zu Liquiditätsengpässen kommen kann. Zudem besteht die Gefahr, dass die gebildeten Rückstellungen zu gering ausgefallen sind.

**(31)** Wie kann ein Einzelunternehmer ohne die Aufnahme weiterer Gesellschafter weiteres Eigenkapital aufbringen?

Die Aufnahme von Eigenkapitalhilfedarlehen kann eine solche Möglichkeit sein.

**(32)** Gibt es Unterschiede zwischen der Partnerschaft und der oHG? Wenn ja, nennen Sie zwei.

Die Partnerschaft ist eine Gesellschaftsform für Freiberufler, die oHG erfordert ein Grundhandelsgewerbe. Die Eintragung der Gesellschaft erfolgt in unterschiedliche Register.

**(33)** Unterscheiden Sie die Haftungsmöglichkeiten des Genossen für die eG.

Der Genosse kann beschränkt, d. h. nur mit seiner Einlage haften. Zudem gibt es zwei Formen der Nachschusspflicht, die vereinbart werden können: betraglich begrenzt auf eine Summe und komplett unbegrenzt.

**(34)** Worin besteht der wesentliche Unterschied zwischen der GmbH und der UG?

Der Unterschied liegt in dem Mindestbetrag, der als Eigenkapital im Rahmen der Gründung aufzubringen ist.

**(35)** Warum ist es für Unternehmen ohne Börsennutzung schwierig, Anleger anzusprechen, die an einer kurzfristigen Geldanlage interessiert sind?

Der Prozess der Anteilsbewertung – sowohl für den An- als auch für den Verkauf – ist zeitintensiv und teuer, sodass sich der Aufwand meist nur für ein längerfristiges Engagement lohnt.

**(36)**  Lassen sich Risiken einer Unternehmensbeteiligung durch die Nutzung der Börse verringern oder gar ausschließen?

Das Verlustrisiko kann nicht gänzlich ausgeschlossen, es kann aber begrenzt werden. So ist bei einem Engagement an der Börse der erforderliche Mindestbetrag geringer, gemessen am Finanzvolumen für den Erwerb anderer Unternehmensanteile. Durch die grundsätzlich kleineren Beträge lässt sich auch der Verlust pro Beteiligung eher begrenzen. Werden ganze Aktienpakete erworben, kann auch hier ein erheblicher Schaden entstehen.

## 1.2 Gebundene Fragen

**1**

| Welche Aussage(n) ist (sind) richtig? Welche ist (sind) falsch? | Richtig | Falsch |
|---|---|---|
| a Die Vermögensumschichtung ist eine gängige Variante der Innenfinanzierung, die sowohl von Privaten als auch von Unternehmen verwendet wird. | ☒ | ☐ |
| b Eine Beschaffung mittels Just-in-Time ist eine weitere Möglichkeit, das Anlagevermögen zur Innenfinanzierung zu nutzen. Just-in-Time-Beschaffung bezieht sich auf das Umlaufvermögen | ☐ | ☒ |
| c Ein konsequentes Forderungsmanagement ist als Maßnahme zur Innenfinanzierung bedenkenlos einsetzbar. Letztlich liegt die Schuld für etwaige Zahlungsrückstände beim Kunden. Formaljuristisch ist der Standpunkt zu vertreten, wenn jedoch Stammkunden zu couragiert angegangen werden, kann das negative Folgen haben. | ☐ | ☒ |
| d Die durch die Innenfinanzierung freigesetzten Mittel sind ausschließlich zur Finanzierung der innerbetrieblichen Leistungsprozesse zu verwenden. Auch die Schuldentilgung oder die Ausschüttung an die Eigner ist möglich. | ☐ | ☒ |
| e Personen- und Kapitalgesellschaften thesaurieren ihre Gewinne durch die Dotierung der Rücklagen. Die Dotierung der Rücklagenkonten ist für Personengesellschaften nicht möglich, da es diese Konten nur bei Kapitalgesellschaften gibt. | ☐ | ☒ |
| f Mit einer Unterbewertung der Aktiva sinken Gewinn und Bilanzsumme. | ☒ | ☐ |
| g Mit einer Unterbewertung der Aktiva steigen Gewinn und Bilanzsumme. siehe f | ☐ | ☒ |
| h Mit einer Überbewertung der Schulden sinken Gewinn und Bilanzsumme. Der Gewinn sinkt, die Bilanzsumme bleibt konstant. Es handelt sich um einen Passivtausch. | ☐ | ☒ |
| i Mit einer Überbewertung der Schulden steigen Gewinn und Bilanzsumme. siehe h | ☐ | ☒ |
| j Stille Selbstfinanzierungen haben aus Unternehmenssicht nur Vorteile. | ☒ | ☐ |
| k Stille Selbstfinanzierungen haben aus Unternehmersicht nur Vorteile. Hier ist zwischen der Unternehmens- und der Unternehmersicht zu unterscheiden. Auch wenn dem Unternehmen aus der stillen Selbstfinanzierung nur Vorteile erwachsen, ist davon die Sphäre des Unternehmers zu unterscheiden. So erleidet er beispielsweise einen Zinsschaden, wenn ihm der Gewinn erst mit einem Timelag zufließt, da ihm somit eine verzinsliche Anlage entgeht. | ☐ | ☒ |
| l Keine der vorherigen Aussagen ist richtig. | ☐ | ☒ |

**2**

| Welche Aussage(n) ist (sind) richtig? Welche ist (sind) falsch? | Richtig | Falsch |
|---|---|---|
| a Die Bonität hat auf die Kreditvergabe der Banken keinen Einfluss, letztlich verdienen diese an allen Kreditnehmern. Natürlich wollen Banken an allen Kreditnehmern verdienen. Je besser die Bonität ist, desto geringer ist die Gefahr, dass der Kredit später nicht zurückgezahlt wird. Aus diesem Grund ist es für Unternehmen mit guter Bonität einfacher, einen Kredit zu erhalten. | ☐ | ☒ |
| b Außenfinanzierungen durch die Eigentümer sind immer einfach darstellbar. Im Zweifel erhöht man die Anzahl der Eigentümer, um einen neuen Personenkreis zu erschließen. Für börsennotierte Aktiengesellschaften ist dies bei guter Bonität möglich. Bei anderen Gesellschaftsformen, die eventuell auch eine persönliche Haftung der neuen Eigentümer vorsehen, kann dies durchaus problematisch sein. | ☐ | ☒ |
| c Residualeinkommen ist ein anderer Begriff für die Zinsen, die den Banken zustehen. siehe d | ☐ | ☒ |
| d Residualeinkommen ist die Bezeichnung für die Ertragskomponente, die den Eigentümern zusteht. Hierbei handelt es sich um den „Rest", der nach Abzug aller Aufwendungen übrigbleibt. | ☒ | ☐ |
| e Die Besteuerung von Eigenkapital erfolgt immer nach dem gleichen Schema bei der Gesellschaft, die den Erfolg erzielt hat. Diese Aussage ist für Kapitalgesellschaften richtig. Erfolge der Personengesellschaften und der Einzelunternehmen werden als Einkünfte aus Gewerbebetrieb in der individuellen Einkommensteuererklärung des Eigentümers bzw. der Eigentümer berücksichtigt. | ☐ | ☒ |
| f Fremdkapitalzinsen und Ausschüttungen von Kapitalgesellschaften werden auf der Ebene der Empfänger gleich besteuert. Es fallen die Kapitalertragssteuer, der Solidaritätszuschlag und ggf. die Kirchensteuer an. | ☒ | ☐ |
| g Da das Fremdkapital nicht haftet, wird der Rückzahlungsanspruch auch im Rahmen einer Insolvenz immer erfüllt. Soweit der Verkaufserlös aus der Liquidation der Aktivseite nicht ausreicht, um alle Schulden zu tilgen, verlieren auch die Fremdkapitalgeber Geld. Details hängen von der individuellen Situation ab. | ☐ | ☒ |
| h Eigentümer haften mit dem von ihnen eingebrachten Kapital. Für den Fall, dass die Verluste größer sind, greift der staatliche Stützungsfonds ein. Diesen Stützungsfonds gibt es nicht. | ☐ | ☒ |
| i Keine der vorherigen Aussagen ist richtig. | ☐ | ☒ |

3

| Welche Aussage(n) ist (sind) richtig? Welche ist (sind) falsch? | Richtig | Falsch |
|---|---|---|
| a Soweit die Ergebnisse der geplanten Anlage sicher sind, kann auch in der Praxis der Erfolg des Unternehmens problemlos durch die Substitution von Eigen- durch Fremdkapital verbessert werden. | ☐ | ☒ |
| – Das Statement enthält keine Hinweise darauf, dass der Fremdkapitalzinssatz über der Gesamtkapitalrendite liegt. Dies ist eine Grundvoraussetzung für einen positiven Leverage-Effekt. | | |
| – Auch ist zu klären, was der Erfolgsmaßstab für das Unternehmen ist. Wird auf die Eigenkapitalrendite abgestellt, lässt sich diese mit dem Leverage-Effekt verbessern. Ist der Gesamterfolg die Zielgröße, kann der extensive Einsatz des Leverage-Effekts auch zu einer Gewinnreduzierung führen. | | |
| – Zudem ist zu berücksichtigen, dass mit einer zunehmenden Verschuldung auch die Ansprüche der Fremd- und Eigenkapitalgeber steigen, da ihr Risiko zunimmt. | | |
| b Wird der Leverage-Effekt extensiv genutzt, kann mit einer Kapazitätsausweitung das Absinken des Gesamtgewinns problemlos kompensiert werden. | ☐ | ☒ |
| Wenn das Eigenkapital massiv substituiert wird, sind entsprechend hohe Kapazitätsausweitungen erforderlich. Ob der Markt diese Mehrproduktion aufnimmt, ist fraglich. Selbst wenn dies möglich ist, dürfte die Rendite mit zunehmender Kapazitätsausweitung abnehmen. | | |
| c Durch die Nutzung des Leverage-Effekts wird das Unternehmen mit dem Finanzierungs- oder Kapitalstrukturrisiko konfrontiert. | ☒ | ☐ |
| d Mit zunehmendem Verschuldungsgrad steigt die Streuung der Eigenkapitalrendite bis hin zum Extrem von + bzw. – unendlich. | ☒ | ☐ |
| e Soweit Unternehmen auf den Einsatz von Fremdkapital verzichten, sind sie im Hinblick auf den absoluten Gewinn immer erfolgreicher, als wenn sie zusätzliches Fremdkapital aufnehmen. | ☐ | ☒ |
| Viele Unternehmen sind auf den Einsatz von Fremdkapital angewiesen, um überhaupt ihre Geschäfte betreiben zu können. | | |
| f Zur Beurteilung, ob der Einsatz von Fremdkapital für die Anteilseigner wirklich vorteilhaft ist, muss die Gesamtsituation betrachtet werden. Weisen die Alternativanlagen, in die das freigesetzte Eigenkapital fließt, eine geringere Rendite auf als der Kreditzinssatz, verschlechtert sich das Gesamteinkommen der Eigentümer. | ☒ | ☐ |
| g Der Zinsanspruch der Fremdkapitalgeber ist von der Verschuldung unabhängig, da sich das Geschäftsmodell durch die Finanzierungsstruktur nicht verändert. Der Ergebnisanspruch der Eigentümer steigt mit zunehmendem Verschuldungsgrad jedoch an, da die Steuerung der Eigenkapitalrendite mit zunehmendem Fremdkapitalanteil steigt. siehe h | ☐ | ☒ |

(fortgesetzt)

| Welche Aussage(n) ist (sind) richtig? Welche ist (sind) falsch? | Richtig | Falsch |
|---|---|---|
| h Der Zinsanspruch der Fremdkapitalgeber ist von der Verschuldung abhängig, da trotz gleichem Geschäftsmodell das Ausfallrisiko für den Kreditgeber aus Fehlplanungen bei umfangreichen Kreditaufnahmen größer wird. Der Ergebnisanspruch der Eigentümer steigt mit zunehmenden Verschuldungsgrad an, da die Steuerung der Eigenkapitalrendite mit zunehmender Verschuldung zunimmt. | ☒ | ☐ |
| i Der Zinsanspruch der Fremd- und Eigenkapitalgeber ist von der Verschuldung unabhängig, da sich das Geschäftsmodell durch die Finanzierungsstruktur nicht verändert. siehe h | ☐ | ☒ |
| j Der Zinsanspruch der Fremdkapitalgeber ist von der Verschuldung abhängig, da trotz gleichem Geschäftsmodell das Ausfallrisiko für den Kreditgeber aus Fehlplanungen größer wird. Der Ergebnisanspruch der Eigentümer nimmt mit zunehmendem Verschuldungsgrad jedoch ab, da die Chance auf eine Überrendite steigt. siehe h | ☐ | ☒ |
| k Keine der vorherigen Aussagen ist richtig. | ☐ | ☒ |

# 4

| Welche Aussage(n) ist (sind) richtig? Welche ist (sind) falsch? | Richtig | Falsch |
|---|---|---|
| a Das Dean-Modell ist ein eindeutiges Modell, mit dem ein Unternehmen gesteuert werden kann. Es muss im Vorfeld geklärt werden, ob der absolute oder der relative Erfolg in Form einer Verzinsung die Steuerungsgröße ist. | ☐ | ☒ |
| b Der Zinssatz bzw. der Absolutgewinn sind die uneingeschränkt relevanten Steuerungsgrößen. Besonders öffentliche Unternehmen können auch auf der Grundlage der Kapazitätsmaximierung geführt werden. | ☐ | ☒ |
| c Solange die Rendite der letzten Investition (auch marginal) über den Kapitalkosten liegt, ist eine Ausweitung der Kapazität bedenkenlos anzuraten. Die Finanzierungskosten sind regelmäßig fix, die erwarteten Erträge aber meist unsicher. Soweit die Differenz zwischen den beiden Größen zu gering wird, droht dem Unternehmen bei Planabweichung ein Verlust. | ☐ | ☒ |
| d Das Dean-Modell kann bedenkenlos auf die komplette Passivseite angewendet werden. In diesem Fall müsste auf den Einsatz des Eigenkapitals verzichtet werden, da dieses regelmäßig den höchsten Verzinsungsanspruch aufweist. | ☐ | ☒ |
| e Keine der vorherigen Aussagen ist richtig. | ☒ | ☐ |

**5**

| Welche Aussage(n) ist (sind) richtig? Welche ist (sind) falsch? | Richtig | Falsch |
|---|---|---|
| a Unabhängig davon, in welcher Lebensphase sich das Unternehmen befindet, ist die Ermittlung des Finanzbedarfs für das Anlagevermögen einfach. In Expansionsphasen wird regelmäßig die betriebliche Infrastruktur aufgebaut, sodass es auch hier zu Veränderungen kommen wird. | ☐ | ☒ |
| b Soweit den eigenen Kunden ein Zahlungsziel gewährt wird und die Lieferanten mit Vorkasse bezahlt werden, hat das Unternehmen die beste Ausgangssituation für seine Finanzierung.<br>siehe c | ☐ | ☒ |
| c Soweit den eigenen Kunden Vorkasse gewährt wird und die Lieferanten ein Zahlungsziel akzeptieren, hat das Unternehmen die beste Ausgangssituation für seine Finanzierung. | ☒ | ☐ |
| d Soweit sowohl die Kunden als auch die Lieferanten auf Basis von Vorkasse arbeiten, hat das Unternehmen die beste Ausgangssituation für seine Finanzierung.<br>siehe c | ☐ | ☒ |
| e Soweit die Kunden als auch die Lieferanten mit Zahlungszielen arbeiten, hat das Unternehmen die beste Ausgangssituation für seine Finanzierung.<br>siehe c | ☐ | ☒ |
| f Liegt der Darlehenszins deutlich unter dem Zinssatz für kurzfristige Kredite, ist eine komplette Darlehensfinanzierung des Bedarfs, der nicht über Eigenkapital gedeckt wird, die Finanzierung mit dem geringsten Aufwand. Wenn die Differenz der Zinssätze nicht exorbitant groß ist, sind regelmäßig gemischte Konstellationen aus kurzfristigen und langfristigen Krediten zielführend. | ☐ | ☒ |
| g Da der Verzinsungsanspruch für das Eigenkapital am höchsten ist, sollte dieses nur für absolute Spitzenausgleich im Rahmen der Finanzierung eingesetzt werden. Mit dem Eigenkapital ist zwar der höchste Verzinsungsanspruch verbunden, jedoch steht es dem Unternehmen ohnehin zur Verfügung. Allein aus diesem Grund wäre es fahrlässig, diese Finanzierungsquelle nicht voll zu nutzen. | ☐ | ☒ |
| h Keine der vorherigen Aussagen ist richtig. | ☐ | ☒ |

## 6

| Welche Aussage(n) ist (sind) richtig? Welche ist (sind) falsch? | Richtig | Falsch |
|---|---|---|
| a Da mit zunehmender Eigenkapitalquote die Haftungsgrundlage für die Gläubiger steigt, gilt uneingeschränkt: je höher die Eigenkapitalquote, desto besser. Wenn das Unternehmen im Extrem ausschließlich mit Eigenkapital geführt würde, wäre der Geschäftsumfang in den meisten Fällen eingeschränkt. So dürfte die Eigenkapitalrendite darunter leiden (Leverage-Effekt). | ☐ | ☒ |
| b Die goldene Bilanzregel im engeren Sinne fordert eine Anlagendeckung 1. Grades von mindestens 100 %. | ☒ | ☐ |
| c Die goldene Bilanzregel im weiteren Sinne setzt das Eigenkapital mit dem Anlagevermögen und dem eisernen Bestand in Beziehung. siehe d | ☐ | ☒ |
| d Die goldene Bilanzregel im weiteren Sinne setzt das Eigenkapital und die langfristigen Verbindlichkeiten mit dem Anlagevermögen und dem eisernen Bestand in Beziehung. | ☒ | ☐ |
| e Der eiserne Bestand ist eine Besonderheit der Montanindustrie und stellt auf die Teile des Umlaufvermögens ab, die aus Eisen und Stahl bestehen. Diese Ausführung ist frei erfunden. Unter dem Eisernen Bestand wird der Teil des Umlaufvermögens verstanden, der für den Erhalt der Arbeitsfähigkeit nicht unterschritten werden sollte. | ☐ | ☒ |
| f Die Liquidität 3. Grades und das Working Capital stellen auf den gleichen Sachverhalt ab, sodass es ausreicht, nur das Working Capital zu errechnen, um ein Unternehmen zu beurteilen. Richtig ist zwar, dass beide Kennziffern das Verhältnis zwischen kurzfristigen Schulden und dem Umlaufvermögen betrachten. Das Working Capital ist jedoch ein Absolutwert, sodass es nur durch weitere Ergänzungen für einen Vergleich verschiedener Unternehmen geeignet ist. | ☐ | ☒ |
| g Die Eigenkapitalrentabilität ist die Kennziffer, die für die Erfolgsanalyse am besten geeignet ist, da sie den Erfolg aus Eigentümersicht misst, der bei der Beurteilung den höchsten Stellenwert hat. Eine Über- bzw. Unterordnung der beiden Kennziffern Eigenkapital- und Gesamtkapitalrendite ist schwierig. Die Aussagekraft hängt vom Analyseziel ab. Ein Unternehmen mit einer schlechten Eigenkapital- aber guten Gesamtkapitalrentabilität kann durch eine Veränderung der Finanzierungsstruktur an Attraktivität gewinnen. Aus der Perspektive des Kleinanlegers ist der Nutzen einer guten Gesamtrentabilität eingeschränkt, da diesem keine Handlungsoptionen zur Verfügung stehen. Eine schlechte Gesamtkapitalrentabilität deutet auch auf eine wenig attraktive Branche oder ein schlecht geführtes Unternehmen hin. | ☐ | ☒ |
| h Die Gesamtkapitalrentabilität ist die Kennziffer, die für die Erfolgsanalyse am besten geeignet ist, da sie den Gesamterfolg des Unternehmens unabhängig von der Finanzstruktur misst. siehe g | ☐ | ☒ |

(fortgesetzt)

| Welche Aussage(n) ist (sind) richtig? Welche ist (sind) falsch? | Richtig | Falsch |
|---|---|---|
| i Der Cashflow ist in seiner pragmatischen Ermittlungsform als Erfolgskennziffer besser geeignet als der Jahresüberschuss, da die Abschreibungen einen zahlungsunwirksamen Aufwand darstellen. <br> siehe h <br> Der Cashflow ist originär keine Erfolgskennziffer. Richtig ist, dass die Abschreibungen zahlungsunwirksam sind. Fraglich ist jedoch, ob die Abschreibungshöhe dem wirklichen Werteverzehr entspricht. Wenn man unterstellt, dass der wahre Werteverzehr geringer ist, spannen Jahresüberschuss und Cashflow einen Korridor auf, innerhalb dessen der wahre Erfolg des Unternehmens anzusiedeln ist. | ☐ | ☒ |
| j Die Verwendung des Cashflows als Erfolgsmaßstab ist gänzlich ungeeignet, da die Abschreibungen als Aufwand ohne Einschränkungen, wie andere Aufwandsarten auch, zu berücksichtigen sind. <br> siehe i | ☐ | ☒ |
| k Keine der vorherigen Aussagen ist richtig. | ☐ | ☒ |

**7**

| Welche Aussage(n) ist (sind) richtig? Welche ist (sind) falsch? | Richtig | Falsch |
|---|---|---|
| a  Beide Lohmann-Ruchti-Effekte unterstellen komplett die gleichen Prämissen. Der Kapazitätserweiterungseffekt unterstellt zusätzlich, dass die generierte Liquidität sofort wieder in die gleichen Maschinen investiert und auch das so entstehende Mehrangebot vom Markt aufgenommen wird. | ☐ | ☒ |
| b  Nur der Lohmann-Ruchti-Kapitalfreisetzungseffekt unterstellt, dass die Finanzierung der ersten Generation der Anlagegüter gesichert ist, die Unternehmen die Abschreibungen entsprechend des Wertverzehrs kalkulieren und auch über den Markt verdienen, sowie dass es nicht zu Geldwertveränderungen kommt. Beide Effekte unterstellen diese Prämisse. | ☐ | ☒ |
| c  Nur der Lohmann-Ruchti-Kapazitätserweiterungseffekt unterstellt die sofortige Liquiditätsverwendung zur Ausweitung des Anlagevermögens sowie die Möglichkeit, die Mehrproduktion vermarkten zu können. | ☒ | ☐ |
| d  Durch ihre realitätsfernen Prämissen haben die Lohmann-Ruchti-Effekte keine Relevanz für die unternehmerische Praxis. Auch wenn die Prämissen nicht zu 100 % die Realität abbilden, ist die Grundaussage des Modells übertragbar. | ☐ | ☒ |
| e  Der voraussichtliche Zeitraum bis zur Auflösung der Rückstellung ist für ihren Finanzierungseffekt unerheblich. Grundsätzlich verhindert jede Rückstellung im Moment der Bildung eine Liquiditätsveränderung. Soweit die Auflösung kurzfristig zu erwarten ist, kann dieser Vorteil nicht lange genutzt werden. | ☐ | ☒ |
| f  Rückstellungen und Abschreibungen nutzen den gleichen Effekt von liquiditätslosem Aufwand. Der Unterschied besteht darin, dass Abschreibungen Aktivposten verringern und Rückstellungen Passiva aufbauen. | ☒ | ☐ |
| g  Rückstellungen und Abschreibungen nutzen den gleichen Effekt von liquiditätslosem Aufwand. Der Unterschied besteht darin, dass Abschreibungen Aktivposten aufbauen und Rückstellungen Passiva abbauen. siehe f | ☐ | ☒ |
| h  Rückstellungen und Abschreibungen nutzen den gleichen Effekt von liquiditätslosem Aufwand. Beide Aufwandsarten führen zu einer Bilanzverlängerung. siehe f | ☐ | ☒ |
| i  Rückstellungen und Abschreibungen nutzen den gleichen Effekt von liquiditätslosem Aufwand. Beide Aufwandsarten führen zu einer Bilanzverkürzung. siehe f | ☐ | ☒ |
| j  Die Höhe des Steuersatzes ist für die Bewertung des Finanzierungseffekts aus Rückstellungen immer bedeutsam. siehe l | ☐ | ☒ |
| k  Der Finanzierungseffekt aus Rückstellungen ist bei Vollthesaurierung vom Steuersatz unabhängig. siehe l | ☐ | ☒ |
| l  Der Finanzierungseffekt aus Rückstellungen ist bei Vollausschüttung vom Steuersatz unabhängig. | ☒ | ☐ |
| m  Keine der vorherigen Aussagen ist richtig. | ☐ | ☒ |

8

| Welche Aussage(n) ist (sind) richtig? Welche ist (sind) falsch? | Richtig | Falsch |
|---|---|---|
| a Eine Kapitalerhöhung durch die Eigentümer muss zwingend zu einer Bilanzverlängerung führen. <br> Die Wirkung tritt zwar meistens ein, doch grundsätzlich lässt sich auch ein Passivtausch nicht ausschließen. | ☐ | ☒ |
| b KG, oHG, BGB-Gesellschaft und Partnerschaft sind Personenhandelsgesellschaften. <br> Die BGB-Gesellschaft und die Partnerschaft gehören nicht zur Gruppe der Personenhandelsgesellschaften. | ☐ | ☒ |
| c KG, oHG, BGB-Gesellschaft und Partnerschaft sind quasijuristische Personen. <br> Die BGB-Gesellschaft gehört nicht zur Gruppe der quasijuristischen Personen. | ☐ | ☒ |
| d SE, KGaA und AG sind Kapitalgesellschaften, bei denen es grundsätzlich möglich ist, dass die Anteile an der Börse gehandelt werden. | ☒ | ☐ |
| e GmbH, AG und KGaA sind Kapitalgesellschaften, bei denen es grundsätzlich möglich ist, dass die Anteile an der Börse gehandelt werden. <br> siehe d | ☐ | ☒ |
| f Bei der eG und dem eV handelt es sich um juristische Personen des privaten Rechts. | ☒ | ☐ |
| g Bei der GmbH und der UG haftet/haften der/die Gesellschafter nicht mit dem privaten Vermögen, somit ist der Schaden im Insolvenzfall immer auf die versprochene Einlage begrenzt. <br> formal richtig; zumindest aus der Funktion des Gesellschafters lässt sich die Beschränkung ableiten. Gerade bei jungen Gesellschaften neigen Gläubiger dazu, Kreditgewährung an weitere persönliche Verpflichtungen des Gesellschafters/der Gesellschafter oder anderer Personen zu knüpfen. Somit kann der Schaden in der Realität durchaus größer sein. | ☒ | ☐ |
| h Dass unternehmerische Tätigkeiten in der Rechtsform der BGB-Gesellschaft oder des eV organisiert sind, kann nicht vorkommen. <br> Auch wenn diese Rechtsformen dafür nicht vorgesehen sind, gibt es immer Graubereiche. | ☐ | ☒ |
| i Keine der vorherigen Aussagen ist richtig. | ☐ | ☒ |

**9**

| Welche Aussage(n) ist (sind) richtig? Welche ist (sind) falsch? | Richtig | Falsch |
|---|---|---|
| a  Ohne Börsenhandel sind Kleinstbeträge für Unternehmensbeteiligungen kaum zu gewinnen, da die Transaktionskosten zu hoch sind. | ☒ | ☐ |
| b  Soweit Anteile an der Börse gehandelt werden, hat das Unternehmen das Eigenkapital sicher, da der Erwerber die Aktien an einen Dritten weiterveräußert und nicht an das Unternehmen zurückgibt. | ☒ | ☐ |
| c  Soweit Anteile an der Börse gehandelt werden, erhält der Anleger sein eingesetztes Kapital auf jeden Fall wieder, da Börsenpreise nur steigen. Die Realität zeigt, dass Börsenkurse stark schwanken. | ☐ | ☒ |
| d  Auch die Notierung von Anteilsscheinen an der Börse ist kein Schutz vor einer persönlichen Nachschusspflicht des Eigentümers über den von ihm versprochenen Betrag hinaus. Für börsennotierte Unternehmensanteile existiert keine Nachschusspflicht über den versprochenen Betrag hinaus. | ☐ | ☒ |
| e  Die Kontrolle durch einen Aufsichtsrat ist bei allen juristischen Personen zwingend vorgesehen. Die GmbH zählt auch zu den juristischen Personen. Diese Gesellschaftsform erfordert erst ab 500 Mitarbeitern einen Aufsichtsrat. | ☐ | ☒ |
| f  Die Kontrolle durch einen Aufsichtsrat ist bei allen Kapitalgesellschaften zwingend vorgesehen. siehe e | ☐ | ☒ |
| g  Aufgrund der hohen Kosten, die mit einem Börsengang verbunden sind, ist ein solcher Schritt erst ab einer gewissen Größe wirtschaftlich sinnvoll. | ☒ | ☐ |
| h  Keine der vorherigen Aussagen ist richtig. | ☐ | ☒ |

## 1.3 Fallstudien

### Fallstudie 1

(1) Die Freundinnen überlegen beide für sich separat, ob die Kreditaufnahme sinnvoll ist. Weisen Sie den Leverage-Effekt für beide Freundinnen nach, indem Sie die Tabelle „Lösungsschema zum Nachweis des Leverage-Effekts" ausfüllen.

(a) Petras Bank stellt Kredite für 7 % zur Verfügung.

(b) Paulas Kreditinstitut leiht ihr das Geld für 12 %.

Nachweis des Leverage-Effekts:

| EK (T€) | FK (T€) | Fremdkapital zu 7 % | | | Fremdkapital zu 12 % | | |
|---|---|---|---|---|---|---|---|
| | | Zinsen (T€) | Erfolg (T€) | EKR (%) | Zinsen (T€) | Erfolg (T€) | EKR (%) |
| 60 | 0 | 0,0 | 6 | 10,0 | 0,0 | 6 | 10,0 |
| 40 | 20 | 1,4 | 4,6 | 11,5 | 2,4 | 3,6 | 9,0 |
| 20 | 40 | 2,8 | 3,2 | 16,0 | 4,8 | 1,2 | 6,0 |
| 0 | 60 | 4,2 | 1,8 | ∞ | 7,2 | −1,2 | −∞ |

**(2)** Paula hat sich erfolgreich nach einer anderen Bank umgesehen. Ermitteln Sie den Erfolg des Kiosks, dessen Eigenkapitalrendite und Paulas Gesamterfolg, wenn Sie das nicht benötigte Eigenkapital zu 1,0 % bei einer Internetbank anlegen kann. Füllen Sie dazu die Tabelle „Lösungsschema zum Leverage-Effekt bei Anlage der frei gewordenen Mittel" aus. Folgende Kreditangebote liegen vor:

**(a)** Aufnahme von 20 T€ zu 5 %

**(b)** Aufnahme von 20 T€ zu 7 % und weitere 20 T€ zu 9 %

**(c)** Aufnahme von 20 T€ zu 8 %, weitere 20 T€ zu 10 % und die letzten 20 T€ zu 15 %

Leverage-Effekt bei Anlage der frei gewordenen Mittel:

| EK (T€) | FK (T€) | Fremdkapitalaufnahme | | | Geldanlage zu 1 % | | |
|---|---|---|---|---|---|---|---|
| | | Zinsen (T€) | Erfolg (T€) | EKR (%) | Zinsen (T€) | Erfolg (T€) | EKR (%) |
| 60 | 0 | 0,0 | 6,0 | 10,0 | 0 | 6,0 | 10,0 |
| 40 | 20 | 1,0 | 5,0 | 12,5 | 0,2 | 5,2 | 8,7 |
| 20 | 40 | 3,2 | 2,8 | 14,0 | 0,4 | 3,2 | 5,3 |
| 0 | 60 | 6,6 | −0,6 | −∞ | 0,6 | 0,0 | 0,0 |

**(3)** Was empfehlen Sie Paula auf Grundlage der Aufgabenteile (1) und (2)?
Ein Verzicht auf die Kreditaufnahme ist zu empfehlen. In der gegebenen Konstellation ist der absolute Gewinn der beste Erfolgsmaßstab.

## Fallstudie 2

Welche Investitionen realisieren Sie und auf welche Finanzierungsquellen greifen Sie zurück?

- Wird als Steuerungsgröße die höchste Rendite des eingesetzten Kapitals angestrebt, ist nur die ertragsstärkste Investition mit der günstigsten Finanzierung zu realisieren. Der Erfolg würde 16 T€ bzw. 8 % betragen.
- Richtet sich das Unternehmen hingegen am Absolutgewinn aus, werden die ersten zwei Investitionen mithilfe der ersten beiden Finanzquellen realisiert. Im Ergebnis würden 18 T€ bei 6 % Rendite erzielt.

– Stellt man hingegen auf die Beschäftigung ab, werden alle Investitionen realisiert, sodass auch alle Finanzquellen zum Einsatz kommen. Der absolute Erfolg würde sich in diesem Fall auf 6 T€ belaufen. Hiermit ist eine Kapitalverzinsung von 1 % verbunden.

## Fallstudie 3

**(1)** Ermitteln Sie den maximalen Finanzbedarf aus dem operativen Geschäft. Unterstellen Sie hierbei, dass der Finanzbedarf der einzelnen Monate jeweils schon ab dem Monatsanfang besteht und das Eigenkapital in Höhe von 75 T€ genutzt werden soll.

Der Finanzbedarf hat im Juni mit 1.200 T€ sein Maximum erreicht und reduziert sich bis zum Jahresende auf 600 T€, wie die Tabelle „Kapitalbedarfsentwicklung des Uhrenproduzenten (T€)" zeigt.

Kapitalbedarfsentwicklung des Uhrenproduzenten (T€):

| Monat | 1 | 2 | 3 | 4 | 5 | 6 | 7 | 8 | 9 | 10 | 11 | 12 |
|---|---|---|---|---|---|---|---|---|---|---|---|---|
| Abflüsse | 200 | 200 | 200 | 200 | 200 | 200 | 200 | 200 | 200 | 200 | 200 | 200 |
| Zuflüsse | | | | | | | 300 | 300 | 300 | 300 | 300 | 300 |
| Summe | −200 | −200 | −200 | −200 | −200 | −200 | 100 | 100 | 100 | 100 | 100 | 100 |
| Gesamt | −200 | −400 | −600 | −800 | −1.000 | −1.200 | −1.100 | −1.000 | −900 | −800 | −700 | −600 |

**(2)** Ermitteln Sie die Kosten, wenn der gesamte Kreditbedarf durch kurzfristige Kredite gedeckt wird. Erstellen Sie eine Tabelle.

Soweit der gesamte Kreditbedarf durch kurzfristige Kredite finanziert wird, entsteht ein Zinsaufwand in Höhe von 84 T€. Die Verteilung auf die einzelnen Monate verdeutlicht die Tabelle „Monatliche Zinskosten bei einer komplett kurzfristigen Finanzierung (T€)".

Monatliche Zinskosten bei einer komplett kurzfristigen Finanzierung (T€):

| Monat | 1 | 2 | 3 | 4 | 5 | 6 | 7 | 8 | 9 | 10 | 11 | 12 |
|---|---|---|---|---|---|---|---|---|---|---|---|---|
| Bedarf | −200 | −400 | −600 | −800 | −1.000 | −1.200 | −1.100 | −1.000 | −900 | −800 | −700 | −600 |
| Eigenkapital | 75 | 75 | 75 | 75 | 75 | 75 | 75 | 75 | 75 | 75 | 75 | 75 |
| Restbedarf | 125 | 325 | 525 | 725 | 925 | 1.125 | 1.025 | 925 | 825 | 725 | 625 | 525 |
| Zinsaufwand | 1,25 | 3,25 | 5,25 | 7,25 | 9,25 | 11,25 | 10,25 | 9,25 | 8,25 | 7,25 | 6,25 | 5,25 |

**(3)** Wie gestalten Sie die Finanzierung mithilfe einer Tabelle, um den Aufwand möglichst gering zu halten?

Einen Überblick über die aufwandsminimierende Finanzierung gibt die Tabelle „Monatliche Zinskosten der kurzfristigen Finanzierung (T€) bei gleichzeitiger Darlehensfinanzierung". Das Darlehen verursacht 42 T€ an Zinskosten. Zusätzlich fallen 27 T€ an Zinsen für die kurzfristige Finanzierung an. Die Verteilung auf die einzelnen Monate ist in der Tabelle enthalten.

Monatliche Zinskosten der kurzfristigen Finanzierung (T€) bei gleichzeitiger Darlehensfinanzierung:

| Monat | 1 | 2 | 3 | 4 | 5 | 6 | 7 | 8 | 9 | 10 | 11 | 12 |
|---|---|---|---|---|---|---|---|---|---|---|---|---|
| Bedarf | −200 | −400 | −600 | −800 | −1.000 | −1.200 | −1.100 | −1.000 | −900 | −800 | −700 | −600 |
| Eigenkapital | 75 | 75 | 75 | 75 | 75 | 75 | 75 | 75 | 75 | 75 | 75 | 75 |
| Restbedarf | 125 | 325 | 525 | 725 | 925 | 1.125 | 1.025 | 925 | 825 | 725 | 625 | 525 |
| Darlehen | 525 | 525 | 525 | 525 | 525 | 525 | 525 | 525 | 525 | 525 | 525 | 525 |
| Überschuss | 400 | 200 | | | | | | | | | | |
| Defizit | | | 0 | 200 | 400 | 600 | 500 | 400 | 300 | 200 | 100 | 0 |
| Zinsaufwand | | | 0,00 | 2,00 | 4,00 | 6,00 | 5,00 | 4,00 | 3,00 | 2,00 | 1,00 | 0,00 |

## Fallstudie 4

**(1)** Folgende Kennziffern sind zu ermitteln und zu würdigen:

(a) Verschuldungsgrad
Berechnung: 990 T€ ÷ 500 T€ · 100 = 198 %
Benchmark = 150 %
Würdigung: Gemessen an dem Konkurrenzunternehmen ist die Kennziffer um fast 33 Prozentpunkte größer, sodass (relativ) wesentlich weniger Eigenkapital zur Verfügung steht. Damit kann die Hebelwirkung des Fremdkapitals besser genutzt werden, womit im positiven Fall eine verbesserte Eigenkapitalrentabilität erreicht wird.

(b) Anlagendeckungsgrad 1
Berechnung: 500 T€ ÷ 700 T€ · 100 = 71 %
Benchmark = 74 %
Würdigung: Hier unterscheiden sich die beiden Unternehmen nicht wirklich. Folglich hat das hier zu analysierende Unternehmen in Relation zu seiner Bilanzsumme weniger Anlagevermögen.

(c) Anlagendeckungsgrad 2
Berechnung: (500 T€ + 390 T€) ÷ (700 T€ + 75 T€) · 100 = 115 %
Benchmark = 105 %
Würdigung: Die Deckung des langfristig im Unternehmen gebundenen Vermögens ist hier um 10 Prozentpunkte größer als beim Konkurrenten, was für eine solide Finanzierung spricht.

(d) Liquidität 1. Grades
Berechnung: 110 T€ ÷ 495 T€ · 100 = 22 %
Benchmark = 30 %
Würdigung: Waren die 30 % des Mitwettbewerbers schon ein eher dürftiger Wert, sieht es hier noch schlechter aus. Diese Kennziffernausprägung wäre sicherlich in einem Bankgespräch zu erklären.

(e) Liquidität 2. Grades
Berechnung: (110 T€ + 370 T€) ÷ 495 T€ · 100 = 97 %
Benchmark = 193 %

Würdigung: Gemessen an der Benchmark wird bei dieser Kennziffer nur knapp die Hälfte erreicht. Auf der anderen Seite war der zu hohe Wert des Benchmarkunternehmens ja gerade Ansatzpunkt der Kritik. Hier ist das Unternehmen gut aufgestellt. Mit den vorhandenen liquiden Mitteln und den innerhalb eines Jahres fälligen Forderungen können alle Verbindlichkeiten mit der gleichen Laufzeit getilgt werden.

(f) Liquidität 3. Grades

Berechnung: (110 T€ + 370 T€ + 310 T€) ÷ 495 T€ · 100 = 160 %
Benchmark = 230 %
Würdigung: Dieser Wert mutet tendenziell zu hoch an. Gemessen an der Konkurrenz ist er aber eher noch moderat. Hier wäre es sinnvoll, die Motivation aufzuzeigen.

(g) Eigenkapitalrentabilität

Berechnung: 30 T€ ÷ 500 T€ · 100 = 6 %
Benchmark = 8 %
Würdigung: Gemessen an dem Wert des Vergleichsunternehmens fällt die Rendite hier um 2 Prozentpunkte geringer aus. Gemessen an der Bezugsbasis fehlen hier 25 % des Gewinns. Hier müssten die Details weiter überprüft werden.

(h) Gesamtkapitalrentabilität

Berechnung: (30 T€ + 40 T€) ÷ 1.490 T€ · 100 = 4,7 %
Benchmark = 5,2 %
Würdigung: Auch hier ist das analysierte Unternehmen um 0,5 Prozentpunkte weniger erfolgreich. Deutlich wird auch hier, dass der Leverage-Effekt zum Einsatz kommt und positiv wirkt, sodass die Eigenkapitalrentabilität höher ist als die Gesamtkapitalrentabilität. Die deutlich höheren Zinskosten – gemessen am Konkurrenten – verhindern eine noch stärkere Verbesserung.

(i) Umsatzrentabilität

Berechnung: 30 T€ ÷ 335 T€ · 100 = 9 %
Benchmark = 19,2 %
Würdigung: Auch der Wert von 9 % dürfte in vielen Branchen unerreichbar sein. Im direkten Vergleich mit dem Mitwettbewerber wirkt der Wert jedoch gering, da er nicht einmal die Hälfte der Konkurrenz erreicht. Ob das Referenzunternehmen durch einen Sondereffekt so erfolgreich ist, scheint zumindest nicht ausgeschlossen.

(j) Cashflow

Berechnung: 30 T€ + 35 T€ = 65 T€
Benchmark = 72 %
Würdigung: Die Absolutwerte der beiden Unternehmen befinden sich in einem Korridor, auch wenn das hier analysierte Unternehmen – trotz vergleichbarer Bilanzsumme – einen Cashflow von 10 % weniger erwirtschaftet. Der Blick auf die GuV zeigt ein schlechteres Bild. Obwohl 85 T€ mehr an Umsatz generiert wurden, verbleiben 7 T€ weniger an Liquidität. Soweit der Konkurrent nicht durch einen Sondereffekt seine Performance erreicht, kann von dessen Vorgehen vielleicht etwas gelernt werden.

**Fallstudie 5**

(1)  Vervollständigen Sie die Tabelle, mit der Sie den Lohmann-Ruchti-Effekt der Kapitalfreisetzung nachweisen. Die betrachteten Maschinen haben Anschaffungskosten von 6 T€ und werden über zwei Jahre genutzt. Durch die Finanzausstattung seitens der Eigenkapitalgeber sind die ersten beiden Maschinen gesichert, die nacheinander in Betrieb gehen. Zeigen Sie die Entwicklung der ersten fünf Jahre auf.

Lohmann-Ruchti-Effekt der Kapitalfreisetzung:

| Periode | Gut 1 (T€) | Gut 2 (T€) | Afa lfd. Jahr (T€) | Reinvestition (T€) | verbleibende Afa (T€) |
|---|---|---|---|---|---|
| 1 | $3^1$ | | 3 | 0 | 3 |
| 2 | $3^1$ | $3^1$ | 6 | 6 | 6 |
| 3 | $3^2$ | $3^1$ | 6 | 6 | 6 |
| 4 | $3^2$ | $3^2$ | 6 | 6 | 6 |
| 5 | $3^3$ | $3^2$ | 6 | 6 | 6 |

Die Hochzahlen in der Tabelle stellen die Zugehörigkeit zur jeweiligen Generation dar.

(2)  Vervollständigen Sie die Tabelle, mit der Sie den Lohmann-Ruchti-Effekt der Kapazitätserweiterung nachweisen. Die betrachteten Maschinen haben Anschaffungskosten von 6 T€ und werden über zwei Jahre genutzt. Durch die Finanzausstattung seitens der Eigenkapitalgeber sind die ersten vier Maschinen gesichert, die gleichzeitig in Betrieb gehen. Zeigen Sie die Entwicklung der ersten sechs Jahre auf.

Kapazitätserweiterung:

| Periode | Altbestand | lfd. Afa (T€) | Maschinen | | | Liquidität | |
|---|---|---|---|---|---|---|---|
| | | | Minderung | Zugang | Bestand | Veränderung (T€) | Bestand (T€) |
| 1 | 4 | 12 | 0 | 2 | 6 | | |
| 2 | 6 | 18 | 4 | 3 | 5 | | |
| 3 | 5 | 15 | 2 | 2 | 5 | +3 | 3 |
| 4 | 5 | 15 | 3 | 3 | 5 | −3 | |
| 5 | 5 | 15 | 2 | 2 | 5 | +3 | 3 |
| 6 | 5 | 15 | 3 | 3 | 7 | −3 | |

(3)  Nehmen Sie die Kontendarstellung der Liquiditätssituation mit und ohne Rückstellungen bei Vollausschüttung vor, gehen Sie dabei von den Jahresabschlussinformationen aus, die in Tabelle 1.9 (siehe Kapitel 1.6.2) verarbeitet sind.

Rückstellungswirkung:

**ohne Rückstellung**

| Soll | Bank | Haben | | Soll | GuV | Haben |
|---|---|---|---|---|---|---|
| Umsatzerlöse | 500 | Material 120 | | Material | 120 | Umsatzerlöse 500 |
| | | Personal 80 | | Personal | 80 | |
| | | Steuern 90 | | Steuern | 90 | |
| | | Ausschüttung 210 | | | | |
| | | **Überschuss 0** | | **Jahresüberschuss** | **210** | |

**mit Rückstellung**

| Soll | Bank | Haben | | Soll | GuV | Haben |
|---|---|---|---|---|---|---|
| Umsatzerlöse | 500 | Material 120 | | Material | 120 | Umsatzerlöse 500 |
| | | Personal 80 | | Personal | 80 | |
| | | Steuern 60 | | Rückstellung | 100 | |
| | | Ausschüttung 140 | | Steuern | 60 | |
| | | **Überschuss 100** | | **Jahresüberschuss** | **140** | |

| Soll | Rückstellung | Haben |
|---|---|---|
| | Zuführung | **100** |

# 2 Kapitel 2: Außenfinanzierung durch die Eigentümer bei Börsennutzung

## 2.1 Wiederholungsfragen

**(1)** Wodurch sind Wertpapierbörsen als Unternehmen gekennzeichnet?
Sie stehen unter besonderer staatlicher Aufsicht.

**(2)** Wozu dienen die Anforderungen, die an Kreditinstitute gestellt werden, die eine Börsenzulassung begleiten?
Sie dienen dem Anlegerschutz.

**(3)** In welchem Marktsegment der FWB® werden die Wertpapiere eines Unternehmens notiert, wenn es nach § 32 I BörsG zum Börsenhandel zugelassen ist?
Die Wertpapiere werden im General Standard geführt.

**(4)** Gibt es für Wertpapiere einen Börsenzugang außerhalb des organisierten Marktes? Wenn ja, wie wird dieser genannt?
Es besteht die Möglichkeit, Wertpapiere im sogenannten Freiverkehr zu führen.

**(5)** Wie heißen die wichtigsten Börsen in Europa?
London Stock Exchange, Frankfurter Wertpapier Börse, Euronext® und SIX Swiss Exchange (Zürich).

**(6)** Nennen Sie die wichtigsten Standardsegmente des regulierten Marktes an den wichtigsten Börsenplätzen in Europa.
London Stock Exchange: Standard Main Market; Frankfurter Wertpapier Börse: General Standard; Euronext®: Euronext®; SIX Swiss Exchange (Zürich): Hauptmarkt

**(7)** Nach welchem Hauptkriterium richten sich die Segmente der wichtigsten Börsenplätze in Europa?
Die Unternehmensgröße bildet das Hauptmerkmal.

**(8)** Welche Segmente der wichtigsten Börsenplätze in Europa gehen über die Anforderungen der EU-Regulierung hinaus?
London Stock Exchange: Premium Main Market; Frankfurter Wertpapier Börse: Prime Standard.

**(9)** Nennen Sie fünf Indizes des organisierten Marktes.
DAX®, MDAX®, SDAX®, TecDAX®, HDAX® und DAX® 50 ESG

**(10)** Welche beiden Marktsegmente existieren für verzinsliche Wertpapiere an der FWB®?
An der FWB® besteht die Möglichkeit, verzinsliche Wertpapiere im Prime Standard bzw. Scale zu listen.

https://doi.org/10.1515/9783110791082-016

**(11)** Nach welchen Kriterien erfolgt die Orderzuteilung im Rahmen des fortlaufenden Handels?

Das Matching erfolgt anhand von zwei Kriterien:
- Das erste Kriterium ist der Preis. Unlimitierte Aufträge werden vor allen anderen ausgeführt. Danach werden die Aufträge ausgeführt, die für sich selbst die schlechtesten Konditionen vorsehen.
- Bei Aufträgen, die sich preislich nicht unterscheiden, wird der ältere vor dem jüngeren Auftrag umgesetzt.

**(12)** Wozu dienen Indizes?

Ihr Zweck ist es, eine komprimierte Marktbeobachtung zu ermöglichen und sich nicht in Details zu verlieren. Zudem dienen sie (teilweise) der Marktprognose.

**(13)** Auf welchen Aggregationsformeln basieren die meisten börsenbezogenen Indizes?

Grundlage der Betrachtung sind meist die Formeln, die auf Laspeyres und Paasche zurückgehen.

**(14)** Welche (modifizierte) Formel ist die Basis für die Indizes der DAX®-Familie?

Diese Indizes basieren alle auf dem Ansatz von Laspeyres.

**(15)** Welche Organe hat die AG und was sind ihre Aufgaben?

Aufgaben der AG-Organe:
- Der Vorstand leitet die Gesellschaft.
- Dem Aufsichtsrat obliegt die Überwachung des Vorstands.
- In der Hauptversammlung können die Gesellschafter ihre Interessen wahrnehmen, indem sie sich an Abstimmungen über verschiedene Themen beteiligen.

**(16)** Wie hoch muss das Grundkapital einer AG mindestens sein? Wie wird es noch genannt?

Die Mindestsumme beträgt 50 T€. Es wird auch gezeichnetes Kapital genannt.

**(17)** Warum ist der Rückkauf von Aktien durch die Gesellschaft in § 71 AktG eingeschränkt?

Der Rückkauf ist eingeschränkt, um den Schutz der Gläubiger zu gewährleisten.

**(18)** Welcher Teil des Jahresüberschusses ist ausschüttungsfähig und was geschieht mit dem anderen Teil?

Der Bilanzgewinn darf ausgeschüttet werden. Er ermittelt sich aus dem Jahresüberschuss abzüglich der (verpflichtenden) Dotierung verschiedener Rücklagen.

**(19)** Wie entscheidet die Hauptversammlung?

Änderungen der Satzung erfordern mindestens 75 % des auf der Hauptversammlung anwesenden Kapitals, um rechtswirksam zu sein. In anderen Fällen ist die einfache Mehrheit hinreichend.

**(20)** Wozu dient ein Bezugsrecht?

Ein Bezugsrecht dient dazu, dass sich für die Altaktionäre ihr relatives Gewinn- und Stimmrechtsgewicht durch die Kapitalerhöhung nicht verschlechtert. Zudem verhindert es einen Vermögensverlust des Aktionärs.

**(21)** Nach welchen Methoden kann das Grundkapital in Aktien gegliedert werden?
Man unterscheidet die Gliederung in Stück- und Nennbetragsaktien.

**(22)** Auf Basis welcher Rechtsgrundlagen können Aktien herausgegeben werden?
Die Aktienausgabe kann auf Basis
– des Gesellschaftsvertrags bei Gründung,
– eines individuellen Beschlusses der Hauptversammlung mit mindestens 75-prozentiger Zustimmung des anwesenden Kapitals oder
– eines Vorratsbeschlusses der Hauptversammlung mit mindestens 75-prozentiger Zustimmung des anwesenden Kapitals erfolgen.

**(23)** Was passiert bei der Kapitalerhöhung aus Gesellschaftsmitteln?
Folgen der Kapitalerhöhung aus Gesellschaftsmitteln:
– Es werden Rücklagen in Grundkapital transferiert.
– Das Eigenkapital der Gesellschaft bleibt konstant.
– Die Verhältnisse verschieben sich zugunsten des Grundkapitals. Hierdurch können Rücklagen künftig höher dotiert werden, ohne die Aktionäre einbinden zu müssen.

**(24)** Was ist eine Opération Blanche?
Dabei handelt es sich um die Beteiligung an einer Kapitalerhöhung ohne das Aufbringen weiterer Liquidität. Stattdessen werden gerade so viele Bezugsrechte verkauft, wie erforderlich sind, um aus dem Erlös die maximale Anzahl an jungen Aktien zu erstehen.

**(25)** Was ist ein Aktiensplit und welches Ziel wird damit verfolgt?
Bei einem Aktiensplit wird der Anteil der einzelnen Aktie am Grundkapital reduziert. Gleichzeitig steigt die Anzahl der Aktien, sodass sich weder das Grundkapital des Unternehmens noch der Depotwert der Aktionäre verändert. Ein Aktiensplit wird durchgeführt, um den Aktienkurs zu reduzieren.

**(26)** Wie unterscheiden sich Bookbuilding- und Auktionsverfahren?
Beim Bookbuilding-Verfahren sind im Gegensatz zum Auktionsverfahren keine Preiskorridore gesetzt und unlimitierte Aufträge sind möglich.

**(27)** Welchen Vorteil haben die Investition in Aktien und der Erwerb anderer Realgüter?
Diese Formen der Investitionen bieten einen Schutz vor Inflation.

**(28)** Was ist ein Aktienindex?
Ein Aktienindex ist eine statistische Zusammenfassung von börsennotierten Unternehmen, deren Entwicklung als Stimmungsindikator genutzt werden kann.

**(29)** Welche Gefahr besteht, wenn der Aktienkurs (deutlich) unter den Bilanzkurs fällt?
Es besteht die Gefahr eines Aufkaufs des Unternehmens durch einen Investor für einen Betrag, der unter dem Buchwert des Eigenkapitals liegt, und eines anschließenden Verkaufs der Einzelteile. Da der Wert des Eigenkapitals an der Börse geringer gehandelt wird als Substanz im Unternehmen vorhanden ist, kann der Investor hiermit einen Gewinn erzielen.

**(30)** Aus welchem Grund wird beim KGV nicht nur auf die Dividende abgestellt?
Dem Anleger steht ein Anteil am Gesamtgewinn zu. Thesaurierte Gewinne stärken den Kurs der Aktie.

**(31)** Woraus resultiert der höhere Renditeanspruch einer Aktienanlage im Vergleich zu einer Kreditvergabe an das gleiche Unternehmen?
Der erhöhte Renditeanspruch der Aktienanlage stützt sich auf folgende Faktoren:
– Im Falle der Insolvenz erhalten die Gläubiger vor den Aktionären ihr investiertes Kapital zurück.
– Die Haftung der Aktionäre ist formaljuristisch vorgesehen.
– Die Haftung der Gläubiger kann nicht ausgeschlossen werden, wird aber strukturell geringer ausfallen als die der Eigentümer.

**(32)** Warum wird die Dividende als Residualeinkommen bezeichnet?
Nur der Anteil der Erlöse, der die Kosten, den Steuerabzug und die Rücklagendotierung überschreitet, steht zur Ausschüttung zur Verfügung.

## 2.2 Gebundene Fragen

**1**

| Welche Aussage(n) ist (sind) richtig? Welche ist (sind) falsch? | Richtig | Falsch |
|---|---|---|
| a | Börsengeschäfte unterscheiden sich von anderen Geschäften. Nur hier fällt das Verpflichtungs- und das Erfüllungsgeschäft für beide Parteien zeitlich auseinander.<br>– Auch außerhalb der Börse können Geschäfte abgeschlossen werden, deren Erfüllung für beide Parteien in der Zukunft stattfindet.<br>– Bei Grundstücksgeschäften fallen Verpflichtungs- und Erfüllungsgeschäft meistens auseinander. Ursache ist, dass die Erfüllung die Umschreibung im Grundbuch erfordert. | ☐ | ☒ |
| b | Nach zwei Börsentagen erfolgt die Erfüllung der abgeschlossenen Orders über die Börse. So kann jeder Kontrahent sicher sein, dass sein Geschäft zu den abgeschlossenen Konditionen auch abgewickelt wird.<br>Die Abwicklung erfolgt außerbörslich. | ☐ | ☒ |
| c | Börsen kommt in modernen Volkswirtschaften große Bedeutung zu. Eine wichtige Funktion ist es, die Handelbarkeit der Wertpapiere zu gewährleisten. Hierunter versteht man u. a., dass nur Effekten von Unternehmen an der Börse gehandelt werden, die qualitative Mindeststandards erfüllen. | ☒ | ☐ |
| d | Börsen kommt in modernen Volkswirtschaften große Bedeutung zu. Eine wichtige Funktion ist es, die Anlagekontrolle zu ermöglichen. Hierunter versteht man u. a., dass nur Effekten von Unternehmen an der Börse gehandelt werden, die qualitative Mindeststandards erfüllen.<br>siehe c | ☐ | ☒ |
| e | Keine der vorherigen Aussagen ist richtig. | ☐ | ☒ |

**2**

| Welche Aussage(n) ist (sind) richtig? Welche ist (sind) falsch? | Richtig | Falsch |
|---|---|---|
| a  Jedes deutsche Kreditinstitut kann als Mitantragsteller für einen Börsengang fungieren. <br> Der Mitantragsteller muss selbst an der Börse notiert sein und ein Eigenkapital von 730 T€ vorweisen. | ☐ | ☒ |
| b  Für die Börsenzulassung ist ein Prospekt erforderlich, das Mindestanforderungen erfüllen muss und einer Genehmigung durch die BaFin bedarf. | ☒ | ☐ |
| c  Auf ein Prospekt kann verzichtet werden, wenn ein beliebiger Staat oder eine ihm gleichgestellte Institution Schuldner sind. <br> Nicht jeder Staat ist von der Prospekterstellung befreit, sondern nur Staaten „des Europäischen Wirtschaftsraums" (§ 1 II WpPG). | ☐ | ☒ |
| d  Das Recht, im Freiverkehr einer Börse gelistet zu werden, steht jeder Aktiengesellschaft kraft Gründung zu. Dies ist wesentlicher Grund für Unternehmen, die Rechtsform der AG und nicht die der GmbH zu wählen. siehe f | ☐ | ☒ |
| e  Die einzige Erfordernis, die ein Unternehmen erfüllen muss, damit seine Wertpapiere im Freiverkehr einer Börse gehandelt werden, ist die bilaterale Vereinbarung mit der jeweiligen Börse. | ☒ | ☐ |
| f  Das einzige Erfordernis, damit ein Wertpapier im Freiverkehr einer Börse gehandelt werden darf, ist die bilaterale Vereinbarung des Unternehmens mit der jeweiligen Börse. <br> Die Börse muss ihrerseits zum Freiverkehr ermächtigt sein. | ☐ | ☒ |
| g  Keine der vorherigen Aussagen ist richtig. | ☐ | ☒ |

**3**

| Welche Aussage(n) ist (sind) richtig? Welche ist (sind) falsch? | Richtig | Falsch |
|---|---|---|
| a  Alle Wertpapiere, die eine Börsenzulassung gemäß § 32 I BörsG haben, werden an der FWB® im Prime Standard gelistet. <br> Die Börsenzulassung führt automatisch zu einer Aufnahme in den General Standard. | ☐ | ☒ |
| b  Alle Wertpapiere, die eine Börsenzulassung gemäß § 32 I BörsG haben, werden an der FWB® im General Standard gelistet. | ☒ | ☐ |
| c  Für die Aufnahme in den General Standard ist die jährliche Realisierung einer Informationsveranstaltung für Analysten erforderlich. <br> Die Anforderung gilt für den Prime Standard. | ☐ | ☒ |
| d  Für die Aufnahme in den General Standard ist die jährliche Realisierung einer Informationsveranstaltung für Analysten erforderlich. Hierbei muss eine Simultanübersetzung in englischer und spanischer Sprache erfolgen. | ☐ | ☒ |

(fortgesetzt)

| Welche Aussage(n) ist (sind) richtig? Welche ist (sind) falsch? | Richtig | Falsch |
|---|---|---|
| siehe b | | |
| e Für die Aufnahme in den General Standard ist die jährliche Realisierung einer Informationsveranstaltung für Analysten erforderlich. Hierbei muss eine Simultanübersetzung in englischer Sprache erfolgen. | ☐ | ☒ |
| siehe c | | |
| f Keine der vorherigen Aussagen ist richtig. | ☐ | ☒ |

## 4

| Welche Aussage(n) ist (sind) richtig? Welche ist (sind) falsch? | Richtig | Falsch |
|---|---|---|
| a Die wichtigsten europäischen Börsenplätze sind Frankfurt, London, Zürich und Euronext. | ☒ | ☐ |
| b Die Hauptsegmente der Börsenplätze in der Europäischen Union unterliegen einheitlichen EU-Regularien. | ☒ | ☐ |
| c Der Hauptmarkt am Börsenplatz Zürich unterliegt den EU-Regularien. Die Schweiz ist kein Mitglied der EU und daher wird der Hauptmarkt nicht durch die EU reguliert. | ☐ | ☒ |
| d Die wichtigsten Börsenplätze in Europa bieten spezielle Segmente für KMU an. | ☒ | ☐ |
| e Die wichtigsten Börsenplätze in Europa bieten spezielle Segmente für Start-Ups an. Dies ist nicht der Fall. Nur Euronext® bietet ein spezielles Segment für KMU's an. | ☐ | ☒ |
| f Kein Segment in Europa geht über die Mindestanforderungen der EU hinaus. Sowohl der Prime Standard als auch der Premium Main Market haben höhere (Transparenz-) Anforderungen als die EU-Regulierung es vorsieht. | ☐ | ☒ |
| g Die KMU-Segmente sind Teil des regulierten / organisierten Marktes. Die KMU-Segmente sind in der Regel privatrechtlich organisiert und unterliegen nicht der EU-Regulierung. | ☐ | ☒ |
| h Keine der vorherigen Aussagen ist richtig. | ☐ | ☒ |

**5**

| Welche Aussage(n) ist (sind) richtig? Welche ist (sind) falsch? | Richtig | Falsch |
|---|:---:|:---:|
| a | Wird eine Aktie im General Standard gehandelt, so wird sie automatisch in die Ermittlung des CDAX® einbezogen. | ☒ | ☐ |
| b | Wird eine Aktie im Prime Standard gehandelt, so wird sie automatisch in die Ermittlung des SDAX® einbezogen. Diese Regelung ist frei erfunden. | ☐ | ☒ |
| c | Der Entry Standard ist eine Ausprägung des Freiverkehrs an der FWB®. Dieses Segment wurde zum 28.02.2017 abgeschafft. | ☐ | ☒ |
| d | Qualitativ sind die Anforderungen für die Aufnahme in das Quotation Board höher als an Scale. Die geltenden Qualitätsanforderungen sind hier vertauscht. | ☐ | ☒ |
| e | Bei festverzinslichen Wertpapieren unterscheidet die FWB® die Kategorien Prime, General und Entry Standard. Den General Standard gibt es bei verzinslichen Wertpapieren nicht. Der Entry Standard wurde zum 28.02.2017 abgeschafft. | ☐ | ☒ |
| f | Der DAX® ist ein Zusammenschluss von 30 Aktiengesellschaften in Form der BGB-Gesellschaft, um die Interessen der börsennotierten Gesellschaften zu vertreten. siehe i | ☐ | ☒ |
| g | Der DAX® ist ein Index, der die 50 größten Unternehmen gemessen an deren Umsatz und Grundkapital umfasst. siehe i | ☐ | ☒ |
| h | Der DAX® ist ein Index, der die 30 größten Unternehmen gemessen an deren Umsatz und Grundkapital umfasst. siehe i | ☐ | ☒ |
| i | Der DAX® ist ein Index, der die 30 größten Unternehmen gemessen an deren Börsenumsatz und dem Marktwert der frei gehandelten Aktien umfasst. | ☒ | ☐ |
| j | Gelingt es einem Unternehmen einen Platz im DAX® oder einem anderen Index zu erringen, ist die Mitgliedschaft für die nächsten 5 Jahre gesichert. Die Mitgliedschaft kann zu den planmäßigen Terminen zu den Quartalsenden sowie jederzeit aufgrund besonderer Ereignisse beendet werden. | ☐ | ☒ |
| k | Gelingt es einem Unternehmen einen Platz im DAX® oder einem anderen Index zu erringen, ist die Mitgliedschaft für die nächsten 12 Monate gesichert. siehe j | ☐ | ☒ |
| l | Keine der vorherigen Aussagen ist richtig. | ☐ | ☒ |

**6**

| Welche Aussage(n) ist (sind) richtig? Welche ist (sind) falsch? | Richtig | Falsch |
|---|:---:|:---:|
| a Aktien, die im TecDAX® notiert sind, können gleichzeitig auch im SDAX®, im MDAX® oder DAX® gelistet sein. | ☐ | ☒ |
| Eine gleichzeitige Notierung im SDAX® ist nicht möglich. | | |
| b Eine Notierung im TecDAX® schließt die gleichzeitige Notierung im MDAX® oder DAX® aus. | ☐ | ☒ |
| Nein, eine doppelte Notierung ist (aktuell) möglich. | | |
| c Die Anzahl der Titel, die im HDAX® gelistet sind, beträgt stets 120, da er sich aus den Unternehmen die im TecDAX®, MDAX® oder DAX® enthalten sind, zusammensetzt. | ☐ | ☒ |
| Mit 120 ist die maximale Anzahl des HDAX® benannt, die nur dann (theoretisch) erreicht werden kann, wenn es keine Doppelnotierungen im TecDAX® und den beiden anderen Indizes geben sollte. | | |
| d Der DAX® 50 ESG ist ein Subsegment des TecDAX® welches die innovativsten Unternehmen umfasst. | ☐ | ☒ |
| Es handelt sich beim DAX® 50 ESG um ein Subsegment des HDAX®. | | |
| e Um in den DAX® 50 ESG aufgenommen zu werden, müssen die Unternehmen eine Zulassung zum organisierten Markt aufweisen. | ☐ | ☒ |
| siehe g | | |
| f Um in den DAX® 50 ESG aufgenommen zu werden, müssen die Unternehmen eine Zulassung zum Prime Standard aufweisen. | ☐ | ☒ |
| siehe g | | |
| g Um in den DAX® 50 ESG aufgenommen zu werden, reicht es aus, wenn ein Unternehmen ausschließlich im HDAX® enthalten ist. | ☐ | ☒ |
| In der Tat ist die Notierung im HDAX® erforderlich aber zudem sind noch Nachhaltigkeitskriterien einzuhalten | | |
| h Da der DAX® 50 ESG sehr innovativ ist, sind die Unternehmen dieses Index verpflichtet 25 % ihres Jahresüberschusses im Folgejahr für Forschung und Entwicklung zu verausgaben. | ☐ | ☒ |
| Diese Regelung ist frei erfunden. | | |
| i Unternehmen die im Prime Standard enthalten sind und sich schwerpunktmäßig mit Kernenergie beschäftigen, sind losgelöst von allen anderen Kriterien, Mitglied des DAX® 50 ESG, da dieser besonderen Wert auf $CO_2$-Freiheit legt. | ☐ | ☒ |
| Diese Regelung ist frei erfunden. | | |
| j Keine der vorherigen Aussagen ist richtig. | ☒ | ☐ |

7

| Welche Aussage(n) ist (sind) richtig? Welche ist (sind) falsch? | Richtig | Falsch |
|---|---|---|
| a Eine Bestens-Order verpflichtet die beauftragte Börse, diesem Kaufauftrag den geringsten Tageskurs zuzuordnen.<br>Eine Bestens-Order stellt einen Verkaufsauftrag dar. | ☐ | ☒ |
| b Eine Bestens-Order verpflichtet die beauftragte Börse, diesem Verkaufsauftrag den höchsten Tageskurs zuzuordnen.<br>Eine Bestens-Order bedeutet, dass der Verkäufer sein Wertpapier auf jeden Fall verkaufen möchte und dafür auch sehr schlechte Kurse akzeptiert. Natürlich wünscht er sich einen möglichst hohen Erlös (bestens). | ☐ | ☒ |
| c Eine Bestens-Order garantiert dem Verkäufer, dass seine Aktien auf jeden Fall abgesetzt werden.<br>Eine Bestens-Order, der keine Nachfrage gegenübersteht, kann nicht ausgeführt werden. | ☐ | ☒ |
| d Aktien werden an deutschen Börsen meistens in Euro notiert. Auf Wunsch des betroffenen Unternehmens ist aber auch eine Notierung in Prozent möglich.<br>Eine Prozentnotierung ist für Aktien nicht vorgesehen. | ☐ | ☒ |
| e Die Kursergänzung „ex BR" bedeutet, dass heute das Bezugsrecht von der Aktie getrennt wurde.<br>Die Trennung erfolgte am Vortag. | ☐ | ☒ |
| F Das Meistausführungsprinzip garantiert, dass bei einem festgestellten Kurs alle Kaufwünsche, die auf einen höheren Preis lauten, erfüllt sind.<br>Dieser Anspruch besteht. Wenn aber keine entsprechenden Verkaufs-Orders bestehen, handelt es sich um einen unerfüllbaren Anspruch. Der Kurs würde in diesem Falle durch den Zusatz „G" gekennzeichnet. | ☐ | ☒ |
| g Keine der vorherigen Aussagen ist richtig. | ☒ | ☐ |

**8**

| Welche Aussage(n) ist (sind) richtig? Welche ist (sind) falsch? | Richtig | Falsch |
|---|---|---|
| a Die Indizes der DAX®-Familie basieren auf dem Ansatz von Paasche im Original. siehe d | ☐ | ☒ |
| b Die Indizes der DAX®-Familie basieren auf dem Ansatz von Paasche, sind jedoch im Zähler angepasst. siehe d | ☐ | ☒ |
| c Die Indizes der DAX®-Familie basieren auf dem Ansatz von Laspeyres im Original. siehe d | ☐ | ☒ |
| d Die Indizes der DAX®-Familie basieren auf dem Ansatz von Laspeyres, sind jedoch im Zähler angepasst. | ☒ | ☐ |
| e Die Indizes der DAX®-Familie beziehen im Zähler neben dem aktuellen Portfolio ausschließlich den Free-Float im Zähler mit ein. siehe g | ☐ | ☒ |
| f Die Indizes der DAX®-Familie beziehen im Zähler neben dem aktuellen Portfolio ausschließlich den Korrekturfaktor im Zähler mit ein. siehe g | ☐ | ☒ |
| g Die Indizes der DAX®-Familie beziehen im Zähler neben dem aktuellen Portfolio den Free-Float und den Korrekturfaktor im Zähler mit ein. | ☒ | ☐ |
| h Die Indizes der DAX®-Familie beziehen im Zähler neben dem aktuellen Portfolio ausschließlich den Korrekturfaktor im Nenner mit ein. siehe g | ☐ | ☒ |
| i Die Indizes der DAX®-Familie beziehen im Zähler neben dem aktuellen Portfolio den Free-Float und den Korrekturfaktor im Nenner mit ein. siehe g | ☐ | ☒ |
| j Keine der vorherigen Aussagen ist richtig. | ☐ | ☒ |

**9**

| Welche Aussage(n) ist (sind) richtig? Welche ist (sind) falsch? | Richtig | Falsch |
|---|---|---|
| a   Aktionäre haften nicht über den Kaufpreis hinaus für die Schulden des Unternehmens. | ☒ | ☐ |
| b   Der Besitz von Aktien ist ohne Risiko. Da Aktionäre nicht mit ihrem Privatvermögen für das Unternehmen haften, können Sie auch kein Geld verlieren. Aktionäre können den Kaufpreis verlieren. | ☐ | ☒ |
| c   Wie bei (einigen) anderen Gesellschaftsformen haften auch Aktionäre mit ihrem Privatvermögen für die Schulden des Unternehmens. siehe a | ☐ | ☒ |
| d   Der Vorstand leitet die Gesellschaft, der Aufsichtsrat fungiert als Kontrollgremium des Vorstands und die Hauptversammlung entscheidet über die im Gesetz und der Satzung vorgesehenen Sachverhalte. Entscheidungen über Themen der Geschäftsführung fällt die Hauptversammlung nie. Auf Wunsch des Vorstands kann die Hauptversammlung auch über Themen der Geschäftsführung entscheiden (vgl. § 119 II AktG). | ☐ | ☒ |
| e   Der Vorstand leitet die Gesellschaft, der Aufsichtsrat fungiert als Kontrollgremium der Hauptversammlung. Diese entscheidet über die im Gesetz und der Satzung vorgesehenen Sachverhalte. Entscheidungen über Themen der Geschäftsführung fällt die Hauptversammlung nie. siehe d | ☐ | ☒ |
| f   Der Vorstand leitet die Gesellschaft, der Aufsichtsrat fungiert als Kontrollgremium des Vorstands und die Hauptversammlung entscheidet über die im Gesetz und der Satzung vorgesehenen Sachverhalte. Entscheidungen über Themen der Geschäftsführung fällt die Hauptversammlung immer dann, wenn die Betragsgrenze von 50 T€ überschritten wird. siehe d | ☐ | ☒ |
| g   Als Eigentümer hat jeder Aktionär das Recht, uneingeschränkt in die Bücher der Gesellschaft Einsicht zu nehmen. siehe i | ☐ | ☒ |
| h   Ein uneingeschränktes Einsichtsrecht haben die Aktionäre nicht, aber der Vorstand ist unbeschränkt auskunftspflichtig, sofern Fragen zu Tagesordnungspunkten der Hauptversammlung gestellt werden. siehe i | ☐ | ☒ |
| i   Den Aktionären steht ein Auskunftsrecht auf der Hauptversammlung zu, jedoch nennt das Gesetz konkrete Gründe, aus denen die Auskunft verweigert werden darf. | ☒ | ☐ |
| j   Keine der vorherigen Aussagen ist richtig. | ☐ | ☒ |

**10**

| Welche Aussage(n) ist (sind) richtig? Welche ist (sind) falsch? | Richtig | Falsch |
|---|---|---|
| a Stammaktien müssen immer über einen Nennbetrag von einem Euro lauten. Die Dimensionen Aktiengattung und Zergliederung des Grundkapitals sind nicht miteinander verknüpft. Nennwertaktien müssen immer mindestens über einen Euro oder ein Mehrfaches lauten. Eine Quotenaktie muss ebenfalls mindestens einen Euro am Grundkapital repräsentieren. | ☐ | ☒ |
| b Vorzugsaktien dürfen als Nennbetrag- oder Quotenaktie ausgestattet sein. | ☒ | ☐ |
| c Nur Vorzugsaktien dürfen als Nennbetrag- oder Quotenaktie ausgestattet sein. Auch für Stammaktien gibt es diese beiden Ausprägungen. | ☐ | ☒ |
| d Die stimmrechtslose Vorzugsaktie ist die einzige Ausprägungsform für Vorzugsaktien. Auch Vorzüge als Mehrstimmrecht oder eine Bevorrechtigung bei der Liquidation sind denkbar. | ☐ | ☒ |
| e Stimmrechtslose Vorzugsaktien sind für Anleger immer attraktiver als Stammaktien. Eine pauschale Aussage ist nicht möglich. – Anleger, die stärker die Rendite im Fokus haben, tendieren meist zur Vorzugsaktie. – Anleger, die gestaltend an der Hauptversammlung teilnehmen wollen, erwerben keine Vorzugsaktien. | ☐ | ☒ |
| f Stimmrechtslose Vorzugsaktien sind für Anleger immer unattraktiver als Stammaktien. siehe e | ☐ | ☒ |
| g Vinkulierte Vorzugsaktien dürfen nur mit der Zustimmung der Aufsichtsbehörde emittiert werden. Vinkulierte Vorzugsaktien gibt es nicht. Sie bilden ein Gemisch aus Gattung und Übertragbarkeit. „Vinkuliert" wird nur in Zusammenhang mit Namensaktien verwendet. | ☐ | ☒ |
| h Die Aktienübergabe erfolgt ausnahmslos, indem sich Käufer und Verkäufer über den Kauf einigen und der Verkäufer dem Käufer die Aktie zur Verfügung stellt (Übergabe). Bei Namensaktien ist zusätzlich ein Indossament erforderlich. Vinkulierte Namensaktien bedürfen für die Weitergabe noch der Zustimmung des zuständigen Organs der AG. | ☐ | ☒ |
| i Hat die AG vinkulierte Namensaktien herausgegeben, werden die persönlichen Daten zu jedem Aktionär im Aktionärsbuch geführt. Zusätzlich ist für einen Weiterverkauf der Aktie die Zustimmung des zuständigen Organs der AG erforderlich. | ☒ | ☐ |
| j Soweit ein Unternehmen ausschließlich Vorzugsaktien an Dritte verkauft, lässt sich der Einfluss der Neueigentümer stark begrenzen. | ☒ | ☐ |
| k Soweit ein Unternehmen ausschließlich Vorzugsaktien an Dritte verkauft, können sämtliche Anlegergruppen gleichermaßen erreicht werden. Einige Anlegergruppen zielen darauf ab, Macht und Einfluss auszuüben. Für diesen Personenkreis sind Vorzugsaktien uninteressant. | ☐ | ☒ |
| l Keine der vorherigen Aussagen ist richtig. | ☐ | ☒ |

**11**

| Welche Aussage(n) ist (sind) richtig? Welche ist (sind) falsch? | Richtig | Falsch |
|---|:---:|:---:|
| a  Eine Kapitalerhöhung aus Gesellschaftsmitteln kann durch eine individuelle Entscheidung der Hauptversammlung oder durch die Nutzung von genehmigtem Kapital erfolgen. <br> Da kein frisches Kapital zugeführt wird, handelt es sich nicht um genehmigtes Kapital. | ☐ | ☒ |
| b  Eine Kapitalerhöhung aus Gesellschaftsmitteln kann durch eine individuelle Entscheidung der Hauptversammlung oder im Rahmen der Unternehmensgründung erfolgen. <br> Es existieren noch keine Rücklagen, die umgewandelt werden können. | ☐ | ☒ |
| c  Eine Kapitalerhöhung aus Gesellschaftsmitteln kann durch eine individuelle Entscheidung der Hauptversammlung oder die Anordnung des Wirtschaftsministers erfolgen. <br> Über diese Kompetenz verfügt der Wirtschaftsminister nicht. | ☐ | ☒ |
| d  Mit einer Opération Blanche kann ein Aktionär seinen Anteil an der Gesellschaft im Rahmen einer Kapitalerhöhung konstant halten. <br> – Da an der Kapitalerhöhung nicht im vollen Umfang teilgenommen wird, verringert sich zwangsläufig der Anteil an der Gesellschaft. <br> – Die Reduzierung ist geringer als wenn der Aktionär den Erlös des Bezugsrechtverkaufs nicht reinvestiert. | ☐ | ☒ |
| e  Verfügt ein Aktionär über mehr als 25 % des Grundkapitals, ist eine Opération Blanche durch das Wirtschaftsministerium zu genehmigen. <br> Diese Regelung ist frei erfunden. | ☐ | ☒ |
| f  Keine der vorherigen Aussagen ist richtig. | ☒ | ☐ |

**12**

| Welche Aussage(n) ist (sind) richtig? Welche ist (sind) falsch? | Richtig | Falsch |
|---|:---:|:---:|
| a Wenn eine AG eine Kapitalerhöhung im Verhältnis von 13 : 2 durchführt, die alte Aktie bei 117,50 € notiert, der Bezugspreis der jungen Aktie bei 95 € liegt und im laufenden Jahr keine Dividende gezahlt wird, ist das Bezugsrecht 3,00 € wert. | ☒ | ☐ |
| b Wenn eine AG eine Kapitalerhöhung im Verhältnis von 13 : 2 durchführt, die alte Aktie bei 117,50 € notiert, der Bezugspreis der jungen Aktie bei 95 € liegt und im laufenden Jahr keine Dividende gezahlt wird, ist das Bezugsrecht 2,95 € wert. siehe a | ☐ | ☒ |
| c Wenn eine AG eine Kapitalerhöhung im Verhältnis von 13 : 2 durchführt, die alte Aktie bei 117,50 € notiert, der Bezugspreis der jungen Aktie bei 95 € liegt und im laufenden Jahr keine Dividende gezahlt wird, ist das Bezugsrecht 3,15 € wert. siehe a | ☐ | ☒ |
| d Wenn eine AG eine Kapitalerhöhung im Verhältnis von 13 : 2 durchführt, die alte Aktie bei 117,50 € notiert, der Bezugspreis der jungen Aktie bei 95 € liegt und im laufenden Jahr keine Dividende gezahlt wird, ergibt sich ein Mischkurs von 115,50 €. $(13 \cdot 117,5 \, € + 2 \cdot 95 \, €) + 15 = 114,50 \, €$ | ☐ | ☒ |
| e Wenn eine AG eine Kapitalerhöhung im Verhältnis von 13 : 2 durchführt, die alte Aktie bei 117,50 € notiert, der Bezugspreis der jungen Aktie bei 95 € liegt und im laufenden Jahr keine Dividende gezahlt wird, ergibt sich ein Mischkurs von 117 €. $(13 \cdot 117,5 \, € + 2 \cdot 95 \, €) + 15 = 114,50 \, €$ | ☐ | ☒ |
| f Wenn eine AG eine Kapitalerhöhung im Verhältnis von 13 : 2 durchführt, die alte Aktie bei 117,50 € notiert, der Bezugspreis der jungen Aktie bei 95 € liegt und ein Dividendenvorteil von 0,15 € zu berücksichtigen ist, hat das Bezugsrecht einen Wert von 2,98 €. siehe h | ☐ | ☒ |
| g Wenn eine AG eine Kapitalerhöhung im Verhältnis von 13 : 2 durchführt, die alte Aktie bei 117,50 € notiert, der Bezugspreis der jungen Aktie bei 95 € liegt und ein Dividendenvorteil von 0,15 € zu berücksichtigen ist, hat das Bezugsrecht einen Wert von 3,00 €. siehe h | ☐ | ☒ |
| h Wenn eine AG eine Kapitalerhöhung im Verhältnis von 13 : 2 durchführt, die alte Aktie bei 117,50 € notiert, der Bezugspreis der jungen Aktie bei 95 € liegt und ein Dividendenvorteil von 0,15 € zu berücksichtigen ist, hat das Bezugsrecht einen Wert von 3,02 €. Ein Dividendenvorteil ist zu berücksichtigen, deshalb gilt : $(117,5 - (95 - 0,15)) + (13 + 2 + 1) = 3,02 \, €$ | ☒ | ☐ |

(fortgesetzt)

| Welche Aussage(n) ist (sind) richtig? Welche ist (sind) falsch? | Richtig | Falsch |
|---|---|---|
| i    Wenn eine AG eine Kapitalerhöhung im Verhältnis von 13 : 2 durchführt, die alte Aktie bei 117,50 € notiert, der Bezugspreis der jungen Aktie bei 95 € liegt und ein Aktionär über 116 Aktien verfügt, kann er unter Berücksichtigung der Kosten zwei neue Aktien durch eine Opération Blanche beziehen. <br> siehe j | ☐ | ☒ |
| j    Wenn eine AG eine Kapitalerhöhung im Verhältnis von 13 : 2 durchführt, die alte Aktie bei 117,50 € notiert, der Bezugspreis der jungen Aktie bei 95 € liegt und ein Aktionär über 116 Aktien verfügt, kann er unter Berücksichtigung der Kosten drei neue Aktien durch eine Opération Blanche beziehen. <br> –   Für den Bezug von drei Aktien werden 19,5 (= 3 · 6,5) Bezugsrechte benötigt. <br> –   Es können 96,5 Bezugsrechte verkauft werden (116 – 19,5). <br> –   Die Bezugsrechte erzielen einen Verkaufspreis von 291,43 € (= 3,02 · 96,50 €). <br> –   Netto fließen dem Aktionär 290,11 € zu (= 291,43 € · 0,9955). <br> –   Aus diesem Betrag können drei Aktien zu 95 € erworben werden. <br> –   Es verbleiben 5,11 € (= 290,11 € – 3 · 95 €). | ☒ | ☐ |
| k    Wenn eine AG eine Kapitalerhöhung im Verhältnis von 13 : 2 durchführt, die alte Aktie bei 117,50 € notiert, der Bezugspreis der jungen Aktie bei 95 € liegt und ein Aktionär über 116 Aktien verfügt, kann er unter Berücksichtigung der Kosten vier neue Aktien durch eine Opération Blanche beziehen. <br> siehe j | ☐ | ☒ |
| l    Keine der vorherigen Aussagen ist richtig. | ☐ | ☒ |

## 13

| Welche Aussage(n) ist (sind) richtig? Welche ist (sind) falsch? | Richtig | Falsch |
|---|---|---|
| a    Die Einbindung von Kreditinstituten in die Aktienemission und Börseneinführung geschieht u. a., um sich deren Infrastruktur und Erfahrung zunutze zu machen. Die Börsenzulassung erfordert nach § 32 Ab. 2 BörsG die Einbindung eines Kredit- oder Finanzdienstleistungsinstituts. | ☒ | ☐ |
| b    Um das Risiko und die anstehenden Aufgaben einer Emission besser handhaben zu können, schließen sich Banken regelmäßig zu Konsortien zusammen. | ☒ | ☐ |
| c    Der Zusammenschluss von Kreditinstituten zu Konsortien war früher üblich. Heute kommt dies nur noch bei sehr großen Emissionen vor. <br> siehe b | ☐ | ☒ |
| d    Die Aktienübernahme durch das Emissionskonsortium basiert auf einem Geschäftsbesorgungsvertrag nach § 675 BGB. <br> Es handelt sich um einen Kaufvertrag nach § 433 BGB. | ☐ | ☒ |
| e    Mit der Aktienübernahme erhält der Emittent zwar sofort eine Gutschrift, jedoch ist es Handelsbrauch, dass er die Hälfte des Absatzrisikos selbst zu tragen hat. Diese Regelung ist frei erfunden. | ☐ | ☒ |

(fortgesetzt)

| Welche Aussage(n) ist (sind) richtig? Welche ist (sind) falsch? | Richtig | Falsch |
|---|---|---|
| f  Im Rahmen der Privatplatzierung werden – wie der Name schon vermuten lässt – keine institutionellen, sondern nur Privatanleger angesprochen.<br>Es werden nur Großinvestoren – ohne Einbindung der Öffentlichkeit (privat) – zum Erwerb der Aktien angesprochen. | ☐ | ☒ |
| g  Festpreis- und Bookbuilding-Verfahren konkurrieren nicht miteinander, da sie hinsichtlich der Einsetzbarkeit für unterschiedliche Situationen verwendet werden.<br>Beide Verfahren können im Rahmen einer Erstemission eingesetzt werden und weisen unterschiedliche Profile auf. | ☐ | ☒ |
| h  Durch den Einsatz des Bookbuilding-Verfahrens lässt sich im Vergleich zum Festpreisverfahren die Zahlungsbereitschaft der Anleger besser nutzen, sodass die Kapitalrücklagen des Emittenten gestärkt werden. | ☒ | ☐ |
| i  Das Auktionsverfahren ist mit dem Bookbuilding-Verfahren gleichzusetzen. Der Begriff Bookbuilding-Verfahren ist nur Ausdruck der Amerikanisierung in der Geschäftssprache.<br>Beide Verfahren sind ähnlich, jedoch weicht das Auktionsverfahren in folgenden Punkten vom Bookbuilding-Verfahren ab:<br>–   Billigstaufträge sind nicht zugelassen.<br>–   Zeichnungskorridore existieren nicht.<br>–   Halteabsichten sind für die Zuteilung irrelevant. | ☐ | ☒ |
| j  Keine der vorherigen Aussagen ist richtig. | ☐ | ☒ |

**14**

| Welche Aussage(n) ist (sind) richtig? Welche ist (sind) falsch? | Richtig | Falsch |
|---|---|---|
| a  Der Bilanzkurs ist die Preisobergrenze dessen, was ein Investor für eine Aktie bezahlen darf. Nur der Bilanzkurs lässt sich ökonomisch als Wert der Aktie rechtfertigen. Es handelt sich um eine Preisuntergrenze. Höhere Werte lassen sich im Hinblick auf Ertragsaussichten ökonomisch begründen. | ☐ | ☒ |
| b  Der Bilanzkurs ist die Preisuntergrenze, den die AG mindestens erzielen muss, wenn sie das Unternehmen nicht der Gefahr einer feindlichen Übernahme aussetzen will. | ☒ | ☐ |
| c  Der Bilanzkurs ist die Preisuntergrenze, den die AG mindestens erzielen muss, wenn sie die neuen Aktionäre nicht besserstellen will als die Altaktionäre. | ☒ | ☐ |
| d  Der Barwert pro Aktie ist der verlässlichste Indikator zur Aktienbewertung. Die Zahlungsströme der Zukunft sind ungewiss und meist ist kein Verkaufspreis bekannt, zu dem die Aktie in Zukunft verkauft werden kann. | ☐ | ☒ |
| e  Die Dividendenrendite ist ein unvollständiger Indikator zur Aktienbewertung, da Kurssteigerungen als wesentliche Erfolgsquelle der Aktienanlage nicht betrachtet werden. Für einen Vergleich der sicheren Rendite der Aktienanlage mit der Performance verzinslicher Wertpapiere ist sie geeignet. Aktien haben keine sichere Rendite, sodass Dividenden Residualeinkommen darstellen. | ☐ | ☒ |
| f  Wenn Aktiengesellschaft und Anleger vor der Anlage eine Zeitstabilitätserklärung unterzeichnen, steht mit dem KGV eine geeignete Kennziffer zur Verfügung. Diese Regelung ist frei erfunden. | ☐ | ☒ |
| g  Keine der vorherigen Aussagen ist richtig. | ☐ | ☒ |

## 2.3 Fallstudien

### Fallstudie 1

**(1)** Führen Sie eigenverantwortlich die Auktion durch, indem Sie das nachstehende Orderbuch zur Kursfeststellung für die 654-AG übertragen und ausfüllen.

Ergebnis der Kursfeststellung für die 654-AG:

| Kurs | möglicher Stückumsatz | mögliche Verkäufe | mögliche Käufe |
|------|----------------------:|------------------:|---------------:|
| 0,95 | 100 | 100 | 7.800 |
| 1,00 | 100 | 100 | 6.600 |
| 1,05 | 800 | 800 | 5.600 |
| 1,10 | 1.600 | 1.600 | 5.600 |
| 1,15 | 2.500 | 2.500 | 4.600 |
| 1,20 | 2.500 | 2.500 | 4.600 |
| 1,25 | 3.400 | 3.400 | 3.600 |
| **1,30** | **3.600** | **4.200** | **3.600** |
| 1,35 | 2.600 | 4.800 | 2.600 |
| 1,40 | 2.600 | 4.800 | 2.600 |
| 1,45 | 1.600 | 5.200 | 1.600 |
| 1,50 | 1.600 | 5.200 | 1.600 |

**(2)** Stellen Sie begründet dar, welche Verkaufsaufträge zu berücksichtigen sind.

(a) Grundsatzfrage: Wer ist bereit, die Aktien zum gegebenen Kurs abzugeben?

(b) Konkretisierung für 1,30 €
- 100 Aktien sind auf jeden Fall zu berücksichtigen (bestens).
- 3.300 Aktien sind relevant (die Verkäufer würden sich mit weniger zufriedengeben).
- 800 Aktien sind relevant (die Verkäufer erhalten exakt den Preis, den sie mindestens einfordern).
- 1.000 Aktien können nicht verkauft werden, da die Eigentümer mindestens 1,35 € je Aktie erzielen wollen.

**(3)** Stellen Sie begründet dar, welche Kaufaufträge zu berücksichtigen sind.

(a) Grundsatzfrage: Wer ist bereit, die Aktien zum gegebenen Kurs zu erwerben?

(b) Konkretisierung für 1,30 €
- 600 Aktien sind auf jeden Fall zu berücksichtigen (billigst).
- 2.000 Aktien sind relevant (die Käufer würden auch mehr als 1,30 € zahlen).
- 1.000 Aktien zu 1,30 € sind relevant (die Verkäufer zahlen exakt den Preis, den sie maximal entrichten wollen).
- 4.200 Aktien können nicht ausgeführt werden, da die Interessenten ihre Preisvorgabe unter 1,30 € festgelegt haben.

**(4)** Ergibt sich auf der Käufer- oder Verkäuferseite ein Überhang?
- Zum Kurs von 1,30 € kann der höchste Umsatz generiert werden.
- 600 Verkaufswünsche bleiben unberücksichtigt.

**(5)** Nehmen Sie die Zuteilung vor.

(a) Da die Käufe den Engpass bilden, werden alle Billigstaufträge sowie die limitierten Orders, die auf mindestens 1,30 € lauten, komplett ausgeführt.

(b) Die Verkäufe stellen folglich den Überhang dar, somit ist hier zu selektieren:
- Zuerst werden die 100 Aktien für die Bestensaufträge zugeteilt.
- Anschließend werden die Interessenten berücksichtigt, die ihre (insgesamt) 700 Aktien auch zu 1,05 € verkauft hätten.
- Anschließend werden die Interessenten berücksichtigt, die ihre (insgesamt) 800 Aktien auch zu 1,10 € verkauft hätten.
- Anschließend werden die Interessenten berücksichtigt, die ihre (insgesamt) 900 Aktien auch zu 1,15 € verkauft hätten.
- Anschließend werden die Interessenten berücksichtigt, die ihre (insgesamt) 900 Aktien auch zu 1,25 € verkauft hätten.
- Die verbleibende Nachfrage von 200 Aktien trifft auf ein Angebot von 800 Stück. Jeder Verkäufer dieser Gruppe wäre bereit, den Preis von 1,30 € zu akzeptieren.
- Soweit der Überhang nicht in der Marktausgleichsphase beseitigt werden kann, muss zugeteilt werden. Hierbei wird der ältere Auftrag vor dem jüngeren berücksichtigt.


**Fallstudie 2**

**(1)** Eingang 10:45 Uhr (alle Orders sind zeitgleich eingegangen)

(d) Kauforder: 600 Stück zu 1,20 €
   Die Kaufaufträge zu 1,20 € können nicht berücksichtigt werden und ergänzen das Orderbuch.

(c) Kauforder: 1.000 Stück zu 1,30 €
   Die Kaufaufträge zu 1,30 € können nicht berücksichtigt werden und ergänzen das Orderbuch.

(b) Kauforder: 700 Stück zu 1,35 €
   Die Kauforder zu 1,35 € ist als Zweites auszuführen, da der Kunde bereit ist, den höchsten Preis zu zahlen. 100 Aktien werden zu 1,30 € und 600 zu 1,35 € ausgeführt.

(a) Kauforder: 900 Stück billigst
   Die 900 Stück billigst werden zuerst ausgeführt. Der Preis je Aktie liegt bei 1,30 €.

Orderbuchschema für die 654-AG nach der Orderverarbeitung um 10:45 Uhr:

| Verkaufswünsche | | Kaufwünsche | |
|---|---|---|---|
| Anzahl | Kursvorgabe | Anzahl | Kursvorgabe |
| | 0,95 | 1.350 | 0,95 |
| | 1,00 | 1.400 | 1,00 |
| | 1,05 | 1.550 | 1,05 |
| | 1,10 | 1.200 | 1,10 |
| | 1,15 | 1.400 | 1,15 |
| | 1,20 | 1.900 | 1,20 |
| | 1,25 | 2.500 | 1,25 |
| | 1,30 | 1.000 | 1,30 |

(fortgesetzt)

| Verkaufswünsche | | Kaufwünsche | |
|---|---|---|---|
| **Anzahl** | **Kursvorgabe** | **Anzahl** | **Kursvorgabe** |
| 200 | 1,35 | | 1,35 |
| 600 | 1,40 | | 1,40 |
| 1.000 | 1,45 | | 1,45 |
| 1.750 | 1,50 | | 1,50 |

**(2)** Eingang zwischen 11:00 Uhr bis 11:15 Uhr

Da die Orders jeweils sofort ausgeführt werden, ergeben sich folgende Umsätze:

**(a)** Verkaufsorder: 5.000 Stück zu 1,20 € (11:03 Uhr)

Verkaufsorder 5.000 Stück zu 1,20 € wird in Teiltranchen ausgeführt: 1.000 Aktien zu 1,30 €, 2.500 Aktien zu 1,25 € und 1.500 € Aktien zu 1,20 €.

**(b)** Verkaufsorder: 1.000 Stück bestens (11:05 Uhr)

Verkaufsorder 1.000 Stück bestens (11:05 Uhr) wird in Teiltranchen ausgeführt: 400 Aktien zu 1,20 € und 600 Aktien zu 1,15 €.

**(c)** Verkaufsorder: 800 Stück zu 1,30 € (11:14 Uhr)

Verkaufsorder 800 Stück zu 1,30 € (11:14 Uhr) ist nicht ausführbar und wird folglich in das Orderbuch aufgenommen.

Orderbuchschema für die 654-AG nach der Orderverarbeitung um 11:15 Uhr:

| Verkaufswünsche | | Kaufwünsche | |
|---|---|---|---|
| **Anzahl** | **Kursvorgabe** | **Anzahl** | **Kursvorgabe** |
| | 0,95 | 1.350 | 0,95 |
| | 1,00 | 1.400 | 1,00 |
| | 1,05 | 1.550 | 1,05 |
| | 1,10 | 1.200 | 1,10 |
| | 1,15 | 800 | 1,15 |
| | 1,20 | | 1,20 |
| | 1,25 | | 1,25 |
| 800 | 1,30 | | 1,30 |
| 200 | 1,35 | | 1,35 |
| 600 | 1,40 | | 1,40 |
| 1.000 | 1,45 | | 1,45 |
| 1.750 | 1,50 | | 1,50 |

**(3)** Eingang um 11:30 Uhr (Alle Orders sind zeitgleich eingegangen.)

Die Priorisierung erfolgt nach Orderhöhe; Abarbeitung der Orders billigst und bestens mit dem bestehenden Orderbuch, im Anschluss Ausführung der limitierten Orders mit den Resten des Orderbuchs.

(c)  Verkaufsorder: 900 Stück bestens

Die Verkaufsorder 900 Stück bestens wird mit 800 Stück zu 1,15 € und mit 100 Stück zu 1,10 € abgedeckt. Es verbleiben 1.100 Stück zu 1,10 €.

(d)  Kauforder: 1.500 Stück billigst

Die Kauforder 1.500 Stück billigst wird mit 800 Stück zu 1,30 €, 200 Stück zu 1,35 € und 500 Stück zu 1,40 € abgewickelt. Es verbleiben 100 Stück Verkaufswunsch zu 1,40 €.

(a)  Verkaufsorder: 2.000 Stück zu 1,30 €

Die Verkaufsorder von 2.000 Stück zu 1,30 € kann nicht abgewickelt werden und wird daher in das Orderbuch eingestellt.

(b)  Kauforder: 1.000 Stück zu 1,30 €

Die Kauforder von 1.000 Stück zu 1,30 € kann mit der gerade eingestellten Verkaufsorder abgewickelt werden. Die Verkaufsorder verbleibt mit 1.000 Stück zu 1,30 € im Orderbuch.

Orderbuchschema für die 654-AG nach der Orderverarbeitung um 11:30 Uhr:

| Verkaufswünsche | | Kaufwünsche | |
|---|---|---|---|
| **Anzahl** | **Kursvorgabe** | **Anzahl** | **Kursvorgabe** |
| | 0,95 | 1.350 | 0,95 |
| | 1,00 | 1.400 | 1,00 |
| | 1,05 | 1.550 | 1,05 |
| | 1,10 | 1.100 | 1,10 |
| | 1,15 | 0 | 1,15 |
| | 1,20 | | 1,20 |
| | 1,25 | | 1,25 |
| 1.000 | 1,30 | | 1,30 |
| 0 | 1,35 | | 1,35 |
| 100 | 1,40 | | 1,40 |
| 1.000 | 1,45 | | 1,45 |
| 1.750 | 1,50 | | 1,50 |

**Fallstudie 3**

**(1)**  Wie hoch war der Index-Punktestand nach der Formel für marktkapitalisierungsgewichtete Indizes im Zeitpunkt $t_0$?

$Index_t =$

$$1 \cdot \frac{(50 \cdot 45 \, Mio. \cdot 0,84 \cdot 1) + (25 \cdot 20 \, Mio. \cdot 0,42 \cdot 1) + (150 \cdot 20 \, Mio. \cdot 0,93 \cdot 1) + (80 \cdot 35 \, Mio. \cdot 0,78 \cdot 1)}{(40 \cdot 45 \, Mio.) + (50 \cdot 15 \, Mio.) + (70 \cdot 55 \, Mio.) + (60 \cdot 30 \, Mio.)} \cdot 1.000$$

$Index_t = 862,68$ Punkte

**(2)**  Analysieren sie folgende Ereignisse, die seit dem Ausgangzeitpunkt passiert sind. Gehen Sie schrittweise vor und sichern Sie die Zwischenergebnisse in der nachfolgenden Tabelle.

(a) Aufgrund einer **Dividendenausschüttung** muss der Korrekturfaktor für Unternehmen 3 angepasst werden. Das Unternehmen schüttet 5 € pro Aktie aus. Der Schlusskurs am Tag vor der Dividendenzahlung liegt bei 140 €, während der Schlusskurs am Tag nach der Dividendenzahlung bei 135 € liegt.

Der neue Kurswert von 135 € ist in die Spalte $p_{it}$ einzutragen. Der Korrekturfaktor für Unternehmen 3 ist neu zu berechnen:

$$c_{3t} = \frac{140 \text{ €}}{140 \text{ € } - 5 \text{ € } \cdot (1 - 0)} \cdot 1{,}00$$

$$c_{3t} = 1{,}037037$$

Dabei gilt:

$D_{it}$ = Ausschüttung am Tag t

$\tau$ = Quellensteuer (nur für Net Return Indizes, sonst $\tau$ = **0**)

(b) Die Hauptversammlung von Unternehmen 1 hat einen Aktiensplit beschlossen, damit die Wertpapiere des Unternehmens wieder liquider am Markt gehandelt werden können. Das Splittingverhältnis beträgt 1 : 2.

Da keine weiteren Angaben vorliegen, gilt bei einem Aktiensplit von 1 : 2, dass sich die Stückzahl verdoppelt, während sich der Preis entsprechend halbiert. Damit bleibt die Marktkapitalisierung gleich. In die Spalte $p_{it}$ sind 25 € und in die Spalte $q_{iT}$ 90 Mio. Stück einzutragen.

(c) Durch eine neue Technologie ist der Kurs von Unternehmen 2 auf 75 € angestiegen. Ein Anteilseigner möchte einen Teil der Kursgewinne realisieren und verkauft daher 2 Mio. Aktien des Unternehmens (10 %) aus seinem Festbesitz.

Zunächst ist der aktuelle Kurs von 75 € in die Spalte $p_{it}$ einzutragen. Da dem Unternehmer 10 % der Gesamtaktien gehörten, sind diese nun nicht mehr dem Festbesitz, sondern zukünftig dem Free-Float zuzuordnen. Dadurch ist in die Spalte $ff_{iT}$ der Wert auf 0,52 zu erhöhen.

(d) Stellen Sie sicher, dass kein Wertpapier über der Kappungsgrenze liegt. Berechnen Sie dafür die jeweilige Gewichtung der Wertpapiere im Index. Nehmen Sie dafür die Formel zur Berechnung der Free-Float-Marktkapitalisierung zur Hilfe.

Es ist zunächst für jedes Unternehmen die Free-Float-Marktkapitalisierung zu berechnen. Anschließend wird die Indexkapitalisierung bestimmt (Summe der einzelnen Unternehmen). Daraus lässt sich das jeweilige Gewicht eines Unternehmens an der Gesamtsumme bestimmen.

Die Free-Float-Marktkapitalisierung berechnet sich beispielhaft für Unternehmen 4 wie folgt:

$$FFMCap_4 = 80 \text{ €}/Stck^* 35. \text{ Mio. } Stck^* 0{,}7800$$

$$FFMCap_4 = 21.184.000.000 \text{ €}$$

| Unternehmen | Free Float | |
| --- | --- | --- |
| | Marktkapitalisierung (€) | Gewichtung (%) |
| 1 | 1.890.000.000 | 25,66191 |
| 2 | 780.000.000 | 10,59063 |
| 3 | 2.511.000.000 | 34,09369 |
| 4 | 2.184.000.000 | 29,65377 |
| Σ | 7.365.000.000 | 100,00000 |

Es liegt kein Unternehmen über der Kappungsgrenze von 40,00 %. Es ist nichts weiter zu tun.

(a) Berechnen Sie den neuen Indexpunktestand.

Entsprechend aller Anpassungen sieht die Lösungstabelle wie folgt aus (siehe Vorseite):
Der neue Indexpunktestand berechnet sich wie folgt:

$$Index_{t1} =$$

$$1 \cdot \frac{(25 \cdot 90\,Mio. \cdot 0{,}84) + (75 \cdot 20\,Mio. \cdot 0{,}52) + (135 \cdot 20\,Mio. \cdot 0{,}93 \cdot 1{,}037037) + (80 \cdot 35\,Mio. \cdot 0{,}78)}{(40 \cdot 45\,Mio.) + (50 \cdot 15\,Mio.) + (70 \cdot 55\,Mio.) + (60 \cdot 30\,Mio.)} \cdot 1.000$$

$$Index_{t1} = 909{,}51 \text{ Punkte}$$

**Fallstudie 4**

(1) Aufgrund der aktuellen Börsenturbulenzen hat die Aktie Ihres Arbeitgebers seit Jahresbeginn 15 % an Wert verloren. Ihr Vorstand möchte die gute Wertentwicklung der letzten Jahre nachzeichnen, indem ein Anlagebetrag von 10.040 € unterstellt wird. An jeder Kapitalerhöhung der Vergangenheit wurde teilgenommen, jedoch ohne weitere Mittel zu investieren. Restbeträge aus einem Jahr sollen jedoch im Folgejahr berücksichtigt werden. Legen Sie bei Ihrer Analyse Gebühren in Höhe von 0,45 % des Kurswerts zugrunde. Junge Aktien erhält der Anleger gegen seine Bezugs- bzw. Teilrechte kostenlos.

(a) Ausgangspunkt am 30.06.20X1
   – Kurs der Aktie: 135 €
   – Grundkapital: 100 Mio. € in 10 Mio. Aktien zu 10 € Nennwert

Erwerb von 74 Aktien: 10.040 ÷ (135 · 1,0045) = Anlage von 10.034,96 €; verbleibende Liquidität: 5,04 €.

(b) Kapitalerhöhung aus Gesellschaftsmitteln am 15.04.20X2
   – Kurs der Aktie: 164,65 €

| Unternehmen | $p_{i0}$ (€) | $p_{it}$ (€) | $q_{i0}$ (€) | $q_{iT}$ (€) | $ff_{iT}$ | $c_{it}$ | Zähler (€) | Nenner (€) | Free-Float Markt-kapitalisierung (€) | Gewichtung (%) |
|---|---|---|---|---|---|---|---|---|---|---|
| 1 | 40 | 25 | 45.000.000 | 90.000.000 | 0,8400 | 1,000000 | 1.890.000.000 | 1.800.000.000 | 1.890.000.000 | 25,66191 |
| 2 | 50 | 75 | 15.000.000 | 20.000.000 | 0,5200 | 1,000000 | 780.000.000 | 750.000.000 | 780.000.000 | 10,59063 |
| 3 | 70 | 135 | 55.000.000 | 20.000.000 | 0,9300 | 1,037037 | 2.603.999.907 | 3.850.000.000 | 2.511.000.000 | 34,09369 |
| 4 | 60 | 80 | 30.000.000 | 35.000.000 | 0,7800 | 1,000000 | 2.184.000.000 | 1.800.000.000 | 2.184.000.000 | 29,65377 |
| Σ | | | | | | | 7.457.999.907 | 8.200.000.000 | 7.365.000.000 | 100 |

Auf zehn alte Aktien entfallen 8,5 neue Aktien.

Börsenwert von 10 Altaktien: 1.646,50 € (= 10 · 164,65 €)

Mischkurs nach Kapitalerhöhung: 89 € (= 1.646,50 € ÷ 18,5 Stück)

Verlust pro Aktie: 75,65 € (= 164,65 € − 89 €)

Wert pro Bezugsrecht: 75,65 €

  – Grundkapitalerhöhung um 85 Mio. € durch die Ausgabe von neuen Aktien

Der Aktionär erhält 74 Bezugsrechte.

74 Bezugsrechte haben einen Börsenwert von 5.598,10 € (= 75,65 € · 74).

Mit den 74 Bezugsrechten können 62,9 Aktien erworben werden (74 ÷ 10 · 8,5). Da keine Bruchteile von Aktien erworben werden können, werden 62 neue Aktien bezogen, für die 72,9412 Bezugsrechte (62 ÷ 8,5 · 10) verbraucht werden.

Die verbleibenden 1,0588 Bezugsrechte (= 74 − 72,9412) werden verkauft. Sie haben einen Börsenwert von 80,10 € (= 1,0588 · 75,65 €).

Da keine Mindestgebühr zu berücksichtigen ist, sind insgesamt 0,45 % abzuziehen. Es werden 79,74 € (= 80,10 € · 0,9955) gutgeschrieben.

Konsequenzen:

vorhandene Liquidität: 84,78 € (= 5,04 € + 79,74 €)

Aktienbestand: 136 (= 74 + 62)

(c)  Kapitalerhöhung durch Einlagen am 30.06.20X5

  – Kurs der alten Aktie: 175 €

  – Bezugspreis der neuen Aktie: 115 €

  – Erhöhung im Verhältnis 4: 2,5

Ermittlung des Bezugsrechtswerts: (175 − 115) ÷ (4 ÷ 2,5 + 1) = 23,08 €

Mischkurs: 151,923 € (= (175 · 4 + 115 · 2,5) ÷ 6,5)

Summe der Verkaufserlöse: 3.138,88 € (= 23,08 € · 136)

Bezugsmöglichkeit: 20 Stück (3.138,88 € ÷ 151,92 €)

Für 20 neue Aktien werden 32 Bezugsrechte benötigt (= 20 · 4 ÷ 2,5).

verbleibende Bezugsrechte: 104 (=136 − 32)

Mittelzufluss: 2.400,32 € (= Verkauf von 104 Bezugsrechten zu 23,08 €)

Nettozufluss: 2.389,52 € (= 2.400,32 € − 0,45 % Abzüge)

erforderliche Zahlung für den Erhalt der jungen Aktien: 2.300 € (= 115 · 20)

verbleibende Mittel: 89,52 € (= 2.389,52 € − 2.300 €)

Durch den vorhandenen Liquiditätsbestand von 84,78 € ergibt sich ein Mittelbestand von 174,30 €. Aus diesem lässt sich ein weiterer Aktienerwerb darstellen. Für die erforderlichen 1,6 Bezugsrechte (= 4 ÷ 2,5) werden an der Börse 36,93 € (= 23,08 · 1,6) bezahlt. Eine Gebührenbelastung wird vernachlässigt, da ein Erwerber diesen Rechenschritt vor dem Verkauf seiner Bezugsrechte vollzogen hätte. Die 115 €, die der Gesellschaft zustehen, lassen sich ebenfalls aus der Gesamtsumme darstellen.

Konsequenzen:

vorhandene Liquidität: 22,37 € (Ausgangsliquidität 84,78 € + 89,52 € − 36,93 € − 115 €)

Wenn Sie den Erwerb der einen weiteren Aktie aufgrund der vorhandenen Liquidität im Vorfeld erkannt haben, ist Ihre Gebührenbelastung beim Verkauf um 0,17 € geringer (=36,93 € · 0,45 %). Um diesen Betrag steigt ihre vorhandene Liquidität.

Aktienbestand: 157 (= 136 + 21)

(d)  Aktiensplit am 15.11.20X7

  – Reduzierung des Nennwerts auf 5 €

  – Kurs der Aktie vor der Maßnahme: 220 €

– Die ersten zwei Wochen entspricht der Börsenkurs exakt dem rechnerischen Wert.

157 Altaktien mit einem Preis von 220 € werden zu 314 Aktien nach dem Split mit einem rechnerischen Wert von 110 €.

Konsequenzen:

vorhandene Liquidität: entspricht der vorherigen Teilaufgabe (c)

Aktienbestand: 314

(e) Vermögenssituation
- Höchstwert der Aktie am 31.12.20X8: 145 €
- Kursrückgang bis zum 31.05.20X9: 123,25 €

Gesamtvermögen 31.12.20X8: 45.552,37 € (= Aktienbesitz 314 · 145 € + 22,37 € Barbestand)

Gesamtvermögen 31.05.20X9: 38.722,87 € (= Aktienbesitz 314 · 123,25 € + 22,37 € Barbestand)

Zum Jahresende 20X8 war das Vermögen auf 453,7 % angestiegen. Nach dem Kurseinbruch hat das Vermögen immer noch einen Wert von 385,7 % des Ursprungswerts von 10.040 €.

## Fallstudie 5

**(1)** Ermitteln Sie den Wert des Bezugsrechts, indem Sie den Börsenwert des gesamten Unternehmens vor und nach der Kapitalerhöhung betrachten. Nehmen Sie die Perspektive des Altaktionärs ein. Führen Sie die Betrachtung aus der Perspektive eines Anlegers durch, der bislang noch keine Aktien besessen hat.

Wert der Altaktien: 550 Mio. € (= 55 € · 10 Mio. Stück)

Wert der neuen Aktien: 87,5 Mio. € (= 35 € · 2,5 Mio. Stück)

Gesamtwert: 637,5 Mio. € (= 550 Mio. € + 87,5 Mio. €)

Mischkurs: 51 € (= 637,5 Mio. € ÷ 12,5 Mio. Stück)

Verlust des Altaktionärs: 4 € (= 55 € − 51 €)

Aufwand für den Neuerwerb: 51 € (= 4 Bezugsrechte zu 4 € + 35 € Zahlung an die Gesellschaft)

**(2)** Ermitteln Sie den Bezugsrechtswert mithilfe der Ihnen bekannten Formel, wenn 0,15 € an Dividendennachteil zu berücksichtigen sind.

Wertermittlung des Bezugsrechts bei Dividendennachteil: 3,97 € (= 55 € − (35 € + 0,15 €) ÷ (20 ÷ 5 + 1))

**(3)** Ist das Bezugsrecht über- oder unterbewertet, wenn die Aktie bei 52 € und das Bezugsrecht bei 4,23 € notieren? Unterstellen Sie die Existenz des in (2) genannten Dividendennachteils. Betrachten Sie auch die andere Alternative.

Wenn beide Wertpapiere notiert werden, ist die Trennung von Aktie und Bezugsrecht vollzogen. Somit ist auf die modifizierte Formel zurückzugreifen.

Bezugsrechtswert ohne Dividendennachteil: 4,25 € (= (52 € − 35 €) ÷ (20 ÷ 5))

Bezugsrechtswert mit Dividendennachteil: 4,21 € [= 52 € − (35 € + 0,15 €)] ÷ (20 ÷ 5)

Im ersten Fall notiert das Bezugsrecht 0,02 € unter seinem rechnerischen Wert.

Im zweiten Fall notiert das Bezugsrecht 0,02 € über seinem rechnerischen Wert.

## Fallstudie 6

**(1)** Ermitteln Sie den Bilanzkurs für beide Gesellschaften auf Basis der erwarteten Gewinne.

Wolle und Handarbeit AG: 50 Mio. € ÷ 25 Mio. € · 5 € = 10 €

Senioren-Residencz AG: 100 Mio. € ÷ 40 Mio. € · 40 € = 100 €

**(2)** Ermitteln Sie das KGV für beide Gesellschaften für das Folgejahr.

Wolle und Handarbeit AG: 17,50 € ÷ 1,5 = 11,66 Jahre

Senioren-Residencz AG: 120 € ÷ 9,80 € = 12,24 Jahre

**(3)** Ermitteln Sie den Barwert je Aktie für beide Gesellschaften. Unterstellen Sie einen Zinssatz von 6 %.

Wolle und Handarbeit AG: $1,50 € · 1,06^{-1} + 1,75 € · 1,06^{-2} + 1,80 € · 1,06^{-3} + 1,80 € · 1,06^{-4} + 1,85 € · 1,06^{-5} = 7,29 €$

Senioren-Residencz AG: $9,80 € · 1,06^{-1} + 10,50 € · 1,06^{-2} + 11,00 € · 1,06^{-3} + 11,50 € · 1,06^{-4} + 12,00 € · 1,06^{-5} = 45,90 €$

**(4)** Ermitteln Sie die Dividendenrendite für beide Gesellschaften.

Wolle und Handarbeit AG: 1 € ÷ 17,5 € · 100 = 5,71 %

Senioren-Residencz AG: 7 € ÷ 120 € · 100 = 5,83 %

**(5)** Bewerten Sie die Aussagefähigkeit der einzelnen Kennziffern, indem Sie die beiden Gesellschaften vergleichen.

- Bilanzkurs: Gemessen am Bilanzkurs ist der Emissionskurs der Wolle und Handarbeit AG mit 175 % (= 17,5 € ÷ 10 € · 100) unvorteilhafter für den Erwerber als der Emissionskurs der Senioren-Residencz AG mit 120 % (= 120 € ÷ 100 € · 100). Da diese Kennziffer eher eine Preisuntergrenze darstellt und über die stillen Reserven keine Aussage getroffen werden kann, ist das Ergebnis allein nicht zur Entscheidungsfindung geeignet.
- KGV: Die ermittelten KGV liegen mit 11,66 Jahren (Wolle und Handarbeit AG) und 12,24 Jahren (Senioren-Residencz AG) nicht allzu weit auseinander. Der Wert der Wolle und Handarbeit AG ist ein wenig besser. Die dem Konzept zugrunde liegende Prämisse, dass der Gewinn im Zeitverlauf gleichbleibt, ist nicht gegeben, da beide Gesellschaften im Zeitverlauf mit höheren Gewinnen rechnen.
- Barwert: Methodische Schwäche der durchgeführten Rechnung ist die Vernachlässigung des Wertes der Anlage. Mit der hier vorgenommenen Rechnung wird unterstellt, dass fünf Gewinne zu berücksichtigen sind und danach der Wert des Unternehmens Null ist. Dies dürfte wenig realitätsnah sein. Bezieht man die Barwerte auf die Emissionskurse, so kann man beide Werte unter Vorbehalt vergleichen: Für die Wolle und Handarbeit AG stellt der Barwert 42 % (= 7,29 € ÷ 17,5 € · 100) des Emissionskurses dar. Bei der Senioren-Residencz AG beträgt der Wert 38 % (= 45,5 € ÷ 120 € · 100), sodass die Wolle und Handarbeit AG hier den besseren Wert erzielt.
- Dividendenrendite: Die ermittelten Renditen liegen mit 5,71 % (Wolle und Handarbeit AG) und 5,83 % (Senioren-Residencz AG) nicht sehr weit auseinander. Der Wert der Wolle und Handarbeit AG ist ein wenig schlechter. Die dem Konzept zugrunde liegende Prämisse, dass der Gewinn im Zeitverlauf gleich bleibt ist nicht gegeben, da beide Gesellschaften im Zeitverlauf mit höheren Gewinnen rechnen.
- Zusammenfassung: Die beiden Gesellschaften unterscheiden sich hinsichtlich der einzelnen Kennziffern nur marginal. Zudem wechselt die Vorteilhaftigkeit der Gesellschaften bei den unterschiedlichen Kennziffern. Für eine Anlageempfehlung sollte die bisherige Depot-

struktur berücksichtigt werden, um hinsichtlich der investierten Branchen diversifiziert zu sein.

**(6)** Weisen Sie den Gesamterfolg einer Anlage von 10 T€ in € und % für beide Aktienarten aus, indem Sie den Erwerb zum Emissionskurs und den 30.12.20X3 als Verkaufstermin unterstellen. Gehen Sie von einer kompletten Steuerfreiheit aus. Die Dividenden entsprechen ab dem Jahr 20X2 exakt 2/3 des geplanten Gewinns.

Ermittlung des Gesamterfolgs unter der Annahme der Steuerfreiheit. Die Gebührenberücksichtigung führt zu Faktoren, mit denen der jeweilige Kurswert multipliziert wird.

– Wolle und Handarbeit AG:

Erwerb: 10 T€ ÷ (17,5 € · 1,0045) = 568 Aktien. Somit ergeben sich gesamte Anschaffungskosten in Höhe von 9.984,73 €.

Dividendenzahlung 20X1: 568 Aktien · 1,00 € = 568 €

Dividendenzahlung 20X2: 568 Aktien · 1,75 € · 2/3 = 662,67 €

Dividendenzahlung 20X3: 568 Aktien · 1,80 € · 2/3 = 681,60 €

Verkauf: 568 Aktien · 17,75 € · 99,55 % = 10.036,63 €

Gesamterfolg: (10.036,63 € + 568 € + 662,67 € + 681,60 € − 9.984,73 €) ÷ 9.984,73 € · 100 = 19,67 %
↔ Wertsteigerung von etwa 7,15 % jährlich aufgrund der Haltedauer von 33 Monaten.

– Senioren-Residencz AG:

Erwerb: 10 T€ ÷ (120 € · 1,0045) = 82 Aktien

Dividendenzahlung 20X1: 82 Aktien · 7,0 € = 574,00 €

Dividendenzahlung 20X2: 82 Aktien · 10,50 € · 2/3 = 574,00 €

Dividendenzahlung 20X3: 82 Aktien · 11,00 € · 2/3 = 601,33 €

Verkauf: 82 Aktien · 119,31 € · 99,55 % = 9.739,39 €

Gesamterfolg: (9.739,39 € + 574 € + 574 € + 601,33 € − 9.884,28 €) ÷ 9.884,28 € · 100 = 16,23 % ↔ Wertsteigerung von etwa 5,90 % jährlich aufgrund der Haltedauer von 33 Monaten.

## Fallstudie 7

**(1)** Wie viele Aktien sind zu verkaufen?

Bilanzkurs: Eigenkapital ÷ gezeichnetes Kapitalkonkret: 4.320 T€ ÷ 1.080 T€ → 4,0Der Faktor von 4,0 ist mit dem Nennwert der Aktie (6 €) zu multiplizieren. → 24 €Die erforderliche Anzahl an Aktien errechnet sich: erforderliches Kapital ÷ geplanter Verkaufspreiskonkret: 2.880 T€ ÷ 24 € → 120.000 Aktien

**(2)** Welchen rechnerischen Wert hat das Bezugsrecht?

Bezugsverhältnis: Anzahl alter Aktien ÷ Anzahl junger Aktien (1.080 T€ ÷ 6) ÷ 120.000 = 1 ↔ 1,5
Preis in €: (30,6 € − 24 €) ÷ (180 ÷ 120 + 1) = 2,64 €

**(3)** Unterscheiden Sie das gesamte Eigenkapital nach der Transaktion in Grundkapital und Rücklagen.
  – Vorher:
  Grundkapital: 1.080 T€
  Rücklagen: 3.240 T€
  gesamtes Eigenkapital 4.320 T€
  – Kapitalerhöhung:
  120.000 Aktien zu 6 € Nennwert = 720 T€
  120.000 Aktien zu 18 € Agio (= 24 – 6) = 2.160 €
  – Nachher:
  Grundkapital: 1.800 T€ (= 1.080 T€ + 720 T€)
  Rücklagen: 5.400 T€ (= 3.240 T€ + 2.160 T€)
  gesamtes Eigenkapital: 7.200 T€

# 3 Kapitel 3: Klassische Kreditaufnahme und Alternativen

## 3.1 Wiederholungsfragen

**(1)** Wie wird die Summe aus Zins- und Tilgungsleistung genannt?
Sie wird als Kapitaldienst bezeichnet.

**(2)** Wann kommt ein endfälliges Darlehen zum Einsatz?
Endfällige Darlehen kommen zum Einsatz, wenn ein größerer Zahlungseingang erwartet wird, die unternehmerischen Anlagemöglichkeiten höher sind als der Zinssatz der Bank oder der Aufwand für die Steuer hochgehalten werden soll.

**(3)** Welche Optionen stehen dem Kunden offen, wenn die Zinsbindungsfrist seines Darlehens ausläuft?
Nach Ende der Zinsbindungsfrist kann der Kunde das Darlehen zurückzahlen, eine Anschlussfinanzierung mit Zinsbindung bei dem bisherigen Kreditgeber oder einem anderen Kreditinstitut vereinbaren. Ergreift der Kreditnehmer keine dieser Möglichkeiten, wird das Darlehen mit einem variablen Zinssatz weitergeführt.

**(4)** Was wird unter der persönlichen Kreditwürdigkeit verstanden?
Darunter versteht man den Willen zur Vertragstreue nach Erhalt des Kredits.

**(5)** Wozu dient die Einnahmenüberschussrechnung?
Die Einnahmenüberschussrechnung ersetzt die Bilanz und die GuV bei Unternehmen, die nicht der Bilanzpflicht unterliegen.

**(6)** Was ist die juristische Besonderheit des Kontokorrentkredits?
§ 355 HGB erlaubt bei dieser Kreditart die Berechnung von Zinseszinsen.

**(7)** Wie unterscheiden sich Avalkredite von anderen Krediten wie dem Ratenkredit?
Avalkredite werden als Kreditleihe bezeichnet, da mit ihrer Bereitstellung keine liquiden Mittel zur Verfügung gestellt werden. Kredite, bei denen Liquidität fließt, werden als Geldleihe bezeichnet.

**(8)** Wodurch kann ein Avalkredit erlöschen?
Durch Erledigung des Grundgeschäfts, Rückgabe der Avalurkunde, Fristablauf und Leistung durch das Kreditinstitut können Avalkredite beendet werden.

**(9)** Worin bestehen die Vorteile von Rahmenkrediten für das Unternehmen?
Mit einem Rahmenkredit erhält das Unternehmen mehr Flexibilität und kann seine Zinskosten insgesamt reduzieren.

**(10)** Was wird unter dem Hausbankverfahren verstanden?
Unter dem Hausbankverfahren wird verstanden, dass ein Kreditnehmer die Mittel, die er von einer Förderbank erhalten möchte, über seine kontoführende Geschäftsbank zu beantragen hat.

https://doi.org/10.1515/9783110791082-017

**(11)** Welche Säule(n) der Nachhaltigkeit werden bei Green Loans üblicherweise adressiert?
Green Loans fokussieren „grüne" (Klima-) Projekte und damit die Säule der Ökologie.

**(12)** Welche Säulen der Nachhaltigkeit werden bei Sustainability-Linked-Loans adressiert?
Es können alle drei Säulen (Ökologie, Ökonomie, Soziales) adressiert werden.

**(13)** Welche nachhaltigen Finanzierungsformen sind zweckgebunden und welche adressieren das gesamte Unternehmen?
Green Finance und Green Loans fokussieren bestimmte (ökologische) Projekte. Sustainable Finance und Sustainability-Linked-Loans sind auf das Gesamtunternehmen ausgerichtet und nicht projektgebunden.

**(14)** Nennen Sie drei Kriterien, mit deren Hilfe sich das Leasing klassifizieren lässt.
Leasingverträge lassen sich danach gliedern, ob
- der Hersteller oder ein separates Unternehmen als Leasinggeber fungiert,
- der Leasinggegenstand mobil oder immobil ist,
- Operate oder Finance Leasing vorliegt,
- der Hersteller innerhalb der Grundmietzeit die kompletten Anschaffungskosten erwirtschaftet,
- nur gleichbleibende Zahlungen erfolgen oder eine zusätzliche Einmalzahlung aufzubringen ist,
- der Leasingvertrag ganz speziell auf die Kundenbedürfnisse zugeschnitten ist.

**(15)** Unter welcher Voraussetzung hat der Kunde mit einem Leasingvertrag eine verlässlichere Planungsgrundlage?
Soweit Wartungs- und Serviceleistungen im Vertrag enthalten sind, verbessert er seine Planungssicherheit.

**(16)** Nennen Sie die drei Beteiligten des Factorings.
Factor, Factoring-Kunde und Debitor sind die drei Personen(-gruppen), die beim Factoring voneinander zu unterscheiden sind.

**(17)** Nennen Sie die Unterschiede zwischen echtem und unechtem Factoring.
Im echten Factoring übernimmt der Factor auch das Ausfallrisiko der Forderung. Beim unechten Factoring verbleibt das Ausfallrisiko beim Factoring-Kunden.

**(18)** Nennen Sie die Unterschiede zwischen offenem und stillem Factoring.
Beim offenen Factoring wird dem Debitor das Factoring offengelegt, da er die Zahlung direkt an den Factor zu leisten hat. Im stillen Factoring zahlt der Drittschuldner gewohnt an den Factoring-Kunden und wird in der Regel über die Forderungsabtretung nicht informiert.

**(19)** Was spricht gegen den Einsatz von Factoring?
Gegen das Factoring spricht:
- Je nach Ausgestaltung des Einzelfalls kann die Finanzierungsfunktion des Factorings teurer sein als die Inanspruchnahme bei der Bank.

– Die Einbindung eines Factors kann das Image des Factor-Kunden belasten.
– Die Geschäftsbeziehung zwischen Factor-Kunde und Drittschuldner kann durch ein zu strenges Vorgehen des Factors belastet werden.
– Soweit Serviceleistungen beansprucht werden, sinkt wie bei jeder Auslagerung die Autarkie des Unternehmens.

**(20) Welche Ausprägungen der Equity Mezzanine werden unterschieden?**
Die Ausprägungen der Equity Mezzanine sind die Vorzugsaktie, Genussrechte, atypische stille Gesellschaften und Nachrangdarlehen.

**(21) Was ist das Besondere der Zwitter-Mezzanine?**
Bei den Zwitter-Mezzaninen wird zuerst Fremdkapital zu vergleichsweise günstigen Konditionen aufgenommen, das in Eigenkapital getauscht werden kann (Wandelanleihe) oder das Recht auf den Erwerb von Eigenkapital einräumt (Optionsanleihe).

**(22) Nennen Sie die Vorteile, die mit allen Formen der Equity Mezzanine verbunden sind.**
Vorteile aller Equity-Mezzanine-Formen:
– Bonitätssteigerung, da die Haftung für (andere) Gläubiger verbessert wird
– Konstanz der Gesellschafter mit (vollen) Geschäftsleitungsrechten

**(23) Wonach lässt sich Crowdfunding auf erster Instanz differenzieren?**
Nach der Gegenleistung. Es gibt Crowdfunding mit und ohne materielle Gegenleistung.

**(24) Welche vier Formen des Crowdfunding kennen Sie?**
Folgende Formen sind zu unterscheiden

– donation-based / spendenbasiert
– reward-based / Belohnungsmodell
– lending-based / Crowdlending und
– equity-based / Crowdinvesting

**(25) Welche fünf allgemeinen Schritte durchläuft eine Crowdfunding-Finanzierung?**
Folgende Schritte sind zu unterscheiden:
– Vorbereitung
– Vorstellung
– Finanzierung
– Umsetzung und
– Gegenleistung

**(26) Warum wird Crowdfunding regelmäßig über Dienstleister umgesetzt?**
Ohne Dienstleister sind die Finanzierungswerkzeuge prospektpflichtig, was mit sehr großem Aufwand verbunden ist. Dazu kommt der operative Aufwand für die Umsetzung. Diese Tätigkeiten übernimmt der Dienstleister und es entfällt die gesetzliche Prospektpflicht, soweit die definierte Betragsgrenze eingehalten wird. Es ist lediglich ein Vermögensanlageninformationsblatt (VIB) zu erstellen.

**(27) Bis zu welcher jährlichen Finanzierungssumme entfällt die Prospektpflicht beim Crowdfunding? Was ist dafür die Voraussetzung?**

– Die innerhalb von 12 Monaten angebotenen Vermögensanlagen des Unternehmens dürfen 6 Mio. € nicht übersteigen.
– Die Einbindung eines Dienstleisters (s. Frage 26)

**(28)** Welche vier Bedingungen müssen bei mezzaninen Werkzeugen erfüllt sein, damit diese handelsrechtlich dem Eigenkapital zugerechnet werden können?
Die Bedingungen sind:
– Langfristigkeit
– Nachrangigkeit
– erfolgsabhängige Vergütung und
– Verlustteilnahme

## 3.2 Gebundene Fragen

**1**

| Welche Aussage(n) ist (sind) richtig? Welche ist (sind) falsch? | Richtig | Falsch |
|---|---|---|
| a Annuitätendarlehen und Abzahlungsdarlehen sind Tilgungsdarlehen. Die Tilgung wird zusammen mit den Zinsen gezahlt, die Summe daraus wird als Rate oder Leistung bezeichnet.<br>Nur Abzahlungsdarlehen werden als Tilgungsdarlehen bezeichnet. | ☐ | ☒ |
| b Annuitätendarlehen und endfällige Darlehen sind Tilgungsdarlehen. Die Tilgung wird zusammen mit den Zinsen gezahlt, die Summe daraus wird als Rate oder Leistung bezeichnet.<br>siehe a | ☐ | ☒ |
| c Endfällige Darlehen und Annuitätendarlehen sind keine Tilgungsdarlehen. Die Tilgung wird zusammen mit den Zinsen gezahlt, die Summe daraus wird als Rate oder Leistung bezeichnet. | ☒ | ☐ |
| d Annuitätendarlehen zeichnen sich durch eine gleichbleibende Belastung aus. Der Zinsaufwand steigt um die ersparte Tilgung.<br>Der Tilgungsanteil steigt um die ersparten Zinsen. | ☐ | ☒ |
| e Abzahlungsdarlehen zeichnen sich durch eine sinkende Belastung aus. Die Tilgung bleibt konstant, die Zinsen fallen. | ☒ | ☐ |
| f Bei endfälligen Darlehen mit festem Zinssatz müssen bis zur Fälligkeit jedes Jahr nur Zinsen gezahlt werden, die immer gleich hoch sind. | ☒ | ☐ |
| g Endfällige Darlehen werden unter Einbezug eines vorhandenen oder zukünftigen Tilgungsersatzmittels abgeschlossen. Infrage kommen z. B. der Verkauf von Immobilien oder Tochtergesellschaften. | ☒ | ☐ |
| h Für Annuitätendarlehen gilt bei einer konstanten anfänglichen Tilgung:<br><br>Es gilt: je höher der Zinssatz, desto kürzer die Darlehenslaufzeit. | ☒ | ☐ |
| i Für Annuitätendarlehen gilt bei einer konstanten anfänglichen Tilgung: je höher der Zinssatz, desto länger die Darlehenslaufzeit.<br>Es gilt: je höher der Zinssatz, desto kürzer die Darlehenslaufzeit. | ☐ | ☒ |
| j Für Annuitätendarlehen gilt: je höher der anfängliche Tilgungssatz, desto kürzer die Darlehenslaufzeit. | ☒ | ☐ |
| k Für Annuitätendarlehen gilt: je höher der anfängliche Tilgungssatz, desto länger die Darlehenslaufzeit.<br>Je höher der anfängliche Tilgungssatz, desto kürzer die Darlehenslaufzeit. | ☐ | ☒ |
| l Für Annuitätendarlehen gilt: je kürzer der Abstand zur nächsten Zins- und Tilgungsverrechnung, desto kleiner die Laufzeit und die Gesamtkosten. | ☒ | ☐ |
| m Für Annuitätendarlehen gilt: je kürzer der Abstand zur nächsten Zins- und Tilgungsverrechnung, desto größer die Laufzeit und die Gesamtkosten.<br>Es gilt: je kürzer der Abstand zur nächsten Zins- und Tilgungsverrechnung, desto kleiner die Laufzeit und die Gesamtkosten. | ☐ | ☒ |
| n Keine der vorherigen Aussagen ist richtig. | ☐ | ☒ |

**2**

| Welche Aussage(n) ist (sind) richtig? Welche ist (sind) falsch? | Richtig | Falsch |
|---|---|---|
| a Zinsstrukturkurven sind die Visualisierung des Zusammenhangs zwischen Laufzeit und Zinssatzhöhe. | ☒ | ☐ |
| b Man unterscheidet die normale, die falsche und die inverse Zinsstrukturkurve. | ☐ | ☒ |
| Die Unterscheidung lautet: flach, normal und invers. | | |
| c Man unterscheidet die normale, die flache und die perverse Zinsstrukturkurve. | ☐ | ☒ |
| siehe b | | |
| d Die Zinsstrukturkurven werden von der Bundesregierung per Erlass definiert. | ☐ | ☒ |
| Diese Regelung ist frei erfunden. | | |
| e Die Zinsstrukturkurven unterscheiden sich hinsichtlich der Bonität der Schuldner. Je schlechter die Bonität ist, desto größer ist die Risikoprämie, die von den Anlegern eingefordert wird. | ☒ | ☐ |
| f Eine lange Zinsbindungsfrist ist immer vorteilhaft, da das Unternehmen hiermit für die Laufzeit eine sichere Kalkulationsgrundlage hat. Hier ist situativ eine Abwägung erforderlich, da die Sicherheit durch das Zahlen der Laufzeitprämie erkauft wird. | ☐ | ☒ |
| g Der Effektivzinssatz ist immer kleiner als der Nominalzinssatz, da Kosten nicht in die Effektivzinsberechnung einzubeziehen sind. Da der Effektivzinssatz immer den Nominalzinssatz umfasst und zusätzlich auch ein etwaiges Agio bzw. Disagio berücksichtigt, ist eine pauschale Aussage nicht möglich. | ☐ | ☒ |
| h Der Effektivzinssatz ist immer größer als der Nominalzinssatz, da Kosten in die Effektivzinsberechnung einzubeziehen sind. siehe g | ☐ | ☒ |
| i Neben dem Nominalzinssatz üben die Auszahlungssumme sowie die Laufzeit des Kredits Einfluss auf die Höhe des Effektivzinssatzes aus. | ☒ | ☐ |
| j Die Ermittlung der mittleren Laufzeit ist ausnahmslos für alle Darlehen zu berechnen, um den Effektivzins richtig bestimmen zu können. Für endfällige Darlehen wird die Gesamtlaufzeit verwendet. | ☐ | ☒ |
| k Die mittlere Laufzeit wird immer gleich ermittelt. | ☐ | ☒ |
| Die mittlere Laufzeit ist unterschiedlich in Abhängigkeit davon, ob eine tilgungsfreie Zeit zu berücksichtigen ist. | | |
| l Keine der vorherigen Aussagen ist richtig. | ☐ | ☒ |

**3**

| Welche Aussage(n) ist (sind) richtig? Welche ist (sind) falsch? | Richtig | Falsch |
|---|---|---|
| a Es gibt keinen Unterschied zwischen der persönlichen und der materiellen Kreditwürdigkeit. Es handelt sich hierbei nur um eine akademische Unterscheidung. siehe b und c | ☐ | ☒ |
| b Wenn die materielle Kreditwürdigkeit gut ist, muss zwingend auch die persönliche Kreditwürdigkeit gut sein. Auch ein Kunde mit einer guten Bonität kann unredlich sein. | ☐ | ☒ |
| c Bei einer hohen persönlichen Kreditwürdigkeit kann die materielle Kreditwürdigkeit vernachlässigt werden. Selbst wenn der Unternehmer noch so redlich ist, nutzt es wenig, wenn er ökonomisch erfolglos ist. | ☐ | ☒ |
| d Die einzige Möglichkeit, die materielle Kreditwürdigkeit zu prüfen, ist die Jahresabschlussanalyse. <br> – Es gibt Unternehmen, die ausschließlich eine Einnahmenüberschussrechnung anfertigen. <br> – Im Rahmen der unternehmerischen Bonitätsanalyse stellt der Jahresabschluss nur einen Bestandteil der Gesamtbeurteilung dar. | ☐ | ☒ |
| e In einem Rating erfolgt die Bewertung von Firmenkunden auf Basis der Erfahrungen, die das Kreditinstitut mit dem Kunden gesammelt hat. Zusätzlich fließen z. B. Informationen über die Erfolgsaussichten der Branche und der Stellung des Unternehmens in der Branche mit in die Betrachtung ein. | ☒ | ☐ |
| f Bei einem guten Ratingergebnis kann sich die Bank sicher sein, dass der Kunde im Betrachtungszeitraum nicht ausfallen wird. Eine Sicherheit gibt es nicht. Die Wahrscheinlichkeit eines Ausfalls ist jedoch sehr gering. | ☐ | ☒ |
| g Nur Ratings von namhaften Agenturen dürfen für die Bonitätsbeurteilung von Unternehmen mit einem Umsatz von mehr als 20 Mio. € eingesetzt werden. Die Regelung ist frei erfunden. | ☐ | ☒ |
| h Kontokorrentkredite sind die einzige Kreditart in Deutschland, bei der unterjährig Zinseszinsen berechnet werden dürfen. | ☒ | ☐ |
| i Kontokorrentkredite sind immer die teuerste Finanzierungsform. <br><br> Meist ist die Aussage richtig. Mit einer entsprechenden Besicherung können aber auch Kontokorrentkredite sehr günstige Konditionen aufweisen. | ☐ | ☒ |
| j Da Kontokorrentkredite immer die teuerste Finanzierungsform sind, ist das Ziehen von Skonto unter Nutzung des Kontokorrentkredits ökonomisch bedenklich. Vergleicht man die Zinssätze oberflächlich, kommt man zu diesem Schluss. Da sich die Skontoerträge aber (meist) auf einen kurzen Zeitraum beziehen, sind Jahreszinssätze von mehr als 20 % keine Seltenheit. So teuer sind Kontokorrentkredite in aller Regel nicht. | ☐ | ☒ |
| k Keine der vorherigen Aussagen ist richtig. | ☐ | ☒ |

**4**

| Welche Aussage(n) ist (sind) richtig? Welche ist (sind) falsch? | Richtig | Falsch |
|---|---|---|
| a  Bei allen Avalen handelt es sich um Kreditleihen. Da Avale für die Bank nur Eventualverbindlichkeiten darstellen, reicht eine Kreditfähigkeitsprüfung. <br> – Eventualverbindlichkeiten können zu realen Verbindlichkeiten werden. <br> – Neben der Prüfung der Kreditfähigkeit ist auch die der Kreditwürdigkeit und Besicherung unverzichtbar. | ☐ | ☒ |
| b  Der Avalbegünstigte entrichtet regelmäßig (z. B. quartalsweise) eine Avalprovision an seine Bank. Diese liegt meist zwischen 2 bis 4 % jährlich, berechnet auf den von der Bank verbürgten bzw. garantierten Betrag. <br> Der Hauptschuldner entrichtet die Avalprovision an seine Bank (als Bürge bzw. Garant). | ☐ | ☒ |
| c  Damit der Verkäufer im Rahmen eines Waren- oder Dienstleistungsgeschäfts auf einen Kaufpreiseinbehalt im Hinblick auf einen möglichen Mängelfall verzichtet, fordert er regelmäßig eine Gewährleistungsbürgschaft vom Käufer. <br> – Der Käufer fordert die Gewährleistungsbürgschaft vom Verkäufer. <br> – Der Verkäufer beauftragt seine Bank mit der Abgabe der Bürgschaft. | ☐ | ☒ |
| d  Damit der Verkäufer im Rahmen eines Waren- oder Dienstleistungsgeschäfts auf einen Kaufpreiseinbehalt im Hinblick auf einen möglichen Mängelfall verzichtet, fordert er regelmäßig eine Vertragserfüllungsbürgschaft vom Käufer. <br> – Der Käufer fordert die Bürgschaft vom Verkäufer. <br> – In diesem Falle ist eine Gewährleistungsbürgschaft notwendig. | ☐ | ☒ |
| e  Damit der Käufer im Rahmen eines Waren- oder Dienstleistungsgeschäfts auf einen Kaufpreiseinbehalt im Hinblick auf einen möglichen Mängelfall verzichtet, fordert er regelmäßig eine Vertragserfüllungsbürgschaft vom Verkäufer. <br> Gefordert werden muss in diesem Falle eine Gewährleistungsbürgschaft. | ☐ | ☒ |
| f  Damit der Käufer im Rahmen eines Waren- oder Dienstleistungsgeschäfts auf einen Kaufpreiseinbehalt im Hinblick auf einen möglichen Mängelfall verzichtet, fordert er regelmäßig eine Gewährleistungsbürgschaft vom Verkäufer. | ☒ | ☐ |
| g  Keine der vorherigen Aussagen ist richtig. | ☐ | ☒ |

**5**

| Welche Aussage(n) ist (sind) richtig? Welche ist (sind) falsch? | Richtig | Falsch |
|---|---|---|
| a Betriebsmittelkredite werden meist in Form eines Kontokorrentkredits zur Verfügung gestellt. Typische Beispiele für Betriebsmittel sind Ausgaben für Büromaterial, Werkzeuge, Miete und Personal. Werkzeuge stellen Investitionen dar. | ☐ | ☒ |
| b Betriebsmittelkredite dürfen nicht in Form eines Kontokorrentkredits zur Verfügung gestellt werden. Typische Beispiele für Betriebsmittel sind Ausgaben für Telefon, Strom, Werkzeuge, Versicherungen, Miete und Personal. | ☐ | ☒ |
|    – Betriebsmittelkredite werden meist in Form eines Kontokorrentkredits zur Verfügung gestellt. | | |
|    – Werkzeuge stellen Investitionen dar. | | |
| c Mit Investitionskrediten finanzieren Unternehmen z. B. Grunderwerb, Fahrzeuge, Maschinen und Waren. Waren sind Betriebsmittel und keine Investitionsgüter. | ☐ | ☒ |
| d Mit Investitionskrediten finanzieren Kreditnehmer z. B. Fahrzeuge, Maschinen und Waren. Waren sind Betriebsmittel. | ☐ | ☒ |
| e Investitionskredite werden häufig als Abzahlungs- oder Annuitätendarlehen zur Verfügung gestellt. | ☒ | ☐ |
| f Investitionsausgaben werden durch Kreditprogramme öffentlicher Institutionen gefördert, die im Falle der KfW im Hausbankverfahren beantragt werden müssen. Der Kundenantrag wird dabei von der KfW an die Hausbank weitergeleitet. Der Kunde stellt den Kreditantrag auf ein Förderdarlehen an die Hausbank, die diesen dann an die KfW bzw. eine zwischengeschaltete Stelle weiterleitet. | ☐ | ☒ |
| g Investitionskredite im Bankgeschäft sind immer gewerblicher Natur. | ☒ | ☐ |
| h Keine der vorherigen Aussagen ist richtig. | ☐ | ☒ |

**6**

| Welche Aussage(n) ist (sind) richtig? Welche ist (sind) falsch? | Richtig | Falsch |
|---|:---:|:---:|
| a Green Finance und Sustainable Finance entsprechen sich. <br> siehe b und c; manchmal werden die Begriffe aber synonym verwendet. | ☐ | ☒ |
| b Green Finance umfasst im Wesentlichen Finanzierungen für „grüne" Umweltprojekte. | ☒ | ☐ |
| c Sustainable Finance bezeichnet zweckfreie Finanzierungen, deren Zins von der Nachhaltigkeitsperformance des Unternehmens abhängt. | ☒ | ☐ |
| d Green Loans sind zweckfreie Finanzierungen. <br> siehe f | ☐ | ☒ |
| e Sustainability-Linked-Loans sind immer projektgebunden. <br> siehe f | ☐ | ☒ |
| f Green Loans sind immer projektgebunden. | ☒ | ☐ |
| g Bei Green- und Sustainability-Linked-Loans steht jeweils der Darlehensnehmer im Vordergrund der Finanzierung. <br> Das stimmt für Sustainability-Linked-Loans. Bei Green Loans steht aber das Projekt im Vordergrund. | ☐ | ☒ |
| h Keine der vorherigen Aussagen ist richtig. | ☐ | ☒ |

**7**

| Welche Aussage(n) ist (sind) richtig? Welche ist (sind) falsch? | Richtig | Falsch |
|---|---|---|
| a Am Ende der Grundmietzeit ist der Leasinggeber dazu verpflichtet, dem Leasingnehmer eine Verlängerungsoption zu unterbreiten. Er hat die Möglichkeit, ist aber nicht dazu verpflichtet. | ☐ | ☒ |
| b Der Leasinggeber kann nach Ablauf der Grundmietzeit das Leasinggut zurückgeben, durch eine Verlängerungsoption weiternutzen oder erwerben. Diese Möglichkeiten stehen dem Leasingnehmer zu. | ☐ | ☒ |
| c Der Leasingnehmer hat das Recht, den Leasinggegenstand nach Ablauf der Grundmietzeit zurückzugeben. Hat er den Gegenstand intensiver genutzt als geplant, wird ihm ein Mengenrabatt eingeräumt. Eine intensivere Nutzung führt zu einer Nachzahlungspflicht. | ☐ | ☒ |
| d Unter Beachtung der steuerlichen Anforderungen kann der private Leasingnehmer die Leasingraten vollständig als Aufwand absetzen. Privatpersonen können Leasingraten nicht absetzen. | ☐ | ☒ |
| e Beim Sale-and-lease-back-Verfahren verkauft der Leasingnehmer das zukünftige Leasingobjekt an den Leasinggeber, um es dann von ihm „zurückzuleasen". Hierzu muss er bei Verkauf im Besitz des Leasingguts sein. Der Kunde muss bei Verkauf des Leasingguts Eigentum an diesem haben. | ☐ | ☒ |
| f Beim Sale-and-lease-back-Verfahren kauft der Leasingnehmer das zukünftige Leasingobjekt vom Leasinggeber, um es dann von ihm „zurückzuleasen". Hierzu muss er bei Verkauf im Besitz des Leasingguts sein. | ☐ | ☒ |
|    – Er verkauft das zukünftige Leasinggut. | | |
|    – Der Kunde muss bei Verkauf des Leasingguts Eigentum an diesem haben. | | |
| g Leasing schont die Liquidität, ist aber im Vergleich zur Bankfinanzierung im Gesamtergebnis oft teurer. | ☒ | ☐ |
| h Leasing strapaziert die Liquidität, ist dafür im Vergleich zur Bankfinanzierung im Gesamtergebnis aber oft günstiger bzw. genauso teuer. | ☐ | ☒ |
|    – Leasing ist im Vergleich zur Bankfinanzierung im Gesamtergebnis oft teurer. | | |
|    – Leasing schont die Liquidität. | | |
| i Mit dem Leasing erwirbt man nicht das Eigentumsrecht, sondern das Nutzungsrecht an dem ausgesuchten Leasingobjekt während der Grundmietzeit. Regelmäßig besteht die Möglichkeit, das Leasingobjekt nach Ablauf der Grundmietzeit zum kalkulierten Restwert zu erwerben. | ☒ | ☐ |
| j Beim direkten Leasing wird der Leasingvertrag zwischen Leasinggesellschaft und Leasingnehmer geschlossen. Beim direkten Leasing wird der Leasingvertrag zwischen Hersteller (Leasinggeber) und Leasingnehmer geschlossen. | ☐ | ☒ |
| k Keine der vorherigen Aussagen ist richtig. | ☐ | ☒ |

**8**

| Welche Aussage(n) ist (sind) richtig? Welche ist (sind) falsch? | Richtig | Falsch |
|---|---|---|
| a | Factoring ist aus Sicht des Factoring-Kunden ein Forderungsverkauf. Verkauft werden nur redliche Forderungen aus Lieferungen und Leistungen. | ☒ | ☐ |
| b | Factoring ist aus Sicht des Factoring-Kunden ein Forderungsankauf. Angekauft werden nur redliche Verbindlichkeiten aus Lieferungen und Leistungen.<br>siehe a | ☐ | ☒ |
| c | Factoring ist aus Sicht des Factors ein Forderungsverkauf. Verkauft werden nur redliche Forderungen aus Lieferungen und Leistungen.<br><br>  – Factoring ist aus Sicht des Factors ein Forderungsankauf.<br>  – Angekauft werden nur redliche Forderungen aus Lieferungen und Leistungen. | ☐ | ☒ |
| d | Nachdem die Forderung(en) an das Factoring-Unternehmen abgetreten sind, bekommt der Factoring-Kunde eine Bevorschussung (meist ca. 85 %). Die Differenz dient der Sicherheit (z. B. für Schlechtleistungen) und wird nach Zahlungseingang der Rechnungen an den Factoring-Kunden ausgezahlt. | ☒ | ☐ |
| e | Das Factoring-Unternehmen vergibt für jeden Abnehmer eine maximale Finanzierungslinie gegenüber dem Factoring-Kunden. | ☒ | ☐ |
| f | Das Factoring-Unternehmen vergibt für den Factoring-Kunden eine insgesamte Finanzierungslinie. | ☒ | ☐ |
| g | Der Abnehmer profitiert von der Finanzierungs-, Delkrede- und Imagefunktion des Factorings.<br>Der Factoring-Kunde profitiert von der Finanzierungs-, Delkrede- und Servicefunktion. Die Imagefunktion ist frei erfunden. | ☐ | ☒ |
| h | Der Factor profitiert von der Finanzierungs-, Delkrede- und Servicefunktion.<br><br>Der Factoring-Kunde profitiert von der Finanzierungs-, Delkrede- und Servicefunktion. | ☐ | ☒ |
| i | Der Sicherheitseinbehalt wird auch dann ausgezahlt, wenn der Abnehmer insolvent ist.<br>Soweit der Delkredeaspekt mit übernommen wurde. | ☒ | ☐ |
| j | Die Forfaitierung ist im Gegensatz zum Factoring nicht der laufende, sondern der selektierte Forderungsankauf. Die Forfaitierung ist eine optimale Ergänzung zum Factoring, besonders für Exporteure. | ☒ | ☐ |
| k | Die Forfaitierung ist im Gegensatz zum Factoring nicht der laufende, sondern der selektierte Forderungsankauf. Die Forfaitierung ist eine optimale Ergänzung zum Factoring, besonders für Importeure.<br>Die Forfaitierung ist eine optimale Ergänzung zum Factoring, besonders für Exporteure. | ☐ | ☒ |
| l | Der Forfaiteur übernimmt bei der echten Forfaitierung das 100-prozentige Ausfallrisiko vom Forfaitist. | ☒ | ☐ |
| m | Keine der vorherigen Aussagen ist richtig. | ☐ | ☒ |

**9**

| Welche Aussage(n) ist (sind) richtig? Welche ist (sind) falsch? | Richtig | Falsch |
|---|---|---|
| a   Zum Equity Mezzanine zählen die Vorzugsaktie, die Wandel- und die Optionsanleihe. <br> Die Options- und Wandelanleihe sind Zwitter-Mezzanine | ☐ | ☒ |
| b   Das Zwitter-Mezzanine setzt sich aus der typischen und der atypischen stillen Gesellschaft sowie der Gewinnschuldverschreibung zusammen. <br> Die typische stille Gesellschaft sowie die Gewinnschuldverschreibung werden den Debt Mezzaninen zugerechnet. Die atypische stille Gesellschaft gehört zu den Equity-Mezzaninen. | ☐ | ☒ |
| c   Das Wesen des Equity Mezzanines ist es, dass es auf jeden Fall vor den „normalen" Gläubigern befriedigt wird. <br> Eine Befriedigung vor den normalen Gläubigern ist beim Mezzanine-Kapital nicht vorgesehen, siehe auch d. | ☐ | ☒ |
| d   Das Wesen des Equity Mezzanines ist es, dass es auf jeden Fall nach den „normalen" Gläubigern befriedigt wird. | ☒ | ☐ |
| e   Das Wesen des Debt Mezzanines ist es, dass es auf jeden Fall vor den „normalen" Gläubigern befriedigt wird. <br> Eine Befriedigung vor den normalen Gläubigern ist beim Mezzanine-Kapital nicht vorgesehen, siehe auch d. | ☐ | ☒ |
| f   Das Wesen des Debt Mezzanines ist es, dass es auf jeden Fall nach allen anderen Gläubigern befriedigt wird. <br> Dies ist eine Eigenschaft des Equity Mezzanines. | ☐ | ☒ |
| g   Bei Nachrangdarlehen handelt es sich um eine Ausprägung von Equity-Mezzanine-Finanzierungen, die eigenkapitalähnlichen Charakter haben. Aus dem Vermögen eines Unternehmens wird im Rahmen der Auflösung zuerst das Eigenkapital, anschließend das Mezzanine-Kapital und zum Schluss das Fremdkapital bedient. <br> Die Reihenfolge der Rückzahlung lautet: <br> (1)   Fremdkapital <br> (2)   Mezzanine-Kapital <br> (3)   Eigenkapital | ☐ | ☒ |
| h   Bei Nachrangdarlehen handelt es sich um eine Ausprägung von Equity-Mezzanine-Finanzierungen, die eigenkapitalähnlichen Charakter haben. Aus dem Vermögen eines Unternehmens wird im Rahmen der Auflösung zuerst das Fremdkapital, anschließend das Eigenkapital und zum Schluss das Mezzanine-Kapital bedient. <br> siehe g | ☐ | ☒ |
| i   Keine der vorherigen Aussagen ist richtig. | ☐ | ☒ |

10

| Welche Aussage(n) ist (sind) richtig? Welche ist (sind) falsch? | | Richtig | Falsch |
|---|---|:---:|:---:|
| a | Crowdfunding ist eine bankbasierte Finanzierungsform. | ☐ | ☒ |
| | Die Emission von Vermögensanlagen erfolgt i. d. R. über eine Dienstleistungsplattform (regelmäßig ohne Bankenlizenz) oder selbstständig. Es gibt Banken die Crowdfunding anbieten. Dies ist jedoch nicht der Regelfall. | | |
| b | Ein Crowdfunding-Vorhaben kann nicht zielgruppenspezifisch ausgelegt werden. | ☐ | ☒ |
| | Die Identifikation der Zielgruppe ist ein wesentlicher Bestandteil der Vorbereitungsphase. | | |
| c | Das Vorgehen beim Crowdfunding läuft in diesen Schritten ab: 1) Vorbereitung, 2) Vorstellung, 3) Finanzierung, 4) Umsetzung, 5) Gegenleistung. | ☒ | ☐ |
| d | Die Systematisierung der Crowdfunding-Modelle richtet sich nach der Art der Gegenleistung. | ☒ | ☐ |
| e | Das equity-based Crowdfunding / Crowdinvesting stellt die wichtigste Form des Crowdfundings dar. | ☒ | ☐ |
| f | Durch die Nutzung eines Crowdfunding-Dienstleisters entfällt unter bestimmten Rahmenbedingungen die Prospektpflicht. Stattdessen ist eine Vermögensverlustbescheinigung (VVB) auszustellen. | ☐ | ☒ |
| | Sofern die Rahmenbedingungen eingehalten werden, entfällt die Prospektpflicht. Es ist aber ein Vermögensanlageinformationsblatt (VIB) zu erstellen. | | |
| g | Bei mezzaninen Finanzierungswerkzeugen ist das Merkmal der Nachrangigkeit immer erfüllt. | ☐ | ☒ |
| | Wenn ein Darlehen mit der Nachrangigkeit ausgestattet werden soll, ist hierzu eine entsprechende Vereinbarung erforderlich, da es einen gesetzlichen Nachrang nicht gibt. | | |
| h | Neben dem Finanzierungsaspekt erfüllt Crowdfunding häufig noch andere Nebenziele wie Kundengewinnung oder Kundenbindung. | ☒ | ☐ |
| i | Keine der vorherigen Aussagen ist richtig. | ☐ | ☒ |

## 3.3 Fallstudien

**Fallstudie 1**

**(1)** Erstellen Sie die Darlehensentwicklung bis zur kompletten Tilgung.

Tilgungsplan bei einem Annuitätendarlehen:

| Datum | Anfangsbestand | Zinsen | Tilgung | Annuität | Endbestand |
|---|---|---|---|---|---|
| 01.04.20X1 | 10.000,00 | 1.000,00 | 900,00 | 1.900,00 | 9.100,00 |
| 01.04.20X2 | 9.100,00 | 910,00 | 990,00 | 1.900,00 | 8.110,00 |
| 01.04.20X3 | 8.110,00 | 811,00 | 1.089,00 | 1.900,00 | 7.021,00 |
| 01.04.20X4 | 7.021,00 | 702,10 | 1.197,90 | 1.900,00 | 5.823,10 |
| 01.04.20X5 | 5.823,10 | 582,31 | 1.317,69 | 1.900,00 | 4.505,41 |
| 01.04.20X6 | 4.505,41 | 450,54 | 1.449,46 | 1.900,00 | 3.055,95 |
| 01.04.20X7 | 3.055,95 | 305,60 | 1.594,40 | 1.900,00 | 1.461,55 |
| 01.04.20X8 | 1.461,55 | 146,15 | 1.461,55 | 1.607,70 | 0,00 |

Als Paulas Assistent/-in diskutieren Sie mit Ihrer Chefin weitere Tilgungsformen. Damit haben Sie ihre Neugier geweckt.

**(2)** Erstellen Sie die komplette Darlehensentwicklung bei einem Abzahlungsdarlehen mit 9 % Tilgung.

Tilgungsplan bei einem Abzahlungsdarlehen:

| Datum | Anfangsbestand | Zinsen | Tilgung | Rate | Endbestand |
|---|---|---|---|---|---|
| 01.04.20X1 | 10.000 | 1.000 | 900 | 1.900 | 9.100 |
| 01.04.20X2 | 9.100 | 910 | 900 | 1.810 | 8.200 |
| 01.04.20X3 | 8.200 | 820 | 900 | 1.720 | 7.300 |
| 01.04.20X4 | 7.300 | 730 | 900 | 1.630 | 6.400 |
| 01.04.20X5 | 6.400 | 640 | 900 | 1.540 | 5.500 |
| 01.04.20X6 | 5.500 | 550 | 900 | 1.450 | 4.600 |
| 01.04.20X7 | 4.600 | 460 | 900 | 1.360 | 3.700 |
| 01.04.20X8 | 3.700 | 370 | 900 | 1.270 | 2.800 |
| 01.04.20X9 | 2.800 | 280 | 900 | 1.180 | 1.900 |
| 01.04.20Y0 | 1.900 | 190 | 900 | 1.090 | 1.000 |
| 01.04.20Y1 | 1.000 | 100 | 900 | 1.000 | 100 |
| 01.04.20Y2 | 100 | 10 | 100 | 110 | 0 |

**(3)** Wie entwickelt sich das Darlehen bei der endfälligen Tilgung und einer Laufzeit von elf Jahren?

Tilgungsplan bei Endfälligkeit des Darlehens:

| Datum | Anfangsbestand | Zinsen | Tilgung | Rate | Endbestand |
|---|---|---|---|---|---|
| 01.04.20X1 | 10.000 | 1.000 | 0 | 1.000 | 10.000 |
| 01.04.20X2 | 10.000 | 1.000 | 0 | 1.000 | 10.000 |
| 01.04.20X3 | 10.000 | 1.000 | 0 | 1.000 | 10.000 |
| 01.04.20X4 | 10.000 | 1.000 | 0 | 1.000 | 10.000 |
| 01.04.20X5 | 10.000 | 1.000 | 0 | 1.000 | 10.000 |
| 01.04.20X6 | 10.000 | 1.000 | 0 | 1.000 | 10.000 |
| 01.04.20X7 | 10.000 | 1.000 | 0 | 1.000 | 10.000 |
| 01.04.20X8 | 10.000 | 1.000 | 0 | 1.000 | 10.000 |
| 01.04.20X9 | 10.000 | 1.000 | 0 | 1.000 | 10.000 |
| 01.04.20Y0 | 10.000 | 1.000 | 0 | 1.000 | 10.000 |
| 01.04.20Y1 | 10.000 | 1.000 | 10.000 | 11.000 | 0 |

**(4)** Ermitteln Sie die Gesamtleistung des Darlehensnehmers für alle drei Darlehenstypen.

Annuitätendarlehen: 14.907,70 € (= 1,9 T€ · 7 + 1.607,70 €)

Abzahlungsdarlehen: 16.060 € (= 10 T€ + 1 T€ + 910 € + ... + ... + 10 €)

endfälliges Darlehen: 21 T€ (= 1 T€ · 11 + 10 T€)

**(5)** Bewerten Sie die drei Darlehenstypen im Hinblick auf deren Eignung für den Kunden.

–  Annuitätendarlehen: Soweit die Kapitalkraft während der Laufzeit besteht, ist dieses die günstigste Variante für den Kunden.

–  Abzahlungsdarlehen: Bei einer absehbar abnehmenden Kapitalkraft, ist dies die geeignete Variante.

–  endfälliges Darlehen: teuerste Variante, die besonders dann geeignet ist, wenn eine größere Summe zur Tilgung erwartet wird (Lebensversicherung etc.) oder wenn die frei verwendete Liquidität ertragreicher eingesetzt werden kann.

**Fallstudie 2**

Gehen Sie von den Darlehen aus Fallstudie 1 aus und unterstellen Sie für alle drei Tilgungsarten eine Sondertilgung (keine (!) Vorfälligkeitsentschädigung) am 01.04.20X3 in Höhe von 2 T€.

Tilgungsplan bei einem Annuitätendarlehen:

| Datum | Anfangsbestand | Zinsen | Tilgung | Annuität | Endbestand |
|---|---|---|---|---|---|
| 01.04.20X1 | 10.000,00 | 1.000,00 | 900,00 | 1.900,00 | 9.100,00 |
| 01.04.20X2 | 9100,00 | 910,00 | 990,00 | 1.900,00 | 8.110,00 |
| 01.04.20X3 | 8110,00 | 811,00 | 1.089,00 | 1.900,00 | 7.021,00 |
| 01.04.20X3 | | Sondertilgung | 2.000,00 | 2.000,00 | 5.021,00 |
| 01.04.20X4 | 5.021,00 | 502,10 | 1.397,90 | 1.900,00 | 3.623,10 |
| 01.04.20X5 | 3.623,10 | 362,31 | 1.537,69 | 1.900,00 | 2.085,41 |
| 01.04.20X6 | 2.085,41 | 208,54 | 1.691,46 | 1.900,00 | 393,95 |
| 01.04.20X7 | 393,95 | 39,40 | 393,95 | .433,35 | 0,00 |

Tilgungsplan bei einem Abzahlungsdarlehen:

| Datum | Anfangsbestand | Zinsen | Tilgung | Rate | Endbestand |
|---|---|---|---|---|---|
| 01.04.20X1 | 10.000,00 | 1.000,00 | 900,00 | 1.900,00 | 9.100,00 |
| 01.04.20X2 | 9.100,00 | 910,00 | 900,00 | 1.810,00 | 8.200,00 |
| 01.04.20X3 | 8.200,00 | 820,00 | 900,00 | 1.720,00 | 7.300,00 |
| 01.04.20X3 | | Sondertilgung | 2.000,00 | 2.000,00 | 5.300,00 |
| 01.04.20X4 | 5.300,00 | 530,00 | 900,00 | 1.430,00 | 4.400,00 |
| 01.04.20X5 | 4.400,00 | 440,00 | 900,00 | 1.340,00 | 3.500,00 |
| 01.04.20X6 | 3.500,00 | 350,00 | 900,00 | 1.250,00 | 2.600,00 |
| 01.04.20X7 | 2.600,00 | 260,00 | 900,00 | 1.160,00 | 1.700,00 |
| 01.04.20X8 | 1.700,00 | 170,00 | 900,00 | 1.070,00 | 800,00 |
| 01.04.20X9 | 800,00 | 80,00 | 800,00 | 880,00 | 0,00 |

Tilgungsplan bei Endfälligkeit des Darlehens:

| Datum | Anfangsbestand | Zinsen | Tilgung | Rate | Endbestand |
|---|---|---|---|---|---|
| 01.04.20X1 | 10.000,00 | 1.000,00 | 0 | 1.000,00 | 10.000,00 |
| 01.04.20X2 | 10.000,00 | 1.000,00 | 0 | 1.000,00 | 10.000,00 |
| 01.04.20X3 | 10.000,00 | 1.000,00 | 0 | 1.000,00 | 10.000,00 |
| 01.04.20X3 | | Sondertilgung | 2.000,00 | 2.000,00 | 8.000,00 |
| 01.04.20X4 | 8.000,00 | 800,00 | 0 | 8.000,00 | 8.000,00 |
| 01.04.20X5 | 8.000,00 | 800,00 | 0 | 8.000,00 | 8.000,00 |
| 01.04.20X6 | 8.000,00 | 800,00 | 0 | 8.000,00 | 8.000,00 |
| 01.04.20X7 | 8.000,00 | 800,00 | 0 | 8.000,00 | 8.000,00 |
| 01.04.20X8 | 8.000,00 | 800,00 | 0 | 8.000,00 | 8.000,00 |
| 01.04.20X9 | 8.000,00 | 800,00 | 0 | 8.000,00 | 8.000,00 |
| 01.04.20Y0 | 8.000,00 | 800,00 | 0 | 8.000,00 | 8.000,00 |
| 01.04.20Y1 | 8.000,00 | 800,00 | 8.000,00 | 8.800,00 | 0,00 |

## Fallstudie 3

**(1)** Ordnen Sie die zutreffenden Zinssätze den Kreditanträgen zu.

Konditionenermittlung:
- 13,80 %
- 11,80 % – 0,50 % = 11,30 %
- 14,20 %
- Der Firmenkredit „Kluge Investitionen" ist erst ab 25 T€ möglich.
- 7,80 % – 0,50 % = 7,30 %

**(2)** Welche Vorteile bietet eine derartige Konditionenstaffelung?

Bewertung der Konditionenstaffelung – Orientierung an den Kosten, die durch den Kredit verursacht werden:
- Je besser das Rating ausfällt, desto geringer ist die Versicherungsprämie, die dem Kunden berechnet wird.
- Mit steigender Besicherung fällt die Versicherungsprämie.
- Längere Laufzeiten steigern das Prognoserisiko, sodass die Versicherungsprämie steigt.
- Liegt ein Kredit unter dem Mindestvolumen, so sind die Kosten der Bearbeitung überproportional groß, da diese meist unabhängig vom Volumen anfallen.

## Fallstudie 4

**(1)** Ist die Skontoziehung bei gleichzeitiger Kreditinanspruchnahme ökonomisch sinnvoll? Wenn ja, wie groß ist der Vor- bzw. Nachteil dieses Vorgehens?

Vorteil der Skontoziehung:
- Mit der Skontoziehung wird ein Vorteil von 41,25 T€ erzielt.
- Somit reicht eine Kreditinanspruchnahme in Höhe von 2.708,75 T€ (= 2.750 T€ – 41,25 T€).
- Kosten der Kreditinanspruchnahme: 57,56 T€ (= 2.708,75 T€ · 17 ÷ 100 ÷ 360 · 45)
- Nachteil des Skontos: 16,31 T€ (41,25 T€ – 57,56 T€)

**(2)** Wie weit darf der Zinssatz bei der Bank steigen, um den Skontovorteil zu erreichen?

Break-even-Zinssatz:
- Für 45 Tage Zahlungsbeschleunigung wird eine Vergütung von 1,5 % gewährt.
- Auf ein Jahr mit 360 Tagen gesehen entspricht dies einem Zinssatz von 12 % (= 1,5 · 8).
- in Beträgen: 2.750 T€ · 12 ÷ 100 ÷ 360 · 45 = 41,25 T€

## Fallstudie 5

Der Kunde möchte 40 T€ verfügen. Ist dies realisierbar? Wenn ja, wie?
- Das Limit hat noch 50 T€ Potenzial (= 460 T€ – 250 T€ – 75 T€ – 55 T€).
- Eine Nutzung des Avalkredits scheidet aus, da dieser nicht als Cashkonto nutzbar ist.
- Über den Kontokorrentkredit können 15 T€ genutzt werden.

– Eine Neuvalutierung des Ratenkredits bzw. die Einräumung eines zweiten Ratenkredits stellen Alternativen dar, mit denen die fehlenden 25 T€ darstellbar sind. Alternativ kann auch der volle Betrag als Ratenkredit aufgenommen werden.

## Fallstudie 6

**(1)** Für welche Variante sollte sich die Spedition aus Liquiditätsüberlegungen heraus entscheiden?

Liquiditätsvergleich:
– Leasing: 590 T€ (= 80 T€ + 95 € · 5 + 35 T€)
– Kredit: 585 T€ (= 90 T€ + 99 T€ · 5 + 0 T€)
– Die Leasingfinanzierung erfordert 5 T€ (950 T€ – 585 T€) mehr an Liquidität.

**(2)** Wie hoch ist der jeweilige Finanzierungsaufwand?

Die Differenz zwischen dem Kaufpreis und der Finanzierung stellt letztendlich die Kosten für die Finanzierung dar:
– Leasing = 50 T€
– Kredit = 45 T€

**(3)** Welche weiteren Aspekte könnten noch bedeutsam sein?

Weitere Aspekte:
– Können die 10 T€ Mehr an Eigenleistung im Moment aufgebracht werden?
– Wenn in dem Leasingangebot auch Serviceleistungen enthalten sind, die bei der Kreditfinanzierung fehlen, müssten diese auch berücksichtigt werden.
– Soweit der Leasingvertrag nicht im Anhang des Jahresabschlusses angelegt werden muss, weil er im Gesamtkontext unwesentlich ist, werden die Bilanzrelationen wie die Anlagendeckungsgrade geschont.

## Fallstudie 7

Als Assistent/-in der Geschäftsführung stehen Sie vor der Aufgabe, die Kosten für folgende Varianten zu berechnen. Gehen Sie dabei von einer durchschnittlichen Fälligkeit der relevanten Weihnachtsforderungen von 4,5 Monaten nach Abschluss des Factor-Vertrags aus.

**(1)** die reine Finanzierung

Finanzierungskosten: 4.250 T€ · 4 % ÷ 12 · 4,5 = 63.750 €

**(2)** die Finanzierung mit Risikoabsicherung

Risikoabsicherung: 4.250 T€ · 1,15 % = 48.875 € + Finanzierungskosten 63.750 € = 112.625 €

**(3)** das Rundum-Sorglos-Paket

– Servicegebühr: 4.250 T€ · 0,65 % = 27.625 €
– zuzüglich der anderen Kosten von 112.625 € = 140.250 €

# 4 Kapitel 4: Möglichkeiten der Besicherung

## 4.1 Wiederholungsfragen

**(1)** Nennen Sie drei Ausprägungen der Personalsicherheiten.

Bei Bürgschaft, Garantie, Kreditauftrag und Patronatserklärungen handelt es sich um Personalsicherheiten.

**(2)** Worin besteht der Unterschied zwischen abstrakten und akzessorischen Sicherheiten?

Akzessorische Sicherheiten und das zugrunde liegende Kreditverhältnis sind kausal miteinander verknüpft. Ohne Kredit kann die akzessorische Sicherheit nicht existieren. Abstrakte Sicherheiten erfordern kein Kreditverhältnis.

**(3)** Wie entsteht ein Pfandrecht?

Ein Pfandrecht entsteht durch Einigung über sein Entstehen sowie eine Form der Zugriffsverschaffung.

**(4)** Stellen Sie den wesentlichen Vor- und Nachteil des Pfandrechts dar.

Von Vorteil ist, dass Pfandrechte für alle möglichen Gegenstände und Rechte grundsätzlich eingeräumt werden können. Zentraler Nachteil ist, dass der Gläubiger auf den Gegenstand für die rechtswirksame Entstehung zugreifen muss, sodass der Sicherheitengeber von der Nutzung des Gegenstands ausgeschlossen ist.

**(5)** Wer ist der Zessionar?

Der Begünstigte aus der Zession (die Bank) ist der Zessionar.

**(6)** Wie lassen sich Zessionen systematisieren und welche Ausprägungen werden jeweils unterschieden?

Zessionen können nach dem Grad der Kommunikation sowie nach dem Umfang der betroffenen Forderungen unterschieden werden. Somit differenziert man zwischen offenen und stillen Zessionen sowie zwischen Einzel- und Rahmenzessionen. Die Rahmenzessionen lassen sich in Global- und Mantelzession unterteilen.

**(7)** Welche Formen der Sicherungsübereignung können unterschieden werden?

Es kann zwischen Einzel- und Gruppenübereignungen unterschieden werden.

**(8)** Erklären Sie das Grundschema der Bürgschaft.

Ein Dritter verpflichtet sich für die Verbindlichkeiten des Hauptschuldners einzustehen, wenn der Gläubiger von diesem keine Zahlung erhält.

**(9)** In welchem Umfang haften die Mitbürgen?

Jeder Mitbürge haftet in vollem Umfang der abgegebenen Bürgschaft. Der Gläubiger entscheidet, wen er in welchem Umfang in Anspruch nimmt. Intern haben die Mitbürgen einen anteiligen Ausgleichsanspruch.

https://doi.org/10.1515/9783110791082-018

**(10)** Wie unterscheiden sich Rück- und Nachbürgschaft?

Der Rückbürge sichert den Bürgen, der Nachbürge den Gläubiger.

**(11)** Welche Gemeinsamkeit haben die positive und die negative Publizität des Grundbuchs?

Beide unterstellen, dass die Eintragungen im Grundbuch richtig sind.

**(12)** Was wird unter einem herrschenden und einem dienenden Grundstück verstanden?

Herrschenden Grundstücken steht ein Recht zu, dienende Grundstücke sind zur Rechtsgewährung verpflichtet.

**(13)** Über welche drei Formen kann das Eigentum an einer Immobilie erworben werden?

Der Eigentumserwerb ist im Rahmen der Erbfolge (Erbschein), durch Gebotszuteilung im Rahmen einer Zwangsversteigerung (Zuschlag) oder durch Auflassung (Kauf- oder Schenkungsvertrag) möglich.

**(14)** Wie unterscheiden sich Grund- und beschränkt persönliche Dienstbarkeit?

Die Grunddienstbarkeit steht dem jeweiligen Eigentümer eines Grundstücks zu. Die beschränkt persönliche Dienstbarkeit ist an eine natürliche oder juristische Person gebunden.

**(15)** Stellen Sie die Zinsansprüche dar, die dem Gläubiger aus einer Grundschuld zustehen.

– Der Gläubiger hat einen Anspruch auf die letzte Zinszahlung vor der Anordnung der Zwangsversteigerung sowie für den Zeitraum zwischen Anordnung und Zuschlag im Rahmen der Zwangsversteigerung.
– Zudem stehen ihm Zinsen für maximal zwei weitere Jahre zu.
– Basis der Berechnung ist der Zinssatz, der in der Grundschuld benannt ist.
– Die Summe aus Zinsen und Nominalforderung ist mit der tatsächlichen Forderung einschließlich realer (Zins-)Kosten abzugleichen, da der Gläubiger nur den Betrag aus der Grundschuld erhalten darf, der ihm auch tatsächlich zusteht.

**(16)** Was wird unter dem Verkehrswert verstanden?

Hierunter wird der Preis verstanden, den ein neutraler Dritter für die Immobilie zum Zeitpunkt des Handels bezahlen würde.

**(17)** Worauf stellt der Beleihungswert ab?

Der Beleihungswert stellt auf einen Wert ab, der für die Laufzeit des Kredits aus dem Verkauf der Immobilie erzielt werden kann.

**(18)** Was wird unter einem Realkredit verstanden?

Realkredite sind Belastungen einer Immobilie bei maximal 60 % des Beleihungswerts.

## 4.2 Gebundene Fragen

**1**

| Welche Aussage(n) ist (sind) richtig? Welche ist (sind) falsch? | | Richtig | Falsch |
|---|---|---|---|
| a | Die Besicherung von Kleinstdarlehen steht im ökonomischen Widerspruch zu den damit verbundenen internen Kosten. | ☒ | ☐ |
| b | Im Insolvenzfall kann ein besicherter Gläubiger sich vor allen anderen Gläubigern aus dem Sicherheitenerlös befriedigen. Dies ist ein entscheidender Vorteil der Besicherung. | ☒ | ☐ |
| c | Da der Schuldner die Kosten der Zwangsmaßnahmen tragen muss, gibt es aus der Rechtsverfolgung keinen Grund für eine Besicherung. Wenn das Gesamtvermögen des Schuldners nicht ausreicht, um die Forderung des Kreditinstituts einschließlich der Rechtsverfolgungskosten auszugleichen, muss der Gläubiger die Kosten selbst tragen. | ☐ | ☒ |
| d | Personalsicherheiten werden auch als akzessorisch bezeichnet. Akzessorietät bezieht sich darauf, dass der Bestand einer Sicherheit vom Bestand der Forderung abhängig ist. | ☐ | ☒ |
| e | Von akzessorischen Sicherheiten spricht man, wenn der Kreditnehmer und der Sicherungsgeber identisch sind. siehe g | ☐ | ☒ |
| f | Sicherungsübereignung und Zessionen sind abstrakte Sicherheiten. | ☒ | ☐ |
| g | Enge Zweckerklärungen werden bei akzessorischen, weite Zweckerklärungen bei abstrakten Sicherheiten abgegeben. Zweckerklärungen sind nur bei abstrakten Sicherheiten erforderlich, da bei akzessorischen Sicherheiten ohnehin eine Verknüpfung zwischen Sicherheit und Forderung besteht. | ☐ | ☒ |
| h | Wenn die Bank einen Kredit blanko gewährt hat, kann sie, soweit sich die Vermögensverhältnisse des Unternehmens deutlich verschlechtert haben, eine Nachbesicherung verlangen. | ☒ | ☐ |
| i | Wenn die Bank einen Kredit blanko gewährt hat, kann sie unter keinen Umständen eine Nachbesicherung verlangen. Soweit sich die Bonität verschlechtert, ist dies möglich. | ☐ | ☒ |
| j | Keine der vorherigen Aussagen ist richtig. | ☐ | ☒ |

**2**

| Welche Aussage(n) ist (sind) richtig? Welche ist (sind) falsch? | Richtig | Falsch |
|---|---|---|
| a | Da der Bürge mit seinem gesamten Vermögen haftet, ist keine separate Bonitätsprüfung erforderlich. <br> Gerade weil der Bürge mit seinem Gesamtvermögen haftet, ist dessen Bonität für den Wert der Bürgschaft ausschlaggebend. | ☐ | ☒ |
| b | Aufgrund der Akzessorietät der Bürgschaft kann diese nicht für bedingte oder künftige Verbindlichkeiten abgegeben werden. <br> Der Gesetzgeber sieht diese Möglichkeit explizit vor. | ☐ | ☒ |
| c | Aufgrund der Abstraktheit der Bürgschaft kann diese nicht für bedingte oder künftige Verbindlichkeiten abgegeben werden. <br> Die Bürgschaft ist nicht abstrakt, sondern akzessorisch. | ☐ | ☒ |
| d | Eine Bürgschaft ist für den Bürgen sehr gefährlich, da der Gläubiger nach eigenem Ermessen andere Sicherheiten freigeben kann. Die Bürgschaft bleibt davon unberührt. <br> Die Bürgschaft ist für den Bürgen zweifellos gefährlich, weil er mit seinem gesamten Vermögen haftet. Gibt der Gläubiger Sicherheiten frei, wird der Bürge jedoch entsprechend entlastet. | ☐ | ☒ |
| e | Rück- und Nachbürgschaft sind materiell identisch. In der Kreditpraxis gibt es hierfür unterschiedliche Begrifflichkeiten. <br> Die Rückbürgschaft sichert den Bürgen für den Fall der Inanspruchnahme. Die Nachbürgschaft sichert den Kreditgeber. Das Kreditinstitut kann allerdings erst dann auf den Nachbürgen zugreifen, wenn der Bürge nicht gezahlt hat. | ☐ | ☒ |
| f | Bürgschaften können zeitlich nicht befristet werden, da sie aufgrund ihrer Akzessorietät eng mit der Hauptschuld verknüpft sind. <br> Bürgschaften sind akzessorisch, eine Befristung ist jedoch trotzdem möglich. | ☐ | ☒ |
| g | Bürgschaften sind immer befristet. Ohne diese Regel wäre das Risiko aus Bürgschaften für die Betroffenen unkalkulierbar. <br> Bürgschaften sind grundsätzlich, d. h. ohne abweichende Regelung, unbefristet. | ☐ | ☒ |
| h | Die gleichen Rechtsfolgen wie bei einer Bürgschaft würde eine Muttergesellschaft auslösen, wenn sie für eine Tochtergesellschaft eine Patronatserklärung abgeben würde. <br> Patronatserklärungen kommen vorwiegend im Verhältnis von Konzernunternehmen vor, wenn die Absicherung einzelner Verbindlichkeiten zu aufwändig erscheint. Mit einer wirksamen Patronatserklärung erweitert das Mutterunternehmen seine Haftung, da es umfassend in Anspruch genommen werden kann. | ☐ | ☒ |
| i | Keine der vorherigen Aussagen ist richtig. | ☒ | ☐ |

**3**

| Welche Aussage(n) ist (sind) richtig? Welche ist (sind) falsch? | Richtig | Falsch |
|---|---|---|
| a Der Eigentumsvorbehalt ist das Sicherungsrecht des Lieferanten und gilt grundsätzlich bei jedem Geschäft soweit Warenlieferungen kreditiert werden. siehe b | ☐ | ☒ |
| b Der Eigentumsvorbehalt ist das Sicherungsrecht des Lieferanten und muss ausdrücklich vereinbart werden, damit er bei kreditierten Warenlieferungen gültig ist. | ☒ | ☐ |
| c Wurde ein Eigentumsvorbehalt mit dem Kunden vereinbart, ist der Lieferant immer auf der sicheren Seite, selbst wenn der Kunde Insolvenz anmeldet. Der Eigentumsvorbehalt kann mit Sicherheiten der Kreditinstitute konkurrieren, die Ware kann inzwischen weiterverarbeitet bzw. verkauft worden sein. | ☐ | ☒ |
| d Wurde ein Eigentumsvorbehalt mit dem Kunden vereinbart, ist der Lieferant immer auf der sicheren Seite, da gerichtlich festgelegt wurde, dass Sicherungsübereignungen, die Lieferanten systematisch benachteiligen, nicht rechtens sind. Die Ware kann inzwischen weiterverarbeitet bzw. verkauft worden sein. | ☐ | ☒ |
| e Wird das unter Eigentumsvorbehalt gelieferte Gut weiterverarbeitet, erlischt dieser. In solchen Fällen ist der Lieferant machtlos und kann nur hoffen, dass seine Zahlung eingeht. siehe g | ☐ | ☒ |
| f Wird das unter Eigentumsvorbehalt gelieferte Gut weiterverarbeitet, erlischt dieser. In solchen Fällen kann der Lieferant einen erweiterten Eigentumsvorbehalt vereinbaren, um seine Ansprüche zu sichern. siehe g | ☐ | ☒ |
| g Wird das unter Eigentumsvorbehalt gelieferte Gut weiterverarbeitet, erlischt dieser. In solchen Fällen kann der Lieferant einen verlängerten Eigentumsvorbehalt vereinbaren, um seine Ansprüche zu sichern. | ☒ | ☐ |
| h Wird das unter Eigentumsvorbehalt gelieferte Gut weiterverarbeitet, erlischt dieser. In solchen Fällen kann der Lieferant zur Sicherung seiner Ansprüche nur den kreditierten Weiterverkauf der Waren vertraglich untersagen. siehe g | ☐ | ☒ |
| i Keine der vorherigen Aussagen ist richtig. | ☐ | ☒ |

**4**

| Welche Aussage(n) ist (sind) richtig? Welche ist (sind) falsch? | Richtig | Falsch |
|---|---|---|
| a Das Pfandrecht ist eine akzessorische Sicherheit, somit geht es unter, wenn die zugrunde liegende Hauptschuld getilgt ist. | ☒ | ☐ |
| b Aufgrund seiner universellen Einsetzbarkeit für bewegliche Gegenstände, Forderungen und Wertpapiere ist das Pfandrecht die wichtigste Sicherheit in der Finanzierungspraxis der Unternehmen. Problematisch ist, dass dem Gläubiger der Zugriff einzuräumen ist. Somit sind Gegenstände, die trotz der Besicherung weitergenutzt werden sollen, für diese Sicherheitenart ungeeignet. | ☐ | ☒ |
| c Der Zugriff des Gläubigers auf das Sicherungsgut ist elementar und kann nur durch Übergabe erreicht werden. Es gibt noch andere Formen, wie z. B. die Einräumung des Mitbesitzes. | ☐ | ☒ |
| d Der Zugriff des Gläubigers auf das Sicherungsgut ist elementar und kann z. B. durch Übergabe erreicht werden. | ☒ | ☐ |
| e Die Einräumung des Mitbesitzes oder die Abtretung des Herausgabeanspruchs reicht zur Entstehung des Pfandrechts nicht aus, da der Gesetzgeber den alleinigen Zugriff des Gläubigers fordert. Soweit der Gläubiger eine alleinige Verfügung des Sicherungsgebers unterbinden kann, sind die gesetzlichen Anforderungen erfüllt. | ☐ | ☒ |
| f Mit dem Pfändungspfandrecht kann der Gläubiger – unter Einhaltung der entsprechenden rechtlichen Bedingungen – auf das Vermögen seines Schuldners zugreifen. | ☒ | ☐ |
| g Wenn der Gläubiger das Pfandrecht zur Tilgung seiner Forderung verwerten möchte, muss er das säumige Unternehmen über seine Absicht informieren und ihm eine angemessene Reaktionsfrist einräumen. | ☒ | ☐ |
| h Keine der vorherigen Aussagen ist richtig. | ☐ | ☒ |

5

| Welche Aussage(n) ist (sind) richtig? Welche ist (sind) falsch? | | Richtig | Falsch |
|---|---|---|---|
| a | Zessionen können genauso wie Pfandrechte an Forderungen und Gegenständen bestellt werden. | ☐ | ☒ |
| | Gegenstände können nicht abgetreten werden. | | |
| b | Im Rahmen einer Zession muss der Zessionar zwingend Schuldner der zu besichernden Forderung sein. | ☐ | ☒ |
| | Da dem Zessionar die Forderung übertragen wird, kann er nicht der Schuldner sein. | | |
| c | Im Rahmen einer Zession kann der Zessionar die Sicherheit auch für einen fremden Kreditnehmer zur Verfügung gestellt haben. | ☐ | ☒ |
| | siehe b | | |
| d | Im Rahmen einer Zession tritt der Zedent seine Rechte gegenüber dem Drittschuldner an den Zessionar ab. | ☒ | ☐ |
| e | Im Rahmen einer Zession können Zedent und Drittschuldner identisch sein. | ☐ | ☒ |
| | In diesem Fall würde der Schuldner einen Anspruch gegen sich selbst abtreten. | | |
| f | Im Rahmen einer Zession können Zessionar und Drittschuldner identisch sein. | ☐ | ☒ |
| | In diesem Fall würden sich Gläubiger und Schuldner in einer Person vereinigen, somit würde die Forderung untergehen. | | |
| g | Zessionen sind akzessorische Sicherheiten, deshalb geht die Zession unter, wenn die besicherte Forderung erloschen ist. | ☐ | ☒ |
| | Zessionen sind abstrakte Sicherheiten. | | |
| h | Rein rechtlich ist eine Offenlegung der Zession niemals erforderlich, wirtschaftlich ergibt es spätestens dann Sinn, wenn der Schuldner sich vertragswidrig verhält. | ☐ | ☒ |
| | Soweit der Drittschuldner z. B. in seinen AGB die Offenlegung zur Voraussetzung für die Entstehung gemacht hat, kann darauf nicht verzichtet werden. | | |
| i | Soweit der Zedent zur Bilanzierung verpflichtet ist, muss er die abgetretenen Forderungen nach wie vor in seiner Bilanz ausweisen, da das Kreditinstitut nur fiduziarischer Gläubiger wird. | ☒ | ☐ |
| j | Der Zessionar muss alle Einwendungen aus dem Grundgeschäft gegen sich gelten lassen, wenn er die Forderung im Verwertungsfall einziehen will. | ☒ | ☐ |
| k | Der Zedent muss alle Einwendungen aus dem Grundgeschäft gegen sich gelten lassen, wenn er die Forderung im Verwertungsfall einziehen will. | ☐ | ☒ |
| | siehe j | | |
| l | Keine der vorherigen Aussagen ist richtig. | ☐ | ☒ |

## 6

| Welche Aussage(n) ist (sind) richtig? Welche ist (sind) falsch? | Richtig | Falsch |
|---|---|---|
| a | Sicherungsübereignungen stellen eine geeignete Sicherheit dar, wenn der Gegenstand, der als Sicherheit verwendet werden soll, für den Geschäftsbetrieb des Sicherungsgebers benötigt wird. | ☒ | ☐ |
| b | Mit dem vereinbarten Besitzkonstitut wird im Rahmen der Sicherungsübereignung der beim Pfandrecht erforderliche Zugriff des Schuldners umgangen.<br>Der Zugriff des Gläubigers wird umgangen. | ☐ | ☒ |
| c | Mit dem vereinbarten Besitzkonstitut geht das Kredit gewährende Institut – gemessen am Pfandrecht – ein höheres Risiko ein, da z. B. ein Dritter gutgläubig Eigentum erwerben kann. | ☒ | ☐ |
| d | Bei der mehrfachen Übereignung von Waren gilt, dass die zeitlich späteren Rechte im Falle der Verwertung erst dann zum Zuge kommen, wenn die Forderungen der zeitlich früheren Rechtsinhaber komplett erledigt sind.<br>Da der Eigentümer nach der ersten Sicherungsübereignung kein Eigentümer mehr ist, kann er das Recht nach der ersten Sicherungsübereignung nicht mehr rechtswirksam übertragen. | ☐ | ☒ |
| e | Gehören Gegenstände, die sicherungsübereignet wurden, zu den wesentlichen Bestandteilen eines Grundstücks, so haften sie für die Sicherungsübereignung immer dann, wenn diese vor einem Grundpfandrecht entstanden ist.<br>Wesentliche Bestandteile können nicht Träger von separaten Rechten sein. | ☐ | ☒ |
| f | Gehören Gegenstände, die sicherungsübereignet wurden, zu dem Zubehör eines Grundstücks, so haften sie für die Sicherungsübereignung immer dann, wenn diese vor einem Grundpfandrecht entstanden ist. | ☒ | ☐ |
| g | Die Bank kann ihre sicherungsübereigneten Gegenstände nur dann verwerten, wenn sich das Unternehmen vertragswidrig verhält. Hierzu muss sie den Kredit außerdem fällig stellen und dem Schuldner eine Frist setzen. | ☒ | ☐ |
| h | Die Bank kann ihre sicherungsübereigneten Gegenstände nur dann verwerten, wenn sich der Schuldner vertragswidrig verhält. Da die Sicherungsübereignung gesetzlich nicht geregelt ist, kann der Gläubiger bei Verzug des Schuldners sofort zur Verwertung übergehen.<br>siehe g | ☐ | ☒ |
| i | Keine der vorherigen Aussagen ist richtig. | ☐ | ☒ |

**7**

| Welche Aussage(n) ist (sind) richtig? Welche ist (sind) falsch? | Richtig | Falsch |
|---|---|---|
| a | Mit der Sicherungsübereignung steht dem Kreditinstitut ein Verwertungsrecht an der Sicherheit zu, ohne dass die Bank Eigentümerin wird. Die Bank wird Eigentümerin. | ☐ | ☒ |
| b | Um einen Bürgen in Anspruch zu nehmen, muss, solange keine selbstschuldnerische Haftung vorliegt, der Gläubiger erst in das Vermögen des Schuldners vollstreckt haben. Der Bürge kann dies verlangen, kann aber, um die Kosten der Zwangsvollstreckung zu sparen, auch sofort zahlen. | ☐ | ☒ |
| c | Wenn ein Bürge die Zahlung geleistet hat, besteht für ihn juristisch keine Möglichkeit, das bezahlte Geld wiederzuerlangen. Die Forderung ist auf ihn übergegangen und er kann gegen den Schuldner vorgehen. Ob hiermit ein ökonomischer Erfolg verbunden ist, hat für die formaljuristische Betrachtung keine Bedeutung. | ☐ | ☒ |
| d | Versicherungen verlangen in ihren AGB, dass bei einer Zession die Offenlegung erfolgt und dass sich der neue Gläubiger den Versicherungsschein übergeben lässt. Die Offenlegung wird regelmäßig verlangt. Die Übergabe des Versicherungsscheins erfolgt aus eigener Initiative der Bank, da die Versicherung nur gegen dessen Vorlage etwaige Zahlungen vornimmt. | ☐ | ☒ |
| e | Eine Zession entsteht immer nur dann rechtswirksam, wenn der Drittschuldner formlos informiert wurde. Es gibt auch stille Zessionen. | ☐ | ☒ |
| f | Eine Zession entsteht immer nur dann rechtswirksam, wenn der Drittschuldner per Einschreiben mit Rückantwort informiert wurde. Es gibt auch stille Zessionen. Die weitere Regelung ist frei erfunden. | ☐ | ☒ |
| g | Eine Zession entsteht immer nur dann rechtswirksam, wenn der Drittschuldner per Einschreiben mit Rückantwort informiert und der entsprechende Vertrag beim zuständigen Landgericht hinterlegt wurde. Es gibt auch stille Zessionen. Die weitere Regelung ist frei erfunden. | ☐ | ☒ |
| h | Keine der vorherigen Aussagen ist richtig. | ☒ | ☐ |

**8**

| Welche Aussage(n) ist (sind) richtig? Welche ist (sind) falsch? | Richtig | Falsch |
|---|---|---|
| a | Die Angaben im Grundbuch sind ausnahmslos als richtig zu unterstellen. Man spricht in diesem Zusammenhang auch von dem öffentlichen Glauben des Grundbuchs. Das Grundbuch gilt nur dann als richtig, wenn kein Widerspruch zu einem Eintrag besteht und der Betrachter über kein gegenteiliges Wissen verfügt. | ☐ | ☒ |
| b | Das Grundbuch besteht aus der Aufschrift, dem Bestandsverzeichnis und den zwei Abteilungen. Es sind drei Abteilungen. | ☐ | ☒ |
| c | Das Bestandsverzeichnis dient nur der eindeutigen Identifikation des Grundstücks. siehe e | ☐ | ☒ |
| d | Das Bestandsverzeichnis weist die Informationen des Katasteramts aus und stellt zudem dar, ob und für welche anderen Grundstücke die betroffene Immobilie eine dienende Funktion wahrnimmt. siehe e | ☐ | ☒ |
| e | Das Bestandsverzeichnis weist die Informationen des Katasteramts aus und stellt zudem dar, ob und welche anderen Grundstücke für die betroffene Immobilie eine dienende Funktion wahrnehmen. | ☒ | ☐ |
| f | Das Bestandsverzeichnis weist die Informationen des Katasteramts aus und stellt zudem dar, ob und welche anderen Grundstücke über die betroffene Immobilie Herrschaftsrechte ausüben. siehe e | ☐ | ☒ |
| g | Wenn eine Immobilie im Eigentum einer Personengemeinschaft steht, kann jede einzelne Person separat über ihren Anteil verfügen. Es hängt vom Einzelfall ab. Besteht das Eigentum in Bruchteilen, wie dies regelmäßig bei Eheleuten der Fall ist, kann über Bruchteile verfügt werden. Handelt es sich bei dem Grundstück um das sogenannte Gesamthandeigentum, so ist nur eine Verfügung insgesamt möglich. Ein Grundstück einer Erbengemeinschaft bildet Gesamthandeigentum. | ☐ | ☒ |
| h | Wenn eine Immobilie im Eigentum einer Personengemeinschaft steht, kann die Personengemeinschaft nur insgesamt über das Gesamtgrundstück verfügen. siehe g | ☐ | ☒ |
| i | Als Formen des Eigentumsübergangs stehen ausschließlich der Erbschein und der Zuschlag im Rahmen einer Zwangsversteigerung zur Verfügung. Es fehlt die Auflassung durch rechtsgeschäftliche Einigung. | ☐ | ☒ |
| j | Als Formen des Eigentumsübergangs stehen ausschließlich die Auflassung durch rechtsgeschäftliche Einigung und Zuschlag im Rahmen einer Zwangsversteigerung zur Verfügung. Es fehlt der Erbschein. | ☐ | ☒ |
| k | Keine der vorherigen Aussagen ist richtig. | ☐ | ☒ |

**9**

| Welche Aussage(n) ist (sind) richtig? Welche ist (sind) falsch? | Richtig | Falsch |
|---|---|---|
| a Wegerechte werden als Leitungsrechte bezeichnet, wenn sie in der Form der Grunddienstbarkeit vereinbart sind.<br>Hier sind zwei Ebenen durcheinandergeraten:<br>– Wege- und Leitungsrechte sind ähnlich, sie erlauben jeweils das Überqueren eines Grundstücks. Die Berechtigung bezieht sich jedoch einmal auf Personen (Wegerecht) und einmal auf überzuleitende Güter wie Strom, Wasser etc. (Leitungsrecht).<br>– Grunddienstbarkeiten berechtigen einen Grundstücksinhaber und sind somit von einer einzelnen Person abstrahiert. Beschränkte persönliche Dienstbarkeiten berechtigen ausschließlich eine genau spezifizierte Person. Eine Weitergabe ist ausgeschlossen. | ☐ | ☒ |
| b Beim Nießbrauch – in der gesetzlich vorgesehenen Form – handelt es sich faktisch um eine Grunddienstbarkeit, da es den Eigentümer von der Nutzung des Grundstücks ausschließt.<br>Der Umfang des Rechts gibt keine Auskunft darüber, um welche Form der Dienstbarkeit es sich handelt. | ☐ | ☒ |
| c Beim Nießbrauch handelt es sich faktisch um eine Grunddienstbarkeit, da das Recht dem jeweils herrschenden Grundstück zusteht.<br>siehe d | ☐ | ☒ |
| d Beim Nießbrauch handelt es sich faktisch um eine beschränkte persönliche Dienstbarkeit, da das Recht an eine Person gebunden ist. | ☒ | ☐ |
| e Mit einem uneingeschränkten Nießbrauch nimmt der Begünstigte während der Laufzeit ökonomisch die Stellung des Eigentümers ein. | ☒ | ☐ |
| f Neben dem Grundstück haftet auch der Grundstückseigentümer für den Begünstigten einer Reallast, soweit es sich um die gesetzlich vorgesehene Variante handelt. | ☒ | ☐ |
| g Gesetzliche Vorkaufsrechte bestehen für Ehepartner, Kinder und Enkelkinder, soweit der Grundstücksinhaber einen Verkauf beabsichtigt.<br>Gesetzliche Vorkaufsrechte stehen den Miterben einer Erbengemeinschaft sowie unter bestimmten Voraussetzungen den Gemeinden zu. | ☐ | ☒ |
| h Keine der vorherigen Aussagen ist richtig. | ☐ | ☒ |

**10**

| Welche Aussage(n) ist (sind) richtig? Welche ist (sind) falsch? | Richtig | Falsch |
|---|---|---|
| a | Hypotheken sind abstrakte Sicherheiten. Hiermit ist gemeint, dass sie nur bestehen können, wenn die zu besichernde Forderung existiert. Die Bezeichnung „abstrakt" ist unzutreffend. Die Hypothek ist akzessorisch. | ☐ | ☒ |
| b | Grundschulden sind abstrakte Sicherheiten. Hiermit ist gemeint, dass sie nur bestehen können, wenn die zu besichernde Forderung existiert. Abstrakt meint das Gegenteil: Für die Existenz der Grundschuld ist keine Forderung notwendig. | ☐ | ☒ |
| c | Für Hypotheken und Grundschulden sind Zweckerklärungen zwingend erforderlich, damit der Umfang der Grundstückshaftung definiert wird. Zweckerklärungen sind nur für Grundschulden erforderlich. Bei Hypotheken besteht die Verknüpfung aufgrund der Akzessorietät. | ☐ | ☒ |
| d | Aufgrund der Rechtskonstruktion erlischt die Hypothek durch die Darlehensrückführung. Die Anpassung des Grundbuchs hat deklaratorischen Charakter. | ☒ | ☐ |
| e | Aufgrund der Rechtskonstruktion erlischt die Grundschuld durch die Darlehensrückführung. Die Anpassung des Grundbuchs hat konstitutiven Charakter. Die Grundschuld ist vom Bestand einer Forderung unabhängig. | ☐ | ☒ |
| f | Aufgrund der Rechtskonstruktion erlischt die Grundschuld nicht durch die Darlehensrückführung. Die Anpassung des Grundbuchs hat deklaratorischen Charakter. Die Rechtswirkung der Eintragung ist konstitutiv. | ☐ | ☒ |
| g | Keine der vorherigen Aussagen ist richtig. | ☐ | ☒ |

11

| Welche Aussage(n) ist (sind) richtig? Welche ist (sind) falsch? | | Richtig | Falsch |
|---|---|---|---|
| a | Realkredit ist der Fachbegriff für alle Kredite, die grundpfandrechtlich gesichert sind.<br>Realkredite sind diejenigen Kredite, die bei grundpfandrechtlicher Besicherung die Grenze von 60 % des Beleihungswerts nicht überschreiten. | ☐ | ☒ |
| b | Realkredit ist der Fachbegriff für alle Kredite, die grundpfandrechtlich gesichert sind und deren Ausfall aufgrund der guten Kundenbonität nahezu ausgeschlossen werden kann.<br>siehe c | ☐ | ☒ |
| c | Realkredit ist der Fachbegriff für alle Kredite, die grundpfandrechtlich gesichert sind, solange der insgesamt vergebene Kredit innerhalb einer Grenze von 60 % des Beleihungswerts verbleibt. | ☒ | ☐ |
| d | Ausleihungen, welche die Realkreditgrenze überschreiten, werden als ungesicherte Kredite eingestuft.<br>siehe c und e | ☐ | ☒ |
| e | Ausleihungen, welche die Beleihungsgrenze überschreiten, werden als ungesicherte Kredite eingestuft. | ☒ | ☐ |
| f | Grundpfandrechte werden maximal bis zur Höhe der Beleihungsgrenzen in das Grundbuch eingetragen, um dem Kunden Kosten zu ersparen.<br>Die Kosteneinsparung dürfte im Gesamtzusammenhang zu vernachlässigen sein. | ☐ | ☒ |
| g | Grundpfandrechte werden maximal bis zur Höhe der Beleihungsgrenzen in das Grundbuch eingetragen, da sie ökonomisch keinen Wert haben.<br>Der Beleihungswert wird vorsichtig ermittelt. Es besteht durchaus die Chance, eine Immobilie für einen höheren Betrag als den, der sich durch die Beleihungsgrenze ergibt, zu veräußern. Dies gilt insbesondere in Zeiten stark steigender Immobilienpreise. | ☐ | ☒ |
| h | Keine der vorherigen Aussagen ist richtig. | ☐ | ☒ |

## 4.3 Fallstudien

### Fallstudie 1

Ihre Freundin Susi Süssmich benötigt einen Ratenkredit zur Finanzierung eines Firmen-Pkw. Sie möchte sich auf das Gespräch so gut wie möglich vorbereiten und bittet Sie als Student(in) des höheren Semesters zur Gesprächsvorbereitung um Rat.

**(1)** Nennen Sie die naheliegendste Form der Besicherung.

Geeignete Sicherheit: Sicherungsübereignung des Kfz: Mit dieser Sicherungsform bleibt der Kreditnehmer unmittelbarer Besitzer des Fahrzeugs, sodass er es uneingeschränkt nutzen kann.

**(2)** Welche juristischen Probleme könnte die Bank bei der Sicherheit befürchten? Stellen Sie mögliche Maßnahmen dar, mit denen die Bank die Risiken begrenzen kann.
- Eine Doppelübereignung ist nicht auszuschließen.
- Ein gutgläubiger Dritter könnte das Eigentum an dem Kfz erwerben.
- Gegenmaßnahmen: Mit der Vereinnahmung der Zulassungsbescheinigung Teil II sowie einer Information der Zulassungsstelle lassen sich beide Risiken wirkungsvoll begrenzen.

**(3)** Welche ökonomischen Probleme können bei der Sicherheit auftreten? Stellen Sie auch hier mögliche Gegenstrategien des Kreditinstituts dar.
- Das Kfz könnte beschädigt oder zerstört werden.
- Das Fahrzeug könnte überproportional an Wert verlieren.
- Gegenmaßnahme: Abschluss einer Vollkasko- und Diebstahlversicherung

**(4)** Unter welchen Voraussetzungen darf die Sicherheit vom Kreditgeber verwertet werden?
- Der Kunde muss einen so großen Rückstand aufgebaut haben, dass eine Kündigung gerechtfertigt ist.
- Das Darlehen muss gekündigt und damit fällig gestellt sein.
- Die Verwertung der Sicherheiten muss angekündigt werden.
- Das Kfz ist nach Möglichkeit zu versteigern. Über die Versteigerung sollte der Schuldner informiert werden. Etwaige Übererlöse stehen dem Unternehmen zu.

## Fallstudie 2

**(1)** Erklären Sie Petra, warum ihre Vermögensgegenstände nicht zu 100 % als Sicherheit angerechnet werden.
Ursachen für die Abschläge sind Transaktionskosten sowie mögliche Preisschwankungen an den Börsen. Je stärker die Volatilität der Märkte in der Vergangenheit war, desto geringer ist der Ansatz als Sicherheit.

**(2)** Wie hoch ist der maximale Kreditrahmen, den Petra erwarten kann, wenn dieser zu 100 % gesichert sein soll?
- 100 % des Sparbriefs: 10 T€
- 95 % des aktuellen Rückkaufwerts der Kapitallebensversicherung: 33.250 € (= 35 T€ · 95 %)
- 70 % der Aktien der Hamburger-Turbinen-Werke: 5.523 € (= 1.000 Aktien · 7,89 € · 70 %)
- 50 % der Aktien der Klunker Ltd.: 3.650 € (= 2.000 Aktien · 3,65 € · 50 %)
- Gesamtsumme: 52.423 €

**(3)** Welche Arbeitsschritte fallen für die Verpfändung des Sparbriefs und der Wertpapiere an?
- Einigung über die Entstehung des Pfandrechts
- Die Übergabe entfällt bei den Wertpapieren, weil die Bank schon über den Zugriff verfügt.
- Eine Benachrichtigung ist bei dem Sparbrief nicht erforderlich, da das Kredit gewährende und das schuldende Institut identisch sind.
- Um etwaigem unredlichen Verhalten der Kreditnehmer vorzubeugen, wird das Depot gesperrt und der Sparbrief in Besitz genommen.

**(4)** Warum kann der Sparbrief nicht sicherungsübereignet bzw. abgetreten werden?
  – Eine Sicherungsübereignung scheidet aus, weil nur bewegliche Gegenstände und keine Forderungen für diese Sicherheitenart geeignet sind.
  – Eine Zession ist nicht möglich, weil Schuldner und fiduziarischer Gläubiger identisch wären.

**(5)** Welche Arbeitsschritte zur Zession der Lebensversicherung fallen bei der Bank an?
  – Abschluss eines Sicherungsvertrags einschließlich Zweckerklärung
  – Information der Lebensversicherung über die erfolgte Abtretung, da deren AGB regelmäßig die Offenlegung verlangen
  – Soweit beispielsweise nach drei Wochen keine Bestätigung vorliegt, wird regelmäßig bei der Gesellschaft nachgefasst.
  – Vereinnahmung des Sicherungsscheins, da eine Auszahlung an den Besitz des Papiers geknüpft ist
  – Verzichtserklärung von Daniel, da Petra die Begünstigung nicht mehr ohne Daniel verändern kann

**Fallstudie 3**

**(1)** Ermitteln Sie den maximalen Kreditrahmen, wenn dieser zu 100 % gesichert sein soll, und identifizieren Sie die Differenz zum bestehenden Darlehen ohne Berücksichtigung von Petras Außenständen in Höhe von 100 T€.
  – 100 % des Sparbriefs: 10 T€
  – 95 % des aktuellen Rückkaufwerts der Kapitallebensversicherung: 39,9 T€ (= 42 T€ · 95 %)
  – 70 % der Aktien der Hamburger-Turbinen-Werke: 4.123 € (= 1.000 Aktien · 5,89 € · 70 %)
  – 50 % der Aktien der Klunker Ltd.: 2.650 € (= 2.000 Aktien · 2,65 € · 50 %)
  – Gesamtsumme: 56.673 €; im Vergleich zur aktuellen Darlehensforderung in Höhe von 41.625 € liegt eine Überdeckung von 15.048 € oder 36 % vor.

**(2)** Welche Besicherung schlagen Sie vor? Begründen Sie Ihre Entscheidung.
  – Um Petras Standing bei den Kunden nicht zu gefährden, sollte eine stille Zession vorgenommen werden.
  – Es ist erforderlich, die bezahlten Forderungen zu ersetzen. Deshalb muss eine permanente Auffüllung vereinbart werden. Hierzu bietet sich der Abschluss einer Mantelzession an.
  – Eine Zession aller gegenwärtigen und künftigen Forderungen aller Kunden darf nicht erfolgen, weil damit der unternehmerische Handlungsspielraum von Petra nicht mehr gegeben ist. Der Vertrag wäre nichtig, weil ein Verstoß gegen „die guten Sitten" (§ 138 I BGB) vorläge.
  – In Abhängigkeit davon, ob sich die Forderungsentstehung im Zeitverlauf gleichmäßig verteilt, kann eine Mantel- oder Globalzession sinnvoller sein.
  – Kann ein Forderungsanteil von ca. 70 % dauerhaft isoliert werden, ist die Globalzession zu wählen. Die Gruppe ist genau abzugrenzen, um die übertragenen Forderungen eindeutig zu identifizieren. Die Übergabe von Forderungslisten würde nur deklaratorisch wirken, da diese bereits mit ihrer Entstehung Eigentum der Bank werden.
  – Wechselt Petras Schuldnergruppe permanent, so sollte auf die Mantelzession zurückgegriffen werden. Petra müsste immer dafür sorgen, dass ein Bestand von beispielsweise 70 T€

permanent abgetreten ist. Für die Entstehung der Abtretung ist die Übergabe einer Forderungsübersicht erforderlich. Ihre Wirkung ist konstitutiv.

– Mit einer Abtretung von 70 T€ würde eine Forderung von 49 T€ besichert sein. Bezieht man den Sicherheitenüberhang des bestehenden Darlehens mit in die Betrachtung ein, sind 64 T€ des neuen Darlehens besicherbar. Der Blankoanteil beträgt 11 T€.

– Sofern die Zweckerklärung der Zession so weit gefasst ist, dass sie auch für das neue Darlehen haftet, ist keine weitere Aktion erforderlich. Liegt eine enge Zweckerklärung vor, ist eine Anpassung vorzunehmen.

**(3)** Wie kann Petra gegenüber dem Kreditentscheider der Bank argumentieren, um den Kredit dennoch zu bekommen?

– Ein Blankoanteil von 11 T€ erscheint auf jeden Fall im Gesamtkontext vertretbar. Durch die Zunahme des Rückkaufswerts der Lebensversicherung verringert sich dieser fortlaufend, ggf. ist die Zweckerklärung anzupassen.

– Geht man von den Nominalwerten der Sicherheiten aus, ist der Kredit aktuell mit 16.565 € (= 10 T€ + 42 T€ + 5.890 € + 5.300 € + 70 T€ – 75 T€ – 41.625 €) überbesichert.

– Natürlich könnte man noch eine Bürgschaft des Lebensgefährten oder eine Sicherungsübereignung des Warenlagers ergänzen. Hiermit entstehen jedoch weitere interne Kosten.

– Ob bei einem Kunden guter Bonität eine Besicherung von 100 % erforderlich ist, kann zumindest kritisch hinterfragt werden. Bei einem übertriebenen Wunsch nach Besicherung besteht bei guten Kunden die Gefahr, dass sie sich einem anderen Kreditinstitut zuwenden. Hierdurch könnten hohe Opportunitätskosten anfallen.

## Fallstudie 4

**(1)** Ermitteln Sie den Beleihungswert auf Basis des Sachwerts. Nutzen Sie die nachstehende Tabelle. Runden Sie auf volle Tausend Euro ab.

Anwendung des Sachwerts:

| | Position | Wert (€) | Berechnung |
|---|---|---|---|
| | übliche Baukosten | 288.000 | $1.200 \ m^3 \cdot 240$ |
| – | Altersabschreibung | 83.520 | 29 % der üblichen Baukosten |
| = | Zwischensumme 1 | 204.480 | 288 T€ – 83.520 € |
| + | Außenanlagen | 10.224 | 5 % der Zwischensumme 1 |
| = | Zwischensumme 2 | 214.704 | 204.480 € + 10.224 € |
| – | Sicherheitsabschlag | 53.676 | 25 % der Zwischensumme 2 |
| = | Zwischensumme 3 | 161.028 | |
| + | Baunebenkosten | 16.103 | 10 % der Zwischensumme 3 |
| = | Bauwert | 177.131 | |
| + | Bodenwert | 45.000 | $300 \ m^2 \cdot 150 \ €/ \ m^2$ |
| = | **Sachwert** | **216.131** | |
| = | **Beleihungswert** | **216.000** | abgerundeter Sachwert |

**(2)** Ermitteln Sie den Beleihungswert auf Basis des Ertragswerts. Nutzen Sie die nachstehende Tabelle. Runden Sie auf volle Tausend Euro ab. Der Vervielfältiger soll auf Basis von 4,5 % und einer Laufzeit von 35 Jahren ermittelt werden.

Anwendung des Ertragswerts:

| | Position | Wert (€) | Berechnung |
|---|---|---|---|
| | Jahresrohertrag | 15.000 | 250 m² · 5 € · 12 Monate |
| – | Bewirtschaftungskosten | 1.500 | 10 % vom Jahresrohertrag |
| = | Jahresreinertrag | 13.500 | |
| – | Verzinsung Bodenwert | 1.350 | 3 % vom Bodenwert |
| = | Zwischensumme 1 | 12.150 | |
| | Vervielfältiger (≠ €) | 17,46 | 35 Jahre bei 4,5 (Kapitalisierungszinssatz) |
| = | Gebäudewert | 212.000 | |
| + | Bodenwert | 45.000 | = 300 m² · 150 € |
| = | **Ertragswert** | **257.000** | |
| = | **Beleihungswert** | **257.000** | |

**(3)** Begründen Sie, für welchen Wert Sie sich entscheiden würden.

Bei Renditeobjekten wie diesem Mehrfamilienhaus ist der Ertragswert anzuwenden.

## Fallstudie 5

**(1)** Ermitteln Sie das Rangverhältnis der Eintragungen. Was sagt es aus?

– Rang 1: Z-Volksbank eG
– Rang 2: Sparkasse V
– Rang 3: Bausparkasse Z-Stadt
– Die Eintragung mit der lfd. Nr. 4 wurde gelöscht.
– Die Befriedigung der Ansprüche erfolgt immer nach dem Rangverhältnis. Vorrangrechte bleiben bestehen.

**(2)** Ermitteln Sie den maximalen Anspruch des Kreditgebers laut Grundbuch.

Ermittlung des dinglichen Anspruchs:

| | Position | Betrag |
|---|---|---|
| | Grundschuld | 150 T€ |
| + | aktuelle Zinsen | 28 T€ |
| + | dingliche Zinsen für 2 Jahre (= 150 T€ · 15 % für 2 Jahre) | 45 T€ |
| = | maximaler Anspruch im Außenverhältnis | 223 T€ |

**(3)** Ermitteln Sie den maximalen Anspruch des Kreditgebers aufgrund der realen Schulden.

Ermittlung des realen Anspruchs:

| | Position | Betrag |
|---|---|---|
| | Restschuld | 140 T€ |
| + | aktuelle Zinsen | 8 T€ |
| = | maximaler Anspruch im Innenverhältnis | 148 T€ |

**(4)** Wenn es eine Differenz der maximalen Ansprüche gibt, was passiert damit in Bezug auf den Versteigerungserlös?

Der Verkaufserlös von 180,5 T€ übersteigt den erstrangigen Anspruch im Innenverhältnis von 148 T€ um 32,5 T€, dieser steht den nachrangigen Gläubigern (hier: Sparkasse V und Bausparkasse Z-Stadt) zu. Soweit deren Ansprüche nicht mehr bestehen, fließt der Überschuss dem Schuldner zu.

**(5)** Warum hätte es sinnvoll sein können, das Zweifamilienhaus freihändig zu veräußern?

Ein freihändiger Verkauf erhöht die Chance auf einen höheren Verkaufserlös und damit einer umfassenderen Befriedigung der Gläubiger bzw. Auszahlung des Überschusses an den Sicherungsgeber.

# 5 Kapitel 5: Außenfinanzierung durch verzinsliche Wertpapiere

## 5.1 Wiederholungsfragen

**(1)** Kann ein Orderpapier gutgläubig erworben werden? Warum?

Soweit das Orderpapier mit einem Blankoindossament ausgestattet ist, ist faktisch jeder Inhaber berechtigt, die Ansprüche geltend zu machen. In diesem Fall ist ein gutgläubiger Erwerb möglich.

**(2)** Was ist das Besondere an Rektapapieren?

Für die Rechtsweitergabe ist zusätzlich eine separate Abtretungserklärung erforderlich.

**(3)** Warum werden Anleihen emittiert?

Zielsetzung der Unternehmen ist es, eine kostengünstigere Finanzierung zu erhalten und ihre Abhängigkeit von den Kreditinstituten zu reduzieren.

**(4)** Nennen Sie zwei weitere Begrifflichkeiten für ein festverzinsliches Wertpapier.

Anleihe, Obligation, Rentenpapier und Schuldverschreibung sind andere mögliche Begriffe.

**(5)** Aus welchen Komponenten besteht ein festverzinsliches Wertpapier mit vier Jahren Laufzeit?

Ein solches Wertpapier umfasst ein Tilgungs- und vier Zinszahlungsversprechen (Kupons).

**(6)** Wie lassen sich die Laufzeiten von Obligationen nach den Vorschriften des HGB gliedern?

Das HGB definiert im § 268 V Verbindlichkeiten mit einer Restlaufzeit von bis zu einem Jahr als kurzfristig.

Das HGB definiert im § 285 Nr. 1a Verbindlichkeiten mit einer Restlaufzeit von mehr als fünf Jahren als langfristig.

Verbindlichkeiten zwischen mehr als einem und weniger als fünf Jahren gelten folglich als mittelfristig.

**(7)** Unterscheiden Sie zwischen Nominal- und Effektivverzinsung.

Unter Nominalverzinsung wird die Höhe der laufenden Zahlung gemessen am Nennwert der Anleihe verstanden.

Als Effektivverzinsung ist der Gesamterfolg einer Anleihe definiert. Sie ist auf einen Kapitaleinsatz von 100 Einheiten normiert.

**(8)** Was wird unter einer Emission zu pari und unter pari verstanden?

Eine Emission zu pari bedeutet, dass für einen Nennwert von 100 Einheiten dem Kreditnehmer auch 100 Einheiten zur Verfügung gestellt werden.

https://doi.org/10.1515/9783110791082-019

Bei einer Emission unter pari erhält der Kreditnehmer weniger als 100 Einheiten, obwohl er auf 100 Einheiten Zinsen zahlen muss und 100 Einheiten am Ende der Laufzeit zu tilgen sind.

**(9)** Welches entscheidende Risiko kann durch das Bankenkonsortium im Rahmen der Emission übernommen werden?

Kaufen Banken dem Emittenten die gesamte Anleihe ab, so kann dieser sicher sein, dass er den vollen Kaufpreis erhält, da die Banken das Risiko für ihn tragen.

**(10)** Nennen Sie drei mögliche Vertriebswege für Obligationen.

Freihändiger Verkauf, direkte Platzierung an der Börse, ausschließlicher Verkauf an ausgewählte institutionelle Investoren und öffentlicher Verkauf im Rahmen einer definierten Frist sind die möglichen Vertriebswege.

**(11)** Wie unterscheiden sich Mengen- und Zinstender?

Beim Mengentender steht der Zinssatz fest. Die am Verfahren beteiligten Bieter erhalten bei Überzeichnung nur einen Bruchteil der von ihnen georderten Wertpapiere.

Im Rahmen des Zinstenders werden die unterschiedlichen Zinsgebote der Bieter zu einer Nachfragekurve verdichtet. Der Verkäufer teilt die geplante Menge zu. Bieter, die kein marktfähiges Gebot abgegeben haben, gehen leer aus.

**(12)** Was wird unter „Verpflichtungsgeschäft", „Erfüllungsvaluta" und „Zinsanspruchswechsel" verstanden? Wie stehen diese Daten miteinander in Beziehung?

Verpflichtungsgeschäft ist der Abschluss des Kaufvertrags bzw. die Ausführung des Geschäfts an der Börse.

Erfüllungsvaluta meint das Datum des Eigentumübergangs der Wertpapiere sowie des Kaufpreises. Die Erfüllungsvaluta folgt dem Geschäftsabschluss mit zwei Börsentagen Zeitverzug.

Der Zinsanspruchswechsel wird erforderlich, da der Verkäufer dem Käufer den Zinskupon für den kommenden Zinstermin mit übergibt. Gleichzeitig hat er einen Zinsanspruch für den Zeitraum von der letzten Zinszahlung bis zum Zinsanspruchswechsel. Ab diesem Datum stehen die Zinsen dem Erwerber zu. Der Wechsel erfolgt einen Kalendertag vor der Erfüllungsvaluta.

**(13)** Welche Zinsberechnungsmethoden werden im Zusammenhang mit verzinslichen Wertpapieren verwendet und wann werden sie eingesetzt?

„actual/actual" bzw. „act/act" findet Anwendung, wenn eine feste Verzinsung vereinbart ist. Im Rahmen dieses Verfahrens werden die Tage der Haltedauer exakt abgezählt. Das Kalenderjahr wird mit seiner realen Dauer (365 bzw. 366 Tage) berücksichtigt.

„actual/360" bzw. „act/360" findet Anwendung, wenn eine variable Verzinsung vereinbart ist. Im Rahmen dieses Verfahrens werden die Tage der Haltedauer exakt abgezählt. Das Kalenderjahr wird einheitlich mit 360 Tagen berücksichtigt.

**(14)** Warum kann es aus Sicht des Schuldners sinnvoll sein, einen Zerobond zu emittieren?

Durch die fehlende laufende Verzinsung wird die Liquidität während der Laufzeit geschont.

**(15)** Wie lässt sich das Profil einer Gewinnschuldverschreibung aus Sicht des Anlegers beschreiben?

Der Anleger erwirbt eine Anlageform mit einer geringen Grundverzinsung. Soweit das Unternehmen wie geplant ökonomisch erfolgreich ist, generiert er einen höheren Gesamtertrag. Die gewinnanteilige Verzinsung überkompensiert die geringere Grundverzinsung.

**(16)** Nennen Sie zwei mögliche Referenzzinssätze, auf die sich Floating Rate Notes beziehen können.

EURIBOR → (Euro Interbank Offered Rate)

SONIA → (Sterling Overnight Index Average)

**(17)** Wie ist die Emission einer Optionsobligation aktienrechtlich zu bewerten?

Es handelt sich um eine bedingte Kapitalerhöhung, da unklar ist, ob der Anleger seine Option auch tatsächlich nutzen wird.

**(18)** Was motiviert den Anleiheschuldner, eine Wandelanleihe zu emittieren?

Die Zinskosten sind, solange die Wandlung nicht erfolgt ist, geringer als bei einer vergleichbaren Anleihe.

Die Tilgung entfällt, soweit der Gläubiger von seinem Tauschrecht Gebrauch macht.

**(19)** Worin besteht der Unterschied zwischen einer Gleitzins- und einer Inflationsausgleichsanleihe?

Bei einer Inflationsausgleichsanleihe gibt es eine (geringe) Grundverzinsung sowie einen variablen Zinsanteil, der in Abhängigkeit von der ermittelten Geldentwertung nach den Vorgaben des Emissionsprospekts berechnet wird.

Die Gleitzinsanleihen haben einen veränderlichen Zinssatz, der nicht von der Preissteigerung abhängt, sondern im Vorfeld genau definiert wird.

**(20)** Welche Möglichkeit steht jedem Unternehmen zur außerplanmäßigen Rückzahlung seiner Anleihe zu, unabhängig von den Regelungen des Emissionsprospekts?

Der Rückkauf über die Börse ist immer möglich.

**(21)** Welche Rolle spielt die Besicherung bei der Emission von Obligationen?

Eine gute Besicherung kann eine schlechte Bonität (teilweise) ausgleichen.

**(22)** Welche Ursachen kann das Marktpreisrisiko haben?

Bonitätsveränderungen, Variationen der am Markt geforderten Rendite und Währungskursschwankungen sind Ursachen für Marktpreisrisiken von Anleihen.

**(23)** Was ist das Motiv für den Anleihemittenten, sich in fremder Währung zu verschulden und welches Risiko ist damit verbunden?

Der Anleiheschuldner möchte durch das geringere Zinsniveau im fremden Währungsgebiet seine Zinskosten reduzieren. Wenn sich der Kurs der Fremdwährung zu seinem Nachteil entwickelt, kann sich sein (erhoffter) Zinsvorteil reduzieren oder gar zu einem Nachteil wandeln.

**(24)** Warum bildet ein Sonderkündigungsrecht des Anleiheschuldners ein Risiko für den Gläubiger?

Dieses Recht wird der Schuldner nur dann nutzen, wenn ihm inzwischen günstigere Finanzierungsquellen zur Verfügung stehen. Der Anleger ist mit dem Problem der ungeplanten Wiederanlage bei verändertem Marktumfeld zu gleichen Konditionen konfrontiert.

## 5.2 Gebundene Fragen

**1**

| Welche Aussage(n) ist (sind) richtig? Welche ist (sind) falsch? | Richtig | Falsch |
|---|:---:|:---:|
| a Wird eine Anleihe am Montag, den 25.02. (Schaltjahr) erworben und liegt der Zinstermin jedes Jahr am 01.04., so fallen 332 Stückzinstage an. | ☒ | ☐ |
| b Wird eine Anleihe am Montag, den 25.02. (Schaltjahr) erworben und liegt der Zinstermin jedes Jahr am 01.04., so fallen 333 Stückzinstage an.<br>siehe a<br>Erfüllungsvaluta ist der 27.02. Die Zinsen stehen dem Verkäufer bis einschließlich 26.02. zu. | ☐ | ☒ |
| c Wird eine Anleihe am Freitag, den 21.03. (Schaltjahr) erworben und liegt der Zinstermin jedes Jahr am 01.04., so fallen 358 Stückzinstage an.<br>siehe d<br>Erfüllungsvaluta ist der 25.03. Die Zinsen stehen dem Verkäufer bis einschließlich 24.03. zu. | ☐ | ☒ |
| d Wird eine Anleihe am Freitag, den 21.03. (Schaltjahr) erworben und liegt der Zinstermin jedes Jahr am 01.04., so fallen 359 Stückzinstage an. | ☒ | ☐ |
| e Wird eine Anleihe am Montag, den 25.02. (Schaltjahr) erworben und liegen die Zinstermine jedes Jahr am 01.04. und 01.10., so fallen 149 Stückzinstage an. | ☒ | ☐ |
| f Wird eine Anleihe am Montag, den 25.02. (Schaltjahr) erworben und liegen die Zinstermine jedes Jahr am 01.04. und 01.10., so fallen 148 Stückzinstage an.<br>siehe e<br>Erfüllungsvaluta ist der 27.02. Die Zinsen stehen dem Verkäufer bis einschließlich 26.02. zu. | ☐ | ☒ |
| g Wird eine Anleihe am Freitag, den 21.03. (Schaltjahr) erworben und liegen die Zinstermine jedes Jahr am 01.04. und 01.10., so fallen 176 Stückzinstage an. | ☒ | ☐ |
| h Wird eine Anleihe am Montag, den 25.02. (Schaltjahr) erworben und liegen die Zinstermine jedes Jahr am 01.04. und 01.10., so fallen 146 Stückzinstage an.<br>siehe e<br>Erfüllungsvaluta ist der 27.02. Die Zinsen stehen dem Verkäufer bis einschließlich 26.02. zu. | ☐ | ☒ |
| i Keine der vorherigen Aussagen ist richtig. | ☐ | ☒ |

## 2

| Welche Aussage(n) ist (sind) richtig? Welche ist (sind) falsch? | Richtig | Falsch |
|---|---|---|
| a Festverzinsliche Wertpapiere werden als Anleihen, Obligationen, Schuldverschreibungen und Floating Rate Notes bezeichnet.<br>Floating Rate Notes sind variabel verzinslich. | ☐ | ☒ |
| b Festverzinsliche Wertpapiere werden als Anleihen, Junk Bonds, Obligationen, Schuldverschreibungen und Rentenpapiere bezeichnet.<br>Junk Bonds ist eine Bezeichnung, die auf schlechte Bonität hindeutet. Ob die Zinsen fest oder variabel gezahlt werden, wird hierdurch nicht zum Ausdruck gebracht. | ☐ | ☒ |
| c Festverzinsliche Wertpapiere werden als Anleihen, Obligationen, Rentenpapiere, Schuldverschreibungen und Zerobonds bezeichnet.<br>Zerobonds sind zwar festverzinslich, stellen aber darauf ab, dass während der Laufzeit keine Zinszahlung erfolgt. | ☐ | ☒ |
| d Als Emittent von Schuldverschreibungen können ausschließlich Staaten und andere Gebietskörperschaften sowie Banken auftreten.<br>Auch Unternehmen, die keine Kreditinstitute sind, können Anleihen emittieren. | ☐ | ☒ |
| e Banken, die ein Filialnetz haben, dürfen seit der letzten KWG-Novelle keine festverzinslichen Wertpapiere emittieren, da dies Arbeitsplätze an den Schaltern gefährdet.<br>Diese Regelung ist frei erfunden | ☐ | ☒ |
| f Der Effektivzins ist höher als der Nominalzins, wenn die Anleihe unter pari verkauft wird. | ☒ | ☐ |
| g Der Effektivzins ist geringer als der Nominalzins, wenn die Anleihe unter pari verkauft wird.<br>siehe f | ☐ | ☒ |
| h Ob eine Anleihe zu pari, unter pari oder über pari verkauft wird, ist für das Verhältnis von Nominal- und Effektivzins unerheblich.<br>siehe f | ☐ | ☒ |
| i Zerobonds haben ihren Namen aufgrund des Risikos, das gleich Null ist.<br><br>Zerobonds weisen verschiedene Risiken auf. Das „Zero" bezieht sich darauf, dass während der Laufzeit keine Zinsen gezahlt werden. Zins- und Tilgungszahlung erfolgt in einer Summe zum Ende der Laufzeit. | ☐ | ☒ |
| j Steuerlich sind Zerobonds für Privatanleger immer die beste Wahl, da durch das Zuflussprinzip die Steuerzahlung in die Zukunft verschoben wird.<br>Soweit die Zuflüsse bei jährlichen Zahlungen unter dem Sparerfreibetrag und den Werbungskosten bleiben, ist der Zerobond von Nachteil. | ☐ | ☒ |
| k Gewinnschuldverschreibungen sind meist mit einer geringen Festverzinsung ausgestattet, der variable Anteil ist vom Gewinn des Schuldners abhängig. | ☒ | ☐ |
| l Mit Gewinnschuldverschreibungen verlagert der Emittent Teile seines Fixkostenrisikos auf den Investor. | ☒ | ☐ |
| m Eine Orientierung von auf Euro lautenden Floating Rate Notes am SONIA hat die EZB untersagt, weil dieser auch Kredite erfasst, die nicht auf Euro lauten.<br>Diese Regelung ist frei erfunden. | ☐ | ☒ |
| n Keine der vorherigen Aussagen ist richtig. | ☐ | ☒ |

**3**

| Welche Aussage(n) ist (sind) richtig? Welche ist (sind) falsch? | Richtig | Falsch |
|---|---|---|
| a | Die Rendite einer Anleihe mit 10 Jahren Laufzeit, 100 % Auszahlung, 4,5 % Kupon und einer Tilgung zu pari liegt bei 4,5 %.<br>Bei 100 % Aus- und Rückzahlung entspricht der Nominal- dem Effektivzinssatz. | ☒ | ☐ |
| b | Die Rendite einer Anleihe mit 10 Jahren Laufzeit, 100 % Auszahlung, 4,5 % Kupon und einer Tilgung zu pari liegt bei 5,1 %.<br>siehe a | ☐ | ☒ |
| c | Die Gesamtkosten einer Anleihe über 1.000 Mio. € mit 10 Jahren Laufzeit, 100 % Auszahlung, 4,5 % Kupon, einer Tilgung zu pari, Einmalkosten des Bankenkonsortiums von 30 Mio. € und einer jährlichen Betreuungsgebühr in Höhe von 1.500 T€ betragen 5,4 %.<br>Einmalgebühr = 3 %<br>laufende Gebühr = 0,15 %<br>Gesamtkosten = $[4{,}5 + 0{,}15 + (100 - 97) \div 10] \div 97 = 0{,}051031 \Leftrightarrow 5{,}10\,\%$ | ☐ | ☒ |
| d | Die Gesamtkosten einer Anleihe über 1.000 Mio. € mit 10 Jahren Laufzeit, 100 % Auszahlung, 4,5 % Kupon, einer Tilgung zu pari, Einmalkosten des Bankenkonsortiums von 30 Mio. € und einer jährlichen Betreuungsgebühr in Höhe von 1.500 T€ betragen 5,1 %. | ☒ | ☐ |
| e | Die Rendite einer Anleihe mit 7 Jahren Laufzeit, 98 % Auszahlung, 4,5 % Kupon und einer Tilgung zu pari liegt bei 5,27 %.<br>siehe g | ☐ | ☒ |
| f | Die Rendite einer Anleihe mit 7 Jahren Laufzeit, 98 % Auszahlung, 4,5 % Kupon und einer Tilgung zu pari liegt bei 5,07 %.<br>siehe g | ☐ | ☒ |
| g | Die Rendite einer Anleihe mit 7 Jahren Laufzeit, 98 % Auszahlung, 4,5 % Kupon und einer Tilgung zu pari liegt bei 4,88 %.<br>$[4{,}5 + (100 - 98) \div 7] \div 98 = 0{,}04883 \Leftrightarrow 4{,}88\,\%$ | ☒ | ☐ |
| h | Die Gesamtkosten einer Anleihe über 800 Mio. € mit 7 Jahren Laufzeit, 98 % Auszahlung, 4,5 % Kupon, einer Tilgung zu pari, Einmalkosten des Bankenkonsortiums von 16 Mio. € und einer jährlichen Betreuungsgebühr in Höhe von 2.000 T€ betragen 5,42 %.<br>Einmalgebühr = 2,0 %<br>laufende Gebühr = 0,25 %<br>Gesamtkosten = $[4{,}5 + 0{,}25 + (100 - 96) \div 7] \div 96 = 0{,}05543 \Leftrightarrow 5{,}54\,\%$ | ☐ | ☒ |
| i | Die Gesamtkosten einer Anleihe über 800 Mio. € mit 7 Jahren Laufzeit, 98 % Auszahlung, 4,5 % Kupon, einer Tilgung zu pari, Einmalkosten des Bankenkonsortiums von 16 Mio. € und einer jährlichen Betreuungsgebühr in Höhe von 2.000 T€ betragen 5,22 %.<br>siehe h | ☐ | ☒ |
| j | Die Gesamtkosten einer Anleihe über 800 Mio. € mit 7 Jahren Laufzeit, 98 % Auszahlung, 4,5 % Kupon, einer Tilgung zu pari, Einmalkosten des Bankenkonsortiums von 16 Mio. € und einer jährlichen Betreuungsgebühr in Höhe von 2.000 T€ betragen 5,02 %.<br>siehe h | ☐ | ☒ |

(fortgesetzt)

| Welche Aussage(n) ist (sind) richtig? Welche ist (sind) falsch? | Richtig | Falsch |
|---|---|---|
| k Die Rendite einer Anleihe mit 9 Jahren Laufzeit, 99 % Auszahlung, 5,4 % Kupon und einer Tilgung zu 100,5 % liegt bei 5,62 %.<br>[5,4 + (100,5 − 99) ÷ 9] ÷ 99 = 0,05623 ⇔ 5,62 % | ☒ | ☐ |
| l Die Rendite einer Anleihe mit 9 Jahren Laufzeit, 99 % Auszahlung, 5,4 % Kupon und einer Tilgung zu 100,5 % liegt bei 5,82 %.<br>siehe k | ☐ | ☒ |
| m Keine der vorherigen Aussagen ist richtig. | ☐ | ☒ |

**4**

| Welche Aussage(n) ist (sind) richtig? Welche ist (sind) falsch? | Richtig | Falsch |
|---|---|---|
| a Der Handel mit Inflationsausgleichsanleihen ist in Deutschland verboten, da sie die Gläubiger anderer Anleihen deutlich benachteiligen. <br> Diese Regelung ist frei erfunden. | ☐ | ☒ |
| b Unternehmen können sich in ihrer Heimatwährung verschulden, kauft ein europäischer Anleger eine Anleihe in USD, so trägt er das Währungsrisiko. | ☒ | ☐ |
| c Bei den sogenannten Doppelwährungsanleihen kann sich in Abhängigkeit von den Anleihebedingungen der Schuldner oder der Gläubiger aussuchen, in welcher Währung der Kapitaldienst geleistet wird. <br> Die Währungen der Zahlungen sind definiert. Jedoch erfolgt die Zahlung der Gläubiger in einer anderen Währung als die der Schuldner. | ☐ | ☒ |
| d „Auslosung" ist ein Begriff, den es im Zusammenhang mit verzinslichen Wertpapieren nicht gibt. Er findet ausschließlich bei Lotterien, auf Jahrmärkten etc. Verwendung. <br> Soweit die Tilgung einer Anleihe vor Ende der Gesamtlaufzeit erfolgt, können die betroffenen Gläubiger per Auslosung bestimmt werden. | ☐ | ☒ |
| e Das Kündigungsrecht steht dem Anleihegläubiger immer dann zu, wenn sich der Marktzins erhöht hat. <br> Ohne ausdrückliche Vereinbarung steht dem Anleihegläubiger dieses Recht nicht zu. | ☐ | ☒ |
| f Das Kündigungsrecht steht dem Anleiheschuldner immer dann zu, wenn sich der Marktzins verringert hat. <br> Ohne ausdrückliche Vereinbarung steht dem Schuldner dieses Recht nicht zu. | ☐ | ☒ |
| g Das Kündigungsrecht steht dem Anleiheschuldner immer dann zu, wenn sich der Marktzins erhöht hat. <br> siehe f | ☐ | ☒ |
| h Das Kündigungsrecht steht dem Anleihegläubiger zu, wenn sich der Marktzins verringert hat und dies in den Anleihebedingungen vereinbart ist. <br> Das Kündigungsrecht wird grundsätzlich vereinbart, aber nicht für den Gläubiger. | ☐ | ☒ |
| i Das Kündigungsrecht steht dem Anleiheschuldner zu, wenn dies in den Anleihebedingungen vereinbart ist. <br> Wann es genutzt wird ist eine ganz andere Frage. | ☒ | ☐ |
| j „Schuldscheindarlehen" ist der Spezialbegriff für verzinsliche Wertpapiere, die in einer Stückelung von 10 € Nennwert emittiert werden. <br> Schuldscheindarlehen sind keine Wertpapiere. | ☐ | ☒ |
| k Schuldscheindarlehen bringen für den Schuldner den Vorteil, dass die Kosten der Initiierung wesentlich geringer sind. | ☒ | ☐ |
| l Schuldscheindarlehen werden nicht an der Börse gehandelt, sodass der Gläubiger sie nur unter größeren Transaktionskosten weitergeben kann. | ☒ | ☐ |
| m Keine der vorherigen Aussagen ist richtig. | ☐ | ☒ |

**5**

| Welche Aussage(n) ist (sind) richtig? Welche ist (sind) falsch? | Richtig | Falsch |
|---|---|---|
| a Der Kunde erhält beim Verkauf seiner Anleihe Stückzinsen in Höhe von 796,72 €. Es sind 360 von 366 Zinstagen zu berücksichtigen. Der Jahreszins beträgt 8,10 €. Der Kunde verkauft 100 Einheiten zu 100 €. | ☒ | ☐ |
| b Der Kunde erhält beim Verkauf seiner Anleihe Stückzinsen in Höhe von 798,90 €. siehe a | ☐ | ☒ |
| c Der Kunde erhält beim Verkauf seiner Anleihe Stückzinsen in Höhe von 799,04 €. siehe a | ☐ | ☒ |
| d Der Kunde erhält beim Kauf seiner Anleihe Stückzinsen in Höhe von 530,16 €. Der Kunde erhält beim Kauf keine Stückzinsen, sondern muss diese bezahlen. Der Betrag ist korrekt ermittelt. Es sind 360 von 366 Zinstagen zu berücksichtigen. Der Jahreszins beträgt 4,90 €. Der Kunde kauft 110 Einheiten zu 100 €. | ☐ | ☒ |
| e Der Kunde erhält beim Kauf seiner Anleihe Stückzinsen in Höhe von 531,62 €. siehe d | ☐ | ☒ |
| f Der Kunde erhält beim Kauf seiner Anleihe Stückzinsen in Höhe von 533,74 €. siehe d | ☐ | ☒ |
| g Beide Transaktionen zusammen führen auf dem Kundenkonto zu einer Gutschrift in Höhe von 197,61 €. siehe h | ☐ | ☒ |
| h Beide Transaktionen zusammen führen auf dem Kundenkonto zu einer Belastung in Höhe von 197,61 €. | ☒ | ☐ |
| i Beide Transaktionen zusammen führen auf dem Kundenkonto zu einer Gutschrift in Höhe von 197,49 €. | ☐ | ☒ |

Zu h:

– Verkauf:
– Kurswert: 10.600 €
– Bankgebühren: 37,10 €
– Börsengebühren: 10,60 €
– Stückzinsen: 796,72 € (Gutschrift)
– Gesamtgutschrift: 11.349,02 €

Kauf:
– Kurswert: 10.967 €
– Bankgebühren: 38,50 € → Der Nennwert ist laut Konditionenübersicht maßgeblich.
– Börsengebühren: 10,97 €
– Stückzinsen: 530,16 € (Belastung)
– Gesamtbelastung: 11.546,63 €
– Spitzenbetrag: Belastung von 197,61 €

(fortgesetzt)

| Welche Aussage(n) ist (sind) richtig? Welche ist (sind) falsch? | Richtig | Falsch |
|---|:---:|:---:|
| siehe h | | |
| j   Beide Transaktionen zusammen führen auf dem Kundenkonto zu einer Belastung in Höhe von 197,49 €. | ☐ | ☒ |
| siehe h | | |
| k   Beide Transaktionen zusammen führen auf dem Kundenkonto zu einer Gutschrift in Höhe von 332,45 €. | ☐ | ☒ |
| siehe h | | |
| l   Beide Transaktionen zusammen führen auf dem Kundenkonto zu einer Belastung in Höhe von 332,45 €. | ☐ | ☒ |
| siehe h | | |
| m   Keine der vorherigen Aussagen ist richtig. | ☐ | ☒ |

**6**

| Welche Aussage(n) ist (sind) richtig? Welche ist (sind) falsch? | Richtig | Falsch |
|---|---|---|
| a | Es ist Unternehmen nur erlaubt, mit Unterstützung von Banken verzinsliche Wertpapiere zu emittieren. Nur so kann der von der Europäischen Kommission geforderte Verbraucherschutz garantiert werden. <br> Diese Regelung ist frei erfunden. | ☐ | ☒ |
| b | Da Kreditinstitute zwingend bei Emissionen eingebunden werden müssen, wurden die Konditionen durch die EU festgelegt. Die Einmalgebühr beträgt 6 %, die laufende Gebühr 0,5 %. <br> Diese Regelung ist frei erfunden. | ☐ | ☒ |
| c | Fremdemission ist der Fachbegriff dafür, wenn die Anleihe zuerst an der Börse eingeführt wird und im Anschluss an die Interessenten zum entsprechenden Kurs weitergegeben wird. <br> Der Emittent überträgt die Abwicklung der Emission einem Dienstleister (Kreditinstitut). | ☐ | ☒ |
| d | Eigenemissionen waren früher erlaubt und sahen vor, dass der Emittent das gesamte Management der Emission selbst bewerkstelligt. <br> Eigenemissionen sind auch heute noch erlaubt. | ☐ | ☒ |
| e | Von Privatplatzierung spricht man, wenn sich Käufer und Verkäufer ohne Zeugen auf einem Parkplatz treffen, um eine Anleihentransaktion durchzuführen. <br> Das klingt mehr nach illegalem Geschäft. Eine Privatplatzierung liegt vor, wenn nur ausgewählte Anleger direkt vom Emittenten angesprochen werden. | ☐ | ☒ |
| f | Das Tenderverfahren gehört in die Kategorie der privaten Verkaufsverfahren. <br><br> Das Tenderverfahren ist eine Erscheinungsform der öffentlichen Verkaufsverfahren. | ☐ | ☒ |
| g | Beim sogenannten griechischen Tenderverfahren werden jedem Anleger, der innerhalb der ersten drei Tage sein Angebot abgibt, mindestens 50 % seiner Order erfüllt. <br> Diese Regelung ist frei erfunden. | ☐ | ☒ |
| h | Beim sogenannten griechischen Tenderverfahren bekommen alle Anleger, die berücksichtigt sind, ihre Zuteilung zu dem Kurs, den sie auch geboten haben. Beim letzten berücksichtigten Kurs kommt es regelmäßig zu prozentualen Zuteilungen. <br> Hierbei handelt es sich um das amerikanische Verfahren. | ☐ | ☒ |
| i | Freihändiger und öffentlicher Verkauf sind Fachbegriffe, die synonym verwendet werden. <br> – Beim freihändigen Verkauf wird der Startzeitpunkt des Verkaufs angegeben. Der Emittent behält sich vor, die Konditionen anzupassen, um diese marktgerecht zu halten. <br> – Unter öffentlichem Verkauf wird verstanden, dass die Interessenten nur in einem vorher definierten Zeitfenster ihre Angebote abgeben können. Sollte das Anleihevolumen vorzeitig verkauft sein, kann die Zeichnungsfrist auch verkürzt werden. Die Erfüllung der Kaufaufträge erfolgt im Anschluss an die Zeichnungsfrist. | ☐ | ☒ |
| j | Keine der vorherigen Aussagen ist richtig. | ☒ | ☐ |

**7**

| Welche Aussage(n) ist (sind) richtig? Welche ist (sind) falsch? | Richtig | Falsch |
|---|:---:|:---:|
| a  Eine Anleihe mit einer Restlaufzeit von einem Jahr, einem Kupon von 3 % und einem Rückzahlungskurs von 102 % kann zu 99,13 % vom Emittenten zurückgekauft werden.<br>siehe b | ☐ | ☒ |
| b  Eine Anleihe mit einer Restlaufzeit von einem Jahr, einem Kupon von 3 % und einem Rückzahlungskurs von 102 % kann zu 98,13 % vom Emittenten zurückgekauft werden. | ☒ | ☐ |
| c  Eine Anleihe mit einer Restlaufzeit von einem Jahr, einem Kupon von 3 % und einem Rückzahlungskurs von 102 % kann zu 97,13 % vom Emittenten zurückgekauft werden.<br>siehe b | ☐ | ☒ |
| d  Eine Anleihe mit einer Restlaufzeit von zwei Jahren, einem Kupon von 5 % und einem Rückzahlungskurs von 98 % kann zu 96,43 % vom Emittenten zurückgekauft werden. | ☒ | ☐ |
| e  Eine Anleihe mit einer Restlaufzeit von zwei Jahren, einem Kupon von 5 % und einem Rückzahlungskurs von 98 % kann zu 94,43 % vom Emittenten zurückgekauft werden.<br>siehe d | ☐ | ☒ |
| f  Eine Anleihe mit einer Restlaufzeit von zwei Jahren, einem Kupon von 5 % und einem Rückzahlungskurs von 98 % kann zu 92,43 % vom Emittenten zurückgekauft werden.<br>siehe d | ☐ | ☒ |
| g  Eine Anleihe mit einer Restlaufzeit von drei Jahren, einem Kupon von 5 % und einem Rückzahlungskurs von 102 % kann zu 101,74 % vom Emittenten zurückgekauft werden. | ☒ | ☐ |
| h  Eine Anleihe mit einer Restlaufzeit von drei Jahren, einem Kupon von 5 % und einem Rückzahlungskurs von 102 % kann zu 96,74 % vom Emittenten zurückgekauft werden.<br>siehe g | ☐ | ☒ |
| i  Eine Anleihe mit einer Restlaufzeit von drei Jahren, einem Kupon von 5 % und einem Rückzahlungskurs von 102 % kann zu 91,74 % vom Emittenten zurückgekauft werden.<br>siehe g | ☐ | ☒ |
| j  Eine Anleihe mit einer Restlaufzeit von fünf Jahren, einem Kupon von 2,75 % und einem Rückzahlungskurs von 101,25 % kann zu 101,74 % vom Emittenten zurückgekauft werden.<br>siehe k | ☐ | ☒ |
| k  Eine Anleihe mit einer Restlaufzeit von fünf Jahren, einem Kupon von 2,75 % und einem Rückzahlungskurs von 101,25 % kann zu 100,00 % vom Emittenten zurückgekauft werden. | ☒ | ☐ |
| l  Eine Anleihe mit einer Restlaufzeit von fünf Jahren, einem Kupon von 2,75 % und einem Rückzahlungskurs von 101,25 % kann zu 98,26 % vom Emittenten zurückgekauft werden.<br>siehe k | ☐ | ☒ |
| m  Keine der vorherigen Aussagen ist richtig. | ☐ | ☒ |

8

| Welche Aussage(n) ist (sind) richtig? Welche ist (sind) falsch? | | Richtig | Falsch |
|---|---|:---:|:---:|
| a | Das Zinsänderungsrisiko setzt sich aus dem Marktpreis- und dem Ausfallrisiko zusammen.<br>siehe c | ☐ | ☒ |
| b | Das Währungsrisiko setzt sich aus dem Marktpreis- und dem Ausfallrisiko zusammen.<br>siehe c | ☐ | ☒ |
| c | Das Marktpreisrisiko setzt sich aus dem Zinsänderungs- und dem Währungsrisiko zusammen. | ☒ | ☐ |
| d | Das Marktpreis- und das Ausfallrisiko bilden alle kursrelevanten Risiken ab. | ☒ | ☐ |
| e | Das Zinsänderungs- und das Ausfallrisiko bilden alle kursrelevanten Risiken ab.<br>siehe d | ☐ | ☒ |
| f | Das Währungs- und das Ausfallrisiko bilden alle kursrelevanten Risiken ab.<br>siehe d | ☐ | ☒ |
| g | Das Währungsrisiko für den Anleger besteht darin, dass seine Rückflüsse durch Währungsveränderungen kleiner ausfallen als geplant. | ☒ | ☐ |
| h | Das Währungsrisiko für den Anleger besteht darin, dass seine Rückflüsse durch Währungsveränderungen größer ausfallen als geplant.<br>siehe h | ☐ | ☒ |
| i | Das Währungsrisiko für den Emittenten besteht darin, dass seine Zins- und Tilgungsleistungen durch Währungsveränderungen größer ausfallen als geplant. | ☒ | ☐ |
| j | Keine der vorherigen Aussagen ist richtig. | ☐ | ☒ |

## 5.3 Fallstudien

### Fallstudie 1

Für die nächste Vorstandssitzung sollen Sie die aus Ihrer Sicht beste Alternative vorstellen und Ihre Auswahl begründen. Zu diesem Zweck ermitteln Sie die Effektivkosten der Varianten. Außerdem sollen Sie auch die Angebote unter weiteren ökonomischen Aspekten bewerten. Da es um ein Finanzierungsvolumen von 500 Mio. € geht, sind Sie natürlich hochmotiviert.

Effektivkosten:

(1) Anleihe 1
   Ermittlung der mittleren Laufzeit: entfällt
   Bezug der Einmalgebühr auf die Kreditsumme: entfällt
   Bezug der laufenden Gebühr auf die Kreditsumme: entfällt

Kosten: $[2 + 0,3 + (101 - (97 - 2)) \div 7] \div (97 - 2) \cdot 100 = 3,32\,\%$

**(2)** Anleihe 2

Ermittlung der mittleren Laufzeit: $(8 + 1) \div 2 = 4,5$ Jahre

Bezug der Einmalgebühr auf die Kreditsumme: 5.000 T€ ÷ 500 Mio. € · 100 = 1 %

Bezug der laufenden Gebühr auf die Kreditsumme: 500 T€ ÷ 500 Mio. € · 100 = 0,1 %

Kosten $[3 + 0,1 + (100 - (98 - 1)) \div 4,5] \div (98 - 1) \cdot 100 = 3,88\,\%$

**(3)** Kredit A

Ermittlung der mittleren Laufzeit: entfällt

Bezug der Einmalgebühr auf die Kreditsumme: entfällt

Bezug der laufenden Gebühr auf die Kreditsumme: entfällt

Kosten: $[4 + 0,1 + (99 - (100 - 0,5)) \div 9] \div (100 - 0,5) \cdot 100 = 4,06\,\%$

**(4)** Kredit B

Ermittlung der mittleren Laufzeit: $2 + (10 - 2 + 1) \div 2 = 6,5$ Jahre

Bezug der Einmalgebühr auf die Kreditsumme: entfällt

Bezug der laufenden Gebühr auf die Kreditsumme: entfällt

Kosten: $[5 + (98 - 103) \div 6,5] \div (103) \cdot 100 = 4,11\,\%$

Würdigung:

**(1)** Anleihe 1 und Kredit A stellen den Kreditbetrag für die gesamte Laufzeit zur Verfügung. Soweit zum Ende der Laufzeit der Liquiditätszufluss erwartet wird oder alternative Nutzungsmöglichkeiten der früher generierten Liquidität im Unternehmen bestehen, sind diese beiden Alternativen vorteilhaft. Fraglich ist, welche Laufzeit mit den betrieblichen Belangen besser vereinbar ist. Zudem besticht Anleihe 1 mit den geringsten Gesamtkosten.

**(2)** Anleihe 2 beginnt sofort nach dem ersten Jahr mit der Rückführung. Soweit die Cashflows aus der Investition diesen Anfall haben, hat dieses Instrument einen Vorteil.

**(3)** Kredit B beginnt im dritten Jahr mit der Tilgung und verschafft dem Unternehmen somit zwei Jahre Zeit, um Anlaufschwierigkeiten der geplanten Investition zu überwinden. Danach muss die Liquidität permanent aufgebracht werden. Soweit ein kontinuierlicher Mittelzufluss erwartet wird und diese erwirtschaftete Liquidität nicht wieder im Unternehmen angelegt werden soll, ist Kredit B zu wählen.

## Fallstudie 2

**(1)** Ermitteln Sie den Rückzahlungsbetrag, den das Unternehmen aufbringen muss. Die Bedingungen mit der Bank sind so gestaltet, dass deren laufender Gebührenanspruch bei vorzeitigem Rückkauf entfällt.

Betragsermittlung:

(a) Der Rückzahlungskurs beträgt: $(2 \cdot 2 + 101) \div (2 \cdot 5,5 + 100) \cdot 100 = 94,59\,\%$.

(b) Für die Anleihe von 500 Mio. € wären folglich 472,95 Mio. € an die Gläubiger zu zahlen.

(c) Soweit mit der Bank nicht eine Sondervereinbarung getroffen ist, fallen für den Erwerb 1,75 Mio. € an Gebühren (500 Mio. € · 0,35 %) an.

(d) Die Börsengebühren fallen in Höhe von 472,95 T€ (472,95 Mio. € · 0,1 %) an.

(e) Der Gesamtbetrag beläuft sich somit auf 475.172,95 T€.

**(2)** Wie wird die in dieser Situation gezeigte Zinsstrukturkurve genannt?

Die vorliegende Zinsstrukturkurve wird invers genannt, da bei kurzer Laufzeit ein höherer Zinssatz gilt als bei längeren Laufzeiten (siehe Kapitel 3.1).

## Fallstudie 3

Susi hat folgende Fragen:

**(1)** Welches Nominalvolumen kann sie jeweils erwerben, wenn Sie heute maximal 100 T€ investiert und hiermit auch die Bankgebühren sowie die Stückzinsen aus der Summe bezahlt werden sollen? Das Geschäft wird heute abgewickelt. Wieviel Liquidität verbleibt ihr? Runden Sie Ihre Rechnung auf zwei Stellen nach dem Komma.

(a) Anleihe Autoo AG:

Kurswert: 500 € · 0,8286 = 414,30 €

Bankgebühren: 500 € · 0,0035 = 1,75 €

Börsengebühren: 414,30 € · 0,001 = 0,41 €

Anschaffungskosten: 416,46 €

Stückzinsen: 500 € · 0,02 = 10 € ÷ 365 · 354 (= 30.05.20X1 bis 18.05.X2) = 9,70 €

Liquiditätsbedarf für eine Anleihe: 426,16 €

mögliches Volumen: 100 T€ ÷ 426,16 € = 234 Anleihen zu 500 €; es verbleiben 278,56 €, die nicht investiert werden.

(b) Anleihe Car Limited:

Kurswert: 500 USD · 1,0224 = 511,20 USD ÷ 1,3 = 393,23 €

Bankgebühren: 393,23 € · 0,0035 = 1,38 €

Börsengebühren: 393,23 € · 0,001 = 0,39 €

Anschaffungskosten: 395,00 €

Stückzinsen: 500 USD · 0,0688 = 34,40 USD ÷ 1,3 = 26,46 € ÷ 365 · 359 (= 25.05.20X1 bis 18.05.20X2) = 26,03 €

Liquiditätsbedarf für eine Anleihe: 421,03 €

mögliches Volumen: 100 T€ ÷ 421,03 € = 237 Anleihen zu 500 €; es verbleiben 215,89 €, die nicht investiert werden.

(c) Programmier AG:

Kurswert: 500 € · 1,0028 = 501,40 €

Bankgebühren: 501,40 € · 0,0035 = 1,75 €

Börsengebühren: 501,40 € · 0,001 = 0,50 €

Anschaffungskosten: 503,65 €

Stückzinsen: 500 € · 0,0574 = 28,70 € ÷ 360 · 173 (= 27.11.20X1 bis 18.05.20X2) = 13,79 €

Liquiditätsbedarf für eine Anleihe: 517,44 €

mögliches Volumen: 100 T€ ÷ 517,44 € = 193 Anleihen zu 500 €; es verbleiben 134,08 €, die nicht investiert werden.

**(2)** Wie hoch ist die Zinszahlung zum nächsten Termin für die drei Anleihen, wenn Susi jeweils die volle Summe investiert?

Anleihe Autoo AG: 234 · Nennwert 500 € · 2 % = 2.340 €

Anleihe Car Limited: 237 · Nennwert 500 USD · 6,88 % ÷ 1,3 = 6.271,38 €. Hierbei ist unterstellt, dass sich der Währungskurs bis zum nächsten Zinstermin nicht verändert!

Anleihe Programmier AG: 193 · Nennwert 500 € · 5,74 % ÷ 360 · 181 (= 27.11.20X1 bis 26.05.20X2) = 2.784,94 €

**(3)** Wie hoch ist der Effektivzins der drei Alternativen, wenn sie jeweils bis zum Ende der Laufzeit gehalten werden? Eine Wandlung findet nicht statt. Unterstellen Sie volle Laufzeitjahre.

Anleihe Autoo AG: [2,0 + (100 − 82,86) ÷ 7] ÷ 82,86 = 0,0537 ⇔ 5,37 %

Anleihe Car Limited: Eine verlässliche Aussage über den Effektivzins ist für Susi nicht möglich, da über einen Zeitraum von drei Jahren Währungsschwankungen eintreten werden. Für einen Anleger im USD-Raum gilt: [(100 − 102,24) ÷ 3 + 6,88] ÷ 102,24 ⇔ 6,00 %

Programmier AG: Eine verlässliche Aussage über den Effektivzins ist nicht möglich, da über einen Zeitraum von fünf Jahren Zinsanpassungen erfolgen werden.

**(4)** Bis zu welchem durchschnittlichen USD-Kurs erzielt Susi eine Mindestrendite von 5 %?

Hierzu ist der Kaufbetrag in Euro zu wandeln, die erwarteten USD-Zahlungseingänge als X zu bezeichnen und die Formel gleich der Zielrendite von 5,0 % zu setzen.

[(100X − 78,64) ÷ 3 + 6,88X] ÷ 78,64 = 0,05 | · 78,64

(100X − 78,64) ÷ 3 + 6,88X = 3,932 | · 3

100X − 78,64 + 20,64X = 11,796 | + 78,64

120,64X = 90,436

X = 0,7496352

Der Multiplikator von 0,7496 dies ist der Kehrwert von 1,334.

Solange für einen Euro maximal 1,334 USD gezahlt werden müssen, wird die geforderte Mindestrendite erreicht.

**(5)** Geben Sie eine Anlageempfehlung ab. Unterstellen Sie, dass sämtliche Kurse bis zum 03.06.20X2 konstant bleiben.

Den größten Gewinn kann Susi mit der Wandelanleihe erzielen.

Sie erhält 2.340 € an Zinsen per 30.05.

Im Anschluss kann sie ihre Anleihen wandeln. Ihre Anschaffungskosten betrugen 416,46 €. Hierfür erhält sie eine Aktie im Kurswert von 435 € abzüglich Gebühren.

In der Realität sollte man diese Arbitragemöglichkeit sofort nutzen.

**(6)** Nennen und erklären Sie zwei Risiken, die für alle drei Anleihen relevant sind.

Ausfallrisiko: Der Schuldner leistet keinen Kapitaldienst mehr.

Marktpreisrisiko: Durch Änderung der Marktrendite oder Verschlechterungen der Schuldnerbonität kann sich der Börsenwert der Anleihen verringern. Die variabel verzinsliche Anleihe ist hiervon nur geringfügig betroffen.

Inflationsrisiko: Durch die Rückzahlung zum Nominalwert kann der Anleger einen Kaufkraftverlust erleiden. Die variabel verzinsliche Anleihe ist hiervon weniger betroffen, da ständig eine Konditionenanpassung erfolgt.

**(7)** Welches spezifische Risiko ist mit den einzelnen Anleihen im Vergleich zu den anderen verbunden?

Wandelanleihe: Der Kurs der Aktie, die erwandelt werden kann, ist so unattraktiv, dass nur noch die Verzinsung bleibt. Da ein Teil der Einkünfte aus der Wandlung kommen sollen, geht das Kalkül nicht auf und der Anleger hat nur eine geringverzinsliche Anleihe mit einem wertlosen Wandlungsrecht.

Währungsobligation: Die Währungsentwicklung ist letztlich unsicher. Verliert der USD an Wert, können die Zinserträge und die Tilgung – in Euro gemessen – so gering sein, dass sogar eine negative Rendite entsteht.

Variabel verzinsliche Schuldverschreibung: Sinkt der kurzfristige Zinssatz, verringert sich auch die Rendite.

Jedes Risiko birgt aber auch eine entsprechende Chance.

## Fallstudie 4

**(1)** Was ist damit gemeint, dass das gesetzliche Bezugsrecht ausgeschlossen ist? Hat der Ausschluss für Gerda eine Bedeutung? Warum wird so etwas von der Hauptversammlung beschlossen?

Der Ausschluss des gesetzlichen Bezugsrechts ermöglicht es Gerda, Anleihen zu erwerben, obwohl sie bisher nicht Aktionärin war. Ohne den Ausschluss könnten nur die Altaktionäre erwerben. Motiv eines Ausschlusses kann sein, dass die Altaktionäre nicht über genügend Liquidität verfügen, um die Anleihen zu erwerben. Auch denkbar ist, dass man bewusst neue Eigentümer gewinnen möchte.

**(2)** Wie hoch ist der rechnerische Wert des Bezugsrechts?

rechnerischer Wert des Bezugsrechts: (25 € – 23 €) ÷ 4 = 0,50 €

**(3)** Wie hoch ist die Mindestverzinsung der Anleihe?

Selbst wenn die Optionsscheine aufgrund der Börsenentwicklung in Zukunft keinen Wert haben, verbleibt die Verzinsung der Anleihe: [0,50 + (100 – 98,5) ÷ 7] ÷ 98,5 = 0,00725 ⇔ 0,725 %.

**(4)** Mit welcher Rendite kann Gerda rechnen, wenn der Kurs der Aktie während der Gesamtlaufzeit bei 25 € bleibt?

Sie kann pro 100 € Anleihe einen Optionsschein zu 0,50 € verkaufen, somit ergibt sich: [0,50 + (0,50 + 100 – 98,5) ÷ 7] ÷ 98,5 = 0,00798 ⇔ 0,798 %.

**(5)** Welche Verzinsung erreicht sie mit ihrem Gesamtinvestment, wenn sie die Optionsscheine bei einem Aktienkurs von 31 € verkauft (unterstellen Sie den rechnerischen Wert der Optionsscheine)?

Börsenkurs 31 € – Zuzahlung 23 € = 8 € Differenz
8 € ÷ 4 Optionsscheine = 2 € pro Stück
Es ergibt sich: [0,50 + (2,00 + 100 – 98,5) ÷ 7] ÷ 98,5 = 0,01015 ⇔ 1,015 %.

**(6)** Wie hoch muss der Aktienkurs steigen, damit die Marktrendite erreicht wird?

Pro 100 € Anleihe kann der Anleger den Gewinn aus einem Optionsschein hinzurechnen.
Die Zinsformel ist umzustellen: [0,50 + (X + 1,5) ÷ 7] ÷ 98,5 = 0,033.

Anschließend ist sie nach X umzustellen. X entspricht 17,7535 % bzw. € → [(0,033 · 98,5 − 0,5) · 7 − 1,5]

Es stellt sich die Frage, wie hoch der Aktienkurs sein muss, damit jeder Optionsschein einen Wert von 17,7535 € hat.

17,7535 € · 4 + 23 = 94,014 € → Ab diesem Kurs erreicht Gerda die Marktrendite.

**(7)** Sie entscheidet sich für den Kauf. Mit welchem Betrag wird ihr Girokonto am 15.08.20X2 belastet?

Kurswert: 4 T€ · 98,5 ÷ 100 = 3.940 €

Bankgebühren: 4 T€ · 0,0035 % = 14 €

Börsengebühren: 3.940 € · 0,0010 % = 3,94 €

Stückzinsen

- Der Zinsanspruch steht vom 31.07. bis zum 14.08. dem Verkäufer zu, somit hat er einen Anspruch von 15 Tagen.
- 4 T€ · 0,50 % ÷ 365 · 15 = 0,82 €

Gesamtbelastung: 3.958,76 €

## Fallstudie 5

**(1)** Zeigen Sie den Erfolg von 2 T€ Investitionsvolumen (aus diesem sind auch die Spesen zu decken) für beide Anlageformen, wenn der Aktienkurs zum Ende der Anlagefrist einmal bei 19 € und einmal bei 55 € liegt.

(a) Erwerb von Aktien:
- Bestimmung des aktuellen Aktienkurses: 4,83 · 4 + 23 € = 42,32 €
- Bankgebühr: 42,32 € · 0,35 % = 0,15 €
- Börsengebühr: 42,32 € · 0,10 % = 0,04 €
- Anschaffungskosten: 42,32 € + 0,15 € + 0,04 € = 42,51 €
- Anlagevolumen: 2 T€ ÷ Anschaffungskosten pro Stück 42,51 € = 47 Aktien → 1.997,97 €

(b) Erfolg der Aktienanlage bei einem Kurs von 19 €:
- 47 Aktien · 19 € = 893 € Kurswert
- Bankgebühr: 893 € · 0,35 % = 3,13 €
- Börsengebühr: 893 € · 0,10 % = 0,89 €
- Gutschriftbetrag: 888,98 €
- Erfolg: 1.108,99 € Verlust

(c) Erfolg der Aktienanlage bei einem Kurs von 55 €:
- 47 Aktien · 55 € = 2.585 € Kurswert
- Bankgebühr: 2.585 € · 0,35 % = 9,05 €
- Börsengebühr: 2.585 € · 0,10 % = 2,59 €
- Gutschriftbetrag: 2.573,36 €
- Erfolg: 575,39 € Gewinn

(d) Erwerb von Optionsscheinen:
- Optionsscheinpreis: 4,83 €
- Bankgebühr: 4,83 € · 0,35 % = 0,0169 €
- Börsengebühr: 4,83 € · 0,10 % = 0,0048 €
- Anschaffungskosten: 4,83 € + 0,0169 € + 0,0048 € = 4,8517 €
- Anlagevolumen: 2 T€ ÷ Anschaffungskosten pro Stück 4,8517 € = 412 Optionsscheine → 1.998,90 €

(e) Erfolg der Optionsscheinanlage bei einem Aktienkurs von 19 €:
- Vier Optionsscheine berechtigen zum Kauf einer Aktie, wenn 23 € zusätzlich bezahlt werden.
- Der Börsenkurs ist unter den Bezugswert gefallen. Die Optionsscheine sind somit wertlos.
- Der Anleger erleidet einen Totalverlust.

(f) Erfolg der Optionsscheinanlage bei einem Aktienkurs von 55 €:
- Ermittlung des rechnerischen Optionsscheinpreises: 55 € − 23 € = 32 € ÷ 4 = 8 € Wert pro Optionsschein
- Verkaufserlös: 8 € · 412 Stück = 3.296 €
- Bankgebühr: 3.296 € · 0,35 % = 11,54 €
- Börsengebühr: 3.296 € · 0,10 % = 3,30 €
- Gutschriftsbetrag: 3.281,16 €
- Erfolg: 1.282,26 € (3.281,16 € − 1.998,90 €)

**(2)** Aus Interesse möchte der Kommilitone wissen, wie sich das Eigenkapital der Gesellschaft pro Aktie erhöht, wenn zum Ende der Optionsfrist der Kurs der Aktie bei 19 €, 35 € und 55 € liegt.

(a) Kurs von 19 €: Die Anleger werden die Optionsscheine verfallen lassen, da sie die Aktien günstiger an der Börse erwerben können.

(b) Kurs von 35 €:
- Die Gesellschaft erhält für eine Aktie mit einem Nennwert von 5 € einen Zufluss von 23 €.
- Pro Aktie wird das gezeichnete Kapital um 5 € erhöht.
- Pro Aktie wird die Kapitalrücklage um 18 € erhöht.

(c) Kurs von 55 €: siehe (b); sobald der Kurs der Aktie an der Börse über dem Angebotspreis der AG liegt, werden die Anleger immer die günstigere Alternative nutzen. Der Zufluss für die Gesellschaft ist konstant.

## Fallstudie 6

Ihr Professor Karl Karriere hat 2.200 Aktien der Gesellschaft in seinem Depot und lässt Sie im Rahmen eines Seminars folgende Fragen erarbeiten:

**(1)** Wie hoch ist der Belastungsbetrag, wenn er sein gesetzliches Bezugsrecht komplett nutzt?
mögliche Stückzahl der Anleihen: 2.200 ÷ 20 = 110 Stück
Kurswert der Anleihen: 110 Stück · 96,50 = 10.615 €
Bankgebühr: 11 T€ · 0,35 % = 38,50 €
Börsengebühr: 10.615 € · 0,10 % = 10,62 €
Belastungsbetrag: 10.664,12 €

**(2)** Warum spricht man bei der Emission von Wandelobligationen auch von bedingten Kapitalerhöhungen?

Es handelt sich um eine bedingte Kapitalerhöhung, da bei dem Beschluss der Hauptversammlung nicht klar ist, ob und in welchem Umfang das Wandelrecht genutzt wird.

**(3)** Wie hoch ist die Rendite, wenn der Professor die Möglichkeit der Wandlung nicht nutzt?

Renditeberechnung ohne Wandlung: $[1{,}5 + (100 - 96{,}5) \div 5] \div 96{,}5 = 0{,}02279 \Leftrightarrow 2{,}28\,\%$

**(4)** Wie hoch ist die Rendite, wenn Karl zum Ende der Laufzeit die Wandlung durchführt und der Kurs der Aktie exakt dem heutigen Kurs entspricht?

   (a)   Erfolg pro Anleihe:
-    232 € (Börsenpreis)
-    abzüglich $2 \cdot 96{,}5$ € (Kapitaleinsatz für zwei Anleihen)
-    abzüglich 35 € (Zuzahlung)
-    Erfolg von 4 € insgesamt → pro Anleihe 2 €

   (b)   angepasste Renditeformel: $[1{,}5 + (2 + 100 - 96{,}5) \div 5] \div 96{,}5 = 0{,}02694 \Leftrightarrow 2{,}69\,\%$

**(5)** Welchen Mindestkurs muss die Aktie zum Ende der Laufzeit erreichen, damit die übliche Marktrendite erreicht wird?

Pro 100 € Anleihe kann der Anleger den halben Gewinn aus der Wandlung hinzurechnen:

Die Zinsformel ist umzustellen: $[1{,}50 + (X + 3{,}5) \div 5] \div 96{,}5 = 0{,}033$.

Anschließend ist sie nach X umzustellen. X entspricht 4,9225 % bzw. €.

Es stellt sich die Frage, wie hoch der Aktienkurs sein muss, damit jeder Optionsschein einen Wert von 4,9225 € hat.

$4{,}9225\ \text{€} \cdot 2 + 35\ \text{€} + 2 \cdot 96{,}50\ \text{€} = 237{,}845\ \text{€}$ → Ab diesem Kurs erreicht der Anleger die Marktrendite.

**(6)** Aus Interesse möchte Karl wissen: Wie erfasst die AG den Kaufpreis für die Aktie, wenn die Wandlung vollzogen wird?

Die Gesellschaft erhält für eine Aktie mit einem Nennwert von 5 € Mittel von 228 € (= $2 \cdot 96{,}50$ € + 35 €)

Pro Aktie wird das gezeichnete Kapital um 5 € erhöht.

Pro Aktie wird die Kapitalrücklage um 223 € erhöht.

Gleichzeitig verringern sich pro gewandelter Aktie die Verbindlichkeiten der Gesellschaft um 193 € (Passivtausch).

## Fallstudie 7

Ihr Abteilungsleiter hat Ihnen folgende Aufgaben übertragen:

**(1)** Ermitteln Sie die Zuteilung der Anleihe, indem Sie die nachstehende Zuteilungstabelle ausfüllen.

Ausgefüllte Lösungstabelle für das Tenderverfahren:

| Bestand bzw. Aktion | Volumen (T€) |
|---|---:|
| Anfangsbestand | 20.000 |
| Minderung der Billigstaufträge | 2.600 |
| Zwischensumme | 17.400 |
| Minderung zu 104,00 | 8.880 |
| Zwischensumme | 8.520 |
| Minderung zu 102,00 | 3.000 |
| Zwischensumme | 5.520 |
| Minderung zu 101,75 | 1.000 |
| Zwischensumme | 4.520 |
| Nachfrage zu 100,55 | 3.000 |
| Zwischensumme | 1.520 |
| Nachfrage zu 99,95 | 1.000 |
| Zwischensumme | 520 |
| Nachfrage zu 99,45 | 2.000 |

Quotierung: Die Nachfrage von 2.000 T€ wird zu 26 % erfüllt.

**(2)** Bestimmen Sie den Kurs, zu dem die Billigstaufträge erfüllt werden, soweit sie zu berücksichtigen sind.

Die Billigstnachfrage wird zu 102,56 % erfüllt (berücksichtigte Kauforders 17.845.840 € ÷ Nominalvolumen 17.400 T€).

**(3)** Bestimmen Sie die Gesamtkosten der Fremdkapitalbeschaffung für Ihren Verein, wenn sie 50 T€ des Anleihevolumens an Einmalkosten unterstellen.

Durchschnittsverkaufskurs: 102,56 %

Einmalkosten im Verhältnis zum Volumen: 50 T€ ÷ 20.000 T€ = 0,0025 ⇔ 0,25 %

Effektivkosten: [3,25 + (100 − (102,56 − 025)) ÷ 6] ÷ (102,56 − 0,25) = 0,02800 ⇔ 2,80 %

**(4)** Ermitteln Sie die Effektivverzinsung für die Kunden, die zu 102 % und zu 104 % erworben haben.

Bei einem Einstandskurs von 102 %: [3,25 + (100 − 102) ÷ 6] ÷ 102 = 0,0286 ⇔ 2,86 %

Bei einem Einstandskurs von 104 %: [3,25 + (100 − 104) ÷ 6] ÷ 104 = 0,0248 ⇔ 2,48 %

## Fallstudie 8

Folgende Fragen möchte Ihr Dozent beantwortet haben:

**(1)** Wie hoch ist der Optionsscheinwert am Emissionstag?

Wert des Optionsscheins: 60 € − 22 € = 38 € ÷ 3 Optionsscheine = 12,67 €

**(2)** Bis zu welchem Kurs muss der Aktienkurs steigen, damit ein Anleihegläubiger, der für 300 € Optionsanleihen erworben hat, die gleiche Verzinsung wie bei einer vergleichbaren Anleihe erzielt? Unterstellen Sie, dass für die Optionsscheine nur der rechnerische Wert gezahlt wird und vernachlässigen Sie den Zinseszinseffekt.

Opportunitätskosten für 100 €: 4,50 € – 1,70 € = 2,80 €

Für den Erwerb einer Aktie sind drei Anleihen erforderlich: 3 · 2,80 € = 8,40 €

Die Anleihe hat eine Laufzeit von sieben Jahren: 8,40 € · 7 = 58,80 €

Mindestaktienkurs: Bezugspreis + Opportunitätskosten 22 € + 58,80 € = 80,80 €

**(3)** Wie hoch ist der Eigenkapitalzufluss der AG, wenn alle Optionsscheine bei Fälligkeit zum Bezug von Aktien genutzt werden? Welche Bilanzpositionen sind betroffen?

**(a)** Gesamtzufluss:

100 Mio. € Anleihevolumen ÷ 100 € Einzelanleihe = 1.000.000 Anleihen

Jeder Anleihe ist ein Optionsschein beigefügt.

Für den Erwerb einer Aktie sind drei Optionsscheine erforderlich.

Insgesamt können 333.333 Aktien erworben werden (= 1.000.000 Stück ÷ 3 Stück).

Der AG fließen insgesamt 7.333.326 € zu (333.333 Aktien · 22).

**(b)** Aufteilung des Eigenkapitals:

Jede Aktie weist einen Nennwert von 2 € auf und wird für 22 € verkauft.

Das Agio beträgt somit 20 € pro Stück (= 22 € – 2 €).

Der Aktiennennwert wird in das gezeichnete Kapital eingestellt und beträgt 666.666 € (= 333.333 Stück · 2 €).

Das Agio wird in die Kapitalrücklage eingestellt und beträgt 6.666.660 € (= 333.333 Stück · 20 €).

**Fallstudie 9**

**(1)** Wie hoch sind die individuellen Summen, die für den Rückkauf erforderlich sind? Momentan liegt eine flache Zinsstrukturkurve mit 3,5 % über die Laufzeitjahre 1 bis 6 vor. Runden Sie Ihre Ergebnisse auf volle T€.

Anleihe 1: (95 + 5 · 2) ÷ (100 + 5 · 3,5) · 100 = 89,3617 % · 100 Mio. € = 89.362 T€

Anleihe 2: (105 + 1 · 6) ÷ (100 + 1 · 3,5) · 100 = 107,2464 % · 200 · Mio. € = 214.493 T€

Anleihe 3: (100 ÷ 1,3 + 3 · 9 ÷ 1,3) ÷ (100 + 3 · 3,5) · 100 = 88,40932 % · 300 Mio. € = 265.228 €

Anleihe 4: (103 + 6 · 2) ÷ (100 + 6 · 1) · 100 = 108,49057 % · 400 Mio. Yen ÷ 100 = 4.340 T€

**(2)** Wie hoch ist das gesamte Finanzvolumen, welches zur Ablösung erforderlich ist?

573.423 T€ (= 89.362 T€ + 214.493 T€ + 265.228 € + 4.340 T€)

**Fallstudie 10**

**(1)** Wie hoch ist die Verzinsung vor Gebühren seiner Anlage, wenn die aktuelle Referenzrendite 3,5 % bzw. 5,5 % beträgt?

Marktrendite von 5,5 %:
Der Verkaufspreis an der Börse beträgt 96,47 % ⇔ [(98 + 5 · 5) ÷ (100 + 5 · 5,5) · 100].
Somit ergibt sich eine Verzinsung von 4,294 % ⇔ [(96,47–100) ÷ 5 + 5] ÷ 100 · 100.
Marktrendite von 3,5 %:
Der Verkaufspreis an der Börse beträgt 104,68 % ⇔ (98 + 5 · 5) ÷ (100 + 5 · 3,5) · 100.
Somit ergibt sich eine Verzinsung von 5,936 % ⇔ [(104,68–100) ÷ 5 + 5] ÷ 100 · 100.

**(2)** Nachweis der Effektivverzinsung

Rendite der Ursprungsanleihe: 4,8 % ⇔ [(98–100) ÷ 10 + 5] ÷ 100 · 100
Marktrendite von 5,5 %:
- Wiederanlagebetrag von 96,47 € mit 5,5 % angelegt macht einen Erfolg von 5,306 € jährlich und in Summe über 5 Jahre 26,53 €.
- Die Verzinsung von 4,294 % bezog sich auf 100 € Kapitaleinsatz, sodass jährlich 4,294 € erzielt wurden und in Summe über 5 Jahre 21,47 €.
- Der Gesamterfolg beläuft sich auf insgesamt 48,00 €, was bei einer Laufzeit von 10 Jahren und einem Anlagebetrag von 100 € einer Verzinsung von 4,8 % und damit der Ursprungsverzinsung entspricht.

Marktrendite von 3,5 %:
- Wiederanlagebetrag von 104,68 € mit 3,5 % angelegt macht einen Erfolg von 3,664 € jährlich und in Summe über 5 Jahre 18,32 €.
- Die Verzinsung von 5,936 % bezog sich auf 100 € Kapitaleinsatz, sodass jährlich 5,936 € erzielt wurden und in Summe über 5 Jahre 29,68 €.
- Der Gesamterfolg beläuft sich auf insgesamt 48,00 €, was bei einer Laufzeit von 10 Jahren und einem Anlagebetrag von 100 € einer Verzinsung von 4,8 % und damit der Ursprungsverzinsung entspricht.

# 6 Kapitel 6: Klassische Finanzderivate

## 6.1 Wiederholungsfragen

**(1)** Was wird unter Finanzderivaten verstanden?

Finanzderivate sind Geschäfte, die in der Gegenwart abgeschlossen und in der Zukunft erfüllt werden. Sie beziehen sich auf einen Basiswert, der – direkt oder indirekt – die Grundlage für die Preisfindung sein muss. Es werden zwei wesentliche Unterscheidungen getroffen:
- Bedingte Finanzderivate räumen dem Rechtsinhaber eine Entscheidungsmöglichkeit ein.
- Unbedingte Finanzderivate verpflichten beide Vertragsparteien gleichmäßig.

**(2)** Was wird unter einem Swap verstanden?

Ein Swap stellt ein Tauschgeschäft dar. Der Basisgegenstand wird zwischen den Vertragsparteien getauscht. Jeder der Beteiligten erhält die von ihm gewünschte Ausprägung.

**(3)** Welche Möglichkeiten, Optionen auszuüben, werden unterschieden?

Optionen können vorsehen, dass die Rechtsausübung
- nur am letzten Tag der Laufzeit zulässig ist (europäische Version),
- an jedem Tag der Laufzeit (amerikanische Version) oder
- ausschließlich an definierten Tagen (Bermuda-Version) möglich ist.

**(4)** Welche Kombinationen aus Optionsart und Beteiligten werden unterschieden?

Folgende Ausprägungen werden unterschieden:
- Erwerber einer Kaufoption („Long Call")
- Veräußerer einer Kaufoption („Short Call")
- Erwerber einer Verkaufsoption („Long Put")
- Veräußerer einer Verkaufsoption („Short Put")

**(5)** Welche Möglichkeiten bestehen für einen Käufer bzw. Verkäufer einer Option, wenn sich diese nicht in der gewünschten Form entwickelt, und welche ökonomischen Konsequenzen sind damit verbunden?

Es ist zu unterscheiden:
- Der Erwerber hat ein Wahlrecht, sodass er die Option verfallen lassen kann. Sein Verlust ist auf den gezahlten Optionspreis limitiert.
- Der Verkäufer hat die Optionsprämie vereinnahmt. In Folge hat er keine Wahlmöglichkeit. Er muss die von ihm geforderte Leistung erbringen. Sein Verlust ist theoretisch unbegrenzt. Als Begrenzungsstrategie bietet sich der Abschluss eines Gegengeschäfts an.

**(6)** Nennen Sie drei Einflussfaktoren, die auf den Wert einer Kauf- und Verkaufsoption wirken.

Wertbeeinflussende Faktoren sind die Laufzeit, die Volatilität, der vereinbarte Basispreis, die im Moment der Betrachtung aktuelle Zinsstrukturkurve und die aktuelle Börsenbewertung des Vertragsgegenstands.

https://doi.org/10.1515/9783110791082-020

**(7)** **Wie lässt sich der innere Wert einer Verkaufsoption klassifizieren?**
Bewertungskategorien der Verkaufsoptionen sind:
- Der Basiswert notiert im Moment der Betrachtung über dem vereinbarten Basispreis. Die Option ist „im Geld".
- Die Notierung des Basiswerts entspricht im Moment der Betrachtung dem vereinbarten Basispreis. Die Option ist „am Geld".
- Die Notierung des Basiswerts liegt im Moment der Betrachtung über dem vereinbarten Basispreis. Die Option ist „aus dem Geld".

**(8)** **Mit welchem Fachbegriff wird die Laufzeitprämie bezeichnet?**
Die Laufzeitprämie wird auch Zeitwert genannt.

**(9)** **Wie lässt sich die Laufzeitprämie ökonomisch begründen?**
Der Anleger ist bereit, für die Hebelwirkung der Option, gemessen an der Direktanlage in Aktien, ein zeitabhängiges Entgelt zu bezahlen.

**(10)** **Wie entwickelt sich die Laufzeitprämie im Zeitverlauf und warum?**
Die Laufzeitprämie verringert sich kontinuierlich, da die verbleibende Chance mit zunehmendem Zeitverlauf abnimmt.

**(11)** **Wodurch unterscheiden sich Futures von Optionen?**
Futures sind von beiden Parteien zu erfüllen. Keiner der Betroffenen hat ein Wahlrecht, anders als die Erwerber der Optionen.

**(12)** **Wann steigt der Kurs des Euro-Bund-Futures?**
Der Kurs des Euro-Bund-Futures wird steigen, wenn sich das Zinsniveau verschlechtert. Es existiert der gleiche Wirkungszusammenhang wie bei der Kursermittlung von Wertpapieren.

**(13)** **Was motiviert den Käufer eines Futures und warum?**
Der Käufer eines Futures hofft auf steigende Preise, er erwirbt den Vertragsgegenstand in der Zukunft zu einem fixierten Betrag und kann ihn dann sofort an der Börse weiterverkaufen.

**(14)** **Wie erfolgt die Erfüllung des Euro-Bund-Futures?**
Die Erfüllung erfolgt in ähnlichen Wertpapieren. Der Verkäufer kann aus einem Portfolio an Wertpapieren wählen. Die Börse berechnet aufgrund des abgeschlossenen Volumens den erforderlichen Nennwert der Obligationen.

**(15)** **Wie wird der DAX®-Future erfüllt?**
Da es sich hier um kein reales Wertpapier, sondern um ein synthetisches Produkt handelt, ist eine Lieferung unmöglich. Deshalb erfolgt die Erfüllung durch Leistung einer Ausgleichszahlung.

**(16)** **Was wird unter Margins verstanden?**
Margins sind Sicherheitsleistungen, die von der Partei an die Börse zu leisten sind, die im Moment der Betrachtung aus einem Future einen Verlust erzielen wird.

**(17)** **Wovon ist der Preis eines Futures auf dem Sekundärmarkt abhängig?**
Beeinflussende Faktoren sind: der Preis des Basiswerts, die gültige Zinsstrukturkurve, die noch zur Verfügung stehende Laufzeit des Futures sowie etwaige Zuflüsse, die sich aus dem Basiswert ergeben.

**(18)** **Welche Formen der Swaps werden unterschieden?**
Swaps können sich auf Zinsen, Währungen und Kredite bzw. Kreditausfälle beziehen.

**(19) Wie lassen sich Zertifikate kennzeichnen?**

Zertifikate sind verzinsliche Wertpapiere die Ausstattungsmerkmale anderer Anlageformen integriert haben und somit ein – gemessen an konventionellen Anleihen – (stark) abweichendes Profil aufweisen.

**(20) Wozu verpflichtet sich der Emittent, der ein Bonus-Zertifikat begibt?**

Der Emittent verpflichtet sich, dem Erwerber einen festen Betrag zu zahlen, wenn sich der Kurs des Basiswerts während der Laufzeit innerhalb des vorher definierten Intervalls bewegt. Verlässt der Basiswert den Korridor, erhält der Anleger den Wert des Basiswerts.

**(21) Woran ist die Struktur eines Knock-Out-Zertifikats angelehnt?**

Strukturell ähneln Hebel-Zertifikate den Optionen: mit einem kleinen Betrag kann ein großer Erfolg erzielt werden. Unterschreitet der Kurs des Basiswerts eine Grenze, ist das eingesetzte Kapital verloren.

**(22) Vergleichen Sie das Risiko eines Short-Sellings, eines Terminverkaufs und dem Kauf einer Verkaufsoption.**

Der Short-Seller und der Terminverkäufer haben theoretisch ein unendliches Risiko, da der Preis für die Eindeckung der offenen Position nicht begrenzt ist. Der Käufer einer Verkaufsoption begrenzt sein Risiko auf die gezahlte Optionsprämie.

**(23) Was wird unter Market Makern verstanden und welche Funktion kommt ihnen zu?**

Market Maker sind Börsenteilnehmer, denen auf Antrag Wertpapiere zugeordnet sind. Ihre Aufgabe besteht darin, die Handelbarkeit der Wertpapiere zu gewährleisten. Zu diesem Zweck stellen sie permanent Kauf- und Verkaufspreise (Quotes) auf.

**(24) Durch welche Besonderheit ist die Ordererteilung bei Termingeschäften im Vergleich zu Kassageschäften gekennzeichnet?**

Beim Derivatehandel können auch Koppelgeschäfte beauftragt werden, sodass der Anleger beide Positionen einnimmt und eine Marge aus den unterschiedlichen Konditionen erzielt. Teilerfüllungen sind hierbei nicht möglich.

**(25) Welche Funktion kommt der Eurex Clearing AG bei der Auftragsabwicklung zu?**

Die Eurex Clearing AG ist zentraler Vertragspartner für alle Verträge, sodass für den einzelnen Börsenteilnehmer faktisch kein Ausfallrisiko besteht.

**(26) Welche Typen von Akteuren werden beim Clearing unterschieden?**

Folgende Unterscheidungen existieren:
- Non-Clearing-Akteure sind zum Handel, nicht aber zum Clearing zugelassen.
- Direct-Clearing-Akteure dürfen für sich selbst, für 100-prozentige Konzerntöchter sowie für ihre Kunden Geschäfte abwickeln.
- General-Clearing-Akteure können unbegrenzt Clearing-Aufgaben wahrnehmen.

**(27) Wie erfolgt die Margin-Abwicklung zwischen Kunde und Kreditinstitut?**

Das Kreditinstitut ist verpflichtet, dem Kunden die Margin-Belastung weiterzugeben. Um den administrativen Aufwand zu begrenzen, verlangen die Kreditinstitute höhere Margins als sie selbst leisten müssen. So ist eine Anpassung in größeren Intervallen möglich.

## 6.2 Gebundene Fragen

**1**

| Welche Aussage(n) ist (sind) richtig? Welche ist (sind) falsch? | | Richtig | Falsch |
|---|---|---|---|
| a | Futures und Optionen stellen die einzigen Formen der Derivate dar, die in Deutschland abgeschlossen werden dürfen. Neben Futures und Optionen stellen Swaps die dritte Form von Derivaten dar. | ☐ | ☒ |
| b | Futures und Optionen stellen die einzigen Formen der Derivate dar, die in Deutschland regelmäßig über die Terminbörse gehandelt werden. | ☒ | ☐ |
| c | Mit einer Option geht der Erwerber die Verpflichtung ein, den Vertragsgegenstand zum vereinbarten Preis zu kaufen oder zu verkaufen. Er erwirbt ein Recht. Der Stillhalter geht die Verpflichtung ein. | ☐ | ☒ |
| d | Mit einer Option geht der Verkäufer die Verpflichtung ein, den Vertragsgegenstand zum vereinbarten Preis zu kaufen oder zu verkaufen. | ☒ | ☐ |
| e | Stillhalter ist der Fachbegriff für den Erwerber einer Option, da er seinen Gegenpart zum Stillhalten verpflichten kann. Der Verkäufer wird Stillhalter genannt, weil er sich zur Passivität verpflichtet. | ☐ | ☒ |
| f | Kaufoptionen werden als Call und Verkaufsoptionen als Put bezeichnet. | ☒ | ☐ |
| g | Der Stillhalter einer Option hat unter allen Umständen während der gesamten Laufzeit das Recht, von seinem Gegenpart die Abnahme oder Lieferung des Vertragsgegenstands zu verlangen. Dieses Recht steht dem Erwerber nur bei der sogenannten amerikanischen Version zu. | ☐ | ☒ |
| h | Der Erwerber einer Option hat unter allen Umständen während der gesamten Laufzeit das Recht, von seinem Gegenpart die Abnahme oder Lieferung des Vertragsgegenstands zu verlangen. Das jederzeitige Ausübungsrecht besteht nur bei der sogenannten amerikanischen Version. | ☐ | ☒ |
| i | Keine der vorherigen Aussagen ist richtig. | ☐ | ☒ |

**2**

| Welche Aussage(n) ist (sind) richtig? Welche ist (sind) falsch? | | Richtig | Falsch |
|---|---|---|---|
| a | Der Erwerber einer Kaufoption rechnet mit steigenden, der Veräußerer einer Verkaufsoption mit sinkenden Preisen für den Vertragsgegenstand. Richtig ist, dass der Erwerber einer Kaufoption mit steigenden, der Erwerber einer Verkaufsoption mit sinkenden Preisen für den Vertragsgegenstand rechnet. | ☐ | ☒ |
| b | Der Erwerber einer Verkaufsoption rechnet mit steigenden, der Erwerber einer Kaufoption mit sinkenden Preisen für den Vertragsgegenstand. Richtig ist, dass der Erwerber einer Kaufoption mit steigenden, der Erwerber einer Verkaufsoption mit sinkenden Preisen für den Vertragsgegenstand rechnet. | ☐ | ☒ |
| c | Der Veräußerer einer Kaufoption rechnet mit steigenden, der Veräußerer einer Verkaufsoption mit sinkenden Preisen für den Vertragsgegenstand. Richtig ist, dass der Erwerber einer Kaufoption mit steigenden, der Erwerber einer Verkaufsoption mit sinkenden Preisen für den Vertragsgegenstand rechnet. | ☐ | ☒ |
| d | Das Erfolgspotenzial eines Put-Erwerbers ist – auch theoretisch – unbegrenzt. Sein Risiko ist auf die gezahlte Optionsprämie begrenzt. Der Basiswert kann nicht kleiner Null werden. Hier liegt die theoretische Erfolgsgrenze. | ☐ | ☒ |
| e | Das Erfolgspotenzial eines Put-Verkäufers ist – auch theoretisch – unbegrenzt. Sein Risiko ist auf die erhaltene Optionsprämie begrenzt. Sein Erfolg ist limitiert, sein Verlust ist theoretisch nur dadurch begrenzt, dass der Basiswert nicht unter null fallen kann. | ☐ | ☒ |
| f | Bei steigenden Kursen wird der Erwerber einer Kaufoption diese verfallen lassen, um seinen Verlust zu begrenzen. Damit würde er auf seinen Gewinn verzichten. | ☐ | ☒ |
| g | Bei steigenden Kursen wird der Veräußerer einer Kaufoption diese verfallen lassen, um seinen Verlust zu begrenzen. Dieses Recht steht ihm gar nicht zu. | ☐ | ☒ |
| h | Keine der vorherigen Aussagen ist richtig. | ☒ | ☐ |

**3**

| Welche Aussage(n) ist (sind) richtig? Welche ist (sind) falsch? | Richtig | Falsch |
|---|---|---|
| a Der Erwerber einer Option hat mit dem Erhalt der Optionsprämie die Verpflichtung übernommen, den Vertragsgegenstand zum vereinbarten Preis zu erwerben (Call) oder zu veräußern (Put). Eine Möglichkeit der Verlustbegrenzung steht ihm dann nicht zur Verfügung, wenn sich ein sehr großer Verlust abzeichnet.<br>Der Stillhalter hat die Verpflichtung übernommen. | ☐ | ☒ |
| b Der Stillhalter einer Option hat mit dem Erhalt der Optionsprämie die Verpflichtung übernommen, den Vertragsgegenstand zum vereinbarten Preis zu erwerben (Put) oder zu veräußern (Call). Eine Möglichkeit der Verlustbegrenzung steht ihm dann nicht zur Verfügung, wenn sich ein sehr großer Verlust abzeichnet.<br>Der Stillhalter hat aber die Möglichkeit, ein Gegengeschäft abzuschließen und damit seinen Verlust zu begrenzen. | ☒ | ☐ |
| c Je höher der Basispreis ist, desto teurer werden Optionen an der Börse gehandelt.<br>Die Wirkung des Basispreises hängt davon ab, ob eine Kauf- oder Verkaufsoption betrachtet wird. | ☐ | ☒ |
| d Je geringer der Basispreis ist, desto teurer werden Optionen an der Börse gehandelt.<br>siehe c | ☐ | ☒ |
| e Je länger die Laufzeit ist, desto teurer werden Optionen an der Börse gehandelt. | ☒ | ☐ |
| f Je kürzer die Laufzeit ist, desto teurer werden Optionen an der Börse gehandelt.<br>siehe e | ☐ | ☒ |
| g Eine Kaufoption ist „am Geld", wenn der aktuelle Kurs und der vereinbarte Basispreis gleich hoch sind. | ☒ | ☐ |
| h Eine Kaufoption ist „im Geld", wenn der aktuelle Kurs und der vereinbarte Basispreis gleich hoch sind.<br>siehe g | ☐ | ☒ |
| i Eine Kaufoption ist „aus dem Geld", wenn der aktuelle Kurs und der vereinbarte Basispreis gleich hoch sind.<br>siehe g | ☐ | ☒ |
| j Eine Verkaufsoption ist „aus dem Geld", wenn der aktuelle Kurs höher ist als der vereinbarte Basispreis. | ☒ | ☐ |
| k Keine der vorherigen Aussagen ist richtig. | ☐ | ☒ |

**4**

| Welche Aussage(n) ist (sind) richtig? Welche ist (sind) falsch? | Richtig | Falsch |
|---|:---:|:---:|
| a Der innere Wert bringt zum Ausdruck, ob die Option, gemessen am Basispreis und am aktuellen Börsenkurs, für den Optionserwerber ökonomisch von Vorteil ist. Die Chance, die während der Laufzeit noch besteht, findet keine Berücksichtigung. | ☒ | ☐ |
| b Der innere Wert bringt zum Ausdruck, ob die Option, gemessen am Zeitwert und am aktuellen Börsenkurs, für den Optionserwerber ökonomisch von Vorteil ist. Die Chance, die während der Laufzeit noch besteht, findet keine Berücksichtigung.<br>siehe a | ☐ | ☒ |
| c Sind aktueller Börsenkurs und Basispreis gleich groß, muss der innere Wert Null sein. | ☒ | ☐ |
| d Sind aktueller Börsenkurs und Basispreis bei einer Kaufoption gleich groß, muss der innere Wert Null sein. | ☒ | ☐ |
| e Sind aktueller Börsenkurs und Basispreis bei einer Verkaufsoption gleich groß, muss der innere Wert Null sein. | ☒ | ☐ |
| f Ist der innere Wert gleich Null, müssen Optionspreis und Zeitwert identisch sein. | ☒ | ☐ |
| g Ist der innere Wert gleich dem Optionspreis, existiert kein Zeitwert. | ☒ | ☐ |
| h Ist der innere Wert gleich dem Zeitwert, muss der Optionspreis Null sein.<br><br>Wenn der innere und der Zeitwert größer Null sind, ist der Optionspreis positiv. | ☐ | ☒ |
| i Ist der innere Wert gleich dem Zeitwert, kann der Optionspreis nicht Null sein.<br>Wenn der innere und der Zeitwert gleich Null sind, ist der Optionspreis ebenfalls Null. | ☐ | ☒ |
| j An der Börse werden auch negative Optionspreise gehandelt, dies geschieht immer dann, wenn der Optionspreis „aus dem Geld" ist.<br>Auch wenn der innere Wert negativ ist, werden keine negativen Optionspreise gehandelt, da der Inhaber im schlimmsten Fall sein Recht verfallen lässt. | ☐ | ☒ |
| k Keine der vorherigen Aussagen ist richtig. | ☐ | ☒ |

**5**

| Welche Aussage(n) ist (sind) richtig? Welche ist (sind) falsch? | Richtig | Falsch |
|---|---|---|
| a Der Zeitwert von Optionen nimmt permanent zu, da die bislang angesammelten Erträge kapitalisiert werden.<br>Der Zusammenhang ist frei erfunden.<br>siehe c | ☐ | ☒ |
| b Der Zeitwert bleibt im Zeitablauf konstant. Nur so kann gewährleistet werden, dass der Hebel immer gleich hoch ist.<br>Der Zusammenhang ist frei erfunden.<br>siehe c | ☐ | ☒ |
| c Der Zeitwert von Optionen nimmt permanent ab, da die Chancen, die mit der Option verbunden sind, sich mit dem Zeitverlauf auflösen. | ☒ | ☐ |
| d Multipliziert man den Hebel mit dem Optionspreis an der Börse, so weiß man, wie hoch der aktuelle Börsenkurs des Optionsgegenstands ist. | ☒ | ☐ |
| e Bei einem Börsenkurs von 320 €, einem Basispreis von 300 € und einem Zeitwert von 5 € ergeben sich für eine Kaufoption ein innerer Wert von 20 € und ein Optionspreis an der Börse von 21 €.<br>siehe f | ☐ | ☒ |
| f Bei einem Börsenkurs von 320 €, einem Basispreis von 300 € und einem Zeitwert von 5 € ergeben sich für eine Kaufoption ein innerer Wert von 20 € und ein Optionspreis an der Börse von 25 €. | ☒ | ☐ |
| g Bei einem Börsenkurs von 320 €, einem Basispreis von 300 € und einem Zeitwert von 5 € ergeben sich für eine Kaufoption ein innerer Wert von 20 € und ein Optionspreis an der Börse von 15 €.<br>siehe f | ☐ | ☒ |
| h Der Erwerber einer Kaufoption, der bei einem Basispreis von 230 € eine Prämie von 5 € bezahlt hat, wird ab 225 € anfangen, die Option auszuüben, um seinen Verlust zu minimieren.<br>siehe i | ☐ | ☒ |
| i Der Erwerber einer Kaufoption, der bei einem Basispreis von 230 € eine Prämie von 5 € bezahlt hat, wird ab 230,01 € anfangen, die Option auszuüben, um seinen Verlust zu minimieren. | ☒ | ☐ |
| j Der Erwerber einer Verkaufsoption, der bei einem Basispreis von 230 € eine Prämie von 5 € bezahlt hat, wird bis zu einem Kurs von maximal 229,99 € die Option ausüben. | ☒ | ☐ |
| k Der Erwerber einer Verkaufsoption, der bei einem Basispreis von 230 € eine Prämie von 5 € bezahlt hat, wird ab 235 € anfangen, die Option auszuüben, um seinen Verlust zu minimieren.<br>siehe j | ☐ | ☒ |
| l Keine der vorherigen Aussagen ist richtig. | ☐ | ☒ |

**6**

| Welche Aussage(n) ist (sind) richtig? Welche ist (sind) falsch? | Richtig | Falsch |
|---|:---:|:---:|
| a Futures sind Verträge, die in der Gegenwart geschlossen und in der Zukunft erfüllt werden. Ein Wahlrecht, wie es den Optionserwerbern zusteht, besitzt hier keine Partei. Deshalb müssen die vertraglich vereinbarten Gegenstände auch auf jeden Fall geliefert werden. Bei einigen Vertragsgegenständen ist eine physische Lieferung gar nicht möglich. | ☐ | ☒ |
| b Der Käufer eines Futures setzt auffallende Kurse. So kann er den Gegenstand, dessen Preis für ihn fixiert ist, an der Börse teurer weiterverkaufen. Der Käufer setzt auf steigende Kurse. | ☐ | ☒ |
| c Der Verkäufer eines Futures setzt auf steigende Kurse, so kann er den Gegenstand, dessen Preis für ihn fixiert ist, an der Börse teurer weiterverkaufen. Der Verkäufer setzt auf fallende Kurse. | ☐ | ☒ |
| d Der Erwerber eines Euro-Bund-Futures rechnet mit steigenden Zinsen und aufgrund dessen mit steigenden Kursen. Der Erwerber eines Euro-Bund-Futures rechnet mit fallenden Zinsen und aufgrund dessen mit steigenden Kursen. | ☐ | ☒ |
| e Der Verkäufer eines Euro-Bund-Futures rechnet mit steigenden Zinsen und aufgrund dessen mit steigenden Kursen. Der Verkäufer eines Euro-Bund-Futures rechnet mit steigenden Zinsen und aufgrund dessen mit fallenden Kursen. | ☐ | ☒ |
| f Der Erwerber eines Euro-Bund-Futures rechnet mit konstanten Zinsen und aufgrund dessen mit steigenden Kursen. Der Erwerber eines Euro-Bund-Futures rechnet mit fallenden Zinsen und aufgrund dessen mit steigenden Kursen. | ☐ | ☒ |
| g Der Erwerber eines Euro-Bund-Futures rechnet mit fallenden Zinsen und aufgrund dessen mit fallenden Kursen. Der Erwerber eines Euro-Bund-Futures rechnet mit fallenden Zinsen und aufgrund dessen mit steigenden Kursen. | ☐ | ☒ |
| h Euro-Bund-Futures werden in Tranchen ab 10 € oder einem Vielfachen gehandelt. Euro-Bund-Futures werden in Tranchen ab 100 T€ oder einem Vielfachen gehandelt. | ☐ | ☒ |
| i Euro-Bund-Futures werden in Tranchen ab 10 T€ oder einem Vielfachen gehandelt. Euro-Bund-Futures werden in Tranchen ab 100 T€ oder einem Vielfachen gehandelt. | ☐ | ☒ |
| j Euro-Bund-Futures werden in Tranchen ab 50 T€ oder einem Vielfachen gehandelt. Euro-Bund-Futures werden in Tranchen ab 100 T€ oder einem Vielfachen gehandelt. | ☐ | ☒ |
| k Euro-Bund-Futures werden in Tranchen ab 1.000 T€ oder einem Vielfachen gehandelt. Euro-Bund-Futures werden in Tranchen ab 100 T€ oder einem Vielfachen gehandelt. | ☐ | ☒ |
| l Keine der vorherigen Aussagen ist richtig. | ☒ | ☐ |

**7**

| Welche Aussage(n) ist (sind) richtig? Welche ist (sind) falsch? | Richtig | Falsch |
|---|:---:|:---:|
| a | Ein DAX®-Kontrakt besteht aus den 30 Aktien, die im Index enthalten sind. | ☐ | ☒ |
| b | Der DAX®-Future bildet den DAX® mit seinen 30 Aktien und deren Gewichtung ab. Der DAX®-Future wird analog dem Index in Punkten gemessen. Die Vertragsparteien vereinbaren einen Indexstand. Überschreitet der DAX® den Indexwert bei Erfüllung, erhält der Verkäufer für jeden Indexpunkt darüber 12,50 € an Ausgleichszahlung. siehe e | ☐ | ☒ |
| c | Der DAX®-Future wird analog dem Index in Punkten gemessen. Die Vertragsparteien vereinbaren einen Indexstand. Überschreitet der DAX® den Indexwert bei Erfüllung, erhält der Erwerber für jeden Indexpunkt darüber 12,50 € an Ausgleichszahlung. siehe e | ☐ | ☒ |
| d | Der DAX®-Future wird analog dem Index in Punkten gemessen. Die Vertragsparteien vereinbaren einen Indexstand. Überschreitet der DAX® den Indexwert bei Erfüllung, erhält der Verkäufer für jeden Indexpunkt darüber 25 € an Ausgleichszahlung. siehe e | ☐ | ☒ |
| e | Der DAX®-Future wird analog dem Index in Punkten gemessen. Die Vertragsparteien vereinbaren einen Indexstand. Überschreitet der DAX® den Indexwert bei Erfüllung, erhält der Erwerber für jeden Indexpunkt darüber 25 € an Ausgleichszahlung. | ☒ | ☐ |
| f | Der DAX®-Future wird analog dem Index in Punkten gemessen. Die Vertragsparteien vereinbaren einen Indexstand. Überschreitet der DAX® den Indexwert bei Erfüllung, erhält der Verkäufer für jeden Indexpunkt darüber 125 € an Ausgleichszahlung. siehe e | ☐ | ☒ |
| g | Der DAX®-Future wird analog dem Index in Punkten gemessen. Die Vertragsparteien vereinbaren einen Indexstand. Überschreitet der DAX® den Indexwert bei Erfüllung, erhält der Erwerber für jeden Indexpunkt darüber 125 € an Ausgleichszahlung. siehe e | ☐ | ☒ |
| h | Die DAX®-Veränderungen werden bis auf zwei Nachkommastellen gemessen, somit beträgt die kleinste bewertete Veränderung 1,25 €. siehe k | ☐ | ☒ |
| i | Die DAX®-Veränderungen werden bis auf zwei Nachkommastellen gemessen, somit beträgt die kleinste bewertete Veränderung 0,25 €. siehe k | ☐ | ☒ |
| j | Die DAX®-Veränderungen werden bis auf zwei Nachkommastellen gemessen, somit beträgt die kleinste bewertete Veränderung 0,13 €. siehe k | ☐ | ☒ |
| k | Die DAX®-Veränderungen werden in Schritten zu 0,5 %-Punkten gemessen, somit beträgt die kleinste bewertete Veränderung 12,50 €. | ☒ | ☐ |
| l | Keine der vorherigen Aussagen ist richtig. | ☐ | ☒ |

**8**

| Welche Aussage(n) ist (sind) richtig? Welche ist (sind) falsch? | Richtig | Falsch |
|---|---|---|
| a | Mit dem Abschluss eines DAX®-Futures mit vereinbartem Kursniveau von 8.000 Punkten, erhält der Käufer 6.250 €, wenn der DAX® bei 8.250 Punkten notiert. | ☒ | ☐ |
| b | Mit dem Abschluss eines DAX®-Futures mit vereinbartem Kursniveau von 8.000 Punkten, erhält der Verkäufer 6.250 €, wenn der DAX® bei 8.250 Punkten notiert.<br>siehe a | ☐ | ☒ |
| c | Mit dem Abschluss eines DAX®-Futures mit vereinbartem Kursniveau von 8.000 Punkten, erhält der Käufer 31.250 €, wenn der DAX® bei 8.250 Punkten notiert.<br>siehe a | ☐ | ☒ |
| d | Mit dem Abschluss eines DAX®-Futures mit vereinbartem Kursniveau von 8.000 Punkten, erhält der Verkäufer 31.250 €, wenn der DAX® bei 8.250 Punkten notiert.<br>siehe a | ☐ | ☒ |
| e | Die Partei, die auf aktueller Kursbasis einen Erfolg aus dem Future erwarten kann, erhält börsentäglich vom Kontrahenten die Margin als Vorauszahlung auf den Gewinn.<br>Die Margin zahlt der Kontrahent als Sicherheitsleistung an die Börse. | ☐ | ☒ |
| f | Wenn es sich abzeichnet, dass aus einem Future Verluste entstehen, ist es immer ratsam, diese mit einem Gegengeschäft zu begrenzen.<br>Die Begrenzung ist immer dann sinnvoll, wenn der Kunde den Future aus dem Motiv der Spekulation heraus abgeschlossen hat. Stellt der Future hingegen ein Absicherungsgeschäft für eine bereits bestehende Position dar, ist eine nochmalige Absicherung nur selten sinnvoll. | ☐ | ☒ |
| g | Eine Long-Position aus einem Finanzfuture gewinnt an Wert, wenn der Börsenpreis des Basiswerts steigt und die Marktzinsen steigen.<br>siehe h | ☐ | ☒ |
| h | Eine Long-Position aus einem Finanzfuture gewinnt an Wert, wenn der Börsenpreis des Basiswerts steigt und die Marktzinsen sinken. | ☒ | ☐ |
| i | Eine Long-Position aus einem Finanzfuture gewinnt an Wert, wenn der Börsenpreis des Basiswerts sinkt und die Marktzinsen steigen.<br>siehe h | ☐ | ☒ |
| j | Eine Long-Position aus einem Finanzfuture gewinnt an Wert, wenn der Börsenpreis des Basiswerts sinkt und die Marktzinsen sinken.<br>siehe h | ☐ | ☒ |
| k | Eine Short-Position aus einem Finanzfuture gewinnt an Wert, wenn der Börsenpreis des Basiswerts sinkt und die Marktzinsen sinken.<br>siehe l | ☐ | ☒ |
| l | Eine Short-Position aus einem Finanzfuture gewinnt an Wert, wenn der Börsenpreis des Basiswerts sinkt und die Marktzinsen steigen. | ☒ | ☐ |
| m | Keine der vorherigen Aussagen ist richtig. | ☐ | ☒ |

**9**

| Welche Aussage(n) ist (sind) richtig? Welche ist (sind) falsch? | Richtig | Falsch |
|---|---|---|
| a | Alle Derivate in Deutschland müssen aufgrund des § 2 II WpHG über die Börse abgewickelt werden. <br> siehe b | ☐ | ☒ |
| b | Bei allen Derivaten hat der Kunde die Wahl, ob er seine Derivate über die Börse verkauft oder sich bilateral einen Partner sucht. | ☒ | ☐ |
| c | Mit Ausnahme von Gold und Silber werden alle Derivate über Metalle an der Börse gehandelt. <br> siehe d | ☐ | ☒ |
| d | Mit Ausnahme von Gold und Silber werden alle Derivate über Metalle nicht an der Börse gehandelt. | ☒ | ☐ |
| e | Derivate über Währungen werden nicht an der Börse gehandelt. | ☒ | ☐ |
| f | Die Zulassung eines Unternehmens an der Kassabörse führt automatisch dazu, dass es an der Terminbörse zugelassen ist. <br> siehe g | ☐ | ☒ |
| g | Die Zulassung zur Terminbörse ist unabhängig von der Präsenzbörse und muss deshalb separat beantragt werden. | ☒ | ☐ |
| h | Soweit sich ein Unternehmen als Market Maker bezeichnet, ist es berechtigt, An- und Verkaufskurse in das Börsensystem einzustellen. <br> siehe i | ☐ | ☒ |
| i | Soweit ein Unternehmen den Status eines Market Makers zuerkannt bekommt, ist es berechtigt, An- und Verkaufskurse in das Börsensystem einzustellen. <br> Richtig ist, dass der Status des Market Makers zuerkannt werden muss. Dies ist aber keine Voraussetzung, um Kauf- und Verkaufsorders in das Börsensystem einzustellen. Vielmehr ist der Market Maker hierzu verpflichtet, um die Handelbarkeit des ihm zugeordneten Derivats zu gewährleisten. | ☐ | ☒ |
| j | Die Basispreise von Optionen, die an der Börse gehandelt werden sollen, sind zwischen Erwerber und Stillhalter frei verhandelbar. <br> siehe i; die freie Verhandelbarkeit liegt nur vor, wenn der Kontrakt nicht über die Börse abgewickelt wird. Um die Marktgängigkeit an der Börse zu gewährleisten, sind Stufungen einzuhalten, die sich nach der Börsenkurshöhe des Optionsgegenstands richten. | ☐ | ☒ |
| k | Keine der vorherigen Aussagen ist richtig. | ☐ | ☒ |

**10**

| Welche Aussage(n) ist (sind) richtig? Welche ist (sind) falsch? | Richtig | Falsch |
|---|---|---|
| a  Swaps sind börsengehandelte Derivate.<br>Swaps werden nicht an der Börse gehandelt. | ☐ | ☒ |
| b  Swaps können sowohl an der Börse als auch außerbörslich gehandelt werden.<br>siehe a | ☐ | ☒ |
| c  Bei einem Zinsswap wird eine feste gegen eine variable Verzinsung getauscht. | ☒ | ☐ |
| d  Bei einem Zinsswap macht immer der Kontrahent das bessere Geschäft, der die fixen Zahlungen erhält, da er Sicherheit hinsichtlich seiner Einzahlungen hat.<br>Eine eindeutige Beurteilung welche der Parteien das bessere Geschäft macht, ist im Vorfeld nicht möglich, da die Entwicklung der Zinsen im Moment des Geschäftsabschlusses unbekannt ist. | ☐ | ☒ |
| e  Bei einem Zinsswap macht immer der Kontrahent das bessere Geschäft, der die fixe Zahlung leistet, da er Sicherheit hinsichtlich seiner Auszahlungen hat.<br>siehe d | ☐ | ☒ |
| f  Kreditswaps machen für Banken Sinn, die ein regionales Geschäftsgebiet aufweisen, um ihr Portfolio besser zu diversifizieren. | ☒ | ☐ |
| g  Bezieht sich der Tausch von Krediten auf Portfolien mit gleicher Bonität, sind keine Ausgleichsleistungen erforderlich. | ☒ | ☐ |
| h  Bezieht sich der Tausch von Krediten auf Portfolien mit gleicher Bonität, handelt es sich auf jeden Fall um ein ausgeglichenes Geschäft.<br>Wenn beide Kontrahenten redlich handeln, ist das grundsätzlich richtig. Wie sich die Ausfälle in der Realität gestalten ist jedoch ungewiss, sodass während der Laufzeit unterschiedliche Verluste auftreten können. Zudem besteht (theoretisch) die Gefahr, dass einer der (oder auch beide) Partner nicht ganz redlich sind und über Informationsvorsprünge verfügen, die sich noch nicht im Rating niedergeschlagen haben und so tendenziell abwertungsgefährdete Kredite transferieren. | ☐ | ☒ |
| i  Werden Portfolien unterschiedlicher Bonität getauscht, erhält der Partner, der das schlechtere Portfolio übernimmt einen Ausgleich, der dem Unterschied der Risikoprämien entspricht. | ☒ | ☐ |
| j  Erfolgt eine einseitige Abgabe des Risikos an eine andere Bank, erhält diese die volle Risikoprämie für dieses Portfolio. | ☒ | ☐ |
| k  Keine der vorherigen Aussagen ist richtig. | ☐ | ☒ |

**11**

| Welche Aussage(n) ist (sind) richtig? Welche ist (sind) falsch? | Richtig | Falsch |
|---|:---:|:---:|
| a | Zertifikate stellen Anlageformen dar, die sich strukturell aus einer Anleihe und aus mindestens einer weiteren Komponente zusammensetzen. | ☒ | ☐ |
| b | Zertifikate sind nur für sehr risikofreudige Anleger geeignet, da bei Zertifikaten immer mit dem Ausfall der Anlagesumme zu rechnen ist. | ☐ | ☒ |
| | Die Aussage ist zu pauschal. Beispielsweise bei Garantie-Zertifikaten erhält der Anleger sein eingesetztes Kapital auf jeden Fall zurück, soweit das Adressenausfallrisiko des Emittenten nicht eintritt. | | |
| c | Zertifikate sind nur für Anleger geeignet, die über ein solides Fachwissen verfügen, da Konstruktionen nicht immer einfach nachvollziehbar sind. | ☒ | ☐ |
| d | Der Erwerber eines Garantie-Zertifikats erhält die versprochene Rendite garantiert, wenn der vereinbarte Basiswert eine gewisse Grenze erreicht hat. | ☐ | ☒ |
| | Siehe e | | |
| e | Der Erwerber eines Garantie-Zertifikats erhält sein eingesetztes Kapital garantiert zurück, wenn der vereinbarte Basiswert eine gewisse Grenze erreicht hat. | ☐ | ☒ |
| | Die versprochene Mindestverzinsung bzw. das eingesetzte Kapital erhält der Anleger auf jeden Fall – ohne Bedingungen – zurück. | | |
| f | Das emittierende Kreditinstitut eines Garantie-Zertifikats kann die vereinbarte Zusatzleistung durch Abschluss einer Verkaufsoption absichern. | ☐ | ☒ |
| | Da Garantiezertifikate die Zusatzzahlungen regelmäßig von steigenden Basiswerten abhängig machen, ist der Erwerb einer Kaufoption zur Absicherung geeignet. | | |
| g | Outperforming-Zertifikate sind so konstruiert, dass die Tilgung des Zertifikats von der Entwicklung eines Basiswerts abhängig gemacht wird. Überschreitet der Basiswert eine Grenze, so erfolgt eine überproportionale Tilgung. Unter der Grenze wird proportional getilgt. | ☒ | ☐ |
| h | Bonus-Zertifikate sind so konstruiert, dass die Tilgung des Zertifikats von der Entwicklung eines Basiswerts abhängig gemacht wird. Überschreitet der Basiswert eine Grenze, so erfolgt eine überproportionale Tilgung. Unter der Grenze wird proportional getilgt. | ☐ | ☒ |
| | siehe g | | |
| i | Discount-Zertifikate sind so konstruiert, dass die Tilgung des Zertifikats von der Entwicklung eines Basiswerts abhängig gemacht wird. Überschreitet der Basiswert eine Grenze, so erfolgt eine überproportionale Tilgung. Unter der Grenze wird proportional getilgt. | ☐ | ☒ |
| | siehe g | | |

(fortgesetzt)

| Welche Aussage(n) ist (sind) richtig? Welche ist (sind) falsch? | Richtig | Falsch |
|---|:---:|:---:|
| j | Knock-Out-Zertifikate sind so konstruiert, dass die Tilgung des Zertifikats von der Entwicklung eines Basiswerts abhängig gemacht wird. Überschreitet der Basiswert eine Grenze, so erfolgt eine überproportionale Tilgung. Unter der Grenze wird proportional getilgt. | ☐ | ☒ |
| | siehe g | | |
| k | Faktor-Zertifikate sind so konstruiert, dass die Tilgung des Zertifikats von der Entwicklung eines Basiswerts abhängt. Überschreitet der Basiswert eine Grenze, so erfolgt eine überproportionale Tilgung. Unter der Grenze wird proportional getilgt. | ☐ | ☒ |
| | siehe g | | |
| l | Index-Zertifikate sind so konstruiert, dass die Tilgung des Zertifikats von der Entwicklung eines Basiswerts abhängt. Überschreitet der Basiswert eine Grenze, so erfolgt eine überproportionale Tilgung. Unter der Grenze wird proportional getilgt. | ☐ | ☒ |
| | siehe g | | |
| m | Keine der vorherigen Aussagen ist richtig. | ☐ | ☒ |

**12**

| Welche Aussage(n) ist (sind) richtig? Welche ist (sind) falsch? | | Richtig | Falsch |
|---|---|:---:|:---:|
| a | Der Erwerber eines Bonus-Zertifikats erhält den versprochenen Mehrertrag, wenn der vereinbarte Basiswert die vereinbarte Grenze überschritten hat. | ☐ | ☒ |
| | siehe c | | |
| b | Der Erwerber eines Bonus-Zertifikats erhält den versprochenen Mehrertrag, wenn der vereinbarte Basiswert während der Laufzeit das vereinbarte Intervall verlassen hat. | ☐ | ☒ |
| | siehe c | | |
| c | Der Erwerber eines Bonus-Zertifikats erhält den versprochenen Mehrertrag, wenn der vereinbarte Basiswert während der Laufzeit das vereinbarte Intervall nicht verlassen hat. | ☒ | ☐ |
| d | Der Erwerber eines Discount-Zertifikats muss den versprochenen Discount hinnehmen, wenn der vereinbarte Basiswert die vereinbarte . Grenze über- bzw. unterschritten hat. | ☐ | ☒ |
| | Bei einem Discount-Zertifikat ist die Anleihe mit einem Basiswert verknüpft. Der Erwerber kauft das Zertifikat zu einem Preis, der unter dem aktuellen Börsenwert des betroffenen Basiswerts liegt (= Discount). | | |
| e | Der Erwerber eines Discount-Zertifikats muss den versprochenen Discount hinnehmen, wenn der vereinbarte Basiswert die vereinbarte Grenze überschritten hat. | ☐ | ☒ |
| | siehe d | | |
| f | Der Erwerber eines Discount-Zertifikats muss den versprochenen Discount hinnehmen, wenn der vereinbarte Basiswert die vereinbarte Grenze unterschritten hat. | ☐ | ☒ |
| | siehe d | | |
| g | Beim Discount-Zertifikat entscheidet der Anleger über die Tilgungsform. Deshalb ähnelt dieses Zertifikat für den Emittenten dem Erwerb des Basiswerts und einer Kaufoption auf den Basiswert. | ☐ | ☒ |
| | siehe h | | |
| h | Beim Discount-Zertifikat entscheidet der Emittent über die Tilgungsform. Deshalb ähnelt dieses Zertifikat für den Emittenten dem Erwerb des Basiswerts und dem Verkauf einer Kaufoption auf den Basiswert. | ☐ | ☒ |
| | Die zweite Aussage bezieht sich auf den Erwerber. | | |
| i | Beim Discount-Zertifikat entscheidet der Emittent über die Tilgungsform. Deshalb ähnelt dieses Zertifikat für den Emittenten dem Erwerb des Basiswerts und dem Verkauf einer Verkaufsoption auf den Basiswert. | ☐ | ☒ |
| | siehe h | | |

(fortgesetzt)

| Welche Aussage(n) ist (sind) richtig? Welche ist (sind) falsch? | | Richtig | Falsch |
|---|---|:---:|:---:|
| j | Ist bei einem Discount-Zertifikat eine Obergrenze vereinbart, kann die Performance aus dem Zertifikat nie höher sein als aus der Direktanlage. Der einzige Vorteil des Zertifikats liegt in dem geringeren Kapitaleinsatz. | ☐ | ☒ |
|   | siehe k und l | | |
| k | Gilt bei einem Discount-Zertifikat eine Obergrenze, ist die Zertifikat-Performance geringer als die der Direktanlage, wenn der Kurs über die Summe aus Obergrenze und Discount steigt. | ☒ | ☐ |
| l | Gilt bei einem Discount-Zertifikat eine Obergrenze, ist die Zertifikat-Performance vorteilhafter als die der Direktanlage, wenn der Kurs unter der Summe aus Obergrenze und Discount bleibt. | ☒ | ☐ |
| m | Keine der vorherigen Aussagen ist richtig. | ☐ | ☒ |

**13**

| Welche Aussage(n) ist (sind) richtig? Welche ist (sind) falsch? | Richtig | Falsch |
| --- | :---: | :---: |
| a | Aktien-Anleihen weisen eine attraktive Verzinsung im Verhältnis zu Referenzobligationen mit gleicher Laufzeit auf. Für diese Überrendite darf der Emittent die Art der Tilgung bestimmen: entweder zahlt er den Nominalbetrag zurück oder liefert die vereinbarte Aktienmenge. | ☒ | ☐ |
| b | Aktien-Anleihen weisen eine unattraktive Verzinsung im Verhältnis zu Referenzobligationen mit gleicher Laufzeit auf. Für diesen Malus darf der Erwerber die Art der Tilgung bestimmen: Er kann den Nominalbetrag oder die Lieferung der vereinbarten Aktienmenge verlangen. siehe a | ☐ | ☒ |
| c | Strukturell erwirbt der Investor bei einer Aktien-Anleihe eine Anleihe und veräußert eine Verkaufsoption. Die Stillhalterprämie fließt ihm in Form der höheren Zinszahlung zu. | ☒ | ☐ |
| d | Strukturell erwirbt der Investor bei einer Aktien-Anleihe Aktien und veräußert eine Verkaufsoption. Die Stillhalterprämie fließt ihm in Form der höheren Zinszahlung zu. siehe c | ☐ | ☒ |
| e | Strukturell erwirbt der Investor bei einer Aktien-Anleihe eine Anleihe und veräußert eine Kaufoption. Die Stillhalterprämie fließt ihm in Form der höheren Zinszahlung zu. siehe c | ☐ | ☒ |
| f | Strukturell erwirbt der Investor bei einer Aktien-Anleihe Aktien und veräußert eine Kaufoption. Die Stillhalterprämie fließt ihm in Form der höheren Zinszahlung zu. siehe c | ☐ | ☒ |
| g | Knock-Out-Zertifikate ähneln von Ihrer Struktur Optionsscheinen und lassen sich unter anderem durch den inneren Wert und das Agio klassifizieren. | ☒ | ☐ |
| h | Knock-Out-Zertifikate ähneln von Ihrer Struktur Optionsscheinen und lassen sich unter anderem durch den inneren Wert und den Hebel klassifizieren. | ☒ | ☐ |
| i | Knock-Out-Zertifikate ähneln von Ihrer Struktur Optionsscheinen und lassen sich unter anderem durch den Hebel und das Agio klassifizieren. | ☒ | ☐ |
| j | Durch den höheren Kapitaleinsatz – im Vergleich zur Direktanlage – wird die Hebelwirkung erzielt. Dafür wird oft eine Grenze definiert, bei deren unterschreiten der Totalverlust droht. siehe k | ☐ | ☒ |
| k | Durch den geringeren Kapitaleinsatz – im Vergleich zur Direktanlage – wird die Hebelwirkung erzielt. Dafür wird oft eine Grenze definiert, bei deren unterschreiten der Totalverlust droht. | ☒ | ☐ |
| l | Keine der vorherigen Aussagen ist richtig. | ☐ | ☒ |

**14**

| Welche Aussage(n) ist (sind) richtig? Welche ist (sind) falsch? | Richtig | Falsch |
|---|---|---|
| a Short-Selling ist der moderne Begriff für den Verkauf von Aktien. Short-Selling meint den Verkauf von Assets, die noch nicht dem Verkäufer gehören. | ☐ | ☒ |
| b Bei einem gedeckten Leerverkauf besitzt der Verkäufer bereits die leerverkauften Assets. Wenn der Verkäufer bereits im Besitz der Assets ist, handelt es sich um keinen Leerverkauf. | ☐ | ☒ |
| c Bei einem ungedeckten Leerverkauf leiht sich der Verkäufer die leerverkauften Assets bei einer anderen Person. Die Beschreibung entspricht dem gedeckten Leerverkauf. | ☐ | ☒ |
| d Leerverkäufe sind aktuell aufgrund ihres hohen Risikos komplett verboten. Das Verbot bezieht sich auf ungedeckte Leerverkäufe. Als Motiv wird vom Gesetzgeber die Gefahr von Marktverwerfungen und die nicht die Gefahr für den einzelnen Akteur genannt. | ☐ | ☒ |
| e Das Risiko aus einem Short-Selling und einem Terminverkauf sind gleich groß. | ☒ | ☐ |
| f Das Risiko aus einem Short-Selling und dem Kauf einer Verkaufsoption sind gleich groß. Der Käufer einer Verkaufsoption riskiert nur die gezahlte Optionsprämie. Das Risiko für den Leerverkäufer ist theoretisch unendlich groß. | ☐ | ☒ |
| g Short-Selling, Terminverkauf und der Kauf einer Verkaufsoption wirken zum gleichen Zeitpunkt auf den Markt. Das Short-Selling wirkt sofort mit dem Abschluss auf den Markt, da das Angebot erhöht wird. Die Verkaufsoption und der Terminverkauf werden in der Zukunft marktwirksam. | ☐ | ☒ |
| h Short-Selling, Terminverkauf und der Kauf einer Verkaufsoption sind Transaktionen, die zwar auf fallende Kurse wetten, jedoch keinen Einfluss auf den Markt ausüben. Hier unterscheiden sich die Instrumente auch wieder: Beim Short-Selling fehlt der Kontrahent, sodass dieses eine reduzierende Wirkung auf den Marktpreis hat. | ☐ | ☒ |
| i Keine der vorherigen Aussagen ist richtig. | ☐ | ☒ |

**15**

| Welche Aussage(n) ist (sind) richtig? Welche ist (sind) falsch? | Richtig | Falsch |
|---|---|---|
| a | Kombinationsaufträge können an der Terminbörse genauso wie an der Kassabörse ausgeführt werden. Kombinationsaufträge gibt es am Kassenmarkt nicht. | ☐ | ☒ |
| b | Kombinationen im Optionsbereich müssen bestens oder billigst ausgestaltet sein. siehe d | ☐ | ☒ |
| c | Kombinationen im Optionsbereich müssen als „stop loss" oder „stop buy" ausgestaltet sein. siehe d | ☐ | ☒ |
| d | Kombinationen im Optionsbereich müssen als „fill or kill" oder „immediate or cancel" ausgestaltet sein. | ☒ | ☐ |
| e | Mit der Zulassung zur Terminbörse erhält jedes Unternehmen automatisch den Status des Non-Clearing-Akteurs. Auftragsumsetzungen sind ausnahmslos nur über General-Clearing-Akteure möglich. | ☒ | ☐ |
| f | Mit der Zulassung zur Terminbörse erhält jedes Unternehmen automatisch den Status des Non-Clearing-Akteurs. Auftragsumsetzungen sind ausnahmslos nur über Direct-Clearing-Akteure möglich. siehe e | ☐ | ☒ |
| g | Mit der Zulassung zur Terminbörse erhält jedes Unternehmen automatisch die Möglichkeit, als Vertragspartner an der Börse zu agieren. siehe e | ☐ | ☒ |
| h | Ein Direct-Clearing-Akteur kann für sich selbst, seine Kunden sowie Non-Clearing-Akteure Verträge schließen. siehe i | ☐ | ☒ |
| i | Ein General-Clearing-Akteur kann für sich selbst, seine Kunden sowie Non-Clearing-Akteure Verträge schließen. | ☒ | ☐ |
| j | Eine Zulassung als Vertragspartner ist nicht nötig, da die Eurex Clearing AG grundsätzlich als vertraglicher Gegenpart fungiert. Richtig ist, dass die Eurex Clearing AG in die Verträge eintritt. Damit dieses Unternehmen keine unkalkulierten Risiken eingeht, ist eine Zulassung als Vertragspartner erforderlich. | ☐ | ☒ |
| k | Die offenen Positionen aus Derivaten werden am Ende eines jeden Handelstags von der Börse ermittelt. Ist das Risiko im Vergleich zum Vortag angestiegen, muss das betroffene Unternehmen entsprechend nachbesichern. | ☒ | ☐ |
| l | Ob die Börsenteilnehmer ihren Kunden ebenfalls eine Sicherstellung abverlangen oder ob sie darauf verzichten, um administrativen Aufwand zu vermeiden, ist eine individuelle Entscheidung. Als Clearing-Akteur sind die Kreditinstitute verpflichtet, ihren Kunden auch Sicherheitsleistungen abzuverlangen. | ☐ | ☒ |
| m | Keine der vorherigen Aussagen ist richtig. | ☐ | ☒ |

**16**

| Welche Aussage(n) ist (sind) richtig? Welche ist (sind) falsch? | Richtig | Falsch |
|---|:---:|:---:|
| a Optionsobligationen stellen für die begebende AG eine bedingte Kapitalerhöhung dar. Die Altaktionäre haben ein Bezugsrecht. Nutzt der Kunde die Option, wird er Aktionär. | ☒ | ☐ |
| b Optionsobligationen stellen für die begebende AG eine bedingte Kapitalerhöhung dar. Die Altaktionäre haben ein Bezugsrecht. Nutzt der Kunde die Option, tauscht er seine Gläubigerstellung und wird Aktionär.<br><br>siehe a | ☐ | ☒ |
| c Optionsobligationen stellen für die begebende AG eine bedingte Kapitalerhöhung dar. Die Altaktionäre haben ein unausschließbares Bezugsrecht. Nutzt der Kunde die Option, wird er Aktionär.<br><br>siehe a | ☐ | ☒ |
| d Optionsobligationen stellen für die begebende AG eine bedingte Kapitalerhöhung dar. Die Altaktionäre haben ein unausschließbares Bezugsrecht. Nutzt der Kunde die Option, tauscht er seine Gläubigerstellung und wird Aktionär.<br><br>siehe a | ☐ | ☒ |
| e Optionsschein und Optionsobligation stellen eine Einheit dar, die erst zum Ende der Optionsfrist voneinander getrennt werden darf. Die Kursentwicklung der Einheit wird maßgeblich durch die Kursentwicklung der Aktie beeinflusst.<br><br>Eine Trennung von Optionsschein und Obligation ist während der gesamten Laufzeit möglich. | ☐ | ☒ |
| f Optionsschein und Optionsobligation stellen eine Einheit dar, die erst zum Ende der Optionsfrist voneinander getrennt werden darf. Die Kursentwicklung der Einheit wird maßgeblich vom aktuellen Zinsniveau beeinflusst.<br><br>siehe e | ☐ | ☒ |
| g Der Vorteil, wenn ein Anleger einen Optionsschein erwirbt, liegt darin, dass er mit einem kleineren Geldbetrag spekulieren kann. Da diese Form der Geldanlage keine Nachteile bietet, hat sie in den letzten Jahren die klassische Aktienanlage fast vollständig verdrängt.<br><br>Die Anlage in Optionsscheinen hat auch mehrere Nachteile. | ☐ | ☒ |
| h Mit dem sogenannten Hebel lässt sich der Erfolgsmultiplikator eines Optionsscheins gemessen an der Direktanlage in Aktien messen. Dieser wirkt in beide Richtungen. | ☒ | ☐ |
| i Mit dem inneren Wert wird gemessen, ob der Aktienbezug mittels Optionsschein gemessen am Zuzahlungsbetrag sinnvoll ist. | ☒ | ☐ |
| j Entsprechen sich Aktienkurs und Zuzahlungsbetrag, nennt man dies „im Geld". | ☐ | ☒ |

(fortgesetzt)

| Welche Aussage(n) ist (sind) richtig? Welche ist (sind) falsch? | | Richtig | Falsch |
|---|---|:---:|:---:|
| | Der beschriebene Zustand wird als „am Geld" bezeichnet. | | |
| k | Ist der Zuzahlungsbetrag höher als der Börsenkurs der Aktie, ist der Optionsschein „im Geld". | ☐ | ☒ |
| | Der beschriebene Zustand wird als „aus dem Geld" bezeichnet. | | |
| l | Ist der Zuzahlungsbetrag höher als der Börsenkurs der Aktie, ist die Aktie „aus dem Geld". | ☐ | ☒ |
| | Die Bezeichnung „aus dem Geld" bezieht sich auf den Optionsschein und nicht auf die Aktie. | | |
| m | Die Begriffe Agio und Disagio werden im Zusammenhang mit Optionsobligationen verwendet, um anzuzeigen, ob der Anlage- und Rückzahlungsbetrag identisch sind. Eine weitere Verwendung gibt es im Zusammenhang mit Optionsscheinen und -obligationen nicht. | ☐ | ☒ |
| | Der Begriff Agio wird auch für die Differenz zwischen innerem Wert und Börsenpreis von Optionsscheinen verwendet. | | |
| n | Keine der vorherigen Aussagen ist richtig. | ☐ | ☒ |

# 6.3 Fallstudien

**Fallstudie 1**

**(1)** Ermitteln Sie den inneren Wert, das Agio sowie den Hebel für alle Optionsausprägungen. Unterscheiden Sie bei innerem Wert und Agio zwischen der formalen Darstellung (typischer Ausweis) und der ökonomischen Bewertung (realer Wert).

(a) Kaufoptionen:

Ergebnisse der Bewertung der Kaufoptionen (€):

| Kaufoptionen der Stein-Wurf AG, aktueller Börsenkurs: 12,20 | | | | |
|---|---|---|---|---|
| Basispreis: | 12,00 | 12,30 | 12,50 | 13,20 |
| Optionsprämie: | 0,80 | 0,60 | 0,20 | 0,05 |
| innerer Wert[a] ökonomisch: | 0,20 | −0,10 | −0,30 | −1,00 |
| innerer Wert[b] formal: | 0,20 | 0,00 | 0,00 | 0,00 |
| Agio[c] ökonomisch: | 0,60 | 0,70 | 0,50 | 1,05 |
| Agio[d] formal: | 0,60 | 0,60 | 0,20 | 0,05 |
| Hebel: | 15 | 20 | 61 | 244 |

[a]Berechnung: aktueller Aktienbörsenkurs – Basispreis
[b]Negative innere Werte werden formal nicht ausgewiesen, da der Anleger die Option verfallen lassen würde. Ein ökonomisch negativer innerer Wert wird somit formal mit Null ausgewiesen.
[c]Berechnung: Optionsprämie – ökonomischer innerer Wert
[d]Berechnung: Optionsprämie – formaler innerer Wert

(b) Verkaufsoptionen:

Ergebnisse der Bewertung der Verkaufsoptionen (€):

| Verkaufsoptionen der Stein-Wurf AG, aktueller Börsenkurs: 12,20 | | | | |
|---|---|---|---|---|
| Basispreis: | 11,00 | 11,50 | 12,00 | 12,50 |
| Optionsprämie: | 0,05 | 0,15 | 0,35 | 0,60 |
| innerer Wert[a] ökonomisch: | −1,20 | −0,70 | −0,20 | 0,30 |
| innerer Wert[b] formal: | 0,00 | 0,00 | 0,00 | 0,30 |
| Agio[c] ökonomisch: | 1,25 | 0,85 | 0,55 | 0,30 |
| Agio[d] formal: | 0,05 | 0,15 | 0,35 | 0,30 |
| Hebel: | 244 | 81 | 35 | 20 |

[a]Berechnung: Basispreis – aktueller Aktienbörsenkurs
[b]Negative innere Werte werden formal nicht ausgewiesen, da der Anleger die Option (siehe Kapitel 6.1.2.3) verfallen lassen würde. Ein ökonomisch negativer innerer Wert wird somit formal mit Null ausgewiesen.
[c]Berechnung: Optionsprämie – ökonomischer innerer Wert
[d]Berechnung: Optionsprämie – formaler innerer Wert

**(2)** Greifen Sie auf die Option zurück, die zur Sicherung geeignet ist und momentan die geringste Optionsprämie verursacht. Mit welchen Kosten wird der Kunde aktuell belastet?

Der Erwerb einer Verkaufsoption ist geeignet.

Der geringste Optionspreis in dem Beispiel sind 0,05 €.

Zur Absicherung der vorhandenen Aktien fallen somit 500 € als Stillhalterprämie an (= 10.000 · 0,05 €).

Die Bank- und Börsengebühren machen zusammen 0,45 % aus.

Der Kunde wird somit mit 502,25 € (= 500 € · 1,0045) belastet.

**(3)** Entwickeln Sie eine zweite Absicherungsstrategie und ermitteln Sie die damit verbundenen Kosten beim Vertragsabschluss.

Abschluss eines Futures zum aktuellen Börsenpreis als Verkäufer.

Das Vertragsvolumen beträgt 122 T€ (= 12,20 € · 10.000).

Die anfallenden Gebühren betragen in Summe 0,011 %.

Der Kunde wird mit 13,42 € (= 122 T€ · 0,00011) belastet.

**(4)** Zeigen Sie den Erfolg der beiden Strategien auf, wenn der Börsenkurs der Stein-Wurf AG nach zwölf Monaten bei 15,00 € liegt.

(a) Verkaufsoption:

Der Kunde lässt sein Recht verfallen und verliert somit 502,25 €.

Sein Vermögenszuwachs aus den Aktien beträgt 28 T€ [= (15 € − 12,20 €) · 10.000].

Netto ergeben sich 27.497,75 € (= 28 T€ − 502,25 €).

Die Aktien sind nach wie vor in seinem Bestand.

(b) Future:

Der Kunde muss zu 12,20 € liefern.

Ihm fließen folglich brutto 122 T€ zu.

Nach Abzug der Spesen verbleiben 121.451 € (= 122.000 · 0,9955).

Nach Abzug der ursprünglichen Abschlussgebühr verbleiben 121.437,58 € (= 121.451 € − 13,42 €).

Gemessen an den Einstandspreisen hat der Kunde einen Gewinn von 36.437,58 € (= 121.437,58 € − 85 T€) erzielt.

Sein Opportunitätsverlust beträgt 2,80 € (= 15 € − 12,20 €).

Abzüglich Spesen verbleiben 2,7874 € (= 2,80 € · 0,9955).

Bezogen auf den Gesamtbestand sind ihm 27.874 € (= 2,7874 € · 10.000) an Opportunitätskosten entstanden.

**(5)** Wie hoch ist der Erfolg der beiden Strategien, wenn der Börsenkurs der Stein-Wurf AG nach zwölf Monaten bei 7,00 € liegt?

(a) Verlust aus dem Aktienbestand:

Gemessen an den Einstandskursen hat der Kunde in beiden Fällen 1,50 € pro Aktie verloren (= 8,50 € − 7,00 €), für das Gesamtdepot folglich 15 T€.

Gemessen an dem Kursniveau bei Absicherung hat der Kunde in beiden Fällen 5,20 € pro Aktie verloren (= 12,20 € − 7,00 €), für das Gesamtdepot folglich 52 T€.

(b) Erfolg aus der Option unter Auflösung des Aktienbestands:

Es fließen ihm 110 T€ (= 11 € · 10.000) zu.

Nach Abzug von Spesen verbleiben ihm 109.505 € (= 110 T€ · 0,9955).

Gemessen an den Einstandskonditionen hat er einen Gewinn pro Stück von 2,4505 € (109.505 € ÷ 10.000 − 8,50 €) erzielt.

Gemessen an dem Kursniveau bei Absicherung hat er einen Verlust pro Stück von 1,2495 € (12,20 € – 109.505 € ÷ 10.000) erzielt.

(c) Erfolg aus der Option unter Neuerwerb der Aktien:
Er zahlt an der Börse 70 T€ (= 7 € · 10.000) für die Aktien.
Einschließlich Gebühren werden ihm 70.315 € (= 70.000 € · 1,0045) belastet.
Er verkauft die Aktien zu 110 T€ (= 11 € · 10.000) an den Stillhalter und erhält eine Gutschrift in Höhe von 109.505 € (= 110 T€ · 0,9955).
Sein Erfolg beträgt 39.190 € (= 109.505 € – 70.315 €). Die Aktien sind nach wie vor in seinem Bestand.

(d) Erfolg aus dem Future unter Auflösung des Aktienbestands:
Der Vertragswert beträgt 122 T€ (= 12,2 · 10 T€).
Nach Abzug von Spesen verbleiben ihm 121.451 € (= 122 T€ · 0,9955).
Gemessen an den Einstandskonditionen hat er einen Gewinn pro Stück von 3,6451 € (121.451 € ÷ 10.000 – 8,50 €) erzielt.
Gemessen an den Absicherungskonditionen hat er nur die Spesen verloren, die auch beim Verkauf im Absicherungsmoment angefallen wären.

(e) Erfolg aus dem Future unter Neuerwerb der Aktien:
Er zahlt an der Börse 70 T€ (= 7 € · 10.000) für die Aktien.
Einschließlich Gebühren werden ihm 70.315 € (= 70.000 € · 1,0045) belastet.
Er verkauft die Aktien zu 122 T€ (= 12,20 € · 10.000) an den Stillhalter und erhält eine Gutschrift in Höhe von 121.451 € (= 122 T€ · 0,9955).
Sein Erfolg beträgt 51.136 € (= 121.451 € – 70.315 €) und die Aktien sind nach wie vor in seinem Bestand.

## Fallstudie 2

**(1)** Stellen Sie das Profil einer Kaufoption für die 723-AG aus Sicht des Erwerbers und Verkäufers dar. Der Vertrag umfasst 1.000 Aktien. Diese notieren momentan bei 165 € pro Stück. Der Basispreis beträgt 167 € und die Optionsprämie bei einer Laufzeit von neun Monaten 5 €. Legen Sie Ihren Ausführungen folgende Kurse zugrunde:

(a) Aktienkurs notiert bei 180 €
   (1) Allgemein: Der Börsenkurs übersteigt den Basispreis und die gezahlte Prämie.
   (2) Perspektive des Erwerbers:
      Bezug der Aktien vom Stillhalter für 167 T€
      Verkauf der Aktien zu 180 T€ an der Börse
      ergibt einen Bruttoertrag von 13 T€
      Der Nettoerfolg liegt bei 8 T€ (= 13 T€ – 5 T€ Prämie).
   (3) Perspektive des Veräußerers:
      Lieferung der Aktien an den Erwerber der Kaufoption zu 167 T€
      Gemessen am Börsenpreis von 180 T€ verliert er 13 T€.
      Sein Gesamtverlust beträgt 8 T€ (= 13 T€ – 5 T€ Prämie).
      Hat der Stillhalter die Aktien im Bestand, erleidet er einen Opportunitätsverlust: Er hätte die Aktien teurer verkaufen können.
      Muss der Stillhalter die Aktien erwerben, um sie weiterverkaufen zu können, erleidet er einen realen Verlust.

(b) Aktienkurs notiert bei 172 €

(1) Allgemein: Der Börsenkurs entspricht dem Basispreis und der gezahlten Prämie.

(2) Perspektive des Erwerbers:
Bezug der Aktien vom Stillhalter für 167 T€
Verkauf der Aktien zu 172 T€ an der Börse
ergibt einen Bruttoertrag von 5 T€
Der Nettoerfolg liegt bei 0 € (= 5 T€ – 5 T€ Prämie).

(3) Perspektive des Veräußerers:
Lieferung der Aktien an den Erwerber der Kaufoption zu 167 T€
Gemessen am Börsenpreis von 172 T€ verliert er 5 T€.
Sein Gesamtergebnis beträgt 0 € (= 5 T€ – 5 T€ Prämie).

(c) Aktienkurs notiert bei 170 €

(1) Allgemein: Der Börsenkurs notiert zwischen Basispreis und Gesamtkosten.

(2) Perspektive des Erwerbers:
Bezug der Aktien vom Stillhalter für 167 T€
Verkauf der Aktien zu 170 T€ an der Börse
ergibt einen Bruttoertrag von 3 T€
Der Nettoverlust liegt bei 2 T€ (= 3 T€ – 5 T€ Prämie).

(3) Perspektive des Veräußerers:
Lieferung der Aktien an den Erwerber der Kaufoption zu 167 T€
Gemessen am Börsenpreis von 170 T€ verliert er 3 T€.
Sein Gesamterfolg beträgt 2 T€ (= 5 T€ Prämie – 3 T€).

(d) Aktienkurs notiert bei 165 €

(1) Allgemein: Der Börsenkurs notiert gleich bzw. unter dem Basispreis.

(2) Perspektive des Erwerbers:
Verzicht auf den Kauf; die gezahlte Prämie stellt den Verlust dar, da durch eine Nutzung der
Verlust vergrößert würde:
Bezug der Aktien vom Stillhalter für 167 T€
Verkauf der Aktien zu 165 T€ an der Börse
ergibt einen operativen Verlust von 2 T€
Der Nettoverlust liegt bei 7 T€ (= – 2 T€ – 5 T€ Prämie).

(3) Perspektive des Veräußerers:
Da der Käufer der Option diese nicht nutzen wird, hat er einen Gewinn in Höhe seiner vereinnahmten Prämie erzielt.

(e) Visualisieren Sie die Erfolgsprofile der Beteiligten.

Siehe die folgenden Abbildungen „Erfolgsprofil des Erwerbers der Kaufoption" und „Erfolgsprofil
des Stillhalters der Kaufoption"

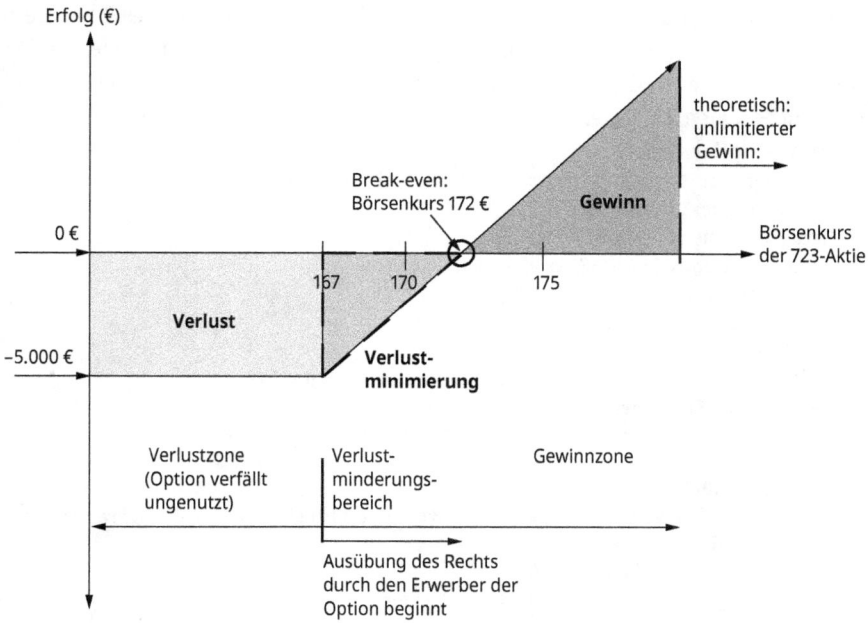

Erfolgsprofil des Erwerbers der Kaufoption.

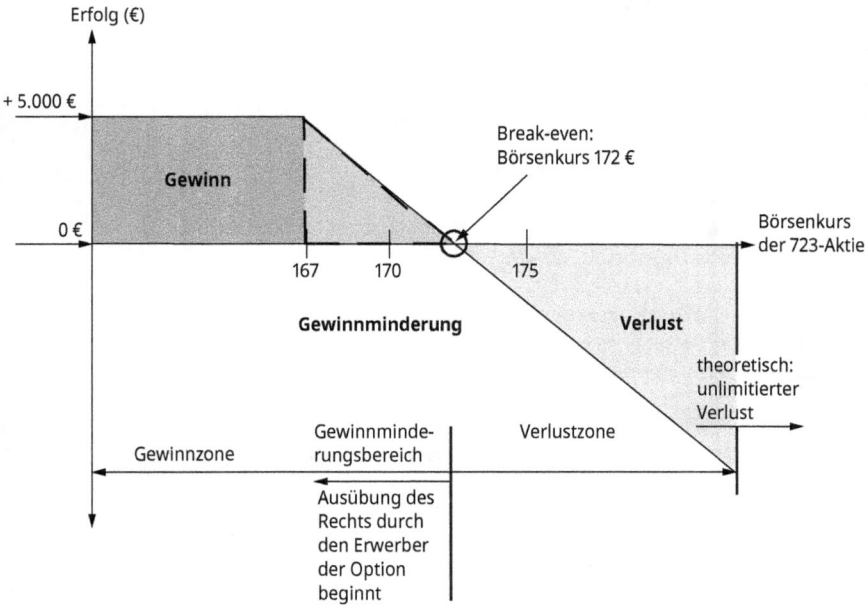

Erfolgsprofil des Stillhalters der Kaufoption.

**(2)** Stellen Sie das Profil einer Verkaufsoption für die 723-AG aus Sicht des Erwerbers und Verkäufers dar. Der Vertrag umfasst 1.000 Aktien. Diese notieren momentan bei 165 € pro Stück. Der Basispreis beträgt 165 € und die Optionsprämie bei einer Laufzeit von neun Monaten 2 €. Legen Sie Ihren Ausführungen folgende Kurse zugrunde:

(a) Aktienkurs notiert bei 150 €

  (1) Allgemein: Der Börsenkurs unterschreitet den Basispreis abzüglich der gezahlten Prämie.

  (2) Perspektive des Erwerbers:

   Bezug der Aktien am Markt für 150 T€

   Weitergabe der Aktien zu 165 T€ an den Stillhalter

   ergibt einen Bruttoertrag von 15 T€

   Der Nettoerfolg liegt bei 13 T€ (= 15 T€ – 2 T€ Prämie).

  (3) Perspektive des Veräußerers:

   Abnahme der Aktien vom Erwerber der Verkaufsoption zu 165 T€

   Gemessen am Börsenpreis von 150 T€ verliert er 15 T€

   Sein Gesamtverlust beträgt 13 T€ (= 15 T€ – 2 T€ Prämie).

(b) Aktienkurs notiert bei 163 €

  (1) Allgemein: Der Börsenkurs entspricht dem Basispreis abzüglich der gezahlten Prämie.

  (2) Perspektive des Erwerbers:

   Bezug der Aktien am Markt für 163 T€

   Weitergabe der Aktien zu 165 T€ an den Stillhalter

   ergibt einen Bruttoertrag von 2 T€

   Der Nettoerfolg liegt bei 0 € (= 2 T€ – 2 T€ Prämie).

  (3) Perspektive des Veräußerers:

   Abnahme der Aktien vom Erwerber der Verkaufsoption zu 165 T€

   Gemessen am Börsenpreis von 163 T€ verliert er 2 T€.

   Sein Gesamtergebnis beträgt 0 € (= 2 T€ – 2 T€ Prämie).

(c) Aktienkurs notiert bei 164 €

  (1) Allgemein: Der Börsenkurs notiert zwischen Basispreis und Nettoerlös.

  (2) Perspektive des Erwerbers:

   Bezug der Aktien am Markt für 164 T€

   Weitergabe der Aktien zu 165 T€ an den Stillhalter

   ergibt einen Bruttoertrag von 1 T€

   Der Nettoverlust liegt bei 1 T€ (= 1 T€ – 2 T€ Prämie).

  (3) Perspektive des Veräußerers:

   Abnahme der Aktien vom Erwerber der Verkaufsoption zu 165 T€.

   Gemessen am Börsenpreis von 164 T€ verliert er 1 T€.

   Sein Gesamterfolg beträgt 1 T€ (= 2 T€ Prämie – 1 T€).

(d) Aktienkurs notiert bei 170 €

  (1) Allgemein: Der Börsenkurs entspricht dem Basispreis oder liegt darüber.

  (2) Perspektive des Erwerbers:

   Verzicht auf die Lieferung, die gezahlte Prämie stellt den Verlust dar, da durch eine Options-nutzung der Verlust vergrößert würde:

   Bezug der Aktien an der Börse für 170 T€

   Abgabe der Aktien zu 165 T€ an den Stillhalter

   ergibt einen operativen Verlust von 5 T€

   Der Nettoverlust liegt bei 7 T€ (= – 5 T€ – 2 T€ Prämie).

(3)  Perspektive des Veräußerers:
Da der Erwerber der Option diese nicht nutzen wird, hat er einen Gewinn in Höhe seiner vereinnahmten Prämie erzielt.


## Fallstudie 3

Folgende Details sollen in die Präsentation aufgenommen werden:

**(1)** Erfolgssituation für Erwerber und Verkäufer bei einem DAX® von 7.500 Punkten.

(a)  Position des Verkäufers:

Der Bruchteil des DAX® kann für 7.500 Punkte erworben werden, der Käufer ist zur Abnahme zu 8.000 Punkten verpflichtet.

Die Differenz beträgt 500 Punkte, die pro Indexpunkt jeweils mit 25 € abgerechnet werden, sodass sich ein Erfolg von 12.500 € ergibt.

(b)  Position des Käufers:

Er muss den DAX®-Bruchteil für 8.000 Punkte abnehmen, bekommt aber beim Weiterverkauf nur 7.500 Punkte.

Der Verlust entspricht dem Gewinn des Verkäufers.

**(2)** Erfolgssituation für Erwerber und Verkäufer bei einem DAX® von 8.500 Punkten.

(a)  Position des Verkäufers:

Erwerb des DAX®-Bruchteils zu 8.500 Punkten am Markt und Weiterverkauf an den Erwerber zu 8.000 Punkten.

Der Misserfolg von 500 Index-Punkten zu 25 € führt zu einem Verlust von 12.500 €.

(b)  Position des Käufers:

Erwerb des DAX®-Bruchteils zu 8.000 Punkten, der am Markt 8.500 Punkte wert ist.

Der Gewinn entspricht dem Verlust des Verkäufers.

**(3)**  Visualisierung der Erfolgsprofile

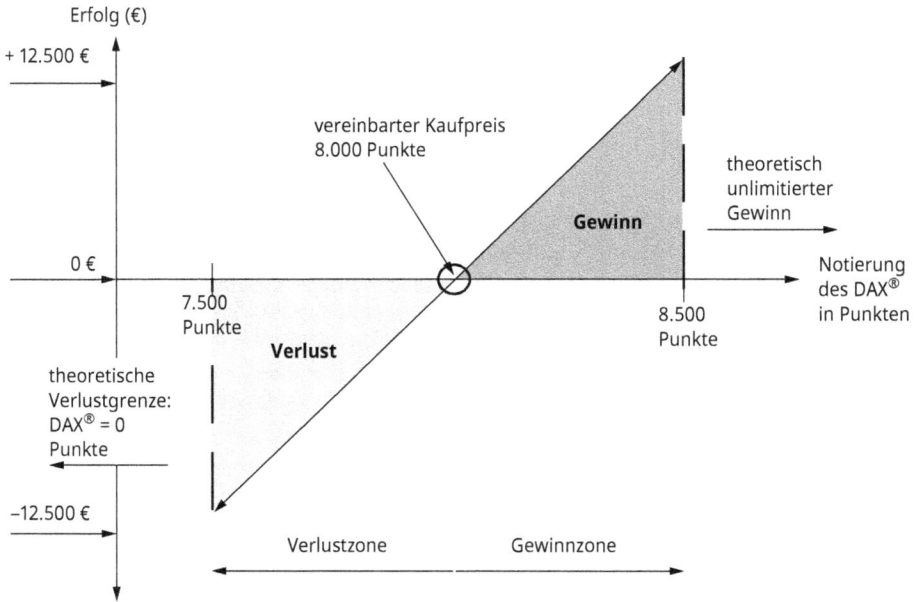

Erfolgsaussichten eines DAX®-Future-Verkäufers bei einem Preis von 8.000 Indexpunkten.

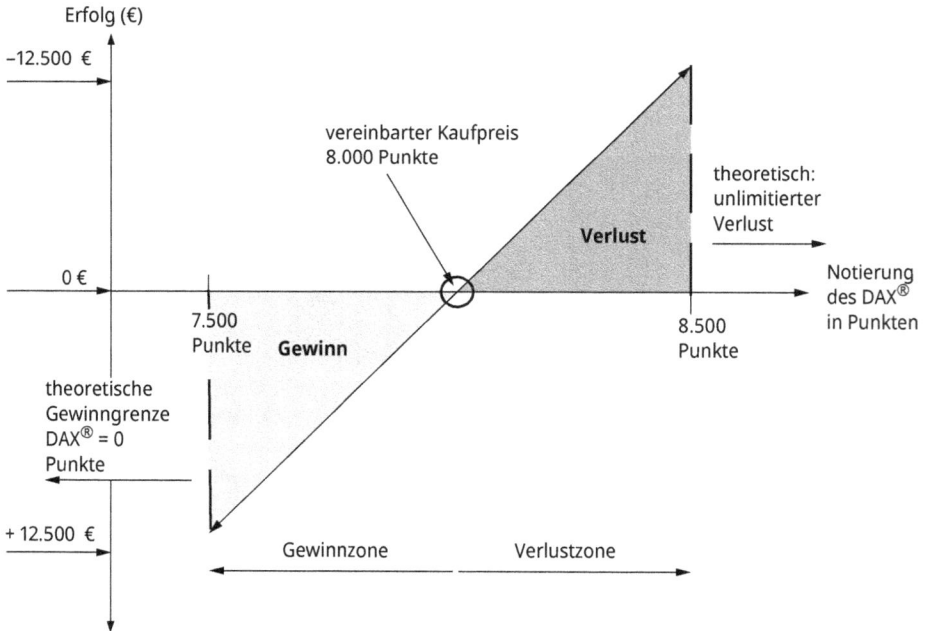

Erfolgsaussichten eines DAX®-Future-Käufers bei einem Preis von 8.000 Indexpunkten.

## Fallstudie 4

**(1)** Wie hoch ist der Optionsscheinwert am Emissionstag?

Wert des Optionsscheins: 60 € – 22 € = 38 € ÷ 3 Optionsscheine = 12,67 €

**(2)** Bis zu welchem Kurs muss der Aktienkurs steigen, damit ein Anleihegläubiger, der für 300 € Optionsanleihen erworben hat, die gleiche Verzinsung wie bei einer vergleichbaren Anleihe erzielt? Unterstellen Sie, dass für die Optionsscheine nur der rechnerische Wert gezahlt wird und vernachlässigen Sie den Zinseszinseffekt.

(a) Opportunitätskosten für 100 €: 4,50 € – 1,70 € = 2,80 €

(b) Für den Erwerb einer Aktie sind drei Anleihen erforderlich: 3 · 2,80 € = 8,40 €

(c) Die Anleihe hat eine Laufzeit von sieben Jahren: 8,4 € · 7 = 58,80 €

(d) Mindestaktienkurs: Bezugspreis + Opportunitätskosten 22 € + 58,80 € = 80,80 €

**(3)** Wie hoch ist der Eigenkapitalzufluss der AG, wenn alle Optionsscheine bei Fälligkeit zum Bezug von Aktien genutzt werden? Welche Bilanzpositionen sind betroffen?

(a) Gesamtzufluss

   (1) 100 Mio. € Anleihevolumen ÷ 100 € Einzelanleihe = 1.000.000 Anleihen

   (2) Jeder Anleihe ist ein Optionsschein beigefügt.

   (3) Für den Erwerb einer Aktie sind drei Optionsscheine erforderlich.

   (4) Insgesamt können 333.333 Aktien erworben werden (= 1.000.000 Stück ÷ 3 Stück).

   (5) Der AG fließen insgesamt 7.333.326 € zu (= 333.333 Aktien · 22 €).

(b) Aufteilung des Eigenkapitals

   (1) Jede Aktie weist einen Nennwert von 2 € auf und wird für 22 € verkauft.

   (2) Das Agio beträgt somit 20 € pro Stück (= 22 € – 2 €).

   (3) Der Aktiennennwert wird in das gezeichnete Kapital eingestellt und beträgt 666.666 € (= 333.333 Stück · 2 €).

   (4) Das Agio wird in die Kapitalrücklage eingestellt und beträgt 6.666.660 € (= 333.333 Stück · 20 €).

## Fallstudie 5

**(1)** Wie hoch ist der Erfolg aus den beiden Anleihen, wenn der Kurs der Aktie bei 390 € liegt?

   (1) Anleihe 1:

     – Da die Grenze von 412,01 € unterschritten wird, erhält der Anleger 25 % vom Kurswert.

     – 390 € · 25 % = 97,50 €

     – Verlust: 2,50 €

   (2) Anleihe 2: Da die Grenze von 413 € unterschritten wird, erhält der Anleger die fixierten 100,50 € getilgt. Der Gewinn beträgt 0,50 €.

**(2)** Wie hoch muss der Aktienkurs steigen, damit beide Zertifikate die marktübliche Rendite von 2,7 % erreichen (ohne Zinseszinseffekt)?

   (1) Allgemein: die Mindestrendite beträgt 2,7 %, für 18 Monate müsste der Anleger 4,05 % (= 2,70 % · 1,5 Jahre) erhalten.

(2) Anleihe 1:
- Notiert die Anleihe bei 412 €, erhält der Anleger 103 € zurück (= 412 · 25 %). Die Mindestverzinsung ist noch nicht erreicht.
- Bei 0,01 € Kursanstieg erhält er bereits 123,60 € (= 412,01 · 30 %) erstattet und generiert eine Überrendite.

(3) Anleihe 2:
- Um die Mindestrendite zu erzielen muss der Anleger 104,05 € erhalten. Hiervon sind 100,50 € garantiert. Der Restbetrag in Höhe von 3,55 € (= 104,05 € – 100,50 €) soll 25 % des Kurses ausmachen.
- 3,55 € + 25 % = 14,20 € erforderliche Überschreitung der Kursgrenze
- Somit liegt der Mindestkurs bei 414,20 €.

**(3)** Welchen Ertrag erzielen beide Anleihen bei einem Aktienkurs von 420 €

(1) Anleihe 1:
- Da die Grenze von 412,01 € überschritten wird, erhält der Anleger 30 % vom Kurswert.
- 420 € · 30 % = 126 €

(2) Anleihe 2:
- Da die Grenze von 413 € überschritten wird, erhält der Anleger 25 % der Differenz zwischen 400 € und 420 € an Zusatzvergütung.
- 20 € · 25 % = 5 €
- Fixe Tilgung 100,50 € + Zusatzvergütung 5 € = Gesamtzufluss 105,50 €.

**(4)** Wie lauten die Fachbegriffe für diese beiden Zertifikats-Formen?

(1) Anleihe 1 wird als Outperforming-Zertifikat bezeichnet.
(2) Anleihe 2 wird als Garantie-Zertifikat bezeichnet.

**(5)** Visualisierung der Profile beider Anleihen im Intervall von 390 € und 420 €:

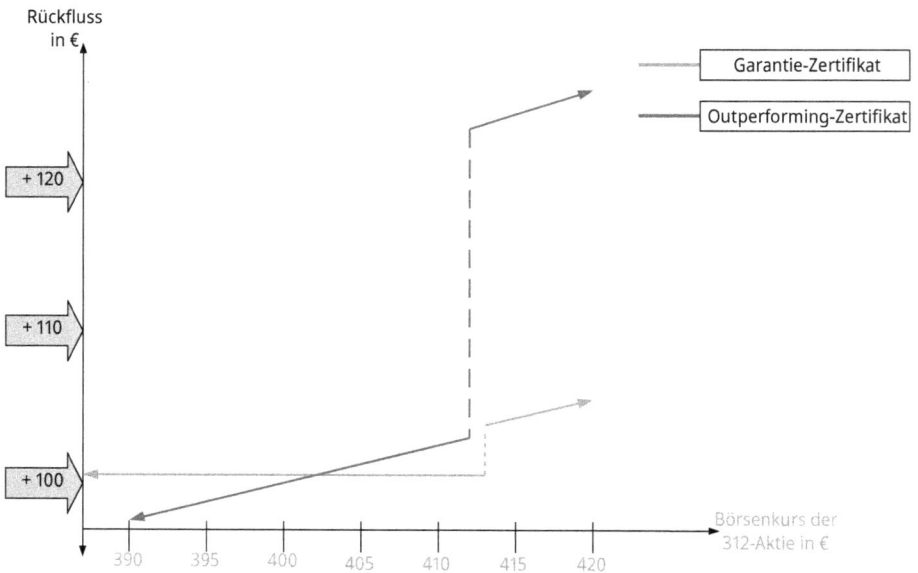

Erfolgsprofil des Outperforming- und Garantie-Zertifikats.

**Fallstudie 6**

**(1)** Wie hoch ist der Erfolg aus den beiden Anleihen, wenn der Kurs der Aktie bei 390 € liegt.

   (1)  Anleihe 1:
- Der Kurs von 390 € liegt unter dem Nominalbetrag. Somit wird der Emittent die Aktie liefern.
- Mit seinem Kapitaleinsatz von 400 € erzielt der Anleger einen Gesamtrückfluss von 426 € (= 390 € + 36 €).

   (2)  Anleihe 2:
- Der Kurs von 390 € liegt unter dem alternativen Tilgungsbetrag. Somit wird der Emittent die Aktie liefern.
- Mit seinem Kapitaleinsatz von 375 € erzielt der Anleger einen Gesamtrückfluss von 390 €.

**(2)** Wie hoch muss der Aktienkurs liegen, damit beide Aktien die marktübliche Rendite von 2,7 % erreichen (ohne Zinseszinseffekt)?

   (1)  Allgemein: Die Mindestrendite beträgt 2,7 %, für 18 Monate müsste der Anleger 4,05 % (= 2,7 % · 1,5 Jahre) erhalten.

   (2)  Anleihe 1:
- Für den Kapitaleinsatz sind somit 16,20 € erforderlich (= 400 € · 4,05 %).
- Mit einem Rückfluss von 416,20 € (= 400 € + 16,20 €) erreicht er somit die Marktrendite.
- Da 36 € garantiert sind, muss der Anleger mindestens 380,20 € an Tilgung erhalten (= 416,20 € – 36 €); dies ist der Mindestaktienkurs.

   (3)  Anleihe 2:
- Um die Mindestrendite zu erzielen, muss der Anleger 390,19 € erhalten (= 375 € · 4,05 %).
- Somit liegt der Mindestkurs bei 390,19 €.

**(3)** Welchen Ertrag erzielen beide Anleihen bei einem Aktienkurs von 420 €?

   (1)  Anleihe 1:
- Da die Grenze von 400 € überschritten wird, wird der Emittent den Nominalbetrag tilgen.
- Der Erfolg des Anlegers beträgt 36 €, da ihm neben den Zinsen auch das eingesetzte Kapital gezahlt wird.

   (2)  Anleihe 2:
- Da die Grenze von 406 € überschritten wird, erhält der Anleger 406 €.
- Der Gesamterfolg beträgt 31 € (= 406 € – 375 €).

**(4)** Wie lauten die Fachbegriffe für diese beiden Zertifikats-Formen?

   (1)  Anleihe 1 wird als Aktien-Anleihe bezeichnet.

   (2)  Anleihe 2 wird als Discount-Zertifikat bezeichnet.

**(5)** Visualisierung der Profile beider Anleihen im Intervall von 370 € und 410 €:

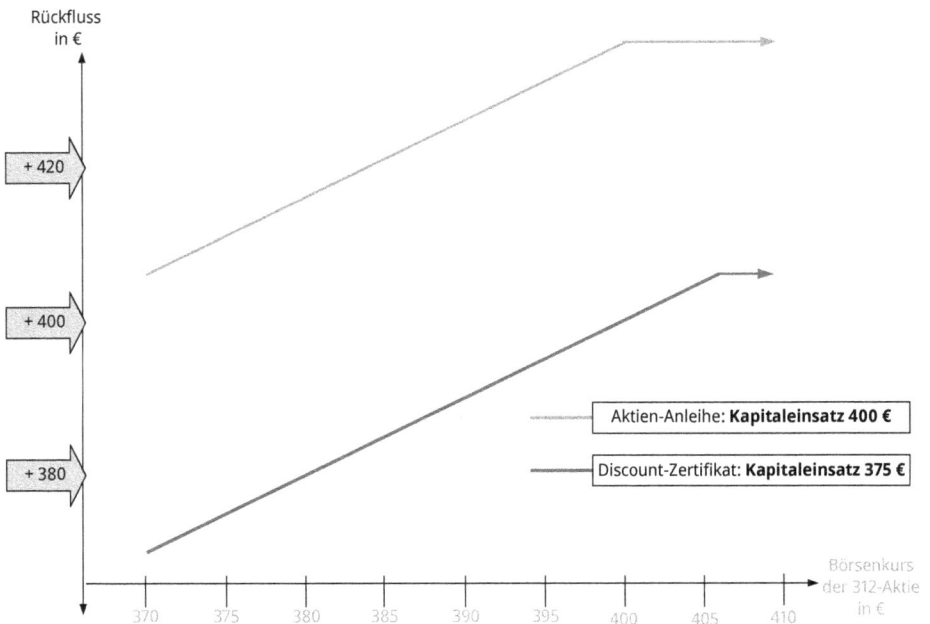

Erfolgsprofil der Aktien-Anleihe und des Discount-Zertifikats.

## Fallstudie 7

**(1) Wie kann er am europäischen Emissionshandel teilnehmen?**
Als Privatanleger kann Wolfgang Weitsicht nicht direkt in den Emissionshandel investieren. Er muss Zertifikate erwerben, welche die europäischen Emissionsberechtigungen (als Future) zum Basiswert nehmen.

**(2) Welche Finanzprodukte stehen für ein Investment in diesen Markt für Privatanleger üblicherweise zur Verfügung?**
Gängige Finanzprodukte zur Partizipation am $CO_2$-Preis sind Knock-Out-, Faktor- und Indexzertifikate.

**(3) Welches Produkt können Sie Herrn Weitsicht empfehlen, wenn er möglichst risikoarm investieren will? Welchen Hebel kann Herr Weitsicht damit realisieren?**
Unter den verfügbaren Produkten (Knock-Out-, Faktor-, Index-Zertifikat) ist das Index-Zertifikat das risikoaverseste. Es gibt keine Grenzen, die das Papier wertlos verfallen lassen und es bildet die Kursentwicklung in der Regel 1:1 nach. Dadurch hat Hr. Weitsicht mit dem Index-Zertifikat auch keine Hebelwirkung.

**(4) Herr Weitsicht** erwartet steigende Preise und möchte daran partizipieren. Aktuell notiert der Kurs für $CO_2$-Emissionen bei 80,00 €. In Ihrem System finden Sie ein Knock-Out-Zertifikat mit einer Knock-Out-Grenze von 70,00 €, ein Faktor-Zertifikat mit einer Stop-Loss-Grenze von 60,00 € sowie ein Index-Zertifikat. Für die Hebelprodukte liegt der Basispreis jeweils bei 70,00 €. Die aktuellen Preise lauten: Knock-Out-Zertifikat 18,00 €, Faktor-Zertifikat 20,00 € und Index-Zertifikat 80,00 €. Ermitteln Sie folgende Parameter:

(a) Innerer Wert für die Hebelprodukte

Innerer Wert: 10 € (= 80 € – 70 €)

(b) Agio für die Hebelprodukte

Agio Knock-Out-Zertifikat: 8 € (= 18 € – 10 €)
Agio Faktor-Zertifikat: 10 € (= 20 € – 10 €)

(c) Hebel für die Hebelprodukte

Hebel Knock-Out-Zertifikat: 4,4 (= 80 € ÷ 18 €)
Hebel Faktor-Zertifikat: 4,0 (= 80 € ÷ 20 €)

**(5)** Zeigen Sie den absoluten Erfolg der drei Produkte auf, wenn Herr Weitsicht nach 3 Monaten verkaufen möchte. Berücksichtigen Sie folgende Entwicklungen:

(a) Der Preis ist auf 95,00 € gestiegen.
- **Knock-Out-Zertifikat:** Die Emissionsberechtigung notiert 25 € über dem Basispreis. Diese Summe erhält der Anleger für sein Zertifikat. Sein Gewinn beträgt 7 € (= 25 € – 18 €).
- **Faktor-Zertifikat:** Die Emissionsberechtigung notiert 25 € über dem Basispreis. Diese Summe erhält der Anleger für sein Zertifikat. Sein Gewinn beträgt 5 € (= 25 € – 20 €).
- **Index-Zertifikat:** Die Emissionsberechtigung notiert 15 € über dem Einstandskurs. Diese Summe erhält der Anleger für sein Zertifikat. Sein Gewinn beträgt 15 € (= 95 € – 80 €).

(b) Der Preis ist auf 95,00 € gestiegen, nachdem er zwischenzeitlich bei 62,00 € notierte.
- **Knock-Out-Zertifikat:** Der Kurs hat die Knock-Out-Grenze von 70 € unterschritten. Damit verfällt das Zertifikat wertlos. Herr Weitsicht erleidet einen Totalverlust in Höhe von 18 €.
- **Faktor-Zertifikat:** Die Emissionsberechtigung notiert 25 € über dem Basispreis. Diese Summe erhält der Anleger für sein Zertifikat. Sein Gewinn beträgt 5 € (= 25 € – 20 €).
- **Index-Zertifikat:** Die Emissionsberechtigung notiert 15 € über dem Einstandskurs. Diese Summe erhält der Anleger für sein Zertifikat. Sein Gewinn beträgt 15 € (= 95 € – 80 €).

(c) Der Preis ist auf 75,00 € gefallen.
- **Knock-Out-Zertifikat:** Die Emissionsberechtigung notiert 5 € über dem Basispreis. Diese Summe erhält der Anleger für sein Zertifikat. Sein Verlust beträgt 13 € (= 5 € – 18 €).
- **Faktor-Zertifikat:** Die Emissionsberechtigung notiert 5 € über dem Basispreis. Diese Summe erhält der Anleger für sein Zertifikat. Sein Verlust beträgt 15 € (= 5 € – 20 €).
- **Index-Zertifikat:** Die Emissionsberechtigung notiert 5 € unter dem Einstandskurs. Diese Summe erhält der Anleger für sein Zertifikat. Sein Verlust beträgt 5 € (= 75 € – 80 €).

## Fallstudie 8

**(1)** Ermitteln Sie die jährlichen Leistungen der Notstands-Bank sowohl für die Alternative mit der befreundeten Regionalbank als auch für die Alternative mit der Zentralbank.

(a) Regionalbank:
- Tausch des Portfolios mit dem Durchschnittsrating von 3,0 = > Die Risikoprämien liegen 1,5 Prozentpunkte auseinander, sodass die Notstands-Bank 1,5 Mio. € jährlich zuzahlen müsste.

    – Tausch des Portfolios mit dem Durchschnittsrating von 4,0 = > Die Risikoprämien liegen 3,0 Prozentpunkte auseinander, sodass die Notstands-Bank 3,0 Mio. € jährlich zuzahlen müsste.

(a) Zentralbank:

    – Abgabe des Risikos aus dem Portfolio mit dem Durchschnittsrating von 3,0 = > Da die Notstands-Bank kein Risiko der Zentralbank übernimmt, ist die komplette Risikoprämie von 2,0 % (= 2 Mio. €) jährlich zu zahlen.

    – Abgabe des Risikos aus dem Portfolio mit dem Durchschnittsrating von 4,0 = > Da die Notstands-Bank kein Risiko der Zentralbank übernimmt, ist die komplette Risikoprämie von 3,5 % (= 3,5 Mio. €) jährlich zu zahlen.

**(2)** Welcher Vor- und Nachteil ist damit verbunden, wenn die Notstands-Bank mit der Zentralbank das Geschäft abschließt?

(a) Vorteil: Das Risiko im Kreditportfolio wird um ein Volumen von 100 Mio. € netto entlastet. Im Gegensatz dazu würde die Regionalbank ein Portfolio real tauschen; dass bedeutet zwar angesichts der unterschiedlichen Bonitäten eine (statistische) Entlastung. Ausfälle sind dennoch nicht komplett auszuschließen.

(b) Nachteil: Die Abgabe an die Zentralbank ist teurer als der Tausch mit der Regionalbank.

# 7 Kapitel 7: Außenhandelsperspektive

## 7.1 Wiederholungsfragen

**(1)** Wer wird im Rahmen des Außenwirtschaftsverkehrs als Gebietsansässiger und wer als Gebietsfremder bezeichnet?

Die Gebietsunterscheidung stellt auf den Wohnort bzw. den dauerhaften Aufenthaltspunkt und nicht auf die Nationalität des Betroffenen ab. Wer im Inland wohnt oder sich dauerhaft aufhält, wird als Gebietsansässiger eingestuft. Für Gebietsfremde gilt das Gegenteil.

**(2)** Welche Branchen sind für den Dienstleistungsverkehr bedeutsam?

Relevanz besitzen der Tourismus, die Logistik und die Finanzwirtschaft.

**(3)** Nennen Sie zwei Risiken des Außenhandels, die auch bei Inlandsgeschäften bestehen.

Mögliche Risiken sind:
- Schlecht- oder Nichtlieferung des Verkäufers
- Lieferverzug des Verkäufers
- Verweigerung der Abnahme durch den Käufer
- Überschreitung der eingeräumten Kreditlaufzeit
- Ausfall des Käufers als Kreditnehmer

**(4)** Welche Risiken des Außenhandels sind nicht eindeutig zuzuordnen?

In Abhängigkeit der Vertragsausgestaltung kann das Währungsrisiko und der Untergang der Ware beide Vertragsparteien bedrohen.

**(5)** Wie heißt die Ausprägung der Incoterms® 2020, die dem Importeur die Ausfuhrabfertigung überträgt?

Nur die Ausprägung EXW überträgt dem Importeur die Ausfuhrabfertigung.

**(6)** Was sind Dokumente und was kann mit ihnen belegt werden?

Dokumente sind Schriftstücke zur Reduzierung des Risikos im Außenhandel. Sie können je nach Ausprägung den Versand der Ware, den Versicherungsschutz, das Herkunftsland, eine geforderte Qualität, die Angemessenheit des Preises etc. beweisen und die Ware selbst repräsentieren.

**(7)** Wann bezeichnet man ein Konnossement als rein?

Von einem reinen Konnossement wird gesprochen, wenn es keine Hinweise auf Beschädigungen der Ware enthält.

**(8)** Wo findet sich die Rechtsgrundlage des Frachtbriefs?

Die Regelungen zum Frachtbrief finden sich in den §§ 407 ff. HGB.

**(9)** Wie unterscheiden sich Einzel- und Generalversicherungsvertrag?

Der Einzelversicherungsvertrag schützt einen individuellen Vorgang. Der Generalversicherungsvertrag kommt zum Einsatz, wenn wiederholt standardisierte Transporte abzusichern sind.

**(10)** Was ist eine Einzelpolice?

Eine Einzelversicherung ist der Nachweis über eine individuell abgeschlossene Versicherung.

https://doi.org/10.1515/9783110791082-021

**(11)** Nennen Sie fünf Bestandteile der Faktura.

Bestandteile der Faktura sind:
- Name und Anschrift der beteiligten Parteien sowie Ausstellungsdatum
- Steuer- und Rechnungsnummer
- Gegenstand der Lieferung
- Umfang der Lieferung (Einheiten)
- Schutzumhüllung und Kennzeichnung der Lieferung
- Verkaufspreis bezogen auf die Einzeleinheit sowie die Gesamtsumme
- Verwendete Klausel gemäß den Incoterms® 2020
- Kredit-, Zahlungs- und Liefermodalitäten
- Vereinbarte Transportroute und Beförderungsmittel

**(12)** Was ist ein Ursprungszeugnis?

Ein Ursprungszeugnis bescheinigt das Herkunftsland eines Produkts.

**(13)** Wozu dient ein Lagerschein und welche Erscheinungsformen werden unterschieden?

Ein Lagerschein bescheinigt einmal, dass der Lagerhalter die bezeichnete Ware erhalten hat und verpflichtet ihn gleichzeitig, die Ware nur gegen Vorlage des Lagerscheins wieder herauszugeben.

**(14)** Was wird unter Devisenkonvertierbarkeit verstanden und welche Formen werden unterschieden?

Konvertierbarkeit ist der Fachbegriff für die Handelbarkeit von Währungen, es werden unterschieden:
- Die freie Handelbarkeit – der Austausch ist ohne Limit möglich
- Die beschränkte Handelbarkeit – der Austausch ist möglich, unterliegt jedoch in Abhängigkeit von Personen und / oder Beträgen Restriktionen
- Die fehlende Handelbarkeit – der Austausch der Währung ist verboten oder erfordert für jede Transaktion eine separate Genehmigung

**(15)** Warum werden Bandbreiten im Zusammenhang mit Devisen eingesetzt und wozu dienen diese?

Bandbreiten kommen zum Einsatz, wenn sich das Austauschverhältnis einer Währung nicht frei am Markt bilden soll sondern fixiert ist. Die Fixierung geht aber nicht soweit, dass gar keine Kursbewegungen entstehen sollen. Stattdessen soll ein durch Bandbreiten begrenzter Korridor nicht verlassen werden.

**(16)** Was sind Kassadevisen?

Kassadevisen sind dadurch gekennzeichnet, dass sie immer am zweiten Geschäftstag nach dem Handelstag geliefert werden.

**(17)** Aus welchen unterschiedlichen Motiven werden Termindevisen erworben?

Motive zum Erwerb der Termindevisen sind die Spekulation sowie der Wunsch eine ein- bzw. ausgehende Zahlung in Fremdwährung heute schon abzusichern.

**(18)** Warum bietet sich ein Swap-Geschäft an, um das Risiko, welches eine Bank durch einen Termindevisenankauf eingegangen ist, zu kompensieren?

Im Moment des Devisenankaufs wird die Bank (meistens) sofort den gleichen Devisenbetrag am Kassamarkt kaufen, sodass sie das Währungsrisiko über die Zeit ausgleicht. Es verbleibt eine terminliche Inkongruenz, die mit dem Swap geschlossen werden kann.

**(19)** Aus welchen Motiven werden Optionen abgeschlossen?

Optionen sind Versicherungen, die dem Erwerber die Lieferung bzw. Abnahme einer Währungssumme garantieren, soweit er dies wünscht. Hat sich die Währung zur Fälligkeit zu seinen Gunsten verändert, nimmt er die Versicherung nicht in Anspruch und lässt sie verfallen. Ist der Versicherungsschutz durch einen für ihn ungünstigen Kursverlauf für ihn erforderlich, nutzt er diesen. Der Stillhalter ist ökonomisch eine Versicherung und plant mit dem Abschluss Erträge zu generieren.

**(20)** Nennen Sie mindestens vier gesetzliche Bestandteile des Schecks.

Die gesetzlichen Bestandteile gem. Art. 1 ScheckG sind:
– die Bezeichnung als Scheck im Text der Urkunde und zwar in der Sprache, in der sie ausgestellt ist
– die unbedingte Anweisung, eine bestimmte Geldsumme zu zahlen
– den Namen dessen, der zahlen soll (Bezogener)
– die Angabe des Zahlungsortes
– die Angabe des Tages und des Ortes der Ausstellung
– die Unterschrift des Ausstellers

**(21)** In welchen Rechtsnaturen können Scheds ausgeprägt sein?

Schecks können als Inhaber-, Order- oder Rektapapier ausgeprägt sein.

**(22)** Wie heißt der noch nicht akzeptierte Wechsel?

Der noch nicht akzeptierte Wechsel wird Tratte genannt.

**(23)** Welche Verwendungsmöglichkeiten stehen dem Wechselaussteller zur Verfügung, wenn er den unterschriebenen Wechsel vorliegen hat?

Er kann ihn bis zur Fälligkeit aufbewahren und selbst vorlegen. Auch eine Weitergabe an seinen Gläubiger ist möglich, um damit eigene Schulden zu tilgen. Grundsätzlich ist auch ein Verkauf an eine Bank möglich. Seit dem die DBB nicht mehr als Währungshüterin fungiert ist diese Möglichkeit jedoch nicht mehr praxisrelevant.

**(24)** Wie erfolgt die Gutschrift eines Auslandsschecks bei einem inländischen Kontoin-haber?

Handelt es sich um einen Scheck in Heimatwährung, so erfolgt die Gutschrift analog dem Inlandszahlungsverkehr. Bei Fremdwährungsschecks hat der Begünstigte die Wahlmöglichkeit, ob er die Gutschrift in Fremd- oder Heimatwährung erhalten möchte, soweit er über ein Fremdwährungskonto verfügt. Ohne dieses Konto erfolgt die Gutschrift immer in Heimatwährung. Der Zeitraum wird – unabhängig von der Gutschriftsart – länger sein, bis der Gegenwert auch tatsächlich eingegangen ist und der Gegenwert zur freien Verfügung steht.

**(25)** Welche Risiken verbleiben beim Importeur, wenn ein Dokumenteninkasso vereinbart wurde?

(1)  Der Exporteur kann Waren minderer Qualität verschicken. Auch mit Qualitätsnachweisen ist dieses Risiko nicht komplett auszuschließen.

(2)  Ob der Exporteur überhaupt und wenn ja, fristgerecht liefert, ist für den Importeur ebenfalls ungewiss.

(3)  Es besteht die Gefahr, dass die Ware auf dem Transportweg untergeht. Der Importeur zahlt gegen die Dokumente, erhält aber keinen Gegenwert. Dieses Risiko ist ihm nur dann zuzuordnen, wenn der Gefahrenübergang auf ihn bereits erfolgt ist und zur Absicherung des Transports keine Versicherung abgeschlossen wurde.

(4)  Soweit das Dokumenteninkasso Zahlung in der Heimatwährung des Exporteurs vorsieht, ist der Importeur zusätzlich mit dem Währungsrisiko konfrontiert.

**(26)** Stellen Sie die verbleibenden Risiken für den Exporteur und den Importeur dar, wenn die Zahlung durch ein Dokumentenakkreditiv erfolgt.

Das Währungsrisiko trifft zwangsläufig eine der beiden Parteien. Der Exporteur hat (bei einer unbestätigten Ausprägung) das (theoretische) Risiko, dass die Bank des Importeurs die Zahlungen einstellt. Die Risiken für den Importeur entsprechen denen, die auch beim Dokumenteninkasso genannt sind.

**(27)** Wie können Akkreditive hinsichtlich des Umfangs unterschieden werden?

Sie können hinsichtlich der Bestätigung, der Übertragbarkeit, der Revolvierbarkeit und der Widerrufsmöglichkeit seitens der eröffnenden Bank unterschieden werden.

## 7.2 Gebundene Fragen

**1**

| Welche Aussage(n) ist (sind) richtig? Welche ist (sind) falsch? | Richtig | Falsch |
|---|:---:|:---:|
| a  Mit FOB ... hat der Importeur alle Kosten einschließlich Verzollung in Deutschland auf den Exporteur übertragen.<br>siehe b | ☐ | ☒ |
| b  Mit FOB ... hat der Importeur alle Kosten bis zur Verladung in ... auf den Exporteur übertragen. | ☒ | ☐ |
| c  Mit FOB ... hat der Importeur alle Kosten bis zur Verladung in ... einschließlich der Seeversicherung auf den Exporteur übertragen.<br>siehe b | ☐ | ☒ |
| d  Bei FOB handelt es sich um eine Dreipunktklausel, das heißt: Kostenübergang, Versicherungsschutz und Gefahrenübergang finden an unterschiedlichen Orten statt.<br>Es gibt keine Dreipunkt-, sondern nur Ein- und Zweipunktklauseln. Bei FOB handelt es sich um eine Einpunktklausel, da Kosten und Gefahr am gleichen Ort vom Ex- auf den Importeur übergehen. | ☐ | ☒ |
| e  Eine Lieferung unter der Bedingung FOB muss immer mit einem Dokumentenakkreditiv verbunden werden.<br>Liefer- und Zahlungsbedingungen sind völlig unterschiedliche Fragestellungen, die isoliert voneinander betrachtet werden. | ☐ | ☒ |
| f  FOB gehört zu den Incoterms® 2020, deren Inhalte gesetzlich geregelt sind.<br>FOB ist eine Ausprägung der Incoterms® 2020, jedoch sind diese Regelungen durch die Internationale Handelskammer erarbeitet worden und besitzen keine Gesetzeskraft. | ☐ | ☒ |
| g  Die Organisation des Weitertransports nach Ankunft im Verschiffungshafen gehört zu den Aufgaben des Importeurs. | ☒ | ☐ |
| h  Der Gefahrenübergang findet auf der halben Strecke zwischen dem Verschiffungs- und Zielhafen statt, damit eine gerechte Aufteilung vorliegt.<br>Der Exporteur trägt das Risiko bis zu dem Zeitpunkt, an dem die Ware auf dem Schiff im Verschiffungshafen angekommen ist. | ☐ | ☒ |
| i  Keine der vorherigen Aussagen ist richtig. | ☐ | ☒ |

## 2

| Welche Aussage(n) ist (sind) richtig? Welche ist (sind) falsch? | Richtig | Falsch |
|---|:---:|:---:|
| a  Ein Konnossement ist für den internationalen Handel immer zwingend erforderlich.<br>Es gibt mehrere Transportwege als nur den Seeverkehr. Beispielsweise wird im Luftverkehr kein Konnossement ausgestellt. | ☐ | ☒ |
| b  Ein Konnossement ist ein gekorenes Orderpapier, deshalb ist die Übergabe mit einem Blankoindossament untersagt.<br>Das Konnossement wird durch den Zusatz „an Order" zum Orderpapier gekoren. Die Weitergabe mittels Blankoindossament ist rechtlich möglich. | ☐ | ☒ |
| c  Wenn der Importeur ein Konnossement in den Händen hält kann er immer sicher sein, dass er die Ware auch ausgehändigt bekommt.<br>Nur wenn er im Besitz des vollen Satzes ist. | ☐ | ☒ |
| d  Der Kapitän darf ein Konnossement nur ausstellen, wenn die Ware auch ordnungsgemäß versichert ist.<br>Über einen Versicherungsabschluss sagt ein Konnossement nichts aus. Es darf auch unabhängig davon ausgestellt werden. | ☐ | ☒ |
| e  Konnossemente garantieren auch die Reinheit der Ware.<br>Enthält das Konnossement keine Vermerke über augenscheinliche Mängel des Verfrachters, gilt es als „rein". Es garantiert aber nicht grundsätzlich die Reinheit bzw. Mängelfreiheit der Ware. | ☐ | ☒ |
| f  Mit einem blanko indossierten Konnossement kann der Importeur das Eigentum an der Ware bereits rechtswirksam an seine Kunden übertragen. | ☒ | ☐ |
| g  Durch den Bestätigungsvermerk des Hafenmeisters erhält der Importeur eine weitere Sicherheit, für die er allerdings extra bezahlen muss.<br>Eine solche Bestätigung gibt es gar nicht. | ☐ | ☒ |
| h  Ein voller Satz reiner An-Bord-Konnossemente bietet für den Importeur den größten Schutz, weil hiermit die Herkunft der Ware garantiert wird.<br>Die Aussage ist richtig, die Begründung nicht. Über die Herkunft sagt ein Konnossement nichts aus. Der Schutz besteht darin, dass keine äußeren Beschädigungen an der Ware zu erkennen waren, diese bereits an Bord angekommen sind und dass alle ausgestellten Exemplare vorliegen. | ☐ | ☒ |
| i  Ein voller Satz reiner An-Bord-Konnossemente stellt eine Modeerscheinung dar, die spätestens in zwei Jahren nicht mehr gefordert wird.<br>Es handelt sich nicht um eine Modeerscheinung, sondern vielmehr um ein im Außenhandel etabliertes Anforderungsniveau an Konnossemente, welches u. a. auch im dokumentären Zahlungsverkehr eine wichtige Rolle spielt. | ☐ | ☒ |
| j  Ein voller Satz reiner An-Bord-Konnossemente bildet regelmäßig eine Anforderung im Rahmen dokumentär gesicherter Zahlungen. | ☒ | ☐ |
| k  Ein voller Satz reiner An-Bord-Konnossemente bildet regelmäßig eine Anforderung im Rahmen dokumentär gesicherter Zahlungen, die unter gar keinen Umständen fehlen darf.<br>Es gibt auch andere Transportwege als den Seeverkehr (z. B. Eisenbahnen oder Flugzeuge). In diesen Fällen kann kein Konnossement genutzt werden. | ☐ | ☒ |
| l  Keine der vorherigen Aussagen ist richtig. | ☐ | ☒ |

**3**

| Welche Aussage(n) ist (sind) richtig? Welche ist (sind) falsch? | Richtig | Falsch |
|---|---|---|
| a Wenn der Importeur im Rahmen der Lieferbedingung CIF eine Generalversicherung abschließt, erhält der Exporteur ein Versicherungszertifikat. Der Exporteur hat bei CIF die Versicherung abzuschließen. | ☐ | ☒ |
| b Versicherungspolicen sind geborene Orderpapiere und sind in der Regel blanko indossiert. Versicherungsdokumente sind gekorene Orderpapiere. | ☐ | ☒ |
| c Sollte die versicherte Ware während des Transports bei der Lieferbedingung CIF untergehen, so kann der deutsche Importeur sicher sein, dass er den Warenwert zzgl. 10 % Gewinnmarge in Euro auf seinem Konto gutgeschrieben bekommt. Dies gilt nur, wenn die Versicherung auch in Euro abgeschlossen wurde. | ☐ | ☒ |
| d Gegen eine geringe Gebühr stellen die Versicherungsgesellschaften bei Einzelpolicen auch Versicherungszertifikate aus. Versicherungszertifikate werden nur bei Generalpolicen ausgestellt. Sie beweisen den Versicherungsschutz für einen einzelnen Transport. | ☐ | ☒ |
| e Das Ausstellen von Versicherungsdokumenten stellt für Kreditinstitute einen wichtigen Cross-Selling-Ansatz dar und trägt zum Provisionsergebnis von Banken und Sparkassen bei. | ☒ | ☐ |
| f Derjenige, der die Versicherung abschließt, hat die Wahl, ob diese in Form einer Einzel- oder Generalpolice erfolgt. | ☒ | ☐ |
| g Bei der Lieferbedingung CIF ist ein Versicherungsschutz von 110 % des Warenwerts vorgesehen. Im Vertrag kann auch ein abweichender Schutz vereinbart werden. | ☒ | ☐ |
| h Für jeden Generalversicherungsvertrag werden maximal sieben Einzelpolicen ausgestellt. Für Generalversicherungsverträge werden Versicherungszertifikate ausgestellt. | ☐ | ☒ |
| i Keine der vorherigen Aussagen ist richtig. | ☐ | ☒ |

**4**

| Welche Aussage(n) ist (sind) richtig? Welche ist (sind) falsch? | Richtig | Falsch |
|---|:---:|:---:|
| a  Bei der Zollfaktura bestätigt der Exporteur an Eides statt, dass der Rechnungsbetrag angemessen ist. <br> Der Exporteur bestätigt zwar, aber nicht mittels eidesstattlicher Erklärung. <br> siehe c | ☐ | ☒ |
| b  Bei der Zollfaktura bestätigt der Importeur an Eides statt, dass der Rechnungsbetrag angemessen ist. <br> Die Bestätigung erfolgt nicht durch den Importeur. <br> siehe c | ☐ | ☒ |
| c  Bei der Zollfaktura bestätigt eine zweite Person – dies kann auch ein bevollmächtigter Arbeitnehmer des Exporteurs sein – die Angemessenheit des Rechnungsbetrags. | ☒ | ☐ |
| d  Die Proformarechnung wird einmal als Angebot oder zur Erfüllung steuerlicher Anforderungen eingesetzt. | ☒ | ☐ |
| e  Das Ursprungszeugnis wird ausschließlich in der Textilindustrie eingesetzt, um den Import von Waren, die durch Kinderarbeit entstanden sind, zu unterbinden. <br> Der Einsatz ist branchenübergreifend, beispielsweise auch für landwirtschaftliche Produkte, üblich. Es dient dabei u. a. auch der Überwachung von Importbeschränkungen genau spezifizierter Produkte. | ☐ | ☒ |
| f  Gemeinsamkeit aller Transportdokumente ist, dass der Exporteur die Waren verschickt hat. | ☒ | ☐ |
| g  Keine der vorherigen Aussagen ist richtig. | ☐ | ☒ |

**5**

| Welche Aussage(n) ist (sind) richtig? Welche ist (sind) falsch? | Richtig | Falsch |
|---|---|---|
| a Die gültigen Rechtsvorschriften gelten automatisch auch für den Importeur. Es gilt die Regel Exportrecht bricht Importrecht. Einen Automatismus gibt es hier nicht. Diese Thematik stellt ein Risiko im Außenhandel dar, bei der selbst die Einigung der Vertragsparteien über anzuwendende Rechtsvorschriften u. U. nicht gerichtlich durchsetzbar ist. | ☐ | ☒ |
| b Zahlungseingänge in fremder Währung stellen nicht nur ein Risiko dar, sondern beinhalten auch Chancen. | ☒ | ☐ |
| c Die Sprachbarriere kann Ursache dafür sein, dass die Vertragsparteien keinen rechtsgültigen Vertrag abgeschlossen haben, weil schlicht keine Einigung erzielt wurde. | ☒ | ☐ |
| d Das Währungsrisiko hat sich für den deutschen Außenhandel durch die Einführung des Euros deutlich verringert. | ☒ | ☐ |
| e Die längeren Transporte stellen keine zusätzliche Gefährdung dar, weil moderne Transportmittel immer einwandfrei funktionieren. Längere Transportwege steigern die Risiken, ob sie schlagend werden, hängt vom Individualfall ab. | ☐ | ☒ |
| f Zahlungen, die in fremder Währung eingehen, können durch entsprechende Sicherungsinstrumente ohne zusätzlichen Aufwand in Euro transferiert werden. Der Transfer ist möglich, jedoch wird nahezu jedes Sicherungsgeschäft in einem gewissen Umfang einen zusätzlichen Aufwand erfordern. | ☐ | ☒ |
| g Soweit es zu Streitigkeiten mit einem ausländischen Vertragspartner kommt, ist die deutsche Botschaft vor Ort zur unbegrenzten Hilfeleistung verpflichtet, sodass es keinen Unterschied zu einem Gerichtsverfahren im Inland gibt. Es ist nicht Aufgabe der deutschen Botschaften als Rechtsbeistand zu fungieren. | ☐ | ☒ |
| h Angesichts der hohen Verbreitung des Internets bestehen keine politischen Risiken mehr. Kein Staat kann es sich leisten Waren zu beschlagnahmen oder Zahlungen einzufrieren. Es kommt auch in der Gegenwart immer wieder zu politischen Umbrüchen, deren Ergebnisse zu Beginn nicht absehbar sind. | ☐ | ☒ |
| i Keine der vorherigen Aussagen ist richtig. | ☐ | ☒ |

**6**

| Welche Aussage(n) ist (sind) richtig? Welche ist (sind) falsch? | Richtig | Falsch |
|---|:---:|:---:|
| a  Bei dem Übernahmekonnossement bestätigt der Schiffsführer, dass er die Ware persönlich in Augenschein genommen hat.<br>Es wird lediglich der Erhalt der Ware bestätigt, über den Zeitpunkt der Weiterverladung wird keine Aussage getroffen. | ☐ | ☒ |
| b  Ein Durchkonnossement wird eingesetzt, wenn die Seeverschiffung nur einen Teil der gesamten Lieferlogistik darstellt. | ☒ | ☐ |
| c  Eine elektronische Version des Konnossements ist aufgrund der hohen Manipulationsgefahr verboten.<br>Der Einsatz ist freigestellt und wird bereits praktiziert, obwohl er auch Manipulationsrisiken bietet. | ☐ | ☒ |
| d  Lagerscheine können als Order- oder Namensvarianten ausgestellt werden. | ☒ | ☐ |
| e  Das Konnossement der Binnenschifffahrt wird Lagerschein genannt.<br>Der richtige Begriff lautet Ladeschein. | ☐ | ☒ |
| f  Mit Weitergabe des Frachtbriefs kann der Exporteur das Eigentum der auf dem LKW befindlichen Ware übertragen.<br>Der Frachtbrief beweist lediglich den Versand der Ware, verkörpert diese aber nicht. | ☐ | ☒ |
| g  Das Übernahmekonnossement stellt die höchste Form des Konnossements dar.<br>Das Übernahmekonnossement kann mit einem Hinweis zum Bordkonnossement entwickelt werden. | ☐ | ☒ |
| h  Der Posteinlieferungsschein ist kein Warenwertpapier. | ☒ | ☐ |
| i  Die Übergabe der Namensladescheine erfolgt durch Einigung und Übergabe.<br>Beim Namensladeschein handelt es sich rechtlich um ein sog. Rektapapier. Die Rechtsweitergabe erfolgt durch Einigung und Übergabe sowie Abtretung des Herausgabeanspruchs. | ☐ | ☒ |
| j  Keine der vorherigen Aussagen ist richtig. | ☐ | ☒ |

# 7

| Welche Aussage(n) ist (sind) richtig? Welche ist (sind) falsch? | Richtig | Falsch |
|---|---|---|
| a Mit der Anzahlung hat der Importeur sämtliche Risiken auf den Exporteur übertragen.<br>siehe c | ☐ | ☒ |
| b Mit der Vereinbarung der Anzahlung hat der Exporteur alle Risiken übernommen.<br>siehe c | ☐ | ☒ |
| c Mit der Vereinbarung der Anzahlung hat der Exporteur alle Risiken auf den Importeur übertragen. | ☒ | ☐ |
| d Mit der Vereinbarung der Anzahlung hat der Exporteur alle Risiken – mit Ausnahme des Währungsrisikos – auf den Importeur übertragen.<br>Durch den sofortigen Transfer in Euro kann sich der Exporteur den aktuellen Kurs sichern, insofern besteht kein Währungsrisiko.<br>siehe c | ☐ | ☒ |
| e Durch die erhaltene Anzahlung ist der Exporteur verpflichtet, eine Transportversicherung abzuschließen.<br>Eine Verbindung zwischen Zahlungsart und Versicherungsschutz gibt es nicht. Diese Verpflichtung liegt nur vor, sofern sie einzelvertraglich oder durch eine Incoterms® 2020-Klausel vorgesehen ist. | ☐ | ☒ |
| f Durch die erhaltene Anzahlung ist der Exporteur verpflichtet CIF zu liefern.<br>Eine solche Bindung gibt es nicht. | ☐ | ☒ |
| g Sollte der Exporteur nach Erhalt der Anzahlung und vor der Lieferung insolvent werden, hat der Importeur einen Rückzahlungsanspruch, den er entsprechend anmelden muss. | ☒ | ☐ |
| h Sollte der Importeur vor der Lieferung insolvent werden, hat der Exporteur einen Rückzahlungsanspruch.<br>Der Exporteur hat die Zahlung erhalten und nicht geleistet, insofern kann es keinen Rückzahlungsanspruch gegen ihn geben. | ☐ | ☒ |
| i Keine der vorherigen Aussagen ist richtig. | ☐ | ☒ |

**8**

Der Devisenkurs notiert derzeit bei 1 € = 1,40 SFR, es wird eine Veränderung auf 1 € = 1,20 SFR erwartet.

| Welche Aussage(n) ist (sind) richtig? Welche ist (sind) falsch? | Richtig | Falsch |
|---|:---:|:---:|
| a Wenn die erwartete Entwicklung eintritt, ist der Außenwert des Euros gestiegen und das ist gut für den heimischen Import.<br>Der Wert des Euros ist gefallen, man erhält 0,20 SFR weniger pro Euro. | ☐ | ☒ |
| b Wenn die erwartete Entwicklung eintritt, ist der Außenwert des Euros gestiegen und das ist schlecht für den heimischen Import.<br>Der Wert des Euros ist gefallen, man erhält 0,20 SFR weniger pro Euro. | ☐ | ☒ |
| c Wenn die erwartete Entwicklung eintritt, ist der Außenwert des Euros gefallen und das ist gut für den heimischen Import.<br>Mit einem fallenden Euro verteuern sich für das Euroland die Einfuhren aus Nicht-Euro-Ländern. | ☐ | ☒ |
| d Wenn die erwartete Entwicklung eintritt, ist der Außenwert des Euros gefallen und das ist gut für den heimischen Export. | ☒ | ☐ |
| e Wenn heute 30.000 € in SFR getauscht werden und sich der Kurs innerhalb eines Jahres in der prognostizierten Form verändert, entsteht beim Rücktausch ein Kursgewinn von 5.000 € (ohne Gebühren).<br>Rechnung<br>1. 30.000 € · 1,4 SFR = 42.000 SFR<br>2. Rücktausch zu 1 € = 1,2 SFR ⇔ 42.000 SFR ÷ 1,2 = 35.000 €<br>3. 35.000 € – 30.000 € = 5.000 € Gewinn | ☒ | ☐ |
| f Wenn heute 30.000 € in SFR getauscht werden und sich der Kurs innerhalb eines Jahres in der prognostizierten Form verändert, entsteht beim Rücktausch ein Kursgewinn von 5.714,29 € (ohne Gebühren).<br>siehe e | ☐ | ☒ |
| g Wenn heute 30.000 € in SFR getauscht werden und sich der Kurs innerhalb eines Jahres in der prognostizierten Form verändert, entsteht beim Rücktausch ein Kursverlust von 4.285,71 € (ohne Gebühren).<br>siehe e | ☐ | ☒ |
| h Keine der vorherigen Aussagen ist richtig. | ☐ | ☒ |

**9**

Der Devisenkurs notiert derzeit bei 1 € = 1,40 SFR, die Erwartung ist eine Veränderung auf 1 € = 1,20 SFR. Aktuell verlangen Stillhalter für 10.000 € Vertragsvolumen Kaufoptionen bei einem SFR-Kurs von 1,40 und einer Laufzeit von 9 Monaten eine Prämie von 1.000 €. Das Anlagevolumen beträgt 10.000 €.

| Welche Aussage(n) ist (sind) richtig? Welche ist (sind) falsch? | Richtig | Falsch |
|---|---|---|
| a  Der Käufer einer Kaufoption rechnet mit einem stärkeren SFR und will sich den günstigen aktuellen Einstiegskurs sichern oder auf den Kursanstieg spekulieren. | ☒ | ☐ |
| b  Der Käufer einer Verkaufsoption rechnet mit einem stärkeren SFR und will sich den günstigen aktuellen Einstiegskurs sichern oder auf den Kursanstieg spekulieren. | ☐ | ☒ |
| Der Käufer einer Verkaufsoption setzt auf fallende SFR-Kurse und möchte die vereinbarte SFR-Menge in diesem Falle zu einem besseren Preis verkaufen. Die Entwicklung von 1 € ⇔ 1,40 SFR zeigt einen Verfall des SFR an. | | |
| c  Der Verkäufer einer Kaufoption rechnet mit einem stärkeren SFR und will sich den günstigen aktuellen Einstiegskurs sichern oder auf den Kursanstieg spekulieren. Dieses Motiv zeichnet den Käufer aus. Der Verkäufer (= Stillhalter) rechnet mit Wertverlusten bzw. mit keinen oder nur geringen Wertsteigerungen des SFR. In diesem Falle wird der Käufer die Kaufoption nicht ausüben, da er die SFR am Markt günstiger erwerben kann. Der Verkäufer kann dadurch den Optionspreis (= Stillhalterprämie) in vollem Umfang als Gewinn verbuchen. | ☐ | ☒ |
| d  Mit dem Anlagekapital ist ein Vertragsvolumen von 1.000.000 € möglich. siehe f | ☐ | ☒ |
| e  Mit dem Anlagekapital ist ein Vertragsvolumen von 10.000.000 € möglich. siehe f | ☐ | ☒ |
| f  Mit dem Anlagekapital ist ein Vertragsvolumen von 100.000 € möglich. Rechnung Eine Kaufoption kostet 1.000 € an Prämie, sie ermächtigt zum Kauf von SFR im Wert von 10.000 € zum festgelegten Basispreis von 1 € : 1,40 SFR. Würde ein Anleger von den 10.000 € nur Optionen (= zehn Stück) kaufen, könnte er damit ein zehnfaches Vertragsvolumen (10.000 € · 10 Optionsrechte = 100.000 €) bewegen. | ☒ | ☐ |
| g  Wenn der Anleger 10.000 € in Kaufoptionen investiert und der Kurs entwickelt sich innerhalb der Optionslaufzeit wie erwartet, macht der Kunde einen Gewinn von 6.666,67 €, wenn er die Option nutzt und die SFR sofort in Euro zurücktauscht. Rechnung 1. Erwerb von Optionen für 10.000 € ermöglicht zehn Optionen, die je zum Kauf von SFR im Gegenwert von 10.000 € berechtigen. 2. Ausübung der Option: Investition von 100.000 € · 1,40 SFR = 140.000 SFR 3. Rücktausch zum aktuellen Marktkurs von 1 € : 1,2 SFR ergibt 140.000 SFR ÷ 1,20 SFR = 116.666,67 € abzüglich 10.000 € Optionspreis und 100.000 € Investition ergibt einen Erfolg von 6.666,67 €. | ☒ | ☐ |

(fortgesetzt)

| Welche Aussage(n) ist (sind) richtig? Welche ist (sind) falsch? | Richtig | Falsch |
|---|---|---|
| h Wenn der Anleger 10.000 € in Kaufoptionen investiert und der Kurs entwickelt sich innerhalb der Optionslaufzeit wie erwartet, macht der Kunde einen Gewinn von 116.666,67 €, wenn er die Option nutzt und die SFR sofort in Euro zurücktauscht.<br>siehe g | ☐ | ☒ |
| i Wenn der Anleger 10.000 € in Kaufoptionen investiert und der Kurs entwickelt sich innerhalb der Optionslaufzeit wie erwartet, macht der Kunde einen Gewinn von 138.567,67 €, wenn er die Option nutzt und die SFR sofort in Euro zurücktauscht.<br>siehe g | ☐ | ☒ |
| j Wenn der Anleger 10.000 € in Kaufoptionen investiert und der Kurs entwickelt sich innerhalb der Optionslaufzeit wie erwartet, muss der Kunde einen Totalverlust hinnehmen.<br>siehe g | ☐ | ☒ |
| k Kaufoptionen unterliegen dem § 2 AWG und sind anmelde- aber nicht genehmigungspflichtig.<br>Der Devisenhandel unterliegt (aktuell) keinen Beschränkungen. | ☐ | ☒ |

**10**

Der Devisenkurs notiert derzeit bei 1 € = 1,40 SFR, der Anleger erwartet eine Veränderung auf 1 € = 1,20 SFR. Aktuell verlangen Stillhalter für 10.000 € Vertragsvolumen Verkaufsoptionen bei einem SFR-Kurs von 1,20 und einer Laufzeit von 9 Monaten eine Prämie von 100 €. Das Anlagevolumen beträgt 10.000 €.

| Welche Aussage(n) ist (sind) richtig? Welche ist (sind) falsch? | Richtig | Falsch |
|---|---|---|
| a Der Verkäufer einer Verkaufsoption rechnet mit einem schwächeren SFR und will sich den hohen aktuellen Kurs für erwartete SFR-Zahlungen sichern oder auf den Kursrückgang spekulieren. Der Verkäufer (= Stillhalter) rechnet mit einem stärkeren SFR. siehe b | ☐ | ☒ |
| b Der Stillhalter einer Verkaufsoption rechnet mit einem Kurs, der sich nur wenig verändert bzw. ansteigt. Sein Ziel ist die Erzielung eines Ertrags, indem er die Optionsprämie vereinnahmt. Folgt die Entwicklung des Euro zum SFR der erwarteten Prognose, steigt der Wert des SFR und der Euro wird schwächer. In diesem Fall wird der Käufer sein Recht auf Verkauf von SFR zum vereinbarten Kurs (1,40 SFR = 1 €) verfallen lassen, da er am aktuellen Markt nur 1,20 SFR geben muss, um wieder einen Euro zu erlangen. Infolgedessen kann der Verkäufer einer Verkaufsoption die am Anfang vom Käufer gezahlte Options- oder auch Stillhalterprämie in vollem Maße als Ertrag verbuchen. | ☒ | ☐ |
| c Mit dem Anlagekapital ist ein Vertragsvolumen von 1.000.000 € zu bewegen. Wenn die Prämie 100 € je 10.000 € Vertragsvolumen beträgt, so ermöglicht ein Ausgangskapital von 10.000 € ein Vertragsvolumen von 1.000.000 €. | ☒ | ☐ |
| d Mit dem Anlagekapital ist ein Vertragsvolumen von 10.000.000 € zu bewegen. siehe c | ☐ | ☒ |
| e Mit dem Anlagekapital ist ein Vertragsvolumen von 100.000 € möglich. siehe c | ☐ | ☒ |
| f Wenn ein Anleger für 10.000 € Verkaufsoptionen erwirbt und sich der Kurs wie erwartet entwickelt, erleidet er einen Totalverlust. Der Einsatz von 10.000 € ermöglicht ein Vertragsvolumen von 1.000.000 €. Beim Verkauf erhält er 1.000.000 € (= 1.400.000 SFR ÷ 1,4), muss aber am Kassamarkt 1.166.666,67 € (= 1.400.000 SFR ÷ 1,2) bezahlen. Er würde zu seiner bereits gezahlten Verkaufsprämie einen Kursverlust von 166.666,67 € (1.166.666,67 € – 1.000.000 €) hinzufügen. Somit ist es ökonomisch sinnvoller die Option verfallen zu lassen. | ☒ | ☐ |
| g Wenn ein Anleger für 10.000 € Verkaufsoptionen erwirbt und sich der Kurs wie erwartet entwickelt, kann er die Börsenaufsicht anrufen. Vermutlich erhält er aus dem Fonds für allgemeine Bankrisiken einen Verlustausgleich von 50 %. Diese Regel gibt es nicht. | ☐ | ☒ |
| h Wenn ein Anleger für 10.000 € Verkaufsoptionen erwirbt und sich der Kurs wie erwartet entwickelt, realisiert er einen Gewinn von 1.670.000 €. siehe f | ☐ | ☒ |

(fortgesetzt)

| Welche Aussage(n) ist (sind) richtig? Welche ist (sind) falsch? | Richtig | Falsch |
|---|---|---|
| i Wenn ein Anleger für 10.000 € Verkaufsoptionen erwirbt und sich der Kurs wie erwartet entwickelt, realisiert er einen Gewinn von 167.000 €. siehe f | ☐ | ☒ |
| j Wenn ein Anleger für 10.000 € Verkaufsoptionen erwirbt und sich der Kurs wie erwartet entwickelt, realisiert er einen Gewinn von 16.700.000 €. siehe f | ☐ | ☒ |
| k Jeder Anleger muss 5 % seines Gewinns an den Fonds für allgemeine Bankrisiken quasi als Versicherungsprämie abführen. Diese Regel gibt es nicht. | | |
| l Jeder Anleger muss 0,5% seines Gewinns an den Fonds für allgemeine Bankrisiken quasi als Versicherungsprämie abführen. Diese Regel gibt es nicht. | ☐ | ☒ |

## 11

| Welche Aussage(n) ist (sind) richtig? Welche ist (sind) falsch? | Richtig | Falsch |
|---|---|---|
| a Mit einem Fremdwährungskonto können die für den Kunden entstehenden Geld- und Briefspannen verhindert werden. | ☒ | ☐ |
| b Ein Fremdwährungskonto eröffnet – in Abhängigkeit vom Zinsniveau im Ausland – eine günstigere Geldanlage oder Kreditaufnahme als im Inland. | ☒ | ☐ |
| c Fremdwährungskonten müssen durch die DBB genehmigt werden. Eine solche Verpflichtung gibt es nicht. | ☐ | ☒ |
| d Für ein Fremdwährungskonto können zusätzliche Gebühren anfallen. | ☒ | ☐ |
| e Mit einem Fremdwährungskonto können weitere Gebühren, die ggf. mit der Umrechnung in Heimatwährung verbunden sind, vermieden werden. | ☒ | ☐ |
| f Soweit die laufenden Eingänge auf dem Fremdwährungskonto hoch genug sind, können Kurssicherungsmaßnahmen für anstehende Zahlungsverpflichtungen eingespart werden. | ☒ | ☐ |
| g Mit einem Fremdwährungskonto minimiert der Kunde sein Währungsrisiko auf den Spitzenbetrag den er von der Fremd- in Heimatwährung oder umgekehrt tauschen muss. | ☒ | ☐ |
| h Mitglieder der Geschäftsleitung eines Kontoinhabers in Fremdwährung können bei Aufenthalten im entsprechenden Land über das Konto bar verfügen, wenn sie über entsprechende Kontovollmachten verfügen. Bei einem Fremdwährungskonto in Deutschland handelt es sich immer um ein Devisen-, nicht um ein Sortenkonto. Daher sind Barein- und auszahlungen grundsätzlich sowohl bei der Hausbank als auch bei der erforderlichen Korrespondenzbank nicht möglich. Viele Institute ermöglichen jedoch Verfügungen per Scheck oder Überweisung. | ☐ | ☒ |

**12**

Es wird überlegt, SFR auf Termin zu kaufen. Der aktuelle Kurs liegt bei 1 € = 1,40 SFR. Der Zinssatz in der Schweiz liegt für 1 Jahr bei 1,0 %, im Euroraum bei 2,0 %.

| Welche Aussage(n) ist (sind) richtig? Welche ist (sind) falsch? | Richtig | Falsch |
|---|---|---|
| a  Die Ermittlung des Terminkurses ist so ohne weiteres nicht möglich, da sich in den Terminkursen auch die Erwartungen der Anleger widerspiegeln. Der Terminkurs errechnet sich aus der Summe von Kassakurs und Swap (Report oder Deport). Der Swap spiegelt die Zinsdifferenzen zwischen den betrachteten Währungsräumen bei einer gemeinsamen Laufzeit wider. | ☐ | ☒ |
| b  Der Terminkurs wird bei 1 € = 1,3863 SFR liegen. | ☒ | ☐ |
| c  Der Terminkurs wird bei 1 € = 1,4263 SFR liegen. siehe b | ☐ | ☒ |
| d  Der Terminkurs wird bei 1 € = 1,4463 SFR liegen. siehe b | ☐ | ☒ |
| e  Notiert der Termin- oberhalb des Kassakurses, so liegt wie in diesem Beispiel ein Deport vor. Von einem Report (= Aufschlag) spricht man, wenn der Termin- oberhalb des Kassakurses notiert. Von einem Deport (= Abschlag) spricht man, wenn der Kassa- oberhalb des Terminkurses notiert. In der Aufgabe kommt ein Deport zum Tragen. siehe g | ☐ | ☒ |
| f  Notiert der Termin- oberhalb des Kassakurses, so liegt wie in diesem Beispiel ein Report vor. siehe e | ☐ | ☒ |
| g  Notiert der Kassa- oberhalb des Terminkurses, so liegt wie in diesem Beispiel ein Deport vor. | ☒ | ☐ |
| h  Notiert der Kassa- oberhalb des Terminkurses, so liegt wie in diesem Beispiel ein Report vor. siehe e | ☐ | ☒ |
| i  Der Terminkurs errechnet sich auf Basis des aktuellen Kurses, der Laufzeit und den Zinsdifferenzen zwischen den betrachteten Währungsräumen. | ☒ | ☐ |

**13**

Die Hausbank hat von einem Kunden 50.000 CAD per Termin 17.06. des nächsten Jahres erworben. Aktuell benötigt ein anderer Kunde 70.000 CAD.

| Welche Aussage(n) ist (sind) richtig? Welche ist (sind) falsch? | Richtig | Falsch |
|---|:---:|:---:|
| a Der Erwerb von Termindevisen ist für Banken völlig risikofrei, da eventuell entstehende Verluste durch die EZB ausgeglichen werden.<br>Diese Regel gibt es nicht. | ☐ | ☒ |
| b Aufgabe der EZB ist es, Kreditinstitute auf mögliche Währungsschieflagen hinzuweisen, um bei Gefahr rechtzeitig reagieren zu können.<br>Diese Regel gibt es nicht. | ☐ | ☒ |
| c Da täglich Millionenbeträge in CAD auf Termin gehandelt werden, wird Ihre Treasury Abteilung problemlos einen Käufer für die erworbenen CAD finden.<br>Das tägliche Handelsvolumen ist zweifelsohne groß, ob aber exakt für den 17.06. des nächsten Jahres ein passendes Gegengeschäft gefunden wird, ist zu bezweifeln. | ☐ | ☒ |
| d Eine Möglichkeit der Absicherung besteht im Abschluss eines Swap-Geschäfts: Die Hausbank kauft 50.000 CAD per heute und verkauft die gleiche Summe per Termin. Nur der Differenzbetrag müsste von dem laufenden CAD-Konto der Bank abgebucht werden.<br>1. Sie erwirbt 50.000 CAD per sofort und verkauft die gleiche Summe per Termin 17.06. an den gleichen Handelspartner (= Swap-Geschäft).<br>2. Der CAD-Ankauf vom Kunden kann damit zum 17.06. ohne Kursrisiko als durchlaufender Posten weitergegeben werden.<br>3. Die direkt erworbenen CAD können sofort per Kasse an den zweiten Kunden verkauft werden, um den CAD-Bestand wieder auszugleichen.<br>4. Die restlichen 20.000 CAD werden entweder ohne Ausgleich dem Devisenkonto entnommen oder durch einen erneuten Kassakauf sofort abgedeckt (siehe die nachfolgende Abbildung) | ☒ | ☐ |
| e Eine Möglichkeit der Absicherung besteht im Abschluss eines Swap-Geschäfts: Die Hausbank verkauft 50.000 CAD per heute und kauft die gleiche Summe per Termin. Nur der Differenzbetrag müsste von dem laufenden CAD-Konto der Bank abgebucht werden. Die Gesamtsumme von 70.000 CAD wird dem Kunden verkauft, der aktuell die CAD benötigt.<br>siehe d | ☐ | ☒ |
| f Die Geschäftskombination stellt für die Bank nur ein Risiko in Höhe von 20.000 CAD dar, da sich die 50.000 CAD bei Kauf und Verkauf ausgleichen.<br>Die Währungsposition ist im Hinblick auf die 50.000 CAD nicht geschlossen, da sich die Termine nicht entsprechen. | ☐ | ☒ |
| g Soweit die betreuende Bank über ein entsprechendes Limit bei ihrer Korrespondenzbank verfügt, kann sie den Teilbetrag von 50.000 CAD auch als Kredit aufnehmen und durch die Kundenzahlung tilgen.<br>Die 50.000 CAD Kredit dienen dabei dem direkten Verkauf an den Kunden, wobei der Ausgleich erst am 17.06. durch den anderen Kunden erfolgt. Den Zinsaufwand wird das Kreditinstitut allerdings bei Auswahl dieser Möglichkeit berücksichtigen. | ☒ | ☐ |

(fortgesetzt)

| Welche Aussage(n) ist (sind) richtig? Welche ist (sind) falsch? | Richtig | Falsch |
|---|---|---|
| h  Soweit die betreuende Bank dies für interessant hält, kann sie den Teilbetrag von 50.000 CAD auch anlegen und den fälligen Betrag an den Kunden auszahlen. Die Anlage von 50.000 CAD verbunden mit einem Verkauf bei Fälligkeit kommt hier nicht in Betracht, da der CAD-Zufluss in der Zukunft und der CAD-Abfluss in der Gegenwart stattfindet. | ☐ | ☒ |
| i  Wenn die Bank den Kredit in Fremdwährung aufnimmt, besteht ihr Risiko darin, dass die Zinsen für die CAD zum Ende der Laufzeit einen höheren Aufwand in Euro verursachen, als eine Finanzierung in Euro. | ☒ | ☐ |
| j  Wenn die Bank die Anlage in Fremdwährung aufnimmt, besteht ihr Risiko darin, dass die Zinsen für die CAD zum Ende der Laufzeit einen geringeren Ertrag in Euro erzielen, als eine Geldanlage in Euro. Diese Möglichkeit entspricht nicht dem Sachverhalt. siehe h | ☐ | ☒ |

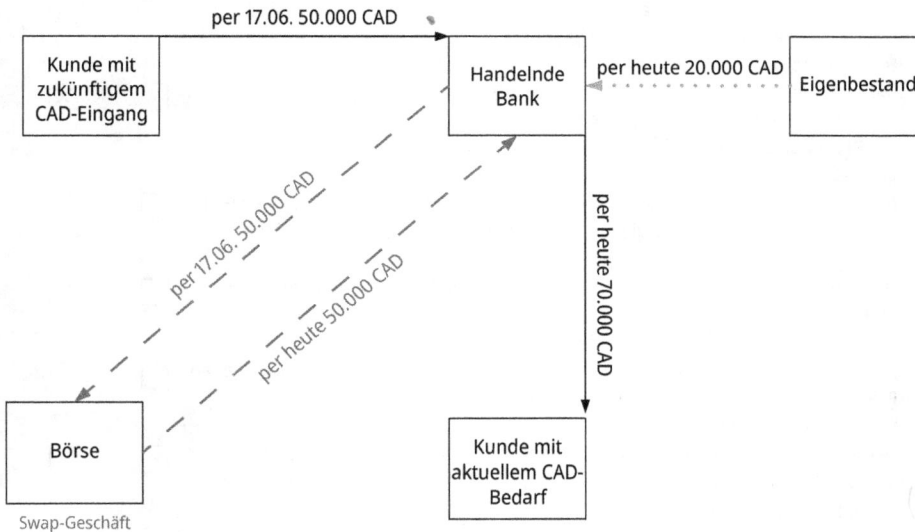

Swap-Geschäft

Darstellung der Zahlungsströme.

**14**

Ein Scheck weist folgende Merkmale auf:
- Betrag 100.000 €
- der Begünstigte ist namentlich benannt
- er ist mit zwei parallelen Strichen vom Aussteller versehen und
- am Dienstag, den 27. Juni 20XX in Berlin ausgestellt

| Welche Aussage(n) ist (sind) richtig? Welche ist (sind) falsch? | Richtig | Falsch |
|---|---|---|
| a Der Scheck hat durch die Ausstellung das Verfallsdatum 05. Juli 20XX, eine Einlösung ist danach gesetzlich verboten.<br>Die Frist ist zwar richtig berechnet, die Rechtsfolge ist aber erfunden. | ☐ | ☒ |
| b Der Scheck hat durch die Ausstellung das Verfallsdatum 06. Juli 20XX, eine Einlösung ist danach gesetzlich verboten.<br>Die Frist ist falsch berechnet und die Rechtsfolge erfunden. | ☐ | ☒ |
| c Die Vorlagefrist des Schecks endet am 05. Juli 20XX, die Bank wird den Scheck trotzdem auch danach ganz normal bearbeiten. | ☒ | ☐ |
| d Die Vorlagefrist des Schecks endet am 04. Juli 20XX, die Bank wird den Scheck trotzdem auch danach ganz normal bearbeiten.<br>Die Rechtsfolge ist richtig, aber die Frist ist falsch berechnet. | ☐ | ☒ |
| e Die Vorlagefrist des Schecks endet am 17. Juli 20XX, die Bank wird den Scheck trotzdem auch danach ganz normal bearbeiten.<br>Die Rechtsfolge ist richtig, aber die Frist bezieht sich auf Schecks, die in Europa oder einem Mittelmeerland ausgestellt wurden. | ☐ | ☒ |
| f Mit einer zu späten Einreichung verliert der Begünstigte seine scheckrechtlichen Regressmöglichkeiten sowie die Chance mit einem Scheckprozess gegen den Aussteller vorzugehen. | ☒ | ☐ |
| g Die zwei parallelen Striche dienen nur der optischen Verschönerung und haben scheckrechtlich keine Bedeutung.<br>Sie machen den Scheck zum Verrechnungsscheck. | ☐ | ☒ |
| h Der Aussteller kommuniziert mit den beiden parallelen Strichen, dass er auf jeden Fall den Scheck einlösen wird.<br>Sie machen den Scheck zum Verrechnungsscheck. | ☐ | ☒ |
| i Der Aussteller kommuniziert mit den beiden parallelen Strichen, dass er eine Barauszahlung des Schecks verbietet. Handelt das Kreditinstitut dagegen, besteht die Gefahr, dass sich das Kreditinstitut bei Barauszahlung einem Haftungsrisiko aussetzt. | ☒ | ☐ |
| j Der Aussteller kommuniziert mit den beiden parallelen Strichen, dass er eine Barauszahlung des Schecks verbietet. Da aber der Text „Nur zur Verrechnung" fehlt, dürfen diese beiden Striche im Rahmen der Bankbearbeitung gestrichen werden.<br>Sind die Striche einmal auf dem Scheck, können sie nicht mehr revidiert werden. | ☐ | ☒ |
| k Der Aussteller kommuniziert mit den beiden parallelen Strichen, dass er eine Barauszahlung des Schecks verbietet. Dies ist für die Bank bindend. Hätte eine andere Person die Striche angebracht, so hätte dies keine bindende Wirkung.<br>Unabhängig von wem die Striche stammen, haben sie immer die gleiche Wirkung. Im Nachhinein ließe sich auch nicht der Verantwortliche feststellen. | ☐ | ☒ |

**15**

| Welche Aussage(n) ist (sind) richtig? Welche ist (sind) falsch? | Richtig | Falsch |
|---|---|---|
| a  Orderschecks sind eine moderne Form der Schecks, die erst kürzlich in den USA entwickelt wurde. Nimmt eine Bank einen solchen Scheck entgegen, verpflichtet sie sich diesen „an Order" und damit schnellst möglich zu bearbeiten.<br>Diese Aussage ist frei erfunden. | ☐ | ☒ |
| b  Orderschecks unterscheiden sich von Inhaberschecks nur dadurch, dass sie nur durch ein Indossament rechtswirksam weitergegeben werden können. | ☒ | ☐ |
| c  Orderschecks unterscheiden sich von Inhaberschecks nur dadurch, dass sie nur durch eine Abtretungserklärung rechtswirksam weitergegeben werden können. Ein Indossament reicht für die Weitergabe. | ☐ | ☒ |
| d  Mit einem Vollindossament überträgt der erste Begünstigte alle Rechte auf einen namentlich benannten Rechtsnachfolger. | ☒ | ☐ |
| e  Mit einem Blankoindossament überträgt der erste Begünstigte alle Rechte auf einen namentlich nicht benannten Rechtsnachfolger. Der Scheck bleibt juristisch ein Orderpapier, wird aber faktisch zum Inhaberpapier. | ☒ | ☐ |
| f  Mit einem Blankoindossament überträgt der erste Begünstigte alle Rechte auf einen namentlich nicht benannten Rechtsnachfolger. Der Scheck bleibt faktisch ein Orderpapier, wird aber juristisch zum Inhaberpapier.<br>Die Rechtsnatur bleibt unverändert. Da der Empfänger nicht namentlich genannt ist, kann jeder Inhaber die Rechte aus dem Papier geltend machen. Bei der Handhabung besteht kein Unterschied mehr zum Inhaberpapier. | ☐ | ☒ |
| g  Mit einem Blankoindossament überträgt der erste Begünstigte alle Rechte auf einen namentlich nicht benannten Rechtsnachfolger. Der Scheck bleibt juristisch und faktisch ein Orderpapier.<br>Die Rechtsnatur bleibt unverändert. Da der Empfänger nicht namentlich genannt ist, kann jeder Inhaber die Rechte aus dem Papier geltend machen. Bei der Handhabung besteht kein Unterschied mehr zum Inhaberpapier. | ☐ | ☒ |
| h  Ein Orderscheck bietet dem Aussteller immer eine höhere Sicherheit als ein Inhaberscheck.<br>Mit einem Blankoindossament kann der Begünstigte den Scheck faktisch zum Inhaberpapier machen. In dem Fall sind beide Scheckarten gleich sicher. | ☐ | ☒ |

## 16

| Welche Aussage(n) ist (sind) richtig? Welche ist (sind) falsch? | Richtig | Falsch |
|---|:---:|:---:|
| a Solange der Wechsel noch nicht akzeptiert ist, entspricht er komplett dem Scheck. | ☐ | ☒ |
| Schecks können nur auf Banken gezogen werden, Wechselbezogene können auch natürliche, juristische oder quasijuristische Personen sein. Außerdem sind Schecks bei Vorlage zu begleichen, ein Fälligkeitsdatum gilt als nicht geschrieben. Wechsel sind regelmäßig dadurch gekennzeichnet, dass sie ein in der Zukunft liegendes Fälligkeitsdatum aufweisen. | | |
| b Der Scheck ist am angegebenen Datum fällig, der Wechsel immer im Moment der Vorlage zu bezahlen.<br>siehe a | ☐ | ☒ |
| c Schecks können nur auf natürliche, juristische und quasijuristische Personen, nicht aber auf Banken gezogen werden.<br>siehe a und d | ☐ | ☒ |
| d Schecks können nicht auf natürliche, juristische und quasijuristische Personen, sondern nur auf Banken gezogen werden. | ☒ | ☐ |
| e Wechsel können nur auf natürliche, juristische und quasijuristische Personen, nicht aber auf Banken gezogen werden.<br>siehe a | ☐ | ☒ |
| f Wechsel können nicht auf natürliche, juristische und quasijuristische Personen, sondern nur auf Banken gezogen werden.<br>siehe a | ☐ | ☒ |
| g Durch die Unterschrift des Bezogenen wird aus der Tratte der (vollwertige) Wechsel. | ☒ | ☐ |
| h Keine der vorherigen Aussagen ist richtig. | ☐ | ☒ |

**17**

| Welche Aussage(n) ist (sind) richtig? Welche ist (sind) falsch? | Richtig | Falsch |
|---|:---:|:---:|
| a  Der Wechsel ist ein geborenes Orderpapier und erfordert zur Weitergabe immer ein Indossament.<br>Der Wechsel ist zwar ein geborenes Orderpapier, jedoch ist eine Weitergabe per Indossament nicht möglich, wenn er den Zusatz „nicht an Order" trägt und damit der Klasse der Rektapapiere zuzuordnen ist. Eine formlose Übertragung (ohne weiteres Indossament) ist möglich, wenn das letzte Indossament blanko ausgestellt wurde. | ☐ | ☒ |
| b  Der Wechsel ist ein geborenes Inhaberpapier und kann somit formlos weitergegeben werden.<br>siehe a | ☐ | ☒ |
| c  Der Wechsel ist ein geborenes Rektapapier und kann nur mittels separater Abtretungserklärung weitergegeben werden.<br>siehe a | ☐ | ☒ |
| d  Der Aussteller des Wechsels darf diesen nach Akzeptierung nur bis zur Fälligkeit verwahren, um ihn dann dem Bezogenen vorzulegen.<br>Diese Aussage ist insofern falsch, da auch die Weitergabe an einen eigenen Lieferanten oder der Verkauf an die Hausbank möglich ist. | ☐ | ☒ |
| e  Der Aussteller des Wechsels muss diesen nach Akzeptierung an seinen Lieferanten weitergeben. Nur Lieferanten von Wechselausstellern sind berechtigt diese bei Fälligkeit einzulösen.<br>siehe d | ☐ | ☒ |
| f  Der Aussteller des Wechsels hat die Wahl, ob er den Wechsel an seine Hausbank oder die DBB verkauft. Bei dieser Entscheidung orientieren sich die meisten Aussteller an den Konditionen, die ihnen genannt werden.<br>Heute fehlen die rechtlichen Voraussetzungen für einen generellen Wechselankauf durch die Zentralbank. Zudem war ein direkter Verkauf einer Nicht-Bank an die DBB auch in der Vergangenheit nicht möglich. | ☐ | ☒ |
| g  Wenn der Wechsel bei Fälligkeit nicht eingelöst wird, muss der letzte Inhaber, um seine Forderung zu erhalten, auf den üblichen Klageweg zurückgreifen.<br>Ein Wechselanspruch kann durch einen Wechselprozess verfolgt werden, soweit die Voraussetzungen erfüllt sind. | ☐ | ☒ |
| h  Keine der vorherigen Aussagen ist richtig. | ☒ | ☐ |

**18**

| Welche Aussage(n) ist (sind) richtig? Welche ist (sind) falsch? | Richtig | Falsch |
|---|---|---|
| a  Wenn ein Scheck in Fremdwährung ausgestellt wird, wird das Währungsrisiko für den Aussteller umgangen, auch wenn er über kein Fremdwährungskonto verfügt. Ein vom Kunden ausgestellter Fremdwährungsscheck wird bei Einlösung dem Ausstellerkonto belastet. Handelt es sich um ein Fremdwährungskonto, wird der Scheckgegenwert 1:1 belastet (Gebühren unberücksichtigt). Handelt es sich um ein €-Konto, wird die €-Belastung wie folgt ausgerechnet: Scheckgegenwert dividiert durch aktuellen Devisengeldkurs. Da im letzteren Fall eine Umrechnung vorgenommen werden muss und eine zeitliche Differenz zwischen Ausstellung und Belastung besteht, existiert für den Aussteller somit ein Währungsrisiko. | ☐ | ☒ |
| b  Wenn ein Scheck in Fremdwährung ausgestellt wird, erfolgt die Belastung schon im Vorfeld, da die Hausbank sofort nach Ausstellung belasten wird. Dies passiert nur, wenn die Hausbank einen Scheck auf ihre Korrespondenzbank zieht. Die Hausbank kann nicht wissen, ob und wann der Kunde selbst Fremdwährungsschecks ausstellt. | ☐ | ☒ |
| c  Die Verwendung eines Fremdwährungsschecks, den die Hausbank des Zahlungspflichtigen auf eine ausländische Korrespondenzbank zieht, bietet für den Zahlungsempfänger eine hohe Sicherheit, dass ihm auch der Gegenwert gutgeschrieben wird. Das Restrisiko besteht darin, dass die ausstellende Bank zwischenzeitlich zahlungsunfähig wird. | ☒ | ☐ |
| d  Wenn ein Scheck in Fremdwährung ausgestellt wird, ist durch die Postlaufzeit ein Zinsvorteil erzielbar. | ☒ | ☐ |
| e  Die Verwendung eines auf Euro ausgestellten Schecks bietet sich immer dann an, wenn die Kontoverbindung des Empfängers unbekannt ist. Die gewählte Währung und die Unkenntnis der Kontoverbindung sind isoliert zu betrachtende Sachverhalte. | ☐ | ☒ |
| f  Soweit der Aussteller nicht über entsprechende Devisen verfügt, wird bei der Scheck-Einlösung der Geldkurs verwendet. Somit trägt der Aussteller das komplette Fremdwährungsrisiko. | ☒ | ☐ |
| g  Soweit der Aussteller nicht über entsprechende Devisen verfügt, wird bei der Scheck-Einlösung der Sichtkurs verwendet. Somit trägt der Aussteller das komplette Fremdwährungsrisiko. Dieser wird verwendet, wenn Sie der Bank einen Fremdwährungsscheck zur Gutschrift auf ein €-Konto einreichen. | ☐ | ☒ |
| h  Die Verwendung eines Schecks in Euro bietet sich nicht an, da hiermit das Kursrisiko auf den Zahlungsempfänger übertragen wird. | ☒ | ☐ |
| i  Die Verwendung eines Schecks in Euro ist problemlos möglich. Verändert sich der Währungskurs zwischen Ausstellung und Gutschrift bei dem Empfänger, schreiben die Incoterms® 2020 in der sogenannten Bagatellklausel vor, dass der Empfänger bis zu 2 Promille des Mindererlöses tragen muss. Für einen darüber hinausgehenden Schaden hat er einen Ausgleichsanspruch gegenüber dem Zahlungspflichtigen. Diese Regel ist frei erfunden. | ☐ | ☒ |
| j  Die Zahlung mittels Fremdwährungsscheck in einer gängigen Währung bietet sich auch an, wenn die Zahlung an eine Person in einem dritten Währungsgebiet geleistet werden soll. | ☒ | ☐ |

**19**

| Welche Aussage(n) ist (sind) richtig? Welche ist (sind) falsch? | Richtig | Falsch |
|---|:---:|:---:|
| a  Wenn ein Exporteur einen Scheck in Fremdwährung erhält, verpflichtet sich der Aussteller dem Zahlungsempfänger Kosten und etwaige Gebühren komplett zu erstatten.<br>Eine solche generelle Regelung gibt es nicht. | ☐ | ☒ |
| b  Wenn ein Exporteur einen Scheck in Fremdwährung erhält, unterliegt der Exporteur dem Währungsrisiko, soweit er nicht über ein Währungskonto verfügt. | ☒ | ☐ |
| c  Wenn ein Exporteur einen Scheck in Fremdwährung erhält, muss er mit weiteren Gebühren rechnen, welche den Gutschriftsbetrag verringern. | ☒ | ☐ |
| d  Wenn ein Exporteur einen Scheck in Fremdwährung erhält, erfolgt die Abrechnung zu dem für den Exporteur ungünstigen Sichtkurs. | ☒ | ☐ |
| e  Soweit sich der Zahlungspflichtige einen Vorteil verspricht, kann er die Zahlung auch in USD leisten. Da es sich hierbei um eine internationale Leitwährung handelt, hat der Exporteur kein Widerspruchsrecht.<br>Hiermit verhält sich der Zahlungspflichtige nicht vertragskonform. Rechtliche Schritte sind (theoretisch) möglich. | ☐ | ☒ |
| f  Erhält der Exporteur vom Zahlungspflichtigen einen Fremdwährungsscheck obwohl eine Überweisung verabredet war, ist es ökonomisch am klügsten, wenn er diesen sofort an den Zahlungspflichtigen zurückschickt und auf eine vertragsgemäße Erfüllung besteht.<br>Statt den Gesamtbetrag mit einem erneuten Kreditrisiko zu versehen, erscheint es sinnvoller, den Scheck zu verwenden und etwaige Gebühren und / oder Währungsverluste darüber hinaus gegenüber dem Zahlungspflichtigen geltend zu machen. | ☐ | ☒ |
| g  Wenn der Importeur dem Exporteur einen Scheck zukommen lässt und der Exporteur diesen bei seiner Bank einreicht, spricht man auch vom Dokumenteninkasso, da die Bank den Scheckgegenwert einziehen muss.<br>Vom Dokumenteninkasso wird nur gesprochen, wenn der Zahlungsempfänger seiner Bank Dokumente einreicht, welche den Versand der Ware belegen oder die Ware selbst verkörpern. Diese Wertpapiere darf die Bank des Importeurs nur gegen Zahlung aushändigen. | ☐ | ☒ |

## 20

Es soll eine Zahlung in Höhe von 55.000 € in die USA geleistet werden.

| Welche Aussage(n) ist (sind) richtig? Welche ist (sind) falsch? | Richtig | Falsch |
|---|---|---|
| a  Da die Zahlung in Euro erfolgen soll, bietet sich die SEPA-Überweisung an.<br>Am SEPA-Verfahren nehmen die USA nicht teil. | ☐ | ☒ |
| b  Eine Zahlung über 50.000 € muss erst durch das Finanzministerium genehmigt werden.<br>Eine solche Verpflichtung existiert nicht. | ☐ | ☒ |
| c  Die Hausbank informiert die Bundesbank über den Vorgang, damit sie die entsprechenden Devisen bereitstellen kann.<br>Die Überweisung ist meldepflichtig, hierfür ist aber der Zahlungspflichtige und nicht seine Hausbank verantwortlich. Die Devisenbeschaffung hingegen ist Aufgabe der Hausbank. | ☐ | ☒ |
| d  Die Hausbank informiert das zuständige Finanzamt, damit Steuerhinterziehung und organisiertes Verbrechen bekämpft werden können.<br>Diese Regel ist frei erfunden. | ☐ | ☒ |
| e  Die Hausbank informiert die Bundesbank über den Vorgang, damit statistische Analysen erstellt werden können.<br>siehe c | ☐ | ☒ |
| f  Keine der vorherigen Aussagen ist richtig. | ☒ | ☐ |

**21**

| Welche Aussage(n) ist (sind) richtig? Welche ist (sind) falsch? | Richtig | Falsch |
|---|---|---|
| a Ein unwiderrufliches unbestätigtes Dokumentenakkreditiv ist für den Exporteur so sicher wie eine Anzahlung.<br>Wenn die eröffnende Bank zahlungsunfähig wird, ist die Sicherheit des Akkreditivs nicht mehr vorhanden. | ☐ | ☒ |
| b Ein unwiderrufliches unbestätigtes Dokumentenakkreditiv schließt für den Importeur alle Risiken aus.<br>Trotz einwandfreier Dokumente können immer noch mangelhafte Waren geliefert werden. | ☐ | ☒ |
| c Ein unwiderrufliches unbestätigtes Dokumentenakkreditiv ist ein fairer Ausgleich zwischen den Wünschen der beiden Vertragsparteien.<br>Die Vorteile liegen stärker beim Exporteur. Das Dokumenteninkasso hingegen stellt einen fairen Interessenausgleich zwischen beiden Parteien dar. | ☐ | ☒ |
| d Mit einem unwiderruflichen unbestätigten Dokumentenakkreditiv erhält der Exporteur die abstrakten Zahlungsversprechen von zwei Banken.<br>Nur die eröffnende Bank gibt beim unbestätigten Dokumentenakkreditiv ein Versprechen ab. | ☐ | ☒ |
| e Der Exporteur kann während der gesamten Vertragslaufzeit eine Umwandlung von einem unwiderruflichen unbestätigten in ein unwiderrufliches bestätigtes Dokumentenakkreditiv verlangen.<br>Da der Importeur die Kosten für die Bestätigung trägt, muss diese Anforderung bei Vertragsabschluss geklärt sein. | ☐ | ☒ |
| f Die Bestätigung eines Akkreditivs ist ein formaler Akt, der bei der zuständigen Handelskammer gegen Vorlage des Personalausweises und der Bestallungsurkunde immer verlangt werden kann.<br>Die Bestätigung ist ein abstraktes Zahlungsversprechen einer Bank und kein formaler Akt. Die Handelskammer ist in diesem Prozess gar nicht eingebunden. | ☐ | ☒ |
| g Der Exporteur hat nur dann Anspruch auf Zahlung, wenn er alle Dokumente fristgerecht in der geforderten Form und Anzahl liefert. | ☒ | ☐ |
| h Soweit ein Akkreditiv revolvierend ausgestellt ist, kann der Importeur es mehrfach in voller Höhe in Anspruch nehmen.<br>Der Exporteur kann ein revolvierendes Akkreditiv nach jeder Inanspruchnahme erneut als Sicherheit benutzen. | ☐ | ☒ |
| i Soweit es in der Akkreditiveröffnung nicht ausgeschlossen wird, kann der Exporteur jedes Akkreditiv auch an seine Lieferanten weitergeben.<br>Die Übertragbarkeit muss ausdrücklich bei der Eröffnung genannt werden, um eine Weitergabe zu ermöglichen. | ☐ | ☒ |
| j Ein Dokumentenakkreditiv ist zwingend an die Klausel CIF der Incoterms® 2020 gebunden.<br>Incoterms® 2020 und Zahlungsbedingungen (wie Dokumentenakkreditive) stehen in keinem zwangsläufigen Zusammenhang. | ☐ | ☒ |
| k Zur Entgegennahme der Waren ist zwingend das Konnossement vorzulegen.<br>Das Konnossement ist ein Wertpapier der Seeschifffahrt und nicht des Luftverkehrs. | ☐ | ☒ |
| l Keine der vorherigen Aussagen ist richtig. | ☐ | ☒ |

**22**

| Welche Aussage(n) ist (sind) richtig? Welche ist (sind) falsch? | Richtig | Falsch |
|---|---|---|
| a  Mit dem Dokumenteninkasso verlagert der Exporteur alle Risiken auf den Importeur. | ☐ | ☒ |
| Für den Exporteur verbleiben noch deutliche Risiken: <br>(1) Nimmt der Importeur die Waren überhaupt ab? (Die Zahlung ist daran geknüpft.) <br>(2) Ist der Käufer noch zahlungsfähig, wenn die Dokumente vorgelegt werden? <br>(3) Ggf. besteht ein Wechselkursrisiko, wenn die Kontraktwährung von der Heimatwährung des Exporteurs abweicht. <br>(4) Es besteht die Gefahr, dass die Ware auf dem Transportweg untergeht. Der Warengegenwert ist verloren, sofern die Gefahr noch immer beim Exporteur lag und keine Transportversicherung abgeschlossen wurde. | | |
| b  Dokumenteninkassi können in den Ausprägungen „gegen Zahlung" und „gegen Akzept" vorgenommen werden. | ☒ | ☐ |
| c  Für ein Dokumenteninkasso muss der Importeur eine Sicherheitsleistung erbringen. <br>Diese Regel gibt es gar nicht. | ☐ | ☒ |
| d  Für ein Dokumenteninkasso muss der Exporteur eine Sicherheitsleistung erbringen. <br>Diese Regel gibt es gar nicht. | ☐ | ☒ |
| e  Ein Außenhandelsgeschäft, welches in Euro abgewickelt wird und bei dem ein Dokumenteninkasso eingesetzt wird, ist für den Importeur völlig risikofrei. <br>Für den Importeur verbleiben noch deutliche Risiken: <br>(1) Der Exporteur kann Waren minderer Qualität verschicken. Auch mit Qualitätsnachweisen ist dieses Risiko nicht komplett auszuschließen. <br>(2) Ob der Exporteur überhaupt und wenn ja, fristgerecht liefert, ist für den Importeur ebenfalls ungewiss. <br>(3) Es besteht die Gefahr, dass die Ware auf dem Transportweg untergeht. Der Importeur zahlt gegen die Dokumente, erhält aber keinen Gegenwert. Dieses Risiko ist ihm aber nur dann zuzuordnen, wenn der Gefahrenübergang auf ihn bereits erfolgt ist und zur Absicherung des Transports keine Versicherung abgeschlossen wurde. | ☐ | ☒ |
| f  Ein Dokumenteninkasso darf aufgrund der Vorgaben der ICC nur mit der Klausel FAS kombiniert werden. <br>Diese Regel gibt es gar nicht. | ☐ | ☒ |
| g  Mit dem Abschluss eines Dokumenteninkassos kann der Importeur sicher sein, dass er nur zahlt, wenn er auch eine Lieferung erhalten hat. | ☒ | ☐ |
| h  Bei der Ausprägung „Dokumente gegen Akzept" muss sich die Hausbank im Vorfeld verpflichten, das Akzept auch zu leisten. <br>Diese Regel gibt es gar nicht, da der Importeur zu akzeptieren hat. | ☐ | ☒ |
| i  Bei der Ausprägung „Dokumente gegen Akzept" darf der Importeur vor der Unterschrift die Ware prüfen. <br>Dieses Recht steht ihm nicht zu. | ☐ | ☒ |
| j  Bei der Ausprägung „Dokumente gegen Akzept" wird dem Importeur ein Zahlungsziel eingeräumt, welches durch einen Wechsel abgesichert wird. | ☒ | ☐ |
| k  Bei der Ausprägung „Dokumente gegen Akzept" darf die Hausbank dem Importeur die Dokumente – auf eigenes Risiko – zur Prüfung aushändigen. | ☒ | ☐ |
| l  Keine der vorherigen Aussagen ist richtig. | ☐ | ☒ |

**23**

Ein Exporteur hat sich mit seinem Kunden auf ein Dokumentinkasso gegen Zahlung geeinigt.

| Welche Aussage(n) ist (sind) richtig? Welche ist (sind) falsch? | Richtig | Falsch |
|---|---|---|
| a Die Regelungen der ICC sind auf jeden Fall Vertragsbestandteil. Die Einbeziehung muss ausdrücklich vereinbart sein. | ☐ | ☒ |
| b Für einen Inkassoauftrag sind die Namen des Exporteurs, des Auftraggebers, der Einreicherbank und der vorlegenden Bank anzugeben. Der Exporteur ist der Auftraggeber des Dokumenteninkassos, sodass der Empfänger (= Importeur) in der Aufzählung fehlt. | ☐ | ☒ |
| c Art und Anzahl der Produkte, Versandart und –route, Art und Anzahl der Dokumente gegen welche die Zahlung erfolgen soll, sind Pflichtangaben. | ☒ | ☐ |
| d Eine Notadresse für Rückfragen des Frachtführers muss auf jeden Fall enthalten sein. Eine Not- oder auch Benachrichtigungsadresse (notify address) ist auf jeden Fall hilfreich, jedoch nicht zwingend erforderlich. | ☐ | ☒ |
| e Hinweise für die Verwendung des unterschriebenen Wechsels sind entbehrlich. Es gibt keinen Wechsel im Rahmen des Dokumenteninkassos gegen Zahlung. | ☐ | ☒ |
| f Die Höhe des Betrags muss definiert werden. Solange keine Währung vorgegeben wird, gilt immer die Heimatwährung des Importeurs. Die Höhe und die Währung müssen im Auftrag definiert sein. | ☐ | ☒ |
| g Die Höhe des Betrags muss definiert werden. Solange keine Währung vorgegeben wird, gilt immer die Heimatwährung des Exporteurs. Die Höhe und die Währung müssen im Auftrag definiert sein. | ☐ | ☒ |
| h Wenn eine Währung angegeben ist, hat der Importeur die Möglichkeit, die Währung am Tag der Einlösung nach seinen Wünschen anzupassen. Nutzt er dieses Recht nicht, so verfällt es. Diese Regel gibt es nicht. | ☐ | ☒ |
| i Keine der vorherigen Aussagen ist richtig. | ☐ | ☒ |

**24**

| Welche Aussage(n) ist (sind) richtig? Welche ist (sind) falsch? | Richtig | Falsch |
|---|---|---|
| a Die Kreditgewährung im Außenhandel unterscheidet sich überhaupt nicht von Binnenfinanzierungen, da es für Kreditinstitute letztlich immer nur auf die Bonität des Kreditnehmers und die Besicherung ankommt.<br>Teilweise sind die Außenhandelsgeschäfte mit höheren Risiken verbunden, sodass (stellenweise) eine intensivere Bonitätsprüfung empfehlenswert ist. | ☐ | ☒ |
| b Avalkredite, mit denen die kreditgewährende Bank Erfolge garantiert, sind besonders bedeutsam. | ☒ | ☐ |
| c Die AKA Ausfuhrkredit-Gesellschaft mbH ist ein wichtiger Player im Außenhandel und verdrängt mit ihrem aggressiven Angebot auch inländische Banken aus der Außenhandelsfinanzierung.<br>Die Zielsetzung der AKA Ausfuhrkredit-Gesellschaft mbH ist nicht die Konkurrenz mit den inländischen Banken, sondern vielmehr die Übernahme von Teilfinanzierungen. | ☐ | ☒ |
| d Die KfW ist ein öffentliches Kreditinstitut, dessen wichtigster Auftrag ist, die Staatsfinanzen zu sanieren; deshalb verlangt sie regelmäßig sehr hohe Konditionen. Nur Kunden mit sehr schlechter Bonität finanzieren deshalb über die KfW-Kredite.<br>Die Aufgabe der KfW ist die Förderung der definierten Ziele und gerade nicht die Gewinnmaximierung. | ☐ | ☒ |
| e Ziel der Bundesgarantien ist es, den Außenhandel zu stärken. | ☒ | ☐ |
| f Die öffentlichen Institutionen, die im Außenhandel Unterstützung anbieten, haben bei allen ihren Produkten eine Monopolstellung und können deshalb die Konditionen frei bestimmen.<br>Stellenweise, aber nicht immer, liegen Monopolangebote vor. Auch bei den Monopolangeboten ergibt sich aus der Zielsetzung dieser Institutionen, dass sie den Außenhandel fördern und nicht beschränken möchten. | ☐ | ☒ |
| g Die öffentlichen Institutionen, die im Außenhandel unterstützen, bieten aufgrund ihres Förderauftrags immer so günstige Konditionen, dass Geschäftsbanken immer teurer sind.<br>So pauschal ist dies zumindest bei einer ganzheitlichen Betrachtung der Kosten nicht immer zutreffend. Da die (zum Teil) höheren realwirtschaftlichen Anforderungen auch die Zinsvorteile (über-)kompensieren können. | ☐ | ☒ |
| h Keine der vorherigen Aussagen ist richtig. | ☐ | ☒ |

## 7.3 Fallstudien

### Fallstudie 1

Welche Form der Zahlung sollte die Schweißnaht GmbH wählen, um das Zahlungsrisiko zu minimieren? Begründen Sie Ihre Entscheidung.

**(1)** Die beste Möglichkeit: Der Kunde vereinbart eine Vorauszahlung. Erst mit Erhalt des Gegenwerts bringt er die Waren auf den Weg. Auf diese Weise kann er zudem seine Finanzierungskosten senken.

**(2)** Beim unwiderruflichen Dokumentenakkreditiv erhält er auf jeden Fall seinen Warengegenwert, wenn er die vereinbarten Dokumente liefert. Sein Restrisiko besteht darin, dass die Inkassobank zahlungsunfähig wird. Hiergegen kann sich der Exporteur durch den Bestätigungsvermerk seiner Bank absichern. Ob die zusätzlichen Kosten für die Bestätigung erforderlich sind, kann nur im Einzelfall geklärt werden.

**(3)** „Dokumente gegen Zahlung" birgt für den Exporteur das Risiko, dass der Importeur die Ware nicht abnimmt und der Sparkassenkunde die Ware auf eigene Kosten und Risiko entweder anderweitig verkaufen oder den Rücktransport organisieren muss. Gerade bei dem Spezialmodul dürfte dies ausgesprochen schwierig sein.

**(4)** „Dokumente gegen Akzept" konfrontiert den Kunden mit dem gleichen Risiko wie „Dokumente gegen Zahlung". Zusätzlich besteht noch die Gefahr, dass der Kunde den Wechsel nicht einlöst. Die Realisierung der Forderung in den USA dürfte auf jedem Fall mit einem erheblichen Aufwand verbunden sein. Zudem nimmt der Sparkassenkunde bei dieser Zahlungsbedingung einen Zinsnachteil in Kauf.

**(5)** Mit der Vereinbarung „Zahlung nach Erhalt der Ware" gibt sich der Exporteur komplett in die Hand des Erwerbers, da er das Verfügungsrecht über die Waren erst aufgibt (= Dokumentenübergabe) und dann im Anschluss die Zahlung erhält. Auch die Verweigerung der Warenabnahme gehört in dieses Risikoprofil.

**(6)** Die Zahlung nach drei Monaten stellt für den Exporteur die schlechteste Möglichkeit dar. Er gibt, bevor er die Zahlung erhält, das Verfügungsrecht auf und trägt auch für die Laufzeit des Zahlungsziels das Ausfallrisiko des Importeurs. Auch die Verweigerung der Warenabnahme gehört in dieses Risikoprofil.

## Fallstudie 2

Wie hoch ist die Summe der Kosten, die dem Kunden neben dem Warenwert in Rechnung gestellt werden muss, damit die kompletten 2,5 Mio. € als Ertrag bei der GmbH verbleiben?

| Position | Einbeziehung | Mit ... € |
|---|---|---|
| Transport von New York nach Florida 25.000 € | Nein | |
| Transport von Bochum nach Hamburg 35.000 € | Ja | 35.000 |
| Kosten der Beladung in Hamburg 2.000 € | Ja | 2.000 |
| Kosten der Entladung in New York 3.000 € | Nein | |
| Seeversicherung für 110 %, Warenwert 10.000 €[35] | Ja | 11.000 |
| Kosten der Seefracht 22.000 € | Ja | 22.000 |
| Einfuhrverzollung 125.000 € | Nein | |
| Verpackung 1.000 € | Ja | 1.000 |
| Summe, die zusätzlich zu fordern ist, beträgt: | | 71.000 |

---

**35** Die einbezogenen Bestandteile sind Bestandteile der Klausel CIF gemäß den Incoterms® 2020. Die im Rahmen der Klausel verlangte Versicherungssumme beträgt nicht 100 %, sondern 110 % und ist somit anzupassen.

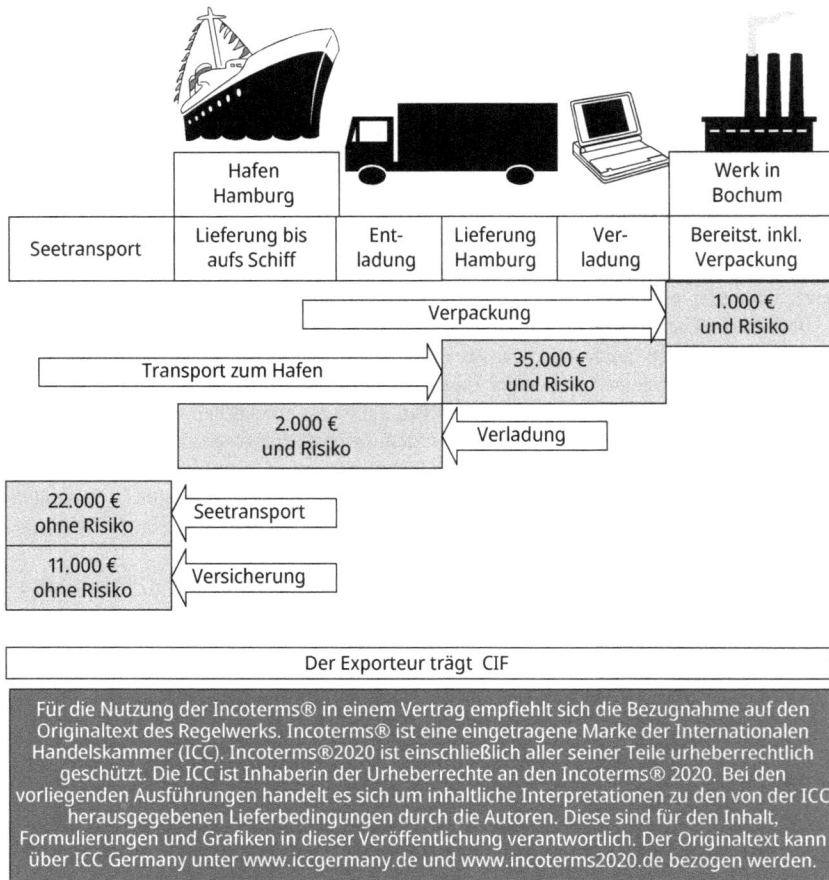

| Seetransport | Lieferung bis aufs Schiff | Ent- ladung | Lieferung Hamburg | Ver- ladung | Bereitst. inkl. Verpackung |
|---|---|---|---|---|---|

Hafen Hamburg — Werk in Bochum

Verpackung → 1.000 € und Risiko

Transport zum Hafen → 35.000 € und Risiko

2.000 € und Risiko ← Verladung

22.000 € ohne Risiko ← Seetransport

11.000 € ohne Risiko ← Versicherung

| Der Exporteur trägt CIF |
|---|

Für die Nutzung der Incoterms® in einem Vertrag empfiehlt sich die Bezugnahme auf den Originaltext des Regelwerks. Incoterms® ist eine eingetragene Marke der Internationalen Handelskammer (ICC). Incoterms®2020 ist einschließlich aller seiner Teile urheberrechtlich geschützt. Die ICC ist Inhaberin der Urheberrechte an den Incoterms® 2020. Bei den vorliegenden Ausführungen handelt es sich um inhaltliche Interpretationen zu den von der ICC herausgegebenen Lieferbedingungen durch die Autoren. Diese sind für den Inhalt, Formulierungen und Grafiken in dieser Veröffentlichung verantwortlich. Der Originaltext kann über ICC Germany unter www.iccgermany.de und www.incoterms2020.de bezogen werden.

Visualisierung der Kosten- und Risikoverteilung auf Basis der Incoterms® 2020 im Anwendungsfall.

**Fallstudie 3**

Zu welchem USD-Wert kann die Schweißnaht GmbH die Waren einschließlich aller Kosten anbieten? Unterstellen Sie einmal, dass der Importeur sofort bezahlt bzw. ein Zahlungsziel von sechs Monaten vereinbart wird.

(a) Kassageschäft: $1,4780 \cdot (2.500.000 + 71.000) = 3.799.938$ USD

(b) Termingeschäft: $1,4880 \cdot 1,0025 \cdot (2.500.000 + 71.000) = 3.835.212,12$ USD

(c) Begründung: Im Moment der Kalkulation muss die Sichtweise gewechselt werden. Dem Exporteur ist bewusst, dass die Zahlung, die er erhält, zum Briefkurs abgerechnet wird. Der USD-Betrag wird durch den Briefkurs dividiert. Folglich muss er für die Angebotserstellung den gewünschten Euro-Betrag mit dem jeweiligen Briefkurs multiplizieren.

## Fallstudie 4

Welche andere Möglichkeit der Kursabsicherung können Sie der Schweißnaht GmbH noch vorschlagen? Nennen Sie jeweils einen Vor- und einen Nachteil.

**(1)** Führung eines Währungskontos

(a) Vorteile:
– Die Zahlungsein- und -ausgänge in Fremdwährung müssen nicht jedes Mal zu den ungünstigeren Kursen getauscht werden.
– Das Währungsrisiko besteht nur für die Spitzenbeträge, die in Heimatwährung getauscht werden.
– Die Geldanlage und Kreditaufnahme in Fremdwährung wird möglich.

(b) Nachteile:
– Kontoführungsgebühren für das Fremdwährungskonto.
– Nur sinnvoll einsetzbar, wenn entsprechende Zahlungsein- und –ausgänge in Fremdwährung anfallen.

**(2)** Abschluss eines Outrightgeschäfts

(a) Vorteil: Planungssicherheit, da der Kurs schon heute vertraglich festgelegt wird.

(b) Nachteil: Verpflichtung zur Vertragserfüllung, selbst wenn der Kurs sich zu Gunsten des Kunden verändert hat.

**(3)** Kauf einer Verkaufsoption

(a) Vorteile:
– Entwickelt sich der Kurs zu Gunsten des Exporteurs (hier: Anstieg des USD), kann er die Option verfallen lassen und den Kursgewinn realisieren.
– In Abhängigkeit von der erwarteten Währungsentwicklung kann diese Kurssicherung günstiger sein als der Verkauf auf Termin.

(b) Nachteil: In Abhängigkeit von der erwarteten Währungsentwicklung kann diese Kurssicherung teurer sein als der Verkauf auf Termin, da die Prämie immer zu zahlen ist.

**(4)** Abschluss eines Swap-Geschäfts

(a) Vorteil: günstigere Konditionen

(b) Nachteil: Nur passend, wenn aktuell auch ein Bedarf an USD besteht; gerade für kleinere Unternehmen ist dies nur selten der Fall.

## Fallstudie 5

**(1)** Kursermittlung

(a) Wie hoch ist der Belastungsbetrag in Euro für den Import der Handys, wenn der Kunde die Kondition bereits heute fixiert haben möchte?
Belastungsbetrag: 3.000 JPY ÷ 99,95 = 30,0150 € pro Handy · 1.000.000 = 30.015.000 €

(b) Wie hoch ist der Verkaufserlös in Euro für die exportierten Handys, wenn der Kunde die Kondition bereits heute fixiert haben möchte?
Gutschriftsbetrag: 40 CAD ÷ 1,2908 = 30,9885 € pro Handy · 200.000 = 6.197.700 €

**(2)** Was ist die Ursache, dass die Devisenkurse beim CAD ansteigen und beim JPY fallen?

Die Terminwährungskurse weichen von den Kassakursen ab, wenn unterschiedliche Zinsniveaus in den Währungsgebieten vorliegen.

(a) Man spricht von einem Report, wenn der Wert der Auslandswährung im Zeitverlauf zunimmt, wie dies bei den JPY der Fall ist. In diesem Fall ist das Zinsniveau in Japan höher als im Euroraum.

(b) Man spricht von einem Deport, wenn der Wert der Auslandswährung im Zeitverlauf abnimmt, wie dies bei den CAD der Fall ist. In diesem Fall ist das Zinsniveau in Kanada geringer als im Euroraum.

**(3)** Angenommen der direkte CAD $\leftrightarrow$ JPY-Kassa-Kurs notiert zu Geld 79,2 und Brief 79,3. Es sollen JPY im Gegenwert von 10.000 CAD erworben werden. Welche Alternative ist aus Sicht des Erwerbers sinnvoll?

(a) Direktgeschäft 10.000 CAD · 79,2 = 792.000 JPY

(b) Cross-Rate-Abwicklung:
   – Verkauf der 10.000 CAD in € zum Briefkurs (= 1,2608) = 7931,47 €
   – Tausch der € in JPY zum Geldkurs (= 100,25) = 795.130 JPY
   – Cross-Rate: 100,25 ÷ 1,2608 = 79,513
   – Der Zwischenschritt über den Euro wird als Arbitrage bezeichnet. Aufgrund der hohen Transparenz ist dieses Vorgehen heute kaum mehr möglich.


**Fallstudie 6**

**(1)** Welche Möglichkeit besteht die Zahlungsverpflichtung zu erfüllen, wenn der Exporteur nur Konten in Indien unterhält und der Importeur über keine Fremdwährungskonten verfügt?

Als Möglichkeit bietet sich aufgrund der Drittwährung die Ausstellung eines Bankenschecks an.

**(2)** Beschreiben Sie die detaillierten Schritte, die erforderlich sind, damit der Exporteur seine Zahlung erhält.

(a) Martin Z beauftragt die Sparkasse A zur Zahlung des Eurogegenwerts der 200.000 CAD mittels Bankenscheck.

(b) Mit dem Eurowert belastet die Sparkasse A den Importeur und merkt sich vor, dass ihr Devisenbestand (in CAD) kurzfristig vermindert wird (Zwischenkonto).

(c) Sie stellt den Scheck in CAD aus und gibt ihn je nach Auftrag an ihren Kunden oder direkt an den indischen Geschäftspartner weiter.

(d) Nach Erhalt reicht das indische Unternehmen den Scheck bei seiner Hausbank ein.

(e) Die Hausbank schreibt den Gegenwert ihrem Kunden zum Sichtkurs gut und bucht den Betrag auf einem Zwischenkonto ein.

(f) Der Scheck wird von der indischen Bank an die bezogene Bank in Kanada weitergegeben.

(g) Die kanadische Bank, die für die beiden anderen Banken Konten führt, belastet nach Prüfung die Sparkasse und schreibt den Gegenwert der indischen Bank gut.

(h) Es erfolgt die Weitergabe der Information an die indische Bank.

(i) Im Anschluss erfolgt bei der indischen Bank der Ausgleich des Zwischenkontos und die Devisenbestandserhöhung.

(j)  Nun wird die Sparkasse informiert.

(k)  Die Sparkasse bucht die Devisen aus und stellt das Zwischenkonto glatt.

**(3)**  Stellen Sie die von Ihnen gewählte Auslandszahlungsform in vier Schritten dar.

(a)  Kundenauftrag zur Zahlung mittels Bankenschecks.

(b)  Ausstellung und Weitergabe des Schecks durch die Hausbank des Zahlungspflichtigen, der sofort belastet wird.

(c)  Einreichung des Schecks durch den Zahlungsempfänger bei seiner Hausbank.

(d)  Gutschrift des Gegenwerts und Verrechnung zwischen den beteiligten Banken.

**(4)**  Wie hoch ist der Belastungsbetrag, wenn folgende Kurse gültig sind und der Kunde mit einer Provision von 0,20 % belastet wird?

(a)  Zu verwenden ist der Devisengeldkurs, der nicht angegeben ist.

(b)  Bekannt ist, dass
- die Differenz zwischen Mittelkurs und Briefkurs so groß ist, wie die Differenz zwischen Mittelkurs und Geldkurs
- der Geldkurs unter dem Mittelkurs liegt

(c)  Daraus folgt:
- 1,3368 – 1,3348 = 0,0020
- 1,3348 – 0,0020 = 1,3328
- 200.000 ÷ 1,3328 = 150.060,02 € + 0,2 % = 150.360,14 €

## Fallstudie 7

**(1)**  Welcher Betrag ist heute in Euro zu leisten, wenn ein Devisentermingeschäft abgeschlossen wird?

(a)  Der Kunde möchte AUD kaufen, so ist der Geldkurs für ihn maßgeblich.

(b)  Der Devisenkassamittelkurs liegt exakt zwischen Geld- und Briefkurs.

(c)  Der Geldkurs ergibt sich somit durch Abzug von 0,0060 ÷ 2 vom Devisenmittelkurs = 1,2233 AUD

(d)  Der Report ist auf den Geldkurs zu addieren: 1,2233 + 0,0105 = 1,2338

(e)  Für einen Betrag von 75.000 AUD wird der Kunde folglich mit 60.787,81 € belastet.

**(2)**  Was ist die Ursache des Reports?

Ein Report tritt immer dann auf, wenn das ausländische über dem inländischen Zinsniveau liegt.

**(3)**  Wie erfolgt die Abwicklung bei diesem Termingeschäft?

(a)  Das Verpflichtungsgeschäft wird in der Gegenwart abgeschlossen und die Konditionen (Kurs und Fälligkeitsdatum) werden vereinbart.

(b)  Da es sich um ein unbedingtes Geschäft handelt, sind beide Parteien verpflichtet ihre jeweilige Leistung zu erbringen.

(c)  Die Bank liefert die AUD zum vereinbartem Kurs, der Kunde nimmt diese ab und zahlt den vereinbarten Kaufpreis (= Belastung auf dem Girokonto).

**(4)**  Welche Pflichten hat ein Exporteur bei den Klauseln CIF Hamburg und DDP R-Stadt zu erfüllen?

(a) CIF Hamburg
- – Der Exporteur liefert auf seine Kosten bis zum Hafen Hamburg.
- – Hierin ist auch eine Transportversicherung zu Gunsten des Importeurs enthalten, die über 110 % des Warenwerts abzuschließen ist und entgangene Gewinne im Falle des Untergangs ausgleichen soll.
- – Der Risikoübergang findet statt, wenn die Waren im Verschiffungshafen an Bord angekommen sind.

(b) DDP R-Stadt
- – Der Exporteur stellt die Waren am Bestimmungsort (im Land des Importeurs) zur Verfügung. Mit Ankunft an der Adresse geht das Risiko über. Das Gesamtpaket des Exporteurs umfasst auch die Verzollung. Lediglich das Entladen hat der Importeur zu übernehmen. Dies muss er auch auf eigenes Risiko vornehmen.
- – Ein Versicherungsschutz steht ihm nicht zu. Er hat einen Anspruch auf Lieferung selbst dann, wenn die Ware auf dem Transport abhandenkommen sollte.

## Fallstudie 8

**(1)** Welche rechtlichen Auswirkungen ergeben sich aus der Verzierung?

Es handelt sich um einen Verrechnungsscheck, dies ist eine Folge der zwei parallelen Linien auf dem Scheck.

**(2)** Wann genau läuft die Vorlegungsfrist ab?

(a) Ein vordatierter Scheck ist auch schon vor dem Ausstellungsdatum gültig und kann dementsprechend wie gewöhnlich eingelöst werden. Die Vorlegungsfrist beginnt mit dem angegebenen (hier: fiktiven) Ausstellungstag.

(b) Zunächst muss anhand des im Fall angegebenen Datums (05.12.20XX = Dienstag) der Wochentag des auf dem Scheck angegebenen Ausstellungsraums ermittelt werden. Ausgangspunkt ist der 12.12.20XX (= Dienstag) zuzüglich 8 Bankgeschäftstage. Somit ist der 20.12.20XX (Mittwoch) der letzte Vorlegungstag. Die Frist läuft damit am Donnerstag um 0:00 Uhr bzw. bei Geschäftsschluss der Banken am Mittwochnachmittag bzw. -abend ab.

**(3)** Was bewirkt die Frist?

Die Vorlegungsfrist soll verhindern, dass der Scheck zum Kreditinstrument wird. Des Weiteren hält sie die Pflicht des Kreditinstituts zur Einlösung, den Anspruch auf scheckrechtlichen Regress und die Möglichkeit des Scheckprozesses aufrecht.

**(4)** Kann der Scheck danach auch noch eingelöst werden?

Die Kreditinstitute lösen regelmäßig auch Schecks ein, deren Vorlegungsfrist abgelaufen ist, obwohl keine rechtliche Verpflichtung hierzu besteht.

**(5)** Welche rechtliche Konsequenz ergibt sich, wenn die Angabe des Ausstellungstags auf dem Scheck gefehlt hätte?

Es liegt kein Scheck vor, da ein wesentlicher Bestandteil fehlt. Der Ausstellungstag (nicht jedoch -ort) gehört zu den nach Art. 1 des ScheckG definierten gesetzlichen Bestandteilen, die nicht durch eine Annahme ersetzt werden können.

## Fallstudie 9

**(1)** Informieren Sie Herrn Poolo über die grundsätzlichen Unterschiede im Vergleich zu anderen Schecks. Gehen Sie bitte auch auf die rechtliche Übertragung ein.

Orderschecks sind an dem Satz *„Zahlen Sie diesen Scheck an … oder Order"* und / oder dem roten Rand mit dem Vermerk *„Orderscheck"* zu erkennen. Im Gegensatz zum Inhaberscheck wird der Zahlungsempfänger im Orderscheck namentlich benannt. Orderpapiere werden durch Einigung, Indossament und Übergabe übereignet. Durch das Indossament wird die rechtswirksame Übertragung der Scheckrechte gewährleistet, worin eine höhere Sicherheit für den Aussteller begründet liegt.

**(2)** Welchen wesentlichen Vorteil bietet ein Orderscheck, der auch hier seine Entfaltung findet?

Der Vorteil liegt in der höheren Sicherheit für Herrn Polo, da der Scheck (soweit nicht blanko indossiert) von niemandem außer dem Autohaus eingelöst werden dürfte. Kriminelle Handlungen können auch diese Sicherheitshürde überwinden.

**(3)** Was ist ein Indossament und welche Funktionen erfüllt es?

Mit einem Indossament auf der Rückseite des Schecks überträgt der ursprüngliche Scheckbegünstigte (= Indossant) seine Rechte auf einen Dritten (= Indossatar = aktueller Schecknehmer). Ferner wird zwischen dem Blanko- und dem Vollindossament unterschieden. Ersteres macht den Scheck letztlich zum Inhaberscheck, da hier der Indossatar nicht namentlich benannt wird. Seine Funktionen sind:

(a) Transport (der Rechte)

(b) Legitimation (des Vorlegers durch vollständige Indossamentenkette und damit Nachweis über das Zustehen der Scheckrechte)

(c) Garantie (= Haftungsübernahme des aktuellen Indossanten für die Scheckzahlung)

## Fallstudie 10

**(1)** Welcher Betrag wird auf dem Kundenkonto gutgeschrieben?

Der Kunde erhält 95.163,10 € gutgeschrieben (= $100.000 \cdot 1,05^{-1}$ = 95238,10 – 75,00).

**(2)** Welche Rechtsnatur hat ein Wechsel?

Wechsel sind geborene (Kraft Gesetz) Orderpapiere.

**(3)** Welche Vorteile hat der Inhaber eines Wechsels, falls seine Forderung nicht beglichen wird – im Vergleich zu einer Forderung ohne Wechsel?

Soweit der Wechsel rechtzeitig vorgelegt und protestiert wird, stehen dem Inhaber die Möglichkeiten eines Wechselprozesses offen. Hiermit sind juristisch einige Vorteile verbunden.

## Fallstudie 11

**(1)** Nennen Sie die Vor- und Nachteile eines bestätigten Dokumentenakkreditivs für den begünstigten Importeur.

(a) Vorteil: Er kann sich sicher sein, dass er nur dann die Zahlung leistet, wenn die Dokumente seinen definierten Anforderungen entsprechen.

(b) Nachteile:

 – Er wird einen Teil der Kosten tragen müssen, die durch das Akkreditiv entstehen.

 – Wurden die Dokumente unredlich ausgestellt, zahlt er für minderwertige Ware.

 – Soweit er die Ware bereits vor Erhalt weiterverkauft, kann er seinen Kunden gegenüber schadensersatzpflichtig werden, wenn der Exporteur nicht (Insolvenz) oder schlecht liefert (unredliche Dokumentausstellung).

**(2)** Welche Schritte sind nach Abschluss des Kaufvertrags durch die Beteiligten erforderlich, bis der Exporteur seine Gutschrift erhält?

(a) Der Importeur beauftragt seine Bank im Rahmen eines Geschäftsbesorgungsvertrags zur Abgabe eines abstrakten Schuldversprechens. Hierzu muss er genau definieren, wann die Bank ihre Zahlung leisten soll.

(b) Das eröffnende Kreditinstitut prüft die Plausibilität sowie die Bonität des Kunden.

(c) Auf Basis eines Geschäftsbesorgungsvertrags beauftragt die eröffnende Bank ein ausländisches Kreditinstitut mit der Avisierung und der Abwicklung vor Ort. Gleichzeitig gibt die Bank ein abstraktes Schuldversprechen ab.

(d) Die avisierende Bank nimmt ebenfalls eine Plausibilitätskontrolle vor. Soweit es sich um ein bestätigtes Akkreditiv handelt, gibt die avisierende Bank ein zusätzliches Schuldversprechen ab. Dem Exporteur sind in diesem Fall zwei Banken verpflichtet. Nur wenn die eröffnende Bank aus Sicht der avisierenden Bank kreditwürdig ist, wird sie eine Bestätigung abgeben.

(e) Der Exporteur wird über die Akkreditiveröffnung und die Bestätigung benachrichtigt.

(f) Versand der Ware und Erhalt der Dokumente.

(g) Die Dokumente reicht er bei seiner Bank zur Prüfung ein.

(h) Soweit die Dokumente mit den Vorgaben des Akkreditivs übereinstimmen, leistet die avisierende Bank die Zahlung.

## Fallstudie 12

**(1)** Warum ist der USD-Betrag kleiner als der €-Betrag?

Da für einen USD heute 1,30 € gezahlt werden, entsprechen sich die Beträge. Zur Sicherung des €-Betrags kann der Abschluss eines Sicherungsgeschäfts sinnvoll sein.

**(2)** Was ist ein Konnossement und was verlangt der Importeur durch die Beschreibung?

Ein Konnossement ist ein Warenwertpapier und verkörpert die schwimmende Ware. Ohne das Konnossement kann über die Ware nicht verfügt werden. Auch ein Weiterverkauf der Waren ist auf dieser Basis möglich.

(a) Es werden mehrere Konnossemente ausgestellt und mit verschiedenen Postsendungen verschickt.

(b) Da bereits ein Konnossement zur Einlösung der Waren ausreicht, braucht der Importeur einen vollen Satz, um sicher zu sein die Waren zu erhalten. „An Bord" bedeutet, dass die Ware bereits auf dem Schiff Richtung China angekommen ist und nicht im Hafen auf die Verschiffung wartet.

(c) Reinzeichnung bedeutet, dass bei der Verladung die Ware und die Umverpackung nach dem Augenschein des Verladers unbeschädigt waren.

(d) Durch die Order-Form und die Blankoindossierung ist das Konnossement zum faktischen Inhaberpapier geworden, sodass der Importeur problemlos über die Ware verfügen kann.

**(3) Warum wird ein Ursprungszeugnis verlangt?**
Mit dem Ursprungszeugnis wird nachgewiesen, dass der Wein auch wirklich aus dem zugesagten Herkunftsland stammt.

**(4) Wozu werden Handels- und Zollrechnungen benötigt?**
Handels- und Zollrechnungen werden für Behörden und die Buchhaltung benötigt. Die Zollrechnung dient den Einfuhrformalien.

**(5) Ist es richtig, dass eine Versicherung mit einer höheren Summe gemessen am Auftragsvolumen abzuschließen ist? Sind hier nicht kriminelle Handlungen zu vermuten?**
Eine Versicherungssumme, die den Kaufpreis einschließlich Kosten überschreitet ist normal. Die Incoterms® 2020 sehen bei der Klausel CIF einen Aufschlag von 10 % vor. Die hier geforderten 20 % sind ungewöhnlich, aber vielleicht hat der Importeur den Wein schon weiterverkauft und will seine etwaigen Schadensersatzverpflichtungen hiermit abdecken.

**(6) Warum sind Verlade- und Einlieferdatum nicht identisch?**
Da die Ausstellung der geforderten Dokumente Zeit beansprucht, ist es sinnvoll, dass diese Daten differieren.

**Fallstudie 13**

**(1) Stellen Sie die Vor- und Nachteile eines Dokumenteninkassos aus Sicht des Exporteurs dar.**
(a) Die Winzerei kann sicher sein, dass der Wein nur an den Importeur ausgehändigt wird, wenn dieser die Zahlung leistet.
(b) Verweigert er die Abnahme oder ist er nicht zahlungsfähig muss der Exporteur eine alternative Verwendungsmöglichkeit suchen oder die Waren auf eigene Kosten wieder in das Ursprungsland verbringen lassen.

**(2) Zeigen Sie die drei wesentlichen Schritte des Dokumenteninkassos (gegen Zahlung) auf.**
(a) Versand der Waren gegen Erhalt von Dokumenten.
(b) Weitergabe der Dokumente an die Inkassobank als Treuhänder.
(c) Abgabe der Dokumente an den Importeur gegen Zahlung. Hiermit erlangt er die Verfügungsgewalt über die Waren.

# Literatur

Becker, H.-P./Peppmeier, A. (2022): Investition und Finanzierung, Wiesbaden 2022.

Bieg, H./Kußmaul, H./Waschbusch, G. (2023): Finanzierung, München 2023.

Böhme, S. (2020): Die ertragssteuerliche Behandlung des Crowdfunding, Meißen 2020.

Bösch, M. (2020): Derivate – verstehen, anwenden und bewerten, München 2020.

BMF (1971): Schreiben vom 19. 4.1971-VI B/2-S 2170- 31/1(BStBl 1971 I 264) zum mobilen Leasing bei Vollamortisation, Bonn 1971.

Coenenberg, A. G./Haller, A./Schultze, W. (2021): Jahresabschluss und Jahresabschlussanalyse, Stuttgart 2021.

Däumler, K.-D./Grabe, J. (2013): Betriebliche Finanzwirtschaft, Herne 2013.

Dean, J. (1969): Capital Budgetiering, New York 1969.

Deutsche Börse AG (Hrsg.) (2012): „Die DAX-Indexwelt", Frankfurt a. M. 2012.

Environmental Finance Date (Hrsg.) (2022): Sustainability-linked bonds and loans – Key Performance Indicators (KPIs), März 2022.

Ettmann, B./Wolff, K./Wurm, G. (2016): Kompaktwissen Bankbetriebslehre, Troisdorf 2016.

Fischer, R./Schulte-Mattler, H. (Hrsg.) (2023): KWG CRR-VO – Kreditwesengesetz – VO (EU) Nr. 575/2013 Kommentar, München 2023.

Gräfer, H./Schiller, B./Rösner, S. (2014): Finanzierung: Grundlagen, Institutionen, Instrumente und Kapitalmarkttheorie, Berlin 2014.

Grill, W./Perczynski, H. (1988): Wirtschaftslehre des Kreditwesens, Bad Homburg von der Höhe 1988.

Grill, W./Perczynski, H. – bearbeitet von Int-Veen, T./Menz, H./Pastor, D. (2022): Wirtschaftslehre des Kreditwesens, Köln 2022.

Jahrmann, F.-U. (2003): Finanzierung, Herne-Berlin 2003.

Hufnagel, W./Burgfeld-Schächer, B. (2020): Übungsbuch Investition und Finanzierung, Herne 2020.

Hull, J. C. (2022): Optionen, Futures und andere Derivate, Hallbergmoos 2022.

International Chamber of Commerce ICC (Hrsg.): Incoterms 2020: Die Regeln der ICC zur Auslegung nationaler und internationaler Handelsklauseln, Berlin 2019.

Loan Syndication and Trading Association (Hrsg.) (2022): Sustainability-Linked-Loan Principles, London 2022.

Lohmann, M. (1949): Abschreibungen, was sie sind und was sie nicht sind, in: Der Wirtschaftsprüfer 2 (1949), S. 253 ff.

Matschke, M. J. (1991): Finanzierung der Unternehmung, Herne-Berlin 1991.

Mays, V./Wichmann, T./Liepold, C. (2022): Der europäische $CO_2$-Zertifikatshandel. Wesensmerkmale und Partizipationsmöglichkeiten für Privatanleger, Münster 2022.

Nohtse, K. (2022): Programm-Mezzanine-Finanzierungen deutscher Unternehmen. Eine Analyse kapitalstrukturtheoretischer Fragestellungen. Wiesbaden 2012.

Olfert, K. (2017): Finanzierung, Herne 2017.

Ostendorf, R. J. (2023): Investitionsrechnung – Von den Grundlagen bis zu Spezialfragen empfängerorientiert erklärt, Münster 2023.

Ostendorf, R. J. (Hrsg.) (2023): Krisenmanagement: Prävention, Identifizierung und Steuerung, Münster 2023.

Ostendorf, R. J. (2023): Kommentierung Artikel 92 – Eigenmittelanforderungen – der VO (EU) Nr. 575/2013, in: Fischer, R./Schulte-Mattler, H. (2023), S. 415–423.

Ostendorf, R. J. (Hrsg.) (2021): Nachhaltigkeit – differenzierte Perspektiven auf ein aktuelles Thema, Münster 2021.

Ostendorf, R. J. (2016): Dynamische Investitionsrechnung, in: WISU 5 (2016), S. 553–554.

Ostendorf, R. J. (2014a): Bankwirtschaft – Grundlagen für Ausbildung, Praxis und Studium, München 2014.

Ostendorf, R. J. (2014b): Bankwirtschaft – Das Arbeitsbuch, München 2014.

https://doi.org/10.1515/9783110791082-022

Ostendorf, R. J./Buscher, M. (2017): Liquiditäts- und Eigenkapitalanforderungen im Zeitverlauf sowie deren Auswirkungen für Kreditinstitute und Kunden, Münster 2017.

Ostendorf, R. J./Liepold, C. (2021): Die Rolle von Leerverkäufen auf dem Aktienmarkt, in: Ostendorf (2021), S. 117–151.

Ostendorf, R. J./Pins, M./Erhard, R. U. (2017): Regulatorik aktuell – Auswirkungen der §§ 10c ff. KWG auf deutsche Sparkassen, Münster 2017.

Ostendorf, R. J./ Scharpenack, N./Mays, V. (2022): Factoring – Formen, Rechtsaspekte und Status Quo, Münster 2022.

Ostendorf, R. J./Sous, P./Mays, V. (2023): Sustainable- & Green Finance: Eine aktuelle Übersicht wichtiger Instrumente, in: Ostendorf (2023), S. 237–263.

Perridon, L./Steiner, M./Rathgeber, A. (2022): Finanzwirtschaft der Unternehmung, München 2022.

Ruchti, H. (1942): Die Bedeutung der Abschreibung für den Betrieb, Berlin 1942.

Schierenbeck, H./Wöhe, C. B. (2016): Grundzüge der Betriebswirtschaftslehre, München 2016.

Weber, J.-A. (2018): „Kreditsicherungsrecht", München 2018.

Zantow, R./Dinauer, J./Schäffler, C. (2016): Finanzwirtschaft des Unternehmens: Die Grundlagen des modernen Finanzmanagements, Hallbergmoos 2016.

Börse Frankfurt (Hrsg.): Nachhaltig investieren. URL: https://www.boerse-frankfurt.de/nachhaltigkeit (abgerufen am 07.07.2022).

Balks, M.: Crowdfunding- Ein Überblick. URL: https://www.haufe.de/finance/steuern-finanzen/crowdfun ding-ein-ueberblick_190_524422.html (abgerufen am 29.08.2022).

Beckmann, H.: EU stuft Atomkraft und Erdgas als nachhaltig ein. URL: https://www.tagesschau.de/aus land/europa/taxo-nomie-atomkraft-eu-kommission-101.html#:~:text=Neue%20Atomkraftwerke%20sol len%20bis%202045,Abf%C3%A4lle%20ab%20sp%C3%A4tes-tens%202050%20vorliegt.&text=Das% 20Lager%20der%20Atomkraft%2DGegner,um%20die%20Taxonomie%2DVerordnung%20abzuwenden (abgerufen am 04.06.2022).

Deutsche Börse (Hrsg.): Neuer DAX setzt auf Nachhaltigkeit. URL: https://www.deutsche-boerse.com/dbg-de/media/pressemitteilungen/Neuer-DAX-setzt-auf-Nachhaltigkeit-1786626 (abgerufen am 24.09.2022).

Deutsche Börse (Hrsg.): Deutsche Börse startet Scale 30-Index. URL:https://deutsche-boerse.com/dbg-de/media/pressemitteilungen/Deutsche-B-rse-startet-Scale-30-Index–154728 (abgerufen am 24.09.2022).

Deutsche Börse (Hrsg.): Börsenlexikon – Scale für Anleihen. URL: https://www.deutsche-boerse.com/dbg-de/unternehmen/wissen/boersenlexikon/boersenlexikon-article/Scale-f-r-Anleihen-1720720 (abgerufen am 24.09.2022).

Durham Unniversity Finance Society (Hrsg.) (2022): The Future of Lending – Sustainability Linked Loans. URL: https://dufs.co.uk/news/the-future-of-lending-sustainability-linked-loans/ (abgerufen am 30.07.2022).

Europäische Union (Hrsg): Verordnung (EU) Nr. 236/2012 des Europäischen Parlaments und des Rates vom 14. März 2012 über Leerverkäufe und bestimmte Aspekte von Credit Default Swaps, in: https://eur-lex.europa.eu/legal-content/DE/TXT/PDF/?uri=CELEX:32012R0236&from=EN (abgerufen am 09. 08.2022).

https://www.akabank.de/de/ueber-uns/historie/ (abgerufen am 10.12.2022).

https://www.bafin.de/DE/Aufsicht/BoersenMaerkte/Transparenz/Leerverkaeufe/Verbote/verbote_artikel. html (2018) (abgerufen am 09.08.2022).

https://www.bafin.de/DE/Verbraucher/Finanzwissen/WA/Zertifikate/Zertifikate_node.html (abgerufen am 08.08.2022).

https://www.bundesfinanzministerium.de/Content/DE/Standardartikel/Themen/Internationales_Finanz markt/Internationale_Finanzpolitik/auslandsgewaehrleistungen-des-bundes.html (abgerufen am 10.12.2022).

https://www.dertreasurer.de/themen/green-finance-was-nachhaltigkeit-dem-treasury-bringt/ (abgerufen am 19.09.2022).

http://www.deutsche-boerse-cash-market.com/dbcm-de/primary-market/marktstruktur/segmente/scale-fuer-unternehmensanleihen (abgerufen am 14.07.2017).

http://www.deutsche-boerse-cash-market.com/dbcm-de/primary-market/marktstruktur/segmente/basic-board (abgerufen am 14.07.2017).

https://www.environmental-finance.com/assets/files/research/sustainability-linked-bonds-and-loans-kpis.pdf (abgerufen am 31.03.2023).

https://www.kfw.de/kfw.de.html?wt_cc1=brand&wt_cc2=home&wt_mc=2589700302_590462938691&wt_kw=b_2589700302_%2Bkfw&wt_cc3=2589700302_kwd-3380684604_590462938691 (abgerufen am 10.12.2022).

https://www.six-group.com/de/products-services/the-swiss-stock-exchange/listing/equities/sme-ipo/sparks-sme-stock-exchange.html#scrollTo=sparks-vs-main-market (abgerufen am 24.09.2022).

https://ycharts.com/indicators/reports/sterling_overnight_index_average (abgerufen am 25.03.2023).

Mohr, D.: Scale soll der bessere „Neue Markt" werden, in: http://www.faz.net/aktuell/finanzen/aktien/deutsche-boerse-eroeffnet-neues-boersensegment-scale-14904569.html (abgerufen am 14.07.2017).

# Über den Autor

**Ralf Jürgen Ostendorf** (geb. 1968), Prof. Dr., Dipl.-Ök., Dipl. Bankbetriebswirt ADG, Dipl.-Hdl., Dipl.-Soz.-Wiss., Hochschule Niederrhein – Fachbereich 09 Wirtschaftsingenieurwesen –, verantwortlich für Finance and Business Management

## Lehrveranstaltungen

- Allgemeine Betriebswirtschaftslehre
- Investition und Finanzierung
- Mittelstandsmanagement
- nationale Rechnungslegung und Bilanzanalyse
- Organisation
- Kostenrechnung
- operatives und strategisches Controlling

## Veröffentlichungen (aktuelle Auswahl)

als alleiniger Autor bzw. Herausgeber:
- Kommentierung Artikel 92 bis 98 der CRR – Eigenmittelanforderungen, in: R. Fischer/ H. Schulte-Mattler, (Hrsg.): KWG CRR-VO – Kreditwesengesetz – VO (EU) Nr. 575/2013 Kommentar, München 2023, S. 415–446.
- (Hrsg.): Krisenmanagement: Prävention, Identifizierung und Steuerung, Münster 2023.
- Investitionsrechnung – Von den Grundlagen bis zu Spezialfragen empfängerorientiert erklärt, Münster 2023.
- Investitionsrechnung – Übungsbuch, Münster 2023.
- (Hrsg.): Nachhaltigkeit – differenzierte Perspektiven auf ein aktuelles Thema, Münster 2021.
- (Hrsg.): Aktuelle finanzwirtschaftliche und empirische Arbeitsergebnisse, Münster 2020.

in Gemeinschaft mit anderen Autoren:
- mit C. Born/M. Rösner (2023): Erweiterung der klassischen Inflationstheorie, in: Ostendorf (Hrsg.) (2023), S. 41–84.
- mit C. Liepold/K. Schlöter (2023): Nachhaltigkeit an der Börse, in: Ostendorf (Hrsg.) (2023), S. 207–235.
- mit V. Mays/P. Sous (2023): Sustainable & Green Finance: Eine aktuelle Übersicht wichtiger Instrumente, in: Ostendorf (Hrsg.) (2023), S. 237–263.

https://doi.org/10.1515/9783110791082-023

- mit V. Mays/J. Thoma (2023): Investitionsrechnungsverfahren am mittleren Niederrhein: Ausgewählte statistische Analysen, in: Ostendorf (Hrsg.) (2023), S. 1–39.
- mit M. Rösner/C. Liepold (2023): Rohstoffmarktentwicklungen in unsicheren Zeiten, in: Ostendorf (Hrsg.) (2023), S. 85–127.
- mit M. Smeets/A. Freßmann (2023): Robotic Process Automation im Einsatz – strategische Ausrichtung – praktische Umsetzung – revisionssichere Implementierung, Wiesbaden 2023.
- mit J. Thoma (2023) Kapitalherabsetzungen – rechtliche Voraussetzungen, ökonomische Effekte und der Vergleich zum Aktienrückkauf, in: Ostendorf (Hrsg.) (2023), S. 179–205.
- mit N. Scharpenack/V. Mays (2022): Factoring – Formen, Rechtsaspekte und Status Quo, Münster 2022.
- mit C. Liepold (2021): Die Rolle von Leerverkäufen auf dem Aktienmarkt, in: Ostendorf (Hrsg.) (2021), S. 117–151.
- mit C. Liepold/T. Klamp/N. Kozykowski (2021): Geldanlagen jenseits der Inflationsraten – Sind Immobilien und Aktien ihr Geld noch wert? in: Ostendorf (Hrsg.) (2021), S. 73–116.
- mit V. Mays (2021): Wie der DAX® an seine Punkte kommt: Berechnung eines Aktienindex unter Berücksichtigung ausgewählter Ereignisse – Teil 1: Aufgabenstellung in: Wist Nr. 2–3 (2021), S. 58–61.
- mit V. Mays (2021): Wie der DAX® an seine Punkte kommt: Berechnung eines Aktienindex unter Berücksichtigung ausgewählter Ereignisse – Teil 2: Lösung in: WiSt Nr. 4 (2021), S. 67–74.
- mit V. Mays/J. Thoma (2021): Investitionsrechenverfahren am mittleren Niederrhein – Statistische Analyse einer empirischen Studie, Münster et al. 2021.
- mit N. Scharpenack (2021): Factoring – Eine aktuelle Bestandsaufnahme, in: Ostendorf (Hrsg.) (2021), S. 219–244.
- mit M.R. Smeets/C. Liepold/E. Bruns/M. Rösner (2021): RPA-Prozessverbesserungen – Eine Möglichkeit zur Profilschärfung im Wettbewerb, in: Ostendorf (Hrsg.) (2021), S. 153–218.
- mit M.R. Smeets/P.G. Roetzel (2021): RPA for the financial industry – Particular challenges and outstanding suitability combined, in: C. Czarnecki / P. Fettke (Hrsg.): Robotic Process Automation – Management, Technology, Applications, Berlin/Boston 2021, S. 263–284.
- mit M.R. Smeets/P.G. Roetzel (2021): AI and its Opportunities for Decision-Making in Organizations: A Systematic Review of the Influencing Factors on the Intention to use AI, in: Die Unternehmung, 75. Jg., 3/2021, S. 433–461.
- mit J. Flüggen/S. Popiolek (2020): MDAX®: Zusammensetzung und Wertentwicklung im Zeitverlauf, in: Ostendorf (Hrsg.) (2020), S. 47–78.
- Mit L. Heckmanns/C. Liepold (2020): Die Blockchain-Technologie als Chance für eine erfolgreiche Positionierung auf dem Markt der B2B-Plattformen, in: Ostendorf (Hrsg.) (2020), S. 175–204.

- mit R. Kaber/C. Liepold (2020): Umgang mit ausgewählten Instrumenten zur Investitionsbewertung, in: Ostendorf (Hrsg.) (2020), S. 243–273.
- mit V. Mays (2020): Die Berechnung von Aktien-Performanceindizes an der Frankfurter Wertpapierbörse (FWB®), in: Ostendorf (Hrsg.) (2020), S. 1–46.
- mit V. Mays/C. Liepold/R. Kaber (2020): Einsatz ausgewählter Investitionsrechnungsverfahren am mittleren Niederrhein – Ergebnisdarstellung einer empirischen Studie, Münster et al. 2020.
- mit A. Musinu/R. Kaber (2020): Entwicklung ausgewählter Zahlungsverfahren in Deutschland, in: Osten-dorf (Hrsg.) (2020), S. 127–174.
- mit A. Rösen (2020): Erwartete Motive der Hausbankwahl und Analyse des Kreditbewilligungsprozesses in Sparkassen und Genossenschaftsbanken, in: Ostendorf (Hrsg.) (2020), S. 205–224.
- mit M. Smeets (2020): RPA als Hilfsmittel zur strategischen Positionierung für Banken, in: KI-NOTE, 1 (2020), S. 26–33.
- mit M. Smeets (2020): Taktische Position im Wettbewerb stärken, in: Sparkassenzeitung September 2020, unter Link: https://www.sparkassenzeitung.de/betrieb-bank-steuerung/rpa-prozessverbesserungen-taktische-position-im-wettbewerb-staerken.

## Berufserfahrung

- in Managementverantwortung:
  - Bankaktiengesellschaft Hamm (BAG)
  - Sparkasse Sprockhövel
  - MOHAG mbH Recklinghausen
- im Hochschulbereich:
  - Berufsakademie in Lingen
  - EBC Hochschule Düsseldorf
  - Fachhochschule der Wirtschaft in Bergisch Gladbach und Mettmann
  - Gerhard-Mercator-Universität – Gesamthochschule Duisburg
  - Hochschule Osnabrück – Department für Duale Studien
  - Universität Witten/Herdecke

# Stichwortverzeichnis

https://doi.org/10.1515/9783110791082-024

www.ingramcontent.com/pod-product-compliance
Lightning Source LLC
Chambersburg PA
CBHW081210220326
41598CB00037B/6733